Für registrierte Leser halten wir zusätzliche Informationsangebote bereit.

Buchregistrierung

Registrierungscode

Jetzt registrieren

Bitte geben Sie Ihren Code auf der Verlagswebsite ein.

Ihr persönlicher Registrierungscode 04GP31410733

Leseproben · Artikel · Angebote · Newsletter · BuchScanner · Foren · Glossar

Marco Skulschus
Samuel Michaelis
Marcus Wiederstein

Oracle 10g

Programmierhandbuch

Galileo Computing

Liebe Leserin, lieber Leser,

Sie sind Programmierer und haben bisher mit einer anderen oder noch gar keiner Datenbank gearbeitet? Dann halten Sie das richtige Buch in den Händen.

Für den Einsatz von Oracle sprechen viele Gründe: hohe Skalierbarkeit, enorme Stabilität und große Flexibilität. Daher lässt sich diese Datenbank auch in größten Umgebungen einsetzen. Für Sie als Softwareentwickler bedeutet dies zugleich eine große Herausforderung, wenn Sie die Möglichkeiten der datenbankbasierten Anwendungsentwicklung ausschöpfen möchten.

Die drei Autoren unseres Buches kennen sich bestens mit Oracle aus, jeder von ihnen bringt viel Know-how und Praxiswissen aus der Datenbankprogrammierung ein. Sie als Programmierer haben eine andere Sicht auf die Datenbank als ein Systemadministrator. Ihren Bedürfnissen trägt dieses Buch Rechnung: Sie erhalten eine Einführung in die Architektur und die Basiskonfiguration des Systems. Anhand einer Beispieldatenbank lernen Sie mühelos die SQL-Besonderheiten und die prozedurale Programmiersprache PL/SQL kennen. Umfangreich werden die Programmierung von Oracle mit Java, C++ und PHP dargestellt.

Damit Ihr Wissen nicht Theorie bleibt, finden Sie alle Beispiele auf unserer Webseite zum Buch unter **www.galileocomputing.de/518** als Download.

Dieses Buch wurde mit großer Sorgfalt geschrieben, begutachtet, lektoriert und produziert. Sollte dennoch etwas nicht so funktionieren, wie Sie es erwarten, dann scheuen Sie sich nicht, sich mit mir in Verbindung zu setzen. Ihre freundlichen Anregungen und Fragen sind jederzeit willkommen.

Wir freuen uns auf den Dialog mit Ihnen.

Ihr Stephan Matteschec k
Lektorat Galileo Computing

stephan.matteschec k@galileo-press.de
www.galileocomputing.de

Galileo Press • Gartenstraße 24 • 53229 Bonn

Auf einen Blick

Bibliografische Information Der Deutschen Bibliothek
Die Deutsche Bibliothek verzeichnet diese Publikation in der Deutschen Nationalbibliografie; detaillierte bibliografische Daten sind im Internet über http://dnb.ddb.de abrufbar.

ISBN 3-89842-314-X

1. Auflage 2004

Der Name Galileo Press geht auf den italienischen Mathematiker und Philosophen Galileo Galilei (1564–1642) zurück. Er gilt als Gründungsfigur der neuzeitlichen Wissenschaft und wurde berühmt als Verfechter des modernen, heliozentrischen Weltbilds. Legendär ist sein Ausspruch **Eppur se muove** (Und sie bewegt sich doch). Das Emblem von Galileo Press ist der Jupiter, umkreist von den vier Galileischen Monden. Galilei entdeckte die nach ihm benannten Monde 1610.

Lektorat Stephan Matteschek
Korrektorat Friederike Daenecke
Einbandgestaltung Barbara Thoben, Köln
Herstellung Vera Brauner
Titelbild corbis stock market
Satz Typographie & Computer, Krefeld
Druck und Bindung Bercker Graphischer Betrieb, Kevelaer

Galileo Computing

Inhalt

1 Einführung und Installation

1 Einführung und Installation

Kein System ohne Installation

1.1 Einführung

Zu Beginn möchten wir Ihnen den inhaltlichen und gestalterischen Aufbau dieses Buches erläutern. Es ist nicht notwendig, dieses Buch von vorn bis hinten zu lesen. Sofern Sie noch kein lauffähiges System besitzen, sollten Sie jedoch mit der Installation beginnen.

1.1.1 Aufbau

Das Buch gliedert sich in drei Teile, von denen der erste der kürzeste ist. Hier erfahren Sie, wie Sie eine Oracle-Testumgebung auf Ihrem Rechner einrichten und mit unserer *Kurse NRW*-Datenbank als Beispiel ausstatten. Dies führt Sie natürlich nicht umfassend in die Administration oder gar in eine professionelle Einrichtung des Systems ein, sondern soll Ihnen als Programmierer nur zeigen, wie Sie das System auf Ihrem eigenen Rechner aufspielen und nutzen.

Zwar verknüpfen sich Administration und Programmierung mit zunehmender Anwendung zu einer manchmal schwer voneinander zu trennenden Masse, doch für die Themen dieses Buchs haben wir die nötigen technischen Voraussetzungen jeweils beschrieben.

An das Kapitel zur Installation schließt sich ein ebenfalls kurzes Kapitel Übernahme der Daten in das System und ihrer Einrichtung an. Auch dies ist eigentlich eher ein Administrationsthema, doch ohne ein grundlegendes Verständnis der Schema-Objekte und davon, wie sie mit Hilfe von SQL oder über die grafische Oberfläche erstellt und geändert werden können, lässt sich schwerlich programmieren.

Nach diesem kurzen Einführungsteil folgen zwei sehr umfangreiche Teile. Der erste von beiden beschreibt die interne Programmierung mit PL/SQL, während der zweite vom Zugriff auf die Datenbank mit C++ und PHP handelt. Im Rahmen des zweiten Teils konzentrieren wir uns auf die Erstellung von gespeicherten Prozeduren (bzw. auch Funktionen und Triggern) mit Hilfe von PL/SQL und Java. PL/SQL wird als eigene Programmiersprache komplett neu eingeführt, sodass Sie mit diesem Buch die Sprache also auch lernen können. Java wird allerdings als bekannt vorausgesetzt. Wir möchten an dieser Stelle ausdrücklich auf die umfangreiche Java-Literatur verweisen. Dies gilt ebenso für C++ und PHP. Auch eine »Kurzeinführung« haben wir uns aus Gründen des Umfangs gespart, weil wir es für unrealistisch halten, eine Sprache in fünfzig Seiten so zu beschreiben, dass man tatsächlich mit diesem Wissen arbeiten kann. Zudem hätte ein solches Vorgehen bei drei Sprachen eine wesentlich größere Seitenzahl hervorgebracht, so dass wir diese Seiten lieber für Oracle verwendet haben. Daher wird lediglich PL/SQL wirklich von Anfang an (zwar ohne Hallo-Welt-Beispiel, aber dennoch mit Variablendeklaration) vorgestellt.

Zusätzlich finden Sie eine umfangreiche Darstellung von SQL in diesem Buch, wobei insbesondere auf Abfragen Wert gelegt wurde. Zwar gehen wir prinzipiell davon aus, dass Sie bereits mit Datenbanken gearbeitet haben (auch wenn dies keine Voraussetzung für die Lektüre ist), doch bietet Oracle mit einer großen Anzahl an Funktionen und Techniken auch für Abfragen so viel interessante Syntax für Neu-Einsteiger, dass wir versucht haben, das Gebiet der Abfragen und Analysen umfangreicher als andere zu bearbeiten. Ganz zu Anfang werden Sie möglicherweise bekannte Strukturen finden, doch nach einem Viertel dieses Kapitels werden Sie hoffentlich staunen, was für spektakuläre Datenstrukturen Oracle-SQL hervorbringen kann.

Der letzte Teil enthält ein Kapitel, das die Verwendung von C++ und PHP in Bezug auf Oracle erklärt. Wir haben uns für beide Sprachen entschieden, weil sie häufig verwendet werden, aber kaum vernünftige Dokumentationen für dieses spezielle Themengebiet vorhanden sind. Wir hoffen daher, eine solche vernünftige Dokumentation erstellt zu haben. Einige Unterthemen wurden tatsächlich ausschließlich durch Experimentieren herausgefunden, denn auch offizielle Quellen sind aufgrund mangelnder Beispiele in diesem Bereich leider nicht immer uneingeschränkt zu verwenden.

1.1.2 Schreibkonventionen

Vielleicht haben Sie es noch nie so gesehen, aber bei der Programmierung steht jede Quelltextzeile, ja sogar jeder einzelne Buchstabe gleichberechtigt neben allen anderen Quelltextzeilen und allen anderen Buchstaben, also ein wahrlich harmonisches Miteinander. Dieser Umstand wird in diesem Buch durch eine `nicht-proportionale Schrift` ausgedrückt. Sollte es doch einmal in der einen oder anderen Situation unumgänglich sein, einen besonderen Textbereich hervorzuheben, geschieht dies durch eine **`fette, nicht-proportionale Schrift`**. Wichtige Begriffe, Datei- oder Ordnernamen sind durch *kursive Schrift* gekennzeichnet.

Weitere Buch-Informationen

Wie alle anderen wird auch dieses Buch auf der Galileo-Webseite vorgestellt. Dort können Sie sich über eventuelle Änderungen und Korrekturen sowie Neu-

auflagen dieses Buches informieren. Die Adresse lautet:
http://www.galileocomputing.de/katalog/buecher/titel/gp/titelID-518

Kontaktmöglichkeiten

- Die Autoren erreichen Sie an ihrem Arbeitsplatz unter *marco.skulschus@comelio.com*, *samuel.michaelis@comelio.com* und *marcus.wiederstein@comelio.com*. Webseite: **www.comelio.com**
- Den Verlag erreichen Sie unter *info@galileo-press.de*. Webseite: **www.galileo-press.de**.

Weitere Informationen

- Offizielle Dokumente finden Sie natürlich auf der unübersehbar großen Oracle-Webseite, wobei die folgenden Dokumente besonders interessant sind:
  - **http://otn.oracle.com/software/index.html** (Dateiverzeichnis mit Oracle-Software für kostenloses Herunterladen)
  - **http://otn.oracle.com/documentation/database10g.html** (Allgemeine Dokumentation zur 10g-Datenbank)
  - **http://download.oracle.com/docs/cds/B13789_01.zip** (ZIP-Datei mit der gesamten Dokumentation)
- Seminare und Schulungen zu den vorgestellten Technologien:
  - **http://www.comelio.com/deti3_Oracle.php** für Oracle-Seminare
  - **http://www.comelio.com/deti3_Java.php** für Java-Seminare
  - **http://www.comelio.com/deti3_PHP.php** für PHP-Seminare
- Weitere Bücher zu Datenbank- und Software-Technologien im gleichen Verlag:
  - *Einstieg in SQL*, Marcus Throll, Oliver Bartosch, ISBN 3-89842-497-9
  - *Java ist auch eine Insel*, Christian Ullenboom, ISBN 3-89842-365-4
  - *Einstieg in Java*, Bernhard Steppan, ISBN 3-89842-359-X
  - *Einstieg in PHP 5*, Thomas Theis, ISBN 3-89842-260-7
  - *Besser PHP programmieren*, Carsten Möhrke, ISBN 3-89842-381-6

1.1.3 Zur Beispieldatenbank

Kommen wir nun zum umfassenden Beispiel und seinen Voraussetzungen. Wir haben uns für dieses Buch – wie auch für unsere anderen Bücher – eine eigene Beispieldatenbank ausgedacht: Die Firma *Kurse NRW GmbH* bietet EDV- und IT-Seminare in Bereichen wie Programmierung, Datenbanken oder Webdesign an.

Informationen, die den Bereich der Schulungs- und Anmeldeverwaltung betreffen, sollen automatisch verwaltet werden. Folgende Entitäten kann man spontan erkennen:

- **Kurse** mit Informationen zu Titel, Bereichszugehörigkeit, Dauer, Vorkenntnissen, Themen und Preisen,
- **Kunden bzw. Teilnehmer der Seminare**, die sowohl Einzelteilnehmer für offene Seminare (Standardkurse zu einem festen Termin) als auch Unternehmenskunden für Firmenseminare (spezielle Seminare am Standort bzw. in den Räumlichkeiten eines Unternehmens) sein können,
- **Dozenten**, die Firmen- und Standardseminare durchgeführt haben, für den Unterricht eingeplant werden können, also mit ihrer Themenverteilung bereitstehen, und einen bestimmten gewünschten Tagespreis sowie einen Mindestpreis haben, der z. B. bei einem Einzelteilnehmer mit dadurch eingeschränktem Seminargewinn für das Schulungsunternehmen auch für den Dozenten noch akzeptabel wäre, und schließlich
- **Mitarbeiter und Geschäftsführer der Kurse NRW GmbH**, die Seminaranmeldungen buchen bzw. in das System einpflegen oder aktualisieren, Marketing betreiben, Dozenten kennen lernen und natürlich umfangreiche Mengen an Kaffee, Gebäck und sonstigen Leckereien vertilgen, die im Teilnehmerschrank aufbewahrt werden und einer ständigen Qualitätskontrolle bedürfen.

Neben den unmittelbar erkennbaren Strukturen der Schulungsfirma und den daraus abzuleitenden Anforderungen an das Datenmodell gibt es einige Besonderheiten, die die Kurse NRW GmbH auch über die Grenzen von Nordrhein-Westfalen hinaus bekannt gemacht haben.

So hat z. B. der mehr als findige Geschäftsführer Anton Ebenhof viel Zeit und Tüftelei darauf verwandt, ein raffiniertes Rabattsystem einzuführen, das natürlich ebenfalls bei Buchungen und im Rahmen der eigentlichen Kursverwaltung berücksichtigt werden muss. Für jeden Kurs gibt es unterschiedliche Preise. Zum einen – ganz klassisch – einen Preis für Teilnehmer, die sich für einen Standardkurs mit festem Termin anmelden, und zum anderen einen Firmenpreis, der nur gilt, wenn ein Unternehmen einen Dozenten zu sich einlädt, der dann entweder einen Kurs aus dem Katalog oder einen individuellen Kurs für das Unternehmen mit speziellen Inhalten hält. Daraus ergibt sich die Situation, dass der so genannte »Nasenpreis« (Preis pro Kopf oder pro Teilnehmer) für Unternehmen in diesen Situationen regelmäßig günstiger ist, als wenn Unternehmensangehörige für einen Standardkurs angemeldet würden. Obwohl dies ein im ganzen Bundesgebiet fast schon standardisiertes Verfahren der Preisberechnung ist, empfindet Herr Ebenhof als alter Pfadfinder mit kaufmännischer Ausbildung dieses System als schreiende Ungerechtigkeit, weil einem Marktteilnehmer durch seinen Rechtscharakter eine Vergünstigung gewährt wird, die Individuen mit anderem Rechtscharakter verwehrt wird. Um also Gerechtigkeitsempfinden und Gewinninteresse – die beiden Herzen, die in Anton Ebenhofs Brust pochen – miteinander zu versöhnen, gewährt sein Unternehmen für Gruppenanmeldungen ebenfalls einen Rabatt, der zu einem günstigeren Preis pro Teilnehmer führt. Dies lockt tendenziell mehr Menschen in einen Kurs, weil sie Kollegen oder Freunde leichter durch menschlich-kapitalistisches Vorteilsdenken überzeugen können, sie zu einem günstigeren Preis zu begleiten und wertvolles Wissen für eine besser bezahlte Arbeitsstelle zu erwerben. So verringert sich also – kurz gesagt – der Preis vom teuersten Preis für einen Einzelteilnehmer bis hin zu einer Zahl von fünf Teilnehmern immer um einige Prozentschritte. Ab fünf Teilnehmern gibt es dann einen Pauschalpreis pro Person für alle Teilnehmer in der Gruppe. An dieser Stelle muss das Seufzen von Elvira Hülzemann erwähnt werden, die die Komplikation beim Anmeldevorgang in der Buchhaltung sofort bemerkt hatte, worauf wir später im Rahmen der Datenerzeugung zu sprechen kommen.

Überhaupt die Anmeldungen: Selbstverständlich müssen sie wegen unterschiedlicher Erfordernisse (Erfolgskontrolle, Anmeldeverwaltung, Steuerinteresse des örtlichen Finanzamtes) eigens verwaltet werden. Problematisch ist allerdings die Berücksichtigung der unterschiedlichen Möglichkeiten, welche Teilnehmer sich selbst oder andere für einen Kurs anmelden. Da die Kurse NRW GmbH gleichzeitig Firmenschulungen wie auch Seminare zu festen Terminen anbietet, gibt es mindestens diese beiden Gruppen. Zusätzlich können Firmen allerdings auch einen Trainer für ein Inhouse-Seminar im Unternehmen einladen. Daher ergeben sich folgende Anwendungsfälle für den Anmeldevorgang:

- Eine Firma meldet mehrere Teilnehmer für ein Seminar zum entsprechenden Preis an.
- Eine Firma bucht einen Dozenten für ein Firmenseminar mit beliebiger Teilnehmerzahl.
- Ein Einzelteilnehmer meldet sich und/oder seine Freunde an.

Bei der Ableitung eines benutzbaren und übersichtlichen Datenmodells sollte es also ein spezielles Ziel sein, dass die unterschiedlichen Fälle gleichzeitig in einer Anmeldungstabelle verwaltet werden können. Zusätzlich muss die Möglichkeit bestehen, dass Anmeldungen auch wieder rückgängig gemacht (storniert) werden können, wobei natürlich die zusammenhängenden Teilnehmer in einer Gruppe identifizierbar bleiben müssen, damit der dann falsche Preis um eine entsprechende Stufe heraufgesetzt werden kann. Diese Regelung soll auch verhindern, dass besonders findige Teilnehmer (wie man sie unter Programmierern leicht finden kann) auf die glorreiche Idee kommen, zunächst immer den ganzen Fußballverein anzumelden und später alle an »Java für Oracle« nicht so Interessierten wieder abzumelden, um selbst nur den günstigsten Pauschalpreis zu bezahlen.

Es ist für die Durchführung eines so hinreichend sicher gebuchten Seminars zweifelsohne bedeutsam zu wissen, auf welche Dozenten das Unternehmen zurückgreifen kann. Noch wichtiger hingegen ist die Themenverteilung, um die passenden Dozenten mit einem vorher bekannten Tagespreis einem Kurs zuzuordnen und dann Kontakt mit ihnen aufzunehmen. Dabei kann man natürlich von größtmöglicher Unordnung ausgehen: Die einzelnen Dozenten unterrichten unterschiedliche Themen, sie wechseln die Themen, wenn sie selbst Neues gelernt haben oder ein Thema aufgrund persönlicher Weiterentwicklung nicht mehr schulen möchten, und letztlich passen sie auch ihre Tagessätze an ihren Auslastungsgrad, persönlichen Lebensstil und die Anzahl der Familienangehörigen und Hypotheken an.

Kurse werden nicht nur gebucht. Sie haben auch die Eigenschaft, an einem bestimmten Termin und Ort mit einer ebenso bestimmten Länge stattzufinden. Diese Termine wiederholen sich innerhalb bestimmter Perioden für gewisse Kurse und werden (wie bei Standardkursen) entweder weit vorher im Jahr festgelegt oder (wie bei Firmenschulungen) kurzfristig anberaumt.

Aus diesen Überlegungen ergeben sich nun die folgenden neuen Entitäten:

- Preisstufen für die unterschiedlichen Preise, die einzelnen Kursen zugeordnet werden können,
- Themenzuordnungen in Form einer unternehmensweiten Themenverteilung für Dozenten und ihre (Mindest-)Tagessätze (dies ist keine Entität, sondern eine Relation mit zusätzlichen Attributen),
- Termine für Standardkurse und Firmenseminare,
- Anmeldungen der einzelnen Kurstypen von verschiedenen Anmeldungseinheiten (Kunden) und
- Mitarbeiter, die z.B. Anmeldeinformationen eingeben, sich an die Datenbank anmelden, PL/SQL-Prozeduren für einfachere Arbeit anlegen und den Administrator mit der Erzeugung von Testdaten zur Abfrageoptimierung nervös machen können.

Für die beiden Bereiche der Mitarbeiter- und Anmeldungserfassung müssen wir die grundsätzlichen Einschränkungen des Beispiels kurz umreißen: Natürlich könnte man sämtliche Unternehmensinformationen aus anderen Geschäftsbereichen mit Produkten, Geschäftspartnern und Kunden erfassen. Gleiches gilt für regelrechte Buchungssätze im kaufmännischen Sinne, wie sie bereits für die Erfassung der Anmeldungen und der Dozenten notwendig werden, ohne noch die anderen Geschäftstätigkeiten im Rahmen des Schulungsgeschäftes (wie Einkäufe von Unterrichtsmaterialien oder Ausgaben für Mieten, Abzahlungen, Versicherungen usw.) zu berücksichtigen.

Jede Erweiterung des vorliegenden Basismodells würde jedoch die ohnehin schon nicht geringe Anzahl an Tabellen sprengen und würde eher auf Probleme der Datenmodellierung und in diesem Sinne auf die Besonderheiten des Rechnungswesens hinauslaufen. Unter dieser größeren Realitätsnähe würden allerdings alle anderen Beispiele sehr leiden, weil die Besonderheiten des entstehenden Datenmodells sich unweigerlich auf Standardprozeduren oder mögliche Abfragen niederschlagen würden. Eine Begrenzung der Beispiele auf jene, die das vorliegende Datenmodell liefert, wäre dann teilweise widersinnig, da man dann auch auf das umfangreichere Datenmodell hätte verzichten können. Aus diesen Gründen beschränken wir uns hier auf das Wesentliche – die Seminarverwaltung.

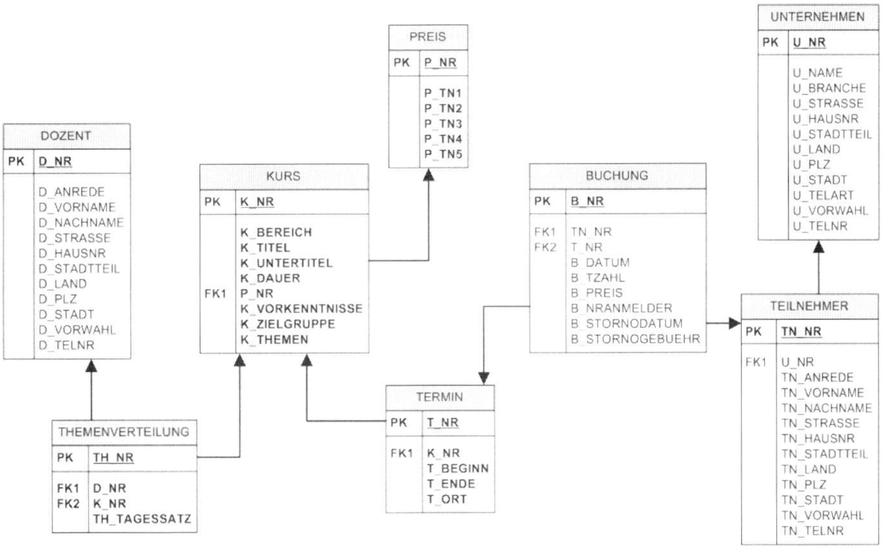

Abbildung 1.1 Das Datenmodell von Kurse NRW

Nach diesen Überlegungen kommt man zu folgendem Modell, das für das gesamte Buch als Standardmodell bzw. als einfachste Ausgangsbasis dienen wird. Es besitzt folgende Entitäten bzw. Tabellen, von denen wir der Übersichtlichkeit halber sowie zum Verständnis einige Besonderheiten kommentieren.

Triviale Datenfelder wie z.B. Adressfelder (Vorname, Nachname, PLZ, Stadt usw.) erschließen sich sicherlich von selbst. Ansonsten haben wir einige Vereinfachungen vorgenommen, da eine realistische Seminarverwaltung für das Erlernen der vorgestellten Syntax nicht unbedingt erforderlich ist.

- `KURS`
  Die Kursnummer ist ein spezieller Schlüssel, der sich aus zugewiesenen Zahlenwerten für einen Ober- und Unterbereich sowie aus einer fortlaufenden, dreistelligen Nummer am Ende zusammensetzt, so dass Kurse auch über ihre ersten beiden Ziffern grob gegliedert werden können. Der Bereich setzt sich aus Werten wie {Programmierung, Webdesign, Datenbanken ...} zusammen. Da jeder Kurs unterschiedliche Preise im Rahmen der oben erwähnten Anwendungsfälle des Anmeldevorgangs besitzt, existiert eine Fremdschlüsselbeziehung zur Tabelle `PREIS`. Weitere Informationen zu Kurspreisen finden sich dann in der Tabelle `THEMENVERTEILUNG` und natürlich als Ergebnis in der Tabelle `BUCHUNG`.
- `PREIS`
  Verschiedene Kurse mit ähnlichem Schwierigkeitsgrad, ähnlicher Länge oder ähnlichem Inhalt haben gleiche Preise bzw. die gleiche Preisstufennummer, so dass weniger Preisstufen als Kurse existieren. Die Preise entstehen durch eine gleichmäßige, prozentuale Verringerung des Einzelteilnehmerpreises. Werden mehrere Teilnehmer von einem Unternehmen gleichzeitig zu einem Termin angemeldet, erhalten sie alle jeweils einen günstigeren Preis.
- `DOZENT`
  Dozenten stellen wie die Mitarbeiter sehr einfache Entitäten ohne Besonderheiten dar. Sie enthalten Adress- und Namensfelder.
- `THEMENVERTEILUNG`
  Diese Tabelle speichert sowohl Informationen zur eigentlichen Themenverteilung (Welcher Dozent führt welchen Kurs durch?) als auch zu seiner Bezahlung in einer Aufteilung von Standard-Tagessatz und Mindest-Tagessatz. Der Mindest-Tagessatz stellt eine Untergrenze dar, bei der ein Kurs mit z.B. nur einem Teilnehmer für ihn noch wirtschaftlich vertretbar wäre. Angestrebt wird ein Lastenausgleich zwischen Schulungsunternehmen und Dozent durch beiderseitig verringerte Einnahmen.
- `TERMIN`
  Seminartermine werden im Rahmen einer Jahresplanung festgelegt und können mit vorher bekannt gegebenen Inhalten gebucht werden. Ob sie zustande gekommen sind, lässt sich hier nicht ermitteln, sondern nur durch eine Auswertung der Tabelle `BUCHUNG`. Neben Verknüpfungen zu den Tabellen `KURS` (für die Kursinhalte eines Termins) und `BUCHUNG` (für die erfassten

Teilnehmer eines Termins) existieren noch Datumsfelder und eine Ortsangabe.

- `UNTERNEHMEN`
  Diese Tabelle enthält wie die Tabellen `DOZENT` oder `TEILNEHMER` keine Besonderheiten. Es existieren Namens- und Adressfelder für die Beschreibung von Unternehmen.
- `TEILNEHMER`
  Ganz klassisch werden hier sämtliche Teilnehmer erfasst, die sich für ein Seminar angemeldet haben oder von anderen für eines angemeldet worden sind. Gleichzeitig können sie aber auch eine Unternehmensnummer besitzen und sich selbst oder Kollegen für einen Kurs angemeldet haben. Dies ist notwendig, weil es relativ viele Arbeitnehmer gibt, die ihre Seminare selbst aussuchen und nach entsprechender Rückmeldung und Bestätigung auch selbst buchen können. Sie können daher ebenfalls für Werbemaßnahmen interessant sein, wie es z.B. auch ein Mitarbeiter der Personalabteilung sein kann, der für andere Mitarbeiter ein Seminar oder eine Firmenschulung bucht. Diese Tabelle enthält ausschließlich Daten von Menschen, während die Tabelle `UNTERNEHMEN` ausschließlich Daten von Organisationen (Firmen, Behörden, Körperschaften) speichert.
- `BUCHUNG`
  Diese Tabelle stellt das Kernstück der gesamten Datenbank dar, wie es für Informationen üblich ist, die in Unternehmen anfallen und für das Rechnungswesen nötig sind. Erfasst werden allerdings ausschließlich die Anmeldungen und keine richten Buchungssätze.. Die Tabelle enthält Verknüpfungen zu den Terminen, über die auch die Kursdaten erhältlich sind, und zu den Teilnehmerdaten, über die auch die Unternehmensdaten gefunden werden können. Ein Teilnehmer wird mit seiner Nummer für einen Termin gebucht, der ebenfalls als Nummer vorliegt. Der aus der `PREIS`-Tabelle ermittelte Preis wird in einer speziellen Spalte gespeichert, da er ja abhängig von der Gruppenstärke ist, in der der einzelne Teilnehmer angemeldet wurde. Die Gruppenbeziehung wird über die Erfassung einer Teilnehmernummer in einer speziellen Spalte realisiert, sodass die Teilnehmer für einen Termin über die Nummer eines teilnehmenden Kollegen auffindbar sind. Dies wäre dann der so genannte »Anmelder«.

1.1.4 Kurz-Installation

Sollten Sie bereits ein lauffähiges System besitzen, dann können Sie den nächsten Abschnitt zur Installation getrost überspringen. Für Sie ist nur interessant, wie Sie die beschriebene Datenbank installieren können:

1. Öffnen Sie den Ordner *Kurse_NRW* in den Übungsdateien.
2. Starten Sie das SQL*Plus Worksheet oder iSQL*Plus.
3. Starten Sie das Skript *Kuse_NRW.sql*. Es enthält die Tabellen und Daten, die vorgegeben sind und nicht generiert werden.
4. Wenn Sie die Daten für die Tabelle `BUCHUNG` erzeugen möchten, dann öffnen Sie nacheinander die folgenden Dateien und führen Sie sie aus: *553_02.sql* mit der Paket-Spezifikation für den Buchungsgenerator, *553_04.sql* mit dem passenden Paket-Körper und schließlich *553_09.sql* für die Ausführung.

1.2 Die Oracle-Installation

Sie bzw. Ihr Unternehmen hat sich für Oracle entschieden. Diese Entscheidung ist sicherlich aufgrund der hohen Leistungsfähigkeit und der überaus beeindruckenden Zuverlässigkeit und Sicherheit gefallen, die Oracle Ihnen bietet. Für die Großindustrie bietet eine Oracle-Datenbank fortgeschrittene Funktionen wie z. B. das Clustering. Mit der *Oracle Database Standard Edition One* bekommen Sie für weniger als 2 000 Euro eine Datenbank. Somit ist Oracle nunmehr für den Programmierer sehr interessant, weil er kostengünstig Programme rund um die Datenbank oder in der Datenbank schreiben kann. Um mit Oracle arbeiten zu können – und später natürlich auch programmieren zu können –, muss das System erst einmal installiert werden. Da diese Tatsache sich nicht wegdiskutieren lässt, erklären wir im folgenden Unterkapitel die Installation auf einem sehr einfachen Niveau. Sie haben sich für dieses Buch entschieden, weil Sie mit Oracle programmieren möchten. Was die Administration anbelangt, denken Sie sicherlich, es wäre besser, wenn der Datenbankadministrator sich darum kümmern würde. Diesbezüglich geben wir Ihnen Recht. Dennoch ist es sinnvoll, zumindest über die grundlegenden Möglichkeiten Bescheid zu wissen. Dieses Kapitel soll Ihnen also helfen, das System erst einmal zu installieren und damit grundsätzlich zu arbeiten. Das Ziel dieses Kapitels ist es nicht, Sie dazu zu bringen, Oracle zu administrieren. Dazu wird der vorgesehene Platz in diesem Buch nicht ausreichend sein, und es würde auch die Thematik dieses Buches sprengen. Nach der Installation, die sich einigermaßen einfach gestaltet, fügen wir gern ein paar Sätze zu Tablespaces etc. an. Somit soll dieses Kapitel dazu dienen, Ihnen einen groben Überblick über die Architektur dieses sehr komplexen Systems zu vermitteln.

1.3 Die Installation

Wir haben uns an dieser Stelle bewusst dafür entschieden, die Installation unter Windows zu zeigen. Damit möchten wir nicht bewerten, welche Plattform für Sie die geeignetere ist. Allerdings ist die Installation unter Windows im Gegensatz zu der Installation auf einem UNIX-System recht einfach durchzuführen. Wenn Sie beispielsweise Linux verwenden, um Oracle zu installieren, ist das gewiss deutlich komplizierter. Natürlich hat dies für die nachfolgenden Funktionen rund um Oracle keine Relevanz. Sie können die Beispiele selbstverständlich sowohl unter Linux als auch unter Windows ausprobieren.

Erlauben Sie uns an dieser Stelle ein paar Sätze zu einer sicherlich viel diskutierten Frage: Was ist besser, die Installation unter UNIX oder Windows? Vor wenigen Jahren noch konnte man die Frage fast eindeutig beantworten: Es war UNIX! Mittlerweile kann man allerdings durchaus sagen, dass Windows erwachsen geworden ist und durchaus genauso skalierbar, verfügbar und administrierbar wie UNIX-Systeme auch ist. Dadurch ist Windows sicherlich eine durchaus günstige Alternative zu teuren UNIX-Systemen geworden. Eine große Alternative zu Windows wiederum bietet Linux, das bekanntlich noch günstiger ist als Windows und sicherlich eine in Zukunft nicht zu unterschätzende Alternative für viele Unternehmen sein wird. Betriebssystemunabhängig ist allerdings eine Tatsache: Oracle ist nicht gerade ressourcenschonend. Es nutzt gnadenlos alle Ressourcen aus und beschränkt sogar Dienste, die die gleichen Hard- und Softwarekomponenten nutzen. Vorteilhaft wiederum ist, dass Oracle hier entsprechend konfiguriert und parametrisiert werden kann. Dies ist allerdings eher ein Thema für viele weitere hundert Seiten in einem entsprechenden Buch zum Thema Datenbankadministration.

Wichtig an dieser Stelle sind vielleicht die Hardwarevoraussetzungen. Unserer Erfahrung nach sollten Sie nicht weniger als 512 MByte Hauptspeicher in Ihrem System zur Verfügung haben. Hier gilt eher: je mehr, desto besser. Die Prozessorleistung sollte nicht weniger als ein Gigahertz betragen. In einem Produktivbetrieb wäre es wichtig, die Datendateien, die Redolog-Dateien etc. auf mehrere Festplatten zu verteilen und für ein entsprechendes Backup zu sorgen. Mit Hilfe von RAID-Systemen können Sie das System erweiterbar halten und beständig weitere Hardwareressourcen einbauen. Mit Hilfe des Konzeptes der Tablespaces, das wir an späterer Stelle noch einmal genauer erläutern werden, besteht die Möglichkeit, Daten, Tabellen etc. auf mehreren Festplatten zu verteilen und somit immer größer werdenden Tabellen weiteren Festplatzspeicher zur Verfügung zu stellen, indem man weitere Festplatten »einhängt«.

Gehen wir nun davon aus, dass Sie im Besitz von Oracle sind und es zunächst auf Ihre Microsoft Windows-Installation bringen möchten. Wir empfehlen hier Microsoft Windows 2000 oder Microsoft Windows XP oder eine Installation auf einem entsprechenden Server von Microsoft Windows. Auf Microsoft Windows-Systemen muss Oracle unabhängig von der Version vom lokalen Administrator installiert werden. Remote-Installationen werden von Windows-Plattformen leider nicht unterstützt. Bitte beachten Sie: Ein User mit »Admin«-Rechten ist nicht dasselbe wie ein lokaler Administrator! Sonst kann es typischerweise dazu kommen, dass die Installation der Oracle-Datenbank wegen fehlender Privilegien abgebrochen werden muss. Im Folgenden wird die Installation der Oracle 10g auf Microsoft Windows 2000 Schritt für Schritt durchgegangen. Dabei geht dieses Kapitel wiederum bewusst nicht in die Tiefe; dieses Buch soll und wird nicht den Charakter eines Datenbankadministrationsbuches erhalten.

Lassen Sie uns mit einigen wichtigen Bemerkungen zur Oracle-Installation beginnen. Zunächst ist es wichtig, für die Installation das passende Release für das jeweilige Betriebssystem einzusetzen.

1. Oracle installieren Sie also wie folgt:Als Erstes erscheint eine einfache Oberfläche, die nicht weiter erklärungsbedürftig ist. Sie klicken an dieser Stelle zunächst auf die Schaltfläche **Installation starten**.

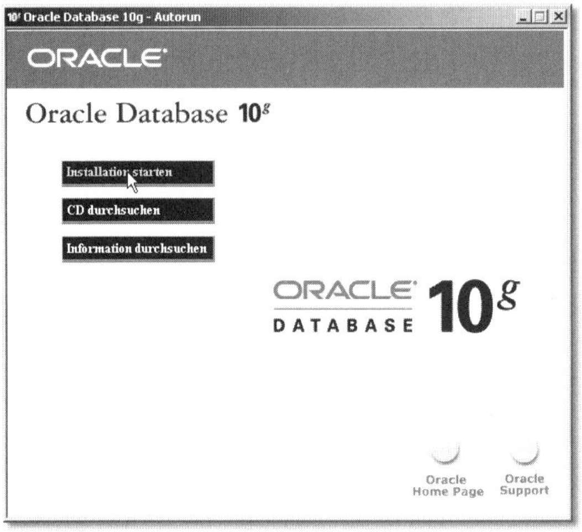

Abbildung 1.2 Die Installation wird gestartet.

Es startet der *Oracle Universal Installer*, der auch bei der Nachinstallation von weiteren Features von Oracle verwendet wird. Dieser überprüft beispielsweise vorab, ob genügend Ressourcen im System vorhanden sind, und testet natürlich viele Dinge im Hintergrund, die mindestens für das Starten von Oracle erforderlich sind.

2. Sind alle Überprüfungen, die insgesamt schon ein paar Minuten dauern können, erfolgreich abgeschlossen, startet der *Oracle Universal Installer*.

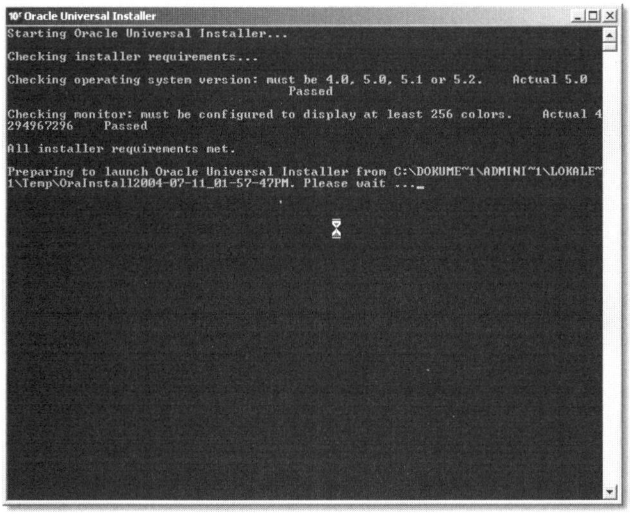

Abbildung 1.3 Starten des Oracle Universal Installers

3. Als Nächstes werden Sie aufgefordert, die ersten Voreinstellungen vorzunehmen. Hier können Sie bestimmen, ob Sie bereits mit der Installation eine Datenbank anlegen möchten. Wir empfehlen, an dieser Stelle die erweiterte Installation zu verwenden, da Sie hier im Vorfeld die eigenen Passwörter bestimmen können.

Abbildung 1.4 Die grundlegenden Installationseinstellungen

4. Wählen Sie wie oben vorgeschlagen die *Erweiterte Installation*, so werden Sie im darauf folgenden Schritt aufgefordert, die Installationspfade einzugeben.

Unsere Empfehlung für den Programmierer lautet, an dieser Stelle die Standardeinstellungen zu übernehmen. Ansonsten sollten Sie selbstverständlich Ihre hardwaretechnischen Voraussetzungen berücksichtigen und anhand der vorhandenen Rechnerarchitektur entscheiden. Den Namen des Verzeichnisses, in dem Oracle nun seine Installation durchführt, können Sie an dieser Stelle ebenfalls frei wählen.

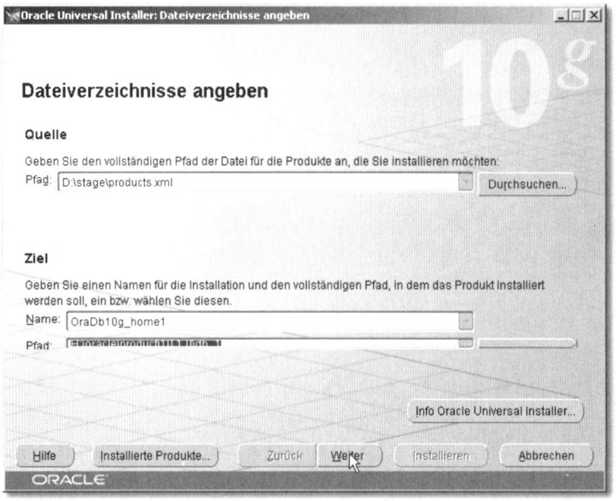

Abbildung 1.5 Dateiverzeichnisse angeben

Im folgenden Schritt können Sie die Installationsart auswählen. Oracle unterscheidet hier zwischen den Installationen *Enterprise*, *Standard* und *Personal*. Bei der Enterprise Edition werden alle Oracle-Datenbankoptionen installiert sowie die Datenbankkonfigurationen und Management-Tools. Hinzu kommt, dass alle nötigen Produkte rund um das Data Warehouse installiert werden sowie alle Transaktionsprozesse. Natürlich werden die Programme und Features der untergeordenten Installationsarten ebenfalls installiert. Die Standardinstallation integriert die Management-Tools, Replikation, Webfeatures und vieles mehr, um Business-Applikationen zu erstellen. Wenn Sie die Standard Edition erworben haben, sollten Sie aus lizenzrechtlichen Gründen dafür sorgen, dass Sie wirklich auch nur die Komponenten installieren, die für die Standard-Lizenz vorgesehen sind. Mit der Personal Edition installieren Sie dieselbe Software wie bei der Enterprise Edition. Allerdings unterstützt diese Installation lediglich eine Umgebung mit nur einem Computer, und *Oracle Real Application Cluster* ist nicht bei einer Installation der Personal Edition enthalten. Zum einfachen Programmieren reicht also die Personal Edition völlig aus. Wir empfehlen hier dennoch zunächst einmal die Installation der Enterprise Edition.

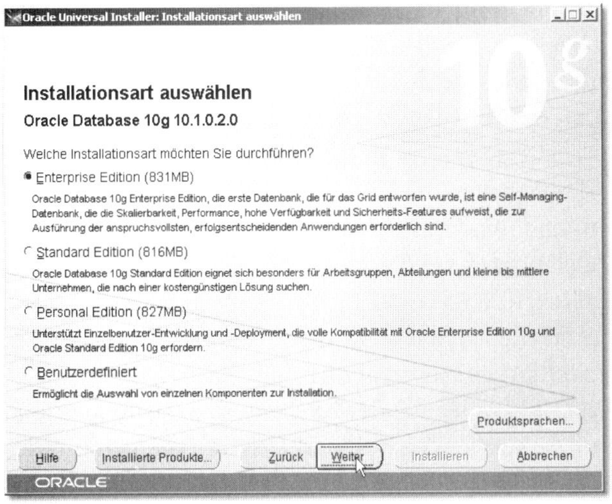

Abbildung 1.6 Installationsart auswählen

5. Anschließend wählen Sie die Art der Datenbank selbst aus. Unterschieden wird hier zwischen der Universal-Installation der Datenbankinstanz, der Transaktions-Installation und der Data Warehouse-Installation. An dieser Stelle wählen Sie einfach die Universal-Installation. Wir werden Ihnen im nächsten Kapitel zeigen, wie Sie eine Datenbank mit SQL anlegen. Dabei folgen tiefer gehende Erläuterungen zur Installation.

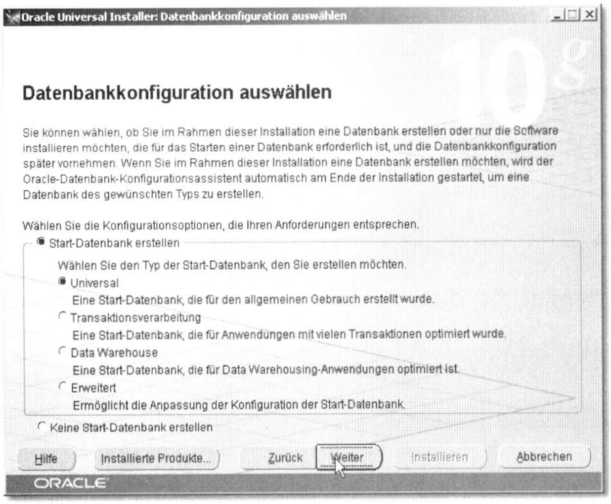

Abbildung 1.7 Datenbankkonfiguration auswählen

6. Beim nächsten Schritt geht es um den globalen Datenbanknamen und die so genannte SID und schließlich um den einzustellenden Zeichensatz. Der globale Datenbankname besteht an dieser Stelle aus der Domäne und dem Instanznamen der Datenbank. Dies ist wichtig für den voll qualifizierten Datenbanknamen des Oracle-Systems im Netzwerk. Die SID ist lediglich der Oracle-Instanzname. Danach wird der Zeichensatz festgelegt. Jede Datenbank hat einen normalen und einen länderspezifischen Zeichensatz. Der so genannte normale Zeichensatz wird für die in Oracle befindlichen Zeichen – Datentypen wie z. B. `CHAR`, `VARCHAR2`, `CLOB` etc. – verwendet und natürlich für die Bezeichnung von Tabellen, Spalten, Variablen etc. Der länderspezifische Zeichensatz hingegen findet in den Datentypen `NCHAR`, `NVARCHAR2` und `NCLOB` seine Anwendung. Mit der Festlegung des Zeichensatzes regeln Sie die Konvertierung zwischen den Zeichensätzen innerhalb der Datenbank. Wichtig ist, dass Zeichen, die nicht durch den Zeichensatz dargestellt werden können, durch Ersatzzeichen angegeben werden. Bei der Erstellung der Datenbank sollten Sie also darauf achten, den geeigneten Zeichensatz auszuwählen. Es würde den Rahmen dieses Buches sprengen, genauer zu erläutern, welcher Zeichensatz welche Zeichen enthält. Wir empfehlen, zunächst den standardmäßig angegebenen Zeichensatz zu wählen.

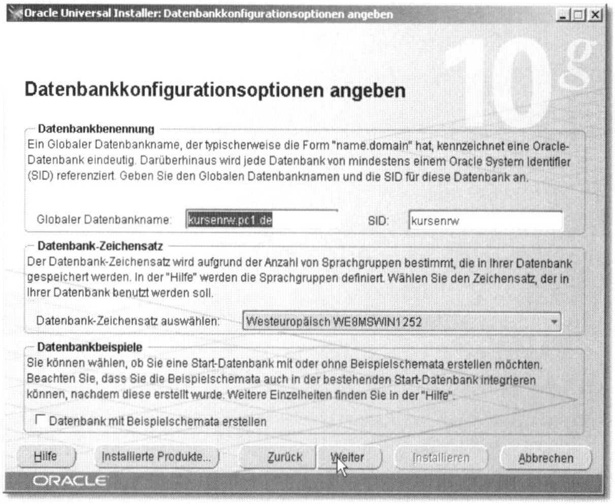

Abbildung 1.8 Datenbankkonfigurationsoption angeben

7. Den nächsten Schritt möchten wir an dieser Stelle übergehen. Wir empfehlen, erst einmal nichts einzustellen. Sie können hier Einstellungen vornehmen, wenn gewisse Ereignisse innerhalb der Datenbank eine E-Mail verursachen sollen.

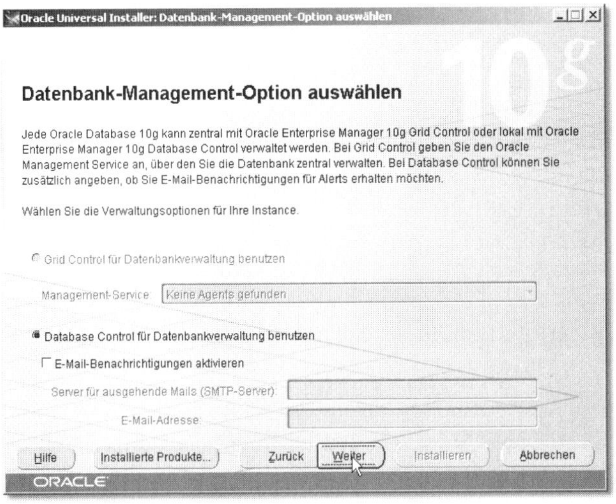

Abbildung 1.9 Datenbank-Management-Option auswählen

8. Auch beim nächsten Schritt empfehlen wir dem Programmierer, zunächst einfach die Standardeinstellungen zu übernehmen.

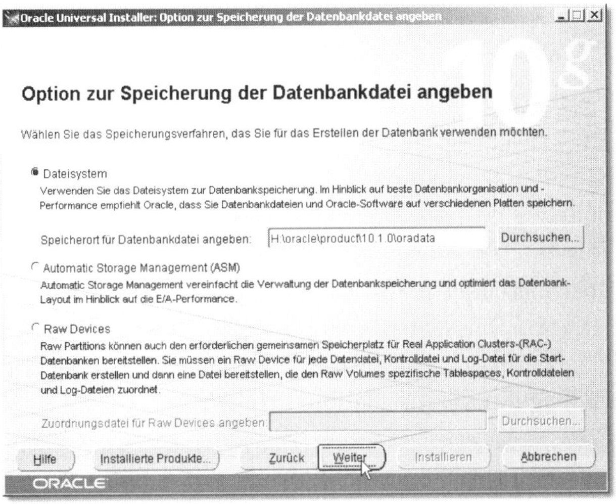

Abbildung 1.10 Option zur Speicherung der Datenbankdatei angeben

9. Auch eine ausführliche Erklärung des nächsten Schrittes würde den Rahmen dieses Buches sprengen. Somit lautet unsere Empfehlung an den Programmierer, der Oracle zum Zwecke der Programmierung installiert, die Option **Automatisierte Backups nicht aktivieren** auszuwählen.

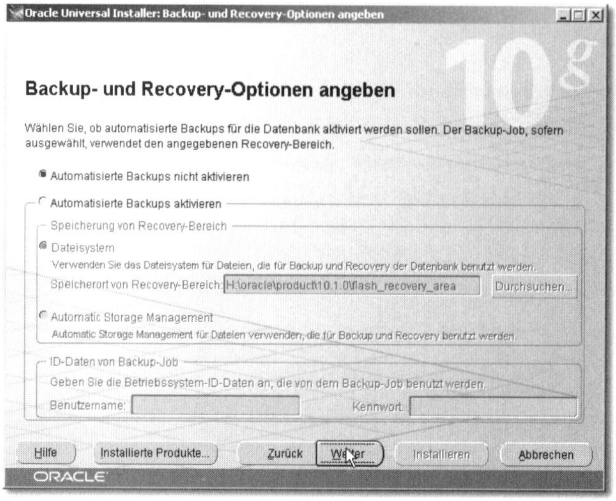

Abbildung 1.11 Backup- und Recovery-Option angeben

10. Der folgende Schritt wiederum ist enorm wichtig, da es sich hierbei um die Festlegung der Datenbankkennwörter für die einzelnen Datenbankschemata von Oracle handelt. Standardmäßig ist für den Benutzer, bzw. um im Oracle-Jargon zu sprechen, das Schema *System* mit dem Passwort `Manager` vorhanden. In Oracle 10g sollen Sie an dieser Stelle die Standardpasswörter eben standardmäßig selbst überschreiben, so dass Ihr System direkt nach der Installation bereits sicher ist und nicht von unberechtigten Personen eingesehen werden kann. Geben Sie hier Ihre Passwörter ein, und merken Sie sich diese. Optional können Sie unten wie wir die Option wählen, dass für alle Accounts dasselbe Passwort verwendet wird.
11. Darauf folgt ein Überblick über die gewählte Installation. Der erfahrene Datenbankadministrator kann sich hier mit einem Blick eine Übersicht über alle Installationsparameter verschaffen. Wenn Sie dann auf den Button **Installieren** klicken, beginnt die Installation.

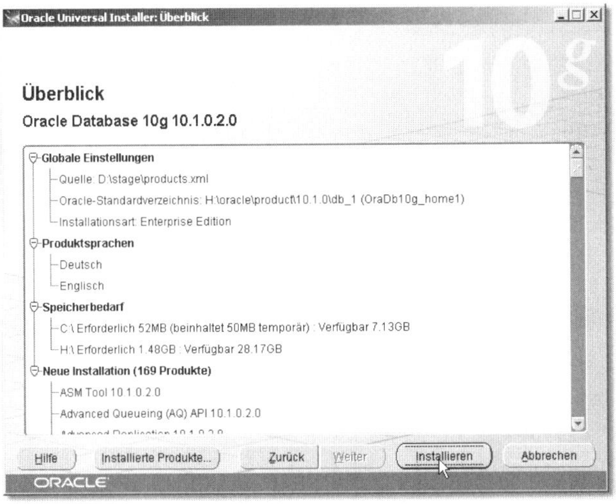

Abbildung 1.12 Überblick

12. Nun beginnt die Installation, bei der Sie etwas Geduld haben müssen. Der Fortschritt wird fortlaufend durch einen Fortschrittsbalken angezeigt.

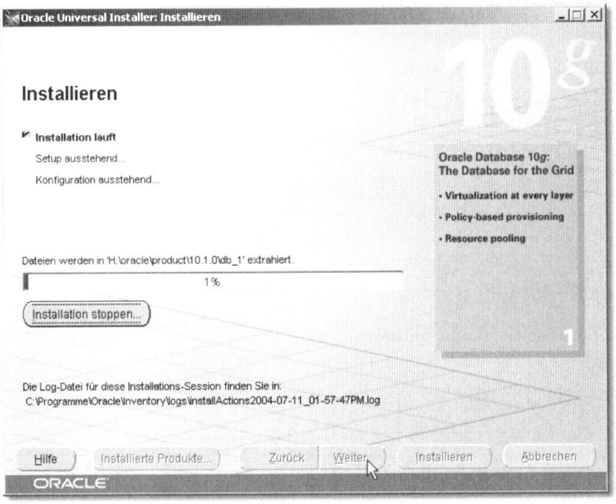

Abbildung 1.13 Installieren

13. Im Folgenden wird angezeigt, was im Einzelnen installiert beziehungsweise konfiguriert wird. Sie können diesen Vorgang jederzeit stoppen, um Änderungen vorzunehmen, was wir allerdings für Ihre Installation nicht empfehlen würden.

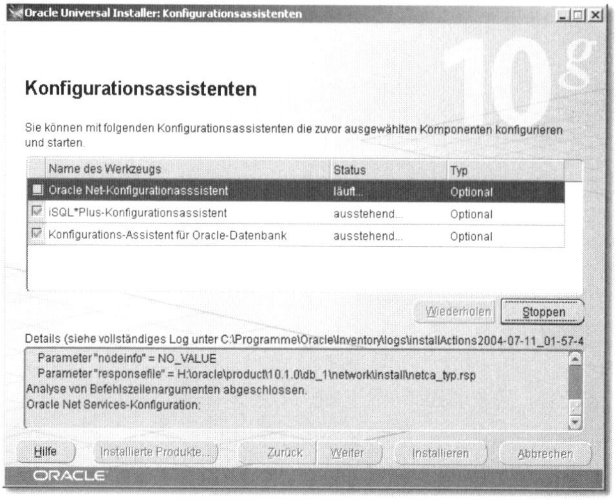

Abbildung 1.14 Konfigurationsassistenten

14. Im nächsten Schritt konfiguriert das System die Datenbankerstellung selbst. Dies ist die letzte Möglichkeit, Änderungen an der `kursenrw`, sprich an der eingegebenen Datenbank, vorzunehmen. Entsprechend haben Sie hier noch die Gelegenheit, die Kennwörter genau einzustellen. Nachfolgend sollten Sie dies auch tun, um somit Zugang zu Ihrem System zu erhalten.

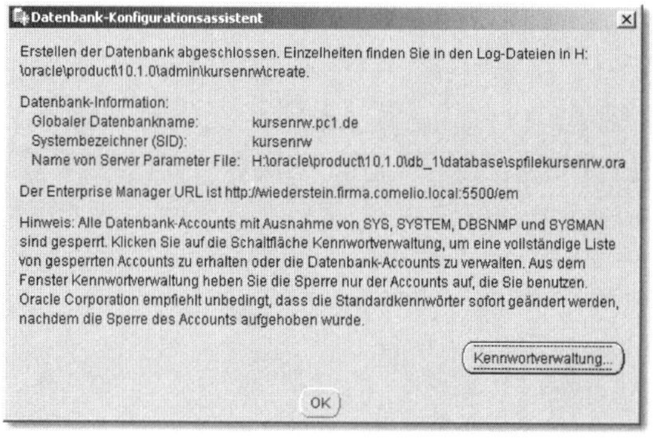

Abbildung 1.15 Datenbank-Konfigurationsassistent

15. Anschließend können Sie noch alle Kennwörter von Oracle einstellen. Es ist angebracht, sich hier strukturierte Passwörter für alle Benutzer zu entwickeln.

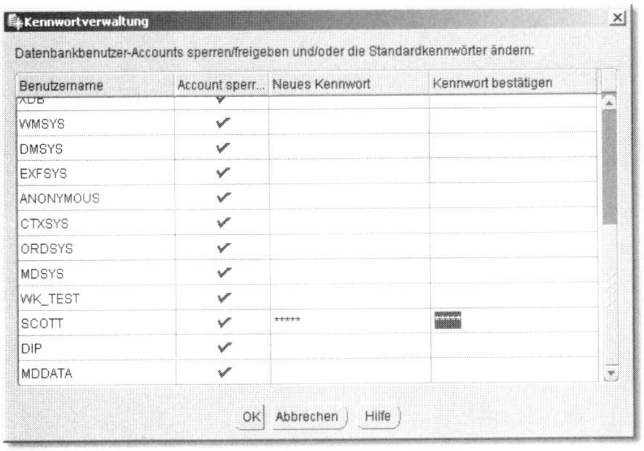

Abbildung 1.16 Kennwortverwaltung

16. In dem folgenden Dialogfeld können Sie mit Ihrem Benutzerpasswort auf die webbasierte Oberfläche des Oracle Enterprise Managers zugreifen. Mit Hilfe des Enterprise Managers können Sie verschiedene Einstellungen vornehmen, die für den Betrieb von Oracle Server oder der einzelnen Datenbanken wichtig sind. Mehr zu der Theorie darüber und über die Oracle-Architektur finden Sie noch in diesem Kapitel. Die Praxis – also, wie man Datenbanken anlegt, verwaltet und vorab Datendateien etc. anlegt – ist das Thema des nächsten Kapitels.

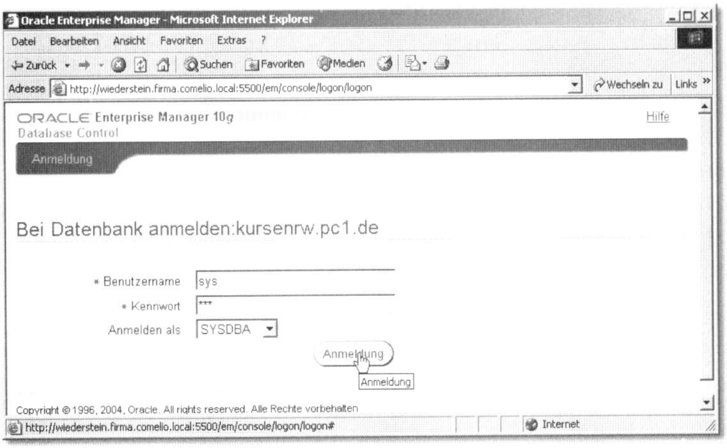

Abbildung 1.17 Oracle Enterprise Manager

17. Wenn Sie eingeloggt sind, erhalten Sie die Lizenzinformationen zu Oracle 10g, wie Abbildung 1.17 zeigt:

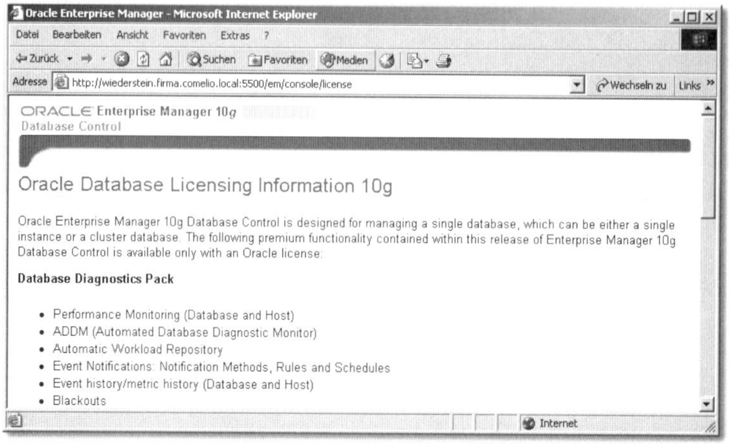

Abbildung 1.18 Oracle Database Licensing Information 10g

Nun können Sie mit der Administration Ihrer Oracle-Datenbank beginnen. Im Folgenden möchten wir Ihnen einige interessante Aspekte des Oracle-Datenbankservers vorstellen. Selbstverständlich möchten wir, wie bereits mehrfach betont, nicht umfassend erklären, wie das System administriert wird. Die Möglichkeiten von Oracle sind so überdimensional groß, dass wir uns hier schwer tun werden, dies auch nur annähernd in den nächsten Seiten in Worte zu fassen.

1.4 Grundlegende Begriffe der Oracle-Datenbank

Schon früh gab es das Bedürfnis, auch Datenbanken mit einem Client-Server-Konzept zu versehen. An dieser Stelle hat sich eine durchaus mächtige Software entwickelt, die mit so genannten Nutzerprozessen arbeitet, so dass ein vernünftiges Handling zwischen Datenbank und der Netzwerkarchitektur möglich ist. Die Technologie, mit der die Oracle Server-Datenbank im Netz agiert, nennt sich *Net8*.

1.4.1 Das Konzept des Oracle-Datenbankservers

Der Oracle Server stellt bestimmte Nutzerprozesse bereit, über die ein Clientrechner mit Hilfe von Net8 auf den Datenbankserver zugreifen kann. Auf dem Server selbst läuft eine Vielzahl von Prozessen ab, die jeweils zu den Kategorien Nutzerprozesse oder Oracle-Prozesse gehören. Diese Prozesse steuern den Zugriff eines Benutzers auf die Datenbank und den Zugriff auf den Hauptspeicher. Das Datenbankmanagementsystem von Oracle ist hier wie kein anderes parametrisierbar. Des Weiteren gibt es Prozesse, die lokal auf dem Rechner als Dienst unter Windows laufen, und es gibt Prozesse, die mit dem Oracle Net8 laufen bzw. gestartet werden. Zu diesem Thema könnte man viel mehr sagen, aber wie bereits mehrfach betont wurde, handelt es sich um ein Buch zum Thema *Programmierung* unter Oracle.

1.4.2 Physische und logische Speicherstrukturen

In diesem Abschnitt werden wir kurz erläutern, wie die Daten vom Hauptspeicher aus auf die Festplatten gespeichert werden. Sobald Sie eine Oracle-Datenbank anlegen, benötigen Sie mindestens eine Datendatei. Oracle organisiert mehrere Datenbanken zu einem Tablespace. Ein Tablespace stellt eine logische Einheit dar, die die Abspeicherung von Daten gliedert. Das bedeutet, dass Sie eine komplette Datenbank in verschiedene Bereiche unterteilen. Die Tablespaces enthalten die so genannten Schema-Objekte. Dies sind eben genau die Datentabellen, Indizes und die gespeicherten Prozeduren in Oracle. Sobald Sie nun beispielsweise eine Tabelle anlegen, müssen Sie sich entscheiden, in welchen Tablespace Sie die Tabelle legen.

Für die Schema-Objekte in Oracle gibt es wiederum die Segmente. Grundlegend verhält es sich so, dass jedes Schema-Objekt einem Segment zugeordnet ist. Für die Segmente wird der Speicher durch die *Extents* angefordert. Daraus ergibt sich der Vorteil, dass der Speicher dynamisch ausgelastet werden kann und Oracle dadurch sehr skalierbar wird. Die Extents wiederum bestehen aus den so genannten und vom Betriebssystem bereitgestellten *Datenblöcken*. Auch dieses Konzept dient der Skalierbarkeit des Systems, welches in Oracle bekanntlich hervorragend umgesetzt wird.

Angenommen, Ihre Tabelle wird nun so groß, dass der bisherige Speicherplatz nicht ausreicht, so können Sie jederzeit Datendateien in den Tablespace einbinden. Diese Datendateien können Sie wiederum auch auf anderen Festplatten speichern. Somit können Sie jederzeit durch den Einbau neuer Platten in Ihr System den Datenzuwachs in den Griff bekommen. Das Konzept der Tablespaces hat sich auch im laufenden Betrieb bewährt.

Eine weitere Dateienart, die Oracle für die Speicherung der Daten nutzt, sind die *Redo-Log-Files* für die Speicherung von Transaktionen. Daneben gibt es auch noch mindestens ein *Control-File*, das Informationen über die physische Struktur der entsprechenden Datenbank enthält.

2 Anlegen und Konfigurieren von Datenbanken

2 Anlegen und Konfigurieren von Datenbanken

Die Datenbank wird angelegt und konfiguriert.

2.1 Das Erstellen einer Datenbank

Nachdem Sie Oracle erfolgreich installiert haben, wollen Sie bestimmt sofort eine Datenbank anlegen und konfigurieren. Es gibt dazu unterschiedliche Möglichkeiten. Die einfachste besteht darin, den bei der Oracle-Installation mitgelieferten Assistenten zu benutzen. Im Gegensatz zu dem Ruf der Assistenten unter Windows ist der *Oracle Database Configuration Assistent* ein sehr gutes Werkzeug, um eine Datenbank anzulegen.

1. Sie rufen den so genannten *Database Configuration Assistant* auf, indem Sie unter **Programme · Oracle 10g_home1 · Configuration and Migration Tools** den **Database Configuration Assistant** aufrufen.

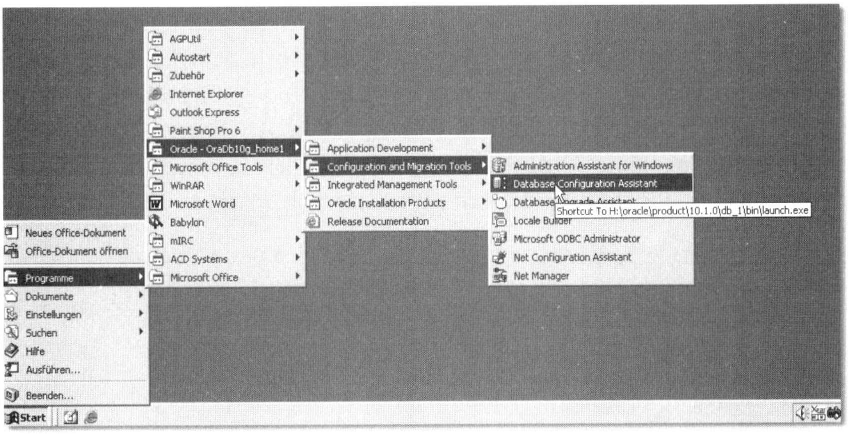

Abbildung 2.1 Aufruf des Database Configuration Assistant

2. Im zweiten Schritt startet der Assistent; hier haben Sie nicht viel zu tun. Sie können die Schaltfläche **Weiter** anklicken, und können daraufhin entsprechend auswählen, ob Sie eine Datenbank löschen, neu anlegen oder neu konfigurieren möchten.

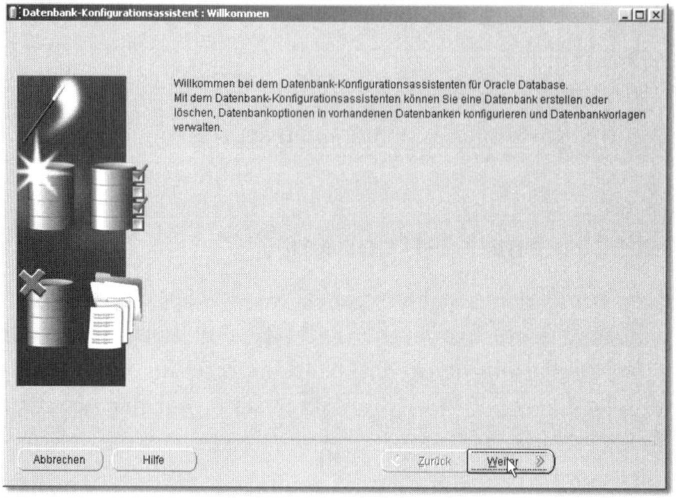

Abbildung 2.2 Der Datenbank-Konfigurationsassistent

3. Im nächsten Schritt können Sie per Optionsfeld auswählen, ob Sie die Datenbank erstellen, konfigurieren, löschen oder ob Sie Vorlagen verwalten möchten. Interessant ist hierbei der Punkt **Vorlagen**. Hier können Sie verschiedene Vorlagen verwalten, die Sie im nächsten Schritt auswählen können. Das bedeutet, dass Sie vorab bestimmte Eigenschaften voreinstellen können, die Datenbanken vor dem Generieren haben sollen. An dieser Stelle geht es um die Erstellung einer Datenbank, und von daher möchten wir uns damit begnügen, die Erstellung der Datenbank zu zeigen, die recht einfach ist.

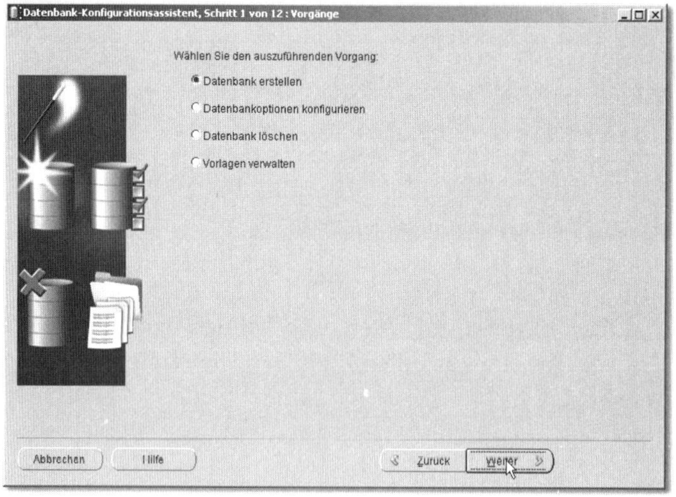

Abbildung 2.3 Datenbank erstellen, konfigurieren, löschen oder Vorlagen verwalten

4. Im nächsten Schritt können Sie aus verschiedenen Datenbankvorlagen auswählen. Hier können Sie eine entsprechend vorkonfigurierte Datenbank auswählen, die den entsprechenden Anforderungen an die Datenbanken genügt. Für unseren Fall nehmen wir die Voreinstellung für **Allgemeine Aufgaben**. Für Data Warehouse-Anwendungen gibt es auch eine Auswahlmöglichkeit. Sie können selbstverständlich auch eigene Vorlagen anlegen und diese für verschiedene Konfigurationen voreinstellen.

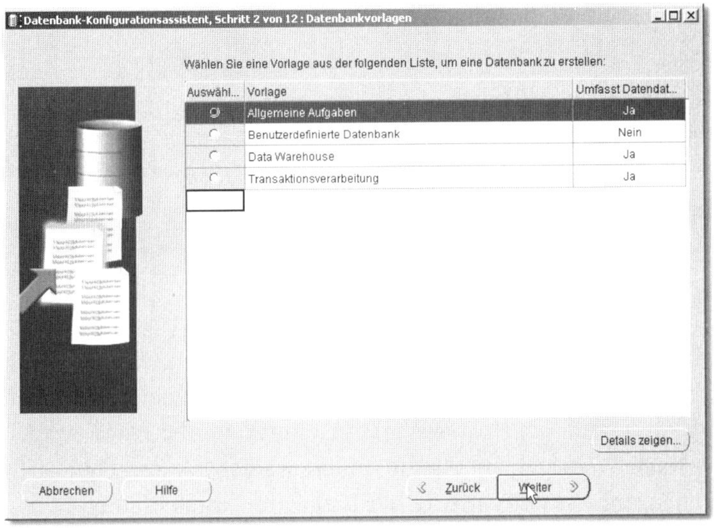

Abbildung 2.4 Datenbankvorlagen

5. Danach geben Sie die Datenbank-ID an. Hierbei ist der globale Datenbankname der Name, der im Netzwerk eindeutig referenziert werden kann. Er besteht aus dem eigentlichen Datenbanknamen und der Netzwerkdomäne beziehungsweise der Datenbankdomäne. Der Systembezeichner (SID) identifiziert eine bestimmte Instanz der Oracle Database-Software. Bei jeder Datenbank referenziert mindestens eine Instanz die Datenbank. Die SID kann ein beliebiger Name sein, der noch nicht für eine andere Instanz auf diesem Rechner benutzt wird.

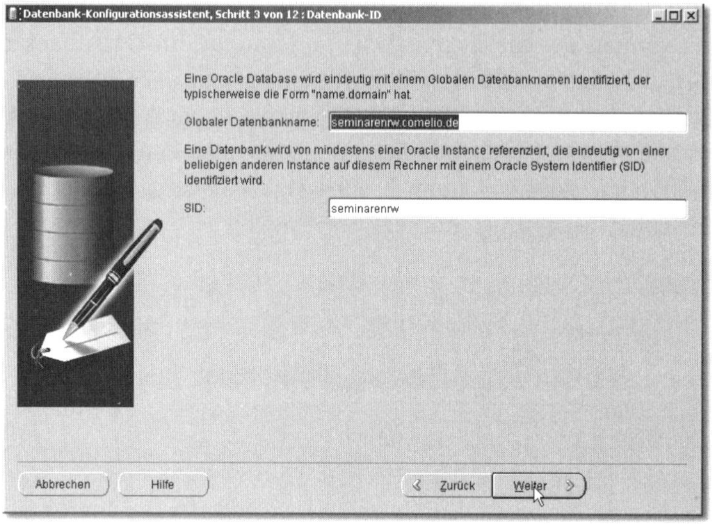

Abbildung 2.5 Datenbank-ID

6. Nun können Sie einige Verwaltungsoptionen eingeben. Wenn Sie den Datenbank-Konfigurationsassistenten ausführen, prüft dieser, ob der *Oracle Management Agent* auf dem Host-Rechner installiert wurde. Wenn der Assistent einen Oracle Management Agent findet, wählen Sie die Option **Grid Control für Datenbankverwaltung benutzen** und wählen einen Management Service aus der Dropdown-Liste. Nachdem Sie *Oracle Database* vollständig installiert haben, ist diese automatisch als verwaltetes Ziel in *Oracle Enterprise Manager Grid Control* verfügbar. Sie installieren Oracle Enterprise Manager Grid Control und die zugehörigen Komponenten von einer separaten CD-ROM, die in dem Oracle Database CD-ROM-Pack enthalten ist. Weitere Informationen über die zentrale Verwaltung von Datenbanken, Application-Servern, Hosts und anderen Komponenten Ihres Netzwerks finden Sie in der Dokumentation *Oracle Enterprise Manager Concepts*. Wenn Sie die Oracle-Umgebung nicht zentral verwalten, können Sie die Datenbank dennoch mit dem Oracle Enterprise Manager verwalten. Wenn Sie eine Oracle Database installieren, installieren Sie automatisch die Datenbank-Konsole des Oracle Enterprise Manager, die web-basierte Features zur Überwachung und Verwaltung der Single-Instance- oder Cluster-Datenbank bereitstellt, die Sie installieren. Um eine Datenbank so zu konfigurieren, dass sie mit Oracle Enterprise Manager Database Control verwaltet werden kann, wählen Sie **Database Control für Datenbankverwaltung benutzen**. Wenn Sie die Verwaltungsoption Database Control auswählen, können Sie den Enterprise Manager so konfigurieren, dass E-Mail-Benachrichtigungen sofort bei der

Installation aktiviert werden. Wählen Sie **E-Mail-Benachrichtigung aktivieren**, falls der SYSMAN-Benutzer (der Standard-Superadministrator und Eigentümer des Management Repository-Schemas) eine E-Mail-Benachrichtigung erhalten soll, wenn eine Metrik für eine bestimmte Bedingung eine kritische Stufe erreicht. Der Enterprise Manager kann z.B. eine E-Mail senden, wenn ein Ziel heruntergefahren wird oder wenn es zu Problemen bei der Platzbelegung in der Datenbank kommt. Verwenden Sie die folgende Tabelle, um die Informationen einzugeben, die erforderlich sind, damit die E-Mail-Benachrichtigungen einwandfrei funktionieren. Wenn Sie die erforderlichen Informationen auf diesem Bildschirm nicht eingeben, wird die E-Mail-Benachrichtigung bei der Installation nicht aktiviert. Sie können die Einstellungen für die E-Mail-Benachrichtigung nach Abschluss der Installation mit der Enterprise Manager-Konsole festlegen oder ändern. In der Online-Hilfe zum Enterprise Manager finden Sie weitere Informationen zu Benachrichtigungen. An dieser Stelle sollten die Erklärungen zunächst einmal reichen; bitte klicken Sie auf die Schaltfläche **weiter**.

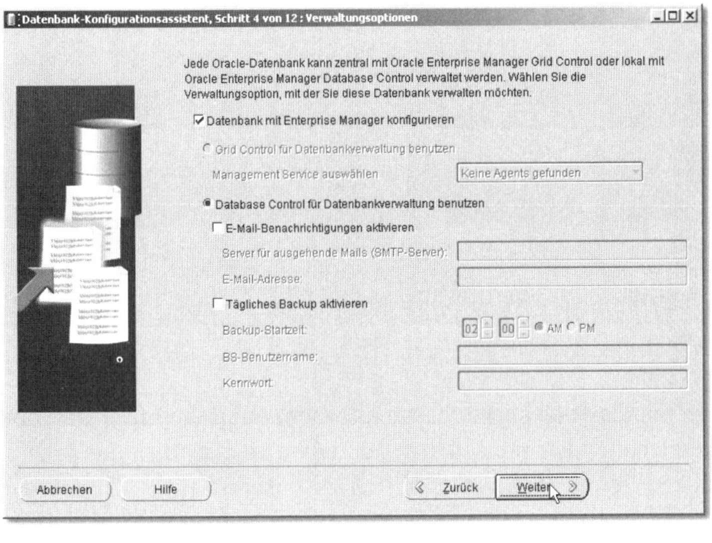

Abbildung 2.6 Verwaltungsoptionen

7. Im nächsten Schritt stellen Sie die Passwörter ein. Sie können hier zwischen zwei Optionen wählen. Zum einen können Sie ein Passwort für alle Accounts anlegen, zum anderen für jeden Account ein eigenes Password anlegen. Es gibt folgende Benutzer: Die SYS-Benutzer sind Eigentümer aller Basistabellen und Views des Data Dictionarys, auf die Benutzer zugreifen können. Kein Oracle-Benutzer darf jemals Zeilen- oder Schemaobjekte ändern (aktualisieren, löschen oder einfügen), die in dem SYS-Schema enthalten sind, weil

dadurch die Datenintegrität beeinträchtigt werden könnte. Der Sicherheitsadministrator darf niemandem Zugriff auf diesen zentralen Account gewähren. Mit dem SYSTEM-Benutzer werden zusätzliche Tabellen und Views, in denen administrative Informationen angezeigt werden, sowie interne Tabellen und Views erstellt, die von verschiedenen Oracle-Optionen und -Tools verwendet werden. Der Sicherheitsadministrator darf niemandem Zugriff auf diesen zentralen Account gewähren. Der SYSMAN-Benutzer stellt den Enterprise Manager-Superadministrator-Account dar. Der Enterprise Manager-Administator kann andere Enterprise Manager-Administrator-Accounts erstellen und ändern sowie die Datenbankinstanz selbst verwalten.

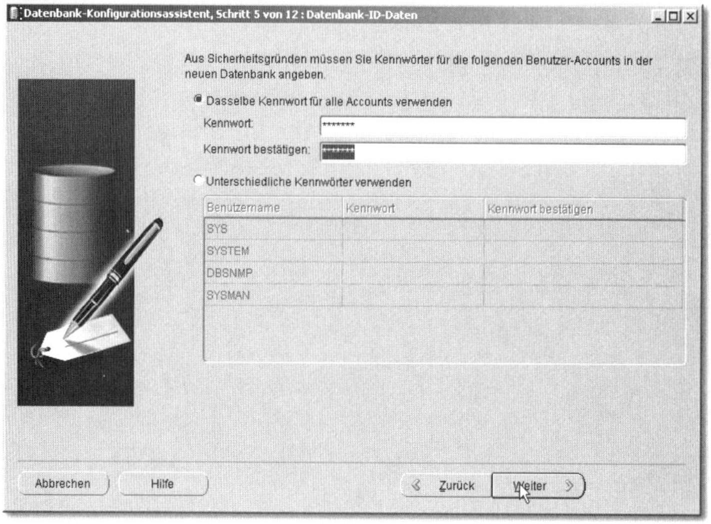

Abbildung 2.7 Datenbankkennwörter

Nun können Sie die Speicherverfahren angeben, mit denen Ihre Datenbank die Daten speichert. Als erste Möglichkeit haben Sie natürlich das ganz normale Speichersystem des Betriebssystems, in unserem Falle Windows. Die nächste Option, **Automatic Storage Management (ASM)**, ist für Cluster-File-Systeme gedacht. Bei einem Cluster-File-System kann eine Anzahl von Knoten in einem Cluster gleichzeitig auf ein bestimmtes Dateisystem zugreifen. Jeder Knoten sieht dieselben Dateien und Daten. Dies ermöglicht eine einfache Verwaltung von Daten, die knotenübergreifend benutzt werden müssen. An dieser Stelle verweisen wir wieder auf weiterführende Fachliteratur, was die anderen beiden Auswahlmöglichkeiten anbelangt. Für den Programmierer sind sie nicht weiter interessant, da es hier um die Technik geht, die in Ihrem Unternehmen eingesetzt wird. Ein **Raw Device** ist eine Platte oder ein Teil einer Platte, die nicht von einem Dateisystem verwaltet wird. Sie können diese Option jedoch nur wählen, wenn Ihre Site über mindestens so viele Raw-Disk-Partitionen wie Oracle-Datendateien verfügt. Bevor Sie Raw Devices zur Speicherung Ihrer Datenbankdateien benutzen können, müssen Sie die Raw Devices konfigurieren und identifizieren. Sie können z.B. eine Zuordnungsdatei verwenden, um das Raw Device zu identifizieren, das für jede Datenbankdatei benutzt werden soll. Weitere Informationen über das Erstellen einer ASCII-Zuordnungsdatei finden Sie in »Raw Devices für Real Application Clusters konfigurieren« in der Dokumentation *Real Application Clusters Installation and Configuration*.

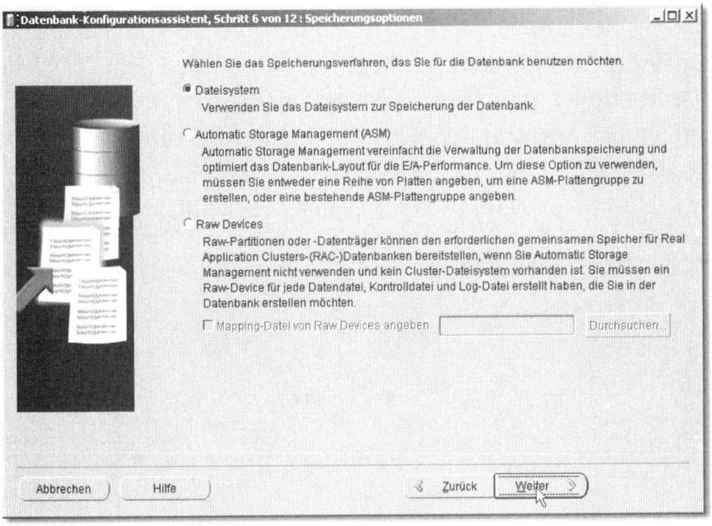

Abbildung 2.8 Speicherungsoptionen

8. Sie können anschließend die Option **Speicherort von Datenbankdateien aus Vorlage verwenden** wählen, um den vordefinierten Speicherort in der Datenbankvorlage zu verwenden, die Sie für diese Datenbank ausgewählt haben. Selbstverständlich können Sie die Namen und Speicherorte noch ändern, wenn Sie dies zu einem späteren Zeitpunkt wünschen. Den Punkt **Gemeinsamen Speicherort für alle Datenbanken verwenden** wählen Sie, um einen neuen gemeinsamen Bereich für alle Datenbankdateien anzugeben. Selbst wenn Sie diese Option wählen und einen neuen Speicherort angeben, haben Sie die Möglichkeit, die Namen und Speicherorte von Datenbankdateien im Register **Speicherung** zu überprüfen und Änderungen an diesen vorzunehmen, die später in dem Datenbank-Konfigurationsassistenten angezeigt werden. Die nächste Option, **Oracle-Managed Files verwenden,** vereinfacht die Verwaltung der Oracle-DB. Mit Oracle-Managed Files muss der Datenbankadministrator die Betriebssystemdateien, die eine

Oracle-Datenbank umfassen, nicht mehr direkt verwalten. Sie geben Vorgänge in Form von Datenbankobjekten und nicht in Form von Dateinamen an. Oracle verwendet intern Standard-Dateisystem-Schnittstellen, um Dateien nach Bedarf für Tablespaces, Redo-Log-Dateien und Kontrolldateien zu erstellen und zu löschen. Stattdessen geben Sie nur den Pfad zu dem Datenbankbereich an, der als das Root-Verzeichnis benutzt wird, in welchem die Datenbank die Datenbankdateien speichert. Wenn Sie diese Option wählen, können Sie Redo Logs und Kontrolldateien in Ihrem System spiegeln. Klicken Sie auf **Gespiegelte Redo Logs und Kontrolldateien**, um mehrere Speicherorte zu identifizieren, in denen Duplikate der Dateien gespeichert werden können. Durch die Spiegelung wird eine größere Fehlertoleranz für das Redo Log und die Kontrolldatei ermöglicht, falls es bei einem der Ziele zu einem Fehler kommt. Im Gegensatz zu den anderen Optionen auf dieser Seite können Sie bei Auswahl dieser Option keine Änderungen am Namen der Datenbankdateien im Register **Speicherung** vornehmen, das später in dem Datenbank-Konfigurationsassistenten angezeigt wird.

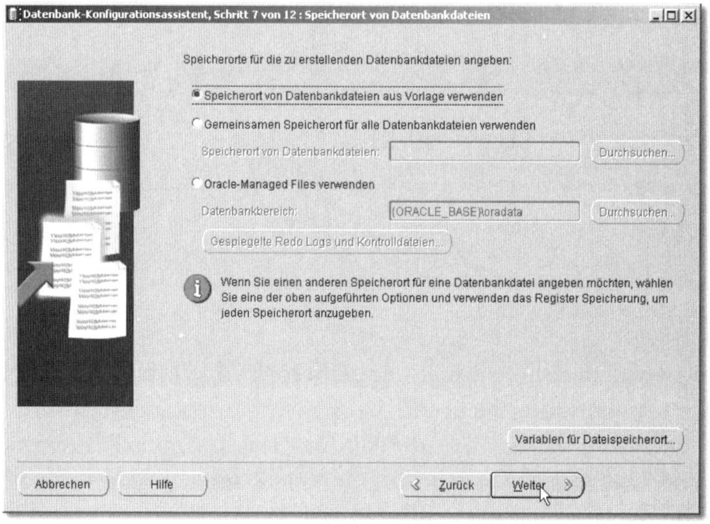

Abbildung 2.9 Speicherort von Datenbankdateien

9. Der Flash Recovery-Bereich kann benutzt werden, um Daten wiederherzustellen, die sonst bei einem Systemfehler verloren wären. Dieser Speicherort wird auch von Enterprise Manager benutzt, wenn Sie die lokale Verwaltung und tägliche Backups im Register **Verwaltungsoptionen** angegeben haben, das vorher in dem Datenbank-Konfigurationsassistenten angezeigt wurde. Der Flash Recovery-Bereich ist ein von Oracle verwaltetes Verzeichnis, Dateisystem oder eine Automatic Storage Management-Plattengruppe, die einen

zentralisierten Speicherort für Backup- und Recovery-Dateien bereitstellt. Oracle erstellt archivierte Logs in dem Flash Recovery-Bereich. Enterprise Manager kann die Backups im Flash Recovery-Bereich speichern und benutzt diesen bei der Wiederherstellung von Dateien während des Media Recoverys. Oracle Recovery-Komponenten arbeiten mit dem Flash Recovery-Bereich zusammen, um sicherzustellen, dass die Datenbank mit Dateien im Flash Recovery-Bereich vollständig wiederhergestellt werden kann. Alle Dateien, die zur Wiederherstellung der Datenbank nach einem Media-Fehler erforderlich sind, sind Bestandteil des Flash Recovery-Bereichs. Wenn Sie die Archivierung aktivieren, archiviert die Datenbank die Redo Logs. Archivierte Redo Logs können benutzt werden, um eine Datenbank wiederherzustellen, eine Standby-Datenbank zu aktualisieren oder Informationen über die Historie einer Datenbank mit dem LogMiner-Dienstprogramm zu erhalten. Die Aktivierung der Archivierung entspricht dem Einschalten des Archive Log-Modus in Oracle Enterprise Manager oder der Ausführung der Datenbank im ARCHIVELOG-Modus. Sie müssen die Archivierung aktivieren, damit die Datenbank bei einem Plattenfehler wiederhergestellt werden kann. Sie können die Standardeinstellung des Archive Log-Modus verwenden oder können auf **Parameter von Archive-Modus bearbeiten** klicken, um bestimmte Archivierungsparameter für Ihre Datenbank anzugeben.

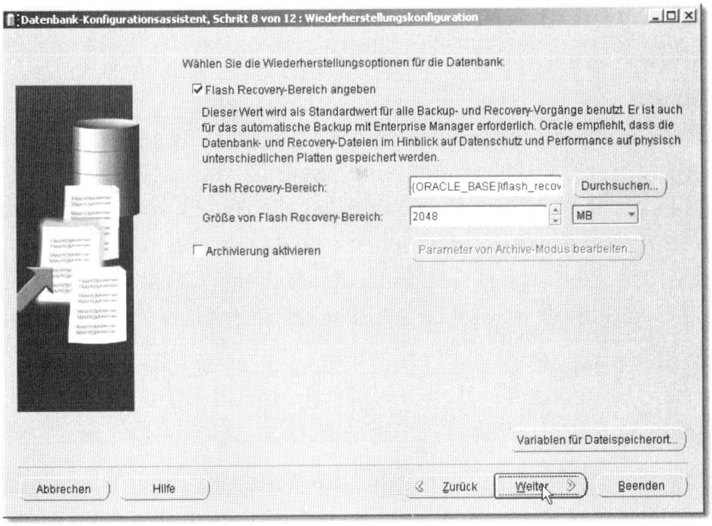

Abbildung 2.10 Wiederherstellungskonfiguration

10. Die **Beispiel-Schemata** enthalten Skripten für folgende Tabellentypen:

   - **Human Resources**
     Das Human Resources-(HR-)Schema ist ein grundlegendes relationales Datenbankschema. In dem HR-Schema sind sechs Tabellen enthalten: `Employees`, `Departments`, `Locations`, `Countries`, `Jobs` und `Job_History`. Das Schema Order Entry (OE) verfügt über Links in das HR-Schema.
   - **Order Entry**
     Das Schema Order Entry (OE) baut auf dem rein relationalen Human Relations-(HR-)Schema mit einigen objektrelationalen und objektorientierten Funktionen auf. Das OE-Schema enthält sieben Tabellen: `Customers`, `Product_Descriptions`, `Product_Information`, `Order_Items`, `Orders`, `Inventories` und `Warehouses`. Das OE-Schema verfügt über Links in das HR- und PM-Schema. Für dieses Schema sind auch Synonyme auf HR-Objekten definiert, damit der Zugriff für die Benutzer transparent wird.
   - **Product Media**
     Das Product Media-(PM-)Schema umfasst zwei Tabellen, `online_media` und `print_media`, einen Objekttyp, `adheader_typ`, und eine verschachtelte Tabelle, `textdoc_typ`. Das PM-Schema umfasst interMedia- und LOB-Spaltentypen. Hinweis: Um *interMedia Text* zu benutzen, müssen Sie einen interMedia Text-Index erstellen.
   - **Sales History**
     Das Sales History-(SH-)Schema ist ein Beispiel für ein relationales Star-Schema (mehrere Tabellen um eine zentrale Tabelle gruppiert). Es besteht aus einer partitionierten Faktentabelle `SALES` mit einem großen Bereich und fünf Dimensionstabellen: `TIMES`, `PROMOTIONS`, `CHANNELS`, `PRODUCTS` und `CUSTOMERS`. Die zusätzliche Tabelle `COUNTRIES`, die mit `CUSTOMERS` verknüpft ist, stellt ein einfaches Snowflake-Schema () dar.
   - **Queued Shipping**
     Das Queued Shipping-(QS-)Schema besteht in Wirklichkeit aus mehreren Schemata, die Meldungs-Queues enthalten.

Beispielschemata können automatisch vom Datenbank-Konfigurationsassistenten installiert werden. Sie können sie jedoch auch manuell zu einem späteren Zeitpunkt installieren. Die Schemata und Installationsinstruktionen werden im Einzelnen in der Dokumentation *Oracle Sample Schemas* beschrieben.

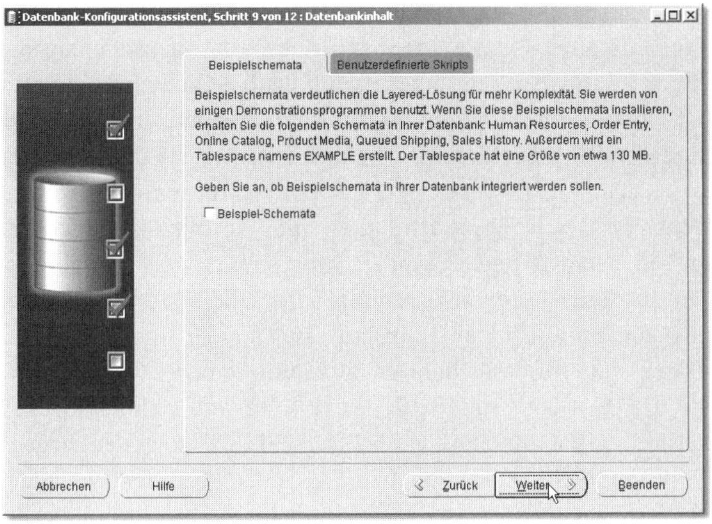

Abbildung 2.11 Datenbankinhalt

11. Als Nächstes können Sie alle Initialisierungsparameter eingeben. Damit bestimmen Sie die Speicherkapazität beim Starten des Oracle-Servers. Wenn Sie beispielsweise **Standard** verwenden, haben Sie wenig Konfigurationsaufwand nachher. Das Oracle-System entscheidet dann, wie viel Prozent des gesamten Systemspeichers genutzt werden soll. Wenn Sie sich für eine benutzerdefinierte Lösung entscheiden, haben Sie naturgemäß mehr Konfigurationsaufwand, aber auch mehr Kontrolle darüber, wie das Oracle-System den verfügbaren Systemspeicher verwendet. Es gibt mehrere Speicherstrukturen, in denen Sie Werte eingeben können. Die *System Global Area (SGA)* ist ein Speicherbereich, der Daten und Kontrollinformationen für die Oracle-Instanz enthält. Das Oracle-System initiiert beim Starten einer Instanz die SGA und hebt sie auch wieder auf, wenn die Instanz heruntergefahren wird. Alle Instanzen von Oracle verfügen über eine SGA, und der Initialisierungsparameter der SGA heißt SGA_TARGET. Die so genannte *Program Global Area (PGA)* ist ein Speicherpuffer, der Daten und die entsprechenden Kontrollinformationen für einen Serverprozess bereithält. Die PGA wird erstellt, sobald ein Serverprozess gestartet wird. Der Initialisierungsparameter der PGA heißt PGA_AGGREGATE. Im Hauptfenster können Sie die Subkomponenten der SGA einstellen, als Erstes den **Shared Pool**, der als Initialisierungsparameter **SHARED_POOL_SIZE** hat. Es handelt sich dabei um die Größe des Bereichs in Byte für Shared-SQL- und PL/SQL-Anweisungen. Wenn Sie hier hohe Werte eingeben, verbessern Sie die Performance bei einem Mehrbenutzersystem. Im *Shared Pool* sind oft

wiederkehrende Befehle zwischengespeichert. Somit sind beispielsweise Abfrageergebnisse sehr schnell in einem Mehrbenutzersystem zugänglich. Anschließend können Sie den so genannten **Buffer-Cache** bestimmen. Dieser enthält Kopien von Datenblöcken aus den Datendateien. Der Initialisierungsparameter **DB_CACHE_SIZE** gibt die Anzahl von Puffern im Datenbank-Buffer-Cache an. Die einzenen Buffer entsprechen der Größe eines Datenblocks von Oracle. Diese wird eben mit dem Initialisierungsparameter angegeben. Jeder Datenbank-Buffer kann somit einen Datenblock enthalten, der aus einer Datendatei gelesen wird. Alle Benutzerprozesse, die gleichzeitig gemeinsam bei einer Instanz angemeldet sind, haben Zugriff auf den Datenbank-Buffer-Cache. Der **Java Pool-**Speicher wird genutzt, um Daten und den Java-Code innerhalb der JVM im Server zu benutzen. Dessen Initialisierungsparameter ist JAVA_POOL_SIZE. Es folgt der **Large Pool.** Er wird vom Shared Server für den Session-Speicher benutzt. Wenn Sie den Wert nicht festlegen, berechnet Oracle automatisch einen Wert. Der Initialisierungsparameter des Large Pool lautet **LARGE_POOL_SIZE.**

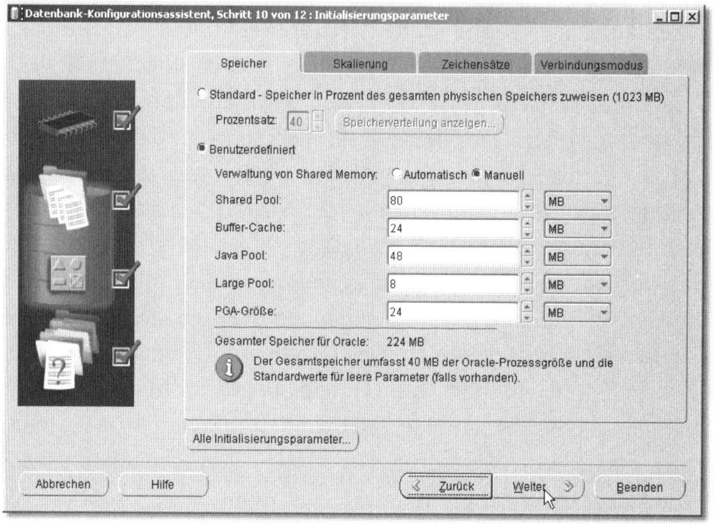

Abbildung 2.12 Initialisierungsparameter

12. Im nächsten Schritt können Sie die Speicherungsparameter für die Datenbank angeben. Hier werden durch eine Baumstruktur und eine zusammenfassende Ansicht noch einmal alle Daten angezeigt, wie zum Beispiel die Kontrolldateien, Tablespaces, Datendateien, Rollback-Segmente, Redo Log-Gruppen etc. Wenn Sie an dieser Stelle bereits die Schaltfläche **Beenden** anklicken, legt Oracle die Datenbank an. Alternativ können Sie an dieser Stelle auch noch einmal die Schaltfläche **Weiter** betätigen.

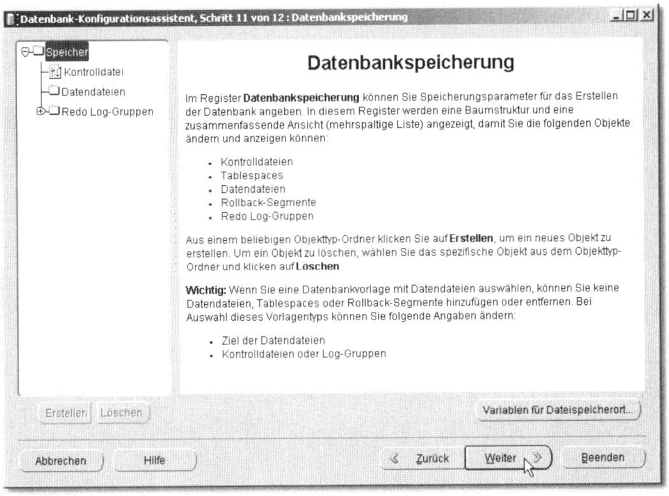

Abbildung 2.13 Datenspeicherung

13. Nun können Sie die Datenbank erstellen bzw. als Datenbankvorlage speichern.

14. Nun müsste Ihre Datenbank angelegt worden sein. Es gibt unter `H:\oracle\product\10.1.0\db_1\NETWORK\ADMIN` die so genannte `Listener.ora`-Datei. In dieser Datei steht Folgendes:

```
# listener.ora Network Configuration File: H:\oracle\product\10.
1.0\db_1\network\admin\listener.ora
# Generated by Oracle configuration tools.

SID_LIST_LISTENER =
  (SID_LIST =
    (SID_DESC =
      (SID_NAME = PLSExtProc)
      (ORACLE_HOME = H:\oracle\product\10.1.0\db_1)
      (PROGRAM = extproc)
    )
  )

LISTENER =
  (DESCRIPTION_LIST =
    (DESCRIPTION =
      (ADDRESS_LIST =
        (ADDRESS = (PROTOCOL = IPC)(KEY = EXTPROC))
```

```
      )
      (ADDRESS_LIST =
        (ADDRESS = (PROTOCOL = TCP)(HOST = wiederstein.firma.com
elio.local)(PORT = 1521))
      )
    )
  )
```

Wie man auf den ersten Blick bereits sieht, wird hier das Netzwerkprotokoll TCP mit dem Oracle Server verwoben, der Port für den Oracle Server. Es gibt noch eine weitere wichtige Datei in der gleichen Ordnerstruktur, die hier erwähnt werden sollte, die so genannte `tnsnames.ora`. Enthalten ist dort Folgendes:

```
# tnsnames.ora Network Configuration File: H:\oracle\product\10.
1.0\db_1\network\admin\tnsnames.ora
# Generated by Oracle configuration tools.

KURSENRW =
  (DESCRIPTION =
    (ADDRESS = (PROTOCOL = TCP)(HOST = wiederstein.firma.comelio
.local)(PORT = 1521))
    (CONNECT_DATA =
      (SERVER = DEDICATED)
      (SERVICE_NAME = kursenrw.pc1.de)
    )
  )

EXTPROC_CONNECTION_DATA =
  (DESCRIPTION =
    (ADDRESS_LIST =
      (ADDRESS = (PROTOCOL = IPC)(KEY = EXTPROC))
    )
    (CONNECT_DATA =
      (SID = PLSExtProc)
      (PRESENTATION = RO)
    )
  )
```

Hier werden die einzelnen Datenbanken und deren Namen verwaltet. Man kann wiederum gut am Aufbau der Datei erkennen, was die einzelnen Punkte bedeuten.

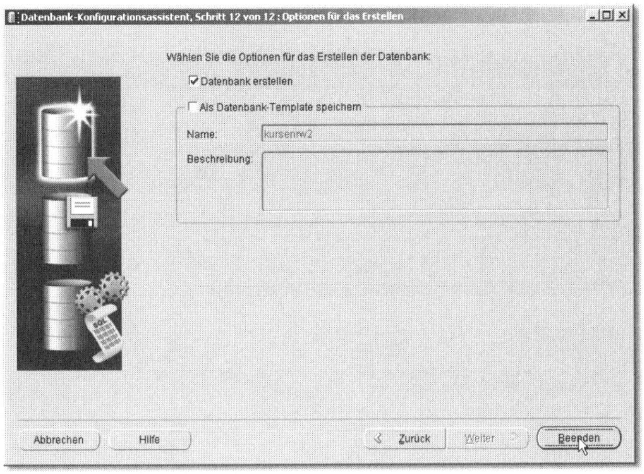

Abbildung 2.14 Optionen für das Erstellen der Datenbank

2.2 Der Enterprise Manager

Um nun erst einmal weiterarbeiten zu können, können Sie den Enterprise Manager verwenden. Hier gibt es eine Menge Unterstützung für die Administration und für die Konfiguration einer Datenbank. Sie können den Enterprise Manager wie folgt über Ihren ganz normalen Standardbrowser aufrufen: `http://wiederstein.firma.comelio.local:5500/em/console/logon/logon`. Hierbei sind der Rechnername und die Domäne, nur durch einen Punkt getrennt, aneinander gehängt, so dass wir die Anmeldeinformationen sehen können.

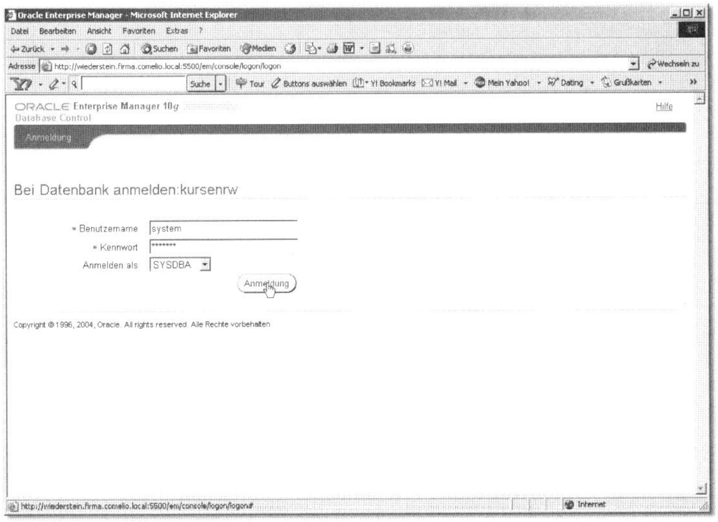

Abbildung 2.15 Oracle Enterprise Manager

Geben Sie nun Ihr entsprechendes Login und das bei der Installation der Datenbank erstellte Kennwort ein. Sie kommen dann auf eine Oberfläche, auf der Sie beim ersten Start die Lizenzbedingungen von Oracle sehen:

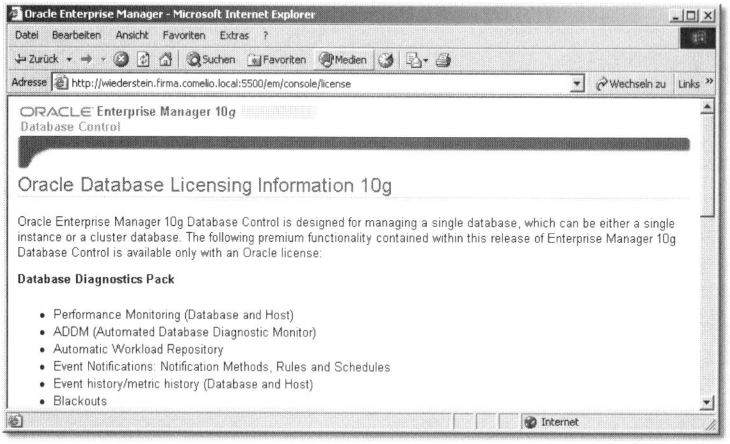

Abbildung 2.16 Oracle Database-Lizenzinformationen für die Version 10g

Dann kommen Sie endlich auf die Oberfläche des Oracle Enterprise Manager, mit dessen Hilfe Sie das Oracle-System nun konfigurieren können.

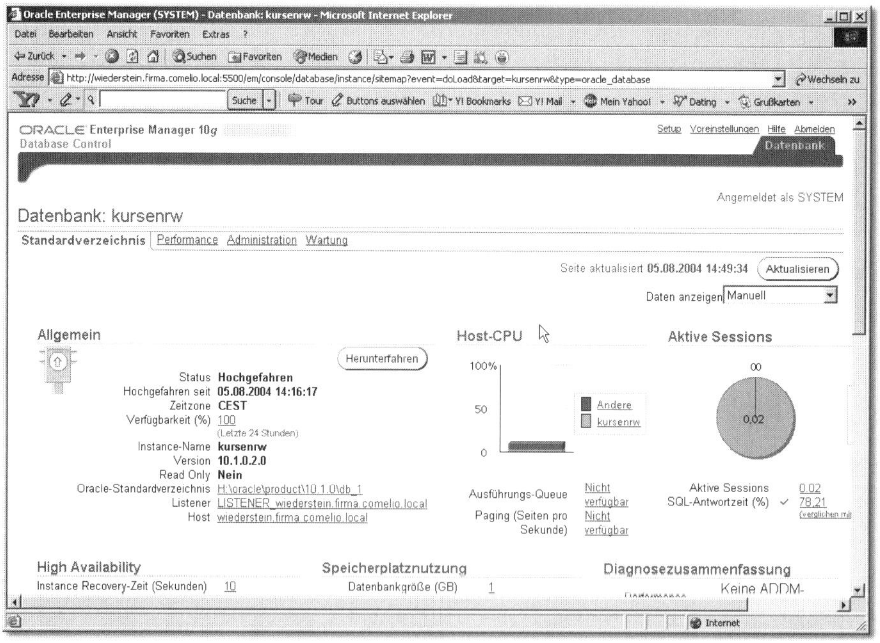

Abbildung 2.17 Oracle Enterprise Manager

Auf die ganzen Möglichkeiten des Oracle Enterprise Manager an dieser Stelle einzugehen, macht keinen Sinn.

2.3 Oracle SQL*Plus

Mit einem Oracle-Programm namens *Oracle SQL*Plus* können Sie nun endlich Ihre SQL-Befehle absetzen. In der Version 9i wurde es standardmäßig einfach mit installiert. Bei der Version 10g müssen Sie es explizit bei Oracle herunterladen, wenn Sie es nutzen möchten. Selbstverständlich ist es automatisch auf den CDs von Oracle enthalten. Sie finden dieses Programm unter: **Start · Programme · Oracle-OraDb10g-Application Development-SQL*Plus.** Für alle nachfolgenden Eingaben werden wir uns des Programms *SQL*Plus* bedienen.

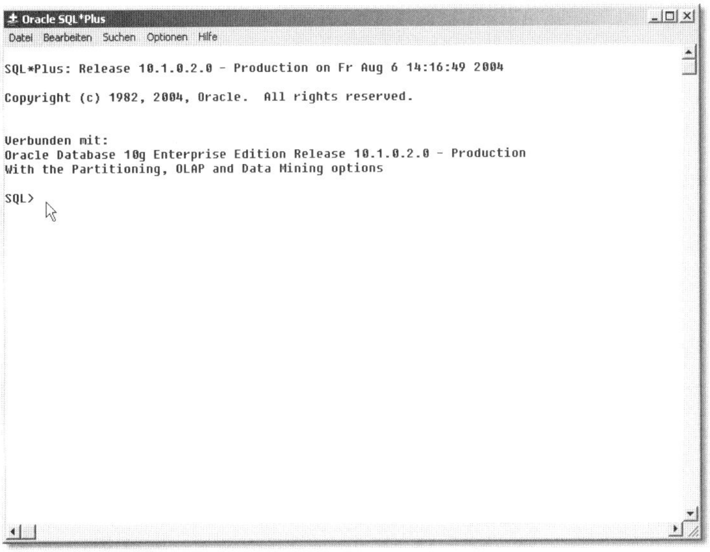

Abbildung 2.18 Oracle SQL*Plus

2.4 Die Datendefinitionen

Nun haben Sie eine Datenbank erfolgreich erstellt. Natürlich sind wir an dieser Stelle noch nicht fertig: Es fehlen die Struktur der Datenbank und die Datensätze. In diesem Zusammenhang fällt das Wort *Datenbankentwurf*. Dieser Entwurf sollte gut geplant und von Fachleuten durchgeführt werden. Bereits ein kleiner Fehler im Datenbankdesign kann dazu führen, dass grobe Fehler in den Abfragen entstehen beziehungsweise die Datenbank nicht mehr dauerhaft in einem konsistenten Zustand ist. Über die Normalisierung zu sprechen würde unserer Ansicht nach wieder einmal zu weit führen. Das ist kein Thema, das speziell Oracle betrifft, sondern für alle Datenbanken gilt. Wir begnügen uns damit aufzuzeigen, wie Sie Tabellen in Oracle anlegen, sie strukturieren, Indizes erstellen und Ähnliches.

2.4.1 Tabellen und Sichten anlegen

Als Nächstes möchten wir Ihnen zeigen, wie Sie Tabellen anlegen. Obwohl dies generell gut über die Oberfläche des Oracle Enterprise Manager geht, möchten wir uns darauf beschränken, Ihnen dies per SQL zu zeigen.

Dazu verwenden wir das Programm *SQL Plus Worksheet*, das unter dem Punkt **Application Development** zu finden ist. Nach einer ausführlichen Planung erfolgt letztendlich die Umsetzung in Tabellen.

Zunächst möchten wir Ihnen ein entsprechendes ER-Diagramm zeigen. Es geht um eine Kursverwaltung, die wir vorab für dieses Buchprojekt entwickelt haben. Ein ER-Diagramm (ER: Entity Relationship) ist eine visuelle Darstellung einer Datenbank mit den verschiedenen Tabellen und deren Beziehungen untereinander. Sie sollten, bevor Sie Tabellen erstellen, ein solches völlig durchdachtes und strukturiertes Modell geplant und erstellt haben. Es gibt mehrere sinnvolle Programme für die Erstellung des ER-Modells. Eines davon ist *MS Visio*, das alle Möglichkeiten bietet. Auch gibt es solche Tools z.B. *ERWIN*, oder sogar eines von Oracle selbst, das aber, so finden wir, im Moment nicht sehr praktikabel, dafür aber teuer ist. Viele Programme dieser Art bieten die grafische Erstellung von den Tabellen und deren Beziehungen. Oftmals bieten sie zudem die Funktion, die Tabellen dann über die Programmoberfläche anzulegen.

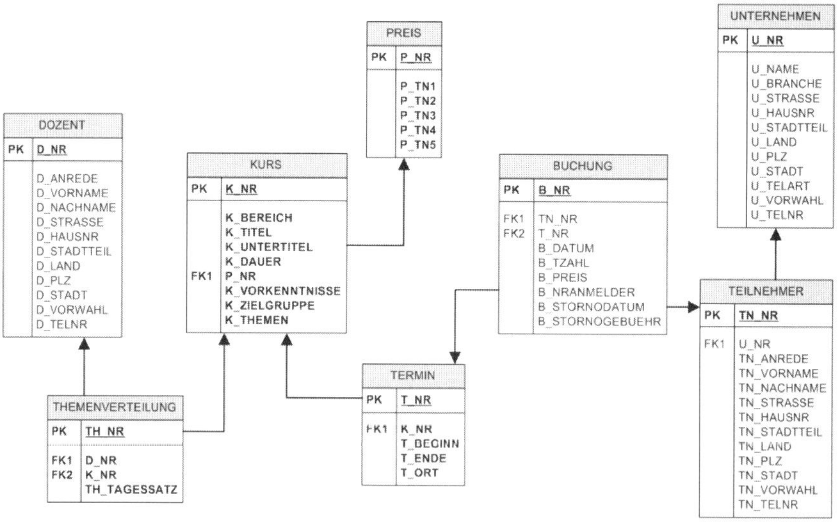

Abbildung 2.19 ER-Diagramm der kursenrw-Datenbank

Nun geht es um die direkte Umsetzung für die Datenbank. Fangen wir hier bei der Tabelle `Unternehmen` an. Folgende Situation tritt ein: Ein Unternehmen möchte mehrere Teilnehmer zu einer Firmenschulung schicken. Wenn man die Normalisierung der Tabellen berücksichtigt, sind die Unternehmen selbst und die Teilnehmer jeweils für sich genommen jeweils in einer Tabelle unterzubringen.

Fangen wir mit der Tabelle `Unternehmen` an, die mit folgendem SQL-Befehl angelegt wird:

```
CREATE TABLE "SCOTT"."UNTERNEHMEN"
("U_NR"          NUMBER(5) NOT NULL,
 "U_NAME"        VARCHAR2(200),
 "U_BRANCHE"     VARCHAR2(100),
 "U_STRASSE"     VARCHAR2(30),
 "U_HAUSNR"      VARCHAR2(5),
 "U_STADTTEIL"   VARCHAR2(30),
 "U_LAND"        VARCHAR2(2),
 "U_PLZ"         NUMBER(5),
 "U_STADT"       VARCHAR2(30),
 "U_TELART"      VARCHAR2(10),
 "U_VORWAHL"     NUMBER(10),
 "U_TELNR"       NUMBER(10),
  PRIMARY KEY("U_NR"))
  TABLESPACE "USERS";
```

Die Anweisung beginnt mit `CREATE TABLE`, gefolgt von dem Tabellenbesitzer und dann, durch einen Punkt getrennt, dem Tabellennamen. Dies ist notwendig, um die Daten eindeutig einem Schema zuzuordnen. Normalerweise ist der Schemaname der gleiche Name wie der Name des Eigentümers. Danach kommt, eingeschlossen in einer Klammer, die Tabelle. Innerhalb der Klammer werden die einzelnen Felder durch Kommata voneinander getrennt. Als Erstes steht immer in einer Zeile der Feldname, dann folgen der Datentyp und in einer Klammer (je nach Datentyp) die Anzahl der Zeichen, die aufgenommen werden kann. Im ersten Fall steht dahinter noch `NOT NULL`. Das bedeutet, dass in einem neuen Datensatz der Wert für dieses Feld angegeben werden muss. Darunter folgt die Angabe des `PRIMARY KEY` in Klammern, danach der entsprechende Feldname der Tabelle. Somit legen Sie den eindeutigen Datensatzbezeichner für diese Tabelle fest. Die `TABLESPACE`-Anweisung bestimmt nur den entsprechenden Tablespace auf dem Computer, in dem die Tabelle angelegt werden soll.

Als Nächstes zeigen wir Ihnen die Erstellung der Tabelle `Teilnehmer`:

```
CREATE TABLE "SCOTT"."TEILNEHMER"
("TN_NR"          NUMBER(4)     NOT NULL,
 "U_NR"           NUMBER(5),
 "TN_ANREDE"      VARCHAR2(5),
 "TN_VORNAME"     VARCHAR2(20),
 "TN_NACHNAME"    VARCHAR2(30),
 "TN_STRASSE"     VARCHAR2(40),
 "TN_HAUSNR"      VARCHAR2(5),
 "TN_STADTTEIL"   VARCHAR2(30),
 "TN_LAND"        VARCHAR2(2),
 "TN_PLZ"         NUMBER(5),
 "TN_STADT"       VARCHAR2(30),
 "TN_VORWAHL"     NUMBER(10),
 "TN_TELNR"       NUMBER(10),
  PRIMARY KEY("TN_NR"),
  FOREIGN KEY("U_NR")
    REFERENCES "SCOTT"."UNTERNEHMEN"("U_NR"))
  TABLESPACE "USERS";
```

Grundsätzlich ist das ähnlich wie die andere Tabelle. Was bei dieser Tabelle neu ist, ist der `FOREIGN KEY`. Dieser stellt den Fremdschlüssel für eine Tabelle dar, auf die mit `REFERENCES` verwiesen wird. Somit taucht hier der Fremdschlüssel auf, der dem Primärschlüssel der soeben erstellten Tabelle `Unternehmen` zugeordnet wird.

Die nächste Tabelle, `Buchung`, enthält zwei `Foreign Keys`, wobei einer sich auf die Tabelle `Teilnehmer` bezieht, der andere auf die Tabelle `Termin`, die wir als Nächstes erstellen werden. Nun kann für einen Teilnehmer eine Buchung für einen bestimmten Termin vorgenommen werden.

```
CREATE TABLE "SCOTT"."BUCHUNG" (
 "B_NR"              NUMBER(6)        NOT NULL ,
 "TN_NR"             NUMBER(4),
 "T_NR"              NUMBER(4),
 "B_DATUM"           DATE,
 "B_TZAHL"           NUMBER(1),
 "B_PREIS"           NUMBER(10, 2),
 "B_NRANMELDER"      NUMBER(5),
 "B_STORNODATUM"     DATE,
 "B_STORNOGEBUEHR"   NUMBER(10, 2),
```

```
  PRIMARY KEY ( "B_NR" ),
  FOREIGN KEY("TN_NR")
   REFERENCES "SCOTT"."TEILNEHMER"("TN_NR"),
  FOREIGN KEY("T_NR")
   REFERENCES "SCOTT"."TERMIN"("T_NR"))
 TABLESPACE "USERS";
```

Als Nächstes legen wir die Tabelle `Buchung` an. Dies ist zunächst selbsterklärend.

```
CREATE TABLE "SCOTT"."BUCHUNG" (
 "B_NR"              NUMBER(6)      NOT NULL ,
 "TN_NR"             NUMBER(4),
 "T_NR"              NUMBER(4),
 "B_DATUM"           DATE,
 "B_TZAHL"           NUMBER(1),
 "B_PREIS"           NUMBER(10, 2),
 "B_NRANMELDER"      NUMBER(5),
 "B_STORNODATUM"     DATE,
 "B_STORNOGEBUEHR" NUMBER(10, 2),
  PRIMARY KEY ( "B_NR" ),
  FOREIGN KEY("TN_NR")
   REFERENCES "SCOTT"."TEILNEHMER"("TN_NR"),
  FOREIGN KEY("T_NR")
   REFERENCES "SCOTT"."TERMIN"("T_NR"))
 TABLESPACE "USERS";
```

Es folgt das Anlegen der Tabelle `Termin`:

```
CREATE TABLE "SCOTT"."TERMIN"
("T_NR"     NUMBER(4) NOT NULL,
 "K_NR"     NUMBER(7) NOT NULL,
 "T_BEGINN" DATE      NOT NULL,
 "T_ENDE"   DATE      NOT NULL,
 "T_ORT" VARCHAR2(20) NOT NULL,
  PRIMARY KEY("T_NR"),
  FOREIGN KEY("K_NR")
    REFERENCES "SCOTT"."KURS"("K_NR"),   CHECK(T_Beginn<=T_
Ende))
  TABLESPACE "USERS";
```

Was Sie hier an dieser Stelle vorfinden, ist die so genannte `CHECK`-Bedingung. Damit können Sie angeben, welchen Bedingungen die Eingaben für ein Feld in einem Datensatz entsprechen müssen. Sie können also mit dieser Bedingung einen Wert zwischen gewissen Werten halten oder Ähnliches.

Als Nächstes zeigen wir Ihnen die Tabelle `Kurs`:

```
CREATE TABLE "SCOTT"."KURS"
("K_NR"              NUMBER(7)      NOT NULL,
 "K_BEREICH"         VARCHAR2(30)   NOT NULL,
 "K_TITEL"           VARCHAR2(30)   NOT NULL,
 "K_UNTERTITEL"      VARCHAR2(40)   NOT NULL,
 "K_DAUER"           NUMBER(1)      NOT NULL,
 "P_NR"              NUMBER(2)      NOT NULL,
 "K_VORKENNTNISSE"   VARCHAR2(150)  NOT NULL,
 "K_ZIELGRUPPE"      VARCHAR2(50)   NOT NULL,
 "K_THEMEN"          VARCHAR2(600)  NOT NULL,
  PRIMARY KEY("K_NR"),
  FOREIGN KEY("P_NR")
    REFERENCES "SCOTT"."PREIS"("P_NR"),
  CHECK(K_Dauer>0))
  TABLESPACE "USERS";
```

Auch hier gibt es wieder eine `CHECK`-Bedingung. In diesem Falle bestimmt sie, dass nur Werte für eine Kursdauer erlaubt sind, die größer als 0 sind. Ansonsten enthält die Tabelle einen Fremdschlüssel zur Tabelle `Preis`.

Die Tabelle `Preis` sieht folgendermaßen aus:

```
CREATE TABLE "SCOTT"."PREIS"
("P_NR"  NUMBER(2)    NOT NULL,
 "P_TN1" NUMBER(6, 2) NOT NULL,
 "P_TN2" NUMBER(6, 2) NOT NULL,
 "P_TN3" NUMBER(6, 2) NOT NULL,
 "P_TN4" NUMBER(6, 2) NOT NULL,
 "P_TN5" NUMBER(6, 2) NOT NULL,
  PRIMARY KEY("P_NR"),
  CHECK(P_TN1>P_TN2),
  CHECK(P_TN2>P_TN3),
  CHECK(P_TN3>P_TN4),
  CHECK(P_TN4>P_TN5))
  TABLESPACE "USERS";
```

Dort sind wieder mehrere `CHECK`-Bedingungen zu finden. Das Schulungsunternehmen möchte sicherstellen, dass es pro Teilnehmer günstiger wird, wenn ein Unternehmen mehr als nur einen Teilnehmer zu einem Seminar schickt. Dazu muss der Einzelpreis für zwei Teilnehmer immer kleiner sein als der Einzelpreis für einen Teilnehmer. Somit sind diese Checkbedingungen eingebracht worden, um sicherzustellen, dass niemals ein Preis für mehrere Teilnehmer größer ist als der Preis für weniger Teilnehmer.

Als Nächstes erstellen wir die Tabelle `Themenverteilung`:

```
CREATE TABLE "SCOTT"."THEMENVERTEILUNG"
("TH_NR"          NUMBER(4)     NOT NULL,
 "D_NR"           NUMBER(4)     NOT NULL,
 "K_NR"           NUMBER(7)     NOT NULL,
 "TH_TAGESSATZ"   NUMBER(6, 2)  NOT NULL,
  PRIMARY KEY("TH_NR"),
  FOREIGN KEY("D_NR")
    REFERENCES "SCOTT"."DOZENT"("D_NR"),
  FOREIGN KEY("K_NR")
    REFERENCES "SCOTT"."KURS"("K_NR"))
 TABLESPACE "USERS";
```

Diese birgt derzeit keine neuen Besonderheiten.

Die letzte Tabelle, die wir für die Datenbank im Folgenden noch benötigen, ist die Tabelle `Dozent`:

```
CREATE TABLE "SCOTT"."DOZENT"
("D_NR"          NUMBER(4) NOT NULL,
 "D_ANREDE"      VARCHAR2(5),
 "D_VORNAME"     VARCHAR2(20),
 "D_NACHNAME"    VARCHAR2(30),
 "D_STRASSE"     VARCHAR2(40),
 "D_HAUSNR"      VARCHAR2(5),
 "D_STADTTEIL"   VARCHAR2(30),
 "D_LAND"        VARCHAR2(2),
 "D_PLZ"         NUMBER(5),
 "D_STADT"       VARCHAR2(30),
 "D_VORWAHL"     NUMBER(10),
 "D_TELNR"       NUMBER(10),
  PRIMARY KEY("D_NR"))
  TABLESPACE "USERS";
```

Nun können Sie natürlich auch die ganzen Tabellen ändern. Dazu benötigen Sie den `ALTER TABLE`-Befehl. Mit diesem Befehl ändern Sie nicht etwa die Tabellendaten, sondern die Struktur der Tabelle. Man nennt dieses Schemaevolution, da die Tabellen sich somit erweitern. Möchten Sie zum Beispiel einfach eine weitere Spalte hinzufügen, können Sie folgenden Befehl anwenden:

```
ALTER TABLE "SCOTT"."DOZENT" ADD ("Postfach");
```

Durch das ADD wird die Tabelle um ein Feld erweitert – in diesem Fall um das Feld Postfach. Probleme gibt es immer dann, wenn Sie ein Feld hinzufügen, das eine NOT NULL-Bedingung beinhalten soll. Diese Bedingung würde naturgemäß sofort verletzt, sofern bereits Daten enthalten sind.

Nun kann man noch vorhandene Spalten vergrößern:

```
ALTER TABLE "SCOTT"."DOZENT" MODIFY ("D_VORNAME"  VARCHAR2(40),
```

Umgekehrt ist es allerdings nicht möglich, Felder kleiner zu machen. Es können mit dem Befehl allerdings auch Default-Werte festgelegt werden.

Zudem gibt es noch die DROP TABLE-Anweisung. Beim Durchführen werden die Tabellen, alle Daten, alle Indizes und Zugriffsberechtigungen gelöscht:

```
DROP TABLE "SCOTT"."DOZENT";
```

Die nächste Frage, die Sie sich sicherlich schon seit langem stellen, lautet, wie die Daten denn nun in die Tabellen hineinkommen. Dazu benötigen wir natürlich den INSERT INTO-Befehl.

Das folgende einfache Beispiel zeigt, wie man Daten in die Tabelle Unternehmen schreibt:

```
INSERT INTO "SCOTT"."UNTERNEHMEN" ("U_NR" ,"U_NAME" ,"U_
BRANCHE" ,
    "U_STRASSE" ,"U_HAUSNR" ,"U_STADTTEIL" ,"U_LAND" ,"U_PLZ" ,
    "U_STADT" ,"U_TELART" ,"U_VORWAHL" ,"U_TELNR" )
    VALUES (1 ,'Comelios GmbH' ,'Seminare' ,'Rellinghauser
            Straße',
    '10' ,'Mitte' ,'NRW' ,45128 ,'Essen' ,'Festnetz' ,0201 ,
    437517 0  )
```

Hinter dem Tabellennamen folgt in Klammern eine Auflistung der Spalten, in die etwas eingefügt werden soll. Die Reihenfolge ist hierbei wichtig, und es spielt keine Rolle, wie die Spalten in der Tabelle wirklich angeordnet sind. Wichtig ist es, hinter dem Stichwort VALUE die Daten in der gleichen Reihenfolge anzugeben. Möchten Sie grundsätzlich alle Werte, die in der Tabelle enthalten sind, eingeben, können Sie die Klammer hinter dem Tabellennamen und deren Inhalt komplett weglassen. Dann müssen Sie sich bei der Eingabe der Werte allerdings strikt an die Reihenfolge in der Tabelle halten. Bei den Werten selbst müssen Sie natürlich auf alle Einschränkungen achten und darauf, dass Strings immer in die so genannten Singlequotes eingeschlossen werden müssen, während Zahlen einfach so eingegeben werden können.

Wir haben übrigens bewusst einen Fehler in dem vorherigen Datensatz eingebaut. Änderungen müssen natürlich nicht immer durch Fehler verursacht sein, es kann ja auch sein, dass eine Firma oder ein Teilnehmer umgezogen ist. Wenn wir also innerhalb eines Datensatzes etwas ändern möchten, müssen wir den Befehl `UPDATE` nutzen:

```
UPDATE "SCOTT"."UNTERNEHMEN"
    SET "U_NAME" = 'Comelio GmbH'
    WHERE  "U_NR" = 1;
```

Dies wird Ihren Fehler beheben. Die nachgeschaltete `WHERE`-Klausel bewirkt, dass die Änderungen sich nur dort auswirken, wo die Bedingungen der `WHERE`-Klausel gültig sind. Im dritten Kapitel ist beschrieben, wie man die Operatoren einsetzt und welche es insgesamt gibt. Wenn Sie die Zeile so eingeben und danach in den Enterprise Manager von Oracle schauen, werden Sie die Änderung nicht verifizieren können. Es fehlt nämlich noch eine Zeile:

```
COMMIT;
```

Auf diese Weise werden die Befehle wirklich ausgeführt und die Änderungen dauerhaft in die Datenbank übernommen.

Als Nächstes möchten Sie beispielsweise eine Zeile innerhalb einer Tabelle löschen. Dies können Sie einfach mit der `DELETE`-Anweisung tun:

```
DELETE FROM "SCOTT"."UNTERNEHMEN"

    WHERE  "U_NR" = 1;
```

Dies ist im Prinzip leicht verständlich. Dieser Befehl löscht den Datensatz wobei die `U_NR` den Wert 1 aufweist. Damit könnte man auch mehrere Zeilen aktualisieren oder löschen, die auch `U_NR = 1` besitzen. Da hier aber ein Primärschlüssel vorliegt, kann hier nur ein Datensatz gelöscht werden.

Kommen wir nun zu den *Sichten*. Sichten sind abgespeicherte Abfragen, die einen Ausschnitt aus einer oder mehreren Tabellen anzeigen. Sichten zeigen im Gegensatz zu Snapshots immer die aktuellen Daten in der Datenbank. Diese Daten kommen aus einer Abfrage, die Sie, wie bereits angedeutet wurde, abspeichern:

```
CREATE VIEW U_Teilnehmer AS
SELECT * FROM Unternehmen;
```

So etwas macht in der Praxis wenig Sinn, aber selbstverständlich können Sie auch andere, wesentlich komplizierte Abfragen einsetzen.

Sichten benötigen keinen physischen Speicherplatz, da sie virtuelle Tabellen sind. Dadurch kann man natürlich auch einen besseren Datenschutz gewährleisten. Sehr ähnlich funktionieren die so genannten *Snapshots*.

Diese werden im aktuellen Zustand aufgenommen und beinhalten nur die Daten, die zu dem Zeitpunkt der Erstellung des Snapshots aktuell waren.

Hier ein kleines Beispiel:

```
CREATE SNAPSHOT U_Teilnehmer AS
SELECT * FROM Unternehmen;
```

Kommen wir zu einem weiteren Thema, nämlich den *Synonymen*. Diese kann man auf Tabellen und Sichten anwenden. Durch ein Synonym kann man lange Ausdrücke verhindern. Zum Beispiel müssen Sie ja immer den Umweg über `Scott.Buchungen` gehen, wenn Sie eine Tabelle ansprechen möchten. Ein Synonym würde für alle Benutzer der Tabelle eine einheitliche Eingabe gewähren:

```
CREATE SYNONYM Buchungen for Scott.Buchungen;
```

Dadurch vereinfacht sich der Schreibaufwand für Abfragen ungemein. Es gibt zudem die Möglichkeit, wie in der objektorientierten Programmierung, ein Synonym privat oder öffentlich zu machen. Bei einem privaten Synonym ist es nur für den erstellenden Benutzer sichtbar, bei einem öffentlichen Synonym steht es allen Datenbankbenutzern zur Verfügung.

3 Abfragen und Analysen

3

3 Abfragen und Analysen

Nichts scheint bei der Verwendung von Datenbanken wichtiger zu sein als SQL. Nichts scheint auch so einfach und unspektakulär zu sein. SELECT und FROM könnten quasi die ersten Worte unserer Kinder sein. Dennoch bieten SQL und Oracle mit einigen Erweiterungen und speziellen Umsetzungen eine reichhaltige Sammlung an Befehlen an, das auch für unsere große Leserschaft interessantes Spielmaterial bietet.

3.1 Was ist SQL?

Sollten Sie eine passende Antwort auf die oben gestellte Frage, die das Thema dieses Abschnitts bildet, parat haben, dann werden wir Ihnen vermutlich nichts Neues näher bringen können. Sollten Sie allerdings keine spontane Eingebung haben, warum SQL für Datenbanken und damit gerade für Sie nützlich ist, werden wir Ihnen genug Stoff für die nächsten Kaffeehausgespräche zum Thema SQL liefern. Sie sehen also, dass wir dieses Kapitel mit einem einfachen Standardthema beginnen. Die folgenden Abschnitte jedoch werden versuchen, die Gesamtheit der Abfragemöglichkeiten in Oracle zu beleuchten, sodass Sie damit eine umfassende Übersicht über die Abfragemöglichkeiten erhalten. Dabei legen wir insbesondere auf die analytischen Fähigkeiten der eingebauten Funktionen Wert, da eine geschickte Abfrage sehr viel Arbeit ersparen kann, wenn man eine komplexe Datensammlung extrahieren möchte.

3.1.1 Eigenschaften und Ursprünge der Sprache

Nachdem E. F. Codd seinen bahnbrechenden Artikel »A relational model of data for large shared data banks« im Jahre 1970 im amerikanischen Magazin »Communication of the ACM« (Association of Computer Machinery) veröffentlicht hatte, in dem er das relationale Modell vorstellte, wurde SQL in einer Frühform von IBM entwickelt. Damals wurde es unter dem Namen SEQUEL (Structured English Query Language) für relationale Datenbankmanagementsysteme (RDBMS) eingeführt und sollte eine standardisierte Sprache darstellen, mit der Datenbanken angesprochen und verwaltet werden konnten, ohne eine grafische Benutzeroberfläche zu verwenden. Dies gestaltete sich in den 1970er Jahren schließlich noch etwas anders als heute. Aus SEQUEL entstand dann später SQL, das aber noch für einige Zeit wie früher ausgesprochen wurde. Im Jahre 1979 entwickelte dann die *Relational Software, Inc.*, die dann später unter dem Namen *Oracle Corporation* bekannt wurde, das erste Datenbankmanagementsystem, das mit SQL verwaltet werden konnte. In diesem Sinne lässt sich auch verstehen, warum Oracle Wert darauf legt, mit SQL besonders viele Feinheiten zu implementieren und warum die prozedurale Erweiterung eine so große Struktur erreicht hat, Datenbanksysteme wie der MS SQL Server von Microsoft mit Transact SQL (noch) nicht erreicht haben. Wie alle großen Produzenten ist Oracle selbst auch aktiv an der Entwicklung des SQL-Standards beteiligt. Zu der Zeit, als dieses Buch geschrieben wurde, war dies immer noch der Standard von 1999, der auch unter der Kurzbezeichnung SQL99 in die Annalen der SQL- und Datenbankgeschichte eingegangen ist. In Kürze werden wir sicherlich einen weiteren Standard mit einigen Erweiterungen kennen lernen. Die beiden internationalen Organisationen *American International Standards Institute* (ANSI) und *International Organization for Standardization* (ISO) sowie die *International Electrotechnical Commission* (IEC) sind für die Entwicklung und Verwaltung des Standards verantwortlich. Hier hat sich – insbesondere bei Vergleichen zwischen dem SQL-Standard und den in Datenbanken implementierten Versionen und Varianten – der Begriff ANSI-SQL als Bezeichnung für den normgerechten SQL-Standard herausgebildet. Ein interessantes Kaffeehausgespräch ließe sich also immer auch mit der Frage beginnen, ob sich Hersteller am ANSI-Standard orientieren sollten und mit welchem Deckungsgrad er in einzelnen Systemen umgesetzt worden ist. Ein Standard wird von allen drei Organisationen gleichzeitig veröffentlicht und unterscheidet sich letztendlich nur durch die diversen Namen und Einordnungstechniken der Dokumente, nicht aber im Inhalt. Für den SQL99-Standard wären dies die Dokumente:

- ANSI X3.135-1999, »Database Language SQL«, Parts 1 (»Framework«), 2 (»Foundation«) und 5 (»Bindings«)
- ISO/IEC 9075:1999, »Database Language SQL«, Parts 1 (»Framework«), 2 (»Foundation«) und 5 (»Bindings«)

Die Datenbanksprache SQL (*Structured Query Language* – Strukturierte Abfragesprache) stellt also einen De-facto-Standard für die Datenbankbenutzung in einer programmiersprachenähnlichen Form dar. Zwar gibt es noch andere Möglichkeiten, sich den Daten in einer Datenbank über andere Sprachen und grafische Unterstützungswerkzeuge zu nähern, doch ist SQL eine unverzichtbare Hilfe. Für einen Programmierer ist es ohnehin die einzige Möglichkeit, Daten für Programme und Anwendungen zu erhalten, wobei durch die Standardisierung, die SQL durch die *International Organization for Standardization* erhalten hat, SQL in fast allen Datenbanken zum Einsatz kommt. Typischerweise stimmt in allen Datenbanken ein Grundteil der Sprachelemente überein, sodass Sie einfache und komplexe Abfragen sowie die Standard(aggregat)funktionen auch in anderen Systemen nutzen können. Im Bereich der Unterabfragen und bei der Bezeichnung der eingebauten Funktionen gibt es zwangsläufig große Unterschiede, da hier jeder Hersteller seine eigene Variation und seine eigene Sicht der Dinge verwendet.

Sprachbereiche und Verwendungsdimensionen

Die Sprache teilt sich in insgesamt drei Bereiche auf, wobei die Unterteilung weniger auf syntaktischen als auf konzeptionellen und anwendungsbezogenen Unterschieden basiert.

- **Datendefinitionssprache (DDL, Data Definition Language)**
  Für die Definition von Schema-Objekten wie Tabellen, Schemata, Domänen, Sichten und Indizes) verwendet man Befehle wie `CREATE [OR REPLACE]` und `DROP` für die Definition und Löschung sowie `ALTER`, `ADD` oder `RENAME` für die Änderung der Objekteigenschaften. Diese Befehle haben Sie im vorigen Kapitel kennen gelernt, sofern sie nicht automatisch über die grafische Benutzeroberfläche generiert wurden.
- **Datenkontrollsprache (DCL, Data Control Language)**
  Nach der Erstellung von Benutzern und Rollen mit ihren Kennwörtern über die von der DDL bereitgestellten Befehle wie `CREATE` oder `DROP` organisiert man die Rechtestruktur mit Befehlen wie `GRANT` oder `REVOKE`. Diese Rechte beziehen sich auf die anderen Befehle der drei Sprachbereiche zur Einrichtung von Schema-Objekten oder zu ihrer Verwendung. Im Rahmen der Datenmanipulationssprache könnte man mit DCL-Befehlen sehr fein bestimmen, welche Aktivitäten bzw. Befehle ein Rolleninhaber in einer Tabellen und ihren Spalten ausüben bzw. verwenden darf.
- **Datenmanipulationssprache (DML, Data Manipulation Language)**
  Für die Untersuchung von Daten über Abfragen sowie für ihre Aktualisierung und Löschung bietet die DML Befehle wie z. B. `SELECT`, `INSERT`, `UPDATE` oder `DELETE` an.

Die Syntaxkonzeption von SQL ist verblüffend einfach; die Komplexität, die Abfragen bisweilen erhalten können und die Kombinationsmöglichkeiten der einzelnen Sprachbereiche sind jedoch ebenso verblüffend vielfältig. In diesem Kapitel konzentrieren wir uns lediglich auf die Abfragemöglichkeiten. Genauso gut hätten wir dem Kapitel den Namen »Das allmächtige `SELECT`« geben können, da dieser Befehl alle Abfragen einleitet. Hierbei ist es egal, ob es sich um eine allein stehende Abfrage oder um eine Unterabfrage in einer Abfrage, um einen Einfügebefehl mit `INSERT`, eine Aktualisierung mit `UPDATE` oder eine Löschoperation mit `DELETE` handelt. Gleiches gilt für die Formulierung von Bedingungen. Die im Rahmen der Abfragen vorgestellte Syntax zur Formulierung von Bedingungen lässt sich nicht nur in Abfragen, sondern auch in den anderen Bereichen verwenden. Dadurch erhält man eine große Anzahl von Werkzeugen, die an unterschiedlichsten Stellen wieder allein oder in Kombination eingesetzt werden können. Dies wollen wir gegen Ende des Kapitels zeigen, wenn wir auf die anderen Befehle noch einmal kurz eingehen und zeigen, welche Möglichkeiten sie mit den hier vorgestellten Abfragetechniken bieten.

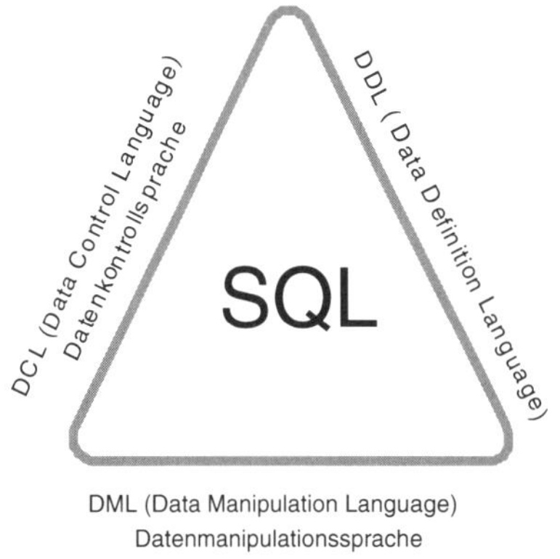

Abbildung 3.1 Sprachbereiche von SQL

Anwendungsbereiche und Grundkonzeption

SQL stellt als Sprache und als Konzept einen Standard dar, sodass mit seiner Syntax beliebige Datenbanken, in die SQL integriert ist, steuerbar sind. Dies umfasst meistens den Bereich von Standard-SQL und bildet auch das Ziel des gesamten Standardisierungsprozesses, um den überaus wichtigen Bereich der Datenverwaltung, -speicherung und -untersuchung weltweit konzeptionell zu steuern. Hierbei lassen sich einige grundlegende Dimensionen in der Sprachverwendung feststellen, die zugleich auch einen deutlichen Gegensatz zu anderen (richtigen, eigentlichen) Programmiersprachen darstellen und SQL von diesen abgrenzen:

- Mit den Befehlen von SQL lässt sich eine Datenbank direkt steuern, sodass es mehr wie eine Anweisungs- als eine Programmiersprache erscheint und auch – aus der Perspektive von anderen Programmiersprachen betrachtet – tatsächlich keine wirkliche Programmiersprache darstellt. Dies mag aber auch ein informationswissenschaftlichs Kaffeehausthema sein, das wir hier nicht weiter verfolgen wollen. Wichtig ist auf jeden Fall die Tatsache, dass die einzelnen Befehle typischerweise ohne weitere Zusätze über ein Texterfassungswerkzeug an die Datenbank weitergegeben und von dieser ausgeführt werden.

- SQL besitzt keine Variablendeklaration, keine Kontrollstrukturen und keine Möglichkeiten, Prozeduren und Funktionen oder gar Klassen und Objekte zu erzeugen. Teilweise sind dies Forderungen, die vom Standard ISO/IEC 9075-5: 1996 zu PSM (persistent stored modules) optional in die Sprache eingeführt wurden. PL/SQL ist eine Implementationsvariante von diesen gespeicherten, persistenten Modulen, mit denen komplexe datenbanknahe Anwendungen in Form einer »richtigen« Programmiersprache in der Datenbank erstellt, gespeichert und dort aufgerufen werden können.
- Statt dessen greift SQL in seiner Eigenschaft als Datenuntersprache (Data Sublanguage) auf Mengen zu und basiert auf den beiden Konzepten der Relationalgebra und des Relationenkalküls. In diesem Sinne bietet SQL direkte Zugriffsmöglichkeiten auf Datenmengen auf einer logischen Ebene, wobei gerade nicht die Art und Weise, wie auf die Daten zugegriffen werden soll, definiert werden muss, sondern lediglich die Bedingungen, die die Daten erfüllen sollen, um in eine gewünschte Ergebnismenge (entweder als zu verarbeitende oder als zu lesende Menge) übernommen zu werden. Letztendlich vereinfachen die Integration von SQL und die automatische und optimierte Ausführung des SQL-Interpreten im Datenbanksystem die Beschaffung der gewünschten Daten. Bei sehr großen Abfragemengen, großen Tabellen und hochkomplizierten Abfragebedingungen und Tabellenverknüpfungen erlauben es die Datenbanksysteme jedoch, teilweise auf die Optimierungsbedingungen einzugehen und diese zu modifizieren.
- Da SQL den zurzeit gültigen Standard in der Datenbanklandschaft und -theorie darstellt und dies wohl auch noch bis ans Ende unserer Tage so sein wird, wurde bei der Entwicklung von neuen Programmiersprachen, die nach dem kometenhaften Bedeutungsaufschwung von SQL entwickelt wurden, stets darauf geachtet, dass SQL direkt in die Sprache eingebettet werden kann. Dies wird meistens über eine spezielle Funktion oder Methode gelöst, die einen SQL-Text aufnimmt und dann an eine beliebige Datenbank weitersendet und das Ergebnis in einer Variable mit einer geeigneten Struktur erwartet, sodass es von der aufrufenden Umgebung bzw. der eingesetzten Sprache weiterverarbeitet werden kann. An SQL kommt also wirklich nicht einmal der vorbei, der nur eine einzige, winzige Abfrage an eine Datenbank senden und Daten von ihr zurückerhalten möchte. Zu diesem Punkt werden Sie im letzten Kapitel einige Beispiele dafür finden, wie Sie aus anderen Programmiersprachen auf Oracle zugreifen. Dabei haben wir uns auf Oracle-Spezifika beschränkt, da es für viele große Sprachen allgemeine Datenbankschnittstellen gibt – die natürlich ebenfalls SQL erwarten.

- Mit der gleichen Begründung lässt sich auch erklären, warum das erst in den letzten Jahren ebenfalls kometenhaft aufgestiegene Konzept von XML gleichfalls über SQL oder zumindest SQL-ähnliche Sprachkonstrukte in der Datenbank durchsucht und verwendet werden kann. Teilweise haben sich hier neue Konzepte wie XQuery oder XSQL herausgebildet, die für die Besonderheiten von XML-basierten Daten geschaffen wurden, die aber mit SQL-Verständnis und einem SQL-geschulten Auge als SQL-ähnlich erscheinen.

Erscheinungsformen von SQL

An den wohlklingenden Unterüberschriften lässt sich bereits unsere Hochachtung vor SQL erkennen, sodass wir gezwungen sind, langsam wieder auf den Boden der Datenbank-Tatsachen zurückzukommen. Dies gelänge nicht besser als mit einigen Überlegungen zu den Erscheinungsformen von SQL in unserem Lieblingsdatenbanksystem. Hier mischt sich ein mikroskopisch kleiner Wermutstropfen in unsere Passion, da abgesehen vom Standard-SQL-Bereich viele Befehle, Funktionen und Klauseln Oracle-spezifisch sind. Dies ist nicht Oracle an sich anzulasten, sondern ist ein leidiges Phänomen, das auch in allen anderen Systemen auftritt.

Im gesamten Bereich der Abfragen, der grundlegenden Transaktionsbefehle und auch der grundlegenden Befehle für das Anlegen von Schema-Objekten (außer den Speicherplatzoptionen) deckt sich das SQL von Oracle mit ANSI-SQL bzw. mit dem SQL in anderen Datenbanksystemen. Im Bereich der eingebauten Funktionen jedoch werden Sie im Vergleich zu anderen Systemen schnell feststellen, dass einerseits besonders viele Funktionen mit beeindruckenden Eigenschaften vorhanden sind, dass Sie diese aber in vielen Fällen nur in Oracle unter diesem Namen vorfinden. SQL-Syntax, die diese Funktionen verwendet, muss also im Regelfall an andere Umgebungen angepasst werden bzw. benötigt eine Anpassung, wenn sie aus anderen Systemen in Oracle zum Einsatz kommen soll. Der gesamte Bereich von PL/SQL schließlich überrundet die Möglichkeiten in anderen Systemen um Längen, stellt allerdings notwendigerweise eine ganz eigene Programmiersprache mit eigener Syntax auf der Basis von Ada dar.

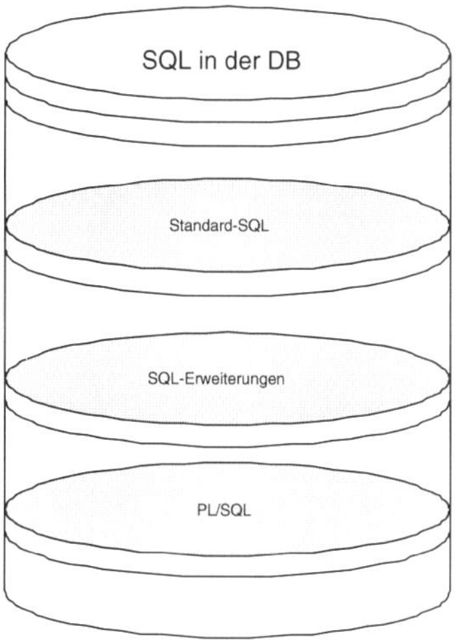

Abbildung 3.2 SQL in der Datenbank

3.1.2 Mengenkonzepte von SQL bzw. relationale Sprachen

Für die Verarbeitung von Daten und die Bestimmung, welche Daten mit welchen Methoden zu bearbeiten sind, benötigt man eine strukturierte Art der Mengenbezeichnung, um Datenmengen zu definieren. Diese Definitionssystematik stellt eine der Sprachen dar, mit denen relationale Datenbanksysteme gesteuert werden können. SQL ist in diesem Sinne nur eine Möglichkeit unter vielen anderen, die vorgeschlagen worden sind, hat sich allerdings als Standard weltweit durchsetzen können. SQL selbst basiert auf zwei Konzepten, die wir in diesem Abschnitt vorstellen. Im direkten Vergleich mit SQL sieht man unmittelbar, welche Teile dieser Konzepte Eingang in SQL gefunden haben.

Grob kann man bei den möglichen Sprachen und Konzepten, mit denen Datenmengen definiert werden können, *prozedurale* und *nicht-prozedurale* Ansätze unterscheiden. Bei einem prozeduralen Konzept legt der Benutzer genau fest, wie das System die Daten zu beschaffen und zu verarbeiten hat. Bei einem nicht-prozeduralen Konzept hingegen beschränkt sich der Benutzer auf die Angabe, welche Datenmengen benötigt werden und wie sie zu bearbeiten sind. Er verzichtet also auf die Angabe, wie er diese Daten erhalten will. In den folgenden beiden Abschnitten finden Sie Informationen zu den originären Grundkonzepten für die Entwicklung von SQL bzw. über »Informationen« die Ursprünge von relationalen Sprachen. Dabei ist die relationale Algebra eine prozedurale Sprache, weil hier die Datenmengen beschrieben werden, während das Relationenkalkül (oder auch relationale Kalkül) eher eine nicht-prozedurale Sprache darstellt.

Relationale Algebra

Die relationale Algebra stellt eine theoretische Sprache dar, mit der keine Änderungen an Daten durchgeführt werden können, sondern die nur Möglichkeiten bereitstellt, Datenmengen auszuwählen. Sie lässt also die Definition neuer Relationen auf Basis anderer Relationen zu. Wir verwenden für ihre knappe Darstellung eine geometrische Veranschaulichung. Dazu gibt es in der Literatur unterschiedliche Varianten. Wir haben uns hier bei den einfachen Mengenkonstrukten für die Ihnen aus der Mengenlehre bekannten Strukturen entschieden, während bei den komplexen Operationen eher der tabellenbasierte Ansatz gewählt wird. Für die tatsächliche Verwendung als Sprache existieren verschiedene griechische Symbole, mit denen die Operationen auf Spaltenangaben angewendet werden können. Mit ihnen lässt sich daher durchaus auch eine einfache Arbeit an einem Datenbanksystem durchführen, obwohl SQL natürlich wesentlich mehr Möglichkeiten bereithält.

- **Selektion**

  Die Selektion stellt eine der beiden Grundformen für die häufigste Abfrage bereit, nämlich die horizontale Auswahl von Zeilen einer Tabelle. Wichtig ist hierbei, dass die Anzahl der Spalten des eingehenden Schemas und des ausgehenden Schemas (also der Tabellen) gleich bleibt. Die Auswahl erfolgt dabei über eine Bedingung, wie Sie sie bereits im letzten Kapitel in einer `WHERE`-Klausel vorgegeben haben. Damit stellt also die Selektion eine Untermenge gleichen Grades (gleicher Spaltenanzahl) der Obermenge dar.

  `sK_Dauer = 2(Kurs)` wählt die Datensätze aus der Tabelle `KURS` aus, die eine Kursdauer von zwei Tagen aufweisen. Für die Kombination von Bedingungen zu komplexen Prädikaten kann man die logischen Operatoren ∧ (`UND`), ∨ (`ODER`) und ~ (`NICHT`) verwenden.

- **Projektion**

  Eine Projektion stellt ebenfalls eine Auswahl aus einer Tabelle dar. Dabei liegt die Betrachtung jedoch nicht primär auf den einzelnen Zielen, sondern vielmehr auf den Spalten. Die Kardinalität des Schemas bleibt also nicht erhalten. Die Ergebnis- oder die Abfragetabelle wird mindestens eine Spalte weniger als die Original- oder Ursprungstabelle enthalten. Dabei dient als Auswahlkriterium wie immer mindestens eine Bedingung, die in einer Spalte abgefragt wird und auf die ausgewählten Datensätze zutrifft.

  `P K_Titel, K_Untertitel, K_Themen (Kurs)` wählt die Spalten `K_Titel`, `K_Untertitel` und `K_Themen` aus der Tabelle `KURS` aus.

- **Union (Vereinigung)**

  Die Operation Union stellt eine Vereinigungsmenge aus zwei Relationen bzw. Tabellen her. Dabei gilt, dass die beiden eingehenden Tabellen das gleiche Schema, also die gleiche Spaltenstruktur haben müssen. Ist diese Bedingung erfüllt, werden die Datensätze der einen Tabelle einfach an die Datensätze der anderen Tabelle angehängt. Es entsteht also eine Tabelle mit den Datensätzen der beiden eingehenden Tabellen ohne eventuelle Duplikate.

`P TN_Stadt(Teilnehmer) » P U_Stadt(Unternehmen)` erzeugt eine Liste aller Städte, in denen entweder Teilnehmer wohnen oder Unternehmen ihren Sitz haben.

- **Differenz (Differenzmenge)**
  Die Differenz stellt das logische Gegenstück zur Vereinigung dar. Wiederum müssen die eingehenden Tabellen die Bedingung erfüllen, dass sie das gleiche Schema besitzen. Die Operation T1 – T2 der Differenzbildung verläuft dann so, dass nur die Datensätze in der Ergebnistabelle übrig bleiben, die zur Tabelle T1, aber nicht zur Tabelle T2 gehören. Pro Datensatz wird also ein Vergleich durchgeführt, wobei die Datensätze in T1 entfallen, die in T2 enthalten sind. Sie werden also abgezogen. Wie bei einer Differenzbildung mit Zahlen ist hier ebenfalls zu beachten, dass im Gegensatz zur Vereinigung die Operation nicht symmetrisch ist. Es ist also ein Unterschied, ob T1 von T2 oder T2 von T1 subtrahiert wird.

  `P TN_Stadt(Teilnehmer) » P U_Stadt(Unternehmen)` erzeugt eine Liste aller Städte, in denen nur Teilnehmer wohnen, aber Unternehmen keinen Sitz haben.

- **Schnittmenge**
  Die Schnittmenge ist insoweit mit der Differenzmenge verwandt, als dass ebenfalls zwei Tabellen mit gleichem Schema aufgrund ihrer Datensätze miteinander verglichen werden. Dabei bleiben in der Ergebnistabelle die Datensätze übrig, die in beiden Tabellen vorhanden sind. Die Schnittmenge ist nicht wirklich eine Basisoperation, sondern setzt sich aus zwei Differenzen zusammen: `T1 « T2 = T1 - (T1 - T2) = T2 - (T2 - T1).`

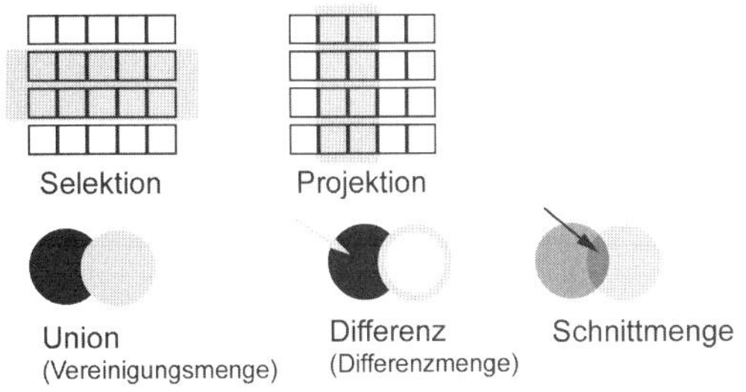

Abbildung 3.3 Operationen I

- **Join (Verbund)**
  Der Join stellt das Hilfsmittel dar, das zum Einsatz kommt, wenn Beziehungen zwischen den Tabellen über Fremdschlüssel bei einer Abfrage genutzt werden. Die Ergebnistabelle ergibt sich aus den beiden eingehenden Tabellen, indem ein Produkt der Felder gebildet wird, die die Join-Bedingung erfüllen.

  Folgende Unterarten sind zu berücksichtigen:

  - **Theta-Verknüpfung**
    Die Verknüpfungsbedingung wird über einen beliebigen Vergleichsoperator (größer, kleiner, größer/kleiner gleich, gleich, ungleich) eingerichtet.
  - **Gleichheitsverknüpfung**
    Dies ist ein Spezialfall der Theta-Verknüpfung, bei der nur über den Gleichheitsoperator eine Verknüpfung eingerichtet wird. `(P TN_Vorname, TN_Nachname (Teilnehmer)) wv Teilnehmer.U_Nr = Unternehmen.U_Nr (P U_Name (Unternehmen))` verknüpft die beiden Tabellen `TEILNEHMER` und `UNTERNEHMEN` anhand der Unternehmensnummer.
  - **Natürliche Verknüpfung**
    Dies ist ein Spezialfall der Gleichheitsverknüpfung, bei der alle Attribute mit gleichem Namen in den eingehenden Relationen verknüpft werden. Diese sollten auch eine übereinstimmende Datenstruktur besitzen, um sinnvolle Verknüpfungen zu ermöglichen. `(P K_Titel, K_Untertitel, K_Themen (Kurs)) wv (P P_TN1, P_TN2 (Preis))` verknüpft die beiden Tabellen `PREIS` und `KURS` über die gemeinsame Spalte `P_Nr`.
  - **(Linke/rechte) Äußere Verknüpfung**
    Einer der beiden Relationen (der linken oder der rechten) wird eine Wertedominanz zugewiesen, sodass auch diejenigen Datensätze in der Ergebnisrelation erscheinen, die über die angegebene Verknüpfungsbedingung eigentlich nicht berücksichtigt werden würden. Die fehlenden Daten werden durch `NULL`-Werte aufgefüllt. `P K_Nr (Kurs) μ Themenverteilung` liefert alle Kursnummern mit Informationen aus der Tabelle `THEMENVERTEILUNG` und fügt die Nummern der Kurse an, zu denen es keinen Dozenten gibt.

  Im Beispiel aus Abbildung 3.4 gelangt man zur Ergebnistabelle, indem die Zuordnungen verglichen werden. Da in T1 zum Feld a1 das Feld b1 gehört, gelangt in der Ergebnistabelle aus T2 das Feld c1 in die erste Reihe, da in T2 das Feld b1 (das ja auch in T1 vorhanden ist) zu c1 gehört. Gleich verhält es sich mit der zweiten und dritten Zeile, da hier wiederum eine Verbindung über b1 und über b2 besteht. Die vierte Zeile von T1 dagegen findet keine Entsprechung in T2, da b4 nur in T1 auftritt. Daher wird es nicht Teil der

Ergebnistabelle. In dieser Konstruktion würde ein so genannter *innerer Verbund* verwendet werden.

- **Division**
  Die Division stellt eine Operation dar, die auf zwei eingehende Tabellen angewandt werden kann, die die zum Teil die gleichen Daten haben. Dabei wird eine Ergebnistabelle erzeugt, die Werte von T1 enthält, die nicht zu T2 gehören, aber als zugehörige Werte die von T1 enthalten.

  In Abbildung 3.4 gelangt man zur Ergebnistabelle, indem man in einem Datenvergleich feststellt, dass lediglich a und c von T1 gleichzeitig als zugeordnete Werte x und y aus T2 enthalten. Sie bleiben also übrig. Wie die Differenzmenge ist auch die Divisionsoperation nicht symmetrisch. Das Ergebnis wird sich ggf. ändern, sobald die beiden Tabellen (Dividend und Divisor) vertauscht werden.

- **(Kartesisches) Produkt**
  Ein Produkt aus zwei eingehenden Tabellen stellt die Tabelle dar, die eine Verknüpfung beider Wertemengen enthält, sodass sämtliche Kombinationsmöglichkeiten entstehen. Damit ist das kartesische Produkt eine Unterart des Verbunds, da hier ebenfalls zwei Tabellen miteinander verknüpft werden.

  In unserem Beispiel gelangt man also zur Ergebnistabelle, indem jeder Wert der Tabelle T1 (a, b, c) mit jedem Wert der Tabelle T2 (x, y) als Paar verknüpft wird. Da die Reihenfolge der Spalten im relationalen Datenmodell unerheblich ist, ergeben sich also 3 × 2 = 6 Kombinationsmöglichkeiten. Damit ist das kartesische Produkt eine Unterart des Verbunds, da hier ebenfalls zwei Tabellen miteinander verknüpft werden.

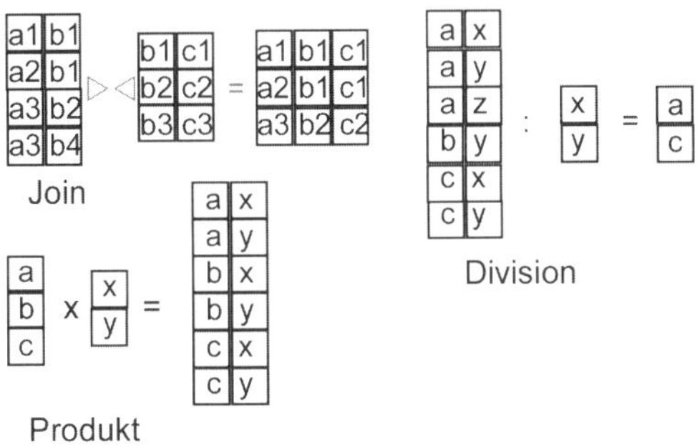

Abbildung 3.4 Operationen II

Relationenkalkül

Während bei der Formulierung eines Ausdrucks in der relationalen Algebra auch die Reihenfolge und die Art und Weise der Datenbeschaffung festgelegt wird, entfällt das Wie bei der Verwendung des Relationenkalküls. Man konzentriert sich ausdrücklich auf die Beschreibung der Datenmenge im Hinblick auf das Was, also im Hinblick darauf, welche Daten abzurufen sind. Die Sprachsyntax oder die mathematische Logik beruht auf einem Bereich der symbolischen Logik, die *Prädikatenkalkül* genannt wird.

Ein Prädikat repräsentiert dabei eine Funktion, die einen Wahrheitswert liefert, in dem Argumente mit anderen Ausdrücken verarbeitet werden. Dieser zurückgelieferte Ausdruck wird auch als *Aussage* bezeichnet. Er weist entweder den Wert `TRUE` oder `FALSE` auf. Enthält ein Prädikat eine Variable wie »x ist ein Kurs, der zwei Tage dauert«, so wird die Aussage für einige Datensätze den Ausdruck `WAHR` zurückliefern, während dies für andere Datensätze nicht der Fall ist. In einer mathematisch verständlichen Variante erhält man die Formulierung `{x | P(x)}`, die die Menge aller `x` beschreibt, für die `P` von `x` wahr ist. Diese Mengendefinitionen können dann sowohl mit den üblichen logischen Operatoren kombiniert wie auch durch Eigenschaftsbeschreibungen für `P(x)` ersetzt werden.

Im Zusammenhang mit Datenbanken taucht dieses Prädikatenkalkül in zwei Varianten auf:

- **Tupel-Kalkül**
  Für die Definition von wahren Prädikaten bzw. das Auffinden von Datensätzen, die das Prädikat zu einer wahren Aussage machen, verwendet man *Tupelvariablen*. Dies sind Variablen, deren Wertebereich mit dem (Werte-) Bereich in einer Relation übereinstimmt und daher ein Prädikat zu einer wahren Aussage macht. In der Formulierung `RANGE OF K IS Kurs` wird der Bereich `KURS` für die Variable `K` definiert. In einer als *Formel* bezeichneten Formulierung der Form `{K | K.K_Dauer = 2 }` findet man alle Datensätze mit einer Kursdauer von zwei Tagen.
- **Wertebereichskalkül**
  Für die Verwendung des Wertebereichskalküls setzt man Variablen ein, deren Werte aus Wertebereichen und nicht aus Tupeln der Relationen bestehen.

3.2 Einfache und komplexe Abfragen

Vermutlich gibt es kaum jemanden, der den schillernden SELECT-Befehl noch nicht kennen gelernt hat, sodass es wahrscheinlich überflüssig ist, bei Adam und Eva bzw. – im SQL-Paradies – mit dem Hallo-Welt-Beispiel von SQL zu beginnen. Da wir aber versuchen, eine vollständige Darstellung der Möglichkeiten von SQL zusammenzustellen, beschreibt nahezu der gesamte Rest dieses Kapitels die unterschiedlichsten Variationen, mit denen dieses Allzweckwerkzeug im täglichen Einsatz mit eigenen und fremden (kundeneigenen) Datensätzen umgehen kann. Sie finden diese Befehle in einzelnen Textdateien, sodass Sie diese auch selbst testen bzw. erweitern können. Aus Platzgründen verzichten wir darauf, die gesamten Ergebnisse abzudrucken. Diese finden Sie allerdings komplett in den jeweiligen Textdateien, sodass Sie keinesfalls auch nur der kleinsten Informationen unserer Schulungsdatenbank beraubt werden. Dieser Abschnitt stellt nun das in den Vordergrund, was man gemeinhin als einfache und komplexe Abfragen bezeichnet. Im übernächsten Abschnitt ergänzen wir die Darstellung um die analytischen Funktionen und Data-Warehouse-Abfragen und runden so die Abfragemöglichkeiten ab.

3.2.1 Grundstrukturen von Abfragen

Alle Abfragen – also egal, ob einfache Abfragen für eine Tabelle, komplexe Abfragen für mehrere Tabellen oder Unterabfragen beliebigen Typs – beginnen mit dem Befehl SELECT, gefolgt von einer Spaltenliste oder dem Sternchen (*) für alle ausgewählten Spalten und der Angabe eines Tabellennamens mit Hilfe der FROM-Klausel. Das traditionelle Hallo-Welt-Programm sähe also in SQL wie `SELECT * FROM dozent;` aus und lieferte aus der Tabelle DOZENT sämtliche Spalten. Dies ist auch immer eine wunderschöne Testabfrage dafür, ob überhaupt Daten übertragen werden oder um herausfinden, was eigentlich in einer Tabelle steht. Sie sollte allerdings bei völlig unbekannten Systemen und produktiven Tabellen zunächst über `SELECT COUNT(*) FROM tabelle;` herausfinden, wie viele Daten als minutenlange Geröllawine losgetreten werden könnten.

Dieser einfache Minimalfall erlangt in der allgemeinen Syntax einiges an Komplexität, wie folgende Auflistung zeigt:

```
SELECT [ALL | DISTINCT]
        * | {spalte1 [, spalte2, ...]}
        FROM tabelle
       [WHERE suchbedingung]
       [GROUP BY [spalte1 [, spalte2, ...]
```

```
[HAVING gruppensuchbedingung]]
[ORDER BY [spalte1 [, spalte2, ...]] [ASC | DESC]]
```

Dabei sind folgende Merkmale alternativ sowie in Gruppen möglich:

- Eine Abfrage beginnt stets mit dem Befehl `SELECT`, gefolgt von einem der beiden Schlüsselwörter `ALL` oder `DISTINCT`, wobei `ALL` als Standardeinstellung weggelassen werden kann. `ALL` liefert auch doppelte Einträge, während `DISTINCT` diese ausblendet. Die Berücksichtigung von doppelten Einträgen bedeutet hierbei nicht, dass in der Basisrelation zwangsläufig doppelte Datensätze enthalten sind, sondern dass diese im Abfrageergebnis auftreten können, indem man unterscheidende (Schlüssel-)Felder nicht in das Abfrageergebnis übernimmt.
- Mit einem Sternchen (*) oder einer Liste der benötigten Spaltennamen kann man entweder alle Spalten einer Tabelle oder eine bestimmte Auswahl in die Abfrage aufnehmen. Diese können – wie alle Spalten – um den Tabellennamen erweitert werden. Dies geschieht in der Form `tabellenname.spaltenname` und wird erst bei der Darstellung der komplexen Fragen notwendig.
- Mit dem Schlüsselwort `FROM` wird dann bestimmt, welche Tabellen für die Abfrage benötigt werden. Da es hier zunächst nur um die Abfragen mit einer Tabelle gehen soll, beschränkt sich diese Liste auf einen einzigen Tabellennamen.
- Die `WHERE`-Klausel beschreibt nun mit verschiedenen Parametern die Kriterien, die für die Daten erfüllt sein müssen, damit sie in die Ergebnisrelation aufgenommen werden.
- Mit `ORDER BY` kann man anhand einer oder mehrerer Spalten eine alphanumerisch aufsteigende (`ASC` bzw. Standardeinstellung) oder absteigende (`DESC`) Sortierung vornehmen.
- Über `GROUP BY` lassen sich Gruppierungseigenschaften bei der Verwendung von Aggregatfunktionen wie z.B. `COUNT` oder `SUM` verwenden. Mit `HAVING` kann man weitere Bedingungen vorgeben, die allerdings nicht für die Zeilen, sondern für die Gruppen gelten, die in der `GROUP BY`-Klausel gebildet wurden. In diesem Sinne stellt `HAVING` eine Gruppensuchbedingung oder – als Merkformel formuliert – die `WHERE`-Bedingung von `GROUP BY` dar. Auf dem `GROUP BY`-Befehl bauen weitere Klauseln für die weitergehende Analyse auf, die auch als *Data-Warehouse-Analyse* bekannt ist.

Formulierung von Ergebnisrelationen

In diesem Abschnitt stellen wir die grundsätzlichen Möglichkeiten vor, Ergebnisrelationen bzw. Abfragen zu formulieren. Dies bezieht sich auf die Spaltenliste und die Bezeichner von Spalten- und Tabellennamen.

Spaltenlistendefinitionen und Duplikate

Bei einfachen Abfragen formuliert man zunächst nur Spaltenlisten und ruft eine Tabelle auf. Dies kann über das Sternchen oder eine Spaltenliste erfolgen. Die folgenden beiden Abfragen liefern vollständig gleiche Ergebnisse, da zum einen alle Spalten über das Sternchen abgerufen werden und zum anderen jede Zeile individuell ist – mindestens über den Primärschlüssel. Dies wird auch nicht nur durch die Angabe des Schlüsselwortes `ALL` verändert.

```
SELECT * FROM kurs;

SELECT ALL * FROM kurs;
```

Listing 3.1 321_01.sql: Abruf aller Spalten

Dies verhält sich anders, wenn Duplikate in der Ergebnismenge auftauchen bzw. bereits in der Datenbank gespeichert sein sollten (wobei letzterer Zustand wohl nur überaus selten ist und unter langen Begründungen akzeptiert werden kann).

```
SELECT K_Bereich, K_Titel FROM kurs;
SELECT ALL K_Bereich,  K_Titel FROM kurs;
SELECT DISTINCT K_Bereich, K_Titel FROM kurs;
```

Listing 3.2 321_02.sql: Ein- und Ausblenden von Duplikaten

Während die ersten beiden Abfragen das gleiche Ergebnis liefern, da `ALL` zugleich auch die Standardeinstellung ist, ergeben sich deutliche Unterschiede zwischen diesen beiden und der dritten Abfrage. Für die abgerufenen Spalten `K_Bereich` und `K_Titel` bilden sich Duplikate, da z.B. innerhalb des Datenbank-Bereichs mehrere Kurse zum Thema Oracle vorhanden sind, die sich z.B. nur durch die nicht abgerufenen Werte in den Spalten `K_Nr` und `K_Untertitel` unterscheiden.

Während die Abfrage mit `DISTINCT` eine Darstellung wie die folgende schafft,

```
K_BEREICH                      K_TITEL
------------------------------ -----------------------------
Datenbanken                    Access
Datenbanken                    MS SQL-Server
```

```
Datenbanken                    MySQL
Datenbanken                    Oracle
Datenbanken                    SQL
```

erzeugt die nicht um die Duplikate bereinigte Ausgabe statt dessen für jeden in der Tabelle vorhandenen Datensatz eine eigene Zeile, was zu Wiederholungen führt. Der eine Kurs behandelt zwar die Administration und der andere die Programmierung, dies lässt sich aber in der Ausgabe nicht unterscheiden und führt zu doppelten Zeilen:

```
Datenbanken                    MS SQL-Server
Datenbanken                    MS SQL-Server
Datenbanken                    MySQL
Datenbanken                    Oracle
Datenbanken                    Oracle
```

Um also solche Fragen wie »Welche Bereiche sind überhaupt vorhanden?« oder »Zu welchen Themen werden überhaupt Kurse angeboten?« oder »Aus welchen Städten kommen die Kunden überhaupt?« beantworten zu können, benötigt man `DISTINCT`, mit dem man Duplikate ausschaltet. In Abbildung 3.5 wird dies noch einmal deutlich. Dort sind die von den einzelnen Klauseln ausgewählten bzw. angezeigten Datensätze markiert. Wichtig ist hierbei, dass die Duplikate dadurch entstehen, dass man in der Abfrage auf den Primärschlüssel oder auch ein anderes identifizierendes Feld (Schlüsselkandidat) wie z.B. die Themenliste oder den Untertitel verzichtet. Dies wird aber in der Abfrage für die Unterscheidung der einzelnen Datensätze verwendet, sodass die nicht angezeigten Schlüsselfelder (hier der Primärschlüssel `Kursnummer`) über die Anzahl der Duplikate entscheiden. Mit `DISTINCT` schaltet man diese automatische Berücksichtigung von Schlüsselfeldern aus.

Bedeutung der Spaltenliste

Normalerweise bereitet es Probleme, wenn man blindlings alle Spalten abruft, da man im aufrufenden Programm vielleicht nur auf eine bestimmte Anzahl an Spalten vorbereitet ist. Änderungen in der Tabellenstruktur können dann leicht zu Fehlern führen. Dazu gibt es zwar in PL/SQL Ausweich- und Berücksichtigungsmöglichkeiten, die all dies dynamisch halten, doch da man aus Leistungsgründen nur die Spalten abrufen sollte, die wirklich benötigt werden, ist die Angabe einer Spaltenliste eigentlich der Standardfall. Sie ersetzt das Sternchen und hat folgende Eigenschaften:

- Sie gibt die Spalten an, die in der Ergebnisrelation angezeigt werden sollen.
- Die Reihenfolge in der Spaltenliste entspricht der Reihenfolge im Ergebnis.

- Spalten können – wie Tabellen – einen Aliasnamen erhalten, wobei man das optionale `AS` einsetzen kann.
- Nicht abgerufene Spalten können dennoch in Bedingungen, Sortierungen und Gruppierungen sowie natürlich in Verknüpfungen adressiert werden.

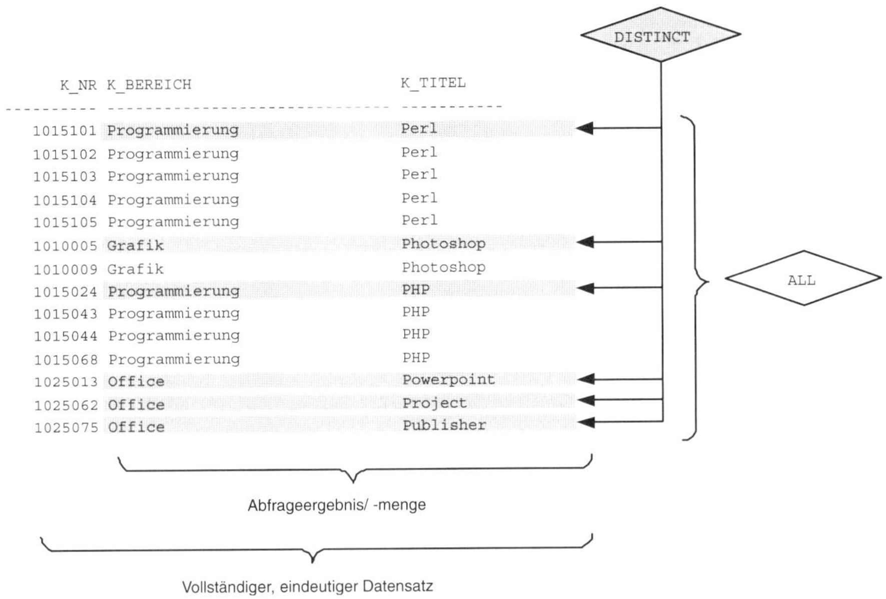

Abbildung 3.5 Funktionsweise von DISTINCT und ALL

Die Reihenfolge der Spalten in der Spaltenliste bestimmt die Ausgabe in der Ergebnismenge. Dies bedeutet, dass Sie hier das Format für die Ergebnistabelle vorgeben. Folgende drei Abfragen verdeutlichen dies durch eine Umstellung der getroffenen Ergebnismenge und zeigen auch, dass die Auswahl der Spalten in der Spaltenliste keinen Einfluss darauf hat, auf welche Spalten man nachher in anderen Bereichen der Abfrage zugreift.

```
SELECT K_Bereich, K_Titel, K_Untertitel FROM kurs;
SELECT K_Titel, K_Untertitel, K_Bereich FROM kurs;
SELECT K_Titel, K_Untertitel
  FROM kurs
 WHERE K_Dauer = 4
 ORDER BY K_Bereich;
```

Listing 3.3 321_03.sql: Verwendung einer Spaltenliste

Die erste Abfrage liefert eine Ergebnisliste, wobei der Bereichsname die erste Spalte bildet, was in der zweiten Abfrage nicht der Fall ist, da hier in der Spaltenliste eine andere Reihenfolge vorgegeben wurde.

```
K_BEREICH         K_TITEL K_UNTERTITEL
Programmierung    Perl    Module programmieren in Perl
Programmierung    Perl    Programmierung von GUIs mit Perl/Tk
Programmierung    Perl    Netzwerkprogrammierung
```

In der letzten Abfrage greift man nur auf die beiden Spalten `K_Titel` und `K_Untertitel` in der Spaltenliste zu, hat aber dennoch die Möglichkeit, auf alle anderen Spalten der Tabelle für die Bedingungen in der `WHERE`-Klausel oder die Sortierung in der `ORDER BY`-Klausel zuzugreifen:

```
K_TITEL                        K_UNTERTITEL
------------------------------ -----------------------------
Oracle                         Designer R6i + Developer 6i
Oracle                         Networking
Oracle                         DB-Administration
Photoshop                      Bildbearbeitung
```

Verwendung von Aliasnamen für Spalten und Tabellen

Eventuell finden Sie die Titel der Spalten nicht gut genug für Ihre Ausgabe, gerade weil Sie z.B. für eine Endausgabe auf einer Webseite oder einer Textdatei auf die Spaltennamen zugreifen möchten. Anstatt die Spalten im aufrufenden Programm umzubenennen, können Sie auch Aliasnamen direkt in der Abfrage vorgeben. Bei einfachen Tabellen hat dies gewöhnlich kosmetische Gründe, wenn man Spalten oder Tabellennamen der Übersichtlichkeit halber in der Abfrage selbst oder im Ergebnis verändern möchte. Bei komplexen Abfragen mit mehreren Tabellen hingegen ist die Umbenennung von Tabellen und die Qualifikation von Spaltennamen dann unumgänglich und zwingend erforderlich, wenn Spaltennamen in zwei Tabellen gleichzeitig auftreten und sie in der Abfrage mehrdeutig sein könnten. Dies ist insbesondere bei der Selbstverknüpfung von Tabellen der Fall, da hier notwendigerweise die gleichen Spalten- und Tabellennamen auftreten.

Die allgemeine Syntax hat hier im kompletten Fall für Spalten und für Tabellennamen folgende Form, wobei auch gleichermaßen die Technik der Qualifizierung von Spaltennamen über ihren mit der Punkt-Notation vorgeschalteten Tabellen(alias)namen dargestellt wird:

```
SELECT t_alias.spalte1 [AS] s_alias,
                spalte2 [AS] s_alias
```

```
  FROM tabelle t_alias
 WHERE         spalte1 = wert
   AND t_alias.spalte2 = wert
```

Für die Definition eines Aliasnamens und seine Verwendung gibt es einige, wenige Regelungen, die zu unterschiedlichen, teilweise überraschenden Fehlermeldungen führen können, wenn sie nicht beachtet werden. Wir fassen sie kurz zusammen:

- Die Erzeugung von Spaltenaliasen erfolgt über die Nennung des Aliasnamen direkt nach dem Aufruf des eigentlichen Spaltennamens und der optionalen Verwendung von `AS`. Aliasnamen, die nur aus einem Wort bestehen, benötigen keine Anführungszeichen. Aliasnamen aus mehreren Wörtern müssen in doppelte Anführungszeichen eingeschlossen werden. Die Groß- und Kleinschreibung lässt sich gleichfalls über doppelte Anführungszeichen berücksichtigen.
- Tabellenaliasnamen werden grundsätzlich ohne `AS` erzeugt.
- Die Aliasnamen lassen sich nur in der Spaltenliste verwenden bzw. gelten nur für die Ausgabe. Verwendet man den Aliasnamen in einem anderen Zusammenhang als in der `WHERE`-, `ORDER BY`- oder `GROUP BY`-Klausel, so erhält man folgende Fehlermeldung:

  ```
   WHERE Stadt  = 'Bochum'
         *
  FEHLER in Zeile 7:
  ORA-00904: Ungültiger Spaltenname
  ```

- Erhält eine Tabelle einen Aliasnamen, so muss dieser bei qualifzierten Spaltennamen stets zum Einsatz kommen, da ansonsten folgende Fehlermeldung erscheint:

  ```
   WHERE dozent.D_Stadt  = 'Bochum'
         *
  FEHLER in Zeile 7:
  ORA-00904: Ungültiger Spaltenname
  ```

Im folgenden Beispiel rufen wir einige Spalten der Tabelle `DOZENT` auf und geben ihnen eigene Namen. Im zweiten Beispiel verwenden wir zusätzlich einen Tabellenaliasnamen, den wir in der Spaltenliste ebenfalls verwenden, in der `WHERE`-Klausel allerdings nicht. In beiden Fällen ist ausschließlich der Aliasname und nicht der ursprüngliche Tabellenname gestattet.

```
SELECT D_Nr       AS Nr,
       D_Anrede   AS Anrede,
```

```
       D_Vorname  AS Vorname,
       D_Nachname AS Nachname
  FROM dozent;
SELECT d.D_Nr        AS Nr,
       d.D_Anrede    AS Anrede,
       d.D_Vorname   AS Vorname,
       d.D_Nachname  AS Nachname,
       d.D_Stadt     AS Stadt
  FROM dozent d
  WHERE D_Stadt  = 'Bochum';
```

Listing 3.4 321_04.sql: Verwenden von Aliasnamen für Spalten und Tabellen

Dies liefert für die zweite Abfrage folgendes Ergebnis:

```
        NR ANREDE VORNAME              NACHNAME        STADT
---------- ------ -------------------- --------------- -----
         7 Herr   Lars                 Klapp           Bochum
         8 Frau   Anja                 Doppelt         Bochum
         9 Herr   Reinhard             Bergluft        Bochum
        10 Herr   Marco                Scheffchen      Bochum
        12 Herr   Dirk                 Still           Bochum
5 Zeilen ausgewählt.
```

Qualifizierte Spaltennamen

Sie haben bereits bei der Definition von Aliasnamen von Tabellen gesehen, wie Spalten einen qualifizierten Namen über ihren Tabellennamen erhalten. Dazu gibt es einige einfache Regelungen, die wir hier noch einmal komplett darstellen wollen. Über die Punktnotation `tabellen(alias)name.spaltenname` greift man auf die einzelnen Spalten zu, wenn man sie qualifizieren möchte. Dabei muss bei der Qualifizierung ein eventuell vergebener Tabellenalias in jedem Fall anstatt des ursprünglichen Namens verwendet werden, da der ursprüngliche Name nicht mehr bekannt ist.

Die folgenden beiden Beispiele greifen korrekt auf den ursprünglichen Namen und den Aliasnamen der Tabelle für die Qualifizierung der Spaltennamen zu. Beachten Sie hier, dass es stets möglich ist, die Spalten auch ohne Qualifizierung aufzurufen, was auch beim Einsatz von Aliasnamen gilt.

```
SELECT dozent.D_Vorname  AS Vorname,
       dozent.D_Nachname AS Nachname
  FROM dozent
  WHERE dozent.D_Stadt  = 'Bochum';
```

```
SELECT d.D_Vorname  AS Vorname,
       d.D_Nachname AS Nachname
  FROM dozent d
  WHERE d.D_Stadt  = 'Bochum';
```

Listing 3.5 321_05.sql: Verwendung von qualifizierten Spaltennamen

Diese Abfragen haben folgendes Ergebnis:

```
VORNAME              NACHNAME
-------------------- ------------------------------
Lars                 Klapp
Anja                 Doppelt
Reinhard             Bergluft
Marco                Scheffchen
Dirk                 Still
5 Zeilen ausgewählt.
```

Falsch dagegen ist es, auf den ursprünglichen Tabellennamen zuzugreifen, wenn man einen Aliasnamen definiert hat. Daher löst die falsche Abfrage

```
SELECT d.D_Vorname  AS Vorname,
       d.D_Nachname AS Nachname
  FROM dozent d
  WHERE dozent.D_Stadt  = 'Bochum' -- falsch
    AND         D_Anrede = 'Herr';
```

die Fehlermeldung aus, dass der Spaltenname nicht bekannt sei, was sich auf den Tabellennamen bezieht, der eigentlich nicht mehr bekannt ist. Korrekt ist es dagegen immer auch – solange keine mehrdeutigen Spaltennamen entstehen –, die benötigte Spalte direkt aufzurufen, anstatt einen Alias oder den ursprünglichen Namen zu verwenden. Die Fehlermeldung hat hier die Form:

```
  WHERE dozent.D_Stadt  = 'Bochum' -- falsch
        *
FEHLER in Zeile 4:
ORA-00904: Ungültiger Spaltenname
```

Abbildung 3.6 verdeutlicht noch einmal die Funktionsweise von Spalten- und Tabellenaliasen sowie ihre Verwendung. Eine Tabelle, die einen Aliasnamen erhalten hat, kann ausschließlich über diesen referenziert werden. Weiterhin ist jedoch auch die Spaltenansprache ohne qualifizierten Namen möglich. Die Spaltenaliase können unter gar keinen Umständen in anderen Klauseln zum Einsatz kommen, sondern dienen ausschließlich zur Ausgabeformatierung.

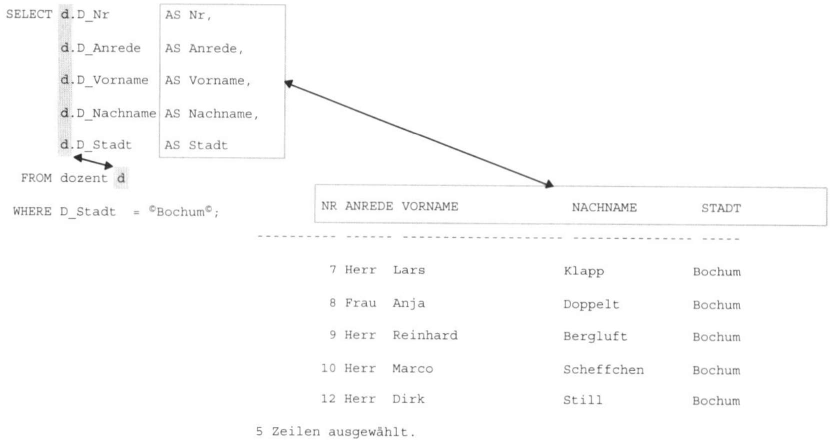

Abbildung 3.6 Alias-Verwendung für Spalten und Tabellen

Schema- und DB-Link-Angabe

Eine ähnliche Struktur wie die Qualifikation von Spaltennamen über den Tabellennamen stellt die Referenzierung von Schema-Objekten über einen Schema-Namen und einen Datenbank-Link dar. Möchte ein berechtigter Benutzer die Schema-Objekte (in diesem Falle Tabellen) eines anderen Benutzers verwenden, so genügt es nicht, nur die Berechtigungen zu besitzen. Vielmehr muss der Tabellenname um die Angabe des Schemas ergänzt werden.

Dabei genügt es völlig, nur den Tabellennamen um diese Information zu ergänzen, da dieser das Schema-Objekt beschreibt. Sobald der Zugriff auf dieses Objekt möglich ist, ist auch der Zugriff auf die einzelnen Eigenschaften (Spalten) des Objekts möglich. Dies wird im ersten Beispiel gezeigt. Im zweiten Beispiel dagegen referenziert man nur den Spaltennamen (was allerdings zu einer Fehlermeldung führt, da zunächst der Tabellenname mit den möglichen bzw. erreichbaren Schema-Objekten verglichen wird). Da hier keine Übereinstimmung gefunden wird, löst dies die Fehlermeldung aus, dass der Tabellenname nicht bekannt sei. Im dritten Beispiel schließlich verwendet man eine doppelt genaue Angabe, da hier neben dem Tabellennamen auch der Spaltenname qualifiziert und das Schema referenziert wird.

```
SELECT *
  FROM  SCOTT.dozent
  WHERE D_Stadt  = 'Bochum';
SELECT *
  FROM  dozent
  WHERE SCOTT.dozent.D_Stadt  = 'Bochum' -- falsch!;
SELECT *
```

```
  FROM   SCOTT.dozent
  WHERE SCOTT.dozent.D_Stadt   = 'Bochum' -- doppelt korrekt;
```

Listing 3.6 321_06.sql: Referenzierung von Schemata

DB-Links werden nun nicht ebenfalls über eine Punkt-Notation an die ohnehin schon strapazierten Spalten- und Tabellennamen angeschlossen, sondern gelangen über das @-Zeichen in die Abfrage hinein. Alle folgenden Beispiele finden Sie in der Datei *321_07.sql*.

```
SELECT *
  FROM   SCOTT.dozent@kurse
  WHERE D_Stadt   = 'Bochum';
```

Während die vorherige Angabe korrekt war, ist die folgende Angabe falsch, da zunächst die Tabelle referenziert werden muss. Zwar ist es möglich – wie im übernächsten Beispiel –, die Spaltennamen gleichermaßen über den Schema-Namen und gleichzeitig den Tabellennamen zu referenzieren, doch muss mindestens der Tabellenname referenziert werden. Eine alleinige Angabe des Schemas im Zusammenhang mit dem Spaltennamen führt zur unten angegebenen Fehlermeldung. Verwendet man bei Spaltennamen zusätzlich auch den Schema-Namen, dann muss immer auch der Tabellenname angegeben werden, da der SQL-Interpreter sonst annimmt, es handele sich um den Tabellennamen.

```
SELECT *
  FROM   dozent
  WHERE SCOTT.D_Stadt   = 'Bochum' - falsch!;
SELECT *
  FROM   SCOTT.dozent
  WHERE SCOTT.dozent.D_Stadt   = 'Bochum';
```

In den Fällen, in denen ein Benutzer auf eine Tabelle eines anderen Schemas zugreift und dabei den Schema-Namen nicht angibt oder in denen er bei Spalten nur den Schema-Namen, aber nicht den Tabellennamen angibt oder in denen er den Datenbank-Link (DB-Link) nicht korrekt angibt, erhält er unterschiedliche Fehlermeldungen:

- Bei gar nicht oder nicht korrekt referenzierten Tabellen sowie bei Tabellen, die die Angabe eines DB-Links erfordern, ist die Tabelle oder View nicht vorhanden.

```
  FROM   dozent
         *
FEHLER in Zeile 2:
ORA-00942: Tabelle oder View nicht vorhanden
```

- Bei fehlender Tabellenreferenzierung wird der angegebene Schema-Name als Tabellenname verwendet und nicht als Aliasname und auch nicht als existentes Objekt erkannt.

```
  WHERE SCOTT.D_Stadt  = 'Bochum'
        *
FEHLER in Zeile 3:
ORA-00904: Ungültiger Spaltenname
```

- Bei fehlerhafter Angabe eines DB-Links wird dieser DB-Link nicht gefunden.

```
  FROM  SCOTT.dozent@kursenrw
                     *
FEHLER in Zeile 2:
ORA-02019: Verbindungsbeschreibung für
Fern-Datenbank nicht gefunden
```

Bedingungen in der WHERE-Klausel

Einige der zurückliegenden Beispiele verwendeten bereits Einschränkungen innerhalb einer Abfrage über die `WHERE`-Klausel. Sie beschreibt die Eigenschaften, die Feldwerte erfüllen müssen, damit die zugehörigen Zeilen in die Ergebnismenge übernommen werden können. Neben der `WHERE`-Klausel, die mit den Befehlen `SELECT`, `UPDATE` und `DELETE` auftaucht, werden Bedingungen auch in Form der `HAVING`-Klausel für die Bestimmung von Gruppeneigenschaften verwendet. Da wir uns in diesem Abschnitt noch nicht mit der Gruppierung von Daten beschäftigen, soll dies zunächst kein Thema sein. Wichtig ist nur, dass die `WHERE`-Klausel und die `HAVING`-Klausel beide auf Bedingungen reagieren, die über eine bestimmte Syntax mit Hilfe der Spaltennamen, Funktionen und Operatoren beliebiger Art vorgegeben werden. Sie müssen also gedanklich die `WHERE`-Klausel als Signalwort für die nachfolgende Bedingung von der Bedingung selbst lösen. Neben `WHERE` und `HAVING` bietet SQL zusätzlich noch die beiden Klauseln `START WITH` und `CONNECT BY`, die ebenfalls Bedingungen erwarten. Für die Bedingung benötigt man stets mindestens zwei gültige Ausdrücke, von denen in den zurückliegenden Beispielen einer ein Spaltenname wie z.B. `D_Stadt` und der andere eine Zeichenkette wie »Bochum« war.

Ausdrücke können an verschiedenen Orten innerhalb eines Abfragetextes auftauchen. Neben den bereits gewohnten Spaltennamen, die ebenfalls gültige Ausdrücke darstellen, ist ein Ausdruck eine Kombination aus Elementen wie Werten (Zahlen, Zeichenketten, Variablen), SQL-Funktionen und geeigneten PL/SQL-Funktionen, die beide einen Wert zurückliefern, sowie natürlich Operatoren, die einzelne Ausdrücke miteinander verknüpfen. Insbesondere bei

Funktionen ist es leicht möglich, dass verschachtelte Strukturen entstehen, in denen die Parameter – ebenfalls als Ausdruck zu verstehen – einer Funktion wiederum andere Funktionen bzw. die Rückgabewerte dieser Funktionen sind. Einige Ausdrücke wie z.B. einfache Werte können sehr simpel sein, während andere Ausdrücke wie z.B. die CASE-Funktion in SQL dagegen überaus komplex sein können. Ähnliches gilt für alle Arten von Funktionen.

Ohne Ihnen die Überraschungen des nächsten Abschnitts verraten zu wollen, finden Sie im folgenden, schon recht umfangreichen Beispiel eine Auswahl an möglichen Einschränkungen, die über Ausdrücke definiert werden, und eine Reihe von Datenverarbeitungen in der Spaltenliste, die über Funktionen und Operatoren – hier in Form des Verkettungsoperators – eingerichtet werden. Für die Funktionen gilt, dass sie einen bestimmten Rückgabewert liefern, der für alle Zeilen gleich ist. Für die Bedingungen in der WHERE-Klausel gilt, dass hier mehrere Bedingungen über boolesche Operatoren miteinander verknüpft wurden und insgesamt für jede ein TRUE oder ein FALSE in jeder Zeile ermittelt wird. Stimmen diese Wahrheitswerte insgesamt mit TRUE überein, wird die entsprechende Zeile in die Ergebnisrelation übernommen. Insgesamt gibt es also drei mögliche Werte:

- TRUE, wenn die Bedingung erfüllt ist.
- FALSE, wenn die Bedingung nicht erfüllt ist.
- UNKNOWN, wenn die Spalte den Wert NULL enthält.

```
SELECT TN_Nr,
       TN_Anrede AS Anrede,
       SUBSTR(TN_Vorname||' '||TN_Nachname, 1, 25) AS Name,
       SUBSTR(TN_Stadt, 1, 10) AS Stadt
  FROM teilnehmer
  WHERE TN_Stadt  IN ('Bochum', 'Dortmund')
    AND (U_Nr BETWEEN 7 AND 15)
    AND (TN_Anrede = 'Herr' OR TN_Anrede IS NULL)
    AND NOT (TN_Nachname LIKE 'E%' OR
             TN_Nachname LIKE 'G%');
```

Listing 3.7 321_08.sql: Ausdrücke und Operatoren

Diese Abfrage liefert folgendes Ergebnis:

```
     TN_NR ANRED NAME                      STADT
---------- ----- ------------------------- ----------
       158 Herr  Jürgen Delzer             Bochum
       851       R. Briese                 Bochum
```

```
      915 Herr  Valerij Sudau               Bochum
     1080 Herr  Peter Janetzki              Dortmund
      466 Herr  Wilhelm Meinhövel           Bochum
      606 Herr  Josef Bender                Bochum
     1312 Herr  Helmut Föh                  Dortmund
     1406 Herr  Leonhard Fortkamp           Dortmund
8 Zeilen ausgewählt.
```

Abbildung 3.7 soll noch einmal die Typen von Ausdrücken sowie ihre Verschachtelungsstruktur an einem umfangreichen Beispiel erläutern. Eine Berechnung, die bereits aus mehreren Ausdrücken in Form von zwei Spaltenbezeichnungen und einer Zahl besteht, geht als Wert bzw. als Ausdruck in die Rundungsfunktion `ROUND` ein. Diese ermittelt ein Ergebnis, das wiederum als Ausdruck in die Funktion `SUBSTR` eingeht, welches schließlich als Ausdruck mit einem anderen Ausdruck in Textform über den Verkettungsoperator || verkettet wird. Dies ergibt dann schlussendlich den Ausdruck für den benötigten Spaltenwert.

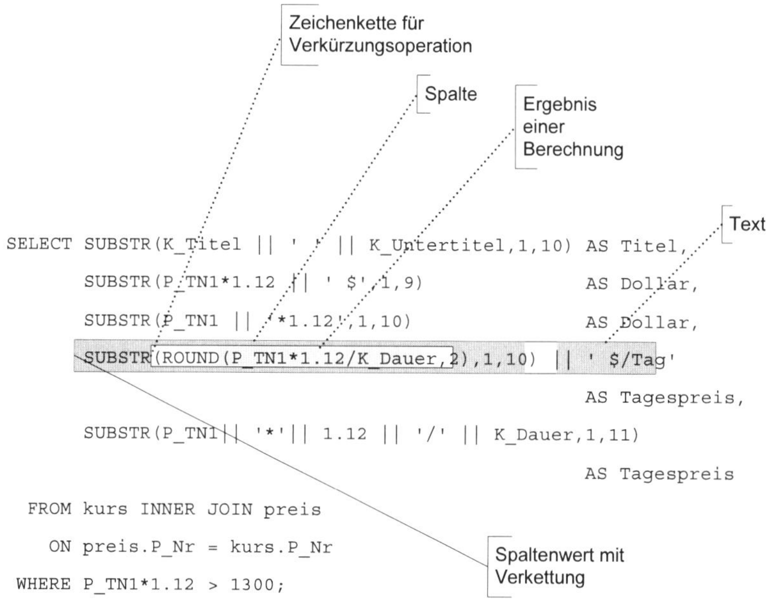

Abbildung 3.7 Ausdruckstypen und Verschachtelungen

Einfache Operatoren in Bedingungen

Standard-SQL bietet eine Vielzahl von Operatoren, von denen nicht alle in allen Datenbanksystemen verfügbar sind. Aus diesem Grund haben wir zunächst die Gesamtheit der Operatoren in einfache und spezielle Operatoren zerlegt, wobei in diesem Abschnitt nun alle Standardoperatoren vorgestellt werden sollen. Einige werden Ihnen aus Programmiersprachen schon längst bekannt sein, da sie überall für die gleichen Operationen verfügbar sind.

Vergleichsoperatoren

SQL unterstützt die bekannten Standard-Vergleichsoperatoren gemäß folgender Tabelle:

Operator	Bedeutung	Beschreibung
=	gleich	Prüft auf Gleichheit zweier Ausdrücke.
<>, !=, ^=, ¬=	ungleich	Prüft auf Ungleichheit zweier Ausdrücke.
>, >=	größer, größer gleich	Prüft darauf, ob ein Ausdruck größer oder größer gleich einem anderen Ausdruck ist.
<, <=	kleiner, kleiner gleich	Prüft darauf, ob ein Ausdruck kleiner oder kleiner gleich einem anderen Ausdruck ist.

Tabelle 3.1 Vergleichsoperatoren

Die beiden folgenden Beispiele liefern einmal alle Kurse aus dem Programmierbereich und einmal (unter gleichzeitiger Verwendung von booleschen Operatoren) alle Termine zwischen Juni und August 2003, die nicht in Bochum stattfinden. Beachten Sie für die Formulierung der Bedingungen, dass stets die Spalte genannt werden muss, die den zu vergleichenden Wert liefert.

```
SELECT K_Titel, K_Untertitel, K_Bereich, K_Dauer
  FROM kurs
 WHERE K_Bereich = 'Programmierung';
SELECT *
  FROM termin
 WHERE T_Beginn >= '15.06.2003'
   AND T_Beginn <= '15.08.2003'
   AND T_Ort != 'Bochum';
```

Listing 3.8 321_09.sql: Vergleichsoperatoren

Neben den Zahlen lassen sich auch andere Datentypen auf (Un-)Gleichheit überprüfen. Bei Buchstaben werden die Werte der ASCII-Tabelle genommen, sodass also ein »kleinerer« Buchstabe einen kleineren Wert in der ASCII-Tabelle besitzt. Für Daten gilt, dass ein Datum kleiner als ein anderes ist, wenn es älter ist, das Ereignis also länger zurückliegt.

Logische Operatoren

Mit logischen Operatoren lassen sich mehrere Bedingungen aneinander reihen. Sie haben diese Verbindungselemente bereits mehrfach in den zurückliegenden Abfragen gesehen und werden sie aus verschiedenen Programmiersprachen mit gleicher Funktionalität kennen. Mit Hilfe der booleschen Operatoren `AND` (logisches `UND`, Konjunktion), `OR` (logisches `ODER`, Disjunktion) und der Negation (`NOT`) können `WHERE`-Klauseln miteinander verbunden werden, sodass z.B. ein Datensatz in die Ergebnistabelle eingetragen wird, wenn (wie bei `OR`) eine von beiden Bedingungen erfüllt ist. Die drei Operatoren haben folgende Eigenschaften:

Operator	Bedeutung	Beschreibung
`AND`	Logisches `UND`	Liefert `TRUE` zurück, wenn beide nachfolgenden Ausdrücke `TRUE` ergeben; gibt dagegen `FALSE` zurück, wenn einer von ihnen `FALSE` zurückliefert. Sonst liefert dieser Operator `UNKNOWN`.
`OR`	Logisches `ODER`	Liefert `TRUE` zurück, wenn einer von zwei Ausdrücken `TRUE` ergibt, und gibt `FALSE` zurück, wenn beide Ausdrücke `FALSE` zurückliefern. Sonst liefert dieser Operator `UNKNOWN`.
`NOT`	Logisches `NICHT`	Liefert `TRUE` zurück, wenn die nachfolgende Bedingung den Wert `FALSE` ergibt, und liefert `FALSE` zurück, wenn die nachfolgende Bedingung `TRUE` zurückliefert. `UNKNOWN` führt zu `UNKNOWN`.

Tabelle 3.2 Boolesche Operatoren

In den folgenden zwei Beispielen tauchen die Operatoren einmal ganz klassisch ohne weitere Verknüpfung auf, sodass das Abfrageergebnis leicht vorauszuahnen ist. Im ersten Fall besteht es ausschließlich aus den Grafikkursen, die länger als zwei Tage dauern. Es werden also nur die Kursdaten in die Ergebnisrelation übernommen, die beide Bedingungen gleichzeitig erfüllen. Im zweiten Beispiel dagegen kann die Dauer entweder einen oder vier Tage betragen, es muss sich als jeweils selbstständige Bedingungen entweder um Grafik- oder um Webdesign-Kurse handeln.

```
SELECT K_Titel, K_Untertitel, K_Dauer
  FROM kurs
 WHERE K_Dauer > 2
   AND K_Bereich = 'Grafik';
SELECT K_Titel, K_Untertitel, K_Dauer
  FROM kurs
```

```
WHERE (K_Dauer = 1 OR K_Dauer = 4)
  AND K_Bereich = 'Grafik'
   OR K_Bereich = 'Webdesign';
```

Listing 3.9 321_10.sql: Verwendung von logischen Operatoren

Während das Ergebnis für die erste Abfrage trivial ist und daher auf keinen Ruhm in diesem Buch hoffen kann, ist die zweite Abfrage insofern interessant, als dass plötzlich Kurse in der Ergebnisliste erscheinen, die eine Kursdauer von zwei und drei Tagen haben. Eine nähere Untersuchung würde ergeben, dass nur die Grafikkurse die Bedingung zur Dauer erfüllen. Da aber über eine `OR`-Verknüpfung auch die Webdesign-Kurse zugelassen sind, brauchen diese nicht gleichzeitig auch die Bedingung zur Dauer zu erfüllen.

```
K_TITEL                     K_UNTERTITEL                K_DAUER
--------------------------- -------------------------- ----
Photoshop                   Bildbearbeitung                4
Suchmaschinen-Optimierung   Web-Controlling                1
3D Studio                   3D-Modelling                   4
AutoCAD                     CAD-Technik                    4
Director                    Authoring                      4
Dreamweaver                 Webdesign                      3
Dreamweaver                 E-Commerce / Ultra Dev         3
Dreamweaver                 DHTML-Erweiterungen            3
Flash                       Animation                      4
Frontpage                   Webdesign                      3
GoLive                      Webdesign                      3
HTML                        Webdesign                      2
12 Zeilen ausgewählt.
```

Wie Sie gesehen haben, lassen sich die logischen Operatoren zusätzlich mit Hilfe von Klammern kombinieren. Dies ist für die Bildung von Bedingungen unerlässlich. Um z.B. das obige Beispiel so umzuformulieren, dass tatsächlich nur noch Kurse aus dem Grafik- und Webdesign-Bereich, die einen oder vier Tage dauern, in die Ergebnismenge übernommen werden, muss man auch die Bereichsangabe in einen Klammerausdruck platzieren. Dies hat dann die Form:

```
SELECT K_Titel, K_Dauer, K_Bereich
  FROM kurs
 WHERE (K_Dauer = 1 OR K_Dauer = 4)
   AND (K_Bereich = 'Grafik' OR K_Bereich = 'Webdesign');
```

Listing 3.10 321_10.sql: Klammerung von Ausdrücken

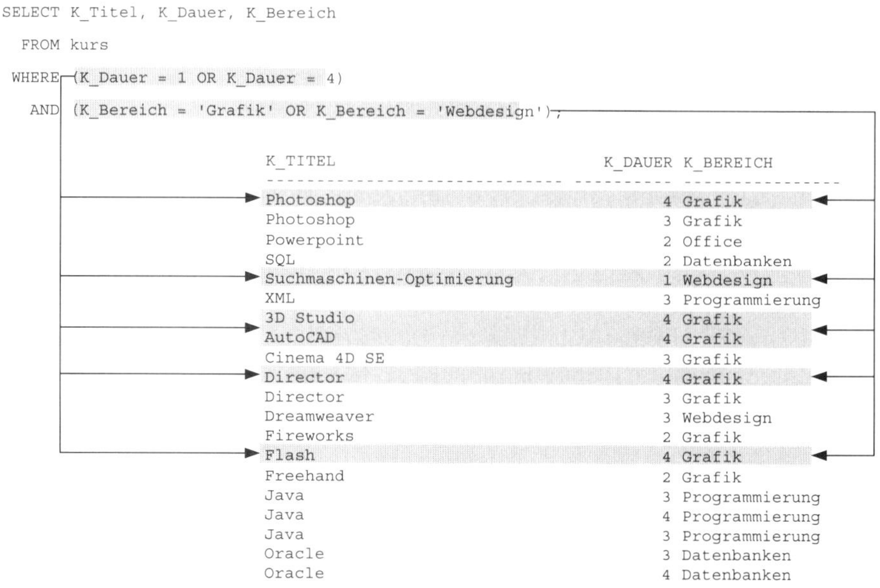

Abbildung 3.8 Klammerung von Ausdrücken

Bei der Verwendung von Klammern ist es für die Planung von Abfragen und die Bestimmung der Ergebnisse von Ausdrücken wichtig, die Auswirkungen von Kombinationen der einzelnen Ergebnisse zu kennen. Diese sind in Wahrheitstabellen zusammengefasst, die für SQL und PL/SQL gelten. In PL/SQL finden Sie anstatt des Wertes `UNKNOWN` den Wert `NULL`.

- Die drei Grundfälle von `AND` bestimmen sich so: `TRUE` wird zurückgeliefert, wenn beide Operanden `TRUE` zurückliefern. `FALSE` wird zurückgeliefert, wenn einer von beiden Operanden den Wert `FALSE` zurückliefert. `UNKNOWN` wird zurückgeliefert, wenn einer von beiden Operanden `UNKNOWN` zurückliefert. Das erste gemeinsame Ergebnis im Fall `TRUE/TRUE` bestimmt sich mit folgender Überlegung: Eine Abfrage mit zwei gleichzeitig zutreffenden Suchkriterien ist nur dann wahr und liefert auch nur dann ein Tupel in die Ergebnisrelation, wenn beide Einzelbedingungen zutreffen. Daher ist das gemeinsame Ergebnis `TRUE`.
- Die drei Grundfälle von `OR` bestimmen sich so: `TRUE` wird zurückgeliefert, wenn einer von beiden Operanden `TRUE` zurückliefert. `FALSE` wird zurückgeliefert, wenn beide Operanden `FALSE` zurückliefern. `UNKNOWN` wird zurückgeliefert, wenn einer von beiden Operanden `UNKNOWN` zurückliefert. Für `OR` reicht es, wenn eines von beiden Suchkriterien zutrifft, damit ein Tupel in die Ergebnisrelation übernommen wird oder das gemeinsame Ergebnis `TRUE` ist. Der erste Fall mit `TRUE/TRUE` entspricht also dem ersten Fall für `AND`.

Interessant ist dagegen der zweite Fall für TRUE/FALSE, da hier für AND der Wert FALSE zurückgeliefert wird, aber im Fall von OR dagegen TRUE. Um TRUE zu erzeugen, genügt es für OR, wenn eines von beiden Suchkriterien erfüllt wird. Dies ist bei TRUE/FALSE eindeutig der Fall.

- Im Fall von NOT kehrt sich das Ergebnis immer um, da gerade der Fall des Zutreffens nicht gesucht wird. Wird also TRUE zurückgeliefert, so ist die Negation richtig bzw. alles falsch.

NOT	*TRUE*	*FALSE*	*UNKNOWN*
	FALSE	TRUE	UNKNOWN

AND	*TRUE*	*FALSE*	*UNKNOWN*
TRUE	TRUE	FALSE	UNKNOWN
FALSE	FALSE	FALSE	FALSE
TRUE	UNKNOWN	FALSE	UNKNOWN

OR	*TRUE*	*FALSE*	*UNKNOWN*
TRUE	TRUE	TRUE	TRUE
FALSE	TRUE	FALSE	UNKNOWN
UNKNOWN	TRUE	UNKNOWN	UNKNOWN

Abbildung 3.9 Wahrheitstabellen der logischen Operatoren

Zugehörigkeitsoperator [NOT] IN

Der Operator [NOT] IN wird eingesetzt, um eine Menge vorzugeben, deren einzelne Werte mit Hilfe eines OR verknüpft werden können. Er setzt eine Abfrage der Form

```
SELECT U_Name, U_Branche, U_Stadt
  FROM unternehmen
 WHERE U_Stadt = 'Düsseldorf'
    OR U_Stadt = 'Dortmund'
    OR U_Stadt = 'Dinslaken';
```

in einen verkürzten, wesentlich übersichtlicheren Ausdruck und verwendet dazu den Operator IN und einen Klammerausdruck, der die möglichen bzw. zulässigen Werte begrenzt. Dies hat dann die Form:

```
SELECT U_Name, U_Branche, U_Stadt
  FROM unternehmen
 WHERE U_Stadt IN ('Düsseldorf', 'Dortmund', 'Dinslaken');
```

Listing 3.11 321_11.sql: Verwendung von IN bei Mengen

Möchte man genau die vorgegeben Werte ausschließen, fügt man noch den NOT-Operator ein, der dann die Bedingung zu WHERE U_Stadt NOT IN ('Düsseldorf', 'Dortmund', 'Dinslaken') macht und alle anderen Städte außer den drei genannten zu zulässigen Unternehmenssitzen erhebt.

Auch wenn die gesamte Thematik der Unterabfragen erst wesentlich später behandelt werden wird, so soll doch an dieser Stelle schon einmal darauf hingewiesen werden, dass der IN-Operator sich gerade für Unterabfragen besonders eignet. Unterabfragen dürfen nur eine Spalte zurückliefern, und ihr Datentyp muss dem der Spalte entsprechen, mit der sie in einer Bedingung verarbeitet werden. So würden also in der nächsten Abfrage alle Kursnummern ungültige Kursnummern darstellen, deren Dauer kleiner gleich drei Tagen beträgt. Eine Unterabfrage ermittelt die Menge der ungültigen Kursnummern.

```
SELECT K_Titel, K_Untertitel, K_Bereich, K_Dauer
  FROM kurs
 WHERE K_Nr NOT IN (SELECT K_Nr
                      FROM kurs
                     WHERE K_Dauer <=3);
```

Listing 3.12 321_11.sql: Test auf Zugehörigkeit zu Mengen mit Unterabfrage

Wie noch öfter im Zusammenhang mit SQL und PL/SQL ist die Verarbeitung des NULL-Werts von besonderer Bedeutung. Zwar gibt es mit dem IS [NOT] NULL-Operator eine besondere Syntax für die Abfrage des Wertes NULL, bei der auch die Behandlung des Tests auf Gleichheit mit dem NULL-Wert diskutiert wird, doch soll an dieser Stelle ausdrücklich auf die Verwendung von NULL mit dem Operator IN verwiesen werden. Man könnte also versuchen, fehlende bzw. leere Anredefelder über NULL abzufragen und dies als Menge zu verpacken. In der ersten Abfragemenge sucht man alle diejenigen Datensätze, die gerade nicht NULL oder »Herr« als Wert haben. In der zweiten Abfrage sucht man genau diese Felder. Erst ein Test ergibt, dass die beiden Abfragen grundsätzlich unterschiedliche Ergebnisse hervorrufen:

```
SELECT TN_Nr, TN_Anrede, TN_Stadt
  FROM teilnehmer
 WHERE TN_Anrede NOT IN ('Herr', NULL);
SELECT TN_Nr, TN_Anrede, TN_Stadt
  FROM teilnehmer
 WHERE TN_Anrede IN ('Herr', NULL);
```

Listing 3.13 321_12.sql: [NOT] IN und NULL

Für die erste Abfrage, in der der NOT IN-Operator mit NULL kombiniert wird, erhält man keine Zeilen zurück, was allerdings mit der Realität nicht übereinstimmt, da es durchaus eine große Anzahl Frauen in der Teilnehmertabelle gibt. Dies ist allerdings das Standardergebnis für NOT IN und NULL in der Suchmenge. In der zweiten Abfrage wird der NULL-Wert mit dem anderen Wert »Herr« in der Suchmenge für den IN-Operator kombiniert. Hier scheint es zunächst, als ob keine NULL-Werte vorhanden seien. Tatsächlich sind jedoch Anrede-Felder leer, werden allerdings durch diese Suchmenge nicht gefunden. Vereinfacht gesagt, eignet sich der NULL-Wert also überhaupt nicht für die Verwendung mit [NOT] IN und sollte – wie auch sonst immer – ausschließlich über IS [NOT] NULL gesucht werden.

In der nächsten Abfrage, die syntaktisch zwar deutlich über die bereits vorgestellten Werkzeuge hinausgeht, finden Sie eine übersichtliche Zusammenfassung der einzelnen Möglichkeiten und der gefundenen Zeilen. Diese Zahlen allein machen bereits sehr gut deutlich, wie sich die einzelnen Kombinationsmöglichkeiten auf das (falsche) Abfrageergebnis auswirken.

```
SELECT DISTINCT
      (SELECT COUNT(TN_Nr)
          FROM teilnehmer
         WHERE TN_Anrede = 'Herr') AS Herr,
       (SELECT COUNT(TN_Nr)
          FROM teilnehmer
         WHERE TN_Anrede = 'Frau') AS Frau,
       (SELECT COUNT(TN_Nr)
          FROM teilnehmer
         WHERE TN_Anrede IN ('Herr', NULL)) AS HerrNULL,
       (SELECT COUNT(TN_Nr)
          FROM teilnehmer
         WHERE TN_Anrede NOT IN ('Herr', NULL)) AS HerrNULL,
       (SELECT COUNT(TN_Nr)
          FROM teilnehmer
         WHERE TN_Anrede IS NULL) AS NullWerte,
       (SELECT COUNT(*)
          FROM teilnehmer) AS Gesamt
  FROM teilnehmer;
```

Listing 3.14 321_12.sql: Übersicht über [NOT] IN und NULL

In der Ausgabe erhält man dann eine Übersicht, die die Anzahl der Frauen und Männer sowie die Gesamtanzahl an Datensätzen wie auch die Zahl der NULL-

Werte ausgibt. Zusätzlich erhält man die beiden inkorrekten Ergebnisse mit `IN` und `NOT IN` in Kombination mit dem `NULL`-Wert für den weiteren Suchbegriff »Herr«.

```
 HERR          FRAU   HERRNULL     HERRNULL  NULLWERTE      GESAMT
--------------------------------------------------------------
 928           373          928           0        136        1449
1 Zeile wurde ausgewählt.
```

Bereichsuntersuchung mit BETWEEN

Man ist sprachlich geneigt, eventuell zu versuchen, die Suchmenge im `[NOT] IN`-Operator mit Ober- und Untergrenzen für Zahlenwerte zu verwenden. Dies funktioniert natürlich nicht, da dann nur auf alternative Gleichheit mit genau diesen Werten geprüft wird. Für die Angabe von solchen Grenzen verwendet man die Schlüsselwörter `[NOT] BETWEEN untergrenze AND obergrenze`, wobei die beiden Grenzen in beiden Fällen eingeschlossen sind. Man erspart sich durch die Verwendung dieser Syntax also eine Abfrage der Form:

```
SELECT TN_Nachname, TN_Stadt, TN_PLZ
  FROM teilnehmer
  WHERE TN_PLZ >= 16000
    AND TN_PLZ <= 20000;
```

Listing 3.15 321_13.sql: Abfragen von Bereichen

Die obige Abfrage könnte man also verkürzen und übersichtlicher gestalten, indem man sie mit Hilfe von `BETWEEN` folgendermaßen umformuliert:

```
SELECT TN_Nachname, TN_Stadt, TN_PLZ
  FROM teilnehmer
  WHERE TN_PLZ BETWEEN 16000 AND 20000;
```

Listing 3.16 321_13.sql: Verwendung von BETWEEN

Dies ergibt in beiden Fällen folgendes Ergebnis:

```
TN_NACHNAME               TN_STADT                   TN_PLZ
------------------------- -------------------------- ---------
Baltruschat               Ueckermünde                17373
Stiehler                  Greifswald, Hansestadt     17491
Ehm                       Eberswalde                 16225
Berg                      Zehdenick                  16792
4 Zeilen ausgewählt.
```

Möchte man einen bestimmten Bereich gerade ausschließen, so kommt – wie sonst auch – der NOT-Operator ins Spiel. Er wird direkt vor den gesamten Ausdruck gesetzt:

```
SELECT TN_Nachname, TN_Stadt, TN_PLZ
  FROM teilnehmer
  WHERE TN_PLZ NOT BETWEEN 16000 AND 20000;
```

Listing 3.17 321_13.sql: Umkehrung von BETWEEN durch NOT

Test auf NULL-Werte

NULL-Werte in der Datenbank lassen sich grundsätzlich nur über die Konstruktion IS [NOT] NULL sinnvoll abfragen. Dabei ersetzt diese Formulierung die gesamte Bedingung für eine Spalte in der WHERE-Klausel. Möchte man also eine Liste aller Teilnehmer erhalten, deren Geschlecht unbekannt ist, überprüft man dies mit einem Test auf NULL-Werte für die Spalte TN_Anrede:

```
SELECT TN_Anrede, TN_Vorname, TN_Nachname
  FROM teilnehmer
 WHERE TN_Anrede IS NULL;
```

Listing 3.18 321_14.sql: Test auf NULL

Dies liefert – in einem kurzen Auszug – folgendes Ergebnis:

```
TN_AN TN_VORNAME           TN_NACHNAME
----- -------------------- ------------------------------
      Mary-Jane            Wahlich
      L.                   Dreier
      I.                   Arlt
      A.                   Frodermann
```

Möchte man gerade alle diejenigen Teilnehmer auswählen, der Geschlecht eindeutig identifiziert wurde, so könnte man die nicht identifizierten mit NOT ausblenden:

```
SELECT TN_Anrede, TN_Vorname, TN_Nachname
  FROM teilnehmer
 WHERE TN_Anrede IS NOT NULL;
```

Listing 3.19 321_14.sql: Test auf Ungleichheit mit NULL

Ähnlichkeitsabfragen mit LIKE

Während der Gleichheitsoperator ausschließlich auf die Gleichheit von Spaltenwert und angegebenem Suchmuster prüft, möchte man in einigen Fällen

Ähnlichkeiten herausfinden (wie z.B. alle Begriffe, die mit einem bestimmten Buchstaben oder einer bestimmten Buchstabenkombination beginnen). Die Grundstruktur dieser Abfrageform mit Hilfe des LIKE-Operators besteht dabei aus folgenden Bestandteilen:

```
WHERE spaltenname [NOT] LIKE 'muster' [ESCAPE zeichen]
```

Im Suchmuster verwendet man zwei Platzhalter, die zu ersetzende Buchstaben markieren, wobei die Position des Platzhalters der Position der Buchstaben entspricht:

- Mit dem Platzhalter % (Prozentzeichen) markiert man beliebig viele oder auch keinen Buchstaben. NULL wird nicht berücksichtigt. Die Groß-/Kleinschreibung wird berücksichtigt.
- Mit dem Platzhalter _ (Unterstrich) markiert man genau einen Buchstaben. Die Groß-/Kleinschreibung wird berücksichtigt.

Die folgenden beiden Abfragen finden im ersten Fall alle Städte, die mit D beginnen und mit d enden (wie Dortmund) und beliebig viele Buchstaben dazwischen besitzen, Städte, die nur mit d enden (wie Dortmund und Bielefeld) und beliebig viele Buchstaben vorher besitzen, und Städte, die mit Düsseldor beginnen (wie ... na ja, das kann man sich denken) und genau einen Buchstaben am Ende besitzen. Die zweite Abfrage prüft, ob ein Nachname zwischen Flo und e beliebige viele Buchstaben besitzt.

```
SELECT DISTINCT U_Stadt
  FROM unternehmen
 WHERE U_Stadt LIKE 'D%d'
    OR U_Stadt LIKE '%d'
    OR U_Stadt LIKE 'Düsseldor_';
SELECT TN_Anrede, TN_Vorname, TN_Nachname
  FROM teilnehmer
 WHERE tn_nachname LIKE 'Flo%e';
```

Listing 3.20 321_15.sql: Abfragen mit LIKE

Das Ergebnis wurde ja bereits weitestgehend vorweggenommen, wobei neben den sehr einfachen Beispielen in den ersten drei Zeilen der ersten Abfrage sowohl ihre vierte Ergebniszeile als auch die einzige Ergebniszeile der zweiten Abfrage insoweit interessant sind, als dass tatsächlich auch mehrere Wörter untersucht werden und daher Emden, Ostfriesland und natürlich Frau Flotte Ecke gefunden wurden:

```
U_STADT
------------------------------
Bielefeld
Dortmund
Düsseldorf
Emden, Ostfriesland
4 Zeilen ausgewählt.
TN_AN TN_VORNAME           TN_NACHNAME
----- -------------------- ------------------------------
Frau  Ursula               Flotte Ecke
1 Zeile wurde ausgewählt.
```

In sehr seltenen Fällen (selten deswegen, weil wir kein sinnvolles Beispiel in unserer Datenbank finden konnten) möchte man die Platzhalter selbst suchen. In diesem Fall ist das kein Problem. Man gibt mit Hilfe der Klausel ESCAPE ein Entwerter-Zeichen an, das dann dem Platzhalter im Suchmuster vorangeht und ihn damit entwertet. In metaphysischen Suchen möchte man vielleicht sogar den Entwerter suchen und kann dann den Entwerter durch den Entwerter entwerten. Dies sehen Sie in den folgenden beiden – überaus sinnlosen – Beispielen. Neben der formellen Verwendung von Entwerter-Zeichen und einer entwerteten Entwertung sehen Sie, dass man zu Testzwecken aus der obskuren DUAL-Tabelle Spalten und Zeilen nach Gusto auswählen kann. Diese Tabelle werden Sie später noch bei der Erläuterung der Funktionen wiederfinden.

```
SELECT ('Steigerung: 2%') AS Text
  FROM dual
 WHERE ('Steigerung: 2%') LIKE '%\%' ESCAPE '\';
SELECT ('Steigerung: 2%/3%') AS Text
  FROM dual
 WHERE ('Steigerung: 2%/3%') LIKE '%//%' ESCAPE '/';
```

Listing 3.21 321_16.sql: Entwerter-Zeichen und Suchen des Entwerters

Die erste Abfrage prüfte darauf, ob ein Prozentzeichen im Text vorhanden ist, wobei dieses durch den Rückstrich als Entwerter-Zeichen im Suchmuster markiert wurde. In der zweiten Abfrage benutzte man dazu einen Schrägstrich, sodass man auch einen solchen im Text wiederfinden kann, wenn er ebenfalls durch eine doppelte Verwendung im Suchmuster markiert wird.

```
TEXT
--------------
Steigerung: 2%
1 Zeile wurde ausgewählt.
```

```
TEXT
-----------------
Steigerung: 2%/3%
1 Zeile wurde ausgewählt.
```

Arithmetische Operatoren

Werte können auch mit mathematischen Operationen verknüpft werden, indem die Addition, Subtraktion, Multiplikation und die Division über die Zeichen +, -, * und / in der `WHERE`-Klausel oder in der Spaltenliste von Abfragen (sowie natürlich auch in den `WHERE`-Klauseln von `UPDATE` und `DELETE` und in der `SET`-Klausel von `UPDATE`) vorgegeben wird. Dabei ändern sich natürlich die Werte in der Basisrelation selbst nicht, sondern werden lediglich anhand des errechneten Werts in die Ergebnisrelation eingetragen. Die Berechnung dient also wie sonst auch zur Überprüfung, ob ein Datensatz in die Ergebnisrelation gerät oder nicht. Bei diesen Operatoren unterscheidet man Ein- und Zweiwertigkeit, was sich ausschließlich auf die Anzahl der Ausdrücke bezieht, die vom Operator angesprochen werden. Eine Kennzeichnung als negative Zahl würde hier bedeuten, dass der Minus-Operator als einwertiger Operator zum Einsatz kommt, während eine Subtraktion von zwei Ausdrücken den Minus-Operator als zweiwertig kennzeichnen würde.

Die folgende Tabelle fasst die verfügbaren Operatoren kurz zusammen:

Operator	Bedeutung	Beschreibung
+, -	plus, minus	Sie addieren oder subtrahieren als zweiwertige Operatoren zwei Ausdrücke, wobei Zahlen und Spaltenangaben mit geeigneten Datentypen verwendet werden können. Werden sie dagegen als einwertiger Operator verwendet, gelten sie als Vorzeichen.
*, /	mal, geteilt durch	Sie multiplizieren und dividieren als zweiwertige Operatoren zwei Ausdrücke, die aus Spalten mit geeigneten Datentypen oder Zahlwerten bestehen können.

Tabelle 3.3 Arithmetische Operatoren

Wenn die folgenden Beispiele auch syntaktisch über die bisher gezeigten Möglichkeiten hinausgehen, so stellen sie inhaltlich typische Einsatzbereiche mit den wesentlichen Möglichkeiten der Verwendung von Operatoren dar. Einerseits können diese Operatoren mit Spaltennamen und Zahlen in der Spaltenliste kombiniert werden, andererseits ist es ebenso möglich, Berechnungen mit Bedingungen zu verknüpfen. Im ersten Beispiel wird für die Ausgabe die Preisspalte für den Einzelteilnehmerpreis mit dem Umrechnungswert für Dollar multipliziert, was dazu führt, dass aus den Euro-Preisen Dollar-Preise werden. Gleichzeitig wird diese Zahl auch in der WHERE-Klausel verwendet, um nur noch die Kurse mit einem Preis über 1300 Dollar auszugeben. Im zweiten Beispiel dagegen teilt man die zwei Spalten für den Einzelteilnehmerpreis und die Kursdauer, sodass der Tagespreis pro Kurs berechnet wird. Dies geschieht ebenfalls sowohl in der Spaltenliste für die Ausgabe als auch in der WHERE-Klausel.

An dieser Stelle sei schon einmal erwähnt, dass man diese Operatoren auch mit Unterabfragen in der Spaltenliste und natürlich in der WHERE-Klausel verwenden kann, was die Möglichkeiten und den Einsatznutzen dieser Berechnungen stark erweitert.

```
SELECT K_Titel,
       K_Untertitel,
       P_TN1 AS Euro,
       P_TN1*1.12 AS Dollar
  FROM kurs INNER JOIN preis
    ON preis.P_Nr = kurs.P_Nr
 WHERE P_TN1*1.12 > 1300;
SELECT K_Titel,
       K_Untertitel,
       P_TN1 AS Preis,
       P_TN1/K_Dauer AS Tagespreis
  FROM kurs INNER JOIN preis
    ON preis.P_Nr = kurs.P_Nr
 WHERE P_TN1/K_Dauer BETWEEN 450 AND 550;
```

Als verkürztes Ergebnis erhält man im ersten Fall eine Reihe von korrekten Berechnungen und eine Auswahl der Kurse mit einem Preis über 1300 Dollar.

```
K_TITEL  K_UNTERTITEL                     EURO      DOLLAR
-------- -------------------------- ---------- ----------
PHP      Kochrezepte                      1175       1316
TCP IP   TCP/IP 1                         1175       1316
TCP IP   TCP/IP 2                         1175       1316
UML      Konzepte und Anwendung           1430     1601,6
```

Im zweiten Fall berechnen die Abfrage für die Ausgabe und die Bedingungsüberprüfung in der WHERE-Klausel den Einzelteilnehmerpreis und die Kursdauer des jeweiligen Kurses.

```
K_TITEL K_UNTERTITEL                      PREIS TAGESPREIS
------- ----------------------------- ---------- ----------
UML     Konzepte und Anwendung             1430 476,666667
```

```
UML    Objektorientierung und Strateg          900        450
Java   Datenbankprogrammierung                1430 476,666667
MySQL  DB-Administration                       900        450
4 Zeilen ausgewählt.
```

Der Verkettungsoperator ||

Für beliebige Zwecke möchte man umfassende Formatierungen in der Ausgabe vornehmen, die sich gerade nicht nach den in der Tabelle definierten Aufteilungen richtet. Um Text und Spalten miteinander allein oder zusammen zu kombinieren, setzt man den Verkettungsoperator || ein. Dabei gelten folgende Regeln:

- Spaltennamen werden ohne Anführungszeichen aufgerufen.
- Zeichenketten bzw. Texte werden mit Anführungszeichen eingefügt. Möchte man hier Anführungszeichen ausgeben, so verwendet man entweder doppelte Anführungszeichen oder zwei einfache Anführungszeichen (Hochkommata).
- Zahlen können ohne Anführungszeichen verwendet werden.
- Berechnungen mit Zahlen oder Spalten werden direkt bei der Ausgabe ausgeführt, solange keine Anführungszeichen verwendet werden. Sollen Berechnungen mit ihren Operatoren dagegen als Text ausgegeben werden, benötigt man Anführungszeichen.

Im folgenden Beispiel setzen wir einige Dozentenspalten mit passenden Zusatztexten zu einer übersichtlichen Liste zusammen. Achten Sie hierbei stets auch auf die Leerstellen zwischen zwei verbundenen Spalten, damit die Zeichenkettenwerte lesbar bleiben.

```
SELECT D_Anrede || ' ' || D_Nachname AS Name,
       'aus ' || D_Stadt || ' (' || D_PLZ || ')' AS Ort
  FROM dozent
 WHERE D_Nachname LIKE 'B%';
```

Listing 3.22 321_17.sql: Spalten und Text mit dem Verkettungsoperator verbinden

In der Ausgabe erhält man die übersichtliche Liste mit kombinierten Spalten und hinzugefügtem Text:

```
NAME            ORT
--------------- --------------------------
Herr Bergluft   aus Bochum (44879)
Frau Bodensee   aus Marl, Westf (45768)
```

```
Herr Bärchen    aus Südlohn (46354)
3 Zeilen ausgewählt.
```

Im folgenden, bereits recht anspruchsvollen Beispiel kombinieren wir zunächst alle drei möglichen Eingangsdaten wie Zeichenketten, Zahlen und Spaltennamen und fügen dann Spaltenfunktionen hinzu. `SUBSTR(zeichenkette, beginn, länge)` verkürzt eine eingehende Zeichenkette auf die in den beiden Zahlwerten `beginn` und `länge` angegebenen Stellen. Da die Spaltenbreite von der Länge des Spaltennamens abhängt und sich dieser bedauerlicherweise aus dem SQL-Quelltext für diese Spalte zusammensetzt, erlangen sie eine höchst unpassende Länge, was durch diese Funktion begrenzt wird. Da einige Werte ebenso höchst unpassend lange Dezimalstellenzahlen durch eine Periodenbildung bei der Teilung durch 3 erhalten, lösen wir dies durch eine Rundung über die Funktion `ROUND(zahl, dezimalstellenanzahl)`.

```
SELECT SUBSTR(K_Titel || ' ' || K_Untertitel,1,10) AS Titel,
       SUBSTR(P_TN1*1.12 || ' $',1,9) AS Dollar,
       SUBSTR(P_TN1 || '*1.12',1,10) AS Dollar,
       SUBSTR(ROUND(P_TN1*1.12/K_Dauer,2),1,10) || ' $/Tag'
                                     AS Tagespreis,
       SUBSTR(P_TN1|| '*'|| 1.12 || '/' || K_Dauer,1,11)
                                     AS Tagespreis
  FROM kurs INNER JOIN preis
    ON preis.P_Nr = kurs.P_Nr
 WHERE P_TN1*1.12 > 1300;
```

Listing 3.23 321_19.sql: Kombination von Text, Zahlen und Spalten

Als Ergebnis erhält man eine Mischung aus Berechnungen und Klarschriftausgaben dieser Berechnungen, je nachdem, welche Ausgabeanweisungen in der Verkettung vorgenommen wurden.

```
TITEL      DOLLAR    DOLLAR     TAGESPREIS       TAGESPREIS
---------- --------- ---------- ---------------- -----------
PHP Kochre 1316 $    1175*1.12  329 $/Tag        1175*1,12/4
TCP IP TCP 1316 $    1175*1.12  438,67 $/Tag     1175*1,12/3
TCP IP TCP 1316 $    1175*1.12  438,67 $/Tag     1175*1,12/3
```

Mengen-Operatoren

Neben der Kombination von Bedingungen über die logischen Operatoren lassen sich auch ganze Abfrageblöcke – also vollwertige, einzelne Abfragen – über die so genannten Mengen-Operatoren miteinander verknüpfen. Dabei wird der Operator direkt zwischen den beiden gültigen Einzelabfragen platziert. Folgende Operatoren stehen zur Verfügung:

Operator	Beschreibung
UNION	Datensätze aus beiden Abfragen ohne Duplikate
UNION ALL	Datensätze aus beiden Abfragen mit Duplikaten
MINUS	Datensätze aus der ersten Abfrage, die nicht in der zweiten erscheinen
INTERSECT	Datensätze, die in beiden Abfrageergebnissen erscheinen

Tabelle 3.4 Mengen-Operatoren

Zwei Abfragen können mit dem Operator UNION so verknüpft werden, dass die jeweils entstehenden Ergebnisrelationen in einer gemeinsamen Tabelle ausgegeben werden. Dabei müssen beide Abfragen das gleiche Schema (Spaltenstruktur) aufweisen, damit die beiden Tabellen tatsächlich so miteinander verbunden werden, dass die Ergebnisse der zweiten Abfrage direkt an die Ergebnisse der ersten angeschlossen werden. Beachten Sie folgende Regeln für den Umgang mit diesem Befehl und den anderen:

- Die Spaltenanzahl in den SELECT-Klauseln muss übereinstimmen:

```
SELECT T_Nr, T_Ort
*
FEHLER in Zeile 1:
ORA-01789: Abfrageblock hat falsche Anzahl an Ergebnisspalten
```

- Eine Sortierung mit ORDER BY muss für die letzte Abfrage spezifiziert werden und wirkt sich auf die gesamte Ergebnisrelation aus:

```
UNION
*
FEHLER in Zeile 5:
ORA-00933: SQL-Befehl wurde nicht korrekt beendet
```

- Nur UNION ALL belässt Duplikate im gesamten Abfrageergebnis.

Im folgenden Beispiel ersetzt der UNION-Operator eine OR-Verknüpfung von beiden Bedingungen, akzeptiert also in der Ergebnismenge alle Termine aus Dortmund und Bochum, wobei letztere nach dem 8.12.2003 stattfinden müssen. Interessant am Ergebnis ist die Tatsache, dass die beiden Ergebnisrelationen gerade nicht direkt aneinander gesetzt werden, sondern dass die Abfrage direkt gemeinsam ausgeführt wird. Zwar wirkt das Ergebnis der folgenden Abfrage so, als ob erst die eine und dann die andere Abfrage ausgeführt würde und dann die einzelnen Datensätze aneinander gereiht würden, doch dies liegt ausschließlich an den Daten und den Bedingungen.

```
SELECT *
  FROM termin
 WHERE T_Ort = 'Dortmund'
UNION
SELECT *
 FROM termin
WHERE T_Ort = 'Bochum'
  AND T_Beginn > '08.12.2003';
```

Listing 3.24 321_20.sql: UNION-Operator

Die mit `INTERSECT` gebildete Schnittmenge erzeugt aus zwei Abfrageergebnissen eine Ergebnisrelation, die genau die Datensätze enthält, die in beiden einzelnen Abfragen vorhanden sind.

Im ersten Beispiel ersetzt die Schnittmenge eine `AND`-Verknüpfung für die beiden Spalten `Kursnummer` und `Beginn`.

```
SELECT *
  FROM termin
 WHERE K_Nr = 1010004
INTERSECT
SELECT *
 FROM termin
WHERE T_Beginn = '26.09.2002';
```

Listing 3.25 321_20.sql: INTERSECT-Operator

Im zweiten Beispiel hingegen wird eine korrelierte Unterabfrage in der Form

```
SELECT DISTINCT T_Ort
  FROM termin
 WHERE T_Ort IN (SELECT DISTINCT U_Stadt
                   FROM unternehmen);
```

durch die explizite Schnittmengenbildung zwischen den Städten ersetzt, in denen Seminare angeboten werden und in denen Unternehmen ihren Sitz haben.

```
SELECT DISTINCT T_Ort
  FROM termin
INTERSECT
```

```
SELECT DISTINCT U_Stadt
 FROM unternehmen;
```

Listing 3.26 321_20.sql: Operator INTERSECT

Die beiden Ergebnismengen sind so weit eingeschränkt, dass man sie getrost abdrucken kann. Für die erste Abfrage ergeben sich nur zwei Datensätze, auf die die genannten Bedingungen zutreffen. Für die zweite Abfrage erhält man eine Liste der großen Städte aus der Unternehmenstabelle, die mit Einträgen in der Termintabelle übereinstimmen.

```
      T_NR       K_NR T_BEGINN T_ENDE   T_ORT
---------- ---------- -------- -------- --------------------
       317    1010004 26.09.02 27.09.02 Bochum
       319    1010004 26.09.02 27.09.02 Bochum
2 Zeilen ausgewählt.
T_ORT
------------------------------
Berlin
Bochum
Dortmund
Düsseldorf
Leipzig
5 Zeilen ausgewählt.
```

Aus der mathematischen Mengentheorie wissen Sie vielleicht, dass die Reihenfolge der Tabellen, die die Vereinigungsmenge und die Schnittmenge bilden, uninteressant für das Ergebnis ist. In diesen beiden Fällen gilt das Kommutativgesetz (Vertauschungsgesetz). Die Menge der resultierenden Datensätze ist stets die gleiche, unabhängig davon, ob erst die Dauer größer gleich drei Tagen oder erst die Dauer kleiner zwei Tagen abgefragt wird. Daher konnte man diese beiden speziellen Abfragen, die sich auch auf die gleiche Tabelle bezogen, mit anderen Operatoren umschreiben. Die Differenzmenge, die mit dem Operator `MINUS` erzeugt wird, verhält sich in Bezug auf Vertauschungen innerhalb der Reihenfolge dagegen anders. Eine Differenzmenge ist die Menge der Tupel, die in Tabelle A gemäß dem Suchkriterium erscheinen, die aber gleichzeitig nicht in Tabelle B erscheinen. Dabei werden auch hier eventuelle Duplikate entfernt.

```
SELECT TN_Nr, TN_Nachname, TN_Stadt
  FROM teilnehmer
 WHERE U_Nr = 2
MINUS
SELECT TN_Nr, TN_Nachname, TN_Stadt
```

```
  FROM teilnehmer
 WHERE TN_stadt = 'Bochum';
```

Listing 3.27 321_20.sql: Operator MINUS

Für das Ergebnis des obigen Beispiels erhält man gemäß der Definition also alle die Teilnehmer, die beim Unternehmen 2 arbeiten, aber gleichzeitig nicht in Bochum wohnen.

```
     TN_NR TN_NACHNAME                    TN_STADT
---------- ------------------------------ -----------------
       311 Plogmacher                     Gelsenkirchen
       588 Sulik                          Gelsenkirchen
       778 Förster                        Dortmund
3 Zeilen ausgewählt.
```

Aliase in Verbindung mit Mengen-Operatoren

Die Mengen-Operatoren können verschiedene Abfragestellen vereinfachen, die normalerweise immer auch mit anderen Mitteln als den Mengen-Operatoren zu erzeugen wären. Bei der Programmierung kann man sie einfach über eine Textverkettung als Bindeglied benutzen und so z. B. unterschiedliche Kombinationen bei der Abarbeitung von Fallunterscheidungen entwickeln. Weil man als Ergebnis wieder eine gemeinsame Ergebnismenge erhält, möchte man natürlich weiterhin mit Aliasen für Spalten und Tabellen arbeiten. Hier gibt es einige einfache, aber auch erstaunliche Regeln:

- Die Spaltenaliase können nur in der oberen, ersten Abfrage definiert werden. Sie lösen in der unteren Abfrage zwar keine Fehlermeldung aus, werden jedoch nicht berücksichtigt.
- Tabellenaliase gelten ausschließlich innerhalb der Abfrage, in der sie definiert wurden. Man kann also nicht in der zweiten Abfrage auf den Tabellenalias der ersten zugreifen.
- Bei Sortierungen mit `ORDER BY` setzt man die Spaltenaliase der ersten Abfrage ein, wobei die Sortierung ausschließlich ganz am Ende der gesamten Konstruktion zulässig ist. Es können keinesfalls die einzelnen Abfragen unabhängig voneinander sortiert werden.

```
SELECT t1.TN_Nr       AS Nr,
       t1.TN_Nachname AS Nachname,
       t1.TN_Stadt    AS Stadt
  FROM teilnehmer t1
 WHERE U_Nr = 2
```

```
  MINUS
  SELECT t2.TN_Nr, t2.TN_Nachname, t2.TN_Stadt
    FROM teilnehmer t2
   WHERE TN_Stadt = 'Bochum'
   ORDER BY Stadt DESC, Nachname ASC;
```

Listing 3.28 321_21.sql: Verwendung von Aliasen und Sortierungen

Gemäß den gerade verkündeten Regelungen erhält man eine leicht variierte Ausgabe der obigen Untersuchung bzgl. des Unternehmens 2 und der anderen Städte außer Bochum. Jetzt werden die Städte und innerhalb der Städte die Nachnamen sortiert.

```
        NR NACHNAME                       STADT
---------- ------------------------------ -----------------
       311 Plogmacher                     Gelsenkirchen
       588 Sulik                          Gelsenkirchen
       778 Förster                        Dortmund
3 Zeilen ausgewählt.
```

Komplexe Verknüpfungen von Mengenoperatoren

Vielleicht hat Ihr Experimentiertrieb es schon längst in obskuren Studien zu Tage gefördert: Man kann die vorgestellten Mengen-Operatoren auch dazu verwenden, mehr als zwei Abfragen zu verknüpfen. Aber abgesehen von einem einfachen Aneinanderhängen diverser Abfragen kann man selbstverständlich auch Klammerausdrücke schaffen und dadurch beliebig komplexe Mengenausdrücke erstellen. Das folgende Beispiel beschränkt sich dabei bis auf eine Abfrage auf Abfragen der einfachsten Art, verzichtet also wegen der Übersichtlichkeit auf WHERE-Bedingungen. Sie ermittelt inhaltlich die Menge der Städte außer Bochum, die gleichzeitig die Wohnorte von Dozenten, Terminstädte und Unternehmenssitze sind.

```
(SELECT D_Stadt    AS Stadt
   FROM dozent
INTERSECT
 (SELECT T_Ort
    FROM termin
 UNION
  SELECT U_Stadt
    FROM unternehmen))
MINUS
SELECT T_Ort
```

```
  FROM termin
 WHERE T_Ort = 'Bochum';
```

Listing 3.29 321_22.sql: Komplexe Verknüpfungen

Als Ergebnis erhält man folgende aufschlussreiche Liste:

```
STADT
------------------------------
Dortmund
Essen, Ruhr
Gelsenkirchen
Hattingen, Ruhr
4 Zeilen ausgewählt.
```

Sortieren und Reihenfolgen mit ORDER BY

Um Spaltenwerte in eine alphanumerische Ordnung zu bringen, setzt man die Klausel `ORDER BY spalte [ASC | DESC]` ein. Hierbei sortiert `ASC` alphanumerisch aufsteigend und `DESC` alphanumerisch absteigend. `ASC` stellt zusätzlich den Standardwert dar, sodass auf eine explizite Angabe verzichtet werden kann. Folgende Regelungen gelten für die Sortierung:

- `ASC` (Standardwert) sortiert auf- und `DESC` absteigend.
- Die zu sortierenden Spalten müssen, durch Komma getrennt, in der Reihenfolge der verschachtelten Sortierung aufgelistet werden.
- Die Spalten werden entweder über ihren Namen oder ihre Positionsnummer in der Spaltenliste adressiert.

Im folgenden Beispiel erhält man eine Liste der Kurse mit ihren Titeln und Untertiteln, wobei sie alle nach absteigender Kursdauer sortiert werden. Damit geraten die längsten Kurse an die Spitze der Liste. Innerhalb der jeweiligen Kursdauergruppen von einem bis vier Tagen findet keine Sortierung statt, sondern es wird die in der Tabelle gefundene Datensatzreihenfolge verwendet.

```
SELECT K_Titel, K_Untertitel, K_Dauer
  FROM kurs
 ORDER BY K_Dauer DESC;
```

Listing 3.30 321_23.sql: Absteigende Sortierung einer Spalte

Möchte man dagegen noch innerhalb der Kursdauer eine Sortierung für die Titel und Untertitel vornehmen, setzt man eine mehrspaltige Sortierung ein, wobei die Reihenfolge darüber entscheidet, welche Spalten zuerst sortiert werden. In diesem Sinne erhält man ein Ergebnis, in dem innerhalb gleicher Kursdauerwerte zunächst der oftmals mehrfach auftretende Titel und dann der grundsätzlich unterschiedliche Untertitel aufsteigend sortiert werden.

```
SELECT K_Titel       AS Titel,
       K_Untertitel  AS Untertitel,
       K_Dauer       AS Dauer
  FROM kurs
 ORDER BY K_Dauer      DESC,
          K_Titel      ASC,
          K_Untertitel ASC;
```

Listing 3.31 321_23.sql: Unterschiedliche Sortierreihenfolge und mehrspaltige Sortierung

Als Ergebnis erhält man für die ersten Zeilen folgende Ausgabe:

```
TITEL      UNTERTITEL                     DAUER
---------- ------------------------------ ------
Access     VBA-Kochrezepte                4
AutoCAD    CAD-Technik                    4
C++        COM/ATL                        4
C++        MFC (Windows-Programmierung)   4
C++        Syntax + Konzepte              4
Delphi     Anwendungsentwicklung          4
Delphi     Programmierbeispiele           4
```

Möchte man den Standardwert ASC verwenden, so muss man dies bei den entsprechend zu sortierenden Spalten nicht angeben. Im folgenden Beispiel sortiert man also die angegebenen Spalten K_Titel und K_Untertitel automatisch aufsteigend:

```
SELECT K_Titel, K_Untertitel, K_Bereich, K_Dauer
  FROM kurs
 WHERE K_Bereich = 'Programmierung'
   AND K_Dauer > 3
 ORDER BY K_Titel, K_Untertitel;
```

Listing 3.32 321_23.sql: Verwendung des Standardwerts

Schließlich kann man auch noch über die Spaltenposition in der Spaltenliste eine Sortierung vornehmen. Man kann sogar – wobei nicht alles, was erlaubt ist, auch gutes SQL ist – eine Mischung aus Namens- und Positionsvorgaben durchführen. Für die gleiche Abfrage wie zuvor sortieren wir nun die erste und zweite Spalte automatisch aufsteigend, wobei dies rein zufällig der Kurstitel und -untertitel sind.

```
SELECT K_Titel, K_Untertitel, K_Bereich, K_Dauer
  FROM kurs
 WHERE K_Bereich = 'Programmierung'
   AND K_Dauer > 3
 ORDER BY 1, 2;
```

Listing 3.33 321_23.sql: Verwendung der Spaltenpositionen als Sortierangaben

Standard-Aggregatfunktionen

Wie Sie bisher schon gesehen haben, versuchen wir, die Welt in gewöhnliche Aussagen, besondere Themen und seltene Informationen aufzuteilen. Die Informationen in diesem Abschnitt stellen nun allzu gewöhnliche Informationen dar, da Sie mit den hier vorgestellten Standard-Aggregatfunktionen in allen Datenbanksystemen arbeiten können. Sie stellen – wie andere Funktionen auch – auch einen Standard-SQL-Schatz an Funktionen dar und dürften für die Analyse die wohl zu Beginn bedeutendsten Funktionen sein. Die folgende Tabelle gibt einen kurzen Überblick:

Funktion	Beschreibung
`MIN(spalte)`	Ermittelt den niedrigsten Wert einer Spalte.
`MAX(spalte)`	Ermittelt den höchsten Wer einer Spalte.
`COUNT(*|spalte)`	Zählt die Datensätze einer angegebenen Spalte, wobei das Sternchen sämtliche Datensätze einer Tabelle zählt und dies bei einfachen Zählvorgängen leistungsstärker ist.
`AVG(spalte)`	Ermittelt den Durchschnittswert einer Spalte.

Tabelle 3.5 Standard-Aggregatfunktionen

In den folgenden einfachen Beispielen setzen wir die vorgestellten Funktionen ein. Achten Sie dabei darauf, dass Sie bei der Verwendung von Kombinationen aus Aggregatfunktionen mit anderen Spalten – insbesondere in analytischen Fragestellungen wie Zählungen für gewisse, häufig auftretende Feldwerte – die anderen Spalten mit `GROUP BY` gruppieren müssen. Diese und andere Aggregatfunktionen werden auch traditionell gern in Unterabfragen eingesetzt, wobei sie stets nur einzeilige Abfrageergebnisse zurückliefern können, sobald z.B. mit dem Vergleichsoperator Bedingungen konstruiert werden.

```
SELECT MAX(TN_Nr) AS Nr
  FROM teilnehmer;
SELECT MIN(T_Beginn) AS Beginn
  FROM termin
 WHERE T_Ort = 'Dortmund';
SELECT COUNT(*)
  FROM teilnehmer;
SELECT AVG(K_Dauer)
  FROM kurs;
SELECT SUBSTR(K_Titel || ' ' || K_Untertitel,1,20) AS Titel,
       K_Dauer AS Dauer
  FROM kurs
 WHERE K_Dauer <= (SELECT AVG(K_Dauer)
                     FROM kurs)
 ORDER BY Titel DESC;
```

Listing 3.34 321_24.sql: Verwendung von Standard-Aggregaten

Die Verwendung dieser Funktion ist weitestgehend einfach und unkompliziert. Dementsprechend übersichtlich sind die Ergebnisse der oben gestellten Fragen. Meistens erhält man nur einzeilige Ergebnismengen zurück:

```
        NR
----------
      1449
1 Zeile wurde ausgewählt.
BEGINN
--------
01.01.03
1 Zeile wurde ausgewählt.
  COUNT(*)
----------
      1449
1 Zeile wurde ausgewählt.
AVG(K_DAUER)
------------
  2,90740741
1 Zeile wurde ausgewählt.
TITEL                     DAUER
-------------------- ----------
XML XSLT                      2
XML Syntax                    2
```

```
Word VBA-Programmier          2
Visio Grafikerstellu          2
UML Objektorientieru          2
```

Gruppierungen mit GROUP BY

Um die Gruppierung mit `GROUP BY` kommt man bei analytischen Abfragen nicht herum. Dabei bezeichnen wir solche Abfragen als *analytisch*, die Zeilen generieren, die in der Datenbank nicht in dieser Form vorhanden sind. Im Gegensatz also zu einer einfachen Abfrage, die eine schön geordnete Liste der Teilnehmer eines Termins auswirft und die damit nur einen kleineren Ausschnitt von real in der Datenbank existierenden Datensätze ausgibt, generieren analytische Abfrage neue, in der Datenbank nicht als solche existente Zeilen. Sie können – mit Blick auf die Data-Warehouse-Analysen, die ihrerseits wieder auf der `GROUP BY`-Klausel aufbauen, überaus interessante Kaffeehausgespräche darüber führen, welchen Sinn und Zweck in der relationalen Theorie die `NULL`-Werte haben, die von weitergehenden Gruppierungen erzeugt werden. Dies ist allerdings im aktuellen Abschnitt noch kein Thema.

Grundsätzliches

Abgesehen von theoretischen Reflexionen geht es hier zunächst um das Verständnis der Funktionsweise von `GROUP BY` und die Notwendigkeit, diese Klausel einzusetzen. In der folgenden Beispielabfrage möchte man eine Aufstellung der Teilnehmerstädte (`SELECT DISTINCT TN_PLZ FROM teilnehmer`) mit gleichzeitiger Ausgabe der Postleitzahlen-Anzahlen pro Stadt erhalten. Da natürlich die Postleitzahlen-Anzahl nirgendwo direkt gespeichert ist, erzeugt diese Abfrage also in jedem Fall Datensätze, die nicht in der Datenbank gespeichert, sondern erst durch die Abfrage erstellt werden. Dabei muss man gemäß der ehernen SQL-Regel das gruppieren, was man zählt. In Mottoform gilt also: »Es muss das gruppiert werden, für das man zählt, und nicht das, was man zählt.«. In diesem Fall zählt man für die Teilnehmerstädte ihre unterschiedlichen Postleitzahlen in der Form, die überhaupt pro Stadt vorliegen.

```
SELECT TN_Stadt, COUNT(DISTINCT TN_PLZ)
  FROM teilnehmer
 GROUP BY TN_Stadt
 HAVING COUNT(TN_PLZ) > 20
 ORDER BY COUNT(TN_PLZ) DESC;
```

Listing 3.35 321_25.sql: Gruppierung nach Städten

Für ein besseres Verständnis können Sie natürlich von einer Abfrage in der Form

```
SELECT COUNT(DISTINCT TN_PLZ) AS ZahlPLZ
  FROM teilnehmer
 ORDER BY COUNT(TN_PLZ) DESC;
```

Listing 3.36 321_25.sql: Ausgangsabfrage für die Anzahl der PLZ

mit dem Ergebnis

```
   ZAHLPLZ
----------
       270
1 Zeile wurde ausgewählt.
```

ausgehen, die die unterschiedlichen Postleitzahlen in der Tabelle `TEILNEHMER` zählt bzw. die Anzahl der Postleitzahlen ausgibt, die »überhaupt« in der Tabelle vorhanden sind. Sollten Sie diese Abfrage dann um eine Ausgabe der Städte verändern wollen, um also die Anzahl der enthaltenen Postleitzahlen pro Stadt zu erhalten, dann genügt es nicht, die Spalte `TN_Stadt` zusätzlich ausgeben zu wollen. Dieses Vorgehen führt zu der Standardfehlermeldung, die Ihnen immer dann begegnet, wenn Sie Spalten gruppieren müssen:

```
SELECT TN_Stadt, COUNT(DISTINCT TN_PLZ) AS ZahlPLZ
       *
FEHLER in Zeile 1:
ORA-00937: keine Gruppenfunktion für Einzelgruppe
```

Mit der Klausel `HAVING`, die ebenfalls die Aggregatfunktion und leider nicht nur den Aliasnamen der so manipulierten Spalte verlangt, lassen sich dann weitere Bedingungen in Form von Gruppensuchbedingungen festlegen. In diesem Fall soll die Anzahl der gefundenen Postleitzahlgebiete größer als 20 sein. Das Ergebnis dieser interessanten Abfrage lautet dann:

```
TN_STADT                       COUNT(DISTINCTTN_PLZ)
------------------------------ ---------------------
Essen, Ruhr                                       30
Düsseldorf                                        29
Dortmund                                          24
Duisburg                                          21
4 Zeilen ausgewählt.
```

Mehrere Spalten und komplexe Gruppen

Der Grundsatz, dass Sie die Spalten gruppieren müssen, für die etwas – in diesem Beispiel die Teilnehmernummer – gezählt wird, setzt sich auch dann fort, wenn Sie mehrere Spalten für die Gruppenbildung benötigen. Im nächsten Beispiel möchte man in der Ausgabe neben dem Stadtnamen auch die Postleitzahl haben, wobei dieses Mal die Anzahl der Teilnehmer aus diesem speziellen Gebiet gezählt werden soll. Dies geschieht, indem man die Spalte `TN_Nr` zählt und die anderen beiden Spalten gruppiert.

```
SELECT TN_Stadt, TN_PLZ, COUNT(TN_Nr)
  FROM teilnehmer
 GROUP BY TN_Stadt, TN_PLZ
 HAVING COUNT(TN_Nr) > 20
 ORDER BY COUNT(TN_Nr) DESC;
```

Listing 3.37 321_25.sql: Gruppierung nach Städten und Postleitzahlen

Da anschließend nach der Teilnehmeranzahl pro Postleitzahl gezählt wird, geraten zwar die Teilnehmerzahlen aus Gelsenkirchen auf die vordersten Plätze, weil Gelsenkirchen die meisten Kunden schickte, doch einige Bochumer Postleitzahlen werden aufgrund der zugehörigen Teilnehmerzahl zwischen die Gelsenkirchener Datenreihen eingefügt:

```
TN_STADT                        TN_PLZ     COUNT(TN_NR)
------------------------------ ---------- ------------
Gelsenkirchen                        45891           61
Gelsenkirchen                        45896           57
Gelsenkirchen                        45888           55
Gelsenkirchen                        45881           51
Gelsenkirchen                        45894           47
Gelsenkirchen                        45899           44
Bochum                               44866           42
Gelsenkirchen                        45897           39
Gelsenkirchen                        45886           37
Gelsenkirchen                        45883           35
Gelsenkirchen                        45879           32
Bochum                               44795           30
```

Unterschiedliche Aggregatfunktionen

Im letzten Beispiel zur Gruppierung möchten wir Sie und Ihre Experimentierfreude darauf aufmerksam machen, dass man unterschiedliche Aggregatfunktionen oder unterschiedliche Formen derselben wie z. B. `COUNT` in einer Abfrage an verschiedenen Stellen kombinieren kann. Die folgende Abfrage zählt – wie schon gehabt – die verschiedenen Postleitzahlen und zusätzlich die Teilnehmerzahlen pro PLZ-Gebiet. Die Ordnung verläuft über die Teilnehmerzahl pro Stadt (also eine Aggregationsstufe höher als die Postleitzahlen), wobei die Einschränkung in der HAVING-Klausel wieder auf die Teilnehmerzahlen pro Stadt zugreift:

```
SELECT TN_Stadt                    AS Stadt,
       COUNT(DISTINCT TN_PLZ)      AS PLZZahl,
       COUNT(TN_Stadt)             AS StadtZahl
  FROM teilnehmer
 GROUP BY TN_Stadt
 HAVING COUNT(TN_Nr) > 30
 ORDER BY COUNT(TN_Stadt) DESC;
```

Listing 3.38 321_26.sql: Kombinierte Zählungen

Im Ergebnis sieht man, wie unterschiedlich sich die Sortierung auf die verschiedenen Datensätze auswirkt. Da in Gelsenkirchen die meisten Teilnehmer wohnen, gelangt diese Stadt auf den ersten Platz, und Essen, mit wesentlich mehr Postleitzahlgebieten in der Tabelle, gelangt nur auf Platz drei.

```
STADT                            PLZZAHL  STADTZAHL
------------------------------ ---------- ----------
Gelsenkirchen                          14        561
Bochum                                 19        418
Essen, Ruhr                            30         73
Dortmund                               24         72
Düsseldorf                             29         72
Duisburg                               21         64
Hattingen, Ruhr                         4         33
7 Zeilen ausgewählt.
```

3.2.2 Komplexe Abfragen mit mehreren Tabellen

In den vorangegangenen Abschnitten haben wir die grundsätzlichen Möglichkeiten von Abfragen zusammengefasst. Die vorgestellten Eigenschaften und SQL-Syntaxkonzepte gelten für diese einfachen Abfragen genauso wie für komplexe Abfragen. Eine Abfrage soll dann als komplex gelten, wenn mehrere Tabellen miteinander über ihre Primärschlüssel-Fremdschlüssel-Beziehung zusammengeführt werden und über ihre gemeinsame Datenmenge Bedingungen für die Auswahl in die Ergebnisrelation getroffen werden. Dabei wird der Prozess der Normalisierung zurückgenommen, sodass bei einer Verknüpfung aller Tabellen miteinander die »Universal Relation« entsteht, also die nicht normalisierte Ursprungstabelle mit entsprechend vielen Redundanzen und sich wiederholenden Gruppen.

Für den Einstieg soll dieser Weg einmal nachgezeichnet werden, wobei wir von der Tabelle BUCHUNG ausgehen, da sie die meisten Verknüpfungen zu anderen Tabellen bietet. Bei der Erstellung der Tabellen wurden diese Verknüpfungen auch eigens als Eigenschaften der Tabelle definiert, weil so auch automatisch die referenzielle Integrität überprüft werden kann. In diesem Sinne ist es nicht möglich, abhängige Datensätze zu löschen, solange noch Referenzen auf sie verweisen.

```
CREATE TABLE "SCOTT"."BUCHUNG" (
 "B_NR"             NUMBER(6)      NOT NULL ,
 "TN_NR"            NUMBER(4),
 "T_NR"             NUMBER(4),
 "B_DATUM"          DATE,
 "B_TZAHL"          NUMBER(1),
 "B_PREIS"          NUMBER(10, 2),
 "B_NRANMELDER"     NUMBER(5),
 "B_STORNODATUM"    DATE,
 "B_STORNOGEBUEHR" NUMBER(10, 2),
  PRIMARY KEY ( "B_NR" ),
  FOREIGN KEY("TN_NR")
   REFERENCES "SCOTT"."TEILNEHMER"("TN_NR"),
  FOREIGN KEY("T_NR")
   REFERENCES "SCOTT"."TERMIN"("T_NR"))
 TABLESPACE "USERS";
```

Das Feld TN_Nr bietet also Zugriff auf den Datensatz des Teilnehmers, der sich für ein Seminar angemeldet hat. In diesem Datensatz wiederum befindet sich mit der Spalte U_Nr eine Beziehung zu dem Datensatz des Unternehmens, bei dem dieser Teilnehmer beschäftigt ist. Über den Inhalt des Felds T_Nr gelangt man in die Termintabelle und erhält dort alle Informationen zum gebuchten Termin. Über die Spalte K_Nr in der Termintabelle hat man dann Zugriff auf sämtliche Kursinformationen über den passenden Datensatz in der Kurstabelle. Diese wiederum liefert die Preise über das Feld P_Nr. Ein besonderes Feld stellt in der Buchungstabelle B_NrAnmelder dar, das hierarchisch auf die TN_Nr in der gleichen Tabelle verweist und indirekt damit auch auf die Teilnehmertabelle. Man sieht also, dass gewisse Datenstrukturen wie Informationen über Teilnehmer, den Kurs oder das Unternehmen nur über die Verknüpfungen auffinDatenbankar sind, was ja gerade auch dem Grundprinzip der Normalisierung als Vermeidung von Redundanzen (wiederholende Gruppen) entspricht.

Anstatt für einen Buchungssatz sämtliche Spalten der Tabelle TEILNEHMER. UNTERNEHMEN, TERMIN und KURS sowie PREIS zu erfassen, speichert man nur die Minimalzahl an Fremdschlüsseln, die dann über die zugehörigen Werte in den einzelnen Tabellen die Informationen bereithalten und nur dort einmal speichern.

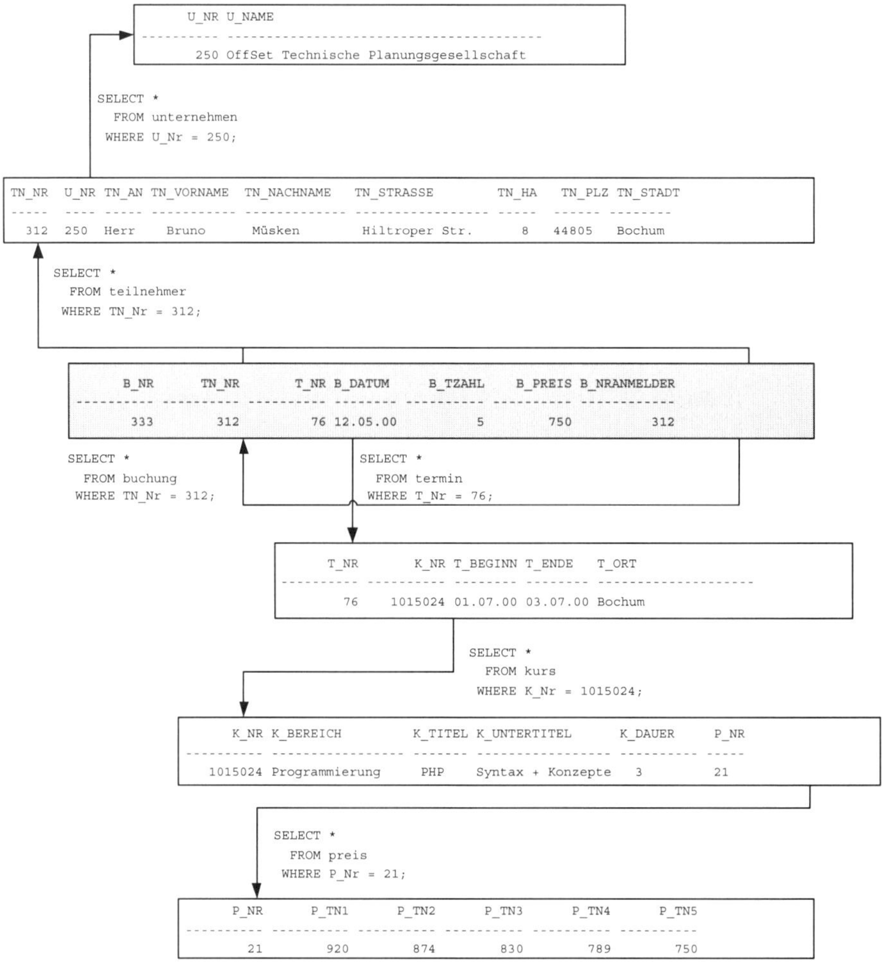

Abbildung 3.10 Die Struktur von Verknüpfungen

Manuelle Verknüpfungen

Bis Oracle 8i musste man die Verknüpfungen von Hand einrichten, was ab 9i dann durch die ANSI-SQL-Verknüpfungen in der FROM-Klausel ersetzt wurde. Da diese alte Verknüpfungstechnik umständlich und fehlerträchtig ist, zeigen wir sie nur an einem einzigen Beispiel und in der folgenden allgemeinen Syntax.

```
SELECT [ALL | DISTINCT]
       * | {[tabelle{1|2}.]spalte1
            [, [tabelle{1|2}.]spalte2, ...]}
        FROM tabelle1, tabelle2 [, tabelle3,...]
       WHERE tabelle1.spalte_x = tabelle2.spalte_x
       [AND suchbedingung]
       [GROUP BY [[tabelle{1|2}.]spalte1
                  [,[tabelle{1|2}.]spalte2, ...]
       [HAVING gruppensuchbedingung]]
       [ORDER BY [[tabelle{1|2}.]spalte1
                  [,[tabelle{1|2}.]spalte2, ...]] [ASC|DESC]]
```

Das Grundprinzip der manuellen Verknüpfung, die natürlich auch weiterhin funktioniert, ist die Auflistung der benötigten Spalten und eine explizite Verknüpfung in Form von Bedingungen in der WHERE-Klausel. Dies hat zum einen den Nachteil, dass Verknüpfungsbedingungen bei umfangreichen Verknüpfungen bzw. auch bei Primärschlüsseln mit mehreren Feldern schwer von inhaltlichen Bedingungen bzw. Einschränkungen zu unterscheiden sind. Der zweite Nachteil ist schlichtweg die Fehlergefahr, da es syntaktisch kein Problem ist, auf eine explizite Verknüpfungsbedingung zu verzichten. Dies führt dazu, dass in der Datenbank nicht existierende Zeilen durch eine Kreuzverknüpfung (Kreuzprodukt) entstehen. Hierbei werden alle Zeilen der einen Tabelle mit allen Zeilen der anderen Tabelle verknüpft. Sie können sich vorstellen, dass dies bei umfangreichen Tabellen zu unerwartet langen Abfragemengen und – sollte man es sogar nicht merken – zu völlig falschen Ergebnissen führt.

Vorgehensweise bei Verknüpfungen

Um Abbildung 3.10 mit der zugehörigen SQL-Abfrage noch einmal besser zu illustrieren, erstellt die folgende Abfrage die nötigen Verknüpfungen für den Datensatz 333 in der Tabelle BUCHUNG. Die Spalten haben wir für die Ausgabe etwas verkürzt. Interessant ist hier, dass die eigentliche inhaltliche Einschränkung in der langen Liste der Verknüpfungen völlig untergeht und nicht klar erkannt werden kann.

```
SELECT SUBSTR(TN_Nachname, 1, 10) AS Teilnehmer,
       SUBSTR(U_Name, 1, 10)      AS Unternehmen,
       SUBSTR(T_Ort, 1, 10)       AS Ort,
       SUBSTR(K_Titel, 1, 6)      AS Titel,
       B_Preis,
       P_TN1
  FROM buchung, teilnehmer, unternehmen, termin, kurs, preis
```

```
WHERE buchung.TN_Nr = teilnehmer.TN_Nr
  AND teilnehmer.U_Nr = unternehmen.U_Nr
  AND buchung.T_Nr = termin.T_Nr
  AND termin.K_Nr = kurs.K_Nr
  AND kurs.P_Nr = preis.P_Nr
  AND B_Nr = 333;
```

Listing 3.39 322_01.sql: Manuelle Verknüpfung

Als Ergebnis erhält man folgende Informationen:

```
TEILNEHMER UNTERNEHME ORT        TITEL     B_PREIS      P_TN1
---------- ---------- ---------- ------ ---------- ---------
Müsken     OffSet Tec Bochum     PHP           750       920
1 Zeile wurde ausgewählt.
```

Ungewollte Kreuzverknüpfungen

Da es tatsächlich keinen Schutz vor ungewollten Kreuzverknüpfungen gibt, der bereits beim Versand und damit noch vor der Ausführung einer solchen Abfrage in Form einer Fehlermeldung darauf hinweist, dass ein Kreuzprodukt gebildet wird, greifen wir dieses Thema in all seiner Dramatik noch einmal auf. Um die Funktionsweise und die Wirkung einer solchen Abfrage zu zeigen, entwickeln wir eine Abfrage mit mehreren Unterabfragen in der Spaltenliste. Sie ermitteln die Kardinalität jeder einzelnen Tabelle, das Produkt aller Reihenzahlen und die Länge des Kreuzprodukts. Da alle Zeilen der eingehenden Tabellen miteinander verknüpft werden, erhält man also stets das Produkt der Einzelkardinalitäten. Dies können Sie auch mit einer harmloseren Abfrage als der Verknüpfung der angegebenen sechs Tabellen experimentell bestätigen, denn die Berechnung der hier abgedruckten Abfrage kann – je nach Rechnerleistung – mehrere Stunden in Anspruch nehmen.

Darin besteht auch eine von beiden Grundproblematiken im Zusammenhang mit diesen Fehleingaben. Zwar würde niemand auf die Idee kommen, gar keine Verknüpfung bei sechs eingehenden Tabellen anzugeben, doch ist es mit manuellen Verknüpfungen durchaus möglich, bei so vielen Verknüpfungen auf eine Verknüpfung zu verzichten. Dadurch erhält man eine bei großen Tabellen beeindruckend lange Ergebnisrelation, deren Erzeugung viel Rechenzeit in Anspruch nehmen wird. Schon mit den vorliegenden, übersichtlichen Tabellen mit Datensätzen im Tausender-Bereich lässt sich ein Abfrageergebnis im Milliarden-Bereich erzeugen.

Die zweite Grundproblematik ist dann die Erzeugung von falschen bzw. schlichtweg nicht existierenden Datensätzen, da ja die Verknüpfung nicht über die Inhalt und Bedeutung tragenden Primärschlüssel-Fremdschlüssel-Beziehungen erfolgt. Normalerweise kann man solche Ergebnisse erkennen; aber hat man die Abfrage in einem Programm platziert, ohne eine Testausgabe zu untersuchen oder ohne die Primärschlüssel auszugeben, an denen man die falsche Verknüpfung besonders gut erkennen kann, können solche Daten auch weiterverarbeitet werden.

Die Abfrage, die die Verarbeitung von Kreuzprodukten abbildet, lautet also:

```
SELECT DISTINCT
       (SELECT COUNT(*)
        FROM buchung, teilnehmer, unternehmen,
             termin, kurs, preis) AS Gesamt,
       (SELECT COUNT(*)
          FROM buchung) AS Buchung,
       (SELECT COUNT(*)
          FROM teilnehmer) AS Teilnehmer,
       (SELECT COUNT(*)
          FROM unternehmen) AS Unternehmen,
       (SELECT COUNT(*)
          FROM termin) AS Termin,
       (SELECT COUNT(*)
          FROM kurs) AS Kurs,
       (SELECT COUNT(*)
          FROM preis) AS Preis,
       ((SELECT COUNT(*) FROM buchung)
       *(SELECT COUNT(*) FROM teilnehmer)
       *(SELECT COUNT(*) FROM unternehmen)
       *(SELECT COUNT(*) FROM termin)
       *(SELECT COUNT(*) FROM kurs)
       *(SELECT COUNT(*) FROM preis)) AS Produkt
FROM buchung;
```

Listing 3.40 322_02.sql: Kreuzverknüpfungen

Als Ergebnis erhält man nach vielen Stunden dann dieses Ergebnis, das beweist, dass das Kreuzprodukt das Produkt aus allen einzelnen Kardinalitäten der eingehenden Tabellen repräsentiert.

```
    GESAMT    BUCHUNG TEILNEHMER UNTERNEHMEN     TERMIN
---------- ---------- ---------- ----------- ---------- ----
2,3397E+15       2794       1449         280        659
```

```
KURS       PREIS     PRODUKT
------ ---------- ----------
108          29 2,3397E+15
1 Zeile wurde ausgewählt.
```

Zum Abschluss soll ein weiteres Beispiel zu diesem Thema die inhaltliche und nicht nur zahlenmäßige Wirkungsweise von solchen Verknüpfungen illustrieren. Um ein möglichst kurzes Ergebnis zu erhalten und nicht erneut eine lange Wartezeit in Kauf nehmen zu müssen, beschränken wir das Ergebnis auf neun Reihen, indem für die numerisch aufsteigenden Primärschlüsselfelder der drei verwendeten Tabellen Grenzen bei 1, 3 und 3 gesetzt werden:

```
SELECT T_Nr, D_Nr, TN_Nr
  FROM dozent, termin, teilnehmer
 WHERE T_Nr  <= 1
   AND D_Nr  <= 3
   AND TN_Nr <= 3
 ORDER BY D_Nr, T_Nr;
```

Listing 3.41 322_03.sql: Wirkungsweise von Kreuzprodukten

Das einzig Interessante und die einzige Möglichkeit, Kreuzprodukte zu erkennen, ist die Art der Verknüpfung, wie sie auch in der Theorie des Kreuzprodukts abzeichnet. Für die folgende Abfrage und die durchgeführte Sortierung erhält man eine Kombination von allen Ergebnissen der einen Menge mit allen Ergebnissen der anderen verwendeten Mengen. In diesem Sinne wird also das Kreuzprodukt für jeden gefundenen Wert der Tabelle TEILNEHMER (nur ein Datensatz mit dem Wert 1) mit den Werten der Tabelle TERMIN (drei Datensätze mit Werten von 1 bis 3) und schließlich mit den Werten von DOZENT (ebenfalls drei Datensätze mit Werten von 1 bis 3) gebildet. Dies erzeugt bei geeigneter Sortierung ein charakteristisches Muster:

```
      D_NR       T_NR      TN_NR
---------- ---------- ----------
         1          1          1
         1          1          2
         1          1          3
         1          2          1
         1          2          3
         1          2          2
         1          3          1
         1          3          3
         1          3          2
9 Zeilen ausgewählt.
```

ANSI-SQL-Verknüpfungen

Seit Oracle 9i kann man die ANSI-SQL-Syntax für Verknüpfungen einsetzen, die unterschiedliche neue Schlüsselwörter in der FROM-Klausel verwendet. Allesamt werden die einzelnen Verknüpfungen dann über die ON-Klausel durch eine Spaltenbedingung (wie früher) konkretisiert. Der Lesevorteil ergibt sich vor allen Dingen dadurch, dass die Verknüpfung komplett in den Tabellenaufruf verlagert wird, und durch die explizite Nennung der Verknüpfungsart. Zusätzlich ist als dritter Vorteil die Fehlerträchtigkeit des ungewollten Kreuzprodukts aufgehoben, da man die Tabellen und ihre Verknüpfungsbedingungen einzeln aufrufen muss und daher bereits eine Fehlermeldung erhält, wenn man nur die Tabelle, aber nicht über ON die notwendige Verknüpfungsbedingung definiert.

Die allgemeine Syntax fasst die neue Struktur wie folgt zusammen:

```
SELECT [ALL | DISTINCT]
       * | {[tabelle{1|2}.]spalte1
            [, [tabelle{1|2}.]spalte2, ...]}
       FROM tabelle1 {NATURAL
                     | INNER
                     | {LEFT | RIGHT} OUTER] JOIN
            tabelle2
         ON tabelle1.spalte_x = tabelle2.spalte_x
      [WHERE suchbedingung]
      [GROUP BY [[tabelle{1|2}.]spalte1
                 [,[tabelle{1|2}.]spalte2, ...]]
      [HAVING gruppensuchbedingung]
      [ORDER BY [[tabelle{1|2}.]spalte1
                 [,[tabelle{1|2}.]spalte2, ...]] [ASC|DESC]]
```

Typologie von Verknüpfungen

Die in diesem Abschnitt vorgestellten Verknüpfungstypen lassen sich selbstverständlich auch über die zuvor präsentierte manuelle Verknüpfung einrichten. Auf diese Syntax gehen wir später kurz ein. Folgende Verknüpfungsarten bzw. -aufrufe sind möglich:

- Ein CROSS JOIN richtet das kartesische Produkt der beiden eingehenden Tabellen ein.
- Ein NATURAL JOIN verknüpft eingehende Tabellenspalten aufgrund ihres Namens, d.h., gleichartige Namen werden miteinander verknüpft.

- INNER JOIN bezieht nur solche Zeilen in die Ergebnisrelation ein, die als Wert für Primärschlüsselfelder kein NULL enthalten. Dies ist der Standardfall für Verknüpfungen.
- LEFT OUTER JOIN verknüpft die Zeilen der ersten Tabelle mit den zugehörigen Werten der zweiten Tabelle, wobei eventuell nicht vorhandene Werte in der zweiten Tabelle auf NULL gesetzt werden. Der Hintergrund soll die Wertedominanz der ersten Tabelle sein. Ihre Werte sollen auch dann erhalten bleiben, wenn sie kein entsprechendes Gegenüber in der zweiten Tabelle finden. In diesem Zusammenhang bedeutet das Seitenverhältnis die Reihenfolge innerhalb der FROM-Klausel. Die erste Tabelle, die genannt wird, wird in dieser Konstruktion zur ersten Tabelle, also zur Tabelle mit Wertedominanz.
- Ein RIGHT OUTER JOIN entspricht von der Funktionsweise dem LEFT OUTER JOIN. Hierbei liegt jedoch die Wertedominanz bei der eingehenden zweiten Tabelle, sodass bei einem fehlschlagenden Vergleich in der ersten Tabelle in dieser Tabelle der Wert NULL ergänzt wird. So bleiben zumindest die Werte der zweiten Tabelle komplett erhalten.
- Ein FULL OUTER JOIN kombiniert beide vorher beschriebenen Verknüpfungsarten. Hierbei bleiben sämtliche Einzelwerte in den Spalten erhalten, wobei ein fehlender Wert in der anderen Tabelle durch NULL ersetzt wird. In diesem Fall werden sämtliche Verknüpfungsmöglichkeiten in einer Tabelle ausgegeben, wobei allerdings die jeweiligen Werte, die keinen Geschwisterwert in der anderen Tabelle finden, mit dem Wert NULL als Geschwisterwert dargestellt werden.
- Ein UNION JOIN bildet eine Differenz zwischen einem FULL OUTER JOIN und einem INNER JOIN. In die endgültige Ergebnisrelation werden die Datensätze bzw. Zeilen übernommen, die links einen Wert der ersten Tabelle aufweisen und mit NULL ergänzt wurden und die rechts einen Wert der zweiten Tabelle aufweisen und mit NULL ergänzt wurden. Diese Verknüpfungssyntax entspricht dem Standard, ist aber in Oracle nicht vorhanden. Man muss dazu zusätzlich eine einhaltliche Bedingung auf die NULL-Felder anfügen.

Für die Einleitungsverknüpfung aus dem Schaubild konstruieren wir nun – wie schon für die manuelle Verknüpfung auch – die komplette Abfrage. Hierbei ist die entstehende Struktur zu beachten, die die Verknüpfungen deutlich in die FROM-Klausel überträgt und dort auch mit Hilfe der ON-Klausel die Bedingungen für die Verknüpfung deutlich herausstellt. Zusätzlich ist zu beachten, dass weitere Tabellen nur über den Aufruf der Verknüpfungsart und den neuen Tabellennamen zur bereits bestehenden Menge hinzugefügt werden.

```
SELECT SUBSTR(TN_Nachname, 1, 10) AS Teilnehmer,
       SUBSTR(U_Name, 1, 10)      AS Unternehmen,
       SUBSTR(T_Ort, 1, 10)       AS Ort,
       SUBSTR(K_Titel, 1, 6)      AS Titel,
       B_Preis,
       P_TN1
  FROM buchung INNER JOIN teilnehmer
    ON buchung.TN_Nr = teilnehmer.TN_Nr
               INNER JOIN unternehmen
    ON teilnehmer.U_Nr = unternehmen.U_Nr
               INNER JOIN termin
    ON buchung.T_Nr = termin.T_Nr
               INNER JOIN kurs
    ON termin.K_Nr = kurs.K_Nr
               INNER JOIN preis
    ON kurs.P_Nr = preis.P_Nr
 WHERE B_Nr = 333;
```

Listing 3.42 321_04.sql: Verknüpfungen mit ANSI-SQL

Innere und äußere Verknüpfungen

Im Rahmen der Vorstellung der einzelnen Verknüpfungsarten tauchte bereits die Unterscheidung zwischen inneren und äußeren Verknüpfungen aus dem Dickicht der SQL-Syntax auf. Jetzt sollen sie erlegt und genau seziert werden. Die angeführten Varianten der äußeren Verknüpfung – linke, rechte und volle äußere Verknüpfung – lassen sich von ihrer Funktionsweise her zusammenfassen, sodass man insgesamt zwei Verknüpfungsarten unterscheiden kann, wenn man das inhaltslose Kreuzprodukt außer Acht lässt:

- **Innere Verknüpfungen**
  Diese stellen die Standard-Verknüpfung dar und übernehmen alle diejenigen Datensätze in die Ergebnismenge, die die Verknüpfungsbedingung über die Primärschlüssel-Fremdschlüssel-Beziehung sowie eventuell inhaltliche Einschränkungen erfüllen. Dabei geraten also zunächst nur solche Datensätze in die nähere Betrachtung von weiteren, inhaltlichen Einschränkungen, die in beiden Tabellen mindestens einmal auftauchen und die damit an einer Primärschlüssel-Fremdschlüssel-Beziehung teilnehmen. Damit besitzen die Datensätze der einen Tabelle einen Partnerdatensatz in der anderen Tabelle.
- **Äußere Verknüpfungen**
  Diese konzentrieren sich unter anderem auf die Datensätze, die gerade nicht an einer Primärschlüssel-Fremdschlüsselbeziehung teilnehmen. Sie nehmen also auch die Datensätze in die Ergebnismenge auf, die – unter Berücksichti-

gung von weiteren, inhaltlichen Einschränkungen – keinen Partnerdatensatz in der anderen Tabelle besitzen. Die fehlenden Werte werden durch den Wert NULL in der Ergebnismenge gekennzeichnet. Weitere Unterscheidungen in Form von linker, rechter und voller äußerer Verknüpfung basieren nur auf der Art der Wertedominanz der eingehenden Tabellen, d.h. darauf, welche Tabelle ihre partnerlosen Datensätze ebenfalls in die Ergebnismenge einbringt. Bei der linken äußeren Verknüpfung ist dies die linke bzw. zuerst genannte Tabelle, bei der rechten äußeren Verknüpfung ist dies die rechte bzw. zuletzt genannte Tabelle, und bei der vollen äußeren Verknüpfung sind es beide Tabellen.

Die Tabelle THEMENVERTEILUNG ist eine typische Beziehungstabelle, da sie neben der Abbildung einer n:m-Beziehung (ein Dozent führt mehrere Kurse durch, ein Kurs wird von mehreren Dozenten durchgeführt werden) auch ein weiteres Attribut besitzt, das im ER-Modell ein Attribut der Beziehung war, nämlich den Tagessatz. Diese Tabelle eignet sich daher sehr gut für eine beispielhafte Darstellung des Konzepts der äußeren Verknüpfung.

Ausgangspunkt der Überlegung ist ein gewöhnlicher INNER JOIN der drei Tabellen KURS, THEMENVERTEILUNG und DOZENT, wobei DOZENT und KURS über die Themenverteilungstabelle in Beziehung stehen. Es gibt keine weiteren Einschränkungen inhaltlicher Art, da nur die Funktionsweise der Beziehung abgebildet werden soll.

```
SELECT dozent.D_Nr, D_Nachname, kurs.K_Nr, K_Titel
  FROM kurs INNER JOIN themenverteilung
    ON kurs.K_Nr = themenverteilung.K_Nr
            INNER JOIN dozent
    ON dozent.D_Nr = themenverteilung.D_Nr;
```

Listing 3.43 322_05.sql: INNER JOIN zweier Tabellen

Da die Tabelle THEMENVERTEILUNG insgesamt 166 Datensätze enthält und keine inhaltlichen Einschränkungen in diese Abfrage eingingen, muss man notwendigerweise auch diese Zahl an Ergebnisdatensätzen erhalten. Zu den Feldern der Beziehungstabelle treten die Felder der Inhalt tragenden Tabellen, in diesem Fall sind das Kursnummer, -titel und Dozentennummer und -nachname.

```
D_NR D_NACHNAME      K_NR     K_TITEL
---- --------------- -------- --------------------
6    Hostell         1010004  Fireworks
18   Fingerflink     1010004  Fireworks
7    Klapp           1010005  Photoshop
```

```
2    Rollstein       1010006  Flash
18   Fingerflink     1010006  Flash
13   Bärchen         1010007  Pagemaker
```

Mit Hilfe einer äußeren Verknüpfung lässt sich nun feststellen, welche Kurse eigentlich gar keinen Dozenten haben. Sie zeichnen sich dadurch aus, dass eine Kursnummer – die ja den Fremdschlüssel in der Tabelle THEMENVERTEILUNG darstellt – aus der Tabelle KURS keinen Partnereintrag in der Themenverteilungstabelle findet, also dort schlichtweg fehlt. Möchte man ausschließlich die unbesetzten Kurse herausfiltern, greift man auf die leeren Felder für die Kursnummer oder die Dozentennummer zu (da ja auch diese notwendigerweise leer sein müssen). Genau dieses Vorgehen setzt die nächste Abfrage ein, wobei es sich um eine linke äußere Verknüpfung handelt, da die Tabelle KURS auf der linken Seite in der FROM-Klausel steht.

```
SELECT kurs.K_Nr, K_Titel, themenverteilung.D_Nr
  FROM kurs LEFT OUTER JOIN themenverteilung
    ON kurs.K_Nr = themenverteilung.K_Nr
    WHERE D_Nr IS NULL
    ORDER BY TH_Nr;
```

Listing 3.44 321_06.sql: Äußere Verknüpfung mit NULL-Abfrage

Das Ergebnis enthält eine Liste mit insgesamt 26 Kursen, die keinen Dozenten besitzen. Hätte man auf den NULL-Filter verzichtet, dann bestünde das Ergebnis aus den oben bereits gefundenen 166 Datensätzen plus dieser 26 Datensätzen ohne Dozenten, Themenverteilungs- und Kursnummer.

```
      K_NR K_TITEL                           D_NR
---------- ------------------------------ ----------
   1030100 Lotus Domino
   1010095 Director
   1015085 Delphi
   1015103 Perl
   1015104 Perl
```

Eine äquivalente Abfrage würde die folgende Abfrage darstellen, die eine rechte äußere Verknüpfung darstellt, da hier nun die Tabellenpositionen in der FROM-Klausel vertauscht wurden, die rechte Tabelle KURS aber weiterhin die Wertedominanz behalten soll. Dies ist auch anders gar nicht möglich, da KURS und DOZENT die beiden Entitäten darstellen, während die Themenverteilung ja nur eine Beziehung(stabelle) abbildet.

```
SELECT kurs.K_Nr, K_Titel, themenverteilung.D_Nr
  FROM themenverteilung RIGHT OUTER JOIN kurs
    ON kurs.K_Nr = themenverteilung.K_Nr
    WHERE D_Nr IS NULL
    ORDER BY TH_Nr;
```

Listing 3.45 322_06.sql: Rechte äußere Verknüpfung

Wenn man mehr als zwei Tabellen miteinbezieht, muss man berücksichtigen, dass die Verknüpfung immer als äußere Verknüpfung durchgeführt wird, um nicht die NULL-Werte einer Teil-Abfrage aus dem Gesamtergebnis auszuschließen. Im folgenden Beispiel möchte man die obere Abfrage noch um den Dozentennamen erweitern, sodass man für die Kurse, die von einem Dozenten durchgeführt werden können, auch seinen Nachnamen erhält. Dies zwingt zur Integration der Tabelle DOZENT. In einem ersten Ansatz mag man meinen, dass die Verknüpfung zwischen DOZENT und THEMENVERTEILUNG eine innere sein müsste, da erstens alle Dozenten mindestens einen Eintrag in der Themenverteilungstabelle besitzen und da zweitens aus dieser Verknüpfung keine leeren Felder zu erwarten sind. Die Wertedominanzüberlegung stellt sich zwar für diese Verknüpfung nicht, doch funktioniert diese erste Abfrage genau so, als hätte man alle drei Tabellen nur mit einer inneren Verknüpfung verbunden. Um tatsächlich auch für die unbesetzten Felder in der Tabelle KURS zusätzliche leere Felder in der neuen Spalte D_Nachname zu erhalten, muss man unbedingt beide Verknüpfungen als äußere Verknüpfungen definieren:

```
SELECT D_Nachname, kurs.K_Nr, K_Titel
  FROM kurs LEFT OUTER JOIN themenverteilung
    ON kurs.K_Nr = themenverteilung.K_Nr
            INNER JOIN dozent
    ON themenverteilung.D_Nr = dozent.D_Nr
    ORDER BY TH_Nr;
SELECT D_Nachname, kurs.K_Nr, K_Titel
  FROM kurs LEFT OUTER JOIN themenverteilung
    ON kurs.K_Nr = themenverteilung.K_Nr
            LEFT OUTER JOIN dozent
    ON themenverteilung.D_Nr = dozent.D_Nr
    ORDER BY TH_Nr;
```

Listing 3.46 322_07.sql: Mehrstufige äußere Verknüpfungen

Als Ergebnis erhält man durch die beiden äußeren Verknüpfungen der zweiten Abfrage tatsächlich eine Ergebnisrelation, in der das Feld D_Nachname für die fehlenden Einträge aus der Tabelle DOZENT mit NULL aufgefüllt wird. In diesem

Sinne entsprechen diese Abfrage und ihr Ergebnis der einfachen Verknüpfung von KURS und THEMENVERTEILUNG plus der Verknüpfung mit DOZENT, aus der das neue Feld stammt.

```
D_NACHNAME      K_NR     K_TITEL
--------------- -------- --------------------
Hostell         1010004  Fireworks
Fingerflink     1010004  Fireworks
                2020109  XML
                1015091  Java
                1015088  Delphi
                1015089  UML
```

Möchte man aus beiden einbezogenen Tabellen alle Datensätze in die Ergebnistabelle übernehmen und bei der Verknüpfung also auf beiden Seiten die Primärschlüssel-Fremdschlüssel-Beziehung nicht berücksichtigen, findet eine volle äußere Verknüpfung statt. Dies erzeugt eine Tabelle, die ohne weitere inhaltliche Einschränkungen die längstmögliche Ergebnisrelation erzeugen kann, die aus zwei Tabellen ohne Kreuzprodukt (und damit ohne inhaltsleere Ergebnisse) erzeugt werden kann. Die folgende Abfrage – die aus Ausgabegründen in der Zeichenkettenlänge auf ein druckbares Maß gestutzt wurde – ermittelt also alle Teilnehmer und ihre Unternehmenszugehörigkeit, gibt aber auch alle Teilnehmer ohne Unternehmen (teilnehmer.U_Nr ist hier NULL) und alle Unternehmen ohne Teilnehmer aus:

```
SELECT SUBSTR(TN_nachname, 1, 15) AS Teilnehmer,
       SUBSTR(U_Name, 1, 20)      AS Unternehmen
  FROM teilnehmer  FULL OUTER JOIN unternehmen
    ON teilnehmer.U_Nr = unternehmen.U_Nr;
```

Listing 3.47 322_08.sql: Volle äußere Verknüpfung

Aus der überlangen Ergebnistabelle nehmen wir einige entscheidende Zeilen heraus, in denen nämlich auf beiden Seiten der Verknüpfung NULL-Felder entstanden sind: einmal für die Teilnehmernamen und einmal für die Unternehmensnamen.

```
TEILNEHMER      UNTERNEHMEN
--------------- --------------------
Vorbrodt        Tucholski Textil-Han
Bodirsky        Tucholski Textil-Han
Bergmann
Gransow
```

```
                Die Zuckerstange Gmb
                Orange GmbH
1451 Zeilen ausgewählt.
```

Die Verwendung des Oracle-Verknüpfungsoperators

Vor der Einführung des ANSI-SQL-Standards mit seinen gerade vorgestellten Verknüpfungsklauseln waren natürlich auch schon äußere Verknüpfungen möglich. Diese unterschieden sich durch den Oracle-Verknüpfungsoperator von inneren Verknüpfungen, die automatisch bei der Ansprache von mehreren Tabellen und der Verknüpfungsbedingung durchgeführt wurden. Da der Oracle-Verknüpfungsoperator von Oracle heute zu Gunsten der gerade gezeigten Syntax nicht mehr empfohlen wird, erläutern wir ihn auch nur sehr kurz. Wenn man ihn also verwendet, setzt man den Operator (+) direkt an die Spalten in der Verknüpfungsbedingung, die um NULL-Felder ergänzt werden sollen.

Die folgende Beispielabfrage formuliert die bereits oben für die ANSI-SQL-Syntax durchgeführte Abfrage mit Hilfe des Verknüpfungsoperators und ermittelt alle Kurse ohne Dozent:

```
SELECT kurs.K_Nr, K_Titel, themenverteilung.D_Nr
  FROM kurs, themenverteilung
 WHERE kurs.K_Nr = themenverteilung.K_Nr(+)
   AND D_Nr IS NULL
 ORDER BY TH_Nr;
```

Listing 3.48 322_09.sql: Oracle-Join-Operator

Kreuzprodukt

Unsere Bewunderung und Abscheu im Sinne eines »faszinosum et tremendum« gegenüber dem Kreuzprodukt haben wir ja bereits ausgedrückt. Mit ANSI-SQL hat man aber vollständige Kontrolle über die Bestie und kann sie ausdrücklich aufrufen. Dabei verzichtet man auf die ON-Klausel und lässt die Verknüpfungsmächte alleine arbeiten, wie folgendes Beispiel zeigt:

```
SELECT dozent.D_Nr, TH_Nr, kurs.K_Nr
  FROM dozent CROSS JOIN themenverteilung
              CROSS JOIN kurs
 WHERE dozent.D_Nr  <= 1
   AND TH_Nr <= 3
   AND kurs.K_Nr = 1025039
 ORDER BY dozent.D_Nr, TH_Nr;
```

Listing 3.49 322_10.sql: Kreuzprodukt

Diese stark eingeschränkte Abfrage erzeugt – wie erwartet – folgende Ausgabe mit kreuzprodukt-typischem Aufbau:

```
      D_NR      TH_NR       K_NR
---------- ---------- ----------
         1          1    1025039
         1          2    1025039
         1          3    1025039
3 Zeilen ausgewählt.
```

Natürliche Verknüpfung mit NATURAL JOIN

Zur Vereinfachung der inneren Verknüpfungen gibt es die *natürliche Verknüpfung*, die ohne ON-Klausel verwendet wird. Die einzige Voraussetzung für die syntaktisch korrekte und inhaltlich sinnvolle Verwendung – hier liegt auch die Krux bzw. die grundsätzliche Gefahr bei der Verwendung dieser Abkürzung – ist, dass in den beiden zu verknüpfenden Tabellen zwei Spalten den gleichen Namen und die gleiche Bedeutung haben. Dies ist im folgenden Beispiel für die Tabellen BUCHUNG und TEILNEHMER mit der gemeinsamen Spalte TN_Nr erfüllt, sodass diese wie die anderen Verknüpfungen erfolgreich verläuft und nun zum letzten Mal sämtliche Informationen für die Buchungsnummer 333 beschafft. Da dieser Abfrage sämtliche ON-Klauseln fehlen, verkürzt sie sich um vier Zeilen und wird dadurch wesentlich übersichtlicher.

```
SELECT SUBSTR(K_Titel,1,5)       AS Titel,
       SUBSTR(T_Ort,1,7)         AS Ort,
       SUBSTR(TN_Nachname,1,10) AS Teilnehmer,
       SUBSTR(U_Name,1,40)       AS Unternehmen
  FROM buchung NATURAL JOIN teilnehmer
               NATURAL JOIN termin
               NATURAL JOIN kurs
               NATURAL JOIN unternehmen
 WHERE B_Nr = 333;
```

Listing 3.50 322_11.sql: Natürliche Verknüpfung

Das Ergebnis sparen wir uns aus Überdruss an der Wiederholung und Variation, doch entspricht es selbstverständlich dem erwarteten. Dies trifft auf alle die Fälle zu, in denen die Automatik der natürlichen Verknüpfung auch auf inhaltlich übereinstimmende Spaltennamen stößt. Gäbe es in diesem Datenmodell nicht die Regelung, alle Teilnehmerspalten mit dem Präfix »TN« beginnen zu lassen, sondern wie in der Termintabelle nur mit »T«, könnte man hervorragend schnell – nur leider entsetzlich falsch – beide Tabellen mit Hilfe der Termin- und Teilnehmernummer verknüpfen. Je mehr Tabellen in einem Datenmodell zum Einsatz kommen, desto größer kann die Wahrscheinlichkeit werden, dass Spaltennamen mit verschiedenen Dateninhalten den gleichen Namen tragen.

Der NATURAL JOIN weist einen großen Nachteil auf, weswegen wir ihn auch nicht immer einsetzen, obwohl das Datenmodell für ihn optimiert wurde: Es ist nicht möglich, Verknüpfungsspalten zu qualifizieren. Normalerweise stellt dies bei Abfragen kein Problem dar, da ja in beiden Spalten gerade keine Unterschiede, sondern gleiche Feldwerte erscheinen. Daher könnte auch der Zwang, solche Spalten zu qualifizieren, als Nachteil der anderen Verknüpfungskonzepte wirken. Sobald man aber in Form von Selbstverknüpfungen oder korrelierten Unterabfragen aus inhaltlichen Überlegungen heraus Spaltennamen qualifizieren möchte, ist dies mit der natürlichen Verknüpfung nicht möglich.

Eine Abfrage der Form

```
SELECT B_Nr, teilnehmer.TN_Nr, TN_Nachname
  FROM buchung NATURAL JOIN teilnehmer
 WHERE T_Nr = 400
   AND TN_Nr = 386;
```

Listing 3.51 322_12.sql: Fehlerhafte Qualifizierung von Spaltennamen

liefert also als Fehlermeldung:

```
SELECT B_Nr, teilnehmer.TN_Nr, TN_Nachname
             *
FEHLER in Zeile 1:
ORA-25155: Spalte, die in NATURAL-
Join verwendet wird, darf keinen Bezeichner haben
```

Kombination mit Mengen-Operatoren

Es lassen sich schwer allgemeine Regeln dafür aufstellen, wann eine Abfrage als komplex oder fehlerträchtig zu bezeichnen ist, doch sollte man bei unbekannten Tabellen oder in Situationen, in denen man das Ergebnis nicht von vornherein abschätzen kann, lieber mehrstufige Abfragen wählen. Als Beispiel bietet sich dazu auch der Einsatz von Unterabfragen an, die ebenfalls zunächst getestet werden sollten, ehe mit ihren Ergebnissen in anderen Abfragen hantiert wird. Im Zusammenhang mit Verknüpfungen bieten sich die Mengenoperatoren regelmäßig an, um Abfragen bei ihrer Entwicklung zu vereinfachen, da man Mengen getrennt voneinander untersuchen und dann miteinander kombinieren kann.

Mehrstufige Abfragen sollen dabei solche Abfragen sein, die sich aus einzelnen Teilabfragen mit Hilfe von Mengenoperatoren oder Unterabfragen zusammensetzen lassen und die jede für sich getestete Ergebnisse liefern. Erst wenn die einzelnen Abfragebereiche die erwarteten und korrekten Mengen zurückgeben, kombiniert man sie in einer komplexen, gemeinsamen Abfrage.

Um z.B. herauszufinden, ob es Firmen gibt, die keinen Teilnehmer und damit auch keine Anmeldungen vorzuweisen haben, genügt folgende Abfrage:

```
SELECT SUBSTR(U_Name,1,16)  AS U_Name,
       unternehmen.U_Nr     AS U_Nr,
       COUNT(TN_Nr)         AS TeilnehmerZahl
  FROM teilnehmer RIGHT OUTER JOIN unternehmen
    ON teilnehmer.U_Nr = unternehmen.U_Nr
 GROUP BY unternehmen.U_Nr, U_Name
HAVING COUNT(TN_Nr) = 0;
```

Listing 3.52 322_13.sql: Firmen ohne Teilnehmer

Dies ergibt ein Ergebnis, bei dem man an den Firmennamen schon sieht, dass hier eindeutig ein Praktikant während einer Pause zwei hochverdächtige Firmennamen erfasst hat:

```
U_NAME                 U_NR TEILNEHMERZAHL
---------------- ---------- --------------
Die Zuckerstange        280              0
Orange GmbH             154              0
2 Zeilen ausgewählt.
```

Möchte man für diese Abfrage zusätzlich noch die Anzahl der Buchungsdaten ausgeben, so ist inhaltlich klar, dass nicht vorhandene Teilnehmer auch keine Buchungen ausführen können. Dazu benötigt man noch die Tabelle `BUCHUNG` und kann zwei vollständige äußere Verknüpfungen einsetzen, um nachher über die Einschränkungen in der `HAVING`-Klausel auf die beiden Firmen zuzugreifen. Dies eröffnet einem nämlich auch die Möglichkeit, sich zunächst eine Abfragemenge zu erzeugen, die eine Übersicht über Buchungszahlen und Teilnehmerzugehörigkeiten liefert, die man nachher durch Einschränkungen weiter untersuchen kann.

```
SELECT SUBSTR(U_Name,1,16)       AS U_Name,
       unternehmen.U_Nr          AS U_Nr,
       COUNT(teilnehmer.TN_Nr)   AS Teilnehmer,
       COUNT(B_Nr)               AS Buchungen
  FROM buchung FULL OUTER JOIN teilnehmer
```

```
    ON buchung.TN_Nr = teilnehmer.TN_Nr
                FULL OUTER JOIN unternehmen
    ON teilnehmer.U_Nr = unternehmen.U_Nr
 GROUP BY unternehmen.U_Nr, U_Name
HAVING COUNT(B_Nr) = 0
   AND COUNT(teilnehmer.TN_Nr) = 0;
```

Listing 3.53 322_13.sql: Untersuchung von Firmen ohne Teilnehmer

Dies liefert dann für die gesuchten Firmen ohne Teilnehmer-Buchungen das erwartete Ergebnis:

```
U_NAME                  U_NR TEILNEHMER  BUCHUNGEN
---------------- ---------- ---------- ----------
Orange GmbH              154          0          0
Die Zuckerstange         280          0          0
2 Zeilen ausgewählt.
```

Sollte nun die obige Abfrage zu kompliziert sein – und letztendlich auch nur auf die zwecklos in der Tabelle UNTERNEHMEN erfassten Datensätze zugegriffen werden –, kann man über zwei einzelne Abfragen und den MINUS-Operator ebenfalls dieses Ergebnis ableiten. Zwar sieht diese Abfrage auf den ersten Blick komplizierter aus, weil sie mehr Zeilen beansprucht. Aber bei der Entwicklung einer solchen Abfrage können weniger Fehler passieren, da man zunächst die eine und dann die andere Menge erzeugt und sich beide ausgeben lassen kann, ehe man dann beide voneinander abzieht.

```
SELECT SUBSTR(U_Name,1,16)  AS U_Name,
       unternehmen.U_Nr     AS U_Nr,
       COUNT(DISTINCT B_Nr) AS TeilnehmerZahl
  FROM buchung INNER JOIN teilnehmer
    ON buchung.TN_Nr = teilnehmer.TN_Nr
                RIGHT OUTER JOIN unternehmen
    ON teilnehmer.U_Nr = unternehmen.U_Nr
 GROUP BY unternehmen.U_Nr, U_Name
MINUS
SELECT SUBSTR(U_Name,1,16)  AS U_Name,
       unternehmen.U_Nr     AS U_Nr,
       COUNT(DISTINCT B_Nr) AS Zahl
  FROM unternehmen INNER JOIN teilnehmer
    ON teilnehmer.U_Nr = unternehmen.U_Nr
                LEFT OUTER JOIN buchung
```

```
   ON buchung.TN_Nr = teilnehmer.TN_Nr
GROUP BY unternehmen.U_Nr, U_Name;
```

Listing 3.54 322_13.sql: Längere, mehrstufige Abfragevariante

Selbstverknüpfung von Tabellen

Für zwei bestimmte Frage-Konstruktionen muss man Tabellen mit sich selbst verknüpfen. Die wahrscheinlich häufigere Konstruktion stellt die korrelierte Unterabfrage dar, bei der für jeden Datensatz einer Tabelle in einer Unterabfrage weitere Informationen – oft in Form von Aggregatfunktionen – gesucht werden. Die zweite, wahrscheinlich etwas seltenere Variante tritt auf den Plan, sobald man Datensätze einer Tabelle miteinander vergleichen möchte. Dies verläuft wie in folgendem Schulbeispiel für die Tabelle `UNTERNEHMEN` dargestellt. Die Abfrage prüft, welche Unternehmen den gleichen Namen, aber unterschiedliche Standorte besitzen, welche Unternehmen also Filialen aufweisen. Dabei richtet man die Verknüpfung zwangsläufig über zwei Aliasnamen für die eingehende Tabelle und einen gleichen Feldwert ein. Die inhaltlich interessante Einschränkung befindet sich dann in der `WHERE`-Klausel, in der in diesem Fall die unterschiedlichen Stadtnamen gefordert werden.

Oft wird vorgeschlagen, die Tabellennamen bei Verknüpfungen umzubenennen, um den SQL-Quelltext leichter lesbar zu machen. Bisher haben wir darauf verzichtet, da wir meinen, dass diese Tradition mit der Einführung der ANSI-SQL-Syntax nicht mehr nötig ist. Früher wurden hier traditionell Präfixe aus den ersten Tabellennamenzeichen gebildet, meistens nur der erste Buchstabe. Eine Umbenennung ist bei der Selbstverknüpfung ohnehin nicht verzumeiden, wobei wir allerdings eine Variation dieser traditionellen Umbenennung vorschlagen, die wir auch bei den korrelierten Unterabfragen noch einmal vorstellen: Da eine gewisse Art der Korrelation auch bei der Selbstverknüpfung besteht, bei der es nicht auf den Tabellennamen ankommt, sondern die Verknüpfung nur aus syntaktischen Überlegungen eingerichtet wird, verwenden wir Buchstaben in alphabetisch aufsteigender Sortierung für die Kennzeichnung der Tabellenreihenfolge in der `FROM`-Klausel. Bei der korrelierten Unterabfrage werden Sie sehen, dass diese Struktur zusätzlich »Namensräume« für die äußere und innere Abfrage bildet.

```
SELECT SUBSTR(a.U_Name,1,25) AS Unternehmen,
       a.U_Stadt             AS Stadt
  FROM unternehmen a INNER JOIN unternehmen b
    ON a.U_Name = b.U_Name
 WHERE a.U_Stadt <> b.U_Stadt;
```

Listing 3.55 322_14.sql: Selbstverknüpfung von Tabellen

Als Ergebnis erhält man tatsächlich zwei Firmen, die Filialen in mehreren Städten unterhalten:

```
UNTERNEHMEN              STADT
------------------------ ------------------------------
Kolben Deutschland GmbH   Dortmund
Kolben Deutschland GmbH   Hamburg
TN Turbinen Nürnberg GmbH Nürnberg, Mittelfr
TN Turbinen Nürnberg GmbH Dortmund
TN Turbinen Nürnberg GmbH Gera
TN Turbinen Nürnberg GmbH Dortmund
TN Turbinen Nürnberg GmbH Gera
TN Turbinen Nürnberg GmbH Nürnberg, Mittelfr
8 Zeilen ausgewählt.
```

In der Datei *322_15.sql* finden Sie einige kurze Beispiele für Verknüpfungen und Aggregatfunktionen.

3.2.3 Unterabfragen

Für einige Situationen, in denen wir bestimmte Ergebnisse übersichtlich in einer gemeinsamen Tabelle darstellen wollten, hatten wir bereits Unterabfragen in der Spaltenliste eingesetzt. Dies sind prompt die weniger häufigen Unterabfragen, die man im alltäglichen Leben einsetzt, aber Sie haben bereits ihren Einsatzbereich für spaltenweise zusammengesetzte Übersichten gesehen. Bei der Verwendung von Unterabfragen bieten sichfolgende Möglichkeiten:

- **Dynamische Wertermittlung**
  Die klassische Unterabfrage ermittelt einen oder mehrere Werte, die als Ausdruck z.B. in Bedingungen in eine äußere Abfrage eingehen. Dabei wird der Ausdruckswert ebenfalls von einer Abfrage ermittelt, sodass er auf aktuellen Datenbankdaten beruht.
- **Korrelationsabbildung zwischen Mengen**
  Für zeilenweise Vergleiche zwischen einer Ober- und einer Untermenge, bei der in die Untermenge ein einschränkender Wert aus der Obermenge eingeht, lässt sich eine korrelierte Unterabfrage nutzen.
- **Erstellung von Übersichten**
  Mit dem Einsatz von Unterabfragen in der Spaltenliste, die genau einen Wert zurückliefern, kann man übersichtliche, zusammenfassende Tabellen mit mehreren Abfrageergebnissen erzeugen, wobei letztendlich jede einzelne Abfrage individuell zu sehen ist.

In den folgenden Abschnitten stellen wir Ihnen die einzelnen Unterabfragetypen vor. In vielen Fällen kann man auf ihren Einsatz verzichten, indem man z.B. die Werte einer Unterabfrage in Variablen speichert und diese wiederum in einer Abfrage als Wert einsetzt. Letztendlich gewinnt SQL durch den konsequenten Einsatz von Unterabfragen einen beeindruckenden Zuwachs an Flexibilität.

Ersatz von Wertvorgaben

Die – wie wir sie oben genannt haben – klassische Unterabfrage ermittelt entweder einen oder eine Menge von Werten in Form einer einspaltigen Werteliste. Diese klassischen Unterabfragen können überall dort zum Einsatz kommen, wo ein Ausdruck in Form eines solchen Wertes ebenfalls erlaubt ist. Im Unterschied zur korrelierten Unterabfrage stehen hier die beiden Wertemengen in keiner Beziehung.

Das Grundprinzip von Unterabfragen

Wir wollen hier nicht nur die erste Kategorie von Unterabfragen vorstellen, sondern zugleich an diesem ersten Typ das Grundprinzip von Unterabfragen erläutern. Eine Abfrage der Form

```
SELECT AVG(P_TN1)
  FROM kurs INNER JOIN preis
    ON kurs.P_Nr = preis.P_Nr;
```

Listing 3.56 323_01.sql: Ermittlung eines aggregierten Werts

ermittelt über eine Aggregatfunktion einen einzigen Wert, in diesem Fall den Durchschnittspreis der gesamten Tabelle `KURS`, wozu eine Verknüpfung zwischen den Tabellen `KURS` und `PREIS` eingerichtet werden muss, um die passenden Gewichte zu ermitteln. Als Ergebnis erhält man einen einzigen Wert:

```
AVG(P_TN1)
----------
       890
1 Zeile wurde ausgewählt.
```

Um nun – Schulbeispiel – herausfinden zu können, welche Kurse einen höheren Preis als den Durchschnittspreis besitzen, können wir mit den bisherigen Kenntnissen folgende einfache Abfrage formulieren. Hierbei setzen wir den gerade berechneten Preis als Ausdruck für die Bedingung ein:

```
SELECT K_Titel, K_Untertitel, P_TN1
  FROM kurs INNER JOIN preis
    ON kurs.P_Nr = preis.P_Nr
 WHERE P_TN1 > 890;
```

Listing 3.57 323_01.sql: Verwendung eines Ausdrucks in einer Bedingung

Dieser Wert wird also fest und direkt vorgegeben. Mit Hilfe von PL/SQL könnte man zunächst den Durchschnittspreis in einer Variable speichern und diese dann mit ihrem aktuellen Wert in der Abfrage einsetzen. Mit Hilfe einer Unterabfrage jedoch ist dies auch ohne weitere Hilfsmittel außer SQL möglich. Hierbei wird die Abfrage, die genau einen Wert ergibt (!) in Klammern direkt an die Stelle des erwarteten Ausdrucks platziert und liefert diesen Ausdruck, sobald die Abfrage abgearbeitet wird.

```
SELECT K_Titel, K_Untertitel, P_TN1
  FROM kurs INNER JOIN preis
    ON kurs.P_Nr = preis.P_Nr
 WHERE P_TN1 > (SELECT AVG(P_TN1)
                  FROM kurs INNER JOIN preis
                    ON kurs.P_Nr = preis.P_Nr);
```

Listing 3.58 323_01.sql: Einsatz einer Unterabfrage zu einer Wertermittlung

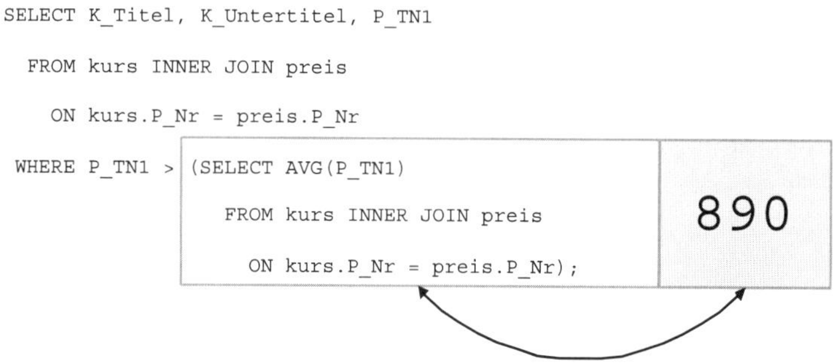

Abbildung 3.11 Prinzip einer Unterabfrage

Als Ergebnis erhält man eine Liste mit 69 Kursen:

```
K_TITEL         K_UNTERTITEL                P_TN1
--------------- ------------------- ----------
Photoshop       Bildbearbeitung              1050
Photoshop       Korrektur + Vertremd         1050
PHP             Syntax + Konzepte             920
PHP             Webanwendungen                900
```

Ausdrucksarten und ihre Bedeutung

Ausdrücke lassen sich beim Einsatz von Unterabfragen in zwei Dimensionen einteilen, wobei als Gemeinsamkeit stets gilt, dass sie – unabhängig von der Zeilenzahl – stets nur eine Spalte abrufen dürfen:

- **Einzeilige Ausdrücke** werden bei den Vergleichsoperatoren oder der `BETWEEN` erwartet und enthalten genau einen einzigen Wert. Sobald eine Unterabfrage mehr als eine Zeile zurückliefert, erhält man eine Fehlermeldung. Unterabfragen in dieser Dimension setzen entweder Abfragen ein, die ausschließlich über einen Primärschlüssel selektieren oder eine Aggregatfunktion verwenden. Alternativ kann man sich auch darauf verlassen, dass die Ergebnismenge einzeilig ist (aber Sie wissen ja: verlassen ist verlassen).

```
WHERE T_Nr != (SELECT DISTINCT T_Nr
                    *

FEHLER in Zeile 3:
ORA-
01427: Unterabfrage für eine Zeile liefert mehr als eine Zeile
```

- **Mehrzeilige Ausdrücke** wie bei `[NOT] IN` erwarten mehrere Ergebniszeilen, wobei einzeilige Ergebnismengen Untermengen von mehrzeiligen Mengen darstellen und demnach natürlich ebenfalls akzeptiert werden.

Die folgende Abfrage ermittelt die angebotenen Termine, die nicht gebucht wurden. Es handelt sich dabei um insgesamt 104 Seminare, die mit einer Unterabfrage über die »überhaupt« gebuchten Termine mit Hilfe von `NOT IN` als Unterabfrage ermittelt werden.

```
SELECT DISTINCT T_Nr, K_Nr, T_Ort
  FROM termin
 WHERE T_Nr NOT IN (SELECT DISTINCT T_Nr
                      FROM buchung);
```

Listing 3.59 323_02.sql: Mehrzeilige Ergebnismenge

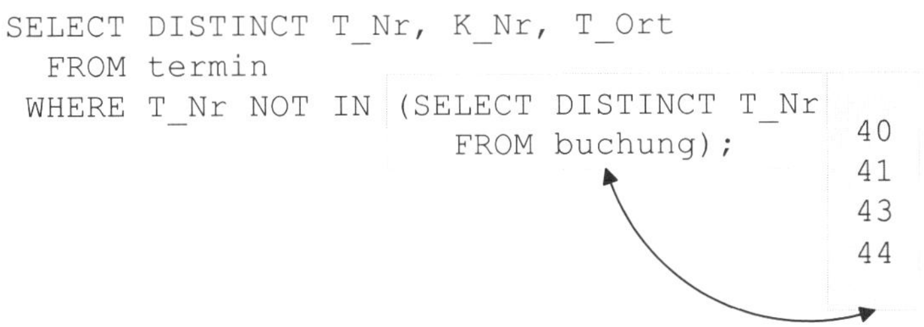

Abbildung 3.12 Mehrzeilige Abfrageergebnisse in Unterabfragen

Beispiele von Unterabfragen

Da Unterabfragen überall dort platziert werden können, wo gültige Ausdrücke zu erwarten sind, könnte man die Darstellung der ganzen Thematik wegen dieser einfachen Regel stark vereinfachen. Allerdings mag es nicht immer eindeutig sein, an welchen ungewöhnlichen Stellen dann urplötzlich eine Unterabfrage zum Einsatz kommen darf. Daher geben wir in diesem Abschnitt einige Beispiele zu möglichen Einsatzbereichen innerhalb von Ihnen bereits bekannten SQL-Befehlen.

Genauso wie bei der Verwendung mit Vergleichsoperatoren bietet sich die Möglichkeit, beim Einsatz von BETWEEN und AND für einen oder auch beide Werte eine Unterabfrage zu gebrauchen. Hierbei muss natürlich sichergestellt sein, dass die zurückgelieferte Ergebnismenge aus genau einer Zeile besteht. Dies erreicht man wie ansonsten auch am sichersten durch eine Aggregatfunktion innerhalb der Unterabfrage. Die folgende Abfrage nimmt also alle die Zeilen in die Ergebnismenge auf, bei denen die Dauer zwischen der kleinsten und der durchschnittlichen Kursdauer liegt.

```
SELECT SUBSTR(K_Titel,1,15)       AS Titel,
       SUBSTR(K_Untertitel,1,20) AS Untertitel,
       K_Dauer                    AS Dauer
  FROM kurs
 WHERE K_Dauer BETWEEN (SELECT MIN(K_Dauer)
                          FROM kurs
                         WHERE K_Bereich='Grafik')
                   AND (SELECT AVG(K_Dauer)
                          FROM kurs
                         WHERE K_Bereich='Grafik');
```

Listing 3.60 323_03.sql: BETWEEN mit Unterabfragen

Berechnungen beliebiger Art sind – wie sich noch beim Einsatz der Spaltenunterabfragen zeigen wird – besonders eindrucksvoll über Unterabfragen zu lösen. Hier platziert man die gesamte Unterabfrage in einen Klammerausdruck, der dann zu einem gültigen Ausdruck wird, sofern er genau einen Wert ermittelt. Dieser lässt sich dann innerhalb einer Berechnung weiterverwenden. Die folgende Abfrage prüft darauf, welche Kurse eine Dauer von kleiner gleich vier Tagen aufweisen, wenn man die Durchschnittsdauer um einen Tag erhöht.

```
SELECT SUBSTR(K_Titel,1,15)       AS Titel,
       SUBSTR(K_Untertitel,1,20) AS Untertitel,
       K_Dauer                    AS Dauer
  FROM kurs
```

```
WHERE (SELECT AVG(K_Dauer)
        FROM kurs) + 1 <= 4;
```

Listing 3.61 323_04.sql: Berechnungen mit Unterabfragen

Unterabfragen in der Spaltenliste

An verschiedenen Stellen innerhalb dieses Kapitels haben Sie bereits die Unterabfrage in der Spaltenliste im Einsatz gesehen. Die verwendeten Beispiele wirkten lediglich deswegen monströs, weil mehrere Abfragen als einzelne Spalten nacheinander geschaltet werden. Dadurch ergibt sich bereits, dass auch für diese Unterabfragen nur einzeilige Abfrageergebnisse zulässig sind, da mit jeder Abfrage in einer Spalte ein spezieller Wert ermittelt wird.

Das Grundprinzip der Spaltenunterabfragen

Unterabfragen anstelle von Spaltenangaben bedürfen eines Klammerausdrucks und der oben bereits erwähnten Eigenschaft, nur einen Wert zurückzuliefern. Die folgende Abfrage ermittelt die Summe des Gesamtpreises sowie die Anzahl der Buchungen für ein Unternehmen zu einem bestimmten Termin. Sowohl der Gesamtpreis als Summe der Einzelpreise für den Termin als auch die Anzahl der Buchungen werden mit Hilfe einer Spaltenunterabfrage ermittelt.

```
SELECT U_Nr,
       buchung.TN_Nr,
       SUM(B_Preis),
       (SELECT SUM(B_Preis)
          FROM teilnehmer INNER JOIN buchung
            ON buchung.TN_Nr = teilnehmer.TN_Nr
         WHERE U_Nr = 150
           AND T_Nr = 136) AS Gesamt,
        (SELECT COUNT(B_Nr)
          FROM teilnehmer INNER JOIN buchung
            ON buchung.TN_Nr = teilnehmer.TN_Nr
         WHERE U_Nr = 150
           AND T_Nr = 136) AS Zahl
  FROM teilnehmer INNER JOIN buchung
    ON buchung.TN_Nr = teilnehmer.TN_Nr
  WHERE U_Nr = 150
    AND T_Nr = 136
  GROUP BY U_Nr, buchung.TN_Nr, T_Nr;
```

Listing 3.62 323_05.sql: Unterabfrage in der Spaltenliste

Als Ergebnis erhält man die wechselnden Teilnehmernummern für den Termin mit der Nummer 136, während die Werte für den Einzelpreis, der ja als Kleingruppe für alle Beteiligten gleich ist, sowie auch der Gesamtbetrag für das Unternehmen und natürlich die Kopfzahl der Teilnehmergruppe gleich sind.

```
      U_NR      TN_NR SUM(B_PREIS)     GESAMT       ZAHL
---------- ---------- ------------ ---------- ----------
       150         74          957       4785          5
       150        136          957       4785          5
       150        341          957       4785          5
       150       1368          957       4785          5
       150       1432          957       4785          5
5 Zeilen ausgewählt.
```

Korrelierte Spaltenunterabfragen

Eine erweiterte Fassung würde nun darstellen, dass man nicht nur mit den obigen Einschränkungen die Anmeldezahlen für ein gegebenes Unternehmen und einen gegebenen Termin untersucht, sondern dies auf alle oder auch mehrere Unternehmen und Termine ausdehnt. Dabei ist natürlich die Teilnehmernummer nicht mehr so interessant, sondern vielmehr die Anzahl der Buchungen pro Unternehmen und der Gesamtpreis für das Unternehmen. Eine solche Fragestellung läuft – wie Sie auch im nächsten Abschnitt sehen werden – stets auf die Formulierung einer korrelierten Unterabfrage hinaus. Dies ist auch für Unterabfragen in der Spaltenliste möglich, weswegen wir das aktuelle Beispiel um dieses Konzept erweitern. Dabei greift man auf die in der äußeren Abfrage vorliegenden Werte zurück, wobei dieser Rückbezug (Korrelation) über Spaltenaliase eingerichtet wird. Neben dem Prinzip der korrelierten Unterabfrage, das hier noch nicht ausführlich dargelegt werden soll, ist es besonders wichtig, solche Abfragen mit DISTINCT zu formulieren, damit nicht für jeden gefundenen Datensatz in der Tabelle alle Duplikate angezeigt werden. Darauf konnte im ersten Beispiel insoweit verzichtet werden, als dass es ja gerade auf die Teilnehmernummern bei der Ausgabe ankam. Hier ist dies jedoch völlig überflüssig, da pro Buchung für eine Firma nur ein Datensatz in der Ergebnismenge ausgegeben werden soll.

```
SELECT DISTINCT
       a.U_Nr AS Unternehmen,
       T_Nr   AS Termin,
       b.B_Preis AS Einzelpreis,
       (SELECT SUM(B_Preis)
          FROM teilnehmer INNER JOIN buchung
```

```
            ON buchung.TN_Nr = teilnehmer.TN_Nr
         WHERE U_Nr = a.U_Nr
           AND T_Nr = b.T_Nr ) AS Gesamt,
        (SELECT COUNT(B_Nr)
          FROM teilnehmer INNER JOIN buchung
            ON buchung.TN_Nr = teilnehmer.TN_Nr
         WHERE U_Nr = a.U_Nr
           AND T_Nr = b.T_Nr) AS Zahl
  FROM teilnehmer a INNER JOIN buchung b
    ON b.TN_Nr = a.TN_Nr
  WHERE (a.U_Nr IN (2, 150)
         AND b.T_Nr IN (136, 311, 74, 341))
  GROUP BY a.U_Nr, b.B_Preis, T_Nr, b.TN_Nr;
```

Listing 3.63 323_06.sql: Korrelierte Unterabfragen in der Spaltenliste

Im Ergebnis erhält man dann die gewünschte Übersicht für die angegebenen zwei Unternehmen und vier angegebenen Termine, wobei diese Werte über die Korrelation in die beiden Spaltenunterabfragen übergeben werden und dort die Gesamtpreise und Teilnehmerzahlen bestimmen. Möchte man eine Liste über sämtliche Termine und Unternehmen erhalten, kann man dies mit beliebigen Sortierungen (Unternehmensnamen, Terminnummern) über die Spaltennamen in einer `ORDER BY`-Klausel arrangieren.

```
UNTERNEHMEN     TERMIN EINZELPREIS     GESAMT        ZAHL
----------- ---------- ----------- ---------- ----------
          2        311         901       3604          4
        150         74         285       1425          5
        150        341         501       2505          5
        150        136         957       4785          5
4 Zeilen ausgewählt.
```

Sortierungen und Gruppensuchbedingungen

Für weit reichende Sortierungen, die sich nicht auf in Tabellen gespeicherte, sondern durch Berechnungen ermittelte Spalten beziehen, kann man nicht auf die Aliasnamen zugreifen. Dies ist – wie wir schon schmerzlich festgestellt haben – sehr lästig, denn es zwingt uns jetzt, die gesamte Unterabfrage in Klauseln wie `ORDER BY` und `HAVING` zu wiederholen. Dies erfolgt analog zum Zugriff auf einfache Aggregatfunktionen in denselben Klauseln. Aus Platzgründen verzichten wir auf den Abdruck der Spaltenliste, da sich hier keine Änderungen gegenüber dem letzten Beispiel ergeben. Um also nur die Ergebniszeilen auszugeben, wiederholt man in einem Klammerausdruck diese

Unterabfrage und schließt die Bedingung mit einem Vergleichsoperator an. Weitere Bedingungen lassen sich ohne besondere Vorkehrungen über die logischen Operatoren anschließen. Beachten Sie auch hier, dass Sie natürlich dieses Verfahren – also Unterabfragen in der HAVING-Klausel – auch für andere Unterabfragen einsetzen können und dass es sich damit im Grunde genommen um eine gewöhnliche Unterabfrage handelt. Das gleiche Prinzip (mit dem gleichen Hinweis auf die Allgemeingültigkeit bei anderen Unterabfragen, die sich nicht auf Spaltenunterabfragen beziehen) gilt auch für die ORDER BY-Klausel. Hier sortiert die veränderte Abfrage zunächst absteigend nach dem Gesamtpreis und dann nach der Terminnummer. Die Unterabfrage befindet sich auch in diesem Fall in einem Klammerausdruck, sodass weitere Spalten oder auch andere Unterabfragen über Kommata angeschlossen oder vorher platziert werden können.

```
...
  FROM teilnehmer a INNER JOIN buchung b
    ON b.TN_Nr = a.TN_Nr
  GROUP BY a.U_Nr, b.B_Preis, T_Nr, b.TN_Nr
  HAVING (SELECT COUNT(B_Nr)
            FROM teilnehmer INNER JOIN buchung
              ON buchung.TN_Nr = teilnehmer.TN_Nr
           WHERE U_Nr = a.U_Nr
             AND T_Nr = b.T_Nr) > 5
     AND b.T_Nr > 550
  ORDER BY (SELECT SUM(B_Preis)
              FROM teilnehmer INNER JOIN buchung
                ON buchung.TN_Nr = teilnehmer.TN_Nr
             WHERE U_Nr = a.U_Nr
               AND T_Nr = b.T_Nr ) DESC, b.T_Nr DESC;
```

Listing 3.64 323_07.sql: Unterabfragen und Spaltenbezüge in HAVING und ORDER BY

Als Ergebnis erhält man dann eine Übersicht über mehrere Unternehmen und mehrere Termine, die den genannten Anforderungen genügen, wobei neben der Einschränkung auch die Sortierung über den Gesamtpreis und die Terminnummer ersichtlich ist.

```
UNTERNEHMEN     TERMIN EINZELPREIS     GESAMT       ZAHL
----------- ---------- ----------- ---------- ----------
        248        605        1165       6990          6
        244        587        1165       6990          6
         73        581        1165       6990          6
```

```
174          580         1165         6990          6
183          617          957         5742          6
107          616          957         5742          6
```

Der Einsatzbereich für Übersichtsabfragen

Neben diesen sehr komplizierten Abfragen, die im Ergebnis und der Funktionsweise gewöhnlichen Abfragen gleichen, da hier erst die Kombination der einzelnen Spalten (Datenstruktur) interessante Informationen hervorbringen, lässt sich die Konstruktion einer aus Spaltenunterabfragen zusammengesetzten Abfrage für so genannte *Übersichtsabfragen* nutzen. Dabei haben die einzelnen Ergebnisspalten nicht zwangsläufig einen Bezug untereinander, sondern fassen nur eine Untersuchung in einer einzigen Zeile zusammen, die über einzelne Spaltenunterabfragen gebildet wurde. Dies ist für das nachfolgende Beispiel zur Untersuchung der Kurstabelle der Fall.

```
SELECT DISTINCT
       (SELECT COUNT(K_Nr)
          FROM kurs) AS Gesamt,
       (SELECT AVG(K_Dauer)
          FROM kurs) AS Dauer,
       (SELECT AVG(P_TN1)
          FROM kurs INNER JOIN preis
            ON kurs.P_Nr = preis.P_Nr) AS Preis
  FROM kurs;
```

Listing 3.65 323_08.sql: Übersichtsabfrage durch Spaltenunterabfragen

Als Ergebnis erhält man eine einfache Analyse der Kursstruktur anhand der Gesamtzahl, der Durchschnittsdauer und des Durchschnittspreises. Es fällt nicht schwer, sich vorzustellen, diese Technik für die einzelnen Bereiche zu erweitern und dementsprechend mehr und mehr Spaltenunterabfragen an die drei vorhandenen anzuschließen.

```
    GESAMT      DAUER      PREIS
---------- ---------- ----------
       108 2,90740741        890
1 Zeile wurde ausgewählt.
```

Im nächsten Beispiel entwickeln wir eine Übersichtsabfrage für das Buchungsverhalten des Unternehmens mit der Nummer 200. Diese umfasst die Anzahl der gesamten Buchungen, die Anzahl der Termine sowie den gesamten Umsatz an diesen Terminen. Dabei benötigt man eine explizite Einschränkung für alle drei Abfragen in individueller Form einer `WHERE`-Klausel.

```
SELECT DISTINCT
       (SELECT COUNT(B_Nr)
          FROM buchung INNER JOIN teilnehmer
            ON buchung.TN_Nr = teilnehmer.TN_Nr
         WHERE U_Nr= 200) AS Gesamt,
       (SELECT SUM(B_Preis)
          FROM buchung INNER JOIN teilnehmer
            ON buchung.TN_Nr = teilnehmer.TN_Nr
         WHERE U_Nr = 200) AS Gesamtpreis,
       (SELECT COUNT(DISTINCT T_Nr)
          FROM buchung INNER JOIN teilnehmer
            ON buchung.TN_Nr = teilnehmer.TN_Nr
         WHERE U_Nr = 200) AS Termine
  FROM buchung;
SELECT DISTINCT
       (SELECT COUNT(B_Nr)
          FROM buchung INNER JOIN teilnehmer
            ON buchung.TN_Nr = teilnehmer.TN_Nr) AS Gesamt,
       (SELECT SUM(B_Preis)
          FROM buchung INNER JOIN teilnehmer
            ON buchung.TN_Nr = teilnehmer.TN_Nr)
                                              AS Gesamtpreis,
       (SELECT COUNT(DISTINCT T_Nr)
          FROM buchung INNER JOIN teilnehmer
            ON buchung.TN_Nr = teilnehmer.TN_Nr) AS Termine
  FROM buchung INNER JOIN teilnehmer
    ON buchung.TN_Nr = teilnehmer.TN_Nr;
```

Man erhält neben den ermittelten Buchungen für das Unternehmen mit der Nummer 200 mit Hilfe der anderen Abfrage eine Aufstellung über den gesamten Umsatz in der Tabelle BUCHUNG.

```
    GESAMT GESAMTPREIS    TERMINE
---------- ---------- ----------
        12       9000          2
1 Zeile wurde ausgewählt.
    GESAMT GESAMTPREIS    TERMINE
---------- ---------- ----------
      2794    206/004        555
1 Zeile wurde ausgewählt.
```

Korrelierte Unterabfragen

Im letzten Abschnitt tauchte bereits eine korrelierte Unterabfrage auf, die in einer Spaltenunterabfrage eingebettet war. Mit Hilfe von solchen korrelierten Unterabfragen kann man Ergebnisse ermitteln, wobei ermittelte Werte zeilenweise aus der umschließenden Abfrage in die Unterabfrage eingehen. Dort stehen sie dann für Einschränkungen gleich welcher Art zur Verfügung, sodass die von ihr ermittelten Ergebnisse wiederum direkt von der äußeren Abfrage abhängig sind. Sie erweitern das Konzept der Unterabfrage um einen Aspekt der bei der Programmierung typischerweise mit einer Schleife und einer weiteren Abfrage, die in einer Schleife die von einer ersten Abfrage gefundenen Werte weiterverarbeitet.

Das Grundprinzip der korrelierten Unterabfragen

Der Aufbau einer solchermaßen von den Abfrageergebnissen einer anderen Abfrage abhängigen Unterabfrage hat eine kennzeichnende Struktur, die wir über eine spezielle Buchstabennoation für die Tabellenaliase deutlich hervorheben. Dies ändert selbstverständlich nichts an der Funktionsweise, sondern soll nur bei der Formulierung der gesamten Abfrage helfen, die richtigen Tabellenverknüpfungen und passenden inhaltlichen Einschränkungen vorzunehmen.

Neben dem typischen Aufbau und den ihn kennzeichnenden Tabellenaliasen gibt es auch eine bestimmte Fragestellung in Reinsprache, die bereits durch die Art der Frage darauf hindeutet, dass nur eine Korrelation die benötigten Daten beschaffen kann. Ein mögliches Beispiel ist folgendes: »Welche Dozenten haben pro Kurs den günstigsten Tagespreis?« Wie schon der Test auf »überhaupt« zeigt, ob man `DISTINCT` in eine Abfrage nehmen muss, so lässt sich eine korrelierte Unterabfrage immer dann mit fast tödlicher Gewissheit – also hoher Korrelation – vermuten, wenn der Partikel »pro« in einer Frage erscheint. Dies tritt meistens in Kombination mit einer Aggregatfunktion auf, die für eine Untermenge (Dozenten pro Kurs) zusätzlich eine Einschränkung bietet. Das heißt, dass auch bereits die Frage nach »Dozenten pro Kurs« als korrelierte Unterabfrage formuliert werden könnte, wobei dies auch durch eine geschickte Sortierung als einfache Abfrage zu erreichen wäre.

In der Obermenge der zuvor gestellten Frage ermittelt man also nun alle Kursnummern, die in der Tabelle `THEMENVERTEILUNG` erscheinen, da dies ja die Kurse sind, die überhaupt einen Dozenten aufweisen können. Für jeden dieser Kurse, also pro Kurs, soll nun der günstigste Dozent bestimmt werden, wobei der Tagessatz gleich dem in einer Unterabfrage bestimmten minimalen Tagessatz gesetzt wird, um dann diesen Dozenten bzw. diesen Themenverteilungsdatensatz in die Ergebnismenge zu übernehmen. Dabei bestimmt sich der minimale Tagessatz über die in der äußeren Abfrage gerade vorhandene Kursnummer, mit der die Untermenge eingeschränkt wird. Genau diese Art der Einschränkung stellt die beschworene Korrelation dar, weil hier mit der Bedingung `d.K_Nr = a.K_Nr` eine Beziehung zwischen der Kursnummer der Unterabfrage über den Alias `d` für die Tabelle `THEMENVERTEILUNG` und der Kursnummer der äußeren Abfrage für den Alias `a` der Tabelle `THEMENVERTEILUNG` eingerichtet wird.

```
SELECT c.D_Nachname, a.K_Nr, a.TH_Tagessatz
  FROM themenverteilung a INNER JOIN kurs  b
    ON a.K_Nr = b.K_Nr
                            INNER JOIN dozent c
    ON a.D_Nr = c.D_Nr
  WHERE TH_Tagessatz = (SELECT MIN(d.TH_Tagessatz)
                            FROM themenverteilung d
                           WHERE d.K_Nr = a.K_Nr);
```

Listing 3.66 323_10.sql: Prinzip der korrelierten Unterabfrage

Als Ergebnis erhält man eine lange Liste mit mindestens allen Kursen überhaupt inklusive derjenigen, die Dozenten mit gleichem Tagessatz aufweisen.

```
D_NACHNAME                           K_NR TH_TAGESSATZ
------------------------------ ---------- ------------
Hostell                           1010004          350
Klapp                             1010005          400
Rollstein                         1010006          350
Bärchen                           1010007          350
```

Abbildung 3.13 verdeutlicht diese Verknüpfung über eine Tabelle, die in der äußeren und in der inneren Abfrage einen Aliasnamen erhält, noch einmal. Für die bessere Lesbarkeit vergeben wir in Unterabfragen Aliasnamen in Buchstabenform in aufsteigender Reihenfolge. Wir beginnen dabei mit der ersten Tabelle der äußeren Abfrage, sodass man quasi Namensräume für beide Abfragebereiche schaffen kann. Daraus ergibt sich dann für die Verknüpfung bzw. die Korrelation das charakteristische Muster, dass der äußere wie der innere Namensraum miteinander in Beziehung gesetzt werden, was sehr schön an den verwendeten Buchstabenbereichen sichtbar wird.

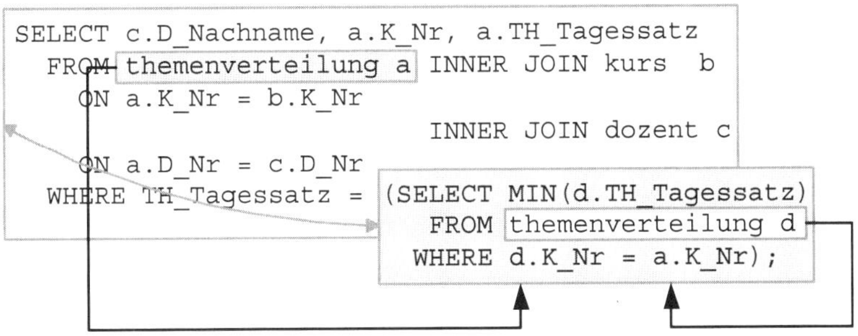

Abbildung 3.13 Prinzip der korrelierten Unterabfrage

Einsatzbereiche von Unterabfragen

Ein typisches Einsatzbeispiel wurde bereits im zurückliegenden Absatz dargelegt, in dem eine Abfrage in eine Abhängigkeit von den Bedingungen einer äußeren Ergebnismenge gesetzt wurde. Typischerweise ist dies in einfachen Datenmodellen oder Datenstrukturen durch eine Verknüpfung mit einer Tabelle der äußeren Abfrage in der korrelierten Unterabfrage zu bewerkstelligen. Im nächsten Beispiel erweitert man dieses Konzept um eine weitere Bedingung, sodass zwei Verknüpfungen zwischen den beiden verschachtelten Abfragen bestehen. Dabei antwortet die Abfrage insgesamt auf die Frage: »Welche Termine finden an Orten statt, an denen auch der Dozent wohnt?« Dabei ist natürlich nicht nur der Wohnort mit dem Terminort zu vergleichen, sondern auch die Kursnummer der Veranstaltung mit der entsprechenden Nummer in der Themenverteilung. Diese beiden Bedingungen werden über `AND` verbunden und in der Unterabfrage als Bedingungen definiert, die sich auf die außen liegenden beiden Tabellen `TERMIN` und `THEMENVERTEILUNG` beziehen.

```
SELECT SUBSTR(T_Nr,1,6)                   AS Termin,
       SUBSTR(T_Ort,1,10)                 AS TOrt,
       SUBSTR(D_Stadt,1,10)               AS DStadt,
       SUBSTR(D_Nachname,1,12)            AS Dozent,
       SUBSTR(TO_CHAR(T_Beginn, 'MM'),1,2) AS Monat
  FROM termin a INNER JOIN kurs b
    ON a.K_Nr = b.K_Nr
               INNER JOIN themenverteilung c
    ON c.K_Nr = b.K_Nr
               INNER JOIN dozent d
    ON d.D_Nr = c.D_Nr
 WHERE TO_CHAR(T_Beginn, 'MM') = '08'
   AND T_Ort = (SELECT D_Stadt
                  FROM dozent e
```

```
                    WHERE e.D_Stadt = a.T_Ort
                      AND e.D_Nr    = c.D_Nr);
```

Listing 3.67 323_11.sql: Unterabfrage mit doppelter Korrelation

Als Ergebnis erhält man eine nicht sehr lange Liste von Dozenten, da zusätzlich die Anzahl der möglichen Termine auf den Monat August eingeschränkt war. Abgesehen von der Themenverteilung, die in der Ausgabe nicht zu kontrollieren ist, stimmen die Dozentenstadt und die Terminstadt überein.

```
TERMIN TORT       DSTADT     DOZENT       MO
------ ---------- ---------- ------------ --
302    Bochum     Bochum     Doppelt      08
561    Dortmund   Dortmund   Dünn         08
548    Dortmund   Dortmund   Schnellschus 08
```

Korrelierte Unterabfragen in Spaltenunterabfragen

Bei der Darstellung der Unterabfragen, die in der Spaltenliste untergebracht werden, wurde bereits auf das Phänomen hingewiesen, dass auch solche Unterabfragen Korrelationen zu – in diesem Fall später auftretenden – Tabellen und Einschränkungen der umliegenden Abfragen aufweisen können.

Inhaltlich ermittelt die folgende Abfrage die Anzahl der angebotenen und gebuchten Kurse pro Bereich in absoluten Zahlen und als Prozentzahl, die damit auch die relative Häufigkeit angibt, dass ein Kurs gebucht oder auch nicht gebucht wurde.

```
SELECT DISTINCT SUBSTR(K_Bereich,1,22) AS Bereich,
ROUND(1-((SELECT COUNT(DISTINCT buchung.T_Nr)
            FROM buchung INNER JOIN termin
              ON buchung.T_Nr = termin.T_Nr
                        INNER JOIN kurs b
              ON termin.K_Nr = b.K_Nr
           WHERE b.K_Bereich = a.K_Bereich) /
         (SELECT COUNT(DISTINCT termin.T_Nr)
            FROM termin INNER JOIN kurs b
              ON termin.K_Nr = b.K_Nr
           WHERE b.K_Bereich = a.K_Bereich)),3)*100
                                  AS Ausgefallen,
   ROUND((SELECT COUNT(DISTINCT buchung.T_Nr)
            FROM buchung INNER JOIN termin
              ON buchung.T_Nr = termin.T_Nr
                        INNER JOIN kurs b
```

```
            ON termin.K_Nr = b.K_Nr
          WHERE b.K_Bereich = a.K_Bereich) /
        (SELECT COUNT(DISTINCT termin.T_Nr)
           FROM termin INNER JOIN kurs b
             ON termin.K_Nr = b.K_Nr
          WHERE b.K_Bereich = a.K_Bereich),3)*100
                                     AS Gebucht,
        (SELECT COUNT(DISTINCT buchung.T_Nr)
           FROM buchung INNER JOIN termin
             ON buchung.T_Nr = termin.T_Nr
                        INNER JOIN kurs b
             ON termin.K_Nr = b.K_Nr
          WHERE b.K_Bereich = a.K_Bereich) AS Nachfrage,
        (SELECT COUNT(DISTINCT termin.T_Nr)
           FROM termin INNER JOIN kurs b
             ON termin.K_Nr = b.K_Nr
          WHERE b.K_Bereich = a.K_Bereich) AS Angebot
 FROM kurs a;
```

Listing 3.68 323_12.sql: Korrelierte Unterabfragen in Spaltenunterabfragen

Im Ergebnis sieht man also, dass der Office-Bereich den kleinsten Erfolg bietet, während dagegen Kurse zur Office-Programmierung und Programmierung selbst die beiden wichtigsten Umsatzquellen darstellen. Man könnte diese Abfrage natürlich noch um einige Abfragen erweitern und die Summen ausgeben, aber strukturell würde sich an der zuvor gezeigten Abfrage nichts ändern. Grundsätzlich beruht nämlich die Korrelation in der Spaltenliste auf dem gleichen Prinzip wie bei den zuvor gezeigten korrelierten Unterabfragen: Die Einschränkungen aus der umliegenden Abfrage, die in diesem Fall nur wesentlich später im SQL-Text erscheint und über den Tabellenalias `a` für die Tabelle `KURS` referenziert wird, wird in den einzelnen Unterabfragen wieder aufgegriffen, wobei für die Tabelle `KURS` ein anderer Tabellenalias zum Einsatz kommt. Da die Ergebnisse nach Kursbereichen aufgelistet werden sollen, richtet man die Verknüpfung stets über die Bereiche ein, was in der Zeile `WHERE b.K_Bereich = a.K_Bereich` zum Ausdruck kommt.

```
BEREICH         AUSGEFALLEN    GEBUCHT  NACHFRAGE     ANGEBOT
--------------- ----------- ---------- ---------- ----------
Datenbanken            16,9       83,1        113        136
Grafik                 16,3       83,7         72         86
Office                 21,1       78,9         30         38
Programmierung         14,2       85,8        260        303
```

```
Programmierung(Office) 12,5         87,5         14         16
Server                 14,3         85,7         18         21
Webdesign              18,6         81,4         48         59
7 Zeilen ausgewählt.
```

In Abbildung 3.14 werden die einzelnen Bezüge noch einmal über Abhängigkeitspfeile verdeutlicht. Die Abhängigkeitsstruktur für die korrelierten Spaltenunterabfragen besteht dabei aus zwei Spalten: Zum einen werden in der ersten Spalte die Werte, die als Einschränkungen (Korrelationen) in die einzelnen Abfragen eingingen, aufgelistet und daher auch mit DISTINCT abgerufen. Zum anderen richtet man über geeignete Tabellenaliase und Einschränkungen die inhaltliche Beziehung zwischen der Unterabfrage und der äußeren Abfrage ein.

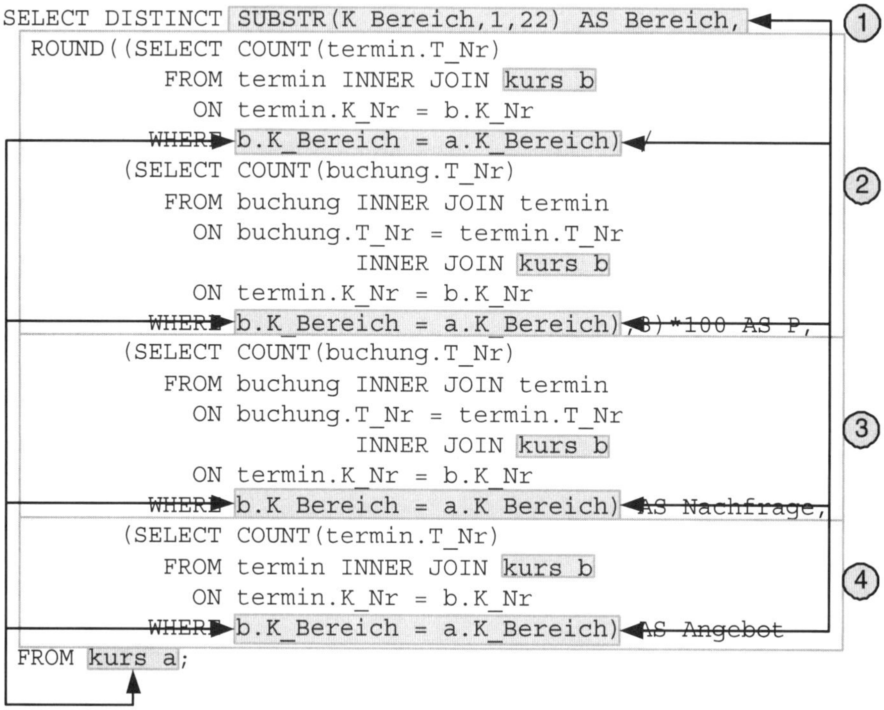

Abbildung 3.14 Korrelationen bei Unterabfragen

Abgeleitete Tabellen

Eine letzte Möglichkeit in der SQL-Syntax zur Positionierung von Unterabfragen kann nach der Abarbeitung von sämtlichen Klauseln bis auf GROUP BY nur noch die FROM-Klausel sein. Tatsächlich lässt sich auch hier eine Unterabfrage unterbringen, die dann als abgeleitete Tabelle bezeichnet wird. Anstelle einer komplizierten Verknüpfung in der WHERE-Klausel der äußeren Abfrage bereitet man die grundlegenden Daten zunächst in einer Unterabfrage vor und greift dann auf die von dieser Quasi-Tabelle bereitgestellten Spalten zu.

```
SELECT T_Nr,
       SUBSTR(K_Titel||' - '||  K_Untertitel,1,35) AS Titel
  FROM (SELECT *
          FROM termin NATURAL JOIN kurs
         WHERE T_Ort = 'Dortmund')
 WHERE K_Bereich = 'Datenbanken'
   AND K_Titel = 'Oracle'
 ORDER BY T_Beginn;
```

Listing 3.69 323_13.sql: Abgeleitete Tabelle

Bei den abgeleiteten Tabellen handelt es sich insofern um Tabellen, als dass Spalten, die nicht in der abgeleiteten Tabelle abgerufen werden, auch in der äußeren Abfrage vorhanden sind. Gleichzeitig sind Spaltenaliase in der äußeren Abfrage als real existierende Spalten zu behandeln und demnach in jedem Fall zu verwenden, wenn auf die Spalten der abgeleiteten Tabelle zugegriffen wird. Dies zeigt das nächste Beispiel, in dem die Spalte der Tabelle KURS in der abgeleiteten Tabelle Aliasnamen erhält, die für die Ausgabe und weitere Einschränkungen in der äußeren Abfrage verwendet werden müssen.

```
SELECT T_Nr,
       SUBSTR(Titel||' - '||Untertitel,1,35) AS Titel
  FROM (SELECT termin.*,
               K_Titel       AS Titel,
               K_Untertitel  AS Untertitel,
               K_Bereich     AS Bereich
          FROM termin INNER JOIN kurs
            ON termin.K_Nr = kurs.K_Nr
         WHERE T_Ort = 'Dortmund')
 WHERE Bereich = 'Datenbanken'
   AND Titel = 'Oracle'
 ORDER BY T_Beginn;
```

Listing 3.70 323_14.sql: Funktionsweise von Aliasnamen in abgeleiteten Tabellen

Beide Beispielabfragen liefern eine kurze Liste von Oracle-Kursen, denen man ihre Entstehungsgeschichte und ihren Ursprung ebenso wenig ansieht wie bei anderen Unterabfragen.

```
     T_NR TITEL
---------- -----------------------------------
       402 Oracle - Architektur
       477 Oracle - PL/SQL-Programmierung
       525 Oracle - XML-Konzepte
       562 Oracle - Designer R6i + Developer 6
       586 Oracle - Networking
       609 Oracle - DB-Administration
6 Zeilen ausgewählt.
```

Prädikate bei Unterabfragen

Verschiedene quantifizierte Prädikate prüfen die Ergebnismenge der Unterabfrage. Sie werden im SQL-Standard als Prädikate bezeichnet, von anderen Autoren aber auch zu den Operatoren gezählt. Dabei ist die allgemeine Syntax folgendermaßen aufgebaut:

```
WHERE ... vergleichsoperator [ANY | ALL | SOME] unterabfrage
```

Funktionsweise von Prädikaten

Die einzelnen Prädikate werden direkt vor die Unterabfrage bzw. direkt nach dem Vergleichsoperator der `WHERE`-Klausel gesetzt. Sie haben folgende Bedeutung:

- `ANY` und `SOME` haben die gleiche Bedeutung und werten die Bedingung als wahr, wenn wenigstens eine Reihe der Unterabfrage dem Vergleich entspricht. Stimmen alle Reihen mit dem Vergleich überein, ist das Ergebnis ebenfalls wahr. Sind dagegen alle Reihen falsch, so ist das gesamte Ergebnis falsch. Da `ANY` sprachlich nicht eindeutig ist, sollte `SOME` der Vorzug gegeben werden.
- `ALL` dagegen wertet die Bedingung nur dann als wahr, wenn wirklich alle Reihen der Unterabfrage dem Vergleich entsprechen. Ein falsches Ergebnis bzw. eine nicht zutreffende Reihe lässt also das gesamte Ergebnis falsch werden.

Da sich diese Prädikate auch bei Mengen einsetzen lassen, stellt die folgende Übersicht aus Platzgründen die grundlegende Funktionsweise dieser Prädikate anhand von Mengen und nicht anhand von Unterabfragen dar.

```
SELECT DISTINCT
      (SELECT COUNT(U_Name)
         FROM unternehmen
        WHERE U_Stadt  = ALL ('Bochum')) AS S1,
```

```
    (SELECT COUNT(U_Name)
       FROM unternehmen
      WHERE U_Stadt  = ANY ('Bochum')) AS S2,
    (SELECT COUNT(U_Name)
       FROM unternehmen
      WHERE U_Stadt  = ALL ('Bochum', 'Dortmund'))  AS S3,
    (SELECT COUNT(U_Name)
       FROM unternehmen
      WHERE U_Stadt  != ALL ('Bochum', 'Dortmund')) AS S4,
    (SELECT COUNT(U_Name)
       FROM unternehmen
      WHERE U_Stadt NOT IN ('Bochum', 'Dortmund'))  AS S5,
    (SELECT COUNT(*)
       FROM unternehmen) AS Zahl
  FROM unternehmen;
```

Listing 3.71 323_15.sql: Funktionsweisen von Prädikaten

Insgesamt befinden sich in der Tabelle `UNTERNEHMEN` 280 Datensätze, wie die letzte Abfrage durch eine einfache Zählung ermittelt. Dabei findet die Abfrage mit `ANY ('Bochum')` und `ALL ('Bochum')` die Anzahl sämtlicher Unternehmen, die ihren Sitz in Bochum haben, weil beide Mengen nur einzeilig sind und es egal ist, ob »alle« oder »einige« der untersuchten Unternehmen ihren Sitz in Bochum haben. Für die Abfrage mit `ALL ('Bochum', 'Dortmund')` wird dagegen kein Datensatz gefunden, da kein Unternehmen gleichzeitig in Bochum und in Dortmund ansässig ist. Die Verkehrung mit `!= ALL ('Bochum', 'Dortmund')` findet dagegen alle anderen Unternehmen, die ihren Sitz genau nicht in Bochum oder Dortmund haben, und entspricht damit der gleichen Mengendefinition wie über `NOT IN`. Möchte man alle Unternehmen auswählen, erreicht man dies über den Ausdruck `!= ANY ('Bochum', 'Dortmund')`, da dies auch die Unternehmen einschließt, die tatsächlich Niederlassungen in Bochum und Dortmund haben.

```
   S1         S2         S3         S4         S5       ZAHL
----- ---------- ---------- ---------- ---------- ----------
   48         48          0        173        173        280
1 Zeile wurde ausgewählt.
```

Prädikateneinsatz bei Unterabfragen

Die Unterabfrage ersetzt bei der Verwendung von Prädikaten die zuvor verwendete Menge und wird somit gegen den Klammerausdruck ausgetauscht.

Ihre Werte gehen daher dynamisiert über das aktuelle Unterabfragenergebnis in die äußere Abfrage ein.

Die nachfolgende Abfrage nimmt nur solche Unternehmen in die Ergebnismenge auf, deren Mitarbeiter in der gleichen Stadt wohnen. Eine solche Abfrage ist also eindeutig nicht mit einer Unterabfrage oder einem Prädikat zu lösen, wenn auch Mengen miteinander in Beziehung stehen.

```
SELECT a.U_Nr, U_Stadt, TN_Nr, TN_Stadt
  FROM unternehmen a INNER JOIN teilnehmer b
    ON a.U_Nr = b.U_Nr
 WHERE a.U_Stadt = b.TN_Stadt;
```

Listing 3.72 323_16.sql: Test auf Gleichheit

Dagegen ermittelt die nachfolgende Abfrage, welche Unternehmen in Städten ihren Sitz haben, in denen überhaupt Teilnehmer wohnen. Das heißt, ein Unternehmen mit Sitz in Wuppertal würde nicht im Abfrageergebnis erscheinen, wenn nicht mindestens ein Teilnehmer auch dort wohnen würde. Dabei ist allerdings unerheblich, ob dieser Teilnehmer auch bei diesem Unternehmen tätig ist. In diesem Sinne ließe sich die Abfrage auch mit `IN` formulieren.

```
SELECT U_Nr,
       SUBSTR(U_Name,1,20) AS Unternehmen,
       U_Stadt
  FROM unternehmen
 WHERE U_Stadt  = ANY (SELECT DISTINCT TN_Stadt
                         FROM teilnehmer);
```

Listing 3.73 323_16.sql: Schnittmengentest mit ANY

Auf Existenz eines Ergebnisses prüfen

Zum Schluss gibt es mit `[NOT] EXISTS` noch die Möglichkeit, die Existenz der Unterabfrage, also ob überhaupt ein Ergebnis existiert, zu überprüfen. Dabei wird als Wert einer leeren Unterabfrage nicht `NULL`, sondern stattdessen der Wert `UNKNOWN` erwartet. Auf den Null-Wert kann also zusätzlich mit `IS NULL` geprüft werden, wenn dies ausdrücklich berücksichtigt werden soll. Die allgemeine Syntax hat dabei folgende Form:

```
WHERE ... [[NOT] EXISTS] unterabfrage
```

- `EXISTS` prüft darauf, ob eine gebundene Abfrage überhaupt Werte enthält. Sollte die Unterabfrage leer sein, stimmt der Test. Anderenfalls wird die Bedingung als falsch bewertet.

- NOT EXISTS prüft dagegen genau auf das Gegenteil, nämlich darauf, ob eine Unterabfrage *keinen* Wert enthält. Ist dies der Fall, wird die Bedingung als wahr bewertet. Enthält die Unterabfrage dagegen Werte, so liefert der Vergleich ein falsches Ergebnis zurück.

Sollten keine Zeilen in der Unterabfrage gefunden werden, so wird die äußere Abfrage erst gar nicht ausgeführt und ergibt dann keinen Wert. Damit ist nicht das Ergebnis, sondern zunächst die Ausführung der äußeren Abfrage direkt von der Unterabfrage abhängig. Im folgenden einfachen Beispiel fragt die Unterabfrage zunächst die gesamte Tabelle ab. Sollten hier keine Zeilen gefunden werden, wird die äußere Abfrage erst gar nicht durchgeführt.

```
SELECT U_Nr,
       SUBSTR(U_Name,1,20) AS Unternehmen,
       U_Stadt
  FROM unternehmen
 WHERE EXISTS (SELECT * FROM unternehmen);
```

Listing 3.74 323_17.sql: Prüfung auf Existenz in einer Unterabfrage

3.3 Syntax-Erweiterungen für Abfragen

Anhand des bisher Gesagten ist wohl der Umfang deutlich geworden, den SQL schon im reinen Abfrageuniversum einnimmt. Ausgehend von der allgemeinen und allgemein geläufigen SELECT * FROM tabellenname-Abfrage stellten die letzten Abschnitte verschiedene Techniken der Unterabfrage vor. Sie entsprechen konzeptionell dem SQL-Standard, wenn sie auch nicht in allen Datenbanken so komplett umgesetzt sind wie in Oracle. Insgesamt repräsentieren sie jedoch das, was man gemeinhin auch als einen Standardbereich der Abfragetechnik verstehen könnte. In diesem Abschnitt sollen die zuvor genannten Konzepte sowohl um einige weitere Standardtechniken wie die Fallunterscheidungen als auch um angrenzende Bereiche wie die Transaktionssteuerung ergänzt werden. Während natürlich Fallunterscheidungen und unter ihnen die Standard-CASE-Konstruktion zweifelsohne zu den Abfragen gehören, so lässt sich ein Thema wie die Transaktionssteuerung nicht zwangsläufig zu den reinen Abfragen zählen. Denken Sie daher stets daran, dass auch solche Befehle wie INSERT, UPDATE oder DELETE in Zusammenhang mit Transaktionen stehen können, so wie auch die Möglichkeiten zur Formulierung von Bedingungen und Unterabfragen innerhalb dieser beiden Befehle zum Einsatz kommen können. In diesem Sinne lässt sich also auch schon bereits ohne PL/SQL in reinem SQL eine komplette Transaktion schreiben, die auf Daten zugreift und sie in Abhängigkeit von gewissen Eigenschaften verändert, wobei die Syntax für die Formulierung von Bedingungen eingesetzt wird. In diesen Fällen, in denen eine solche Befehlskette viele Zeilen oder auch mehrere einzelne Befehle benötigt, um zum gewünschten Ergebnis zu gelangen, ist beispielsweise eine Transaktionssteuerung notwendig.

Insgesamt haben wir also diese wie auch andere »fortgeschrittene« Themen rund um die Abfragetechnik in diesen Abschnitt übernommen, bevor wir im nächsten die einzelnen SQL-Funktionen vorstellen, von denen Sie einige bereits in den zurückliegenden Beispielen kennen gelernt haben. Teilweise zählen auch die Konstruktionen für die Fallunterscheidungen zu den Funktionen, was wir jedoch extra vermerken.

3.3.1 Fallunterscheidungen

Einerseits besteht die Möglichkeit, in SQL Fallunterscheidungen vorzunehmen. Andererseits darf man sich darunter aber keinesfalls eine ausgeschriebene und deutlich zu lesende `IF-ELSE IF-ELSE`-Konstruktion vorstellen. Diese ist – zwar in anderer Schreibweise und in weiteren Varianten – ausschließlich PL/SQL vorbehalten. Für die Abfrage von Spaltenwerten und für die Formulierung von z.B. Ausgabereaktionen gibt es verschiedene Spaltenfunktionen, die z.B. mit so bekannten Schlüsselwörtern wie `CASE` eingeleitet werden und auch genauso wie `CASE`-Anweisungen in anderen Programmiersprachen funktionieren, aber dennoch eine Spaltenfunktion darstellen und daher auch nur im SQL-Universum funktionieren und ihre Ergebnisse nur in Form von reinen Ausdrücken formulieren können.

Gewöhnliche Fallunterscheidung

Mit Hilfe von Fallunterscheidungen kann man über die Untersuchung von Werten mit Hilfe von formulierten Bedingungen andere Ausdrücke wie z.B. zusammenfassende Werte oder Kommentare in einer Spalte ausgeben. SQL stellt keine Fallunterscheidungsstruktur wie in anderen Programmiersprachen bereit, in der Sie mit den Schlüsselwörtern `IF` oder `ELSE IF` Bedingungen konstruieren könnten, sondern verwendet im Standardfall ausschließlich eine `CASE`-Anweisung, die als Spaltenfunktion bzw. als gültiger Spaltenausdruck verwendet werden muss.

Typologie von CASE-Anweisungen

Oracle SQL bietet eine `CASE`-Struktur, wie sie in Programmiersprachen und natürlich auch in PL/SQL bekannt ist, um Fallunterscheidungen zu formulieren. Dabei unterscheidet man folgende Varianten:

- `CASE` **mit Selektor**, bei der genau ein Ausdruck anhand mehrerer Bedingungen geprüft werden muss, wobei der Ausdruck (Selektor) zu Anfang der

Anweisung genannt wird. Diese Konstruktion prüft nur auf Gleichheit und verlangt in den meisten Fällen auch eine ELSE-Anweisung, um alle anderen Fälle abzufangen, die nicht exakt einem der vorgegebenen Ausdrücke entsprechen.

```
CASE Selektor
   WHEN Ausdruck1 THEN Anweisungen1;
   WHEN Ausdruck2 THEN Anweisungen2;
   ...
   WHEN AusdruckN THEN AnweisungenN;
  [ELSE AnweisungenN+1;]
END
```

- **Selektorloses** CASE, bei dem der zu untersuchende Ausdruck jeweils in die Fallunterscheidung eingebaut wird. Dies wird von einigen Autoren auch als »komplexes CASE« bezeichnet. Der Unterschied zur Anweisung mit einem Selektor besteht darin, dass mit der selektorlosen CASE-Anweisung auch unscharfe Abfragen möglich sind, weil die Suchbedingungen individuell für jeden Fall vorgegeben werden können und nicht auf Übereinstimmung mit dem Selektor prüfen, der in der Konstruktion mit Selektor zu Beginn benannt wird. In diesen Fällen kann man oft auf eine ELSE-Anweisung verzichten, da die Fälle so konstruiert werden können, dass sie automatisch alle anderen Fälle abfangen.

```
CASE
   WHEN Suchbedingung1 THEN Anweisungen1;
   WHEN Suchbedingung2 THEN Anweisungen2;
   ...
   WHEN SuchbedingungN THEN AnweisungenN;
  [ELSE AnweisungenN+1;]
END
```

Verwendung von CASE

In einem ersten Beispiel untersuchen wir mit einer CASE-Anweisung mit Selektor die Spalte D_Anrede. Diese liefert den zu untersuchenden Ausdruck, der in der Tabelle DOZENT in jedem Fall nur zwei Ausprägungen hat. Diese sind entweder »Herr« oder »Frau« und werden mit einem beeindruckenden SQL-Übersetzungsprogramm (wie im TV gesehen: SQLTranslatorGold) beide ins Französische übersetzt. Achten Sie darauf, dass Sie diese Anweisung als Spaltenfunktion einsetzen bzw. so formulieren, dass sie mit einem Komma beendet wird und jeweils genau einen Wert für den gerade untersuchten Datensatz zurückliefert.

```
SELECT CASE D_Anrede
        WHEN 'Herr' THEN 'Monsieur'
        WHEN 'Frau' THEN 'Madame'
       END,
       D_Vorname,
       D_Nachname
  FROM dozent;
```

Listing 3.75 331_01.sql: CASE-Anweisung mit Selektor

Als Ergebnis erhält man eine Liste mit 20 Dozenten und ihren französischen Anreden.

```
CASED_AN D_VORNAME            D_NACHNAME
-------- -------------------- ------------------
Madame   Birte                Sonnenschein
Madame   Susanne              Rollstein
Monsieur Martin               Dünn
```

Beim selektorlosen CASE definiert man also keinen Ausdruck wie einen Spaltennamen oder eine Berechnung, sondern bestimmt in jedem neuen Fall eine individuelle Bedingung. Typischerweise ähneln sich diese Bedingungen oder umfassen ein abgeschlossenes Wertespektrum wie in der folgenden Abfrage. Ein möglicher ELSE-Fall wird in beiden Konstruktionen als letzter Fall angeschlossen.

```
SELECT K_Titel,
       K_Untertitel,
       CASE
        WHEN P_TN1 > 500 THEN 'Teuer'
        WHEN P_TN1 < 500 THEN 'Billig'
        ELSE '500'
       END CASE,
       P_TN1
  FROM kurs NATURAL JOIN preis;
```

Listing 3.76 331_02.sql: ELSE-Anweisung

In den Fällen, in denen man entweder über die formulierten Suchbedingungen oder über die Menge an bereitstehenden Fällen den gesamtmöglichen Wertebereich abdeckt, benötigt man keinen ELSE-Fall. Unterlässt man eine solche Fallunterscheidung, obwohl – wie im nächsten Beispiel – mindestens ein Fall nicht abgefangen wird, erhält man keine Fehlermeldung, sondern das Ergebnis

NULL. Dies ist in SQL deutlich anders als in PL/SQL, wo man eine benannte Ausnahme CASE_NOT_FOUND auslöst und damit das Programm beenden kann.

```
SELECT K_Titel,
       K_Untertitel,
       CASE
        WHEN P_TN1 > 900 THEN 'Teuer'
        WHEN P_TN1 < 900 THEN 'Billig'
       END CASE,
       P_TN1
  FROM kurs NATURAL JOIN preis;
```

Listing 3.77 331_02.sql: Selektorlose CASE-Anwendung

Als Ergebnis erhält man also nicht nur die Untersuchungsergebnisse, sondern auch den Wert NULL in den Fällen, in denen die CASE-Anweisung kein Ergebnis ermitteln kann, da die Fälle weder in den konkreten Bedingungen noch über eine Standardanweisung abgefangen werden.

```
K_TITEL    K_UNTERTITEL         CASE        P_TN1
---------- -------------------- ------ ----------
PHP        Syntax + Konzepte    Teuer         920
PHP        Webanwendungen                     900
PHP        MySQL Programmbeispi               900
PHP        Kochrezepte          Teuer        1175
Powerpoint Präsentationsdesign  Billig        350
```

Gültige Ausdrücke in CASE-Anweisungen

Auch im Zusammenhang mit CASE-Anweisungen lohnt es sich, darüber nachzudenken, was alles im SQL-Universum gültige Ausdrücke sind. Wichtig ist in jedem Fall nur die Tatsache, dass man genau einen Wert in einem passenden Datentyp erhält, der dann an der entsprechenden Stelle in der Ergebnismenge erfasst wird. Dies bedeutet zunächst, dass auch Unterabfragen, die nur einen einzigen Wert zurückliefern, gültige Ausdrücke darstellen. Dies sehen Sie u. a. im nächsten Beispiel. Alle Kurse mit einem Preis über 900 Euro werden im ersten Fall als »Teuer« bewertet, während für alle anderen Kurse mit einem Preis kleiner gleich 900 Euro der Preis für den TN2-Preis aus der Tabelle PREIS ermittelt wird. Dies gelingt über eine korrelierte Unterabfrage über die Kursnummer, die in jedem Fall nur eine einzige Ergebniszeile liefert, da dies ja auch der Primärschlüssel in der Kurstabelle ist. Da man nun jedoch einen Zahlwert aus der Tabelle PREIS und eine Zeichenkette aus dem ersten Fall gemeinsam in der Spalte Analyse speichern möchte, erhält man eine Fehlermeldung, sobald der erste Preis ermittelt wird. Dies ist nur dadurch zu lösen, dass der Preis über die Spaltenfunktion TO_CHAR in eine Zeichenkette transformiert wird.

Des Weiteren sehen Sie, dass die CASE-Anweisung selbst wiederum ein gültiger Ausdruck ist, weil sie genau einen Wert zurückliefert, was ja eine Grundvoraussetzung für einen gültigen Ausdruck bei der Erstellung einer Ergebnismenge ist. In diesem Sinne ist es also zulässig, die enorme Breite der ansonsten entstehenden Spalte über die Spaltenfunktion SUBSTR zu begrenzen und schließlich auch einen Aliasnamen zu vergeben, der bei der Ausgabe der gesamten Konstruktion erscheint.

```
SELECT SUBSTR(K_Titel,1,10)      AS Titel,
       SUBSTR(K_Untertitel,1,20) AS Untertitel,
       SUBSTR(CASE
        WHEN P_TN1 > 900
         THEN 'Teuer'
        WHEN P_TN1 <= 900
         THEN TO_CHAR((SELECT P_TN2
                         FROM preis a INNER JOIN kurs b
                           ON a.P_Nr = b.P_Nr
                        WHERE b.K_Nr = c. K_Nr))
       END, 1, 10) AS Analyse,
       P_TN1
  FROM kurs c INNER JOIN preis d
    ON c.P_Nr = d.P_Nr;
```

Listing 3.78 331_03.sql: Ausdrücke in CASE-Anweisungen

Das Ergebnis der zuvor erstellten Abfrage unterscheidet sich nicht groß von den anderen, was die Ausgabe anbetrifft, außer dass nun ein ordentlicher Spaltenname vergeben wurde und Texte wie Zahlen in der erstellten Spalte erscheinen.

```
TITEL      UNTERTITEL           ANALYSE         P_TN1
---------- -------------------- ---------- ----------
Perl       Datenbankprogrammier 570               600
Photoshop  Bildbearbeitung      Teuer            1050
Photoshop  Korrektur + Verfremd Teuer            1050
PHP        Webanwendungen       855               900
PHP        MySQL Programmbeispi 855               900
```

Die Verschachtelung von Ausdrücken in SQL-Anweisungen, die in diesem Zusammenhang nun um CASE-Anweisungen ergänzt wurden, soll auf Basis der zuvor durchgeführten und formulierten Abfrage noch einmal grafisch aufbereitet werden. Dabei zeigt Abbildung 3.15 für die Spalte, die ihre Werte durch die Fallunterscheidung erhält, wie viele nicht-triviale Ausdrücke (triviale Ausdrücke stellen beispielsweise Spalten- und Tabellennamen in der Unterabfrage dar) ineinander verschachtelt sind und stets geeignete Werte für Funktionen oder Schlüsselwörter liefern. Neben der umrahmten Ausdrücke wurden oben noch die Ebenen angezeigt, auf denen immer ein Exemplar der möglichen Ausdrücke einer Ebene liegt, wobei die Ebene 3 in einer Ausdruckskette doppelt erscheint, da es sich einmal um eine Bedingung und einmal um eine Anweisung handelt. Mit dem Begriff *Ausdruckskette* ist ein Pfad gemeint, den man anhand der Fallunterscheidung entlanglaufen kann, um einen gültigen Endausdruck (Ergebnis) für die Ergebnismenge zu erhalten. Aus Gründen der Übersichtlichkeit wurde daher auf die Darstellung gleichrangiger Ausdrücke in einer Ebene (wie z.B. anderer Bedingungen und Anweisungen) verzichtet, da sie sich grafisch leicht ermitteln lassen.

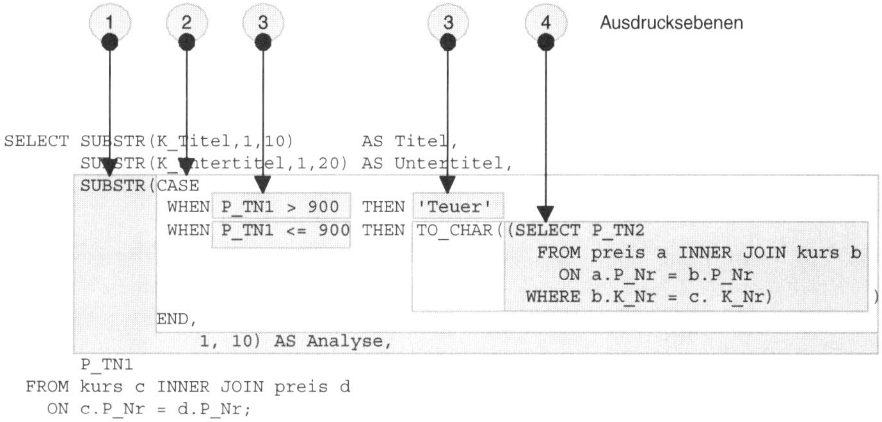

Abbildung 3.15 Ebenen bei Ausdrücken

Aggregatfunktionen in CASE

Da es sich bei der `CASE`-Anweisung um einen Spaltenausdruck handelt, der typischerweise und in den meisten Fällen auf Spaltenwerte zugreift und diese untersucht, eignen sich insbesondere auch Aggregatfunktionen für die Verwendung innerhalb einer `CASE`-Anweisung. Im folgenden Beispiel untersuchen wir die Anzahl der möglichen Dozenten, die ein Seminar betreuen können, und geben ganz schlicht Textbewertungen aus, wenn die Anzahl der Dozenten unter 2 liegt, kleiner gleich 4 ist oder eine andere, größere Zahl darstellt. Zunächst ist für die korrekte Abarbeitung die Reihenfolge der Fälle wichtig, da natürlich der erste Fall eine Untermenge der zweiten Bedingung darstellt und für eine korrekte Abarbeitung das Entwurfsmuster verwendet wird, um Sonderfälle oder Untermengen oberhalb von allgemeinen Fällen oder Obermengen zu platzieren. Die Bedingung wird dabei über die Aggregatfunktion COUNT ermittelt, und deren Ergebnis wird dann verarbeitet, wobei Sie zusätzlich sehen, wie man Bedingungen über die schon bekannten booleschen Operatoren miteinander verknüpft.

```
SELECT SUBSTR(K_Titel || ' - ' || K_Untertitel, 1, 30)
                   AS Titel,
       a.K_Nr,
       COUNT(D_Nr) AS Zahl,
       CASE
       WHEN COUNT(D_Nr) < 2 THEN 'Wenig'
       WHEN COUNT(D_Nr) = 2 AND COUNT(D_Nr) <=4 THEN 'Genug'
       ELSE 'Viel' END
  FROM themenverteilung a INNER JOIN kurs b
    ON a.K_Nr = b.K_Nr
 GROUP BY a.K_Nr, K_Titel, K_Untertitel;
```

Listing 3.79 331_04.sql: Aggregatfunktionen in CASE

Als Ergebnis erhält man:

```
TITEL                                  K_NR       ZAHL CASEW
------------------------------ ---------- ---------- -----
Fireworks - Webgrafik + Menüs     1010004          2 Genug
Photoshop - Bildbearbeitung       1010005          1 Wenig
Flash - Animation                 1010006          2 Genug
```

In einem etwas komplizierteren Beispiel ermittelt man zum einen den minimalen und zum anderen überhaupt erfassten Tagessatz des gefundenen Dozenten, wobei man bei nur einem Dozenten auf den minimalen Tagessatz verzichtet, da ohnehin nur einer gespeichert sein kann.

```
SELECT SUBSTR(K_Titel || ' - ' || K_Untertitel, 1, 30)
                   AS Titel,
       a.K_Nr,
       COUNT(D_Nr) AS Zahl,
       SUBSTR(CASE
       WHEN COUNT(D_Nr) = 1
        THEN (SELECT c.TH_Tagessatz
                FROM themenverteilung c
               WHERE c.K_Nr = a.K_Nr)
       WHEN COUNT(D_Nr) <=4
```

```
        THEN (SELECT MIN(c.TH_Tagessatz)
                FROM themenverteilung c
               WHERE c.K_Nr = a.K_Nr)
       ELSE NULL END, 1, 5) AS Preis
  FROM themenverteilung a INNER JOIN kurs b
    ON a.K_Nr = b.K_Nr
 GROUP BY a.K_Nr, K_Titel, K_Untertitel;
```

Listing 3.80 331_05.sql: Komplexe Ausdrücke in Fallunterscheidungen

Als Ergebnis erhält man in diesem Beispiel:

```
TITEL                                  K_NR       ZAHL PREIS
------------------------------ ---------- ---------- -----
Java - Kochrezepte                  1015067          3 550
PHP - Kochrezepte                   1015068          2 500
HTML - Webdesign                    1020052          5
Dreamweaver - Webdesign             1020053          2 350
```

Verschachteltes CASE

Die maximale Anzahl von Fällen liegt bei 128. Benötigt man mehr Fälle, so kann man auch Gruppen von Fällen konstruieren und dabei CASE-Anweisungen verschachteln. Wir werden Ihnen nun die maximale Anzahl an Fällen in jedem Fall ersparen, denn man kann diese Verschachtelung auch für eine bessere Lesbarkeit von hierarchisch strukturierbaren Unterscheidungen verwenden. Eine solche Hierarchie besteht zwischen dem Namen einer Stadt und einer Postleitzahl, wobei man einerseits direkt auf die Postleitzahl zugreifen kann, aber andererseits auch die Möglichkeit hat, zunächst die Städte aufzurufen und innerhalb dieser Fälle dann weitere Unterscheidungen zu treffen.

In der folgenden Untersuchung teilt man die Städte anhand ihrer Postleitzahlen in Gebiete für z. B. Telefonwerbung auf und ermittelt man in einer ersten CASE-Anweisung die Städtenamen und bildet innerhalb dieser gefundenen Städtenamen – wobei wir uns auf Bochum und Gelsenkirchen beschränken – anhand der zugehörigen Postleitzahlen in einer weiteren Fallunterscheidung die erwähnten Gebiete.

```
SELECT U_Nr,
       SUBSTR(U_Vorwahl || ' - ' || U_Telnr,1,20) AS Telnr,
       SUBSTR(U_Stadt,1,2) AS Stadt,
       CASE U_Stadt
        WHEN 'Bochum'
         THEN (CASE
```

```
              WHEN U_PLZ <= 44803
               THEN 'Gebiet 1'
              WHEN U_PLZ >  44803
               THEN 'Gebiet 2'
              END)
       WHEN 'Gelsenkirchen'
        THEN (CASE
              WHEN U_PLZ <= 45892
               THEN 'Gebiet 1'
              WHEN U_PLZ >  45892
               THEN 'Gebiet 2'
              END)
      END
  FROM unternehmen
 WHERE U_Stadt IN ('Bochum', 'Gelsenkirchen')
 ORDER BY U_Nr, U_Stadt;
```

Listing 3.81 331_05.sql: Verschachteltes CASE

Das Ergebnis ist eine einfache Liste mit Unternehmensnummern und ihren Telefonnummern mit zugehörigen Bereichsdefinitionen.

```
      U_NR TELNR                ST CASEU_ST
---------- -------------------- -- --------
       200 209 - 172            Ge Gebiet 1
       251 209 - 64087          Ge Gebiet 2
       273 234 - 936107         Bo Gebiet 1
       274 234 - 35934          Bo Gebiet 1
```

Spalten vertexten

Eine Kurzform der CASE-Anweisung, die sich ausschließlich für die Übersetzung von Spaltenwerten eignet, stellt die DECODE-Funktion dar. Sie hat folgende allgemeine Syntax:

```
DECODE(ausdruck, suchbedingung, ergebnis,
              [ suchbedingung2, ergebnis2,]
              [ standardwert])
```

Wie Sie an der allgemeinen Syntax erkennen können, sind auch für die DECODE-Funktion alle denkbaren gültigen Ausdrücke erlaubt, wobei wir dieses Phänomen nicht noch einmal ausführlich darstellen, sondern auf die zurückliegenden Ausführungen für CASE verweisen. An den Ausdruck ist dann die Bedingung in Form eines Wertes angeschlossen, der genau getroffen werden muss. In diesem

Sinne stellt also die DECODE-Funktion eine Verkürzung der CASE-Anweisung mit einem Selektor dar. In Abhängigkeit von der suchbedingung erhält man in der Ergebnismenge ein ergebnis. Für die Datentypen gilt, dass die drei Platzhalter nur aus Zeichenkettendatentypen bestehen können: CHAR, VARCHAR2, NCHAR oder NVARCHAR2. Dabei werden Zahlen automatisch in Zeichenketten transformiert. Das Ergebnis bzw. der Rückgabewert dieser Funktion ist stets VARCHAR2.

Auch für diese Funktion liegt der maximale Wert an einzelnen Komponenten bei 255, wobei sich diese Zahl aus der Anzahl der verwendeten Ausdrücke für die in der allgemeinen Syntax erwähnten Platzhalter ermittelt.

Das folgende Beispiel präsentiert eine verbesserte Variante des Produkts SQL-TranslatorGold, dieses Mal unter Verwendung der Teilnehmerliste:

```
SELECT DECODE(TN_Anrede, 'Herr', 'Monsieur',
                         'Frau', 'Madame',
                         'INCONNU') AS Anrede,
            TN_Nachname
  FROM teilnehmer
 WHERE TN_Nr BETWEEN 1 AND 20;
```

Listing 3.82 331_06.sql: Spalten vertexten

Man erhält – wie schon nach der ausführlichen Darstellung von CASE nicht anders zu erwarten – eine französische Variante der Teilnehmerliste:

```
ANREDE   TN_NACHNAME
-------- ------------------------------
Monsieur Diehm
INCONNU  Brock
Monsieur Pilger
```

Abfrage auf NULL

Für die Untersuchung, ob ein Spaltenwert ein NULL-Wert ist, gibt es verschiedene eingebaute SQL-Spaltenfunktionen, mit denen man bestimmen kann, wie ein gefundener NULL-Wert ausgegeben werden soll, wenn der NULL-Wert als solcher nicht verwendet werden soll. Alle diese Funktionen stellen zwar SQL-Funktionen dar. Da sie aber eine Fallunterscheidung nachbilden, werden sie in diesem Zusammenhang dargestellt, da in Abhängigkeit von einem ermittelten Wert eine Auswahl stattfindet. In diesem Punkt unterscheiden sich alle Fallunterscheidungskonstruktionen von den gewöhnlichen Funktionen, die stur jeden eintreffenden Wert nach ihrem Muster verarbeiten.

Sinn und Zweck der NULL-Abfrage

Eine Abfrage auf `NULL` ist insofern wichtig, als dass an verschiedenen Stellen `NULL`-Werte erscheinen können, die nur bedingt für eine weitere Verarbeitung verwendbar sind. In reinem SQL bezieht sich dies natürlich zunächst auf eine mögliche Ausgabe, doch in PL/SQL könnte man sich ganze Programmabläufe vorstellen, die eher mit Zahlen (also Zahlwert 0 als `NULL`) arbeiten sollen als mit solch besonderen Werten wie `NULL`. Insgesamt kann man folgende Fälle unterscheiden, in denen eine Berücksichtigung des `NULL`-Werts von Bedeutung sein kann:

- **Unbekannter Wert**
  Dies ist der Standardfall, der sich dadurch auszeichnet, dass in der Tabelle kein Wert erfasst ist und daher ein `NULL`-Wert in der Datenbank gespeichert ist. Diesen Fall wird man vermutlich seltener über eine Umwandlungsfunktion bearbeiten, es sei denn, man möchte gerade fehlende Werte besonders deutlich herausheben und nicht nur durch das obligatorische Leerzeichen, das in diesen Situationen im Ergebnis erscheint. Als weitere Ergänzung erlauben es einige Funktionen auch, `NULL`-Werte nicht nur in den Zahlwert 0 zu transformieren, sondern auch in andere Zahlen oder natürlich auch in Zeichenketten, sodass hier auch eine tatsächlich deutlichere Betonung unbekannter Werte möglich wird.
- **Nicht existentes Rechenergebnis**
  In den Fällen, in denen man in einer leeren Menge nach dem z.B. größten oder kleinsten Wert sucht, wird das Ergebnis ebenfalls `NULL`. Um aber in jedem Fall mit Zahlwerten und nicht mit dem besonderen Wert `NULL` rechnen zu müssen, lohnt sich hier eine Umrechnung in den Zahlwert 0, da dies bei passenden sonstigen Zahlwerten in der entsprechenden Spalte (nur positiv, nur negativ) auch zu geeigneten Werten führt, mit denen dann in einem entsprechenden Programm weitergearbeitet werden kann.
- **Ergebnis einer äußeren Verknüpfung**
  In den Fällen, in denen man eine äußere Verknüpfung zwischen Tabellen einrichtet, erhält man automatisch für die leeren Verknüpfungsfelder der Fremdschlüssel der Tabelle ohne Wertedominanz `NULL`-Werte angezeigt. Sollte es sich beim Datentyp dieser Spalte um Zahlwerte handeln und sollte der Zahlwert 0 mathematisch genauso viel Sinn machen wie `NULL`, lohnt sich für die Weiterverarbeitung die Konversion zu 0.

NULL-Werte durch beliebige Werte ersetzen

Folgende Funktionen stehen zur Verfügung, um vorhandene oder erzeugte `NULL`-Werte durch andere Zahlen oder Zeichenketten zu ersetzen:

- NVL(testausdruck, ersetzung) untersucht einen Ausdruck wie z.B. einen Spaltennamen oder eine Berechnung darauf, ob ein NULL-Wert vorhanden ist. Ist dies der Fall, tritt der Ersetzungswert an die Stelle dieses Wertes. Der dominante Datentyp ist der Datentyp des Ersetzungswerts. Aus Zeichenketten wird stets VARCHAR2.
- NVL2(testausdruck, standardwert, ersetzung) untersucht einen Ausdruck wie z.B. einen Spaltennamen oder eine Berechnung darauf, ob ein NULL-Wert vorhanden ist. Ist dies der Fall, so tritt der Ersetzungswert an die Stelle dieses Wertes. In allen Fällen wird der Wert durch den Standardwert ersetzt. Der dominante Datentyp ist der des Standardwerts, wobei auch der Ersetzungswert zunächst in diesen Wert konvertiert wird. Aus Zeichenketten wird stets VARCHAR2.

In den nächsten Beispielen erhält man NULL-Werte durch die äußere Verknüpfung zwischen KURS und THEMENVERTEILUNG für die Paare, in denen für die Kursnummern aus der Kurstabelle keine Partner in der Themenverteilungstabelle gefunden werden. Im ersten Beispiel ersetzt man dies durch den Zahlwert 0, da es ja ohnehin keine Kursnummer mit diesem Wert gibt. Im zweiten Beispiel allerdings möchte man diese Felder durch die Zeichenkette »Niemand gefunden« austauschen, was jedoch zwingend erfordert, die Zahlwerte explizit mit TO_CHAR in Zeichenketten zu transformieren, um die Fehlermeldung

```
       NVL(D_Nr,'Niemand gefunden') AS D_Nr
               *
FEHLER in Zeile 2:
ORA-01722: Ungültige Zahl
```

zu vermeiden, da ja die Dozentennummer als NUMBER in der Tabelle gespeichert ist.

```
SELECT kurs.K_Nr,
       NVL(D_Nr,0) AS D_Nr
  FROM kurs LEFT OUTER JOIN themenverteilung
    ON kurs.K_Nr = themenverteilung.K_Nr;
SELECT kurs.K_Nr,
       NVL(TO_CHAR(D_Nr),'Niemand gefunden') AS D_Nr
  FROM kurs LEFT OUTER JOIN themenverteilung
    ON kurs.K_Nr = themenverteilung.K_Nr;
```

Listing 3.83 331_08.sql: NULL-Werte durch äußere Verknüpfung verarbeiten

Für das erste Beispiel erhält man im gleichen Datentyp der ursprünglichen Spalte den Zahlwert 0:

```
      K_NR       D_NR
---------- ----------
   1040076         19
   1030100          0
```

Für das zweite Beispiel erhält man dagegen eine Zeichenkette, wozu auch die Zahlwerte der ursprünglichen Spalte in Zeichenketten transformiert wurden:

```
      K_NR       D_NR
---------- -------------------
   1040076 19
   1030100 Niemand gefunden
```

Mehrstufige Fallunterscheidungen für NULL-Untersuchung

Die COALESCE-Funktion stellt eine Verallgemeinerung der im letzten Abschnitt vorgeführten Funktionen und eine Variante zu speziellen CASE-Anweisungen dar. Dabei akzeptiert diese Funktion mehrere Ausdrücke, sodass damit mehrere Fälle konstruiert werden können:

- COALESCE (testausdruck, ersetzung) stellt die einfachste Fassung dar, wobei man hier NVL(testausdruck, ersetzung) umformuliert. Im Vergleich zur umfangreicheren CASE-Anweisung erhält man eine Variante zu:

```
CASE
 WHEN testausdruck IS NOT NULL THEN testausdruck
 ELSE ersetzung
END
```

- COALESCE (testausdruck1, testausdruck2, ersetzung) ersetzt eine CASE-Anweisung. Ist der erste Testausdruck NULL, so wird er durch den zweiten ersetzt. Ist auch dieser NULL, wird dieser durch den Ersetzungswert ausgetauscht. Ansonsten gelten die Werte vom ersten bzw. zweiten Testausdruck. Dies stellt eine Variante zu folgender Formulierung dar, wobei weitere Ausdrücke angeschlossen werden können:

```
CASE
 WHEN testausdruck1 IS NOT NULL THEN testausdruck1
 WHEN testausdruck1 IS     NULL THEN testausdruck2
 ELSE ersetzung     -- COALESCE (testausdruck2, ersetzung)
END
```

Im ersten Fall ersetzen wir ein Beispiel des vorigen Abschnitts mit der COALESCE-Funktion und erhalten das bekannte Ergebnis:

```
SELECT kurs.K_Nr AS Kursnummer,
       COALESCE(themenverteilung.D_Nr, 0) AS D_Nr
  FROM themenverteilung RIGHT OUTER JOIN kurs
    ON themenverteilung.K_Nr = kurs.K_Nr;
```

Listing 3.84 331_09.sql: Einfacher Test auf NULL mit COALESCE

Dies führt zu folgendem bekannten Ergebnis:

```
      K_NR       D_NR
---------- ----------
   1040076         19
   1030100          0
```

Ein sehr einfaches Testbeispiel für eine komplexe Variante der gleichen Funktion wählt aus der Testtabelle dual so aus, dass stets der Ersetzungswert ausgewählt wird, da die ersten beiden Testausdrücke konstant `NULL` ergeben:

```
SELECT COALESCE(NULL, NULL, 1)
  FROM dual;
```

Listing 3.85 331_09.sql: Komplexe Untersuchung

Dies liefert stets den Ersetzungswert:

```
COALESCE(NULL,NULL,1)
---------------------
                    1
1 Zeile wurde ausgewählt.
```

Ersetzung von beliebigen Werten

Möchte man für bestimmte Werte explizit `NULL`-Werte ausgeben, obwohl keine `NULL`-Werte in der Tabelle gespeichert oder durch eine Berechnung ermittelt wurden, bedient man sich der `NULLIF`-Funktion. Dabei ersetzt der allgemeine Ausdruck `NULLIF(testausdruck, vorgabe)` die komplexe Variante:

```
CASE
 WHEN testausdruck = vorgabe THEN NULL
 ELSE testausdruck
END
```

Die Funktion vergleicht also beide Ausdrücke, wobei genau dann in der Ergebnismenge ein `NULL`-Wert erscheint, wenn die Vorgabe dem gefundenen oder ermittelten Ausdruck entspricht.

Um ein sinnvolles Beispiel zu verwenden, geben wir für die Telefonistin am Bochumer Standort eine Dozentenliste aus, in der alle Vorwahlen und eigentliche Telefonnummern in einer Spalte zusammengefasst werden. Dabei verzichtet man aber bei den Bochumer Nummern auf die Vorwahl, ersetzt sie also durch NULL.

```
SELECT SUBSTR(D_Vorname ||' ' || D_Nachname,1,22) AS Name,
       SUBSTR( NULLIF(D_Vorwahl, 0234)
                               || '/' || D_Telnr,1,20) AS Fon,
       D_Stadt AS Stadt
  FROM dozent;
```

Listing 3.86 331_10.sql: Ersetzung von Werten durch NULL

Dies ergibt folgendes Resultat:

```
NAME                   FON                   STADT
---------------------- --------------------- -----------------
Birte Sonnenschein     2054/203610           Essen, Ruhr
Susanne Rollstein      2871/335970           Dortmund
Lars Klapp             /9593                 Bochum
Anja Doppelt           /20509                Bochum
```

3.3.2 Zugriff auf Pseudospalten

Es mag ein wenig gespenstisch anmuten, aber Tabellen in Oracle besitzen nicht nur die Spalten, mit denen sie direkt in SQL angelegt wurden, sondern auch zusätzliche Spalten, die man wegen ihrer geisterhaft-mystischen Erscheinung auch Pseudospalten nennt. Man kann nur lesend, d.h. mit dem SELECT-Befehl, auf sie zugreifen. (Nebenbei gesagt: Bei Triggern und PL/SQL gibt es sogar Pseudodatensätze ...)

Einsatz von Sequenzwerten

Eine Sequenz ist eine aufsteigende Zahlenreihe, die für die automatische Erzeugung von Fremdschlüsseln verwendet werden kann. Dabei stellt sie ein eigenes Schema-Objekt dar, das mit einem eigenen Logbuch die aktuell verwendeten Zahlen speichert. Hat man also einmal eine Zahl ausgewählt und verwendet, so kann man diese nie wieder verwenden, wenn auch die Tabelle geleert wird. Dadurch wird definitiv sichergestellt, dass jede von der Sequenz gelieferte Zahl einmalig ist. Für die Erstellung Ihrer beiden Pseudospalten legen wir zunächst eine Testtabelle und eine Testsequenz an.

```
-- Tabelle
DROP TABLE "SCOTT"."TEST";
CREATE TABLE "SCOTT"."TEST" (
 "T_NR"   NUMBER(2)    NOT NULL,
 "T_TEXT" VARCHAR2(10) NOT NULL,
 "T_ZEIT" DATE         NOT NULL,
  PRIMARY KEY("T_NR"))
  TABLESPACE "USERS";
-- Sequenz
DROP SEQUENCE "SCOTT"."TESTZAEHLER";
CREATE SEQUENCE "SCOTT"."TESTZAEHLER"
 INCREMENT BY 1 START WITH 1
 MAXVALUE 1.0E28 MINVALUE 1 NOCYCLE
 CACHE 20 NOORDER;
```

Listing 3.87 332_01.sql: Anlegen einer Test-Tabelle und einer Sequenz

Eine Sequenz besitzt zwei Pseudospalten, die stets über den Sequenznamen mit Hilfe der allgemeinen Syntax

```
[schema.]sequenz.{CURRVAL|NEXTVAL}[@dblink]
```

adressiert werden müssen. Die Angabe eines Datenbank-Links und eines Schema-Namens hängt von der aktuellen Situation und ihren Bedingungen ab:

- CURRVAL liefert den aktuellen Sequenzwert.
- NEXTVAL liefert den nächsten Sequenzwert.

Ihre einzige Verwendung besteht bei der Erfassung von Werten beim INSERT-Befehl in der VALUES-Klausel, bei der SET-Klausel von UPDATE und bei einer Unterabfrage in einem INSERT-Befehl. Dies sehen Sie am folgenden Beispiel:

```
INSERT INTO test
VALUES (testzaehler.NEXTVAL, 'Eintrag 1', SYSDATE);
SELECT * FROM test;
```

Listing 3.88 332_02.sql: Einsatz von Sequenzen

Für die Abfrage erhält man bei der erstmaligen Verwendung der Sequenz folgendes Ergebnis:

```
      T_NR T_TEXT     T_ZEIT
---------- ---------- --------
         1 Eintrag 1  23.05.03
1 Zeile wurde ausgewählt.
```

Für die nächsten Datensätze würde sich der Sequenzwert dementsprechend schrittweise um einen Zählerpunkt erhöhen, was für den direkt nächsten Eintrag mit der Abfrage

```
SELECT testzaehler.CURRVAL,
       testzaehler.NEXTVAL
  FROM test;
```

Listing 3.89 332_02.sql: Abfrage von Sequenzwerten

herausgefunden werden kann. Dies ergibt dann den Zahlwert 2 für beide Werte:

```
   CURRVAL    NEXTVAL
---------- ----------
         2          2
1 Zeile wurde ausgewählt.
```

Mit ROWNUM auf Ergebnisreihenfolgen zugreifen

Über die Pseudospalte ROWNUM erfährt man, in welcher Reihenfolge eine Abfrage Datensätze aus einer oder mehreren Tabellen in die Ergebnismenge übernimmt. Der erste abgerufene Datensatz erhält den Wert 1, jeder folgende Datensatz eine um einen Zählerwert höhere ROWNUM-Zahl. Diese Pseudospalte kann sowohl in der Spaltenliste für eine Ausgabe verwendet werden als auch in der WHERE-Klausel für eine Einschränkung.

Im ersten Beispiel ruft eine einfache Abfrage Daten aus der Termin- und der Kurstabelle ab und gibt zusätzlich noch die ROWNUM-Spalte aus. Dabei sehen Sie im Ergebnis, dass die Reihenfolge der Ergebnisse sich exakt nach der Reihenfolge der ausgewählten Datensätze richtet. Für die zweite Abfrage sortiert man die gefundenen Datensätze nach dem Beginndatum. Hier wird deutlich, dass zunächst die ROWNUM-Bedingung ausgeführt wird und für diese Menge erst später die Sortierung. Das heißt, man erhält in diesem Fall in aufsteigender Reihenfolge des Beginns die ersten fünf gefundenen Datensätze und nicht etwa die ersten fünf Termine der gesamten Tabelle.

```
SELECT ROWNUM, T_Nr, K_Nr, T_Beginn,
       SUBSTR(K_Titel||' - '||K_Untertitel,1,20) AS Titel
  FROM termin NATURAL JOIN kurs
 WHERE ROWNUM < 5;
SELECT ROWNUM, T_Nr, K_Nr, T_Beginn,
       SUBSTR(K_Titel||' - '||K_Untertitel,1,20) AS Titel
  FROM termin NATURAL JOIN kurs
```

```
WHERE ROWNUM < 5
ORDER BY T_Beginn DESC;
```

Listing 3.90 332_03.sql: Einsatz von ROWNUM

Da das Ergebnis bereits zuvor kommentiert worden ist, folgt es hier noch einmal mit den ausgewählten und nach `ROWNUM` oder innerhalb der `ROWNUM`-Menge nach Beginn sortierter `T_Beginn`-Spalte.

```
    ROWNUM       T_NR      K_NR T_BEGINN TITEL
---------- ---------- ---------- -------- -----------------
         1        573    1015034 06.09.03 Java - Syntax + Konz
         2        574    1015034 06.09.03 Java - Syntax + Konz
         3        575    1010007 11.09.03 Pagemaker - Satztech
         4        576    1015085 13.09.03 Delphi - Syntax + Ko
4 Zeilen ausgewählt.
    ROWNUM       T_NR      K_NR T_BEGINN TITEL
---------- ---------- ---------- -------- -----------------
         4        576    1015085 13.09.03 Delphi - Syntax + Ko
         3        575    1010007 11.09.03 Pagemaker - Satztech
         1        573    1015034 06.09.03 Java - Syntax + Konz
         2        574    1015034 06.09.03 Java - Syntax + Konz
4 Zeilen ausgewählt.
```

Der Einsatz von `ROWNUM` eignet sich auch für Hitparadenabfragen der Form »Top-10«, wobei allerdings, wie Sie gerade gesehen haben, die Sortierung nicht so erfolgen kann wie in den ersten beiden Beispielen. Da ja zunächst die Reihenfolge der abgerufenen Ergebnisse ermittelt und dann eine Sortierung auf die Untermenge angewandt wird, ist dies für solche Abfragen denkbar ungeeignet. Über die Formulierung einer abgeleiteten Tabelle, die die inhaltlich gewünschte Sortierung liefert, kann man dann nachher allerdings mit der `ROWNUM`-Abfrage sehr einfach beliebige TOP-n-Listen generieren.

```
SELECT *
  FROM (SELECT ROWNUM, T_Nr, T_Beginn,
               SUBSTR(K_Titel||' - '||K_Untertitel,1,20)
                                                AS Titel
          FROM termin NATURAL JOIN kurs
         ORDER BY T_Beginn ASC)
 WHERE ROWNUM <= 10;
```

Listing 3.91 332_03.sql: TOP-10-Abfrage

Im Ergebnis, das wir aus Platzgründen nicht komplett abdrucken, erkennt man deutlich, dass aufsteigende Terminnummern entstehen, obwohl die ROWNUM-Werte deutlich größer als 10 sind.

```
    ROWNUM       T_NR T_BEGINN TITEL
---------- ---------- -------- --------------------
        87          1 18.02.00 Java - Servlets
        88          2 18.02.00 Dreamweaver - Webdes
        89          3 18.02.00 Java - Servlets
```

Zugriff auf die Speicheradresse mit ROWID

Die Speicheradresse von jedem Datensatz in der Datenbank lässt sich über die Pseudospalte ROWID in Erfahrung bringen. Sie wird in den Datentypen ROWID oder UROWID gespeichert und stellt neben der genauen Adressierung eines einzelnen Datensatzes auch die schnellste Möglichkeit dar, einen Datensatz zu adressieren. Man kann über die ROWID-Spalte also auch direkt auf Datensätze zugreifen; allerdings lassen sie sich nicht ändern (UPDATE) oder eintragen (INSERT).

Für die folgende Abfrage haben wir zunächst eine gültige Speicheradresse durch Überlegung anhand der aufsteigenden Buchstaben in der letzten ROWID-Stelle in Erfahrung gebracht, sodass ein Datensatz außerhalb des abgerufenen Bereichs zwischen 651 und 653 für die Tabelle TERMIN ausgewählt wird. Dies wird natürlich auf Ihrem System völlig anders sein, da Sie andere Speicheradresse verwenden. In dieser Beispielabfrage geben wir die ROWID-Spalte aus und verarbeiten sie mit der Funktion ROWIDTOCHAR, wobei man sieht, dass eine automatische Typkonversion bei der Ausgabe stattfindet. Für die direkte Abfrage jedoch benötigt man die Funktion CHARTOROWID, um so auf eine bestimmte Speicheradresse zuzugreifen:

```
SELECT ROWID, ROWIDTOCHAR(ROWID), T_Nr
  FROM termin
 WHERE T_Nr BETWEEN 651 AND 653
   OR CHARTOROWID(ROWID) = 'AAAIztAAJAAAAAsABK';
```

Listing 3.92 332_05.sql: Verwendung von ROWID

Im Ergebnis erhält man neben dem über die Terminnummern ausgewählten Bereich auch einen weiteren Datensatz, der über die direkte Ansprache in die Ergebnismenge geriet.

```
ROWID              ROWIDTOCHAR(ROWID)       T_NR
------------------ ------------------ ----------
AAAIztAAJAAAAAsABK AAAIztAAJAAAAAsABK        647
AAAIztAAJAAAAAsABO AAAIztAAJAAAAAsABO        651
AAAIztAAJAAAAAsABP AAAIztAAJAAAAAsABP        652
AAAIztAAJAAAAAsABQ AAAIztAAJAAAAAsABQ        653
4 Zeilen ausgewählt.
```

Hierarchie-Ebenen mit LEVEL bestimmen

`LEVEL` ist die letzte Pseudospalte, die wir allerdings erst im nächsten Abschnitt ausführlich darstellen. Sie gibt bei hierarchischen Abfragen die Ebene an, auf der sich ein bestimmter Datensatz im Rahmen der Abfrage befindet. Dies ist nur unter Einsatz von weiteren Klauseln möglich, sodass diese Pseudospalte erst mit diesen Klauseln zusammen zu einem nützlichen und interessanten Werkzeug wird.

Kombinationen von Unterabfragen mit anderen Strukturen

Die einzelnen Unterabfragenarten lassen sich dann natürlich auch miteinander kombinieren, um entsprechend komplexe Fragen beantworten zu können. In der folgenden Abfrage ermittelt man pro Titel den Termin mit dem meisten Umsatz. Dazu benötigt man in einer abgeleiteten Tabelle zunächst den jeweiligen Umsatz pro Termin. Pro Titel verlangt man dann von diesen Umsätzen jeweils das Maximum, das sich über eine Korrelationsbedingung zwischen der äußeren und inneren Abfrage ermitteln lässt.

```
SELECT *
  FROM (
SELECT K_Titel AS Titel,
       buchung.T_Nr AS Termin,
       SUM(B_Preis) AS Summe
  FROM buchung INNER JOIN termin
    ON buchung.T_NR = termin.T_Nr
                INNER JOIN kurs
     ON kurs.K_Nr = termin.K_Nr
  GROUP BY K_titel, buchung.T_Nr) a
WHERE Summe = (SELECT MAX(Summe)
                 FROM (SELECT K_Titel AS Titel,
                              buchung.T_Nr AS Termin,
                              SUM(B_Preis) AS Summe
                         FROM buchung INNER JOIN termin
                            ON buchung.T_NR = termin.T_Nr
                                       INNER JOIN kurs
```

```
                ON kurs.K_Nr = termin.K_Nr
              GROUP BY K_titel, buchung.T_Nr) b
       WHERE a.Titel = b.Titel);
```

Listing 3.93 323_06.sql: Korrelierte Unterabfrage und abgeleitete Tabellen

Man erhält eine Aufstellung der Kurse, wobei einige Titel deshalb doppelt vorkommen, weil sie an unterschiedlichen Terminen den gleichen maximalen Umsatz erwirtschaftet haben. Die Aggregation erkennt man allerdings daran, dass für die Ergebnisrelation die Terminnummer den Schlüsselwert bildet. Es wird also tatsächlich nur ein Termin ausgewählt, wenngleich natürlich auch nicht alle Termine in der Ergebnismenge auftauchen, da alle anderen pro Titel jeweils weniger als den maximalen Umsatz erbrachten.

```
TITEL                              TERMIN      SUMME
------------------------------ ---------- ----------
C++                                    16       5742
C++                                    64       5742
...
PHP                                   617       5742
SQL                                   410       4260
...
185 Zeilen ausgewählt.
```

Auch die CASE-Anweisung lässt sich sehr schön mit Unterabfragen kombinieren, die je nach Fall unterschiedliche Zusatzinformationen beschaffen. So teilt die folgende Abfrage die unterschiedlichen Schulungsstädte in Osten und Westen ein. Pro Fall wird dann der entsprechende Gesamtumsatz in einer einfachen Unterabfrage berechnet.

```
SELECT DISTINCT CASE
         WHEN T_Ort IN ('Leipzig', 'Berlin')
          THEN 'Osten'
         ELSE 'Westen'
        END AS Gegend,
       CASE
         WHEN T_Ort IN ('Leipzig', 'Berlin')
          THEN (SELECT SUM(B_Preis)
                  FROM buchung NATURAL JOIN termin
                 WHERE T_Ort IN ('Leipzig', 'Berlin'))
         ELSE (SELECT SUM(B_Preis)
                 FROM buchung NATURAL JOIN termin
                WHERE T_Ort NOT IN ('Leipzig', 'Berlin'))
```

```
      END AS Umsatz
  FROM termin
  ORDER BY Gegend DESC;
```

Listing 3.94 332_07.sql: CASE mit Unterabfragen

Man erhält eine kurze Übersichtsliste, in der nur die beiden Gebiete mit ihren jeweiligen Umsätzen aufgelistet sind – ein kurzes Gesamtergebnis für eine solch lange Abfrage.

```
GEGEND     UMSATZ
------ ----------
Westen    2057433
Osten       33896
2 Zeilen ausgewählt.
```

Sie können eine Kombination von CASE mit einer abgeleiteten Tabelle einsetzen, um eine Pivot-Tabelle zu erzeugen, bei der (vorher allerdings bekannte) Werte aus der Ergebnismenge in den Spaltenköpfen ausgegeben werden. Die folgende Abfrage ermittelt ganz einfach die Jahresumsätze und dreht die Ergebnistabelle, sodass die Jahreszahlen in den Spaltenköpfen erscheinen und nur eine Zeile anstelle von vier ausgegeben wird.

```
SELECT SUM(CASE
           WHEN Jahr = 2000
            THEN Summe
           ELSE NULL END) AS "2000",
       SUM(CASE
            WHEN Jahr = 2001
            THEN Summe
           ELSE NULL END) AS "2001",
       SUM(CASE
            WHEN Jahr = 2002
             THEN Summe
            ELSE NULL END) AS "2002",
       SUM(CASE
           WHEN Jahr = 2003
            THEN Summe
           ELSE NULL END) AS "2003"
  FROM (
       SELECT EXTRACT(YEAR FROM T_Beginn)AS Jahr,
              SUM(B_Preis) AS Summe
         FROM buchung INNER JOIN termin
```

```
        ON buchung.T_Nr = termin.T_Nr
      GROUP BY EXTRACT(YEAR FROM T_Beginn));
```

Listing 3.95 332_08.sql: Pivot-Tabelle erzeugen

Man erhält eine Pivot-Tabelle mit den Jahreszahlen und den entsprechenden Umsätzen für dieses Jahr:

```
      2000       2001       2002       2003
---------- ---------- ---------- ----------
    413543     209712     443435    1024639
```

Mit einer CASE-Anweisung und einer abgeleiteten Tabelle können Sie auch ein einfaches Histogramm erzeugen, in dem nur eine Zeile in der Ergebnismenge erscheint. Dies ermöglicht eine besondere Form der Aggregierung, nämlich das Zählen von bereits aggregierten Werten, was ansonsten nicht möglich ist. Inhaltlich ermittelt diese Abfrage die Anzahl der gebuchten Kurse in drei Bereichen:

```
SELECT COUNT(CASE
              WHEN Summe >= 0 AND Summe <20
               THEN 1
              ELSE NULL
              END) AS "Weniger als 20",
       COUNT(CASE
              WHEN Summe >= 20 AND Summe <40
               THEN 1
              ELSE NULL
              END) AS "20 bis 40",
       COUNT(CASE
              WHEN Summe >= 40
               THEN 1
              ELSE NULL
              END) AS "Mehr als 40"
  FROM (
       SELECT K_Nr AS Kurs,
              NVL(COUNT(B_Nr),0) AS Summe
         FROM buchung RIGHT OUTER JOIN termin
           ON buchung.T_Nr = termin.T_Nr
        GROUP BY K_Nr
        ORDER BY COUNT(B_Nr));
```

Listing 3.96 332_09.sql: Histogrammerzeugung

Man erhält die angegebenen Zuordnungen als Spaltenkopf sowie eine Datenzeile mit den mehrfach aggregierten Werten der gebuchten Kurse.

```
Weniger als 20  20 bis 40 Mehr als 40
-------------- ---------- -----------
            29         27          25
```

Mit der gleichen Technik lassen sich auch *stratifizierte Histogramme* erzeugen. Diese weisen eine weitere Dimension auf, sodass mehr als eine Zeile in der Ergebnismenge erscheint. Die vorherige Abfrage wird daher um den Bereich ergänzt, aus dem jeder der untersuchten Kurse stammt. Der Bereich wird sowohl in der äußeren Abfrage aufgerufen und dort gruppiert als auch in der abgeleiteten Tabelle:

```
SELECT Bereich AS "Bereich",
       COUNT(CASE
              WHEN Summe >= 0 AND Summe <20
               THEN 1
              ELSE NULL
              END) AS "Weniger als 20",
       COUNT(CASE
              WHEN Summe >= 20 AND Summe <40
               THEN 1
              ELSE NULL
              END) AS "20 bis 40",
       COUNT(CASE
              WHEN Summe >= 40
               THEN 1
              ELSE NULL
              END) AS "Mehr als 40"
  FROM (
       SELECT K_Bereich As Bereich,
              termin.K_Nr AS Kurs,
              NVL(COUNT(B_Nr),0) AS Summe
         FROM buchung RIGHT OUTER JOIN termin
           ON buchung.T_Nr = termin.T_Nr
                      RIGHT OUTER JOIN kurs
           ON termin.K_Nr = kurs.K_Nr
        GROUP BY termin.K_Nr, K_Bereich
        ORDER BY COUNT(B_Nr), K_Bereich)
  GROUP BY Bereich;
```

Listing 3.97 332_10.sql: Stratifiziertes Histogramm

Man erhält alle sieben Kursbereiche und die Kursangebote, die dazu stattgefunden haben.

```
Bereich                 Weniger als 20  20 bis 40 Mehr als 40
----------------------- --------------- ---------- -----------
Datenbanken                         4          1           8
Grafik                              4          2           3
Office                              2          5           0
Programmierung                     20         13          11
...
7 rows selected.
```

3.3.3 Hierarchische Untersuchungen

Hierarchische Datenstrukturen lassen sich ebenfalls mit SQL abfragen, wenn sie geeignete Bedingungen aufweisen, die keine Schleifen bei der Abarbeitung der Abfrage hervorrufen. Daten sind dann hierarchisch geordnet, wenn es Felder gibt, die eine Beziehung zu einem anderen Datensatz über ein anderes Feld einrichten, sodass man sich anhand eines rückverketteten Pfades in einem Stufenmuster durch eine Tabelle bewegt. Über die Pseudospalte `LEVEL` sowie weitere Klauseln lassen sich diese Datenstrukturen untersuchen und in ihrem Aufbau abbilden.

Grundprinzip von hierarchischen Strukturen

Für die Illustration dieser Technik benutzen wir eine kleine Testtabelle, in die drei Felder aufgenommen werden: ein Primärschlüsselfeld, ein Feld für die Rückverkettung und ein Textfeld, um Inhalt abzuspeichern. Für das Feld, das die Rückverkettung zu den hierarchisch höher stehenden Datensätzen abbildet, gilt, dass hier auch der Wert `NULL` eingetragen werden kann. Dies ist bei allen Datensätzen der Fall, die die oberste Ebene in einer verketteten Liste durch die Tabelle bilden.

```
CREATE TABLE "SCOTT"."TEST" (
 "T_NR"    NUMBER(2)    NOT NULL,
 "T_VNR"   NUMBER(2)    NULL,
 "T_TEXT" VARCHAR2(15) NOT NULL,
  PRIMARY KEY("T_NR"))
  TABLESPACE "USERS";
INSERT INTO test VALUES (1, NULL, 'Hallo nach');
INSERT INTO test VALUES (2, 1, 'Hallo zurück');
INSERT INTO test VALUES (3, 1, 'Hallo zurück');
```

```
INSERT INTO test VALUES (4, NULL, 'Hallo nach');
INSERT INTO test VALUES (5, 4, 'Hallo zurück');
```

Listing 3.98 333_01.sql: Erzeugung von hierarchischen Datenstrukturen

Man erhält also am Ende dieses Experiments eine Tabelle folgenden Inhalts, wobei die beiden Datensätze mit dem Inhalt »Hallo nach« jeweils den Beginn von zwei Strängen bilden. Sie senden einen Gruß ab, auf den eine Antwort folgt, wobei für den ersten Strang gilt, dass zwei Gegengrüße sich auf den ersten Gruß beziehen. Die obersten Ebenen haben, wie oben bereits kurz erwähnt, zwingend keinen Eintrag für das Feld `T_VNR`.

```
      T_NR      T_VNR T_TEXT
---------- ---------- ---------------
         1            Hallo nach
         2          1 Hallo zurück
         3          1 Hallo zurück
         4            Hallo nach
         5          4 Hallo zurück
5 Zeilen ausgewählt.
```

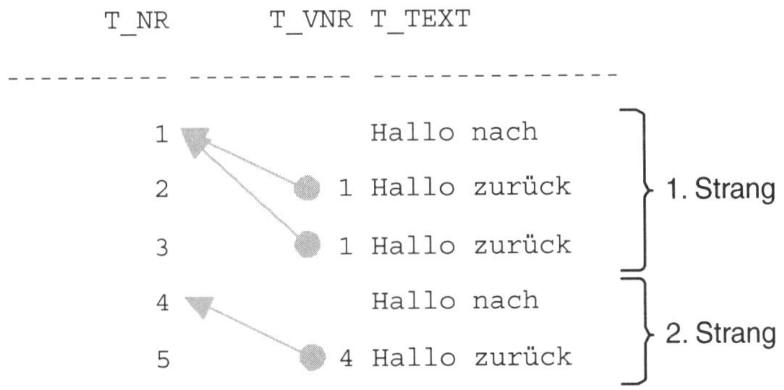

Abbildung 3.16 Struktur von hierarchischen Daten

Abfragemöglichkeiten von hierarchischen Daten

Oracle bietet neben der oben bereits erwähnten Pseudospalte `LEVEL` noch weitere Klauseln an, mit denen sich hierarchische Daten abfragen lassen. Dabei hängt man diese Klauseln an die komplette Abfrage an, d.h., sie folgenden der `WHERE`-Klausel. Auf Gruppierungen und Sortierungen sollte man verzichten, da sie die Hierarchieabbildung verletzen würden. Insgesamt gibt es also folgende SQL-Konzepte für die Untersuchung:

- Die Pseudospalte LEVEL gibt die Ebene an, auf der sich ein Datensatz in der Hierarchie befindet.
- Mit START WITH bedingung legt man die Bedingung fest, die für den Elterndatensatz gelten soll. Hier wird der Startwert eingetragen, der für den ausgewählten Strang gelten soll. Man kann allerdings auch mitten in einem Strang beginnen, sodass von dort an die nachfolgenden Datensätze angezeigt werden.
- Mit CONNECT BY legt man die Hierarchiebeziehung zwischen den Feldern fest.
- Mit PRIOR definiert man für die Hierarchiebeziehung, welche Spalte den Elternwert besitzt.

Um die oben angelegte Testtabelle zu untersuchen, verwenden wir die folgende kleine Abfrage. Da die Elternspalte das Primärschlüsselfeld ist, rufen wir diese in der START WITH-Klausel auf. Die möglichen Start-Werte, die einen Strang finden, können nur 1 oder 4 sein, da dies die Feldwerte für die beiden Elterndatensätze sind. In der CONNECT BY-Klausel folgen dann die Definition der Beziehung und die Angabe mit PRIOR, dass das Primärschlüsselfeld das Elternfeld ist.

```
SELECT LEVEL, T_VNr, T_Nr, T_Text
  FROM test
  START WITH T_Nr = 1
 CONNECT BY PRIOR T_Nr = T_VNr;
```

Listing 3.99 333_02.sql: Klauseln für die Abfrage hierarchischer Daten

Dies wählt den gesamten ersten Strang aus, wobei zusätzlich über die Pseudospalte LEVEL die Ebene angegeben wird, auf der sich der Datensatz in der Hierarchie befindet. In diesem Fall gibt es nur zwei Hierarchie-Ebenen, wobei die beiden »Hallo zurück«-Datensätze auf der zweiten liegen.

```
     LEVEL      T_VNR       T_NR T_TEXT
---------- ---------- ---------- ---------------
         1                     1 Hallo nach
         2          1          2 Hallo zurück
         2          1          3 Hallo zurück
3 Zeilen ausgewählt.
```

Mit der Funktion SYS_CONNECT_BY_PATH(spalte, trennzeichen) erhält man einen Pfad von der Wurzel bis zum letzten Element einer hierarchischen Abfrage. Diese Funktion lässt sich also nur im Rahmen einer Abfrage verwenden, die mit den zuvor gezeigten Mitteln eingerichtet wurde. Dabei durchläuft sie den gesamten Baum und gibt jeden gültigen Weg (Hierarchiepfad) aus, wobei die einzelnen Elemente durch das Trennzeichen getrennt werden. In der nächsten Abfrage stammt der gesamte untere Bereich aus der oberen Beispielabfrage. Nur in der Spaltenliste gibt es eine Veränderung, da hier die einzelnen Teilnehmernummern innerhalb der möglichen Hierarchiepfade durch einen Schrägstrich getrennt ausgegeben werden. Die Funktion LPAD fügt zusätzlich linke Leerstellen ab, um Einrückungen gemäß der Ebenennummer in der Ausgabe zu erzeugen.

```
SELECT LPAD(' ', 2*LEVEL-1)||SYS_CONNECT_BY_PATH(T_
Nr, '/') AS Pfad
  FROM test
  START WITH T_Nr = 1
 CONNECT BY PRIOR T_Nr = T_VNr;
```

Listing 3.100 333_03.sql: Pfadverknüpfung

Man erhält folgende Pfade im Ergebnis:

```
PFAD
 /1
   /1/2
   /1/3
3 Zeilen ausgewählt.
```

Mit der Pseudospalte CONNECT_BY_ISLEAF erhält man eine 1, wenn die Zeile ein Blatt des Baumes ist, und eine 0, wenn sie noch Nachfolger besitzt.

```
SELECT CONNECT_BY_ISLEAF AS Blatt,
       SYS_CONNECT_BY_PATH(T_Text, '/') AS Pfad
  FROM test
  START WITH T_Nr = 1
 CONNECT BY PRIOR T_Nr = T_VNr;
```

Listing 3.101 333_03.sql: Blatt-Erkennung

Man erhält tatsächlich die Werte der Blätter:

```
   BLATT  PFAD
-------------------------------
      0   /Hallo nach
      1   /Hallo nach/Hallo zurück
      1   /Hallo nach/Hallo zurück
3 Zeilen ausgewählt.
```

Die Pseudospalte `CONNECT_BY_ISCYCLE` liefert eine 1 zurück, wenn ein Blatt sowohl Vorgänger als auch Nachfolger ist, also ein Kreis entsteht. Dabei muss zusätzlich der Parameter `NOCYCLE` in der `CONNECT BY`-Klausel spezifiziert sein.

3.4 Oracle-SQL-Funktionen

In den vorangegangenen Beispielen wurden bereits an mehreren Stellen Funktionen eingesetzt, um Datentypen explizit zu konvertieren oder Feldlängen zu begrenzen. Die meisten dieser Funktionen sind überaus einfach zu verwenden und erwarten nur einen einzigen Ausdruck, den sie dann verarbeiten und wieder zurückgeben. Für diese Funktionen werden wir keine umfangreichen Beispiele abdrucken, um zumindest eine weitestgehend vollständige Liste wiedergeben zu können. Bei anderen Funktionen gibt es noch verschiedene Parameter, mit denen man das Funktionsverhalten beeinflussen kann, worauf wir dann genauer eingehen. Um das Verhalten einer Funktion zu testen, genügt der Funktionsaufruf mit einem direkt vorgegebenen Testwert in Form einer Zeichenkette oder eine Zahl, gefolgt vom `FROM DUAL`, wobei `DUAL` die Testtabelle ist, von aus der man in solchen Fällen nicht-existente Datensätze wählen kann.

Funktionen, die in diesem Abschnitt nicht erscheinen, wurden bereits vorgestellt, folgen im nächsten Abschnitt oder sind nur für den Einsatz mit XML interessant und werden dort eingeführt.

Auch wenn wir in diesem Abschnitt nicht noch einmal ausdrücklich auf dieses Thema eingehen, so sollten Sie sich immer vergegenwärtigen, dass Funktionen Ausdrücke erwarten und Ausdrücke zurückliefern. Das bedeutet, dass man Funktionen ineinander verschachteln kann, sodass eine Funktion für eine andere Funktion einen geeigneten Ausdruck liefert. An einigen Stellen wird dies auch noch einmal in einem Beispiel zu sehen sein, doch es ist auch mit vielen anderen Funktionen denkbar und führt zu langen, aber sehr kompakten Verarbeitungsanweisungen in SQL.

3.4.1 Konversionsfunktionen

Man unterscheidet zwischen den impliziten (automatischen) und expliziten (manuellen) Umwandlung von Datentypen. Mit den Konversionsfunktionen legt man die Konversion ausdrücklich fest und bezieht sich dabei auf Ausdrücke in Form von Spalten, Berechnungen oder vorgegebenen Werten.

- `ASCII(zk)` liefert den Wert der Zeichenkette als Zahl im Datenbankzeichensatz.
- `ASCIISTR(zk)` liefert den ASCII-Wert einer Zeichenkette.

- `BIN_TO_NUM(ausdruck [,ausdruck [, ...]])` wandelt Bit-Vektoren in entsprechende `NUMBER`-Werte um. Die einzelnen Komponenten des Vektors werden durch Kommata getrennt.

```
SELECT BIN_TO_NUM(0,1)      AS S1,
       BIN_TO_NUM(1,0)      AS S2,
       BIN_TO_NUM(0,0,1)    AS S3,
       BIN_TO_NUM(1,1,0,0) AS S4
  FROM dual;
```

Listing 3.102 341_01.sql: Konversion von Bit-Vektoren in Zahlen

```
        S1         S2         S3         S4
---------- ---------- ---------- ----------
         1          2          1         12
1 Zeile wurde ausgewählt.
```

- `CAST(ausdruck | unterabfrage | MULTISET(unterabfrage)) AS daten typ` wandelt einen Ausdruck, eine einzeilige Unterabfrage oder eine mehrzeilige Unterabfrage (unter Verwendung der Klausel `MULTISET`) in einen anderen Datentyp um. Bei den mehrzeiligen Unterabfragen benötigt man zusätzlich einen Collection-Datentyp, der in der Datenbank gespeichert ist.

```
SELECT CAST(13/3 AS INTEGER) AS S1,
       CAST('24. Dezember 2002' AS DATE) AS S2,
       CAST((SELECT TN_Vorname
               FROM teilnehmer
              WHERE TN_Nr = 33) AS VARCHAR2(7)) AS S3
 FROM dual;
```

Listing 3.103 341_02.sql: Datentypkonversion

```
        S1 S2       S3
---------- -------- -------
         4 24.12.02 Dr. med
1 Zeile wurde ausgewählt.
```

- `CHARTOROWID(zk)` konvertiert eine Zeichenkette in den `ROWID`-Datentyp.
- `CHR(n [USING NCHAR_CS])` ermittelt für die angegebene Ganzzahl den Buchstaben im Datenbankzeichensatz. Mit `USING NCHAR_CS` erhält man für den angegebenen Wert den Buchstaben aus dem lokalen Länderzeichensatz.
- `CONVERT(zk, zielzeichensatz [, quellzeichensatz])` wandelt eine Zeichenkette in eine Zeichenkette des Zielzeichensatzes um. Der Quellzeichensatz kann angegeben werden, wird aber standardmäßig als der Daten-

bankzeichensatz übernommen. Folgende Zeichensätze können z.B. angegeben werden:

- US7ASCII: US-7-Bit-ASCII-Zeichensatz
- WE8DEC: West European 8-Bit-Zeichensatz
- WE8HP: HP West European Laserjet-8-Bit-Zeichensatz
- F7DEC: DEC French 7- Bit-Zeichensatz
- WE8EBCDIC500: IBM West European EBCDIC Code Page 500
- WE8PC850: IBM PC Code Page 850
- WE8ISO8859P1: ISO 8859-1 West European 8-Bit-Zeichensatz

```
SELECT CONVERT('Liberté, ','US7ASCII','F7DEC')         AS S1,
       CONVERT('Egalité, ','US7ASCII','WE8ISO8859P1') AS S2,
       CONVERT('Fraternité, ','WE8DEC','WE8ISO8859P1') AS S3
FROM DUAL;
```

Listing 3.104 341_03.sql: Zeichensatztransformation

```
S1         S2         S3
---------  ---------  ------------
Liberté,   Egalite,   Fraternité,
1 Zeile wurde ausgewählt.
```

- DECOMPOSE(zk [,CANONICAL | COMPATIBILITY) zerlegt eine gegebene Zeichenkette in eine Unicode-Zeichenkette, was sich insbesondere auf Umlaute und Akzente auswirkt. Mit dem Schlüsselwort CANONICAL bestimmt man, dass aus dem Ergebnis über die Funktion COMPOSE wieder die ursprüngliche Zeichenkette erhalten werden kann (Standardwert). Mit COMPATIBILITY ist dies nicht möglich.

```
SELECT DECOMPOSE(TO_NCHAR('mes frères'))    AS S1,
       DECOMPOSE(TO_NCHAR('mon âme'))       AS S2,
       DECOMPOSE(TO_NCHAR('meine Häuser'))  AS S3
FROM DUAL;
```

Listing 3.105 341_04.sql: Zerlegung in Unicode-Zeichen

```
S1          S2        S3
----------- --------  -------------
mes fre`res mon a^me meine Ha¨user
1 Zeile wurde ausgewählt.
```

- DUMP(ausdruck [, format [, start [, laenge]]]) liefert Angaben über den verwendeten Zeichensatz, die Länge in Byte und die interne Darstellung des Ausdrucks im Zeichensatz. Die Zeichenketten können zusätzlich auf Untermengen beschränkt werden, indem eine Startposition angegeben wird, an die man zusätzlich eine Längenangabe anschließen kann. Für das Ausgabeformat stehen die folgenden Platzhalter bzw. Parameter zur Verfügung:
  - 8 gibt das Ergebnis in Oktal-Notation zurück.
  - 10 gibt das Ergebnis in Dezimal-Notation zurück.
  - 16 gibt das Ergebnis in Hexadezimal-Notation zurück.
  - 17 gibt das Ergebnis in einzelnen Buchstaben zurück.

```
SELECT DUMP('TestundProbe', 10, 1, 4)   AS Test,
       DUMP('TestundProbe', 108, 8)     AS Probe
FROM DUAL;
```

Listing 3.106 341_05.sql: Zeichenkettenanalyse

```
TEST                          PROBE
----------------------------- ------------------------
Typ=96 Len=12: 84,101,115,116 Typ=96 Len=12: P,r,o,b,e
1 Zeile wurde ausgewählt.
```

- NCHAR(zahl) liefert den Buchstaben anhand der Ganzzahl zurück, die intern im nationalen Zeichensatz gespeichert ist.
- ROWIDTOCHAR(rowid) liefert für einen ROWID-Wert eine Zeichenkette zurück.
- ROWIDTONCHAR(rowid) liefert für einen ROWID-Wert eine Zeichenkette im Datentyp NVARCHAR2 mit 18 Stellen zurück.
- TO_BINARY_DOUBLE(zahl [, format [, sprache]]) liefert eine Zahl mit doppelter Präzision. Die zusätzlichen Parameter sind nur gültig, wenn der Wert eine Zeichenkette ist.
- TO_BINARY_FLOAT(zahl [, format [, sprache]]) liefert eine Zahl mit einfacher Präzision. Die zusätzlichen Parameter sind nur gültig, wenn der Wert eine Zeichenkette ist.
- TO_CHAR(zk | zahl | datum) liefert eine Zeichenkette in den angegebenen Datenstypen aus den angegebenen Ausdrücken im Datenbankzeichensatz zurück.
- TO_CHAR(nchar | clob | nclob) liefert eine Zeichenkette aus den angegebenen Ausdrücken im Datenbankzeichensatz zurück.

- `TO_CHAR(zahl [, format [, sprache]])` wandelt eine Zahl im `NUMBER`-Datentyp in eine Zeichenkette vom `VARCHAR2`-Datentyp um. Über ein Formatmodell kann man das Ausgabeformat bestimmen. Über eine Sprachangabe in der Form `NLS_DATE_LANGUAGE = formatelemente` kann man die Formatelemente bestimmen, mit der die Zahl als Zeichenkette ausgegeben werden soll. Diese können folgende Formen haben:
  - Dezimal- und Gruppentrennzeichen als Buchstaben: `NLS_NUMERIC_CHARACTERS = "dg"`
  - Währungszeichen: `NLS_CURRENCY = "text"`
  - Währungszeichen: `NLS_ISO_CURRENCY = gebiet`

```
SELECT K_Nr                              AS Nr,
       TO_CHAR(K_Dauer, 'RM')            AS Dauer,
       TO_CHAR(P_TN1, 'C9999.99')        AS Euro,
       TO_CHAR(P_TN1, 'L9G999D99')       AS Euro,
       TO_CHAR(P_TN1*1.12, '$9999.99')   AS Dollar
  FROM kurs INNER JOIN preis
    ON preis.P_Nr = kurs.P_Nr
 WHERE P_TN1*1.12 > 1300;
```

Listing 3.107 341_06.sql: Umwandlung von Zahlen

```
      NR    DAUER   EURO            EURO            DOLLAR
-------- -------- -------------- --------------- ---------
 1015068       IV      EUR1175.00       _1.175,00  $1316.00
 1030106      III      EUR1175.00       _1.175,00  $1316.00
 1030107      III      EUR1175.00       _1.175,00  $1316.00
```

Für die Formatierung von Text, der aus Zahleln generiert wird, stehen die folgenden Formate zur Verfügung:

- **Trennzeichen**
  ein Dezimaltrennzeichen in Form eines Punktes und ein Tausendertrennzeichen in Form eines Kommas in der Form 9,999 oder 9.99 in englischer Schreibweise. Für das landestypische Dezimalzeichen setzt man den Buchstaben D in der Form 99D99 ein. Für landestypische Gruppentrennzeichen setzt man den Buchstaben G in der Form 9G999 ein.
- **Währungszeichen**
  ein vorgesetztes Dollar-Zeichen für ein Dollar-Symbol in der Form `$9999` in der Ausgabe oder die landestypische Währungsabkürzung in der Form `L999` bzw. das landestypische Währungszeichen in der Form `C999` oder `U999`.

- **Negative Zahlen**
  nachfolgendes Minus-Zeichen in der Form `999MI`, spitze Klammern um negative Zahlen in der Form `999PR`, führende Minus- und Plus-Zeichen in der Form `S999` und folgende Minus- und Plus-Zeichen in der Form `999S`.
- **Nullen**
  `0999` setzt führende Nullen, `9990` setzt folgende Nullen ein.
- **Römische Zahlen**
  römische Zahlen in Großbuchstaben in der Form `RM`, römische Zahlen in Kleinbuchstaben in der Form `rm`.
- **Wissenschaftliche Notation**
  mit `9.9EEEE`.
- `TO_CLOB(lob | zk)` konvertiert ein LOB oder eine Zeichenkette in einen `CLOB`.
- `TO_LOB(long | long raw)` konvertiert die angegebenen Ausdrücke in ein LOB.
- `TO_MULTIBYTE(zk)` konvertiert eine Zeichenkette in ihre Multi-Byte-Version.
- `TO_NCHAR(zk | zahl | datum)` liefert eine Zeichenkette aus den angegebenen Ausdrücken im `NVARCHAR2`-Datentyp zurück.
- `TO_NCLOB(lob | zk)` konvertiert ein LOB oder eine Zeichenkette in ein `NCLOB`.
- `TO_NUMBER(zk [, format [, zeichensatzparameter]])` konvertiert eine Zeichenkette in den `NUMBER`-Datentyp.
- `TO_SINGLEBYTE(zk)` konvertiert eine Multi-Byte-Zeichenkette in ihre Single-Byte-Version.

3.4.2 Zeichenkettenfunktionen

Die Zeichenkettenfunktionen erlauben das Bearbeiten von Zeichenketten und lassen sich sowohl für die Ausgabe als auch für den Einsatz in Bedingungen gut nutzen, wenn beispielsweise Teilzeichenketten mit speziellen Bedingungen benötigt werden. Beachten Sie auch die verschiedenen Konversionsfunktionen für Zeichenketten im vorangegangenen Abschnitt.

Groß- und Kleinschreibung

- `INITCAP(ausdruck)` liefert den Ausdruck mit großen Anfangsbuchstaben zurück. Dies gilt auch für mehrere Wörter innerhalb des Ausdrucks.
- `LOWER(ausdruck)` liefert den Ausdruck in kleinen Buchstaben.

- `UPPER(ausdruck)` liefert den Ausdruck in großen Buchstaben.

```
SELECT UPPER('hallo WELT')   AS Groß,
       LOWER('HALLO welt')   AS Klein,
       INITCAP('hallo welt') AS Initialen
  FROM dual;
```

Listing 3.108 342_01.sql: Umwandlung von Buchstaben

```
GROß       KLEIN      INITIALEN
---------- ---------- ----------
HALLO WELT hallo welt Hallo Welt
1 Zeile wurde ausgewählt.
```

Mustervergleiche und Chiffrierung

- `INSTR(zk, muster [, startposition [, auftreten]])` durchsucht eine Zeichenkette nach einem Muster. Der Rückgabewert stellt die Position innerhalb der Zeichenkette dar, an der das Muster zum ersten Mal erscheint. Weitere Parameter erlauben die Angabe einer Startposition, ab der in der Zeichenkette nach dem Muster gesucht werden soll. Des Weiteren kann man die Nummer des Auftretens des Musters innerhalb der Zeichenkette angeben.

```
SELECT INSTR('Mannamanna - pitipitippi!', 'nam')      AS S1,
       INSTR('Mannamanna - pitipitippi!', 'nam',2)    AS S2,
       INSTR('Mannamanna - pitipitippi!', 'pi',13,2)  AS S3
  FROM dual;
```

Listing 3.109 342_02.sql: Untersuchen von Zeichenketten

```
        S1         S2         S3
---------- ---------- ----------
         4          4         18
1 Zeile wurde ausgewählt.
```

- `SUBSTR(zk, position[, laenge])` liefert einen Auszug der angegebenen Zeichenkette, wobei mit einer Positionsangabe der Beginn des Auszugs festgelegt wird. Alternativ kann man auch die Länge der auszuwählenden Zeichenkette bestimmen.

```
SELECT SUBSTR('Mannamanna  pitipitippi!', 1,10) AS S1,
       SUBSTR('Mannamanna - pitipitippi!', 12,1) AS S2,
```

```
       SUBSTR('Mannamanna - pitipitippi!', 14)   AS S3
  FROM dual;
```

Listing 3.110 342_03.sql: Auswählen von Zeichenketten

```
S1         S S3
---------- - ------------
Mannamanna - pitipitippi!
1 Zeile wurde ausgewählt.
```

- `TRANSLATE(zeichenkette, quelle, ziel)` übersetzt eine angegebene Zeichenkette anhand der in Quelle und Ziel angegebenen Transformation. Dabei definiert man im Ziel-Parameter für jeden angebenen Buchstaben im Quellparameter seine Übersetzung, wobei eine Positionsnotation verwendet wird.

```
SELECT TRANSLATE('Mannamanna','Manm','Nopl') AS S1,
       TRANSLATE('pitipitippi!', 'pit', 123) AS S2
  FROM dual;
```

Listing 3.111 342_03.sql: Chiffrierung einer Zeichenkette

```
S1         S2
---------- ------------
Noppoloppo 12321232112!
1 Zeile wurde ausgewählt.
```

Bearbeitung von Leerzeichen

- `LTRIM(zk)` schneidet an einer Zeichenkette linke Leerstellen ab.
- `RTRIM(zk)` scheidet an einer Zeichenkette rechte Leerstellen ab.
- `TRIM([[LEADING | TRAILING | BOTH] [buchstabe] | [buchstabe] FROM] zk)` schneidet an einer Zeichenkette linke und rechte Leerstellen ab, wenn keine der anderen Klauseln spezifiert ist. Mit `LEADING` schneidet man führende, mit `TRAILING` folgende und mit `BOTH` beidseitige Leerzeichen ab. Wahlweise kann man auch einen anderen Buchstaben oder eine Buchstabenkombination definieren, die entfernt werden soll.

```
SELECT RTRIM('Zeichenkette    ')  || ' Ende' AS RTRIM,
       LTRIM('    Zeichenkette')  || ' Ende' AS LTRIM,
       TRIM('   Zeichenkette    ') || ' Ende' AS TRIM
  FROM DUAL;
```

Listing 3.112 342_05.sql: Entfernung von Leerstellen

```
RTRIM             LTRIM             TRIM
----------------- ----------------- -----------------
Zeichenkette Ende Zeichenkette Ende Zeichenkette Ende
1 Zeile wurde ausgewählt.
```

- `RPAD(quelle, komplettlänge [, muster])` hängt das Muster an die Quellzeichenkette auf der rechten Seite an, bis die komplette Länge erreicht ist. Dabei wird das Muster beliebig oft wiederholt. Ist kein Muster angegeben, verwendet die Funktion ein Leerzeichen.
- `LPAD(quelle, komplettlänge [, muster])` hängt das Muster an die Quellzeichenkette auf der linken Seite an, bis die komplette Länge erreicht ist. Dabei wird das Muster beliebig oft wiederholt. Ist kein Muster angegeben, verwendet die Funktion ein Leerzeichen.

```
SELECT RPAD('Manna',15,'manna') AS S1,
       LPAD('!', 15, 'pitippi') AS S2
  FROM dual;
```

Listing 3.113 342_06.sql: Anfügen von Zeichenketten

```
S1              S2
--------------- ---------------
Mannamannamanna pitippipitippi!
1 Zeile wurde ausgewählt.
```

- `REPLACE(zk, muster [, ersetzung])` durchsucht eine Zeichenkette nach dem angegebenen Muster und ersetzt es entweder durch eine angegebene Ersetzung oder löscht die gefundenen Stellen.

```
SELECT REPLACE('Mannamanna', 'mann') AS S1,
       REPLACE('Mannamanna', 'M', 'B' ) AS S2,
       INITCAP(REPLACE(UPPER('Mannamanna'),'M','B')) AS S3
  FROM dual;
```

Listing 3.114 342_07.sql: Ersetzungen vornehmen

```
S1     S2         S3
------ ---------- ----------
Mannaa Bannamanna Bannabanna
1 Zeile wurde ausgewählt.
```

- `SOUNDEX(zk)` ermittelt Ähnlichkeiten zwischen Zeichenketten anhand des gleichnamigen Algorithmus, der für die englische Sprache optimiert wurde. Er belässt den ersten Buchstaben in der Zeichenkette, sofern er nicht a, e, h, i, o, u, w, y ist. Den übrigen Buchstaben werden Zahlen zugewiesen und auf Häufigkeiten hin weiter untersucht und ggf. entfernt. Zeichenketten werden dann als ähnlich gewertet, wenn die ermittelten Werte gleich sind.

```
SELECT DISTINCT a.TN_Nachname, SOUNDEX(a.TN_Nachname), b.TN_
Nachname
  FROM teilnehmer a , teilnehmer b
 WHERE SOUNDEX(a.TN_Nachname) = SOUNDEX(b.TN_Nachname)
   AND a.TN_Nr != b.TN_Nr
   AND a.TN_Nachname > 'Zuber';
```

Listing 3.115 342_08.sql: Ähnlichkeiten ermitteln

```
TN_NACHNAME                    SOUN TN_NACHNAME
------------------------------ ---- ------------------------
Zuk                            Z200 Ziska
Zöllig                         Z420 Zühlke
Zühlke                         Z420 Zöllig
Zünkler                        Z524 Zinnschlag
Zurek                          Z620 Zurek
Zuhorn                         Z650 Zorn
6 Zeilen ausgewählt.
```

Andere Zeichenfunktionen

- `LENGTH(zk)` liefert die Länge einer Zeichenkette in Anzahl der Zeichen.
- `LENGTHB(zk)` liefert die Länge einer Zeichenkette in Anzahl der Bytes.
- `CONCAT(zk1, zk2)` setzt Zeichenketten zusammen und ersetzt den Verkettungsoperator ||.

3.4.3 Mathematische Funktionen

Mit Hilfe der mathematischen Funktionen führen Sie komplexe Berechnungen durch, die ansonsten nicht über Rechenzeichen definiert werden können. Dazu gehören sowohl Winkelfunktionen als auch Rundungsmöglichkeiten.

Winkelfunktionen

- `ACOS(ausdruck)` liefert den Arkus-Kosinus des Ausdrucks zurück, wobei der Wertebereich für den Ausdruck zwischen –1 und 1 sein muss. Der Rückgabewert liegt zwischen 0 und π.

- ASIN(ausdruck) liefert den Arkus-Sinus des Ausdrucks zurück, wobei der Wertebereich für den Ausdruck zwischen – 1 und 1 sein muss. Der Rückgabewert liegt in einem Bereich zwischen $-\pi/2$ und $\pi/2$.
- ATAN(ausdruck) liefert den Arkus-Tangens des Ausdrucks zurück, wobei der Ausdruck in einem unbegrenzten Wertebereich liegt. Der Rückgabewert liegt in einem Bereich zwischen $-\pi/2$ und $\pi/2$.
- ATAN2(n/m | n,m) liefert den Arkus-Tangens für den zusammengesetzten Ausdruck n/m zurück. Dabei kann der erste Teilausdruck n einen unbegrenzten Wert annehmen. Der Rückgabewert liegt in einem Bereich zwischen $-\pi$ und π.
- COS(ausdruck) liefert den Kosinus des Ausdrucks.
- COSH(ausdruck) liefert den hyperbolischen Kosinus des Ausdrucks.
- SIN(ausdruck) liefert den Sinus des Ausdrucks.
- SINH(ausdruck) liefert den hyperbolischen Sinus des Ausdrucks.
- TAN(ausdruck) liefert den Tangens des Ausdrucks.
- TANH(ausdruck) liefert den hyperbolischen Tangens des Ausdrucks.

Rundungsfunktionen

- CEIL(ausdruck) liefert die nächsthöhere ganze Zahl zum Ausdruck.
- FLOOR(ausdruck) liefert die nächstniedrigere ganze Zahl zum Ausdruck.
- ROUND(ausdruck) rundet den Ausdruck zu einer ganzen Zahl ohne Nachkommastellen.
- ROUND(ausdruck, nachkommastellen) rundet den Ausdruck zu einer Zahl mit den angegebenen Nachkommastellen.

```
SELECT CEIL(5.02),
       ROUND(5.05),
       ROUND(5.05863, 2),
       FLOOR(5.085)
  FROM DUAL;
```

Listing 3.116 343_01.sql: Rundungsfunktionen

```
CEIL(5.02) ROUND(5.05) ROUND(5.05863,2) FLOOR(5.085)
---------- ----------- ---------------- ------------
         6           5             5,06            5
1 Zeile wurde ausgewählt.
```

Andere mathematische Funktionen

- `ABS(ausdruck)` liefert den absoluten Betrag des Ausdrucks zurück, verzichtet also bei negativen Werten auf das Minus-Zeichen.
- `LN(ausdruck)` liefert den natürlichen Logarithmus für den positiven Ausdruck.
- `LOG(m,n)` liefert den Logarithmus zum positiven `n` zur positiven Basis m ungleich 0 und 1.
- `EXP(ausdruck)` berechnet zur Eulerschen Zahl `e` die Potenz über den im Ausdruck angegebenen Exponenten.
- `MOD(zahl, teiler)` liefert für die angegebenen Werte den Rest der Ganzzahl-Division, berechnet also den Modulus.

```
SELECT MOD(11,5),
       MOD(11,-5)
  FROM dual;
```

Listing 3.117 343_02.sql: Modulo-Berechnung

```
MOD(11,5) MOD(11,-5)
---------- ----------
         1          1
1 Zeile wurde ausgewählt.
```

- `POWER(basis, exponent)` berechnet für die angegebenen Werte die Potenz.
- `SIGN(ausdruck)` ermittelt für den angegebenen Ausdruck den Wert der Signumfunktion. Der Rückgabewert ist für negative Ausdrücke –1, für positive Ausdrücke 1 und für den Wert 0 ebenfalls 0.

```
SELECT SIGN(-22),
       SIGN(0),
       SIGN(22)
  FROM dual;
```

Listing 3.118 343_03.sql: Verwendung der Signumfunktion

```
SIGN(-22)    SIGN(0)   SIGN(22)
---------- ---------- ----------
        -1          0          1
1 Zeile wurde ausgewählt.
```

- `SQRT(ausdruck)` liefert die Quadratwurzel des Ausdrucks.

- `TRUNC(n [, m])` verkürzt die angebene Zahl `n` auf `m` Dezimalstellen. 0 ist der Standardwert für `m`.

```
SELECT TRUNC(15.123) AS S1,
       TRUNC(15.123, 2) AS S2
FROM DUAL;
```

Listing 3.119 343_04.sql: Abschneiden von Dezimalstellen

```
        S1         S2
---------- ----------
        15      15,12
1 Zeile wurde ausgewählt.
```

3.4.4 Datums- und Zeitfunktionen

Für die Zeitfunktionen gibt es eine Reihe von Möglichkeiten, erzeugte oder gespeicherte Daten in beliebigen Formaten anhand von Formatmodellen (Platzhaltern) zu definieren. Erst diese Angaben zeigen den großen Nutzen dieser Funktionen.

Zeiterzeugung und Abruf von Zeiten und Daten

- `CURRENT_DATE` ruft das aktuelle Sitzungsdatum im `DATE`-Format ab.
- `CURRENT_TIMESTAMP(genauigkeit)` ruft die aktuelle Sitzungszeit im `TIMESTAMP WITH TIME ZONE`-Format ab. Über die Genauigkeitsangabe lässt sich festlegen, mit welcher Genauigkeit die Sekundenbruchteile angegeben werden sollen. Der Standardwert ist hier 6. Zeitzonen lassen sich über die Abfrage `SELECT * FROM V$TIMEZONE_NAMES;` herausfinden.
- `DBTIMEZONE` ruft die Zeitzone der Datenbank im Format `[+|-]TZH:TZM` oder einem Standardnamen in Abhängigkeit von den Voreinstellungen ab.
- `LOCALTIMESTAMP` ruft die aktuelle Sitzungszeit im `TIMESTAMP`-Format ab.
- `SYSDATE` ruft das aktuelle Systemdatum ab.
- `SYSTIMESTAMP` ruft die aktuelle Systemzeit mit Zeitzoneninformationen ab.

```
SELECT SYSDATE              AS Systemdatum,
       SYSTIMESTAMP         AS Systemzeit,
       CURRENT_DATE         AS Sitzungszeit,
       CURRENT_TIMESTAMP(3) AS Sitzungsdatum,
       DBTIMEZONE           AS DBZeitZone,
       LOCALTIMESTAMP       AS Sitzungszeit
  FROM dual;
```

Listing 3.120 344_01.sql: Abrufen von Zeitinformationen

```
SYSTEMDA SYSTEMZEIT                          SITZUNGS
-------- ---------------------------------- --------
27.05.03 27.05.03 12:05:32,572000 +02:00    27.05.03
SITZUNGSDATUM       DBZEIT SITZUNGSZEIT
------------------- ------ ----------------------
12:05:32,572 +02:00   -07:00 27.05.03 12:05:32,572000
1 Zeile wurde ausgewählt.
```

- `LAST_DAY(datum)` ermittelt den letzten Tag des Monats aus dem angegebenen Datum.

Zeitberechnung

- `ADD-MONTHS(datum, monate)` addiert zum angegebenen Datum die Anzahl der Monate, wobei nicht gefundene Tage (fehlender 31. beispielsweise) die Auswahl des letzten Tages des ermittelten Monats bewirken.

```
SELECT SYSDATE AS Heute,
       ADD_MONTHS(SYSDATE, 1) AS "Nächster Monat",
       ADD_MONTHS('30. Jan 2003',1) AS Februar
  FROM dual;
```

Listing 3.121 344_02.sql: Monate addieren

```
HEUTE    Nächster FEBRUAR
-------- -------- --------
27.05.03 27.06.03 28.02.03
1 Zeile wurde ausgewählt.
```

- `NEW_TIME(datum, zone1, zone2)` ermittelt anhand eines gegebenen Datums, das für die Zeitzone 1 gilt, die entsprechenden Zeitinformationen für die Zeitzone 2. Dabei lassen sich folgende Zeitzonenbezeichnungen einsetzen:
  - `AST`, `ADT`: Atlantic Standard oder Daylight Time
  - `BST`, `BDT`: Bering Standard oder Daylight Time
  - `CST`, `CDT`: Central Standard oder Daylight Time
  - `EST`, `EDT`: Eastern Standard oder Daylight Time
  - `GMT`: Greenwich Mean Time
  - `HST`, `HDT`: Alaska-Hawaii Standard Time oder Daylight Time
  - `MST`, `MDT`: Mountain Standard oder Daylight Time
  - `NST`: Newfoundland Standard Time

- PST, PDT: Pacific Standard oder Daylight Time
- YST, YDT: Yukon Standard oder Daylight Time

```
ALTER SESSION SET NLS_DATE_FORMAT='DD-MON-YYYY HH24:MI:SS';
SELECT NEW_TIME(TO_DATE('25-Mai-04 12:23:45', 'DD-Month-
YY HH24:MI:SS'), 'GMT', 'PST') AS Zeit
  FROM DUAL;
```

Listing 3.122 344_03.sql: Zeitumwandlung

```
ZEIT
--------------------
25-MAI-2004 04:23:45
1 Zeile wurde ausgewählt.
```

- NEW_DAY(datum, wochentag) ermittelt für ein angegebenes Datum das nächste Datum für den angegebenen Wochentag.
- MONTHS_BETWEEN(datum1, datum2) berechnet die Anzahl der Monate zwischen den beiden angegebenen Daten. Dabei wird das erste angegebene Datum vom zweiten Datum abgezogen, sodass sowohl positive als auch negative Werte entstehen können.

```
SELECT NEXT_DAY('02-Feb-2004', 'Dienstag')
                                    AS "Nächster Wochentag",
       MONTHS_BETWEEN('05-Jan-2003', '25-Aug-2003')
                                    AS Monate,
       MONTHS_BETWEEN('05-Jan-2003', '05-Aug-2003')
                                    AS Monate
  FROM dual;
```

Listing 3.123 344_04.sql: Daten berechnen

```
Nächster     MONATE     MONATE
-------- ---------- ----------
03.02.04 -7,6451613         -7
1 Zeile wurde ausgewählt.
```

- ROUND(date [, format]) rundet ein angegebenes Datum gemäß dem angegebenen Formatmodell. Ist kein Formatmodell angegeben, so wird als angegebenes Datum der nächste Tag bestimmt.

- `TRUNC(date [, format])` liefert ein Datum im angegebenen Zeitformat, wobei es inhaltlich auf das angegebene Format zurechtgestutzt wird. Ist kein Formatmodell angegeben, so wird als angegebenes Datum der nächste Tag bestimmt.

  Beide Funktionen verwenden folgende Formatmodelle:

  - Tag: `DDD` (Wochentagname), `DD`, `J`, `DAY` (erster Wochentag), `DY`, `D`
  - Monat: `MONTH`, `MON`, `MM`, `RM`
  - Jahr: `SYYYY` (Jahr, das ab dem 1. Juli aufgerundet wird), `YYYY`, `YEAR`, `SYEAR`, `YYY`, `YY`, `Y`, `IYYY` (ISO-Jahr), `IY`, `I`
  - Stunde: `HH` (Stunde), `HH12`, `HH24`
  - Minute: `MI`
  - Sonstige: `Q` (Quartal), `WW` (gleicher Wochentag wie erster Wochentag im Jahr), `IW` (gleicher Wochentag wie erster Wochentag im ISO-Jahr), `W` (gleicher Wochentag wie erster Wochentag im Monat)

```
SELECT ROUND(TO_DATE('25-Mai-04 12:23:45',
                     'DD-Month-YY HH24:MI:SS')) AS S1,
       ROUND(TO_DATE('25-Jan-2003', 'DD-Mon-YYYY'),
                                        'MONTH') AS S2,
       TRUNC(TO_DATE('25-Mai-04 12:23:45',
                     'DD-Month-YY HH24:MI:SS')) AS S3,
       TRUNC(TO_DATE('25-Jan-2003', 'DD-Mon-YYYY'),
                              'MONTH')           AS S4
  FROM dual;
```

Listing 3.124 344_05.sql: Runden von Zeitinformationen

```
S1       S2       S3       S4
-------- -------- -------- --------
26.05.04 01.02.03 25.05.04 01.01.03
1 Zeile wurde ausgewählt.
```

Zeitformatierung

- `EXTRACT(format FROM datum | intervall)` extrahiert aus einem gegebenen Datum oder Intervall die angegebene Zeitkomponente. Dabei werden folgende Formate akzeptiert, wobei die entsprechenden Felder auch in der Zeitinformation bzw. im jeweiligen Datentyp vorhanden sein müssen.

  - Datum: `YEAR`, `MONTH`, `DAY`
  - Uhrzeit: `HOUR`, `MINUTE`, `SECOND`

- Zeitzone: TIMEZONE_HOUR, TIMEZONE_MINUTE, TIMEZONE_REGION, TIMEZONE_ABBR

```
SELECT EXTRACT(MONTH FROM SYSDATE)       AS Monat,
       EXTRACT(YEAR FROM SYSDATE)        AS Jahr,
       EXTRACT(HOUR FROM SYSTIMESTAMP)   AS Stunde,
       EXTRACT(MINUTE FROM SYSTIMESTAMP) AS Minute,
       EXTRACT(TIMEZONE_HOUR FROM CURRENT_TIMESTAMP)
                                         AS Zeitzone
  FROM dual;
```

Listing 3.125 344_06.sql: Extraktion von Zeitinformationen

```
     MONAT       JAHR     STUNDE     MINUTE   ZEITZONE
---------- ---------- ---------- ---------- ----------
         5       2003         12         44          2
1 Zeile wurde ausgewählt.
```

- TO_CHAR(datum [, format [, sprache]]) wandelt das Datum, das in den Datentypen DATE, TIMESTAMP, TIMESTAMP WITH TIME ZONE, oder TIMESTAMP WITH LOCAL TIME ZONE angegeben ist, in den Datentyp VARCHAR2 um. Über ein Formatmodell kann man das Ausgabeformat bestimmen. Über eine Sprachangabe in der Form NLS_DATE_LANGUAGE = sprache kann man eine Sprache bestimmen, in der Namen von Datenbestandteilen ausgegeben werden. Die Standardeinstellung für die Sprache ist die aktuelle Sitzungssprache. Die Standardeinstellung für die Formatmodelle ist das jeweilige für den verwendeten Datentyp gespeicherte Standarddatumsformat.
- TO_DATE(zk [, format [, sprache]]) wandelt eine Zeichenkette vom Typ CHAR, VARCHAR2, NCHAR oder NVARCHAR2 in ein Datum um, wobei über das Formatmodell die einzelnen Komponenten der Zeichenkette angegeben werden. Gibt man kein Formatmodell an, so muss die Zeichenkette im Standarddatumsformat übergeben werden. Über eine Sprachangabe in der Form NLS_DATE_LANGUAGE = sprache kann man eine Sprache bestimmen, in der ausgeschriebene Eigennamen von Datumskomponenten übernommen werden sollen.
- TO_TIMESTAMP(zk [, format [, sprache]]) wandelt eine Zeichenkette vom Typ CHAR, VARCHAR2, NCHAR oder NVARCHAR2 in den Datentyp TIMESTAMP um, wobei über das Formatmodell die einzelnen Komponenten der Zeichenkette angegeben werden. Gibt man kein Formatmodell an, so muss die Zeichenkette im Standarddatumsformat übergeben werden. Über eine Sprachangabe in der Form NLS_DATE_LANGUAGE = sprache kann man

eine Sprache bestimmen, in der ausgeschriebene Eigennamen von Datumskomponenten übernommen werden sollen.

- TO_TIMESTAMP_TZ(zk [, format [, sprache]]) wandelt eine Zeichenkette vom Typ CHAR, VARCHAR2, NCHAR oder NVARCHAR2 in den Datentyp TIMESTAMP WITH TIME ZONE um, wobei über das Formatmodell die einzelnen Komponenten der Zeichenkette angegeben werden. Gibt man kein Formatmodell an, so muss die Zeichenkette im Standarddatumsformat übergeben werden. Über eine Sprachangabe in der Form NLS_DATE_LANGUAGE = sprache kann man eine Sprache bestimmen, in der ausgeschriebene Eigennamen von Datumskomponenten übernommen werden sollen.
- TO_YMINTERVAL(zk) wandelt eine Zeichenkette vom Typ CHAR, VARCHAR2, NCHAR oder NVARCHAR2 in den Datentyp INTERVAL YEAR TO MONTH um.
- TO_DSINTERVAL(zk [, trennzeichen]) wandelt eine Zeichenkette vom Typ CHAR, VARCHAR2, NCHAR oder NVARCHAR2 in den Datentyp INTERVAL DAY TO SECOND um. Für den optionalen Parameter lässt sich das Dezimal- und Gruppentrennzeichen mit NLS_NUMERIC_CHARACTERS = "dg" vorgeben, wobei d das Dezimal- und g das Gruppentrennzeichen ist.

```
SELECT SYSDATE,
       SYSDATE + TO_YMINTERVAL('02-04')        AS "2J 4M",
       SYSDATE - TO_DSINTERVAL('7 12:00:00') AS "7 Tage"
FROM dual;
```

Listing 3.126 344_07.sql: Zeitintervalle

```
SYSDATE  2Jahre 4 7 Tage
-------- -------- --------
27.05.03 27.09.05 20.05.03
1 Zeile wurde ausgewählt.
```

Für die Funktionen TO_DATE, TO_CHAR, TO_TIMESTAMP, TO_TIMESTAMP_TZ, TO_YMINTERVAL und TO_DSINTERVAL gibt es spezielle Formate, die im Folgenden erläutert werden sollen. Sie setzen sich aus einzelnen Platzhaltern sowie Satzzeichen wie Bindestrichen, Punkten, Semikola oder Doppelpunkten sowie Zeichenketten in doppelten Anführungszeichen zusammen, die für die Zerlegung und Bestimmung eines Quell- oder Zielformats einer Zeitinformation verwendet werden können. Für die Ausgabe von Eigennamen mit Hilfe des optionalen Sprachparameters lässt sich mit Hilfe von reiner Groß- und Kleinschreibung der entsprechenden Formate bestimmen, ob der Eigenname in großen oder kleinen Buchstaben ausgegeben werden soll. Wir zeigen hier einen Auszug der wichtigsten Platzhalter:

- **Text**
  Die Zeichen , : . ; / - sowie Text in doppelten Anführungszeichen bleibt komplett erhalten.
- **Zeitangaben**
  `AD` oder `A.D.`, `BC` oder `B.C.`, `AM` oder `A.M.`, `PM` oder `P.M.`
- **Tag**
  `D` (Wochentag 1 bis 7), `DAY` oder `day` (ausgeschriebener Tagesname), `DD` (Datum 1 bis 31), `DDD` (Datum 1 bis 366) und `DY` und `dy` (abgekürzter Tagesname)
- **Woche**
  `IW` (Kalenderwoche 1 bis 52 oder 53 nach ISO), `WW` (Kalenderwoche 1 bis 52), `W` (Wochennummer im Monat 1 bis 5)
- **Monat**
  `MM` (Monatsnummer 01 bis 12), `MON` oder `mon` (abgekürzter Monatsname), `MONTH` oder `month` (ausgeschriebener Monatsname), `RM` (römische Monatsnummer)
- **Jahr**
  `Y,YYY` (Jahr mit amerikanischer Schreibweise), `YEAR` und `YYYY` (vierstellige Jahresangabe), `SYEAR` und `SYYYY` (vierstellige Jahresangabe mit negativen Werten für Jahreszahlen vor Christus), `YYY` oder `YY` oder `Y` (letzte drei, zwei oder letzte Zahl des Jahres)
- **Stunde**
  `HH` (Stunde 1 bis 12), `HH12` (Stunde 1 bis 12), `HH24` (Stunde 0 bis 23)
- **Minute**
  `MI` (Minute 0 bis 59)
- **Sekunde**
  `SS` (Sekunden 0 bis 59), `SSSS` (Sekunden nach Mitternacht 0 bis 86366)
- **Verwendbare Suffixe für Formate**
  `TH` (Ordinalzahl für englisches Datum), `SP` (ausgeschriebenes Zahlwort), `SPTH` oder `THSP` (ausgeschriebenes Ordinalwort)
- **Parameter**
  `FM` (unterdrückt Leerzeichen, die bei einigen Formaten entstehen können), `FX` (es wird eine exakte Übereinstimmung zwischen dem Formatmodell und der Eingabe verlangt, d.h. ähnliche Zeichen wie Bindestrich und Schrägstrich als Trenner werden nicht akzeptiert, wenn sie in Formatmodell und Eingabe verschieden auftauchen.)

```
SELECT TO_DATE('24.12.2003'),
       TO_DATE('24-12-2003'),
       TO_DATE('24.12.03'),
       TO_DATE('Gennaio 15, 1998, 11:00',
               'Month dd, YYYY, HH:MI',
               'NLS_DATE_LANGUAGE = Italian'),
       TO_CHAR(SYSDATE,
               'Month Day dd DDD, YYYY, HH24:MI:SS A.M.',
               'NLS_DATE_LANGUAGE = French'),
       SYSDATE
  FROM DUAL;
```

Listing 3.127 344_08.sql: Formatierung und Umwandlung von Daten

3.4.5 Systemfunktionen

Die Systemfunktionen umfassen sowohl die bekannten Zeitfunktionen zur Ermittlung der Systemzeit als auch verschiedene andere Funktionen, die Sitzungs- und Benutzerinformationen liefern:

- `SYSCONTEXT(namensraum, parameter [, laenge])` ermittelt für einen gegebenen und zuvor eingerichteten Namensraum (Standard: `USERENV`) sowie für den gegebenen Parameter die aktuellen Sitzungsinformationen. Über die zusätzliche Längenangabe lässt sich die Standardlänge von 256 Bytes für die Textausgabe auf bis zu 4000 Bytes vergrößern. Folgende Parameter stehen für die Standardumgebung bzw. den Standardnamensraum zur Verfügung:
  - **Benutzerinformationen**
    `CURRENT_USER` (aktueller Benutzer), `CURRENT_USERID` (aktuelle Benutzerkennung), `IS_DBA` (liefert `TRUE`; wenn Benutzer als Datenbankadministrator angemeldet ist)
  - **Rechner-Informationen**
    `CLIENT_INFO` (Sitzungsbenutzerinformationen), `HOST`, `INSTANCE`, `IP_ADDRESS`, `OS_USER` (Benutzer des Betriebssystems), `PROXY_USER` (Datenbank-Benutzer-Name, der die Sitzung als `SESSION_USER` eröffnete), `PROXY_USERID` (Benutzerkennzeichnung, der die Sitzung als `SESSION_USER` eröffnete), `TERMINAL` (Kennzeichnung des Client-Betriebssystems)
  - **Sitzungsinformationen**
    `LANG` (Sprache in ISO-Kürzel), `LANGUAGE` (Sprache in der Form `language_territory.characterset`), `NETWORK_PROTOCOL` (Netzwerkprotokoll), `NLS_CALENDAR` (Kalender der Sitzung), `NLS_CURRENCY` (Währung der Sitzung), `NLS_DATE_FORMAT` (Datumsformat), `NLS_DATE_LANGU-`

AGE (Datumssprache), NLS_SORT (Sortierreihenfolge), NLS_TERRITORY (Gebiet), SESSION_USER (Sitzungsbenutzer), SESSION_USERID (Sitzungsbenutzerkennung), SESSIONID (Sitzungskennung)

- **Datenbankinformationen**
  CURRENT_SCHEMA (Standard-Schema-Name im aktuellen Schema), CURRENT_SCHEMAID (Kennzeichnung des Standard-Schemas im aktuellen Schema), DB_DOMAIN (Datenbankdomäne aus DB_DOMAIN), DB_NAME (Name der Datenbank aus DB_NAME)
- **Sicherheitsinformationen**
  AUDITED_CURSORID (Kennzeichnung des überwachten SQL-Befehls), AUTHENTIFICATION_DATA (Anmeldedaten), AUTHENTIFICATION_TYPE (Anmeldeart: DATABASE, NETWORK oder PROXY), ENTRY_ID (Überwachungskennzeichnung des Benutzers), EXTERNAL_NAME (externer Name des Datenbankbenutzers)

```
SELECT SUBSTR(SYS_CONTEXT('USERENV','CURRENT_USER',5),1,5)
                                             AS Benutzer,
       SUBSTR(SYS_CONTEXT('USERENV','Datenbank_NAME',5),1,5)
                                             AS Datenbank,
       SUBSTR(SYS_CONTEXT('USERENV','LANG',5),1,5)
                                              AS Sprache,
       SUBSTR(SYS_CONTEXT('USERENV','IP_ADDRESS', 5),1,10)
                                              AS IP,
       SUBSTR(SYS_CONTEXT('USERENV','EXTERNAL_NAME',5),1,20)
                                              AS Benutzer,
       SUBSTR(SYS_CONTEXT('USERENV','TERMINAL', 5),1,8)
                                              AS Terminal
  FROM dual;
```

Listing 3.128 345_01.sql: Systeminformationen

```
BENUT DB    SPRAC IP         BENUTZER             TERMINAL
----- ----- ----- ---------- -------------------- --------
SCOTT kurse D     127.0.0.1  HNPC6\Administrator  HNPC6
1 Zeile wurde ausgewählt.
```

- SYSDATE liefert das aktuelle Systemdatum.
- SYSTIMESTAMP liefert den aktuellen Systemzeitstempel.

```
SELECT SYSDATE AS Datum,
       SYSTIMESTAMP AS Zeitstempel
  FROM dual;
```

Listing 3.129 345_02.sql: Systemzeit ermitteln

```
DATUM    ZEITSTEMPEL
-------- --------------------------------
25.05.03 25.05.03 20:09:36,022000 +02:00
1 Zeile wurde ausgewählt.
```

- `UID` liefert eine einzigartige Zahl, die die Sitzungsnummer eindeutig bestimmt.
- `USER` liefert den Namen des angemeldeten Benutzers.

```
SELECT USER, UID
  FROM DUAL;
```

Listing 3.130 345_03.sql: Benutzer und Sitzungsnummer

```
USER                                  UID
------------------------------ ----------
SCOTT                                  59
1 Zeile wurde ausgewählt.
```

- `USERENV(parameter)` liefert Sitzungsinformationen für den angegebenen Parameter. Diese Funktion soll nicht weiter verwendet werden. Folgende Parameter sind vorhanden:
  - `CLIENT_INFO` liefert bis zu 64 Byte Client-Rechner-Informationen zurück.
  - `ENTRYID` liefert den eindeutigen Überwachungskennzeichner für den Benutzer, der für das Auditing-System von Bedeutung ist.
  - `ISDBA` liefert dann `TRUE` zurück, wenn der Benutzer als Datenbankadministrator angemeldet ist.
  - `LANG` liefert die ISO-Abkürzung für die Systemsprache zurück.
  - `LANGUAGE` liefert Sprache, Land und Systemzeichensatz in der Form `language_territory.characterset` zurück.
  - `SESSIONID` liefert die für das Auditing-System verwendete eindeutige Sitzungsnummer zurück.
  - `TERMINAL` liefert die Kennzeichnung für das Betriebssystem der Sitzung zurück.

```
SELECT SUBSTR(USERENV('ENTRYID'),1,3) AS SID,
       SUBSTR(USERENV('ISDBA'),1,5) AS DBA,
       SUBSTR(USERENV('LANG'),1,5) AS Sprache,
       SUBSTR(USERENV('LANGUAGE'),1,20) AS Sprache,
       SUBSTR(USERENV('SESSIONID'),1,5) AS SID,
       SUBSTR(USERENV('TERMINAL'),1,8) AS Terminal
  FROM dual;
```

Listing 3.131 345_05.sql: Sitzungsinformationen

```
SID DBA   SPRAC SPRACHE              SID   TERMINAL
--- ----- ----- -------------------- ----- --------
0   FALSE D     GERMAN_GERMANY.WE8MS 1953  HNPC6
1 Zeile wurde ausgewählt.
```

3.4.6 Aggregatfunktionen

Einige Aggregatfunktionen sind bereits durch die Standardaggregate bekannt. Hier werden diese um einige weitere ergänzt. Zusätzlich zu diesen Funktionen gibt es noch weitere analytische Funktionen, die erst im nächsten Abschnitt dargestellt werden.

Standardaggregate

- `AVG([DISTINCT | ALL] ausdruck)` berechnet den Durchschnittswert des Ausdrucks. Mit `DISTINCT` werden keine Duplikate in die Berechnung übernommen, mit `ALL` (Standardwert) dagegen schon. Diese Funktion kann auch zu einer analytischen Funktion erweitert werden.

```
SELECT AVG(DISTINCT K_Dauer) AS OhneDup,
       AVG(K_Dauer)          AS MitDupStandard,
       AVG(ALL K_Dauer)      AS MitDup
  FROM kurs;
```

Listing 3.132 346_01.sql: Durchschnittsberechnung

```
   OHNEDUP MITDUPSTANDARD     MITDUP
---------- -------------- ----------
       2,5     2,90740741 2,90740741
1 Zeile wurde ausgewählt.
```

- `COUNT(* | [ALL | DISTINCT] ausdruck)` zählt die Anzahl der Reihen in einer Menge. Mit dem Sternchen zählt man alle vorhandenen Datensätze ohne Spaltenangabe. Mit `DISTINCT` werden keine Duplikate in die Berechnung übernommen, mit ALL (Standardwert) dagegen schon. Diese Funktion kann auch zu einer analytischen Funktion erweitert werden.

```
SELECT COUNT(DISTINCT K_Bereich) AS OhneDup,
       COUNT(*)                  AS AlleStandard,
       COUNT(ALL K_Bereich)      AS Alle
  FROM kurs;
```

Listing 3.133 346_02.sql: Datensätze zählen

```
   OHNEDUP ALLESTANDARD       ALLE
---------- ------------ ----------
         7          108        108
1 Zeile wurde ausgewählt.
```

- GREATEST(ausdruck1 [, ausdruck2...]) findet aus einer Reihe von Ausdrücken, die auch Zeichenketten sein können, den Ausdruck mit dem größten Wert heraus.
- LEAST(ausdruck1 [, ausdruck2...]) findet aus einer Reihe von Ausdrücken, die auch Zeichenketten sein können, den Ausdruck mit dem kleinsten Wert heraus.
- MAX(ausdruck) findet aus einem Ausdruck, der meistens ein Spaltenname ist, den größten Wert heraus, wobei diese Funktion sowohl als Aggregatfunktion wie auch als analytische Funktion zu verwenden ist.
- MIN(ausdruck) findet aus einem Ausdruck, der meistens ein Spaltenname ist, den kleinsten Wert heraus, wobei diese Funktion sowohl als Aggregatfunktion wie auch als analytische Funktion zu verwenden ist.
- SUM(ausdruck) findet aus einem Ausdruck, der meistens ein Spaltenname ist, die Summe aller einzelnen Werte heraus.

Streuungsmaße

- STTDEV([ALL | DISTINCT] ausdruck) berechnet die Standardabweichung des Ausdrucks. Mit DISTINCT werden keine Duplikate in die Berechnung übernommen, mit ALL (Standardwert) dagegen schon. Diese Funktion kann auch zu einer analytischen Funktion erweitert werden. Sie gibt 0 zurück, wenn nur eine Reihe im Ausdruck vorhanden ist, ansonsten berechnet sie STDDEV_SAMP(ausdruck).
- STTDDEV_POP(ausdruck) berechnet die Standardabweichung in der Grundgesamtheit. Diese Funktion kann auch zu einer analytischen Funktion erweitert werden. Hat VAR_POP(ausdruck) den Wert NULL, so gilt dies auch für STTDDEV_POP(ausdruck).

- STTDDEV_SAMP(ausdruck) berechnet die empirische Standardabweichung (Stichprobe). Diese Funktion kann auch zu einer analytischen Funktion erweitert werden. Hat VAR_SAMP(ausdruck) den Wert NULL, so gilt dies auch für STTDDEV_SAMP(ausdruck).
- VAR_POP(ausdruck) berechnet die Varianz in der Grundgesamtheit für den Ausdruck, wobei die NULL-Werte unberücksichtigt bleiben. Diese Funktion kann auch zu einer analytischen Funktion erweitert werden. Sie führt folgende Berechnung durch: (SUM(expr2) - SUM(expr)2 / COUNT(expr)) / COUNT(expr). Eine leere Eingabe liefert den Wert NULL zurück.
- VAR_SAMP(ausdruck) berechnet die empirische Varianz (Stichprobe) für den Ausdruck. Diese Funktion kann auch zu einer analytischen Funktion erweitert werden. Sie führt die folgende Berechnung durch: (SUM(ausdruck2) - SUM(ausdruck)2 / COUNT(ausdruck)) / (COUNT(ausdruck) - 1). Eine einzeilige Eingabe liefert – im Gegensatz zu VARIANCE – den Wert NULL zurück.
- VARIANCE([ALL | DISTINCT] ausdruck) berechnet die Varianz für den Ausdruck. Mit DISTINCT werden keine Duplikate in die Berechnung übernommen, mit ALL (Standardwert) dagegen schon. Diese Funktion gibt 0 zurück, wenn nur eine Reihe im Ausdruck vorhanden ist, ansonsten berechnet sie VAR_SAMP(ausdruck). Sie kann auch zu einer analytischen Funktion erweitert werden.

```
SELECT VARIANCE(B_Preis)           AS Var1,
       VARIANCE(DISTINCT B_Preis) AS Var2,
       VAR_POP(B_Preis)            AS Var_GG,
       VAR_SAMP(B_Preis)           AS Var_SP,
       STDDEV_POP(B_Preis)         AS STABW_GG_Preis,
       STDDEV_POP(B_TZahl)         AS STABW_GG_Zahl
  FROM buchung;
```

Listing 3.134 346_03.sql: Statistische Streuungsmaße

```
      VAR1       VAR2     VAR_GG     VAR_SP STABW_GG_PREIS
---------- ---------- ---------- ---------- --------------
47832,0721 67156,2473 47814,9525 47832,0721     218,666304

STABW_GG_ZAHL
------------
1,0123952
1 Zeile wurde ausgewählt.
```

Quantitativer Zusammenhang: Korrelationsmaße

- `CORR(ausdruck1, ausdruck2)` berechnet den Korrelationskoeffizienten nach der Formel `(COVAR_POP(ausdruck1, ausdruck 2) / (STDDEV_POP(ausdruck 1) * STDDEV_POP(ausdruck 2))` für die beiden gegebenen Ausdrücke im Wert zwischen -1 und 1.
- `COV_POP(ausdruck1, ausdruck2)` berechnet die Kovarianz der Grundgesamtheit zwischen den beiden Ausdrücken. Diese Funktion kann auch zu einer analytischen Funktion erweitert werden.
- `COV_SAMP(ausdruck1, ausdruck2)` berechnet die empirische Kovarianz (Stichprobe) zwischen den beiden Ausdrücken. Diese Funktion kann auch zu einer analytischen Funktion erweitert werden.

```
SELECT COVAR_POP(B_Preis, B_TZahl)  AS Cov_GG,
       COVAR_SAMP(B_Preis, B_TZahl) AS Cov_SP,
       ABS(COVAR_POP(B_Preis, B_TZahl) /
       (STDDEV_POP(B_Preis)*STDDEV_POP(B_TZahl))) AS Korr1,
       CORR(B_Preis, B_TZahl) AS Korr2
  FROM buchung INNER JOIN termin
    ON buchung.T_Nr = termin.T_Nr
               INNER JOIN kurs
    ON termin.K_Nr = kurs.K_Nr
 WHERE K_Titel = 'Oracle';
```

Listing 3.135 346_04.sql: Korrelationen

```
    COV_GG     COV_SP      KORR1      KORR2
---------- ---------- ---------- ----------
 -22,52642 -22,610161 ,898455305 -,89845531
1 Zeile wurde ausgewählt.
```

Funktionaler Zusammenhang: Lineare Regressionsmaße

Alle Regressionsfunktionen arbeiten mit der kleinsten Quadrate-Schätzung und erzeugen Werte für lineare Regressionsfunktionen, wobei sie sowohl als Aggregat- wie auch als analytische Funktionen zum Einsatz kommen können. Ihr Aufbau ist stets gleich, wobei der Regressor (der so genannte *Y-Wert* oder die *abhängige Variable*) den zweiten Ausdruck und der Regressand (der so genannte *X-Wert* oder die *unabhängige Variable*) den ersten Ausdruck repräsentiert.

- REGR_SLOPE(ywert, xwert) ermittelt die Steigung der Geraden anhand der Berechnung COVAR_POP(expr1, expr2) / VAR_POP(expr2) ohne Berücksichtigung von NULL-Werten in den Quelldaten.
- REGR_INTERCEPT(ywert, xwert) ermittelt den Schnittpunkt der Geraden mit der Y-Achse anhand der Berechnung AVG(expr1) - REGR_SLOPE(expr1, expr2) * AVG(expr2) ohne Berücksichtigung von NULL-Werten in den Quelldaten.
- REGR_COUNT(ywert, xwert) ermittelt die Anzahl der Paare, die nicht reine NULL-Werte enthielten und die für die Berechnung der Geraden verwendet wurden.
- REGR_R2(ywert, xwert) ermittelt die Güte der Anpassung bzw. das Bestimmtheitsmaß der Regression. Die für die Berechnung des Bestimmtheitsmaßes verwendeten Varianzen werden nach der Eliminierung von NULL-Wertepaaren ermittelt und benutzen die Formel VAR_POP(ywert) und VAR_POP(xwert). Das Ergebnis, das auch NULL sein kann, hat die Rückgabewerte:
  - NULL wenn VAR_POP(xwert) = 0
  - 1 wenn VAR_POP(ywert) = 0 und VAR_POP(xwert) != 0
  - POWER(CORR(ywert, xwert) wenn VAR_POP(ywert) > 0 und VAR_POP(xwert)!= 0
- REGR_AVGX(ywert, xwert) ermittelt den Durchschnittswert des X-Wertes auf der Geraden anhand der Berechnung AVG(xwert) ohne Berücksichtigung von NULL-Werten in den Quelldaten.
- REGR_AVGY(ywert, xwert) ermittelt den Durchschnittswert des Y-Wertes auf der Geraden anhand der Berechnung AVG(ywert) ohne Berücksichtigung von NULL-Werten in den Quelldaten.
- REGR_SXX(ywert, xwert) ermittelt das Ergebnis der Berechnung REGR_COUNT(ywert, xwert) * VAR_POP(xwert) ohne Berücksichtigung von NULL-Werten in den Quelldaten.
- REGR_SYY(ywert, xwert) ermittelt das Ergebnis der Berechnung REGR_COUNT(ywert, xwert) * VAR_POP(ywert) ohne Berücksichtigung von NULL-Werten in den Quelldaten.
- REGR_SXY(ywert, xwert) ermittelt das Ergebnis der Berechnung REGR_COUNT(ywert, xwert) * COVAR_POP(ywert, xwert) ohne Berücksichtigung von NULL-Werten in den Quelldaten.

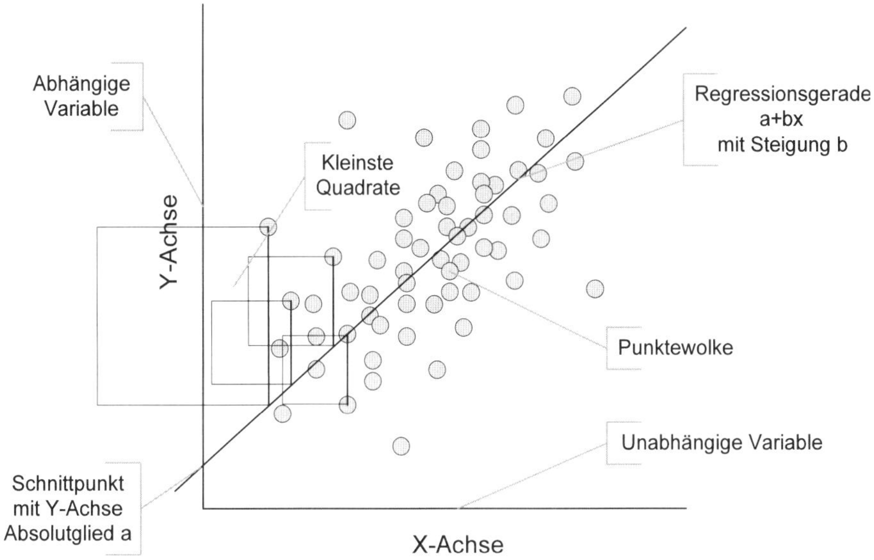

Abbildung 3.17 Methodik der Regression

Für die Verwendung der Regressionsfunktionen führen wir einmalig ein längeres Beispiel durch, in dem der Unternehmenserfolg der *Kurse NRW GmbH* ermittelt und im Verlauf der Jahre seit ihrer Gründung bis heute verglichen wird. Dies geschieht in einfacher Form durch die folgende Abfrage:

```
SELECT DISTINCT EXTRACT(YEAR FROM T_Beginn) AS Jahr,
 TO_CHAR((SELECT SUM(buchung.B_Preis)
           FROM buchung INNER JOIN termin b
             ON buchung.T_Nr = b.T_Nr
          WHERE EXTRACT(YEAR FROM b.T_Beginn) =
                EXTRACT(YEAR FROM a.T_Beginn))
                ,'L9G999G999D99') AS "Summe Euro",
 TO_CHAR((SELECT SUM(buchung.B_Preis)
           FROM buchung INNER JOIN termin b
             ON buchung.T_Nr = b.T_Nr
          WHERE EXTRACT(YEAR FROM b.T_Beginn) =
                EXTRACT(YEAR FROM a.T_Beginn))-
        (SELECT SUM(buchung.B_Preis)
           FROM buchung INNER JOIN termin b
             ON buchung.T_Nr = b.T_Nr
          WHERE EXTRACT(YEAR FROM b.T_Beginn) =
                EXTRACT(YEAR FROM a.T_Beginn)-1)
```

```
                    ,'SL9G999G999D99') AS "Delta"
 FROM termin a;
```

Listing 3.136 346_05.sql: Übersicht über die Quelldaten

Dies ergibt ein Ergebnis, wobei ein eindeutiger Zusammenhang zwischen der Zeit und dem steigenden Umsatz festzustellen ist, denn fast in jedem Jahr konnte man einen Anstieg desselben beobachten.

```
      JAHR Summe Euro             Delta
---------- ----------------------- -----------------------
      2000            _413.543,00
      2001            _209.712,00              -_203.831,00
      2002            _443.435,00              +_233.723,00
      2003          _1.024.639,00              +_581.204,00
4 Zeilen ausgewählt.
```

Die nötigen Daten für die Regressionsanalyse erzeugt man in einer abgeleiteten Tabelle, da man so am einfachsten auf die Werte für die Jahreszahlen und die Buchungsumsätze zugreifen kann. Die Spalten der abgeleiteten Tabelle lassen sich ja schließlich in der Spaltenliste der Oberabfrage verwenden, als wären es originäre Spaltennamen in der Datenbank. Für die Berechnung der einzelnen Werte verwendet man die oben angegebenen Funktionen, sodass lediglich die Beschaffung der Quelldaten eine ernsthafte Herausforderung darstellt.

```
SELECT REGR_SLOPE(Summe, Jahr)     AS "Steigung",
       REGR_COUNT(Summe, Jahr)     AS "Datenmenge",
       REGR_INTERCEPT(Summe, Jahr) AS "y-Schnittpunkt",
       REGR_R2(Summe, Jahr)        AS "Bestimmtheitsmaß",
       REGR_AVGY(Summe, Jahr)      AS "y-Durchschnitt",
       REGR_AVGX(Summe, Jahr)      AS "x-Durchschnitt"
  FROM (SELECT EXTRACT(YEAR FROM T_Beginn) AS Jahr, --X-Wert
               SUM(B_Preis)                AS Summe --Y-Wert
          FROM buchung INNER JOIN termin
            ON buchung.T_Nr = termin.T_Nr
         GROUP BY EXTRACT(YEAR FROM T_Beginn)) daten;
```

Listing 3.137 346_06.sql: Lineare Regression

Man erhält nach der Berechnung die gewünschten Daten. Einige Daten wie die Anzahl der untersuchten Datensätze waren schon von der Erzeugung der Rohdaten bekannt. Andere dagegen, wie die Steigung der Gerade und natürlich der Schnittpunkt mit der Y-Achse, erfährt man erst durch die Berechnung.

```
  Steigung Datenmenge y-Schnittpunkt Bestimmtheitsmaß
---------- ---------- -------------- ----------------
  206701,1          4     -413189419       ,580345963
y-Durchschnitt x-Durchschnitt
-------------- --------------
     522832,25         2001,5
1 Zeile wurde ausgewählt.
```

3.5 Analytische bzw. Data-Warehouse-Abfragen

Dieser Abschnitt führt nach der Vorstellung der eingebauten SQL-Funktionen wieder zu den Abfragen zurück, wobei dieses Mal keine eigentlichen Standard-Abfragen behandelt werden, sondern das, was man unter fortgeschrittenen Abfragetechniken versteht. Dies bezieht sich zum einen auf die Tatsache, dass nur große Datenbanksysteme die gleich folgenden Erweiterungen und Konzepte unterstützen. Dies bezieht sich aber auch zum anderen darauf, dass mit Blick auf die im zweiten Abschnitt dargestellten analytischen Möglichkeiten verschiedene Oracle-Spezifika zu Sprache kommen, die daher nicht in anderen Datenbanksystemen so einsetzbar sind. Dort mag es andere, ähnliche Konstruktionen geben, oder eventuell auch gar keinen Ersatz, sodass man die Analyseschritte selbst durchführen oder andere Hilfswerkzeuge zum Einsatz bringen muss, um die gleichen Ergebnisse zu erhalten.

3.5.1 Erweiterte Gruppierungen

In den vorangegangenen Abschnitten haben wir bereits mehrfach unterschiedliche Bezeichnungen für die drei Erweiterungen `GROUPING SETS`, `CUBE` und `ROLLUP` verwendet. Sie alle stellen Erweiterungen und zusätzliche Klauseln dar, die auf dem bereits bekannten `GROUP BY`-Befehl aufbauen, verschiedene Berechnungen vereinfachen und eher Berichte statt Abfrageergebnisse ausgeben. Da diese Klauseln mit dem Begriff der Dimension arbeiten und die Ergebnisse auch in Form von Dimensionen betrachtet werden können, bezeichnet man diese Abfrageklauseln auch als *Data-Warehouse-Funktionen*. Dies hat nichts damit zu tun, dass eine vorhandene Datenbank als Data Warehouse mit seinen spezifischen Eigenarten betrieben werden muss. Vielmehr sind diese Abfragen dort besonders häufig und werden mit weiteren Methoden und Abfragetechniken kombiniert, um tatsächlich aus dem gesammelten Datenmaterial neues, meist auch strategisches Wissen für eine Organisation herauszufiltern. Man kann diese Funktionen allerdings auch ohne ein Data Warehouse in Abfragen einsetzen, weswegen wir mit diesem Thema auch das Abfrage- und Analyse-Kapitel beenden wollen.

Sinn und Zweck von erweiterten Gruppierungen

Wie gerade schon gesagt wurde, handelt es sich bei diesen Klauseln um keine gewöhnlichen weiteren Einschränkungen, sondern um Möglichkeiten, komplexe Berichte zu erzeugen. Ihnen fehlt natürlich ein nettes Format und eine farbenfrohe Darstellung, doch vom eigentlichen Inhalt her sind sie durchaus ausgereift genug, um als Bericht gelten zu können. Dies bedeutet, dass keine relationalen Abfragemengen entstehen, sondern Datenstrukturen mit einer fallweisen Logik, die nur schwer in allgemeinen Programmen zu verwerten ist. Dies ist einer der Gründe, warum auch verschiedene Autoren und Verfechter eines strengeren relationalen Ansatzes in Datenbanken diese gesamte Konstruktion ablehnen. Wir möchten uns dieser Meinung nicht anschließen, müssen allerdings darauf hinweisen, dass man mit den Ergebnissen definitiv die bisher getätigten Abfragen vollkommen verlässt.

Die Problematik und die Besonderheit dieser Abfragen versteht man am ehesten mit dem Begriff der Dimension. Dieser ist einer der zentralen Begriffe des Data-Warehouse-Konzepts wie auch dieser Erweiterungen zu `GROUP BY`, weil sie ebenfalls Ergebnisse in Dimensionen abbilden. Eine Dimension stellt dabei in Reinsprache eine Datenstruktur dar, die man bereits bei der Vorstellung des einfachen `GROUP BY` mit dem kleinen Partikel »pro« ableiten konnte. Möchte man z. B. die Anzahl der Kurse pro Bereich haben, so erhält man in einer einzigen Dimension eine Tabelle mit einer Liste aller Kursbereiche und einer Liste von Kurszahlen, die in diesen einzelnen Bereichen vorhanden sind. Möchte man diese Abfrage erweitern und eine weitere Dimension aufspannen, wie z. B. die Dimension »Teilnehmerzahlen pro Bereich«, so erhält man eine weitere Spalte mit den zugehörigen Daten. Es ist nun allerdings nicht mehr möglich, die Dimensionen und Datenstrukturen wie die Anzahl aller Kurse und die Anzahl aller Teilnehmer in einer Tabelle sinnvoll unterzubringen. Dies ist keine Schande für das relationale Modell, weil es nicht für Berichte und derartige Analysen entwickelt worden ist, sondern andere Ansätze verfolgt.

```
SELECT K_Bereich                    AS "Bereich",
       COUNT(DISTINCT kurs.K_Nr)  AS "Anzahl Kurse",
       COUNT(B_Nr)                  AS "Anzahl Buchungen"
  FROM kurs INNER JOIN termin
    ON kurs.K_Nr = termin.K_Nr
          INNER JOIN buchung
    ON termin.T_Nr = buchung.T_Nr
 GROUP BY K_Bereich;
```

Listing 3.138 351_01.sql: Einfache Übersicht in zwei Dimensionen

Wie nicht anders zu erwarten, erhält man genau das gewünschte Ergebnis, da beide Dimensionen sich auf die gleichen Größe – nämlich den Kursbereich – beziehen.

```
Bereich                       Anzahl Kurse Anzahl Buchungen
----------------------------- ------------ ----------------
Datenbanken                             13              557
Grafik                                   8              384
Office                                   6              146
Programmierung                          41             1341
Programmierung(Office)                   3               76
Server                                   3               91
Webdesign                                5              240
7 Zeilen ausgewählt.
```

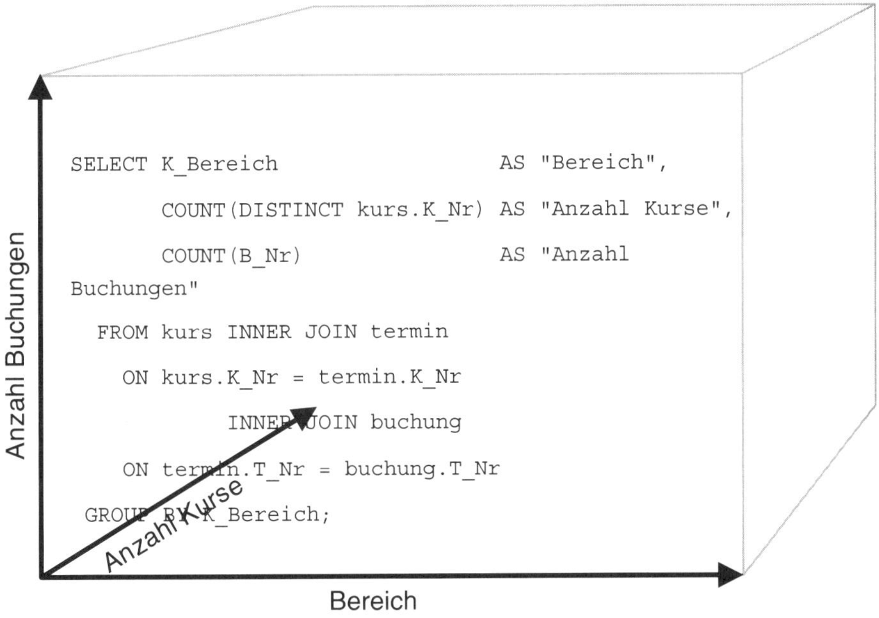

Abbildung 3.18 Würfel mit drei Dimensionen

Erweitert man diese Abfrage um eine Zeile, in der man die Dimension der Kursbereiche um die Titel ergänzt, so erhält man diese natürlich in einer wesentlich längeren Ergebnismenge. Allerdings werden die Gruppierungen in diesem Fall nur noch für die Titel ausgeführt und nicht mehr für die Bereiche. Diese erscheinen natürlich noch in der Ergebnismenge, allerdings nur noch als weitere Information, zu welchem Bereich der entsprechende Titel gehört. Dies ist relational völlig korrekt, aber insoweit schade, als dass man nun die Anzahl der Kurse pro Bereich wie auch die Anzahl der Buchungen pro Bereich nicht mehr in einer einzigen Ergebnismenge erhält.

```
Bereich         Titel           Anzahl Kurse Anzahl Buchungen
--------------- --------------- ------------ ----------------
Grafik          Flash                      1               97
Grafik          Director                   1                6
Grafik          Freehand                   1               38
Grafik          Fireworks                  1              103
```

Listing 3.139 351_02.sql: Ergebnis einer Unterdimension

Mit Hilfe der GROUP-BY-Erweiterungen ist es jedoch möglich, sowohl die oben ermittelten Werte »pro Bereich« als auch »pro Titel« innerhalb desselben Ergebnisses zu erhalten. Dabei entstehen nämlich an passenden Stellen NULL-Felder. Dies ist letztlich die einzige Funktion aller drei Erweiterungen, die in den folgenden Abschnitten vorgestellt werden. Lediglich die Definition und Bestimmung der einzelnen Dimensionen und Aggregationsstufen wird durch eine unterschiedliche Syntax eingerichtet.

Zum letzten Mal: Es sind übrigens die NULL-Felder, die die Ergebnismenge ihres relationalen Charakters berauben, da hier zwar unbekannte Werte erzeugt werden, die auch durch keinen Inhalt zu füllen wären. Ihre Existenz verdanken sie ausschließlich dem Format oder dem Aussehen des entstehenden Berichts, sie lassen sich aber nicht nach 1 × 1 des relationalen Datenmodells erklären. Problematisch wird dies besonders, wenn man solche Mengen unbesehen verarbeiten möchte und daher wissen muss, an welchen Stellen NULL-Felder aus diesen Gründen entstehen, wo interessante Werte stecken, welche inhaltliche Aussage diese Datenstrukturen beinhalten und in welche Bereiche der Bericht insgesamt eingeteilt ist.

GROUPING SETS

Die Lösung des oben gestellten Problems lässt sich ganz einfach über die explizite Angabe der Achsen bzw. der Dimensionen lösen, die benötigt werden. Der Würfel ist neben der Dimension ein weiterer konzeptioneller Begriff im Data-Warehouse-Konzept. Auch wenn er bei multidimensionalen Abfragen regelmäßig nicht mehr grafisch, sondern nur noch strukturell zu erfassen ist, da mehr als drei Dimensionen zum Einsatz kommen, hilft er dabei, erweiterte Abfragen zu planen. Mit Hilfe der GROUPING SETS bestimmt man die zu verwendenden Achsen selbst und explizit, während beim später vorgestellten CUBE sämtliche Dimensionen erzeugt werden. Dies ist nicht immer wünschenswert, da dementsprechend mehr Daten entstehen, die man eventuell gar nicht benötigt.

Für das obige Problem, in dem man neben den Werten für die Titel auf einer niedrigeren Aggregationsstufe auch noch die Titel mit ihren Kurs- und Buchungszahlen benötigte, lässt sich diese Achse mit (K_Bereich, K_Titel) angeben. Dies schließt man an die GROUP BY-Klausel mit Hilfe der GROUPING SETS-Klausel an.

```
SELECT SUBSTR(K_Bereich,1,12)      AS "Bereich",
       SUBSTR(K_Titel,1,12)        AS "Titel",
       COUNT(DISTINCT kurs.K_Nr) AS "Anzahl Kurse",
       COUNT(B_Nr)                 AS "Anzahl Buchungen"
  FROM kurs INNER JOIN termin
    ON kurs.K_Nr = termin.K_Nr
            INNER JOIN buchung
    ON termin.T_Nr = buchung.T_Nr
 GROUP BY GROUPING SETS (K_Bereich, K_Titel);
```

Listing 3.140 351_03.sql: Verschiedene Aggregationsstufen

Man erhält – wie oben gewünscht und indirekt angekündigt – eine berichtähnliche Ergebnismenge zurück, in der an oberster Stelle die Bereichsliste mit den zugehörigen Werten steht. Sie befinden sich deswegen an oberster Stelle, da dies ja auch so in der Achsendefinition zuvor vorgegeben wurde. Das komprimierte Ergebnis hat also prinzipiell folgende Gestalt:

```
Bereich      Titel        Anzahl Kurse Anzahl Buchungen
------------ ------------ ------------ ----------------
Datenbanken                         13              557
Server                               3               91
Webdesign                            5              240
             ASP.NET                 1               30
             Access                  3              133
```

Verwendung und Formulierung

Die GROUPING SETS-Klausel ist dann einzusetzen, wenn nicht alle Dimensionsachsen oder Bezüge des entstehenden Würfels benötigt werden oder wenn man genau bestimmen möchte, welche Bezüge berechnet werden sollen. Dabei verwendet man so genannte zusammengesetzte Spalten, die den jeweiligen Bezug darstellen. Im Vergleich zu den anderen Klauseln gibt es immer Möglichkeiten, entweder die eine oder die andere syntaktische Formulierung zu wählen, um zum gleichen Ergebnis zu gelangen.

GROUPING SETS	Alternative
GROUPING SETS ((a, b, c), (a, b), (a, c), (b, c), (a), (b), (c), ())	CUBE(a, b, c)
GROUPING SETS ((a, b, c), (a, b), ())	ROLLUP(a, b, c)

Tabelle 3.6 Vergleich mit anderen Erweiterungen

Die Klausel GROUPING SETS lässt sich auch über andere syntaktische Mittel einrichten wie z.B. über UNION ALL berechnete Abfragen, wie die folgende Tabelle zeigt.

GROUPING SETS	Alternative
GROUP BY GROUPING SETS(a, b, c)	GROUP BY a UNION ALL GROUP BY b UNION ALL GROUP BY c
GROUP BY GROUPING SETS(a, b, (b, c))	GROUP BY a UNION ALL GROUP BY b UNION ALL GROUP BY b, c
GROUP BY GROUPING SETS((a, b, c))	GROUP BY a, b, c
GROUP BY GROUPING SETS(a, (b), ())	GROUP BY a UNION ALL GROUP BY b UNION ALL GROUP BY ()
GROUP BY GROUPING SETS(a, ROLLUP(b, c))	GROUP BY a UNION ALL GROUP BY ROLLUP(b, c)

Tabelle 3.7 Vergleich der GROUPING SETS mit GROUP BY

Zusätzlich ist es möglich, mehrere GROUPING SET-Klauseln zu kombinieren, um so Kreuzverknüpfungen einzurichten, bei denen jede Dimension mit jeder anderen zusätzlich kombiniert wird. Dies bedeutet, dass auch GROUP BY GROUPING SETS (a, b), GROUPING SETS (c, d) die zur Form GROUP BY GROUPING SETS (a, c), (a, d), (b, c), (b, d) wird.

Im folgenden Beispiel untersucht man die Summe bzw. den Umsatz, der durch die Kursanmeldungen hervorgerufen wurde, pro Ort und Bereich mit den Bezügen Jahr und Monat. Daher erhält man insgesamt vier Achsen, die man als zusammengesetzte Spalten mit jeweils zwei Ausdrücken in die GROUPING SETS-Klausel platziert. Sie sehen bereits wieder, dass es auch im Zusammenhang mit dieser Klausel sowie mit den anderen Erweiterungen stets darum geht, gültige Ausdrücke zu finden. Um also den Monat ausfindig zu machen, kann man entweder die TO_CHAR- oder EXTRACT-Funktion verwenden, die genauso in der bisherigen Abfrage erscheinen kann wie in den zusammengesetzten Spalten in der GROUPING SETS-Klausel.

```
SELECT SUBSTR(T_Ort,1,10)        AS Ort,
       TO_CHAR(T_Beginn, 'YYYY') AS Jahr,
       TO_CHAR(T_Beginn, 'MM')   AS Monat,
       SUBSTR(K_Bereich,1,10)    AS Bereich,
       SUM(B_Preis)
  FROM termin NATURAL JOIN buchung
              NATURAL JOIN kurs
  GROUP BY GROUPING SETS
              ((TO_CHAR(T_Beginn, 'YYYY'), T_Ort),
               (TO_CHAR(T_Beginn, 'YYYY'), K_Bereich),
               (TO_CHAR(T_Beginn, 'MM'), T_Ort),
               (TO_CHAR(T_Beginn, 'MM'), K_Bereich),
               (T_Ort, K_Bereich));
```

Listing 3.141 351_04.sql: Mehrere Dimensionen

Man erhält ein umfangreiches Ergebnis, das weniger seiner Werte wegen für uns interessant ist, sondern wegen der Formatierung derselben:

- Die Reihenfolge der Spalten in der Spaltenliste ändert sich gegenüber den bisherigen Abfragen nicht. Lediglich Felder, die keine passenden Werte in der gewählten Dimension ausgeben können, bleiben als Novum leer.

```
ORT        JAHR MO BEREICH    SUM(B_PREIS)
---------- ---- -- ---------- ------------
```

- Die erste Dimension ist Ort und Jahr, wie in der GROUPING SETS-Klausel auch angegeben. Daher erhält man zunächst eine Liste aller Städte pro Jahr mit ihrem Umsatz. Dies bedeutet auch, dass man einige Städte doppelt erhält, wenn sie in verschiedenen Jahren Umsatz erwirtschafteten:

```
Bochum     2000                     413543
Bochum     2001                     209712
```

- Die zweite Dimension untersucht den Umsatz pro Bereich pro Jahr, sodass also hier auch doppelte Zahlwerte und doppelte Bereichsnamen erscheinen können. Innerhalb dieser Gruppen jedoch bilden sie immer ein Paar, da nur das Aggregat ausgegeben wird: pro Jahr und pro Bereich.

```
           2000    Grafik            53070
           2000    Office            13210
```

- Die dritte Dimension ist der Umsatz pro Stadt pro Monat mit doppelten Nennungen der Stadtnamen, wenn in diesen Städten in verschiedenen Monaten Umsatz erwirtschaftet wurde. Hierbei bleiben die Jahreszahlen unberücksichtigt, d.h., man erhält nur die Werte für alle Geschäftsjahre als Summe:

```
Köln            09                     5742
Köln            11                    11264
Berlin          02                     7404
```

- Die vierte Dimension ist der Umsatz pro Monat pro Bereich, wobei auch hier für alle Geschäftsjahre ein Gesamtumsatz pro Monat ausgegeben wird.

```
                10 Office              4110
                01 Server             17066
```

- Die fünfte Dimension ist schließlich der Umsatz pro Stadt pro Bereich mit einer Summenbildung für alle Jahre.

```
Köln               Programmie         26964
Berlin             Datenbanke         17984
Bochum             Grafik            234144
```

Formulierung von zusammengesetzten Spalten

Als zusammengesetzte Spalten lassen sich alle gültigen Spaltenausdrücke verwenden. Dies bezieht sowohl die Zahl der für eine Dimension benötigten Spalten ein als auch Spaltenfunktionen, die z.B. Werte aus den gespeicherten Daten extrahieren.

Im folgenden ersten Beispiel finden Sie eine Variation der obigen Abfrage, wobei dieses Mal nicht nur Dimensionen aus zwei Spalten gebildet werden, sondern auch übersichtliche Angaben zu einer einzigen Spalte (wie z.B. für den Umsatz pro Ort und für den Umsatz pro Bereich) oder zu drei Spalten (wie z.B. für den Umsatz pro Ort pro Bereich pro Jahr) verlangt werden.

```
SELECT SUBSTR(EXTRACT(YEAR FROM T_Beginn),1,5) AS Jahr,
       SUBSTR(T_Ort,1,10)                      AS Ort,
       SUBSTR(K_Bereich,1,20)                  AS Bereich,
       TO_CHAR(SUM(B_Preis), '9G999G999U')     AS Summe
  FROM termin NATURAL JOIN buchung
              NATURAL JOIN kurs
  GROUP BY GROUPING SETS (
            (T_Ort, K_Bereich, EXTRACT(YEAR FROM T_Beginn)),
            (K_Bereich, EXTRACT(YEAR FROM T_Beginn)),
```

```
        (T_Ort),
        (K_Bereich),
        (EXTRACT(YEAR FROM T_Beginn)));
```

Listing 3.142 351_05.sql: Typen von zusammengesetzten Spalten

Dies erzeugt strukturell die folgende Ausgabe, wobei wir das Original sehr verkürzt haben und aus jeder Dimension zwei Reihen abdrucken:

```
JAHR  ORT        BEREICH              SUMME
----- ---------- -------------------- --------------------
2000  Bochum     Grafik                            53.070_
2001  Bochum     Grafik                            25.509_
2000             Grafik                            53.070_
2001             Grafik                            25.509_
                 Programmierung                 1.138.180_
                 Programmierung(Offic              47.994_
      Berlin                                       17.984_
      Bochum                                    1.778.365_
2000                                              413.543_
2001                                              209.712_
```

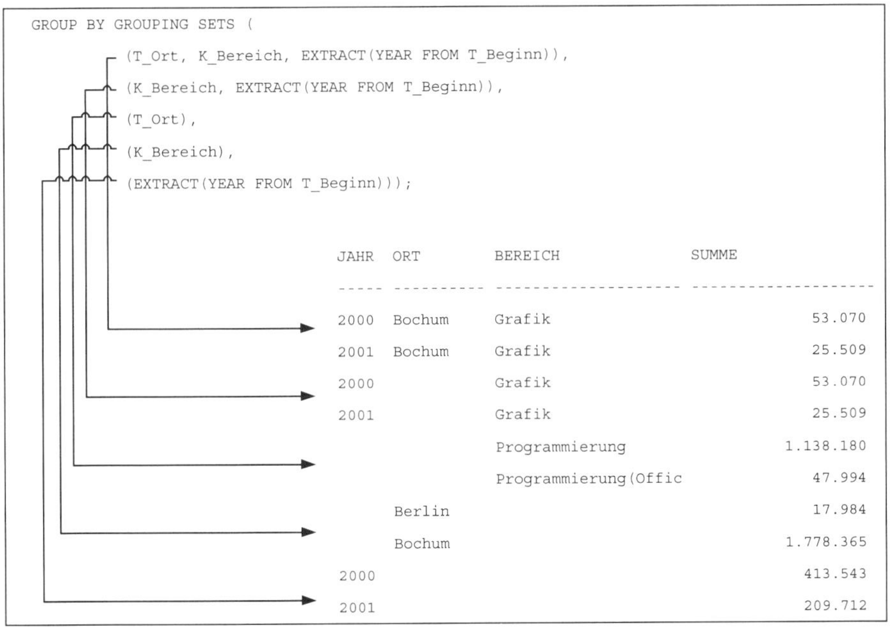

Abbildung 3.19 Dimensionsbestimmung bei GROUPING SETS

Die Spaltenliste kann nicht nur einzelne Spaltennennungen enthalten, sondern auch komplexe Strukturen in Form von durch einen Klammerausdruck kombinierten Spalten. Im folgenden Beispiel erzeugt man aus nur zwei in der Spaltenliste definierten Spalten drei Dimensionen, indem in der `GROUPING SETS`-Klausel die beiden Spalten `K_Bereich` und `T_Beginn` als eine Spalte zusammengefasst werden. So erhält man die drei Dimensionen Teilnehmerzahl *pro Bereich*, *pro Monat* und durch die Zusammenfassung auch *pro Bereich pro Monat*.

```
SELECT TO_CHAR(T_Beginn, 'MM') AS Monat,
       K_Bereich AS Bereich,
       COUNT(B_Nr) AS Zahl
  FROM buchung INNER JOIN termin
    ON buchung.T_Nr = termin.T_Nr
               INNER JOIN kurs
    ON termin.K_Nr = kurs.K_Nr
 GROUP BY GROUPING SETS(TO_CHAR(T_Beginn,'MM'),K_Bereich,
                       (TO_CHAR(T_Beginn,'MM'),K_Bereich));
```

Listing 3.143 351_06.sql: Komplexe Spaltenstrukturen

Diese Struktur ist gleichbedeutend und damit alternativ zu folgender Formulierung, in der die drei Dimensionen direkt bestimmt werden und auch unmittelbar als drei erkennbar sind:

```
GROUP BY GROUPING SETS (TO_CHAR(T_Beginn, 'MM'),
                        (K_Bereich),
                        (TO_CHAR(T_Beginn,'MM'),K_Bereich));
```

Wie oben erwähnt, erhält man drei Dimensionen:

```
MO BEREICH                              ZAHL
-- ------------------------------ ----------
01 Grafik                                  4
03 Grafik                                 42
   Webdesign                             240
   Datenbanken                           557
06                                       275
07                                       193
```

Es kann allerdings auch Situationen geben, in denen diese Kombination notwendig wird, um unerwünschte Ergebnisse zu vermeiden. Unerwünscht kann ein Ergebnis dabei nicht nur deswegen sein, weil man seine Informationen nicht benötigt, sondern weil es auch keine sinnvollen Informationen liefert. In der nächsten, sehr umfangreichen Abfrage ermittelt man zunächst die Anzahl der Teilnehmer pro Unternehmen und pro Bereich, den Umatz und die Anzahl der gebuchten Termine. Durch die Abfragestruktur muss man im `GROUP BY`-Ausdruck in jedem Fall die Unternehmensnummer und den Beginn gruppieren. Dies führt aber zu unsinnigen bzw. nicht verwertbaren Informationen, da dies als Dimensionsangabe verstanden wird.

```
SELECT SUBSTR(EXTRACT(YEAR FROM T_Beginn),1,5) AS Jahr,
       SUBSTR(U_Name, 1, 15) AS Unternehmen,
       SUBSTR(K_Bereich,1,5) AS Bereich,
       (SELECT COUNT(buchung.TN_Nr)
          FROM buchung INNER JOIN teilnehmer
            ON buchung.TN_Nr = teilnehmer.TN_Nr
                       INNER JOIN unternehmen b
            ON teilnehmer.U_Nr = b.U_Nr
         WHERE b.U_Nr = a.U_Nr
         GROUP BY U_Nr) AS TNZahl,
       (SELECT COUNT(DISTINCT T_Nr)
          FROM buchung INNER JOIN teilnehmer
            ON buchung.TN_Nr = teilnehmer.TN_Nr
                       INNER JOIN unternehmen b
            ON teilnehmer.U_Nr = b.U_Nr
         WHERE b.U_Nr = a.U_Nr
         GROUP BY U_Nr)           AS Termine,
       SUM(B_Preis)               AS Summe
  FROM buchung INNER JOIN teilnehmer
    ON buchung.TN_Nr = teilnehmer.TN_Nr
               INNER JOIN unternehmen a
    ON teilnehmer.U_Nr = a.U_Nr
               INNER JOIN termin
    ON buchung.T_Nr = termin.T_Nr
               INNER JOIN kurs
    ON termin.K_Nr = kurs.K_Nr
  GROUP BY GROUPING SETS (U_Name, K_Bereich,
                         (U_Nr,EXTRACT(YEAR FROM T_Beginn)))
  HAVING SUM(B_Preis) > 15000;
```

Listing 3.144 351_07.sql: Notwendige Verknüpfung von Spalten

Die so formulierte Abfrage liefert folgendes Ergebnis in den drei angegebenen Dimensionen, die auch sinnvolle Datenstrukturen darstellen:

```
JAHR  UNTERNEHMEN      BEREI      TNZAHL     TERMINE        SUMME
----- --------------- ----- ---------- ---------- ----------
2002                               31          6      16536
2003                               30          5      19392
                       Serve                          69856
                       Webde                         132856
       KVZ Bank Essen                                 15150
      Bildungsforum g                                 16140
```

Verzichtet man auf die oben angegebene Klammerung der beiden notwendigerweise zu gruppierenden Spalten `Unternehmensnummer` und `Beginn`, erhält man diese beiden Spalten auch als Dimension mit folgenden wertlosen Informationen:

```
JAHR  UNTERNEHMEN      BEREI      TNZAHL     TERMINE        SUMME
----- --------------- ----- ---------- ---------- ----------
                                   30          5      24030
                                   24          4      20748
                                   24          4      19026
```

Gruppensuchbedingungen und Sortierungen

Da es sich bei allen drei Klauseln um Erweiterungen der `GROUP BY`-Klausel handelt, kann man wie bisher Gruppensuchbedingungen und Sortierungen an diese Klausel anschließen. Dabei gilt die Gruppensuchbedingung nicht für die Datenverarbeitung, sondern ausschließlich für die Anzeigen. Dies zeigt folgendes Beispiel, in dem die Umsätze pro Unternehmen anhand des Unternehmensnamens und des Bereichsnamens ausgegeben und ermittelt werden. Dabei sollen nur die Datensätze ausgegeben werden, die größer als 5 000 sind. Mit der `LIKE`-Bedingung wird die Funktionsweise anhand eines speziell ausgewählten Unternehmens gezeigt.

```
SELECT SUBSTR(U_Name,1,25)     AS Unternehmen,
       SUBSTR(K_Bereich,1,11) AS Bereich,
       SUM(B_Preis)            AS Summe
  FROM buchung NATURAL JOIN teilnehmer
               NATURAL JOIN unternehmen
               NATURAL JOIN termin
               NATURAL JOIN kurs
  GROUP BY GROUPING SETS ((U_Name, K_Bereich),
                          (U_Name))
  HAVING SUM(B_Preis) > 5000
```

```
    OR U_Name LIKE '5D%'
  ORDER BY U_Name, K_Bereich;
```

Listing 3.145 351_09.sql: Gruppensuchbedingungen

Man erhält im Ergebnis wie sonst auch die Summen pro Unternehmen, sofern sie die 5 000-Euro-Grenze überschreiten, und auch sämtliche Datensätze für das über die LIKE-Bedingung ausgewählte Unternehmen. Im Vergleich zum zweiten abgedruckten Unternehmen sieht man, dass die Gesamtsumme sich auf alle Bereiche bezieht, wenn auch nicht alle Datensätze für das zweite Unternehmen ausgegeben werden. Es hat 8 920 Euro umgesetzt, wovon 6 500 auf den Bereich Programmierung entfallen und die übrigen 2 420 auf einen anderen Bereich, der nicht ausgegeben werden kann, da er 5 000 Euro nicht übersteigt.

```
5D Trading Computer + Com Datenbanken        8520
5D Trading Computer + Com Webdesign          3450
5D Trading Computer + Com                   11970
90 Products Analysentechn Programmier        6500
90 Products Analysentechn                    8920
```

ROLLUP

Für die Erzeugung von Zwischensummen lassen sich vollständige oder auch teilweise Spaltengruppen definieren, die mit der Erweiterung ROLLUP als Summenspalten deklariert werden.

Verwendung für Spaltensummen

Der Einsatz von ROLLUP ist überaus einfach, da seine einzige Funktion nur in der Erzeugung von Spaltensummen besteht. Diese Klausel schließt man ebenfalls an den GROUP BY-Befehl an und nennt in einem Klammerausdruck die zu summierenden Spalten. Dabei werden die gewöhnlichen, auch von einem einfachen GROUP BY-Befehl erzeugten Spalten und Ergebnisse erzeugt, ergänzt um Unterspaltensummen und eine große Spaltensumme am Ende der gesamten Tabelle. Die folgende Abfrage zählt die Umsätze pro Bereich und ermittelt für die einzelnen Jahre jeweils eine Jahressumme und für die gesamte Tabelle eine Gesamtsumme.

```
SELECT K_Bereich,
       TO_CHAR(T_Beginn, 'YYYY') AS Jahr,
       SUM(B_Preis)
  FROM teilnehmer INNER JOIN buchung
    ON buchung.TN_Nr = teilnehmer.TN_Nr
```

```
                    INNER JOIN termin
    ON buchung.T_Nr = termin.T_Nr
                    INNER JOIN kurs
    ON kurs.K_Nr = termin.K_Nr
  GROUP BY ROLLUP (TO_CHAR(T_Beginn, 'YYYY'), K_Bereich);
```

Listing 3.146 351_10.sql: Erzeugung von Spaltensummen

Das Ergebnis erhält die angekündigten Summen für jedes Jahr mit ausgewiesener Jahreszahl und einer Gesamtsumme am Ende der Tabelle.

```
K_BEREICH                      JAHR SUM(B_PREIS)
------------------------------ ---- ------------
Datenbanken                    2003       213220
Programmierung                 2003       566631
Programmierung(Office)         2003        17811
                               2003      1024639
                                         2091329
```

Vollständige und teilweise Summenbildung

Die Art und Weise der Summierung kann man beeinflussen, indem man die Spalten, die gruppiert werden müssen, weil man für sie Daten zählt, und die Spalten, die für die Summenbildung herangezogen werden sollen, getrennt erfasst. Im folgenden Beispiel erzeugt man was für den Ort und das Jahr sowie die gewöhnlichen Summen aus dem `GROUP BY`-Befehl in Kombination mit der `ROLLUP`-Klausel. resultiert. Allgemein gesagt: Bei einer Formulierung wie `GROUP BY spalte1, ROLLUP(spalte2, spalte3)` erhält man Summen für die Bereiche `(spalte1, spalte2, spalte3)`, `(spalte1, spalte2)` und `(spalte1)`.

```
SELECT TO_CHAR(T_Beginn, 'YYYY') AS Zeit,
       SUBSTR(T_Ort,1,10)        AS Ort,
       SUBSTR(K_Bereich,1,10)    AS Bereich,
       COUNT(DISTINCT T_Nr)      AS Termine,
       SUM(B_Preis)              AS Summe
  FROM termin NATURAL JOIN buchung
              NATURAL JOIN kurs
  GROUP BY TO_CHAR(T_Beginn, 'YYYY'),
           ROLLUP(T_Ort, K_Bereich);
```

Listing 3.147 351_11.sql: Teilweise Summenbildung

Man erhält die angekündigten Summen:

```
ZEIT ORT        BEREICH      TERMINE      SUMME
---- ---------- ---------- ---------- ----------
2003 Münster    Datenbanke          2       7536
2003 Münster    Programmie          5      24891
2000 Bochum                       121     413543
2001 Bochum                        59     209712
2000                              121     413543
2001                               59     209712
```

CUBE

Die CUBE-Erweiterung ist im Vergleich zur GROUPING SETS-Klausel eine große Vereinfachung, da sie alle möglichen Dimensionen automatisch erzeugt. Dies lässt schon ihr Name erkennen: Sie berechnet den größtmöglichen Würfel, wohingegen bei der GROUPING SETS-Klausel die einzelnen Achsen extra definiert werden müssen. Der einzige Nachteil besteht darin, dass damit in den meisten Fällen auch Datenstrukturen generiert werden, die nicht benötigt werden.

```
SELECT SUBSTR(K_Bereich,1,12)     AS "Bereich",
       SUBSTR(K_Titel,1,12)       AS "Titel",
       COUNT(DISTINCT kurs.K_Nr)  AS "Anzahl Kurse",
       COUNT(B_Nr)                AS "Anzahl Buchungen"
  FROM kurs INNER JOIN termin
    ON kurs.K_Nr = termin.K_Nr
         INNER JOIN buchung
    ON termin.T_Nr = buchung.T_Nr
 GROUP BY CUBE (K_Bereich, K_Titel);
```

Listing 3.148 351_12.sql: Erzeugung eines Würfels

Man erhält im Ergebnis sämtliche verfügbaren Dimensionen:

- Die Spaltenliste wird aus der in der Abfrage erzeugten Spaltenliste übernommen.
- Dimension Anzahl Buchungen, Anzahl Kurse pro Titel pro Bereich:

```
Bereich      Titel        Anzahl Kurse Anzahl Buchungen
------------ ------------ ------------ ----------------
Datenbanken  Access                  3              133
Datenbanken  MS SQL-Serve            2               21
```

- Dimension Anzahl Buchungen, Anzahl Kurse pro Bereich:

```
Datenbanken                      13             557
Grafik                            8             384
```

- Dimension Anzahl Buchungen, Anzahl Kurse pro Titel:

```
            ASP.NET              1               30
            Access               3              133
```

- Spaltensummen für Anzahl der Kurse und Anzahl der Buchungen:

```
                                 79            2835
```

GROUPING-Funktionen

Ganz zu Anfang haben wir darauf hingewiesen, dass man sich gewaltige Wortgefechte darüber liefern kann, ob die vorgestellten Erweiterungen Verschlimmbesserungen beim Einsatz des relationalen Modells darstellen oder ob es sich um nützliche Konstruktionen handelt. Die Grundproblematik besteht in der Vermischung einer Formatierung, die notwendigerweise beim Einsatz von Unter- und Gesamtsummen sowie bei der Dimensionsbildung entsteht, mit den eigentlichen Daten, wie sie direkt aus einer Berechnung und aus den Tabellenwerten entnommen werden. Möchte man nun solche Datenstrukturen verarbeiten, bei denen – im Gegensatz zum relationalen Modell, bei dem nur die horizontale Spaltenverteilung inhaltlich bedeutsam ist – auch die vertikale Position eine Bedeutung hat, muss man eine Möglichkeit haben herauszufinden, welche Zeile zu welcher Struktur gehört. Diese Problematik wird durch unterschiedliche Zusatzfunktionen gemildert, die als Spaltenfunktionen verwendet werden können. Sie liefern sehr einfache Informationen, an denen der Zeilentyp ermittelt werden kann.

Aggregationsstufen und Untersummen bei GROUPING

Mit `GROUPING` werden die ärgsten Probleme bei der Verwendung mit den von `GROUP BY`-Erweiterungen auf Zeilenebene gelöst. Diese Funktion wird als Spaltenfunktion für die Dimensionsspalten genutzt, wobei sie nicht bei der einfachen Verwendung der Spalte zusätzlich zum Tragen kommt, sondern in einem erneuten Aufruf jeder Dimensionsspalte eingerichtet wird. Dies bedeutet für das nächste Beispiel, das eine Variation des vorherigen darstellt, dass die beiden Dimensionen `Bereich` und `Titel` noch einmal mit dieser Spaltenfunktion aufgerufen werden. Die Funktion besitzt die folgenden zwei Rückgabewerte:

- 1, wenn die Zeile eine `NULL` enthält, die durch `ROLLUP` oder `CUBE` hervorgerufen wurde. Dies ist genau bei Untersummen und Summen der Fall.

- 0, wenn ein anderer Wert oder ein in der Datenbank gespeicherter NULL-Wert in der Zeile erscheint.

```
SELECT SUBSTR(K_Bereich,1,5)      AS Bereich,
       SUBSTR(K_Titel,1,10)       AS Titel,
       COUNT(DISTINCT kurs.K_Nr) AS Kurse,
       COUNT(B_Nr)                AS Buchungen,
       GROUPING(K_Bereich)        AS B,
       GROUPING(K_Titel)          AS T
  FROM kurs INNER JOIN termin
    ON kurs.K_Nr = termin.K_Nr
         INNER JOIN buchung
    ON termin.T_Nr = buchung.T_Nr
 GROUP BY CUBE (K_Bereich, K_Titel);
```

Listing 3.149 351_13.sql: Verwendung von GROUPING bei CUBE

Im Ergebnis erhält man zwei weitere Spalten, die die Werte für die beiden Dimensionen Bereich und Titel individuell charakterisieren. Überall dort, wo ein Wert aus der Tabelle verwendet wird, wie dies in den ersten beiden Zeilen des verkürzten Ergebnisses der Fall ist, erhält man den Zahlwert 0. Überall dort hingegen, wo Berechnungen zu NULL-Werten führen, wie dies in den beiden folgenden Zeilen für die Kurse pro Bereich für die Spalte K_Titel der Fall ist, erhält man den Zahlwert 1. Während in dieser Dimension wie auch für ihr Pendant im Titel-Bereich jeweils ein Wert – Titel oder Bereich – direkt aus der Datenbank stammt, erhält man für eine Spalte eine 1 und für die andere Spalte eine 0. Dies ändert sich in der letzten Zeile, in der nur noch die Gesamtsumme ausgegeben wird. Dies bewirkt gleichermaßen für die Titel- und Bereichsspalte NULL-Werte.

```
BEREI TITEL          KURSE  BUCHUNGEN          B          T
----- ---------- ---------- ---------- ---------- ----------
Daten Access              3        133          0          0
Daten MS SQL-Ser          2         21          0          0
Serve                     3         91          0          1
Webde                     5        240          0          1
      ASP.NET             1         30          1          0
      Access              3        133          1          0
                         79       2835          1          1
```

Für die ROLLUP-Erweiterung erhält man bei der Verwendung dieser Funktion notwendigerweise eine bestimmte Struktur, da hier nach den definierten Gruppen Untersummen gebildet werden und daher stets eine Reihe mit 0-Werten für die Dimensionen erscheint.

```
SELECT K_Bereich                            AS Bereich,
       TO_CHAR(T_Beginn, 'YYYY')            AS Jahr,
       SUM(B_Preis)                         AS Summe,
       GROUPING(K_Bereich)                  AS K,
       GROUPING(TO_CHAR(T_Beginn, 'YYYY')) AS T
  FROM teilnehmer INNER JOIN buchung
    ON buchung.TN_Nr = teilnehmer.TN_Nr
              INNER JOIN termin
    ON buchung.T_Nr = termin.T_Nr
              INNER JOIN kurs
    ON kurs.K_Nr = termin.K_Nr
  GROUP BY ROLLUP (TO_CHAR(T_Beginn, 'YYYY'), K_Bereich);
```

Listing 3.150 351_14.sql: GROUPING bei ROLLUP

Man erhält also folgendes typisches Ergebnis mit 0-Werten in den Untersummen und in der Gesamtsumme am Ende der Ausgabe:

```
BEREICH                       JAHR      SUMME          K  T
----------------------------- ---- ---------- ---------- --
Programmierung                2003     566631          0  0
Programmierung(Office)        2003      17811          0  0
                              2003    1024639          1  0
                                      2091329          1  1
```

Eine weitere Variante bietet sich bei der Verwendung der GROUPING-Funktion in der Gruppensuchbedingung mit HAVING an. Hier eröffnet sich die Möglichkeit, explizit Summen- und/oder Untersummenzeilen auszuwählen und damit Unterergebnisse sowie Rohdaten auszublenden. Im folgenden Beispiel ersetzen wir nur den letzten Teil der obigen Abfrage, sodass nur sämtliche Summenzeilen ausgegeben werden:

```
...
  GROUP BY ROLLUP (TO_CHAR(T_Beginn, 'YYYY'), K_Bereich)
  HAVING GROUPING(TO_CHAR(T_Beginn, 'YYYY')) = 1
      OR GROUPING(K_Bereich) = 1;
```

Listing 3.151 351_15.sql: Zugriff auf GROUPING-Ergebnisse

Man erhält folgendes Ergebnis, das nur die Summenzeilen ausgibt:

```
B JAHR       SUMME          K          T
- ---- ---------- ---------- ----------
  2000     413543          1          0
  2001     209712          1          0
  2002     443435          1          0
  2003    1024639          1          0
          2091329          1          1
5 Zeilen ausgewählt.
```

Gruppierungsebenen mit GROUPING_ID

Um zu ermitteln, zu welcher Gruppierungsebene eine spezielle Zeile gehört, verwendet man die Funktion GROUPING_ID. Diese Funktion erwartet mindestens eine Spalte bzw. eine Dimension. Möchte man – was wohl der Regelfall ist – alle Dimensionen analysieren und den einzelnen Ergebniszeilen einen Ebenenwert zuweisen, listet man diese in dem Klammerausdruck der Funktion auf. Das Ergebnis bemisst sich beispielsweise für zwei Dimensionen wie in der folgenden Übersicht. Dabei entspricht die erste Zeile mit dem Wert 0 für die GROUPING_ID-Funktion einer normalen, gewöhnlichen Gruppierung. Erst die Betrachtung der einzelnen Achsen sowie der Gesamtsumme verlangt weitere Gruppierungen und damit auch eine höhere Gruppierungsebene.

Gruppierung	Bit-Vektor	GROUPING_ID-Wert
a,b	00	0
a	01	1
b	10	2
Gesamtsumme	11	3

Tabelle 3.8 Werte der GROUPING_ID-Funktion

Im folgenden Beispiel lässt man sich für die in den GROUPING SETS exakt benannten drei Achsen und die Gesamtsumme auch die Gruppierungsebene ausgeben.

```
SELECT TO_CHAR(T_Beginn, 'MM')     AS Monat,
       K_Bereich                   AS Bereich,
       COUNT(B_Nr)                 AS Zahl,
       GROUPING_ID(K_Bereich,
          TO_CHAR(T_Beginn, 'MM')) AS Ebene
  FROM buchung INNER JOIN termin
    ON buchung.T_Nr = termin.T_Nr
```

```
                INNER JOIN kurs
     ON termin.K_Nr = kurs.K_Nr
  GROUP BY GROUPING SETS (ROLLUP(TO_CHAR(T_Beginn,'MM')),
                          K_Bereich,(TO_CHAR(T_Beginn,'MM'),
                          K_Bereich));
```

Listing 3.152 351_16.sql: Gruppierungsebenen bestimmen

Im folgenden Ergebnis sind die oben in den GROUPING SETS definierten Achsen und die mit ROLLUP definierte Gesamtsumme angegeben:

```
MO BEREICH                              ZAHL      EBENE
-- ------------------------------ ---------- ----------
01 Grafik                                  4          0
   Programmierung(Office)                 76          1
01                                        70          2
                                        2835          3
```

Duplikatsuche mit GROUP_ID

Die komplexen Ergebnisse können in einigen Situationen Duplikate hervorbringen, die manchmal natürlich durch andere Schreibweisen zu vermeiden wären, aber manchmal auch unumgänglich sind. In solchen Fällen ist es durchaus keine Kosmetik, solche Duplikate auszublenden, da sie – anders als bei gewöhnlichen Abfragen, in denen Duplikate oft sofort ins Auge fallen – Ergebnisbewertungen oder die weitere Verarbeitung komplett verfälschen würden. Mit der GROUP_ID-Funktion, die ohne Spaltenaufruf, also ohne Parameter, zum Einsatz kommt, lassen sich solche Duplikate mit dem Zahlwert 1 in der GROUP_ID-Spalte kennzeichnen. Dabei erhält die erste Ausgabe eines Datensatzes den Zahlwert 0, die zweite den Zahlwert 1 und die folgende eine 2 usw. Das gesamte Abfrageergebnis wird also von oben nach unten verarbeitet und zeilenweise miteinander verglichen.

In der folgenden Abfrage möchte man explizit noch eine Liste aller Bereiche mit ihren Teilnehmerzahlen erhalten, wobei die Spalte K_Bereich doppelt in der CUBE-Klausel erscheint. Dies führt im Ergebnis dazu, dass zwar die gewünschten Daten zusätzlich ausgegeben werden, dies allerdings mit Duplikaten für die anderen beiden Achsen verbunden wird.

```
SELECT TO_CHAR(T_Beginn, 'YYYY') AS Zeit,
       SUBSTR(T_Ort,1,10)        AS Ort,
       SUBSTR(K_Bereich,1,10)    AS Bereich,
       COUNT(DISTINCT T_Nr)      AS Termine,
       COUNT(TN_Nr)              AS Summe,
```

```
      GROUP_ID()
  FROM termin NATURAL JOIN buchung
              NATURAL JOIN kurs
  GROUP BY CUBE(TO_CHAR(T_Beginn, 'YYYY'),
                (T_Ort, K_Bereich),
                 K_Bereich);
```

Listing 3.153 351_17.sql: Duplikate herausfinden

Im Ergebnis erhält man, wie oben erwähnt, die zusätzlichen Informationen, aber auch Duplikate:

```
ZEIT ORT        BEREICH       TERMINE       SUMME GROUP_ID()
---- ---------- ---------- ---------- ---------- ----------
2003 Berlin     Datenbanke          5         22          0
2003 Berlin     Datenbanke          5         22          1
     Bochum     Programmie        223       1105          1
                Datenbanke        109        557          0
                Grafik             74        384          0
```

Um die Vorteile einer komplexen Definition von Dimensionen zu nutzen, kann man über eine Gruppensuchbedingung in der HAVING-Klausel die Duplikate ausblenden:

```
  GROUP BY CUBE(TO_CHAR(T_Beginn, 'YYYY'),
                (T_Ort, K_Bereich), K_Bereich)
  HAVING GROUP_ID() < 1;
```

Listing 3.154 351_18.sql: Ausblenden von Duplikaten

3.5.2 Rangordnungen erstellen

Für die Ermittlung von Rangfolgen aller Art stellt Oracle fast zwei Hand voll Funktionen bereit, mit denen unterschiedliche Hitparaden wie auch Häufigkeitsverteilungen eingerichtet werden können. Da ihre Verwendung sehr einfach ist, werden wir die Darstellung auf einige Beispiele beschränken.

Rangfolgen einrichten

Als Ergänzung – wenn auch nicht zur syntaktischen Erweiterung – der allgemeinen ORDER BY-Klausel gibt es zwei weitere Funktionen, mit denen sich Sortierungen unter Verwendung einer Hitparadennummer vornehmen lassen. Dabei unterscheiden sich beide Funktionen nur in der Art und Weise der Zuordnung von Hitparadenplätzen, nicht aber in der allgemeinen Syntax:

- RANK sortiert nach einem Vergleich der vorhandenen und zu sortierenden Werte so, dass auch Lücken innerhalb der Hitparade entstehen können. Es werden also bei breit gestreuten Werten oder großen Unterschieden zwischen aufeinander folgenden Werten Plätze ausgelassen.

```
RANK() OVER (
[PARTITION BY ausdruck [, ...]]
ORDER BY ausdruck [ASC|DESC]
[NULLS FIRST|NULLS LAST] [, ...]
)
```

- DENSE_RANK sortiert dicht und lässt keine Hitparadenplätze offen. Auch wenn Daten weit auseinander liegen und sich große Abstände zwischen direkt benachbarten Datensätzen öffnen, werden die Hitparadenplätze der Reihe nach lückenlos vergeben.

```
DENSE_RANK() OVER (
[PARTITION BY ausdruck [, ...]]
ORDER BY ausdruck [ASC|DESC]
[NULLS FIRST|NULLS LAST] [, ...]
)
```

Durch die verschiedenen Parameter beider Funktionen eröffnen sich folgende Möglichkeiten:

- Mit der PARTITION BY-Klausel lassen sich Untermengen anhand eines gültigen Ausdrucks bilden, sodass innerhalb dieser einzelnen Gruppen eine neue Sortierung stattfindet.
- Die eigentliche Sortierung und die Sortierreihenfolge (Standard ASC) definiert man über ORDER BY und einen gültigen Ausdruck.
- Die Platzierung von NULL-Werten für die zu sortierenden Ergebnisse lässt sich mit der Angabe NULLS FIRST und NULLS LAST so manipulieren, dass solche Werte entweder komplett am Anfang oder am Ende der Sortierung erscheinen. Da NULL-Werte als größte Werte behandelt werden, erscheinen sie bei fehlender Angabe und ASC-Sortierung automatisch zuletzt.

Das nächste Beispiel zeigt die Grundkonstruktion der beiden Sortierungen, ohne auf Untergruppen einzugehen. Man sortiert lediglich mit Hilfe von beiden Funktionen die Anzahl der Unternehmen pro Stadt:

```
SELECT SUBSTR(U_Stadt,1,20)          AS Stadt,
       COUNT(U_Nr)                   AS Zahl,
       RANK() OVER       (ORDER BY COUNT(U_Nr) DESC)
                                     AS Hitparade1,
```

```
       DENSE_RANK() OVER (ORDER BY COUNT(U_Nr) DESC)
                                         AS Hitparade2
  FROM unternehmen
 GROUP BY U_Stadt;
```

Listing 3.155 352_01.sql Rangfolgen einrichten

Im Ergebnis gleichen sich beide Rangordnungen für die ersten sieben Datensätze. Da jedoch der weitaus größte Teil der Städte nur ein Unternehmen beherbergt und es zudem in den ersten sieben Städten prozentual weitaus mehr Unternehmen gibt als in den nachfolgenden, lässt die RANK-Funktion die Plätze 8 und 10 ausfallen. Für die DENSE_RANK-Funktion hingegen gibt es keine Lücken, sodass nicht nur diese beiden Plätze besetzt werden, sondern überhaupt alle Werte von 1 bis 11 erscheinen, wenn auch der prozentuale Unterschied zwischen 1 und 59 gewaltig ist.

```
STADT                      ZAHL HITPARADE1 HITPARADE2
-------------------- ---------- ---------- ----------
Dortmund                     59          1          1
Bochum                       48          2          2
...
Berlin                        7          7          7
Gelsenkirchen                 7          7          7
Nürnberg, Mittelfr            2          9          8
Wiesbaden                     2          9          8
Alsbach-Hähnlein              1         11          9
```

Für die Bildung von Untergruppen gilt, dass man eine weitere Sortierung über eine Differenzierung (Schichtung, Gruppenbildung etc.) innerhalb der zu sortierenden Menge anhand eines gültigen Ausdrucks einrichten muss. Dies können Postleitzahlen in Städten, Jahre im Zeitverlauf und weitere typische Untermengen von anderen Mengen sein. Folgendes Beispiel extrahiert aus dem Seminarbeginn die Jahreszahl und ordnet für jedes Jahr die Kunden in der Reihenfolge ihrer Teilnehmeranmeldungen.

```
SELECT EXTRACT(YEAR FROM T_BEGINN)  AS Jahr,
       U_Nr                         AS Unternehmen,
       COUNT(B_Nr)                  AS Zahl,
       DENSE_RANK() OVER
        (PARTITION BY EXTRACT(YEAR FROM T_BEGINN)
         ORDER BY COUNT(B_Nr) DESC) AS Hitparade
  FROM unternehmen NATURAL JOIN teilnehmer
                   NATURAL JOIN buchung
```

```
                    NATURAL JOIN termin
 GROUP BY U_Nr, EXTRACT(YEAR FROM T_BEGINN);
```

Listing 3.156 352_02.sql: Einsatz von Untergruppen

Im Ergebnis erhält man eine Sortierung der Kunden nach Teilnehmerzahlen pro Jahr, d.h. beginnend bei 2000 und fortgeschrieben bis zum aktuellen Stand der Buchungstabelle. In jeder neuen Gruppe beginnt die Sortierung von neuem.

```
      JAHR UNTERNEHMEN       ZAHL HITPARADE
---------- ----------- ---------- ----------
      2000           4         12          1
      2000           3         10          2
      2000         245          8          3
      2000           9          6          4
      2001         108         18          1
      2001         163         12          2
```

Hitparaden erstellen

Wie schon bei der Vorstellung der abgeleiteten Tabellen im Zusammenhang mit Unterabfragen gezeigt wurde, lassen sich mit dieser Technik Top-n-Abfragen erstellen. Eine Variante für diese Abfragetechnik ist die Verwendung von einer Ordnungsfunktion von RANK oder DENSE_RANK, wobei man dann auf die Hitparadenplätze zugreift, die in der durch die Funktionen erzeugten Spalte gespeichert sind.

```
SELECT Unternehmen, Zahl, Hitparade
  FROM (SELECT U_Nr                        AS Unternehmen,
               COUNT(B_Nr)                 AS Zahl,
               DENSE_RANK() OVER
                (ORDER BY COUNT(B_Nr) DESC) AS Hitparade
          FROM unternehmen NATURAL JOIN teilnehmer
                           NATURAL JOIN buchung
         GROUP BY U_Nr) Daten
  WHERE Hitparade <= 5;
```

Listing 3.157 352_03.sql: Top-n-Abfrage

Rangfolgen mit Verteilungen bestimmen

Für eine prozentuale Bestimmung von Positionen auf einer Skala verwendet man zwei verschiedene Funktionen, die in ihren Ergebnissen ein wenig statistischen Häufigkeitsverteilungen ähneln, aber keine solchen Verteilungen darstellen. Die einzelnen Datensätze erhalten nach einem bestimmten Algorithmus eine Dezimalzahl zugewiesen, die – im Gegensatz zu Häufigkeitsverteilungen – auch mehrfach im Ergebnis auftreten kann, wenn die zu verarbeitenden Werte gleich sind.

- `CUME_DIST` berechnet die Position eines Wertes anhand des relativen Vergleichs zu den übrigen Werten. Die Reihenfolge kann sowohl aufsteigend als auch absteigend sein, wobei die nachfolgende allgemeine Syntax zeigt, dass die grundsätzliche Angaben zu den Parametern auch hier gelten. Der berechnete Wert bewegt sich zwischen 0 und 1 und wird anhand folgender Formel ermittelt:
  `CUME_DIST(x) = ⟨Zahl der Werte vor S, inkl. x, in der angegebenen Reihenfolge⟩ / ⟨Anzahl der Werte⟩`

  ```
  CUME_DIST() OVER
  ([PARTITION BY ausdruck [, ...]]
  ORDER BY ausdruck [ASC|DESC]
  [NULLS FIRST | NULLS LAST] [, ...])
  ```

- `PERCENT_RANK` berechnet die Position eines Wertes anhand eines prozentualen Vergleichs mit den übrigen Werten. Die Einordnung erfolgt dabei anhand von Rangfolgewerten, die über die relative Größe des Wertes zu den übrigen Werten ermittelt werden. Dies gelingt mit der Formel `(⟨Zeilenrang der Untergruppe⟩ - 1) / ⟨Zeilenzahl der Untermenge⟩ - 1)`. Der berechnete Wert bewegt sich zwischen 0 und 1.

  ```
  PERCENT_RANK() OVER
  ([PARTITION BY ausdruck [, ...]]
  ORDER BY ausdruck [ASC|DESC]
  [NULLS FIRST | NULLS LAST] [, ...])
  ```

Im folgenden Beispiel vergleicht man die Einordnung durch die Funktion `RANK` mit der Einordnung durch die Funktion `CUME_DIST` für die Anzahl der Unternehmen pro Stadt:

```
SELECT SUBSTR(U_Stadt,1,10) AS Stadt,
       COUNT(U_Nr)          AS Zahl,
       RANK() OVER      (ORDER BY COUNT(U_Nr) DESC)
                            AS Hitparade,
       CUME_DIST() OVER (ORDER BY COUNT(U_Nr) ASC)
                            AS Position
  FROM unternehmen
 GROUP BY U_Stadt
```

```
 HAVING COUNT(U_Nr) > 2
 ORDER BY COUNT(U_Nr) DESC;
```

Listing 3.158 352_04.sql: Relative Position ermitteln

Man erhält aufsteigende Werte, die durch die Sortierung so geordnet werden. Wie Sie sehen, erhält der größte Wert den Wert 1, und alle nachfolgenden Werte bewegen sich anhand ihrer relativen Größe im Spektrum zwischen 1 und 0. Dabei kann es – wie für die letzten beiden Datensätze – auch zu gleichen Werten kommen, wenn die eingehenden Werte gleich sind.

```
STADT            ZAHL  HITPARADE   POSITION
---------- ---------- ---------- ----------
Dortmund           59          1          1
Bochum             48          2       ,875
Düsseldorf         42          3        ,75
Essen, Ruh         28          4       ,625
Duisburg           20          5         ,5
Hattingen,         11          6       ,375
Berlin              7          7        ,25
Gelsenkirc          7          7        ,25
8 Zeilen ausgewählt.
```

Das folgende Beispiel vergleicht dagegen anhand der gleichen Untersuchung die RANK-Funktion mit der PERCENT_RANK-Funktion:

```
SELECT SUBSTR(U_Stadt,1,10) AS Stadt,
       COUNT(U_Nr)          AS Zahl,
       RANK() OVER         (ORDER BY COUNT(U_Nr) DESC)
                            AS Hitparade,
       PERCENT_RANK() OVER (ORDER BY COUNT(U_Nr) ASC)
                            AS Position
  FROM unternehmen
 GROUP BY U_Stadt
HAVING COUNT(U_Nr) > 11
 ORDER BY COUNT(U_Nr) DESC;
```

Listing 3.159 352_05.sql: Hitparade

Man erhält ein Ergebnis, wobei die größte Zahl den Wert 1 zugewiesen bekommt und alle weiteren in Relation zu den anderen Werten berechnet werden.

```
STADT             ZAHL  HITPARADE   POSITION
---------- ---------- ---------- ----------
Dortmund            59          1          1
Bochum              48          2        ,75
Düsseldorf          42          3         ,5
Essen, Ruh          28          4        ,25
Duisburg            20          5          0
5 Zeilen ausgewählt.
```

Es mag auf den ersten Blick so scheinen, als würde die CUME_DIST-Funktion die empirische Häufigkeitsverteilung berechnen. Tatsächlich ist dies nicht der Fall, wie das nachfolgende Beispiel zeigt. Hier tauchen einige Funktionen auf, die erst später behandelt werden, doch es kommt hier nicht auf die Syntax, sondern auf die von ihnen bereitgestellten Informationen an. Man erhält eine erweiterte Liste mit Städten und der Anzahl der Unternehmen, die dort ihren Sitz haben. In der letzten Spalte erhält man die relative Häufigkeit, die für den Vergleich mit dem durch die CUME_DIST-Funktion berechneten Wert verwendet werden kann.

```
SELECT SUBSTR(U_Stadt,1,10)       AS Stadt,
       COUNT(U_Nr)                AS Zahl,
       SUM(COUNT(U_Nr)) OVER ()   AS Gesamt,
       CUME_DIST() OVER
        (ORDER BY COUNT(U_Nr))    AS Position,
       ROUND(RATIO_TO_REPORT
        (COUNT(U_Nr)) OVER (),4)  AS Relativ
  FROM unternehmen
 GROUP BY U_Stadt
 HAVING COUNT(U_Nr) > 7;
```

Listing 3.160 352_06.sql: Vergleich der relativen Häufigkeit mit CUME_DIST

Im Ergebnis erhält man eine Liste mit sechs Städten und ihren Unternehmenszahlen. Die von der CUME_DIST-Funktion zurückgelieferten Werte ähneln sehr einer Häufigkeitsverteilung, da sie kumulativ wirken und die obere Grenze bei 1 liegt. Stattdessen passen diese Werte bzw. nach dem ersten Wert die Differenzen aber nicht zur relativen Häufigkeit für den entsprechenden Datensatz. Der erste Wert berechnet sich mit 1/6, der folgende mit 2/6 usw., was naturgemäß zu größeren Werten entlang der Bruchfolge und schließlich zu 6/6=1 führt.

```
STADT            ZAHL     GESAMT  POSITION    RELATIV
---------- ---------- ---------- ---------- ----------
Hattingen,         11        208 ,166666667      ,0529
Duisburg           20        208 ,333333333      ,0962
Essen, Ruh         28        208         ,5      ,1346
Düsseldorf         42        208 ,666666667      ,2019
Bochum             48        208 ,833333333      ,2308
Dortmund           59        208          1      ,2837
6 Zeilen ausgewählt.
```

Quantilsbestimmung

Mit Hilfe der Quantile lässt sich eine Beobachtungsreihe in fest definierte Abschnitte zerlegen, wobei ein Spezialfall der Median (Zentralwert) ist, der den gesamten Wertebereich in zwei Hälften teilt. Damit haben 50 % der Ausprägungen einen Wert kleiner oder gleich bzw. größer oder gleich dem Median. Aus dieser Grundkonstruktion lassen sich weitere Quantile wie die Quartile oder die Quintile sowie das allgemeine Alpha-Quantil ableiten. Für die allgemeine Aufteilung einer Beobachtungsmenge in Quantile liefert die Funktion `NTILE(n)` mit `n` als Angabe für die Anzahl der Quantile das nötige Rüstzeug. Sie hat die allgemeine Form:

```
NTILE(N) OVER
([PARTITION BY ausdruck [, ...]]
ORDER BY ausdruck [ASC|DESC]
[NULLS FIRST | NULLS LAST] [, ...])
```

Die einzelnen Komponenten der allgemeinen Funktionen entsprechen denen der Funktionen, die zu Beginn dieses Abschnitts erklärt wurden.

```
SELECT SUBSTR(U_Stadt,1,20)              AS Stadt,
       COUNT(U_Nr)                       AS Zahl,
       RANK()       OVER (ORDER BY COUNT(U_Nr) DESC)
                                         AS Hitparade1,
       DENSE_RANK() OVER (ORDER BY COUNT(U_Nr) DESC)
                                         AS Hitparade2,
       NTILE(20)    OVER (ORDER BY COUNT(U_Nr) DESC)
                                         AS "20-tile"
  FROM unternehmen
 GROUP BY U_Stadt;
```

Listing 3.161 352_07.sql: Einrichtung von Quantilen

Das gekürzte Ergebnis liefert drei bis vier Zeilen pro Quantil, was im abgedruckten Ergebnis auf die Hälfte verkürzt wurde. Da 64/20=3,2 ergibt und die Funktion die kompletten Datensätze zu verteilen hat, erhält man regelmäßig einen Unterschied von einem Datensatz pro Quantil, bis die ungeraden Verteilungsergebnisse glatt aufgehen.

```
STADT                 ZAHL HITPARADE1 HITPARADE2    20-tile
--------------- ---------- ---------- ---------- ----------
Dortmund                59          1          1          1
Bochum                  48          2          2          1
Duisburg                20          5          5          2
Hattingen, Ruhr         11          6          6          2
Nürnberg, Mitte          2          9          8          3
Wiesbaden                2          9          8          3
```

Manchmal möchte man in diesen Situationen wissen, wie sich die Anzahl der Quantile bzw. die Anzahl der Datensätze auf die Verteilung von Datensätzen in den einzelnen Quantilen auswirkt. Dies kann man, wie wir gerade gesehen haben, berechnen. Man kann allerdings auch eine Abfrage wie die folgende formulieren, die für jedes Quantil die Anzahl der betroffenen Datensätze auswirft:

```
SELECT Quantil,
       COUNT(Quantil)
  FROM (SELECT NTILE(5)
               OVER (ORDER BY COUNT(U_Nr) DESC) AS Quantil
          FROM unternehmen
         GROUP BY U_Stadt) Daten
 GROUP BY Quantil;
```

Listing 3.162 352_08.sql: Vorhersage über Quantilsaufteilung

Die obige Abfrage liefert für die insgesamt fünf verlangten Quantile (in diesem Falle also Quintile) für die ersten vier Bereiche jeweils 13 Datensätze und für den letzten Bereich zwölf. Diese ungleiche Struktur lässt sich bereits mit vier Quantilen (in diesem Falle also Quartilen) vermeiden, da hier überall 16 Datensätze verwendet werden.

```
   QUANTIL COUNT(QUANTIL)
---------- --------------
         1             13
         2             13
         3             13
```

```
          4              13
          5              12
5 Zeilen ausgewählt.
```

Histogrammerzeugung

Eine weitere interessante Möglichkeit, die zwar keine Reihenfolge, aber eine Zuordnung erzeugt, liefert die Funktion `WIDTH_BUCKET`. Mit ihr lassen sich Werte zu Balken in einem Histogramm zuordnen. Natürlich wird kein Histogramm erzeugt, aber man erhält die Information, in welchem Balken eines gleich breiten Balkendiagramms ein spezieller Wert angezeigt wird. Die Funktion hat folgende allgemeine Syntax:

```
WIDTH_BUCKET(ausdruck, minimumwert, maximumwert, balkenzahl)
```

In einer einfachen Variante könnte man die Anzahl der Kurse pro Bereich mit folgender Abfrage erzeugen, wobei die Werte für den minimalen und den maximalen Wert aus einer anderen Abfrage übernommen wurden.

```
SELECT K_Bereich   AS Bereich,
       COUNT(K_Nr) AS Zahl,
       WIDTH_BUCKET(COUNT(K_Nr), 1, 46, 7) AS "Typ"
  FROM kurs
 GROUP BY K_Bereich
 ORDER BY "Typ";
```

Listing 3.163 352_09.sql: Bestimmung eines Histogramms

Dies erzeugt ein Ergebnis, das nach der Zuordnung zu den Balken des Histogramms sortiert ist. Da sie gleich breit sein sollen, bleiben einige Balken leer, weil im Programmierbereich besonders viele Kurse angeboten werden und sich die meisten Kurse daher auf diesen Balken verteilen.

```
BEREICH                                ZAHL        Typ
------------------------------ ---------- ----------
Programmierung(Office)                    6          1
Webdesign                                 7          1
Datenbanken                              13          2
Grafik                                   13          2
Server                                    8          2
Office                                   15          3
Programmierung                           46          8
7 Zeilen ausgewählt.
```

Nicht immer hat man die Gelegenheit oder Interesse, vorher die Minimum- und Maximumwerte in einer eigenen Abfrage zu erfassen. Neben der Verwendung von Variablen, die die entsprechenden Werte speichern und auch als gültige Ausdrücke zum Einsatz kommen könnten, bietet sich auch hier die elegante Möglichkeit von Unterabfragen an. Im nächsten Beispiel werden die drei benötigten Werte über Unterabfragen beschafft und in der Funktion aufgerufen:

```
SELECT K_Bereich    AS Bereich,
       COUNT(K_Nr) AS Zahl,
       WIDTH_BUCKET(COUNT(K_Nr),
        (SELECT MIN(COUNT(K_Nr))
           FROM kurs
          GROUP BY K_Bereich),
        (SELECT MAX(COUNT(K_Nr))
           FROM kurs
          GROUP BY K_Bereich),
        (SELECT COUNT(DISTINCT K_Bereich)
           FROM kurs)) AS "Typ"
  FROM kurs
 GROUP BY K_Bereich
 ORDER BY "Typ";
```

Listing 3.164 352_11.sql: Dynamisierte Version von WIDTH_BUCKET

Individuelle Reihennummern für Datensätze

Wie Sie gesehen haben, kann es in der Realität schon einmal geschehen, dass Ausprägungen dieselben Werte besitzen, sodass Hitparadenplätze mehrfach vergeben werden. Möchte man jede einzelne Zeile in der Ergebnismenge mit einer eindeutigen Nummer versehen, die losgelöst von irgendwelchen Berechnungen ist, sondern erst nach der Sortierung ermittelt wird, verwendet man die Funktion `ROW_NUMBER`. Sie weist jedem Datensatz in der Ergebnismenge eine eindeutige Zeilennummer zu. Ihre allgemeine Syntax sowie die möglichen Parameter entsprechen den übrigen vorgestellten Funktionen.

```
ROW_NUMBER() OVER
([PARTITION BY ausdruck [, ...]]
ORDER BY ausdruck [ASC|DESC]
[NULLS FIRST | NULLS LAST] [, ...])
```

In folgender, bereits bekannter Abfrage ergänzt man die gesamte Ausgabe um eine eindeutige Zeilennummer:

```
SELECT SUBSTR(U_Stadt,1,15)          AS Stadt,
       COUNT(U_Nr)                   AS Zahl,
       RANK()       OVER (ORDER BY COUNT(U_Nr) DESC)
                                     AS Hitparade,
       ROW_NUMBER() OVER (ORDER BY COUNT(U_Nr) DESC)
                                     AS Nr
  FROM unternehmen
 GROUP BY U_Stadt;
```

Listing 3.165 352_11.sql: Eindeutige Zeilennummern

Man erhält ein Ergebnis, das für die ersten Datensätze keine Besonderheiten aufweist. Sobald die Unternehmenszahlen pro Stadt kleiner gleich sieben werden, erhält man jedoch doppelte Hitparadenplätze aufgrund gleicher Ausprägungen. Dies wird bei der eindeutigen Nummerierung übergangen, indem für jede Zeile eine um 1 höhere Zeilennummer ermittelt wird.

```
STADT                 ZAHL  HITPARADE         NR
--------------- ---------- ---------- ----------
Gelsenkirchen            7          7          8
Nürnberg, Mitte          2          9          9
Wiesbaden                2          9         10
Alsbach-Hähnlei          1         11         11
Aschheim                 1         11         12
```

3.5.3 Statistische Analysen

In diesem letzten Teil des Abfrage-Kapitels stellen wir Ihnen die wesentlichen Konzepte der sehr fortgeschrittenen Abfragen mit Hilfe von grundlegenden statistischen Methoden vor. Grundlegend sind diese Methoden insofern, als dass sie Verteilungen und eine sehr fortgeschrittene Durchschnittsrechnung anbieten, aber im Bereich der Regressionsanalyse nur die einfache lineare Regression ermöglichen. Dies ist prinzipiell nicht tragisch, denn es gibt andere Möglichkeiten, komplexe Analysen durchzuführen, sodass die neuen Klauseln, die in diesem Abschnitt vorgestellt werden, die Abfragesyntax durchaus sehr komplex werden lassen.

Bereichsaggregierung

Wir haben zuvor schon gesehen, dass die anspruchsvollen Funktionen für die Sortierungen und Erzeugung von Hitparaden einige Klauseln boten, mit denen nicht nur eine komplette Datenmenge, sondern innerhalb dieser Datenmenge auch Untermengen verarbeitet werden konnten. So war es beispielsweise möglich, für jede einzelne Stadt die besten Kunden herauszufinden, weil der Stadtname eine Untermenge der Unternehmensdaten in der Tabelle UNTERNEHMEN bildet, da in vielen Fällen mehrere Unternehmen ihren Sitz in einer Stadt haben. Demzufolge macht diese Untersuchung also Sinn, um sozusagen den besten Kunden aus Essen, Berlin oder München aus der Datenbank zu filtern. Für diese Untermengen, die über die Klausel PARTITION BY ausdruck eingerichtet wurden, besteht die Möglichkeit, weitere gruppenspezifische Aggregationen vorzunehmen bzw. artifizielle Untergruppen zu bilden, um sie für weitere Berechnungen zu verwenden. Während die Untermenge der Stadtnamen sicherlich eine natürliche Untermenge bildet, wäre die Untermenge der letzten drei Wochen für die Berechnung eines gleitenden Durchschnitts eine artifizielle Untermenge, da sie nicht direkt in den vorhandenen Daten zu finden ist.

Die folgende Syntax mag zwar kompliziert aussehen, sie beschreibt aber alle Klauseln, mit denen solche Bereichsaggregationen möglich sind:

```
{SUM|AVG|MAX|MIN|COUNT|
 STDDEV|VARIANCE|FIRST_VALUE|LAST_VALUE}
({ausdruck1 | *}) OVER
 ([PARTITION BY ausdruck2 [,...]]
  ORDER BY ausdruck3
  [ASC| DESC] [NULLS FIRST | NULLS LAST] [,...]
  ROWS | RANGE
  {{UNBOUNDED PRECEDING | ausdruck4 PRECEDING}
  | BETWEEN
  {UNBOUNDED PRECEDING | ausdruck4 PRECEDING}
   AND{CURRENT ROW | ausdruck4 FOLLOWING}}
```

Diese allgemeine Syntax besteht aus folgenden Bereichen:

- Man definiert eine Aggregatfunktion, für die eine Berechnung und Aggregation durchgeführt werden soll. In ausdruck1 trägt man dann eine entsprechende Spalte ein, für die die angegebene Berechnung (Summenbildung, Durchschnittsberechnung, Abweichung etc.) durchgeführt werden soll. Wenn die Aggregatfunktion das erlaubt, kann man auch ein Sternchen verwenden.
- Nach dem Schlüsselwort OVER schließt sich ein Klammerausdruck an, der den Inhalt des Datenmaterials bestimmt, das mit der Aggregatfunktion verarbeitet werden soll. Im einfachsten Fall handelt es sich nur um eine einfache Sortierung anhand einer Zeilenmenge.
- Für die Sortierreihenfolge verwendet man ASC (Standard) oder DESC.

- Für die Platzierung der `NULL`-Werte verwendet man `NULLS FIRST` (oben) oder `NULLS LAST` (unten).
- Um eine Untermenge zu definieren, verwendet man die Klausel `PARTITION BY ausdruck2`.
- Danach stehen verschiedene Varianten für die Definition von Zeilenbereichen zur Verfügung, die mit `PRECEDING` (vorherige) oder `FOLLOWING` (folgende) sowie mit Zahlkonstanten oder gültigen Ausdrücken kombiniert werden können. Diese bestimmen, wie viele weitere Reihen der allgemein zu verarbeitenden Datenmenge in eine Berechnung einzubeziehen sind. Hierzu kann man auch mit `UNBOUND` (unbegrenzt) sämtliche folgenden oder vorherigen Zeilen einschließen.

Neben diesen Ausführungen sollten Sie noch folgende Hinweise beachten:

- `NULL`-Werte werden von dieser Bereichsaggregation genauso behandelt wie in anderen SQL-Befehlen auch. Das bedeutet, dass ein nicht vorhandener Wert auch nicht als Zahlwert 0 in eine Berechnung eingeht. Hat also ein Monat keine Umsätze gebracht und besitzt er keine Einträge, so würde er bei einer Durchschnittsberechnung nicht als umsatzloser Monat, sondern als nicht existenter Monat in die Berechnung eingehen. Um dies zu verhindern, kann man mit unterschiedlichen SQL-Spaltenfunktionen auf die `NULL`-Werte zugreifen (oder sie erst durch eine äußere Abfrage erzeugen und dann auf sie zugreifen) und sie in den Zahlwert 0 oder einen anderen, eventuell geeigneteren Wert transformieren.
- Für die Angabe von Längen wie für die Berechnung von gleitenden Durchschnitten kann man entweder Konstanten wie `RANGE 5 PRECEDING` oder auch komplexe Ausdrücke wie z.B. `RANGE INTERVAL N DAY/MONTH/YEAR PRECEDING` verwenden, die ebenfalls zu einer gültigen Länge umgerechnet werden können. Dabei muss bei der Definition darauf geachtet werden, dass die Datentypen bei der Umrechnung entweder `DATE` oder `NUMERIC` sind, damit der erwartete Datentyp zurückgegeben wird. Sollte dies nicht der Fall sein, wird eine entsprechende Datentyp-Fehlermeldung ausgelöst.

Kumulationsberechnung

Ein erster Anwendungsbereich besteht darin, für einen gefundenen und über die `PARTITION BY`-Klausel angegebenen Bereich kumulierte Werte zu erzeugen und in der Reihenfolge der Sortierung berechnen zu lassen. Im folgenden Beispiel erzeugt man eine Liste der gespeicherten Unternehmen mit ihren Umsätzen, wobei diese nach dem Jahr gruppiert werden. Hat ein Unternehmen über die Jahre hinweg mehrere Seminare gebucht, so möchte man zusätzlich über die Bereichsaggregation und die Kumulation eine Summierung der einzelnen

Kursumsätze erreichen. Dazu verwendet man eine verschachtelte SUM-Funktion für die Bereichsdefinition und die Formulierung ROWS UNBOUNDED PRECEDING, um die nächsten Datensätze des gefundenen Unternehmens (es wird ja nach der Unternehmensnummer und dem Jahr sortiert und gruppiert) ebenfalls aufzusummieren. Die Transformation in eine Zeichenkette für die Währungsdarstellung greift dabei auf die gesamte Funktion zu, die jeweils eine Zahl als gültigen Ausdruck liefert.

```
SELECT SUBSTR(U_Name,1,10)              AS Unternehmen,
       EXTRACT(YEAR FROM T_Beginn)      AS Jahr,
       TO_CHAR(SUM(B_Preis), 'L999G999') AS Jahresumsatz,
       TO_CHAR(SUM(SUM(B_Preis))
         OVER (PARTITION BY U_Nr
               ORDER BY U_Nr, EXTRACT(YEAR FROM T_Beginn)
               ROWS UNBOUNDED PRECEDING),
                      'L999G999')       AS "Kum. JU"
  FROM buchung NATURAL JOIN termin
               NATURAL JOIN teilnehmer
               NATURAL JOIN unternehmen
 WHERE U_Nr IN (102, 103)
 GROUP BY U_Name, EXTRACT(YEAR FROM T_Beginn), U_Nr
 ORDER BY U_Name, EXTRACT(YEAR FROM T_Beginn);
```

Listing 3.166 353_01.sql: Kumulationsberechnung

Im Ergebnis erhält man eine lange Liste, aus der wir zwei Unternehmen ausgeschnitten haben. Eines von ihnen hat nur im Jahre 2002 ein Seminar zu 2640 Euro gebucht und sich seitdem nicht wieder der Dienste unserer Firma bedient. Eine andere Firma jedoch hat konstant jedes Jahr mindestens ein Seminar gebucht und einerseits einen bestimmten Jahresumsatz und andererseits eine bestimmte, über die Jahre steigende Gesamtsumme umgesetzt.

```
UNTERNEHME       JAHR JAHRESUMSATZ      Kum. JU
---------- ---------- ----------------- -----------------
Bimsmeier        2002            _2.640            _2.640
Lux Werbet       2000            _9.906            _9.906
Lux Werbet       2001            _4.890           _14.796
Lux Werbet       2002            _1.710           _16.506
Lux Werbet       2003           _13.788           _30.294
5 Zeilen ausgewählt.
```

Gleitender Durchschnitt

Ein gleitender Durchschnitt berechnet sich mit dem aktuellen Wert und den letzten n Werten, sodass stets ein aktueller Durchschnittswert für die historischen Daten und das gegenwärtige Datum vorhanden ist. Für die Definition der Zeilenmenge, die zu verarbeiten ist, bedeutet dies, dass man mit einer Konstante oder einem anderen gültigen Ausdruck die Anzahl der vorherigen Reihen bestimmen muss, die für die Berechnung des gleitenden Durchschnitts herangezogen werden sollen.

Im folgenden Beispiel handelt es sich dabei um die zwei letzten Jahre, die in einem gleitenden, durchschnittlichen Jahresumsatz verwendet werden sollen. Dabei verschachtelt man die AVG-Funktion mit der SUM-Funktion und auf die sortierten Jahreswerte an.

```
SELECT TO_CHAR(T_Beginn, 'YYYY')              AS Jahr,
       TO_CHAR(SUM(B_Preis), 'L9G999G999') AS Jahresumsatz,
       TO_CHAR(AVG(SUM(B_Preis))
         OVER (ORDER BY TO_CHAR(T_Beginn, 'YYYY')
               ROWS 2 PRECEDING),
                    'L999G999G999')        AS "2-Jahresschnitt"
  FROM buchung NATURAL JOIN termin
 GROUP BY TO_CHAR(T_Beginn, 'YYYY')
 ORDER BY TO_CHAR(T_Beginn, 'YYYY');
```

Listing 3.167 353_02.sql: Gleitender Durchschnitt

Als Ergebnis erhält man eine Liste mit den tatsächlichen Jahresumsätzen und dem berechneten Zwei-Jahres-Durchschnitt. Da für das Jahr 1999 keine Daten vorhanden sind, ermittelt sich der gleitende Durchschnitt nur mit Hilfe der verfügbaren Daten für 2000.

```
JAHR JAHRESUMSATZ         2-Jahresschnitt
---- -------------------- ---------------------
2000             _413.543              _413.543
2001             _209.712              _311.628
2002             _443.435              _355.563
2003           _1.024.639              _559.262
4 Zeilen ausgewählt.
```

Zentrierter Durchschnitt

Mit einem zentrierten Durchschnitt erhält man einen ähnlichen Wert wie mit dem zuvor gezeigten gleitenden Durchschnitt. Allerdings befindet sich dabei der aktuelle Wert nicht am Ende, sondern genau in der Mitte der Datenreihe.

Mit der möglichen SQL-Syntax kann man ihn jedoch auch an einem anderen Ort als genau in der Mitte der Datenmenge platzieren. Dazu verwendet man die Klausel RANGE mit der Angabe eines Intervalls in Form einer Konstanten oder einem Ausdruck, der zu einem Intervall umgerechnet werden kann.

```
SELECT SUBSTR(T_Ort,1,10)                AS Ort,
       T_Beginn                          AS Datum,
       TO_CHAR(SUM(B_Preis), 'L999G999') AS Monatsumsatz,
       TO_CHAR(AVG(SUM(B_Preis))
         OVER (PARTITION BY T_Ort
               ORDER BY ROUND(T_Beginn, 'MONTH')
               RANGE BETWEEN INTERVAL '2' MONTH PRECEDING
                          AND INTERVAL '2' MONTH FOLLOWING),
                       'L999G999')      AS "2-Monatsschnitt"
  FROM buchung NATURAL JOIN termin
 GROUP BY T_Ort, T_Beginn
 ORDER BY T_Ort, T_Beginn;
```

Listing 3.168 353_03.sql: Zentrierter Durchschnitt

Für den angegebenen Zeitraum von zwei Monaten vor und nach dem aktuellen Datensatz kann man die Wirkungsweise der Berechnung sehr gut für die Werte von Leipzig erkennen, da hier insgesamt nur diese drei Datensätze zur Verfügung stehen. Der Umsatz im Juli beträgt 5 742 Euro, sodass sich der durchschnittliche Wert mit 5 304 für diesen Monat berechnen lässt. Es handelt sich dabei um die Gesamtsumme aller drei Monate von 15 912 Euro, geteilt durch die Anzahl der Datensätze. Da für die Monate Juni und August keine Datensätze vorliegen, werden sie auch nicht in den Durchschnittsumsatz einbezogen, auch nicht mit dem Wert 0.

```
ORT        DATUM    MONATSUMSATZ       2-Monatsschnitt
---------- -------- ------------------ ------------------
Leipzig    12.05.03             _3.180             _4.461
Leipzig    14.07.03             _5.742             _5.304
Leipzig    15.09.03             _6.990             _6.366
```

Zusammenfassende Gruppenwerte

Für diesen Abschnitt müssen wir auf die Wortwahl in der Oracle-Dokumentation eingehen, die wir hier eventuell etwas eigenwillig übersetzt haben. Statt des Begriffs »Bereich« oder »Untermenge« finden Sie in der offiziellen Schrift den Begriff »window« und in diesem Sinne auch »windowing aggregate functions«. Dies fassen wir zu solchen Begriffen wie »Gruppenaggregation« oder

»Berechnung von Gruppenaggregaten« zusammen. Der Begriff »Zusammenfassung« sowie abgeleitete Begriffe wie »zusammenfassend« werden konzeptuell im englischen Original mit »reporting« ausgedrückt.

Für die Verwendung von Werten, die aus einer definierten Gruppe oder Untergruppe stammen, gibt es eine spezielle, von der Syntax her deutlich einfachere Variante als die bisher besprochenen Konstruktionen. Sie beschafft für eine Untermenge einen aggregierten Wert, der entweder ausgegeben werden kann (zweites Beispiel) oder der in einer äußeren Abfrage noch einmal verwendet werden kann, um Superaggregate zu bilden (erstes Beispiel). Die allgemeine Syntax hat dabei folgende Form:

```
{SUM | AVG | MAX | MIN | COUNT | STDDEV | VARIANCE}
([ALL | DISTINCT] {ausdruck1 | *})
  OVER ([PARTITION BY ausdruck2 [,...]])
```

Sie besitzt folgende Eigenschaften:

- Das Sternchen ist anstelle eines Spaltenausdrucks für den `ausdruck1` zugelassen.
- Der `ausdruck1` enthält den zu aggregierenden Ausdruck wie beispielsweise eine Spalte, über die eine Summe, der Durchschnitt oder eine extreme Zahl ausgewählt werden soll.
- Mit `DISTINCT` lässt sich nur bei entsprechenden Aggregatfunktionen arbeiten, wie es z.B. bei `COUNT` der Fall ist.
- Mit der `PARTITION BY`-Klausel definiert man den Bereich, der für die Untersuchung über die Aggregatfunktion benutzt werden soll. Entfällt diese Klausel, kann sie auf keine Untergruppe zugreifen, sondern berechnet den Wert für die gesamte Ergebnismenge.

Innere Aggregate verwenden

Die gerade vorgestellte Syntax eignet sich für eine typische Unterabfrage, wobei Werte einer äußeren mit den Werten einer inneren Abfrage verglichen werden. Dabei erzeugt die innere Abfrage – wie Sie im nächsten Beispiel sehen werden – je nach Formulierung keine einfachen Aggregate, sondern zusammenfassende Übersichten, aus denen dann auf die Aggregatspalte von der äußeren Abfrage aus zugegriffen wird. Dies ist eine Variante zur Verwendung von einfachen Standardaggregaten, wie Sie sie bereits kennen gelernt haben.

Die folgende Abfrage beschafft alle Termine, deren Umsatz dem minimalen Umsatz entspricht, eine typische korrelierte Unterabfrage also. Dabei beschafft die Unterabfrage in der abgeleiteten Tabelle die kleinsten Umsätze für jeden

Titel bzw. für jeden Kurs, wobei willkürlich und nicht verpflichtend eine Form gewählt wird, in der mehr Daten als nur der kleinste Umsatz pro Kurs entstehen. Dies wird im nächsten Beispiel noch einmal aufgegriffen.

```
SELECT Termin, Titel, Umsatz
  FROM (SELECT SUBSTR(K_Titel||' '||K_Untertitel,1,15)
                                             AS Titel,
               T_Nr                          AS Termin,
               SUM(B_Preis)                  AS Umsatz,
               MIN(SUM(B_Preis))
               OVER (partition BY K_Bereich) AS MINUmsatz
          FROM buchung NATURAL JOIN termin
                       NATURAL JOIN kurs
         GROUP BY K_Bereich, K_Titel||' '||K_Untertitel, T_Nr)
 WHERE Umsatz = MINUmsatz;
```

Listing 3.169 353_04.sql: Zugriff auf innere Aggregate

Man erhält eine Reihe von Kursen, die den kleinsten Umsatz erzeugt haben, mit ihren Terminen. Dies liegt entweder an einer sehr großen Teilnehmerzahl, die insgesamt einen günstigen Preis erwirkt haben, oder auch an einer geringen Teilnehmerzahl, wo der erhöhte Preis für wenige Teilnehmer den Umsatz nicht mehr in schwindelnde Höhen bugsieren konnte.

```
    TERMIN TITEL               UMSATZ
---------- --------------- ----------
       308 Access Analyse        1044
       182 Fireworks Webgr       1314
       108 PHP Syntax + Ko        920
```

Bereichsaggregate ausgeben

Manchmal möchte man Aggregate in Bereichen erzeugen, deren Ergebnisse für jeden Datensatz bzw. für jeden Bereich extra in einer Spalte ausgegeben werden. Dies fasst die Bereiche deutlich zusammen und erzeugt eine Vergleichsmöglichkeit über den konkreten Wert für den individuellen Datensatz und den Extremwert der Gruppe, zu der er gehört. Diese Ausgabe realisiert man ebenfalls über die Verwendung der zusammenfassenden Gruppenwerte und die zuvor vorgestellte Syntax. Sie werden sehen, dass die folgende Abfrage im Wesentlichen der vorherigen Abfrage für die abgeleitete Tabelle entspricht. Lediglich den Einzelpreis haben wir noch für einen besseren Vergleich der Extremwerte und der Umsatzsumme des Termins eingefügt. Daran können Sie nun auch erkennen, wie die vorherige Abfrage funktioniert hat, da in der abgeleiteten Tabelle bis auf die Einzelpreisspalte alle anderen Daten ebenfalls vorhanden waren. Inhaltlich fragt diese Abfrage nach dem Einzelpreis, dem Terminumsatz und dem minimalen Terminumsatz im Kursbereich. Dieser wird für jeden Datensatz als ewig gleicher Wert ausgegeben, sodass man insgesamt nur so viele Extremwerte wie Bereiche besitzt. Dies trennt die Gruppen dann im Ergebnis deutlich voneinander und fasst die Bereiche in Form der Kursbereiche und Kurse (also eigentlich Kursnummern) zu Aggregaten zusammen.

```
SELECT SUBSTR(K_Titel||' '||K_Untertitel,1,15)
                                              AS Titel,
              T_Nr                            AS Termin,
              B_Preis                         AS Einzel,
              SUM(B_Preis)                    AS Umsatz,
              MIN(SUM(B_Preis))
              OVER (partition BY K_Bereich) AS MINUmsatz
         FROM buchung NATURAL JOIN termin
                      NATURAL JOIN kurs
        GROUP BY K_Bereich, K_Titel||' '||K_Untertitel,
                 T_Nr, B_Preis;
```

Listing 3.170 353_05.sql: Bereichsaggregate ausgeben

Man erhält eine lange Liste, von der wir einen Auszug für zwei Bereiche geben. Für die Excel-Kurse gibt es drei unterschiedliche Termine, die aber alle im abgedruckten Auszug nicht dem Minimalumsatz entsprechen, bei dem anscheinend nur ein einziger Teilnehmer am Kurs teilgenommen hat. Dieser Minimalpreis wird für den Bereich und den Kurs für jeder dieser Untergruppen wiederholt ausgegeben.

```
TITEL               TERMIN     EINZEL     UMSATZ  MINUMSATZ
--------------- ---------- ---------- ---------- ----------
Access Analyse          44        314       1884       1044
Access Analyse          46        314       1884       1044
Excel Datenanal         39        314       1570        230
Excel Datenanal         40        314       1884        230
Excel Datenanal        162        331       1324        230
```

Relative Häufigkeiten ausgeben

Für die automatische Berechnung von Dezimalwerten bzw. um relative Häufigkeiten zu einem Gruppenwert zusammenzufassen, steht eine eigene Funktion namens `RATIO_TO_REPORT` zu Verfügung. Sie kann wie alle anderen Funktionen entweder auf die gesamte Ergebnismenge oder auf einzelne Untermengen angewandt werden. Dies definiert man in einer OVER-Klausel. Ist diese leer, so berechnen sich die relativen Häufigkeiten für alle gefundenen Datensätze.

```
RATIO_TO_REPORT
 (ausdruck1) OVER
  ([PARTITION BY ausdruck2[,...]])
```

Im folgenden Beispiel verzichtet man auf eine Analyse von Untergruppen, weswegen die OVER-Klausel leer bleibt. Es bestünde die Möglichkeit, für einzelne Titel die relativen Summen innerhalb des Bereichs auszurechnen, doch so erhält man für die angegebenen drei Bereiche den gesamten Umsatz sowie die relative Häufigkeit oder den prozentualen Anteil des Bereichsumsatzes am Gesamtumsatz. Beachten Sie hier, dass tatsächlich nur die in der WHERE-Klausel definierten Datensätze für die Berechnung der einzelnen Umsätze herangezogen werden und keine anderen Bereiche, die in der Tabelle vorhanden sind, analysiert werden. Da nur drei Datensätze ausgegeben werden, berechnet sich auch leicht der Gesamtanteil zu insgesamt 100 %.

```
SELECT K_Bereich AS Bereich,
       TO_CHAR(SUM(B_Preis),'9G999G999') AS Pro,
       TO_CHAR(SUM(SUM(B_Preis)) OVER (),
                            '9G999G999') AS Gesamt,
       ROUND((RATIO_TO_REPORT(SUM(B_Preis)) OVER ())*100,2)
                                         AS "%"
  FROM buchung NATURAL JOIN termin
               NATURAL JOIN kurs
 WHERE K_Bereich IN ('Datenbanken', 'Programmierung',
                     'Programmierung(Office)')
 GROUP BY K_Bereich;
```

Listing 3.171 353_06.sql: Relative Häufigkeiten berechnen

Als Ergebnis erhält man eine Spalte für den individuellen Umsatz des Bereichs, eine Spalte für den Gesamtumsatz, der hier als zusammenfassender Gruppenwert in allen drei Zeilen ausgegeben wird, und natürlich eine letzte Spalte für den prozentualen Anteil des Bereichsumsatzes am Gesamtumsatz.

```
BEREICH                    PRO        GESAMT              %
-------------------------- ---------- ---------- ----------
Datenbanken                   397.324  1.583.498      25,09
Programmierung              1.138.180  1.583.498      71,88
Programmierung(Office)         47.994  1.583.498       3,03
3 Zeilen ausgewählt.
```

Mehrere Gruppenwerte in einer Abfrage

Eigentlich ist das eine Selbstverständlichkeit, aber aufgrund der Komplexität der Funktionsdefinitionen schließen wir ein weiteres Beispiel an. Es zeigt, dass es bei der gerade eingeführten Funktion RATIO_TO_REPORT notwendig ist, stets die gleichen Untergruppendefinitionen in den einzelnen OVER-Klauseln zu verwenden. Möchte man also wie in der nächsten Abfrage sowohl die Summierung als auch die Berechnung der prozentualen Verteilung für die Untergruppen K_Bereich und nicht etwa für die gesamte gefundene Datenmenge berechnen, benötigt man zwangsläufig in beiden OVER-Klauseln die Definition der Untergruppe K_Bereich.

```
SELECT SUBSTR(K_Titel,1,10)                 AS Titel,
       SUBSTR(K_Bereich,1,10)               AS Bereich,
       TO_CHAR(SUM(B_Preis),'9G999G999')    AS Pro,
       TO_CHAR(SUM(SUM(B_Preis))
        OVER (PARTITION BY K_Bereich), '9G999G999')
                                            AS Gesamt,
       ROUND((RATIO_TO_REPORT(SUM(B_Preis))
        OVER (PARTITION BY K_Bereich))*100,2) AS "%"
  FROM buchung NATURAL JOIN termin
               NATURAL JOIN kurs
 WHERE K_Bereich IN ('Server', 'Webdesign')
 GROUP BY K_Titel, K_Bereich;
```

Listing 3.172 353_07.sql: Mehrere Gruppenwerte

Man erhält die folgende Tabelle mit zwei Untergruppen, die durch die beiden Bereiche Server und Webdesign bestimmt werden. Innerhalb dieser Gruppen berechnet man die Bereichsumsätze sowie die prozentuale Verteilung der einzelnen Titel zu diesen Bereichsumsätzen.

```
TITEL      BEREICH    PRO        GESAMT              %
---------- ---------- ---------- ---------- ----------
MS Exchang Server         21.518     69.856       30,8
TCP IP     Server          5.742     69.856       8,22
Windows 20 Server         42.596     69.856      60,98
Dreamweave Webdesign      91.464    132.856      68,84
GoLive     Webdesign      21.581    132.856      16,24
HTML       Webdesign      19.811    132.856      14,91
6 Zeilen ausgewählt.
```

Das Ergebnis ist daher ein völlig anderes, wenn man für die Summe des Titels weiterhin die einfache SUM-Funktion und für die Gesamtsumme des Bereichs die verschachtelte SUM-Funktion mit der Untergruppendefinition für K_Bereich verwendet, aber für die prozentuale Verteilung die Untergruppendefinition leer lässt. Damit erzeugt man eine Berechnung der prozentualen Verteilung für die Gesamtsumme. Zusätzlich fügt man eine neue Spalte ein, die ohne Untergruppendefinition eine Summe über alle Datensätze bildet.

```
SELECT SUBSTR(K_Titel,1,5)              AS Titel,
       SUBSTR(K_Bereich,1,5)            AS Bereich,
       TO_CHAR(SUM(B_Preis),'9G999G999') AS Pro,
       TO_CHAR(SUM(SUM(B_Preis))
        OVER (PARTITION BY K_Bereich), '9G999G999')
                                         AS Bereich,
       ROUND((RATIO_TO_REPORT(SUM(B_Preis))
        OVER ())*100,2)                  AS "%",
       TO_CHAR(SUM(SUM(B_Preis))
        OVER (), '9G999G999')            AS Gesamt
  FROM buchung NATURAL JOIN termin
               NATURAL JOIN kurs
WHERE K_Bereich IN ('Server', 'Webdesign')
GROUP BY K_Titel, K_Bereich;
```

Listing 3.173 353_08.sql: Mehrere Gruppenwerte für unterschiedliche Gruppen

Im Ergebnis erhält man nun die prozentuale Verteilung der Gesamtsumme, die 202 712 Euro beträgt.

```
TITEL BEREI PRO        BEREICH             % GESAMT
----- ----- ---------- ---------- ---------- ----------
MS Ex Serve     21.518     69.856      10,62    202.712
TCP I Serve      5.742     69.856       2,83    202.712
Windo Serve     42.596     69.856      21,01    202.712
Dream Webde     91.464    132.856      45,12    202.712
GoLiv Webde     21.581    132.856      10,65    202.712
HTML  Webde     19.811    132.856       9,77    202.712
6 Zeilen ausgewählt.
```

Erste und letzte Werte einer Untergruppe

In den vorangegangenen Beispielen erhielt man als Informationen von einer Untergruppe ausschließlich einen Aggregatwert wie einen Extremwert, einen Durchschnittswert oder eine Summe zurück. Mit Hilfe der in diesem Abschnitt vorgestellten Funktionen FIRST und LAST lässt sich für eine geordnete Untergruppe der erste oder der letzte Wert der Untergruppe bezüglich einer gegebenen Sortierung auslesen. Die allgemeine Syntax für diese Technik hat folgenden Aufbau:

```
[MIN | MAX | COUNT | SUM | AVG | STDDEV | VARIANCE ] (ausdruck)
KEEP ( DENSE_RANK [FIRST | LAST] ORDER BY ausdruck [, ...]
[ASC|DESC] [NULLS FIRST| NULLS LAST] )
```

Neben den schon bekannten Aggregatfunktionen und einem geeigneten Ausdruck fügt man das obligatorische KEEP an die Aggregatdefinition an und definiert in einem Klammerausdruck, ob der erste oder der letzte Wert der entsprechenden Sortierung zurückgegeben werden soll. Wie immer lässt sich zusätzlich die Art der Sortierung (Standard ASC) bestimmen und die Platzierung von NULL-Werten angeben, was natürlich den ersten und letzten Wert der Sortierung beeinflusst.

Verwendung als einfaches Aggregat

Die erste Einsatzmöglichkeit dieser Funktionen besteht darin, für eine gegebene Untergruppenbildung zusätzlich zum bisher ermittelten Aggregatwert auch noch die beiden Randwerte auszugeben. Im folgenden Beispiel ermittelt man den Durchschnittspreis, den die Teilnehmer in den einzelnen Kursbereichen bezahlt haben. Dies gelingt über eine der bereits bekannten Strukturen. Zusätzlich ermittelt man für die gleiche Untergruppenbildung auch noch den niedrigsten (ersten) und höchsten (letzten) Wert aus der gesamten Untergruppe, die für die Berechnung des Durchschnitts verwendet wurde.

```
SELECT SUBSTR(K_Bereich,1,10)              AS Bereich,
       AVG(B_Preis) KEEP (DENSE_RANK FIRST
                    ORDER BY (B_Preis)) AS FIRST,
       AVG(B_Preis) KEEP (DENSE_RANK LAST
                    ORDER BY (B_Preis)) AS LAST,
       AVG(B_Preis)                        AS AVG,
       COUNT(TN_Nr)                        AS COUNT
FROM buchung NATURAL JOIN termin
             NATURAL JOIN kurs
GROUP BY K_Bereich;
```

Listing 3.174 353_04.sql: Einfache Aggregate mit FIRST/LAST

Man erhält mehrere Spalten, die zum einen den kleinsten und den größten Wert der Untergruppe sowie den ermittelten Durchschnitt bestimmen, der sich aus den ausgegebenen Extremwerten und unterschiedlich vielen Zwischenwerten berechnet.

```
BEREICH          FIRST       LAST         AVG      COUNT
---------- ---------- ---------- ---------- ----------
Datenbanke         314        926 713,328546        557
Grafik             395        948   677,8125        384
Office             188        631 307,116438        146
Programmie         489       1291 848,754661       1341
Programmie         472        836      631,5         76
Server             742        957 767,648352         91
Webdesign          334        774 553,566667        240
7 Zeilen ausgewählt.
```

Verwendung als zusammenfassende Gruppenwerte

Auch die Extremwertfunktionen können als zusammenfassende Gruppenwerte eingesetzt werden. Im folgenden Beispiel untersucht man die Buchungspreise für die einzelnen Kursnummern, weil der Einzelteilnehmerpreis ja von der Kleingruppengröße abhängt, die sich zusammen für ein Seminar anmeldet. Daher wird es entlang der fünf Preise, die für jeden Kurs in der Tabelle PREIS gespeichert sind, verschiedene Werte geben, wobei theoretisch P_TN1 und P_TN5 die beiden Extremwerte bilden müssten. Mit Hilfe der beiden Extremwertfunktionen findet man nun für jede Kursnummer den günstigsten (ersten) und teuersten (letzten) Kurspreis heraus und gibt ihn entlang der verschiedenen (DISTINCT) Möglichkeiten in der Buchungstabelle aus. Alternativ hätte man hier auch die teuersten und billigsten Kurspreise aus dem Titel oder dem Bereich als zusammenfassende Gruppenwerte ausgeben können.

```
SELECT DISTINCT K_Nr                AS "Kursnr.",
       B_Preis                      AS "Tatsächlich",
       MIN(B_Preis)
        KEEP (DENSE_RANK FIRST ORDER BY (B_Preis))
        OVER(PARTITION BY (K_Nr)) AS "Min.",
       MAX(B_Preis)
        KEEP (DENSE_RANK LAST ORDER BY (B_Preis))
        OVER(PARTITION BY (K_Nr)) AS "Max."
  FROM buchung NATURAL JOIN termin
 WHERE K_Nr IN (1010004, 1010005);
```

Listing 3.175 353_10.sql: Extremwerte als zusammenfassende Gruppenwerte

Man erhält eine Ergebnisaufstellung für die beiden gesuchten Kurse, in der in wenigstens einem Datensatz einer der beiden Extremwerte auftritt, da sich die Extremwerte ja aus den ausgegebenen Datensätzen rekrutieren. Würde man hier auf eine Untergruppe zurückgreifen, die hierarchisch oberhalb der Kursnummer läge (wie z.B. `Bereich` oder `Titel`), könnte man hier auch Werte aus anderen, nicht ausgegebenen Datensätzen erhalten, da sie für andere Kursnummern des Titels oder des Bereichs realisiert worden wären. In dieser Aufstellung erkennt man allerdings schon bei den wenigen Datensätzen die zusammenfassende Wirkung der Extremwertfunktionen.

```
   Kursnr. Tatsächlich       Min.       Max.
---------- ----------- ---------- ----------
   1010004         395        395        438
   1010004         416        395        438
   1010004         438        395        438
   1010005         856        856        901
   1010005         901        856        901
5 Zeilen ausgewählt.
```

Versetzte Zeilendaten ohne Selbstverknüpfung

Mit Hilfe von korrelierten Unterabfragen ist es möglich, zeilenversetzte Berechnungen wie z.B. für die Ermittlung von Zuwächsen bzw. Abnahmen durchzuführen. Dies ist – wie Sie in diesem und in einem anderen Kapitel sehen können – nicht wirklich schwierig, aber durch die Unterabfragentechnik zunächst kompliziert einzurichten. Mit den beiden Funktionen `LAG` (zurück) und `LEAD` (vor) hat man die Möglichkeit, diese relative Zeilenadressierung ohne Unterabfragen und in der Ausführung schneller verwenden zu können.

Die allgemeine Syntax lautet dabei folgendermaßen:

```
{LAG | LEAD}
(ausdruck1, [position [, standard]]) OVER
([PARTITION BY ausdruck2[,...]]
ORDER BY ausdruck3]
[ASC | DESC] [NULLS FIRST | NULLS LAST] [,...])
```

Wie alle anderen Funktionen auch, basieren diese beiden ebenfalls auf einem Ordnungsprinzip über eine Gesamtmenge oder Untergruppen von Werten, die über die `OVER`-Klausel und eine gegebenenfalls eingeschobene Untergruppendefinition bestimmt werden. Hier lassen sich wieder aufsteigende (Standard) oder absteigende Sortierungen sowie die Position von `NULL`-Werten festlegen. Mit `LAG` bewegt man sich innerhalb der Ergebnismenge zurück und erhält daher Zugriff auf weiter vorn liegende Zeilen. Mit `LEAD` dagegen bewegt man sich in der Ergebnismenge nach vorn und erhält daher Zugriff auf weiter hinten liegende Zeilen. Über die Angabe einer Position kann man definieren, um wie viele Zeilen vor oder zurück der Zeilenzeiger gesetzt werden soll. Sollte in diesem Fall die Grenze der Datenmenge überschritten werden, kann man über den optionalen Standardwert auch angeben, welcher Alternativwert (z.B. 0) verwendet bzw. von der Funktion zurückgeliefert werden soll.

Das folgende Beispiel zeigt zunächst die allgemeine Verwendung der beiden Funktionen und liest für jede Zeile einen früheren und späteren Wert aus. Verwendet man keinen Alternativwert, erhält man den Wert NULL, wie Sie an den Lücken in der Darstellung für den Vorjahreswert von 2000 und den Nachjahreswert von 2003 erkennen können.

```
SELECT EXTRACT(YEAR FROM T_Beginn)       AS Jahr,
       TO_CHAR(SUM(B_Preis),'9G999G999') AS Umsatz,
       TO_CHAR(LAG(SUM(B_Preis),1)
        OVER (ORDER BY EXTRACT(YEAR FROM T_Beginn)),
                            '9G999G999') AS LAG1,
       TO_CHAR(LEAD(SUM(B_Preis),1)
        OVER (ORDER BY EXTRACT(YEAR FROM T_Beginn)),
                            '9G999G999') AS LEAD1
  FROM buchung NATURAL JOIN termin
GROUP BY EXTRACT(YEAR FROM T_Beginn);
```

Listing 3.176 353_11.sql: Zeilenversetzte Daten

Im Ergebnis erhält man eine Aufstellung der Jahresumsätze sowie zum Vergleich das Ergebnis des Vorjahres und des folgenden Jahres:

```
      JAHR UMSATZ     LAG1       LEAD1
---------- ---------- ---------- ----------
      2000    413.543               209.712
      2001    209.712    413.543    443.435
      2002    443.435    209.712  1.024.639
      2003  1.024.639    443.435
4 Zeilen ausgewählt.
```

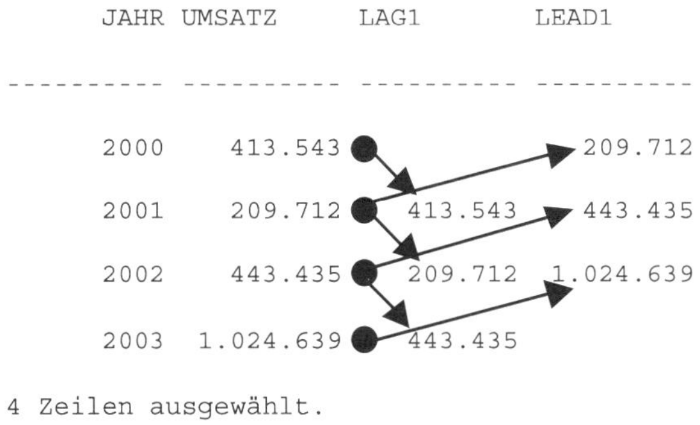

Abbildung 3.20 Funktionsweise von LAG und LEAD

Wie schon oben kurz angedeutet wurde, eignen sich diese beiden Funktionen für die Berechnung von Zuwachsraten, wie das nächste Beispiel zeigt. Die Differenz aus dem Nachjahres- und dem Vorjahreswert ergibt den absoluten Zuwachs, wobei beim Rückgriff auf ein nicht vorhandenes Jahr wie z.B. 1999 der Wert 0 zum Einsatz kommen soll.

```
SELECT EXTRACT(YEAR FROM T_Beginn) AS Jahr,
       SUM(B_Preis) AS Absolut,
       (LEAD(SUM(B_Preis),0)
        OVER (ORDER BY EXTRACT(YEAR FROM T_Beginn)))-
        (LAG(SUM(B_Preis),1,0)
        OVER (ORDER BY EXTRACT(YEAR FROM T_Beginn)))
                                        AS Differenz,
        SUM(SUM(B_Preis))  OVER () AS Total,
        ROUND((RATIO_TO_REPORT(SUM(B_Preis))
        OVER ())*100,2) AS Anteil
  FROM buchung NATURAL JOIN termin
GROUP BY EXTRACT(YEAR FROM T_Beginn);
```

Listing 3.177 653_12.sql: Differenzen berechnen

Man erhält eine Tabelle mit den aktuellen Jahresumsätzen und der absoluten Wertentwicklung:

```
      JAHR    ABSOLUT  DIFFERENZ      TOTAL     ANTEIL
---------- ---------- ---------- ---------- ----------
      2000     413543     413543    2091329      19,77
      2001     209712    -203831    2091329      10,03
      2002     443435     233723    2091329       21,2
      2003    1024639     581204    2091329      48,99
4 Zeilen ausgewählt.
```

Zuordnung in Häufigkeitsverteilungen

Um herauszufinden, welcher Wert durch die Angabe des Prozentwertes bzw. des Dezimalwertes einer Häufigkeitsverteilung erfasst wird (Wert des Medians, Werte von Quartilen etc.), verwendet man zwei Funktionen mit ähnlichem Aufbau:

- `PERCENTILE_CONT` liefert für kontinuierliche, stetige Werte die Rohwerte aus der Häufigkeitswerte für einen gegebenen Dezimalwert zwischen 0 und 1. Der Wert für die Häufigkeitsverteilung wird durch eine lineare Interpolation ermittelt, wobei zunächst eine Reihennummer ermittelt wird: `RN= (1+x* (n-1))`. Hier stellt `n` die Anzahl der Gruppenreihen und das

Sternchen den Prozentwert der Häufigkeitsverteilung dar. Der Wert der Häufigkeitsverteilung ermittelt sich dann gemäß linearer Interpolation zwischen CRN =CEILING(RN) und FRN = FLOOR(RN).

- PERCENTILE_DISC liefert für diskrete Werte die Rohwerte aus der Häufigkeitswerte für einen gegebenen Dezimalwert zwischen 0 und 1.

Beide Funktionen lassen sich als einfache Aggregatfunktion oder für die Ausgabe von zusammenfassenden Bereichswerten verwenden. Sie können sowohl in der Spaltenliste wie die anderen Aggregatfunktionen verwendet werden als auch in der HAVING-Klausel erscheinen. Für die Berechnung der einzelnen Werte verwendet die Funktion keine NULL-Werte. Diese können zwar wie in den anderen Funktionen geordnet werden, sie werden aber hier ebenso für die Verarbeitung ignoriert.

Verwendung als Aggregatfunktion

Als einfache Aggregatfunktion liefern beide Funktionen nur einen einzigen Wert für die angegebene Untersuchung zurück. Dies geschieht mit folgender allgemeiner Syntax:

```
[PERCENTILE_CONT | PERCENTILE_DISC]( wert )
 WITHIN GROUP ( ORDER BY ausdruck
  [ASC|DESC] [NULLS FIRST| NULLS LAST])
```

Wie Sie sehen, ähnelt diese Funktion der Syntax der anderen analytischen Funktionen. So lässt sich eine Sortierung für eine einzige Spalte bzw. für einen einzigen Ausdruck sowie eine Sortierreihenfolge (Standard ist ASC) und die Positionierung von möglichen NULL-Werten. Für diese Funktion gibt es keine OVER-Klausel, da diese für die zusammenfassenden Gruppenwerte reserviert ist. In der reinen Aggregatfunktion besteht daher zwangsläufig keine Möglichkeit, Untergruppen anzugeben oder sich auf die gesamte Ergebnismenge zu beziehen. Als neue Klausel verwendet man für die Einleitung zur Sortierung (und nachher auch für die Bereichsdefinition) WITHIN GROUP.

Im folgenden Beispiel wird für den Median der entsprechende Wert des Rohmaterials gesucht, wobei der Dezimalwert 0.5 als konstanter Wert für beide Funktionen vorgegeben wird.

```
SELECT PERCENTILE_DISC(0.5) WITHIN GROUP
         (ORDER BY COUNT(K_Nr)) AS PercD,
       PERCENTILE_CONT(0.5) WITHIN GROUP
         (ORDER BY COUNT(K_Nr)) AS PerD
```

```
  FROM kurs
 GROUP BY K_Bereich;
```

Listing 3.178 353_13.sql: Ermittlung der Häufigkeitsverteilung

Im Ergebnis erhält man den Wert 13.

```
     PERCD       PERD
---------- ----------
        13         13
1 Zeile wurde ausgewählt.
```

Dieses Ergebnis lässt sich leicht durch eine Ausgabe der Rohdaten und der im nächsten Abschnitt vorgestellten Funktion veranschaulichen.

```
SELECT SUBSTR(K_Bereich,1,20) AS Bereich,
       COUNT(K_Nr)            AS Zahl,
       CUME_DIST()
        OVER (ORDER BY COUNT(K_Nr))    AS Verteilung,
       PERCENTILE_DISC(0.5) WITHIN GROUP
        (ORDER BY COUNT(K_Nr)) OVER () AS Median
  FROM kurs
 GROUP BY K_Bereich;
```

Listing 3.179 353_14.sql: Median-Ermittlung

Als Ergebnis erhält man die Kursbereiche in aufsteigender Kurszahl und die durch die `CUME_DIST`-Funktion berechnete Häufigkeitsverteilung. Wie man sieht, hat der Bereich `Datenbanken` mit der Kursanzahl 13 einen Wert von 71,43 % und der Bereich `Server` mit der Kursanzahl 8 einen Wert von 42,86 %, sodass der Median mit 50 % genau in den Bereich der Datenbanken mit dem Wert 13 fällt. Dies ist auch das Ergebnis aus der vorangegangenen Berechnung.

```
BEREICH                    ZAHL VERTEILUNG     MEDIAN
-------------------- ---------- ---------- ----------
Programmierung(Offic          6 ,142857143         13
Webdesign                     7 ,285714286         13
Server                        8 ,428571429         13
Datenbanken                  13 ,714285714         13
Grafik                       13 ,714285714         13
Office                       15 ,857142857         13
Programmierung               46          1         13
7 Zeilen ausgewählt.
```

Verwendung als zusammenfassender Gruppenwert

Neben dem Einsatz als reine Aggregatfunktion, die für einen gegebenen Prozent- bzw. Dezimalwert den Wert der Häufigkeitsverteilung ermittelt, besteht die Möglichkeit, diese Berechnung über eine Gruppe auszuführen. Dazu setzt man die OVER-Klausel wie in den anderen analytischen Funktionen ebenfalls ein und definiert hier einen möglichen Untermengenbereich bzw. verzichtet auf eine weitere Einschränkung und bezieht die Berechnung damit auf die gesamte Ergebnismenge.

```
[PERCENTILE_CONT | PERCENTILE_DISC]( wert )
 WITHIN GROUP ( ORDER BY ausdruck
 [ASC|DESC] [NULLS FIRST| NULLS LAST])
 OVER ( [PARTITION BY ausdruck [,...]] )
```

Im nächsten Beispiel gibt man für die Anzahl der Unternehmen pro Stadt die einzelnen Quartile aus:

```
SELECT SUBSTR(U_Stadt,1,5) AS Stadt,
       COUNT(U_Nr)         AS Zahl,
       CUME_DIST()
        OVER (ORDER BY COUNT(U_Nr))    AS Verteilung,
       PERCENTILE_DISC(0.25) WITHIN GROUP
        (ORDER BY COUNT(U_Nr)) OVER () AS "25%",
       PERCENTILE_DISC(0.5) WITHIN GROUP
        (ORDER BY COUNT(U_Nr)) OVER () AS "50%",
       PERCENTILE_DISC(0.75) WITHIN GROUP
        (ORDER BY COUNT(U_Nr)) OVER () AS "75%"
  FROM unternehmen
 GROUP BY U_Stadt
HAVING COUNT(U_Nr) > 2;
```

Listing 3.180 353_15.sql: Ablesen von Quartilswerten

Man erhält folgende Werte, wobei dieses Mal auch die Rohwerte ausgegeben werden. Betrachtet man die von der CUME_DIST-Funktion berechnete Häufigkeitsverteilung, sieht man, dass für das erste Quartil der Wert 7 ermittelt wird und dieser von den Städten Berlin und Gelsenkirchen erreicht wird. Für den Median erhält man den Wert 20, der von Hattingen genau erreicht wird, während für das dritte Quartil Düsseldorf den exakten Wert liefert.

```
STADT       ZAHL VERTEILUNG        25%        50%        75%
----- ---------- ---------- ---------- ---------- ----------
Berli          7        ,25          7         20         42
Gelse          7        ,25          7         20         42
```

```
Hatti          11        ,375          7          20          42
Duisb          20          ,5          7          20          42
Essen          28        ,625          7          20          42
Düsse          42         ,75          7          20          42
Bochu          48        ,875          7          20          42
Dortm          59           1          7          20          42
8 Zeilen ausgewählt.
```

Lineare Regression

Oracle bietet Funktionen für eine einfache lineare Regressionsrechnung an, wobei alle vorhandenen Funktionen bereits im Abschnitt zu den eingebauten SQL-Funktionen erläutert wurden. Die vorhandenen Funktionen sind:

- `REGR_COUNT`
  Anzahl der Nicht-`NULL`-Wertepaare, die in die Berechnung eingeflossen sind
- `REGR_AVGX`
  Durchschnittswert für den X-Wert
- `REGR_AVGY`
  Durchschnittswert für den Y-Wert
- `REGR_SLOPE`
  Steigung der Regressionslinie, Steigungsparameter der Regressionsgleichung
- `REGR_INTERCEPT`
  Schnittpunkt der Regressionslinie mit der Y-Achse, d.h. das Absolutglied der Regressionsgleichung
- `REGR_R2`
  Korrelationskoeffizent
- `REGR_SYY`
  Summe aller Quadrate für die Kleinste-Quadrate-Schätzung

Mit Hilfe folgender Formeln lassen sich weitere Größen der linearen Regression berechnen:

- **Angepasstes R2**
  `1-((1 - REGR_R2)*((REGR_COUNT-1) / (REGR_COUNT-2)))`
- **Standardfehler**
  `SQRT((REGR_SYY- (POWER(REGR_SXY,2) /REGR_SXX)) / (REGR_COUNT-2))`

- **T-Statistik für die Steigung der Regressionsgeraden**
  `REGR_SLOPE * SQRT(REGR_SXX) / (Standardfehler)`
- **T_Statistik für das Absolutglied bzw. den Schnittpunkt mit der Y-Achse**
  `REGR_INTERCEPT / ((Standard error) * SQRT((1/REGR_COUNT) + (POWER(REGR_AVGX,2)/REGR_SXX))`

Im folgenden Beispiel wird der Umsatz für die Monate Mai bis Juli untersucht und kontrolliert, ob mit steigender Temperatur (möglicher Einflussfaktor) der Umsatz abnimmt.

```
SELECT REGR_SLOPE(Summe, Monat)     AS "Steigung",
       REGR_COUNT(Summe, Monat)     AS "Datenmenge",
       REGR_INTERCEPT(Summe, Monat) AS "y-Schnittpunkt",
       REGR_R2(Summe, Monat)        AS "Bestimmtheitsmaß",
       REGR_AVGY(Summe, Monat)      AS "y-Durchschnitt",
       REGR_AVGX(Summe, Monat)      AS "x-Durchschnitt"
  FROM (SELECT EXTRACT(MONTH FROM T_Beginn)
                                    AS Monat, /* X-Wert */
               SUM(B_Preis)         AS Summe /* Y-Wert */
          FROM termin NATURAL JOIN buchung
         WHERE EXTRACT(MONTH FROM T_Beginn) BETWEEN 5 AND 7
         GROUP BY EXTRACT(MONTH FROM T_Beginn));
```

Listing 3.181 353_16.sql: Analyse des Zusammenhangs zwischen Monat und Umsatz

Man erhält folgendes Ergebnis, das für den beobachteten Zeitraum eindeutig nachweist, dass es einen Zusammenhang mit hoher Korrelation von 0,95 zwischen den Monaten und dem Umsatz gibt. Die Regressionsgleichung hat demnach folgende Gestalt: `492097,667 - 4817,5*x`.

```
  Steigung Datenmenge y-Schnittpunkt
---------- ---------- --------------
  -48417,5          3     492097,667
Bestimmtheitsmaß y-Durchschnitt x-Durchschnitt
---------------- -------------- --------------
      ,95504027     201592,667              6
1 Zeile wurde ausgewählt.
```

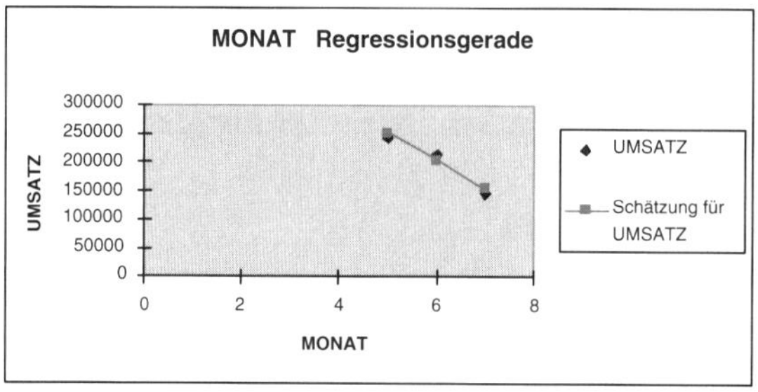

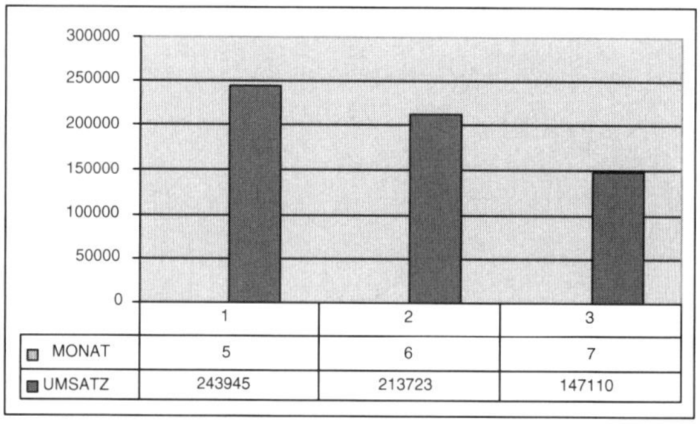

Abbildung 3.21 Grafische Veranschaulichung der Analyse

Hypothetische Verteilungsrechnung

Wir wollen dieses Kapitel nach all den vielen Untersuchungen zu realen, harten Fakten mit einem Thema abschließen, das sich diesen konkreten Tatsachen völlig und absichtlich verschließt. Mit der gerade auf die SQL-Bühne gebrachten Klausel `WITHIN GROUP` ist es nämlich möglich, bereits bekannten analytischen Funktionen Informationen über mögliche Situationen zu entlocken, indem ein nicht existierender neuer Wert der abgerufenen Datenmenge hinzugefügt wird. Dabei berechnet die Funktion wie sonst auch die entsprechenden Werte unter Berücksichtigung des neuen, eingefügten Wertes.

Die allgemeine Syntax hat dabei folgende Form, wobei nur die `WITHIN GROUP`-Klausel und der in einem Klammerausdruck nach dem Funktionsaufruf Neuland eröffnen.

```
[RANK | DENSE_RANK | PERCENT_RANK | CUME_DIST]
 ( wert [, ...] )
WITHIN GROUP ( ORDER BY ausdruck [ASC|DESC]
               [NULLS FIRST|NULLS LAST][, ...] )
```

In einem ersten Beispiel fügt man im Programmierbereich einen neuen Preis mit dem Wert 650 hinzu und lässt für diesen Wert sämtliche möglichen Funktionswerte berechnen.

```
SELECT P_TN1 AS Preis,
       RANK(650) WITHIN GROUP
        (ORDER BY P_TN1)       AS HRANK,
       PERCENT_RANK(650) WITHIN GROUP
        (ORDER BY P_TN1 DESC) AS HPERC_RANK,
       CUME_DIST (650) WITHIN GROUP
        (ORDER BY P_TN1)       AS HCUME_DIST
  FROM kurs NATURAL JOIN preis
 WHERE K_Bereich = 'Programmierung'
 GROUP BY P_TN1;
```

Listing 3.182 653_17.sql: Hypothetische Verteilung für einen Wert

Man erhält wie sonst eine Übersicht über verschiedene Sortierungen und Verteilungen, unter Verwendung des eingefügten Wertes.

```
     PREIS      HRANK HPERC_RANK HCUME_DIST
---------- ---------- ---------- ----------
       600          3          0          1
       615          4          0          1
       800          1          1         ,5
       870          1          1         ,2
```

Es ist zusätzlich möglich, mehrere Werte für verschiedene Spalten zu verwenden. So fügt man für den hypothetischen Preis von 650 Euro im letzten Beispiel im nächsten Fall noch die Dauer von einem Tag zu der Datenmenge hinzu.

```
SELECT P_TN1 AS Preis,
       RANK(650, 1) WITHIN GROUP
        (ORDER BY P_TN1, K_Dauer) AS HRANK,
       PERCENT_RANK(650, 1) WITHIN GROUP
        (ORDER BY P_TN1, K_Dauer) AS HPERC_RANK,
       CUME_DIST (650, 1) WITHIN GROUP
        (ORDER BY P_TN1, K_Dauer) AS HCUME_DIST
  FROM kurs NATURAL JOIN preis
 WHERE K_Bereich = 'Programmierung'
 GROUP BY P_TN1;
```

Listing 3.183 653_18.sql: Hypothetische Verteilung mit zwei Werten

Chi-Quadrat-Test

Mit der Funktion `STATS_CROSSTAB(x, y, berechnung)` lässt sich der Chi-Quadrat-Test durchführen. Dabei steht der Parameter `berechnung` für die folgenden Werte:

- `CHISQ_OBS`
  Beobachteter Wert von Chi-Quadrat
- `CHISQ_SIG`
  Signifikanz des Chi-Quadrat-Wertes
- `CHISQ_DF`
  Freiheitsgrad
- `PHI_COEFFICIENT`
  Phi-Koeffizient
- `CRAMERS_V`
  Cramers V-Statistik
- `CONT_COEFFICIENT`
  Kontingenz-Koeffizient
- `COHENS_K`
  Cohens Kappa

Die folgende Abfrage wendet einige dieser Parameterwerte auf die bereits verwendeten Monatsumsätze an:

```
SELECT STATS_CROSSTAB(Monat, Summe, 'CHISQ_OBS')
       AS "Chi Quadrat",
       STATS_CROSSTAB(Monat, Summe, 'CHISQ_SIG')
       AS "Signifikanz",
       STATS_CROSSTAB(Monat, Summe, 'CHISQ_DF')
       AS "Freiheitsgrad",
       STATS_CROSSTAB(Monat, Summe, 'PHI_COEFFICIENT')
       AS "Phi-Wert",
       STATS_CROSSTAB(Monat, Summe, 'CRAMERS_V')
       AS "Cramers V-Statistik"
  FROM
 (SELECT EXTRACT(MONTH FROM T_Beginn) AS Monat, /* X-Wert */
         SUM(B_Preis)                 AS Summe  /* Y-Wert */
    FROM termin NATURAL JOIN buchung
   WHERE EXTRACT(MONTH FROM T_Beginn) BETWEEN 5 AND 7
   GROUP BY EXTRACT(MONTH FROM T_Beginn));
```

Listing 3.184 353_18.sql: Chi-Quadrat-Berechnung

Man erhält die entsprechenden Werte:

```
Chi Quadrat Signifikanz Freiheitsgrad
----------- ----------- -------------
          4  ,406005879             4
  Phi-Wert Cramers V-Statistik
---------- -------------------
1,15470054          ,816496581
1 Zeile wurde ausgewählt.
```

4 PL/SQL-Syntax und Konzepte

4 PL/SQL-Syntax und Konzepte

Mit den Möglichkeiten von PL/SQL erlangt der Datenbankentwickler und -programmierer die unschätzbare Fähigkeit, datenbanknahe Abläufe direkt innerhalb der DB selbst zu programmieren. Von außerhalb können so erstellte Prozeduren dann mit vielen anderen Programmiersprachen aufgerufen werden, um ihre Ergebnisse zu nutzen.

4.1 Einführung in PL/SQL

Mit PL/SQL eröffnen sich Möglichkeiten, datenbanknahe Anwendungen direkt in der Datenbank zu programmieren und so eine größere Effizienz bei der Software-Entwicklung zu erreichen. Für dieses Kapitel liegen ebenfalls unterschiedliche Dateien zum Download vor, die wir Ihnen kurz nennen. Sie befinden sich alle im Ordner *4_PLSQL_Syntax*:

- **Datenbank-Dateien ohne Buchungsdaten**
  Als Kapitel-Abschluss zeigen wir Ihnen, wie Sie mit PL/SQL aus quasi realen Daten, ohne die letztendlich kein sinnvoller Test möglich ist, Testdaten generieren. Dazu finden Sie im Ordner *Kurse-NRW_1* verschiedene Datendateien in *.xls*-, *.cvs*- und auch *.sql*-Form. Die *.sql*-Datei richtet die komplette Datenbank ohne Buchungsdaten ein.
- **PL/SQL-Programme**
  Sämtliche PL/SQL-Programme, die in diesem Kapitel erstellt werden, sollten Sie zwar selbst testen, sie liegen aber auch in Textdateien vor. Sie sind nach den Unterkapiteln nummeriert.

Folgende Tabellenstrukturen sind für die einführenden Kapitel von Bedeutung (siehe Abbildung 4.1).

`KURS` speichert Informationen über Kurse und ihre Inhalte. Dabei wird in einer `CHECK`-Bedingung überprüft, ob die Dauer mindestens einen Tag beträgt.

```
DROP TABLE "SCOTT"."KURS";
CREATE TABLE "SCOTT"."KURS"
("K_NR"              NUMBER(7)       NOT NULL,
 "K_BEREICH"         VARCHAR2(30)    NOT NULL,
 "K_TITEL"           VARCHAR2(30)    NOT NULL,
 "K_UNTERTITEL"      VARCHAR2(40)    NOT NULL,
 "K_DAUER"           NUMBER(1)       NOT NULL,
 "P_NR"              NUMBER(2)       NOT NULL,
```

```
"K_VORKENNTNISSE" VARCHAR2(150) NOT NULL,
"K_ZIELGRUPPE"    VARCHAR2(50)  NOT NULL,
"K_THEMEN"        VARCHAR2(600) NOT NULL,
 PRIMARY KEY("K_NR"),
 CHECK(K_Dauer>0))
 TABLESPACE "USERS";
```

Listing 4.1 Definition der Tabelle KURS

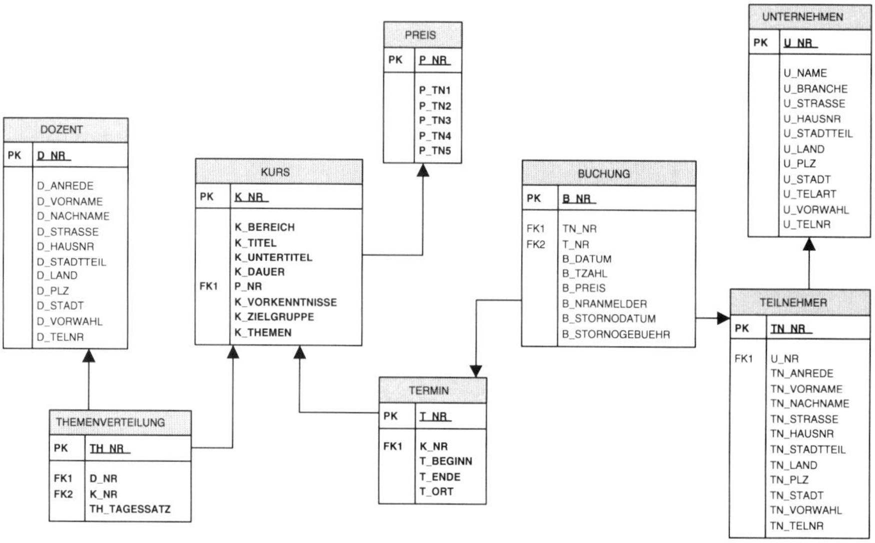

Abbildung 4.1 Datenmodell des Beispiels: Kurse_NRW1

In der Tabelle TERMIN befinden sich die einzelnen Termine, die mit der Tabelle KURS in Beziehung stehen. Eine CHECK-Bedingung überprüft, ob Beginn und Ende in einer chronologisch korrekten Reihenfolge liegen.

```
DROP TABLE "SCOTT"."TERMIN";
CREATE TABLE "SCOTT"."TERMIN"
("T_NR"      NUMBER(4) NOT NULL,
 "K_NR"      NUMBER(7) NOT NULL,
 "T_BEGINN" DATE      NOT NULL,
 "T_ENDE"   DATE      NOT NULL,
 "T_ORT" VARCHAR2(20) NOT NULL,
  PRIMARY KEY("T_NR"),
  FOREIGN KEY("K_NR")
    REFERENCES "SCOTT"."KURS"("K_NR"),CHECK(T_Beginn<=T_Ende))
  TABLESPACE "USERS";
```

Listing 4.2 Definition der Tabelle TERMIN

Die Tabelle PREIS repräsentiert das Preismodell, wobei verschiedene CHECK-Bedingungen dafür sorgen, dass der Preis bei einer steigenden Anzahl von Teilnehmern sinkt.

```
DROP TABLE "SCOTT"."PREIS";
CREATE TABLE "SCOTT"."PREIS"
("P_NR"  NUMBER(2)    NOT NULL,
 "P_TN1" NUMBER(6, 2) NOT NULL,
 "P_TN2" NUMBER(6, 2) NOT NULL,
 "P_TN3" NUMBER(6, 2) NOT NULL,
 "P_TN4" NUMBER(6, 2) NOT NULL,
 "P_TN5" NUMBER(6, 2) NOT NULL,
  PRIMARY KEY("P_NR"),
  CHECK(P_TN1>P_TN2),
  CHECK(P_TN2>P_TN3),
  CHECK(P_TN3>P_TN4),
  CHECK(P_TN4>P_TN5))
  TABLESPACE "USERS";
```

Listing 4.3 Definition der Tabelle PREIS

Die Tabelle TEILNEHMER speichert die Informationen zu den Teilnehmern. Die meisten Teilnehmer wurden über ihre Firma angemeldet, sodass ihr Datensatz mit der Tabelle UNTERNEHMEN in Beziehung steht.

```
DROP TABLE "SCOTT"."TEILNEHMER";
CREATE TABLE "SCOTT"."TEILNEHMER"
("TN_NR"         NUMBER(4)    NOT NULL,
 "U_NR"          NUMBER(5),
 "TN_ANREDE"     VARCHAR2(5),
 "TN_VORNAME"    VARCHAR2(20),
 "TN_NACHNAME"   VARCHAR2(30),
 "TN_STRASSE"    VARCHAR2(40),
 "TN_HAUSNR"     VARCHAR2(5),
 "TN_STADTTEIL"  VARCHAR2(30),
 "TN_LAND"       VARCHAR2(2),
 "TN_PLZ"        NUMBER(5),
 "TN_STADT"      VARCHAR2(30),
 "TN_VORWAHL"    NUMBER(10),
 "TN_TELNR"      NUMBER(10),
  PRIMARY KEY("TN_NR"),
  FOREIGN KEY("U_NR")
```

```
    REFERENCES "SCOTT"."UNTERNEHMEN"("U_NR"))
  TABLESPACE "USERS";
```

Listing 4.4 Definition der Tabelle TEILNEHMER

Die Tabelle UNTERNEHMEN enthält die Daten über die Kundenunternehmen, die für ihre Mitarbeiter Kurse gebucht haben.

```
CREATE TABLE "SCOTT"."UNTERNEHMEN"
("U_NR"          NUMBER(5) NOT NULL,
 "U_NAME"        VARCHAR2(200),
 "U_BRANCHE"     VARCHAR2(100),
 "U_STRASSE"     VARCHAR2(30),
 "U_HAUSNR"      VARCHAR2(5),
 "U_STADTTEIL"   VARCHAR2(30),
 "U_LAND"        VARCHAR2(2),
 "U_PLZ"         NUMBER(5),
 "U_STADT"       VARCHAR2(30),
 "U_TELART"      VARCHAR2(10),
 "U_VORWAHL"     NUMBER(10),
 "U_TELNR"       NUMBER(10),
  PRIMARY KEY("U_NR"))
  TABLESPACE "USERS";
```

Listing 4.5 Definition der Tabelle UNTERNEHMEN

Die Tabelle DOZENT informiert über die Dozenten und ihre Adressen.

```
DROP TABLE "SCOTT"."DOZENT";
CREATE TABLE "SCOTT"."DOZENT"
("D_NR"          NUMBER(4) NOT NULL,
 "D_ANREDE"      VARCHAR2(5),
 "D_VORNAME"     VARCHAR2(20),
 "D_NACHNAME"    VARCHAR2(30),
 "D_STRASSE"     VARCHAR2(40),
 "D_HAUSNR"      VARCHAR2(5),
 "D_STADTTEIL"   VARCHAR2(30),
 "D_LAND"        VARCHAR2(2),
 "D_PLZ"         NUMBER(5),
 "D_STADT"       VARCHAR2(30),
 "D_VORWAHL"     NUMBER(10),
 "D_TELNR"       NUMBER(10),
```

```
  PRIMARY KEY("D_NR"))
  TABLESPACE "USERS";
```

Listing 4.6 Definition der Tabelle DOZENT

Die Tabelle THEMENVERTEILUNG ist eine typische Beziehungstabelle und repräsentiert die Themen, die den einzelnen Dozenten zugeordnet werden können.

```
CREATE TABLE "SCOTT"."THEMENVERTEILUNG"
("TH_NR"         NUMBER(4)    NOT NULL,
 "D_NR"          NUMBER(4)    NOT NULL,
 "K_NR"          NUMBER(7)    NOT NULL,
 "TH_TAGESSATZ" NUMBER(6, 2) NOT NULL,
  PRIMARY KEY("TH_NR"),
  FOREIGN KEY("D_NR")
    REFERENCES "SCOTT"."DOZENT"("D_NR"),
  FOREIGN KEY("K_NR")
    REFERENCES "SCOTT"."KURS"("K_NR"))
 TABLESPACE "USERS";
```

Listing 4.7 Definition der Tabelle THEMENVERTEILUNG

Die Tabelle BUCHUNG ist eine typische Buchungstabelle, in der Geschäftsdaten und Transaktionsdaten (in diesem Fall Kursanmeldungen und Stornierungen) gespeichert werden. Sie wird später leicht geändert und mit Hilfe des Programms zur Testdatenerzeugung automatisch mit Massendaten gefüllt. Zunächst ist sie leer und wird nur für einige Beispiele verwendet.

```
CREATE TABLE "SCOTT"."BUCHUNG" (
 "B_NR"             NUMBER(6)      NOT NULL ,
 "TN_NR"            NUMBER(4),
 "T_NR"             NUMBER(4),
 "B_DATUM"          DATE,
 "B_TZAHL"          NUMBER(1),
 "B_PREIS"          NUMBER(10, 2),
 "B_NRANMELDER"     NUMBER(5),
 "B_STORNODATUM"    DATE,
 "B_STORNOGEBUEHR" NUMBER(10, 2),
  PRIMARY KEY ( "B_NR" ),
  FOREIGN KEY("TN_NR")
   REFERENCES "SCOTT"."TEILNEHMER"("TN_NR"),
  FOREIGN KEY("T_NR")
```

```
  REFERENCES "SCOTT"."TERMIN"("T_NR"))
 TABLESPACE "USERS";
```

Listing 4.8 Definition der Tabelle BUCHUNG

4.1.1 Wozu überhaupt PL/SQL?

SQL ist Ihnen spätestens seit diesem Buch geläufig, wenn Sie nicht vorher schon mit verschiedenen anderen Datenbanksystemen gearbeitet und Daten über SQL aus der Datenbank geholt und in Tabellen geschrieben haben. Dass SQL in jeder Datenbank eine leicht andere Form aufweist, die sich in kleinen Details bemerkbar macht, ist ohnehin klar. Um sich das anzusehen, können Sie einmal die Skripten, die die Übungsdatenbank erstellen, nach einer Änderung der Datentypen auf einer anderen Datenbank abspielen und sich über die vielen Fehlermeldungen freuen. In Ergänzung zu SQL stellt also Oracle noch eine weitere SQL-Eigenart zur Verfügung, die allerdings mit dem gewöhnlichen SQL nicht mehr viel gemein hat. Zwar können Sie mit Standard-SQL weiterhin in PL/SQL Datenbankzugriffe beliebiger Art tätigen, aber diese Zugriffe sind in einer prozeduralen Programmiersprache integriert. Aus einer Abfrage der Form

```
SELECT D_Anrede, D_Vorname, D_Nachname
  FROM dozent, themenverteilung
 WHERE dozent.D_Nr=themenverteilung.D_Nr
   AND K_Nr=1025063;
```

erhält man das Ergebnis:

```
D_ANR D_VORNAME            D_NACHNAME
----- -------------------- ------------------------------
Herr  Martin               Dünn
Herr  Markus               Feder
Herr  Anton                Ebenhof
3 Zeilen ausgewählt.
```

In einer Anwendung hingegen würde man die Kursnummer, die das Ergebnis ja letztendlich wegen ihrer einschränkenden Wirkung determiniert, als gebundene Variable verarbeiten. Aus der übergeordneten Anwendung stammt der gesuchte Form in Form von Titel und/oder Kursnummer, die dann in einer PL/SQL-Prozedur verwendet werden kann, um eine Liste der möglichen Dozenten auszugeben. Der folgende Quelltext zeigt dieses kleine Programm, das Ihnen bereits sehr viel über die Funktionsweise von PL/SQL verrät. Zunächst schaltet man mit `SET SERVEROUTPUT ON;` die Textausgabe im Ausgabebereich von *SQL*Plus* ein, die standardmäßig ausgeschaltet ist. Dies hat nichts mit dem eigentlichen Programm zu tun. Danach folgen verschiedene

Variablen, die für die Einschränkung der Abfrage (b_KursNr) und für ihre Verarbeitung notwendig sind. Diese weisen Datentypen aus, die zu den Zeilen passen, auf die sie sich innerhalb des Programms beziehen. Daher benötigt man für die in der späteren Abfrage verwendeten Spalten D_Anrede, D_Vorname und D_Nachname Variablen, die ihre Werte aufnehmen. Innerhalb der Abfrage wiederum wird eine gebundene Variable verwendet, die einen einschränkenden Wert (die Kursnummer) besitzt. Innerhalb des Hauptprogramms sehen Sie die Grundstruktur eines PL/SQL-Programms: Gebundene Variablen mit Werten, die z.B. aus einem umliegenden Programm stammen, werden über eine Abfrage für die Ermittlung von speziellen Werten benutzt. Da es sich beim Abfrageergebnis laut dem obigen Test um ein mehrzeiliges Ergebnis handelt, erhält man nicht einen einzigen Wert für jede Variable zurück, sondern ein ganzes Ergebnisset. Diese Mengen können mit einem Cursor (der programmiertechnisch die Abfrage speichert durchlaufen und verarbeitet werden. Diese Verarbeitung besteht im aktuellen Beispiel lediglich aus einer Ausgabe, die mit dem Paket DBMS_OUTPUT realisiert wird. Ein Großteil des Programms wird von cursor-spezifischen Programmbestandteilen wie OPEN, FETCH INTO und CLOSE dominiert, die kein weiteres Spezifikum von PL/SQL darstellen, sondern notwendige Bestandteile der Syntax sind.

```
SET SERVEROUTPUT ON;
DECLARE
 -- Variablen für SQL-Abfrage
 b_KursNr   NUMBER(7)    :=1025063;
 -- Variablen für Wertaufnahme
 v_Anrede   VARCHAR2(5);
 v_Vorname  VARCHAR2(20);
 v_Nachname VARCHAR2(30);
 -- Cursor für Verarbeitung des Ergebnisses
 CURSOR c_Dozenten IS
 SELECT D_Anrede, D_Vorname, D_Nachname
   FROM dozent, themenverteilung
  WHERE dozent.D_Nr=themenverteilung.D_Nr
    AND K_Nr=b_KursNr;
BEGIN
 OPEN c_Dozenten;
 LOOP
  FETCH c_Dozenten INTO v_Anrede, v_Vorname, v_Nachname;
  EXIT WHEN c_Dozenten%NOTFOUND;
  DBMS_OUTPUT.PUT_LINE(v_Anrede || ' '
                      ||  v_Vorname || ' ' || v_Nachname);
```

```
 END LOOP;
 CLOSE c_Dozenten;
END;
```

Listing 4.9 411_01.sql: PL/SQL-Programm für die Dozentensuche

Die Ausgabe lautet dieses Mal in schöner Formatierung:

```
Herr Martin Dünn
Herr Markus Feder
Herr Anton Ebenhof
PL/SQL-Prozedur wurde erfolgreich abgeschlossen.
```

Anwendungen, die Daten aus Datenbanken beziehen und Daten in Datenbanken schreiben, funktionieren über eine Client-Server-Architektur gemäß einem 2-Ebenen-Modell. Dieses besteht aus der Anwendung selbst, die eine Oberfläche besitzt, mit der der Benutzer Daten einsehen und bearbeiten kann. Zusätzlich enthält es natürlich die Datenbank und schließlich eine Netzwerkschicht, die den Datenverkehr regelt. Bei einer Anwendung ohne PL/SQL-Programmierung (oder andere Technologien) wird jede einzelne Abfrage als SQL-Befehl zur Datenbank gesendet, dort verarbeitet und wieder zurückübermittelt. Mit PL/SQL jedoch sinkt der Netzwerkverkehr erheblich, da gesamte Module mit inhaltlich zusammengehörigen Abfragen in eine PL/SQL-Prozedur geschrieben wurden und daher komplett vom DB-Server verarbeitet werden können, bevor das Ergebnis zurück zur Anwendung gesendet wird.

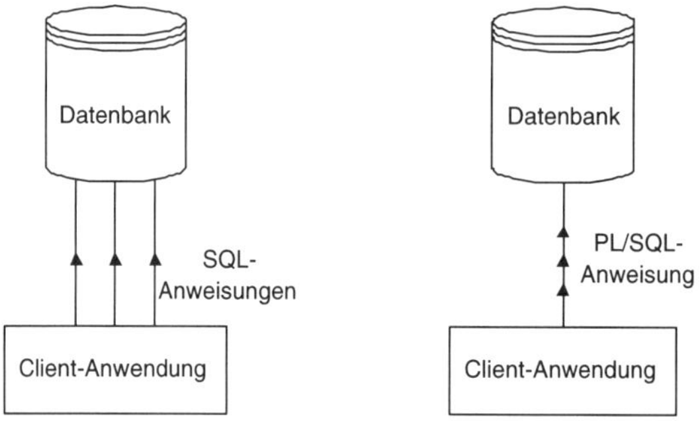

Abbildung 4.2 Netzwerkverkehr bei SQL- und PL/SQL-Anweisungen

In dieser Struktur existiert eine *PL/SQL-Engine* (vergleichbar mit der *Java Virtual Machine*), die einen Compiler und ein Laufzeitsystem enthält, auf dem Server vorhanden ist und dort die PL/SQL-Programme verarbeitet. Daher ist es möglich, direkt in *SQL*Plus* ein PL/SQL-Programm wie eine gewöhnliche SQL-Abfrage zu formulieren und über die **Ausführen**-Schaltfläche zur Datenbank zu schicken. Hier sehen Sie auch, dass automatisch eine farbliche Hervorhebung der Programmbestandteile (z.B. der Kommentare, Variablen und der Schlüsselwörter) erfolgt. Als Information nach der Ausführung erhalten Sie die automatische Ausgabe `PL/SQL-Prozedur wurde erfolgreich abgeschlossen.`, die Ihnen mitteilt, dass die Prozedur ohne Fehler von der *PL/SQL-Engine* verarbeitet wurde. Im gegenteiligen Fall werden standardmäßig Informationen zu möglichen Fehlerursachen angegeben.

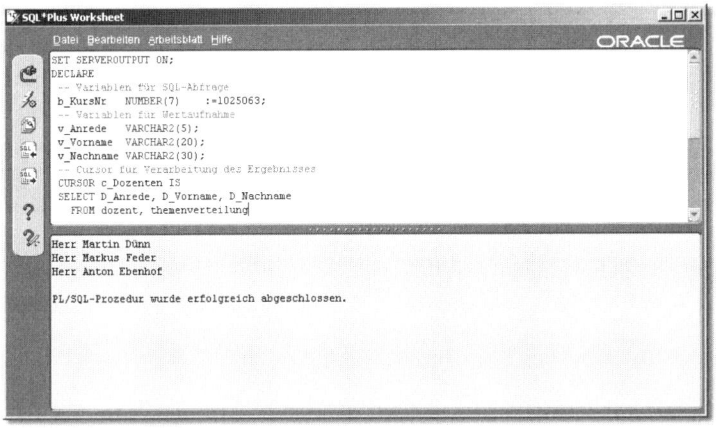

Abbildung 4.3 Arbeit mit einem SQL*Plus-Worksheet

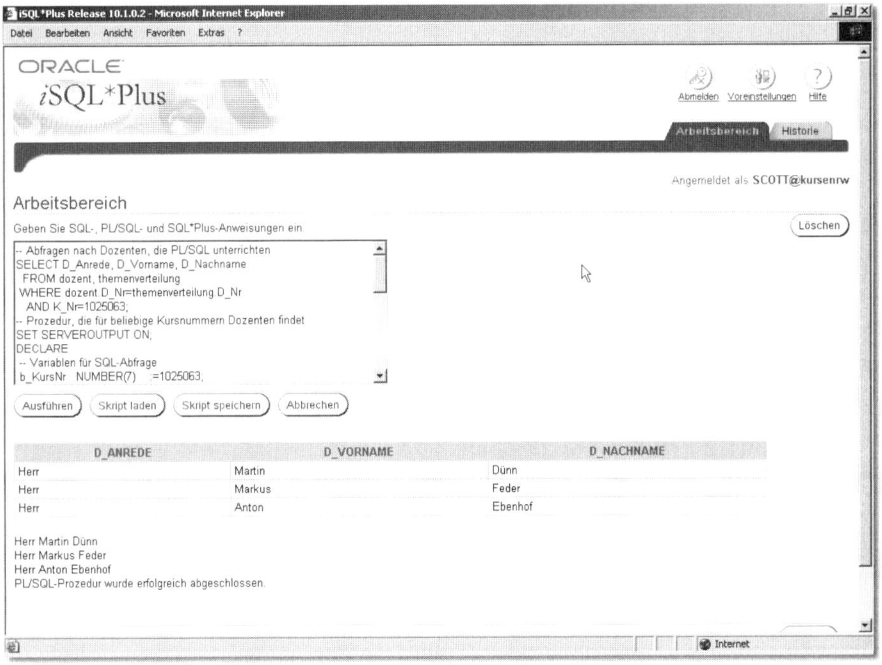

Abbildung 4.4 Arbeit mit iSQL*Plus

Innerhalb der Datenbank wiederum werden PL/SQL- und SQL-Bereiche, die wir bisher als »PL/SQL-Prozedur« bezeichnet haben, unterschiedlich verarbeitet. Die SQL-Bereiche werden vom *SQL Statement Executor* verarbeitet, während die PL/SQL-Bereiche ausschließlich in der *PL/SQL-Engine* verarbeitet werden. Innerhalb der PL/SQL-Anweisungen enthaltene SQL-Bereiche werden ebenfalls an den *SQL Statement Executor* gesendet und dort verarbeitet.

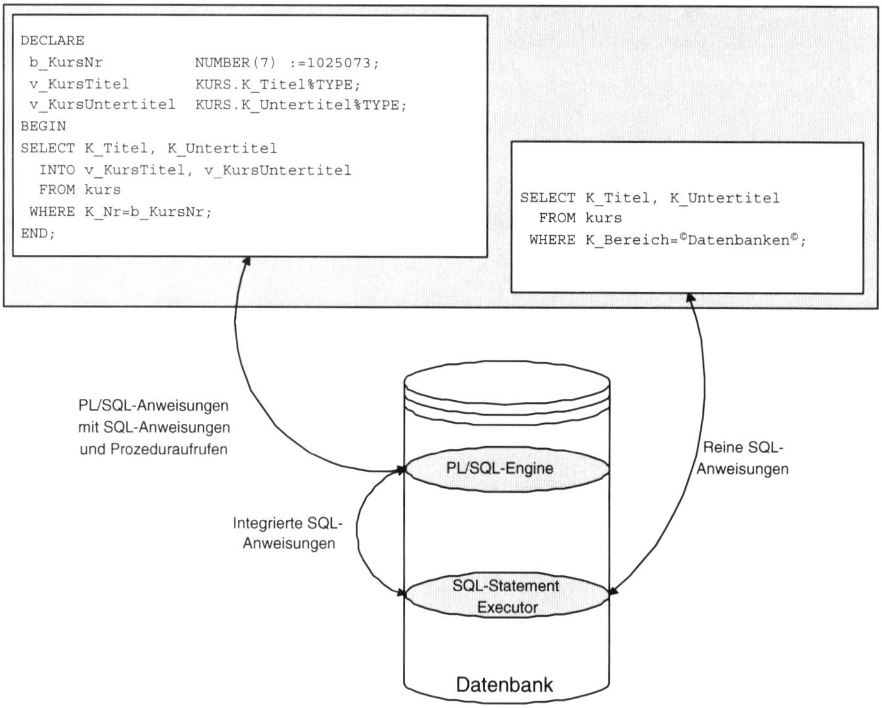

Abbildung 4.5 Verarbeitung von SQL- und PL/SQL-Anweisungen

Beispiele für clientseitige PL/SQL-Engines sind die in *Oracle Forms* und *Oracle Reports* enthaltenen Strukturen. Hierbei besitzen beide Entwicklungswerkzeuge eine eigene Verarbeitungsmaschine, sodass lediglich die SQL-Anweisungen für die Datenverarbeitung zum Datenbankserver gesendet werden. Dadurch wird ebenfalls zu großer Netzwerkverkehr vermieden, da mögliche Fehler nicht auf dem Server entdeckt werden, sondern direkt in der Anwendung. Dies macht insoweit Sinn, als dass mit beiden Werkzeugen Berichte und Formulare entwickelt und gestaltet werden können, mit denen eine große Zahl von Benutzern arbeiten soll oder muss. Daher sollten nur noch die endgültigen SQL-Bereiche versendet werden und nicht jede einzelne Aktivität, die im Formular unternommen wird. Werden innerhalb der Anwendungen direkt SQL-Anweisungen ausgeführt, so werden diese auch unmittelbar an den *SQL State-*

ment Executor im Datenbankserver gesendet, ohne erst von der clientseitigen *PL/SQL-Engine* begutachtet zu werden.

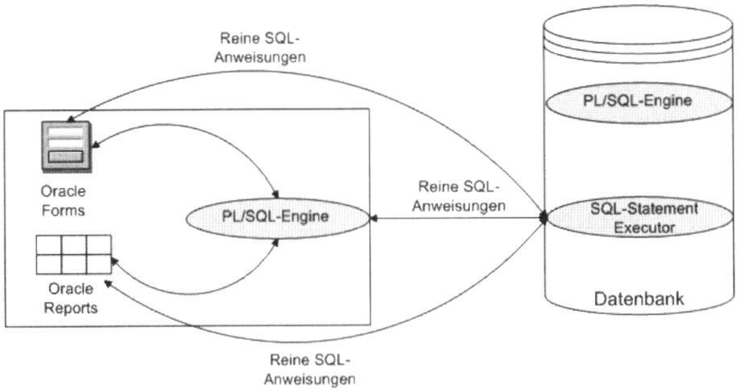

Abbildung 4.6 Clientseitige PL/SQL-Verarbeitung

Als letzte Möglichkeit existiert ein 3-Ebenen-Modell, in dem zwischen dem Client- und dem Datenbankserver-Bereich noch ein weiterer Server als Verarbeitungshilfe für diverse Anforderungen fungiert. Dies ist der Applikationsserver wie z.B. der *Oracle Application Server*. Er besitzt u. a. auch ein *PL/SQL-Web-Cartridge*, das die einkommenden Anforderungen an den Datenbankserver weiterleitet. Dies ist lediglich eine zusätzliche Ebene mit unterschiedlichen Fähigkeiten zur Erfüllung von Sicherheitskonzepten und zur Anwendungssteuerung sowie zur Serverentlastung.

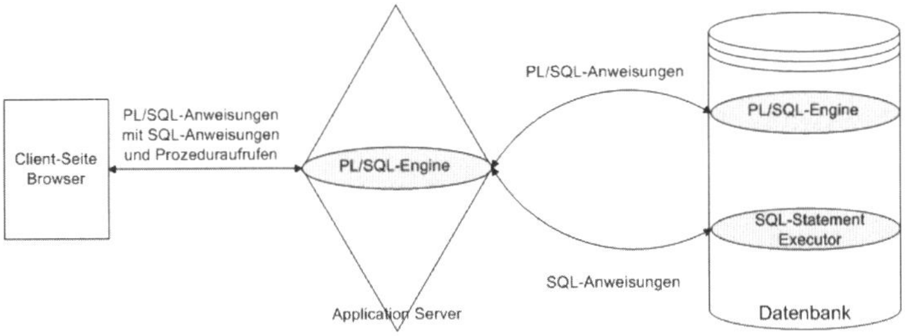

Abbildung 4.7 3-Ebenen-Modell

4.1.2 Die Struktur von PL/SQL

In diesem Kapitel verwenden wir eine spezielle Schreibweise, um Variablen und Spaltennamen optisch voneinander zu trennen, gleichzeitig aber auch ihren Zusammenhang untereinander sowohl zwischen den einzelnen Variablentypen deutlich herauszustellen. Im Rahmen der datenbanknahen Programmierung treten regelmäßig Variablen auf, die Werte halten, die in Abfragen eingebunden werden. Teilweise werden sie im Rahmen einer Funktion direkt oder indirekt vorgegeben und sollen einen Ergebnisbereich einschränken. Teilweise gibt es aber auch Variablen, die keine eingehenden Werte beinhalten, sondern vielmehr auf Wertzuweisungen aus der Ergebnismenge warten und diese Werte dann für die Weiterverarbeitung bereithalten. Daneben gibt es natürlich auch die Variablen, mit denen alle Programme arbeiten (wie Zählervariablen, Schaltvariablen), oder weitere Informationen, die sich explizit nicht auf die Datenbankinformationen beziehen. Typischerweise ähneln bzw. gleichen sogar die Namen von Spalten den Namen der Variablen, die ihre Werte aufnehmen oder bereithalten, sodass z.B. folgende Struktur entsteht: Die Variablen mit einem `v` als Präfix wie `v_KursTitel` werden im Rahmen des Programms Werte aufnehmen, während Variablen mit einem `b` als Präfix wie `b_KursUnterbereich` Werte in das Programm übermitteln und z.B. eine Datenmenge in einer `WHERE`-Klausel einschränken.

```
DECLARE
   v_KursTitel           KURS.K_Titel%TYPE;
   v_KursUnteritel       KURS.K_Untertitel%TYPE;
   v_KursThemen          KURS.K_Themen%TYPE;
   b_KursUnterbereich    KURS.K_Unterbereich%TYPE;
   zaehler               INT :=0;
CURSOR cKURSE_UNTERBEREICH IS
   SELECT K_Titel, K_Untertitel, K_Themen
   INTO   v_KursTitel, v_KursUntertitel, v_KursThemen
   WHERE  K_Unterbereich=b_KursUnterbereich
   ORDER BY K_Titel, K_Untertitel;
BEGIN
   -- Verarbeitung der Datenmenge
END;
```

Wie Sie auch ohne größere PL/SQL-Kenntnisse herausfinden können, speichert die Struktur, die mit dem Schlüsselwort `CURSOR` eingeleitet wird, eine bestimmte Abfrage oder Ergebnismenge spaltenweise in einzelnen Variablen, die zuvor definiert wurden. Wie der Name des Cursors (Datensatzzeigers) schon vermuten lässt, lässt sich über eine andere Variable, die für die `WHERE`-Bedingung innerhalb der Abfrage einen speziellen Wert liefert, die Abfragemenge bezüglich des Unterbereichs steuern. Die Abarbeitung der Ergebnismenge wird dann anhand einer Zählervariable innerhalb einer Schleife bestimmt. Zusammen mit den Zeigern ergeben sich daher insgesamt fünf datenhaltende Strukturen mit folgenden Präfixen:

- `v_Variablenname`, wobei der Name für Variablen, die Daten aus einer Spalte bzw. einer Abfrage *erwarten und übernehmen*, gleich einem Spaltennamen ist

- b_Variablenname, wobei der Name, für Variablen, die Daten *enthalten*, die in einer Abfragemenge verarbeitet werden, gleich einem Spaltennamen ist
- Variablenname ohne spezielles Präfix zur Kennzeichnung aller anderen programmrelevanten Variablen wie z.B. Zählern
- c_Cursorname für die Unterscheidung von Cursorn
- t_Tabellenname für PL/SQL-Sammlungen (Collections)

Damit erweitern wir ein häufig zu findendes Standardschema, um die Bedeutung der Variablen noch weiter herauszuheben. Wechselt eine Variable im Laufe eines Programms ihre Bedeutung in Bezug auf die Spalten, bleibt es dem Programmierer überlassen, welche Bedeutung er als die entscheidende einstuft.

Blockstruktur

In PL/SQL gibt es eine klare Blockstruktur, die für die korrekte Syntax, aber auch für übersichtliche Einrückung und Programmablaufplanung notwendigerweise zu beachten ist. Im folgenden kleinen Test-Programm finden Sie die drei wichtigsten Abschnitte, aus denen ein Programm bestehen kann. Der formale Aufbau entspricht hier bereits einer Vereinfachung, wie Sie später in einem allgemeinen Blockdiagramm sehen werden. Das Programm weist drei Variablen auf, von denen zwei Variablen zwei Zahlwerte darstellen, die in einer Division verarbeitet werden. Für Zahl_2 wird entweder der Wert 0 (ungültige Division durch 0) oder 2 (gültige Division) verwendet, was im ersten Fall eine Ausnahmebehandlung erforderlich macht, um eine hässliche Fehlermeldung zu vermeiden. Dieses Programm repräsentiert einen anonymen Block, da es keinen Namensabschnitt bzw. keinen Kopf enthält. Variablen sind übrigens nur innerhalb eines Blocks zu sehen.

```
DECLARE
 Zahl_1 NUMBER(1) := 3;
 Zahl_2 NUMBER(1) := 0; -- oder 2
 Division DECIMAL(6,2);
BEGIN
 Division := Zahl_1 / Zahl_2;
 DBMS_OUTPUT.PUT_LINE(Zahl_1);
 DBMS_OUTPUT.PUT_LINE(Zahl_2);
 DBMS_OUTPUT.PUT_LINE(Division);
 EXCEPTION
 WHEN ZERO_DIVIDE
 THEN
```

```
 DBMS_OUTPUT.PUT_LINE('Divison durch 0 verboten');
END;
```

Listing 4.10 412_01.sql: Blockstruktur und Division in PL/SQL

Das Ergebnis dieses kleinen Programms für die beiden unterschiedlichen Werte für `Zahl_2` lautet – wie erwartet – folgendermaßen:

```
3
2
1,5
PL/SQL-Prozedur wurde erfolgreich abgeschlossen.
Divison durch 0 verboten
PL/SQL-Prozedur wurde erfolgreich abgeschlossen.
```

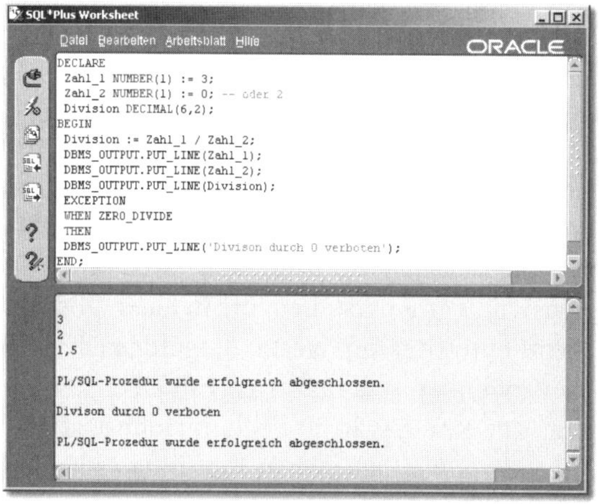

Abbildung 4.8 Blockstruktur in PL/SQL

Die Blockstruktur von PL/SQL umfasst folgende vier Abschnitte, von denen einige optional zu verwenden sind:

- **Kopf**
  Ein benannter Block enthält einen Kopfabschnitt, in dem eine Bezeichnung bzw. ein Name für diesen Block erfasst wird. Über ihn lässt sich der Block als Modul in anderen Blöcken aufrufen. Dieser Abschnitt ist optional. Neben dem Namen (Label) befinden sich in den Köpfen solcher benannter Blöcke wie Prozeduren oder Funktionen auch die ein- und ausgehenden Parameter sowie bei Funktionen die Defintion, welchen Datentyp der Rückgabewert besitzt.

  ```
  <<Name des Blocks>>
  DECLARE...
  ```

- **Deklarationsabschnitt**
  Hier platzieren Sie alle Variablen, die für das Programm erforderlich sind. Im obigen Fall handelte es sich um die beiden Zahlen und die Variable, die den Divisionswert im Ausführungsblock erhielt. Zusätzlich werden hier Cursor und lokale Module (Prozeduren und Funktionen, die nur für den aktuellen Block gelten) deklariert, die im Ausführungsabschnitt zum Einsatz kommen.
- **Ausführungsabschnitt**
  In diesem Abschnitt befindet sich der Hauptteil des Blocks, nämlich der PL/SQL-Quelltext, der ausführbare Anweisungen besitzt und die Funktionalität des gesamten Programms bestimmt. Im Ausführungsabschnitt selbst können sich nun wieder andere Blöcke befinden, die den genannten Strukturen entsprechen.

```
BEGIN
 -- Aktionen des PL/SQL-Programms
 DECLARE --Untergeordneter Block
 BEGIN -- Aktionen des untergeordneten Blocks
 END;
EXCEPTION -- Ausnahmeabschnitt
END - optional: Name der Funktion/Prozedur;
```

- **Ausnahmeabschnitt**
  Dieser ebenfalls optionale Abschnitt erlaubt die Definition von Fehlerzuständen und Ausnahmen, die beim Programmablauf auftreten können. Durch den Ausnahmeabschnitt lassen sich diese Fehler beheben oder in Fehlermeldungen umwandeln.

```
EXCEPTION
 WHEN -- Ausnahmezustand_1
 THEN -- Aktionen zur Fehlerbehandlung
 WHEN -- Ausnahmezustand_1
 THEN -- Aktionen zur Fehlerbehandlung
```

Einsatzbereiche von PL/SQL

Mit PL/SQL lassen sich also Datenbankanwendungen entwickeln, die serverseitig ablaufen und ihre Ergebnisse an andere Anwendungen übermitteln. Mit der folgenden kurzen Liste wollen wir Ihnen einen kurzen Vorgeschmack auf die Inhalte der folgenden Abschnitte dieses Kapitels geben und Ihnen einen Überblick über die Konzepte vermitteln, die PL/SQL bereithält.

Die Arbeitsergebnisse von PL/SQL-Programmierarbeiten stellen *Prozeduren*, *Funktionen* und *Pakete* dar. Im Gegensatz zu *anonymen Blöcken*, die nicht in der

Datenbank gespeichert und damit bei jeder Abarbeitung kompiliert werden, lassen sich die drei anderen genannten Konzepte als benannte Blöcke in der Datenbank speichern und sind damit bereits kompiliert. Prozeduren und Funktionen gleichen ähnlichen Strukturen in anderen Programmiersprachen und gelten als Unterprogramme der Datenbank. Eine Prozedur öffnet man mit einer PL/SQL-Anweisung, während eine Funktion mit Hilfe eines Ausdrucks z.B. als Bedingung für eine `IF`-Konstruktion gestartet wird. Pakete (Packages) ermöglichen eine Zusammenfassung von Prozeduren, Funktionen oder Cursorn zu übergeordneten Einheiten, sodass zusammenhängende Programmbereiche modular angeordnet sind.

Abfrageergebnisse lassen sich in zwei Gruppen einteilen, die sich durch die Zahl der zurückgelieferten Datensätze unterscheiden. Wie Sie bereits gesehen haben, kann man einzeilige Ergebnismengen sehr einfach in Variablen speichern und im Ausführungsabschnitt verwenden. Bei mehrzeiligen Ergebnissen jedoch müssen in jedem Fall *Cursor* (Datensatzzeiger) verwendet werden, die dann die einzelnen oder ausgewählte Ergebniszeilen verarbeiten. Dabei ist eine bestimmte Programmierstruktur einzuhalten, in der ein Cursor geöffnet, eine Datenzeile eingelesen und dann geschlossen wird. Allerdings werden auch einzeilige Ergebnismengen von Oracle automatisch als Cursor verarbeitet, die dann als implizite Cursor einzustufen sind.

Für die Sicherstellung von Datenintegrität und Konsistenz innerhalb der Datenstruktur lassen sich so genannte *Trigger* programmieren. Sie erweitern die Sicherheitsstruktur der Datenbank und gehören eigentlich in den Bereich der Administration. Da sie aber mit Hilfe von PL/SQL programmiert werden, stellen wir sie auch hier vor. Bei Triggern handelt es sich um Unterprogramme, die auf Ereignisse reagieren, die von einem Benutzer während einer Transaktion ausgelöst werden. Dies kann sich u.a. auf DML-Anweisungen oder auf Systemzustände beziehen, die als unerwünscht für die Datenkonsistenz angesehen werden. Dies bedeutet, dass man Trigger nicht direkt, sondern nur indirekt über ein solches Ereignis aufrufen kann. Das Unterprogramm des Triggers läuft dann mit der Zielsetzung ab, einen solchen unerwünschten Zustand zu vermeiden und die Datenbank wieder in einen konsistenten Zustand zu überführen.

Die Fehlerbehandlung über *Exceptions* (Ausnahmen) ist ein weiteres Konzept, um Fehler und Dateninkonsistenzen in der Datenbank zu verhindern sowie um Transaktionen an kritischen Stellen auf den richtigen Weg zu bringen?ist . Hierbei kann man entweder auf eine Vielzahl von Oracle-eigenen Fehlerdefinitionen wie `ZERO_DIVIDE` (Division durch 0) oder `TOO_MANY_ROWS` (zu viele Reihen bei einer `SELECT...INTO`-Anweisung) zurückgreifen und diese in eigenen Applikationen einbauen oder auch eigene Fehlerzustände definieren. Außerdem lassen sich eigene Fehlermeldungen über `RAISE_APPLICATION_ERROR` ausgeben, als wären es Oracle-spezifische Fehlermeldungen.

Eingebaute Funktionen und *Pakete* helfen bei der Arbeit. Sie erweitern die Fähigkeiten von Standard-SQL und erleichtern die Umsetzung komplizierter Programmierprobleme in PL/SQL. Während Ihnen bereits aus dem SQL-Kapitel eine Vielzahl der SQL-Funktionen bekannt sind, mit denen sich Zeichenketten verarbeiten oder Datentypen umwandeln lassen, beziehen sich die Pakete wie das schon verwendete `DBMS_OUTPUT`-Paket auf Operationen im Dateisystem oder auf die Verarbeitung von XML-Daten wie z.B. `DBMS_XML_QUERY` oder `DBMS_XML_GEN`.

Ähnlich wie Arrays in anderen Programmiersprachen lassen sich in PL/SQL mit verschiedenen *Collections* mehrere Variablen gleichzeitig als Einheit verarbeiten. Dabei unterscheidet man zwischen *Index-by-Tabellen* (ähnlich Arrays), *verschachtelten Tabellen* (Arrays in Tabellenform) und *Varrays* (wie die anderen Collection-Typen, allerdings mit maximaler Oberlänge).

4.1.3 Guter Programmierstil: Kommentare und Formatierungen

Natürlich ist uns bewusst, dass Sie bereits die eine oder andere Programmiersprache beherrschen und sich über die Notwendigkeit von Kommentaren und Einrückungen keine Gedanken mehr machen. Daher fassen wir die allgemein üblichen Stilregeln als Stilempfehlungen in einigen wesentlichen Punkten und einem längeren Beispiel zusammen, in dem sie alle verwendet werden. Insbesondere das Beispiel liefert interessantes Anschauungsmaterial für die Formulierung von `SELECT...INTO`-Bereichen. Diese stellen oftmals die Kernbereiche von Programmen dar und sind wegen der Bedeutung von Spalten- und Variablennamen oder auch einer zwischenliegendenDatenbank-Abstraktionsschicht immer derart bedeutsam, dass pro Spalte und pro Variable eine Zeile verwendet wird. Dies werden wir in den weiteren Beispielen nicht durchhalten können, da natürlich der Platzbedarf ins Unermessliche steigt. Gerade in realistischen Unternehmensumgebungen können Tabellen ja schon einmal 30 oder 50 Spalten umfassen, sodass bei einer kompletten Verwendung aller vorhandenen Spalten fast 100 Zeilen nur für den `SELECT...INTO`-Bereich verwendet werden müssen. Da hier jedoch auch ein großes Fehlerpotenzial (falsche Reihenfolge, falsche Schreibweise) liegt, sollte dies in Ihren Programmen immer ein Standard sein.

Folgende Stilvorgaben und Regeln existieren für PL/SQL:

- Wie Sie bereits gesehen haben, sind die Kommentarmöglichkeiten sehr einfach. Für einzeilige Kommentare bzw. Kommentare am Ende einer Zeile verwenden Sie zwei Gedankenstriche --, während Sie mit /* zu Beginn und mit */ am Ende mehrzeilige Kommentare erstellen. Variablen sollten immer einen einzeiligen Kommentar erhalten. Abfragen könnten durch einfache mehrzeilige Kommentarzeilen hervorgehoben werden, und ein gesamter Block könnte durch auffällige mehrzeilige Kommentarzeilen hervorgehoben werden.

- Die Variablennamen sollten auch Informationen über ihre Verwendung geben, wozu einerseits sprechende Namen und andererseits entsprechende Präfixe mit nachfolgendem Unterstrich verwendet werden können. Dies kann auch für Cursor (c), Ausnahmen (e) oder Typen bzw. Tabellen (t) gelten.
- Die Groß-/Kleinschreibung ist für PL/SQL vollkommen unerheblich, was sowohl für Datenbankobjekte (Tabellen, Spalten, Prozeduren usw.) als auch für programminterne Begriffe (Variablen, Funktionen, reservierte Wörter) gilt. Daher empfiehlt es sich, den gefundenen eigenen Stil konsequent anzuwenden. Als Standard werden reservierte Begriffe wie `DECLARE`, `BEGIN` oder `LOOP`, eingebaute SQL-Funktionen wie `SUBSTR` oder `COUNT`, Datentypen wie `NUMBER(10,2)` oder `VARCHAR2(5)` sowie SQL-Schlüsselbegriffe wie `SELECT` oder `GROUP BY` großgeschrieben. Demgegenüber werden Datenbankobjekte wie Tabellennamen klein geschrieben: `kurs` oder `dozent`. Für Variablen und Spaltennamen empfiehlt sich eine gemischte Groß-und Kleinschreibung wie in `v_KTitel` oder `K_Titel`, sie so besser lesbar sind und es leichter ist zu verstehen, welchen Zweck sie auf der Datenebene erfüllen.
- Für die Einrückungen und die Verwendung von Leerzeichen gelten die in anderen Programmiersprachen auch empfohlenen und verwendeten Regeln. Untergeordnete Programmbereiche werden eingerückt und ab einer variablen Länge zur besseren Lesbarkeit durch Kommentare oder auch mit Leerzeilen von anderen Bereichen abgetrennt. Wichtig ist insbesondere, dass in SQL-Abfragen einzelne Spalten und `INTO`-Variablen sowie die `WHERE`-Einschränkungen eigene Zeilen erhalten.

Das folgende Programm ist auch ohne PL/SQL-Kenntnisse lesbar und leicht zu verstehen und befolgt die oben aufgestellten Regeln. Es ermittelt aus einer gegebenen Kursnummer (`b_KNr`) und Teilnehmerzahl (`b_TZahl`) den Preis für Einzelteilnehmer, die Dauer des Kurses sowie weitere Kursinformationen. Über die Auswahl des günstigsten Dozenten, der dieses Thema unterrichtet, wird mit Hilfe seines Tagessatzes und der Kursdauer der Gewinn ermittelt. Beachten Sie insbesondere die Formatierung der vielen Abfragen, die für die Datengewinnung innerhalb des Programms notwendig sind.

```
SET SERVEROUTPUT ON;
<<GewinnBerechnung>>
/*
|| Dieses Programm ermittelt den Seminargewinn.
|| IN-Variablen:
||  Kursnummer (b_KNr) und TN-Zahl (b_TZahl).
*/
DECLARE
 -- Eingehende Variablen
 b_KNr          NUMBER(7) :=1030073; -- Kursnummer
 b_TZahl        NUMBER(1) :=3;       -- Zahl Teilnehmer
 -- Aufnehmende Variablen Kurs
 v_DTagessatz   NUMBER(6, 2);        -- Tagessatz Dozent
 v_KTitel       VARCHAR2(30);        -- Titel Kurs
 v_KUntertitel  VARCHAR2(40);        -- Untertitel Kurs
 v_KDauer       NUMBER(1);           -- Tage Kurs
 v_KPreis       NUMBER(6, 2);        -- Preis TN1
 v_DAnrede      VARCHAR2(5);         -- Anrede Dozent
 v_DVorname     VARCHAR2(20);        -- Vorname Dozent
 v_DNachname    VARCHAR2(30);        -- Nachname Dozent
 v_KGewinn      NUMBER(6, 2);        -- Gewinn Seminar
BEGIN
 -- Preisermittlung für Einzelteilnehmer
 SELECT P_TN1
   INTO v_KPreis
   FROM preis, kurs
  WHERE preis.P_NR=kurs.P_Nr
    AND K_Nr=b_KNr;
 -- Ermittlung der Kursinformationen
 SELECT K_Dauer,
        K_Titel,
        K_Untertitel
   INTO v_KDauer,
        v_KTitel,
        v_KUntertitel
   FROM kurs
  WHERE K_Nr=b_KNr;
 -- Abfrage günstigster Dozent
 SELECT MIN(Th_Tagessatz)
   INTO v_DTagessatz
```

```
   FROM dozent, themenverteilung
  WHERE dozent.D_Nr=themenverteilung.D_Nr
    AND K_Nr=b_KNr;
 -- Abfrage Daten des günstigsten Dozenten
 SELECT D_Anrede,
        D_Vorname,
        D_Nachname
   INTO v_DAnrede,
        v_DVorname,
        v_DNachname
   FROM dozent, themenverteilung
  WHERE dozent.D_Nr=themenverteilung.D_Nr
    AND K_Nr=b_KNr
    AND Th_Tagessatz=v_DTagessatz;
 -- Gewinnberechnung
 v_KGewinn:=(b_TZahl*v_KPreis)-(v_KDauer*v_DTagessatz);
 -- Ausgabe der Berechnung
 DBMS_OUTPUT.PUT_LINE('Teilnehmerzahl: '|| b_TZahl);
 DBMS_OUTPUT.PUT_LINE('Kursdauer: '|| v_KDauer || ' Tage');
 DBMS_OUTPUT.PUT('Kurs: ' || b_KNr);
 DBMS_OUTPUT.PUT_LINE(' -> ' || v_KTitel || ' - ' ||
v_KUntertitel);
 DBMS_OUTPUT.PUT('Dozent: ' || v_DAnrede);
 DBMS_OUTPUT.PUT_LINE(' ' || v_DVorname || ' ' ||
v_DNachname);
 DBMS_OUTPUT.PUT_LINE('Tagessatz: ' || v_DTagessatz || '
Euro');
 DBMS_OUTPUT.PUT_LINE('Gewinn: ' || v_KGewinn || ' Euro');
END GewinnBerechnung;
```

Listing 4.11 413_001.sql: Gewinnberechnung und Formatierung

Die Prozedur liefert bei den aktuellen Werten folgendes Ergebnis:

```
Teilnehmerzahl: 3
Kursdauer: 4 Tage
Kurs: 1030073 -> Java - Java für Oracle
Dozent: Herr Martin Dünn
Tagessatz: 550 Euro
Gewinn: 725 Euro
PL/SQL-Prozedur wurde erfolgreich abgeschlossen.
```

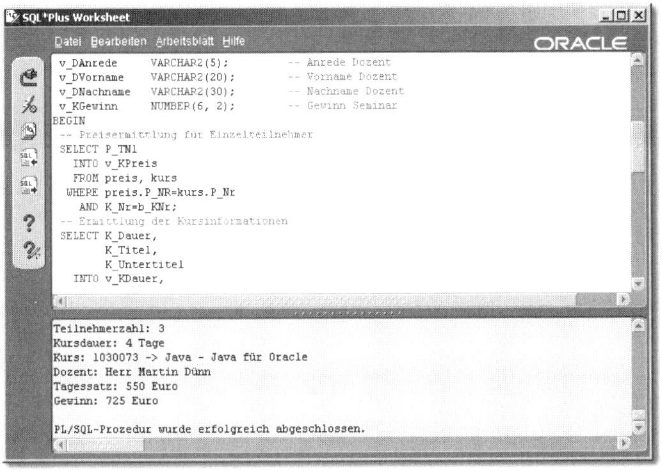

Abbildung 4.9 Standard-Formatierung in einem SQL*Plus-Worksheet

4.2 Grundlegende Syntax-Vorstellung

Programmobjekte wie Variablen, Unterprogramme oder Cursor benötigen Namen, die stets einige einfache Regeln erfüllen müssen, um als gültig erkannt zu werden und nicht schon bei ihrer Deklaration zu einer hässlichen Fehlermeldung zu führen.

Gültige Zeichenmenge

PL/SQL besitzt einen umfangreichen Zeichensatz, der seinen Inhalt aus folgenden Bereichen rekrutiert:

- **Groß- und Kleinbuchstaben**
  A–Z und a–z
- **Zahlzeichen**
  0–9
- **Formatierungen bzw. Leerräume**
  Tabulatoren, Leerzeichen und Wagenrücklauf / Zeilensprung
- **Mathematische Symbole**
  + - * / < > =
- **Zeichen zur Strukturierung**:
  (){}[]?!~;,.'«@#%$^&_|

Programmobjekte wie Variablen, Cursor, Typen oder Unterprogramme erhalten einen gültigen Namen, wenn dieser mit einem Buchstaben beginnt und dann mit weiteren Buchstaben, dem Dollarzeichen, Unterstrichen, Zahlzeichen oder dem Gatterzeichen fortgesetzt wird. Die maximale Länge beträgt 30 Zeichen.

Gültige Namen	Ungültige Namen
▶ `v_KursNr`	▶ `a-b`
▶ `BerechneGehalt2001`	▶ `_v_KursNr`
▶ `Treffer#`	▶ `2001BerechneGehalt`
▶ `z_`	▶ `Treffer #`

Tabelle 4.1 Gültige und ungültige Namen

Groß- und Kleinschreibung

Da PL/SQL die Groß- und Kleinschreibung unberücksichtigt lässt, sind solche wechselnden Namen zwar überaus unschön, aber zumindest zulässig: `v_KursNr`, `V_KursNR`, `v_kursnr` usw.

Literale: Definition

Literale werden nicht durch einen Bezeichner (Namen) repräsentiert, sondern bestehen lediglich aus ihrem Wert. Man unterscheidet bei ihnen Zahlen (123,4 oder `NULL`), Zeichenketten/Strings ("`Hallo`" oder `NULL`) oder boolesche Werte (`TRUE`, `FALSE` oder `NULL`). Datumsangaben wie in der Tabelle `TERMIN`, die über den Datentyp `DATE` gespeichert werden, lassen sich nicht direkt in einem PL/SQL-Programm erzeugen, sondern werden immer automatisch durch Verwendung von `TO_DATE` in ein Datum konvertiert.

```
      T_NR        K_NR T_BEGINN T_ENDE   T_ORT
---------- ---------- -------- -------- ------
 601  1010005  06.10.03  09.10.03 Dortmund
 602  1025073  07.10.03  10.10.03 Bochum
```

Im Hinblick auf diesen angenehmen Datumsautomatismus sind also folgende Einfüge-Operationen alle gleich korrekt und werden kommentarlos in die Datenbank eingetragen:

```
INSERT INTO termin
VALUES
 (704, 1025073, '07-Nov-2003', '10-Nov-2003', 'Düsseldorf');
INSERT INTO termin
VALUES
 (705, 1025073, '07.11.03', '10.11.03', 'Düsseldorf');
INSERT INTO termin
```

```
VALUES (706, 1025073, '07.11.2003', '10.11.2003', 'Düsseldorf');
INSERT INTO termin
VALUES
 (707, 1025073, TO_DATE('07.11.2003'),
TO_DATE('10.11.2003'), 'Düsseldorf');
```

Listing 4.12 420_01.sql: Eintragen von Datumsinformationen

Eine einfache Kontrollabfrage liefert das erwartete Ergebnis:

```
  T_NR      K_NR T_BEGINN T_ENDE   T_ORT
--- ---------- -------- -------- --------------------
  704     1025073 07.11.03 10.11.03 Düsseldorf
  705     1025073 07.11.03 10.11.03 Düsseldorf
  706     1025073 07.11.03 10.11.03 Düsseldorf
  707     1025073 07.11.03 10.11.03 Düsseldorf
4 Zeilen ausgewählt.
```

Literale: Anführungszeichen

Ein Detailproblem stellen immer wieder Anführungszeichen, ihre Speicherung und ihre Ausgabe in PL/SQL-Programmen dar. Folgende drei Fälle sollten Ihnen helfen, diese Klippe zu umschiffen. Für einen einzelnen Anführungsstrich benutzt man zwei einzelne Anführungsstriche direkt hintereinander, was dazu führt, dass man am Anfang oder am Ende einer solchen Zeichenkette drei einzelne Anführungsstriche findet bzw. sechs direkt hintereinander, wenn es sich um die Ausgabe und Speicherung eines einzigen Anführungsstrichs handelt. Wie Sie sehen, ist ein doppeltes Anführungszeichen ein eigenes, besonderes Zeichen, das Sie wie alle anderen Zeichen verwenden können.

```
DECLARE
BEGIN
DBMS_OUTPUT.PUT_LINE('What''s love got to do with it?');
DBMS_OUTPUT.PUT_LINE('"Private Dancer"');
DBMS_OUTPUT.PUT_LINE('Neue CD: ''24/7''');
END;
```

Listing 4.13 420_02.sql: Ausgabe und Speicherung von Anführungszeichen

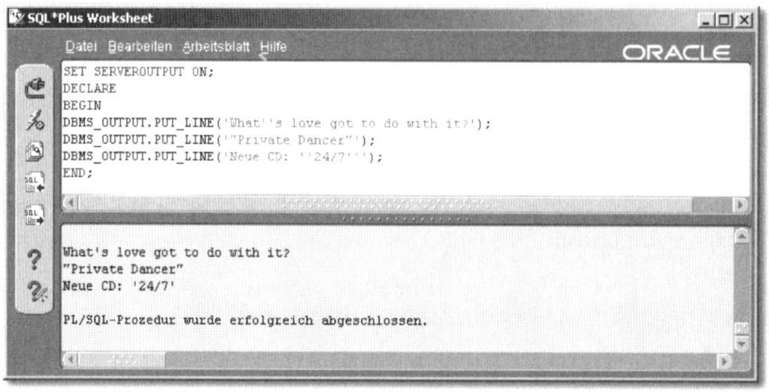

Abbildung 4.10 Speicherung und Ausgabe von Anführungszeichen

Literale: Boolesche Werte

Für die Verwendung von booleschen Werten müssen Sie berücksichtigen, dass es sich nicht um Zeichenketten, sondern tatsächlich um spezielle Werte handelt. Dies verdeutlicht folgendes kurzes Beispiel, in dem in der booleschen Variable `v_Ergebnis` ein ebenso boolesches Literal gespeichert wird. Dies fragt man dann über eine einfache `IF-ELSIF-ELSE`-Konstruktion ab. In einem Kommentar befindet sich ein unkorrekter Bereich, in dem das boolesche Literal als Zeichenkette abgefragt wird.

```
DECLARE
 v_Ergebnis BOOLEAN := TRUE;
BEGIN
 IF v_Ergebnis
 THEN DBMS_OUTPUT.PUT_LINE('Ergebnis ist WAHR.');
 /* Falscher Bereich
 ELSIF v_Ergebnis = 'TRUE'
 THEN DBMS_OUTPUT.PUT_LINE('Ergebnis ist ''WAHR''.');
 */
 ELSE
  DBMS_OUTPUT.PUT_LINE('Ergebnis ist FALSCH.');
 END IF;
END;
```

Listing 4.14 420_03.sql: Verwendung von booleschen Variablen

In der fehlerfreien Variante mit unverändertem Kommentar erhält man folgendes Ergebnis:

```
Ergebnis ist WAHR.
PL/SQL-Prozedur wurde erfolgreich abgeschlossen.
```

Sobald jedoch der Kommentar weggelassen wird, erhält man eine Fehlermeldung, die einen über die fehlerhafte Verwendung des Datentyps in Kenntnis setzt. Diese besteht ganz einfach darin, dass man einen Zeichenkettentest durchführt, obwohl es sich um eine boolesche Variable mit einem Wahrheitswert als Wert handelt.

```
 ELSIF v_Ergebnis = 'TRUE'
                  *
FEHLER in Zeile 7:
ORA-06550: Zeile 7, Spalte 19:
PLS-
00306: Falsche Anzahl oder Typen von Argumenten in Aufruf von '=
'
ORA-06550: Zeile 4, Spalte 2:
PL/SQL: Statement ignored
```

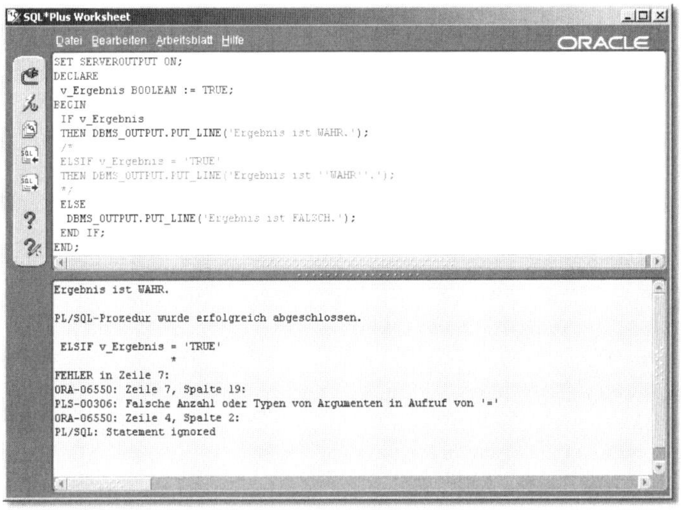

Abbildung 4.11 Fehlerhafte Verwendung von booleschen Literalen

Literale: Zahlen

Bei numerischen Literalen – im Volksmund auch Zahlen genannt – ergeben sich einige Besonderheiten. Auf der einen Seite erfolgen verschiedene automatische Umwandlungen, die manche Fehlermeldung verhindern. Dies ist dann wünschenswert, wenn man auf die Genauigkeit von Zahlwerten keinen Wert legt. In anderen Fällen hingegen sind automatische Rundungen von überzähligen Dezimalstellen oder nicht beachteten Dezimalstellen allerdings nicht das Ziel einer Anwendung. Im folgenden kurzen Beispiel wird eine Fließkommazahl automatisch zu einer ganzen Zahl umgewandelt, wobei die Fließkommazahl mangels ausreichender Stellenzahl gerundet werden muss. In einem Kommentar befindet sich eine Zahl, die gegen die Stellen- und damit die Datentypvorgaben verstößt und eine entsprechende Fehlermeldung auslöst.

```
-- Verwendung von numerischen Literalen
DECLARE
 v_Zahl1 BINARY_INTEGER;          -- Nimmt v_Zahl2 auf
 v_Zahl2 NUMBER(4,2) := 12.0178; -- Fließkommazahl
 -- v_Zahl3 NUMBER(4,2) := 123.056;  -- Ungültige Zahl
BEGIN
 v_Zahl1 := v_Zahl2;
 DBMS_OUTPUT.PUT_LINE(v_Zahl1);
 DBMS_OUTPUT.PUT_LINE(v_Zahl2);
END;
```

Listing 4.15 420_04.sql: Verwendung und Umwandlung von numerischen Literalen

Im gültigen Fall erhält man eine erwartete Verkürzung auf die erlaubten Dezimalstellen – nämlich keine – und eine Rundung auf die erlaubten zwei Dezimalstellen:

```
12
12,02
PL/SQL-Prozedur wurde erfolgreich abgeschlossen.
```

Im zweiten Fall entfernt man die Kommentarzeichen in Zeile 4 und erhält sofort die Fehlermeldung, dass die Gesamtstellenzahl zu groß für diesen Zahltyp ist. Der Datentyp `NUMBER` wird mit `NUMBER(P,S)` definiert, wobei `P` die Genauigkeit und `S` die Skalierung angibt. `NUMBER(4,2)` bedeutet also, dass ein Wert wie `12.34` genau richtig ist, während `12.346` auf zwei Dezimalstellen gerundet wird und `123.4` vollkommen falsch ist.

```
DECLARE
*
FEHLER in Zeile 1:
ORA-
06502: PL/SQL: numerischer oder Wertefehler: Gesamtstellenzahl
zu groß
ORA-06512: in Zeile 4
```

4.2.1 Variablendeklaration und Gültigkeit

Sie haben in den zurückliegenden Beispielen bereits einige Variablen kennen gelernt. PL/SQL bietet unterschiedliche Möglichkeiten an, wobei insbesondere die Verwendung von %TYPE für Variablen von Bedeutung ist, die ihre Daten direkt aus der Datenbank beziehen.

Deklaration

Die einfachste Form einer Variablen besteht aus ihrem gültigen Namen und der Angabe des Datentyps. Auf eine weitere Initialisierung mit einem Wert kann – wie in anderen Sprachen auch – verzichtet werden. Zusätzlich bietet sich die Verwendung des Schlüsselworts NOT NULL an, um zu erzwingen, dass immer ein Wert in der Variable gespeichert ist. Berücksichtigen Sie hier noch einmal kurz die obigen Ausführungen zu den Literalen. NULL bedeutet hier ein fehlender Wert für alle möglichen Literale. Falls in einem Programm konstante Werte benötigt werden, kann man das Schlüsselwort CONSTANT benutzen. Anstatt den bereits eingeführten Zuweisungsoperator := zu verwenden, kann man auch DEFAULT einsetzen.

```
variablenname [CONSTANT] datentyp [NOT NULL]
              [:= | DEFAULT wert];
```

Folgende Beispiele sind gültige Variablendeklarationen:

```
DECLARE
 v_KThemen   VARCHAR2(600);
 b_KNr       NUMBER(7)       NOT NULL :=1025073;
 v_TOrt      VARCHAR2(20)             :='Wuppertal';
 i           BINARY_INTEGER           :=0;
 b_Benutzer CONSTANT VARCHAR2(20)     :='EHuelzemann';
```

Listing 4.16 421_01.sql: Korrekte Variablenzuweisung

In der Datei finden Sie noch eine ungültige Zuweisung innerhalb des Anweisungsabschnitts, in dem der Konstanten ein neuer Wert – nämlich ein anderer Benutzer – zugewiesen wird. Dies wird umgehend mit einer Fehlermeldung geahndet:

```
b_Benutzer :='ABullock';
 *
FEHLER in Zeile 12:
ORA-06550: Zeile 12, Spalte 2:
PLS-00363: Ausdruck 'B_
BENUTZER' kann nicht als Zuweisungsziel benutzt werden
ORA-06550: Zeile 12, Spalte 2:
PL/SQL: Statement ignored
```

Listing 4.17 421_01.sql: Fehlermeldung bei versuchter Änderung einer Konstanten

Verwendung von %TYPE

PL/SQL-Programme haben eine fast magische Tendenz dazu, Daten zu verarbeiten, die bereits in der Datenbank gespeichert sind oder durch das Programm in die Datenbank übertragen werden sollen. Dabei sollten natürlich schon bei der Programmplanung Fehlerquellen vermieden werden, die mit der Kompatibilität von Datentypen im Programm und in den Tabellen zusammenhängen. Um hier eine gewisse Unabhängigkeit von Änderungen und eine automatische Konsistenz zwischen PL/SQL und den Datenbank-Datentypen zu erlangen, kann man das Attribut `%TYPE` verwenden. Sie werden weitere praktische Attribute, die syntaktisch gleichermaßen durch Anhängen verwendet werden, später kennen lernen. `%TYPE` ruft den Datentyp aus einer Tabellenspalte ab und weist ihn einer Variable zu. Dies eignet sich also gerade für Variablen, die Werte speichern, die mit diesen Datentypen kompatibel sein müssen. Durch diese Verwendung erreichen Sie zusätzlich eine größere Übersicht in der Deklaration, welche Variablen irgendwann einmal mit Werten aus der Datenbank zu tun haben werden. Dies haben wir Ihnen am vorangegangenen Beispiel zur automatischen Gewinnberechnung gezeigt. Beachten Sie zusätzlich, dass `NOT NULL`-Beschränkungen in der Datenbank nicht für die Variablen gelten.

```
DECLARE
 -- Eingehende Variablen
 b_KNr          kurs.K_Nr%TYPE :=1030073;        -- Kursnummer
 b_TZahl        NUMBER(1) :=3;              -- Zahl Teilnehmer
 -- Aufnehmende Variablen Kurs
 v_DTagessatz   themenverteilung.Th_Tagessatz%TYPE;
                                          -- Tagessatz Dozent
 v_KTitel       kurs.K_Titel%TYPE;                -- Titel Kurs
 v_KUntertitel kurs.K_Untertitel%TYPE;     -- Untertitel Kurs
 v_KDauer       kurs.K_Dauer%TYPE;                -- Tage Kurs
 v_KPreis       preis.P_TN1%TYPE;                 -- Preis TN1
 v_DAnrede      dozent.D_Anrede%TYPE;          -- Anrede Dozent
 v_DVorname     dozent.D_Vorname%TYPE;        -- Vorname Dozent
 v_DNachname    dozent.D_Nachname%TYPE;      -- Nachname Dozent
 v_KGewinn      NUMBER(6, 2);                -- Gewinn Seminar
```

Listing 4.18 421_02.sql: Verwendung des Attributs %TYPE

Vererbung von Datentypen

Besonders raffinierte Strukturen lassen sich mit der verschachtelten Verwendung von Variablen erreichen. Hier beruft man nicht nur eine Mutter-Variable auf einen bestimmten Feld-Datentyp, sondern zeigt gleichzeitig auch, dass andere Variablen hierarchisch von dieser Variablen abhängen und gleichzeitig denselben Datentyp konsistent erhalten. Dies lässt sich auch über mehrere Generationen hinweg fortsetzen. Achten Sie hierbei allerdings immer darauf, dass die Mutter-Variable auch sichtbar ist, damit die Datentypübergabe und -anpassung gelingen kann. Bei dieser Konstruktion ist übrigens eine NOT NULL-Beschränkung der Mutter-Variabie auch für die abgeleiteten Kind-Variablen bindend.

```
DECLARE
 -- Mutter-Variable
 b_KBereich kurs.K_Bereich%TYPE;  -- VARCHAR2(30)
 -- Kind-Variablen
  b_KBereich_Programmierung b_KBereich%TYPE
                                    :='Programmierung';
  b_KBereich_Datenbanken    b_KBereich%TYPE :='Datenbanken';
  b_KBereich_Server         b_KBereich%TYPE :='Server';
```

Listing 4.19 421_03.sql: Verwendung von verschachtelten %TYPE-Zuweisungen

Gültigkeit und Sichtbarkeit

Eine schier unerschöpfliche Quelle der Unterhaltung ist immer wieder das Problem der Gültigkeit und Sichtbarkeit von Variablen, das wir im nachfolgenden Beispiel erläutern. In diesem Programm tauchen zwei Variablen, Text1 und Text2, mit zwei Zeichenkettenwerten auf, wobei Text1 im äußeren Block und Text2 im inneren Block definiert wird. Die Ausgabe erfolgt von beiden Variablen im inneren wie im äußeren Block. Dabei ist die Ausgabe von Text2, das im inneren Block definiert wird, am Ende des ersten bzw. unterhalb des inneren Blocks auskommentiert, weil hier eine Fehlermeldung zu erwarten ist.

```
<<Ebene1>>
DECLARE
 Text1 VARCHAR2(20) := 'Guten Morgen.';
BEGIN
 DBMS_OUTPUT.PUT_LINE('Ebene1: ' || Text1);
 <<Ebene2>>
 DECLARE
  Text2 VARCHAR2(20) := 'Guten Abend.';
 BEGIN
  DBMS_OUTPUT.PUT_LINE('Ebene2: ' || Text1);
  DBMS_OUTPUT.PUT_LINE('Ebene2: ' || Text2);
 END Ebene2;
```

```
  --DBMS_OUTPUT.PUT_LINE('Ebene1: ' || Text2);
END Ebene1;
```

Listing 4.20 421_04.sql: Sichtbarkeit von Variablen

Bei der korrekten bzw. bei der Variante mit Kommentar erhält man eine Ausgabe auf allen Ebenen und von allen Variablen. Dies bedeutet, dass die Variablen des äußeren Blocks auch in den inneren Blöcken sichtbar sind. `Text1` wird also daher sowohl im äußeren als auch im inneren Block ausgegeben. `Text2` wird ohnehin im inneren wie `Text1` im äußeren Block ausgegeben.

```
Ebene1: Guten Morgen.
Ebene2: Guten Morgen.
Ebene2: Guten Abend.
PL/SQL-Prozedur wurde erfolgreich abgeschlossen.
```

Grausames jedoch geschieht, sobald der Kommentar entfernt wird. Es ist nicht möglich, die im inneren Block definierte Variable `Text2` im äußeren Block auszugeben, wenn der innere Block bereits beendet ist. Das entspricht dem Fall eines komplett abgeschlossenen Blocks, auf dessen Variablen ein anderer beliebiger Block zugreifen möchte. Hier ist die Variable nicht bekannt bzw. nicht sichtbar, sodass eine entsprechende Fehlermeldung ausgegeben wird.

```
 DBMS_OUTPUT.PUT_LINE('Ebene1: ' || Text2);
                                    *

FEHLER in Zeile 13:
ORA-06550: Zeile 13, Spalte 37:
PLS-00201: Bezeichner 'TEXT2' muss deklariert werden
ORA-06550: Zeile 13, Spalte 2:
PL/SQL: Statement ignored
```

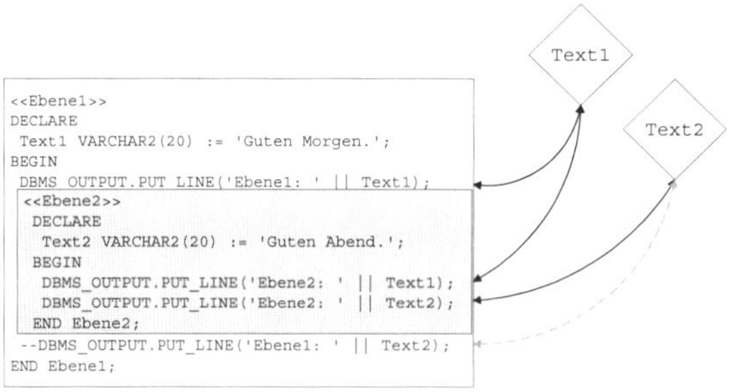

Abbildung 4.12 Sichtbarkeit von Variablen

Abbildung 4.13 verdeutlicht noch einmal den Zusammenhang zwischen dem Geltungsbereich und der Sichtbarkeit von Variablen. Alle Variablen im äußeren

Block sind über den gesamten Block hinweg sichtbar. Dies entspricht auch den Eigenschaften der Variablen im inneren Block. Da jedoch der äußere Block den inneren umschließt, sind dort die im äußeren Block definierten Variablen ebenfalls in ihrem Geltungsbereich und damit auch sichtbar.

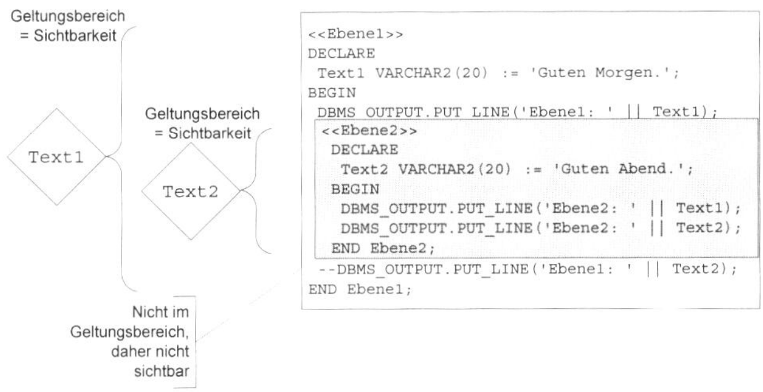

Abbildung 4.13 Geltungsbereich und Sichtbarkeit

Manchmal benennt man Variablen in einem inneren Block um, sodass sich die Variable eines äußeren Blocks zwar noch in ihrem Geltungsbereich befindet, aber nicht mehr sichtbar ist, wodurch ihr Wert verloren zu sein scheint. Verwendet man jedoch benannte Blöcke, so kann man diese unsichtbaren Variablen, die sich aber noch in ihrem Geltungsbereich befinden, über den Blocknamen referenzieren und im inneren Block mit dem ursprünglichen Wert weiter benutzen. Im leicht veränderten Beispiel gibt es nur noch die Variable `Text1`, die im Block `Ebene2` einen anderen Wert erhält. Damit man aber nun nicht auf den `Guten-Morgen`-Gruß verzichten muss, referenziert man die Variable des Blocks `Ebene1` mit `blockname.variablenname` bzw. `Ebene1.Text1`.

```
<<Ebene1>>
DECLARE
 Text1 VARCHAR2(20) := 'Guten Morgen.';
BEGIN
 DBMS_OUTPUT.PUT_LINE('Ebene1: ' || Text1);
 <<Ebene2>>
 DECLARE
  Text1 VARCHAR2(20) := 'Guten Abend.';
 BEGIN
  DBMS_OUTPUT.PUT_LINE('Ebene2: ' || Ebene1.Text1);
  DBMS_OUTPUT.PUT_LINE('Ebene2: ' || Text1);
 END Ebene2;
END Ebene1;
```

Listing 4.21 421_05.sql: Referenzierung einer Variablen über den Blocknamen

Die Ausgabe ist dann exakt wie zuvor, da über die Referenzierung der ursprüngliche Wert bzw. die ursprüngliche Variable angesprochen und verwendet wird:

```
Ebene1: Guten Morgen.
Ebene2: Guten Morgen.
Ebene2: Guten Abend.
PL/SQL-Prozedur wurde erfolgreich abgeschlossen.
```

In Abbildung 4.14 ist dies noch einmal hervorgehoben: Während eigentlich der Wert der Variablen `Text1` durch die Definition der gleichnamigen Variablen im inneren Block verändert wird, adressiert man die Variable `Text1` im Aufruf so, dass der Wert aus dem äußeren Block zum Einsatz kommt.

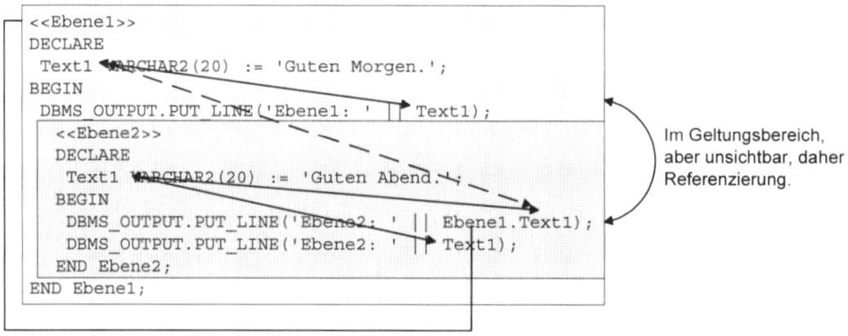

Abbildung 4.14 Referenzierung einer Variablen zur Sichtbarmachung

4.2.2 Datentypen und Operatoren

Oben haben Sie bereits gesehen, wie Sie einer Variablen einen speziellen Datentyp zuweisen oder über `%TYPE` eine verankerte Deklaration durchführen, indem der Datentyp direkt aus dem *Data Dictionary* der Datenbank oder einer anderen Variable übernommen wird.

Oracle- und PL/SQL-Datentypen

Im Folgenden werden die Datentypen mit ihren Familien kurz vorgestellt. Da es einige Unterschiede zwischen den Datentypen in PL/SQL und der Datenbank gibt, lohnt es sich in jedem Fall, sich mit diesem Thema zu beschäftigen.

- **Skalare Datentypen**
  - **Zahlen**
    In dieser Gruppierung befinden sich Datentypen wie `NUMBER` (wahlweise ganze Zahl oder Fließkommazahl), der dem gleichnamigen Datentyp aus der Datenbank entspricht und mit `NUMBER (P,S)` deklariert wird. Hierbei stellt die `P` die Genauigkeit und `S` die Zeichenanzahl der Dezimalstellen an. Gleichwertige Datentypen sind hier `DEC`, `DECIMAL`,

DOUBLE PRECISION, FLOAT, NUMERIC oder REAL. Sie unterscheiden sich in der maximalen Genauigkeit. Für Ganzzahlen verwendet man INT, INTEGER oder SMALLINT. Der Datentyp BINARY INTEGER wird für arithmetische Operationen verwendet, die nicht direkt auf den zuvor beschriebenen Typen ausgeführt werden können. Dazu wird eine automatische Typumwandlung durchgeführt. Dieser Datentyp besitzt verschiedene Subtypen, deren maximaler Wertebereich bei 2147483647 endet: NATURAL (von 0 beginnend), NATURALN (wie zuvor und NOT NULL), POSITIVE (von 1 beginnend), POSITIVEN (wie zuvor und NOT NULL) sowie SIGNTYPE (-1, 0, 1) für die Angabe von Vorzeichen. Zusätzlich gibt es die beiden Datentypen BINARY_FLOAT und BINARY_DOUBLE mit einfacher und doppelter Präzision, die für eine bessere Geschwindigkeit bei der Verarbeitung von vielen Zahlwerten sorgen sollen.

- **Zeichenketten**
  Diese Datentypen stehen für die Speicherung von Wörtern und Texten zur Verfügung. VARCHAR2 wird als VARCHAR2(L [CHAR | BYTE]) definiert, wobei L die Länge entweder in Zeichen (CHAR) oder in Byte (BYTE) bestimmt. Standardmäßig bezieht es sich auf die Zeichenlänge. Die maximale Länge richtet sich in PL/SQL nicht nach den Zeichen, sondern nach dem Speicherbedarf von 32 267 Bytes, wobei der gleichnamige Datenbanktyp nur maximal 4 000 Bytes belegen darf. Für Inhalte, die mehr Speicherplatz brauchen, verwendet man daher LONG (maximal 2 GB) oder CLOB (4 GB). Wird dieser Speicherbedarf insoweit ausgenutzt, als dass er die maximale Länge von VARCHAR2 übersteigt, kann dieser Datentyp nicht genutzt werden. Der Unterschied zwischen VARCHAR und VARCHAR2 besteht lediglich darin, dass VARCHAR auf ANSI basiert. Für die Berechnung der tatsächlich verwendbaren Zeichen ist der Speicherbedarf eines Buchstabens in dem Zeichensatz zu berücksichtigen, der innerhalb der Datenbank verwendet wird. Mit dem Datentyp CHAR hingegen definiert man Zeichenketten fester Länge, wobei also fehlende Zeichen mit Leerzeichen aufgefüllt werden. Die Länge wird obligatorisch mit CHAR(L [CHAR | BYTE]) angegeben, wobei L die maximale Länge in Bytes oder Zeichen ist (maximal 32 767 Bytes). Innerhalb der Datenbank können Felder, die diesen Datentyp aufweisen, lediglich 2 000 Bytes speichern. CHARATER ist ein Subtyp von CHAR. Mit dem Datentyp LONG können in der Datenbank bis zu 2 GB gespeichert werden, wohingegen PL/SQL nur 32 760 Bytes akzeptiert. Mit NCHAR und NVARCHAR2 übernehmen Sie die Einstellungen des nationalen Zeichensatzes, der nicht derjenige von PL/SQL ist.
- **Binärdaten**
  Für die Speicherung von Binärdaten stehen RAW mit maximal 32 767 Bytes in PL/SQL und 2 000 Bytes als Felddatentyp zur Verfügung, wobei die

Definition über `RAW(L)` und der Länge in Bytes geschieht. `LONG RAW` hingegen akzeptiert in der Datenbank 2 GB, wobei in PL/SQL nur 32 760 Bytes möglich sind.

- **Datum und Zeit**
  Für die Verarbeitung von Zeitinformationen stehen verschiedene Datentypen zur Verfügung. Mit `DATE` existiert ein Analogon zum Felddatentyp in der Datenbank. Pro Zeitinformation verbraucht dieser Datentyp 7 Bytes für die Elemente Jahrhundert, Jahr, Monat, Tag, Stunde, Minute und Sekunde. Für Zeitstempel steht der Datentyp `TIMESTAMP` mit unterschiedlichen Möglichkeiten zur Verfügung. Mit `TIMESTAMP[(P)]` speichert man einen Zeitstempel mit Jahr, Monat, Tag, Stunde, Minute und Sekunde. Mit `P` legt man die Genauigkeit von Sekundenbruchteilen (Standard ist 6) fest. `TIMESTAMP[(P)] WITH TIME ZONE` beinhaltet auch eine Zeitzoneninformation des Benutzers, während `TIMESTAMP[(P)] WITH LOCAL TIME ZONE` die tatsächliche System-(Datenbank-)Zeitzone speichert. Intervalle zwischen zwei Zeitstempeln werden über `INTERVAL YEAR[(P)] TO MONTH` für Jahres-Monats-Intervalle und `INTERVAL DAY[(DP)] TO SECOND[(SP)]` erfasst. Mit `P` wird in diesem Fall die Genauigkeit für die Jahresangabe festgelegt (Standard ist 2). Mit `DP` legt man die Ziffernzahl für die Tage (Standard ist 2) fest und mit `SP` die Sekundenbruchteile (Standard ist 2).
- **Reihen-Datentypen**
  Für die Definition von eindeutigen Schlüsseln in Tabellenspalten entspricht `ROWID` in PL/SQL dem gleichnamigen Felddatentyp in der Datenbank. Die Speicherung erfolgt intern binär als feste Länge. Mit `UROWID` greift man bei der Adressierung sowohl auf physische als auch auf logische Schlüssel zu, was Leistungsvorteile bringt.
- **Logisch**
  Der Datentyp `BOOLEAN` speichert logische Werte bzw. Wahrheitswerte mit den Ausprägungen `TRUE`, `FALSE` und `NULL`.

- **PL/SQL-Spezifika**
  - `REF` stellt einen Referenztyp dar, der einem Zeiger in anderen Programmiersprachen entspricht.
  - `REF CURSOR` hingegen stellt den Typ einer Cursor-Variable dar.

Subtypen – Eigene Datentypen

PL/SQL bietet zusätzlich zur Verwendung der vordefinierten Datentypen die Möglichkeit, eigene Datentypen in Form von Subtypen zu deklarieren und in Programmen zu verwenden. Dabei ist ein Subtyp nicht ein komplett neuer

Datentyp, sondern – wie der Name eher vermuten lässt – eine Untermenge eines bereits existierenden Datentyps. Dabei lassen sich beschränkte und unbeschränkte Subtypen unterscheiden. Während der unbeschränkte Subtyp gerade wegen seiner Unbeschränktheit den originären Datentypen entspricht, stellen die beschränkten Subtypen die eigentlich interessanten Strukturen dar, da sie die Wertemenge eines originären Datentyps verringern und damit einen quasi neuen Datentyp schaffen.

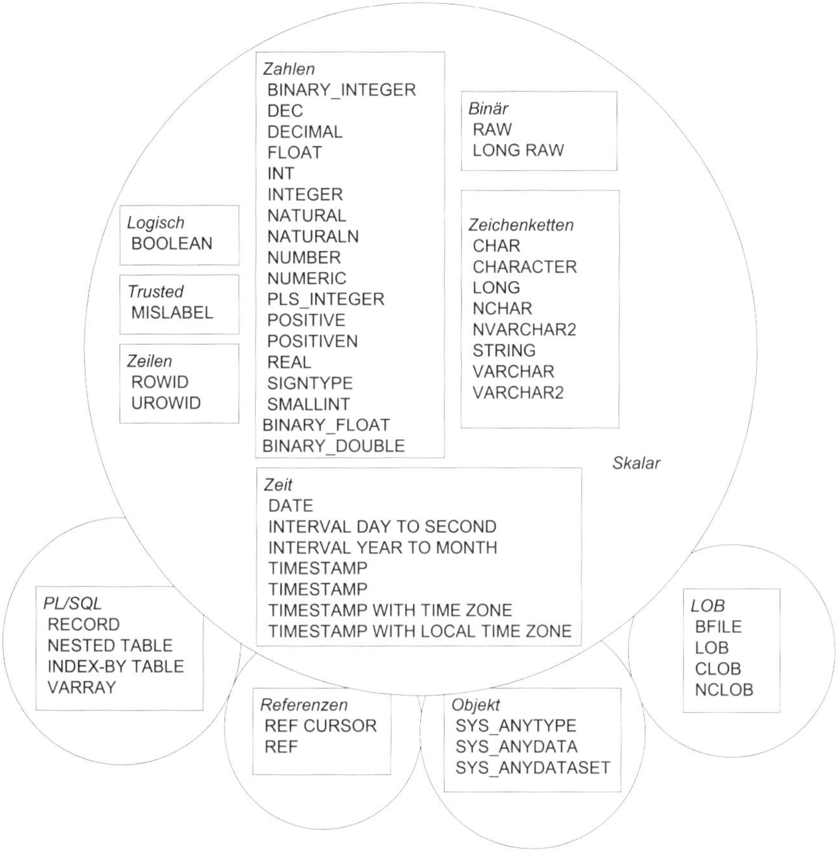

Abbildung 4.15 Datentypen in PL/SQL

Die Definition eines Subtyps erfolgt nach dem Schema:

```
SUBTYPE name IS Originalname;
```

Im folgenden kurzen Beispiel werden einige Subtypen auf Basis von anderen Subtypen, die bereits standardmäßig vorhanden sind, Tabellenfeldern und einfach originären Datentypen definiert. Die Verwendung bei der Definition von Variablen gestaltet sich dann genauso wie bei ursprünglichen Datentypen.

```
DECLARE
 SUBTYPE DAUER  IS POSITIVEN;          -- Basis: Subtyp
 SUBTYPE TITEL  IS kurs.K_Titel%TYPE; -- Basis: Feld
 SUBTYPE PREIS  IS NUMBER(6,2);        -- Basis: Datentyp
 b_KDauer DAUER := 2;
 b_KTitel TITEL :='HTML';
 b_KPreis PREIS :=410.00;
```

Listing 4.22 422_01.sql: Subtypen definieren und verwenden

Automatische und explizite Typumwandlung

Datentypen passen bisweilen nicht korrekt zusammen, was natürlich streng vermieden werden sollte, um jegliche Fehlermeldungen dieser Art auszuschließen, was aber auch durch Typumwandlung behoben werden kann. Zum einen besitzt PL/SQL eine automatische Typkonvertierung für Zeichen in Zahlen und Zeichen in Datumsangaben. Zum anderen stehen aber auch eine Reihe von Funktionen zur Verfügung, die für eine explizite Typumwandlung eingesetzt werden können. Im folgenden Beispiel werden einige SQL-Kurse mit ihren Terminen aus der Datenbank ausgelesen und ausgegeben, wobei in der ersten Variante die automatische Typumwandlung eingreift, während beim zweiten Mal explizit die Umwandlung vorgegeben wird.

Sollte eine Typumwandlung nicht korrekt angegeben oder schlichtweg nicht möglich sein, könnten man solcherlei Fehlermeldungen erhalten. Sie könnte sich z.B. darauf beziehen, dass in der Variable `v_TBeginn` ein Zahldatentyp deklariert wird, während in der Tabelle jedoch der Datentyp `DATE` verwendet wird. Zwischen Datumsangaben und Zahlen gibt es keine automatische Umwandlung, sodass die hässliche Fehlermeldung erscheint. In der Datei finden Sie auch das fehlerhafte Programm.

```
      v_TBeginn, V_TEnde, v_TOrt, v_KTitel, v_KUntertitel;
      *
FEHLER in Zeile 17:
ORA-06550: Zeile 17, Spalte 8:
PLS-00386: Typ-Abweichung bei 'V_TBEGINN' zwischen FETCH-
Cursor und INTO-Variablen
ORA-06550: Zeile 16, Spalte 2:
PL/SQL: SQL Statement ignored
```

Listing 4.23 422_02.sql: Fehlerhafte Typumwandlung und Fehlermeldung

Eine andere Problemstellung ergibt sich, wenn Längenangaben nicht zueinander passen. In der Tabelle `TERMIN` beträgt die Länge für den Ort 20 Zeichen. Im korrekt ablaufenden Programm sehen Sie, dass der erste Termin in Bochum stattfindet und der zweite in Dortmund. Während bei einer Angabe von `VARCHAR(6)` die Ortsangabe `Bochum` noch genau in den Datentyp hineinpasst, übersteigt die Ortsangabe `Dortmund` die Länge von 6 um 2 Zeichen, sodass für den zweiten Termin nur noch eine Fehlermeldung übrig bleibt und die restlichen daher gar nicht mehr ausgegeben werden können. In der Datei finden Sie die fehlerhafte Syntax und die Ausgabe.

```
12.06.03 - 13.06.03
Bochum SQL - DDL, DML + DCL
DECLARE
*
FEHLER in Zeile 1:
ORA-
06502: PL/SQL: numerischer oder Wertefehler: Zeichenfolgenpuffer
 zu klein
ORA-06512: in Zeile 16
```

Listing 4.24 422_03.sql: Fehler bei der Längenangabe eines Datentyps

Im folgenden Beispiel hingen werden die automatischen Umwandlungsfunktionen korrekt eingesetzt, und das Programm läuft widerspruchsfrei ab. Zwei `DATE`-Typen und ein `NUMBER`-Typ werden in Zeichenketten mit korrekter Länge transformiert, während eine Zeichenkette um eine gewisse Länge gekürzt wird.

```
DECLARE
 b_KursNr       VARCHAR(7) :=1025039; -- NUMBER(7)
 v_TBeginn      VARCHAR(10);          -- DATE
 v_TEnde        VARCHAR(10);          -- DATE
 v_TOrt         VARCHAR(10);          -- VARCHAR(20)
 v_KTitel       kurs.K_Titel%TYPE;
 v_KUntertitel  kurs.K_Untertitel%TYPE;
 CURSOR c_Termine IS
 SELECT T_Beginn, T_Ende, T_Ort, K_Titel, K_Untertitel
   FROM kurs, termin
  WHERE kurs.K_Nr=termin.K_Nr
    AND kurs.K_Nr=b_KursNr;
BEGIN
 OPEN c_Termine;
 LOOP
 FETCH c_Termine INTO
       v_TBeginn, V_TEnde, v_TOrt, v_KTitel, v_KUntertitel;
```

```
 EXIT WHEN c_Termine%NOTFOUND;
 DBMS_OUTPUT.PUT_LINE(v_TBeginn || ' - ' || v_TEnde);
 DBMS_OUTPUT.PUT(v_TOrt || ' ');
 DBMS_OUTPUT.PUT_LINE(v_KTitel || ' - ' || v_KUntertitel);
 END LOOP;
END;
```

Listing 4.25 422_04.sql: Automatische Typumwandlung

Wer sich allerdings auf die automatische Typumwandlung verlässt, der ist auch so risikoreich, dass er die Kommentare vergisst, und bis zur großen Katastrophe (oder sogar noch lange darüber hinaus) weiß kein Mensch, warum diese Programme nicht korrekt ablaufen. Daher sollte man zu den folgenden Konversionsfunktionen greifen, um die Umwandlung deutlich zu machen.

Funktion	Ausgang	Eingang
TO_CHAR	VARCHAR2	Numerisch, Datum
TO_DATE	DATE	Zeichenketten
TO_NUMBER	NUMBER	Zeichenketten
TO_TIMESTAMP	TIMESTAMP	Zeichenketten
TO_TIMESTAMP_TZ	TIMESTAMP WITH TIMEZONE	Zeichenketten
TO_DSINTERVALL	INTERVAL DAY TO SECOND	Zeichenketten
TO_YMINTERVALL	INTERVAL YEAR TO MONTH	Zeichenketten
RAWTOHEX	Wandelt RAW in eine hexadezimale Form um.	RAW
HEXTORAW	Wandelt eine hexadezimale Menge in das RAW-Format um.	Zeichenketten in hexadezimaler Form
CHARTOROWID	Wandelt Zeichenketten in ein internes binäres Format um.	Zeichenketten als ROWID mit 18 Zeichen
ROWIDTOCHAR	Wandelt ROWID in Zeichenketten mit einer Länge von 18 um.	ROWID

Tabelle 4.2 Umwandlungsfunktionen für Datentypen

Im folgenden Beispiel deklariert man zunächst die Variablen und die Datentypen, in die später die Datenbankinformationen übertragen werden sollen. In der SQL-Anweisung finden Sie dann die passenden Umwandlungsfunktionen. Da hier alle ursprünglichen Datentypen in Zeichenketten umgewandelt werden, beschränkt sich dies auf die Funktion TO_CHAR. Das DBMS_OUTPUT-Paket gibt übrigens nur Zeichenketten aus und wandelt immer automatisch eingehende Werte in Zeichenketten um. Wenn Sie besonders sorgfältig sind, können Sie das natürlich auch mit TO_CHAR manuell durchführen.

```
DECLARE
 b_KursNr        VARCHAR(7) :=1025039; -- NUMBER(7)
 v_TBeginn       VARCHAR(10);          -- DATE
 v_TEnde         VARCHAR(10);          -- DATE
 v_TOrt          VARCHAR(10);          -- VARCHAR(20)
 v_KTitel        kurs.K_Titel%TYPE;
 v_KUntertitel   kurs.K_Untertitel%TYPE;
 CURSOR c_Termine IS
 SELECT TO_CHAR(T_Beginn),
        TO_CHAR(T_Ende),
        TO_CHAR(T_Ort),
        K_Titel,
        K_Untertitel
   FROM kurs, termin
  WHERE TO_CHAR(kurs.K_Nr)=TO_CHAR(termin.K_Nr)
    AND kurs.K_Nr=b_KursNr;
BEGIN
 -- Ausgabe der Treffer
END;
```

Listing 4.26 422_05.sql: Explizite Umwandlung von Datentypen

Operatoren

In den zurückliegenden Beispielen haben Sie bereits einige Operatoren wie z.B. den Verkettungsoperator kennen gelernt. In PL/SQL werden Sie fast alle der Ihnen schon aus anderen Zusammenhängen bekannten Operatoren wiederfinden. Daher fassen wir diese nur ganz kurz zusammen.

Für die Verknüpfung von Ausdrücken verwenden Sie folgende Operatoren, die wir in absteigender Priorität auflisten:

Operator	Wertigkeit	Beschreibung
**, NOT	Zweiwertig	Potenz, logische Negation
+, -	Einwertig	Identität, Negation
*, /	Zweiwertig	Multiplikation, Divison

Tabelle 4.3 Verknüpfungsoperatoren für Ausdrücke

Operator	Wertigkeit	Beschreibung
+, -, ||	Zweiwertig	Summe, Differenz, Verkettung
=, !=, <, >, <=, >=, IS NULL, LIKE, BETWEEN, IN	Zweiwertig (außer IS NULL)	Vergleich
AND	Zweiwertig	Verknüpfung
OR	Zweiwertig	Inklusion

Tabelle 4.3 Verknüpfungsoperatoren für Ausdrücke

Im folgenden kurzen Beispiel setzen wir einige der Operatoren ein und kombinieren sie mit Klammern, um die Prioritäten zu ändern:

```
DECLARE
 Potenz   NUMBER(10,2) := 3**2;
 Summe    NUMBER(10,2) := 3+2;
 Text     VARCHAR(20)  := 'Hallo ' || 'Welt!';
 Produkt NUMBER(10,2) := (10-2)**2/5;
BEGIN
 DBMS_OUTPUT.PUT_LINE('Potenz: ' || Potenz);
 DBMS_OUTPUT.PUT_LINE('Summe: ' || Summe);
 DBMS_OUTPUT.PUT_LINE('Gruß: ' || Text);
 DBMS_OUTPUT.PUT_LINE('Produkt: ' || Produkt);
END;
```

Listing 4.27 422_06.sql: Operatoren in PL/SQL

Dieses nicht recht sinnvoll scheinende Programm erzeugt folgende sehr interessante Ausgabe:

```
Potenz: 9
Summe: 5
Gruß: Hallo Welt!
Produkt: 12,8
PL/SQL-Prozedur wurde erfolgreich abgeschlossen.
```

Die Vergleichsoperatoren werden in PL/SQL genauso wie in SQL oder in anderen Programmiersprachen verwendet. Interessant ist in diesem Zusammenhang, dass auch die SQL-typischen Vergleichsoperatoren in Bedingungen für `IF`-Verzweigungen verwendet werden können, wie folgendes Beispiel zeigt:

```
DECLARE
 Name1 VARCHAR(20)  := 'Anton';
 Name2 VARCHAR(20)  := 'Elvira';
```

```
 Zahl1 NUMBER(10,2)  := 5;
 Zahl2 NUMBER(10,2)  := 10;
BEGIN
 IF Name1 = Name2
 THEN DBMS_OUTPUT.PUT_LINE('Anton ist Elvira.');
 ELSIF Name1 != Name2
 THEN DBMS_OUTPUT.PUT_LINE('Anton ist Anton usw.');
 ELSE DBMS_OUTPUT.PUT_LINE('Nemo ist Niemand.');
 END IF;
 IF 5 BETWEEN Zahl1 AND Zahl2
 THEN DBMS_OUTPUT.PUT_LINE(Zahl1 || ' < ' || Zahl2);
 ELSE DBMS_OUTPUT.PUT_LINE(Zahl1 || ' = ' || Zahl2);
 END IF;
END;
```

Listing 4.28 422_07.sql: Vergleichsoperatoren

Dies ergibt folgende erwartete Ausgabe:

```
Anton ist Anton usw.
5 < 10
PL/SQL-Prozedur wurde erfolgreich abgeschlossen.
```

Zusätzlich können die SQL-typischen (und nicht gerade umfangreichen) Mustervergleiche mit LIKE zum Einsatz kommen. Hierbei ersetzt ein Prozentzeichen beliebig viele Buchstaben und ein Unterstrich genau einen.

```
DECLARE
 Name VARCHAR(20)  := 'Anton';
BEGIN
 IF Name LIKE 'A%'
 THEN DBMS_OUTPUT.PUT_LINE(Name || ' beginnt mit A.');
 ELSE DBMS_OUTPUT.PUT_LINE(Name || ' beginnt nicht mit A.');
 END IF;
END;
```

Listing 4.29 422_08.sql: Einsatz von LIKE und Mustererkennung

Dies ergibt folgende Ausgabe:

```
Anton beginnt mit A.
PL/SQL-Prozedur wurde erfolgreich abgeschlossen.
```

NOT	*TRUE*	*FALSE*	*NULL*
	FALSE	TRUE	NULL

AND	*TRUE*	*FALSE*	*NULL*
TRUE	TRUE	FALSE	NULL
FALSE	FALSE	FALSE	FALSE
TRUE	NULL	FALSE	NULL

OR	*TRUE*	*FALSE*	*NULL*
TRUE	TRUE	TRUE	TRUE
FALSE	TRUE	FALSE	NULL
NULL	TRUE	NULL	NULL

Abbildung 4.16 Wahrheitstabellen für PL/SQL

4.2.3 Ausgabemöglichkeiten im Puffer und in Dateien

Wir wollen das `DBMS_OUTPUT`-Paket kurz und kompakt mit seinen diversen Eigenschaften vorstellen. Gleichzeitig lernen Sie dabei das erste vordefinierte Paket kennen. Da in unseren Seminaren bei der Vorstellung dieser Standardausgabe auch regelmäßig die Frage auftaucht, ob man denn auch in Dateien schreiben könne (was tatsächlich eine interessante Funktionalität für Informationen ist, die nicht in der Datenbank gespeichert werden sollen), werden wir direkt im Anschluss auch das `UTL_FILE`-Paket vorstellen. Damit brechen wir mit einer Tradition in der Oracle-Literatur, aber wir denken, dass diese Technik Sie besonders interessiert.

Puffer-Ausgaben mit DBMS_OUTPUT

Mit dem `DBMS_OUTPUT`-Paket steht dem Programmierer die Möglichkeit zur Verfügung, Informationen und Werte in Variablen zum Zwecke der Fehlersuche auszugeben. Solche Nachrichten können aus Prozeduren, Triggern und anderen Paketen ermittelt werden, d.h. nicht direkt aus SQL-Anweisungen. Bisher erfolgte die Ausgabe immer direkt in *SQL*Plus* in der Bildschirmanzeige. Zuallererst wird der Text jedoch im Puffer erzeugt und verbleibt auch dort, bis er gelöscht wird. Dies bedeutet, dass man über Methoden wie `GET_LINE` auch die Gelegenheit nutzen kann, Informationen aus dem Puffer zu laden, wenn gerade kein *SQL*Plus* zur Verfügung steht, weil das Programm ohne weiteres Dazutun abläuft.

- Die Werte, die den beiden Ausgabemethoden `PUT` und `PUT_LINE` übergeben werden, können nur vom Typ `NUMBER`, `DATE` oder `VARCHAR2` sein, wobei die ersten beiden Typen automatisch in den `VARCHAR2`-Typ konvertiert werden. Dies können Sie durch eine explizite Typumwandlung verhindern, wenn Sie den ursprünglichen Datentyp weiter benötigen. Während PUT_LINE eine ganze neue Zeile erzeugt, die auch ausgegeben werden kann, schreibt PUT nur in eine Zeile, ohne sie abzuschließen. Eine solche Zeile kann über die Methoden GET_LINE und GET_LINES nicht abgerufen werden.

- Mit der Methode NEW_LINE ohne weitere Parameter wird eine Zeile abgeschlossen, die z.B. von mehreren PUT-Methoden gebildet wurde. Um eine Ausgabe zu tätigen und eine Zeile zum Abruf bereitzustellen, muss sie zunächst abgeschlossen werden.

Das folgende Beispiel zeigt die einzelnen Ausgabemöglichkeiten in Gänze, wobei die einfache Ausgabe über die PUT_LINE-Methode bereits in den zurückliegenden Beispielen häufig zum Einsatz kam. In Zusammenhang mit der PUT-Methode sollten Sie einmal darauf achten, was passiert, wenn Sie die Zeile nicht abschließen und dadurch die Ausgabe von z.B. den Informationen zur Zielgruppe oder zu den Themen verhindern. Für die Kursnummer sehen Sie zusätzlich, wie eine Konvertierungsfunktion innerhalb der Ausgabeklammer angewendet wird. Um die Pufferausgabe zu aktivieren, denken Sie an die Verwendung der Aufforderung zur Serverausgabe.

```
SET SERVEROUTPUT ON;
DECLARE
 b_KNr          kurs.K_Nr%TYPE          := 2020109;
 v_KTitel       kurs.K_Titel%TYPE;
 v_KUntertitel kurs.K_Untertitel%TYPE;
 v_KThemen      kurs.K_Themen%TYPE;
 v_KZielgruppe kurs.K_Zielgruppe%TYPE;
BEGIN
 SELECT K_Titel,  K_Untertitel,  K_Themen,  K_Zielgruppe
   INTO v_KTitel, v_KUntertitel, v_KThemen, v_KZielgruppe
   FROM kurs
  WHERE K_Nr=b_KNr;
 -- Ausgabe
 DBMS_OUTPUT.PUT_LINE(TO_NUMBER(b_KNr));
 DBMS_OUTPUT.PUT_LINE(v_KTitel || ' - ' || v_KUntertitel);
 DBMS_OUTPUT.PUT(v_KZielgruppe);
 DBMS_OUTPUT.NEW_LINE;
 DBMS_OUTPUT.PUT(v_KThemen);
 DBMS_OUTPUT.NEW_LINE;
END;
```

Listing 4.30 423_01.sql: Ausgabe von Text

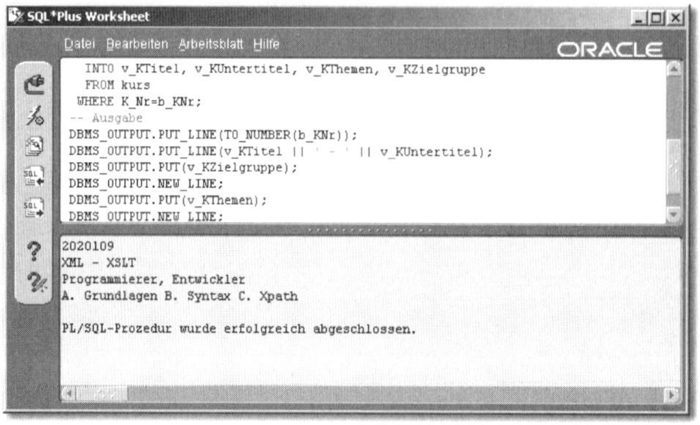

Abbildung 4.17 Ausgabe im Puffer

Die Konfiguration des Puffers bzw. der Standardausgabe erfolgt über verschiedene Methoden, von denen Ihnen die Aktivierung der Ausgabe an sich schon bekannt ist:

- Mit `SET SERVEROUTPUT {ON | OFF} [größe n]` schalten Sie die Ausgabe in der Standardausgabe ein oder aus. Über die optionale Angabe einer Größenzahl bis maximal 1.000.000 Bytes lässt sich die Puffergröße steuern. Standardmäßig handelt es sich um 2000 Bytes.
- Um die Größe des Puffers zu bestimmen, verwenden Sie die Methode `DBMS_OUTPUT.ENABLE (buffer_size IN INTEGER DEFAULT 20000)`. Sie erwartet als eingehenden Parameter nur eine Zahl für die Puffergröße. Als Standardwert ist 20 000 vorgegeben, wie Sie in der oben gezeigten allgemeinen Syntax auch sehen können. Dies kann teilweise für die Ausgaben von langen Abfragen, die mit dem `DBMS_OUTPUT`-Paket visualisiert werden sollen, zu kurz sein. Dann erhalten Sie eine entsprechende Fehlermeldung, und die Ausgabe wird beendet. Sobald Sie den Befehl `SET SERVEROUTPUT ON` verwenden, müssen Sie die Ausgabe nicht noch zusätzlich über die `ENABLE`-Methode steuern, solange die Standardgröße ausreicht.
- Mit dem parameterlosen `DBMS_OUTPUT.DISABLE` dagegen entfernen Sie Informationen im Puffer und beenden die Pufferausgabe. Genauso wie zuvor die Aktivierung lässt sich diese Methode durch `SET SERVEROUTPUT OFF` ersetzen.

Zwei Methoden stehen zur Verfügung, um bereits in den Puffer geschriebene Zeilen noch einmal herauszuholen:

- Mit der Methode `GET_LINE` holen Sie die erste Zeile aus dem Puffer, wobei zwei Variablen deklariert werden müssen, die als wertelose Parameter verwendet werden müssen. Es handelt sich um so genannte `OUT`-Parameter, d.h.

um Parameter, die Werte aufnehmen, die beim Einsatz der Funktion generiert werden. Dies ist zum einen eine Variable Zeile, die die Textinformationen übernimmt, und zum anderen eine Variable Status, die mit dem Wert 0 anzeigt, dass die Verarbeitung korrekt war. Beim Wert 1 konnten keine Zeilen abgerufen werden. Wichtig ist für die korrekte Verarbeitung des gesamten Aufrufs, dass die Zeichenmenge, die in die Variable Zeile geschrieben werden soll, mit dem Datentyp übereinstimmt. Maximal ist Zeile VARCHAR2(255 BYTE) gültig, sodass Texte von mehr als 255 Bytes nicht übernommen werden können. Dies wird weiter unten noch einmal kurz angesprochen.

```
DBMS_OUTPUT.GET_LINE (
Zeile  OUT VARCHAR2,
Status OUT INTEGER);
```

Im folgenden Beispiel werden die benötigen Variablen deklariert, wobei in die Variable Zeile nur 7 Buchstaben passen. Dies bedeutet, dass nur die Kursnummer fehlerfrei für einen Abruf gespeichert werden kann. Nach dem Schreiben in den Puffer wird die erste Zeile abgerufen und zusammen mit der Statusinformation ausgegeben.

```
DECLARE
 b_KNr          kurs.K_Nr%TYPE          := 2020109;
 v_KTitel       kurs.K_Titel%TYPE;
 v_KUntertitel kurs.K_Untertitel%TYPE;
 Zeile          VARCHAR2(7);
 Status         INTEGER(1);
BEGIN
 SELECT K_Titel,  K_Untertitel
   INTO v_KTitel, v_KUntertitel
   FROM kurs
  WHERE K_Nr=b_KNr;
 -- Ausgabe
 DBMS_OUTPUT.PUT_LINE(b_KNr);
 DBMS_OUTPUT.PUT_LINE(v_KTitel || ' - ' || v_KUntertitel);
 DBMS_OUTPUT.GET_LINE(Zeile,Status);
 DBMS_OUTPUT.PUT_LINE(Zeile);
 DBMS_OUTPUT.PUT_LINE(Status);
END;
```

Listing 4.31 423_02.sql: Ausgabe mit GET_LINE

Man erhält folgendes fehlerfreies Ergebnis für beide OUT-Parameter:

```
2020109
0
PL/SQL-Prozedur wurde erfolgreich abgeschlossen.
```

Sobald man die Zeile DatenbankMS_OUTPUT.PUT_LINE(b_KNr); auskommentiert, wird die zweite Zeile mit dem Kursnamen in die Variable Zeile gespeichert. Da allerdings diese komplette Ausgabe wesentlich länger ist als die siebenstellige Kursnummer, erhält man folgende Fehlermeldung, die Ihnen bereits aus unseren Überlegungen zu Datentypen bekannt ist:

```
XML - XSLT
DECLARE
*
FEHLER in Zeile 1:
ORA-
06502: PL/SQL: numerischer oder Wertefehler: Zeichenfolgenpuffer
 zu klein
ORA-06512: in "SYS.DBMS_OUTPUT", Zeile 238
ORA-06512: in Zeile 15
```

Im folgenden zweiten Beispiel wird eine Zeile automatisch über eine numerische FOR-Schleife mit Werten gefüllt und außerhalb der Schleife geschlossen. Sie wird dann über die GET_LINE-Methode aus dem Puffer geholt und ausgegeben.

```
DECLARE
 Zeile      VARCHAR2(200);
 Status     INTEGER;
BEGIN
 DBMS_OUTPUT.PUT('Zeile: ');          -- Zeilenbeginn
 FOR i IN 1..10 LOOP
  DBMS_OUTPUT.PUT(i || ' | ');        -- Zeileninhalt
 END LOOP;
 DBMS_OUTPUT.NEW_LINE;                -- Zeilenende
 DBMS_OUTPUT.GET_LINE(Zeile, Status); -- Zeilenaufruf
 DBMS_OUTPUT.PUT_LINE(' Status: ' || Status);
 DBMS_OUTPUT.PUT_LINE('(Aufruf) ' || Zeile);
END;
```

Listing 4.32 423_03.sql: Ausgaben mit GET_LINE

Die `Status`-Variable liefert den Wert 0 zurück, da der Aufruf der Methode erfolgreich war und eine Zeile ermitteln konnte. Diese wird dann über den Parameter `Zeile` ausgegeben.

```
Status: 0
(Aufruf) Zeile: 1 | 2 | 3 | 4 | 5 | 6 | 7 | 8 | 9 | 10 |
PL/SQL-Prozedur wurde erfolgreich abgeschlossen.
```

Mit der Methode `GET_LINES` erhält man mehrere Zeilen aus dem Puffer zurück. Dabei muss der Parameter `Zeilen` ein Tabellentyp (Array) vom Datentyp `VARCHAR2(255)` sein. Der Parameter `Anzahl` speichert zunächst die zu ermittelnde Zeilenanzahl und liefert dann die tatsächlich gefundene Zeilenzahl.

```
DBMS_OUTPUT.GET_LINES (
Zeilen OUT TabelleVARCHAR2(255),
Anzahl IN OUT INTEGER);
```

Datei-Ausgaben mit UTL_FILE

Das Paket `UTL_FILE` stellt eine weitere Ausgabemöglichkeit zur Verfügung, die über eine einfache Fehlersuche und Kontrolloptionen deutlich hinausgeht. Die unterschiedlichen Methoden dieses Pakets erlauben Ihnen die Ausgabe in Dateien, die in unterschiedlichen Verzeichnissen liegen können. Dies ist eine deutlich anspruchsvollere Arbeit als die einfache Ausgabe in der Standardausgabe, da sie darüber auch Textdateien mit Loginformationen oder andere Textdateien mit Austauschinformationen oder Statusdaten für andere Anwendungen erstellen können.

Konfiguration

Für die Verwendung des `UTL_FILE`-Pakets müssen Sie zunächst einige Einstellungen in der *init.ora*-Datei vornehmen, um Verzeichnisse für den Zugriff durch die Datenbank freizugeben und auch Benutzern die Rechte an diesen Verzeichnissen zu geben:

1. 9i: Öffnen Sie die *Oracle Enterprise Manager Konsole* und darin über **Netzwerk · Datenbanken · Kurse** bzw. den Namen Ihrer Datenbank-Instanz die zugehörige Datenbank, mit der Sie gerade arbeiten. | 10g: Öffnen Sie den *Oracle Enterprise Manager.*
2. 9i: Öffnen Sie dann das Kontextmenü für den Eintrag der Datenbank, und wählen Sie darin wiederum den Eintrag **Details anzeigen · bearbeiten**. | 10g: Öffnen Sie die Seite **Administration**.

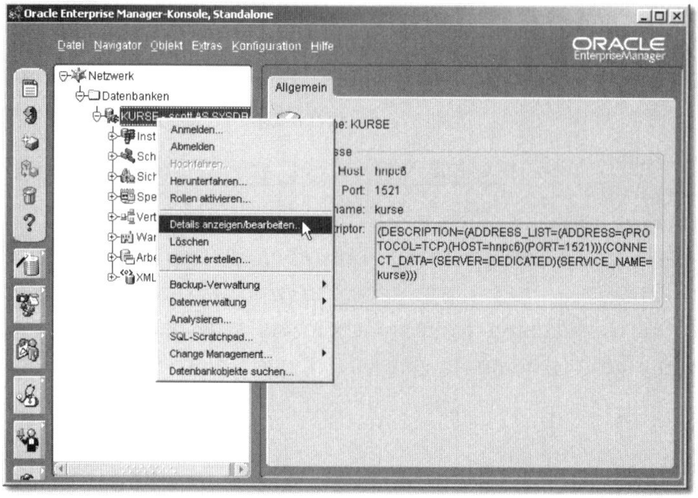

Abbildung 4.18 9i: Öffnen der Detailinformationen einer Instanz

Abbildung 4.19 10g: Öffnen der Detailinformationen einer Instanz

3. 9i: Wählen Sie im sich öffnenden Dialogfenster auf der Registerkarte **Allgemein** den Eintrag **Alle Initialisierungsparameter**. | 10g: Wählen Sie bei **Instance** den Eintrag **Alle Initialisierungsparameter**. Die Liste ist lang und daher über mehrere Seiten verteilt, sodass Sie in einem Auswahlmenü die letzten Seite mit Parametern auswählen müssen.

   Sie erhalten dann eine grafisch aufbereitete Ansicht der Konfigurationsdatei *init.ora*. Fast ganz unten befindet sich der leere Standardeintrag für den Parameter `utl_file_dir`. Hier tragen Sie das benötigte Verzeichnis wie z.B. `C:\oratxt` ein. Damit ist es nun möglich, in dieses Verzeichnis Textdateien abzuspeichern bzw. Textdateien aus diesem Verzeichnis in Programmen zu verarbeiten.

- Für Anwendungen unter Unix wären also Einträge der folgenden Form gültig:

```
utl_file_dir = /tmp
utl_file_dir = /users/test_area
```

- Für Anwendungen unter Windows wären dagegen folgende Einträge gültig:

```
utl_file_dir = c:\daten\benutzer1
utl_file_dir = d:\log\prod\s1
```

- Alternativ kann man auch (aber sicherlich nur zu Testzwecken) den gesamten Verzeichnisbaum freigeben. Dazu verwendet man:

```
utl_file_dir = *
```

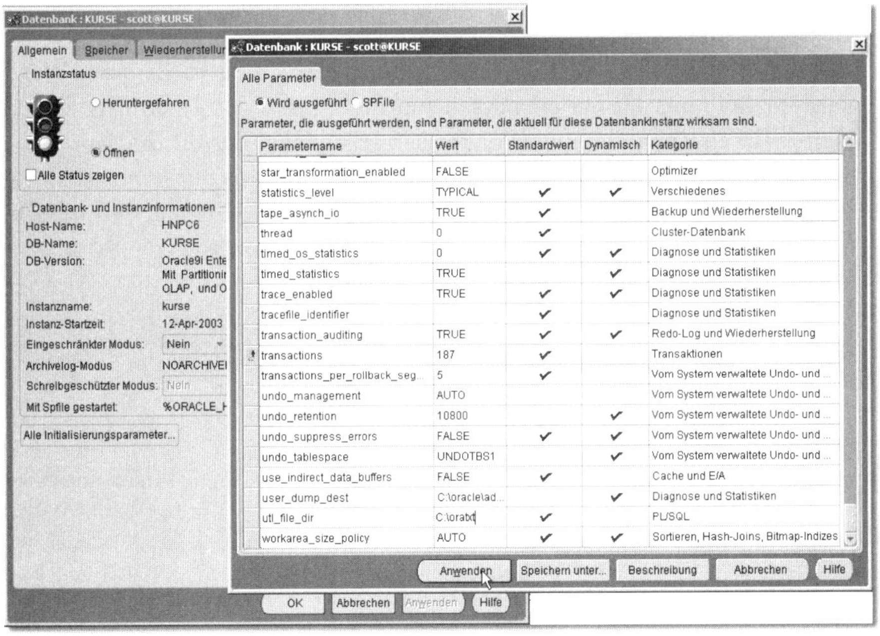

Abbildung 4.20 9i: Öffnen der init.ora-Datei und Einstellungen für utl_file_dir

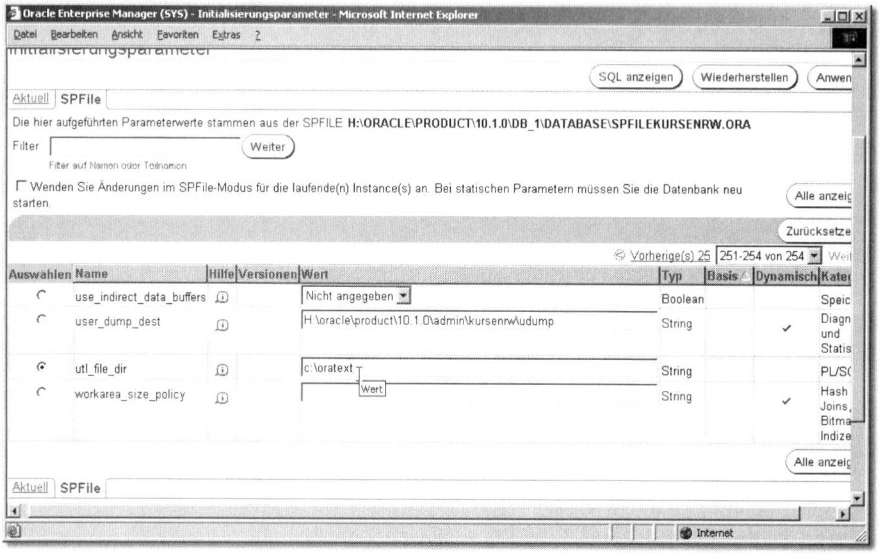

Abbildung 4.21 10g: Öffnen der init.ora-Datei und Einstellungen für utl_file_dir

4. Sobald Sie auf die Schaltfläche **Anwenden** klicken, erhalten Sie einen Warnhinweis, wie mit dem notwendigen Herunterfahren der Datenbank zu verfahren ist. Da Sie diese Einstellungen sicherlich lokal bei sich zu Hause oder im Büro vornehmen, können Sie hier ohne Zögern den Standardeintrag **Sofort** auswählen. Änderungen in den Initialisierungsparametern werden erst nach einem Neustart der Datenbank-Instanz wirksam.

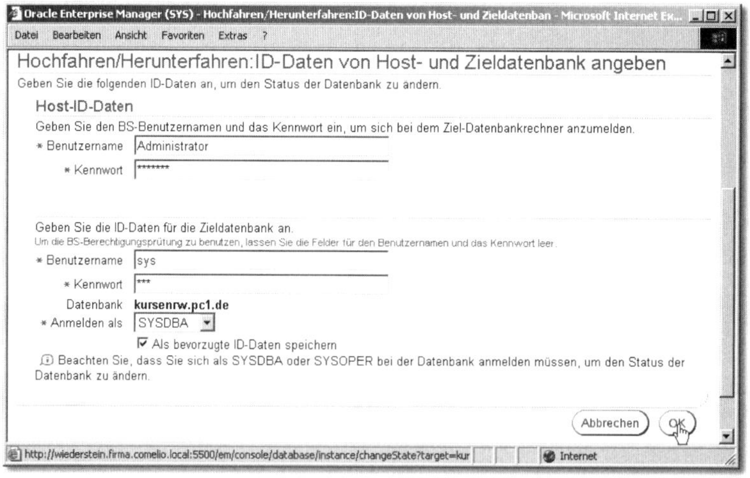

Abbildung 4.22 10g: DB hoch- und herunterfahren

5. Starten Sie Oracle automatisch neu, um die Änderungen wirksam werden zu lassen.

In Dateien schreiben und aus Dateien lesen

In diesem ersten Beispiel soll es zunächst nur um die grundsätzlichen Funktionen des `UTL_FILE`-Pakets gehen, denn seine Verwendung ist – wie es für Dateifunktionen typisch ist – nur in einer bestimmten Reihenfolge und mit bestimmten Einstellungen möglich. Sie werden die meisten davon aus anderen Programmiersprachen bereits kennen. Für die Bearbeitung von Dateien benötigt man ein Dateihandle, das Sie mit einer Variable und einem geeigneten, also dem für das `URL_FILE`-Paket typischen Datentyp erzeugen und dann mit der Methode `FOPEN` initialisieren. Dieser Datentyp heißt `FILE_TYPE` und ist im Paket mit folgender Syntax als Datensatz definiert:

```
TYPE file_type
IS RECORD (id BINARY_INTEGER, datatype BINARY_INTEGER);
```

Akzeptieren Sie diesen Umstand einfach so, ohne sich über die Parameter Gedanken zu machen, weil lediglich das Dateihandle diesen Datentyp benötigt und man dann problemlos mit den unterschiedlichen Methoden auf die Datei zugreifen kann. Im Beispielprogramm wird eine Datei namens *meldungen.txt* im Ordner `c:\oratxt` erwartet und im ersten Schritt geöffnet und ausgelesen. Den Inhalt gibt man dann in der Standardausgabe aus, um hiernach einen anderen Text in die Datei zu schreiben, der zum Test ebenfalls wieder ausgegeben wird. Dabei setzt man folgende Methoden ein:

- `FOPEN`
  Diese Funktion öffnet eine Datei und initialisiert damit das Dateihandle. Sie erwartet als Eingabeparameter die Verzeichnisadresse, den Dateinamen und die Zugriffsart. Sollte man eine Datei öffnen, die noch gar nicht existiert, so wird diese im Schreibmodus angelegt. Optional (bzw. in Form einer eigenen Funktion gleichen Namens) kann man auch noch die maximale Zeichenanzahl pro Zeile vorgeben.

```
UTL_FILE.FOPEN (
 location IN VARCHAR2,
 filename IN VARCHAR2,
 open_mode IN VARCHAR2
 [,max_linesize IN BINARY_INTEGER]
)
  RETURN UTL_FILE.FILE_TYPE;
```

Als mögliche Schreibmodi stehen die Standardschreibmodi mit folgenden Parametern für die Verwendung der angegebenen Methoden zur Verfügung:

- r Text lesen (GET_LINE)
- w Text schreiben (PUT, PUT_LINE, NEW_LINE, PUTF, FFLUSH)
- a Text anhängen (PUT, PUT_LINE, NEW_LINE, PUTF, FFLUSH)

- FOPEN_NCHAR
  Diese Funktion öffnet eine Datei mit den gleichen Eigenschaften und Optionen wie FOPEN, wobei allerdings eine Unicode-Datei erzeugt wird und keine Datei im Format des Datenbanksystems.

```
UTL_FILE.FOPEN_NCHAR (
 location IN VARCHAR2,
 filename IN VARCHAR2,
 open_mode IN VARCHAR2,
 [, max_linesize IN BINARY_INTEGER]
)
RETURN file_type;
```

- GET_LINE
  Mit dieser Prozedur überträgt man den Dateiinhalt des Dateihandles in eine Puffervariable. Sollten keine Daten (mehr) gefunden werden, wird die Ausnahme NO_DATA_FOUND ausgelöst, während ein zu großer Dateiinhalt die Ausnahme VALUE_ERROR auslöst.

```
UTL_FILE.GET_LINE (
 file IN FILE_TYPE,
 buffer OUT VARCHAR2);
```

- GET_LINE_NCHAR
  Möchte man eine Datei im Unicode-Format einlesen und nicht im Zeichenformat des Systems, so verwendet man diese Prozedur mit den gleichen Parametern wie GET_LINE.

```
UTL_FILE.GET_LINE_NCHAR (
 file IN FILE_TYPE,
 buffer OUT NVARCHAR2);
```

- PUT
  Um in eine Zeile einer Datei zu schreiben, diese aber nicht abzuschließen, verwendet man PUT.

- ▶ `PUT_NCHAR`
  Soll dagegen in eine Unicode-Datei geschrieben werden, verwendet man diese Prozedur:

  ```
  UTL_FILE.PUT[_NCHAR] (
   file IN FILE_TYPE,
   buffer IN VARCHAR2);
  ```

- ▶ `NEW_LINE`
  Benötigt man einen Zeilenabschluss nach `PUT` bzw. `PUT_NCHAR` oder möchte man leere Zeilen einer bestimmten Anzahl in eine Datei schreiben, so lässt sich dies mit dieser Prozedur und der Angabe der Zeilenanzahl bewerkstelligen:

  ```
  UTL_FILE.NEW_LINE (
   file IN FILE_TYPE,
   lines IN NATURAL := 1);
  ```

- ▶ `PUT_LINE`
  Um eine ganze Zeile inklusive des systemabhängigen Zeilenendeoperators in eine Datei zu schreiben, verwendet man diese Prozedur.
- ▶ `PUT_LINE_NCHAR`
  Diese Prozedur schreibt ebenfalls in eine ganze Zeile, verwendet allerdings Unicode:

  ```
  UTL_FILE.PUT_LINE[_NCHAR] (
   file IN FILE_TYPE,
   buffer IN VARCHAR2);
  ```

- ▶ `FCLOSE`
  Mit dieser Prozedur in der allgemeinen Syntax `UTL_FILE.FCLOSE (file IN OUT FILE_TYPE);` schließt man eine Datei.
- ▶ `FCLOSE_ALL`
  Mit der Prozedur `UTL_FILE.FCLOSE_ALL;` schließt man sämtliche Dateihandles.

Das folgende Beispiel verwendet einige der zuvor vorgestellten Funktionen und sollte zunächst nur ein Test sein, wie die Grundstruktur der Dateiverarbeitung in PL/SQL überhaupt funktioniert. Es folgen später noch einige weitere Funktionen für fortgeschrittene Dateiverarbeitungen.

```
DECLARE
   Handle UTL_FILE.FILE_TYPE;
   Text VARCHAR2(32767);
```

```
BEGIN
 -- Lesen
 Handle := UTL_FILE.FOPEN ('c:\oratxt','meldungen.txt','R');
 UTL_FILE.GET_LINE (Handle, Text);
 DBMS_OUTPUT.PUT_LINE('1. Lesen: ' || Text);
 UTL_FILE.FCLOSE (Handle);
 -- Schreiben
 Handle := UTL_FILE.FOPEN ('c:\oratxt','meldungen.txt','W');
 UTL_FILE.PUT_LINE (Handle, 'Hallo von Oracle!');
 UTL_FILE.FCLOSE (Handle);
 -- Noch einmal lesen
 Handle := UTL_FILE.FOPEN ('c:\oratxt','meldungen.txt','R');
 UTL_FILE.GET_LINE (Handle, Text);
 DBMS_OUTPUT.PUT_LINE('2. Lesen: ' || Text);
 UTL_FILE.FCLOSE (Handle);
EXCEPTION
   WHEN UTL_FILE.INVALID_PATH
    THEN DBMS_OUTPUT.PUT_LINE('Ungültiger Pfad.');
   WHEN UTL_FILE.INVALID_MODE
    THEN DBMS_OUTPUT.PUT_LINE('Ungültiger Dateimodus.');
   WHEN UTL_FILE.INVALID_FILEHANDLE
    THEN DBMS_OUTPUT.PUT_LINE('Ungültiges Dateinhandle.');
   WHEN UTL_FILE.INVALID_OPERATION
    THEN DBMS_OUTPUT.PUT_LINE('Ungültige Datei-Operation.');
   WHEN UTL_FILE.READ_ERROR
    THEN DBMS_OUTPUT.PUT_LINE('Fehler beim Lesen.');
   WHEN UTL_FILE.WRITE_ERROR
    THEN DBMS_OUTPUT.PUT_LINE('Fehler beim Schreiben.');
   WHEN UTL_FILE.INTERNAL_ERROR
    THEN DBMS_OUTPUT.PUT_LINE('Interner Fehler.');
END;
```

Listing 4.33 423_04.sql: In Dateien schreiben und aus Dateien lesen

Da das Ergebnis sowohl aus Ausgaben in der Standardausgabe wie auch in einer Änderung der im System gespeicherten Datei *meldungen.txt* besteht, belegen wir die Funktionstüchtigkeit des Programms mit einem Beweisfoto.

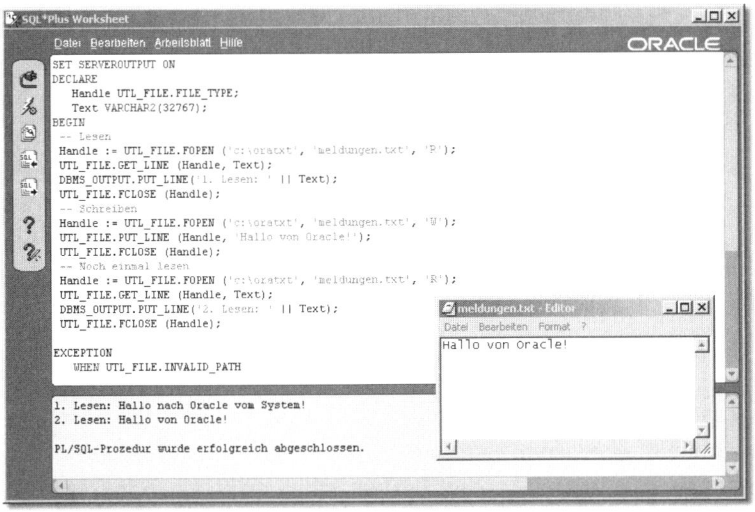

Abbildung 4.23 Ausgabe von Dateiverarbeitungen

Ausnahmen des UTL_FILE-Pakets

Im obigen Beispielprogramm hatten wir für alle Fälle, damit die Fehlermeldungen nicht zu grausam ausfallen, bereits alle `UTL_FILE`-eigenen Ausnahmen untergebracht. Hier sind sie noch einmal im Zusammenhang:

- `INVALID_PATH`
  Der Verzeichnispfad oder der Dateiname sind ungültig, existieren nicht oder erlauben keinen Zugriff.
- `INVALID_MODE`
  Der Zugriffsmodus in der Funktion `FOPEN` ist ungültig oder fehlgeschlagen.
- `INVALID_FILEHANDLE`
  Das Dateihandle ist ungültig, was alle anderen Funktionalitäten im Programm zum Scheitern verurteilt.
- `INVALID_OPERATION`
  Die Dateiverarbeitung ist fehlgeschlagen, was an den Aufforderungen und den Bearbeitungsmodi liegen kann.
- `READ_ERROR`
  Lesefehler in der Datei.
- `WRITE_ERROR`
  Schreibfehler in der Datei.
- `INTERNAL_ERROR`
  Allgemeiner PL/SQL-Fehler.

- CHARSETMISMATCH
  Eine Datei, die als Unicode-Datei geöffnet wird, soll nachher mit Nicht-Unicode-Funktionen bearbeitet werden. Es müssen für solche Dateien stets die _NCHAR-Funktionen zum Einsatz kommen.

Zusätzlich können noch die folgenden beiden Ausnahmen ausgelöst werden:

- NO_DATA_FOUND
  Man versucht, eine leere oder beendete Datei auszulesen.
- VALUE_ERROR
  Dateizeilen lassen sich wegen ihrer Größe nicht auslesen.

Textformatierungen und Ersetzungen

Mit Hilfe der oben angegebenen Funktionen lassen sich bereits einigermaßen anspruchsvolle Textdateien in einfacher Formatierung erzeugen, wie folgendes Beispiel zunächst zeigen soll. Zusätzlich gibt es einige weitere Funktionen, die auch Sonderzeichnen für Zeilenumbrüche innerhalb der Parameter zulassen. Das Beispiel fragt die Kurse für einen bestimmten Monat ab und gibt dann eine passende Textdatei aus. Beachten Sie hier, dass auch in diesem Beispiel Text komplett in eine neue Datei geschrieben werden soll, sodass der Inhalt ersetzt wird. Würden Sie dagegen nach und nach Inhalt in eine Datei schreiben wollen, dann müssten Sie als Schreibmodus den Parameter A vorgeben.

```
DECLARE
 Handle UTL_FILE.FILE_TYPE;
 CURSOR c_Termine IS
  SELECT K_Titel, K_Untertitel, K_Nr,
         T_Beginn, T_Ende, T_Ort
    FROM kurs NATURAL JOIN termin
   WHERE TO_CHAR(T_Beginn, 'MM')  = '05'
     AND TO_CHAR(T_Beginn, 'YYYY')= '2003';
BEGIN
 -- Öffnen
 Handle := UTL_FILE.FOPEN ('c:\oratxt', '2003_05.txt', 'W');
 UTL_FILE.PUT_LINE(Handle, 'Termine im Überblick');
 UTL_FILE.NEW_LINE(Handle, 2);
 -- Daten aus Cursor verarbeiten
 FOR v_TDaten in c_Termine LOOP
  UTL_FILE.PUT(Handle, c_Termine%ROWCOUNT || '.: ');
  UTL_FILE.PUT_LINE(Handle, v_TDaten.K_Titel || ' - ' ||
v_TDaten.K_Untertitel);
```

```
  UTL_FILE.PUT(Handle, '     ' || v_TDaten.T_Beginn || ' -
');
  UTL_FILE.PUT(Handle, v_TDaten.T_Ende);
  UTL_FILE.PUT_LINE(Handle, ' in ' || v_TDaten.T_Ort);
  UTL_FILE.PUT_LINE(Handle, '-----------------------------');
  DBMS_OUTPUT.PUT(c_Termine%ROWCOUNT || '.: ');
  DBMS_OUTPUT.PUT_LINE(v_TDaten.K_Titel || ': ' ||
v_TDaten.K_Untertitel);
 END LOOP;
 -- Schreiben
 UTL_FILE.FCLOSE (Handle);
EXCEPTION
 WHEN NO_DATA_FOUND
  THEN DBMS_OUTPUT.PUT_LINE('Keine Daten gefunden.');
END;
```

Listing 4.34 423_05.sql: Formatierungen mit UTL_FILE

Die Ausgabe zeigen wir wieder als Beweisfoto der entstandenen Datei, die wir im Editor geöffnet haben.

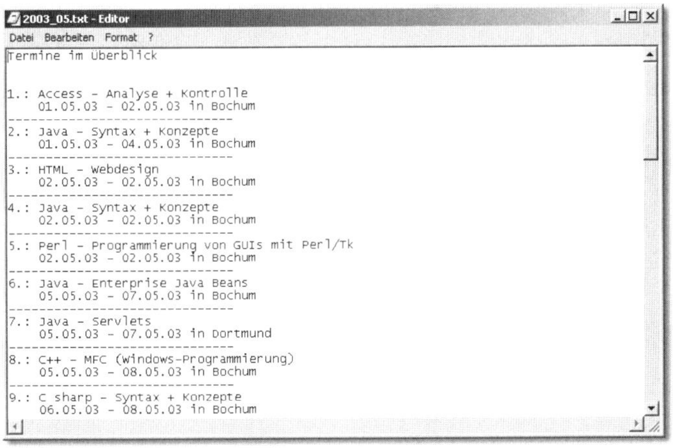

Abbildung 4.24 Ausgabeergebnis von 423_05.sql

Zwei Prozeduren mit gleichen Parametern und gleichem Inhalt erlauben auch die Verwendung von zwei Sonderzeichen bei der Textübergabe:

- `PUTF`
  Diese Prozedur erwartet wie die anderen Prozeduren für das Schreiben in Dateien zum einen ein Dateihandle und zum anderen den zu schreibenden Text, wobei hier zwei besondere Parameter zum Einsatz kommen können:

- %s
  Beim Prozeduraufruf können bis zu fünf Argumente (Variablen, Werte) übergeben werden. Sie werden mit Hilfe dieses Sonderzeichens der Reihe nach in den Text geschrieben. Dabei entscheiden die Positionen von %s und des Parameters über die Wertersetzung. Fehlt ein Argument, obwohl das Formatzeichen im zu schreibenden Text erscheint, platziert die Methode automatisch ein Leerzeichen.
- \n
  Dieser Platzhalter, der auch in vielen anderen Programmiersprachen verwendet wird, setzt den systembedingten Zeilenumbruch in den Text.

```
UTL_FILE.PUTF[_NCHAR] (
 file IN FILE_TYPE,
 format IN VARCHAR2,
 [arg1 IN VARCHAR2 DEFAULT NULL,
 . . .
 arg5 IN VARCHAR2 DEFAULT NULL]);
```

- PUTF_NCHAR
  Pendant zu PUTF für Unicode-Daten.

Nach den schwierigen Beispielen, die bereits einige Konzepte verwendeten, die wir noch nicht vorgestellt hatten, folgt nun ein sehr einfaches Beispiel zum Thema Erholung und Entspannung im Eiscafé. Dazu muss man lediglich die Prozedur FPUTF einsetzen:

```
DECLARE
 Handle UTL_FILE.FILE_TYPE;
 Eis     VARCHAR2(20) := 'Himbeereis';
 Beilage VARCHAR2(20) := 'Sahne';
BEGIN
 -- Öffnen
 Handle := UTL_FILE.FOPEN ('c:\oratxt', 'speisekarte.txt',
'W');
 -- Schreiben
 UTL_FILE.PUTF(Handle, 'Heute extra kühl!\n%s mit %s...',
Eis, Beilage);
 UTL_FILE.FCLOSE (Handle);
END;
```

Listing 4.35 423_06.sql: Ausgaben mit FPTUF

Wie zuvor sehen Sie auch hier ein Beweisfoto der neuen Datei und ihres von Oracle erzeugten Inhalts.

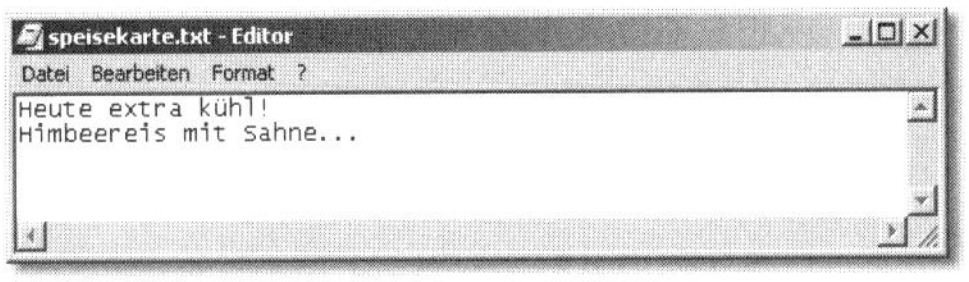

Abbildung 4.25 Ausgabeergebnis mit FPUTF

4.2.4 Verzweigungen

In den zurückliegenden Beispielen haben wir schon einige Verzweigungen verwendet. Zudem dürften sie Ihnen nicht ganz ungeläufig sein, weil sie strukturell eine ähnliche Syntax wie in anderen Programmiersprachen haben. Die beiden wichtigsten Unterschiede liegen in den fehlenden runden und geschweiften Klammern, wobei letztere durch Schlüsselwörter abgebildet werden, und in der besonders raffinierten (und wenig sinnigen) Schreibweise von `ELSIF` (ohne das ansonsten bekannte »e«!). Zusätzlich enden die Verzweigungen mit dem Schlüsselwort `END IF;`. Wir stellen in diesem Abschnitt die einzelnen Verzweigungstypen jeweils mit ihrer allgemeinen Syntax als Übersicht dar und führen dann ein kurzes Beispiel vor.

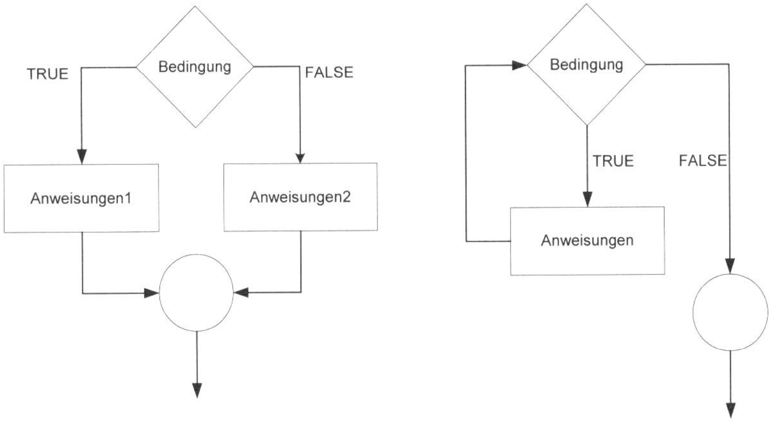

Abbildung 4.26 Verzweigungen und Schleifen im Schema

IF-Verzweigung

Die Grundverzweigung ist sicherlich die `IF`-Anweisung ohne weitere Fälle. Wenn die Bedingung in der `IF`-Klausel nicht erfüllt ist (also `FALSE` ergibt), dann geschieht einfach gar nichts. Es wird weder ein Standardfall ausgeführt noch eine weitere Bedingung getestet.

```
IF Bedingung THEN
   Anweisungen
END IF;
```

Das folgende kurze Beispiel prüft darauf, ob der Termin mit der Nummer 459 in Dortmund stattfindet. Sollte dies der Fall sein, wird der Datensatz gelöscht. Aus Platzgründen folgen gleich nur noch die verschiedenen Anweisungsblöcke und nicht mehr die Variablendeklarationen. Die Grundkonstruktion des Beispiels bleibt erhalten.

In der Tabelle ist folgender Datensatz vorhanden:

```
      T_NR       K_NR T_BEGINN T_ENDE   T_ORT
---------- ---------- -------- -------- --------------------
       459    1020052 02.05.03 02.05.03 Bochum
```

Dies ist das kurze Programm:

```
DECLARE
 b_TNr     termin.T_Nr%TYPE      := 459;
 v_TOrt    termin.T_Ort%TYPE;
 v_TBeginn termin.T_Beginn%TYPE;
 v_TEnde   termin.T_Ende%TYPE;
 v_KNr     termin.K_Nr%TYPE;
BEGIN
 SELECT T_Ort,  T_Beginn,  T_Ende,  K_Nr
   INTO v_TOrt, v_TBeginn, v_TEnde, v_KNr
   FROM termin
  WHERE T_Nr=b_TNr;
 IF v_TOrt = 'Dortmund'
  THEN DELETE
         FROM termin
        WHERE T_Nr=b_TNr;
 END IF;
END;
```

Listing 4.36 424_01.sql: IF-Anweisung

IF-ELSE-Verzweigung

Als Ergänzung tritt zur einfachen `IF`-Anweisung eine `ELSE`-Anweisung, die einen Standardfall definiert, der in allen anderen Fällen ausgeführt werden soll, d.h. in den Fällen, in denen die getesteten Bedingungen `FALSE` ergeben.

```
IF Bedingung THEN
   Anweisungen1
ELSE
   Anweisungen2
END IF;
```

Das Beispiel testet nun darauf, ob der Kurs in Dortmund oder Düsseldorf stattfindet, um den Datensatz zu löschen. Sollte dies nicht der Fall sein, so wird der tatsächliche Kursort ausgegeben.

```
IF v_TOrt IN ('Dortmund', 'Düsseldorf')
  THEN DELETE
         FROM termin
        WHERE T_Nr=b_TNr;
 ELSE DBMS_OUTPUT.PUT_LINE('Kursort: ' || v_TOrt);
 END IF;
```

Listing 4.37 424_02.sql: IF-ELSE-Anweisung

IF-ELSIF-ELSE-Verzweigung

Möchte man weitere Bedingungen einfügen, dann kann man diese über eine oder mehrere ELSIF-Anweisungen definieren:

```
IF Bedingung1 THEN
   Anweisungen1
ELSIF Bedingung2 THEN
   Anweisungen2
ELSE
   Anweisungen3
END IF;
```

Im Beispiel soll ein Kurs, der in Düsseldorf stattfindet, gelöscht werden, während alle anderen Kurse nach Bochum gelegt werden sollen:

```
IF v_TOrt='Düsseldorf'
  THEN DELETE
         FROM termin
        WHERE T_Nr=b_TNr;
 ELSIF v_TOrt != 'Bochum'
  THEN UPDATE termin
          SET T_Ort='Bochum'
        WHERE T_Nr=b_TNr;
```

```
ELSE DBMS_OUTPUT.PUT_LINE('Termin ist schon in Bochum.');
END IF;
```

Listing 4.38 424_03.sql: IF-ELSIF-ELSE-Anweisung

CASE mit einzelnem Selektor

In PL/SQL gibt es als Ersatz für IF-ELSIF-ELSE-Konstruktionen auch eine CASE-Struktur mit folgender Syntax. Beachten Sie hier, dass ein Label (Name) für die gesamte Verarbeitung vergeben werden kann. Die Angabe einer ELSE-Anweisung ist nicht obligatorisch, wobei PL/SQL automatisch die vordefinierte Ausnahme CASE_NOT_FOUND verwendet.

```
[<<Name>>]
CASE Selektor
   WHEN Ausdruck1 THEN Anweisungen1;
   WHEN Ausdruck2 THEN Anweisungen2;
   ...
   WHEN AusdruckN THEN AnweisungenN;
  [ELSE AnweisungenN+1;]
END CASE [Name];
```

Im folgenden Beispiel schreiben wir die im letzten Beispiel gestellten Bedingungen einfach um, sodass weiterhin alle Kurse, die in Düsseldorf stattfinden, gelöscht werden und die restlichen Kurse in Bochum stattfinden, sofern sie die gesuchte Terminnummer aufweisen:

```
<<Kurs_Ort>>
CASE v_TOrt
 WHEN 'Düsseldorf'
  THEN DELETE
         FROM termin
        WHERE T_Nr=b_TNr;
 WHEN 'Bochum'
  THEN DBMS_OUTPUT.PUT_LINE('Termin ist schon in Bochum.');
 ELSE UPDATE termin
         SET T_Ort='Bochum'
       WHERE T_Nr=b_TNr;
 END CASE Kurs_Ort;
```

Listing 4.39 424_04.sql: CASE-Anweisung

Ausnahmen bei CASE

Verwenden Sie keine ELSE-Anweisung und stürzt das Programm dadurch ins Unglück, erhalten Sie eine entsprechende Fehlermeldung. Dies entspricht folgender, implizit eingefügter Struktur:

```
ELSE RAISE CASE_NOT_FOUND;
```

mit der Fehlermeldung:

```
DECLARE
*
FEHLER in Zeile 1:
ORA-06592: CASE bei Ausführung von CASE-Anweisung nicht gefunden
ORA-06512: in Zeile 18
```

Listing 4.40 424_05.sql: Standard-Ausnahme für ELSE

Da es sich hier um eine schon vordefinierte Ausnahme handelt, ist es mehr als einfach, sie für eigene Zwecke zu gebrauchen. Dabei ist es unerheblich, ob die ELSE-Anweisung mit dem Aufruf der vordefinierten Ausnahme CASE_NOT_FOUND angegeben wird oder nicht, da sie automatisch hinzugefügt wird. Nach dem Ausführungsblock folgt der Ausnahmeblock, in dem diese Ausnahme bestimmt und mit einer neuen Anweisung versehen wird. Das Beispiel ersetzt letztendlich einen einfachen ELSE-Standardfall durch eine komplizierte Ausnahmen-Redefinition, aber strukturell und syntaktisch ist dies durchaus korrekt. Diese Technik könnte man z.B. dann einsetzen, wenn man Standardfälle, so weit es geht, in Ausnahmen behandeln und dadurch ein Programm besser strukturieren möchte.

```
...
ELSE RAISE CASE_NOT_FOUND;
 END CASE Kurs_Ort;
 EXCEPTION
 WHEN CASE_NOT_FOUND
  THEN DBMS_OUTPUT.PUT_LINE('Termin ist schon in Bochum.');
...
```

Listing 4.41 424_06.sql: Definition einer Anweisung für CASE_NOT_FOUND

Selektorlose CASE-Anweisung

Schließlich gibt es auch noch eine selektorlose CASE-Anweisung. Sie bietet die Möglichkeit, verschiedene Suchbedingungen und damit eine größere Flexibilität bei der Fallkonstruktion in ein Programm einzuführen.

```
[<<Name>>]
CASE
   WHEN Suchbedingung1 THEN Anweisungen1;
   WHEN Suchbedingung2 THEN Anweisungen2;
   ...
   WHEN SuchbedingungN THEN AnweisungenN;
  [ELSE AnweisungenN+1;]
END CASE [Name];
```

Folgendes Beispiel untersucht, ob die Zahl 5 größer oder kleiner als 0 ist. Beachten Sie hier, dass verschiedene Suchbedingungen oder Fälle mit Hilfe einer modifizierten CASE-Anweisung durchgeführt werden.

```
DECLARE
 Zahl NUMBER(1)    :=5;
 Text VARCHAR2(10);
BEGIN
<<Test>>
CASE
 WHEN 0>Zahl THEN Text := 'kleiner';
 WHEN 0<Zahl THEN Text := 'größer';
 END CASE Test;
 DBMS_OUTPUT.PUT_LINE(Zahl || ' ' || Text || ' 0.');
 EXCEPTION
 WHEN CASE_NOT_FOUND
  THEN DBMS_OUTPUT.PUT_LINE('Prüfung gescheitert.');
END;
```

Listing 4.42 424_07.sql: Selektorlose CASE-Anweisung

Programmmuster bei Verzweigungen

Bei Verzweigungen lohnt es sich, auch bei kleineren Programmen kurz innezuhalten und sich überlegen, welches Programmmuster wohl für ein spezielles Problem am günstigsten wäre. Möchte man eine ständig gleiche Aktion mit verschiedenen Werten ausführen, so ist es am zweckmäßigsten, die gemeinsame Aktion nach der Fallunterscheidung zu platzieren und nur die unterschiedlichen Werte innerhalb der Fälle zu erzeugen. Dies gelingt dann über den Einsatz von Schaltvariablen, die pro Fall einen geeigneten Wert erhalten. So könnte man die Umlegung von Kursterminen in andere Städte entweder in jedem Fall mit der UPDATE-Klausel ausführen und einen festen SQL-Befehl vorgeben, in dem der Stadtname erscheint. Man könnte allerdings auch eine Variable v_TOrtNeu einführen, die passend für jeden Fall einen anderen Stadtnamen speichert, der dann später in einer gemeinsamen Ausführungsaktion als Variable in der `UPDATE`-Klausel erscheint. Im folgenden Programm sehen Sie dieses Vorgehen, wobei die Fälle so strukturiert sind, dass das Programm über die Schleife mehrfach abläuft und jedes Mal in einer wohlgeordneten Reihenfolge die Stadtnamen ändert.

```
DECLARE
 b_TNr      termin.T_Nr%TYPE     := 456;
 v_TOrt     termin.T_Ort%TYPE;
 v_TOrtNeu termin.T_Ort%TYPE;
BEGIN
 FOR i IN 1..10 LOOP
 SELECT T_Ort
   INTO v_TOrt
   FROM termin
  WHERE T_Nr = b_TNr;
 <<Ort>>
 CASE v_TOrt
  WHEN 'Dortmund' THEN v_TOrtNeu := 'Bochum';
  WHEN 'Bochum'   THEN v_TOrtNeu := 'Düsseldorf';
  ELSE v_TortNeu := 'Dortmund';
 END CASE Ort;
 IF v_TOrtNeu IS NOT NULL
  THEN UPDATE termin
          SET T_Ort = v_TOrtNeu
        WHERE T_Nr = b_TNr;
  DBMS_OUTPUT.PUT_LINE('Aktualisiert nach: ' || v_TOrtNeu);
 END IF;
 END LOOP;
END;
```

Listing 4.43 424_09.sql: Einsatz von Schaltvariablen

4.2.5 Schleifen

Schleifen in PL/SQL gestalten sich strukturell genauso wie in anderen Programmiersprachen auch. Auf einige Besonderheiten weisen wir in den folgenden Abschnitten hin. Wiederum stellen wir zunächst die allgemeine Struktur der Schleife dar und geben dann ein kurzes Beispiel zur Verwendung.

LOOP – Einfache Schleife

Die einfachste Schleife, die in ihrer Grundform – d.h. ohne EXIT-Anweisung, verwendet wird – ist auch gleich eine unendliche Schleife und sollte sicherlich in jedem Programm *fehlen*. Die Benennung der Konstruktion über ein Label erhöht zum einen die Lesbarkeit und erleichtert das Verlassen von verschachtelten Schleifen, ist jedoch optional. Wie Sie sehen, werden auch hier keine geschweiften Klammern oder ähnliche Zeichen für die Begrenzung der Schleife verwendet, sondern vielmehr die Schlüsselwörter LOOP und END LOOP. Sollten Sie eine unendliche Schleife konstruieren, so wird die Schleifenverarbeitung durch die Kompilierung gar nicht erst in Gang gesetzt. Dies ist z.B. in PHP anders, wo die maximale Ausführungszeit des Webservers das Ende der Schleife bestimmt.

```
<<Name>>
LOOP
   Anweisungen
END LOOP [Name];
```

Schleifenabbruch mit EXIT

Eine gültige Schleife benötigt also stets eine gültige Abbruchbedingung, um überhaupt kompiliert zu werden. Diese kann entweder aus

```
EXIT WHEN Bedingung;
```

oder aus der Konstruktion

```
IF Bedingung THEN EXIT;
END IF;
```

bestehen.

Im folgenden Beispiel werden die Anweisungen für die einfache Schleife mit der EXIT-Anweisung kombiniert:

```
DECLARE
 Zaehler NUMBER(1) :=1;
BEGIN
<<Addition>>
LOOP
 DBMS_OUTPUT.PUT_LINE(Zaehler);
 Zaehler := Zaehler+1;
 EXIT WHEN Zaehler=5;
 -- Oder: IF Zaehler = 5 THEN EXIT; END IF;
```

```
END LOOP;
END;
```

Listing 4.44 425_01.sql: Einfache Schleife mit EXIT-Anweisung

Diese Konstruktion ergibt folgende Ausgabe, wobei die Zahl 5 selbst nicht mehr ausgegeben wird, da ja die Schleife abbrechen soll, sobald diese Zahl nach der Ausgabe bzw. nach der Addition erreicht wird:

```
1
2
3
4
PL/SQL-Prozedur wurde erfolgreich abgeschlossen.
```

Verschachtelte Schleifenkonstruktionen mit Labeln

Wie zuvor kurz erwähnt, bietet die Benennung einer Schleife sowohl optische als auch programmiertechnische Vorteile. Während sich die optischen Vorteile nur bei umfangreichem Quelltext offenbaren, lassen sich die programmiertechnischen Vorteile schnell zeigen. Die Benennung erfolgt dabei mit Hilfe der Ihnen bekannten Label-Struktur, wobei die Nennung am Ende der Schleife optional ist. Bei einer verschachtelten Schleife ist es nun also möglich, mit Hilfe des Schleifennamens auf eine äußere Schleife zuzugreifen und damit die Beendigung der gesamten Schleifenkonstruktion von einer Bedingung der inneren Schleife abhängig zu machen.

```
<<Ebene1>>
LOOP
   Anweisungen
   LOOP
      Anweisungen
      EXIT Ebene1 WHEN Bedingung
   END LOOP;
   Anweisungen
END LOOP Ebene1;
```

Das folgende Beispiel erweitert das Kalkül von steigenden Werten um eine weitere Berechnung von sinkenden Werten, die beide beendet werden, sobald die innere Subtraktion den Wert 0 erreicht.

```
DECLARE
 Zaehler1 NUMBER(1) :=1;
 Zaehler2 NUMBER(1) :=5;
```

```
BEGIN
<<Addition>>
LOOP
 DBMS_OUTPUT.PUT_LINE('Addition: ' || Zaehler1);
 Zaehler1 := Zaehler1+1;
 LOOP <<Subtraktion>>
  DBMS_OUTPUT.PUT_LINE('Subtraktion: ' || Zaehler2);
  Zaehler2 := Zaehler2-1;
  EXIT Addition WHEN Zaehler2 = 0;
 END LOOP;
 EXIT WHEN Zaehler1 = 5;
END LOOP Addition;
END;
```

Listing 4.45 425_002.sql: Verschachtelte Schleifen mit Namen

Diese Struktur ergibt eine Ausgabe, in der die Additionsschleife nur einmal wegen der Position der Berechnung ausgeführt und ausgegeben wird, während die innere Schleife komplett abgearbeitet wird. Durch ihre spezielle EXIT-Anweisung greift sie auf die äußere Schleife zu und beendet damit auch ihre Ausführung.

```
Addition: 1
Subtraktion: 5
Subtraktion: 4
Subtraktion: 3
Subtraktion: 2
Subtraktion: 1
PL/SQL-Prozedur wurde erfolgreich abgeschlossen.
```

WHILE-Schleife

Anders als bei der einfachen Schleife, für deren Verwendung man sich zwischen zwei verschiedenen Abbruchfunktionen entscheiden kann, ist die Testbedingung und damit auch das Abbruchkriterium direkt in der WHILE-Schleife integriert.

```
WHILE Bedingung LOOP
   Anweisungen
END LOOP;
```

Ausgehend vom Beispiel der einfachen Schleife, wird dieses nun in einer WHILE-Schleife transformiert, wobei die Ausgabe unverändert bleibt.

```
DECLARE
 Zaehler NUMBER(1) :=1;
BEGIN
WHILE Zaehler < 5 LOOP
 DBMS_OUTPUT.PUT_LINE(Zaehler);
 Zaehler := Zaehler+1;
END LOOP;
END;
```

Listing 4.46 425_03.sql: WHILE-Schleife

Benötigt man eine zusätzliche Bedingung, die für unvorhergesehene Ereignisse ein Abbruchkriterium schafft, das aber nicht als Ausnahme deklariert werden soll, so kann man auch innerhalb einer `WHILE`-Schleife die `EXIT`- oder die `EXIT WHEN`-Strukturen einsetzen. Um ein sinnvolles Beispiel zu verwenden, setzen wir im nächsten kleinen Programm eine Zufallszahl ein, die – wie das für Zufallszahlen typisch ist – verschiedene Werte annimmt. Sollte dabei ein Wert von kleiner 0 annehmen (dies geschieht schon dann, wenn die erzeugte Zufallszahl zu kurz für die `SUBSTR`-Funktion ist), soll die gesamte Schleife abgebrochen werden.

```
DECLARE
 Zaehler NUMBER(1) :=1;
 Zufall  BINARY_INTEGER;
BEGIN
WHILE Zaehler < 5 LOOP
 -- Zufallszahlenerzeugung
  DBMS_RANDOM.INITIALIZE(Zaehler);
  Zufall := SUBSTR(DBMS_RANDOM.RANDOM, 1, 2);
  DBMS_RANDOM.TERMINATE;
 DBMS_OUTPUT.PUT_LINE(Zufall);
 EXIT WHEN Zufall < 0;
 DBMS_OUTPUT.PUT_LINE(Zaehler);
 Zaehler := Zaehler+1;
END LOOP;
END;
```

Listing 4.47 425_04.sql: WHILE mit EXIT-Verwendung

Während die erste Zufallszahl noch eine 10 ist, so ist bereits die nächste –1 und erfüllt damit die Bedingung für das `EXIT`-Abbruchkriterium. Achten Sie hier auch darauf, dass die Variable `Zaehler` nicht ausgegeben wird, weil sie nach der EXIT-Anweisung platziert wurde, dass aber die Variable Zufall dennoch ausgegeben wird, weil sie vor der EXIT-Anweisung platziert wurde.

```
10
2
-1
PL/SQL-Prozedur wurde erfolgreich abgeschlossen.
```

Im Rahmen der Testdatenerzeugung werden wir ausführlich auf die Erzeugung von Zufallszahlen eingehen, die unter Oracle (und das soll auch unsere einzige Kritik bleiben) nicht gut gelöst ist. Dies ist insofern ärgerlich, als dass Zufallszahlen immer wieder in Programmen eine Rolle spielen können.

Numerische FOR-Schleife

In PL/SQL gibt es zwei unterschiedliche FOR-Schleifenkonstruktionen. Die erste wird Ihnen bereits in anderen Sprachen geläufig sein, stellt sie doch für Zählroutinen, die über Zählervariablen definiert werden, einen allgegenwärtigen Standard dar. Mit der Cursor-FOR-Schleife hingegen lassen sich Datensatzmengen der Reihe nach verarbeiten. Dabei ist diese spezielle Schleife eine von vielen Möglichkeiten, Datensatzzeiger in einer Ergebnismenge zu bewegen. Die Ober- und Untergrenze bzw. der Start- und der Endwert für die Zählervariable werden ganz undramatisch und ohne Klammern, nur durch zwei Punkte verbunden, direkt nach dem Schlüsselwort IN angegeben. Verwendet man zusätzlich das Schlüsselwort REVERSE, so kehrt sich die Zählweise um, wobei aber die Ober- und die Untergrenze die gleiche Bedeutung haben.

```
FOR Zähler IN [REVERSE] Untergrenze..Obergrenze LOOP
   Anweisungen
END LOOP;
```

Im folgenden Beispiel verwenden wir noch einmal die Zufallszahlenfunktion, indem die Zählervariable als zu verarbeitende Zahl in die Erzeugungsfunktion RANDOM des DatenbankMS_RANDOM-Pakets einfließt. Auch hier ist wieder eine eigene EXIT-Anweisung möglich, um eine zusätzliche Ausstiegsmöglichkeit zu verwenden. Diese ist zunächst auskommentiert, aber Sie können ja selbst die Wirkung testen. Achten Sie zusätzlich darauf, dass die Zählervariable im Deklarationsabschnitt nicht deklariert werden muss. Dies geschieht bei der numerischen FOR-Schleife direkt im Schleifenaufruf. Daraus ergibt sich eine Konsequenz, auf die wir unten eingehen.

```
DECLARE
 Zufall  BINARY_INTEGER;
BEGIN
```

```
 FOR Zaehler IN 1..5 LOOP
  DBMS_RANDOM.INITIALIZE(Zaehler);
  Zufall := SUBSTR(DBMS_RANDOM.RANDOM, 1, 2);
  DBMS_OUTPUT.PUT_LINE(Zaehler || ' - ' || Zufall);
  --EXIT WHEN Zufall<0;
  DBMS_RANDOM.TERMINATE;
END LOOP;
END;
```

Listing 4.48 424_05.sql: Ausstieg über eine EXIT-Anweisung

Ohne die EXIT-Anweisung zu verwenden, wird die gesamte Schleife durchlaufen. Dabei sehen Sie an den ausgegebenen Zählervariablen, dass die Unter- und die Obergrenze jeweils auch tatsächlich von der Zählervariable angenommen werden.

```
1 - 10
2 - -1
3 - 63
4 - -1
5 - 10
PL/SQL-Prozedur wurde erfolgreich abgeschlossen.
```

Wie Sie mit Ehrfurcht und Erschauern feststellen mussten, benötigt die Zählervariable keine Erwähnung im Deklarationsabschnitt. Sie stellt damit keine Variable im eigentlichen Sinne dar, sondern verhält sich wie eine Kostante. Dies bedeutet, dass keine anderen Werte als der aktuelle Zählerstand gespeichert werden können. Folgendes Programm ist daher ungültig und liefert eine unschöne Fehlermeldung:

```
DECLARE
 Zufall  BINARY_INTEGER;
BEGIN
 FOR Zaehler IN 1..5 LOOP
  IF Zaehler IN (2, 4)          -- Falsch
   THEN Zaehler := Zaehler+1;   -- Falsch
  END IF;                       -- Falsch
  DBMS_RANDOM.INITIALIZE(Zaehler);
  Zufall := SUBSTR(DBMS_RANDOM.RANDOM, 1, 2);
  DBMS_OUTPUT.PUT_LINE(Zaehler || ' - ' || Zufall);
  DBMS_RANDOM.TERMINATE;
```

```
END LOOP;
END;
```

Listing 4.49 425_06.sql: Fehlerhafte Zuweisung in der Zählervariable

Wie angekündigt, erscheint die schon bekannte Fehlermeldung, die auch bei Konstanten zu erwarten ist und die den Autor des Programms darüber in Kenntnis setzt, dass keine Wertzuweisung erfolgen darf. Allerdings ist es kein Problem, wie Sie an der Ausgabe im vorherigen Beispiel gesehen haben, auf den Wert der Zählervariable zuzugreifen:

```
   THEN Zaehler := Zaehler+1;
        *
FEHLER in Zeile 6:
ORA-06550: Zeile 6, Spalte 9:
PLS-
00363: Ausdruck 'ZAEHLER' kann nicht als Zuweisungsziel benutzt
werden
ORA-06550: Zeile 6, Spalte 9:
PL/SQL: Statement ignored
```

Sollte die Schleife mit `FOR Zaehler IN 5..1 LOOP` (falsche Größenverhältnisse von Unter- und Obergrenze) aufgebaut sein, geschieht gar nichts, wohingegen bei `FOR Zaehler IN 5..5 LOOP` (Gleichheit von Ober- und Untergrenze) zumindest eine einzige Ausgabe erfolgt. Gültig ist zusätzlich auch die Verwendung von dynamischen Grenzen, also z.B. Variablen, die Zahlwerte darstellen und wenigstens in der Reihenfolge Kleiner-Gleich angeordnet sind.

4.2.6 GOTO-Strukturen mit Labeln

Sollten Sie Cobol programmieren können, dann dürfte Ihnen die Verwendung von `GOTO`-Strukturen natürlich ein Begriff sein. Andere Programmiersprachen unterstützen diese Sprungtechnik nicht, da hier die Gefahr groß ist, den berühmt-berüchtigten Spaghetti-Code zu produzieren. Durch allzu viele Sprünge können Quelltexte stark an Übersichtlichkeit verlieren, sodass Sie eventuell lieber auf die Auslagerung in Prozeduren zurückgreifen, wenn gleiche Fehler gleich behandelt werden sollen. `GOTO` funktioniert nur, wenn Sie einzelnen Abschnitten einen Namen in Form des schon mehrfach verwendeten Labels `<<Name>>` zuweisen.

Im folgenden Programm wenden wir beide Sprungrichtungen an. Es ist also genauso erlaubt, vorwärts wie rückwärts zu springen, was bei der Verarbeitung und der Planung von Steuerstrukturen und Fällen ein wenig mehr Denkarbeit verursacht. Inhaltlich trägt das kleine Skript zwei Teilnehmer, deren Namen anhand der vorgegebenen Teilnehmernummern ermittelt werden, in die Buchungstabelle ein. Da die Eintragung für jeden einzelnen gefundenen Teilnehmer geschieht, springt man von jeder Teilnehmerermittlung zu dem Abschnitt, der den Namen `Eintragung` trägt. Dort wird anhand einer Zählervariable ermittelt, der wie vielte Teilnehmer der gerade eingetragene war, sodass ggf. wieder nach oben gesprungen wird, um den zweiten Teilnehmer ausfindig zu machen. Sie sehen an diesen beiden Sprüngen, dass die Technik unbedingt akzeptablen Quelltext produziert. Alternativ könnte man dieses Programm auch mit Hilfe eines Cursors lösen. Hier wird die Eintragung beider Datensätze (wobei wir nicht verschweigen wollen, dass natürlich beliebig viele Datensätze verarbeitet werden können, ohne Zähler und Fallabgleichungen vornehmen zu müssen) in Form einer Cursor-Schleife durchgeführt. Wenn Sie vorher noch nie mit solchen Strukturen gearbeitet haben, sollten Sie die Strukturen eventuell auch nicht gerade jetzt in Ihr Repertoire aufnehmen, da die Fehlerträchtigkeit erheblich steigt und die Lesbarkeit ebenso erheblich abnimmt.

```
DECLARE
 b_TNNr        teilnehmer.TN_Nr%TYPE;
 v_TNVorname   teilnehmer.TN_Vorname%TYPE;
 v_TNNachname  teilnehmer.TN_Nachname%TYPE;
 v_TerminNr    termin.T_Nr%TYPE             := 256;
 Zaehler       NUMBER(1)                    := 0;
 TNZahl        NUMBER(1)                    := 2;
BEGIN
 <<Teilnehmer1>>
  b_TNNr := 23;
  SELECT TN_Vorname, TN_Nachname
    INTO v_TNVorname, v_TNNachname
    FROM teilnehmer
   WHERE TN_Nr=b_TNNr;
  GOTO Eintragung;
 <<Teilnehmer2>>
  b_TNNr := 58;
  SELECT TN_Vorname,  TN_Nachname
    INTO v_TNVorname, v_TNNachname
    FROM teilnehmer
   WHERE TN_Nr=b_TNNr;
  GOTO Eintragung;
 <<Eintragung>>
  INSERT
```

```
    INTO Buchung
         (B_Nr, TN_Nr, T_Nr, B_Datum)
  VALUES (Zaehler, b_TNNr, v_TerminNr, SYSDATE);
  DBMS_OUTPUT.PUT('OK ' || v_TNVorname);
  DBMS_OUTPUT.PUT_LINE(' ' || V_TNNachname);
  Zaehler := Zaehler + 1;
  IF Zaehler = 1
   THEN GOTO Teilnehmer2;
  ELSE DBMS_OUTPUT.PUT_LINE('Buchungen komplett.');
  END IF;
END;
```

Listing 4.50 426_01.sql: Verwendung von GOTO-Strukturen

In Abbildung 4.27 wird das gesamte Konzept noch einmal durch Sprungrichtungen und die Reihenfolge während der gesamten Abarbeitung deutlich hervorgehoben. Beachten Sie folgende Einschränkungen, die im Zusammenhang mit GOTO-Anweisungen stehen: Man darf nicht in einen inneren Block, eine Schleife oder eine IF-Anweisung springen, da dies elementare Bedingungsprüfungen außer Kraft setzen würde und die Programmlogik weiter verschlechtern würde. Man könnte durch eine solche Technik nämlich Fallunterscheidungen unberücksichtigt links bzw. ein paar Zeilen weiter oben liegen lassen und auf die Anweisungen zurückgreifen, die eigentlich für einen bestimmten Fall bereitstanden. Im Beispielprogramm haben Sie natürlich gesehen, dass es möglich ist, aus einer IF-Klausel zu einem Abschnitt zu springen. Dies macht Sinn, damit innerhalb von Fallüberprüfungen auch Sprünge als Resultat möglich sind.

In der einfachen Pufferausgabe werden als Kontrollmöglichkeit jeweils der Name und zum Schluss die Information, dass beide Buchungen abgeschlossen sind, ausgegeben:

```
OK G. Mende
OK Manfred Herz
Buchungen komplett.
PL/SQL-Prozedur wurde erfolgreich abgeschlossen.
```

In der Tabelle befinden sich nun die erwarteten Werte der beiden Eintragungen. Über die Funktion SYSDATE wurde sehr einfach das aktuelle Datum eingetragen.

```
     B_NR      TN_NR      T_NR B_DATUM
---------- ---------- ---------- --------
         0         23        256 13.02.03
         1         58        256 13.02.03
2 Zeilen ausgewählt.
```

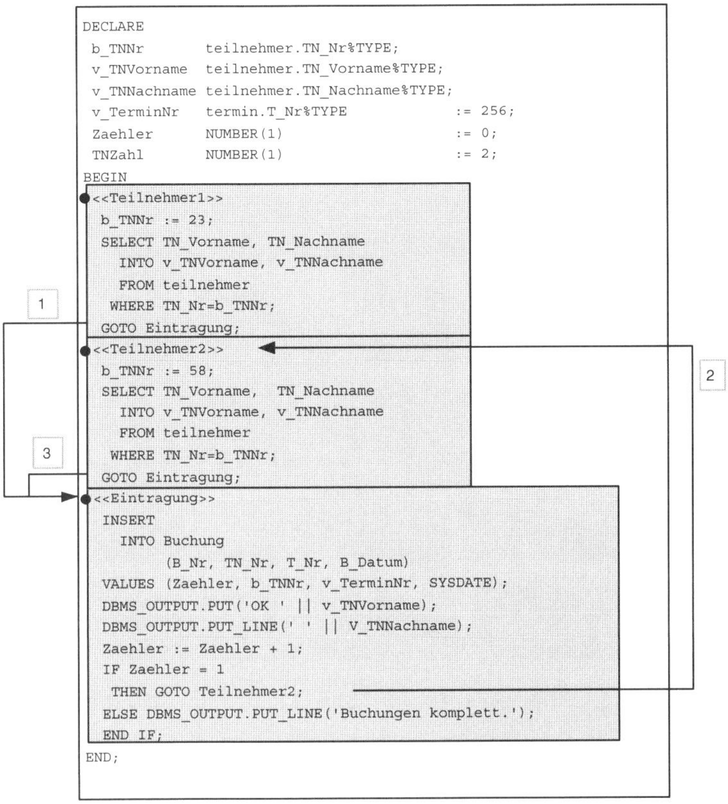

Abbildung 4.27 Strukturen von GOTO-Anweisungen

In einer Fallunterscheidung lässt sich GOTO in Verbindung mit Schaltvariablen nutzen, die je nach durchgeführtem Test verschiedene Wertzuweisungen erhalten. Da aber für alle (oder zumindest einen Teil) der Fallunterscheidungen das Programm mit den neuen Werten in der gleichen Form fortgesetzt werden soll, müsste man ohne weitere Konstruktionen an jede Fallunterscheidung die gleichen Anweisungen anhängen. Über eine GOTO-Struktur jedoch kann man diese gemeinsamen Anweisungen zu einem Block mit Label zusammenfassen und direkt anspringen. Eine Erweiterung sehen Sie im nächsten Programm, das im ELSE-Fall der CASE-Unterscheidung eine Alternative bereithält und zu einer weiteren Sprungmarke springt. Dies muss unterhalb der vorherigen Sprungmarke liegen, damit diese Anweisungen nicht ausgeführt werden.

Inhaltlich prüft das folgende Programm darauf, ob ein abgefragter Wert in einer bestimmten Ruhrgebietsstadt liegt, und weist in Abhängigkeit von der Stadt der Variablen `Gebiet` verschiedene Werte zu. Für die Unternehmen im Ruhrgebiet bzw. die Städte, die in der Fallunterscheidung abgefragt werden, wird eine Textdatei erstellt; für alle anderen dagegen wird nur eine allgemeine Ausgabe in der Standardausgabe erzeugt.

```
DECLARE
  Handle     UTL_FILE.FILE_TYPE;
  Titel1     VARCHAR2(50) := 'Unternehmen';
  Titel2     VARCHAR2(50) := 'Branche';
  Gebiet     VARCHAR2(6);
  v_UName    unternehmen.U_Name%TYPE;
  v_UBranche unternehmen.U_Branche%TYPE;
  v_UStadt   unternehmen.U_Stadt%TYPE;
  b_UNr      unternehmen.U_Nr%TYPE        := 121;
BEGIN
  -- Daten abfragen
  SELECT U_Name, U_Branche, U_Stadt
    INTO v_UName, v_UBranche, v_UStadt
    FROM unternehmen
   WHERE U_Nr = b_UNr;
  -- Untersuchung auf Städte
  <<Stadt>>
  CASE v_UStadt
   WHEN 'Dortmund'    THEN Gebiet := 'Ost';    GOTO Eintrag;
   WHEN 'Düsseldorf'  THEN Gebiet := 'Westen'; GOTO Eintrag;
   WHEN 'Essen, Ruhr' THEN Gebiet := 'Mitte';  GOTO Eintrag;
   WHEN 'Duisburg'    THEN Gebiet := 'Nord';   GOTO Eintrag;
   ElSE DBMS_OUTPUT.PUT_LINE('Nicht im Ruhrgebiet'); GOTO Ende;
  END CASE Stadt;
  -- Erfassung in Textdatei
 <<Eintrag>>
  Handle := UTL_FILE.FOPEN_NCHAR('c:\oratxt', 'Adresse.txt',
                                 'w');
  UTL_FILE.PUTF_NCHAR(Handle, Gebiet || '\n----------\n%s: '
                         || v_UName || ' (' || v_UStadt ||
                         ')\n%s: ' || v_UBranche, Titel1,
                         Titel2);
  UTL_FILE.FCLOSE(Handle);
  -- Ende
```

```
  <<Ende>>
  NULL;
END;
```

Listing 4.51 426_02.sql: Verwendung von GOTO und Einsatz einer Schaltvariablen

Für das angegebene Unternehmen ergibt sich ein Eintrag in der Textdatei mit folgendem Ergebnis:

```
Mitte
----------
Unternehmen: Trisch Feinmechanik und Elektrotechnik GmbH (Essen,
 Ruhr)
Branche: Robotik
```

Listing 4.52 Adresse.txt: Ausgabe einer Adresse

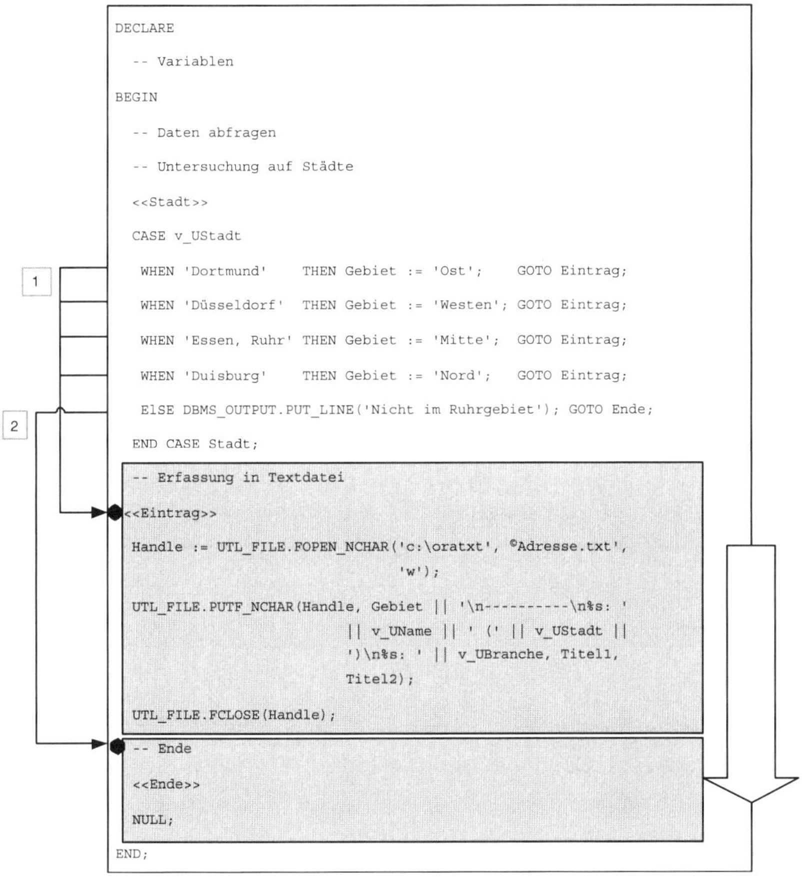

Abbildung 4.28 Sprungmarken und Schaltvariablen

Ohne die Programmierung von Funktionen und Prozeduren vorwegzunehmen oder an dieser Stelle erklären zu wollen, beenden wir die Darstellung von GOTO mit dem Hinweis, dass man über entsprechende Programmstrukturen den Einsatz von Sprungmarken komplett verhindern kann. Eine Möglichkeit bestünde darin, den kompletten Anweisungsabschnitt des Eintragungsblocks, der auch als Einsprungstelle dient, durch ein lokales Modul (eine Prozedur oder eine Funktion, die nur in einem Block gültig ist) zu ersetzen. Dieses platziert man im Deklarationsabschnitt des anonymen Blocks und ruft es direkt in der Fallunterscheidung auf. Hier kann man entweder die Variable oder auch direkt den ermittelten Wert übergeben, was eine Variable sparen und den Quelltext noch ein wenig verkürzen würde. Folgende Variante arbeitet aber weiterhin mit der Schaltvariable Gebiet, um zu zeigen, wie man GOTO vermeiden kann.

```
DECLARE
  Gebiet     VARCHAR2(6);
  v_UName    unternehmen.U_Name%TYPE;
  v_UBranche unternehmen.U_Branche%TYPE;
  v_UStadt   unternehmen.U_Stadt%TYPE;
  b_UNr      unternehmen.U_Nr%TYPE        := 119;
PROCEDURE Eintragen (Gebiet IN VARCHAR2)
 IS
   Handle     UTL_FILE.FILE_TYPE;
   Titel1     VARCHAR2(50) := 'Unternehmen';
   Titel2     VARCHAR2(50) := 'Branche';
 BEGIN
  Handle := UTL_FILE.FOPEN_NCHAR('c:\oratxt', 'Adresse.txt',
                                'w');
  UTL_FILE.PUTF_NCHAR(Handle, Gebiet || '\n----------\n%s: '
                         || v_UName || ' (' || v_UStadt ||
                         ')\n%s: ' || v_UBranche,  Titel1,
                         Titel2);
  UTL_FILE.FCLOSE(Handle);
 END Eintragen;
BEGIN
  -- Daten abfragen
  SELECT U_Name, U_Branche, U_Stadt
    INTO v_UName, v_UBranche, v_UStadt
    FROM unternehmen
   WHERE U_Nr = b_UNr;
  -- Untersuchung auf Städte
  <<Stadt>>
  CASE v_UStadt
```

```
    WHEN 'Dortmund'
     THEN Gebiet := 'Ost';     Eintragen(Gebiet);
    WHEN 'Düsseldorf'
     THEN Gebiet := 'Westen'; Eintragen(Gebiet);
    WHEN 'Essen, Ruhr'
     THEN Gebiet := 'Mitte';  Eintragen(Gebiet);
    WHEN 'Duisburg'
     THEN Gebiet := 'Nord';   Eintragen(Gebiet);
    ElSE DBMS_OUTPUT.PUT_LINE('Nicht im Ruhrgebiet');
  END CASE Stadt;
END;
```

Listing 4.53 426_03.sql: Verwendung eines lokalen Moduls als Ersatz für GOTO

4.2.7 NULL im Anweisungsabschnitt

Vielleicht haben Sie bereits ein wenig mit PL/SQL experimentiert und ein Problem festgestellt, wenn es darum geht, Anweisungsabschnitte innerhalb von Fallunterscheidungen leer zu lassen. Dies kann dann z.B. geschehen, wenn man genau weiß, dass das aktuelle Programm diesen Fall gar nicht erreicht, weil man zunächst einen anderen bearbeitet und testen möchte. Im einfachsten Fall haben Sie folgendes Miniprogramm ohne Ausgabe und weitere Funktionen:

```
DECLARE
 Zaehler NUMBER(1) :=1;
BEGIN
END;
```

Listing 4.54 427_01.sql: Fehlender Anweisungsabschnitt

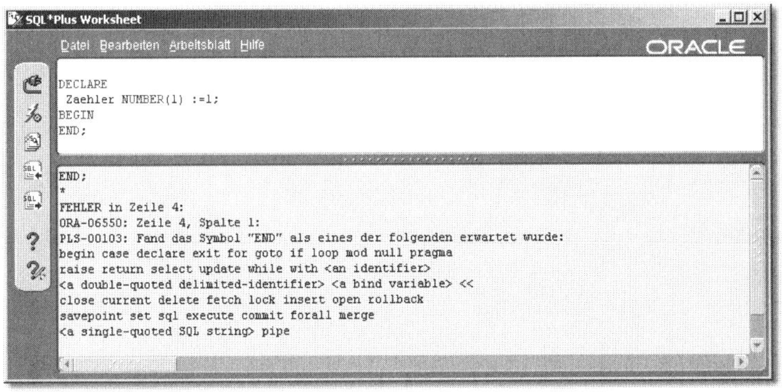

Abbildung 4.29 Ergebnis eines fehlenden Anweisungsabschnitts

Das Ergebnis eines solchen kurzen Programms ist dennoch – gemessen am Umfang der Fehlermeldung und dem Verhältnis zum Quelltext – höchst bemerkenswert, weswegen wir auch ein Beweisfoto eingefügt haben. In der Fehlermeldung werden Sie darauf hingewiesen, dass Sie wenigstens eines von diversen Schlüsselwörtern einfügen sollen, die Sie im Laufe der letzten Abschnitte kennen gelernt haben. In diesen Fällen setzen Sie einfach NULL in diesen Bereich, was im folgenden Beispiel in Kombination mit einer Verzweigung auch geschieht:

```
DECLARE
 Zaehler NUMBER(1) :=1;
BEGIN
 IF Zaehler > 1
  THEN NULL;
 ELSE DBMS_OUTPUT.PUT_LINE('Zähler <= 1.');
 END IF;
END;
```

Listing 4.55 427_02.sql: Verwendung von NULL im Ausführungsabschnitt

Dies führt zu folgender erwarteter Ausgabe:

```
Zähler <= 1.
PL/SQL-Prozedur wurde erfolgreich abgeschlossen.
```

4.3 Datenverarbeitung

Die zurückliegenden Abschnitte führten Sie in die Grundlagen von PL/SQL ein. Dies bezieht sich sowohl auf die grundlegende Syntax als auch auf die Art und Weise, wie PL/SQL in Oracle verarbeitet werden kann. In diesem Abschnitt nun geht es um verschiedene Feinheiten, die den Bedürfnissen der Software-Entwicklung in datenbanknahen Umgebungen besonders entsprechen. Hierbei sei insbesondere auf die Transaktionssteuerung und die Verarbeitung von großen Datenmengen mittels Cursor hingewiesen.

4.3.1 Datensätze und %RECORD

Es lassen sich insgesamt drei verschiedene Techniken der Datenverarbeitung in PL/SQL unterscheiden, von denen Sie in den Beispielen dieses Kapitels bereits zwei kennen gelernt haben. Mit einem Datensatz ist dabei eine Struktur von Variablen (mindestens einer) gemeint, die Informationen bzw. Werte aus einer Tabelle halten. Im Standardfall handelt es sich dabei um eine Mindestmenge an Informationen, die man für die Verarbeitung oder Ausgabe innerhalb eines

Programms benötigt. Durch die Verwendung von Datensätzen in ihren unterschiedlichen Formen lässt sich eine bessere Übersichtlichkeit und Struktur in Programmen erreichen. So erhält man eine weitere Möglichkeit, Variablen mit Werten aus der Datenbank von anderen Variablen zu trennen und die Daten gemeinsam zu behandeln.

- **Datensatztypen**
  In dieser Struktur bezeichnet man die einzelnen Variablen, die Werte aus einer Tabelle übernehmen, direkt im `DECLARE`-Abschnitt und weist ihnen entweder direkt oder implizit einen passenden Datentyp zu. Dies ist eine Struktur, in der Variablen und Felder einzeln und damit getrennt voneinander definiert werden und in der auf den ersten Blick nicht zu erkennen ist, welche Werte gemeinsam zu einem inhaltlichen (nicht syntaktischen) Datensatz gehören.
- **Cursor**
  Mit einem Cursor lassen sich Datensätze anhand einer Abfrage konstruieren und über bestimmte Verarbeitungstechniken im Programm nutzen. Die Datentypen weden dabei direkt aus der Tabelle übernommen. Mit dem Cursor-Konzept muss man sich immer dann beschäftigen, wenn eine Abfrage mehr als einen Treffer zurückliefert. Zusätzlich stellt man durch einen Cursor und seine spezielle Syntax mit Öffnen, Datensatz einlesen und Schließen nicht nur die Datenverarbeitung, sondern auch die Zusammengehörigkeit von Daten zu Variablen besser heraus.
- **Tabellenbasierte Datensätze**
  Variablen für die Verarbeitung von Tabelleninformationen lassen sich als Einheit konstruieren und gemeinsam in einem Programm behandeln. Dies geschieht über die Definition eines speziellen Datentyps, der die Struktur des Datensatzes mit Tabellenfeldern und Variablen abbildet.

Vorteile bei der Verwendung

Die Vorteile der Verwendung von Datensätzen ergeben sich (neben der Vermeidung von Fehlermeldungen, wenn eine `SELECT...INTO`-Anweisung auf mehr als einen Treffer stößt) erst in umfangreichen Programmen und nicht in den Einführungsbeispielen dieses Abschnitts. Sie bilden eine Schnittstelle zum Konzept der Datenabstraktion. Damit meinen wir das Herauslösen von Detailinformationen, die in den einzelnen Attributen von Tabellenfeldern stecken, durch eine Zusammenfassung (Abstraktion) der Attribute und ihrer Struktur zu einer größeren Einheit. Anstatt später die einzelnen Wertfelder direkt aufzurufen, verwendet man die Elemente der definierten größeren Einheit. Dies erlaubt eine kollektive Verarbeitung in Form von aggregierten Operationen des gesamten Datensatzes anstatt der einzelnen Felder bzw. Variablen. In diesem Sinne wird auch das Programmverständnis gefördert, was einen besser lesbaren Quelltext bewirkt, in dem nicht die einzelnen Felder betrachtet werden, sondern die Information als solche, die sich hinter einem Datensatz verbirgt. Unsere Beispieldatenbank ist bereits deutlich umfangreicher und komplexer als in anderen Büchern, aber natürlich immer noch nicht annähernd so umfangreich, wie sie in einem realistischen Unternehmensumfeld sein könnte. Hier treten insbesondere für die Verarbeitung von Transaktionen und Geschäftsprozessen (Standardfall Buchhaltung) oftmals Tabellen- und Spaltenzahlen im Hunderterbereich auf. Hier lohnt es sich immer, inhaltliche Einheiten und gerade nicht feldbasierte Strukturen zu betrachten. Ein Objekt oder ein Datensatz, der eine Haushaltsstelle oder einen Kostenbereich beschreibt, kann durch entsprechende Normalisierung oder aus Verarbeitungsgründen dreißig Spalten umfassen, die natürlich nicht jedes Mal einzeln aufgerufen werden sollen. Wichtig dagegen ist nur, dass zum einen einzelne Felder aus diesem Datensatz abgerufen werden können, wenn sie gebraucht werden, und dass man letztendlich sämtliche relevanten Informationen über eine Haushaltsstelle in diesem Datensatz findet und diesen auch vollständig verarbeiten kann.

Definition eines Datensatztyps

Die Verwendung von PL/SQL-Datensätzen funktioniert über die Definition eines Datensatztyps, der einer Variable als Datensatzvariable zugewiesen wird. Die Ansprache einzelner Felder in diesem Konstrukt geschieht mittels einer SQL-ähnlichen Punkt-Notation. Die allgemeine Syntax für die Definition eines Datensatztyps lautet:

```
TYPE Datensatz IS RECORD(
 Feld1 Datentyp1 [NOT NULL] [:=Wert],
.Feld2 Datentyp2 [NOT NULL] [:=Wert]);
```

Folgende Deklaration entspricht der bisher verwendeten Notation, indem für jedes Tabellenfeld eine spezielle eigene Variable erzeugt wird. DieseVariablen können dann nachher für mehr oder minder sinnvolle Aktionen ihre Werte zur Verfügung stellen, die sie über eine Abfrage und eine `SELECT...INTO`-Struktur erhalten.

```
DECLARE
 b_KNr         NUMBER(7)      := 1025071;
 v_KTitel      VARCHAR2(30);
 v_KUntertitel VARCHAR2(30);
 v_KDauer      NUMBER(1);
 v_KThemen     VARCHAR2(600);
```

```
BEGIN
 NULL;
END;
```

Listing 4.56 431_01.sql: Definition von Variablen als Datensatz

Als Datensatztyp vergibt man einen Namen für diesen speziellen Typ, listet die einzelnen Variablen bzw. Felder auf, die verwendet werden sollen, und greift dann anschließend auf ein einzelnes Feld über eine Punkt-Notation zu. Wenn man das Prinzip der Datenbankabstraktion vollständig ausnutzen möchte, könnte man auch sämtliche Felder abrufen (außer natürlich unhandlicher Felder, die übergroße Daten enthalten, die nicht benötigt werden). Für jede Gelegenheit stehen dann sämtliche Felder zur Verfügung, sodass man keine weiteren Definitionen benötigt. Nach der Definition des Datensatztyps, der als Datentyp fungiert, benötigt man eine Variable, die diesen Typ verwendet und die später im Anweisungsabschnitt zum Einsatz kommt.

Die Punkt-Notation `Datensatzname.Feldname` entspricht der Punkt-Notation in SQL mit dem Inhalt `Tabellenname.Feldname` und erlaubt den Zugriff auf einzelne Felder eines Datensatzes.

```
DECLARE
 TYPE K_KursDatensatz IS RECORD(
 b_KNr          NUMBER(7),
 v_KTitel       VARCHAR2(30),
 v_KUntertitel VARCHAR2(30),
 v_KDauer       NUMBER(1),
 v_KThemen      VARCHAR2(600));
 v_KursDaten K_KursDatensatz;
BEGIN
 v_KursDaten.b_KNr := 1025071;
 NULL;
END;
```

Listing 4.57 431_001.sql: Definition eines Datensatztyps

Es besteht die Möglichkeit, wie Sie in der allgemeinen Syntax gesehen haben, eine Initialisierung vorzunehmen, die folgende Struktur aufweist. Hier besitzt die Datensatzvariable `b_KNr` von Beginn an einen Wert und darf auch niemals `NULL` werden, was mit der Bedingung für die Spalte `K_Nr` in der Tabelle `KURS` übereinstimmt. Gleichzeitig werden die Datentypen durch automatische Typableitung dynamisch aus der Tabelle übernommen.

```
SET SERVEROUTPUT ON;
DECLARE
 TYPE K_KursDatensatz IS RECORD(
 b_KNr          kurs.K_Nr%TYPE    NOT NULL :=1025071,
 v_KTitel       kurs.K_Titel%TYPE,
 v_KUntertitel kurs.K_Untertitel%TYPE,
 v_KDauer       kurs.K_Dauer%TYPE,
 v_KThemen      kurs.K_Themen%TYPE);
 v_KursDaten K_KursDatensatz;
BEGIN
 NULL;
END;
```

Listing 4.58 431_02.sql: Typableitung und Initialisierung

Verwendung von Datensätzen

Um die Funktionsweise von Datensatztypen und Datensätzen zu zeigen, speichert folgendes Beispiel in die oben definierte Datensatzvariable Daten für einen Kurs. Dies geschieht über die Variable `b_KNr`, die im Datensatztyp angelegt wurde und in der SQL-Anweisung zum Einsatz kommt. Um die Ausnahme zu testen, können Sie eine ungültige Kursnummer verwenden. Die Besonderheit bei der Verwendung ergibt sich innerhalb der `SELECT...INTO`-Klausel, da hier für die Wertzuweisung gerade nicht die einzelnen Variablen erscheinen, sondern lediglich die Datensatzvariable bereitgestellt wird.

```
DECLARE
 TYPE K_KursDatensatz IS RECORD(
 b_KNr          kurs.K_Nr%TYPE,
 v_KTitel       kurs.K_Titel%TYPE,
 v_KUntertitel kurs.K_Untertitel%TYPE);
 v_KursDaten K_KursDatensatz;
BEGIN
 v_KursDaten.b_KNr := 1025071;
 SELECT K_Nr, K_Titel, K_Untertitel
   INTO v_KursDaten
   FROM kurs
  WHERE K_Nr=v_KursDaten.b_KNr;
 EXCEPTION
  WHEN NO_DATA_FOUND
   THEN DBMS_OUTPUT.PUT_LINE('Keine Daten.');
END;
```

Listing 4.59 431_03.sql: Datensätze verwenden

Nicht nur Abfragen, sondern auch Datenänderungen lassen sich mit Hilfe von Datensätzen leichter ausführen. Während natürlich bei Strukturen wie DELETE und UPDATE weiterhin auf die einzelnen Variablenwerte zugegriffen werden muss, um der WHERE- oder SET-Klausel Genüge zu tun, eröffnet sich die Möglichkeit, beim INSERT-Befehl den kompletten Datensatz zu übertragen. Lediglich die Spaltenliste im Spaltenaufruf muss mit der Spaltenliste bzw. Feldliste im Datensatz übereinstimmen. Dies ist jedoch ein Problem, das sich über einen expliziten Spaltenaufruf leicht beheben lässt.

Im folgenden Programm ermittelt man zunächst für einen beliebig herausgegriffenen Termin mit der Nummer 322 sämtliche zur Verfügung stehenden Werte und speichert sie in einen Datensatz TDaten, der als Datentyp einen Datensatztyp namens TerminDatensatz besitzt. Der SELECT...INTO-Befehl entspricht dem oben aufgeführten Beispiel. Sollte nun dieser Kurs in Bochum stattfinden, sollen die gesamten Kursdaten erneut eingefügt werden, allerdings mit dem Kursort Dortmund und einem um 1 erhöhten Primärschlüsselwert. Dieser wird durch eine einfache SELECT MAX-Abfrage in das Feld v_KNr des Datensatzes gespeichert. Schließlich fügt man über den INSERT-Befehl den gesamten leicht geänderten Datensatz in die Tabelle ein. Da die Spaltenliste in der Tabelle exakt mit der im Datensatz übereinstimmt, muss keine Spaltenliste vorgegeben werden. Um die eingefügten Werte zu testen und eine Kontroll-Abfrage zu sparen, verwenden wir die RETURNING-Klausel, die Sie später noch kennen lernen werden, und speichern die zurückgelieferten Werte erst in die Datensatzfelder und geben sie dann im Puffer aus. Auch bei der Speicherung der gerade eingetragenen Informationen dient die Datensatzvariable einer schnellen und übersichtlichen Zuweisung, da sie wie der SELECT...INTO-Befehl eingesetzt werden kann.

```
DECLARE
 TYPE TerminDatensatz IS RECORD(
 v_TNr     termin.T_Nr%TYPE,
 v_KNr     termin.K_Nr%TYPE,
 v_TBeginn termin.T_Beginn%TYPE,
 v_TEnde   termin.T_Ende%TYPE,
 v_TOrt    termin.T_Ort%TYPE);
 v_TDaten TerminDatensatz;
BEGIN
 v_TDaten.v_TNr := 322;
 SELECT T_Nr, K_Nr, T_Beginn, T_Ende, T_Ort
   INTO v_TDaten
   FROM termin
  WHERE T_Nr=v_TDaten.V_TNr;
```

```
 IF v_TDaten.v_TOrt = 'Bochum'
  THEN v_TDaten.v_TOrt := 'Dortmund';
   SELECT MAX(T_Nr)+1
   INTO v_TDaten.v_TNr
   FROM termin;
   INSERT INTO termin
   VALUES v_TDaten
   RETURNING T_Nr, K_Nr, T_Beginn, T_Ende, T_Ort
   INTO v_TDaten;
   DBMS_OUTPUT.PUT_LINE(v_TDaten.v_TNr || ' | ' ||
v_TDaten.v_KNr);
   DBMS_OUTPUT.PUT_LINE(v_TDaten.v_TBeginn || '-' ||
v_TDaten.v_TEnde);
   DBMS_OUTPUT.PUT_LINE(v_TDaten.v_TOrt);
  END IF;
END;
```

Listing 4.60 431_04.sql: Verwendung mit INSERT und RETURNING

Die Ausgabe im Puffer entspricht dann voll den Erwartungen, da zufällig tatsächlich der Kursort für den Kurs mit der Nummer 322 Bochum ist und damit die Fallunterscheidung und ihre Anweisungen aktiviert werden.

```
654 | 1015024
28.09.02-30.09.02
Dortmund
PL/SQL-Prozedur wurde erfolgreich abgeschlossen.
```

Über die Abfrage `SELECT * FROM termin WHERE T_Nr IN (322, 654)` erhält man dann die beiden bearbeiteten Zeilen:

```
      T_NR       K_NR T_BEGINN T_ENDE   T_ORT
---------- ---------- -------- -------- --------------------
       654    1015024 28.09.02 30.09.02 Dortmund
       322    1015024 28.09.02 30.09.02 Bochum
2 Zeilen ausgewählt.
```

Im Übrigen können Sie natürlich auch Datensatztypen konstruieren, die ihre Felder aus mehreren Tabellen beziehen, wie es die aktuelle Verarbeitung gerade erfordert. Für die Verarbeitung von Dozenten wäre es sicherlich auch interessant, Kursnummer und Tagessatz aus der Tabelle THEMENVERTEILUNG zusammen mit allen Feldern aus der Tabelle DOZENT in einen Datensatz zu speichern. Wenn Sie bei diesen Datenstrukturen zusätzlich darauf achten, dass die Variablennamen bzw. die Feldnamen im Datensatz mit den Feldnamen der entsprechenden Tabelle übereinstimmen, erhalten Sie sehr übersichtliche Strukturen, da sie dann über eine Variable der Form v_DDaten über die Punktnotation quasi auf die Spaltennamen der Tabellen zugreifen, obwohl es sich ja eigentlich um die Feldnamen des Datensatzes handelt.

Datensatz-Erzeugung mit %ROWTYPE

Wie schon bei der impliziten Datentypableitung über %TYPE gibt es auch für die Erzeugung von Datensatztypen eine Möglichkeit, die benötigten Informationen komplett und nicht nur über %TYPE zu binden. Dazu gehört zum einen der Datentyp des Feldes und zum anderen der Feldname. Das obige Beispiel verkürzt sich im Deklarationsabschnitt auf eine einzige Zeile, da sowohl Feldnamen als auch Datentypen automatisch über %ROWTYPE gebunden werden. Im Ausführungsabschnitt hingegen müssen alle Variablennamen so angepasst werden, dass sie mit den Spaltennamen in der Tabelle übereinstimmen.

Die PL/SQL-Maschine übernimmt aus den Datentypen VARCHAR2, CHAR und NUMBER die Angaben zur Länge und Genauigkeit. NOT-NULL-Einschränkungen in den Feldern bleiben jedoch für die Variablendatentypen unberücksichtigt, wie es schon bei der Verwendung von %TYPE der Fall ist.

```
DECLARE
 v_TDaten termin%ROWTYPE;
BEGIN
 v_TDaten.T_Nr := 322;
 SELECT T_Nr, K_Nr, T_Beginn, T_Ende, T_Ort
   INTO v_TDaten
   FROM termin
  WHERE T_Nr=v_TDaten.T_Nr;
 IF v_TDaten.T_Ort = 'Bochum'
  THEN v_TDaten.T_Ort := 'Dortmund';
   SELECT MAX(T_Nr)+1
   INTO v_TDaten.T_Nr
   FROM termin;
   INSERT INTO termin
   VALUES v_TDaten
   RETURNING T_Nr, K_Nr, T_Beginn, T_Ende, T_Ort
   INTO v_TDaten;
   DBMS_OUTPUT.PUT_LINE(v_TDaten.T_Nr || ' | ' ||
v_TDaten.K_Nr);
```

```
    DBMS_OUTPUT.PUT_LINE(v_TDaten.T_Beginn || '-' ||
v_TDaten.T_Ende);
    DBMS_OUTPUT.PUT_LINE(v_TDaten.T_Ort);
  END IF;
END;
```

Listing 4.61 431_05.sql: Einsatz von %ROWTYPE

4.3.2 Transaktionssteuerung und SQL in PL/SQL

Mit PL/SQL lernen Sie ein Werkzeug kennen, mit dem Sie Anwendungen direkt in der Datenbank entwickeln können. Dabei wird nicht nur ab und an SQL verwendet, sondern natürlich sehr intensiv darauf zurückgegriffen, da ja ein Großteil von Anwendungen aus Abfragen sowie anderen SQL-Strukturen besteht. In den zurückliegenden Beispielen sind bereits viele Strukturen wie z. B. `SELECT...INTO` oder gebundene Variablen wie `b_KNr` in einer `WHERE`-Klausel sowie natürlich die gerade gezeigte Rückspeicherung von eingetragenen Werten über die `RETURNING`-Klausel zum Einsatz gekommen. Beispiele aus dieser Sphäre gehören natürlich automatisch auch zum Bereich »SQL in PL/SQL«, treten hier jedoch aufgrund der zahlreichen Beispiele in den zurückliegenden Abschnitten nicht noch einmal explizit in den Vordergrund. Daher konzentrieren wir uns auf die Transaktionssteuerung und einige Bereiche, die bisher noch keine ausreichende Berücksichtigung fanden. Zur Verwendung der Befehle `INSERT`, `UPDATE` und `DELETE` berücksichtigen Sie daher einfach die Vielzahl an Beispielen in den vorangegangen Abschnitten.

Befehle aus den Bereichen DDL zum Anlegen von Schema-Objekten und DCL zum Anlegen von Berechtigungen und Rollen lassen sich nicht direkt in PL/SQL ausführen.

Zulässigkeit und dynamisches SQL

In PL/SQL-Programmen sind nicht alle SQL-Anweisungen zulässig, wie z. B. DDL-Anweisungen, mit denen Schema-Objekte erstellt werden können. Dies hängt damit zusammen, dass beim Binden der Variable zunächst eine Überprüfung stattfindet, ob Schema-Objekte innerhalb der Datenbank überhaupt verfügbar sind oder ob Berechtigungen an ihnen existieren, die dem Benutzer, der ein PL/SQL-Programm ausführt, die entsprechenden Operationen überhaupt erlauben. Durch die DDL-Anweisungen könnte man den Datenbankzustand so ändern, dass nachträglich überprüfte Zustände geändert werden. Eine typische Anwendung bzw. Fehlerquelle wäre die Erzeugung einer Tabelle für die Zwischenspeicherung von Ergebnissen, die dann mit Daten gefüllt und schließlich gelöscht wird. Dies wird im folgenden fehlerhaften Beispiel gezeigt, das eine große Menge an Fehlermeldungen hervorruft.

```
DECLARE
BEGIN
 CREATE TABLE "Speicher"
 ("T_NR"  NUMBER(4)     NOT NULL,
  "K_NR"  NUMBER(7)     NOT NULL,
  "T_ORT" VARCHAR2(20) NOT NULL)
  TABLESPACE "USERS";
END;
```

Listing 4.62 432_01.sql: Fehlerhafte DDL-Verwendung

Wir beweisen die Komplikationen mit dieser Konstruktion durch ein Ergebnisfoto des unglückseligen Programms. Man wird als Erstes darauf hingewiesen, dass der Befehl `CREATE` nicht zu den erlaubten Wörtern gehört, und daher wird innerhalb der Fehlermeldung nicht einmal darauf hingewiesen, dass die Tabelle nicht angelegt werden kann.

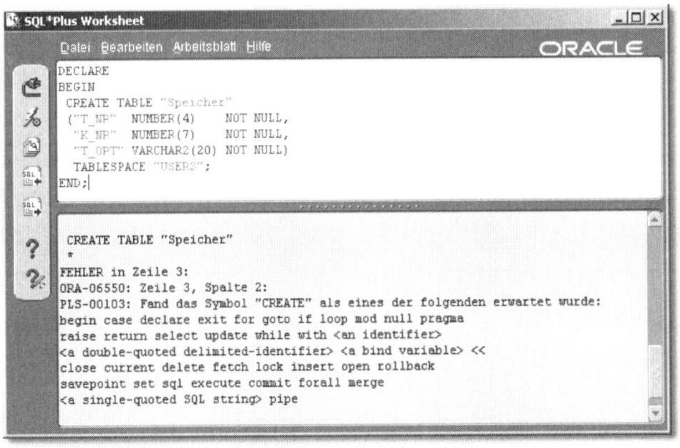

Abbildung 4.30 Fehlermeldungen bei DDL-Anweisungen

Sollten Sie sich jetzt schon durch diesen Umstand und die Architektur von PL/SQL in Oracle in Ihrer Gestaltungsfreiheit bei der Software-Entwicklung behindert sehen, dann taucht unmittelbar Abhilfe in Form des `DBMS_SQL`-Pakets auf. Mit dieser Möglichkeit, die auch als dynamisches SQL bezeichnet wird, schreiben Sie fast beliebige SQL-Anweisungen, die gerade nicht im Quelltext gespeichert und kompiliert werden. Vielmehr erfolgt die Speicherung in Form von Zeichenketten und die Einbindung zur Laufzeit. Eine weitere Variante, die als einfacher zu verwenden gilt, ist das native dynamische SQL, das ab Oracle 8i zur Verfügung steht.

Die Unterprogramme des DBMS_SQL-Pakets erwarten als Verarbeitungsanweisung einen Cursor, was die Verwendung und das Verständnis für diese Syntax deutlich erschwert. Daher muss zum einen eine Cursor-Variable definiert werden, die die Programmsteuerung übernimmt, und zum anderen speichert man die DDL-Anweisungen, um die sich zurzeit alles dreht, in eine Variable mit einem Zeichenketten-Datentyp. Innerhalb einer Öffnen- und Schließen-Aktion des Cursors kann man diese SQL-Anweisung dann dynamisch ausführen lassen.

```
DECLARE
 c_CursorNr INTEGER          -- Programmsteuerung;
 v_Speicher VARCHAR(600)     -- SQL-Anweisung;
BEGIN
 c_CursorNr := DBMS_SQL.OPEN_CURSOR;
 v_Speicher := 'CREATE TABLE Speicher
               (T_NR  NUMBER(4)    NOT NULL,
                K_NR  NUMBER(7)    NOT NULL,
                T_ORT VARCHAR2(20) NOT NULL)
                TABLESPACE USERS';
 DBMS_SQL.PARSE(c_CursorNr, v_Speicher, DBMS_SQL.NATIVE);
 DBMS_SQL.CLOSE_CURSOR(c_CursorNr);
END;
```

Listing 4.63 432_02.sql: Verwendung des DBMS_SQL-Pakets

Neben der einfachen Information über den erfolgreichen Abschluss der Prozedur können Sie mit DESCRIBE Speicher; auch testen, ob die Tabelle wirklich mit den vorgegebenen Eigenschaften erstellt wurde. Dies sollte dann die folgende Beschreibung zur Folge haben:

```
Name         Null?      Typ
 T_NR         NOT NULL   NUMBER(4)
 K_NR         NOT NULL   NUMBER(7)
 T_ORT        NOT NULL   VARCHAR2(20)
```

Neben der nicht ganz einsichtigen Syntax sollte Ihnen zusätzlich auffallen, dass die Verarbeitungsdauer mit Hilfe des DBMS_SQL-Pakets überaus lange dauert. Zum Vergleich können Sie ja einmal eine weitere Tabelle mit gleicher Feldstruktur über eine einfache CREATE-TABLE-Anweisung erstellen und den Geschwindigkeitsunterschied testen.

Anders als das DBMS_SQL-Paket verhält es sich für die Ausführung von DDL-Anweisungen mit der Konzeption des nativen dynamischen SQL. Hier wird über die Klausel EXECUTE IMMEDIATE und die anschließende SQL-Anweisung auch eine DDL-Anweisung umgesetzt. Im Abschnitt zu dynamischem SQL werden Sie später die Verwendung anderer SQL-Anweisungen innerhalb dieser Klausel sehen, wobei einige Syntax-Besonderheiten wie z.B. bei Einfüge-Operationen oder gebundenen Variablen zu beachten sind. Insgesamt ist diese Variante neben Ihrer sehr einfachen und fast schon unspektakulären Konzeption wesentlich einfacher als das zuvor präsentierte `DatenbankMS_SQL`-Paket. Achten Sie auch zusätzlich auf den Geschwindigkeitsunterschied der Anweisungen.

```
DECLARE
BEGIN
 EXECUTE IMMEDIATE
 'CREATE TABLE Speicher
  (T_NR  NUMBER(4)     NOT NULL,
   K_NR  NUMBER(7)     NOT NULL,
   T_ORT VARCHAR2(20) NOT NULL)
   TABLESPACE USERS';
END;
```

Listing 4.64 432_04.sql: Verwendung von nativem dynamischen SQL

Reihenverarbeitung

In den bisherigen Programmen waren die Verarbeitungsanweisungen bzw. der Umfang der einzelnen Operationen überschaubar und klein. Es wurde meistens nur eine einzige Zeile gelöscht oder eingefügt, bei einigen Beispielen sogar zwei. Dies lag hauptsächlich daran, dass wir die Mengenverarbeitung erst nach der Vorstellung der grundlegenden Syntax einführen wollten. Solche didaktischen Überlegungen haben natürlich automatisch Auswirkungen auf Beispiele. Bei der Massendatenverarbeitung kann es dagegen regelmäßig geschehen, dass nicht nur eine Hand voll Zeilen verarbeitet werden sollen, sondern dass unüberschaubar viele mit neuen oder aktualisierten Informationen übertragen werden müssen. Dabei würde auch bei einer Verarbeitung unter Einsatz von Cursorn (und natürlich Schleifen) der ungünstige Fall eintreten, dass jede einzelne Zeile individuell an den *SQL-Statement-Executor* übergeben wird und dieser dann eventuell Daten zurückübermittelt. Der Wechsel zwischen *PL/SQL-Maschine* und dem *SQL-Interpreter* wird als Kontextwechsel bezeichnet, der natürlich eine gewisse Zeit in Anspruch nimmt. Bei steigender Anzahl an Kontext-Wechseln bzw. Schleifendurchgängen hat dies eine deutliche Leistungsabschwächung zur Folge, die durch die Technik der so genannten Mengenbindung (*Bulk Bind*) behoben werden kann. Dabei werden die SQL-Anweisungen komplett übergeben.

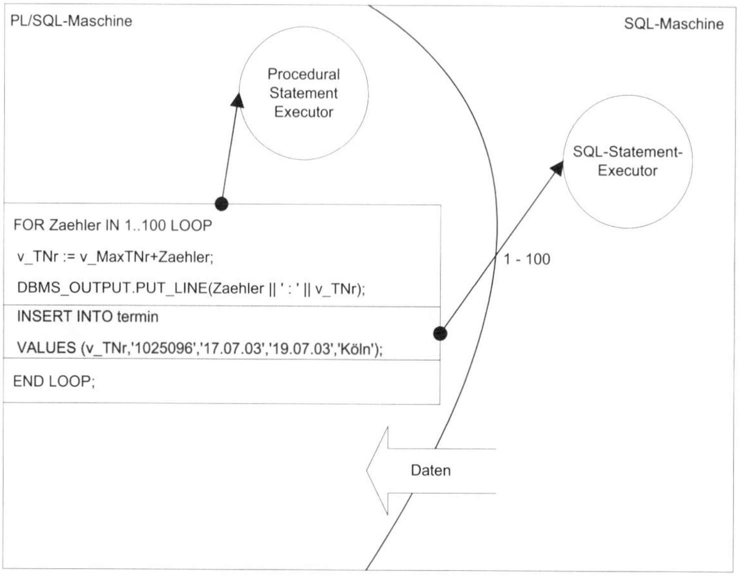

Abbildung 4.31 Kontext-Wechsel bei Einzelverarbeitung

```
DECLARE
 v_MaxTNr termin.T_Nr%TYPE; -- vorhandenes Maximum
 v_TNr    termin.T_Nr%TYPE; -- aktuelle Terminnummer
BEGIN
 SELECT MAX(T_Nr)
   INTO v_MaxTNr
   FROM termin;
 DBMS_OUTPUT.PUT_LINE('Bereits vorhanden: ' || v_MaxTNr);
 v_TNr := v_MaxTNr;
 DBMS_OUTPUT.PUT_LINE('Letzte: ' || v_TNr);
 FOR Zaehler IN 1..100 LOOP
  v_TNr := v_MaxTNr+Zaehler;
  DBMS_OUTPUT.PUT_LINE(Zaehler || ' : ' || v_TNr);
  INSERT INTO termin
  VALUES (v_TNr,'1025096','17.07.03','19.07.03','Köln');
 END LOOP;
END;
```

Listing 4.65 432_05.sql: Reihenverarbeitung per Einzelaufruf

Über `SELECT * FROM termin WHERE T_Nr>654;` können Sie dann die eingefügten 100 Zeilen aufrufen, die mit wenig Variationen folgende Ansicht bieten:

```
      T_NR       K_NR T_BEGINN T_ENDE   T_ORT
---------- ---------- -------- -------- -------------
       655    1025096 17.07.03 19.07.03 Köln
       656    1025096 17.07.03 19.07.03 Köln
       657    1025096 17.07.03 19.07.03 Köln
       658    1025096 17.07.03 19.07.03 Köln
```

Ganz anders dagegen stellt sich die Verarbeitung durch die Mengenbindung dar, was allerdings ein grundsätzlich anderes Programmformat erfordert. Zunächst legt man alle benötigten Datensätze anhand der Terminnummern in einer Index-By-Tabelle an. Sie entspricht einem Array in anderen Programmiersprachen und enthält zwei Spalten mit einem Bezeichner, der später eine fortlaufende Nummer (Zählervariablenwert) sein wird, und dem eigentlichen Wert, der Terminnummer. Man definiert also einerseits diese Tabelle und füllt sie im Ausführungsabschnitt mit passenden Werten. Über die Verwendung der speziellen `FORALL`-Schleife führt man dann eine Mengenbindung (Bulk Bind) durch und übergibt die gesamten 100 Datensätze an den *SQL-Interpreter.*

```
DECLARE
 v_MaxTNr termin.T_Nr%TYPE; -- vorhandenes Maximum
 TYPE KursNummer IS TABLE OF termin.T_Nr%TYPE
   INDEX BY BINARY_INTEGER;
 v_TNr KursNummer;           -- Liste der Terminnummern
BEGIN
 SELECT MAX(T_Nr)
   INTO v_MaxTNr
   FROM termin;
 DBMS_OUTPUT.PUT_LINE('Bereits vorhanden: ' || v_MaxTNr);
 FOR Zaehler IN 1..100 LOOP
  v_TNr(Zaehler) := v_MaxTNr+Zaehler;
  DBMS_OUTPUT.PUT_LINE(Zaehler || ' : ' || v_TNr(Zaehler));
 END LOOP;
 FORALL Zaehler IN 1..100
  INSERT INTO termin
  VALUES (v_
TNr(Zaehler),'1025096','17.07.03','19.07.03','Köln');
END;
```

Listing 4.66 432_06.sql: Mengenverarbeitung mit Mengenbindung

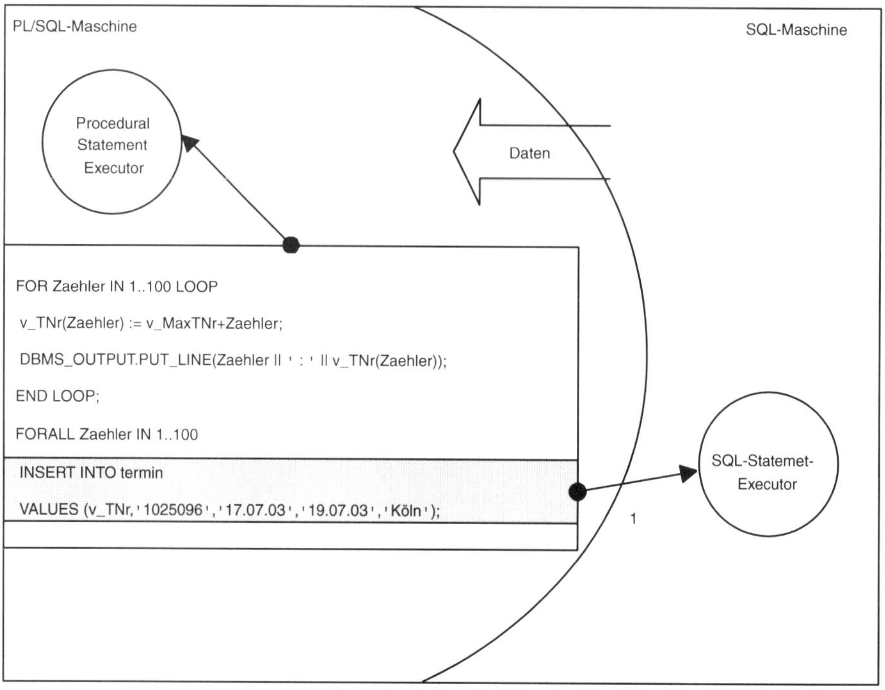

Abbildung 4.32 Kontext-Wechsel bei Mengenbindung

Das letzte Beispiel schafft mit dem Thema der Mengenbindung eine Schnittstelle zum Bereich der Collection-Verarbeitung, also der Behandlung von großen Datenmengen. Dies wird Ihnen aus anderen Sprachen entweder unter dem gleichen Begriff oder zumindest als Arrays, die ja bisher noch gar keine Rolle spielten, geläufig sein. PL/SQL bietet hier umfangreiche Möglichkeiten, die alle in einem späteren Abschnitt zusammengefasst werden.

Zugriffe über DB-Links

In größeren Umgebungen werden Datenbanken auch schon einmal auf andere Systeme ausgelagert sein, was Sie nicht davon abhalten wird, auf diese Datenbanken bzw. ihre Tabellen zuzugreifen. Dabei benötigen Sie lediglich eine kleine Variation des Tabellenaufrufs, in dem der Name der Datenbank-Verbindung angegeben wird. Wenn Sie also einen Datenbank-Link über die allgemeine Syntax einrichten, verfahren Sie folgendermaßen:

```
CREATE DATABASE LINK verbindungsname
 CONNECT TO benutzername IDENTIFIED BY kennwort
 USING verbindungsbezeichnung
```

Bei einem Zugriff in PL/SQL über *SQL*Net* als verteilte Transaktion, da noch eine weitere Datenbank benutzt wird, hängen Sie den Namen des Datenbank-Links an den Tabellenbezeichner an:

```
DECLARE
BEGIN
 DELETE FROM termin@verbindungsname
  WHERE T_Nr<500;
END;
```

Listing 4.67 432_07.sql: Verwendung eines Datenbank-Links

Einsatz von Synonymen

Selbstverständlich können Sie auch Synonyme in PL/SQL so verwenden, wie das bereits in einfachen SQL-Abfragen, die direkt an die Datenbank gestellt werden, möglich ist. Dabei könnte man ein Synonym mit

```
CREATE SYNONYM seminartermin
 FOR termin;
```

für die Tabelle `TERMIN` anlegen. Dabei wäre mit `FOR termin@verbindungsname` auch ein Synonym für einen Datenbank-Link anzulegen, der die Schwierigkeiten mit der Datenbank-Link-Syntax in PL/SQL vermeiden könnte. Im eigentlichen Programm setzt man dann dieses Synonym anstelle des eigentlichen Tabellennamens ein.

```
DECLARE
BEGIN
 DELETE FROM seminartermin
  WHERE T_Nr<500;
END;
```

Listing 4.68 432_08.sql: Verwendung von Synonymen

Aufruf von Pseudospalten

In SQL lassen sich so genannte Pseudospalten verwenden, die spezielle Eigenschaften wie z.B. für die Erstellung von Sequenzen aufweisen. Sie liefern Daten über die Datensatznummern in verschiedenen Varianten zurück und lassen sich in PL/SQL nur in SQL-Anweisungen verwenden. Man kann also auf ihren Wert nicht im prozeduralen Bereich eines PL/SQL-Programms zugreifen. Dies werden wir gleich wie immer an einer unheilvollen Fehlermeldung nachweisen. Pseudospalten liefern ausschließlich Werte zurück, d.h. Aktualisierungs- und Löschoperationen (`INSERT`, `DELETE` und `UPDATE`) sind für sie nicht möglich.

Ihre Werte können allerdings in WHERE- oder SET-Klauseln von Abfragen verwendet werden. Folgende Pseudospalten sind verfügbar:

- CURRVAL liefert bei Verwendung einer Sequenz den aktuellen Wert des Datensatzes.
- NEXTVAL liefert bei Verwendung einer Sequenz den nächsten Wert eines Datensatzes.
- LEVEL liefert bei entsprechenden Rahmenbedingungen die Baumebene der Baumstruktur einer Abfrage.
- ROWID liefert die binäre Adresse des aktuellen Datensatzes zurück. Diese Informationen werden in Variablen des Typs UROWID gespeichert und können mit der Funktion ROWIDTOCHAR in Zeichenketten umgewandelt werden.
- ROWNUM liefert die Nummer (Reihenfolge), in der eine Zeile von einer Tabelle gefunden und in das Abfrageergbnis übernommen wurde. Der Zähler beginnt bei 1. Bei Einsatz der ORDER-BY-Klausel können Sie über diese Pseudospalte die Reihenfolge vor der Sortierung herausfinden.

Für die Verwendung dieser Pseudospalten in PL/SQL lässt sich hauptsächlich festhalten, dass sie – wie oben erwähnt – auf den SQL-Bereich beschränkt sind und die Abfrageergebnisse beeinflussen. Hierzu geben wir nur zwei kurze Beispiele, da Sie im SQL-Kapitel weitere Informationen finden.

In den folgenden Cursor werden nur fünf Zeilen geladen. Die Auswahl der Zeilen hängt mit den eingehenden Zeilen zusammen, wie sie sich in der Abfrage vor einem möglichen ORDER BY bilden. Sie können also über diese Technik nicht die fünf nächsten Kurse ausgeben. Dies müssten Sie bei der Verarbeitung des Cursors erledigen, indem Sie zunächst die Abfrage weit genug einschränken, sortieren und dann die benötigte Anzahl an Zeilen verarbeiten lassen. Dies soll auch noch einmal auf eine allgemeine Fehlerquelle bei der Programmgestaltung hinweisen. Zunächst ist eine entsprechende Abfrage zu konstruieren, die möglichst nur die Daten enthält, die tatsächlich benötigt werden und deren Ergebnisse auch nicht über unkorrekte Klauseln falsche Zeilen zurückübermittelt. Erst dann kann man sich daran machen, im eigentlichen Programm im Anweisungsabschnitt eine weitere Auswahl vorzunehmen.

```
DECLARE
 CURSOR c_Termine IS
  SELECT K_Titel, K_Untertitel,
         T_Beginn, T_Ende, T_Ort
    FROM termin, kurs
   WHERE termin.K_Nr=kurs.K_Nr
```

```
     AND T_Beginn > SYSDATE
     AND ROWNUM < 5;
BEGIN
 NULL;
END;
```

Listing 4.69 432_09.sql: Verwendung einer Pseudospalte

Ließe man zusätzlich die ROWNUM ausgeben und würde man die gesamte Abfrage nach der Spalte T_Beginn aufsteigend sortieren, erhielte man mit der Abfrage

```
SELECT ROWNUM, K_Titel, K_Untertitel,
       T_Beginn, T_Ende, T_Ort
  FROM termin, kurs
 WHERE termin.K_Nr=kurs.K_Nr
   AND T_Beginn > SYSDATE
 ORDER BY T_Beginn ASC;
```

folgendes Ergebnis. Im Cursor des oben abgedruckten Pseudo-Programms versammeln sich nur die Zeilen, die die zusätzliche Bedingung ROWNUM < 5 erfüllen, welche allerdings nichts mit einer chronologischen Sortierung gemein haben. Sie entstehen nur durch die Verknüpfung.

```
257 Perl Programmierung von GUIs 02.05.03 02.05.03 Bochum
256 Java Syntax + Konzepte       02.05.03 02.05.03 Bochum
1 C++ MFC                        05.05.03 08.05.03 Bochum
259 Java Servlets                05.05.03 07.05.03 Dortmund
258 Java Enterprise Java Beans   05.05.03 07.05.03 Bochum
2 C sharp Syntax + Konzepte      06.05.03 08.05.03 Bochum
3 Access VBA-Programmierung      06.05.03 08.05.03 Bochum
4 Photoshop Korrektur            07.05.03 09.05.03 Bochum
```

Setzt man für sehr einfache Primärschlüssel in Form einer fortlaufend aufsteigenden Nummerierung, wie Sie es auch in Tabelle TERMIN finden, eine Sequenz ein, so kann man für die Erzeugung von weiteren Primärschlüsselfeldern NEXTVAL und für die Ermittlung der aktuellen Zahl CURRVAL benutzen. Eine solche Sequenz legen wir für die Termine mit folgendem kleinen Befehl an:

```
CREATE SEQUENCE terminzaehler
 START WITH 1
 INCREMENT BY 1;
```

Mit SELECT terminzaehler.NEXTVAL FROM termin; erhalten Sie eine überaus interessante Reihe der Primärschlüssel bzw. des Zählers von 1 bis 654, des höchsten Wertes in der Tabelle. Die Sequenz existiert als gewöhnliches Schema-Objekt, auf das über eine Punkt-Notation so zugegriffen werden kann, dass die beiden Pseudospalten an den Sequenznamen angeschlossen werden, automatisch den höchsten Wert anhand der Zeilen berechnen (und nicht aus der Tabelle ermitteln!) und mit NEXTVAL neue Werte einfügen.

```
DECLARE
BEGIN
 FOR zaehler IN 1..5 LOOP
 INSERT INTO termin
 VALUES (terminzaehler.NEXTVAL, 1015034, '22.04.03',
'25.04.03', 'Berlin');
 END LOOP;
END;
```

Listing 4.70 432_10.sql: Verwendung von CURRVAL

Über die Abfrage SELECT * FROM termin WHERE T_Nr>654; können Sie sehen, dass tatsächlich automatische Nummerierungen eingefügt worden sind:

```
      T_NR       K_NR T_BEGINN T_ENDE   T_ORT
---------- ---------- -------- -------- --------------------
       655    1015034 22.04.03 25.04.03 Berlin
       656    1015034 22.04.03 25.04.03 Berlin
       657    1015034 22.04.03 25.04.03 Berlin
       658    1015034 22.04.03 25.04.03 Berlin
       659    1015034 22.04.03 25.04.03 Berlin
5 Zeilen ausgewählt.
```

Für die Verwendung von Pseudospalten in PL/SQL gibt es eine wichtige Einschränkung, die verschiedene Programmabläufe und Fallunterscheidungen durch eine sehr ausführliche Fehlermeldung vereitelt. Es ist nicht erlaubt, die Werte von Pseudospalten im prozeduralen Abschnitt zu verwenden. Dieser wird ja an den *PL/SQL Statement Executor* übergeben, der sich keinen Reim auf diese Spalten machen kann.

```
DECLARE
BEGIN
 FOR zaehler IN 1..5 LOOP
 INSERT INTO termin
 VALUES (terminzaehler.NEXTVAL, 1015034, '22.04.03',
'25.04.03', 'Berlin');
```

```
 DBMS_OUTPUT.PUT_LINE(terminzaehler.CURRVAL);
 EXIT WHEN terminzaehler.CURRVAL=656;
 END LOOP;
END;
```

Listing 4.71 432_11.sql: Fehlerhafte Verwendung von Pseudospalten

Als Beweis für diese Grausamkeit fügen wir ein typisches Beweisfoto ein. In der Fehlermeldung wird man darauf hingewiesen, dass die Sequenz-Referenz, also der Bezug zu einer Pseudospalte über eine Referenz im PL/SQL-Kontext nicht gültig ist. Dies gilt auch für die Verwendung innerhalb einer WHERE-Klausel.

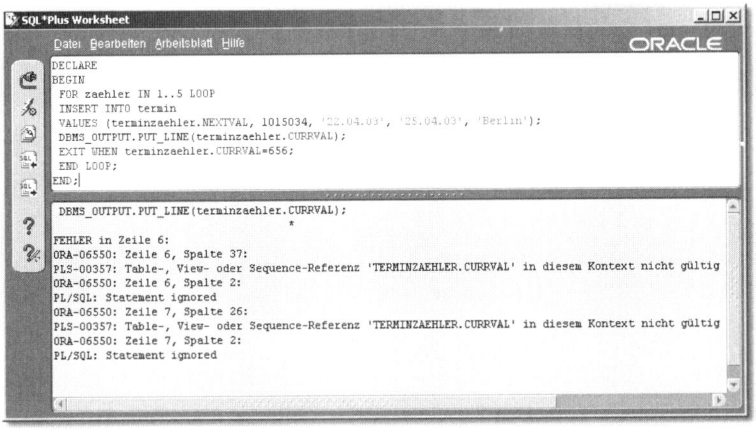

Abbildung 4.33 Fehlermeldung bei Pseudospalten im prozeduralen Bereich

Einige Wertübergaben können durch SELECT...INTO oder auch den Abruf des Spaltenwertes durch die RETURNING-Klausel eingerichtet werden, wie das nachstehende Beispiel zeigt. Der gerade eingefügte Wert kann nicht über eine Pseudospalte direkt als Wertzuweisung verwendet werden, so wie er nicht direkt im Puffer ausgegeben werden kann. Um eine SELECT...INTO-Anweisung und damit Datenverkehr zu sparen, liefert die RETURNING-Konstruktion den benötigten Wert direkt aus der Spalte T_Nr. Um zusätzlich die binäre Adresse des Datensatzes zu erhalten, kann man die ROWID mit Hilfe von SELECT...INTO und einem passenden Datentyp erfassen.

```
DECLARE
 v_TNr        termin.T_Nr%TYPE;
 v_TZeilenNr UROWID;
BEGIN
 FOR zaehler IN 1..5 LOOP
```

```
 INSERT INTO termin
 VALUES (terminzaehler.NEXTVAL, 1015034, '22.04.03',
'25.04.03', 'Berlin')
 RETURNING T_Nr INTO v_TNr;
 DBMS_OUTPUT.PUT(v_TNr || ' -> ');
 SELECT ROWID
   INTO v_TZeilenNr
   FROM termin
  WHERE T_Nr=v_TNr;
 DBMS_OUTPUT.PUT_LINE(v_TZeilenNr);
 EXIT WHEN v_TNr=657;
 END LOOP;
END;
```

Listing 4.72 432_12.sql: Wertübergabemöglichkeiten

Sie erhalten das erwartete Ergebnis durch die Puffer-Ausgabe. Der Einfügevorgang bricht genau beim Zählerwert 657 durch die `EXIT`-Anweisung ab. Zusätzlich sehen Sie an der binären Adresse, dass die Werte aufsteigend erfasst wurden.

```
655 -> AAAIvbAAJAAAAAdAAc
656 -> AAAIvbAAJAAAAAdAAd
657 -> AAAIvbAAJAAAAAdAAe
PL/SQL-Prozedur wurde erfolgreich abgeschlossen.
```

Steuerung von Transaktionen

Mit der Hilfe von Transaktionen lassen sich zusammenhängende Operationen zu einer Einheit abbilden. Eine Transaktion stellt damit eine einzelne oder eine Reihe von einzelnen Aktionen dar, die über direkte Benutzereingaben oder durch den (automatischen) Aufruf eines in der Datenbank gespeicherten Programms durchgeführt werden. Diese einzelnen Aktionen verändern den Zustand der Datenbank, wobei das Transaktionsmanagement hilft, die Datenbank von einem konsistenten Zustand in einen anderen konsistenten Zustand zu überführen. Es dürften also Datenstrukturen sowie Dateninhalte nicht gestört werden. Zu den typischen Schwierigkeiten gehören:

- Durch einen allgemeinen *Systemfehler* wird eine Reihe von Operationen nicht komplett bis zum Ende ausgeführt, sondern bleibt quasi auf halber Strecke unvollendet. Dies führt dazu, dass Datenänderungen unvollständig umgesetzt wurden, obwohl noch weitere Änderungen vorgesehen waren.

- Beim *Mehrbenutzerbetrieb* geschieht es regelmäßig, dass Benutzer mit gleichen Aktivitätsprofilen (Buchhaltung, Controller) auf bestimmte Tabellenbereiche lesend oder schreibend zugreifen. Dabei können im Moment des Lesens Abfrageergebnisse geändert werden, aufgrund derer andere Operationsentscheidungen getroffen wurden, die sonst nicht getroffen worden wären. Dabei können ebenso verschiedene angestrebte Zustände kollidieren, wenn Änderungen an den gleichen Feldern zu unterschiedlichen Ergebnissen des Feldinhalts führen.

Diese allgemeinen Grundprobleme lassen sich in die unten aufgeführten Strukturen gliedern. Diese Strukturen entstehen durch die Verzahnung der einzeln ausgeführten und übernommenen Operationen einer Transaktion. Dies ist das Gegenteil von Serialisierung (Aneinanderreihung), die ja auch in Programmiersprachen bei der Datenverarbeitung von Bedeutung ist.

- **Verlorene Aktualisierung**
  Zwei Transaktionen lesen in einer Lese-Operation Daten aus dem gleichen Feld, verändern diese auf unterschiedliche Weise und speichern sie nacheinander wieder im Feld. Dabei überschreibt die letzte Speicherung die erste, sodass die Änderungen der ersten gar nicht in der Datenbank berücksichtigt werden. Dadurch können sich im Laufe der damit unberücksichtigten Änderung Folgefehler ergeben.
- **Nicht ausgeführte Abhängigkeit**
  Eine schreibende Einzel-Operation einer Transaktion ändert einen Feldwert, der von einer lesenden Einzel-Operation einer zweiten Transaktion abgerufen wird, bevor die erste Transaktion komplett zurückgenommen wird. Dadurch befindet sich der nun nicht mehr gültige Wert aus der ersten Transaktion z.B. als Variablenwert in der zweiten Transaktion, die ihn fälschlicherweise für die nächsten Bearbeitungsschritte verwendet.
- **Inkonsistentes Lesen**
  Innerhalb einer ersten Transaktion werden in mehreren Einzel-Operationen Werte eines oder mehrer Felder geändert, auf die eine zweite Transaktion nur lesend zugreift. Sobald die Lese-Operation abgeschlossen ist, verändern sich die Daten durch die erste Transaktion weiter. Sobald nun die zweite Transaktion in einer schreibenden Einzel-Operation Daten aktualisieren möchte, fußen ihre Informationen auf nicht wiederholbaren Lese-Zuständen und werden mit den schreibenden Einzel-Operationen der ersten Transaktion kollidieren.

Die Eigenschaften von Transaktionen beschreibt man standardmäßig mit dem Akronym *ACID*, das für die folgenden Begriffe steht. Sie richten sich alle an dem allgemeinen übergeordneten Ziel aus, dass eine Transaktion eine Datenbank von einem konsistenten Zustand in einen anderen konsistenten Zustand überführen soll.

- **Unteilbarkeit (Atomicity)**
  Eine Transaktion umfasst einzelne oder mehrere Operationen in Form von SQL-Befehlen, die entweder komplett oder gar nicht ausgeführt werden.
- **Einheitlichkeit (Consistency)**
  Die einzelnen Operationen einer Transaktionen müssen in ihrer Gesamtheit eine Datenbank von einem konsistenten Zustand in einen anderen konsistenten Zustand überführen.
- **Isolation (Isolation)**
  Im Mehrbenutzerbetrieb werden verschiedene Transaktionen isoliert voneinander ausgeführt. Dadurch sind die Änderungen der einzelnen Transaktionen bzw. auch die Änderungen der einzelnen Operationen erst nach Abschluss der kompletten Transaktion für alle anderen Benutzer sichtbar.
- **Dauerhaftigkeit (Durability)**
  Sobald eine Transaktion abgeschlossen ist, bleiben ihre Änderungen dauerhaft in der Datenbank erhalten und dürfen nicht erneut durch Fehler beeinträchtigt werden oder verloren gehen.

Bei den verschiedenen zurückliegenden Beispielen, in denen mit Hilfe einer Schleife verschiedene Datensätze in eine Tabelle eingetragen wurden, handelte es sich insgesamt um eine Transaktion. Sie ließe sich mit `ROLLBACK` wieder rückgängig machen. Dies zeigen wir an einem einfachen Beispiel, mit dem Sie ein wenig spielen sollten, um die Funktionsweise von Oracle und des Transaktionsautomatismus zu verstehen.

Zunächst beenden Sie alle eventuell vorher abgelaufenen Transaktionen mit einem eindeutigen `COMMIT;`, bevor Sie das einfache Programm abspielen, mit dem fünf neue Zeilen über eine Schleife in die Tabelle `BUCHUNG` eingetragen werden. Beachten Sie nun, dass das gesamte Programm nicht über `COMMIT;` abgeschlossen wird.

```
COMMIT;
SET SERVEROUTPUT ON;
DECLARE
 v_BDaten buchung%ROWTYPE;
BEGIN
 DELETE FROM buchung;
 FOR Zaehler IN 1..5 LOOP
  INSERT INTO buchung
```

```
  VALUES (Zaehler, Zaehler, 321, SYSDATE, 1, 320.00, NULL,
          NULL, NULL)
  RETURNING B_Nr, TN_Nr, B_Datum, B_Preis
       INTO v_BDaten.B_Nr, v_BDaten.TN_Nr, v_BDaten.B_Datum,
            v_BDaten.B_Preis;
 DBMS_OUTPUT.PUT(v_BDaten.B_Nr || ': ' || v_BDaten.TN_Nr ||
                 ' -> ');
 DBMS_OUTPUT.PUT_LINE(v_BDaten.B_Datum || ' - ' ||
                      v_BDaten.B_Preis);
 END LOOP;
END;
```

Listing 4.73 432_013.sql: Automatische Transaktionen

Die Kontrollausgabe liefert sowohl die eingefügten Zeilen als auch die Bestätigung, dass eventuell vorher abgelaufene Transaktionen beendet wurden und die weitere Betrachtung nicht stören können.

```
Transaktion mit COMMIT abgeschlossen.
1: 1 -> 28.02.03 - 320
2: 2 -> 28.02.03 - 320
3: 3 -> 28.02.03 - 320
4: 4 -> 28.02.03 - 320
5: 5 -> 28.02.03 - 320
PL/SQL-Prozedur wurde erfolgreich abgeschlossen.
```

Nun löschen Sie mit `ROLLBACK;` die letzte Transaktion, was sich auf den gesamten Block bezieht und mit `Transaktion mit ROLLBACK rückgängig gemacht.` beantwortet wird. Dies können Sie mit der einfachen Abfrage `SELECT * FROM buchung;` testen, was als Antwort nur `Es wurden keine Zeilen ausgewählt` zur Folge hat.

Ebenso verhält es sich mit fünf einzelnen `INSERT`-Operationen, die ebenfalls komplett über ein `ROLLBACK;` rückgängig gemacht werden können. Ein Beispiel finden Sie in der Datei *432_14.sql*, das wir hier wegen seiner Einfachheit nicht abdrucken. Ähnlich verhält es sich auch bei Kombinationen aus PL/SQL-Blöcken und einzelnen SQL-Anweisungen, die als komplette Sitzung ebenfalls rückgängig gemacht werden können. Insgesamt sollen diese Hinweise zeigen, dass für das Erlernen von PL/SQL natürlich der Automatismus hervorragend geeignet ist und keine Unannehmlichkeiten bereitet. Jedoch sollte man bei der Programmentwicklung keine Abhängigkeit von der Automatik akzeptieren bzw. sich um ein eigenes Transaktionsmanagement kümmern.

Transaktionen sind definiert als eine Operation, die eine Datenbank von einem konsistenten Zustand in einen anderen konsistenten Zustand überführt. Die Problematik gleichzeitiger und damit konkurrierender Zugriffe ergibt sich so lange typischerweise nicht, wie Sie allein an einer Anwendung arbeiten. Im Zusammenhang mit der Software-Entwicklung zur Unterstützung von Datenbank-Aktionen muss man allerdings immer bedenken, welche Schwierigkeiten auftauchen könnten, sobald konkurrierende Zugriffe auf Tabellen ausgeführt werden. Dies gilt umso mehr für die Verarbeitung von großen Datenmengen und einem Mehrbenutzerbetrieb mit lesenden und schreibenden Zugriffsrechten. Über eine geeignete Transaktionssteuerung auch das Sperren von Tabellen erhalten Sie die Möglichkeit, explizit Transaktionen vorzugeben und sich nicht auf Automatismen innerhalb der Datenbank zu verlassen. Änderungen werden dabei für andere Benutzer erst dann sichtbar, wenn sie über ein `COMMIT;` bestätigt wurden. Die beiden entscheidenden Transaktionsklauseln stellen also gerade `COMMIT` und `ROLLBACK` dar. Sobald man eine Transaktion über `COMMIT` abschließt, werden die Änderungen an Daten für alle anderen Benutzer sichtbar. Um Inkonsistenzen zu vermeiden, die darauf hinauslaufen, dass ein Benutzer eine Information abfragt, die ein anderer gerade ändert, stehen zusätzlich explizite Sperren zur Verfügung, die solche Inkonsistenzen und falsche Datendarstellungen verhindern. Sie erst ermöglichen ein tatsächliches Transaktionsmanagement im Gegensatz zu den einfachen beiden Standardbefehlen, die bloß den Automatismus überschreiben. Diese Struktur ähnelt damit der `SELECT...FOR UPDATE`-Struktur, bei der Änderungen an ausgewählten Zeilen so lange nicht möglich sind, wie das Ergebnis freigegeben wird.

Beide Standardbefehle noch einmal im Überblick:

- Die komplette Syntax von `COMMIT` lautet `COMMIT [WORK] [COMMENT 'Text']`. Zur besseren Lesbarkeit können Sie noch das Wort `WORK` anhängen, um eine längere Zeile zu erhalten. Alternativ steht es Ihnen frei, dieser Bestätigung über `COMMENT` eine Bezeichnung zu geben, die im Data Dictionary abgespeichert wird und anhand derer dieses `COMMIT` charakterisiert werden kann.
- Die komplette Syntax von `ROLLBACK` lautet `ROLLBACK [WORK] [TO Sicherungspunktname]`. Zur besseren Lesbarkeit können Sie auch hier das Wort `WORK` anfügen, das Ihnen eine längere Zeile beschert. Wenn Sie die Sicherungspunkte-Technik verwenden (siehe weiter unten), dann schließen Sie den Namen des Sicherungspunkts direkt nach dem Schlüsselwort `TO` an.

Im folgenden Beispiel trägt sich erneut eine Vielzahl an hochinteressanten Zeilen in die Tabelle `BUCHUNG` ein, wobei allerdings immer nach 100 Zeilen ein automatisches `COMMIT` erfolgt, um eine Zwischenbestätigung zu erhalten.

Wenn Sie nach abgeschlossenem Programm einmal mit `SELECT COUNT(B_Nr) FROM buchung;` testen, ob tatsächlich 500 Zeilen eingetragen worden sind, sollten Sie diese Zahl als Antwort erhalten. Testen Sie auch einmal mit `ROLLBACK;` und der gleichen Abfrage, ob Zeilen gelöscht werden. Dies wird nicht der Fall sein, da der Block mit einer abschließenden Bestätigung endet.

```
DECLARE
 v_CommitAbstand NUMBER(3);
BEGIN
 DELETE FROM buchung;
 FOR Zaehler IN 1..500 LOOP
  INSERT INTO buchung
  VALUES (Zaehler, Zaehler, 321, SYSDATE, 1, 320.00, NULL,
NULL, NULL);
 v_CommitAbstand := v_CommitAbstand +1;
  IF v_CommitAbstand = 100
   THEN COMMIT;
        v_CommitAbstand := 0;
  END IF;
 END LOOP;
 COMMIT COMMENT 'Teilnehmeranmeldung Ende';
END;
```

Listing 4.74 432_15.sql: Verwendung von COMMIT

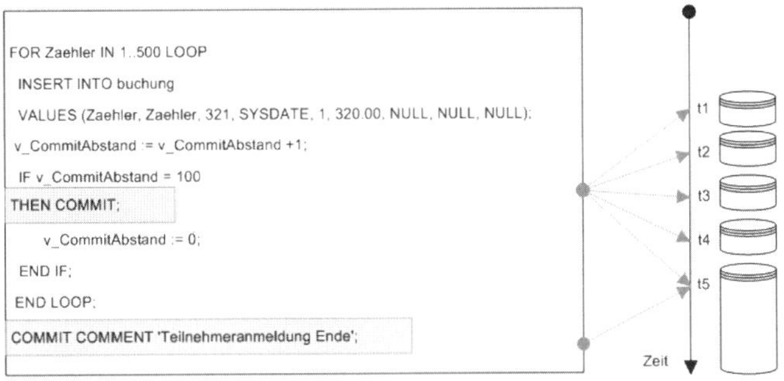

Abbildung 4.34 Konsistente Zustände

Wie Sie gesehen haben, kann die `ROLLBACK`-Anweisung eine komplette Transaktion zurücksetzen. Dies ist nicht immer gewünscht oder notwendig, weil man z.B. zwischenzeitlich in einem längeren Programm einzelne Punkte hätte sichern wollen, zu denen man bei Bedarf zurückkehren möchte. Genau dies wird über die Sicherungspunkt-(*Savepoint-*)Technik gelöst, bei der einzelne

Zwischenstadien namentlich festgelegt und auch wieder aufgerufen werden können.

Sie legen einen Sicherungspunkt mit der allgemeinen Syntax

```
SAVEPOINT sicherungspunktname;
```

an und verweisen, wie oben schon erwähnt, mit `ROLLBACK TO sicherungspunktname;` auf ihn. Sollte die Zählervariable der Schleife den Wert 3 oder 8 annehmen, wird jeweils ein Sicherungspunkt angelegt, wobei zusätzlich der zweite den ersten überschreibt. Wenn die Zählervariable den Wert 5 annimmt, soll zum letzten Sicherungspunkt zurückgesprungen werden. Dies ist dann der Sicherungspunkt von `Zaehler=3`, zu dem bereits Datensätze bis einschließlich dieser Wiederholung in der Tabelle gespeichert sind.

```
DECLARE
BEGIN
 DELETE FROM buchung;
 SAVEPOINT Tabelle_Geloescht;
 FOR Zaehler IN 1..10 LOOP
  INSERT INTO buchung
  VALUES (Zaehler, Zaehler, 321, SYSDATE, 1, 320.00, NULL,
NULL, NULL);
  IF Zaehler IN (3, 8)
   THEN SAVEPOINT Teilweise;
  END IF;
  IF Zaehler = 5
   THEN ROLLBACK TO Teilweise;
  END IF;
 END LOOP;
 COMMIT COMMENT 'Teilnehmeranmeldung Ende';
END;
```

Listing 4.75 432_16.sql: Verwendung von Sicherungspunkten

Mit der Abfrage `SELECT ROWNUM, B_Nr, TN_Nr, T_Nr, B_Datum, B_Preis FROM buchung;` findet man sofort die genaue Funktionsweise dieses Programms bzw. auch der Sicherungspunkte-Technik heraus. Sobald die Bedingung `Zaehler=5` erfüllt ist, setzt der `ROLLBACK`-Mechanismus die Tabelle in den Zustand zurück, in dem sie bei `Zaehler=3` war und in dem genau drei Datensätze in der Tabelle standen. Damit werden die Datensätze 4 und 5 entfernt, sodass die Schleife erst wieder bei `Zaehler=6` in der Lage ist, Datensätze einzutragen bzw. diese erst wieder gespeichert werden.

```
   ROWNUM      B_NR     TN_NR      T_NR B_DATUM
--------- --------- --------- --------- --------
        1         1         1       321 28.02.03
        2         2         2       321 28.02.03
        3         3         3       321 28.02.03
        4         6         6       321 28.02.03
        5         7         7       321 28.02.03
        6         8         8       321 28.02.03
        7         9         9       321 28.02.03
        8        10        10       321 28.02.03
8 Zeilen ausgewählt.
```

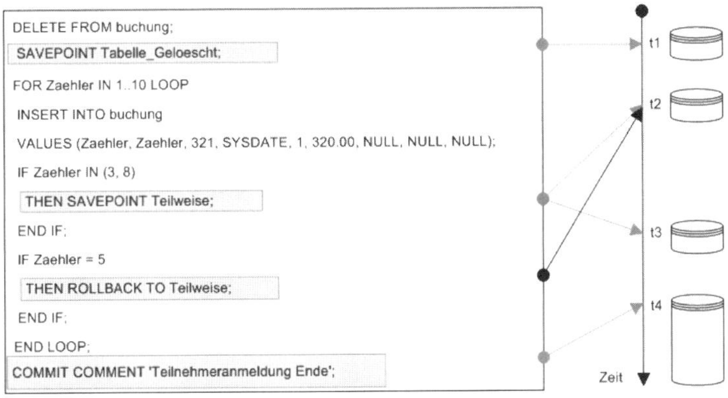

Abbildung 4.35 Sicherungspunkte-Technik und Rücksprung

Man muss bei der Verwendung von Sicherungspunkten in jedem Fall die Unterscheidung zwischen `SAVEPPOINT` und `GOTO` berücksichtigen. Syntaktisch bzw. innerhalb des Programms werden natürlich Sicherungspunkte räumlich oder zeilenweise voneinander platziert werden. Dies bedeutet aber gerade nicht, dass die Anweisungen zurückspringen, sondern dass wirklich nur der zuvor gespeicherte Datenbankzustand aufgerufen wird. Dies gilt für das gewöhnliche `ROLLBACK` natürlich auch, allerdings bietet sich hier keine Möglichkeit, direkt zu einem mehrere Schritte zurückliegenden Zustand zurückzukehren. Mehrere Rücksprünge nacheinander lassen sich nur über einzelne Rücksprünge erreichen. Dies entspricht der Logik der gesamten Struktur und gibt den Sicherungspunkten ihre eigentliche Existenzberechtigung, sodass dies nichts wirklich Ungewöhnliches darstellt, aber vielleicht doch zu Fehlschlüssen oder falschen Entwicklungsmustern führen könnte.

Dazu zwei kurze Beispiele: Zum einen können Sie zweimal die oben entstandene Buchungstabelle löschen, zweimal diese Aktion rückgängig machen und dann prüfen, was sich in der Tabelle befindet. Dazu müssen Sie folgende Befehle einzeln ausführen:

```
DELETE FROM buchung;   -- Zustand 1
DELETE FROM buchung;   -- Zustand 2
ROLLBACK;              -- Zu Zustand 1 zurück
ROLLBACK;              -- Zu Zustand 2 zurück
SELECT ROWNUM, B_Nr, TN_Nr, T_Nr, B_Datum
  FROM buchung;        -- Test
```

Listing 4.76 432_17.sql: Mehrere Lösch- und ROLLBACK-Aktionen

Es werden zunächst alle 5 Zeilen gelöscht, die noch aus der letzten automatischen Eintragung vorhanden waren. Danach erfolgt eine zweite Löschoperation in der leeren Tabelle, an die sich dann zwei ROLLBACK-Operationen anschließen, die zurück zu dem Zustand führen, in dem fünf Zeilen in der Tabelle standen. Dies entspricht einem ganz linearen Vorgehen im Gegensatz zu den Sprüngen der Sicherungspunkte-Technik.

```
5 Zeilen wurden gelöscht.
0 Zeilen wurden gelöscht.
Transaktion mit ROLLBACK rückgängig gemacht.
Transaktion mit ROLLBACK rückgängig gemacht.
... (Abfrageergebnisse)
5 Zeilen ausgewählt.
```

Zum anderen kann man die Wirkungsweise der Sprünge so überprüfen, indem man im vorherigen Programm während der Schleife nicht einfach nur zum letzten Sicherungspunkt innerhalb der Schleife springt und damit die Datensätze 4 und 5 auslässt, sondern indem man zu dem Datenbankzustand zurückspringt, der durch Tabelle_Geloescht gekennzeichnet wurde. Hier war die komplette Tabelle BUCHUNG leer, sodass durch die fortgesetzte Schleife erst die Datensätze ab Zähler 6 eingefügt werden.

Im Programm wirkt sich das folgendermaßen aus:

```
IF Zaehler = 5
   THEN ROLLBACK TO Tabelle_Geloescht;
  END IF;
```

Bei der Abfrage der gesamten Tabelle erhält man lediglich die Datensätze von Zaehler>5 und damit genau die fünf Datensätze von 6 bis 10 zurück. Die Schleife wird gerade nicht unterbrochen, sondern setzt sich fort, wobei sie in einem anderen Datenbank-Zustand bis zum Ende ausgeführt wird.

```
    ROWNUM       B_NR       TN_NR        T_NR B_DATUM
---------- ---------- ---------- ---------- --------
         1          6          6        321 28.02.03
         2          7          7        321 28.02.03
         3          8          8        321 28.02.03
         4          9          9        321 28.02.03
         5         10         10        321 28.02.03
5 Zeilen ausgewählt.
```

Listing 4.77 432_18.sql: Mehrfacher Rücksprung

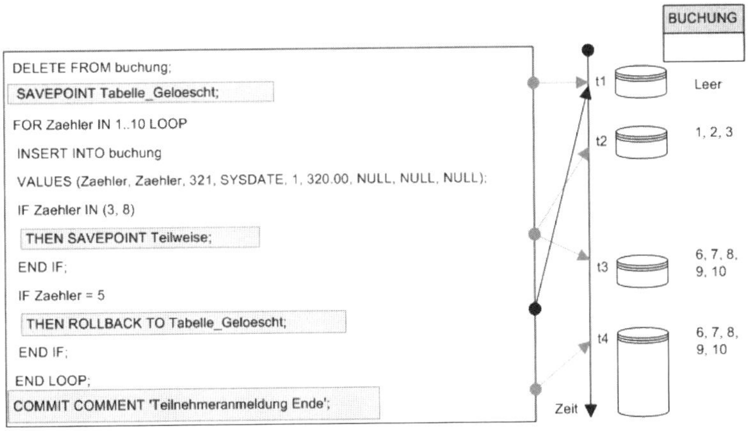

Abbildung 4.36 Mehrfacher Rücksprung mit Sicherungspunkten

Als letzte Eingriffsmöglichkeit kann man Transaktionen deutlich beginnen und enden lassen, wobei bei der Start-Definition auch die Zugriffsrechte auf die betroffenen Tabellen berücksichtigt werden können. Die Anweisung, die eine Sitzung als lesende oder schreibende Sitzung definiert und damit automatisch verhindern kann, dass in einer lesenden Transaktion Schreibvorgänge unternommen werden, ist `SET TRANSACTION`. Damit beginnen Sie stets eine neue Transaktion, wobei dies auch eine Erweiterung zu den zuvor beschriebenen Techniken darstellt, da hier nicht nur der Abschluss durch `COMMIT`, sondern auch der Beginn festgelegt werden kann.

```
DECLARE
BEGIN
 COMMIT;
 SET TRANSACTION READ WRITE  NAME 'Teilnehmeranmeldung';
 DELETE FROM buchung;
 FOR Zaehler IN 1..50 LOOP
```

```
  INSERT INTO buchung
  VALUES (Zaehler, Zaehler, 321, SYSDATE, 1, 320.00, NULL,
NULL, NULL);
 END LOOP;
 COMMIT COMMENT 'Teilnehmeranmeldung Ende';
END;
```

Listing 4.78 432_19.sql: Verwendung von SET TRANSACTION

Folgende Varianten sind verfügbar, wobei alternativ immer ein Name für diese Transaktion angegeben werden kann. Er hat eine maximale Länge von 255 Bytes. Bei einer verteilten Transaktion überschreibt dieser Name etwaige `COMMENT`-Angaben bzw. stellt einen Standardkommentar mit den Namensangaben dar.

- `SET TRANSACTION [name];` setzt den Startpunkt einer Transaktion, erhöht die Lesbarkeit und verhindert Fehler aufgrund eventuell noch nicht abgeschlossener Transaktionen.
- `SET TRANSACTION READ ONLY [name];` definiert eine Transaktion, die nur lesende Zugriffe auf die Datenbank durchführt, wobei sich die Daten aus den festgeschriebenen Inhalten der Datenbank zusammensetzen.
- `SET TRANSACTION READ WRITE [name];` erlaubt in einer Transaktion lesende und schreibende Zugriffe auf eine Datenbank. Für die Lesezugriffe gelten die gleichen Bedingungen wie bei der reinen Lese-Transaktion.
- `SET TRANSACTION ISOLATION LEVEL SERIALIZABLE [name];` löst Schwierigkeiten im Umgang mit konkurrierenden Zugriffen und verhindert das Ausführungen von DML-Befehlen (`UPDATE`, `DELETE` oder `INSERT`), sobald sich dies auf Tabellenreihen bezieht, die von einer anderen zeitgleich ablaufenden Transaktion modifziert werden.
- `SET TRANSACTION ISOLATION LEVEL READ COMMITTED [name];` löst Schwierigkeiten im Umgang mit konkurrierenden Zugriffen und wartet ab, bis Änderungen an benötigten Tabellenreihen festgeschrieben werden. Die Transaktion wird erst nach der Entsperrung von Tabellenzeilen fortgesetzt.
- `SET TRANSACTION USE ROLLBACK SEGMENT name [name];` definiert die Transaktion als eine lesende und schreibende Transaktion, wobei das angegebene Rollback-Segment verwendet werden soll.

Als Abschluss und individuelle Tabellensperre existiert noch der Befehl `LOCK TABLE`, mit dem unterschiedliche Sperrmodi auf eine Tabelle gesetzt werden können. Dieser Befehl verhindert schreibende, aber nicht lesende Zugriffe, solange eine Transaktion oder ein PL/SQL-Programm Änderungen an dieser

Tabelle durchführt. Ein COMMIT oder ein ROLLBACK löst die Sperre wieder auf, wobei für den Rücksprung auch ein Sicherungspunkt verwendet werden kann. Alternativ lässt sich auch eine Sicht verwenden, wobei hier die der Sicht zu Grunde liegenden Tabellen gesperrt werden.

Die allgemeine Syntax lautet:

```
LOCK TABLE name[n] [@verbindungsname]
 IN modus MODE [NOWAIT];
```

Als Sperrmodi, die gerade mit dem Begriff modus belegt wurden, gibt es folgende Möglichkeiten, wobei zwischen dem kompletten und teilweisen Sperren unterschieden werden muss. Eine komplett (EXCLUSIVE) gesperrte Tabelle erlaubt nur Abfragen.

- ROW SHARE erlaubt anderen Benutzern weiterhin, die Tabelle zu verwenden, verhindert jedoch eine komplette Sperrung durch diese Benutzer. Dies entspricht dem SHARE UPDATE früherer Versionen.
- ROW EXCLUSIVE erlaubt anderen Benutzern weiterhin, die Tabelle zu verwenden, verhindert jedoch, dass diese die Tabelle selbst im SHARE-Modus sperren.
- SHARE erlaubt anderen Benutzern, die Tabelle abzufragen, verhindert jedoch Datenänderungen.
- SHARE ROW EXCLUSIVE erlaubt die Betrachtung der gesamten Tabelle und verhindert, dass andere Benutzer die Tabelle im SHARE-Modus sperren oder Änderungen vornehmen.
- EXLUSIVE erlaubt anderen Benutzern nur noch Abfragen.

Mit der Klausel NOWAIT erhält man eine Information, dass eine Tabelle bereits durch einen anderen Benutzer gesperrt ist. Dabei wird die eigene Transaktion nicht angehalten, bis die Sperre vorbei ist. Lässt man diese Klausel weg, wird die eigene Transaktion zurückgestellt, bis die Tabellensperre aufgehoben worden ist.

4.3.3 Cursor – erzeugen und verarbeiten

Bis jetzt und bis auf wenige Ausnahmen in den zurückliegenden Beispielen lieferten die Ergebnisse unserer Abfragen ausschließlich eine Zeile als Treffer zurück. Dies ist nicht auf dubiose oder zufällige Umstände zurückführen, sondern stellte eine Notwendigkeit dar, um das Thema Cursor genügend effektvoll einführen zu können. Mit einem Cursor erhält man nämlich verschiedene Möglichkeiten, einen kompletten Satz an Abfragetreffern mit mehr als einer Ergebniszeile zu verarbeiten. Sollte ein Ergebnis bei einer Beispielabfrage, die

Sie selbst erstellt haben, bereits mehr als ein Ergebnis zurückgeliefert haben, so ist Ihnen sicherlich die Ausnahme TOO_MANY_ROWS aufgefallen, die automatisch ausgelöst wird. Das folgende Beispiel fragt zu viele Reihen ab und löst dadurch diese Ausnahme aus. Dies soll auch gleichzeitig die Notwendigkeit zeigen, sich mit dem Thema Cursor zu beschäftigen.

```
DECLARE
 v_ReihenZahl NUMBER(3);
 v_UName      unternehmen.U_Name%TYPE;
 v_UBranche   unternehmen.U_Branche%TYPE;
 v_UStadt     unternehmen.U_Stadt%TYPE;
BEGIN
 SELECT COUNT(U_Nr)
   INTO v_ReihenZahl
   FROM unternehmen
  WHERE U_Stadt='Düsseldorf';
 SELECT U_Name, U_Branche, U_Stadt
   INTO v_UName, v_UBranche, v_UStadt
   FROM unternehmen
  WHERE U_Stadt='Düsseldorf';
 EXCEPTION
 WHEN TOO_MANY_ROWS
 THEN DBMS_OUTPUT.PUT_LINE('Zu viele Reihen: ' ||
v_ReihenZahl);
END;
```

Listing 4.79 433_01.sql: Ausnahme TOO_MANY_ROWS

Dieses Programm lieferte folgende Ausgabe:

```
Zu viele Reihen: 42
PL/SQL-Prozedur wurde erfolgreich abgeschlossen.
```

In PL/SQL werden unterschiedliche Cursor-Typen zur Verfügung gestellt, von denen Ihnen einer – nämlich der implizite Cursor – bereits durch Abfragen bekannt ist, die nur eine Zeile zurückgeben. Die expliziten Cursor stellen dagegen eine Konstruktion dar, in der eine SQL-Anweisung direkt als Cursor ausgewiesen wird und mit der in jedem Fall mehrzeilige Ergebnismengen behandelt werden können. Beide Cursor-Typen werden als *statische Cursor* bezeichnet, da die sie konstituierende SQL-Abfrage fest im Programm vorgegeben ist. Mit Cursor-Variablen dagegen lassen sich verschiedene SQL-Abfragen verarbeiten, die innerhalb eines Programms bzw. zu verschiedenen Zeiten ein anderes Aussehen haben. Diese Abfragen bezeichnet man in diesen Situationen als *Cursor-Objekte*, die von der *Cursor-Variablen* referenziert werden.

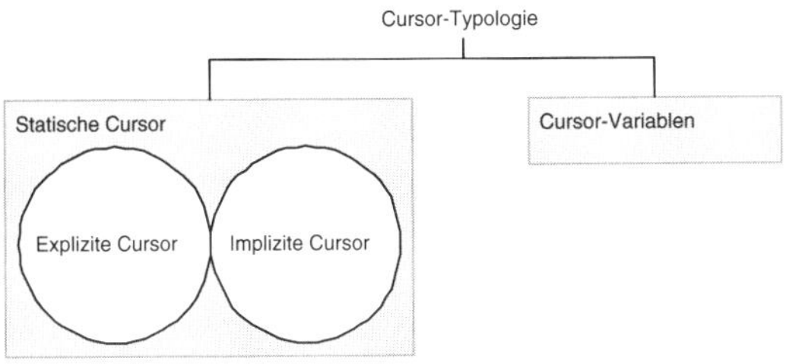

Abbildung 4.37 Cursor-Typen

Für alle Cursor-Typen gelten folgende Operationen, die entweder automatisch oder explizit ausgeführt werden müssen:

- `PARSE` analysiert den Cursor und die zugrunde liegende SQL-Anweisung, um sie durchzuführen, auf Fehler zu überprüfen und eine möglichst optimale Ausführung zu gewährleisten. Dies geschieht automatisch.
- `BIND` verknüpft (wie in anderen SQL-Abfragen auch) Variablenwerte aus anderen Programmbereichen mit der SQL-Abfrage. Bei statischem SQL erfolgt dies automatisch, während es bei dynamischem SQL explizit durchgeführt werden muss.
- `OPEN` öffnet einen statischen Cursor explizit zur Verarbeitung der gesamten Ergebnismenge und setzt den Datensatzzeiger auf die erste Zeile. Erst durch die Öffnung kann ein `FETCH` ausgeführt werden.
- `EXCECUTE` führt automatisch die SQL-Abfrage in der SQL-Maschine durch.
- `FETCH` lädt explizit neue Zeilen aus der Ergebnismenge in die Verarbeitungsvariablen. Bei impliziten Cursorn erfolgt dies automatisch.
- `CLOSE` schließt explizite Cursor, gibt dadurch Speicher frei und beendet die Zugriffsmöglichkeit auf das Abfrageergebnis. Ein `FETCH` ist damit nicht mehr möglich.

Explizite Cursor deklarieren

Die allgemeine Syntax für die Definition eines Cursors lautet:

```
CURSOR name
[parameter IN datentyp [:= | DEFAULT wert ]]
[RETURN
   {tabellenname | cursorname | cursorvariable %ROWTYPE}
 | {Datensatz}]
 IS abfrage
```

Beachten Sie, dass die Abfrage keine INTO-Klausel enthält, die die Spaltenwerte in bereitstehende Variablen ablegt. Dies erledigt der FETCH...INTO-Befehl während der Verarbeitung für jeden einzelnen Datensatz, der aus der Datenmenge übernommen werden soll.

Folgende Möglichkeiten gibt es, um einen Cursor zu definieren. Sie finden die Beispiele mit leerem Ausführungsabschnitt in der Datei *433_02.sql*.

- Ein Cursor ohne Parameter entspricht einer einfachen Abfrage, in der man Bedingungen und Einschränkungen direkt vorgibt.

```
DECLARE
 CURSOR c_Unternehmen IS
 SELECT U_Name, U_Branche, U_Stadt
   FROM unternehmen
  WHERE U_Stadt='Düsseldorf';
```

- Ein Cursor mit Parametern verwendet Werte aus Variablenwerten für z.B. Einschränkungen in einer WHERE-Klausel. Innerhalb müssen Sie die Bindevariablen wie z.B. b_UStadt vor der Definition des Cursors deklarieren, damit sie dort bereits als bekannt gewertet werden.

```
DECLARE
 b_UStadt unternehmen.U_Stadt%TYPE := 'Düsseldorf';
 CURSOR c_Unternehmen IS
 SELECT U_Name, U_Branche, U_Stadt
   FROM unternehmen
  WHERE U_Stadt=b_UStadt;
```

- In der RETURN-Klausel kann man mit %ROWTYPE auf eine gesamte Tabelle verweisen, wobei hier die gesamte Tabellenzeile aufgerufen werden muss. Dies haben wir im Beispiel durch * einfach, aber nicht optimal, erledigt. Dadurch wird die Datentypkongruenz zwischen Tabelle und Cursor sichergestellt. Tabellenfelder im Datensatz und ihre Spalten tragen den gleichen Namen und sind vom gleichen Datentyp. Anstelle einer Tabelle lassen sich hier auch Cursor-Variablen und Cursor-Namen verwenden.

```
DECLARE
 CURSOR c_Unternehmen
 RETURN unternehmen%ROWTYPE IS
 SELECT *
   FROM unternehmen
  WHERE U_Stadt='Düsseldorf';
```

- In der RETURN-Klausel kann man auf einen gesamten Datensatz verweisen, den man selbst zuvor definiert hat. Hier muss die Struktur (Reihenfolge, Bezeichnung) der Spaltenliste im Cursor mit der entsprechenden Liste im Datensatztyp übereinstimmen, wie dies auch für die Verwendung von %ROWTYPE gilt.

```
DECLARE
 TYPE UnternehmenDatensatz IS RECORD(
  v_UName     unternehmen.U_Name%TYPE,
  v_UBranche  unternehmen.U_Branche%TYPE,
  v_UStadt    unternehmen.U_Stadt%TYPE);
 v_UDaten UnternehmenDatensatz;
 CURSOR c_Unternehmen
 RETURN v_UDaten IS
 SELECT U_Name, U_Branche, U_Stadt
   FROM unternehmen
  WHERE U_Stadt='Düsseldorf';
```

- Mit der Parameterübergabe kann entweder eine sichtbare PL/SQL-Variable übergeben werden oder eine neue Variable deklariert und mit einem Wert belegt werden. Im Beispiel legt man zum einen neue eine neue Parametervariable an bzw. überschreibt den Wert der vorhandenen Variable b_UStadt, sobald sie nicht mehr auskommentiert ist. Verzichtet man auf den Kommentar und die Wertzuweisung des Parameters, wird der Wert von b_UStadt wie im normalen Standardfall ohne explizite Parameterübergabe übergeben. Dabei würde man nach dem Cursor-Aufruf gerade keine Klammer mit Variablennamen oder direkter Wertzuweisung nennen, sondern über eine Nichtnennung den Standardwert verwenden.

```
DECLARE
-- b_UStadt unternehmen.U_Stadt%TYPE := 'Dortmund';
 CURSOR c_Unternehmen
 (b_UStadt unternehmen.U_Stadt%TYPE := 'Düsseldorf') IS
 SELECT U_Name, U_Branche, U_Stadt
   FROM unternehmen
  WHERE U_Stadt=b_UStadt;
BEGIN
 OPEN c_Unternehmen('Bochum');
...
```

Explizite Cursor verarbeiten

Ganz konträr zu den vielfältigen Optionen, die sich bei der Cursor-Deklaration eröffnen, stellt sich die Verarbeitung von expliziten Cursorn als entspannend schematisch und strukturiert dar. Folgende Reihenfolge – die sich überdies erfreulicherweise an das klassische Dreischrittmuster hält – muss stets eingehalten werden, um das Auslösen von automatischen Ausnahme- bzw. Fehlermeldungen zu verhindern. Die einzelnen Ausnahmen behandeln wir im Zusammenhang in einem späteren Abschnitt.

1. Öffnung des Cursors mit `OPEN cursorname`.
2. Übertragung der Ergebnisse der aktuellen Zeile in PL/SQL-Variablen mit `FETCH cursorname INTO variablenliste | datensatzname`.
3. Schließen des Cursors mit `CLOSE cursorname`.

Das folgende Programm erlöst zumindest die erste Zeile der bisher so oft erzeugten Ergebnismenge aus ihrer Erstarrung. Dabei wird auch sofort klar, dass man für die korrekte Verarbeitung noch eine Schleife benötigt.

```
DECLARE
 b_UStadt     unternehmen.U_Stadt%TYPE := 'Düsseldorf';
 v_UName      unternehmen.U_Name%TYPE;
 v_UBranche   unternehmen.U_Branche%TYPE;
 v_UStadt     unternehmen.U_Stadt%TYPE;
 CURSOR c_Unternehmen IS
 SELECT U_Name, U_Branche, U_Stadt
   FROM unternehmen
  WHERE U_Stadt=b_UStadt;
BEGIN
 OPEN c_Unternehmen;                      -- Schritt 1
 FETCH c_Unternehmen
  INTO v_UName, v_UBranche, v_UStadt; -- Schritt 2
 DBMS_OUTPUT.PUT(v_UName || ' : ');
 DBMS_OUTPUT.PUT(v_UBranche || ' in ');
 DBMS_OUTPUT.PUT_LINE(v_UStadt);
 CLOSE c_Unternehmen;                     -- Schritt 3
END;
```

Listing 4.80 433_03.sql: Struktur der Verarbeitung

Dieses Programm wie auch die folgenden liefert diese Ausgabe:

```
Globalix Außenhandel GmbH : Logistik in Düsseldorf
PL/SQL-Prozedur wurde erfolgreich abgeschlossen.
```

Beim Einsatz eines Datensatztyps und eines Datensatzes verändert sich das Programm ein wenig, um mit den Anforderungen dieser speziellen Konstruktion zu harmonieren. Dabei füllt man mit `FETCH c_Unternehmen INTO v_UDaten` den gesamten Datensatz, wobei für die weitere Verarbeitung stets die Punkt-Notation mit z.B. `v_UDaten.v_UStadt` verwendet werden muss.

```
DECLARE
 TYPE UnternehmenDatensatz IS RECORD(
  v_UName     unternehmen.U_Name%TYPE,
  v_UBranche unternehmen.U_Branche%TYPE,
  v_UStadt    unternehmen.U_Stadt%TYPE);
 v_UDaten UnternehmenDatensatz;
 CURSOR c_Unternehmen
 RETURN v_UDaten IS
 SELECT U_Name, U_Branche, U_Stadt
   FROM unternehmen
  WHERE U_Stadt='Düsseldorf';
BEGIN
 OPEN c_Unternehmen;                         -- Schritt 1
 FETCH c_Unternehmen
  INTO v_UDaten;                             -- Schritt 2
 DBMS_OUTPUT.PUT(v_UDaten.v_UName || ' : ');
 DBMS_OUTPUT.PUT(v_UDaten.v_UBranche || ' in ');
 DBMS_OUTPUT.PUT_LINE(v_UDaten.v_UStadt);
 CLOSE c_Unternehmen;                        -- Schritt 3
END;
```

Listing 4.81 433_04.sql: Einsatz eines Datensatzes

Besonders elegant wirkt der Einsatz von Parametern beim Öffnen eines Cursors, womit Sie auch den Sinn und Zweck dieser Technik erkennen, da der Cursor quasi seine Einschränkungsvariablen mit sich trägt und diese nicht extra im Deklarationsabschnitt definiert werden müssen. Hier tragen Sie die benötigten Werte in die Parameterliste ein oder verzichten auf Werte, die bereits durch einen Standardwert oder eine sichtbare Variable vorgegeben werden. Dabei verwenden Sie die Form `OPEN c_Unternehmen('Düsseldorf');` und schließen weitere Parameter durch Kommata an. Zahlen erhalten wie in Abfragen keine Anführungszeichen.

Dieses Beispiel zeigt zusätzlich die Verwendung des einfachen `%ROWTYPE` im Deklarationsabschnitt. Es erzeugt Variablennamen, die mit den Feldnamen identisch sind und erzeugt einen Datensatz mit allen Feldern. Daher muss auch die Abfrage über * alle Spalten abrufen, um der Forderung nach gleicher Spaltenanzahl und korrekter Ordnung gerecht zu werden.

```
DECLARE
 v_UDaten unternehmen%ROWTYPE;
 CURSOR c_Unternehmen
 (b_UStadt unternehmen.U_Stadt%TYPE := 'Dortmund') IS
 SELECT *
   FROM unternehmen
  WHERE U_Stadt=b_UStadt;
BEGIN
 OPEN c_Unternehmen('Düsseldorf');        -- Schritt 1
 FETCH c_Unternehmen
  INTO v_UDaten;                          -- Schritt 2
 DBMS_OUTPUT.PUT(v_UDaten.U_Name || ' : ');
 DBMS_OUTPUT.PUT(v_UDaten.U_Branche || ' in ');
 DBMS_OUTPUT.PUT_LINE(v_UDaten.U_Stadt);
 CLOSE c_Unternehmen;                     -- Schritt 3
END;
```

Listing 4.82 433_05.sql: Verwendung von Parametern bei OPEN

Als Alternative zu diesem Beispiel lässt sich natürlich auch immer ein eigener Datensatztyp verwenden, der entweder aus einer oder aus mehreren Tabellen geeignete und für einen Anwendungsbereich wichtige Tabellenspalten auswählt und in eine Datensatzstruktur übernimmt. Achtet man dann noch darauf, dass die Namen von Feldern in der Tabelle und im Datensatz gleich sind, greift man quasi auf die Tabellenstruktur zu.

```
SET SERVEROUTPUT ON;
DECLARE
 TYPE DozRec IS RECORD (
 D_Nr       dozent.D_Nr%TYPE,
 D_Vorname  dozent.D_Vorname%TYPE,
 D_Nachname dozent.D_Nachname%TYPE
  );
 v_DDaten DozRec;
 CURSOR c_Dozenten
 (b_DStadt dozent.D_Stadt%TYPE := 'Dortmund')
  RETURN DozRec
  IS
  SELECT D_Nr, D_Vorname, D_Nachname
    FROM dozent
```

```
    ORDER BY D_Nachname;
BEGIN
 OPEN c_Dozenten;
 LOOP
 EXIT WHEN c_Dozenten%NOTFOUND OR c_Dozenten%ROWCOUNT = 5;
  FETCH c_Dozenten INTO v_DDaten;
  DBMS_OUTPUT.PUT(c_Dozenten%ROWCOUNT || ' ');
  DBMS_OUTPUT.PUT(v_DDaten.D_Nr||': '|| v_DDaten.D_Vorname);
  DBMS_OUTPUT.PUT_LINE(' ' || v_DDaten.D_Nachname);
 END LOOP;
 CLOSE c_Dozenten;
END;
```

Listing 4.83 433_05.sql: Variante mit Datensatztyp

Für den FETCH-Befehl gibt es noch einige Ergänzungen, die im Zusammenhang mit Collections und Mengenverarbeitung in einem späteren Abschnitt behandelt werden. Hier hat man die Möglichkeit, wie bei der schon kurz eingeführten Mengenbindung umkehrt die kompletten Daten abzuholen und zu verarbeiten.

Cursor-Schleifen und Cursor-Attribute

War die Dreischrittigkeit im letzten Abschnitt besonders einfach, so verhielt es sich gleichfalls mit der Eloquenz der PL/SQL-Programme, welche lediglich den allerersten Datensatz ausgeben wollten Für die Verarbeitung von Ergebnismengen stehen einfache Schleifen, WHILE-Schleifen und die besondere Cursor-FOR-Schleife zur Verfügung. Für die beiden ersten Alternativen benötigt man die Cursor-Attribute. Bei der speziellen Cursor-FOR-Schleife, die automatisch auf noch vorhandene Datenmengen überprüft, sind die Attribute nicht erforderlich.Die vier Cursor-Attribute gleichen in ihrer Syntax den Ihnen schon vertrauten Suffixen %TYPE und %ROWTYPE, d.h. man hängt sie an den Cursornamen an. Dabei kann es sich sowohl um explizite Cursor als auch um Cursor-Variablen handeln. Inhaltlich haben Sie eine ganz andere Bedeutung als die zuvor erwähnten Anhängsel:

Attribut	Beschreibung und Funktion
%FOUND	▶ TRUE, wenn das letzte FETCH eine Zeile zurücklieferte. ▶ NULL, wenn noch keine Zeile abgeholt wurde. ▶ FALSE, wenn das letzte FETCH keine Zeile zurücklieferte.

Tabelle 4.4 Cursor-Attribute

Attribut	Beschreibung und Funktion
%NOTFOUND	▶ TRUE, wenn das letzte FETCH keine Zeile zurücklieferte. ▶ NULL, wenn noch keine Zeile abgeholt wurde. ▶ FALSE, wenn das letzte FETCH eine Zeile zurücklieferte.
%ISOPEN	▶ TRUE, wenn der Cursor offen ist. ▶ FALSE, wenn der Cursor geschlossen ist.
%ROWCOUNT	Vor der Öffnung eines Cursors beträgt die Zeilennummer 0, mit jeder zurückgelieferten Zeile steigt sie um 1.
%BULK_ROWCOUNT	Liefert bei Mengenverarbeitung die Zeilennummer zurück. Wurde keine Zeile mehr verarbeitet, liefert es 0 zurück.

Tabelle 4.4 Cursor-Attribute (Forts.)

Die einfache Schleife lässt sich über eine EXIT-Anweisung verlassen, die entweder das Attribut %NOTFOUND abfragt oder mit einem Zähler arbeitet, der seine Informationen direkt aus %ROWCOUNT und nicht aus der Schleife ermittelt.

```
DECLARE
 v_UName     unternehmen.U_Name%TYPE;
 v_UBranche unternehmen.U_Branche%TYPE;
 v_UStadt    unternehmen.U_Stadt%TYPE;
 Zaehler     NUMBER(3);
 CURSOR c_Unternehmen
 (b_UStadt unternehmen.U_Stadt%TYPE := 'Düsseldorf') IS
 SELECT U_Name, U_Branche, U_Stadt
   FROM unternehmen
  WHERE U_Stadt=b_UStadt;
BEGIN
 OPEN c_Unternehmen;                         -- Schritt 1
 LOOP                                        -- Schleife Start
  FETCH c_Unternehmen
   INTO v_UName, v_UBranche, v_UStadt;       -- Schritt 2
  Zaehler := c_Unternehmen%ROWCOUNT;
  DBMS_OUTPUT.PUT(Zaehler || '. ' || v_UName || ' : ');
  DBMS_OUTPUT.PUT(v_UBranche || ' in ');
  DBMS_OUTPUT.PUT_LINE(v_UStadt);
  EXIT WHEN c_Unternehmen%NOTFOUND
         OR c_Unternehmen%ROWCOUNT=5;
 END LOOP;                                   -- Schleife Ende
```

```
 CLOSE c_Unternehmen;                    -- Schritt 3
END;
```

Listing 4.84 433_06.sql: Verwenden einer einfachen Schleife

Dieses Programm hat wie die nächsten Beispiele zu weiteren Schleifenkonstruktionen die folgende Ausgabe:

```
1. Globalix Außenhandel GmbH : Logistik in Düsseldorf
2. advertising services GmbH : Marketing u. Consulting in
Düsseldorf
3. Accessoires + Mode Handelsgesellschaft mbH : Kleidung in
Düsseldorf
4. COK Agentur für Werbung u. Kommunikation GmbH : Marketing u.
Consulting in Düsseldorf
5. Kolck Wirtschaftsprüfungsges. und Steuerberatungsges. mbH :
Steuerberatung in Düsseldorf
PL/SQL-Prozedur wurde erfolgreich abgeschlossen.
```

Bei der `WHILE`-Schleife lässt sich die Ausstiegsbedingung direkt bei der Definition der Schleife integrieren, indem man mit Hilfe des Attributs `%ROWCOUNT` eine entspreche Höhe vorgibt. Da die `WHILE`-Bedingung überprüft, ob noch eine weitere Zeile gefunden wurde, und erst bei zurückübermitteltem `TRUE` eine weitere Iteration auslöst, muss man für den ersten Schleifendurchgang vor der `WHILE`-Bedingung bereits ein `FETCH` ausführen. Damit für die nächsten Iterationen die Bedingung mit `TRUE` überprüft wird, benötigt man ganz am Ende der Schleifendefinition ein zweites `FETCH`, das strukturell wie das erste wirkt.

```
DECLARE
 v_UName    unternehmen.U_Name%TYPE;
 v_UBranche unternehmen.U_Branche%TYPE;
 v_UStadt   unternehmen.U_Stadt%TYPE;
 Zaehler    NUMBER(3);
 CURSOR c_Unternehmen
 (b_UStadt unternehmen.U_Stadt%TYPE := 'Düsseldorf') IS
 SELECT U_Name, U_Branche, U_Stadt
   FROM unternehmen
  WHERE U_Stadt=b_UStadt;
BEGIN
 OPEN c_Unternehmen;                       -- Schritt 1
 FETCH c_Unternehmen
  INTO v_UName, v_UBranche, v_UStadt;      -- Schritt 2a
 WHILE c_Unternehmen%FOUND
```

```
  AND c_Unternehmen%ROWCOUNT <= 5 LOOP  -- Schleife Start
  Zaehler := c_Unternehmen%ROWCOUNT;
  DBMS_OUTPUT.PUT(Zaehler || '. ' || v_UName || ' : ');
  DBMS_OUTPUT.PUT(v_UBranche || ' in ');
  DBMS_OUTPUT.PUT_LINE(v_UStadt);
  FETCH c_Unternehmen
   INTO v_UName, v_UBranche, v_UStadt;   -- Schritt 2b
 END LOOP;                               -- Schleife Ende
 CLOSE c_Unternehmen;                    -- Schritt 3
END;
```

Listing 4.85 433_07.sql: Cursor-Verarbeitung mit WHILE-Schleife

Zur Vereinfachung der gesamten Syntax und zur Verbesserung der Lesbarkeit können Sie auch die spezielle FOR-Schleife für die Cursor-Verarbeitung einsetzen. Diese führt die Operationen für das Schließen, Öffnen und Einlesen der Datensätze automatisch durch, indem eine spezielle Variable definiert wird, die nur innerhalb der Schleife sichtbar ist. Diese entspricht c_Unternehmen%ROWTYPE, sodass also auf einzelne Feldinhalte über die Spaltennamen zugegriffen werden muss, da diese die Variablen dieses Datensatzes repräsentieren. Wie auch bei einer gewöhnlichen FOR-Schleife können Sie ausschließlich lesend auf diese spezielle Variable zugreifen und daher keine Werte in ihren Feldern speichern.

```
DECLARE
 Zaehler    NUMBER(3);
 CURSOR c_Unternehmen
 (b_UStadt unternehmen.U_Stadt%TYPE := 'Düsseldorf') IS
 SELECT U_Name, U_Branche, U_Stadt
   FROM unternehmen
  WHERE U_Stadt=b_UStadt;
BEGIN
 FOR v_UDaten IN  c_Unternehmen LOOP -- Schritt 1, 2,
                                     -- Schleife Start
  Zaehler := c_Unternehmen%ROWCOUNT;
  DBMS_OUTPUT.PUT(Zaehler || '. ' || v_UDaten.U_Name || ' :
');
  DBMS_OUTPUT.PUT(v_UDaten.U_Branche || ' in ');
  DBMS_OUTPUT.PUT_LINE(v_UDaten.U_Stadt);
  EXIT WHEN c_Unternehmen%ROWCOUNT = 5;
 END LOOP;                        -- Schritt 3, Schleife Ende
END;
```

Listing 4.86 433_08.sql: Cursor-FOR-Schleife

Sollten Sie eine noch kürzere Variante bevorzugen und dafür sogar auf einen benannten Cursor verzichten können, steht Ihnen als letzte Möglichkeit noch eine implizite Cursor-`FOR`-Schleife zur Verfügung. Bei dieser Variante verändert sich die Syntax aufgrund der verkürzten Schreibweise noch einmal erheblich. Zum einen befindet sich die Abfrage in einem Klammerausdruck direkt in der Schleifen-Definition. Da es keinen Namen für diesen Cursor gibt, können Parameter nur noch über explizit definierte Variablen bereitgestellt werden. Aus dem gleichen Grund entfallen die Cursor-Attribute, sodass man auch das Schleifenende über eine eigene Zählervariable steuern muss. Weiterhin sind die Feldinhalte in den Variablen des implizit erstellten `Datensatzes v_UDaten unternehmen%ROWTYPE` zu erreichen und erwarten auch eine Ansprache über ihren Namen, der aus dem Feldnamen erzeugt wurde.

```
DECLARE
 Zaehler  NUMBER(3) := 1;
 b_UStadt unternehmen.U_Stadt%TYPE := 'Düsseldorf';
BEGIN
 FOR v_UDaten IN  (SELECT U_Name, U_Branche, U_Stadt
                     FROM unternehmen
                    WHERE U_Stadt=b_UStadt)
                        LOOP -- Schritt 1, 2, Schleife Start
  DBMS_OUTPUT.PUT(Zaehler || '. ' || v_UDaten.U_Name || ' : ');
  DBMS_OUTPUT.PUT(v_UDaten.U_Branche || ' in ');
  DBMS_OUTPUT.PUT_LINE(v_UDaten.U_Stadt);
  Zaehler := Zaehler + 1;
  EXIT WHEN Zaehler = 6;
 END LOOP;                  -- Schritt 3, Schleife Ende
END;
```

Listing 4.87 433_09.sql: Implizite FOR-Schleife

Parametrisierte Cursor und Wertzuweisungen

Sie haben nun mehrfach gesehen, wie man – auch als Vorgehensweise – die Fähigkeit von Cursorn verwenden kann, ihre Parameter direkt in ihrer Deklaration zu definieren. Dadurch hebt man bei parametrisierten Cursorn deutlich hervor, welcher Parameter mit welchem Datentyp als Parameter in den Cursor eingeht, da beide syntaktisch eng beieinander aufgeführt sind. Dies eröffnet auch die Möglichkeit, Standardwerte zu verwenden, und erlaubt eine weitere Flexibilisierung bzw. auch eine größere Anwendungsvielfalt, wenn nicht regelmäßig ein Parameter übergeben werden kann.

Im folgenden Programm führen wir nun zwei Parameter ein und ändern noch einmal die Örtlichkeiten von Seminaren so, dass alle Teilnehmer kreuz und quer im Ruhrgebiet umherfahren müssen, um dennoch nie ans Ziel zu gelangen. Dabei untersucht man die Termine zwischen zwei Zeitgrenzen, die als Monat und Jahreszahl in `VARCHAR2`-Daten in die Cursor-Abfrage eingehen. Für den Aufruf dieses Cursors im Programmablauf gibt es nun zwei unterschiedliche Möglichkeiten, die in PL/SQL für alle Wertübergaben – also auch für Prozeduren und Funktionen – gelten:

- **Positionsnotation**
  Die direkten Werte oder Variablen erscheinen in einer Werteliste in der Reihenfolge, wie sie in der Parameterliste des Cursors definiert wurden und damit auch erwartet werden.
- **Namensnotation**
  Die direkten Werte oder Variablen erscheinen in einer beliebigen Reihenfolge. Dabei werden eventuell Standardwerte ausgelassen und der Parametername in der Notation genannt: `parametername => wert/variable`.

Im ersten Beispiel drucken wir das gesamte Programm ab und zeigen, wie man bei mehreren Parametern die Positionsnotation verwendet.

```
DECLARE
 v_TOrtNeu termin.T_Ort%TYPE;
 CURSOR c_Termine (t1 VARCHAR2, t2 VARCHAR2) IS
  SELECT T_Nr, T_Ort
    FROM termin
   WHERE TO_CHAR(T_Beginn, 'MM.YYYY') >= t1
     AND TO_CHAR(T_Beginn, 'MM.YYYY') <= t2;
BEGIN
 FOR c_TDaten IN c_Termine('07.2002', '08.2002') LOOP
 <<Ort>>
 CASE c_TDaten.T_Ort
  WHEN  'Dortmund'   THEN v_TOrtNeu := 'Bochum';
  WHEN  'Bochum'     THEN v_TOrtNeu := 'Düsseldorf';
  WHEN  'Düsseldorf' THEN v_TOrtNeu := 'Dortmund';
 END CASE ORT;
 IF v_TOrtNeu IS NOT NULL
  THEN DBMS_OUTPUT.PUT('Aktualisiert ' || c_TDaten.T_Ort);
       UPDATE termin
          SET T_Ort = v_TOrtNeu
        WHERE T_Nr = c_TDaten.T_Nr;
  DBMS_OUTPUT.PUT(' --> ' || v_TOrtNeu);
```

```
  DBMS_OUTPUT.PUT_LINE(' Iteration: ' || c_Termine%ROWCOUNT);
 ELSE DBMS_OUTPUT.PUT_
LINE('Nicht aktualisierte Iteration: ' || c_Termine%ROWCOUNT);
 END IF;

 END LOOP;
END;
```

Listing 4.88 433_10.sql: Parametrisierter Cursor: Positonsnotation

Im zweiten Beispiel dagegen beschränken wir uns auf den Aufruf des Cursors unter Verwendung der Namensnotation, wobei die beiden Parameter in ihrer Reihenfolge geändert worden sind. Die Zuweisung gelingt dennoch über den Parameternamen.

```
...
FOR c_TDaten IN c_Termine(t2=>'08.2002', t1=>'07.2002') LOOP
...
```

Listing 4.89 433_11.sql: Parametrisierter Cursor: Namensnotation

Im dritten und letzten Beispiel ergänzen wir den Cursor um einen Standardwert für den Endtermin des Intervalls. Dieses soll dann auch beim Aufruf in die Abfrage einfließen, weswegen wir hierfür keinen Wert vorgeben wollen. Standardwerte lassen sich ausschließlich über die Namensnotation übernehmen, da hier nur die Parameter genannt werden, die man auch tatsächlich verwenden möchte.

```
DECLARE
 CURSOR c_Termine
 (t1 VARCHAR2,
  t2 VARCHAR2 := '08.2002') IS
  SELECT T_Nr, T_Ort
    FROM termin
   WHERE TO_CHAR(T_Beginn, 'MM.YYYY') >= t1
     AND TO_CHAR(T_Beginn, 'MM.YYYY') <= t2;
BEGIN
 FOR c_TDaten IN c_Termine(t1=>'07.2002') LOOP
...
```

Listing 4.90 433_12.sql: Einsatz von Standardwerten bei der Namensnotation

Implizite Cursor

Nach all diesen Entscheidungsoptionen und Gestaltungsfreiheiten des letzten Abschnitts über die Verarbeitung von expliziten Cursorn in mannigfaltigen Schleifenkonstrukten ist es vielleicht ganz angenehm und entspannend, sich mit impliziten Cursorn zu beschäftigen. Denn im Gegensatz zu den neuen Bereichen in diesem Thema haben Sie sich mit den impliziten Cursorn bereits zu Genüge in anderen Beispielen beschäftigt. Sobald man in PL/SQL eine SQL-Anweisung ausführt und verarbeitet – (wie Sie es z.B. mit der schon oft verwendeten `SELECT...INTO`-Struktur getan haben), erzeugt man einen impliziten Cursor. Die *PL/SQL-Maschine* bietet sich dann als willfähriger Helfer an, die Operationen für das Öffnen, Schließen und Abholen des Datensatzes durchzuführen. Dies funktioniert so lange wunderbar, wie es sich nur um einen einzigen Datensatz handelt, den eine Abfrage bereitstellt. Ansonsten löst die Ergebnismenge die Ausnahme `TOO_MANY_ROWS` aus.

Zwei Punkte sind hier zu beachten:

1. Es handelt sich um eine Frage des Programmdesigns, ob man in allen Fällen einen expliziten Cursor vorgibt und sogar in den Fällen, in denen man mit ganz großer Sicherheit davon ausgeht, nur einen einzigen Datensatz zu erhalten, eine Alternativ-Behandlung für eventuelle weitere Datensätze programmiert oder ob man sich darauf verlässt, dass nur eine einzeilige Ergebnismenge entsteht. Möchte man eine möglichst robuste und für alle Wechselfälle des Lebens geeignete Anwendung erstellen, sollte man alle Datenmengen explizit behandeln, auch wenn die meisten mit hoher Wahrscheinlichkeit einzeilig sind. Andererseits verlängert dies die Arbeitszeit und erschwert den Lesefluss, weil man stets die entsprechenden Cursor-Befehle im Programm verwenden muss bzw. jede Übertragung von Feldinhalten in Variablen über eine Schleife realisieren muss. Als Alternative kann man zumindest immer eine Alternativ-Behandlung über die `TOO_MANY_ROWS`-Ausnahme vorgeben, wobei allerdings die Frage nicht beantwortet ist, warum überhaupt entgegen der Erwartung mehrere Datensätze zurückgeliefert werden und ob die erste Zeile der Ergebnismenge überhaupt die Informationen besitzt, die benötigt werden. Eventuell kann es sich um eine fehlerhafte Abfrage oder um fehlerhaftes Datenmaterial handeln. In beiden Fällen ist es möglich, dass die erste übergebene Zeile gar nicht die interessanten Daten enthält, sondern erst eine zweite.
2. Selbst wenn eine Abfrage tatsächlich nur eine einzige Zeile zurückgibt, startet Oracle eine weitere Abfrage, um diesen Zustand noch einmal zu verifizieren. Dies entspricht dem ANSI-Standard und soll sicherstellen, dass nicht doch noch eine weitere Ergebniszeile existiert. Dies entfällt bei expliziten

Cursorn, sodass im Zusammenhang mit Mehrbenutzerbetrieb und vielen Abfragen, die einzeilige Ergebnisse zurückliefern sollen, die doppelte Menge an Datenbank-Verkehr entsteht. Dieser Leistungsnachteil dürfte sich in den folgenden Versionen sicherlich immer weniger auswirken und stellt dann nur noch bei sehr großen Nutzerzahlen ein Hindernis dar.

Der implizite Cursor einer SQL-Abfrage wird als SQL-Cursor bezeichnet und bezieht sich immer auf die zuletzt ausgeführte Abfrage. Er trägt also – wie bisher – keinen eigenen Namen, sodass es von der Positionierung der Abfrage und der SQL-Cursor-Ansprache abhängt, welcher implizite Cursor z.B. anhand von Attributen weiterverarbeitet wird. Benötigen Sie Werte aus den Attributen noch an späterer Stelle, bleibt Ihnen nur die Möglichkeit, sie direkt Variablen zuzuweisen. Die folgende Tabelle stellt eine Zusammenfassung der SQL-Cursor-Attribute vor. Ihre Namen und Funktionen gleichen denen der expliziten Cursor. Achten Sie jedoch besonders auf die unterschiedlichen DML-Befehle, die für die SQL-Cursor und ihre Attribute von Bedeutung sind.

Attribut	Beschreibung und Funktion
`%FOUND`	▶ `TRUE`, wenn `INSERT`, `UPDATE`, `DELETE` oder `SELECT...INTO` eine oder mehrere Zeilen betraf bzw. zurücklieferte, wobei bei `SELECT` vorher schon die Ausnahme `NO_DATA_FOUND` ausgelöst wird. ▶ `FALSE`, wenn keine Zeile zurückgeliefert wurde oder betroffen war.
`%NOTFOUND`	▶ `TRUE`, wenn `INSERT`, `UPDATE`, `DELETE` oder `SELECT...INTO` keine Zeile betraf bzw. zurücklieferte, wobei bei `SELECT` vorher schon die Ausnahme `NO_DATA_FOUND` ausgelöst wird. ▶ `FALSE`, wenn eine Zeile zurückgeliefert wurde oder betroffen war.
`%ISOPEN`	Liefert immer `FALSE`, da ein SQL-Cursor sofort geschlossen wird.
`%ROWCOUNT`	Liefert die Anzahl der von `INSERT`, `UPDATE` oder `DELETE` betroffenen Zeilen bzw. der von `SELECT...INTO` ausgewählten Zeilen.
`%BULK_ROWCOUNT`	Liefert bei Mengenverarbeitung die Zeilennummer zurück. Wurde keine Zeile mehr verarbeitet, liefert es 0 zurück.

Tabelle 4.5 SQL-Cursor-Attribute

Im nächsten einfachen Beispiel soll ein bestimmter Kurs mit Terminen im Juni 2003 von seinem aktuellen Veranstaltungsort nach Dortmund verlegt werden. Über die Bedingung `SQL%FOUND` sollen mit `SQL%ROWCOUNT` die betroffenen Datensätze ausgegeben werden.

```
DECLARE
BEGIN
 UPDATE termin
    SET T_Ort = 'Dortmund'
 WHERE K_Nr= 1020053
   AND TO_CHAR(T_Beginn, 'MM.YYYY') = '06.2003';
 IF SQL%FOUND
  THEN DBMS_OUTPUT.PUT_LINE('Betroffen: ' || SQL%ROWCOUNT
||'.');
 ELSE
  DBMS_OUTPUT.PUT_LINE('Keine Kurse gefunden.');
 END IF;
END;
```

Listing 4.91 433_13.sql: Verwendung von SQL-Cursor-Attributen

Als Ergebnis erhält man die Information, dass tatsächlich drei Termine modifiziert wurden:

```
Betroffen: 3.
PL/SQL-Prozedur wurde erfolgreich abgeschlossen.
```

Wie schon oben kurz erwähnt wurde, existiert zwar das Attribut `%NOTFOUND` auch für die `SELECT...INTO`-Klausel, allerdings kann man ihre Wirkung nie wirklich testen, da schon vorher die Ausnahme `NO_DATA_FOUND` ausgeführt wird. Dies soll folgendes Beispiel illustrieren, in dem zum Vergleich eine Änderung und eine Abfrage zu Daten ausgeführt werden, die *nicht* in der Tabelle `TERMIN` vorliegen. In beiden Fällen wird über `SQL%NOTFOUND` eine Bedingung konstruiert. Zusätzlich erhält die `NO_DATA_FOUND`-Ausnahme eine Ausgabeanweisung.

```
DECLARE
 v_TDaten termin%ROWTYPE;
BEGIN
 UPDATE termin
    SET T_Ort = 'Dortmund'
 WHERE K_Nr= 1020053
   AND TO_CHAR(T_Beginn, 'MM.YYYY') = '06.1999';
 IF SQL%NOTFOUND
  THEN DBMS_OUTPUT.PUT_LINE('Attribut: Keine Änderung.');
 END IF;
 SELECT *
   INTO v_TDaten
```

```
    FROM termin
   WHERE K_Nr= 1020053
    AND TO_CHAR(T_Beginn, 'MM.YYYY') = '06.1999';
   IF SQL%NOTFOUND
    THEN DBMS_OUTPUT.PUT_LINE('Attribut: Keine Datensätze.');
  END IF;
  EXCEPTION
   WHEN NO_DATA_FOUND
    THEN DBMS_OUTPUT.PUT_LINE('Ausnahme: Keine Datensätze.');
END;
```

Listing 4.92 433_14.sql: %NOTFOUND bei SELECT...INTO

In der Ausgabe erkennt man deutlich, dass bei Änderungsbefehlen sehr wohl das Attribut zum Einsatz kommen kann, da hier der Anweisungsblock ausgeführt wird. Im Gegensatz dazu löst die leere Ergebnismenge die erwähnte Ausnahme aus, sodass ihr Anweisungsblock aktiviert wird.

```
Attribut: Keine Änderung.
Ausnahme: Keine Datensätze.
PL/SQL-Prozedur wurde erfolgreich abgeschlossen.
```

Zeilensperren im Cursor

Auch bei der Behandlung von Abfragemengen mit Hilfe eines Cursors ist natürlich eine gewisse Transaktionsorientierung vonnöten, um korrekte Daten zu ändern bzw. zu verarbeiten. Sobald die Abfrage durchgeführt und der Cursor mit `OPEN` geöffnet worden ist, stehen die Daten in einem eigenen Speicher zur Verfügung. Sollten nun andere Benutzer Änderungen an diesen Daten durchführen, auf die sich die Abfrage im Cursor eigentlich bezieht, wäre es ohne die Erkenntnisse dieses Abschnitts bzw. ein Transaktionsmanagement nicht möglich, stets die aktuellen Daten zu verarbeiten. Innerhalb der Cursor-Abfrage lässt sich zunächst mit der ergänzenden Klausel

```
SELECT...FROM...
 FOR UPDATE [OF spaltenliste] [WAIT sekundenzahl]
```

eine Zeilensperre auf die durch den Cursor ausgewählten Zeilen einrichten. Alternativ sperren Sie alle Zeilen oder nur eine Auswahl der tatsächlich benötigten. Zusätzlich können Sie auch eine Sekundenzahl angeben, nach der die Sperrung entfallen soll. Sobald die Zeilen nicht wieder durch ein `COMMIT` freigegeben werden, erhält man eine Fehlermeldung. Im folgenden Beispiel fragt ein Cursor zunächst den Juni-Termin des Kurses mit der Nummer 1020053 ab und sperrt sämtliche Zeilen für eine Sekunde. Da im Folgenden der Ort geändert werden soll und die Abfrage auf der Kursnummer und dem Beginn beruht, ist es besser, alle Zeilen zu sperren, da hier Informationsänderungen die Daten inkonsistent werden lassen könnten. Sobald Sie diese spezielle Klausel einsetzen, haben Sie eine weitere Option für die DML-Befehle, die bisher noch nicht verlangt wurde, aber in einem realistischeren Beispiel doch sofort notwendig wird. Normalerweise möchte man den aktuellen Datensatz ändern, der über `FETCH` in den Speicher geladen wird. Dabei kann man sich mit der Klausel `WHERE CURRENT OF cursorname` auf den aktuell im Speicher befindlichen Datensatz beziehen. Dies ermöglicht die Änderungen jedes einzelnen Datensatzes anhand seiner individuellen Vorgaben, die über die Spalte `T_Ort` geprüft werden.

Die Fallstruktur ist so gewählt, dass Sie auch mehrfach das Programm ablaufen lassen können und jedes Mal alle drei Datensätze so ändern, dass sie beim nächsten Programmdurchlauf erneut geändert werden. Eine `RETURNING`-Klausel würde sich übrigens weiterhin ganz zum Schluss an den SQL-Befehl anschließen.

```
DECLARE
 CURSOR c_Termine IS
 SELECT *
   FROM termin
  WHERE K_Nr= 1020053
    AND TO_CHAR(T_Beginn, 'MM.YYYY') = '06.2003'
    FOR UPDATE WAIT 1;
BEGIN
 FOR v_TDaten IN c_Termine LOOP
 CASE v_TDaten.T_Ort
  WHEN 'Dortmund'
   THEN UPDATE termin
          SET T_Ort = 'Bochum'
        WHERE CURRENT OF c_Termine;
   DBMS_OUTPUT.PUT_LINE(c_
Termine%ROWCOUNT || ': Dortmund geändert.');
  WHEN 'Bochum'
   THEN UPDATE termin
          SET T_Ort = 'Dortmund'
        WHERE CURRENT OF c_Termine;
   DBMS_OUTPUT.PUT_LINE(c_Termine%ROWCOUNT || ': Bochum
geändert.');
  ELSE DBMS_OUTPUT.PUT_LINE('Keine Änderungen.');
```

```
 END CASE;
 END LOOP;
 COMMIT COMMENT 'Terminaenderung';
END;
```

Listing 4.93 433_15.sql: Zeilensperren und aktueller Datensatz

Im ersten Durchlauf mit den Originaldaten erhalten Sie die Information, dass die Dortmund-Veranstaltungen aktualisiert wurden. Im nächsten Durchlauf würden Sie den Ursprungszustand wieder herrichten.

```
1: Dortmund geändert.
2: Dortmund geändert.
3: Dortmund geändert.
PL/SQL-Prozedur wurde erfolgreich abgeschlossen.
```

Cursor-Variablen

Neben den statischen Cursorn gibt es, wie ganz am Anfang erklärt, auch Cursor-Variablen, die nicht von vornherein mit einer statischen SQL-Abfrage verknüpft sind. Vielmehr erwarten sie zur Laufzeit eine SQL-Abfrage, die sie dann dynamisch verarbeiten. Programmiertechnisch handelt es sich bei einer Cursor-Variable um einen Zeiger auf einen reservierten Speicherbereich, aber gerade nicht um die eigentliche Abfrage.

In diesem Kapitel stellen wir lediglich PL/SQL vor. Die Verwendung von anderen Programmiersprachen in Zusammenarbeit mit PL/SQL wird in den Kapiteln zu diesen speziellen Programmiersprachen beschrieben. Wenn wir also auch in diesem Abschnitt nur den PL/SQL-Einsatz von Cursor-Variablen vorstellen, so sollten Sie daran danken, dass Sie auch aus anderen Programmiersprachen auf diese Cursor-Variablen zugreifen und daher auch Abfragen übermitteln und Daten zurückerhalten können. Eine ähnliche Möglichkeit bieten auch die Entwicklungsumgebungen *Oracle Forms* und *Oracle Reports*, die clientseitige Cursor-Variablen erlauben und einsetzen.

Mit der folgenden allgemeinen Syntax definieren Sie einen Cursor-Typ:

```
TYPE name IS REF CURSOR
 [RETURN
   {tabelle | cursor | cursorvariable %ROWTYPE}
  |{datensatz %TYPE| datensatztyp | cursortyp}];
```

Mit der folgenden allgemeinen Syntax definieren Sie dann eine Cursor-Variable:

```
cursorvariablenname cursortyp;
```

Die folgenden Beispiele zeigen die Definition von unterschiedlichen Cursor-Typen und Cursor-Variablen unter Einsatz der zuvor gezeigten allgemeinen Syntax:

```
-- Mit %ROWTYPE
TYPE t_TermineRef1 IS REF CURSOR
 RETURN termin%ROWTYPE;
-- Mit Datensatz
TYPE t_TerminDatensatz IS RECORD
(v_TNr termin.T_Nr%TYPE,
 v_KNr termin.K_Nr%TYPE,
 v_TBeginn termin.T_Beginn%TYPE,
 v_TEnde termin.T_Ende%TYPE,
 v_TOrt  termin.T_Ort%TYPE);
v_TDaten t_TerminDatensatz;
TYPE t_TermineRef2 IS REF CURSOR
 RETURN t_TerminDatensatz;
-- Mit %TYPE für Datensatz
TYPE t_TermineRef3 IS REF CURSOR
 RETURN v_TDaten%TYPE;
-- Cursor-Variablen
v_TerminCV1 t_TermineRef1;
v_TerminCV2 t_TermineRef2;
```

Listing 4.94 433_16.sql: Definition von Cursor-Variablen

Die Beispiele enthalten alle eine RETURN-Klausel, die aber, wie Sie aus der allgemeinen Syntax ersehen können, optional ist. Verzichten Sie auf die Angabe dieser Klausel, so erhalten Sie keinen beschränkten, sondern einen unbeschränkten Cursor. Die Beschränkung bezieht sich dabei auf die Anzahl der Spalten, die durch eine Abfrage zurückgeliefert werden darf, und natürlich auch auf die Feldtypen. Die Möglichkeiten der Abfragen sind also teilweise beschränkt, sodass eine beschränkte Cursor-Variable gerade nicht für beliebige Abfragen zum Einsatz kommen kann. Verwendet man keine RETURN-Klausel, erhält man eine unbeschränkte Cursor-Variable und damit auch die Möglichkeit, beliebige Abfragen mit beliebigen Spalten und Spaltenzahlen zu verwenden. Für den Fall, dass Sie in einer beschränkten Cursor-Variablen eine unpassende Spaltenstruktur vorgeben, wird die ROWTYPE_MISMATCH-Ausnahme ausgelöst. Diese

Unterscheidung lässt sich auch mit den Begriffen der starken und schwachen Typisierung von Cursor-Variablen ausdrücken, wobei die unbeschränkten die schwach typisierten und die beschränkten die stark typisierten Cursor-Variablen darstellen.

Bei der Verwendung und Verarbeitung von Cursor-Variablen in PL/SQL dürften Sie das Schema für die Verwendung der statischen Cursor wiedererkennen. Auch hier gibt es eine dreischrittige Vorgehensweise, die mit einer speziellen `OPEN...FOR`-Klausel und der Definition der SQL-Abfrage beginnt. Die drei Schritte lauten also auch hier:

1. `OPEN...FOR` öffnet den Cursor und gibt eine passende SQL-Abfrage vor.
2. `FETCH` lädt Datensätze in lokale Variablen für ihre Verarbeitung.
3. `CLOSE` schließt den erzeugten Cursor und beendet die Möglichkeit für die Datengewinnung.

Auch hier gelten die Ausführungen zu den Cursor-Attributen, mit denen Sie die Nummer des aktuellen Datensatzes oder den Status der Datensatzgewinnung erfragen bzw. die Cursor-Verarbeitung steuern können.

Der einzige neue Befehl neben der Deklaration von Cursor-Variablen ist in diesem Abschnitt `OPEN cursorvariable FOR selectausdruck`. Der Begriff `selectausdruck` soll Sie dabei daran erinnern, dass wir der Einfachheit halber oftmals den Begriff »Abfrage« für alle möglichen DML-Befehle – also gerade auch Aktualisierungen – verwenden, dass diese Befehle im Zusammenhang mit Cursor-Variablen aber nicht gültig sind. Sie können also eine Cursor-Variable wie andere Cursor auch nur für einen `SELECT`-Ausdruck öffnen und nicht etwa für eine Datenänderung oder Löschung. Dies ist also die gesamte allgemeine Syntax, wobei zusätzlich innerhalb der Öffnungsanweisung die Option besteht, eine Cursor-Variable aus der PL/SQL-Umgebung aufzurufen, die mit einem Doppelpunkt referenziert wird.

```
OPEN [cursorname | :hostcursorvariable]
 FOR selectabfrage;
```

In Abbildung 4.38 verdeutlichen wir die Bedeutung der zugehörigen Spaltenlisten noch einmal anhand des Beispielprogramms. Zwar kann man die durch die Cursor-Variablen neu hinzugekommene Dimension in der Kompatibilitätsberücksichtigung zwischen Spalten, ihren Datentypen und den Variablen und ihren Datentypen durch die unbeschränkten Cursor-Variablen umgehen, doch sollten Sie sich trotzdem mit diesem Thema beschäftigen. Im Beispielprogramm gilt es also folgende Kompatibilitäten zu berücksichtigen:

- Für die Cursor-Variable `v_TermineCV` werden im Cursor-Typ über `%ROWTYPE` sämtliche Spalten der Tabelle `TERMIN` referenziert.
- Im Datensatz `v_TDaten` gilt ebenfalls die gesamte Feldliste mit den zugehörigen Namen und Datentypen als Variablenliste.
- Für die SQL-Abfrage innerhalb der `OPEN...FOR`-Klausel stimmt die Anzahl der abgefragten Spalten ebenfalls mit sämtlichen Spalten überein, was durch das Sternchen (*)erreicht wird.
- Für die Übernahme der Feldwerte in die Datensatzvarible bzw. hier in ihre einzelnen Feldvariablen wird dies durch den Aufruf der Datensatzvariable und der Cursor-Variable gelöst, in denen sämtliche Spalten verfügbar sind.

Sie sehen bereits, dass man sich – durch dieses Thema angeregt – bei der Anwendungsentwicklung in umfassenden philosophischen Betrachtungen verlieren kann, welche Methodik für Robustheit, Fehlervermeidung und bessere Les- und Wartbarkeit von Programmen die beste darstellt. Da sich erfreulicherweise nicht alle der vier genannten Dimensionen im gleichen Zielsystem bewegen bzw. unterschiedliche Gewichtungen und Präferenzen bei verschiedenen Vorgehensweisen haben, handelt es sich um eine fruchtbare Diskussionsgrundlage. Im aktuellen Beispiel sehen Sie, dass es offensichtlich am einfachsten ist, an allen Stellen, in denen Spalten zur Verfügung stehen, einfach alle Spalten zu übernehmen, wenn man auch vielleicht nicht alle Spalten benötigt. Dies verkürzt das Programm um viele Zeilen Quelltext, da man nicht ständig eine Spaltenliste verwenden muss, die nach einer Modifikation schreit, sobald man eine einzelne Spalte zusätzlich für die Verarbeitung benötigt. Abgesehen davon, dass die Tabelle `TERMIN` ohnehin nur wenige Spalten hat und auch abgesehen davon, dass alle anderen Tabellen der Datenbank nicht mehr als 15 Spalten haben, ist natürlich der komplette Spaltenabruf an allen Stellen die einfachste und sicherste Lösung. Dies kann prinzipiell für alle Tabellen erfolgen, die nur wenige Spalten haben. Aber in einem Buchhaltungssystem oder in einer Tabelle mit Primärschlüsseln, die sich über mehrere Felder erstrecken, und in denen vielleicht 50 Spalten für alle möglichen denkbaren und seltenen Informationsbestandteile gierig auf eine Übernahme in ein PL/SQL-Programm warten, ist dies vielleicht wegen der entsprechenden Netzwerkbelastung und des Speicherverbrauchs nicht die beste Lösung. Da sich, wie oben kurz angedeutet, in unterschiedlichen Dimensionen auch unterschiedliche Argumente für die eine oder andere Lösung finden lassen, so bleibt als allgemeiner Ratschlag nur der Hinweis übrig, dass eine Anwendung an allen Stellen die gleichen Regelungen anwenden sollte und nicht einmal alle Spalten ausliest, um zwei Felder zu benutzen, und an anderer Stelle eine Spaltenliste von drei Viertel aller Felder für den Datensatz, die Cursor-Variable und die Abfrage einfügt, wenn nur ein

Viertel der Tabellenspalten nicht benötigt wird. Eventuell wird Ihnen aber auch die Entscheidung durch ein Handbuch zur Verwendung von PL/SQL-Strukturen und -Befehlen abgenommen, das in einem Team oder im ganzen Unternehmen eingesetzt wird und zwecks Qualitätssicherung (eine weitere Dimension, allerdings mehr im Meta-Bereich) gewisse Entscheidung vorgibt.

```
DECLARE
 TYPE t_TermineRef IS REF CURSOR
  RETURN termin%ROWTYPE;
 v_TermineCV t_TermineREF;
 v_TDaten termin%ROWTYPE;
BEGIN
 OPEN v_TermineCV FOR
      SELECT *
        FROM termin
       WHERE TO_CHAR(T_Beginn, 'MM.YYYY')='05.2003';
 FETCH v_TermineCV INTO v_TDaten;
 -- ...
 CLOSE v_TermineCV;
END;
```

Abbildung 4.38 Kompatibilitäten zwischen Spalten und Datentypen

In der Beispielanwendung, die den gesamten Arbeitsfluss für die Erzeugung, Verwendung und Verarbeitung von Cursor-Variablen darstellt, wird eine Cursor-Variable für die Termin-Tabelle erzeugt und mit einer einfachen Abfrage für alle Kurse im Mai 2003 gefüllt.

```
DECLARE
 TYPE t_TermineRef IS REF CURSOR
  RETURN termin%ROWTYPE;
 v_TermineCV t_TermineREF;
 v_TDaten termin%ROWTYPE;
BEGIN
 OPEN v_TermineCV FOR
      SELECT *
        FROM termin
       WHERE TO_CHAR(T_Beginn, 'MM.YYYY')='05.2003';
 FETCH v_TermineCV INTO v_TDaten;
 WHILE v_TermineCV%FOUND LOOP
  DBMS_OUTPUT.PUT_LINE(v_TDaten.K_Nr || ' - ' ||
v_TDaten.T_Ort);
  FETCH v_TermineCV INTO v_TDaten;
  EXIT WHEN v_TermineCV%ROWCOUNT=5;
 END LOOP;
```

```
 CLOSE v_TermineCV;
END;
```

Listing 4.95 433_17.sql: Verarbeiten von Cursor-Variablen

Die Ausgabe ist dieses Mal nicht so interessant wie in den anderen Beispielen. Doch dafür ist das Beispiel an sich bereits syntaktisch interessant genug, sodass eine wenig informative Ausgabe geradezu entspannend wirkt:

```
1015028 - Bochum
1015033 - Bochum
1025019 - Bochum
1010009 - Bochum
PL/SQL-Prozedur wurde erfolgreich abgeschlossen.
```

Als Lösung eignen sich Cursor-Variablen besonders dann, wenn Abfragen aus mehreren Teilbereichen zusammengesetzt werden sollen. Dies ist in vielen Datenbankanwendungen der Fall und wird dort auch unter dem Stichwort »Abstraktion« eingesetzt. Hierbei kann man sich – im Gegensatz zum klein dimensionierten folgenden Beispiel – vorstellen, dass für die einzelnen Bereiche einer Abfrage einzelne Variablen wie

- `s_Spaltenliste` für die betroffenen und zu verwendenden Spalten,
- `s_Tabellenliste` für die passend benötigten Tabellen,
- `s_Joins` für die damit zu erstellenden Verknüpfungen,
- `s_Where` für die Bedingungen und Einschränkungen,
- `s_Orderby` für die Spaltensortierungen

zum Einsatz kommen, die um andere Variablen für weitergehende Abfragestrukturen ergänzt werden. Diese Konstruktion endet dann mit einer in einer Fallunterscheidung und durch den Konkatenationsoperator zusammengesetzten Zeichenkette, die mit Hilfe einer Cursor-Variablen ausgeführt und dann verarbeitet wird. Im nächsten Beispiel verzichten wir auf ein solch umfangreiches Programm, sondern zeigen nur, wie eine Zeichenkette mit zwei eingehenden Variablen zusammengesetzt und dann über `OPEN ... FOR` mit einer Cursor-Variablen ausgeführt wird. Sie können sich aber dennoch sicherlich gut vorstellen, dass diese gesamte Überlegung ein interessantes Entwicklungsmuster für die Verarbeitung von komplexen und unterschiedlichen Abfragestrukturen darstellt.

```
DECLARE
 -- Cursor
 TYPE TNRef IS REF CURSOR;
```

```
 c_TeilnehmerCV TNRef;
 -- Datensatztyp
 TYPE TDaten IS RECORD (
  TN_Vorname  teilnehmer.TN_Vorname%TYPE,
  TN_Nachname teilnehmer.TN_Nachname%TYPE
  );
 -- Datensatzvariable
 v_TDaten TDaten;
 -- SQL-Platzhalter-Variablen
 v_SQL  VARCHAR2(500);
 x1     NUMBER(4);
 x2     NUMBER(4);
BEGIN
 x1 := 100;
 x2 := 200;
 v_SQL := 'SELECT TN_Vorname, TN_Nachname'
         ||' FROM teilnehmer '
         || ' WHERE TN_Nr BETWEEN '
         || x1
         ||' AND '
         || x2;
 DBMS_OUTPUT.PUT_LINE(v_SQL);
 OPEN c_TeilnehmerCV FOR v_SQL;         -- Öffnen für Abfrage
 FETCH c_TeilnehmerCV INTO v_TDaten;    -- Datensatzabruf
 WHILE c_TeilnehmerCV%FOUND LOOP        -- Datenverarbeitung
  FETCH c_TeilnehmerCV INTO v_TDaten;
  DBMS_OUTPUT.PUT_LINE(v_TDaten.TN_Vorname || ' ' || v_
TDaten.TN_Nachname);
  EXIT WHEN c_TeilnehmerCV%ROWCOUNT = 5;
 END LOOP;
 CLOSE c_TeilnehmerCV;
END;
```

Listing 4.96 433_18.sql: Einsatz von Cursor-Variablen

Sie erhalten neben den wenig interessanten Namen die überaus interessante Zeichenkette, die mit Hilfe der Cursor-Variable in der `OPEN...FOR`-Anweisung geöffnet und ausgeführt wird.

```
SELECT TN_Vorname, TN_Nachname FROM teilnehmer  WHERE TN_
Nr BETWEEN 100 AND 200
E. R. Drevermann
```

```
Nicole Baltruschat
Gisbert Schlömer
Siegfried Drewer
PL/SQL-Prozedur wurde erfolgreich abgeschlossen.
```

Cursor-Ausdrücke

Besonders raffiniert sind die – auch in SQL verfügbaren – Cursor-Ausdrücke. Dabei wird das Schlüsselwort CURSOR vor einer Unterabfrage platziert. Dieser Ausdruck ermittelt dann verschachtelte Strukturen wie z.B. die Teilnehmer eines Unternehmens, die Teilnehmer eines Seminartermins, wenn mehrere Unternehmen oder mehrere Seminartermine in einer äußeren Abfrage ermittelt werden. Die Verwendung erfordert eine Cursorvariable sowie eine korrelierte Unterabfrage, welche die mehrfach auftretenden Elemente für eine Obermenge beschafft. Dabei lässt sich keine Sichterstellung verwenden und keine Mengenbindung einsetzen. Für die verschachtelten Cursor benötigt man kein OPEN und CLOSE, sondern kann sofort mit einer Schleife auf die Datenreihen zugreifen.

```
DECLARE
 ----- Datensätze
 -- Datensatztyp Termin
 TYPE ds_Termin IS RECORD (
  T_Beginn termin.T_Beginn%TYPE,
  T_Ort    termin.T_Ort%TYPE
 );
 -- Datensatz Termin
 v_TDaten ds_Termin;

 -- Datensatztyp Teilnehmer
 TYPE ds_Teilnehmer IS RECORD (
  TN_Nachname teilnehmer.TN_Nachname%TYPE,
  TN_Vorname  teilnehmer.TN_Vorname%TYPE
 );
 -- Datensatz Teilnehmer
 v_TNDaten ds_Teilnehmer;

 -- Cursorvariablentyp
 TYPE cv_typ IS REF CURSOR;

 -- Cursorvariablen
 cv_Teilnehmer cv_Typ;
```

```
 -- Umschließender Cursor
 CURSOR c_TDaten IS
  SELECT t.T_Beginn,
         t.T_Ort,
         CURSOR(SELECT tn.TN_Nachname,
                       tn.TN_Vorname
                  FROM teilnehmer tn
                 WHERE tn.TN_Nr = b.TN_Nr) AS Person
    FROM buchung b INNER JOIN termin t
      ON b.T_Nr = t.T_Nr
   WHERE t.T_Nr IN (5,55);

 -- Hilfsvariablen
 AktuellerTermin termin.T_Beginn%TYPE;
 LetzterTermin termin.T_Beginn%TYPE;
BEGIN
 -- Öffne 1. Cursor
 OPEN c_TDaten;
 -- Verarbeite 1. Cursor
 LOOP
  FETCH c_TDaten INTO v_TDaten.T_Beginn, v_TDaten.T_Ort, cv_
Teilnehmer;
  -- Gruppe ermitteln
  AktuellerTermin := v_TDaten.T_Beginn;
  IF AktuellerTermin != LetzterTermin
     OR LetzterTermin IS NULL
   THEN DBMS_OUTPUT.NEW_LINE;
       DBMS_OUTPUT.PUT(c_TDaten%ROWCOUNT || ' ' ||
                       AktuellerTermin || ': ');
       LetzterTermin := v_TDaten.T_Beginn;
  END IF;

  EXIT WHEN c_TDaten%NOTFOUND;
  -- Verarbeite 2. Cursor
  LOOP
   FETCH cv_Teilnehmer INTO v_TNDaten;
   EXIT WHEN cv_Teilnehmer%NOTFOUND;
   DBMS_OUTPUT.PUT( ' | ' || v_TNDaten.TN_Nachname);
  END LOOP;
```

```
 END LOOP;

 -- Schließe 1. Cursor
 CLOSE c_TDaten;
 DBMS_OUTPUT.NEW_LINE;
END;
```

Listing 4.97 433_19.sql: Verwendung von Cursor-Ausdrücken

Man erhält zwei kurze Liste mit den beiden Terminen und den Teilnehmern der zugehörigen Seminare.

```
1 21.05.00:  | Frantzki | Elsner | Olschewski | Stavrianos |
Hamada | Glaser
7 21.02.00:  | Fahle | Pielok
PL/SQL-Prozedur wurde erfolgreich abgeschlossen.
```

Cursor-Ausnahmen

In diesem Abschnitt tauchten einige vordefinierte Ausnahmen auf, die wir zwar im Text kurz charakterisiert haben, die wir aber noch einmal vollständig (also auch um weitere angereichert) in einer Tabelle auflisten wollen. Die Behandlung und das Wesen von Ausnahmen wird im folgenden Abschnitt zur PL/SQL-Ausnahmebehandlung beschrieben.

Name	ORA-Nr. / SQL-Wert	Bescheibung
CURSOR_ALREADY_OPEN	ORA-06511 -6511	Der Cursor ist bereits geöffnet.
INVALID_CURSOR	ORA-01001 -1001	Eine ungültige Operation wie das Schließen eines nicht geöffneten Cursors soll ausgeführt werden.
ROWTYPE_MISMATCH	ORA-06504 -6504	Die Datentypen und/oder die Spaltenzahl bei Variablen und Abfragen stimmen nicht überein.
TOO_MANY_ROWS	ORA-01422 -1422	Eine SQL-Abfrage beim impliziten Cursor liefert mehr als seine Zeile zurück.
NO_DATA_FOUND	ORA-01403 +100	Eine SQL-Abfrage findet keine Reihen, was beim expliziten Cursor uninteressant ist, beim impliziten Cursor allerdings die Ausnahme auslöst.

Tabelle 4.6 Vordefinierte Cursor-Ausnahmen

4.3.4 Fehler- und Ausnahmebehandlung

Wie es dem Charakter von Ausnahmen entspricht, tauchten sie in Ausnahmesituationen an einigen Stellen in den zurückliegenden Programmen bereits auf. Daher haben Sie vermutlich schon eine rudimentäre Vorstellung davon, was Ausnahmebehandlung und Ausnahmen an sich in PL/SQL bedeuten und wie Programme über ein ausgeklügeltes Ausnahmesystem robuster gemacht werden können. Vorab also zunächst einige einleitende Worte, um das Thema in den Gesamtzusammenhang zu stellen.

Typologie von Ausnahmen

Ausnahmen lassen sich in vier Typen einteilen:

- **Benannte bzw. vordefinierte Ausnahmen** mit einem Namen als Zeichenkette, über die diese Ausnahmen aufgerufen werden können und eine entsprechende Ausnahmebehandlung erstellt werden kann.
- **Benannte bzw. selbst definierte Ausnahmen,** die innerhalb eines PL/SQL-Programms erstellt und in geeigneten Situationen (Fällen) ausgelöst werden.
- **Unbenannte bzw. über Fehlernummern definierte Ausnahmen**, die wie die benannten Ausnahmen vom System vorgegeben werden, aber nur anhand einer Fehlernnummer identifiziert werden können.
- **Unbenannte bzw. über Fehlernummern selbst definierte Ausnahmen,** die in gewissen Situationen (Fällen) ausgelöst werden und eine Fehlernummer zwischen –20000 und –20999 wie auch eine Fehlermeldung erhalten.

Ausnahmen sind am Ende des Ausführungsabschnitts in einem `EXCEPTION`-Block versammelt, sodass also hier auch übersichtlich die im Programm behandelten Ausnahmen zusammengefasst werden. Es ist nicht möglich, über eine `GOTO`-Anweisung den Ausnahmeblock wieder zu verlassen und somit nur einzelne Werte zu ändern. Man muss statt dessen eine tatsächliche Fehlerbehandlung programmieren und damit das entstandene Problem komplett lösen.

Allgemeine Funktionsweise von Ausnahmen

Die allgemeine Syntax von Ausnahmebehandlungen finden Sie im nächsten Schema. Achten Sie dabei darauf, dass Sie auch mehrere Ausnahmen in der Fallunterscheidung über boolesche Operatoren (z.B. `OR`) miteinander verknüpfen könnten. Hier sehen Sie auch sofort die komplette Struktur, mit der Sie vordefinierte und eigene Ausnahmen behandeln. Während eine eigene Ausnahme im Deklarationsabschnitt als solche definiert und im Ausführungsabschnitt abgefragt werden muss, können Sie eine vordefinierte ohne weitere Vorbereitung verwenden. Auch die Überprüfung erfolgt automatisch. Im Ausnahmeabschnitt können Sie dann die einzelnen Ausnahmen als Fälle überprüfen und zum Schluss auch noch einen allgemeinen Fall über die vordefinierte Ausnahme OTHERS verarbeiten. Mit diesem allgemeinen Fall sollten Sie keinesfalls alle Fehlermeldungen unterdrücken, indem Sie als Anweisung NULL; vorgeben, denn dann erhalten Sie auch bei Fehlern keine Informationen über die Art dieses Fehlers.

```
DECLARE
 eigener_name EXCEPTION;
BEGIN
 IF bedingung
  THEN RAISE eigener_name;
 END IF;
 EXCEPTION
 WHEN eigener_name THEN anweisungen;
 WHEN vordefinierter_name THEN anweisungen;
 WHEN OTHERS THEN anweisungen;
END;
```

Im nächsten Beispiel soll die allgemeine Funktionsweise von Ausnahmen am Beispiel der Ausnahme DUP_VAL_ON_INDEX (doppelter Indexwert) gezeigt werden, die prüft, ob ein Indexwert (in diesem Fall der Primärschlüsselwert) doppelt auftritt. Dies ist der Fall, denn die Nummer 20, die im Deklarationsabschnitt zu finden ist, ist bereits reserviert. Damit aber dennoch Herr Karl-Heinz Mostler für die Kurse NRW GmbH tätig werden kann, ermittelt man in der Ausnahmebehandlung eine passende, um eine Stelle höhere Zahl und trägt ihn dann mit diesem Wert in die Datenbank ein.

```
DECLARE
 v_DNr       dozent.D_Nr%TYPE       := 20;
 v_DVorname  dozent.D_Vorname%TYPE  := 'Karl-Heinz';
 v_DNachname dozent.D_Nachname%TYPE := 'Mostler';
BEGIN
 INSERT INTO dozent
        (D_Nr,  D_Vorname,  D_Nachname)
 VALUES (v_DNr, v_DVorname, v_DNachname);
 EXCEPTION
 WHEN DUP_VAL_ON_INDEX
  THEN SELECT MAX(D_Nr)+1
       INTO v_DNr
       FROM dozent;
   DBMS_OUTPUT.PUT_LINE('D-Nr vorhanden. Neu: ' || v_DNr);
```

```
    INSERT INTO dozent
           (D_Nr,  D_Vorname,  D_Nachname)
    VALUES (v_DNr, v_DVorname, v_DNachname)
    RETURNING D_Vorname,  D_Nachname
         INTO v_DVorname, v_DNachname;
    DBMS_OUTPUT.PUT_LINE('Dozent erfasst:');
    DBMS_OUTPUT.PUT_LINE(v_DVorname ||' '|| v_DNachname);
END;
```

Listing 4.98 434_01.sql: Beispiel einer Ausnahme

Dieses Programm führt zu folgender erwarteter Ausgabe, in der die bereits vorhandene Dozentennummer aufgeführt, der Dozent aber dennoch über eine neue Nummer eingetragen wird:

```
D-Nr vorhanden. Neu: 21
Dozent erfasst:
Karl-Heinz Mostler
PL/SQL-Prozedur wurde erfolgreich abgeschlossen.
```

Wie Sie sehen, erfolgt in der Ausnahmebehandlung nicht nur eine Korrektur des Fehlers, indem zunächst die größte und dann eine um einen Zähler größere Dozentennummer ermittelt wird, sondern auch die Wiederholung und Fortsetzung des eigentlich gedachten Programms. Dies bezieht sich zum einen auf den Eintrag (Wiederholung) des Dozenten und zum anderen auf eine simple Bestätigungsmeldung (Fortsetzung). Sobald eine Ausnahme ausgelöst wird, geht die gesamte Steuerung in den Ausnahmeabschnitt über und verlässt diesen auch wieder nicht. Daher befindet sie sich auch am Ende des gesamten Blocks, damit dieser versperrte Rückweg optisch unterstrichen wird. Da diese Struktur auf den ersten Blick wie eine herbe Einschränkung aussieht und eventuell sogar das gesamte Ausnahmekonzept mehr als fragwürdig erscheinen lässt, haben wir bereits oben darauf hingewiesen, dass auch ein Trick mit einem GOTO (Korrektur, Variablenwertänderung und Rücksprung mit neuem Wert) nicht möglich ist, um die Enttäuschung portionsweise zu verteilen.Dies können Sie nachprüfen, indem Sie die Ausgabezeilen direkt unter den Einfügevorgang kopieren. Natürlich gibt es eine Lösung, die Sie in einem späteren Abschnitt kennen lernen werden. Denn die Ausnahmebehandlung bzw. der Ausnahmeabschnitt bezieht sich auf einen Block, sodass Sie – wie es in größeren Programmen ohnehin der Standardfall sein dürfte – mit verschachtelten Blockstrukturen durchaus ein Programm fortsetzen können, ohne die nächsten 200 Zeilen im Ausnahmeabschnitt einzubringen.

```
BEGIN
 INSERT INTO dozent
       (D_Nr,  D_Vorname,  D_Nachname)
 VALUES (v_DNr, v_DVorname, v_DNachname);
 EXCEPTION
 WHEN DUP_VAL_ON_INDEX
  THEN SELECT MAX(D_Nr)+1
       INTO v_DNr
       FROM dozent;
   DBMS_OUTPUT.PUT_LINE('D-Nr vorhanden. Neu: ' || v_DNr);
   INSERT INTO dozent
          (D_Nr,  D_Vorname,  D_Nachname)
   VALUES (v_DNr, v_DVorname, v_DNachname)
   RETURNING D_Vorname,  D_Nachname
        INTO v_DVorname, v_DNachname;
   DBMS_OUTPUT.PUT_LINE('Dozent erfasst:');
   DBMS_OUTPUT.PUT_LINE(v_DVorname ||' '|| v_DNachname);
END;
```

Auslösen der Ausnahme

Korrektur

Wiederholung des korrekten Befehls

Fortsetzung des Programms

Abbildung 4.39 Funktionsweise von Ausnahmen

Vordefinierte Ausnahmen

Wie Sie in den zurückliegenden Beispielen schon gesehen haben, zeichnen sich die vordefinierten Ausnahmen durch die Eigenschaft aus, dass sie nicht im Deklarationsabschnitt erwähnt sein müssen, sondern mit einem sprechenden Namen ständig bereitstehen, wenn eine Situation eintritt, die sie die Situation löst aus, nicht die Ausnahmen. Auch innerhalb des Ausführungsabschnitts benötigen Sie keine Erwähnung, da sie in jedem Fall ausgelöst werden, wenn die entsprechende Bedingung auftritt. Daher genügt eine Fehlerbehandlung im Ausnahmeabschnitt, die die entsprechende Ausnahme mit Hilfe ihres Namens benennt und passende Anweisungen vorgibt.

Die folgende Tabelle listet Ausnahmen auf, die nicht in den Tabellen zu den Cursor- und Collection-Ausnahmen aufgeführt werden.

Name	ORA-Nr. / SQL-Wert	Bescheibung
ACCESS_INTO_NULL	ORA-06530 -6530	Versuch, einem nicht initialisierten Objekt (NULL) einen Wert zuzuweisen.
CASE_NOT_FOUND	ORA-06592 -6592	Innerhalb einer CASE-Anweisung trifft kein Fall zu, und es ist auch kein ELSE definiert.

Tabelle 4.7 Vordefinierte PL/SQL-Ausnahmen

Name	ORA-Nr. / SQL-Wert	Bescheibung
DUP_VAL_ON_INDEX	ORA-00001 -1	Doppelte Wertzuweisung in einer eindeutigen Spalte.
INVALID_NUMBER	ORA-01722 -1722	In einer SQL-Anweisung gelingt die Datentypkonversion zu einer Zahl nicht.
LOGIN_DENIED	ORA-01017 -1017	Zurückgewiesene Anmeldung wegen eines falschen Benutzernamens und/oder Passworts.
NO_DATA_FOUND	ORA-01403 +100	Eine SQL-Abfrage findet keine Zeilen (nicht zu verwenden bei FETCH).
NOT_LOGGED_ON	ORA-01012 -1012	Keine Verbindung zur Datenbank vorhanden.
PROGRAM_ERROR	ORA-06501 – 6501	Interner Fehler der PL/SQL-Maschine.
SELF_IS_NULL	ORA-30625 -30625	Versuch, die MEMBER-Methode einer NULL-Instanz zu rufen.
STORAGE_ERROR	ORA-06500 -6500	Die PL/SQL-Maschine hat nicht genügend Speicherplatz oder der Speicherplatz ist beschädigt.
SYS_INVALID_ROWID	ORA-01410 -1410	Die Datentypkonversion von ROWID zu CHAR misslingt, da keine gültige ROWID vorliegt.
TIMEOUT_ON_RESOURCE	ORA-00051 -51	Die Höchstwartezeit läuft ab.
VALUE_ERROR	ORA-06502 -6502	In einer prozeduralen Datentypkonversion gelingt die Umwandlung in eine Zahl nicht.
ZERO_DIVIDE	ORA-01476 -1476	Division durch 0.

Tabelle 4.7 Vordefinierte PL/SQL-Ausnahmen (Forts.)

Zur Verdeutlichung folgt ein Beispiel, in dem die Ausnahme TOO_MANY_ROWS für die SQL-Abfrage SELECT...INTO berücksichtigt wird. Zugegeben, die Abfrage ist nicht gerade darauf ausgerichtet, in einem Fall einmal nur eine einzige Zeile zurückzugeben, da ja nicht einmal der Primärschlüssel beachtet wird, doch umso beeindruckender ist dann die souveräne Problembehandlung:

```
DECLARE
 v_ReihenZahl NUMBER(3);
 v_UName      unternehmen.U_Name%TYPE;
 v_UBranche   unternehmen.U_Branche%TYPE;
```

```
 v_UStadt      unternehmen.U_Stadt%TYPE;
BEGIN
 SELECT COUNT(U_Nr)
   INTO v_ReihenZahl
   FROM unternehmen
  WHERE U_Stadt='Düsseldorf';
 SELECT U_Name, U_Branche, U_Stadt
   INTO v_UName, v_UBranche, v_UStadt
   FROM unternehmen
  WHERE U_Stadt='Düsseldorf';
 EXCEPTION
 WHEN TOO_MANY_ROWS
 THEN DBMS_OUTPUT.PUT_LINE('Zu viele Reihen: ' ||
v_ReihenZahl);
END;
```

Listing 4.99 434_02.sql: Vordefinierte Ausnahmen

Selbst definierte Ausnahmen

Für die Verwendung von selbst definierten Ausnahmen gibt es – ähnlich wie bei Cursorn – eine strenge Regelung und eine einfache Schrittabfolge, die Sie berücksichtigen müssen.

1. Definition der Ausnahme mit ihrem Namen und `EXCEPTION` im Deklarationsabschnitt.
2. Abfrage der Bedingungen, die die Ausnahme auslösen sollen, und Weiterleitung des Programms in den Ausführungsabschitt.
3. Behandlung der Situation bzw. der Ausnahme im Ausnahmeabschnitt.

Das folgende Programm ist ein wenig komplizierter als die vorherigen Beispiele, obwohl es noch nicht kompliziert genug ist, um als realistisch gelten zu können. In jedem Fall fragt eine Abfrage eine zufällige Auswahl von 0,55 % der Datensätze aus der Teilnehmer-Tabelle ab, aus der dann mit Hilfe einer Cursor-`FOR`-Schleife Buchungen für einen Kurstermin vorgenommen werden. Interessant ist nun, dass die Anzahl der Datensätze zwischen sieben und neun variiert, da die 0,55 % nicht immer die gleiche Datenmenge zurückliefern. Da nur sechs Buchungen pro Termin akzeptiert werden können (da dann der erste Seminarraum komplett belegt ist), müssen alle anderen Teilnehmer auf die Teilnahme am Kurs verzichten. Ihre Daten könnte man wiederum abspeichern oder für einen zweiten Kurs vormerken und dergleichen, doch diese Lösungen interessieren hier nicht. Ihre Daten gehen schlichtweg verloren, und man wird nie erfahren, wen die Zufallsauswahl noch bestimmt hat. Wichtig dagegen ist ausschließlich die Ausnahme, die nach dem sechsten Durchlauf der Schleife ausgelöst wird und die Schleife abbricht bzw. in den Ausnahmeabschnitt verzweigt.

```
DECLARE
 v_MaxBNr  buchung.B_Nr%TYPE;            -- Höchste Buchungsnr
 v_BDaten  buchung%ROWTYPE;              -- Buchungsdaten
 e_KursVoll EXCEPTION;                   -- Ausnahme Kurs voll
 CURSOR c_Teilnehmer IS
        SELECT TN_Nr, TN_Vorname, TN_Nachname
          FROM teilnehmer SAMPLE (0.55);  -- Teilnehmerwahl
BEGIN
 SELECT MAX(B_Nr)+1
   INTO v_MaxBNr
   FROM buchung;                         -- Höchste Buchungsnr
 IF v_MaxBNr IS NULL
  THEN v_MaxBNr := 1;                    -- Bei leerer Tabelle
 END IF;
 FOR v_TNDaten IN c_Teilnehmer LOOP      -- Cursor-Schleife
  INSERT INTO buchung (B_Nr, TN_Nr, T_Nr, B_Datum)
       VALUES (v_MaxBNr, v_TNDaten.TN_Nr, 589, SYSDATE)
    RETURNING B_Nr INTO v_BDaten.B_Nr;
  DBMS_OUTPUT.PUT(c_Teilnehmer%ROWCOUNT || ' - '||
v_BDaten.B_Nr || ': ');
  DBMS_OUTPUT.PUT_LINE(v_TNDaten.TN_Vorname || ' ' ||
v_TNDaten.TN_Nachname);
  IF c_Teilnehmer%ROWCOUNT = 6
   THEN RAISE e_KursVoll;                -- Auslösung Ausnahme
  END IF;
  v_MaxBNr := v_MaxBNr + 1;
 END LOOP;
 EXCEPTION
  WHEN e_KursVoll
  THEN DBMS_OUTPUT.PUT_LINE ('Kurs voll.');   -- Anweisungen
END;
```

Listing 4.100 434_03.sql: Selbst definierte Ausnahmen

Durch die Zufallsauswahl wurden bei unserem ersten Durchlauf folgende Teilnehmer ausgewählt. Rein zufällig wählte die SQL-Abfrage auch mehr als sechs Teilnehmer, sodass die Buchungsverarbeitung unterbrochen und die Information ausgegeben wurde, dass der Kurs voll sei.

```
1 - 1: Silke Besner
2 - 2: Rolf Flaßkamp
3 - 3: Wilfried Buxbaum
4 - 4: Martina Seligmann
5 - 5: Ursula Flotte Ecke
6 - 6: Wilma Fischer
Kurs voll.
PL/SQL-Prozedur wurde erfolgreich abgeschlossen.
```

Fehlermeldungen und Fehlerwerte

Mittlerweile dürften Ihnen schon einige Fehlermeldungen begegnet sein. Im Normalfall sollten sie helfen, einen Fehler auch tatsächlich zu beheben. Allerdings werden Sie sich noch nicht derart genau mit den Meldungen beschäftigt haben wie in diesem Beispiel. Die Fehlermeldungen von Oracle richten sich in ihrer Sprache nach den lokalen Einstellungen des Servers, sodass also die Fehlermeldungen an sich stets die gleichen sind, aber in unterschiedlichen Sprachen vorliegen. Der Übersichtlichkeit halber haben die Fehlermeldungen Nummern, die für die Oracle-Fehler mit `ORA` beginnen, worauf eine sechsstellige Nummer folgt. Bei SQL-Fehlerwerten enthalten die Meldungen entweder die gleiche Nummer oder eine andere, die in der Fehlerdokumentation nachzulesen sind.

Zum allgemeinen Fehlermanagement wäre für die Protokollierung eine Datenbankstruktur interessant, die in einer oder wenigen Tabellen Fehlermeldungen sowie weitere Informationen wie Zeit, Benutzer usw. speichert, damit man Fehler und Ausnahmen aufzeichnen kann. Dies ist nicht weiter schwierig über entsprechende Einfüge-Befehle zu realisieren, sodass wir Ihnen im nächsten Beispiel zunächst zeigen, wie Sie auf diese Fehlermeldungen selbst zugreifen können. In diesem Beispiel soll ein Termin automatisch eingetragen werden. Dazu benötigt man ausschließlich eine Kursnummer und einen Beginn. Die Länge und das Ende des Kurses werden automatisch aus der Tabelle `KURS` beschafft bzw. anhand einer einfachen Addition mit dem Feld `T_Beginn` errechnet. Unglückseligerweise für die erfolgreiche Eintragung bzw. glücklicherweise für die Verwendung von Fehlernummern gibt man eine nicht existente Kursnummer vor, sodass natürlich keine passende Daten für die Ermittlung der Kurslänge gefunden werden können. Dies löst die schon bekannte Ausnahme `NO_DATA_FOUND` (als deutsche Fehlermeldung dann »keine Daten gefunden«) aus, deren Fehlernummer für SQL und ORA wir einfach ausgeben.

Für die Verarbeitung von und den Zugriff auf Fehlermeldungen haben Sie folgende zwei Möglichkeiten, wobei beide als Funktionen bzw. Spaltenfunktionen fungieren und nur den aktuellen bzw. letzten Fehlerwert bereithalten. Wenn Sie also diese Fehlerwerte nicht in einer Tabelle abspeichern, dann müssen Sie die entsprechenden Werte in Variablen speichern.

- Die Funktion `SQLCODE` ruft den zuletzt vorgefallenen SQL-Fehlerwert auf und kann ihn z.B. als Spaltenfunktion in eine Tabelle eintragen.
- Die Funktion `SQLERRM` ruft den zuletzt vorgefallenen ORA-Fehlerwert auf und kann ihn z.B. als Spaltenfunktion in eine Tabelle eintragen. Da eine Oracle-Fehlermeldung maximal 512 Zeichen lang ist, muss man dies bei der Definition einer Variablen respektive Spalte und ihrer Zeichenkettenlänge berücksichtigen bzw. die Fehlermeldung passend zurechtstutzen.

Möchten Sie eine eigene Fehlermeldung definieren und diese auch wie alle anderen Fehlermeldungen ausgeben, dann verwenden Sie dafür die nächste Funktion:

```
RAISE_APPLICATION_ERROR(nummer, text [, speichern]);
```

In dieser Funktion geben Sie eine Fehlernummer im Bereich von –20 000 bis –20999 vor, einen Text und `TRUE` oder `FALSE` (Standardwert) für die Speicherung des Fehlers in einer Fehlerliste. Die Textausgabe richtet sich dabei nach den gleichen Richtlinien wie für die Pufferausgabe, sodass also Variablen und Texte in Form von Zeichenketten mit || aneinander gereiht werden.

```
DECLARE
 v_TDaten      termin%ROWTYPE;
 v_KDauer      kurs.K_Dauer%TYPE;
BEGIN
 v_TDaten.K_Nr              := 120536;
 v_TDaten.T_Beginn          := '15.09.2003';
 SELECT MAX(T_Nr)+1
   INTO v_TDaten.T_Nr
   FROM termin;                     -- Höchste Terminnr
 SELECT K_Dauer
   INTO v_KDauer
   FROM kurs
  WHERE K_Nr=v_TDaten.K_Nr;         -- Kursdauer in Tagen
 INSERT INTO termin
 VALUES (v_TDaten.T_Nr, v_TDaten.K_Nr,
        v_TDaten.T_Beginn, v_TDaten.T_Beginn+v_
KDauer, 'Essen');
 EXCEPTION
 WHEN NO_DATA_FOUND
```

```
  THEN DBMS_OUTPUT.PUT_LINE(SQLCODE);
       DBMS_OUTPUT.PUT_LINE(SUBSTR(SQLERRM,5,5));
       DBMS_OUTPUT.PUT_LINE(SUBSTR(SQLERRM,11));
   --RAISE_APPLICATION_ERROR
     (-20000, 'Kursnummer ' || v_TDaten.K_Nr || ' falsch!');
END;
```

Listing 4.101 434_04.sql: Fehlermeldungen und Werte

In der Ausgabe erhält man den kompletten SQL-Fehlercode, der keine Textmeldung beinhaltet, sondern lediglich eine Zahl. Für die ORA-Fehlermeldung hingegen wenden wir zusätzlich die Spaltenfunktion `SUBSTR` an. Mit ihr lesen wir zum einen die sechsstellige Nummer aus, mit deren Hilfe der Fehler eindeutig identifiziert werden kann, und zum anderen den Fehlertext, der weitere Informationen in Klartext liefert.

```
100
01403
Keine Daten gefunden
PL/SQL-Prozedur wurde erfolgreich abgeschlossen.
```

Die Ausgabe der Pufferinformationen bleibt im Fall der aktivierten Fehlermeldung über `RAISE_APPLICATION_ERROR` erhalten, während allerdings die Verwendung dieser Funktion das gesamte Programm abbricht und die eingegebene Fehlermeldung nebst Nummer und Variablenwert auswirft.

```
100
01403
Keine Daten gefunden
DECLARE
*
FEHLER in Zeile 1:
ORA-20000: Kursnummer 120536 falsch!
ORA-06512: in Zeile 22
```

Fehler und Ausnahmen in verschachtelten Blöcken

Bisher standen die Ausnahmen und das sie auslösende Programm in einem einzigen Block. Interessant ist natürlich auch, wie die PL/SQL-Maschine mit verschachtelten Blöcken umgeht und wie dies zu behandeln ist. Dazu gibt es ein einfaches Regelwerk, das wir mit den Begriffen »Innen-« und »Außen-Regel« belegen wollen. Es gibt dann noch eine Sonderregel für Fehler im Deklarationsabschnitt und letztlich noch eine Extraregel für Ausnahmen innerhalb von Kopf-Abschnitten von Modulen. Diese folgen beide später.

- Die *Innen-Regel* kontrolliert, ob innerhalb eines Blocks eine Ausnahmebehandlung vorgegeben ist. Ist dies der Fall, wird diese automatisch ausgeführt.
- Die *Außen-Regel* kontrolliert ebenfalls, ob innerhalb eines Blocks eine Ausnahmebehandlung vorgegeben ist. Sollte diese allerdings fehlen, wird die Ausnahme an den äußeren Block weitergeleitet. Ist dort die Ausnahme mit einer Behandlung versehen, so wird diese ausgeführt.

In Abbildung 4.40 erkennen Sie die Standardfälle, die mit zwei ineinander verschachtelten Blöcken abgebildet werden können. Eine weitere Ausnahme liefern wir in Form eines Spezialfalls in einem eigenen Abschnitt nach. Für den `Fehler1` liegt direkt im `Block1` auch eine Ausnahmebehandlung vor, sodass `Fehler1` in `Block1` auch dort gemäß der Innen-Regel behandelt wird. Innerhalb von `Block2` tauchen nun drei Fehler auf. `Fehler1` wird gemäß der Außen-Regel in `Block1` behandelt, da innerhalb von `Block2` keine Ausnahmebehandlung vorliegt. `Fehler2` wird in `Block2` behandelt, da auch dort gemäß der Innen-Regel eine Behandlung zu finden ist. Für `Fehler3` greift die Außen-Regel, da auch hier in `Block2` keine Behandlung auffindbar ist. Allerdings entspricht dies gleichsam der Situation in `Block1`, sodass dieser Fehler mit einer Fehlermeldung endet, als wäre der Fehler in `Block1` ohne Ausnahmebehandlung aufgetreten.

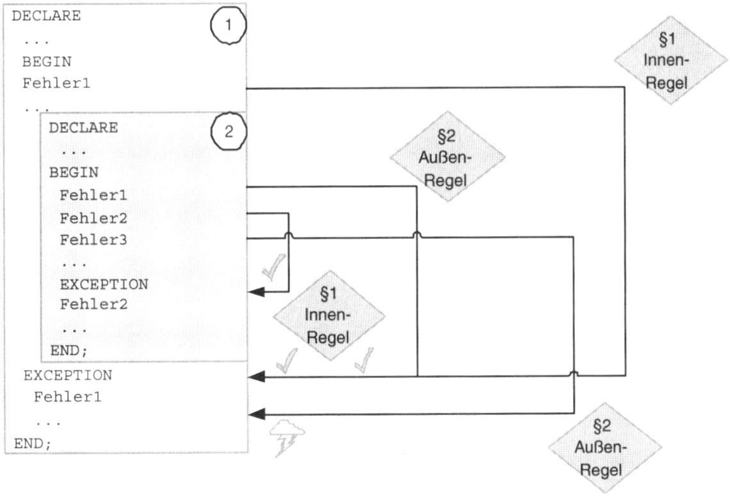

Abbildung 4.40 Ausnahmen in verschachtelten Blöcken

Das nächste Beispiel spiegelt die beiden Regeln wider. Ein einfaches Verschieben der Abfrage der Kursdauer vom inneren in den äußeren Block ermöglicht es Ihnen, die beiden Regeln im Vergleich kennen zu lernen. Es ist eine

Abwandlung des vorherigen Beispiels unter Verwendung eines eingeschobenen Blocks, in dem die Kurslänge und die Teilnehmer festgelegt werden.

```
<<Block1>>
DECLARE
 v_TDaten      termin%ROWTYPE;
 v_KDauer      kurs.K_Dauer%TYPE;
BEGIN
 v_TDaten.K_Nr                :=  120536;
 v_TDaten.T_Beginn            :=  '15.09.2003';
 SELECT MAX(T_Nr)+1
   INTO v_TDaten.T_Nr
   FROM termin;                      -- Höchste Terminnr
<<Block2>>
 DECLARE
 BEGIN
  -- Position entscheidet über Ausnahmeabschnitt
  SELECT K_Dauer
    INTO v_KDauer
    FROM kurs
   WHERE K_Nr=v_TDaten.K_Nr;           -- Kursdauer in Tagen
  INSERT INTO termin
  VALUES (v_TDaten.T_Nr, v_TDaten.K_Nr,
          v_TDaten.T_Beginn, v_TDaten.T_Beginn+v_KDauer,
'Essen');
  EXCEPTION
   WHEN NO_DATA_FOUND
    THEN DBMS_OUTPUT.PUT_LINE('2: ' || SUBSTR(SQLERRM,5,5));
         DBMS_OUTPUT.PUT_LINE('2: ' || SUBSTR(SQLERRM,12));
 END Block2;
 EXCEPTION
 WHEN NO_DATA_FOUND
  THEN DBMS_OUTPUT.PUT_LINE('1: ' || SUBSTR(SQLERRM,5,5));
       DBMS_OUTPUT.PUT_LINE('1: ' || SUBSTR(SQLERRM,12));
END Block1;
```

Listing 4.102 434_05.sql: Verschachtelte Blöcke und Ausnahmen

Wenn Sie das Programm so lassen, wie es zuvor abgedruckt wurde, dann erhalten Sie natürlich gemäß der Innen-Regel die folgende Ausgabe, in der die Ausnahmen des zweiten Blocks zum Einsatz kommen. Entfernen Sie diesen inneren Ausnahmeabschnitt, greift die Außen-Regel. Positionieren Sie die fehlerhafte Abfrage in den äußeren Block, dann erhalten Sie gemäß der Innen-Regel die Ergebnisse des Ausnahmeabschnitts dieses äußeren Blocks.

```
2: 01403
2: Keine Daten gefunden
PL/SQL-Prozedur wurde erfolgreich abgeschlossen.
```

Verschachtelte Blöcke und besondere Ausnahmen

Ausnahmen lassen sich auch in anderen Abschnitten als dem Anweisungsabschnitt auslösen und können sogar behandelt werden! Allerdings gibt es dafür eine besondere Regelung, was die Behandlung von derartigen Ausnahmen betrifft, denn für beide Fehlertypen gilt, dass sie im äußeren Block behandelt werden müssen. Gibt es keinen äußeren Block, kann auch kein Ausnahmeabschnitt der Welt mehr helfend eingreifen, und das Programm wird mit einer Fehlermeldung beendet.

Dazu betrachten wir zunächst ein Beispiel für eine Ausnahme, die durch einen Wertefehler im Deklarationsabschnitt ausgelöst wird. Zwei Variablen werden automatisch durch eine Abfrage mit Werten gefüllt, die nachher einer anderen Variablen über eine Rechenvorschrift (Division) zugewiesen werden. Die eine Variable `v_BZahl` erfasst die Summe der Buchungen für einen Termin, die andere Variable `v_BPreisSumme` ermittelt den Gesamtpreis, den die Teilnehmer für diesen Kurstermin bezahlen. Beide Abfragen liefern 0 und `NULL`, da gar keine Buchung für diesen Termin vorliegt. Da wiederum im inneren Block die Variable `v_PreisDurchschnitt NOT NULL` sein sollte, wird die Ausnahme `VALUE_ERROR` ausgelöst. Sie wird im äußeren Block behandelt.

```
<<Block1>>
DECLARE
 v_BZahl        buchung.B_TZahl%TYPE;
 v_BPreisSumme  buchung.B_Preis%TYPE;
BEGIN
 SELECT COUNT(B_Nr)
   INTO v_BZahl
   FROM buchung
  WHERE T_Nr=531;       -- TN-Zahl für Termin
 SELECT SUM(B_Preis)
   INTO v_BPreisSumme
  FROM buchung
 WHERE T_Nr=531;        -- Gesamtpreis für Termin
<<Block2>>
 DECLARE
```

```
  v_BPreisDurchschnitt v_BPreisSumme%TYPE NOT NULL :=
v_BZahl/v_BPreisSumme;
 BEGIN
  DBMS_OUTPUT.PUT_LINE('Preis: ' || v_BPreisDurchschnitt);
  EXCEPTION
   WHEN VALUE_ERROR
   THEN DBMS_OUTPUT.PUT_LINE('2: Keine Buchungen erfolgt.');
 END;
  EXCEPTION
   WHEN VALUE_ERROR
   THEN DBMS_OUTPUT.PUT_LINE('1: Keine Buchungen erfolgt.');
END Block1;
```

Listing 4.103 434_06.sql: Ausnahme im Deklarationsabschnitt

Da eine Ausnahme im Deklarationsabschnitt nur im äußeren Block bzw. im PL/SQL-Bereich behandelt werden kann bzw. dorthin zurückgegeben wird, aktiviert diese Ausnahme im inneren Block die Ausnahmebehandlung im äußeren. Dies zeigt sowohl die Ausgabe des Programms als auch ein Experiment, bei dem Sie den äußeren Ausnahmeabschnitt entfernen und betrachten, wie der allgemeine Fehler ausgelöst wird.

```
1: Keine Buchungen erfolgt.
PL/SQL-Prozedur wurde erfolgreich abgeschlossen.
```

Entfernt man tatsächlich den Ausnahmeabschnitt des äußeren Blocks, erhält man die allgemeine Fehlermeldung des Wertefehlers (VALUE_ERROR).

```
<<Block1>>
*
FEHLER in Zeile 1:
ORA-06502: PL/SQL: numerischer oder Wertefehler
ORA-06512: in Zeile 16
```

Im Ausnahmeabschnitt sind zwei Ausnahmephänomene zu berücksichtigen. Zum einen können Sie über die in den anderen Beispielen schon gezeigte Syntax `WHEN bedingung THEN RAISE ausnahme;` bzw. über eine vordefinierte Ausnahme auf eine Ausnahmebehandlung in einem anderen Block verzweigen (also ausdrücklich nicht im gleichen, auch wenn die Behandlung eine Zeile später erscheint!). Dies dient dazu, auch die Ausnahmebehandlung vor Fehlern zu schützen bzw. bei verschachtelten Blöcken auch aus Ausnahmen heraus auf allgemeine Ausnahmen zurückgreifen zu können, wenn die Lösung quasi eine »Verschlimmbesserung« des ursprünglichen Problems darstellt. Zum anderen können Sie – wie es das nächste Beispiel zeigt – eine hierarchische Struktur von

Ausnahmen aufbauen. Dazu entwerfen Sie eine individuelle Lösung, speichern z.B. die Fehlerquelle und den Fehlerwert in eine Protokolltabelle, wofür Sie – da dies die allgemeine Behandlung bei allen Fehlern dieses Typs darstellt – den Fehler über ein einfaches `RAISE;` erneut auslösen und dadurch den aktuellen Block nach außen hin verlassen.

Im folgenden Beispiel soll bei der Ausnahme `TOO_MANY_ROWS` immer die Anzahl der Reihen ausgegeben werden, die von der Abfrage gefunden wird. Dies ist ein allgemeiner Fall, der im äußeren Block liegt. Als spezielle Lösung des Problems soll lediglich der Ort (Blocknummer und Programmbereich) ausgegeben werden. Dies könnte also eine Information für eine Protokolltabelle sein.

```
<<Block1>>
DECLARE
 v_ReihenZahl NUMBER(3);
 v_UName      unternehmen.U_Name%TYPE;
 v_UBranche   unternehmen.U_Branche%TYPE;
 v_UStadt     unternehmen.U_Stadt%TYPE;
BEGIN
 SELECT COUNT(U_Nr)
   INTO v_ReihenZahl
   FROM unternehmen
  WHERE U_Stadt='Düsseldorf';
 <<Block2>>
 DECLARE
 BEGIN
 SELECT U_Name, U_Branche, U_Stadt
   INTO v_UName, v_UBranche, v_UStadt
   FROM unternehmen
  WHERE U_Stadt='Düsseldorf';
 EXCEPTION
 WHEN TOO_MANY_ROWS THEN
  DBMS_OUTPUT.PUT_LINE('Block2 - Kunden pro Stadt');
  RAISE;
 END Block2;
 EXCEPTION
 WHEN TOO_MANY_ROWS
 THEN DBMS_OUTPUT.PUT_LINE('Zu viele Reihen: ' ||
v_ReihenZahl);
END Block1;
```

Listing 4.104 434_07.sql: Ausnahmen im Deklarationsabschnitt

Als Ergebnis erhält man sowohl die spezielle Information, wo der Fehler aufgetreten ist (ein möglicher Eintrag in einer Fehlertabelle), als auch durch die erneute Auslösung der Ausnahme die allgemeinen Informationen bzw. die allgemeine Fehlerbehandlung im äußeren Block. Dadurch kann man die Abarbeitung von gleichen Fehlern innerhalb eines Programms bzw. innerhalb mehrerer Blöcke hierarchisch gestalten.

```
Block2 - Kunden pro Stadt
Zu viele Reihen: 42
PL/SQL-Prozedur wurde erfolgreich abgeschlossen.
*/
```

Verwendung von Ausnahmen bei Schleifen und Blöcken

Zum Abschluss der Ausnahmen und Fehler lösen wir ein Problem auf, das Sie eventuell schon seit einigen Seiten beschäftigt hat, wenn Sie das Beispiel kopiert oder selbst geschrieben haben. Es handelte sich um die automatische Buchung von zufällig ausgewählten Teilnehmern, wobei höchstens sechs Teilnehmer an einem Kurstermin teilnehmen können. Überschüssige (pardon) Teilnehmer konnten nicht gebucht werden bzw. fielen aus der Verarbeitung heraus, da der Cursor durch die Cursor-`FOR`-Schleife bereits geschlossen wurde, sobald die Ausnahme zum Zuge kam. Natürlich würde man gern in einer Tabelle wie `WARTELISTE` diejenigen Teilnehmer erfassen, die entweder bei Absage eines anderen Teilnehmers oder beim Erreichen eines bestimmten Schwellenwertes wie z.B. drei in einen neuen Kurs gehen können, der zeitgleich stattfindet. Dies sind Überlegungen, die strukturell das gesamte Datenmodell realistischer gestalten, aber auch das Erlernen etwas erschweren würden. Daher beschränken wir auch die Erweiterung des Beispiels auf die Struktur. Dass überall bei Pufferausgaben am besten Tabelleneinträge ständen, kann man sich leicht vorstellen.

Um das Problem aus dem vorherigen Beispiel zu lösen, gibt es also folgende Möglichkeit, die natürlich noch durch den Einsatz anderer syntaktischer Elemente wie Funktionen oder andere Prozeduren ergänzt wird. Zum einen wird der gesamte Eintragungsvorgang nebst Ausnahme in einen eigenen, inneren Block gepackt. Dies ermöglicht die Verwendung einer Ausnahme für den allgemeinen Fall, dass die Buchungszahl zu groß wird, ohne dass sofort das gesamte Programm beendet wird. Stattdessen werden so lediglich der Block und die Schleife beendet, mit der die einzelnen Buchungsdaten erfasst werden. Da das Öffnen und Schließen des Cursors im äußeren Block geschieht, ist der Cursor weiterhin geöffnet, wenn der innere Block durch die Ausnahme verlassen wird. Man kann dann einfach die noch fehlenden Teilnehmer über eine weitere Schleife und ein einfaches FETCH weiterverarbeiten, bis der gesamte Cursor durchlaufen ist.

```
<<Block1>>
DECLARE
 v_MaxBNr   buchung.B_Nr%TYPE;              -- Höchste Buchungsnr
 v_BDaten   buchung%ROWTYPE;                -- Buchungsdaten
 v_TNDaten teilnehmer%ROWTYPE;              -- Teilnehmerdaten
 Zaehler    NUMBER(2);                      -- Schleifenzähler
 v_MaxTN    NUMBER(1)          := 6;        -- Höchste TN-Zahl
 e_KursVoll EXCEPTION;                      -- Ausnahme Kurs voll
 CURSOR c_Teilnehmer IS
     SELECT TN_Nr, TN_Vorname, TN_Nachname
       FROM teilnehmer SAMPLE (0.55);  -- Teilnehmerwahl
BEGIN
 -- Wähle höchste Buchungsnummer
 SELECT MAX(B_Nr)+1
   INTO v_MaxBNr
   FROM buchung;
 -- Setze v_MaxBNr bei leerer Tabelle auf 1
 IF v_MaxBNr IS NULL
  THEN v_MaxBNr := 1;
 END IF;
 -- Starte Cursor-Verarbeitung: Öffnung
 OPEN c_Teilnehmer;
 <<Block2>>
 DECLARE
 BEGIN
  -- Erfasse Teilnehmer bis v_MaxTN
  LOOP
  FETCH c_Teilnehmer
   INTO v_TNDaten.TN_Nr, v_TNDaten.TN_Vorname, v_TNDaten.TN_
Nachname;
  EXIT WHEN c_Teilnehmer%NOTFOUND;
   INSERT INTO buchung (B_Nr, TN_Nr, T_Nr, B_Datum)
       VALUES (v_MaxBNr, v_TNDaten.TN_Nr, 589, SYSDATE)
    RETURNING B_Nr INTO v_BDaten.B_Nr;
  DBMS_OUTPUT.PUT(c_Teilnehmer%ROWCOUNT || ' - '||
v_BDaten.B_Nr || ': ');
  DBMS_OUTPUT.PUT_LINE(v_TNDaten.TN_Vorname || ' ' ||
v_TNDaten.TN_Nachname);
   -- Prüfe auf Erreichen von v_MaxTN
```

```
  IF c_Teilnehmer%ROWCOUNT = v_MaxTN
  THEN RAISE e_KursVoll;                       -- Ausnahme
  END IF;
  -- Erhöhung der Zählervariablen
  v_MaxBNr := v_MaxBNr + 1;
  Zaehler := c_Teilnehmer%ROWCOUNT;
  END LOOP;
 EXCEPTION
  WHEN e_KursVoll
  THEN DBMS_OUTPUT.PUT_LINE ('Kurs voll.');   -- Anweisungen
 END Block2;
 -- Gebe nicht gebuchte Teilnehmer aus
 LOOP
  FETCH c_Teilnehmer
   INTO v_TNDaten.TN_Nr, v_TNDaten.TN_Vorname,
v_TNDaten.TN_Nachname;
 EXIT WHEN c_Teilnehmer%NOTFOUND;
  DBMS_OUTPUT.PUT(c_Teilnehmer%ROWCOUNT || ' - '|| '-- : ');
  DBMS_OUTPUT.PUT_LINE(v_TNDaten.TN_Vorname || ' ' ||
v_TNDaten.TN_Nachname);
 END LOOP;
 -- Beende Cursor-Verarbeitung: Schließung
 CLOSE c_Teilnehmer;
END Block1;
```

Listing 4.105 434_08.sql: Verschachtelte Blöcke, Cursor und Ausnahmen

Das Ergebnis ist mit Blick auf die Pufferausgabe und die Tabelle BUCHUNG hervorragend. Wir haben so lange und voller Freude auf F5 gedrückt, bis endlich auch Frau Flotte Ecke zumindest in der Ausgabe erschien, wenn sie auch dieses Mal nicht am Kurs teilnehmen kann:

```
1 - 72: Johann Erdle
2 - 73: Markus Drinkhut
3 - 74: Marga Balsing
4 - 75: Alfons Rex
5 - 76: Axel Deptolla
6 - 77: Markus Sendel
Kurs voll.
7 - -- : Ursula Flotte Ecke
8 - -- : E. Balthasar
9 - -- : Manfred Besl
PL/SQL-Prozedur wurde erfolgreich abgeschlossen.
```

An diesem Programm sieht man auch sehr schön die Problematik der Ausnahmenbehandlung, wenn die Ausnahme nicht ein gesamtes Programm beenden, sondern lediglich eine typische Fehlerquelle berücksichtigen soll. Überall dort, wo eine einfache Fallunterscheidung ebenso gute Dienste leistet, ist der Einsatz einer Ausnahme sicherlich nicht geeignet. Man muss nämlich den korrigierten Programmablauf in die Ausnahmebehandlung übernehmen und weitere Programmstücke über andere Blöcke anschließen. Über verschachtelte Blöcke lässt sich allerdings die eigentliche Funktion von Ausnahmen wiederum sehr gut benutzen, sodass Programme tatsächlich robuster werden. Ihr Einsatzbereich liegt also – vereinfacht gesagt – überall dort, wo typische und keine individuellen Fehler liegen. Ihr Nutzen steigt zudem, wenn diese systematischen Fehlerquellen häufig auftreten und nicht nur ein einziges Mal.

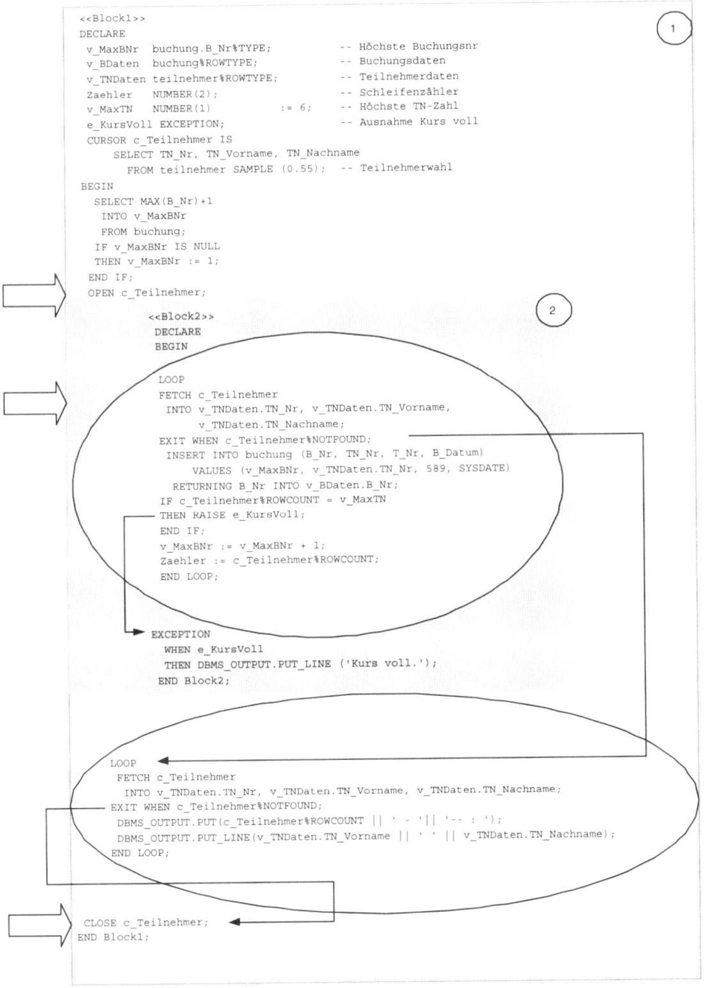

Abbildung 4.41 Blöcke, Cursor und Ausnahmen

4.3.5 Collections und ihre Verarbeitung

Nicht nur bei der Softwareentwicklung, die ohne Datenbankverbindungen und SQL-Befehle auskommt, können Sammlungen von Variablen in Form von Arrays oder auch anderen Konstruktionen genutzt werden, um Datenstrukturen, die ähnlich, aber nicht gleich sind, sowie zusammenhängende Daten zu organisieren. Insbesondere bei der Softwareentwicklung mit Datenbanken bzw. sogar in einer Datenbank selbst erwartet man sicherlich eine große Anzahl an Möglichkeiten, diese Sammlungen zu verarbeiten. Dazu hatten wir bereits in einem früheren Abschnitt auf die Möglichkeiten der Mengenbindung und Mengenverarbeitung hingewiesen, als es um die Problematik der Netzwerkbelastung bei einer Datenverarbeitung in Schleifen-Iterationen ging. Diese Techniken beschreiben wir im nächsten Abschnitt gesondert.

Collection-Typen

Eine Collection (Sammlung) repräsentiert eine geordnete Menge von Werten, die in einem strukturellen Zusammenhang stehen, wie es beispielsweise bei Tabellen üblich ist. Dabei lässt sich jedes einzelne Element individuell ansprechen und abrufen bzw. verarbeiten. Folgende drei Sammlungstypen stehen Ihnen in PL/SQL zur Verfügung:

- **Assoziative Arrays** stellen typische Array-Strukturen dar, in denen Werte über eine Zahl oder eine Zeichenkette adressiert werden können. Diese Tabelle ist nur eindimensional, sodass alle Elemente den gleichen Datentyp haben, der in der Typdefinition für die Tabelle festgelegt ist. Die Elemente müssen nicht dicht gesetzt sein, d. h., zwischen einzelnen Elementen können freie Reihen existieren.
- **Nested Tables** stellen typische Array-Strukturen dar, in denen Werte über eine Zahl adressiert werden können. Nested Tables können mit SQL direkt in Datenbank-Tabellen gespeichert werden und stellen damit ein Konzept der Mengenverarbeitung dar. In verschachtelten Tabellen darf es leere Zeilen geben. Sie können durch das Entfernen von Werten entstehen.
- **Varrays** bieten im Gegensatz zu den anderen Sammlungen nur eine feste Anzahl an Elementen, die aber natürlich in ihrem Wert verändert werden können. In Arrays darf es keine leeren Zeilen geben; sie erfordern eine dichte Besetzung durch Werte, wohingegen Varrays die Fähigkeit besitzen, innerhalb der fix definierten Obergrenze auch leere Zeilen zu besitzen. Ihre Zusammenarbeit mit der Datenbank funktioniert ähnlich wie bei verschachtelten Tabellen, allerdings gibt es Geschwindigkeitsunterschiede.

Assoziative Arrays (Index-By-Tabellen)

Für die Definition einer Index-By-Tabelle bzw. eines assoziativen Arrays (was der neue offizielle und auch zukunftsträchtigere Name ist) verwenden Sie die folgende allgemeine Syntax. Sie erinnert Sie an andere Typ-Deklarationen, denn auch hier muss zunächst die Tabelle als Typ definiert und dann einer Variablen als Datentyp zugewiesen werden. Erst diese Variable nimmt dann die benötigten Werte bzw. den benötigten Wert auf.

```
TYPE typname IS TABLE OF datentyp [NOT NULL]
INDEX BY [BINARY_INTEGER | PLS_INTEGER | VARCHAR2(n)];
variable typname;
```

Im folgenden Beispiel definieren wir, wie unschwer zu erkennen ist, ein assoziatives Array und bauen auch sofort einige Fallstricke ein. Diese berücksichtigen wir dann mit den beiden typischen Ausnahmen, nämlich `VALUE_ERROR` (bei einer Wertzuweisung mit falschem Datentyp) und `NO_DATA_FOUND` (bei einer Adressierung leerer Zeilen). Über den Kommentar können Sie regeln, welche Ausnahme und damit welcher Fehler aktiviert und gelöst werden soll. Neben der Definition sehen Sie auch, wie im Anweisungsabschnitt den einzelnen Zeilen der Tabelle über eine Klammer-Syntax Werte zugewiesen werden. In Schleifen oder Fallprüfungen können Sie anstatt der Ihnen bekannten Zeilen auch eine Variable mit `v_KNr(c_Kurse%ROWCOUNT)` oder `v_KNr(v_TDaten.K_Nr)` verwenden. Im ersten Fall speichern Sie die Datensätze sequenziell von 1 ansteigend über die Reihennummer der Cursor-Verarbeitung. Im zweiten Beispiel hingegen nutzen Sie die Tatsache, dass die Kursnummer eine Zahl ist. Die Zahlen der Kursnummern bilden insgesamt zwar keine aufsteigende Zahlenfolge, können aber dennoch als Index für das assoziative Array verwendet werden.

Die maximale Länge der Tabelle richtet sich nach dem verwendeten Datentyp. Für `BINARY_INTEGER` kann man also Zeilen von –/+2147483647 definieren.

Darüber hinaus testet das Beispiel auch, was geschieht, wenn ein Wert in einem anderen Datentyp (hier Zeichenkette statt Zahl) zugewiesen wird und wenn eine leere Zeile adressiert wird. Eine falsche Wertzuweisung löst die Ausnahme `VALUE_ERROR` aus, während der Zugriff auf eine leere Zeile mit `NO_DATA_FOUND` geahndet wird.

```
DECLARE
 TYPE T_KNr IS TABLE of kurs.K_Nr%TYPE
  INDEX BY BINARY_INTEGER;
 v_KNr T_KNr;
BEGIN
 v_KNr(1)    := 1025051;
```

```
 v_KNr(2)    := 1025061;
 v_KNr(4)    := 1025073;
 --v_KNr(5) := 'Oracle';
 DBMS_OUTPUT.PUT_LINE('Anweisungsabschnitt: ' || v_KNr(1));
 DBMS_OUTPUT.PUT_LINE(v_KNr(3));
 EXCEPTION
 WHEN NO_DATA_FOUND
  THEN v_KNr(3) := 1025071;
  DBMS_OUTPUT.PUT_LINE('Ausnahmeabschnitt: ' || v_KNr(3));
 WHEN VALUE_ERROR
  THEN v_KNr(5) := 1025063;
  DBMS_OUTPUT.PUT_LINE('Ausnahmeabschnitt: ' || v_KNr(5));
END;
```

Listing 4.106 435_01.sql: Definition eines assoziativen Arrays

Da im vorliegenden Fall mit einer auskommentierten falschen Wertzuweisung zunächst auf eine leere Zeile zurückgegriffen werden soll, aktiviert man auch zunächst diesen Fehler. Dies führt dazu, dass durch die geplante Ausgabe von `v_KNr(3)` die Ausnahme `NO_DATA_FOUND` aufgerufen wird. Sie sehen hier übrigens, dass sich das assoziative Array tatsächlich wie eine Tabelle verhält, denn diese Ausnahme war bisher nur Datenbanktabellen vorbehalten.

```
Anweisungsabschnitt: 1025051
Ausnahmeabschnitt: 1025071
PL/SQL-Prozedur wurde erfolgreich abgeschlossen.
```

Möchten Sie Datumsinformationen als ausgeschriebenes Datum und nicht als einfache Zahl im Index verwenden, so können Sie auf `VARCHAR2` als Datentyp für den Index zurückgreifen. Dieser wandelt dann eingehende Informationen wie Zahlen oder auch eine Datumsinformation über die `TO_CHAR`-Funktion automatisch in einen Text um.

```
DECLARE
 TYPE T_Monat IS TABLE of VARCHAR2(10)
  INDEX BY VARCHAR2(8);
 v_Monat T_Monat;
BEGIN
 v_Monat(22032003)   := 'März';
 v_Monat(22-08-2003) := 'August';
 DBMS_OUTPUT.PUT_LINE(v_Monat(22032003));
END;
```

Listing 4.107 435_02.sql: Verwendung von VARCHAR2

Für die Definition eines Datentyps boten die zurückliegenden Beispiele bereits die Typableitung über %TYPE und die explizite Verwendung eines Datentyps an. Interessant ist auch, dass zusätzlich sowohl %ROWTYPE als auch Objekttypen als Datentypen eingesetzt werden können. Über diese Struktur, so könnte man meinen, entsteht dann eine mehrdimensionale Tabelle. Tatsächlich verhält es sich aber anders: Über das assoziative Array greifen Sie lediglich auf den Datensatz zu, in dem die einzelnen Felder mit Werten zu finden sind.

Folgendes Beispiel findet z.B. Kristina Gelddreh, da sie die Dozentennummer 15 besitzt. Beachten Sie sowohl beim Aufruf der einzelnen Felder als auch bei einer möglichen direkten Zuweisung die Syntax tabelle(index).spaltenname.

```
DECLARE
 TYPE T_Dozent IS TABLE of dozent%ROWTYPE
  INDEX BY BINARY_INTEGER;
 v_Dozent T_Dozent;
BEGIN
 SELECT *
   INTO v_Dozent(15)
   FROM dozent
  WHERE D_Nr=15;
 DBMS_OUTPUT.PUT(v_Dozent(15).D_Vorname || ' ');
 DBMS_OUTPUT.PUT_LINE(v_Dozent(15).D_Nachname);
END;
```

Listing 4.108 435_03.sql: Verwendung von %ROWTYPE

Sollten Sie nicht alle Felder, sondern nur eine Auswahl benötigen, dann verwenden Sie eine explizite Zuweisung in die einzelnen Felder des Datensatztyps. Dazu nennen Sie zunächst die Spalten, die Sie interessieren, und rufen diese dann über die Punktnotation bei der Zuweisung wieder auf.

```
SELECT D_Vorname, D_Nachname
   INTO v_Dozent(15).D_Vorname, v_Dozent(15).D_Nachname
   FROM dozent
  WHERE D_Nr=15;
```

Verschachtelte Tabellen (Nested Tables)

Nachdem wir die assoziativen Arrays so ausführlich behandelt haben, gibt es wenig Neues zu den verschachtelten Tabellen zu sagen. Es handelt sich auch um eine spärlich besetzte Tabelle mit Schlüsseln und Werten, wobei also in der einzelne Elemente leer sein können. Die Werte müssen auch nicht sequenziell aufeinander folgen, müssen allerdings einen positiven Wert aufweisen. Interessant ist bei der Verarbeitung, dass diese Konstruktion in einer Datenbank-Tabelle gespeichert werden kann. Für die Definition von verschachtelten Tabellen verwenden Sie die folgende allgemeine Syntax:

```
TYPE name IS TABLE OF datentyp [NOT NULL];
variable typname :=typname(werteliste);
```

Für die Datentypen gelten einige Einschränkungen. So ist in PL/SQL die Verwendung von `REF CURSOR`, `NCHAR`, `NCLOB` oder `NVARCHAR2` nicht erlaubt.

Im Beispiel legen wir eine Tabelle für Dozentennachnamen an, die wir dann mit zwei Namen füllen. Dazu müssen Sie zunächst den Tabellentyp deklarieren und diesen dann einer Variablen zuweisen. Bereits im Deklarationsabschnitt muss mindestens eine leere Tabelle erzeugt werden, wenn man nicht komplett auf den Einsatz des deklarierten Typs verzichten möchte. Später lässt er sich aber auch nur noch in Deklarationsabschnitten definieren. Eine leere Tabelle würde man mit `variable tabellentyp := ()` bzw. `v_Dozent T_Dozent := T_Dozent();` deklarieren. Dies kann dann später auch in Fallunterscheidungen mit `IS [NOT] NULL` überprüft werden. Versucht man, in einer leeren `NULL`-Tabelle einen Wert einzutragen, löst man die Ausnahme `COLLECTION_IS_NULL` aus. Im Deklarationsabschnitt können Sie zudem auch nur einmal die Variable für die Tabelle verwenden und sie daher nicht sofort überschreiben (siehe Beispiel für gewöhnliche Variablen in *435_04.sql*).

```
DECLARE
 TYPE T_Dozent IS TABLE of dozent.D_Nachname%TYPE;
 v_Dozent T_Dozent := T_Dozent('Ebenhof', 'Gelddreh');
BEGIN
 FOR Zaehler IN 1..3 LOOP
 DBMS_OUTPUT.PUT_LINE(v_Dozent(Zaehler));
 END LOOP;
 EXCEPTION
 WHEN SUBSCRIPT_BEYOND_COUNT
  THEN DBMS_OUTPUT.PUT_LINE('Maximum erreicht.');
END;
```

Listing 4.109 435_04.sql: Deklaration einer verschachtelten Tabelle

Dies führt zu folgender Ausgabe, wobei zum einen die beiden Nachnamen ausgegeben werden und zum anderen die Ausnahme `SUBSCRIPT_BEYOND_COUNT` (Indexwert zu groß) ausgelöst wird.

```
Ebenhof
Gelddreh
PL/SQL-Prozedur wurde erfolgreich abgeschlossen.
```

Wie schon zuvor bei den assoziativen Arrays können Sie auch eine Typableitung mit Hilfe von %ROWTYPE und auch Objekte als Typen verwenden. Auf diese Weise nutzen Sie die Fähigkeit, Inhalte von verschachtelten Tabellen in Datenbanktabellen zu übertragen.

Die Indizierung der einzelnen Werte erfolgt über aufsteigende Ganzzahlen, sodass man natürlich relativ leicht auf den Gedanken kommen könnte, neue Werte auch im Ausführungsabschnitt über die nächsthöhere Nummer einzutragen. Dies ist aber verboten, denn die maximale Länge einer verschachtelten Tabelle legt man über die Deklaration und die anfänglichen Werte fest. Zur Erweiterung muss man auf die Methode EXPAND zurückgreifen. Im folgenden Beispiel wird dadurch sofort die schon bekannte Ausnahme SUBSCRIPT_BEYOND_COUNT ausgelöst.

```
DECLARE
 TYPE T_Dozent IS TABLE of dozent.D_Nachname%TYPE;
 v_Dozent T_Dozent := T_Dozent('Ebenhof', 'Gelddreh');
BEGIN
 v_Dozent(3) := 'Fingerflink';  -- Verboten!
 FOR Zaehler IN 1..3 LOOP
 DBMS_OUTPUT.PUT_LINE(v_Dozent(Zaehler));
 END LOOP;
 EXCEPTION
 WHEN SUBSCRIPT_BEYOND_COUNT
  THEN DBMS_OUTPUT.PUT_LINE('Erweiterung gescheitert.');
END;
```

Listing 4.110 435_05.sql: Unzulässige einfache Tabellenerweiterung

Varrays

Ein Array mit variabler Länge (also ein Varray) dürfte den Arrays entsprechen, die Sie bereits kennen. Das Varray hat damit eine maximale Größe, die allerdings nicht auch von Werten erreicht werden muss, sodass leere Zeilen entstehen können. Sie definieren ein Varray mit folgender allgemeiner Syntax, wobei (n) für die Angabe der maximalen Länge steht. Auch hier lassen sich wieder unterschiedliche Datentypdefinitionen wie %TYPE, %ROWTYPE und natürlich allgemeine Datentypen verwenden.

```
TYPE name IS {VARRAY | VARYING ARRAY} (n)
 OF datentyp [NOT NULL];
```

Im nächsten Beispiel definieren Sie für das zurückliegende Beispiel ein Varray und stellen fest, dass nicht initialisierte Elemente bei der Adressierung genauso eine Ausnahme auslösen wie die (auskommentierte) Erweiterung über die maximale Grenze wie auch schließlich eine einfache Erweiterung, da auch dies über eine Collection-Methode realisiert werden muss. Im Gegensatz zu Tabellen ist allerdings hier die maximale Grenze immer eine fixe Grenze, die nicht überschritten werden darf.

```
DECLARE
 TYPE T_Dozent IS VARRAY(3) OF dozent.D_Nachname%TYPE;
 v_Dozent T_Dozent := T_Dozent('Ebenhof', 'Gelddreh');
BEGIN
 --v_Dozent(5) := 'Fingerflink'; -- SUBSCRIPT_OUTSIDE_LIMIT
 --v_Dozent(3) := 'Ordinarius';  -- SUBSCRIPT_BEYOUND_COUNT
 FOR Zaehler IN 1..4 LOOP
 DBMS_OUTPUT.PUT_LINE(v_Dozent(Zaehler));
 END LOOP;
 EXCEPTION
 WHEN SUBSCRIPT_BEYOND_COUNT
  THEN DBMS_OUTPUT.PUT_LINE('Maximum erreicht.');
 WHEN SUBSCRIPT_OUTSIDE_LIMIT
  THEN DBMS_OUTPUT.PUT_LINE('Erweiterung gescheitert.');
END;
```

Listing 4.111 435_06.sql: Deklaration eines Varrays

Multidimensionale Strukturen

In den zurückliegenden Beispielen besaßen die Tabellen nur eine einzige Dimension bzw. eine einzige Spalte. Diese Einschränkung wird leider auch nicht durch den in diesem Abschnitt gezeigten Trick aufgehoben. Anscheinend dauert es noch ein wenig, bis auch »richtige« Tabellen in PL/SQL definiert werden können. Durch den Einsatz von mehrstufigen Sammlungen, also Sammlungen von Sammlungen und einer doppelten Adressierung lässt sich ein wenig Abhilfe schaffen. Wir zeigen dies an einem trivialen Beispiel, das allerdings vor allen Dingen dazu dient, die Struktur der Zellaufteilung sichtbar zu machen, die bei der Planung und späteren Adressierung berücksichtigt werden muss.

Im nächsten Beispiel erzeugt man eine mehrstufige Sammlung über ein verschachteltes assoziatives Array. Hier wären natürlich auch ein Varray oder eine verschachtelte Tabelle möglich gewesen. Für die Deklaration benutzt man ein Strickmuster, bei dem der zweite Tabellentyp für die zu erzeugende Variable verwendet wird und bei dem dieser zweite Tabellentyp als Datentyp den ersten Tabellentyp verwendet. Der Rest des Beispiels besteht nur noch daraus, über eine doppelte Klammernnotation `variablennamen(index1)(index2)` Werte in der Tabelle zu speichern und diese dann über eine verschachtelte Schleife in Tabellenform auszugeben.

```
DECLARE
 TYPE T_Werte1 IS TABLE OF VARCHAR2(1)
  INDEX BY BINARY_INTEGER;           -- 1. Tabelle
 TYPE T_Werte2 IS TABLE OF T_Werte1
  INDEX BY BINARY_INTEGER;           -- 2. Tabelle
 v_Alphabet T_Werte2;
BEGIN
 -- Füllen der mehrstufigen Sammlung
 v_Alphabet(1)(1) := 'a';
 v_Alphabet(1)(2) := 'b';
 v_Alphabet(1)(3) := 'c';
 v_Alphabet(2)(1) := 'd';
 v_Alphabet(2)(2) := 'e';
 v_Alphabet(2)(3) := 'f';
 -- Verarbeitung und Adressierung
 FOR x IN 1..2 LOOP
  FOR y IN 1..3 LOOP
   IF x = 1
   THEN DBMS_OUTPUT.PUT(x || y || v_Alphabet(x)(y)|| ' | ');
    IF y = 3
    THEN DBMS_OUTPUT.NEW_LINE;
    END IF;
   END IF;
   IF x = 2 THEN
    DBMS_OUTPUT.PUT(x || y || v_Alphabet(x)(y)|| ' | ');
    IF y = 3
    THEN DBMS_OUTPUT.NEW_LINE;
    END IF;
   END IF;
  END LOOP;
 END LOOP;
END;
```

Listing 4.112 435_07.sql: Mehrstufige Sammlung

Dieses raffinierte Beispiel mit besonderem inhaltlichen Flair liefert dann nicht nur die Ausgabe der einzelnen Buchstaben, sondern auch die Zelladressen, so wie sie in der mehrstufigen Sammlung vorliegen.

```
11a | 12b | 13c |
21d | 22e | 23f |
PL/SQL-Prozedur wurde erfolgreich abgeschlossen.
```

In Abbildung 4.42 sehen Sie noch einmal die Definition der mehrstufigen Sammlung und natürlich die Zuweisung der einzelnen Werte in der Tabelle sowie das virtuelle Ergebnis mit Adressen und den zugehörigen Werten.

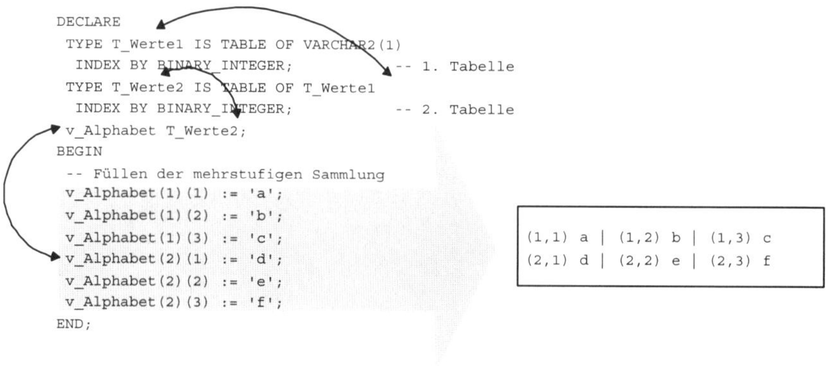

Abbildung 4.42 Mehrstufige Sammlungen

Neben dieser Technik, bei der eine Tabelle auf einer Tabelle basiert, bietet sich natürlich auch der Einsatz von Datensatztypen an. Dies hatten wir ganz kurz bereits anhand einer automatischen Typableitung mit `%ROWTYPE` gezeigt. Folgendes Beispiel greift dieses Prinzip noch einmal auf, wobei der multidimensionale Anspruch deutlich erhöht wird, da nun nicht mehr nur eine komplette Tabelle für die Bildung eines Datensatztyps reicht, sondern vielmehr die beiden Tabellen `DOZENT` und `THEMENVERTEILUNG` miteinander verknüpft werden. Aus Platzgründen beschränken wir uns hier auf die interessanten Felder und berücksichtigen daher die Adressfelder in der Dozententabelle nicht.

Zunächst bildet man einen Datensatztyp, der die Datenstruktur für die gesamte Verarbeitung festlegt. In diesem Fall handelt es sich um die Namensfelder, den Tagessatz und die Kursnummer. Der Tabellentyp basiert dann wiederum auf diesem Datensatztyp, sodass die mit Hilfe des Tabellentyps erstellte Tabelle ebenfalls die gerade genannten Felder enthält. Dadurch wurde eine multidimensionale Datenstruktur in Form einer »richtigen« Tabelle mit Spalten – (adressierbar über die Indexnummern) und Feldern (adressierbar über die Feldnamen im Datensatztyp) erstellt. Zum Schluss erstellt man noch einen Cursor, der ebenfalls die genannten Felder sowie den Datensatztyp als Rückgabewert enthält. Alles andere ist dann ein Kinderspiel und funktioniert genauso wie zuvor: Ein Zeilenabruf über `FETCH...INTO` gelangt in das assoziative Array und wird dort über die automatische Zählervariable indiziert. Das Ansprechen und Verarbeiten der einzelnen Daten in der Tabelle wird im – im Vergleich zur Deklaration – wenig beeindruckenden Programm über die bekannte Punkt-Notation inklusive Indexnummer abgewickelt.

```
DECLARE
 -- Datensatztyp
 TYPE R_Dozent IS RECORD (
  D_Vorname    dozent.D_Vorname%TYPE,
  D_Nachname   dozent.D_Nachname%TYPE,
  TH_Tagessatz themenverteilung.TH_Tagessatz%TYPE,
  K_Nr         themenverteilung.K_Nr%TYPE
  );
 -- Tabellentyp
 TYPE T_Dozent IS TABLE of R_Dozent
  INDEX BY BINARY_INTEGER;
 -- Cursor
 CURSOR c_Dozent RETURN R_Dozent
  IS SELECT D_Vorname, D_Nachname, TH_Tagessatz, K_Nr
       FROM dozent NATURAL JOIN themenverteilung;
 -- Tabelle mit Datensatztyp
 v_DDaten T_Dozent;
 -- Zähler
 i NUMBER(3) := 1;
BEGIN
 OPEN c_Dozent;
 LOOP
 EXIT WHEN c_Dozent%ROWCOUNT=5;
  FETCH c_Dozent INTO v_DDaten(i);
  DBMS_OUTPUT.PUT(v_DDaten(i).D_Vorname || ' ');
  DBMS_OUTPUT.PUT(v_DDaten(i).D_Nachname || ' : ');
  DBMS_OUTPUT.PUT(v_DDaten(i).K_Nr || ' Euro');
  DBMS_OUTPUT.PUT_LINE(v_DDaten(i).TH_Tagessatz);
  i := i+1;
 END LOOP;
 CLOSE c_Dozent;
END;
```

Listing 4.113 435_08.sql: Multidimensionale Strukturen mit Datensätzen

Beide gerade vorgestellten Konzepte lassen sich schließlich auch miteinander kombinieren. Das heißt, es besteht (wie nicht anders zu erwarten) auch die Möglichkeit, mehrstufige Sammlungen mit Datensätzen und damit mit mehreren Feldern zu erstellen. Dies soll im Folgenden in Form einer Kreuztabelle dargestellt werden, die die Umsätze und die Teilnehmerzahlen für die Jahre und Bereiche speichert. Diese sollen zunächst aus einer Abfrage der Form

```
SELECT EXTRACT(YEAR FROM B_Datum) AS Jahr,
                K_Bereich                  AS Bereich,
                COUNT(B_Nr)                AS TNZahl,
                SUM(B_Preis)               AS Umsatz
  FROM buchung NATURAL JOIN termin
               NATURAL JOIN kurs
 GROUP BY EXTRACT(YEAR FROM B_Datum), K_Bereich
 ORDER BY EXTRACT(YEAR FROM B_Datum), K_Bereich;
```

mit dem Ergebnis

```
   JAHR BEREICH                            TNZAHL     UMSATZ
------- ------------------------------ ---------- ----------
   1999 Programmierung                         24      16788
   2000 Datenbanken                           101      64254
   2000 Grafik                                 84      53070
   2000 Office                                 46      13210
...
```

in einen Cursor geladen und dann schrittweise in eine solche Kreuztabelle übertragen werden. Dabei werden die beiden Dimensionen `Jahr` und `Bereich` für die beiden Erfolgsfaktoren `Umsatz` und `Teilnehmer` über numerische Zuordnungen (x|y) wie zuvor bei der Einführung der mehrstufigen Sammlung erfasst. Hierbei muss also eine Technik gefunden werden, um die Zahlen und Bereiche mit einem Zahlwert zu belegen und dementsprechend zu kodieren.

Natürlich ließe sich für die Jahre auch direkt die Zahl verwenden, was aber andere Abfragen erschweren würde, in denen nicht schon von vornherein Zahlen als Ergebniswerte auftreten und in denen die Zahlen eventuell auch nicht so einfach angesprochen werden können wie aufstehende Jahresdaten. So ist das folgende Beispiel also generell auch für Abfragen geeignet, deren Dimensionen Zeichenkettenwerte zurückliefern.

Eine Ordnung der Bereiche ergibt den Wert 4 für den Bereich `Programmierung` und den Wert 1 für das Jahr 1999. Damit hätte das Wertepaar (`1999` | `Programmierung`) die Kodierung (`1` | `4`) und gemäß der gerade abgedruckten Abfrageergebnisse die Werte `16788` | `24`. In Abbildung 4.43 ist die zu erzeugende Kreuztabelle bzw. die auf einem Datensatz basierende mehrstufige Sammlung noch einmal mit den Werten für die Jahre, den Bereichen und den Umsatz- und Teilnehmerzahlen des Jahres 2003 schematisch dargestellt.

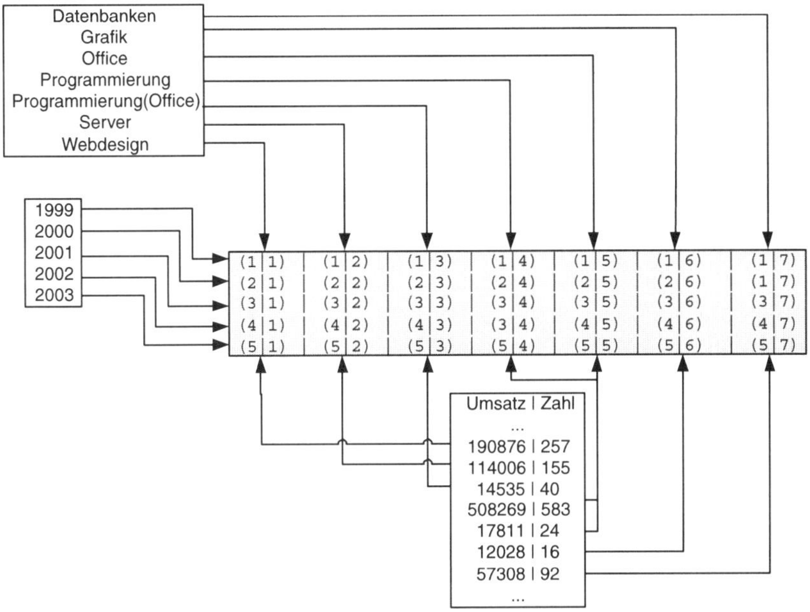

Abbildung 4.43 Kreuztabelle: Mehrstufige Sammlung mit Datensätzen

Im Programm wird zunächst ein Datensatztyp erzeugt, der aus den Feldern für Umsatz und Teilnehmerzahl besteht, und dann der mehrstufigen Sammlung zugewiesen. Dies geschieht, indem der Datensatztyp einer Sammlung, und die zunächst daraus resultierende Sammlungen einer weiteren Sammlung und schließlich als Typ einer Variable zugewiesen werden. Für die beiden Hilfssammlungen bzw. die Schlüssel zu den eigentlichen Werten in der Kreuztabelle verwendet man den gleichen Sammlungstyp, da sie beide aus numerischen Werten bestehen. Für die Ermittlung der Jahreszahlen bzw. die Extraktion derselben aus der Datumsspalte in der Buchungstabelle verwendet man zur Übernahme geeigneter Spaltennamen jeweils abgeleitete Tabellen, in denen ein geeigneter Spaltenname definiert und in die äußere Abfrage zurückgeliefert wird.

Die Programmausführung besteht zunächst aus dem Füllen der verschiedenen Sammlungstypen, wozu die einfachen Strukturen für Jahreszahlen und Bereichsnamen ebenso gehören wie die Initialisierung der Kreuztabelle. Hier greift man auf eine verschachtelte Schleifenkonstruktion in der Form »für jedes Jahr jeder Bereich« zurück und setzt alle Werte auf 0. Dies ist wichtig, da im nächsten Schritt über das Schlüsselpaar Jahr/Bereich die entsprechenden Werte in die Kreuztabelle übernommen werden sollen. Dies gilt aber nur für diejenigen Werte, die tatsächlich in der Abfrage vorhanden sind bzw. die also ungleich 0 sind. Dabei entspricht einer NULL in der Abfrage auch eine tatsächliche 0 im Ergebnis, da natürlich nicht erwähnte Bereiche oder Jahreszahlen weder Umsatz noch Teilnehmerzahlen aufweisen können. Es mag auf den ersten Blick ein wenig verwunderlich wirken, dass man zunächst die gesamte Kreuztabelle durchläuft, um die Werte auf 0 zu setzen und damit vorzuinitialisieren. Dies hat aber den Hintergrund, dass bei einer Kombination aus Durchlaufen der beiden Schleifen und Füllen der Kreuztabelle mit Werten (sowohl 0-Werten als auch Werten aus der Abfrage) ein Durchlaufen des Cursors dazu führt, dass die gerade gesetzten Werte aus der Abfrage wieder auf 0 gesetzt werden und nur noch der letzte Wert erhalten bleibt. Dies liegt zum einen an der Konstruktion der Abfrage und an der Tatsache, dass stets der gesamte Cursor durchlaufen wird. (Hier könnte man auch durch eine andere Programmabfolge die Leistung und Geschwindigkeit verbessern.) Da jedoch der Cursor nach einem Durchlauf wieder auf seinen ersten Datensatz zurückgesetzt wird, entstünden bei einer ähnlichen Konstruktion in einem einzigen Schritt im Nachhinein überall bis auf die letzte Zelle 0-Werte.

Die Ausgabe bzw. die Zuordnung von Indexwerten in der Kreuztabelle und den zugehörigen Werten in den Nachschautabellen für Jahre und Bereich erfolgt dann über einen Wertvergleich für die beiden Komponenten des zusammengesetzten Schlüssels Jahr/Bereich. Für gefundene Paare und damit Werte ungleich 0 erstellt man in einer passenden Textvariable den Ausgabetext und schreibt ihn in die Textdatei.

```
DECLARE
 -- Kreuztabellendefinition
 TYPE r_Erfolg IS RECORD (
  Umsatz   NUMBER(6),
  TNZahl   NUMBER(4)
 );
 TYPE t1 IS TABLE OF r_Erfolg
  INDEX BY BINARY_INTEGER;
 TYPE t2 IS TABLE OF t1
   INDEX BY BINARY_INTEGER;
 v_Erfolg t2;
 -- Allgemeine Tabellentypen
 TYPE Zahlen IS TABLE OF NUMBER(20)
  INDEX BY BINARY_INTEGER;
 TYPE Texte  IS TABLE OF VARCHAR2(30)
  INDEX BY BINARY_INTEGER;
```

```
 -- Arrays
 v_Jahre    Zahlen;
 v_Bereiche Texte;
 -- Cursor
 CURSOR c_Bereiche IS
  SELECT DISTINCT K_Bereich
    FROM kurs;
 CURSOR c_Jahre IS
  SELECT B_Jahr
    FROM (SELECT DISTINCT EXTRACT(YEAR FROM B_Datum)
                              AS B_Jahr
            FROM buchung
           ORDER BY EXTRACT(YEAR FROM B_Datum));
 CURSOR c_Erfolg IS
 SELECT Jahr, Bereich, TNZahl, Umsatz
   FROM (SELECT EXTRACT(YEAR FROM B_Datum) AS Jahr,
                K_Bereich                  AS Bereich,
                COUNT(B_Nr)                AS TNZahl,
                SUM(B_Preis)               AS Umsatz
           FROM buchung NATURAL JOIN termin
                        NATURAL JOIN kurs
          GROUP BY EXTRACT(YEAR FROM B_Datum), K_Bereich
          ORDER BY EXTRACT(YEAR FROM B_Datum), K_Bereich);
 -- Bericht
 Handle UTL_FILE.FILE_TYPE;
 Text   VARCHAR2(32767);
BEGIN
  -- Füllen der Arrays
  FOR v_JDaten IN c_Jahre LOOP
    v_Jahre(c_Jahre%ROWCOUNT) := v_JDaten.B_Jahr;
  END LOOP;
  FOR v_BDaten IN c_Bereiche LOOP
    v_Bereiche(c_Bereiche%ROWCOUNT) := v_BDaten.K_Bereich;
  END LOOP;
  -- Kreuztabelle initialisieren
    FOR i IN v_Jahre.FIRST..v_Jahre.LAST LOOP    -- Jahre
      FOR j IN v_Bereiche.FIRST..v_Bereiche.LAST LOOP
                                                 -- Bereiche
              v_Erfolg(i)(j).Umsatz := 0;
              v_Erfolg(i)(j).TNZahl := 0;
```

```
      END LOOP;
    END LOOP;
  -- Füllen der Kreuztabelle
    FOR i IN v_Jahre.FIRST..v_Jahre.LAST LOOP     -- Jahre
      FOR j IN v_Bereiche.FIRST..v_Bereiche.LAST LOOP
                                                  -- Bereiche
        FOR v_EDaten IN c_Erfolg LOOP
         IF v_Jahre(i) = v_EDaten.Jahr
                        AND v_Bereiche(j) = v_EDaten.Bereich
          THEN v_Erfolg(i)(j).Umsatz := v_EDaten.Umsatz;
               v_Erfolg(i)(j).TNZahl := v_EDaten.TNZahl;
               DBMS_OUTPUT.PUT(' Erfasst:
                                (' || i || '|' || j || ') ');
               DBMS_OUTPUT.PUT_LINE(v_Erfolg(i)(j).Umsatz ||
                            ' | ' || v_Erfolg(i)(j).TNZahl);
         END IF;
        END LOOP;
      END LOOP;
    END LOOP;
    -- Berichtausgabe
    Handle := UTL_FILE.FOPEN('c:\oratxt', 'bericht.txt',
                            'w');
    FOR i IN v_Jahre.FIRST..v_Jahre.LAST LOOP
     UTL_FILE.PUT_LINE(Handle, v_Jahre(i));
     UTL_FILE.PUT_LINE(Handle, '------------------------');
      FOR j IN v_Bereiche.FIRST..v_Bereiche.LAST LOOP
       IF v_Erfolg(i)(j).Umsatz!= 0
          AND v_Erfolg(i)(j).TNZahl != 0
       THEN Text := v_Bereiche(j) || ': ' ||
                    v_Erfolg(i)(j).TNZahl || ' | ' ||
                    v_Erfolg(i)(j).Umsatz;
            UTL_FILE.PUT_LINE(Handle, Text);
            DBMS_OUTPUT.PUT_LINE(Text);
       END IF;
      END LOOP;
      UTL_FILE.NEW_LINE(Handle, 2);
    END LOOP;
    UTL_FILE.FCLOSE(Handle);
END;
```

Listing 4.114 435_09.sql: Verwendung einer mehrstufigen Sammlung mit Datensatztyp

In der Ausgabe erhält man zum einen die Bestätigung, dass der Eintrag in der Kreuztabelle erfolgreich war, und zum anderen ein Kontrollergebnis der Textausgabe.

```
Erfasst: (1|4) 16788 | 24
Erfasst: (2|1) 64254 | 101
Erfasst: (2|2) 53070 | 84
...
Programmierung: 24 | 16788
Datenbanken: 101 | 64254
Grafik: 84 | 53070
...
PL/SQL-Prozedur wurde erfolgreich abgeschlossen.
```

Dies liefert dann folgendes Ergebnis in der im Programm angegebenen Textdatei, wobei nur die Bereiche für jedes Jahr ausgegeben werden, die auch tatsächlich Umsatz gebracht haben.

```
1999
-------------------------
Programmierung: 24 | 16788


2000
-------------------------
Datenbanken: 101 | 64254
Grafik: 84 | 53070
Office: 46 | 13210
Programmierung: 272 | 227280
Programmierung(Office): 25 | 14622
Server: 25 | 20236
Webdesign: 48 | 24189
```

Listing 4.115 bericht.txt

Collection-Methoden

Bei der Vorstellung einiger Collection-Ausnahmen haben Sie bereits gesehen, dass verschiedene Verarbeitungsanweisungen im Zusammenhang mit Sammlungen ausschließlich über die bereits erwähnten Collection-Methoden ausgeführt werden können. Dies sind einige eingebaute Funktionen, die ganz simpel mit der Punkt-Notation an die Collection-Namen angeschlossen und um Parameter in runden Klammern bereichert werden. Die folgende Tabelle fasst die wesentlichen Eigenschaften der vorhandenen Methoden zusammen:

Methode	Beschreibung	Gültigkeit
COUNT	Zählt die Anzahl der Elemente (NUMBER).	Assoziative Arrays, verschachtelte Tabellen, Varrays
DELETE	Entfernt Elemente aus einer Sammlung.	Assoziative Arrays, verschachtelte Tabellen
EXISTS	Prüft auf das Vorhandensein eines Elements anhand seines Indexwertes in einer Sammlung, Rückgabewert in diesem Fall: TRUE.	Assoziative Arrays, verschachtelte Tabellen, Varrays
EXTEND	Erweitert eine Sammlung um ein neues Element.	Assoziative Arrays, verschachtelte Tabellen, Varrays (solange durch Obergrenze möglich)
FIRST	Liefert den Indexwert des ersten Elements einer Sammlung (BINARY_INTEGER).	Assoziative Arrays, verschachtelte Tabellen, Varrays
LAST	Liefert den Indexwert des letzten Elements einer Sammlung (BINARY_INTEGER).	Assoziative Arrays, verschachtelte Tabellen, Varrays
LIMIT	Gibt die maximale Anzahl an Elementen für eine Sammlung an (NUMBER).	Verschachtelte Tabellen (stets NULL), Varrays
NEXT	Liefert den nächsten Indexwert eines Elements (BINARY_INTEGER).	Assoziative Arrays, verschachtelte Tabellen, Varrays
PRIOR	Liefert den vorherigen Indexwert eines Elements (BINARY_INTEGER).	Assoziative Arrays, verschachtelte Tabellen, Varrays
TRIM	Entfernt Elemente am Ende einer Sammlung.	Verschachtelte Tabellen, Varrays

Tabelle 4.8 Collection-Methoden im Überblick

Wie Sie sehen, ist die Verwendung der einzelnen Methoden nicht schwierig. Ganz im Gegenteil, denn sie sollen ja gerade Arbeit über nützliche Helferfunktionen ersparen, sodass wir versuchen, die einzelnen Funktionen möglichst sinnvoll (so gut es Beispiele können) in einige kurze Programme zu integrieren. Im ersten Beispiel stellen wir die Methoden FIRST, LAST und COUNT vor. Wie auch LIMIT benötigen diese Methoden keine weiteren Parameter für ihre Verwendung und funktionieren damit syntaktisch wie die Ihnen schon bekannten Cursor-Attribute. Inhaltlich ermittelt das folgende Programm über die bereits bekannte Zufallsauswahl eine Hand voll Teilnehmer, die das Glück haben, an einem Kurs teilnehmen zu können. Dabei gilt eine Beschränkung auf sechs Teilnehmer pro Termin, sodass die ersten sechs der Zufallsauswahl in ein assoziatives Array t_Teilnehmer1 gespeichert werden, während die letzten in ein anderes assoziatives Array t_Teilnehmer2 gespeichert werden. Dies löst man über eine CASE-Anweisung innerhalb einer umschließenden Cursor-FOR-Schleife, mit deren Hilfe auch Wertzuweisungen an die Sammlungen vorgenommen werden. Diese berücksichtigt man nicht weiter, Sie könnten sieaber natürlich auch in Tabellen wie die Tabelle BUCHUNG und eine weitere Tabelle WARTELISTE eintragen. Für die Verwendung der hier präsentierten Methoden gilt nur, dass sie über eine Punktnotation an den Sammlungsnamen angeschlossen werden und auch in Fallunterscheidungen, Wertzuweisungen oder als Parameter wie Variablen fungieren.

```
DECLARE
 v_MaxBNr  buchung.B_Nr%TYPE;              -- Höchste Buchungsnr
 CURSOR c_Teilnehmer IS
        SELECT TN_Nr, TN_Vorname, TN_Nachname
          FROM teilnehmer SAMPLE (0.55);  -- Teilnehmerwahl
 TYPE Teilnehmer IS TABLE OF c_teilnehmer%ROWTYPE
 INDEX BY BINARY_INTEGER;
 t_Teilnehmer1 Teilnehmer;
 t_Teilnehmer2 Teilnehmer;
BEGIN
 SELECT MAX(B_Nr)+1
   INTO v_MaxBNr
   FROM buchung;                          -- Höchste Buchungsnr
 IF v_MaxBNr IS NULL
  THEN v_MaxBNr := 1;                     -- Bei leerer Tabelle
 END IF;
 FOR v_TNDaten IN c_Teilnehmer LOOP       -- Cursor-Schleife
  -- Test auf komplett gefüllten Kurstermin
  CASE
    -- Speichern der ersten 6 Anmeldungen
   WHEN c_Teilnehmer%ROWCOUNT <= 6 THEN
    t_Teilnehmer1(v_MaxBNr).TN_Nr       := v_TNDaten.TN_Nr;
    t_Teilnehmer1(v_MaxBNr).TN_Vorname  :=
                                       v_TNDaten.TN_Vorname;
    t_Teilnehmer1(v_MaxBNr).TN_Nachname :=
                                      v_TNDaten.TN_Nachname;
    v_MaxBNr := v_MaxBNr + 1;
    -- Speichern der überzähligen Anmeldungen
   ELSE
    t_Teilnehmer2(v_MaxBNr).TN_Nr       := v_TNDaten.TN_Nr;
    t_Teilnehmer2(v_MaxBNr).TN_Vorname  :=
v_TNDaten.TN_Vorname;
```

```
    t_Teilnehmer2(v_MaxBNr).TN_Nachname :=
                                      v_TNDaten.TN_Nachname;
    v_MaxBNr := v_MaxBNr + 1;
  END CASE;
 END LOOP;
 -- Analyse der beiden Gruppen
 DBMS_OUTPUT.PUT('Gebucht: '  || t_Teilnehmer1.FIRST);
 DBMS_OUTPUT.PUT_LINE(' bis ' || t_Teilnehmer1.LAST);
 IF t_Teilnehmer1.COUNT >= 6 THEN
  DBMS_OUTPUT.PUT('Zu viel: '  || t_Teilnehmer2.FIRST);
  DBMS_OUTPUT.PUT_LINE(' bis ' || t_Teilnehmer2.LAST);
 END IF;
END;
```

Listing 4.116 435_10.sql: FIRST, LAST und COUNT

Dieses Programm liefert je nach Zufallsauswahl und in Abhängigkeit von eventuell vorhandenen Einträgen in Ihrer Tabelle BUCHUNG z.B. eine Ausgabe der folgenden Art. Da hier keine Daten in die Tabelle eingetragen werden, was später vorgestellt wird, beginnen die Buchungszahlen bei einer leeren Tabelle jedes Mal mit 1.

```
Gebucht: 1 bis 6
Zu viel: 7 bis 9
PL/SQL-Prozedur wurde erfolgreich abgeschlossen.
```

Wie schon kurz erwähnt, können Sie die Methoden (sofern sie Werte zurückliefern, wie sie auch von Variablen bereitgestellt werden könnten) überall dort verwenden, wo auch Variablen akzeptiert werden. Diese allgemeine Regel kann man also auch so anwenden, indem man über name.FIRST den Index-Wert ermittelt, den kompletten Aufruf selbst aber wieder als Index-Wert vorgibt. In der folgenden Abwandlung des obigen Beispiels wird noch eine Schleifenkonstruktion für die inneren Werte (nicht FIRST und nicht LAST) verwendet und die Adressierung auch noch mit der Methode NEXT bewerkstelligt, die relativ zum vorherigen Index-Wert in der Form NEXT(n) den nächsten Index-Wert abruft, wobei n diesen vorherigen Index-Wert darstellt. Sogar dieser Wert n lässt sich über eine Methode zuweisen, indem eine einfache Zählervariable, die im Deklarationsabschnitt neu eingeführt wurde, zum Index-Wert des ersten Elements addiert wird. Dass ganz am Schluss noch der Teilnehmername über TN_Nachname ausgegeben wird, ist schon fast gar nicht mehr interessant.

Das Gegenstück zu NEXT stellt die Methode PRIOR dar, die ebenfalls über die Angabe des aktuellen Index-Wertes den Index-Wert des vorherigen Elements findet. Setzt man PRIOR(n) in der Form PRIOR(3) ein, so wird name(2) gefunden.

```
DBMS_OUTPUT.PUT_LINE(t_Teilnehmer1.COUNT);
DBMS_OUTPUT.PUT_LINE(t_Teilnehmer1(t_Teilnehmer1.FIRST).TN_
Nachname);
WHILE  Zaehler < t_Teilnehmer1.COUNT-2 LOOP
DBMS_OUTPUT.PUT_LINE(t_Teilnehmer1(t_Teilnehmer1.NEXT(t_
Teilnehmer1.FIRST+Zaehler)).TN_Nachname);
Zaehler := Zaehler+1;
END LOOP;
DBMS_OUTPUT.PUT_LINE(t_Teilnehmer1(t_Teilnehmer1.LAST).TN_
Nachname);
```

Listing 4.117 435_11.sql: Adressierung über Methoden wie NEXT(n)

Dies ergibt z.B. eine Ausgabe in Form einer Namensliste:

```
6
Drewes
Czaplewski
Webelsiep
Dahmer
Reza
Besl
PL/SQL-Prozedur wurde erfolgreich abgeschlossen.
```

Um beliebige Elemente anhand ihres Index-Wertes aus der Sammlung zu entfernen, setzen Sie die Methode DELETE(n) ein, wobei auch hier der Parameter n wieder einen Index-Wert erwartet. Im einfachsten Fall ist dies ein direkt vorgegebener Wert wie z.B. t_Teilnehmer1.DELETE(2). In einem anspruchsvolleren Fall, den das folgende Beispiel zeigt, können Sie auch hier wieder eine Adressierung über andere Methoden oder weitere Variablen verwenden.

Das nächste Beispiel variiert wieder die obige Konstruktion, wobei hier ganz nonchalant überschüssige Teilnehmer aus der Sammlung entfernt werden, bis höchstens sechs Teilnehmer übrig bleiben. Dazu prüft man über eine Schleifenbedingung einfach nur, ob der gewünschte Wert durch Löschen des jeweils letzten Elements in der Sammlung erreicht wurde. Im Deklarationsabschnitt wurde nun Zaehler NUMBER(3) := 1; eingefügt.

```
FOR v_TNDaten IN c_Teilnehmer LOOP      -- Cursor-Schleife
  t_Teilnehmer1(v_MaxBNr).TN_Nr         := v_TNDaten.TN_Nr;
  t_Teilnehmer1(v_MaxBNr).TN_Vorname    :=
v_TNDaten.TN_Vorname;
```

```
  t_Teilnehmer1(v_MaxBNr).TN_Nachname :=
v_TNDaten.TN_Nachname;
  v_MaxBNr := v_MaxBNr + 1;
 END LOOP;
 WHILE t_Teilnehmer1.COUNT != 6 LOOP
  EXIT WHEN t_Teilnehmer1.COUNT <=6;
  t_Teilnehmer1.DELETE(t_Teilnehmer1.LAST);
  DBMS_OUTPUT.PUT_LINE(Zaehler || ' --> ' ||
t_Teilnehmer1.COUNT);
  Zaehler := Zaehler+1;
 END LOOP;
```

Listing 4.118 435_12.sql: Einsatz von DELETE(n)

Eine mögliche Löschaktion könnte wie folgt aussehen:

```
1 --> 8
2 --> 7
3 --> 6
PL/SQL-Prozedur wurde erfolgreich abgeschlossen.
```

Für `DELETE` lassen sich insgesamt folgende Einsatzbereiche abdecken:

- `DELETE` ohne weitere Parameter löscht/leert die gesamte Sammlung.
- `DELETE(n)` löscht das Element `n`.
- `DELETE(m,n)` löscht die Elemente von `m` bis `n` einschließlich der Grenzen.

Möchte man die überschüssigen Teilnehmer ohne Widerrede möglichst schnell und daher ohne Schleife löschen, bietet sich die letzte Möglichkeit besonders an. Da das sechste Element bzw. das Element mit dem Index-Wert 6 nicht entfernt werden soll, beginnt der zu löschende Bereich beim Index-Wert 7.

```
DBMS_OUTPUT.PUT_LINE('Vorher: ' || t_Teilnehmer1.COUNT);
 IF t_Teilnehmer1.COUNT > 6
  THEN t_Teilnehmer1.DELETE(7, t_Teilnehmer1.COUNT);
  DBMS_OUTPUT.PUT_LINE('Nachher: ' || t_Teilnehmer1.COUNT);
 END IF;
 DBMS_OUTPUT.PUT_LINE('Erster: ' || t_Teilnehmer1.FIRST);
 DBMS_OUTPUT.PUT_LINE('Letzter: ' || t_Teilnehmer1.LAST);
```

Listing 4.119 435_13.sql: Verwendung von DELETE(n,m)

Hat man auch hier das Glück, dass die Zufallsauswahl mehr Teilnehmer auswählt, als für einen Termin möglich sind, dann erhält man die folgende Ausgabe:

```
Vorher: 11
Nachher: 6
Erster: 1
Letzter: 6
PL/SQL-Prozedur wurde erfolgreich abgeschlossen.
```

Eine letzte Möglichkeit für die Dezimierung einer Sammlung (allerdings nur bei verschachtelten Tabellen und Varrays) bietet die Methode `TRIM`, die in zwei Ausprägungen aktiviert werden kann:

- `TRIM` ohne Parameter löscht das letzte Element einer Sammlung.
- `TRIM(n)` löscht die `n` letzten Elemente einer Sammlung.

Wenn man sehr oft löscht, ist es natürlich nur eine Frage der Zeit, wann Elemente zu einer verschachtelten Tabelle oder zu einem Varray hinzugefügt werden müssen. Dafür kann man sich komplett auf die Methode `EXTEND` verlassen, die in drei Erscheinungsformen vorkommt. Sie ist allerdings nicht allmächtig und muss etwaige Obergrenzen berücksichtigen.

- `EXTEND` ohne Parameter hängt ein `NULL`-Element an eine Sammlung an, wobei als Index-Werte `LAST+1` verwendet werden.
- `EXTEND(n)` hängt am Ende einer Sammlung `n` `NULL`-Elemente an.
- `EXTEND(n, i)` hängt am Ende einer Sammlung `n` Kopien des Elements mit dem Index-Wert `i` an.

Für Varrays steht noch die Methode `LIMIT` zur Verfügung, mit der die eingetragene Obergrenze ermittelt werden kann. Sie hat keine unterschiedlichen Ausprägungen.

Gleiches gilt für `EXISTS(n)`, die stets einen Parameter in Form eines Integer-Zahlwerts erwartet. Mit diesem referenziert und testet man die Existenz eines Elements innerhalb der Sammlung. Sollte man hier mit seiner Frage über das Ziel hinausschießen und eine Obergrenze verletzen, löst man damit keine Ausnahme aus, sondern erhält lediglich den Wert `FALSE` zurück.

Ausnahmen und Collections

Die Verwendung und Behandlung von Ausnahmen haben Sie schon im Abschnitt zu Ausnahmen kennen gelernt. In den zurückliegenden Beispielen hatten die hier in einer übersichtlichen Tabelle versammelten vordefinierten Ausnahmen bereits einige spektakuläre Auftritte.

Name	ORA-Nr. / SQL-Wert	Bescheibung
VALUE_ERROR	ORA-06502 -6502	Versuch, einen vom Datentyp her nicht passenden Wert in einer Sammlung zu platzieren.
NO_DATA_FOUND	ORA-01403 +100	Versuch, nicht vorhandene Elemente eines assoziativen Arrays abzurufen.
COLLECTION_IS_NULL	ORA-6531 -6531	Versuch, in einer NULL-Tabelle Werte einzufügen.
SUBSCRIPT_BEYOND_COUNT	ORA-06533 -6533	Versuch, über eine einfache Zuweisung Werte in eine Tabelle einzufügen, oder Versuch, nicht vorhandene Elemente zu adressieren.
SUBSCRIPT_OUTSIDE_LIMIT	ORA-06532 -6532	Versuch, mit einer unzulässigen Index-Nummer (–1 bei verschachtelten Tabellen) einen Wert zu adressieren.

Tabelle 4.9 Ausnahmen bei Collections

4.3.6 Mengenbindung und Mengenverarbeitung

Wir hatten oben bereits auf das Phänomen des Kontextwechsels hingewiesen. Dieser Begriff beschreibt den Umstand, dass bei der Verwendung von SQL in PL/SQL ein Wechsel von der *PL/SQL-Maschine* zum *SQL-Verarbeiter* ausgeführt wird. Dies ist normalerweise nicht tragisch bzw. auch in vielen Fällen unvermeidbar, wenn man Daten aus der Datenbank in Variablen oder andere Strukturen – wie die zuvor gezeigten Sammlungen – übertragen möchte. Allerdings sollte man darauf achten, nicht zu viele Kontextwechsel durchzuführen, da dies die Leistung und Geschwindigkeit eines Programms erheblich beeinflussen kann. Um die Kontextwechsel zu vermeiden, verwenden Sie die in diesem Abschnitt vorgestellten Konzepte der Mengenbindung und -verarbeitung. Ein typischer Kandidat für Optimierungsfälle stellt jedes Mal eine Programmstruktur dar, bei der über eine Schleifenkonstruktion Daten in die Datenbank eingetragen werden sollen. Für jedes INSERT einer Iteration führt man einen automatischen Kontextwechsel durch, was die Leistung ab einer bestimmten Grenze von Iterationen optimierungsbedürftig macht.

Die Wertzuweisung von PL/SQL-Variablen in SQL-Variablen bezeichnet man mit dem Begriff »Bindung« (*binding*), wobei Oracle hier drei verschiedene Fälle unterscheidet:

- **Innere Bindung (in-bind)**
  Eine PL/SQL-Variable wird mit Hilfe von INSERT oder UPDATE in einer Datenbank-Tabelle gespeichert. Dies ist ein typischer Kandidat für eine Mengenbindung.

▶ **Äußere Bindung (out-bind)**
Ein Wert aus einer Datenbank-Tabelle wird mit der RETURNING-Klausel in eine PL/SQL-Variable übertragen, nachdem eine INSERT-, UPDATE- oder DELETE-Aktion durchgeführt wurde.

▶ **Definition (define)**
Ein Wert aus einer Datenbank-Tabelle wird mit Hilfe von SELECT...INTO oder FETCH...INTO in eine PL/SQL-Variable übertragen.

Wie Sie sehen, bieten solche Fälle wie die der Definitionsbindung keine wirklichen Optimierungsmöglichkeiten, da normalerweise nicht tausend Tabellenwerte über eine einzelne Schleife in PL/SQL-Variablen übertragen werden. Da in diesem Fall eher explizite Cursor und nicht einzelne Abrufe über implizite Cursor stattfinden, ruft jede Schleifeniteration aus dem Cursor-Bereich Werte ab, was keine eigenen Abfragen an die Datenbank darstellt. Eine ähnliche Überlegung gilt für den Einsatz der RETURNING-Klausel, da auch hier keine zusätzliche Abfrage stattfindet. Stattdessen ruft man aus dem Kontextbereich der Abfrage die entsprechenden Informationen ab und benutzt sozusagen nur Werte, die ohnehin in der aktuellen Situation verfügbar sind und nur darauf warten, verarbeitet zu werden.

Leistungsunterschiede im Vergleich

Im folgenden kurzen Beispiel wollen wir noch einmal die grundlegenden Unterschiede im Programmaufbau und in der Leistung bei der iterativen Verarbeitung über eine Schleife und bei der Mengenverarbeitung zeigen. Das Programm fügt in beiden Varianten 2000 Datensätze in die Tabelle TERMIN ein, wobei zusätzlich an drei Zeitpunkten die Zeit mit Hilfe der Methode GET_TIME des DBMS_UTILITY-Pakets gemessen wird. Es misst die Zeit in Hundertstel Sekunden und lässt sich daher gut für Zeitvergleiche verwenden. Für die Konstruktion ist lediglich zu sagen, dass man die benötigten Datensätze in einer Sammlung vorbereitet und dann komplett über die FORALL-Klausel, die strukturell mit einer FOR-Schleife übereinstimmt (auch hier muss die Zählervariable nicht vorher deklariert werden), in eine Datenbank-Tabelle einträgt.

```
DECLARE
 v_MaxTNr termin.T_Nr%TYPE; -- vorhandenes Maximum
 TYPE KursNummer IS TABLE OF termin.T_Nr%TYPE
   INDEX BY BINARY_INTEGER;
 v_TNr KursNummer;          -- Liste der Terminnummern
 TYPE t_Zeit IS VARRAY(3) OF NUMBER(7); -- Zeittyp
 Zeit t_Zeit := t_Zeit(1,2,3);          -- Messwerte
BEGIN
 -- Höchste Terminzahl für Schleife
```

```
 SELECT MAX(T_Nr) INTO v_MaxTNr FROM termin;
 -- Übergabe per Schleife
 Zeit(1) := DBMS_UTILITY.GET_TIME;
 FOR Zaehler IN 1..2000 LOOP
  INSERT INTO termin
  VALUES (v_
MaxTNr+Zaehler,'1025096','17.07.03','19.07.03','Köln');
 END LOOP;
 -- Höchste Terminzahl für Übergabe
 SELECT MAX(T_Nr) INTO v_MaxTNr  FROM termin;
 -- Füllen der Zählertabelle
 FOR Zaehler IN 1..2000 LOOP
  v_TNr(Zaehler) := v_MaxTNr+Zaehler;
 END LOOP;
 -- Übergabe der gesamten Sammlung
 Zeit(2) := DBMS_UTILITY.GET_TIME;
 FORALL Zaehler IN 1..2000
  INSERT INTO termin
  VALUES (v_
TNr(Zaehler),'1025096','17.07.03','19.07.03','Köln');
 -- Analyse der Messwerte
 Zeit(3) := DBMS_UTILITY.GET_TIME;
 DBMS_OUTPUT.PUT_LINE('Ausführung in Sekunden:');
 DBMS_OUTPUT.PUT_LINE('Cursor-Schleife: ' || TO_CHAR(Zeit(2)
- Zeit(1)));
 DBMS_OUTPUT.PUT_LINE('FORALL-Klausel: '  || TO_CHAR(Zeit(3)
- Zeit(2)));
 DBMS_OUTPUT.PUT_LINE(Zeit(1) || ' ' || Zeit(2) || ' ' ||
Zeit(3));
END;
```

Listing 4.120 436_01.sql: Vergleich von iterativer Verarbeitung und Mengenverarbeitung

Sie erhalten in Abhängigkeit von Rundungsdifferenzen, also im Rahmen der Messgenauigkeit, leicht variierende Zeitangaben, die jedoch eindeutig machen, dass eine Mengenverarbeitung in jedem Fall vorteilhafter ist.

```
Ausführung in Sekunden:
Cursor-Schleife: 26
FORALL-Klausel: 3
1802816 1802842 1802845
PL/SQL-Prozedur wurde erfolgreich abgeschlossen.
```

Mengenübertragung mit FORALL

Wie schon das letzte Beispiel gezeigt hat, verwenden Sie die FORALL-Klausel mit folgender allgemeiner Syntax für die Übergabe eines geeigneten DML-Befehls (also INSERT, UPDATE, DELETE). Oben haben wir diese Klausel mit der FOR-Schleife verglichen. Dies ist nur dann korrekt, wenn man sich auf die Tatsache bezieht, dass der Zähler quasi aus dem Nichts auftaucht und auch wieder verschwindet. Es ist allerdings nur möglich, ihn als Index-Wert für Sammlungen zu verwenden und nicht etwa in anderen Zusammenhängen. Der *SQL-Interpreter* organisiert die iterative Verarbeitung von allein, d.h. ohne die Hilfe der PL/SQL-Maschine, die lediglich den Befehl übermittelt. Daher muss hier die Schleife korrekt sein, was zur Folge hat, dass die angegebenen Grenzen auch tatsächlich existieren und eine aufsteigende Folge bilden. Dadurch ist es aber zum Beispiel auch möglich, innerhalb einer Sammlung einen Bereich zu verarbeiten und andere Index-Werte unberücksichtigt zu lassen.

```
FORALL index IN untergrenze..obergrenze
  sql_befehl;
```

Im folgenden Beispiel zeigen wir noch einmal ein einfaches FORALL-Beispiel und die Verwendung der beiden Transaktionsbefehle ROLLBACK und COMMIT, die im Ausnahmeabschnitt auftauchen. Es werden insgesamt zwei Terminnummern für die Sammlung erzeugt, aber bei der Übergabe vier benötigt. Dies löst den Fehler

```
DECLARE
*
FEHLER in Zeile 1:
ORA-22160: Element bei Index [3] nicht vorhanden
ORA-06512: in Zeile 15
```

aus, da ja kein Eintrag in der Sammlung vorhanden ist, der – sofern mit einer bis auf die ersten 655 Zeilen leeren Tabelle begonnen wird – auf 658 lauten müsste. Dies löst die Ausnahme OTHERS aus, die im ersten Fall sämtliche Eintragungen zurücksetzt und im zweiten Fall die gültigen Eintragungen bestätigt und das Programm beendet.

```
DECLARE
 v_MaxTNr termin.T_Nr%TYPE; -- vorhandenes Maximum
 TYPE KursNummer IS TABLE OF termin.T_Nr%TYPE
   INDEX BY BINARY_INTEGER;
 v_TNr KursNummer;          -- Liste der Terminnummern
BEGIN
 -- Höchste Terminzahl für Übergabe
```

```
 SELECT MAX(T_Nr) INTO v_MaxTNr  FROM termin;
 DBMS_OUTPUT.PUT_LINE('Max. vorher: ' || v_MaxTNr);
 -- Füllen der Zählertabelle
 FOR Zaehler IN 1..2 LOOP
  v_TNr(Zaehler) := v_MaxTNr+Zaehler;
 END LOOP;
 -- Übergabe der gesamten Sammlung
 FORALL Zaehler IN 1..4
  INSERT INTO termin
  VALUES (v_
TNr(Zaehler),'1025096','17.07.03','19.07.03','Köln');
 EXCEPTION WHEN OTHERS THEN ROLLBACK;
 DBMS_OUTPUT.PUT_LINE('Änderungen rückgängig gemacht.');
 -- Höchste Terminzahl für Übergabe
 SELECT MAX(T_Nr) INTO v_MaxTNr  FROM termin;
 DBMS_OUTPUT.PUT_LINE('Max nachher: ' || v_MaxTNr);
 /*
 -- Alternative mit COMMIT
 EXCEPTION WHEN OTHERS THEN COMMIT;
 DBMS_OUTPUT.PUT_LINE('Änderungen rückgängig gemacht.');
 -- Höchste Terminzahl für Übergabe
 SELECT MAX(T_Nr) INTO v_MaxTNr  FROM termin;
 DBMS_OUTPUT.PUT_LINE('Max nachher: ' || v_MaxTNr);
 */
END;
```

Listing 4.121 436_02.sql: Transaktionssteuerung

Im ersten Fall soll die Transaktion mit ROLLBACK zurückgesetzt werden, sobald ein Fehler auftritt. Dies bedeutet, dass der Automatismus sämtliche vorherigen Operationen löscht, d.h. also auch die beiden Zeilen, die fehlerlos zunächst in die Tabelle übernommen wurden.

```
Max. vorher: 655
Änderungen rückgängig gemacht.
Max nachher: 655
PL/SQL-Prozedur wurde erfolgreich abgeschlossen.
```

Im zweiten Fall hingegen wird die Transaktion beendet, indem die erfolgreichen Sätze in die Tabelle geschrieben werden und nur die fehlerhafte Aktion sowie alle weiteren (durch die Ausnahmebehandlung) gar nicht erst begonnen werden. Über Sicherungspunkte kann man dies natürlich weiter ausbauen, sodass die Datenbank zu einem bestimmten Sicherungspunkt zurückkehrt.

```
Max. vorher: 655
Änderungen rückgängig gemacht.
Max nachher: 657
PL/SQL-Prozedur wurde erfolgreich abgeschlossen.
```

Verwendung von Cursor-Attributen

Wie schon kurz bei der Vorstellung der Cursor-Attribute angemerkt wurde, gibt es mindestens ein weiteres Attribut, nämlich %BULK_ROWCOUNT, das speichert, ob die Eintragung einer n-ten Zeile erfolgreich war (Wert = 1) oder nicht.

Für die Abarbeitung

```
FORALL Zaehler IN 1..4
  INSERT INTO termin
  VALUES (v_
TNr(Zaehler),'1025096','17.07.03','19.07.03','Köln');
 EXCEPTION WHEN OTHERS THEN
 IF SQL%BULK_ROWCOUNT(3)=0
  THEN DBMS_OUTPUT.PUT_LINE('Termineintrag fehlgeschlagen.');
 END IF;
```

Listing 4.122 436_03.sql: Einsatz von %BULK_ROWCOUNT

Im Ergebnis erhalten Sie tatsächlich die Information, dass der Eintrag in der dritten Zeile fehlgeschlagen ist:

```
Max. vorher: 655
Termineintrag fehlgeschlagen.
PL/SQL-Prozedur wurde erfolgreich abgeschlossen.
```

Beachten Sie auch hier wieder, dass es nicht möglich ist, Informationen über jede Zeile automatisch auszuwerten. Dazu könnten Sie beispielsweise auf die Idee kommen, noch ein RETURNING einzuarbeiten oder auch mit Hilfe des gerade gelernten Attributs auf eine korrekte Übernahme zu achten. Dieses Vorgehen wäre aber falsch! Sie übergeben mit Hilfe der Mengenbindung tatsächlich das gesamte Paket der zu verarbeitenden Daten inklusive ihrer SQL-Verarbeitungsanweisung an den *SQL-Interpreter* und hören erst wieder etwas von diesem Helferlein, wenn ein Fehler auftritt oder es mit der Arbeit sonstwie fertig wurde. Syntaktisch wird Ihnen das auch bereits durch das Semikolon angezeigt, das dem DML-Befehl folgt. Da es keine Endanweisung für FORALL gibt, können Sie auch keine weiteren Befehle für diese Übergabe festlegen. Viel schlimmer noch als dies: Die Zählervariable, die normalerweise treue Dienste für die Referenzierung der aktuellen Zeile leistet, ist bereits ungültig, sobald das Semikolon gesetzt wird, da die SQL-Ausführung beendet wurde.

```
FORALL Zaehler IN 1..4
  INSERT INTO termin
  VALUES (v_
TNr(Zaehler),'1025096','17.07.03','19.07.03','Köln');
  IF SQL%BULK_ROWCOUNT(Zaehler)=0
  THEN DBMS_OUTPUT.PUT_LINE('Termineintrag fehlgeschlagen.');
 END IF;
```

Listing 4.123 436_04.sql: Fehlerhafte Verwendung von Attributen

Die obige theoretische Erklärung finden Sie dann ganz praktisch in einer erschreckend langen Fehlermeldung umgesetzt, die Sie ausschließlich darauf hinweist, dass Sie den Gültigkeitsbereich der Zählervariablen bereits hinter sich gelassen haben. Seien Sie allerdings wieder teilweise unbesorgt: Für die sehr nützliche `RETURNING`-Klausel gibt es ein mengenspezifisches Pendant als Linderung:

```
  IF SQL%BULK_ROWCOUNT(Zaehler)=0
                            *
FEHLER in Zeile 18:
ORA-06550: Zeile 18, Spalte 24:
PLS-00201: Bezeichner 'ZAEHLER' muss deklariert werden
ORA-06550: Zeile 18, Spalte 3:
PL/SQL: Statement ignored
```

In Abbildung 4.44 sehen Sie noch einmal eine Darstellung der Funktionsweise bei der Übergabe unter Einsatz der Mengenbindung, die Verwendung des Attributs `%BULK_ROWCOUNT` und die Problematik der Sichtbarkeit der Zählervariablen. Der gesamte `FORALL`-Befehl sowie der angeschlossene SQL-Ausdruck werden komplett in den SQL-Bereich übergeben, dort ausgewertet und ausgeführt, sodass ausschließlich über die Index-Werte (und die `RETURNING`-Klausel aus einem der folgenden Abschnitte) Daten zurückübermittelt werden.

Neben diesem speziellen Attribut haben Sie auch die Möglichkeit, die anderen Cursor-Attribute zu verwenden, die Sie für die expliziten Cursor bereits kennen gelernt haben. Als Erweiterung zum vorherigen Beispiel könnte man daher noch – in Abhängigkeit davon, ob überhaupt Einträge vorgenommen werden – die Anzahl dieser erfolgreichen Einträge herausfinden. Dazu setzt man `%FOUND` und `%ROWCOUNT` ein:

```
EXCEPTION WHEN OTHERS THEN
 IF SQL%BULK_ROWCOUNT(3)=0
  THEN DBMS_OUTPUT.PUT_LINE('Termineintrag
fehlgeschlagen.');
```

```
  IF SQL%FOUND
   THEN DBMS_OUTPUT.PUT_LINE(SQL%ROWCOUNT || ' Zeilen
eingetragen.');
  END IF;
 END IF;
```

Listing 4.124 436_05.sql: Verwendung weiterer Cursor-Attribute

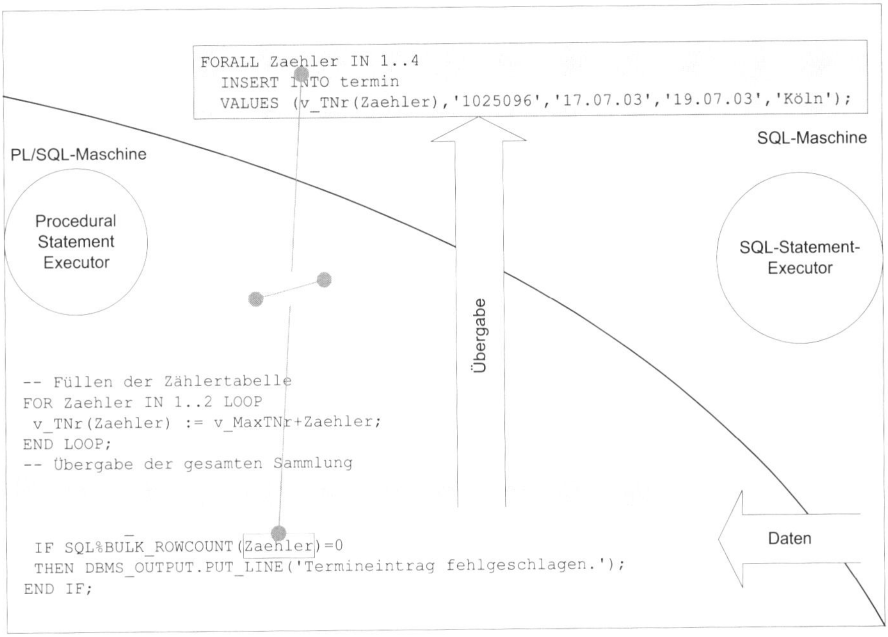

Abbildung 4.44 Gültigkeit von Zählervariablen

Dies führt dann zu der erwarteten Ausgabe von:

```
Max. vorher: 655
Termineintrag fehlgeschlagen.
2 Zeilen eingetragen.
PL/SQL-Prozedur wurde erfolgreich abgeschlossen.
```

Ausnahmebehandlung bei der Mengenbindung

Die Fehlermeldungen können, wie Sie vielleicht schon selbst festgestellt haben, einen ungeheuren Reichtum und durch das Auslösen von Folgefehlern eine beeindruckende Pracht an Informationen im Ausgabefenster hervorrufen. Index-Werte können fehlen, Datentypen können inkompatibel sein, Werte können fehlen, Strukturen könnten falsch sein, Werte könnten ungültig sein ... Die Reihe ließe sich noch um einige weitere Fälle fortsetzen, in denen Fehler auf Seiten der Datenbank-Tabelle, der Sammlung oder der sonstigen Syntax mit ins Boot genommen würden. Da man in diesen Fällen nur schwer alle denkbaren Fälle abfangen kann und mit Sicherheit der vorher gezeigte Einsatz von OTHERS nicht gerade informativ und für alle Situation geeignet ist, gibt es in dem speziellen Attribut %BULK_EXCEPTION und der zusätzlichen Klausel SAVE EXCEPTIONS für die FORALL-Klausel die Möglichkeit, eine Fehlermeldung in der Sammlung des Attributs zu speichern.

Die komplette Syntax für das FORALL-Konstrukt lautet daher:

```
FORALL index IN untergrenze..obergrenze SAVE EXCEPTIONS
 {INSERT | UPDATE | DELETE}
```

Im nächsten Beispiel kommen alle Varianten zum Zug, indem nämlich in der Tabelle DOZENT die Anreden auf Französisch erfolgen sollen, was natürlich misslingt. Nicht, weil die Übersetzung falsch wäre, sondern weil die Wörter »Monsieur« und »Madame« schlichtweg zu lang sind für die Spalte D_Anrede, die nur fünf Zeichen akzeptiert.

- %BULK_EXCEPTIONS.COUNT zählt die einzelnen Fehlermeldungen der letzten Mengenverarbeitung, beginnend bei 1 und enthält 0, wenn keine Fehler entstanden.
- %BULK_EXCEPTIONS(i).ERROR_CODE speichert die Oracle-Fehlernummer für den gespeicherten Fehler i. Um dann die eigentliche Fehlermeldung abzurufen, muss man die Funktion SQLERRM(n) mit der zurückgelieferten Nummer (also dem gesamten Ausdruck) als Parameter für n einsetzen.
- %BULK_EXCEPTIONS(i).ERROR_INDEX speichert die Iteration i der zu verarbeitenden Menge, in der der Fehler geschah.

Im kleinen (sehr kleinen und sehr fehlerhaften) Übersetzungsprogramm überträgt man in zwei verschachtelten Blöcken die Herren und Damen einzeln und mit eigenen Ausnahmeabschnitten in ihre französischen Varianten. Dabei benötigt man für den Einsatz der Mengenverarbeitung zuallererst eine Zusammenstellung der möglichen Dozentennummern. Man hätte, was allerdings das Programm noch weiter verlängern würde, auch die Herren- und Damen-Dozentennummern in einzelnen Sammlungen speichern und dann durchlaufen können. Sodann übergibt man diese Sammlung über FORALL der *SQL-Maschine* und lässt geschehen, was geschieht. Da der Fehler bei jeder Iteration geschieht, erhält man 20 einzelne Fehlermeldungen. Für diese ist man dank einer Ausnahmebehandlung gewappnet, die die Oracle-Fehlernummer, Iterationsnummern und Fehlernummern anzeigt.

```
DECLARE
 v_DZahl  dozent.D_Nr%TYPE;
 TYPE AnredeZahl IS TABLE OF dozent.D_Nr%TYPE
  INDEX BY BINARY_INTEGER;
 t_Anreden AnredeZahl;
 Fehler   NUMBER;
BEGIN
 -- Erfassung der Dozentenzahl
 SELECT COUNT(D_Nr)
   INTO v_DZahl
   FROM dozent;
 -- Füllen der Anrede-Tabelle
 FOR Zaehler IN 1..v_DZahl LOOP
  t_Anreden(Zaehler) := Zaehler;
 END LOOP;
 DECLARE
 BEGIN
  -- Herren werden zu "Monsieur"
  FORALL i IN 1..v_DZahl SAVE EXCEPTIONS
   UPDATE dozent
    SET D_Anrede = 'Monsieur'
  WHERE D_Anrede = 'Herr'
    AND D_Nr = t_Anreden(i);
  EXCEPTION
   WHEN OTHERS THEN
   DBMS_OUTPUT.PUT('Herren->Monsieur: ');
   Fehler := SQL%BULK_EXCEPTIONS.COUNT;
   DBMS_OUTPUT.PUT_LINE(SQL%BULK_EXCEPTIONS.COUNT);
   FOR i IN 1..Fehler LOOP
    DBMS_OUTPUT.PUT('F ' || i || ' | ' ||
SQL%BULK_EXCEPTIONS(i).ERROR_INDEX || ' ');
    DBMS_OUTPUT.PUT_LINE(SQLERRM(-
SQL%BULK_EXCEPTIONS(i).ERROR_CODE));
   END LOOP;
 END;
 -- Damen werden zu "Madame"
  FORALL i IN 1..v_DZahl SAVE EXCEPTIONS
   UPDATE dozent
    SET D_Anrede = 'Madame'
  WHERE D_Anrede = 'Frau'
```

```
    AND D_Nr = t_Anreden(i);
  EXCEPTION
   WHEN OTHERS THEN
   DBMS_OUTPUT.PUT('Damen->Madame: ');
   Fehler := SQL%BULK_EXCEPTIONS.COUNT;
   DBMS_OUTPUT.PUT_LINE(SQL%BULK_EXCEPTIONS.COUNT);
   FOR i IN 1..Fehler LOOP
    DBMS_OUTPUT.PUT('F ' || i || ' | ' ||
SQL%BULK_EXCEPTIONS(i).ERROR_INDEX || ' ');
    DBMS_OUTPUT.PUT_LINE(SQLERRM(-
SQL%BULK_EXCEPTIONS(i).ERROR_CODE));
   END LOOP;
END;
```

Listing 4.125 436_06.sql: Fehlererfassung mit %BULK_EXCEPTION

Ein langes Programm erzeugt im Grundstadium oftmals lange Fehlermeldungen, erst recht, wenn man sie erwartet. Dies ist hier der Fall, und da man auch immer den gleichen Fehler produziert hat, geben wir nun die Meldungen für die Damen aus, da nur fünf Damen als Dozentinnen arbeiten:

```
Damen->Madame: 5
F 1 | 1 ORA-01401: Eingefügter Wert zu groß für Spalte
F 2 | 2 ORA-01401: Eingefügter Wert zu groß für Spalte
F 3 | 8 ORA-01401: Eingefügter Wert zu groß für Spalte
F 4 | 11 ORA-01401: Eingefügter Wert zu groß für Spalte
F 5 | 15 ORA-01401: Eingefügter Wert zu groß für Spalte
PL/SQL-Prozedur wurde erfolgreich abgeschlossen.
```

Mengenabfrage mit BULK COLLECT

Als »Definition« bezeichnet man ja die Verknüpfung von Datenbank-Werten mit PL/SQL-Variablen. Dies haben Sie bereits in großer Zahl mit den beiden bewährten Klauseln `SELECT...INTO` und `FETCH...INTO` stets mit Erfolg durchgeführt. Über die zusätzliche Klausel `BULK COLLECT INTO` haben Sie sowohl für gewöhnliche Abfragen als auch für Cursor die Möglichkeit, die gefundenen Werte in Sammlungen zu transferieren. Letztendlich handelt es sich nur um eine Erweiterung des `SELECT`- und `FETCH`-Befehls um die gerade erwähnte Klausel und die Nennung der Sammlung(en).

Folgendes Beispiel lädt zunächst Daten aus einer einfachen Abfrage in zwei Sammlungen, was bisher auch noch nicht als Möglichkeit und Konstruktionsmuster verwendet wurde. Sie haben so die Möglichkeit, über die gleichen

Indexnummern einfacher und ohne Punktnotation und %ROWTYPE-Typableitung zu Beginn auf verschiedene Felder zuzugreifen. Neben der Mengenübertragung ist also auch die Ausgabe für die Programmstruktur interessant, da Sie hier sehen, dass Sie auf passende Datensätze über den gemeinsamen Indexwert zugreifen können.

```
DECLARE
 TYPE DNummern IS TABLE OF dozent.D_Nr%TYPE;
 TYPE DName IS TABLE OF dozent.D_Nachname%TYPE;
 t_DNr   DNummern;    -- Dozentennummern
 t_DName DName;       -- Dozentennamen
BEGIN
 -- Abruf der Dozenten
 SELECT D_Nr, D_Anrede || ' ' || D_Nachname AS DName
   BULK COLLECT INTO t_DNr, t_DName
   FROM dozent NATURAL JOIN themenverteilung
  WHERE K_Nr=1040069;
 FOR i IN t_DNr.FIRST..t_DNr.LAST LOOP
  DBMS_OUTPUT.PUT_LINE(t_DNr(i) || ': ' || t_DName(i));
 END LOOP;
END;
```

Listing 4.126 436_07.sql: Mengenbindung in SELECT

Das Ergebnis und die Information, welche Dozenten den Kurs mit der angegebenen Nummer durchführen, sehen so aus:

```
1: Frau Sonnenschein
19: Herr Ordinarius
16: Herr Feder
PL/SQL-Prozedur wurde erfolgreich abgeschlossen.
```

Für einen Cursor ergibt sich eine ähnliche Struktur, wobei auch hier die Möglichkeit besteht, sofort in mehrere Sammlungen Daten zu übernehmen, indem die einzelnen Sammlungen mit ihrer Feldstruktur (hier jeweils nur eines) aufgelistet werden. Dabei müssen Sie lediglich darauf Acht geben, dass die Datentypen und die Feldanzahl sowie die Feldreihenfolge und -zuordnung der Struktur im Cursor bzw. in seiner Abfrage entsprechen.

```
DECLARE
 TYPE DNummern IS TABLE OF dozent.D_Nr%TYPE;
 TYPE DName IS TABLE OF dozent.D_Nachname%TYPE;
 t_DNr   DNummern;    -- Dozentennummern
```

```
 t_DName DName;       -- Dozentennamen
 CURSOR c_DDaten IS
  SELECT D_Nr, D_Anrede || ' ' || D_Nachname AS DName
    FROM dozent NATURAL JOIN themenverteilung
   WHERE K_Nr=1040070;
BEGIN
 OPEN c_DDaten;
 FETCH c_DDaten BULK COLLECT INTO t_DNr, t_DName;
 FOR i IN t_DNr.FIRST..t_DNr.LAST LOOP
  DBMS_OUTPUT.PUT_LINE(t_DNr(i) || ': ' || t_DName(i));
 END LOOP;
 CLOSE c_DDaten;
END;
```

Listing 4.127 436_08.sql: Mengenbindung in FETCH

Für den neuen Kurs ergibt sich ein leicht anderes Bild, denn Herr Feder ist nicht mehr für dieses Thema anzusprechen.

```
1: Frau Sonnenschein
19: Herr Ordinarius
PL/SQL-Prozedur wurde erfolgreich abgeschlossen.
```

Falls Sie nur eine bestimmte Anzahl von Datensätzen aus dem Cursor in ihre Sammlung übernehmen möchten, gibt es zum Abschluss noch eine `LIMIT`-Klausel, die als Argument eine Zahl oder eine entsprechende Variable erwartet, die die zu übernehmenden Datensätze begrenzt. Hier können Sie auch kontrollieren, dass die maximale Obergrenze, die Sie dynamisch ja auch über die Collection-Methode `LIMIT` herausfinden können, nicht überschritten wird und damit keine unerwünschten Fehler ausgelöst werden.

Im Beispiel zu dieser weiteren nützlichen Erweiterungsklausel ruft ein Cursor alle Kurse ab, speichert diese Information in einer Sammlung, die mit `%ROWTYPE` erstellt wurde, und berücksichtigt die Obergrenze. Diese speichert man in einer eigenen Variable, was nur funktioniert, wenn das Varray bereits im Deklarationsabschnitt initialisiert wird. Dies geschieht ganz einfach über die Zuweisung eines `NULL`-Elements. Über die Methode `LIMIT` lässt sich dann die maximale Obergrenze ermitteln (im Gegensatz zu `COUNT`, das in diesem Fall die vorhandene Elementzahl feststellen würde) und als Grenze für die Übertragung in die Sammlung verwenden:

```
DECLARE
 v_Ausgabe  NUMBER(2);
```

```
 TYPE Kurse IS VARRAY(5) OF kurs%ROWTYPE;
 t_Kurse Kurse := Kurse(NULL);
 CURSOR c_KDaten IS
  SELECT *
    FROM kurs;
BEGIN
 v_Ausgabe := t_Kurse.LIMIT;
 OPEN c_KDaten;
 FETCH c_KDaten BULK COLLECT INTO t_Kurse LIMIT v_Ausgabe;
 FOR i IN t_Kurse.FIRST..t_Kurse.LAST LOOP
  DBMS_OUTPUT.PUT_LINE(t_Kurse(i).K_Titel || ': ' ||
t_Kurse(i).K_Untertitel);
 END LOOP;
 CLOSE c_KDaten;
END;
```

Listing 4.128 436_09.sql: Einsatz von LIMIT

Durch einen großen Zufall, der tatsächlich nicht beabsichtigt war, sondern durch die Tabellenstruktur bzw. die Anordnung der Datensätze hervorgerufen wurde, findet dieses Programm fünf Perl-Kurse aus dem Seminarplan:

```
Perl: Module programmieren in Perl
Perl: Programmierung von GUIs mit Perl/Tk
Perl: Netzwerkprogrammierung
Perl: Systemadministration
Perl: Datenbankprogrammierung
PL/SQL-Prozedur wurde erfolgreich abgeschlossen.
```

Einsatz von RETURNING

Ganz zum Schluss möchten wir Ihnen noch ein besonders interessantes Programm vorstellen und dabei die Mengenverarbeitung bei der `RETURNING`-Klausel vorstellen. Die DML-Befehle `INSERT`, `UPDATE` und `DELETE` liefern auch im Zusammenhang mit der Mengenbindung netzwerkschonend (also ohne eine weitere Abfrage) die Werte für gerade eingetragene, geänderte oder gelöschte Felder. Für den Einsatz im `FORALL`-Befehl benötigen Sie allerdings eine Sammlung, die diese einzelnen Werte komplett aufnimmt und wieder in den PL/SQL-Bereich zurückliefert. Die allgemeine Syntax dafür ist:

```
{INSERT | UPDATE | DELETE}
 RETURNING feldliste BULK COLLECT INTO sammlungsliste;
```

Bis auf das schon eingeführte BULK COLLECT INTO gibt es keine Unterschiede im Vergleich zu anderen Einsatzbereichen von RETURNING. Achten Sie allerdings darauf, dass Sie Sammlungen erstellen müssen, die die verschiedenen Werte aufnehmen. Allerdings benötigen Sie keine Referenzierung auf das i-te Element, wie man vielleicht zunächst erwarten würde. Dies liegt daran, dass die kompletten Werte übertragen werden und nicht jeder Wert einzeln.

Da dies so einfach ist und die Beispiele bisher wenig realistisch waren, schließen wir mit einem interessanten Programm, das automatisch ab dem 12. Januar 2004 jeden Monat einen Java-Kurs stattfinden lässt. Sie sehen in diesem langen Beispiel auch einen sinnvollen Einsatz von Mengen, der vielleicht in den zurückliegenden Beispielen nicht so deutlich zu Tage getreten war. Es wirkte dort vielleicht so, dass gerade bei der Datenmanipulation nur aus syntaktischen Gründen Sammlungen erstellt werden mussten, da beispielsweise die Zählervariable nicht an allen Stellen in der Werteliste verwendet werden darf, sondern tatsächlich nur als Index-Wert und dergleichen mehr. In Wirklichkeit handelt es sich aber um ein grundsätzliches Konstruktionsprinzip, das mit steigender Komplexität der Anwendungen viele Umsetzungen erst ermöglicht.

Im folgenden Programm also benötigen wir für das Kernstück, das durch die Mengenbindung ausgedrückt wird, eigene Sammlungen für Kursnummern, Kursdauern, aus denen sich der Endtermin errechnet, Monatsnummern, aus denen sich die Verschiebung über die Funktion ADD_MONTHS(datum,verschiebung) errechnet, Terminnummern für die Terminerfassung und auch eine letzte Sammlung für die Terminergebnisnummern, die die erzeugten und von der RETURNING-Klausel erhaltenen Termine speichert. An dieser Stelle verkürzen wir ein bisschen und verzichten darauf, alle Werte über RETURNING und DMBS_OUTPUT auszugeben, sondern prüfen über eine Abfrage. Der Cursor für die Kursermittlung setzt den ganzen unheilvollen Prozess in Bewegung und dient an verschiedenen Stelle über das Attribut %ROWCOUNT auch zur dynamischen Ermittlung von Schleifenlängen. Achten Sie auch hier darauf, einerseits möglichst kompakt zu programmieren (verwenden Sie einen einzigen Tabellentyp für mehrere Tabellen) und dynamisch zu arbeiten (verwenden Sie Attribute oder Typableitungen). So können Sie ganz einfach auch das Programm für Perl-Kurse laufen lassen und müssen dafür lediglich den Eintrag in der Einschränkung für den Cursor ändern.

Die Errechnung der Beginn- und Enddaten ist ein Sammelsurium an Möglichkeiten, mit SQL-Funktionen zu arbeiten. Im Druck haben wir die einzelnen Spaltenwerte in einzelne Zeilen gesetzt, denen Sie kurz Ihre Aufmerksamkeit widmen sollten.

```
DECLARE
 CURSOR c_Kurse IS
  SELECT K_Nr, K_Dauer FROM kurs
   WHERE K_Titel = 'Java';          -- Cursor Kurse
 v_MaxTNr termin.T_Nr%TYPE;         -- Termin-Nr
 TYPE t_NUMBER IS TABLE OF NUMBER(7)
  INDEX BY BINARY_INTEGER;           -- Kursnrtyp
 t_KNr    t_NUMBER;                  -- Tabelle Kurse
 t_KDauer t_NUMBER;                  -- Tabelle Dauern
 t_TNr    t_NUMBER;                  -- Tabelle TNr
 t_TNrErg t_NUMBER;                  -- Tabelle TNr Ergebnis
 t_MNr    t_NUMBER;                  -- Tabelle MonatsNr
BEGIN
 -- Höchste Buchungsnr
 SELECT MAX(T_Nr)
   INTO v_MaxTNr
   FROM termin;
 -- Übertragung von Cursor in Sammlungen
 OPEN c_Kurse;
 FETCH c_Kurse BULK COLLECT INTO t_KNr, t_KDauer;
 -- Erzeugung der Termin- und Monatsnummern
 FOR i IN 1..c_Kurse%ROWCOUNT LOOP
  t_TNr(i) := v_MaxTNr+i;
  t_MNr(i) := i;
 END LOOP;
 -- Verarbeitung der Sammlung
 FORALL i IN 1..c_Kurse%ROWCOUNT
  INSERT INTO termin
  VALUES (t_TNr(i),
          t_KNr(i),
          ADD_MONTHS(TO_DATE('12-Jan-04'), t_MNr(i)),
          ADD_MONTHS(TO_DATE('12-Jan-04')+t_KDauer(i),
t_MNr(i)),
          'Essen')
  RETURNING T_Nr BULK COLLECT INTO t_TNrErg;
 CLOSE c_Kurse;
 -- Ausgabe der Kurstermine
 FOR i IN t_TNrErg.FIRST..t_TNrErg.LAST LOOP
  DBMS_OUTPUT.PUT(t_TNrErg(i) || ' | ');
 END LOOP;
```

```
 DBMS_OUTPUT.NEW_LINE;
END;
```

Listing 4.129 436_10.sql: Verwendung von RETURNING

Um das Programm nicht durch unnütze DBMS_OUTPUT-Aufrufe weiter zu verlängern, dienen die ausgegebenen Kursnummern

```
656 | 657 | 658 | 659 | 660 | 661 | 662 | 663 | 664 |
PL/SQL-Prozedur wurde erfolgreich abgeschlossen.
```

nur der Bestätigung, dass überhaupt etwas Sinnvolles geschehen ist. Das tatsächliche Ergebnis erhält man dagegen in schönster Formatierung ganz einfach über die Abfrage `SELECT * FROM termin WHERE T_Nr>655;`, die einen wunderschönen Terminkalender für die Java-Kurse in den ersten 10 Monaten von 2004 ausspuckt. Besonderes Augenmerk sollte den Kursterminen gelten, die sich ja aus den Dauern und den verschiedenen Datumsarithmetikfunktionen zusammensetzen. Es ist natürlich auch noch möglich, auf die Wochenenden Rücksicht zu nehmen, wenn man die Terminerrechnung aus dem INSERT-Befehl in eine eigene Sammlung auslagert (ein weiteres Beispiel, wozu Sammlungen nützlich sind, nämlich zur Vorbereitung von Datenmengen für die kollektive bzw. kombinierte Verarbeitung) und dort die einzelnen Anfänge immer nach sieben Tagen beginnen lässt. Da kein Kurs länger als fünf Tage dauert, bedeutet dies keine Schwierigkeit. Ansonsten müsste eine kleine Fallunterscheidung integriert werden, die dann den nachfolgenden Kurs um eine weitere Woche verschiebt.

```
      T_NR       K_NR T_BEGINN T_ENDE   T_ORT
---------- ---------- -------- -------- --------------------
       656    1015031 12.02.04 15.02.04 Essen
       657    1015034 12.03.04 16.03.04 Essen
       658    1015036 12.04.04 15.04.04 Essen
       659    1015038 12.05.04 15.05.04 Essen
       660    1015067 12.06.04 16.06.04 Essen
       661    1030073 12.07.04 16.07.04 Essen
       662    1015091 12.08.04 15.08.04 Essen
       663    1015093 12.09.04 15.09.04 Essen
       664    1015099 12.10.04 15.10.04 Essen
9 Zeilen ausgewählt.
```

4.3.7 Dynamisches SQL

Bei der Erörterung, welche SQL-Befehle in PL/SQL erlaubt oder möglich sind, stellten wir einerseits bereits fest, dass einige Befehle wie z.B. DDL-Klauseln nicht zulässig sind, dass es aber andererseits dennoch Möglichkeiten gibt, Einschränkungen durch die Verarbeitung von PL/SQL-Anweisungen zu umgehen. Dieses Lösungskonzept heißt *natives dynamisches SQL* und soll Ihnen in diesem Abschnitt als »dynamisches SQL« vertraut werden. Das Grundproblem bei der Ausführung von SQL-Befehlen stellt die frühe Bindung von PL/SQL dar, was zur Folge hat, dass normalerweise nur DML-Befehle verwendet werden können, da sie auf bereits existierende Objekte (Tabellen, Spalten, Sichten usw.) zugreifen und nur Daten aus ihnen abrufen bzw. Datenänderungen vornehmen. In diesem Sinne ruft das folgende kurze, fehlerhafte Programm eine derart umfangreiche Fehlermeldung auf, dass wir sie schon aus Platzgründen gar nicht erst abdrucken wollen. Im Kern fordert sie allerdings nur die Verwendung eines anderen Befehles als `CREATE` – irgendeinen anderen Befehl, solange es nur nicht dieser ist.

```
DECLARE
BEGIN
 CREATE VIEW Kurse_Programmierung AS
  SELECT *
    FROM kurs
   WHERE K_Bereich='Programmierung';
 /* Verwendung der Sicht für Verarbeitungen */
END;
```

Listing 4.130 437_01.sql: Fehlerhafte Verwendung von DDL-Befehlen

Tatsächlich gelingt die Verwendung der Sicht ohne die Verwendung von dynamischem SQL ausschließlich dann, wenn die Sicht bereits existiert – wenn man sie also außerhalb eines PL/SQL-Blocks angelegt hat. Dann wird auch ein Aufruf dieses existierenden Schema-Objekts genehmigt.

```
DECLARE
 CURSOR c_Kurse IS
  SELECT * FROM Kurse_Programmierung;
BEGIN
 FOR v_KDaten IN c_Kurse LOOP
  DBMS_OUTPUT.PUT(v_KDaten.K_Titel);
  DBMS_OUTPUT.PUT_LINE(' ' || v_KDaten.K_Untertitel);
 END LOOP;
END;
```

Listing 4.131 437_01.sql: Korrekte Verwendung nach dem Anlegen der Sicht

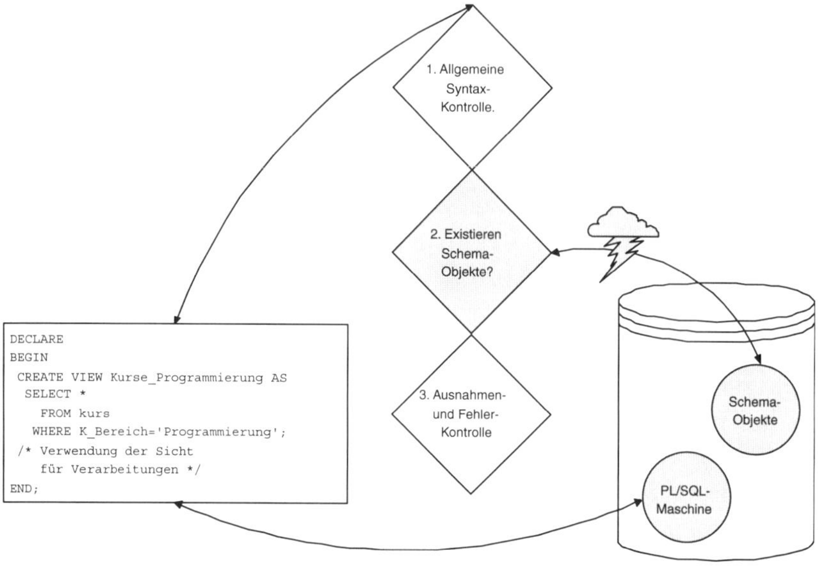

Abbildung 4.45 Auslösen von Fehlern bei DDL-Verwendung in PL/SQL

Verwendungszweck und Einsatzbereiche

Vielleicht erscheint auf den ersten Blick der Nutzen von dynamischem SQL oder auch der Wunsch, solches Hexenwerk in seinen Programmen zu verwenden, nicht sofort verständlich. In folgenden Fällen ist der Einsatz von dynamischem SQL notwendig:

- Sie möchten *DDL-Klauseln* (`CREATE`, `DROP`, `ALTER` usw.) in Programmen verwenden, also Schema-Objekte anlegen, verändern und löschen.
- Sie möchten *DCL-Klauseln* zur Verwaltung und Organisation von Sicherheit, Sitzungen, Rechten und Benutzerstrukturen in seine Programme integrieren wie z.B. `ALTER SESSION`, `GRANT`, `REVOKE` usw.
- Sie möchten *SQL-Anweisungen* in DML-Klauseln (`INSERT`, `UPDATE`, `DELETE` und `SELECT`) zur Laufzeit in Form von *Variablen übergeben*, um Vorteile durch eine Modularisierung zu erhalten.
- Eine Quasi-*Vorgängerversion* des nativen dynamischen SQL war das Paket `DBMS_SQL`, das allerdings nicht die *Geschwindigkeit* und Funktionalitäten bietet, die mit dem nativen dynamischen SQL möglich sind. Bei einem Wechsel erhält man also eine größere Flexibilität und mehr Leistung.

SQL-Befehle mit EXECUTE IMMEDIATE ausführen

Nach all den Hinweisen auf grauenvolle Fehlermeldungen und die mysteriöse Wunderwaffe, die dynamisches SQL sein soll, sieht der wichtigste Befehl überaus einfach aus. In seiner einfachsten Form besteht er nur aus EXECUTE IMMEDIATE und der ansonsten verbotenen Anweisung, entweder in ausgeschriebener Form als Zeichenkette oder in Gestalt einer Variablen. Es folgen Ergänzungen, die Sie bereits in den vielen zurückliegenden SQL-Abfragen kennen gelernt haben und die hier aufgrund der dynamischen Ausführung syntaktisch leicht abgewandelt wurden:

- INTO define_variable speichert Ergebnisse aus Tabellenabfragen in einzelne Variablen, die mit Feldanzahlen und Felddatentypen korrespondieren (define-Variablen gemäß der Bindungstypen).
- INTO datensatz speichert ebensolche Ergebnisse in Datensätzen, die mit %ROWTYPE oder durch explizite Nennung ihrer Feldstruktur erstellt wurden.
- USING kann die RETURNING- bzw. die RETURN-Klausel ersetzen, wobei der Parameter OUT ist. Dies gilt auch für bind-Variablen, die als Parameter in die Abfrage einfließen, wobei der Parameter hier IN ist.
- RETURNING oder RETURN INTO speichern bei geeigneten DDL-Anweisungen wie INSERT, UPDATE und DELETE die eingetragenen, gelöschten bzw. geänderten Werte ohne weiteren Netzwerkverkehr in Variablen (bind-Variablen gemäß der Bindungstypen).

Die allgemeine Syntax in all ihrer Ausführlichkeit und mit allen Variationen sieht wie folgt aus:

```
EXECUTE IMMEDIATE 'anweisung'
[INTO {define_variable[, define_variable]... | datensatz}]
[USING [IN | OUT | IN OUT] bind_argument
[, [IN | OUT | IN OUT] bind_argument]...]
[{RETURNING | RETURN} INTO bind_argument[, bind_argument]...];
```

Im folgenden Beispiel werden die einzelnen Regeln dieser umfangreichen Syntax erläutert. Es stecken einige Besonderheiten (man könnte auch »Schwierigkeiten« sagen) in mannigfaltigen Detail-Fragen. Inhaltlich prüft folgendes Beispiel darauf, ob für einen speziellen Kurs, der durch seine Kursnummer identifiziert wird, in einem bestimmten Monat und Jahr Kurstermine vorliegen. Diese werden gezählt und so ausgewertet, dass automatisch ein Kurstermin mit passender Dauer am 1. des Monats eingefügt wird, sobald die Terminzahl kleiner 2 ist, also die Terminanzahl 1 oder 0 beträgt.

Gleich vorweg: Das gesamte Beispiel lässt sich wegen seiner geringen Komplexität auch ohne dynamisches SQL gestalten. Sobald man allerdings den Bereich der automatischen Terminerstellung ausbaut, könnten sich verschiedene SQL-Abfragen ergeben, die sich durch unterschiedliche Beginn- und Endtermine auszeichnen. Dann lassen sich leicht verschiedene SQL-Befehle in Abhängigkeit von den Fallüberprüfungen erzeugen, wobei am Ende die ausgewählte Fallüberprüfung durch EXECUTE IMMEDIATE ausgeführt wird. Betrachten Sie daher das Beispiel (im Gegensatz zu den Beispielen in den anderen Abschnitten) als Vorstellung der Syntax.

Die erste dynamische Abfrage wird direkt an die Ausführungsklausel in einfachen Anführungszeichen angeschlossen. Die zweite hingegen speichert man in einer Variable (hier wären weitere Fallunterscheidungen möglich, die die Variable v_TerminSQL dann mit unterschiedlichen Inhalten füllten) und ruft sie dann bei der Ausführung auf. In beiden Fällen werden eingehende gebundene Werte über Binde-Variablen referenziert. Sie können (und sollten auch bei umfangreichen Formulierungen) sinnvolle Namen vergeben. Sie können aber auch aufsteigende Zahlen- oder Buchstabenfolgen verwenden, da die Wertzuweisung von der Positionierung innerhalb der USING-Klausel abhängt. Wenn Sie andere Variablen als in gewöhnlichen Abfragen verwenden bzw. Sie innerhalb des Abfragetextes die Doppelpunkte zur Kennzeichnung der Binde-Variablen vergessen, erhalten Sie die Fehlermeldung 00904 (»Unbekannte Spalte«). Allerdings zwingt Sie natürlich niemand, andere Variablennamen zu verwenden. Sie können auch die schon vorhandenen nach folgendem Muster einbinden:

```
EXECUTE IMMEDIATE
 'SELECT COUNT(T_Nr), K_Dauer
   FROM kurs NATURAL JOIN termin
  WHERE EXTRACT(MONTH FROM T_Beginn)=:b_Monat
    AND EXTRACT(YEAR FROM T_Beginn)=:b_Jahr
    AND K_Nr= :b_KNr
  GROUP BY K_Dauer'
 INTO v_TerminAnzahl, v_TerminDauer
 USING IN  b_Monat, b_Jahr, b_KNr;
```

Allerdings – und das ist der Nachteil dieser Methode, weswegen wir sie auch nur hier als Option erwähnen – muss auch hier die Positionierungsregel erfüllt sein. Taucht die Kursnummer als erste Binde-Variable in der Abfrage auf, dann muss sie auch an erster Stelle in der Parameterliste erscheinen. Dies kann schon einmal zu falschen Ergebnissen führen, wenn Datentypen nicht miteinander kollidieren und die Abfrage dadurch syntaktisch korrekt, aber semantisch inkorrekt wird. Falls Sie in diesem Beispiel Monat und Jahr vertauschen

```
  WHERE EXTRACT(MONTH FROM T_Beginn)=:b_Jahr -- 2002
    AND EXTRACT(YEAR FROM T_Beginn)=:b_Monat -- 8
```

so erhalten Sie niemals eine Fehlermeldung, da die Datentypen zueinander passen und diese Abfrage kein Ergebnis liefert. Welcher Monat sollte schon die Nummer 2002 haben?

Sie sehen in der allgemeinen Syntax, dass die Verwendung der Richtungsparameter (`IN`, `OUT`, `IN OUT`) optional ist, solange Parameter in die Abfrage eingehen. Lediglich bei `RETURNING` kann bei `USING` nur `IN` verwendet werden. Da Sie auch im Zusammenhang mit Funktionen auf derartige Parameter stoßen, ist es eventuell doch empfehlenswert, sie stets der Ordnung halber anzugeben.

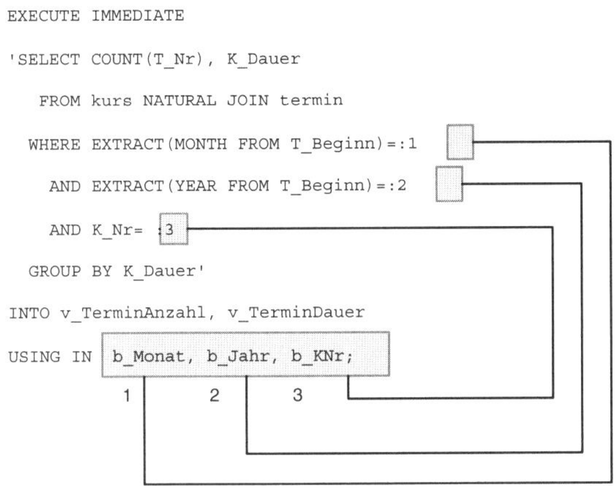

Abbildung 4.46 Position von Bindevariablen

Im Gegensatz zur Erkenntnis, dass nun schon die Positionierung von Binde-Variablen für die Funktionsweise von Abfragen von Bedeutung ist, ist es sehr leicht zu akzeptieren, dass die Variablen, die bei einzeiligen Ergebnismengen (implizite Cursor) mit Werten gefüllt werden sollen, nun nach der gesamten Abfrage mit `INTO` aufgelistet werden. Auch hier gelten die gleichen Regelungen wie bei anderen Abfragen mit `SELECT...INTO` für die Berücksichtigung von einzeiligen und mehrzeiligen Ergebnismengen bzw. entsprechenden Fehlermeldungen und Ausnahmen.

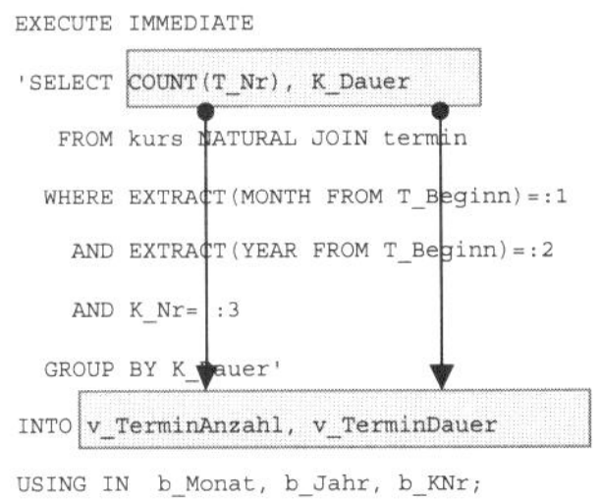

Abbildung 4.47 Positionierung von INTO-Adressen

Für die Verwendung von DML-Befehlen zur Datenänderung gelten die gleichen Regelungen, was beim automatischen Termineintrag ersichtlich ist. Werte können hier entweder wie der Ortsname direkt vorgegeben oder durch SQL-Funktionen bestimmt werden, oder sie werden wiederum anhand ihrer Position im SQL-Befehl und in der `USING`-Klausel referenziert. Achten Sie bei der Verwendung von SQL-Funktionen und direkten Werten auf doppelte Anführungszeichen, da diese Werte ja bereits innerhalb von Anführungszeichen erscheinen. Dies lässt die Verwendung ein wenig unübersichtlich wirken.

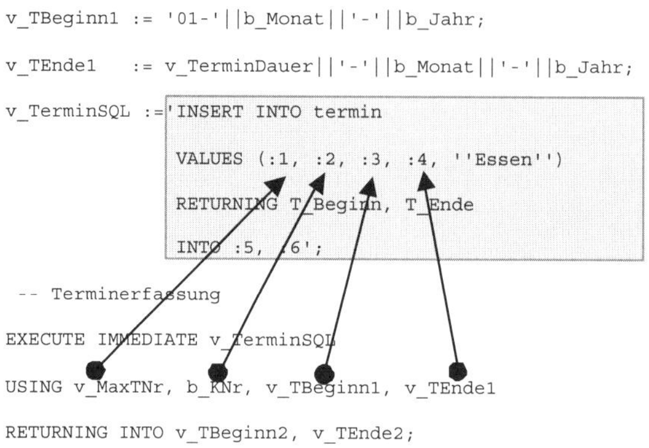

Abbildung 4.48 Adressierung bei INSERT

Zur Kontrolle, ob die Werte tatsächlich in die Tabelle eingetragen worden sind, bietet sich auch hier die Verwendung einer `RETURNING`-Klausel an. Dabei ändert sich im SQL-Bereich zunächst gar nichts, da hier wiederum die benötigten Spalten und Zuweisungsvariablen erscheinen, wie Sie es bereits kennen. Neu ist lediglich, dass die Zuweisungsvariablen Binde-Variablen darstellen, die mit einem Doppelpunkt ausgezeichnet werden. Für die Ausführungsanweisung erfolgt eine erneute Verwendung der `RETURNING INTO`-Klausel, wobei hier wiederum die Position der tatsächlichen Variablen über die Werteaufnahme entscheidet.

Sollte Ihnen die vorgestellte Fassung nicht zusagen, da wir ja zuvor bereits gesehen haben, dass die `USING`-Klausel auch gleichzeitig die Ausgabe organisieren kann, können Sie auch die aufnehmenden Variablen der `RETURNING`-Klausel des SQL-Befehls mit dem Parameter `OUT` (Komma nicht vergessen!) anschließen. Oracle selbst empfiehlt die Verwendung der oben gezeigten Methode, weswegen wir sie auch ausführlich dargestellt haben.

```
EXECUTE IMMEDIATE v_TerminSQL
USING IN v_MaxTNr, b_KNr, v_TBeginn1, v_TEnde1,
      OUT v_TBeginn2, v_TEnde2;
```

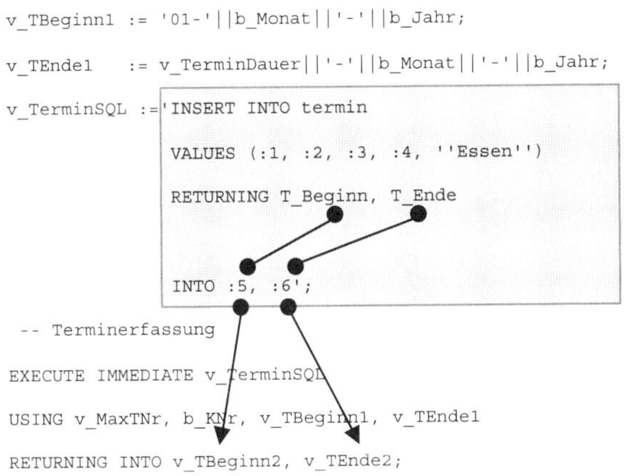

Abbildung 4.49 Kontrolle mit RETURNING INTO

Sollten Werte im Programm nicht parametrisiert, sondern direkt vorgegeben werden, dann ist dies selbstredend ebenfalls möglich. Würde man neben der Terminnummer auch noch den Ort vorgeben wollen und sollte dies gerade nicht über Variablen, sondern über feste Werte erfolgen, dann trägt man diese statt der Variablen in die `USING`-Klausel ein. Achten Sie hier – wie immer – auf die Anführungszeichen bei Zeichenketten.

```
EXECUTE IMMEDIATE v_TerminSQL
USING IN 667, b_KNr, v_TBeginn1, v_TEnde1, 'Essen'
      OUT v_TBeginn2, v_TEnde2;
```

Nach diesen Vorreden und Appetithappen folgt nun das Programm in ganzer Länge. Hier möchten wir noch kurz darauf hinweisen, dass es überaus wichtig ist, für die Variablen, die die SQL-Abfragen aufnehmen sollen, genügend großen Platz zu reservieren.

```
DECLARE
 v_TerminAnzahl NUMBER(2);
 v_TerminDauer  kurs.K_Dauer%TYPE;
 v_MaxTNr       termin.T_Nr%TYPE;
 b_KNr          kurs.K_Nr%TYPE := '1025061';
 b_Monat        NUMBER(2) := 8;
 b_Jahr         NUMBER(4) := 2002;
 v_TerminSQL    VARCHAR2(300);
 v_TBeginn1     termin.T_Beginn%TYPE;
 v_TEnde1       termin.T_Ende%TYPE;
 v_TBeginn2     termin.T_Beginn%TYPE;
 v_TEnde2       termin.T_Ende%TYPE;
```

```
BEGIN
 -- Zählt Kurstermine für Zeitraum, K_Nr
 -- Ermittelt Dauer für Terminerfassung
 EXECUTE IMMEDIATE
 'SELECT COUNT(T_Nr), K_Dauer
   FROM kurs NATURAL JOIN termin
  WHERE EXTRACT(MONTH FROM T_Beginn)=:1
    AND EXTRACT(YEAR FROM T_Beginn)=:2
    AND K_Nr= :3
  GROUP BY K_Dauer'
 INTO v_TerminAnzahl, v_TerminDauer
 USING IN  b_Monat, b_Jahr, b_KNr;
 DBMS_OUTPUT.PUT_LINE(v_TerminAnzahl);
 -- Einfügen eines Termins
 IF v_TerminAnzahl < 2
  THEN SELECT MAX(T_Nr)+1
         INTO v_MaxTNr
         FROM termin;
  v_TBeginn1 := '01-'||b_Monat||'-'||b_Jahr;
  v_TEnde1   := v_TerminDauer||'-'||b_Monat||'-'||b_Jahr;
  v_TerminSQL :='INSERT INTO termin
                VALUES (:1, :2, :3, :4, ''Essen'')
                RETURNING T_Beginn, T_Ende
                INTO :5, :6';
   -- Terminerfassung
  EXECUTE IMMEDIATE v_TerminSQL
  USING v_MaxTNr, b_KNr, v_TBeginn1, v_TEnde1
  RETURNING INTO v_TBeginn2, v_TEnde2;
  DBMS_OUTPUT.PUT(v_MaxTNr || ': ');
  DBMS_OUTPUT.PUT_LINE(v_TBeginn2 || ' ' || v_TEnde2);
 END IF;
END;
```

Listing 4.132 437_02.sql: Dynamisches DML

Man erhält als Ergebnis:

```
1
656: 01.08.02 03.08.02
PL/SQL-Prozedur wurde erfolgreich abgeschlossen.
```

Achten Sie bei der Verwendung von dynamischem DDL darauf, dass Sie keine Variablen innerhalb der DDL-Anweisungen verwenden, denn dies ist verboten und vermutlich auch »ein wenig zu viel verlangt«. Man könnte sich beispielsweise überlegen, eine Sichterstellung in Abhängigkeit von Parametern zu erstellen, was in der einfachsten Form zu folgendem Programm führt:

```
DECLARE
 v_KBereich kurs.K_Bereich%TYPE := 'Programmierung';
BEGIN
 EXECUTE IMMEDIATE 'CREATE VIEW KursBereich AS
 SELECT *
   FROM kurs
  WHERE K_Bereich = :1'
 USING IN v_KBereich;
END;
```

Listing 4.133 437_03.sql: Fehlerhafte Verwendung von DDL-Operationen

Dies hat folgende eindeutige Fehlermeldung zur Folge:

```
FEHLER in Zeile 1:
ORA-
01027: Bindevariablen nicht zulässig für Datendefinitionsopera-
tionen
ORA-06512: in Zeile 4
```

Statt dessen lässt sich DDL nur folgendermaßen ausführen:

```
DECLARE
BEGIN
 EXECUTE IMMEDIATE 'CREATE VIEW KursBereich AS
 SELECT *
   FROM kurs
  WHERE K_Bereich = ''Programmierung''';
END;
```

Listing 4.134 437_03.sql: Korrekte Verwendung von DDL-Operationen

Über `SELECT * FROM KursBereich;` können Sie dann das Ergebnis der Definition begutachten.

Verwendung von Cursor-Variablen

Um mehrzeilige Abfrageergebnisse zu verwenden, wie sie häufig in Erscheinung treten, wenn nicht explizit nach einer einzigen Zeile gefragt wird, haben

Sie schon den Einsatz von Cursorn kennen gelernt. Sie lassen sich auch mit dynamischen SQL-Abfragen verwenden, wobei die Abfrage auch in einer Variablen gespeichert werden kann, welche auch Parameter enthalten kann. Die drei zu verwendenden Befehle lehnen sich an die Verarbeitungsstruktur von Cursorn an und haben folgende allgemeine Syntax:

1. Mit `OPEN FOR` öffnen Sie eine Cursor-Variable, um eine dynamische Abfrage auszuführen. Hier setzen Sie ebenfalls Werte über Variablen und direkte Vorgaben in einer `USING`-Klausel ein. Sie müssen gleichfalls wie andere dynamische Abfragen mit Binde-Variablen in der Abfrage übereinstimmen bzw. von den Positionen her kongruent sein.

```
OPEN {cursor_variable | :host_cursor_variable} FOR dynamische_
abfrage
[USING bind_argument[, bind_argument]...];
```

2. Mit `FETCH...INTO` übertragen Sie Werte aus der Cursor-Variable in Definitionsvariablen, also Variablen, die Werte aus Abfragen empfangen. Dies entspricht der Struktur von gewöhnlichen Cursorn. Alternativ können Sie auch einen Datensatz verwenden, in dem sämtliche Werte komplett übertragen werden.

```
FETCH {cursor_variable | :host_cursor_variable}
INTO {define_variable[, define_variable]... | record};
```

3. Mit `CLOSE` schließen Sie den gesamten Cursor und beenden die Möglichkeit, auf seine Daten zuzugreifen.

```
CLOSE {cursor_variable | :host_cursor_variable};
```

Im folgenden Beispiel zählt man die Anzahl der Kurse pro Bereich. Dies wird über eine Cursor-Variable organisiert, die die bereits bekannten Parameter für Monat und Jahr verwendet. Diese gehen mit Hilfe der `USING`-Klausel in die Cursor-Variable ein. Die gefundenen Bereiche und Werte werden dann ganz schlicht ausgegeben. Bei der Verarbeitung speichert man zusätzlich die Bereiche, die weniger als zwei Termine aufweisen. So könnte man im weiteren Verlauf des Programms entsprechende Zeitraumerweiterungen wie schon in den anderen Beispielen vornehmen, um mehr Termine zu erhalten.

```
DECLARE
 TYPE TerminAnzahlTyp IS REF CURSOR; -- Cursor-Typ
 c_TAnzahl TerminAnzahlTyp;          -- Cursor Variable
 b_Monat   NUMBER(2) := 6;           -- Monat
 b_Jahr    NUMBER(4) := 2002;        -- Jahr
```

```
 TYPE Termine IS RECORD (
   v_KBereich kurs.K_Bereich%TYPE,
   v_TAnzahl  NUMBER(2));             -- Datensatztyp
 v_TDaten  Termine;                   -- Datensatz
 TYPE Bereich IS TABLE OF kurs.K_Bereich%TYPE
  INDEX BY BINARY_INTEGER;            -- Tabellentyp
 t_TAnzahl Bereich;                   -- Bereiche
 i         NUMBER(2) := 1;            -- Zähler
BEGIN
 -- 1. Öffnen Cursor-Variable
 OPEN c_TAnzahl FOR
 'SELECT K_Bereich, COUNT(T_Nr) AS T_Anzahl
    FROM kurs NATURAL JOIN termin
   WHERE EXTRACT(MONTH FROM T_Beginn)=:Monat
     AND EXTRACT(YEAR FROM T_Beginn)=:Jahr
   GROUP BY K_Bereich
   ORDER BY T_Anzahl'
 USING b_Monat, b_Jahr;
 -- 2. Verarbeiten / Analyse der Ergebnismenge
 LOOP
  FETCH c_TAnzahl INTO v_TDaten;
  EXIT WHEN c_TAnzahl%NOTFOUND;
  DBMS_OUTPUT.PUT(v_TDaten.v_KBereich || ': ');
  DBMS_OUTPUT.PUT_LINE(v_TDaten.V_TAnzahl);
  IF v_TDaten.v_TAnzahl <= 2
   THEN t_TAnzahl(i) := v_TDaten.v_KBereich;
  END IF;
  i := i+1;
 END LOOP;
 -- 3. Schließen der Cursor-Variable
 CLOSE c_TAnzahl;
  -- Verarbeitung der Tabelle / Ergebnisse
 IF t_TAnzahl.COUNT > 0 THEN
  FOR j IN t_TAnzahl.FIRST..t_TAnzahl.LAST LOOP
   DBMS_OUTPUT.PUT_LINE('Zu wenig: ' || t_TAnzahl(j));
  END LOOP;
 END IF;
END;
```

Listing 4.135 437_04.sql: Verwendung von Cursorn

Das Ergebnis hat folgende Gestalt, wobei klar ist, dass nur der Office-Bereich die gestellte Bedingung erfüllt:

```
Office: 2
Webdesign: 4
Programmierung: 6
Zu wenig: Office
PL/SQL-Prozedur wurde erfolgreich abgeschlossen.
```

Mengenverarbeitung

Auch für dynamisches SQL bieten sich Möglichkeiten, Mengenbindung und Mengenverarbeitung mit dynamisch erstellten SQL-Anweisungen auszuführen. Dazu stellt PL/SQL verschiedene Konzepte zur Verfügung, die sich teilweise in einigen Klauseln überlagern.

- `EXECUTE IMMEDIATE` dient dazu, Abfragen auszuführen. Sie werden erst durch die Verwendung von `BULK COLLECT` zu mengenverarbeitenden Abfragen. Für die Übertragung von Feldwerten in Variablen steht die Klausel `BULK COLLECT INTO` sowohl für die `RETURNING`-Klausel als auch für die einfache `INTO`-Klausel der Abfrage (hier der Abfrage folgend) zur Verfügung.

  ```
  EXECUTE IMMEDIATE dynamische_abfrage
  [[BULK COLLECT] INTO define_variable[, define_variable ...]]
  [USING bind_argument[, bind_argument ...]]
  [{RETURNING | RETURN}
  BULK COLLECT INTO bind_argument[, bind_argument ...]];
  ```

- Auch für die komplette Übertragung von Feldwerten aus einem Cursor ergänzt man die gewöhnliche `FETCH...INTO`-Klausel um die Schlüsselwörter `BULK COLLECT`.

  ```
  FETCH dynamischer_cursor
  BULK COLLECT INTO define_variable[, define_variable ...];
  ```

- Für die komplette Verarbeitung von Anweisungen für DML-Operationen bietet sich auch im dynamischen Fall eine `FORALL`-Klausel an. In ihr befindet sich statt der einfachen SQL-Anweisung eine dynamische, die durch `EXECUTE IMMEDIATE` eingeleitet wird. Ein- und ausgehende Werte bestimmt man strukturell wie im Standardfall der Ausführungsanweisung.

  ```
  FORALL index IN untergrenze..obergrenze
  EXECUTE IMMEDIATE dynamische_anweisung
  USING bind_argument | bind_argument(index)
  [, bind_argument | bind_argument(index)] ...
  ```

```
[{RETURNING | RETURN} BULK COLLECT
INTO bind_argument[, bind_argument ... ]];
```

Im folgenden Beispielprogramm wird erneut eine zufällig ausgewählte Gruppe von Teilnehmern aus der gleichnamigen Tabelle für den Termin Nr. 453 eingetragen. Auf eine Preisermittlung wird dabei aus Platzgründen verzichtet. Wichtig ist die Struktur der einzelnen Syntax-Bereiche, in denen dynamisches SQL in Mengenverarbeitungsprozesse eingeflochten wird. Besonders schön kurz und übersichtlich gerät dabei die Übertragung der Tabellenwerte für die ermittelten Teilnehmernummern in die Sammlung `t_TNNr`, da hier nur eine einzige Zeile und nicht etwa eine umfangreiche Schleifenkonstruktion anfällt.

Bei der Verwendung von Befehlen zur Datenänderung müssen – wie zuvor auch schon – die Sammlungen, die die gerade manipulierten Daten aufnehmen, sowohl als Binde-Variable wie auch mit ihrer tatsächlichen Bezeichnung in der `RETURNING`-Klausel aufgeführt werden.

```
DECLARE
 v_TNr      termin.T_Nr%TYPE   := 453;    -- Terminnr
 v_MaxBNr   buchung.B_Nr%TYPE;            -- Höchste BNr
 TYPE c_TDaten IS REF CURSOR;             -- TN Cursor-Typ
 c_Teilnehmer c_TDaten;                   -- TN-Cursor
 TYPE Zahlen IS TABLE OF NUMBER(5)
  INDEX BY BINARY_INTEGER;                -- Teilnehmertyp
 t_TNNr Zahlen;                           -- Tabelle TN
 t_BNr  Zahlen;                           -- Tabelle BNr
 t_BNr2 Zahlen;                           -- Tabelle BNr2
BEGIN
 -- Öffnen des Cursors
 OPEN c_Teilnehmer FOR 'SELECT TN_Nr
          FROM teilnehmer SAMPLE (0.55)';
 -- Übertragung der Daten in Sammlung
 FETCH c_Teilnehmer BULK COLLECT INTO t_TNNr;
  -- Ermittlung der höchsten Buchungsnr
  -- Erzeugung der benötigten Buchungsnr
 SELECT MAX(B_Nr)
   INTO v_MaxBNr
   FROM buchung;
 IF v_MaxBNr IS NULL
  THEN v_MaxBNr := 1;
 END IF;
 FOR i IN t_TNNr.FIRST..t_TNNr.LAST LOOP
```

```
  t_BNr(i) := v_MaxBNr+i;
 END LOOP;
 -- Schließen des Cursors
 CLOSE c_Teilnehmer;
 -- Buchung der Teilnehmer
 FORALL i IN 1..t_TNNr.COUNT
  EXECUTE IMMEDIATE
  'INSERT INTO buchung
  VALUES (:1, :2, :3, SYSDATE, :4, NULL, :5, NULL, NULL)
  RETURNING B_Nr INTO :6'
  USING t_BNr(i), t_TNNr(i),v_TNr, t_BNr.COUNT, t_TNNr(1)
  RETURNING BULK COLLECT INTO t_BNr2;
 -- Kontrollausgabe
 DBMS_OUTPUT.PUT_LINE('Teilnehmernr: ' || t_TNNr.COUNT);
 DBMS_OUTPUT.PUT_LINE('Buchungsnr: ' || t_BNr.COUNT);
 DBMS_OUTPUT.PUT_LINE('BNr von ' || t_BNr2(1) || ' - ' ||
t_BNr2(t_BNr2.LAST));
 FOR i IN t_TNNr.FIRST..t_TNNr.LAST LOOP
  DBMS_OUTPUT.PUT(t_TNNr(i) || ' | ');
 END LOOP;
 DBMS_OUTPUT.NEW_LINE;
END;
```

Listing 4.136 437_05.sql: Mengenbindung bei dynamischem SQL

Wenn Sie die Prozedur einige Male ausführen lassen, dann erhalten Sie durch Zufall vielleicht auch einmal diese Ausgabe: neun angemeldete Teilnehmer für den angegeben Kurstermin, die die Buchungsnummern 25 bis 32 erhalten.

```
Teilnehmernr: 9
Buchungsnr: 9
BNr von 24 - 32
78 | 225 | 266 | 339 | 540 | 967 | 983 | 1028 | 1184 |
PL/SQL-Prozedur wurde erfolgreich abgeschlossen.
```

Beispiele

In einem ersten Beispiel greifen wir auf die UNTERNEHMEN-Tabelle zu, wobei wir allerdings im ersten Fall eine Unternehmensnummer und im zweiten Fall einen Namen vorgeben. Der Block erkennt dann automatisch, welcher Fall vorliegt und setzt eine geeignete Abfrage zusammen. Dies entspricht dann dem Fall, dass die gleiche Datenmenge mit gleicher Ergebnismenge (hier eine Sammlung) und unterschiedlichen Eingabedaten befragt wird.

```
DECLARE
 -- Bindevariablen
 b_UNr unternehmen.U_NR%TYPE ; --       := 72;
 b_UName unternehmen.U_Name%TYPE := 'Privatbank Essen';

 -- SQL-Variablen
 v_SQLCols VARCHAR2(500) := 'SELECT * FROM unternehmen ';
 v_SQLW1   VARCHAR2(500) := 'WHERE U_Nr = ' || b_UNr;
 v_SQLW2   VARCHAR2(500) := 'WHERE U_Name = ''' ||  b_
UName || '''';

 -- Cursorvariable
 TYPE unternehmen_ref IS REF CURSOR;
 c_Unternehmen unternehmen_ref;

 -- Datensatz
 v_UDaten unternehmen%ROWTYPE;

 -- Collection
 TYPE t_Unternehmen IS TABLE OF unternehmen%ROWTYPE
  INDEX BY BINARY_INTEGER;
 v_UDaten_t t_Unternehmen;

BEGIN

 -- 1. Fall: b_UNr ist vorhanden
 IF b_UNr IS NOT NULL AND b_UName IS NULL
  THEN EXECUTE IMMEDIATE v_SQLCols
                      || v_SQLW1
                      INTO v_UDaten;
      --
 Übernehme einzeilige Ergebnismenge in assozatives Array
-- erstelle Collection aus EINEM Datensatz
      v_UDaten_t(1) := v_UDaten;
 -- 2. Fall: b_UName ist vorhanden
 ELSIF b_UName IS NOT NULL AND b_UNr IS NULL
  THEN
   -- Übernehme Ergebnismenge komplett in assozatives Array
   OPEN c_Unternehmen FOR v_SQLCOls || v_SQLW2;
-- erstelle Collection aus
```

```
 -- MEHREREN Datensätzen
   FETCH c_Unternehmen BULK COLLECT INTO v_UDaten_t;
   CLOSE c_Unternehmen;

 -- 3. Fall: Falsche Datenübergabe
 ELSE
  DBMS_OUTPUT.PUT_
LINE('Nur einen Parameter mit Wert vorgeben!');

 END IF;

 -- Daten verarbeiten
 IF v_UDaten_t.COUNT > 0
  THEN FOR i IN v_UDaten_t.FIRST..v_UDaten_T.LAST LOOP
        DBMS_OUTPUT.PUT_LINE(v_UDaten_t(i).U_Name);
       END LOOP;
 ELSE
  DBMS_OUTPUT.PUT_LINE('Keine Daten übernommen.');
 END IF;
EXCEPTION
 WHEN NO_DATA_FOUND
   THEN DBMS_OUTPUT.PUT_LINE('Keine Daten gefunden.');
END;
```

Listing 4.137 437_06.sql: Gleiche Datenmenge mit unterschiedlichen Eingaben befragen

Im nächsten Beispiel greifen wir auf unterschiedliche Tabellen zu, erwarten aber die gleiche Ergebnisdatenstruktur.

```
DECLARE
 -- Schaltvariable
 v_SQLTyp VARCHAR2(1) := 'd'; -- d für Dozent,
                              -- t für Teilnehmer

 -- SQL-Variablen
 b_Nr NUMBER(4) := 15;

 TYPE SQLCols_t IS VARRAY(2) OF VARCHAR2(500);
 TYPE SQLWHERE_t IS VARRAY(2) OF VARCHAR2(500);
```

```
 v_SQLCols SQLCOls_t :=
           SQLCols_t('SELECT D_Anrede,
                             D_Vorname, D_Nachname, D_Stadt
                        FROM dozent ',
                     'SELECT TN_Anrede,
                             TN_Vorname, TN_Nachname,
                             TN_Stadt
                        FROM teilnehmer '  );
 v_SQLWHERE SQLWHERE_t :=
                     SQLWHERE_t('WHERE D_Nr = ' || b_Nr,
                                'WHERE TN_Nr = ' || b_Nr);
 -- Datensatz
 TYPE Person_ds IS RECORD (
  Anrede VARCHAR2(30),
  Vorname VARCHAR2(30),
  Nachname VARCHAR2(30),
  Stadt VARCHAR2(30)
 );
 v_Person Person_ds;
BEGIN
 -- Getrennte Beschaffung der Daten
 IF b_Nr IS NOT NULL
  THEN
   CASE v_SQLTyp
    -- 1. Fall: d
    WHEN 'd'
     THEN EXECUTE IMMEDIATE v_SQLCols(1) || v_SQLWHERE(1)
             INTO v_Person;
    -- 2. Fall: t
    WHEN 't'
     THEN EXECUTE IMMEDIATE v_SQLCols(2) || v_SQLWHERE(2)
             INTO v_Person;
    -- 3. Fall: falsch
     ELSE DBMS_OUTPUT.PUT_LINE('Kein Typ');
   END CASE;
 -- Ausgabe
 IF v_Person IS NOT NULL
  THEN DBMS_OUTPUT.PUT_LINE(v_Person.Anrede || ' ' ||
                            v_Person.Nachname);
 END IF;
```

```
 ELSE
  DBMS_OUTPUT.PUT_LINE('Keine Nr');
 END IF;
END;
```

Listing 4.138 436_07.sql: Gleiche Ergebnisstruktur

Damit sind wir am Ende der Vorstellung der grundlegenden PL/SQL-Syntax. Im nächsten Kapitel finden Sie nun auf Basis dieser Strukturen Möglichkeiten, Anwendungen mit Hilfe von Prozeduren und Funktionen zu entwickeln. Dies schafft dann modularen Quelltext, der die typischen Vorteile von quasi-objektorientiertem Programmieren bietet.

5 PL/SQL-Module

5

5 PL/SQL-Module

Eine noch so ausgeklügelte Syntax nützt dem Programmierer wenig, wenn er nicht geeignete Konzepte findet, mit denen er Anwendungen konstruieren kann, die den Grundprinzipien moderner Software-Entwicklung hinsichtlich Wiederverwendbarkeit und Modularisierung entsprechen. PL/SQL bietet umfangreiche Möglichkeiten, modular zu arbeiten, obwohl es (noch) nicht objektorientiert ist.

5.1 Modulare Strukturen in PL/SQL

Im zurückliegenden Kapitel haben wir Ihnen relativ ausführlich die entscheidenden syntaktischen Bereiche von PL/SQL vorgestellt. Es fehlen nur noch zwei Bereiche, die für die Anwendungsentwicklung notwendig sind, damit Ihre Programme auch wirklich sinnvolle Tätigkeiten erfüllen. Zum einen sind dies die unterschiedlichen Möglichkeiten, die PL/SQL Ihnen zur Modularisierung von komplexen Anwendungen bietet. Zum anderen sind dies die Pakete, die unterschiedliche Funktionalitäten bieten. Einige, wie `DBMS_RANDOM` oder `DBMS_SQL`, haben Sie kurz kennen gelernt, andere sind Ihnen bestens vertraut (wie das legendäre `DBMS_OUTPUT`-Paket). Pakete stellen gleichzeitig auch eine Modularisierungsoption dar, da Sie selbst auch solche Pakete für Ihre eigene Arbeit entwickeln und abspeichern können. Die Vorteile der Modularisierung sind Ihnen sicherlich geläufig. Wenn Sie eine objektorientierte Programmiersprache verwenden, dann werden Sie die PL/SQL-Konzepte ohnehin nicht weiter berauschend finden, denn Objekte und alles, was mit der Objektorientierung in Zusammenhang steht, ist hier nicht verfügbar.

5.1.1 Typen von Modulen in PL/SQL

Funktionen und Prozeduren haben einige ähnliche Eigenschaften und stellen im Zusammenhang mit Paketen untergeordnete Einheiten dar, wenn man die Paketstruktur von PL/SQL nutzen möchte. Daher zeigen wir im folgenden Abschnitt zunächst alle Eigenschaften und Unterschiede auf, die für das Verständnis der Modulstruktur notwendig sind.

Es lassen sich daher vier Modulbereiche differenzieren, von denen Sie bisher aktiv nur die anonymen Blöcke verwendet haben:

- **Anonymer Block**
  Die bisherigen Beispielprogramme bildeten allesamt anonyme Blöcke, da sie keine Namensbezeichnung tragen und sich in der Form von Stapelverarbeitungen z.B. in SQP*Plus erzeugen und ausführen lassen. Sie können dabei

auf alle anderen Module zugreifen. Diese anonymen Blöcke, so wie wir Sie in den zurückliegenden Abschnitten erzeugt haben, lassen sich genauso in den Anwendungsentwicklungsumgebungen wie Oracle Forms, Reports oder Developer integrieren und dann über entsprechende Benutzeraktionen (wie z.B. Schaltflächen) an die PL/SQL-Maschine weiterleiten. Die Namensgebung bzw. die Namenslosigkeit von anonymen Blöcken lässt sich auch nicht von den Labeln, die mit `<<name>>` vor dem Beginn des Deklarationsabschnitt angegeben werden beeinflussen, da dies nur ein Name ist, der zur Laufzeit gültig ist und auch zur Adressierung innerhalb von anonymen Blöcken verwendet wird. Die Anonymität bezieht sich schlichtweg auf die Tatsache, dass diese Blöcke nicht in der Datenbank gespeichert werden.

- **Funktionen**
  Eine Funktion ist ein benannter PL/SQL-Block, der einen oder mehrere Werte aufgrund seiner Programmstruktur an das umliegende Programm oder eine Variable zurückliefert. Sie gleichen damit Funktionen in anderen Programmen oder auch SQL-Funktionen, welche ja ebenfalls einen Wert an eine Abfrage zurückliefern, um Werte für Abfragebedingungen oder Datenänderungen vorzunehmen. Damit sind Funktionen von umgebenden Strukturen wie z.B. anonymen Blöcken oder Prozeduren abhängig. Sie lassen sich nicht selbstständig aufrufen, sondern nur überall dort, wo auch ein Wert des Datentyps erwartet würde, den die Funktion zurückliefert. Syntaktisch erwarten Funktionen Parameter, die zur Verarbeitung in die Funktion eingehen, und liefern `RETURN`-Werte, die die Funktion als Ergebnis wieder verlassen. Dieses Grundprinzip kennzeichnet auch die Syntax und ihre Verwendung.

- **Prozeduren**
  Sie stellen eigenständige Programme mit Ausführungsanweisungen dar, die für eine größere Umgebung oder auch einen klar abgeschlossenen Bereich in einem sinnvollen Zusammenhang stehen. Alle anonymen Blöcke, die wir in den vorherigen Abschnitten erstellt haben, könnten auch (vielleicht um einige Funktionalitäten erweitert) zu Prozeduren werden. Über einen Parameteraustausch an der Prozedur-Schnittstelle ist es möglich, Variablenwerte zur Verarbeitung oder für das Setzen bzw. die Vermittlung von Zuständen/Eigenschaften in die Prozedur zu übertragen und auch wieder von ihr zurückzuerhalten. Sie können Sie als gespeicherte Prozeduren (die berühmten *stored procedures* aus diversen Werbekatalogen) direkt in der Datenbank speichern und immer wieder aufrufen, um von ihren nützlichen Eigenschaften zu profitieren.

- **Pakete**
  Pakete stellen die größten bzw. komplexesten Strukturen von PL/SQL dar. Wie Sie eventuell schon selbst in der Dokumentation gesehen haben, befin-

den sich weit über 80 Pakete mit mannigfaltigen Eigenschaften in Oracle selbst und bieten Ihre Dienste in der Form von Prozeduren und Funktionen (als Zusammenfassung zu größeren Einheiten, die die Funktionalitäten von bestimmten Programmbereichen abdecken) sowie Cursor, Ausnahmen, Datensatztypen, Datensätzen, Typen, Sammlungen und Variablen oder Konstanten.

Eine weitere Struktur möchten wir noch in diesen Reigen aufnehmen, wenn wir auch darauf hinweisen möchten, dass Oracle selbst in seinen Darstellungen darauf verzichtet. Es handelt sich um das Konzept der Trigger, die vermutlich deswegen im Zusammenhang mit PL/SQL nicht erwähnt werden, weil sie der Datenbank-Administration dienen und weniger der Anwendungsentwicklung. Da sie allerdings in PL/SQL geschrieben sind und einige Gemeinsamkeiten zu den anderen Strukturen aufweisen, nennen einige Autoren sie im Zusammenhang mit PL/SQL und andere wiederum nicht.

- **Trigger**
  Sie werden ebenfalls in der Datenbank gespeichert, können allerdings nicht wie Funktionen oder Prozeduren aufgerufen werden, sondern lauern im Hintergrund auf Zustände und sie auslösende Ereignisse (*triggering events*), die einen möglichen unerwünschten bzw. inkonsistenten Datenzustand hervorrufen könnten. Sobald sie ausgelöst werden, startet ihr Programm und versucht, die unerwünschten Zustände zu vermeiden. Oracle unterstützt zur Integritätskontrolle Trigger, die sowohl auf DML- als auch auf System-Operationen reagieren.

Abbildung 5.1 verdeutlich noch einmal die Position bzw. die Möglichkeit der Speicherung der einzelnen Module. Nur die anonymen Blöcke lassen sich nicht in der Datenbank direkt speichern, sondern sie werden durch andere Techniken aufgerufen, im einfachsten Fall so, wie Sie bisher in diesem Kapitel gearbeitet haben. Außerdem unterscheiden sie sich in der Fähigkeit, selbstständig aufgerufen zu werden. Dies haben wir mit den Begriffen *direkt* und *indirekt* gekennzeichnet, wobei ein indirekter Aufruf bedeutet, dass der Aufruf aus einem anderen Modul heraus erfolgt. Ein direkter Aufruf, der für Funktionen beispielsweise nicht möglich ist, bezeichnet dabei die Fähigkeit, unmittelbar aufgerufen zu werden. Eine Funktion muss immer in einem anderen Modul eingesetzt werden. Für die Trigger ergibt sich eine Sonderrolle, da sie nur darauf lauern, dass sie *überaus indirekt* (darauf haben wir dann in der Abbildung verzichtet) aufgerufen werden, indem nämlich die anderen Module Ereignisse durch DML- oder Systemoperationen auslösen, die den Trigger aktivieren.

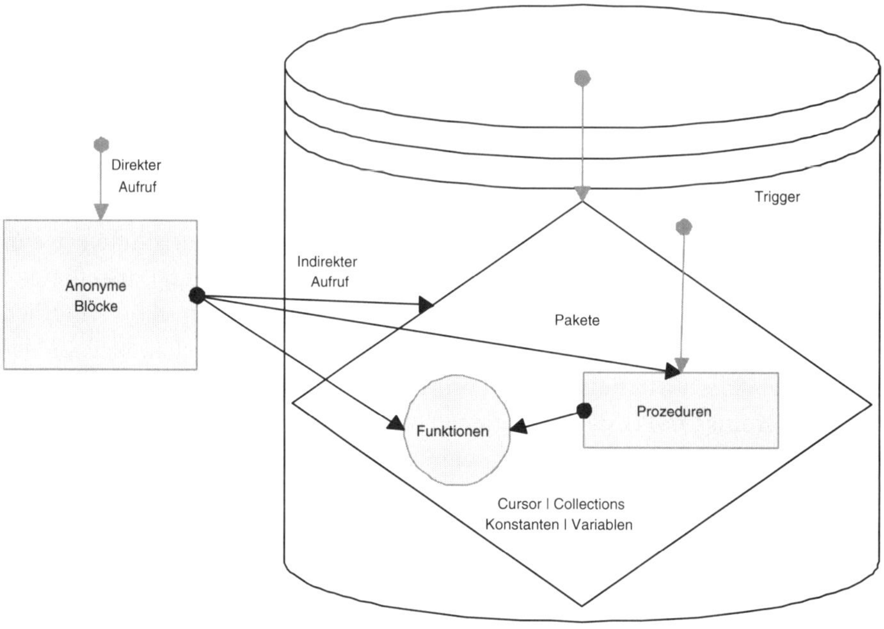

Abbildung 5.1 Position und Aufrufe von Modulen

5.1.2 Parameter und Parameter-Modi

Funktionen und Prozeduren erwarten oder benötigen für ihren Betrieb Parameter. Parameter stellen Werte dar, die verarbeitet werden sollen oder für die Verarbeitung notwendig sind. Während die erste Funktion relativ leicht zu verstehen ist, weil sie zunächst das nächstliegende Element darstellt, bedeutet die Abbildung von Zuständen oder Eigenschaften, dass gewisse Grundvoraussetzungen für die korrekte Verarbeitung von Werten nur dann gegeben sind, wenn weitere Informationen (wie Schaltvariablen) in den Programmablauf eingehen. Sie werden nicht verarbeitet, sondern nur verwendet, um bestimmte Fallunterscheidungen zu treffen und den Programmfluss zu bestimmen. Parameter beider syntaktischer Strukturen lassen sich in drei Bereiche unterteilen, die auch bei der Definition von Funktionen und Prozeduren beachtet werden müssen. Man verwendet den Begriff *Parameter-Modi* für die Unterteilung von Parametern in die drei erwähnten Bereiche.

- **IN-Modus**
  Parameter in diesem Modus gehen ausschließlich lesend in das Modul ein. Sie wirken wie Konstanten und können nicht verändert werden. Dieser Modus repräsentiert auch den Standardmodus, wenn man keine Modusart explizit angibt.

- **OUT-Modus**
  Analog zum IN-Modus erlaubt dieser Modus nur schreibenden Zugriff auf den so gekennzeichneten Parameter. Bei erfolgreichem Abschluss des Programms (also ohne Auslösen einer Ausnahme) speichert das Modul einen Wert in den Parameter, der dann im aufrufenden Programm zur Verfügung steht. Strukturell stellt damit ein solcher Parameter eine uninitialisierte Variable dar, die auch keinen Standardwert enthalten darf und die auch nicht als Rechtswert bei der Zuweisung in Erscheinung treten darf. Er entspricht damit dem Rückgabewert einer Funktion, wobei eine Prozedur mehrere OUT-Parameter besitzen darf.
- **IN OUT-Modus**
  Parameter in dieser Modusart besitzen Eigenschaften aus beiden Richtungsangaben. Sie können also sowohl Werte des übergeordneten Programms übernehmen als auch Werte an dieses Programm zurückliefern. Sie dürfen allerdings keine Standardwerte besitzen. Im Gegensatz zu OUT-Parametern ist eine Verwendung links- wie rechtsseitig bei der Wertzuweisung möglich.

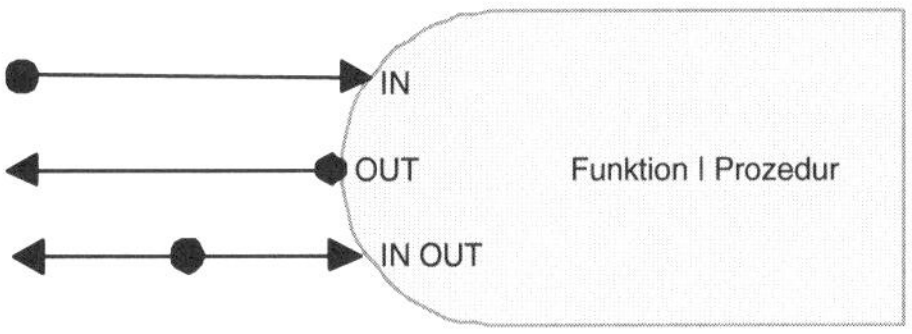

Abbildung 5.2 Parameter-Modi für Module

Man unterscheidet im Zusammenhang mit Modulen und der Schnittstellenprogrammierung zwei Arten von Parametern, die Sie auch so im offiziellen Oracle-Sprachgebrauch wiederfinden:

- Als *Formalparameter* (formal parameters) bezeichnet man die Parameter in der Parameterliste, die bei der Deklaration eines Moduls im Modulkopf festgelegt werden. Hier befindet sich auch die Information, zu welchem Datentyp sie gehören, ein möglicher Standardwert und natürlich der Parametermodus. Typischerweise tragen diese Parameter Namen, die auf ihren Wert, ihre semantische Funktion im Programm oder ihre Aufgabe hinweisen.
- Mit *Aktualparametern* (actual parameters) sind dagegen die Variablen oder Werte gemeint, die beim Modulaufruf an die aufgerufene Funktion oder Prozedur übergeben werden.

Ein kurzes Beispiel verdeutlicht sowohl die Unterschiede beider Parametertypen als auch die Zuweisung. Hier gibt es keine Unterschiede zwischen Prozeduren und Funktionen, weswegen wir diese Punkte allgemein an einer Funktion behandeln. In den zurückliegenden Programmen tauchte immer mal wieder eine Abfrage auf, die die höchste Buchungs- oder Terminnummer ermittelte. Dies hatten wir mit einer schönen Konstruktion der Form `SELECT MAX(B_NR)+1 INTO v_MaxBNr FROM buchung;` gelöst. Teilweise war die Addition von 1 nicht notwendig, da dies innerhalb einer Schleife mit Hilfe der Zählervariablen in einer Sammlung geschah, sodass folgender anonymer Block ein typisches Programm sein könnte, das uns für eine beliebige Tabelle mit aufsteigenden Nummern als Primärschlüssel (also gerade nicht die Tabelle `KURS`) die benötigte maximale Primärschlüsselnummer liefert. Wir geben dabei die Tabelle und das Primärschlüsselfeld vor, für das der maximale Feldwert bestimmt werden soll. Zusätzlich ist dieses kleine Programm auch ein gutes Beispiel für den Sinn von dynamischem SQL, da es sonst keine andere Möglichkeit gäbe, per Wertübergabe Tabellen- und Spaltennamen in die Abfrage zu schleusen.

```
DECLARE
 v_MaxNr   NUMBER(5);                          --Höchster S-wert
 v_Tabelle VARCHAR2(20) := 'unternehmen'; -- Tabellenname
 v_Spalte  VARCHAR2(20) := 'U_Nr';        -- Schlüsselspalte
 v_SQL     VARCHAR2(300);                      -- Abfrage
BEGIN
 v_SQL := 'SELECT MAX('
          || v_Spalte
          || ') FROM '
          || v_Tabelle;
 EXECUTE IMMEDIATE v_SQL
 INTO v_MaxNr;
 DBMS_OUTPUT.PUT_LINE(v_MaxNr);
END;
```

Listing 5.1 512_01.sql: Abfrage des höchsten Primärschlüsselwertes

In Form einer Funktion sähe das gleiche Programm natürlich anders aus, wobei jetzt nicht die Darstellung der Funktionsprogrammierung wichtig ist, sondern ausschließlich auf die Parameter Wert gelegt wird. Beachten Sie insbesondere, dass ab nun der Einsatz von `DBMS_OUTPUT` zur Funktionalitätsüberprüfung eines Programms nicht mehr so bedeutsam ist. Im vorliegenden Fall kann dies ganz typisch durch einen Rückgabewert ersetzt werden. In diesem Fall stellen die Formalparameter die `IN`- und `OUT`-Werte aus der Parameterliste der Funktionsdefinition dar.

```
CREATE OR REPLACE FUNCTION ZaehleReihen
 ( v_MaxNr   OUT NUMBER,
   v_Tabelle IN  VARCHAR2 := 'unternehmen',
```

```
  v_Spalte  IN  VARCHAR2 := 'U_Nr')
 RETURN NUMBER                                    -- Return-Wert
IS
 v_SQL    VARCHAR2(300);
 v_Return NUMBER(5);                              -- Return-Wert
BEGIN
  v_SQL := 'SELECT MAX('
          || v_Spalte
          || ') FROM '
          || v_Tabelle;
 EXECUTE IMMEDIATE v_SQL
 INTO v_Return;
 IF v_Return IS NULL
  THEN v_Return := 0;
 END IF;
 RETURN v_Return;                                 -- Return-Wert
END ZaehleReihen;
```

Listing 5.2 512_02.sql: Funktion zur Ermittlung des höchsten Schlüsselwerts

Für den Aufruf der Funktion benötigt man, da es sich um keine Prozedur handelt, ein übergeordnetes Programm. Dies soll ein einfacher anonymer Block sein, in dem als Aktualparameter Werte für die Tabelle TEILNEHMER auftreten, die beim Aufruf der Funktion die vorhandenen Standardwerte für die Tabelle UNTERNEHMEN überschreiben.

```
SET SERVEROUTPUT ON;
DECLARE
 v_MaxNr    NUMBER(5);
 b_Tabelle VARCHAR2(20) := 'teilnehmer';
 b_Spalte  VARCHAR2(20) := 'TN_Nr';
BEGIN
 -- Zuordnung über Position
 DBMS_OUTPUT.PUT_LINE(ZaehleReihen(v_MaxNr,     -- 1
                                  b_Tabelle,  -- 2
                                  b_Spalte)); -- 3
 -- Zuordnung über den Namen
 DBMS_OUTPUT.PUT_LINE(ZaehleReihen(v_MaxNr   => v_MaxNr,
                                  v_Tabelle => b_Tabelle,
                                  v_Spalte  => b_Spalte));
END;
```

Listing 5.3 512_02.sql: Aufruf der Funktion

Man erhält als Ausgabe die Anzahl der Teilnehmer bzw. die aktuell höchste Teilnehmernummer, die nun in einem passenden Programm für die Erstellung der nächsten Teilnehmernummer verwendet werden könnte:

```
1449
PL/SQL-Prozedur wurde erfolgreich abgeschlossen.
```

Die Zuordnung von Werten aus dem übergeordneten Programm oder – bei Prozeduren – aus dem einfachen Aufruf erfolgt über vier Methoden:

- **Positionsnotation**
  Wie schon bei der Zuweisung von Binde-Variablen im Zusammenhang mit dynamischem SQL kann die Zuweisung von Werten und Variablen zu Parametern über die Position gelingen. Dies entspricht dem letzten Beispiel, da hier die Reihenfolge `ZaehleReihen(v_MaxNr, b_Tabelle, b_Spalte)` der internen Reihenfolge der Funktionsdefinition entspricht. Hätten Sie hier Spalten- und Tabellenwert vertauscht, würden Sie eine entsprechende Fehlermeldung erhalten, da es keine passenden Werte gibt und wir auch für diesen Fall keine Ausnahmebehandlung in der Funktionsdefinition vorgegeben haben.

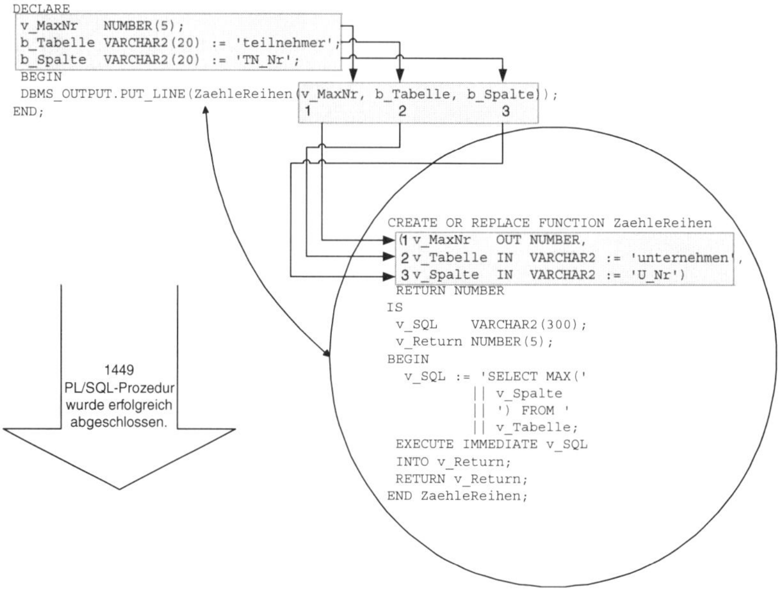

Abbildung 5.3 Zuordnung über die Position

- **Namensnotation**
  Möchte man besondes korrekt arbeiten und auch Fehler ausschließen, die unbemerkt bleiben, weil die übergebenen Werte für die Verarbeitung inner-

halb der Funktion zu syntaktisch korrekten, aber inhaltlich falschen Ergebnissen führen, kann man die Zuordnung direkt über die vorhandenen Variablen und die in der Funktion existierenden Parameter ausführen. Dies ist die zweite Zeile im zurückliegenden anonymen Block, wobei die allgemeine Syntax die Form `formale_parameter => aktualer_parameter` besitzt. Neben einer größeren Robustheit der Anwendung und einer weiteren Technik, Fehlfunktionen zu vermeiden, wird diese Funktion in realistischen Anwendungen sehr bedeutsam, wenn man Dutzende von Werten übergeben muss. Anstatt wie im Beispiel aus Sicherheitsgründen die Nummer, also quasi die Adresse des aktualen Parameters zu verwenden, kann man auch gleich den formalen Parameternamen aufrufen, um die Zuordnung zu klären.

- **Verwendung von Standardwerten**
  Der Einsatz der Namenszuordnung eröffnet zusätzlich die Möglichkeit, Standardwerte zu akzeptieren, wie folgendes Beispiel zeigt. Dabei lässt man die nicht benötigten Parameter beim Funktionsaufruf einfach unerwähnt.

```
DECLARE
 v_MaxNr   NUMBER(5);
BEGIN
 DBMS_OUTPUT.PUT_LINE(ZaehleReihen(v_MaxNr   => v_MaxNr));
END;
```

Listing 5.4 512_03.sql: Verwendung von Standardparametern

Dieses Beispiel liefert die `280`, die aus der Tabelle `UNTERNEHMEN` ermittelt wurden.

- **Direkte Wertvorgabe**
  Wie schon an anderen Stellen können Sie auch direkt Werte vorgeben, wobei Zeichenketten zusätzlich Anführungszeichen benötigen, um sie als Wert zu kennzeichnen.

```
DECLARE
 v_MaxNr   NUMBER(5);
BEGIN
 DBMS_OUTPUT.PUT_LINE(ZaehleReihen(v_MaxNr, 'teilnehmer',
'TN_Nr'));
END;
```

Listing 5.5 512_04.sql: Direkte Wertvorgabe

Dieses Beispiel liefert wieder die `1449`, die schon aus der Tabelle `TEILNEHMER` bekannt sind.

5.1.3 Fehlersuche und Korrektur

Normalerweise machen Sie ja selbstverständlich nie einen Fehler. Dennoch wollten wir kurz darauf eingehen, wie Sie Ihrem Kollegen helfen können, seine eigenen Module korrekt zu erstellen. Daher lohnen sich folgende Hinweise: Aktuell verwenden Sie *SQL*Plus* für die Erstellung von PL/SQL-Programmen und keinen Editor. In diesem Fall erhält man (Ihr Kollege) Fehlermeldungen nur dann im Puffer, wenn sie überaus eklig geraten sind und die Funktion auf gar keinen Fall mit diesen Fehlern gespeichert werden kann. Sobald man diese Fehler korrigiert hat, erhält man im günstigen Fall die Meldung `Funktion wurde erstellt.`, was keine Sorgen bereiten sollte. Im ungünstigen Fall erhält man jedoch die Information `Warnung: Funktion wurde mit Kompilierungsfehlern erstellt.`, was – ehrlich gesagt – ziemlich katastrophal ist, denn sie steckt nun als ungültiges Objekt in der Datenbank und ruft bei einem noch so korrekten Aufruf eine Fehlermeldung hervor wie:

```
  v_MaxNr := ZaehleReihen('teilnehmer','T_Nr');
             *
FEHLER in Zeile 4:
ORA-06550: Zeile 4, Spalte 14:
PLS-00905: Objekt SCOTT.ZAEHLEREIHEN ist ungültig
ORA-06550: Zeile 4, Spalte 3:
PL/SQL: Statement ignored
```

Aus dieser Information erfährt man bereits, warum die gespeicherte Funktion ungültig ist und wo der Kompilierungsfehler steckt. Allerdings können Sie diese Funktion nicht stückweise korrigieren wie die bisherigen anonymen Blöcke. Befolgen Sie dazu dieses Rettungsprogramm:

1. 9i: Wechseln Sie in die **Oracle Enterprise Manager Konsole**.
   10g: Wechseln Sie in den **Oracle Enterprise Manager.**
2. 9i: Wählen Sie dort **Netzwerk · Datenbanken · KURSE · Schema · SCOTT · Quelltypen · Funktionen**. Sollte Ihre Datenbank oder Ihr Schema einen anderen Namen tragen, dann wählen Sie die entsprechend passenden Namen. Wie Sie sehen, lagern hier Ihre gesamten Funktionen und anderen Arbeitsergebnisse bzw. werden von der grafischen Oberfläche hier angezeigt. In Abbildung 5.4 sehen Sie den Standardfall, wenn keine Schwierigkeiten mit einem Modul zu verzeichnen sind. Als Statuswert finden Sie den Eintrag **Valid** sowohl in einer Liste aller Einzelmodule eines Typs als auch in der Detailansicht.
   10g: Wählen Sie dort unter **Schema** aus, welchen Modultyp Sie bearbeiten wollen. Auf der sich dann öffnenden Seite können Sie nach dem gewünschten Modul suchen.

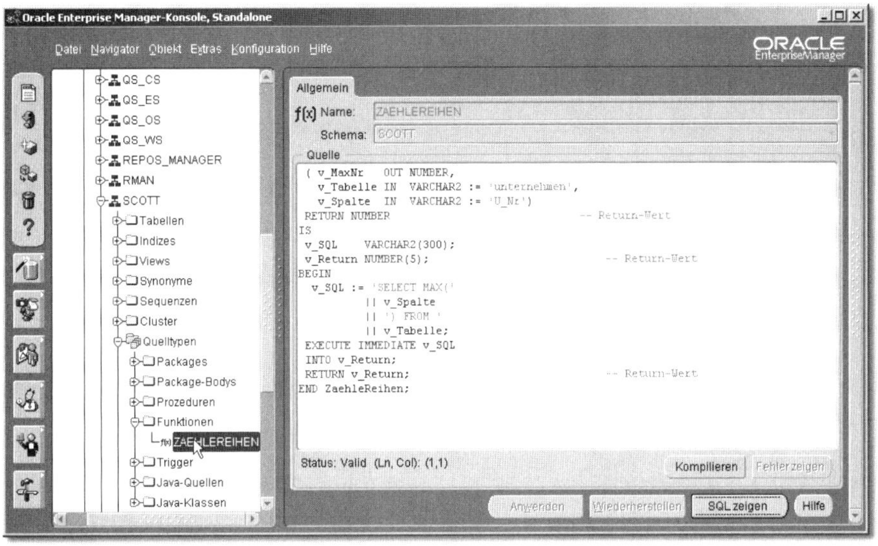

Abbildung 5.4 9i: Speicherort von Modulen

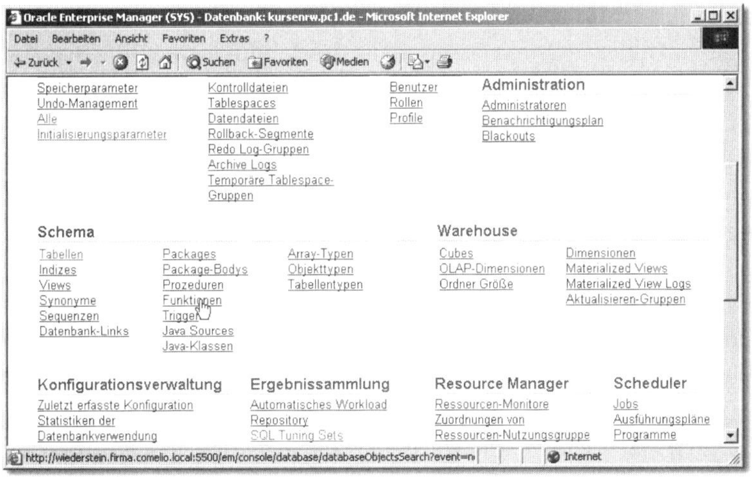

Abbildung 5.5 10g: Speicherort von Modulen

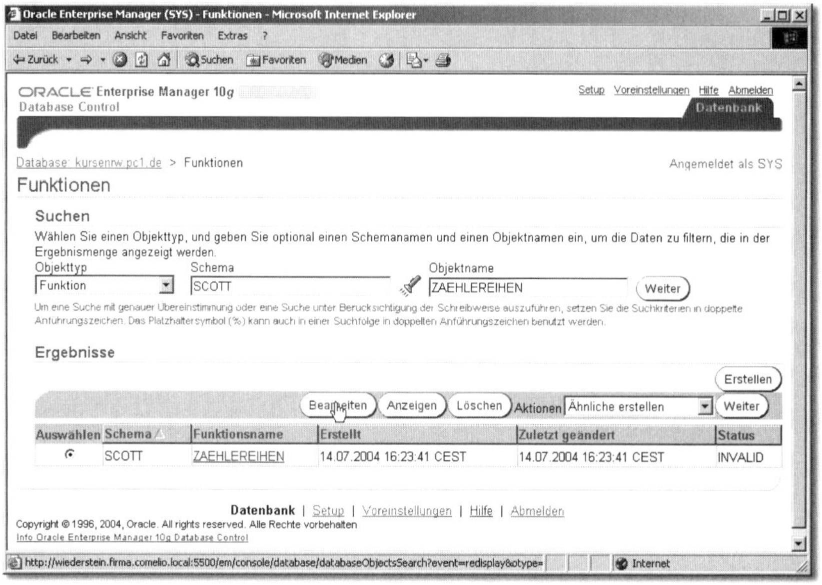

Abbildung 5.6 10g: Detailübersicht für Module

3. Haben Sie einen Fehler in Ihrem Skript, so ist das Modul nicht gültig, was Sie sowohl beim Aufruf als auch bei der Kompilierung an den bemängelten, aber nicht näher spezifizierten Kompilierungsfehlern merken. In diesem Fall können Sie über die Schaltfläche **Fehler zeigen** die Fehlermeldungen sehen und im angezeigten Quelltext Korrekturen vornehmen. In Abbildung 5.7 haben wir z.B. verbotenerweise Beschränkungen in den Parametern vorgegeben. Diese werden durch die übergebenen Variablen übernommen und können nicht direkt bei der Deklaration definiert werden. Daher erhält man in unserem Fall eine Fehlermeldung, die sich genau auf die erste Zeile bezieht, in der dieser Fehler auftritt. Durch einen Klick auf den Fehlereintrag markieren Sie auch die zugehörige Zeile im Quelltext. Nachdem Sie die benötigten Änderungen vorgenommen haben, klicken Sie auf die Schaltfläche **Kompilieren**, um einen erneuten Fehlersuchlauf in Gang zu setzen bzw. die komplett richtige Funktion in der Datenbank zu speichern. Erst dann können Sie das Modul in Ihren Programmen einsetzen.

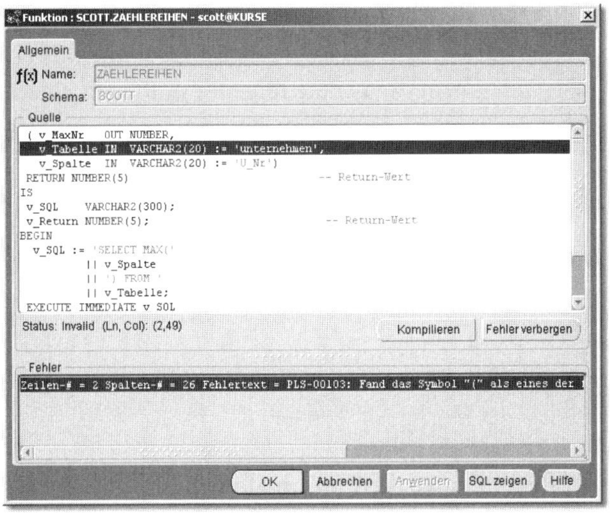

Abbildung 5.7 9i:Fehlerkorrektur von Modulen

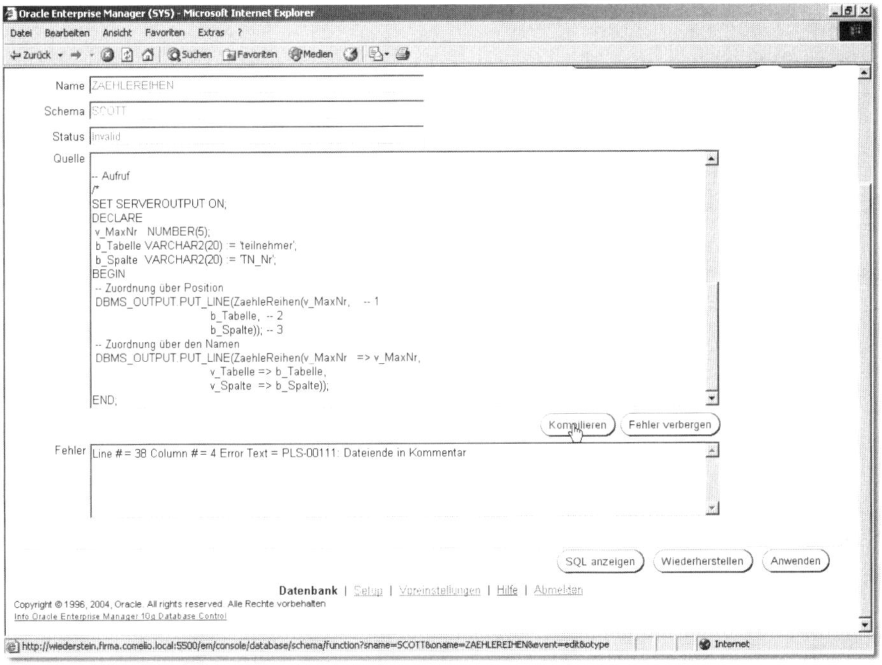

Abbildung 5.8 10g: Fehlerkorrektur von Modulen

Data-Dictionary-Abfragen

Die obigen Informationen erhalten Sie auch als SQL-Abfrageergebnisse direkt aus dem *Data Dictionary* in Tabellenform, wobei Sie folgende Abfragen einsetzen können:

```
SELECT * FROM user_objects
 WHERE object_type = 'FUNCTION';
SELECT * FROM user_objects
 WHERE object_type = 'PROCEDURE';
SELECT * FROM user_objects
 WHERE object_type = 'PACKAGE';
SELECT * FROM user_objects
 WHERE object_type = 'PACKAGE_BODY';
```

Sie erhalten eine Tabelle mit folgenden Spalteninformationen:

- `OBJECT_NAME`: Name des Objekts
- `OBJECT_ID`: Nummer des Objekts
- `OBJECT_TYPE`: Typ (Funktion, Prozedur, Paket, Trigger)
- `CREATED`: Erstellungsdatum (erstmalig)
- `LAST_DDL_TIME`: letzte Änderung
- `TIMESTAMP`: Zeitstempel der letzten Änderung
- `STATUS`: Statusinformation (gültig, ungültig)

Data-Dictionary-Sichten

Für weitere Informationen gibt es auch PL/SQL-spezifische Sichten im *Data Dictionary*, die sich in die folgenden Kategorien einordnen lassen:

- **Module**
  Funktionen, Prozeduren, Pakete
  - `all_arguments`: Parameter in Modulen
  - `user_arguments`: Parameter in Modulen des aktuellen Benutzers
- **Methoden**
  Eigenschaften von Objekten und Objekttypen von objektrelationalen Strukturen
  - `all_method_params`: Parameter von aufrufbaren Objekttypen
  - `dba_method_params`: Parameter von allen Objekttypen
  - `user_method_params`: Parameter von Objekttypen des aktuellen Benutzers

- `all_method_results`: Rückgabewerte von Methoden von aufrufbaren Objekttypen
- `dba_method_results`: Rückgabewerte von Methoden aller Objektypen
- `user_method_results`: Rückgabewerte von Methoden von Objekttypen des aktuellen Benutzers

- **Trigger**
  - `all_internal_triggers`: Trigger auf aufrufbare Tabellen
  - `dba_internal_triggers`: alle Trigger auf allen Tabellen
  - `user_internal_triggers`: benutzereigene Trigger
  - `all_triggers`: alle aufrufbaren Trigger
  - `dba_triggers`: alle Trigger
  - `user_triggers`: alle Benutzer-Trigger
  - `all_trigger_cols`: alle Spalten von aufrufbaren Triggern
  - `dba_trigger_cols`: Spalten in allen Triggern
  - `user_trigger_cols`: Spalten in Benutzer-Triggern

5.2 Funktionen und Prozeduren erstellen

Das Erstellen einer Funktion ist ebenso wie die Definition einer Prozedur überaus simpel. Die allgemeine Syntax bietet zwar eine Menge an Möglichkeiten für die Einstellungen und Verhaltensweisen von Funktionen an, doch letztendlich handelt es sich um ein Programm, das nur einen einzigen Wert zurückliefert und um einige syntaktische Details ergänzt wurde, die es zu einer Funktion machen.

5.2.1 Allgemeine Syntax für Funktionen

Die allgemeine Syntax hat also folgende Form:

```
[CREATE [OR REPLACE ] ]
FUNCTION name [ ( parameter [modus] datentyp
              [ , parameter [modus] datentyp]... ) ]
 RETURN datentyp
[ AUTHID { DEFINER | CURRENT_USER } ]
[ PARALLEL_ENABLE
[ { [CLUSTER parameter BY (spaltenname [,spaltenname]... ) ] |
[ORDER parameter BY (spaltenname [ , spaltenname]... ) ] } ]
[ ( PARTITION parameter BY
{ [ {RANGE | HASH } (spaltenname [,spaltenname]...)] | ANY }
```

```
) ]
]
[DETERMINISTIC] [ PIPELINED [ USING implementationstyp ] ]
[ AGGREGATE [UPDATE VALUE] [WITH EXTERNAL CONTEXT]
USING implementationstyp] {IS | AS}
[ PRAGMA AUTONOMOUS_TRANSACTION; ]
[ lokale anweisungen ]
BEGIN
 anweisungen
[ EXCEPTION
 ausnahmebehandlung ]
END [ name ];
```

Da eine Funktion in der Datenbank als Schema-Objekt gespeichert wird, gilt auch hier für die Definition der `CREATE`- Befehl und für das Löschen der `DROP`-Befehl. Die Funktionsweise von Funktionen können Sie – wie zuvor beschrieben – in der *Oracle Enterprise Manager Konsole* bearbeiten, allerdings nicht in *SQL*Plus*. Hier können Sie nur eine komplett neue Funktion durch die Zusatzklausel `REPLACE` speichern, die die alte, gleichnamige Funktion überschreibt.

Für die dann folgende Parameterliste gilt, dass sie die einzelnen Parameter sowie Ihre Modi (Standardwert ist `IN`) und Datentypen durch Komma getrennt und in zwei runden Klammern zusammengefasst aufzählen. Der Rückgabewert wird lediglich mit dem Schlüsselwort `RETURN` und seinem Datentyp gekennzeichnet. Für alle diese Datentypen gilt die eherne Regel, dass keine Beschränkungen in Länge, Genauigkeit oder Größe vorgenommen werden dürfen. Innerhalb der Funktion wird zur Laufzeit die Beschränkung des übergebenen Parameters – falls vorhanden – berücksichtigt. Alternativ können Sie allerdings eine Typableitung mit `%TYPE` vornehmen. Dies impliziert eine Beschränkung, wobei diese allerdings auch erst zur Laufzeit ermittelt wird und daher analog zur Beschränkungsübernahme bei der Parameterübergabe abläuft.

Auf das Schlüsselwort `IS` (alternativ `AS`) folgt dann der Anweisungsblock, der durch `BEGIN` und `END funktionsname` umschlossen wird. (Der Funktionsname ist optional, dient allerdings einer schnelleren Fehlerüberprüfung.) Innerhalb des Anweisungsblocks befindet sich dann an letzter Stelle der Rückgabewert der gesamten Funktion, der erneut mit dem Schlüsselwort `RETURN` gekennzeichnet wird und der verschiedene Datentypen enthalten kann: skalare Datentypen wie `VARCHAR2` oder `NUMBER`, natürlich auch `BOOLEAN`, dann auch Sammlungen (verschachtelte Tabellen, Varrays), Datensätze, Objekttypen und große Objekte. Um einen Cursor zurückzugeben, muss man eine eine Cursor-Referenz nutzen.

Neben diesen Standard- oder Minimalanforderungen an eine Funktion finden Sie in der allgemeinen Syntax noch folgende Alternativen und Zusatzangaben wieder:

- AUTHID legt fest, ob die Funktion sich lediglich vom Besitzer (Standardwert) ausführen läst oder durch den aktuellen Benutzer (CURRENT_USER).
- PARALLEL_ENABLE kennzeichnet eine Funktion als sicher, wenn sie in Parallelanweisungen von DML-Befehlen verwendet wird.
- DETERMINISTIC ist ein Kompilierungshinweis, der nicht zwangsläufig berücksichtigt werden muss. Er unterstützt allerdings die Kompilierung insoweit, als dass frühere Funktionsaufrufe und ihre Ergebnisse verwendet werden können, bevor redundante bzw. wiederholte Aufrufe stattfinden.
- Das Pragma AUTONOMOUS_TRANSACTION legt eine Funktion als unabhängig fest, sodass sie eine eigene Transaktion darstellt und solche Befehle wie COMMIT oder ROLLBACK verwenden kann und erst nach Abarbeitung die Kontrolle an das auslösende Programm zurückgibt.
- Als eigenständiger Bereich ist auch die Definition einer Ausnahmebehandlung optional, der mit dem Schlüsselwort EXCEPTION beginnt.

Sie finden in der allgemeinen Syntax noch verschiedene weitere Angaben, die den Speicherort der Funktion festlegen und eher in die Administration statt in die Programmierung gehören.

5.2.2 Blockstruktur von Funktionen

In der *Oracle Enterprise Manager Konsole* haben Sie bereits gesehen, dass die Funktionsdefinition bzw. der Quelltext, der sie bildet, in zwei Hälften geteilt wurde: Der Name befand sich in einem eigenen Bereich der grafischen Oberfläche, während der Rest im Editierbereich als einfacher Text bereitstand. Theoretisch lässt sich die Blockstruktur von Funktionen noch weiter aufgliedern, was im folgenden Beispiel dargestellt werden soll.

Wir werden an diesem Beispiel verschiedene Themen erarbeiten, sodass wir nur an dieser Stelle kurz auf die Funktionalität eingehen. Bis jetzt haben wir nur in einem einzigen Beispiel auf die Problematik Rücksicht genommen, dass der Preis für einen Kurs von der Zahl der Teilnehmer abhängt, die ein Unternehmen anmeldet. Wenn also eine Firma oder ein Verein drei Teilnehmer für ein Seminar anmeldet, verringert sich der Preis um einige Prozentpunkte, was anhand von Preisstufen in der wenig benutzten Tabelle PREIS zu bewundern ist. Ohne dynamisches SQL ist es nicht möglich, nur einen einzigen Preis zu erhalten, ohne komplizierte Fallunterscheidungen für die Auswahl des passenden Feldes durchführen zu müssen. Natürlich ist für die Anmeldung von Teilnehmern wie auch für die Stornierung von Buchungen jedes Mal eine Ermittlung des passenden Preises für die Teilnehmer der Kleingruppe nötig, sodass dies – wie viele andere Dinge auch – ein hervorragender Kandidat für die Verwendung einer Funktion ist. Eine Funktion bietet sich deswegen an, weil genau ein Wert erwartet wird, der letztendlich nur über die Kursnummer und die Anzahl der Teilnehmer zu bestimmen ist.

Zunächst könnte man einen anonymen Block mit entsprechender Funktionalität in der folgenden Form verwenden. Für die Konstruktion sind zwei Dinge bedeutsam: Zum einen wird die gesamte Preisermittlung in zwei verschachtelten Blöcken untergebracht, damit Ausnahmen, die im Ausführungs- und Deklarationsabschnitt (des untergeordneten Blocks) auftreten, insoweit verarbeitet werden, als dass dem Preis in diesem Fall der Wert 0 zugewiesen wird. Alternativ könnte in diesem Zusammenhang (und das gilt auch für die Funktion weiter unten) eine Fehlernummer mit auf den Weg gegeben werden, die dann in der umliegenden Anwendung ausgewertet werden könnte. Zum anderen haben Sie hier noch einmal ein interessantes Beispiel für die Verwendung von nativem dynamischen SQL, da die Abfrage so in einer Zeichenketten-Variable zusammengesetzt wird, dass anhand der zugeordneten oder übermittelten Teilnehmeranzahl eine passende Spalte ausgewählt wird. (Auch hier werden schon mögliche Fehler oder unerwünschte Werte berücksichtigt.)

In diesem anonymen Block und in den zwei folgenden Funktionen, die auf dem anonymen Block aufbauen, finden Sie eine Fallunterscheidung für die Teilnehmerzahl. Diese soll nur sicherstellen, dass maximal fünf Teilnehmer mit einem speziellen Preisnachlass rechnen können und auch höhere Teilnehmerzahlen immer mit dem TN5-Preis berücksichtigt werden und nicht etwa mit weiteren Nachlässen. Andererseits soll auch bei Fehleingaben wie negativen Zahlen oder 0 mindestens der TN1-Preis ermittelt werden. Im Standardfall verwendet man einfach die vorhandene Teilnehmerzahl.

```
<<Berechnung>>
DECLARE
 v_KPreis preis.P_TN1%TYPE;      -- Kurspreis
 v_SQL    VARCHAR2(300);         -- Abfrage
 BEGIN
 <<Ermittlung>>
 DECLARE
  b_KNr    kurs.K_Nr%TYPE := 1025051; -- Kursnr
  b_TNZahl buchung.B_TZahl%TYPE := 9; -- TN-Zahl
 BEGIN
  IF b_TNZahl > 5
```

```
   THEN b_TNZahl := 5;
  ELSIF b_TNZahl <= 0
   THEN b_TNZahl := 1;
  END IF;
  v_SQL := 'SELECT P_TN'
          || b_TNZahl
          || ' FROM kurs NATURAL JOIN preis'
          || ' WHERE K_Nr='
          || b_KNr;
  EXECUTE IMMEDIATE v_SQL
  INTO v_KPreis;
  DBMS_OUTPUT.PUT_LINE(v_KPreis);
 END Ermittlung;
 EXCEPTION
 WHEN VALUE_ERROR OR NO_DATA_FOUND
  THEN v_KPreis := 0;
END Berechnung;
```

Listing 5.6 522_01.sql: Ermittlung von Preisen

Die folgende Funktion ist eine von zwei möglichen Funktionen, die die obige Anwendung strukturell übernehmen. Sie bietet im Gegensatz zur nächsten Implementierung einen Parameter `Teilnehmerzahl` an, der mit dem Parametermodus `IN OUT` gekennzeichnet ist. So ist es möglich, dass gleichzeitig eine Teilnehmerzahl über diesen Parameter in die Funktion einfließt und dort sowohl gelesen als auch mit neuen Werten – wie in der Fallunterscheidung für die Wertuntersuchung – gefüllt werden kann.

```
CREATE OR REPLACE FUNCTION BerechnePreis (
 Kursnummer     IN     kurs.K_Nr%TYPE,
 Teilnehmerzahl IN OUT buchung.B_TZahl%TYPE)
RETURN NUMBER
IS
 v_KPreis preis.P_TN1%TYPE;      -- Kurspreis
 v_SQL    VARCHAR2(300);         -- Abfrage
BEGIN
  IF Teilnehmerzahl > 5
   THEN Teilnehmerzahl := 5;
  ELSIF Teilnehmerzahl <= 0
   THEN Teilnehmerzahl := 1;
  ELSE Teilnehmerzahl := Teilnehmerzahl;
  END IF;
```

```
  v_SQL := 'SELECT P_TN'
          || Teilnehmerzahl
          || ' FROM kurs NATURAL JOIN preis'
          || ' WHERE K_Nr='
          || Kursnummer;
 EXECUTE IMMEDIATE v_SQL
 INTO v_KPreis;
 RETURN v_KPreis;
 EXCEPTION
 WHEN VALUE_ERROR
  THEN v_KPreis := 0;
END BerechnePreis;
```

Listing 5.7 522_02.sql: BerechnePreis mit IN- und IN OUT-Parametern

In Abbildung 5.9 wurde für die in diesem Abschnitt erstellte Funktion die Blockstruktur herausgehoben:

- Der **Kopf-Abschnitt** enthält den Funktionsnamen, so wie er in der Datenbank gespeichert wird. Dieser enthält die Parameterliste und den Datentyp des `RETURN`-Werts.
- Der **Deklarationsabschnitt** enthält weitere Variablen oder andere syntaktische Konstrukte wie Cursor und Typen, die nur innerhalb der Funktion gültig und sichtbar sind. Dieser Abschnitt entspricht prinzipiell dem Deklarationsabschnitt in anonymen Blöcken.
- Der **Ausführungsabschnitt** enthält die eigentliche Funktionalität der Funktion wie in einem anonymen Block. Er umschließt einen möglichen Ausnahmenabschnitt und endet mit der Rückgabe durch die `RETURN`-Klausel.
- Der **Ausnahmeabschnitt** wird am Ende des Ausführungsabschnitts platziert. Er verarbeitet zunächst Ausnahmen, die innerhalb des Ausführungsabschnitts der aktuellen Funktion oder dann auch im Deklarationsabschnitt einer weiteren aufgerufenen (oder verschachtelt aufgerufenen) modularen Struktur aufgetreten sind.

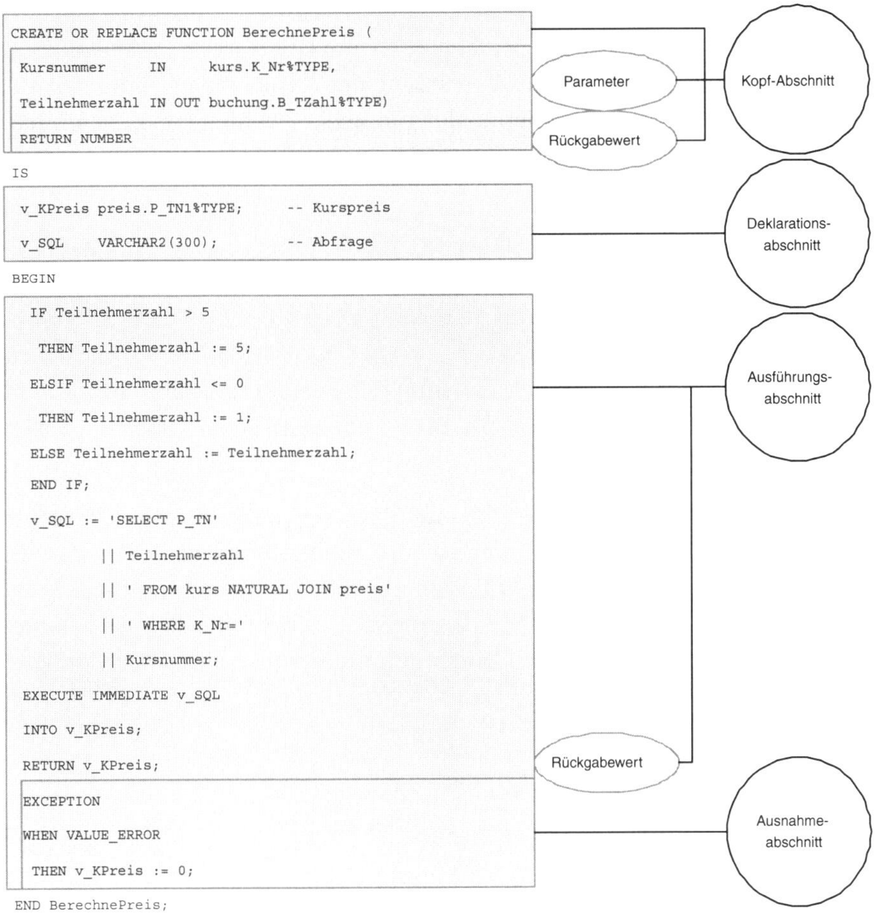

Abbildung 5.9 Blockstruktur von Funktionen

5.2.3 Entscheidungen für Parameter-Modi

Beschränkungen in Programmiersprachen dienen wenn ihre Struktur gut konzeptioniert ist dazu, dass Anwendungen leichter verständlich und besser wartbar bleiben. Manchmal sind Beschränkungen allerdings lästig, sodass man geneigt ist, Abkürzungen zu wählen, die sich über Standardwerte oder Joker-Elemente mit multifunktionalen Eigenschaften anbieten. In diesen Zusammenhang gehören auch die drei Parameter-Modi, deren Eigenschaften wir zuvor vorgestellt haben. Sobald man einen Parameter als `IN` deklariert hat, ist der Parameter nicht nur für den Eingang in eine Funktion zuständig und benutzbar, sondern ist auch automatisch für die Veränderung von Werten innerhalb höchst unzugänglich. Er wirkt also wie eine Konstante und löst bei Wertzuweisungen linksseitig eine Fehlermeldung aus, die ihn als unpassenden Zuweisungsort charakterisiert. Ein mit OUT deklarierter Parameter lässt sich dagegen erst innerhalb der Funktion ansprechen und kann keine Werte in die Funktion übernehmen. Sie werden bei der Vorstellung der Ausnahmebehandlung sogar sehen, dass eine unschöne Fehlermeldung ausgelöst werden kann, wenn man es dennoch versucht, nämlich der Hinweis auf den unpassenden Zuweisungsort.

Im aktuellen Beispiel ist rein zufällig der Parameter Teilnehmerzahl ein typischer Kandidat, der für einen kürzeren Quelltext am besten mit IN OUT deklariert wird, da in Abhängigkeit von wünschenswerten (1 bis 5) und nicht wünschenswerten Werten (kleiner 1 und größer 5) erneut Wertzuweisungen anfallen, damit die Abfrage auch ein sinnvolles Ergebnis zurückliefert – und nicht Fehlermeldungen wie NO_DATA_FOUND oder dass keine passende Spalte gefunden wurde.

Selbstverständlich arbeitet man am ordentlichsten, wenn man gerade keine Joker oder Standardwerte (in diesem Fall IN) benutzt, sondern lieber – wie in der folgenden Variante der Preisermittlungsfunktion – eine eigene Variable im Deklarationsabschnitt versteckt, die dann passende Werte aus dem IN-Parameter übernimmt und ggf. neue Werte aufgrund von Fallunterscheidungen annimmt.

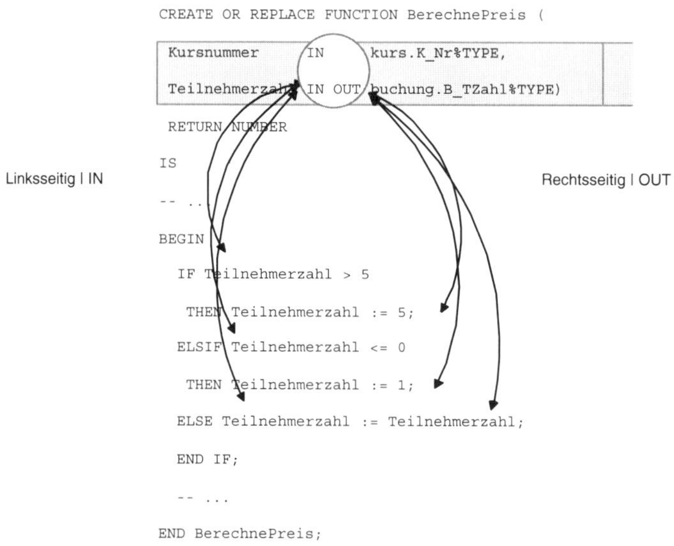

Abbildung 5.10 Parameter-Modi und Verhaltensweisen im Vergleich

Der dritte Parameter-Modus ist im Zusammenhang mit Funktionen nicht so nützlich, wie das folgende Beispiel zeigt. Sie können ihn für Fälle einsetzen, in denen Sie speziell den Ausgabeparameter innerhalb des Programms nur schreibend ansprechen wollen und dadurch den RETURN-Wert erzeugen möchten. Dies werden Sie auch im folgenden Beispiel sehen. Allerdings wird über ihn kein Wert zurückgeliefert, wie es für Prozeduren der Fall ist, sondern tatsächlich nur über den RETURN-Wert. Bei Prozeduren stellen die Ausgabewerte die Rückgabewerte dar, entsprechen also quasi dem RETURN-Wert von Funktionen, wobei keine Einschränkung für ihre Zahl gilt.

Im folgenden Beispiel variieren wir die obige Funktion so, dass an erster Stelle noch ein Ausgabeparameter bzw. ein Parameter mit dem Parametermodus OUT verzeichnet ist. Ansonsten entspricht sie der vorherigen Version dieser Funktion.

```
CREATE OR REPLACE FUNCTION BerechnePreis3  (
 Preis          OUT     buchung.B_Preis%TYPE,
 Kursnummer     IN      kurs.K_Nr%TYPE,
 Teilnehmerzahl IN  OUT buchung.B_TZahl%TYPE )
RETURN NUMBER
IS
 v_SQL    VARCHAR2(300);         -- Abfrage
BEGIN
  IF Teilnehmerzahl > 5
   THEN Teilnehmerzahl := 5;
  ELSIF Teilnehmerzahl <= 0
   THEN Teilnehmerzahl := 1;
  ELSE Teilnehmerzahl := Teilnehmerzahl;
  END IF;
  v_SQL := 'SELECT P_TN'
          || Teilnehmerzahl
          || ' FROM kurs NATURAL JOIN preis'
          || ' WHERE K_Nr='
          || Kursnummer;
 EXECUTE IMMEDIATE v_SQL
 INTO Preis;
 RETURN Preis;
EXCEPTION
 WHEN VALUE_ERROR
  THEN Preis := 0;
END BerechnePreis;
```

Listing 5.8 523_01.sql: Preisberechnung

Beim Aufruf soll nun ein Eintrag in die Tabelle BUCHUNG anhand diverser Parameter wie Kursnummer, Teilnehmernummer und Terminnummer erfolgen. Dabei ermitteln die Funktionen BerechnePreis3() und ZaehleReihen() automatisch die benötigten Werte für den Preis und die Buchungsnummer. Achten Sie hierbei darauf, dass Sie auch bei verwendetem OUT-Parameter die Funktion als Ausdruck einer Variablen zuweisen müssen und dass Sie die Funktion nicht wie eine Prozedur quasi aus dem Nichts aufrufen können. Dies sind Fähigkeiten, die nur von Prozeduren bereitgestellt werden.

```
DECLARE
 v_BPreis buchung.B_Preis%TYPE;
 v_KNr    kurs.K_Nr%TYPE        := 1015067;
 v_MaxBNr buchung.B_Nr%TYPE;
 v_TNNr   teilnehmer.TN_Nr%TYPE := 521;
 v_TNr    termin.T_Nr%TYPE      := 321;
 v_TZahl  buchung.B_TZahl%TYPE  := 1;
BEGIN
 -- Ermittlung der Buchungsnummer
 v_MaxBNr := ZaehleReihen(v_MaxBNr, 'buchung', 'B_Nr');
 -- Preisermittlung
 v_BPreis := BerechnePreis3(v_BPreis, v_KNr, v_TZahl);
 -- Erfassung der Buchung
 INSERT INTO buchung
 VALUES (v_MaxBNr+1, v_TNNr, v_TNr, SYSDATE,
         v_TZahl, v_BPreis, NULL, NULL, NULL);
END;
```

Listing 5.9 523_01.sql: Erfasssung einer Buchung

Mit der Abfrage SELECT B_Nr, TN_Nr, T_Nr, B_Datum, B_TZahl, B_Preis FROM buchung; erhalten Sie dann folgendes Ergebnis, das den erfolgreichen Eintrag in der Tabelle dokumentiert.

```
      B_NR      TN_NR       T_NR    B_TZAHL    B_PREIS
---------- ---------- ---------- ---------- ----------
         1        521        321          1       1430
1 Zeile wurde ausgewählt.
```

Sie können PL/SQL-Funktionen auch in SQL verwenden, sodass Sie gewissermaßen dennoch Funktionen – wie oben formuliert – aus dem Nichts heraus aufrufen können. Dies entspricht aber vielmehr dem Umstand, dass in SQL-Befehlen überall dort Funktionen eingesetzt werden können, wo genau ein Wert benötigt wird. In der Datei *624_01.sql* finden Sie eine weitere und letzte

Variante dieser Preisermittlungsfunktion, `BerechnePreis2()`. In dieser Variante gibt es nur `IN`-Parameter. Eine solche Funktion eignet sich z.B. auch für den Einsatz in einem SQL-Befehl als quasi selbst geschaffene (PL/)SQL-Funktion. Sowohl Parameter mit dem Modus `OUT` als auch Parameter mit dem Modus `IN OUT` liefern folgende Fehlermeldung zurück, was Sie mit Hilfe des anonymen Blocks in der Datei *523_02.sql* verifizieren können.

```
        BerechnePreis(v_KNr, v_TZahl), NULL, NULL, NULL);
        *
FEHLER in Zeile 14:
ORA-06550: Zeile 14, Spalte 9:
PL/SQL: ORA-06572: Funktion BERECHNEPREIS hat Out-Argumente
ORA-06550: Zeile 12, Spalte 2:
PL/SQL: SQL Statement ignored
```

Eine SQL-taugliche Funktion hat dagegen – neben anderen Erfordernissen, die später noch dargestellt werden – folgendes Format im Kopf-Abschnitt:

```
CREATE OR REPLACE FUNCTION BerechnePreis2  (
 Kursnummer     IN kurs.K_Nr%TYPE,
 Teilnehmerzahl IN buchung.B_TZahl%TYPE)
```

Diese Funktion lässt sich dann leicht in einem SQL-Befehl aufrufen. Den kompletten anonymen Block finden Sie dazu in der Datei *532_03.sql*, die zusätzlich die Variablendeklaration aus dem letzten Aufruf besitzt.

```
BEGIN
 -- Ermittlung der Buchungsnummer
 v_MaxBNr := ZaehleReihen(v_MaxBNr, 'buchung', 'B_Nr');
 -- Erfassung der Buchung
 INSERT INTO buchung
 VALUES (v_MaxBNr+1, v_TNNr, v_TNr, SYSDATE, v_TZahl,
        BerechnePreis2(v_KNr, v_TZahl), NULL, NULL, NULL);
END;
```

Da eine Funktion nur einen einzigen Wert zurückliefert und da der Mindeststandard der `IN`-Parameter erfüllt ist, trägt auch dieser sehr einfache und elegante Aufruf einen neuen Datensatz in die Tabelle `BUCHUNG` ein.

5.2.4 Ausnahmebehandlung

Die Aussage sein, dass auch eine Ausnahmebehandlung in Funktionen möglich ist, dürfte nach den vorherigen Ausführungen zur allgemeinen Syntax und zur Blockstruktur von Modulen (bzw. in diesem Fall von Funktionen) relativ unspektakulär sein. Die Regeln der Ausnahmebehandlung und die Struktur ihres Einsatzes entsprechen komplett denen der üblichen Syntax, d.h., die Ausführungen im Abschnitt zur Ausnahmebehandlung in anonymen Blöcken gelten hier ebenso.

Bei Funktionen ist die Tatsache interessant, dass man innerhalb der Ausnahmebehandlung einen passenden Rückgabewert kreieren muss, damit die Funktion auch eine Rückgabe durchführt, sobald es Komplikationen mit der Ausführung gibt. Dies wird in der Variation für die Preisermittlung dadurch gewährleistet, dass bei fehlenden Werten (`NO_DATA_FOUND`) oder zu vielen Treffern (`TOO_MANY_ROWS`) der Preis auf 0 gesetzt und diese Information dann über die Rückgabe an das aufrufende Programm zurückgegeben wird.

```
CREATE OR REPLACE FUNCTION BerechnePreis2  (
 Kursnummer      IN kurs.K_Nr%TYPE,
 Teilnehmerzahl IN buchung.B_TZahl%TYPE)
RETURN NUMBER
IS
 v_KPreis preis.P_TN1%TYPE;      -- Kurspreis
 v_SQL    VARCHAR2(300);         -- Abfrage
 v_TNZahl buchung.B_TZahl%TYPE; -- TN-Zahl
BEGIN
  IF Teilnehmerzahl > 5
   THEN v_TNZahl := 5;
  ELSIF Teilnehmerzahl <= 0
   THEN v_TNZahl := 1;
  ELSE v_TNZahl := Teilnehmerzahl;
  END IF;
  v_SQL := 'SELECT P_TN'
          || v_TNZahl
          || ' FROM kurs NATURAL JOIN preis'
          || ' WHERE K_Nr='
          || Kursnummer;
 EXECUTE IMMEDIATE v_SQL
 INTO v_KPreis;
 RETURN v_KPreis;
 EXCEPTION
 WHEN NO_DATA_FOUND OR TOO_MANY_ROWS
  THEN v_KPreis := 0;
       RETURN v_KPreis;
END BerechnePreis2;
```

Listing 5.10 524_01.sql: Ausnahmebehandlung in Modulen

Die Regelungen der Ausnahmebehandlung werden bei einem Aufruf von Modulen um eine Variation der dritten Regel erweitert, sodass folgendes Regelwerk entsteht:

1. Ausnahmen im Ausführungsabschnitt des Moduls und des aufrufenden Programms werden im jeweiligen Ausnahmeabschnitt behandelt. Wird dort keine passende Behandlung gefunden, wird Regel 2 angewandt.
2. Ausnahmen im Ausführungsabschnitt des Moduls und des aufrufenden Programms, die keine passende Behandlung im jeweiligen Ausnahmeabschnitt finden, werden an die Umgebung abgegeben. Damit gibt das Modul seine Ausnahme an das aufrufende Programm weiter.
3. Ausnahmen im Deklarationsabschnitt und/oder Kopf-Abschnitt des aufrufenden Programms oder des Moduls werden stets an die Umgebung weitergegeben. Damit geben Module ihre Ausnahmen in den beiden ersten Abschnitten stets an das aufrufende Programm weiter.

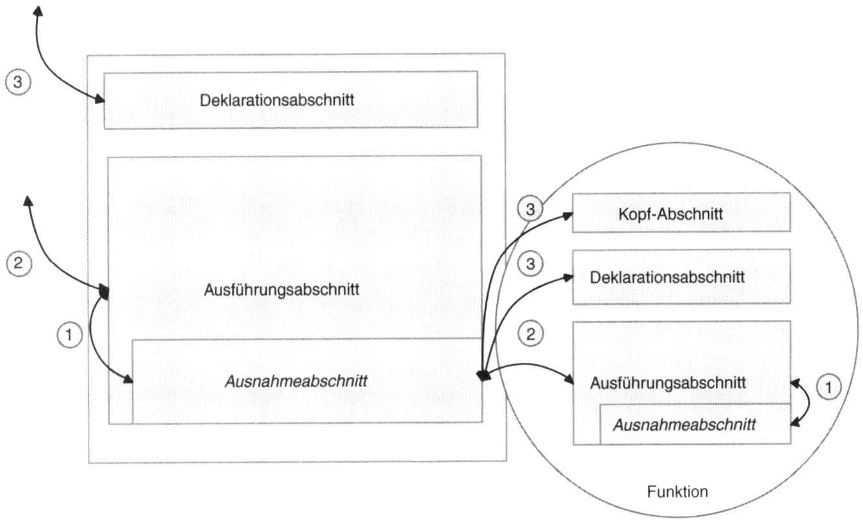

Abbildung 5.11 Ausnahmebehandlung in Modulen

Die Funktionsweise dieser Regelungen lässt sich sehr schön anhand eines einfachen anonymen Blocks zeigen, der mit unterschiedlichen Werten die gerade erstellten Funktionen falsch aufruft. Im nicht auskommentierten, ersten Fall übergibt man eine Zeichenkette statt der erwarteten Teilnehmerzahl, was einen `VALUE_ERROR` im Kopf-Abschnitt auslöst, da dieser Wert nicht erwartet wird. Hier tritt sofort Regel 3 in Kraft, und die Ausnahme des anonymen Blocks als aufrufendes Programm setzt den Preis auf 0. Im zweiten, auskommentierten Fall gibt man eine nicht existierende Kursnummer vor. Dies löst für die SQL-

Abfrage die Ausnahme NO_DATA_FOUND aus. Da dies im Ausführungsabschnitt der Funktion geschieht, kann dort bereits der Preis auf 0 gesetzt und an die aufrufende Umgebung zurückgeliefert werden. Würde hier eine Ausnahmebehandlung fehlen, dann müsste spätestens in der aufrufenden Umgebung diese Ausnahme berücksichtigt sein, damit keine endgültige Fehlermeldung entsteht.

```
SET SERVEROUTPUT ON;
DECLARE
 v_TNZahl buchung.B_TZahl%TYPE := 3;
 v_KPreis buchung.B_Preis%TYPE;
BEGIN
 -- Ausnahme im Kopf-Abschnitt: VALUE_ERROR
 DBMS_OUTPUT.PUT_LINE(BerechnePreis2(1025051,'a'));
 -- Ausnahme im Ausführungsabschnitt Funktion: NO_DATA_FOUND
 --DBMS_OUTPUT.PUT_LINE(BerechnePreis2(0025051, 3));
EXCEPTION
 -- Kopfabschnitt der Funktion
 WHEN VALUE_ERROR
  THEN v_KPreis := 0;
       DBMS_OUTPUT.PUT_LINE('Kopf-Abschnitt: ' || v_KPreis);
END;
```

Listing 5.11 524_02.sql: Ausnahmebehandlung und Regelungsstruktur

5.2.5 Übergabe von Werten bei IN und IN OUT

Wie Parameter überhaupt an Module übergeben werden, haben Sie bereits in den einleitenden Absätzen zur Kenntnis genommen und auch schon sicherlich mit der ähnlich strukturierten Übergabe in anderen Sprachen verglichen. An dieser Stelle soll noch einmal auf diesen Punkt eingegangen werden, wobei dieses Mal die beiden unterschiedlichen Übergabekonzepte bei den Parameter-Modi IN und IN OUT untersucht werden.

Standardmäßig erfolgt die Zuweisung über die Namens- oder Positionsnotation per Referenz in die Funktion. Dabei können nur IN-Parameter direkt Wertzugaben akzeptieren. Dies ist der Fall bei BerechnePreis2() im folgenden einfachen anonymen Block, wo die Anzahl der Teilnehmer direkt als Zahl beim Funktionsaufruf an die passende Position eingetragen wird. Bei einem IN OUT-Parameter, wie er in BerechnePreis() vorliegt, verhält es sich dagegen etwas anders. Hier ist nur eine Übergabe mit Hilfe von Variablen möglich.

```
DECLARE
 v_TNZahl buchung.B_TZahl%TYPE := 3;
```

```
 v_KPreis buchung.B_Preis%TYPE;
BEGIN
 -- Verwendung von IN OUT-Parametern nur über Variablen
 DBMS_OUTPUT.PUT_LINE(BerechnePreis(1025051,v_TNZahl));
 -- DBMS_OUTPUT.PUT_LINE(BerechnePreis(1025051,3)); -- Falsch!
 -- Verwendung von IN-Parametern auch über direkten Wert
 DBMS_OUTPUT.PUT_LINE(BerechnePreis2(1025051, v_TNZahl));
 DBMS_OUTPUT.PUT_LINE(BerechnePreis2(1025051, 3));
END;
```

Listing 5.12 525_01.sql: Aufruf von Funktionen und Wertübergabe

Im korrekten Fall erhält man folgende wenig interessante Ausgabe:

```
880
880
880
PL/SQL-Prozedur wurde erfolgreich abgeschlossen.
```

Dagegen taucht unmittelbar eine Fehlermeldung auf, sobald man versucht, dem `IN OUT`-Parameter einen Wert direkt zuzuweisen.

```
  DBMS_OUTPUT.PUT_LINE(BerechnePreis(1025051,3)); -- Falsch!
                                             *

FEHLER in Zeile 7:
ORA-06550: Zeile 7, Spalte 46:
PLS-
00363: Ausdruck '3' kann nicht als Zuweisungsziel benutzt werden
ORA-06550: Zeile 7, Spalte 3:
PL/SQL: Statement ignored
```

5.2.6 Rückgaben mit RETURN

Eine Funktion macht nur Sinn, wenn sie auch eine `RETURN`-Anweisung beinhaltet. Sie kann nur eine einzige Einschränkung zurückgeben, allerdings ist dies nur auf die tatsächliche Rückgabe bezogen und hängt nicht davon ab, wie oft die `RETURN`-Klausel in einer Funktion steht. Wie Sie oben bereits bei der allgemeinen Syntax gesehen haben, muss zunächst im Kopf-Abschnitt einer Funktion der unbeschränkte Datentyp einer Funktion definiert werden. Der eigentliche Aufruf erfolgt dann über die `RETURN`-Klausel, die einen Ausdruck anschließt. In den zurückliegenden Beispielen bestand diese Klausel aus Variablenwerten, was eventuell den Eindruck erzeugt hat, dass nur die Variablen als Rückgabewert fungieren können. Tatsächlich aber wird ja nicht die Variable zurückgegeben, sondern ihr Wert, da eine Variable genauso ein Ausdruck ist wie eine Zeichenkette. In diesem Abschnitt wollen wir uns die Rückgabewerte von Funktionen genauer ansehen.

Beachten Sie zusätzlich die Hinweise zu Anfang des Kapitels bezüglich der Parameter-Modi, die z.B. für den Einsatz von PL/SQL-Funktionen direkt in SQL-Befehlen von Bedeutung sind.

Gültige Rückgabewerte bzw. -ausdrücke

`RETURN ausdruck` meint, dass man sämtliche gültigen Ausdrücke mit Hilfe einer `RETURN`-Klausel zurückliefern kann. Dies beschränkt sich gerade nicht auf Variablen, sondern erlaubt auch die Verwendung von Zeichenketten oder sogar den Einsatz von SQL-Funktionen. Dies zeigt das nächste Beispiel, in dem der Tagessatz des teuersten Dozenten zurückgeliefert wird. Sollte ein Thema nicht vergeben sein oder auch eine Kursnummer falsch eingegeben werden, so erhält man natürlich keinen passenden Tagessatz zurück, sondern den Wert `NULL`. Dies wird in einer Ausnahme vermerkt, die dann eine Fehlermeldung zurückgibt. Da der Rückgabewert den Datentyp `VARCHAR2` hat, können sowohl Zahlen als auch Zeichenketten übermittelt werden. Darauf muss das aufrufende Programm dann natürlich in jedem Fall vorbereitet sein, um keine Wertefehler zu erzeugen.

```
CREATE OR REPLACE FUNCTION FindeTeuerstenDozenten  (
 Kursnummer IN kurs.K_Nr%TYPE )
RETURN VARCHAR2
IS
 Tagessatz NUMBER;
 e_KeinDozent EXCEPTION;
BEGIN
 SELECT MAX(TH_Tagessatz)
   INTO Tagessatz
   FROM dozent NATURAL JOIN themenverteilung
  WHERE K_Nr= Kursnummer;
 IF Tagessatz IS NULL
  THEN RAISE e_KeinDozent;
 END IF;
 RETURN Tagessatz;
EXCEPTION
 WHEN e_KeinDozent
  THEN RETURN UPPER('Kein') || ' Dozent vorhanden!';
END FindeTeuerstenDozenten;
```

Listing 5.13 526_01.sql: Mögliche Ausdrücke in der RETURN-Klausel

Ein Aufruf mit einem gültigen und einem ungültigen Kurs (siehe *626_01.sql*) liefert dann folgende Ausgabe. Für den gültigen Kurs liefert die Funktion den passenden Tagessatz zurück, während sie bei einem ungültigen Kurs auf den Wert NULL stößt und dadurch die Ausnahme auslöst, die folgende Warnung anzeigt:

```
400
KEIN Dozent vorhanden!
PL/SQL-Prozedur wurde erfolgreich abgeschlossen.
```

Mehrere Rückgabewerte durch Fallunterscheidungen

Insbesondere bei der Verwendung von Ausnahmen haben Sie bereits gesehen, dass nicht die genaue Anzahl von RETURN-Klauseln für die Bestimmung wichtig ist, ob die Funktion korrekt oder nicht korrekt geschrieben ist. Vielmehr ist wichtig, dass nur eine einzige RETURN-Klausel möglich ist. Sobald eine Ausnahme ausgelöst wird bzw. sobald eine Funktion überhaupt eine Ausnahme inklusive RETURN-Klausel besitzt, besteht kein Zweifel daran, dass tatsächlich nur eine von beiden ausgewählt wird, wenn sowohl im Ausführungsabschnitt als auch im Ausnahmeabschnitt sichergestellt ist, dass durch die Fallkonstruktionen nur immer genau ein Pfad zu einer Rückgabeanweisung möglich ist. Innerhalb von beiden Abschnitten kann es dann über geeignete Fallunterscheidungen jeweils mehrere Rückgaben geben, wie folgendes Beispiel für den Ausführungsabschnitt zeigt.

Das Beispiel zählt die Dozenten, die einen Kurs unterrichten, wobei hier nicht die Zahl interessant ist (dies wäre ja auch nur eine einzige Rückgabe über die Zahl inklusive 0), sondern eine Klassifizierung der Themenverteilung in drei Gruppen.

```
CREATE OR REPLACE FUNCTION ZaehleDozenten  (
 Kursnummer IN kurs.K_Nr%TYPE )
RETURN VARCHAR2
IS
 TYPE DNummern
  IS TABLE OF dozent.D_Nr%TYPE;         -- Typ D-Nr
 t_DNr   DNummern;                      -- Tabelle D-Nr
 CURSOR c_DDaten IS
  SELECT D_Nr
    FROM dozent NATURAL JOIN themenverteilung
   WHERE K_Nr= Kursnummer;
BEGIN
 OPEN c_DDaten;
```

```
 FETCH c_DDaten BULK COLLECT INTO t_DNr;
  -- Fallunterscheidung und Rückgabe
  CASE
   WHEN t_DNr.COUNT = 0
    THEN RETURN '0';
   WHEN t_DNr.COUNT BETWEEN 1 AND 3
    THEN RETURN 'Wenig';
   WHEN t_DNr.COUNT > 3
    THEN RETURN 'Genug';
  END CASE;
 CLOSE c_DDaten;
END ZaehleDOzenten;
```

Listing 5.14 526_02.sql: Mehrere Rückgaben mit Hilfe einer Fallunterscheidung

Für drei geeignete Kurse (siehe hier *626_02.sql*) erhält man z. B. bei dreifachem Aufruf dieser Funktion folgendes Ergebnis:

```
0
Wenig
Genug
PL/SQL-Prozedur wurde erfolgreich abgeschlossen.
```

Mehrere Rückgabewerte als fehlerhafte Deklaration

Unter Umständen merkt man es gar nicht, wenn man trotz aller Warnungen dennoch mehrere Rückgabewerte konstruiert oder Fallunterscheidungen trifft, die sich überschneidende Fälle haben und daher nur in einer bestimmten Reihenfolge komplett funktionstüchtig sind. Beim Speichervorgang einer Funktion überprüft niemand außer Ihnen selbst, ob eine Funktion eventuell mehrere Rückgabewerte hat. Dies hat auch ein gewisses System, denn die Rückgabe bezieht sich immer auf das erste passende Vorkommen einer `RETURN`-Klausel. In einer korrekten Fallunterscheidung wird – wie ansonsten beim Erreichen einer `RETURN`-Klausel auch – die Abarbeitung des Ausführungsabschnitts beendet. Sollte also im vorherigen Beispiel mit der Dozentenanzahl noch ein bedeutsamer Arbeitsprozess ablaufen, so wird dieser niemals ausgeführt, wenn dieser Bearbeitungsprozess nach der `CASE`-Anweisung platziert wurde. Funktionen können praktisch gar nicht schnell genug mit ihrer Arbeit zu Ende sein. Sie sind in diesem Sinne also sehr faul und arbeitsscheu, was bei der Anwendungsentwicklung natürlich berücksichtigt werden muss. Daher sollte auch – sofern keine Fallunterscheidungen integriert werden – eine `RETURN`-Anweisung die letzte Anweisung in einer Funktion sein.

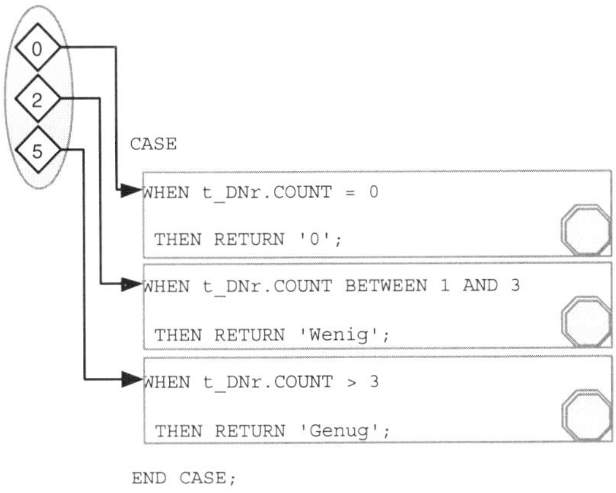

Abbildung 5.12 Singuläre Pfade bei Fallunterscheidungen

Die folgenden zwei kurzen Beispiele sollen zeigen, wie mit Situationen umgegangen wird, in denen theoretisch oder auf den ersten Blick im Quelltext mehrere Rückgabeanweisungen verzeichnet sind. Dazu konstruiert man zunächst eine Schleife, die zwar nicht unendlich läuft, die aber die Funktion schon kräftig durcheinander wirbeln sollte.

```
CREATE OR REPLACE FUNCTION EndlosRETURN
RETURN NUMBER
IS
BEGIN
 FOR i IN 1..10 LOOP
  RETURN i;
 END LOOP;
END EndlosRETURN;
```

Listing 5.15 526_03.sql: Mehrere RETURN-Anweisungen durch Schleife

Im zweiten Beispiel ist man besonders dreist und setzt eiskalt zwei Rückgabeanweisungen auf gleicher Verschachtelungshöhe im Quelltext fest.

```
CREATE OR REPLACE FUNCTION MehrereRETURN
RETURN NUMBER
IS
BEGIN
 RETURN '1';
 RETURN '2';
END MehrereRETURN;
```

Listing 5.16 526_04.sql: Mehrere Rückgaben auf gleicher Höhe

Da im Zusammenhang mit Rückgabeanweisungen der alte Spruch »Wer zuerst kommt, mahlt zuerst« gilt, erhält man – zunächst interessanterweise, dann logischerweise – jedes Mal die gleiche Ausgabe. Da die Funktion sofort bei der ersten Iteration (siehe *626_03.sql*) bzw. beim ersten Auftreten der Rückgabeanweisung (siehe *626_04.sql*), die beide jeweils eine `1` auswerfen, verlassen wird, erhält man das gleiche Ergebnis:

```
1
PL/SQL-Prozedur wurde erfolgreich abgeschlossen.
```

Fehlender Rückgabewert

Typischerweise ist man während der Arbeit nicht so dusselig, eine Funktion zu planen und dann ihren Rückgabewert zu vergessen. Aber es kann durchaus der Fall eintreten, dass kein Fall eintritt, nämlich keiner aus der entscheidenden Fallunterscheidung. In diesem Fall, der dann eintritt, handelt es sich nämlich um einen ohne Fall und damit ohne Rückgabeanweisung. Im Beispiel wollen wir es gar nicht so kompliziert machen, sondern verzichten komplett auf die `RETURN`-Anweisung, was definitiv verhindert, dass sie einen Wert zurückliefern kann.

```
CREATE OR REPLACE FUNCTION KeinRETURN
RETURN NUMBER
IS
BEGIN
 NULL;
END KeinRETURN;
```

Listing 5.17 526_05.sql: Fehlende RETURN-Anweisung

Wenn auch diese unnütze Funktion ohne Schwierigkeiten in der Datenbank gespeichert wird, erhält man doch bei ihrem Aufruf eine von den Fehlermeldungen, die länger sind als das fehlerhafte, kurze Programm. Es handelt sich dabei um den Fehlerwert 06503, der genau für diesen Fall – kein Rückgabewert vorhanden – ausgeworfen wird.

```
DECLARE
*
FEHLER in Zeile 1:
ORA-06503: PL/SQL: Funktion hat keinen Wert zurückgegeben
ORA-06512: in "SCOTT.KEINRETURN", Zeile 5
ORA-06512: in Zeile 3
```

5.2.7 PL/SQL-Funktionen in SQL

Ganz zu Anfang des Kapitels haben wir im Zusammenhang mit den Parameter-Modi für Funktionen herausgefunden, dass in SQL die Möglichkeit besteht, PL/SQL-Funktionen aufrufen, wenn sie gewissen Bedingungen genügen. Eine der ersten Bedingungen stellte die Wahl der Parameter-Modi dar. Es waren nur `IN`-Parameter erlaubt, um eine Fehlermeldung zu vermeiden, die auf die `OUT`-Parameter verwies. Dies ist eine relativ neue Eigenschaft von Oracle, die es ermöglicht, Geschäftsregeln direkt in Funktionen unterzubringen und diese dann in SQL aufzurufen. Bisher hatten wir uns stets damit gequält, für den Eintrag in eine Tabelle zunächst den höchsten Wert der Primärschlüsselspalte zu ermitteln (nur bei aufsteigenden, durchnummerierten Schlüsselwerten möglich) und dann passend über Zählervariablen oder PL/SQL-Tabellen neue, sich an den höchsten Wert anschließende Schlüsselwerte zu errechnen. Alternativ kann man hier auch eine Sequenz benutzen, doch lässt sich dieses Problem ebenso einfach über eine Funktion durchführen, die jeweils den höchsten Schlüsselwert ermittelt. Der Vorteil dieser Technik besteht also ganz einfach darin, dass man sich Arbeit in SQL spart, da man sie bereits in PL/SQL hinter sich gebracht hat.

Bedingungen für verwendbare PL/SQL-Funktionen

Folgende Eigenschaften müssen PL/SQL-Funktionen erfüllen, damit sie in SQL zum Einsatz kommen können:

- Die Funktion muss in der Datenbank und nicht in anderen Oracle-Produkten gespeichert sein. Sie können also nicht auf Funktionen speichern, die Sie nur in Anwendungen von *Oracle Forms* verwenden und die nur dort gespeichert sind.
- Die Parameter-Modi können nur `IN` sein.
- Die Datentypen, die von der Funktion zurückgeliefert werden, müssen den Datenbank-Datentypen entsprechen und dürfen nicht (wie z.B. `BOOLEAN`, `BINARY_INTEGER`, Datensätze, Sammlungen oder spezielle Subtypen) nur in PL/SQL existieren.
- Die Ergebnisse der Funktion müssen sich auf Zeilen und nicht auf ganze Spalten oder Aggregate auswirken. Es kann sich also nicht um gruppenbezogene Funktionen handeln.

Einschränkungen und Gefahren

Aus den Erfahrungen des letzten Kapitels haben Sie sicherlich auch schon gesehen, dass nahezu alle Aktivitäten der autonomen Blöcke, mit denen wir die

Syntax von PL/SQL vorgestellt haben, auch in Module umsetzbar sind. Dies ist ja auch logisch bzw. sinnvoll, da sie nur ständig und für größere Anwendungen zur Verfügung stehen. Dies bedeutet allerdings auch, dass innerhalb einer Funktion eine Menge Quelltext platziert werden kann, der für die Rückgabe eines Wertes neben diversen Abfragen auch Datenänderungen vornimmt.

So könnte eine Funktion, die innerhalb einer Schleife aufgerufen wird und für die Verarbeitung eines Cursors Daten verändern, die in der Abfrage auftauchen und damit entsprechende Inkonsistenzen, Anomalien oder Schwierigkeiten bei der Transaktionsverwaltung entstehen lassen. Um solche, so genannte »Seiteneffekte« zu vermeiden, lassen sich folgende Einschränkungen für die Aktivitäten von Funktionen festlegen:

- Es dürfen keine Datenänderungen über `INSERT`, `UPDATE` oder `DELETE` ausgeführt werden.
- Package-Variablen dürfen nicht angesprochen werden, solange dies nicht über die Befehle und Klauseln `SELECT`, `VALUES` oder `SET` geschieht.
- Nicht alle mitgelieferten Pakete lassen sich für die Anweisungen eine Funktion verwenden.
- Die Funktion kann nur andere Funktionen aufrufen, die die Einschränkungen berücksichtigen.

Geeignete Funktionen und Anwendungsgebiete

Die Verwendung von PL/SQL-Funktionen ist – soweit die obigen Hinweise bei der Planung der Funktion und ihrer Einbettung in SQL Berücksichtigung finden – nicht schwerer als bei herkömmlichen SQL-Funktionen auch. Einige Beispiele sollen dies verdeutlichen, wobei auch unterschiedliche Anwendungsgebiete dieses Themas gezeigt werden.

Berechnung von Aggregatwerten

Mit gewöhnlichem SQL kommt man schnell an die Grenzen des Machbaren, sobald aggregierte Werte in Abfragen verwendet werden sollen oder sobald Übersichtsergebnisse ausgegeben werden sollen. Dazu gibt es zwar auch in vielen Fällen die Möglichkeit, sich mit den Analyse-Befehlen aus dem Data-Warehouse-Bereich zu behelfen, aber man kann auch eigene Funktionen verwenden und leichtere Abfragen erstellen. Nehmen wir an, wir möchten (müssen) herausfinden, welche Kurse eigentlich über- oder unterdurchschnittlich lange dauern. Dabei möchten wir nicht nur; wegen »sondern auch gleich« weiter unten wissen, welche Kurse überhaupt die `AVG(K_Dauer)`-Grenze über- oder unterschreiten, sondern auch gleich noch eine Berechnung der Differenz erhalten. Während die gerade ausgeschlossene Abfrage einfach mit Hilfe einer einfachen

WHERE-Bedingung die Durchschnittsdauer mit den diversen Vergleichsoperatoren zu formulieren ist, ermittelt eine Abfrage der Form

```
SELECT K_Titel, K_Untertitel, K_Dauer-AVG(K_Dauer)
 FROM kurs
 GROUP BY K_Titel, K_Untertitel, K_Dauer;
```

keine akzeptablen Ergebnisse, da durch die Gruppierung und die Bildung des Aggregats leider für jede Zeile die durchschnittliche Kursdauer mit ihrer eigenen ermittelt wird und dadurch im Ergebnis

```
K_TITEL        K_UNTERTITEL                        K_DAUER-AVG(K_DAUER)
-------------  ----------------------------------  -------------
ASP            XML-Konzepte                                     0
C++            COM/ATL                                          0
C++            Multithreading                                   0
C++            Syntax + Konzepte                                0
C++            MFC (Windows-Programmierung)                     0
```

Listing 5.18 527.01.sql: Abfrage und Ergebnis

überall der Wert 0 für die angebliche Abweichung zwischen allgemeinem Durchschnitt und spezieller Kursdauer auftritt.

Eine allgemeine Funktion für die Berechnung des Durchschnitts für alle möglichen Tabellen und Spalten könnte hier über dynamisches SQL als Eingangsparameter eine Zeichenkette für Tabellen- und Spaltennamen erwarten. Diese setzt man dann in einer geeigneten Verkettung zu einer einfachen Durchschnittsermittlung zusammen und ermittelt mit ihr für die gegebenen Parameter den gesuchten Durchschnittswert.

```
CREATE OR REPLACE FUNCTION BerechneDurchschnitt
 ( Tabelle IN  VARCHAR2,
   Spalte  IN  VARCHAR2 )
 RETURN NUMBER
IS
 v_SQL    VARCHAR2(300);
 v_Return NUMBER(5);
```

```
BEGIN
  v_SQL := 'SELECT AVG('
           || Spalte
           || ') FROM '
           || Tabelle;
 EXECUTE IMMEDIATE v_SQL
 INTO v_Return;
 RETURN v_Return;
END BerechneDurchschnitt;
```

Listing 5.19 527_01.sql: Funktion zur Berechnung von Durchschnitten

Diese Funktion webt man nun in die entsprechende Abfrage ein, wobei in *SQL*Plus* nicht einmal ein anonymer Block erwartet wird, da ja auch alle anderen (SQL-)Funktionen in Ad-hoc-Abfragen hervorragend funktionieren.

```
SELECT K_Titel,
       K_Untertitel,
       K_Dauer-BerechneDurchschnitt('kurs','K_Dauer') AS AVG
  FROM kurs;
```

Dadurch erhält man dann die benötigte, interessante Übersicht:

```
K_TITEL             K_UNTERTITEL                          AVG
-----------------  -----------------------------------  ------
Perl               Module programmieren in Perl           -1
Perl               Programmierung von GUIs mit Perl/Tk    -2
Perl               Netzwerkprogrammierung                 -1
Perl               Systemadministration                   -1
Perl               Datenbankprogrammierung                -2
Photoshop          Bildbearbeitung                         1
Photoshop          Korrektur + Verfremdung                 0
PHP                Syntax + Konzepte                       0
```

Listing 5.20 527_01.sql: Abfrage mit einer PL/SQL-Funktion in SQL und Ergebnis

Wiederholende Berechnungen

Zwar ändert sich die Mehrwertsteuer (aus dem Schulbeispiel zur Demonstration der Rechenkünste von SQL auf Preisspalten) nur selten innerhalb eines Landes, aber in Anwendungen mit internationaler Ausrichtung können verschiedene Mehrwertsteuersätze auftreten, die landestypisch inklusive der passenden Wechselkurse als Abfrageergebnis in verschiedenen Anwendungen benötigt werden. Wenn man sich die Mühe macht, eine Anwendung so weit aufzubauen, dass Größen vorkommen, die sich irgendwann (bzw. beim Wechselkurs täglich), sollte man sie in Variablen auslagern, um sie nur an einem Ort pflegen zu müssen. In solchen Fällen lohnt es sich, gleich die gesamte Berechnung in eine Funktion auszulagern und nicht in SQL doppelt zu implementieren.

Eine solche Abfrage könnte daraus bestehen, aus vorhandenen Dollar-Preisen richtig gerundete Euro-Preise zu machen – inklusive der Berücksichtigung des tagesaktuellen Wechselkurses und der deutschen Mehrwertsteuer. Zusätzlich (es soll ja als Beispiel eine abschreckende Wirkung auf Sie haben) sollen noch Dezimalzahlen, Dezimalkommas und die Währungsbezeichnungen ausgegeben werden. Dies schafft SQL für die fünf Preisspalten in der Tabelle `PREIS` über eine verschachtelte Funktion, die für jede einzelne Spalte aufgerufen werden muss:

```
SELECT K_Nr,
       TO_CHAR(ROUND(P_TN1*0.95*1.16,0),'C99999.99') AS TN1,
       TO_CHAR(ROUND(P_TN2*0.95*1.16,0),'C99999.99') AS TN2,
       TO_CHAR(ROUND(P_TN3*0.95*1.16,0),'C99999.99') AS TN3,
       TO_CHAR(ROUND(P_TN4*0.95*1.16,0),'C99999.99') AS TN4,
       TO_CHAR(ROUND(P_TN5*0.95*1.16,0),'C99999.99') AS TN5
  FROM kurs NATURAL JOIN preis
 WHERE K_Titel = 'PHP';
```

Dies ergibt folgendes Ergebnis für die ersten vier Spalten, da leider die fünfte nicht mehr korrekt in eine Zeile passte:

```
   K_NR     TN1          TN2         TN3         TN4
-------- ----------- ---------- ---------- ----------
 1015024 EUR1014.00  EUR963.00  EUR915.00  EUR869.00
 1015043 EUR992.00   EUR942.00  EUR895.00  EUR850.00
 1015044 EUR992.00   EUR942.00  EUR895.00  EUR850.00
 1015068 EUR1295.00  EUR1230.00 EUR1168.00 EUR1110.00
```

Listing 5.21 527_02.sql: Abfrage und Ergebnis einer Berechnung

Eine gleichartige Funktion, die für eine eingehende Spalte den umgerechneten Währungsbetrag zurückliefert und diesen in die Ergebnismenge überträgt, sähe z.B. folgendermaßen aus. Dabei sind die eingehenden Parameter der Wechselkurs, die Mehrwertsteuer (alternativ auch nur als Prozentsatz, wobei dann innerhalb der Funktion eine passende Berücksichtigung der Prozentzahl erfolgt) und natürlich der Spaltenname.

```
CREATE OR REPLACE FUNCTION BerechnePreisMWST
 (
```

```
 Wechselkurs      IN NUMBER,
 Mehrwertsteuer  IN NUMBER,
 Originalwert    IN NUMBER )
 RETURN VARCHAR2
IS
BEGIN
 RETURN TO_CHAR(
        ROUND(Originalwert*Wechselkurs*Mehrwertsteuer,0)
                ,'C99999.99');
END BerechnePreisMWST;
```

Listing 5.22 527_02.sql: Berechnung von Preisen innerhalb einer Funktion

Der Aufruf erfolgt dann mit einer kleinen Variation im Gegensatz zum ersten Beispiel, da man hier die Spalte direkt vorgibt. Dies sieht auf den ersten Blick fehlerträchtig aus, da ja hier eine Zeichenkette im Funktionsaufruf zu finden ist, diese aber weder wegen des unpassenden Datentyps erwartet wird noch durch Anführungszeichen als solche gekennzeichnet wird. Dies ist allerdings nicht notwendig, da sie hier als Bezeichner für eine tatsächlich vorhandene Spalte fungiert und damit nur die entsprechenden Werte im passenden Datentyp referenziert und in die Funktion übermittelt. Zwar haben Sie nun beim Funktionsaufruf die beiden Werte für Wechselkurs und Mehrwertsteuer von Hand eingetragen, aber Sie können sich vorstellen, dass Sie stattdessen innerhalb eines Cursors solche Werte über Binde-Variablen vorgeben, die für die gesamte Anwendung global zur Verfügung stehen.

```
SELECT K_Nr,
       BerechnePreisMWST(0.95, 1.16, P_TN1) AS TN1,
       BerechnePreisMWST(0.95, 1.16, P_TN2) AS TN2,
       BerechnePreisMWST(0.95, 1.16, P_TN3) AS TN3,
       BerechnePreisMWST(0.95, 1.16, P_TN4) AS TN4,
       BerechnePreisMWST(0.95, 1.16, P_TN5) AS TN5
  FROM kurs NATURAL JOIN preis
 WHERE K_Titel = 'PHP';
```

Listing 5.23 527_02.sql: Aufruf der Berechnungsfunktion

Korrelierte Unterabfragen

SQL ist eine durchaus komplexe Sprache, und man kann wirklich beeindruckende Ergebnisse und Abfragen ausdrücken. Dazu kann man sich entweder auf diverse Funktionen verlassen, die im jeweiligen System vorhanden sind, oder man setzt die Sprachkonstrukte von SQL umfassend ein. Eine Möglichkeit dieser Sprachkonstrukte ist die korrelierte Unterabfrage, die Mengenvergleiche über eine umschließende und eingeschlossene Abfragemenge ausführt. Dies steht im Gegensatz zur gewöhnlichen Unterabfrage, die z.B. eine Reihe von Werten (Kursnummern, Namen etc.) für eine IN-Klausel besorgt und keine Rücksicht auf umgebende Werte hat, sondern lediglich dynamisch passende und aktuelle Werte in die Klausel zurückliefert.

Möchte man allerdings wissen, welche Dozenten für jedem Kurs den geringsten Tagespreis haben, beschafft man sich eine Liste der günstigsten Dozenten. Dies läuft darauf hinaus, dass die Abfrage pro Kursnummer eine eigene Abfrage absenden muss, die den günstigsten Dozenten anhand des geringsten Tagessatzes pro Kursnummer berücksichtigt. Die Formulierung »pro Kursnummer« meint nun die Korrelation zwischen beiden Abfragen, was man auch mit zwei verschachtelten Schleifen beschreiben kann.

Die Abfrage für diese interessante Liste, die auch gleichzeitig die Frage beantwortet, welche Kurse überhaupt mit Dozenten versorgt sind, lautet daher mit der Korrelationsbedingung `d.K_Nr=a.K_Nr`:

```
SELECT K_Titel, K_Untertitel, D_Nachname, TH_Tagessatz
  FROM kurs a, dozent b , themenverteilung c
 WHERE a.K_Nr=c.K_Nr
   AND b.D_Nr=c.D_Nr
   AND TH_Tagessatz = (SELECT MIN(d.TH_Tagessatz)
                        FROM themenverteilung d,
                             themenverteilung  e
                       WHERE d.TH_Nr=e.TH_Nr
                         AND d.K_Nr=e.K_Nr
                         AND d.K_Nr=a.K_Nr)
  ORDER BY D_Nachname, K_Titel;
```

Sie liefert für die ersten drei Datensätze von insgesamt 86 folgende Werte:

```
K_TITEL     K_UNTERTITEL        D_NACHNAME      H_TAGESSATZ
---------- ------------------- --------------- -------------
Acrobat     Satztechnik         Bärchen                  350
Freehand    Grafikerstellung    Bärchen                  350
Illustrator Grafikerstellung    Bärchen                  350
```

Listing 5.24 527_03.sql: Korrelierte Unterabfrage und Ergebnis zu dem günstigsten Dozenten

Eine solche Abfrage mit weiteren Primärschlüsselfeldern, weiteren Tabellen und – im schlimmsten Fall – weiteren Korrelationen kann man auch in einer allgemeinen oder einer speziellen Funktion verbergen, die passend für die Korrelationsbedingung `d.K_Nr=a.K_Nr` als IN-Parameter den benötigten Wert beschafft. Eine solche Funktion erwartet also einfach nur den passenden Wert, den man – wie im vorherigen Beispiel – als qualifizierten Spaltenwert beim Funktionsaufruf vorgibt.

```
CREATE OR REPLACE FUNCTION MINTagessatz (
 Kursnummer IN kurs.K_Nr%TYPE)
 RETURN themenverteilung.TH_Tagessatz%TYPE
IS
 v_MINTagessatz themenverteilung.TH_Tagessatz%TYPE;
BEGIN
 SELECT MIN(a.TH_Tagessatz)
   INTO v_MINTagessatz
   FROM themenverteilung a, themenverteilung b
  WHERE a.TH_Nr=b.TH_Nr
    AND a.K_Nr=b.K_Nr
    AND a.K_Nr=Kursnummer;
 RETURN v_MINTagessatz;
END MINTagessatz;
```

Listing 5.25 527_03.sql: Funktion für korrelierte Werte

Der Aufruf gestaltet sich dann folgendermaßen, wobei wie zuvor der Wert für jede Zeile mit dem Spaltenwert übergeben wird:

```
SELECT K_Titel, K_Untertitel, D_Nachname, TH_Tagessatz
  FROM kurs a, dozent b , themenverteilung c
 WHERE a.K_Nr=c.K_Nr
   AND b.D_Nr=c.D_Nr
   AND TH_Tagessatz = MINTagessatz(a.K_Nr)
 ORDER BY D_Nachname, K_Titel;
```

Aufruf von Spalten in PL/SQL-Funktionen

Im Beispiel *527_02.sql* haben Sie gesehen, wie schön man auch Spaltennamen in einem Funktionsaufruf unterbringen kann, um den benötigten Wert aus der Spalte zu erhalten. Dies funktioniert, weil der SQL-Statement-Executor zunächst in den Schema-Objekten sucht, die von einem SQL-Befehl angesprochen werden können bzw. die über den Tabellenaufruf in der `FROM`-Klausel angesprochen werden.

Folgende Fehlermeldungen geben einen Einblick in diesen Mechanismus:

- Falscher Spaltenname einer aufgerufenen Tabelle:

```
      BerechnePreisMWST(0.95, 1.16, P_TNO) AS TN1,
                                    *
FEHLER in Zeile 2:
ORA-00904: Ungültiger Spaltenname
```

- Falsche Kennzeichnung als Zeichenkette bei erwarteter Zahl:

```
      BerechnePreisMWST(0.95, 1.16, 'P_TN1') AS TN1,
                                    *
FEHLER in Zeile 2:
ORA-01722: Ungültige Zahl
```

- Eventuell falsche Berechnung bei hartkodiertem Wert, sofern nicht nur dieser als Wert ermittelt werden sollte. Im Rahmen einer Abfrage ergibt dies in jeder Ergebnisspalte den gleichen berechneten Wert.

```
BerechnePreisMWST(0.95, 1.16, 1000) AS TN1
```

- Sollten Sie zufällig in die Situation geraten, dass ein Funktionsname mit einem Spaltennamen übereinstimmt, so wird immer der Spaltenname für die Verarbeitung der Abfrage verwendet. Wenn Sie allerdings genau die Funktion ausführen wollen, dann verwenden Sie den qualifizierten Namen der Funktion, die sich zusätzlich aus dem Schema-Namen bildet, in dem die Funktion erstellt wurde: `schema.funktionsname()`.
- Für den Fall, dass – was eventuell häufiger vorkommt als die letzte Fehlerquelle – Parameternamen und Spaltennamen gleich sind, können Sie sich ebenfalls mit einem qualifizieten Namen behelfen wie z.B.: `schema.prozedurname.parameter`.

Das folgende Beispiel zeigt den gerade erwähnten Fall für eine Prozedur mit einem Ausnahmeabschnitt. Sobald ein unqualifizierter Name für den Parameter `D_Nr` verwendet wird, ist die Bedingung für alle Zeilen der Tabelle erfüllt. Dies erfordert einen Cursor und löst zunächst einmal die Ausnahme `TOO_MANY_ROWS` aus:

```
CREATE OR REPLACE PROCEDURE Dozentendaten (
  D_Nr   IN dozent.D_Nr%TYPE) -- ungünstig!
IS
  v_DDaten dozent%ROWTYPE;
BEGIN
 SELECT *
   INTO v_DDaten
```

```
  FROM dozent
 WHERE D_Nr = Scott.Dozentendaten.D_Nr; -- qualifiziert
 DBMS_OUTPUT.PUT(v_DDaten.D_Nr || ': ');
 DBMS_OUTPUT.PUT(v_DDaten.D_Anrede || ' ');
 DBMS_OUTPUT.PUT_LINE(v_DDaten.D_Nachname);
EXCEPTION
 WHEN TOO_MANY_ROWS           -- knapp vorbei
 THEN DBMS_OUTPUT.PUT_LINE('D_Nr missverständlich.');
END Dozentendaten;
```

Listing 5.26 527_04.sql: Ungünstige Parameternamen und Auswirkungen

Beim Aufruf des korrekten Programms (für den Test des inkorrekten testen Sie einfach die Abfrage mit `WHERE D_Nr = D_Nr` oder löschen die Namensqualifikation) mit

```
DECLARE
BEGIN
 Dozentendaten(12);
END;
```

Listing 5.27 527_04.sql: Aufruf der Prozedur mit qualifiziertem Namen

erhält man dann tatsächlich:

```
12: Herr Still
PL/SQL-Prozedur wurde erfolgreich abgeschlossen.
```

5.3 Eigene Prozeduren verwenden

Eine weitere Modulkonstruktion stellen Prozeduren dar, die einige Gemeinsamkeiten mit Funktionen haben, was z.B. die Parameterübergabe betrifft, die aber auch vollkommen andere Strukturen aufweisen. Während Funktionen im Rahmen eines Ausdrucks angesprochen werden, wie wir es auch gerade sehr deutlich über SQL-Befehle gesehen haben, so lassen sich Prozeduren direkt aufrufen bzw. in dynamischem SQL mit einer eigenen `CALL`-Anweisung starten. Des Weiteren führt eine Prozedur im Wesentlichen eine oder mehrere Aktionen durch und liefert einen oder mehrere »Rückgabewerte« an das aufrufende Programm zurück. Damit stellen Prozeduren im Vergleich zu Funktionen Unterprogramme im engeren Sinne des Wortes dar, weil sie einen kompletten Teil der Anwendungslogik übernehmen können. Teilweise lassen sich Funktionen und Prozeduren mit ähnlichen Eigenschaften bauen, doch bieten Prozeduren für komplexe Anweisungen eindeutig umfangreichere Möglichkeiten.

5.3.1 Die allgemeine Syntax von Prozeduren

Die allgemeine Syntax für die Definition einer Prozedur lautet:

```
[CREATE [OR REPLACE]]
PROCEDURE name[(parameter[, parameter]...)]
[AUTHID {DEFINER | CURRENT_USER}] {IS | AS}
[PRAGMA AUTONOMOUS_TRANSACTION;]
[lokale deklarationen]
BEGIN
 anweisungen
[EXCEPTION
 anweisungen für ausnahmen]
END [name];
```

Als Parameter kommt dabei die nächste Syntax zum Einsatz:

```
name [IN | OUT [NOCOPY] | IN OUT [NOCOPY]] datentyp
 [{:= | DEFAULT} ausdruck]
```

Da eine Prozedur in der Datenbank als Schema-Objekt gespeichert wird, gilt auch hier für die Definition der CREATE-Befehl und für das Löschen der DROP-Befehl. Die Funktionsweise von Prozeduren können Sie (wie für Funktionen) in der *Oracle Enterprise Manager Konsole* bearbeiten, allerdings nicht in SQL*Plus. Hier können Sie nur eine komplett neue Prozedur durch die Zusatzklausel REPLACE speichern, die die alte, gleichnamige Funktion überschreibt.

Für die dann folgende Parameterliste gilt, dass sie die einzelnen Parameter sowie Ihre Modi (Standardwert ist IN) und Datentypen durch Komma getrennt und in zwei runden Klammern zusammengefasst aufzählen. Für alle diese Datentypen gilt die eherne Regel, dass keine Beschränkungen in Länge, Genauigkeit oder Größe vorgenommen werden dürfen. Innerhalb der Funktion wird zur Laufzeit die Beschränkung des übergebenen Parameters – falls vorhanden – berücksichtigt. Alternativ können Sie allerdings eine Typableitung mit %TYPE vornehmen. Dies impliziert eine Beschränkung, wobei diese allerdings auch erst zur Laufzeit ermittelt wird und daher analog zur Beschränkungsübernahme bei der Parameterübergabe abläuft.

Auf das Schlüsselwort IS (alternativ AS) folgt dann der Anweisungsblock, der durch BEGIN und END prozedurname umschlossen wird. (Der Prozedurname ist optional, dient allerdings zur schnelleren Fehlerüberprüfung.)

Neben diesen Standard- oder Minimalanforderungen an eine Prozedur finden Sie in der allgemeinen Syntax noch folgende Alternativen und Zusatzangaben:

- AUTHID legt fest, ob die Prozedur sich lediglich vom Besitzer (Standardwert) ausführen lässt oder durch den aktuellen Benutzer (CURRENT_USER).
- Das Pragma AUTONOMOUS_TRANSACTION legt eine Prozedur als unabhängig fest, sodass sie eine eigene Transaktion darstellt und solche Befehle wie COMMIT oder ROLLBACK verwenden kann und erst nach der Abarbeitung die Kontrolle dem auslösenden Programm zurückgibt.
- Als eigenständiger Bereich ist auch die Definition einer Ausnahmebehandlung optional. Sie beginnt mit dem Schlüsselwort EXCEPTION.

5.3.2 Blockstruktur von Prozeduren

Prozeduren besitzen eine Blockstruktur, die bis auf die fehlende RETURN-Klausel mit der Struktur von Funktionen übereinstimmt. In einem einfachen Beispiel sollen die einzelnen Bereiche dargestellt werden. Hierbei soll eine Prozedur erstellt werden, die die Kursnummer, den Beginn und den Ort für einen Kurstermin erwartet. Dabei ermittelt die Prozedur selbstständig mit Hilfe der Funktion ZaehleReihen aus *612_02.sql* die passende höchste Terminnummer, um eine neue Terminnummer in die Tabelle einzutragen. Hier können Sie auch sehr schön einen grundlegenden Unterschied zwischen Funktionen und Prozeduren feststellen. Während beim Prozeduraufruf einfach die Prozedur aufgerufen wird, ohne dass eventuell von ihr ermittelte Werte einer Variable zugewiesen werden müssen, ist dies bei Funktionen gar nicht anders möglich. Sie müssen stets als Teil eines Ausdrucks (Variablenwert, Spaltenwert) verwendet werden, sodass also auch in der Prozedur einer Variablen v_MaxTNr mit Hilfe der Funktion ZaehleReihen die aktuell höchste Terminnummer zugewiesen wird.

```
CREATE OR REPLACE PROCEDURE Terminerfassung (
 Kursnummer IN kurs.K_Nr%TYPE,
 Beginn     IN termin.T_Beginn%TYPE,
 Ort        IN VARCHAR2 )
IS
 v_MaxTNr   termin.T_Nr%TYPE;
 v_KDauer   kurs.K_Dauer%TYPE;
BEGIN
 v_MaxTNr := ZaehleReihen(v_MaxTNr,'termin', 'T_Nr');
 SELECT K_Dauer
   INTO v_KDauer
   FROM kurs
  WHERE K_Nr=Kursnummer;
 INSERT INTO termin
 VALUES (v_MaxTNr+1, Kursnummer, Beginn,
```

```
         Beginn+v_KDauer, Ort);
EXCEPTION
 WHEN NO_DATA_FOUND
 THEN DBMS_OUTPUT.PUT_LINE('Kursnummer nicht vorhanden.');
END Terminerfassung;
```

Listing 5.28 532_01.sql: Terminerfassung als Prozedur

Folgende Abschnitte lassen sich als Blockstruktur unterscheiden:

- der **Kopf-Abschnitt** mit dem Prozedurnamen, so wie er in der Datenbank gespeichert wird. Dieser enthält die Parameterliste und ihre Modi.
- der **Deklarationsabschnitt** mit weiteren Variablen oder anderen syntaktischen Konstrukten wie Cursor und Typen, die nur innerhalb der Prozedur gültig und sichtbar sind. Dieser Abschnitt entspricht prinzipiell dem Deklarationsabschnitt in anonymen Blöcken.
- der **Ausführungsabschnitt** mit der eigentlichen Funktionalität der Prozedur wie in einem anonymen Block. Er umschließt einen möglichen Ausnahmenabschnitt.
- der **Ausnahmeabschnitt,** der am Ende des Ausführungsabschnitts platziert wird. Er verarbeitet zunächst Ausnahmen, die innerhalb des Ausführungsabschnitts der aktuellen Prozedur oder dann auch im Deklarationsabschnitt einer weiteren aufgerufenen (verschachtelt aufgerufenen) modularen Struktur aufgetreten sind.

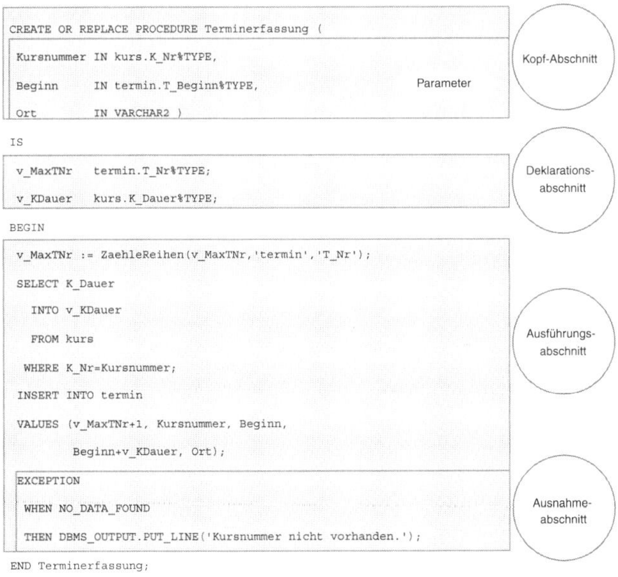

Abbildung 5.13 Blockstruktur von Prozeduren

5.3.3 Speicherort von Prozeduren

Da die Prozeduren genauso wie Funktionen direkt in der Datenbank gespeichert werden, können Sie Ihre Arbeitsergebnisse auch innerhalb der grafischen Oberfläche von Oracle wiederfinden und dort – wie schon bei den Funktionen beschrieben – Fehlerkorrekturen und Veränderungen vornehmen.

1. Wechseln Sie in die *Oracle Enterprise Manager Konsole*.
2. Wählen Sie dort **Netzwerk · Datenbanken · KURSE · Schema · SCOTT · Quelltypen · Prozeduren**. Sollten Ihre Datenbank oder Ihr Schema einen anderen Namen tragen, dann wählen Sie die entsprechend passenden Namen. Wie Sie sehen, lagern hier Ihre gesamten Prozeduren und anderen Arbeitsergebnisse. In Abbildung 5.14 sehen Sie den Standardfall, wenn keine Schwierigkeiten mit einem Modul zu verzeichnen sind. Als Statuswert finden Sie den Eintrag **Valid** sowohl in einer Liste aller Einzelmodule eines Typs als auch in der Detailansicht.
3. Haben Sie einen Fehler in Ihrem Skript, so ist das Modul nicht gültig, was Sie sowohl beim Aufruf als auch bei der Kompilierung an den bemängelten, aber nicht näher spezifizierten Kompilierungsfehlern merken. In diesem Fall können Sie über die Schaltfläche **Fehler zeigen** die Fehlermeldungen sehen und im angezeigten Quelltext Korrekturen vornehmen. Durch einen Klick auf den Fehlereintrag markieren Sie auch die zugehörige Zeile im Quelltext. Nachdem Sie die benötigten Änderungen vorgenommen haben, klicken Sie auf die Schaltfläche **Kompilieren**, um einen erneuten Fehlersuchlauf in Gang zu setzen bzw. die komplett richtige Prozedur in der Datenbank zu speichern. Erst dann können Sie das Modul in Ihren Programmen einsetzen.

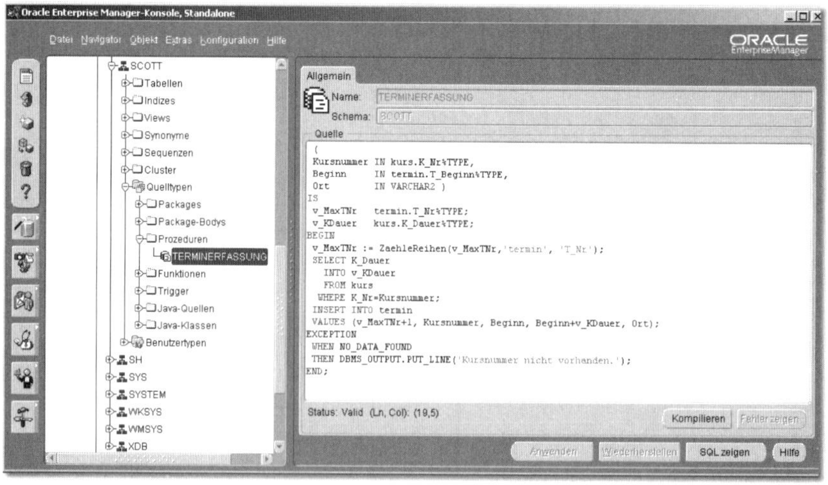

Abbildung 5.14 Speicherort von Prozeduren

5.3.4 Wahl der Parameter-Modi und Wertübergabe

Da die einzelnen Parameter einer Prozedur die Schnittstellen zu anderen Anwendungen bilden und ihre Parameter-Modi darüber entscheiden, auf welche Weise die Parameter in die Prozedur übernommen werden können, ist eine Planung der Parameter und ihrer Modi von großer Bedeutung für die Anwendungsentwicklung.

Aufruf von Prozeduren und Parameterübergabe

Im ersten Beispiel für Prozeduren (siehe *632_01.sql*) gab es nur `IN`-Parameter. Eine solche Prozedur rufen Sie entweder über die Namensnotation oder die Positionsnotation auf. Bei `IN`-Parametern ist zudem wie bei Funktionen die Zuweisung über eine Variable, also einen gültigen Bezeichner, wie auch über direkte Wertvorgaben möglich. Beim nächsten Aufruf wird also zunächst die Positionsnotation für die Zuweisung der einzelnen Werte verwendet, wobei zusätzlich eine gemischte Wertzuweisung eingesetzt wird. Während die Kursnummer über eine Variable indirekt in die Prozedur eingeht, setzt man für den Termin und den Ort direkte Wertvorgaben ein. Danach verwendet man die Namensnotation, wobei die Reihenfolge der Parameter hier unbedeutend ist, da sie ja die einzelnen Parameter namentlich erwähnen.

Beachten Sie auch hier, dass Prozeduren tatsächlich wie ein Unterprogramm im engeren Sinne aufgerufen werden können, also ohne eine mögliche Wertzuweisung wie bei Funktionen.

```
DECLARE
 v_KNr kurs.K_Nr%TYPE := 1015031;
BEGIN
 -- Positionsnotation
 Terminerfassung(v_KNr, '04.01.2004', 'Essen');
 -- Namensnotation
 Terminerfassung(Kursnummer => v_KNr,
                 Beginn     => '04.01.2004',
                 Ort        => 'Essen');

END;
```

Listing 5.29 532_01.sql: Aufruf einer Prozedur mit IN-Parametern

Neben der allgemeinen Bestätigung in SQL*Plus können Sie für diese Prozedur auch eine Überprüfung für den letzten Eintrag mit der schönen Abfrage

```
SELECT *
  FROM termin
 WHERE T_Nr = (SELECT MAX(T_Nr)
                 FROM termin);
```

durchführen. Hierbei ließe sich natürlich auch eine nette Prozedur mit dynamischem SQL entwickeln. Im aktuellen Beispiel liefert diese Abfrage dann die gewünschten Werte:

```
      T_NR       K_NR T_BEGINN T_ENDE   T_ORT
---------- ---------- -------- -------- --------------------
       655    1015031 04.01.04 07.01.04 Essen
1 Zeile wurde ausgewählt.
```

Insbesondere die Zuordnung von Parameterwerten über die Namensnotation ist hilfreich, wenn sehr viele Parameter bei der Übergabe notwendig sind und sie sich nicht alle grundsätzlich in ihren Datentypen oder möglichen Verarbeitungswegen unterscheiden. Ist es also wichtig, dass verschiedene Zahlwerte übergeben werden, so könnte im Rahmen der Anwendung weder die eine noch die andere falsche Zahl, die durch die Positionsnotation fälschlich übergeben wird, eine Ausnahme oder eine Fehlermeldung auslösen, obwohl an den Werten ungewünschte Operationen durchgeführt werden. Bei steigender Parameteranzahl ist dies ein häufiges Problem, sodass die Namensnotation hier auch für eine selbstdokumentierende Verwendung ein wenig Abhilfe schaffen kann.

Als zweiter Grund lässt sich natürlich dann die Verwendung von Standardwerten erwähnen, die dafür sorgt, dass gewisse Parameter gar nicht übergeben werden müssen, sondern bereits im Kopf-Abschnitt der Prozedur einen Wert besitzen. So könnten z.B. zunächst einmal die meisten Kurse in Essen stattfinden, was über einen Standardwert ausgedrückt werden könnte.

```
CREATE OR REPLACE PROCEDURE Terminerfassung2 (
 Kursnummer IN kurs.K_Nr%TYPE,
 Beginn     IN termin.T_Beginn%TYPE,
 Ort        IN VARCHAR2 := 'Essen')
```

Listing 5.30 534_01.sql: Kopf-Abschnitt mit Standardwert

Ein solcher Standardwert lässt sich nur über die Namensnotation nutzen, da keine Freistellen für unbenutzte Parameter bei der Positionsnotation erlaubt sind. Daher würde folgender Aufruf einen weiteren Kurs eintragen:

```
Terminerfassung2(Kursnummer => v_KNr,
                 Beginn     => '04.01.2004');
```

Listing 5.31 534_01.sql: Aufruf eines Standardwerts mittels Namensnotation

Entscheidungen für Parameter-Modi

Es ist sicherlich überaus deutlich geworden, dass der IN-Modus für die Übertragung von Werten in die Prozedur zuständig ist und für diesen Umstand auch bitter benötigt wird, um die Prozedur zur einer gewissen Aktivitätsorientierung anzuregen. Da eine Prozedur – im Gegensatz zu Funktionen – keinen Rückgabewert in Form eines RETURN-Werts bzw. einer entsprechenden Klausel kennt, aber dennoch Werte zurückliefern soll, bedient man sich hier ausschließlich des OUT-Parameters, wobei folgende allgemeinen Bedingungen bei der Entscheidung für einen Parameter zu berücksichtigen sind:

- Stellt ein Parameter ausschließlich einen Eingangswert dar und soll/muss er nicht verändert werden oder ist eine Zwischenspeicherung etwaiger Änderungswerte auch in einer weiteren Variable problemlos möglich, bietet sich der IN-Modus an. Nur in diesem Modus lassen sich auch Standardwerte einsetzen, weswegen stets zu überlegen ist, ob man bei Wertänderungen (typischer IN OUT-Fall) nicht lieber eine weitere Variable verwendet, anstatt auf die Vorteile eines Standardwerts zu verzichten.
- Dient ein Parameter ausschließlich dazu, einen Wert aus einer Funktion zurück an die aufrufende Umgebung zu übergeben, kann man den OUT-Modus einsetzen. Hier ist kein Standardwert als Standardrückgabe möglich, sodass ein solches Vorgehen (wenn es wirklich sinnvoll ist und aus Gründen der Softwareplanung eventuell nicht über Ausnahmen geregelt werden sollte) nur über eine explizite Wertzuweisung z.B. in einem Standardfall einer Fallunterscheidung möglich ist.
- Mit dem Modus IN OUT hat man die Möglichkeit, sowohl einen Eingangs- als auch einen Ausgangskanal für die Prozedur bereitzustellen. Zusätzlich können mit Hilfe dieses Modus auch Wertänderungen an einem Parameter vorgenommen werden. Für den Einsatz als Eingangskanal gilt hier allerdings die Einschränkung, dass durch den gleichzeitigen Ausgangscharakter keine Standardwerte vorgegeben werden können.

In dieser letzten Variation der zuvor erstellten Prozedur für die Terminerfassung existieren nun Parameter, und man verwendet alle drei Parameter-Modi. Sie können an diesem Beispiel bereits sehen, dass es auch für eine solch kleine Aufgabe wie die Erfassung eines Termins unterschiedliche Möglichkeiten der Implementierung gibt. In diesem Fall nun möchte man die RETURNING-Klausel im INSERT-Befehl nutzen und benötigt als Ausgangskanäle für die aufrufende

Umgebung entsprechende Parameter-Modi für den `Beginn` und das `Ende`, wobei hier der Endtermin eindeutig `OUT` ist, weil er ja im Rahmen des `INSERT`-Befehls mit Hilfe des Beginns und der Kursdauer errechnet wird. Für die Kursnummer kann hier der `IN`-Modus beibehalten werden, da sie nicht erneut abgefragt und natürlich auch nicht verändert wird.

```
CREATE OR REPLACE PROCEDURE Terminerfassung3 (
 Kursnummer IN  kurs.K_Nr%TYPE,
 Beginn     IN  OUT termin.T_Beginn%TYPE,
 Ort        IN  OUT termin.T_Ort%TYPE,
 Ende       OUT termin.T_Ende%TYPE)
IS
 v_MaxTNr   termin.T_Nr%TYPE;
 v_KDauer   kurs.K_Dauer%TYPE;
BEGIN
 v_MaxTNr := ZaehleReihen(v_MaxTNr,'termin', 'T_Nr');
 SELECT K_Dauer
   INTO v_KDauer
   FROM kurs
  WHERE K_Nr=Kursnummer;
 INSERT INTO termin
 VALUES (v_MaxTNr+1, Kursnummer, Beginn,
         Beginn+v_KDauer, Ort)
 RETURNING T_Beginn, T_Ende, T_Ort INTO Beginn, Ende, Ort;
EXCEPTION
 WHEN NO_DATA_FOUND
 THEN DBMS_OUTPUT.PUT_LINE('Kursnummer nicht vorhanden.');
END Terminerfassung3;
```

Listing 5.32 534_02.sql: Einsatz verschiedener Parameter-Modi

Für den Aufruf ergeben sich dann einige weitere Regelungen, die die Wahl zwischen direkter und indirekter Wertzuweisung über Variablen als Bezeichner beeinflussen. Da `IN`- und `IN OUT`-Parameter (auch) Ausgangskanäle darstellen, erwarten sie einen Bezeichner, der eine gültige Variable (Zuweisungsziel) darstellt. Dies können natürlich gerade keine Zeichenkette für eine Ortsangabe oder ein Datum sein, sondern ausschließlich passenden Variablen. Daher geben wir beim folgenden Aufruf nur die Kursnummer als direkte Wertvorgabe vor, während die anderen Parameter über Variablen gefüllt und abgeholt werden.

```
DECLARE
 v_TBeginn termin.T_Beginn%TYPE := '04.02.2004';
 v_TEnde   termin.T_Ende%TYPE;
 v_TOrt    termin.T_Ort%TYPE    := 'Essen';
BEGIN
 Terminerfassung3(Kursnummer => 1015031,
                  Beginn     => v_TBeginn,
                  Ende       => v_TEnde,
                  Ort        => v_TOrt);
 DBMS_OUTPUT.PUT_LINE(v_TBeginn || '-' || v_TEnde);
 DBMS_OUTPUT.PUT_LINE(v_TOrt);
END;
```

Listing 5.33 534_02.sql: Aufruf und Einsatz verschiedener Parameter-Modi

Dies liefert die folgende Ausgabe, an der Sie z.B. im Fall der in der aufrufenden Anwendung nachweisbar nicht mit einem Wert belegten Variable `v_TEnde` eindeutig erkennen, dass die Wertübertragung tatsächlich so einfach funktioniert.

```
04.02.04-07.02.04
Essen
PL/SQL-Prozedur wurde erfolgreich abgeschlossen.
```

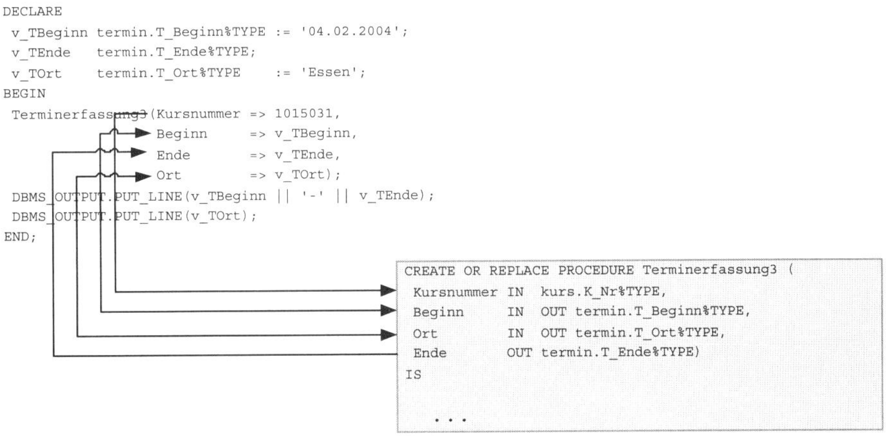

Abbildung 5.15 Parameter-Modi bei Prozeduren

5.3.5 Ausnahmebehandlung für Prozeduren

Die Regelungen der Ausnahmebehandlung werden bei einem Aufruf von Modulen um eine Variation der dritten Regel erweitert, sodass folgendes Regelwerk entsteht:

1. Ausnahmen im Ausführungsabschnitt des Moduls und des aufrufenden Programms werden im jeweiligen Ausnahmeabschnitt behandelt. Wird dort keine passende Behandlung gefunden, wird Regel 2 aktiviert.
2. Ausnahmen im Ausführungsabschnitt des Moduls und des aufrufenden Programms, die keine passende Behandlung im jeweiligen Ausnahmeabschnitt finden, werden an die Umgebung abgegeben. Damit gibt das Modul seine Ausnahme an das aufrufende Programm weiter.
3. Ausnahmen im Deklarationsabschnitt und/oder Kopf-Abschnitt des aufrufenden Programms oder des Moduls werden stets an die Umgebung weitergegeben. Damit geben Module ihre Ausnahme in den beiden ersten Abschnitten stets an das aufrufende Programm weiter.

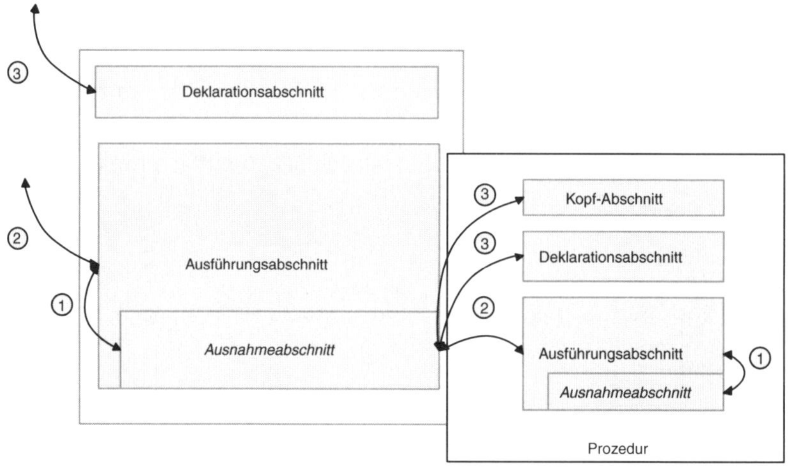

Abbildung 5.16 Ausnahmebehandlung bei Prozeduren

Die folgende Prozedur fragt den nächsten Termin zu einem gegebenen Kurs und für ein gegebenes Datum ab. Das Datum könnte man natürlich auch durch `SYSDATE` ersetzen, doch da der Terminkalender in der Beispieldatenbank nicht ewig reicht, geben wir ein Datum vor. Da es natürlich schon einmal vorkommen kann, dass gar kein nächster Termin in der Datenbank gefunden wird (insofern wäre hier auch `SYSDATE` irgendwann ein realistischer Test), prüfen wir dies über die bekannte Ausnahme `NO_DATA_FOUND`. Diese speichert in den Bereich `v_TDaten.T_Nr` den Wert 0, sodass man diese Zahl außerhalb abfragen kann. Sobald innerhalb der Prozedur kein Ausnahmebereich existiert, müsste man dies in der äußeren Umgebung vorsehen.

```
CREATE OR REPLACE PROCEDURE NaechsterTermin  (
 Kursnummer IN  termin.K_Nr%TYPE,
 Datum      IN  termin.T_Beginn%TYPE,
```

```
 NaechsterT OUT termin%ROWTYPE)
IS
BEGIN
SELECT *
  INTO NaechsterT
  FROM termin
 WHERE K_Nr = Kursnummer
   AND T_Beginn = (SELECT MIN(T_Beginn)
                     FROM termin
                    WHERE K_Nr = Kursnummer
                      AND T_Beginn >= Datum);
EXCEPTION
 WHEN NO_DATA_FOUND
 THEN NaechsterT.T_Nr := 0;
END NaechsterTermin;
```

Listing 5.34 535_01.sql: Ausnahmeabschnitt für Ausnahmen im Ausführungsabschnitt

Beim Aufruf können Sie zum einen die vorgegebenen Werte testen, die tatsächlich einen nächsten Termin finden. Wenn Sie aber die Jahreszahl auf 2005 erhöhen, löst dies die Ausnahme innerhalb der Prozedur aus, sodass als Terminnummer der Wert 0 gespeichert wird.

Wäre innerhalb der Prozedur kein Ausnahmebereich integriert, so müsste man diesen in der aufrufenden Umgebung einbauen, was die Fallunterscheidung überflüssig machen würde.

```
DECLARE
 b_KNr     termin.K_Nr%TYPE      := 1025039;
 b_Datum   termin.T_Beginn%TYPE := '15.08.2003';
 v_TDaten termin%ROWTYPE;
BEGIN
 NaechsterTermin(b_KNr, b_Datum, v_TDaten);
 IF v_TDaten.T_Nr != 0 THEN
  DBMS_OUTPUT.PUT_LINE(v_TDaten.T_Nr);
  DBMS_OUTPUT.PUT(v_TDaten.T_Beginn||'-'||v_TDaten.T_Ende);
  DBMS_OUTPUT.PUT_LINE(' in ' || v_TDaten.T_Ort);
 ELSE
  DBMS_OUTPUT.PUT_LINE('Keine Daten.');
 END IF;
END;
```

Listing 5.35 535_01.sql: Aufruf und Berücksichtigung von Ausnahmen

5.3.6 Übergabe per Referenz und Wert

Bei der allgemeinen Syntax für Funktionen und Prozeduren haben Sie vielleicht schon gesehen, dass wir bisher nicht alle Klauseln erklärt haben. So findet sich neben den Parameter-Modi noch jeweils ein weiterer Parameter in der Parameterliste. Mit `NOCOPY` hat man einen Kompilierungshinweis, also eine Klausel, die beim Kompilierungsprozess nicht ausgeführt werden muss, sondern eine Empfehlung oder einen Wunsch an den Compiler darstellt, er möge sie berücksichtigen. Soweit es möglich ist, versucht dann der Compiler, den Parameterwert per Referenz und nicht per Wert zu übergeben.

```
name [IN | OUT [NOCOPY] | IN OUT [NOCOPY]] datentyp
 [{:= | DEFAULT} ausdruck]
```

Die Übergabe per Referenz oder per Wert stellt eine letzte Dimension dar, die bei der Wertübergabe zu berücksichtigen ist. Sie ist eine Ergänzung zur direkten bzw. indirekten Wertübergabe (Variable oder Zeichenkette bzw. Zahl) und natürlich zur Namens- und Positionsnotation. Dabei bezeichnen die beiden Konzepte folgende Dimensionen:

- Bei der Übergabe per Referenz (Standard für `IN`-Parameter) wird dem formalen Parameter in der Parameterliste beim Modulaufruf intern nur ein Zeiger auf den aktualen Parameter, also die Variable, übergeben.
- Bei der Übergabe per Wert (Standard für `OUT`- und `IN OUT`-Parameter) wird dem formalen Parameter in der Parameterliste beim Modulaufruf der Wert aus dem aktualen Parameter in den formalen Parameter kopiert.

Wie man sich vorstellen kann, ist die Zeigerkonstruktion grundsätzlich schneller als die Übergabe per Wert, sodass diese Einstellung sich bei der Übergabe großer Datenmengen lohnt. Möchte man hier eingreifen, so kann man mit `NOCOPY` versuchen, den Compiler dazu bewegen, die Wertübertragung per Referenz vorzunehmen.

Um die ganze Angelegenheit noch ein wenig schwieriger zu gestalten, gibt es weitere Einschränkungen, die den Einsatz von `NOCOPY` nicht erlauben:

- Bei assoziativen Arrays ist der Einsatz nicht möglich. Wichtig ist hier, dass die Sammlung nicht spärlich besetzt ist.
- Bei der Verwendung von Datensätzen mit ungleichen Feldbeschränkungen kann nur per Wert übergeben werden.
- Implizite Datentypkonversionen vereiteln jede Referenzübertragung.

- Beschränkungen auf Länge, Genauigkeit oder `NOT NULL` des aktualen Parameters, da die Überprüfung der Integrität nur gelingen kann, wenn der originäre Parameter unverändert vorliegt.
- Beim Aufruf von Funktionen per entferntem Aufruf mittels eines Datenbank-Links kann ebenfalls nur per Wert übergeben werden.

5.4 Modul-Spezialitäten

Da Funktionen und Prozeduren sehr viele Gemeinsamkeiten haben, kann man sie entweder gleichzeitig vorstellen und dadurch für Verwirrung sorgen, oder sie nacheinander vorstellen und dadurch mit Wiederholungen kämpfen. Wie Sie gesehen haben, haben wir gleich beide Wege gewählt und wollen nun die allgemeine Syntax-Darstellung mit einem allgemeinen Thema abschließen. Es beschäftigt sich mit quasi fortgeschrittenen Techniken der Anwendungsentwicklung, die für beide Modularten gelten.

5.4.1 Überladen von Modulen

Manchmal tritt der Fall auf, dass man in der einen Situation einen Parameter `a` und in der anderen Situation einen Parameter `b` an ein Modul übergeben möchte. Von der eigentlichen Anwendungsfunktionalität her unterscheiden sich beide Funktionen manchmalzu sehr oder auch zu wenig, um mit beiden Parametern umgehen zu können. Ihr Rückgabewert – bei Funktionen – ist in jedem Fall gleichwertig zu benutzen, also unabhängig vom eingehenden Parameter. Für Prozeduren könnten die Arbeitsergebnisse und Rückgabewerte diese Eigenschaft erfüllen. In diesen Situation wäre es schön, wenn man eine Möglichkeit besäße, ein Modul mit dem gleichen Namen in der Datenbank abzuspeichern, die passenden bzw. geeigneten Parameter(werte) zu übergeben und das Modul selbst herausfinden zu lassen, welches Programm nun gestartet werden soll. Diese Möglichkeit nennt man »Überladen«. Sie dient zur Verhinderung von zu viel Arbeit, die sich bei der Entwicklung von ähnlichen, aber dann doch anders benannten Modulen ergibt.

Grundvoraussetzungen für das Überladen

Neben diesen Vorteilen gibt es einige Einschränkungen und Bedingungen, die berücksichtigt werden müssen, damit man das Überladen sinnvoll nutzen kann. Es gibt folgende Einschränkungen:

- Unabhängige Module, die mit `CREATE OR REPLACE` in der Datenbank gespeichert werden, können nicht einfach um Brüder und Schwestern ergänzt werden. Sie überschreiben entweder das vorhandene Modul oder erhalten eine informative Fehlermeldung.

- Die überladenen Module lassen sich nur in einem eigenen Kontext erstellen. Dazu gehören der Deklarationsabschnitt von PL/SQL-Blöcken in Form von lokalen Modulen (siehe später) oder in Paketen (siehe später).
- Die übergebenen Parameter müssen einen Mindestunterschied in Form von Zahl, Familiendatentyp oder Reihenfolge besitzen. Für die Datentypen gilt ganz einfach, dass man nicht zwei Zeichenkettendatenypen oder zwei gleiche Zahldatentypen als Übergabeparameter verwenden kann, wenn man die Überladung einrichten möchte. Die Unterschiedlichkeit der Daten muss also auf der oberen und nicht der Subtypebene vorhanden sein. Es reicht also ganz konkret nicht aus, wenn die Parameter nur einen anderen Namen oder einen anderen Parametermodus aufweisen. Auch ein anderer Charakter des Rückgabewerts reicht nicht aus.
- Bei der Verwendung von numerischen Werten ist es möglich, Module zu überladen, die sich nur innerhalb der numerischen Datentypen unterscheiden. Dabei arbeitet PL/SQL folgende Reihenfolge ab und stoppt beim ersten gefundenen Parameter: `PLS_INTEGER` oder `BINARY_INTEGER`, dann `NUMBER`, dann `BINARY_FLOAT` und dann `BINARY_DOUBLE`. Es muss also zusätzlich überlegt werden, welcher Zahlwert erkannt wird, wenn das Modul genutzt wird. Ein `VARCHAR2`-Wert kann einen `NUMBER`-, `BINARY_FLOAT`- oder `BINARY_DOUBLE`-Wert ersetzen.

Einsatzbereiche des Überladens

Sie dürften bisher bereits sehr viele Module gesehen haben, die sich der Technik des Überladens bedienen. Dazu gehören eine große Anzahl an SQL-Funktionen, die in Abhängigkeit von unterschiedlichen Parametern ebenso unterschiedliche und manchmal auch gleiche Ergebnisse produzieren. Funktionen wie `TO_DATE` lassen sich optional mit speziellen Formathinweisen aufpeppen und erbringen dann etwas andere Leistungen, obschon der Funktionsname der gleiche ist. Gleiches gilt für `TO_CHAR`, `TO_NUMBER` oder `ROUND`. Sie alle erwarten eine variable Anzahl von Parametern, die darüber entscheiden, welche Eigenschaften der Funktion benutzt werden sollen bzw. welches der verschiedenen Module zum Einsatz kommen soll.

Im nächsten Beispiel erzeugt man als zwei lokale Module jeweils zwei verschiedene Versionen der Prozedur `Dozentendaten`, die sämtliche Informationen zu den Dozenten aus der entsprechenden Tabelle besorgt. Die erste Version erwartet als eingehenden Parameter die Dozentennummer, während die andere den Dozentennamen für ihre Abfrage benötigt. Die beiden Fassungen unterscheiden sich im Datentyp ihrer Parameter und in der Art der Abfrage, aber nicht in den Anweisungen, da beide die gleiche Ausgabe tätigen. Hier hätte man diese auch über einen gleichen OUT-Parameter an die aufrufende Umgebung übergeben können.

```
DECLARE
 -- Dozentendaten für D_Nr
 PROCEDURE Dozentendaten (
  Nummer   IN dozent.D_Nr%TYPE)
 IS
  v_DDaten dozent%ROWTYPE;
 BEGIN
  SELECT *
    INTO v_DDaten
    FROM dozent
   WHERE D_Nr = Nummer;
   DBMS_OUTPUT.PUT_LINE(v_DDaten.D_Nr);
   DBMS_OUTPUT.PUT(v_DDaten.D_Anrede || ' ');
   DBMS_OUTPUT.PUT_LINE(v_DDaten.D_Nachname);
 END Dozentendaten;
 -- Dozentendaten für D_Name
 PROCEDURE Dozentendaten (
  D_Name IN dozent.D_Nachname%TYPE)
 IS
  v_DDaten dozent%ROWTYPE;
 BEGIN
  SELECT *
    INTO v_DDaten
    FROM dozent
   WHERE D_Nachname = D_Name;
   DBMS_OUTPUT.PUT_LINE(v_DDaten.D_Nr);
   DBMS_OUTPUT.PUT(v_DDaten.D_Anrede || ' ');
   DBMS_OUTPUT.PUT_LINE(v_DDaten.D_Nachname);
 END Dozentendaten;
BEGIN
 -- 1. Aufruf: D_Nr
 Dozentendaten(15);
 -- 2. Aufruf: D_Name
 Dozentendaten('Schnellschuss');
EXCEPTION
 WHEN TOO_MANY_ROWS
```

```
 THEN DBMS_OUTPUT.PUT_LINE('D_Nr oder Name missverständlich.');
END;
```

Listing 5.36 541_01.sql: Verwendung von überladenen Modulen

Da es sich hierbei um zwei lokale Module handelt, damit die Bedingung erfüllt ist, dass solche überladenen Module nur im Deklarationsabschnitt deklariert werden können, folgt die eigentliche Anwendung im Ausführungsblock des anonymen Blocks und ergibt:

```
15
Frau Gelddreh
4
Herr Schnellschuss
PL/SQL-Prozedur wurde erfolgreich abgeschlossen.
```

5.4.2 Vorwärtsdeklaration und Rekursion

Früher oder später werden Sie durch irgendwelche Umstände ein Modul aufrufen wollen oder müssen, das zu diesem Zeitpunkt noch nicht deklariert ist. Ein möglicher Grund für eine solche Situation könnte sein, dass man Funktionen in einer alphabetischen Ordnung in einer Prozedur aufreihen möchte. Ein anderer Grund kann sich schon ganz leicht bei rekursiv aufrufenden Modulen einstellen. PL/SQL unterstützt die Vorwärtsdeklaration, was Sie schon daran erkennen können, dass wir ihr einen eigenen Abschnitt widmen. In den meisten Fällen jedoch dürfte man eine Lösung dafür finden, die extra Zeilen, die sie hervorruft, durch andere Strukturen zu vermeiden. Bei der Rekursion jedoch sind die zusätzlichen Zeilen kaum zu vermeiden.

Rekursion von Funktionen

Bei einer Rekursion ruft sich eine Funktion selbst auf. Dies ist z.B. bei der Bildung der Fakultät der Fall, die in der Oracle-Dokumentation erläutert wird. Dies ist nicht immer die schönste Form von Algorithmen, da spätestens beim Testen die Gefahr besteht, eine Endlos-Schleife hervorzurufen, die bei fehlender Pufferausgabe auch nicht durch einen Puffer-Fehler, sondern erst durch z.B. STORAGE_ERROR beendet wird. Im schlimmsten Fall muss man die Datenbank herunterfahren und einen weiteren (dann hoffentlich erfolgreichen) Testlauf starten. Eine solche Funktion muss mindestens einen Weg bieten, um aus der Schleife herauszufinden.

Für die Entwicklung einer Zufallsfunktion, die eine reproduzierbare Folge von Zufallszahlen auswirft, kann man die lineare Kongruenzmethode mit der allgemeinen Formel ri+1=(ari + c)(mod m) verwenden. Sie enthält als Obergrenze (Iterationsanzahl) den Wert m. Der Parameter c bildet die Zykluslänge, d.h. die Anzahl der Zufallszahlen, bis sich der Zyklus wiederholt bzw. die erste Zufallszahl wieder erscheint. Die einzelnen Werte von r gehen sofort wieder in die Formel ein, was die Rekursion abbildet. Für die Erzeugung von Testdaten sind solche Zufallszahlenfolgen insofern interessant, als dass sie eine wiederholbare Zufallszahlenfolge abbilden, die überall gleich ist, wobei ihre Werte dennoch zufällig verteilt sind. Normalerweise wählt man die größte Zahl in einem System wie z.B. 2^{31}, um eine möglichst lange Zufallszahlenfolge zu erhalten.

Als anonymen Block könnte man einen solchen Generator wie folgt programmieren, wobei dies auch als Test für die Funktionsweise dient.

```
DECLARE
 a NUMBER := 2;
 r NUMBER := 3;
 c NUMBER := 4;
 m NUMBER := 15;
BEGIN
 FOR i IN 1..m LOOP
  DBMS_OUTPUT.PUT(r || ' | ');
  r := (a*r + c)mod m;
 END LOOP;
 DBMS_OUTPUT.NEW_LINE;
END;
```

Listing 5.37 542_01.sql: Zufallszahlen nach der linearen Kongruenzmethode

Man erhält als Zufallszahlenfolge durch die gegebenen Werte insgesamt 15 Zahlen, wobei sich bei jeder vierten Iteration die Zahlen wiederholen:

```
3 | 10 | 9 | 7 | 3 | 10 | 9 | 7 | 3 | 10 | 9 | 7 | 3 | 10 | 9 |
PL/SQL-Prozedur wurde erfolgreich abgeschlossen.
```

Eine mögliche Funktion als Lösung für dieses Problem prüft zunächst, ob das Ende der Zahlenreihe erreicht ist, indem auf Gleichheit zwischen i und m geprüft wird. Ist dies der Fall, soll die Funktion den Wert 0 zurückgeben. Im gegenteiligen Fall erhöht man die Zählervariable um 1, ermittelt den aktuellen Wert für r und ruft dann innerhalb der RETURN-Klausel die Funktion mit den bereits eingegebenen Werten wieder auf. Als einzige neue Werte gehen nun i und r in diesen internen Funktionsaufruf ein, wobei beide neue Werte enthalten. An diesem Beispiel ist auch interessant, wie man zwei Werte aus einer Funktion zurückliefert, nämlich zum einen über die RETURN-Klauseln und zum anderen über die IN OUT-Modi. In einfachen rekursiven Formeln muss man lediglich einen Wert berücksichtigen. Hier ist allerdings die Obergrenze als Abbruchkriterium einzusetzen, das allerdings komplett in die Formeln eingeht und daher eine einfache Zählervariable nötig macht.

```
CREATE OR REPLACE FUNCTION LinkonZufall (
 a IN     NUMBER,
 r IN OUT NUMBER,
 c IN     NUMBER,
 m IN     NUMBER,
 i IN OUT NUMBER )
 RETURN NUMBER
IS
BEGIN
 IF i <= m
  THEN i := i+1;
       r := (a*r + c)mod m;
       DBMS_OUTPUT.PUT_LINE(r);
       RETURN LinkonZufall(a,r,c,m,i);
 ELSE RETURN 0;
 END IF;
END LinkonZufall;
```

Listing 5.38 542_02.sql: Rekursion bei einer Funktion

Beim Aufruf dieser Funktion benötigt man gerade keine Schleife zur Verarbeitung der Zählervariable i, da dies ja durch die Rekursion innerhalb der Funktion eingerichtet wird. Daher gehen lediglich die benötigten Parameter in die Funktion ein, und man ruft sie in einer DBMS_OUTPUT-Anweisung auf.

```
DECLARE
 a NUMBER := 2;
 r NUMBER := 3;
 c NUMBER := 4;
 m NUMBER := 15;
 i NUMBER := 1;
BEGIN
 DBMS_OUTPUT.PUT_LINE(LinkonZufall (a, r, c, m, i));
 DBMS_OUTPUT.PUT_LINE('Ende: ' || i);
END;
```

Listing 5.39 542_02.sql: Aufruf einer rekursiven Funktion

Da dieses Mal jeweils einzelne Zeilen ausgegeben wurden, drucken wir nur die letzten Werte und das Ende der Zufallszahlenfolge ab. Hier sieht man zum einen den zurückgelieferten Wert 0 und den Wert 16 für die Zählervariable `i`, der dazu führte, dass die Rekursion abgebrochen wurde.

```
... 10
9
7
0
Ende: 16
PL/SQL-Prozedur wurde erfolgreich abgeschlossen.
```

Vorwärtsdeklaration

Mit dem Konzept der Vorwärtsdeklaration lassen sich Schwierigkeiten lösen, die auftreten, wenn man auf ein Modul zugreifen möchte, das zum Zeitpunkt des Aufrufs noch überhaupt nicht deklariert ist. Wie der Name schon sagt, deklariert man es anscheinend durchaus, wenn auch auf eine besondere Weise.

Im folgenden Beispiel möchte man in einem lokalen Modul eine Funktion `ErmittleTEnde` definieren, die für eine beliebige Kursnummer und ein gegebenes Datum das Terminende auswirft. Für die Berechnung des Terminendes benötigt man die Kursdauer, die zum Beginn addiert wird. Da der erste Tag bereits zählt, muss man stets einen Tag von dieser einfachen Summe wieder abziehen. Dies ist nicht schwierig, kann aber schon mal vergessen werden, sodass man daher lieber eine Funktion für diese Berechnung erstellt. Innerhalb dieser Funktion wiederum benutzt man eine weitere Funktion, `ErmittleKursdauer`, die für eine gegebene Kursnummer die Länge aus der Tabelle `KURS` ermittelt. Diese wird aus sonstigen, hier nicht näher zu erklärenden Gründen (vermutlich liegt es nur daran, dass wir die Vorwärtsdeklaration illustrieren wollen), erst später deklariert, also demzufolge schon vor ihrer Deklaration aufgerufen. Dies würde normalerweise eine erschreckende Fehlermeldung auslösen, die wir durch eine Vorwärtsdeklaration der Funktion `ErmittleKursdauer` verhindern. Diese besteht einfach nur aus dem Kopf-Abschnitt und informiert daher das aufrufende Programm über Schnittstellen und den Rückgabewert.

```
DECLARE
 -- Vorwärtsdeklaration
 FUNCTION ErmittleKursdauer (
  Kursnummer IN kurs.K_Nr%TYPE)
 RETURN NUMBER;
 FUNCTION ErmittleTEnde (
  Kursnummer IN kurs.K_Nr%TYPE,
```

```
  Beginn     IN termin.T_Beginn%TYPE)
  RETURN DATE
 IS
 BEGIN
  RETURN ErmittleKursdauer(Kursnummer)+Beginn-1;
 END ErmittleTEnde;
 -- Eigentliche Deklaration
 FUNCTION ErmittleKursdauer (
  Kursnummer IN kurs.K_Nr%TYPE)
 RETURN NUMBER
 IS
  v_KDauer kurs.K_Dauer%TYPE;
 BEGIN
  SELECT K_Dauer
    INTO v_KDauer
    FROM kurs
   WHERE K_Nr = Kursnummer;
  RETURN v_KDauer;
 END ErmittleKursdauer;
BEGIN
 DBMS_OUTPUT.PUT_LINE(ErmittleKursdauer(1025039));
 DBMS_OUTPUT.PUT_LINE(ErmittleTEnde(1025039, '10-02-04'));
END;
```

Listing 5.40 543_03.sql: Vorwärtsdeklaration bei lokalen Modulen

Nach dem Aufruf des gesamten Programms erhält man dann für den zweitägigen Kurs den richtigen Endtermin am nächsten Tag, da ja der erste Tag bereits als Kursdauer zählt.

```
2
11.02.04
PL/SQL-Prozedur wurde erfolgreich abgeschlossen.
```

Abbildung 5.17 greift das gesamte Beispiel noch einmal auf und illustriert die Funktions- und Wirkungsweise der Vorwärtsdeklaration. Da der Kopf-Abschnitt bereits vor der ersten Verwendung der Funktion bekannt ist und damit diese Funktion »vorwärtsdeklariert« wurde, kann sie überhaupt erst aufgerufen werden. Später folgt dann die vollständige Funktionsdefinition inklusive des bereits bekannten Kopf-Abschnitts, wobei die vorwärtsdeklarierte Version jetzt ein alter Hut ist.

Wann man eine Vorwärtsdeklaration oder eine Umstellung von Quelltext vorzunehmen hat, erfährt man automatisch und überhaus deutlich anhand folgender Fehlermeldung. Wir haben dafür einfach die Vorwärtsdeklaration bei der Programmausführung entfernt.

```
  RETURN ErmittleKursdauer(Kursnummer)+Beginn-1;
         *
FEHLER in Zeile 9:
ORA-06550: Zeile 9, Spalte 10:
PLS-
00313: 'ERMITTLEKURSDAUER' ist für diesen Geltungsbereich nicht
deklariert
ORA-06550: Zeile 9, Spalte 3:
PL/SQL: Statement ignored
```

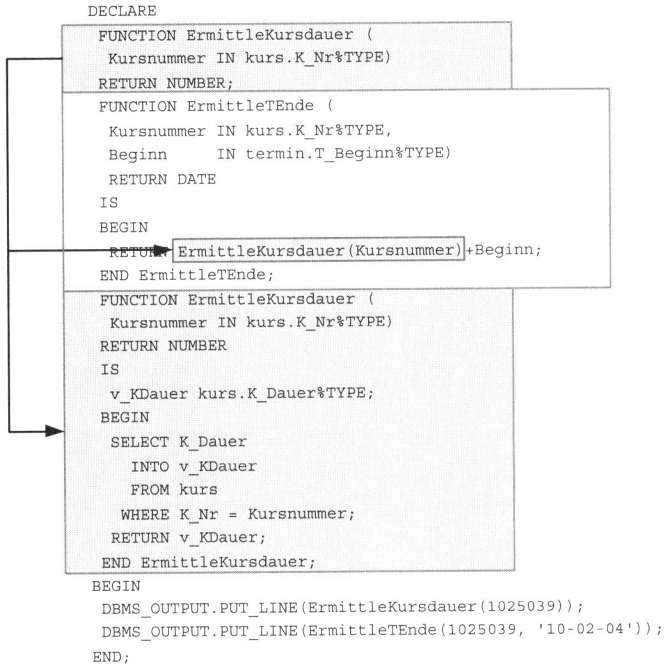

Abbildung 5.17 Vorwärtsdeklaration

5.4.3 Einsatz von lokalen Modulen

Vielleicht haben Sie schon bei einigen Beispielen gesehen, dass es problematisch wurde, wenn wir eine Funktion aufgerufen haben, die einige Seiten zuvor erstellt worden war. Als Sie das Beispiel abrufen wollten, hatten Sie eventuell das andere Beispiel noch überhaupt nicht in der Datenbank gespeichert, sodass dadurch diverse Fehlermeldungen ausgelöst wurden. Dies kann sich auf angeblich unpassende Spalten beziehen, wenn Sie PL/SQL-Funktionen in SQL einsetzen. Dies konnten aber auch die typischen Bezeichner-Warnungen sein, die schon bei Tippfehlern entstehen. Die Verwendung von lokalen Modulen ist eine Möglichkeit, Funktionen und Prozeduren – also beide Formen von Modulen – zusammen mit anonymen oder benannten Blocks zu speichern und damit eine Komplettanwendung zu erstellen, die dennoch die Vorteile der Modularität besitzt. Dabei befinden sich die Prozedur- und Funktionsdefinitionen im Deklarationsabschnitt eines Blocks und gelten dort über die gesamte Sichtbarkeit des Blocks. Sie lassen sich nicht von außerhalb ansprechen oder in der Datenbank speichern. Die letzte Eigenschaft verändert – neben der ungewöhnlichen Platzierung – ein wenig ihre allgemeine Syntax, da die `CREATE`-Klausel entfällt.

Ein weiterer Vorteil ist die Einsatzmöglichkeit von Sammlungen. Wir hatten ganz zu Anfang im Rahmen der Einführung von Modulen darauf hingewiesen, dass man auch Datentypen verwenden kann, die mehr als einen Wert speichern. Dazu zählen alle Arten von Sammlungen. Anhand des Einsatzes von `%ROWTYPE` haben Sie in einem der letzten Beispiele (siehe *635_01.sql*) schon gesehen, wie man mit einem gesamten Datensatz, der sich auf eine ganze Tabelle bezieht, ebenfalls mehrere Werte an die aufrufende Umgebung zurückgegeben kann, ohne dafür mehrere Variablen verwenden zu müssen. Bei Sammlungen benötigen Sie für ihren Einsatz einen Tabellendatentyp, der vorher deklariert werden muss. Genau dies ist mit lokalen Modulen ohne Schwierigkeiten möglich, indem Sie zunächst die benötigen Sammlungstypen definieren und dann als Datentypen für den `OUT`- oder den `IN OUT`-Parameter einsetzen.

In den nächsten beiden Abschnitten zeigen wir für Funktionen und Prozeduren jeweils ein Beispiel, in dem eine Funktion und eine Prozedur als lokales Modul definiert wird. Danach kümmern wir uns mit sehr einfachen Beispielen in verschachtelten Blöcken um die Gültigkeit und Sichtbarkeit dieser Konstruktionen.

Funktionen als lokale Module

Um eine Funktion als lokales Modul zu definieren, platzieren Sie die Funktionsdeklaration in den Deklarationsabschnitt des übergeordneten Blocks und verzichten auf die `CREATE [OR REPLACE]`-Klausel, die bisher für die Speicherung immer notwendig war. Da es sich zusätzlich um eine parameterlose Funktion handelt (was allerdings keine Bedingung für den Einsatz von lokalen Modulen ist), fehlt auch die gesamte Parameterliste. Für den Aufruf gilt daher nachher, dass die Funktion nur über `funktionsname()` und natürlich ohne Parameterliste aufgerufen wird.

Inhaltlich bietet das Beispiel nichts wirklich Interessantes, damit die Syntax etwas deutlicher nach vorne tritt. So wählt die Funktion WaehleTN zufallsgeneriert über die bereits bekannte SAMPLE-Klausel eine Hand voll Teilnehmer aus, mit denen im übergeordneten Programm »etwas« geschieht. Sie werden der Einfachheit halber nur ausgegeben, wobei für den Datenaustausch von Bedeutung ist, dass die gesamte Menge an Teilnehmernummern in Form eines assoziativen Arrays übergeben wird. Im Rahmen der Datenübertragung aus dem Cursor in die Sammlung macht man sich zusätzlich die Fähigkeit der Mengenübertragung zunutze, sodass man auch Arbeit und Zeilen spart.

Beachten Sie für das Thema Sichtbarkeit von Variablen bereits hier, dass die Variable t_Teilnehmer, die als Tabelle für die Aufnahme der Teilnehmernummern bereitsteht, in beiden Blockbereichen definiert werden muss, da sie nach Abschluss der Funktionsdefinition nicht mehr für eine Verarbeitung zur Verfügung steht. Sie können dies testen, indem Sie ganz einfach die Zeile im Deklarationsabschnitt oberhalb der Funktionsdefinition auskommentieren und somit t_Teilnehmer für den Ausführungsabschnitt des anonymen Blocks unerreichbar machen.

```
DECLARE
 TYPE NUMMERN IS TABLE OF teilnehmer.TN_Nr%TYPE
 INDEX BY BINARY_INTEGER;
 t_Teilnehmer NUMMERN;
FUNCTION WaehleTN
RETURN NUMMERN
IS
 CURSOR c_Teilnehmer IS
        SELECT TN_Nr
          FROM teilnehmer SAMPLE (0.55);  -- Teilnehmerwahl
 t_Teilnehmer NUMMERN;
BEGIN
 OPEN c_Teilnehmer;
 FETCH c_Teilnehmer BULK COLLECT INTO t_Teilnehmer;
 CLOSE c_Teilnehmer;
 RETURN t_Teilnehmer;
END WaehleTN;
BEGIN
 t_Teilnehmer := WaehleTN();
 FOR i IN t_Teilnehmer.FIRST..t_Teilnehmer.LAST LOOP
  DBMS_OUTPUT.PUT_LINE(t_Teilnehmer(i));
```

```
 END LOOP;
END;
```

Listing 5.41 534_01.sql: Ermittlung von zufälligen Teilnehmern als lokales Modul

Wir ersparen Ihnen die Ausgabe einer unsinnigen Liste von Teilnehmernummern, aber das ist genau das Ergebnis, das man erhält: eine Kolonne zufällig ausgewählter Werte der Spalte T_Nr.

Prozeduren als lokale Module

Um eine Prozedur als lokales Modul zu definieren, platzieren Sie die Prozedurdeklaration in den Deklarationsabschnitt des übergeordneten Blocks und verzichten auf die CREATE [OR REPLACE]-Klausel, die bisher für die Speicherung immer notwendig war.

Inhaltlich ermittelt die Prozedur den günstigsten Dozenten für einen Termin. Dabei können auch mehrere Dozenten mit dem gleichen Tagessatz gefunden werden, sodass die mögliche Dozentenliste in jedem Fall über ein assoziatives Array an die aufrufende Umgebung gesendet wird. Sie können dies auch testen, indem Sie den Aufruf der Funktion MINTagessatz() entfernen, denn dadurch sollten in den meisten Fällen mehrere Dozenten gefunden werden.

```
DECLARE
 TYPE DNummern IS TABLE OF dozent.D_Nr%TYPE
  INDEX BY BINARY_INTEGER;
 t_DNr DNummern;
 v_TNr termin.T_Nr%TYPE := 555;
 PROCEDURE Dozentensuche (
  Terminnummer IN  termin.T_Nr%TYPE,
  Dozenten     OUT DNummern)
IS
 b_KNr termin.K_Nr%TYPE;
 CURSOR c_Dozenten IS
  SELECT D_Nr
    FROM dozent NATURAL JOIN themenverteilung
 WHERE K_Nr = b_KNr
   AND TH_Tagessatz = MINTagessatz(b_KNr);
BEGIN
 -- Ermittlung der Kursnummer
 SELECT K_Nr
   INTO b_KNr
   FROM termin
```

```
  WHERE T_Nr = Terminnummer;
 -- Abrufen der Dozentennummern
 OPEN c_Dozenten;
 FETCH c_Dozenten BULK COLLECT INTO Dozenten;
 CLOSE c_Dozenten;
END Dozentensuche;
BEGIN
 Dozentensuche(v_TNr, t_DNr);
 FOR i IN t_DNr.FIRST..t_DNr.LAST LOOP
  DBMS_OUTPUT.PUT_LINE(t_DNr(i));
 END LOOP;
END;
```

Listing 5.42 534_02.sql: Ermittlung von geeigneten Dozenten

Sichtbarkeit und Gültigkeit bei lokalen Modulen

In dem Beispiel zu Anfang dieses Abschnitts ermittelte ein lokales Modul zufällige Teilnehmer und speicherte ihre Teilnehmernummern in ein assoziatives Array, das dann an die aufrufende Umgebung zurückgegeben wurde. Dieses Beispiel zeigte verschiedene Dinge: wie lokale Module überhaupt funktionieren (Deklaration im Deklarationsabschnitt), wie man Sammlungen übergibt (Verwendung eines passenden Tabellentyps als Datentyp des Rückgabewerts) und nun auch noch, welche Bedingungen für die Gültigkeit und Sichtbarkeit von Variablen gelten. Während Datentypen wie der Tabellentyp in lokalen Modulen durchaus sichtbar ist, handelt es sich bei Variablen um zwei getrennte Gültigkeitsbereiche. Wenn wir also eine Tabelle `t_Teilnehmer` mit dem Datentyp `NUMMERN` definieren, welche eine Tabelle darstellt, dann können wir zwar den Datentyp im lokalen Modul verwenden, aber gerade nicht die Variable. Dies hat auch Sinn, weil man sonst an Übergabe- und Rückgabeparametern vorbei Werte zwischen Modulen und aufrufenden Programmen austauschen könnte. Dies würde uns zwar keineswegs missfallen, könnte aber vielleicht doch einige Schwierigkeiten bereiten und würde sich nicht mit der Systematik der modularen Strukturen von PL/SQL vertragen. Die Schnittstellen zwischen Modulen und anderen Modulen werden ausschließlich von den Schnittstellen gebildet, was zu klaren Übergaberegeln führt, die weder absichtlich noch unabsichtlich auf anderen Wegen überlistet werden können. Daher ist die Variable `t_Teilnehmer` in beiden Bereichen gültig und sichtbar – allerdings nur dort und nur mit ihrem Wert, den sie in diesem Bereich besitzt.

Abbildung 5.18 visualisiert dies durch die schon bekannte Blockstruktur, wobei wir zusätzlich die beiden Sichtbarkeitsbereiche und die Wertflüsse eingezeichnet haben. Beachten Sie auch hier, dass man den Datentyp gerade im lokalen Modul verwenden kann.

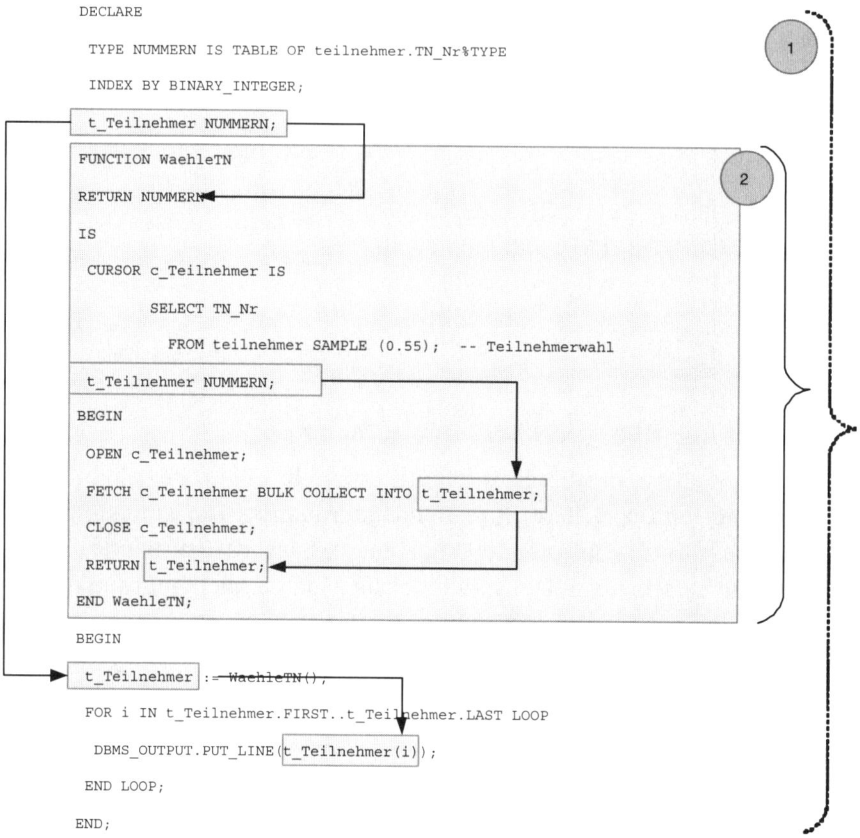

Abbildung 5.18 Sichtbarkeit von Variablen in lokalen Modulen

5.5 Eigene und eingebaute Pakete (Packages)

Mit Hilfe der PL/SQL-Pakete (*Packages*) führt man Funktionen und Prozeduren sowie weitere PL/SQL-Elemente zu großen modularen Strukturen zusammen. Einige der vorhandenen PL/SQL-Pakete sind Ihnen bereits in den zurückliegenden Erläuterungen begegnet. Sie haben dabei gesehen, dass sie Prozeduren genauso wie Funktionen enthalten und dass man diesen Modulen Werte übergeben kann, um überaus interessante und nützliche Ergebnisse schnell und unkompliziert zu erhalten. Dies ist das Grundprinzip des objektorientierten Designs und der modernen Software-Entwicklung, wenn auch PL/SQL selbst nicht vollständig objektorientiert ist. Dies mag sich irgendwann ändern, aber bis jetzt und auch noch in der nächsten Zeit kann man ähnliche Entwicklungsmuster über den Einsatz von Paketen erreichen.

5.5.1 Definition und Strukturen

Ein Paket ist also eine abgeschlossene Einheit von Prozeduren und Funktionen, die unter einem gemeinsamen Namen zusammengefasst werden. Dabei bieten sie in ihrer Gesamtheit Werkzeuge für unterschiedliche Einsätze innerhalb eines durch die Paket-Struktur bzw. seinen Namen und/oder eine Bedeutung abgegrenzten Bereichs innerhalb der Software an. In dem Ihnen schon bekannten Paket `UTL_FILE` befinden sich verschiedene Werkzeuge für das Erzeugen von Dateihandles, das Öffnen und Schließen sowie natürlich das Verarbeiten (Lesen und Schreiben) von Textdateien. Neben den gerade erwähnten Prozeduren und Funktionen lassen sich allerdings auch Cursor, Variablen, Ausnahmen, Sammlungen und Datensatztypen innerhalb von Paketen speichern. Dies eröffnet beispielsweise die Möglichkeit, Sammlungen zwischen Modulen und der aufrufenden Umgebung auszutauschen, wie wir es in einem der zurückliegenden Abschnitte mit Hilfe eines anonymen Blocks realisiert hatten, indem wir in seinem Deklarationsabschnitt den benötigten Sammlungstyp deklarierten.

Die Syntax für die Erstellung eigener Pakete und die Notation, um fremde bzw. eingebaute Pakete in Anwendungen einzusetzen, ist relativ simpel und im Gegensatz zu vielen anderen Strukturen überaus leicht verständlich. Letztendlich fassen Pakete tatsächlich nur andere Sprachelemente zu einer Gruppe zusammen und bieten sie unter einem gemeinsamen Namen an. Interessant dagegen und lohnenswert für Diskussionen und Planungsgedanken ist die korrekte Umsetzung von Software-Anforderungen und die Lösung von Schnittstellenproblemen bei der Entwicklung eigener Pakete. Dies hat allerdings wenig mit der Syntax gemein, sondern lässt sich nur durch allgemeine Regeln der Software-Technik und der eigenen Erfahrung meistern.

Vorteile durch die Verwendung von Paketen

Die Vorteile, die sich durch einen konsequenten Einsatz der Pakete (sowie aller weiteren modularen Strukturen) für die Entwicklung, Wartung und Bereitstellung von Software(-Komponenten) bieten, lassen sich im direkten Vergleich zum OOP-Ansatz folgendermaßen darstellen:

- **Quasi-Objektorientierung**
  Mit OOP verbindet man gemeinhin andere Elemente und Strukturen als die, die eine prozedurale Sprache wie PL/SQL bietet. Sie werden auch nicht die gleichen Bedingungen vorfinden, die die Beschreibung als objektorientiert verdienten. Allerdings steht in PL/SQL dennoch durch die Pakete eine Methode zur Verfügung, mit der eine Modularisierung von Software-Komponenten, die Entwicklung von Schnittstellen sowie eine leichte Wartbartkeit und Wiederverwendbarkeit umgesetzt werden können. Dies sind die

Vorteile von Objektorientierung, die mit Hilfe der Pakete auch in PL/SQL zur Verfügung stehen.

- **Klare Schnittstellen**
  Durch die Entwicklung von modularen Elementen in einer größeren Software-Umgebung realisiert man gleichzeitig eine klare Schnittstellenstruktur, die einheitlich für alle anderen Entwickler bzw. Benutzer vorliegt. Dies erfordert einen größeren Planungsaufwand, bietet allerdings bei einer guten Umsetzung den Vorteil, dass sich Programmänderungen aufgrund von Änderungen in der Datenstruktur einer Datenbank etc. nicht automatisch auf die Schnittstellen auswirken, sondern in den meisten Fällen zunächst nur die Ausführungsabschnitte der nicht sichtbaren (siehe Kapselung) Elemente betreffen. Für die anderen Entwickler bzw. Benutzer ändert sich in diesen Fällen nichts, da sie weiterhin nur die Schnittstellen und deren Datenstrukturen zu berücksichtigen haben.
- **Kapselung**
  Die Paketstruktur selbst teilt sich in öffentliche und private Elemente. Die öffentlichen Elemente sind außerhalb des Pakets sichtbar, während die privaten nur innerhalb des Pakets angesprochen werden können. Dadurch lassen sich nformationen über Entwicklungsmuster, Datenstrukturen und Programmtechniken verstecken und nur diejenigen Elemente freilegen, die tatsächlich auch für alle anderen Entwickler/Benutzer sichtbar sein sollen.
- **Klare Datenstrukturen**
  Pakete sorgen nicht nur für klare Schnittstellen, die Schwierigkeiten bei der Änderung von internen Datenstrukturen zu vermeiden helfen. Mit Paketen können Sie auch globale Variablen bzw. globale Datenstrukturen für alle Anwendungen bereitstellen, die mit der gesamten Software arbeiten. Dies verhindert, dass globale und sich angeblich nie ändernde Werte z.B. direkt in Programme eingearbeitet werden. Solche Werte führen automatisch dazu, dass bei Änderungen an allen Orten, an denen diese globalen Daten vorkommen, Wartungsarbeiten notwendig werden. Stattdessen kann man sie (wie auch Cursor) in einem Paket unterbringen und so von allen Seiten aus benutzbar machen.

Aufbau von Paketen

Ein Paket besteht aus zwei Bereichen, die bei der Erstellung eines gesamten Pakets unabhängig voneinander programmiert und kompiliert werden müssen. Dies ist ein deutlich anderes Vorgehen als bei den modularen Strukturen von Funktionen und Prozeduren.

Es handelt sich dabei um folgende zwei Bereiche:

1. **Spezifikation**
   Mit der Spezfikation erstellt man einen Kopf-Bereich eines Pakets. Hier befinden sich alle öffentlichen Elemente, also alle diejenigen Inhalte eines Pakets, auf die von außen zugegriffen werden kann. Man definiert hier alle Elemente, die im Paket selbst dann auch wieder erscheinen müssen. Vor Prozeduren und Funktionen platziert man z.B. den Namen und die Schnittstellen, also ihre Parameter nebst Parameter-Modi.

   Da nicht alle Elemente, die in der Spezifikation eines Pakets beherbergt werden können, auch einen Körper haben, kann es in gewissen Fällen auch körperlose Pakete geben. Dies ist beispielsweise bei Datentypen, Konstanten, Variablen und Ausnahmen der Fall. In der Einleitung erwähnten wir als möglichen Einsatzbereich von Paketen die Speicherung von globalen Variablen für die gesamte Anwendung. Entwickelt man für einen solchen Zweck ein Paket, ist dies tatsächlich wenig Aufwand, da nur die globalen Datenstrukturen gespeichert werden. Beim Aufruf kann man dann sehr gut durch die Punktnotation und am Paketnamen erkennen, welche Variablen(-werte) aus dem globalen Datenstrukturbereich einer Anwendung stammen. Dies fördert also zusätzlich neben den anderen erwähnten Aspekten die Lesbarkeit und die Verständlichkeit des Quelltextes.

2. Die folgende allgemeine Syntax zeigt zum einen, welche Elemente überhaupt in einer Paket-Spezifikation erscheinen können, und fasst zum anderen kurz zusammen, mit welchen Inhalten sie deklariert werden müssen:

```
CREATE [OR REPLACE] PACKAGE package_name
[AUTHID {CURRENT_USER | DEFINER}]
{IS | AS}
 [PRAGMA SERIALLY_REUSABLE;]
 [collection_typ_definition ...]
 [record_typ_definition ...]
 [subtype_definition ...]
 [collection_deklaration...]
 [constant_deklaration...]
 [exception_deklaration...]
 [object_deklaration...]
 [record_deklaration...]
 [variable_deklaration...]
 [cursor_spezifikation ...]
 [function_spezifikation...]
 [procedure_spezifikation...]
```

```
  [call_spec ...]
  [PRAGMA RESTRICT_REFERENCES(assertions) ...]
 END [package_name];
```

3. **Körper/Rumpf**
   Für jedes Element, das in der Spezfikation untergebracht wurde, folgt im Paket-Körper schließlich die eigentliche komplette Deklaration. Zusätzlich kann der Körper aber auch weitere Elemente enthalten, die privat und damit von außen nicht zugänglich sind. Sie lassen sich allerdings innerhalb der Deklaration der öffentlichen und privaten Paket-Elemente verwenden. Die folgende allgemeine Syntax zeigt, welche Elemente alle in einem Paket-Körper erscheinen können:

```
[CREATE [OR REPLACE] PACKAGE BODY package_name
{IS | AS}
 [PRAGMA SERIALLY_REUSABLE;]
 [collection_typ_definition ...]
 [record_typ_definition ...]
 [subtype_definition ...]
 [collection_deklaration...]
 [constant_deklaration...]
 [exception_deklaration...]
 [object_deklaration ...]
 [record_deklaration...]
 [variable_deklaration ...]
 [cursor_body ...]
 [function_spezifikation...]
 [procedure_spezifikation...]
 [call_ spezifikation...]
[BEGIN
 anweisungen]
END [package_name];]
```

Abbildung 5.19 illustriert die zuvor erwähnte Struktur von Paketen noch einmal, wobei auf zwei Punkte Wert gelegt wurde: Zum einen erkennt man, dass eine Anwendung, die ebenfalls wie das gesamte Paket in der Datenbank gespeichert ist, lediglich den öffentlichen Teil und damit die Paket-Spezifikation aufruft. Zum anderen erkennt man, dass beide Bereiche des Pakets unabhängig voneinander in der Datenbank gespeichert sind.

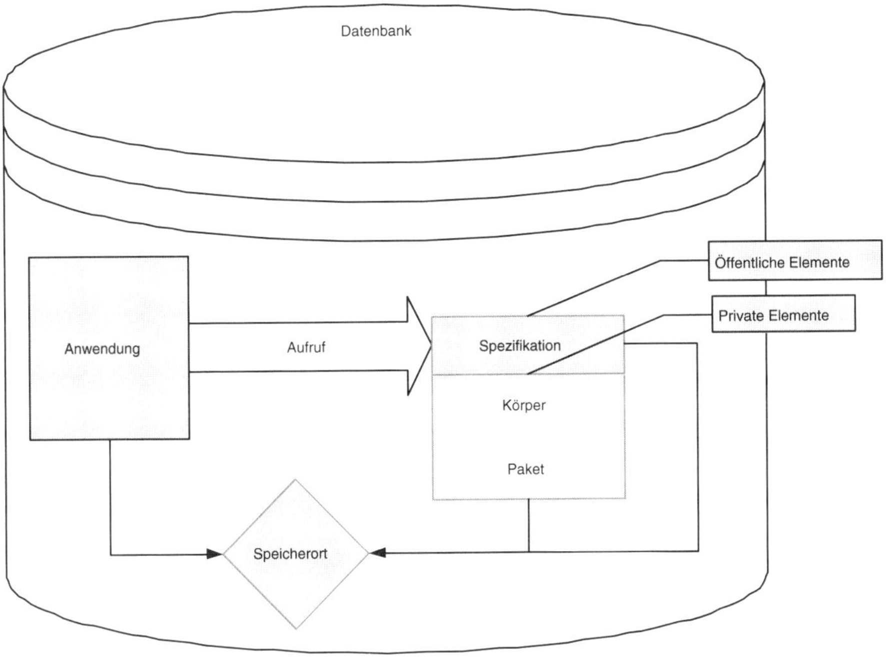

Abbildung 5.19 Private und öffentliche Elemente von Paketen

Sichtbarkeit und Gültigkeit

Aus der Separation der Paketstruktur in die beiden Bereiche *Spezifikation* und *Körper* ergibt sich gleichermaßen die Aufteilung in die beiden Dimensionen öffentlich (Spezifikation) und privat (Körper). Elemente in der Spezifikation lassen sich also von außerhalb aufrufen. Dies gilt für Module genauso wie für Variablen oder Konstanten. Aus Sicht der aufrufenden Umgebung endet die Sichtbarkeit also bei den Elementen der Spezifikation. Es ist daher nicht möglich (Kapselung), auf Module oder Variablen innerhalb des Pakets bzw. im Körper zuzugreifen. Für die Elemente innerhalb der Spezifikation ergibt sich ein anderer Sichtbarkeitsbereich. Sie können sehr wohl auf Elemente zurückgreifen, die lediglich im Paket-Körper definiert wurden. Dies geschieht dann entweder über Wertzuweisungen oder in den Deklarationsabschnitten von Modulen im Körper. Dass die Elemente innerhalb des Körpers ohnehin gegenseitig sichtbar sind bzw. den allgemeinen Sichtbarkeitsregelungen für Blöcke unterworfen sind, versteht sich vermutlich von selbst.

Abbildung 5.20 stellt dies noch einmal bildhaft dar. Auf der einen Seite erfolgt ein Aufruf durch eine Umgebung, und auf der anderen Seite liegen unterschiedliche Elemente sowohl in der Spezifikation als öffentliche Elemente wie auch im Körper als private Elemente vor. Während die aufrufende Umgebung sehr wohl auf die Elemente mit dem Suffix 1 zugreifen kann, so kann sie keinesfalls auf die Elemente mit dem Suffix 2 zugreifen. Dies ist nur den Elementen selbst gestattet sowie natürlich auch den Elementen im Körper. Die beiden Suffixe kennzeichnen dabei die beiden Sichtbarkeitsbereiche, die sich durch die Paketstruktur ergeben.

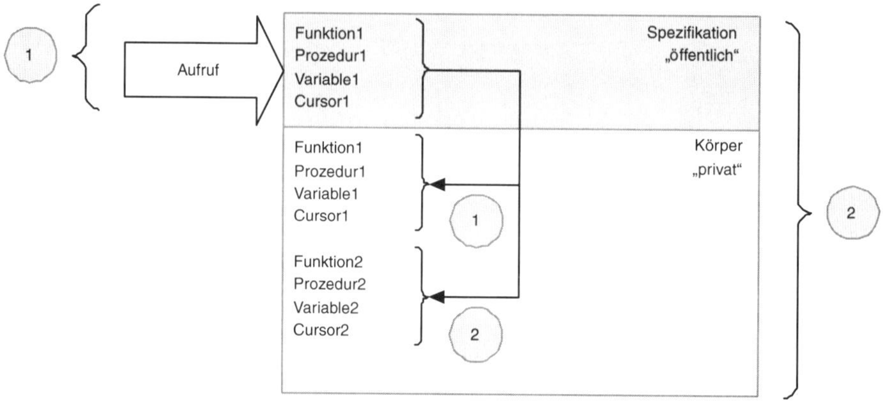

Abbildung 5.20 Sichtbarkeit und Gültigkeit in Paketen

Somit bildet die Spezifikation mit ihren Elementen die Schnittstelle zwischen der aufrufenden Anwendung und dem Paket. Dieser Bereich der Schnittstellenplanung bezieht sich ausschließlich auf die Zugriffserlaubnis der im Paket vorhandenen Elemente. Für die Hemisphäre der Datenstrukturen jedoch gelten die Schnittstellen der einzelnen Elemente, da sie wiederum Werte empfangen oder auswerfen, die für die Verarbeitung innerhalb der Module (im Körper des Pakets) erforderlich sind oder die für die Verarbeitung außerhalb des Pakets in der aufrufenden Umgebung benötigt werden.

5.5.2 Eigene Pakete erstellen

Nach der allgemeinen Einführung in die Paketstruktur von PL/SQL wollen wir Sie zunächst mit eigenen Paketen konfrontieren, ehe wir Ihnen einige der vorhandenen Pakete mit ihren Funktionen und Prozeduren vorstellen.

Ein Beispielpaket

Ein einfaches Beispiel soll zunächst die oben definierten allgemeinen Grundsätze näher verdeutlichen. Dabei konzentrieren wir uns auf einige Module und Abfragen in Cursor-Form, die wir bereits in den zurückliegenden Beispielen erstellt haben. Ein mögliches Paket für die Anwendung, die die *Kurse NRW GmbH* für den Betrieb ihrer Oracle-Datenbank benötigen könnte, wäre das Paket `DOZ`, das sämtliche Software-Komponenten bereitstellt, die im Zusammenhang mit der Dozentenverwaltung stehen. Natürlich werden wir uns hüten, die nächsten fünf Seiten mit Quelltext zu füllen, aber Sie können sich vorstellen, dass eine Menge Funktionalitäten gewünscht werden könnten: Man möchte neue Dozenten eintragen, Dozenten löschen und Datensätze aktualisieren, um das Datenmaterial aktuell und vollständig zu halten. Dies sind alles Tätigkeiten, die über entsprechende Formulare abgewickelt werden könnten. Für die tägliche Arbeit im Seminargeschäft dagegen wären Funktionalitäten wie das Finden eines günstigsten Dozenten, eines freien Dozenten oder auch die Buchung eines Dozenten für einen Kurs sinnvoll. Manchmal möchte man vielleicht einfach auch nur einen Überblick gewinnen, welche Dozenten überhaupt für einen Kurs in Frage kommen könnten.

Von diesen vielen Möglichkeiten, die mit dem Paket `DOZ` sehr schön ordentlich zusammengefasst werden würden, picken wir uns einige wenige heraus und lassen auch bei ihnen die meisten Parameter weg. In einer realistischen Umgebung müsste man natürlich für die Erfassung eines neuen Dozenten sämtliche Felder füllen, was bedeutet, dass man dementsprechend viele Eingangsparameter aufführen müsste. Daher beschränken wir uns zunächst nur auf den Nachnamen und seine Dozentennummer.

In folgender *Spezifikation* befindet sich ein Datensatztyp, der für den Cursor als Rückgabewert von Bedeutung ist. Er umfasst genau die beiden genannten Felder, sodass wohl auch die Abfrage im Cursor später im Körper diese Felder umfassen dürfte. Cursor müssen im Zusammenhang mit Paketen stets auch einen Rückgabewert besitzen, den Sie mit dem Schlüsselwort `RETURN` kennzeichnen. Für das Auffinden von allgemeinen Dozentendaten lohnt sich die Tagessatzinformation nicht sonderlich, weswegen wir darauf in einem weiteren Datensatztyp verzichten. Dieser wird in den beiden überladenen Prozeduren `Daten` verwendet, die sowohl anhand der Dozentennummer als auch anhand des Nachnamens den passenden Dozenten herausfinden. Dabei ist es für das Ergebnis uninteressant, welchen eingehenden Parameter der Benutzer vorgibt, da sich das Paket die passende Prozedur vornimmt, um sie mit der übergebenen Information zu füllen.

```
CREATE OR REPLACE PACKAGE DOZ AS
 TYPE DozRecTyp1
 IS RECORD (D_Nr          dozent.D_Nr%TYPE,
           D_Nachname    dozent.D_Nachname%TYPE,
           TH_Tagessatz  themenverteilung.TH_Tagessatz%TYPE);
 TYPE DozRecTyp2
  IS RECORD (D_Nr          dozent.D_Nr%TYPE,
            D_Nachname    dozent.D_Nachname%TYPE);
```

```
 CURSOR c_Dozenten RETURN DozRecTyp1;
 PROCEDURE Daten (
  Nummer    IN  dozent.D_Nr%TYPE,
  Daten     OUT DozRecTyp2);
 PROCEDURE Daten (
  D_Name IN  dozent.D_Nachname%TYPE,
  Daten  OUT DozRecTyp2);
END DOZ;
```

Listing 5.43 552_01.sql: Spezifikation von DOZ

In folgendem *Körper* befinden sich nun die einzelnen Elemente, die bereits in der Spezifikation vorhanden waren – mit Ausnahme der Typen. Sie waren ja bereits abgeschlossen und können bzw. brauchen nicht noch einmal im Körper aufzutauchen. Aber der Cursor und die beiden Prozeduren benötigen nun ihren eigentlichen Inhalt: Während der Cursor seine Abfrage erhält, die nach sämtlichen Dozenten und ihren Tagessätzen fragt, schreibt man für die beiden Prozeduren ihren Deklarations- und Ausführungsabschnitt.

Prinzipiell ergibt sich so das Bild, das wird zu Anfang dieses Abschnitts auch von den Paketen gezeichnet haben: Bereits fertige Module werden in Paketen zu neuen Strukturen bzw. Einheiten zusammengefasst und können dann als Ganzes einen bestimmen Anwendungsbereich einer Software abdecken. In diesem Fall handelt es sich um »sämtliche« Bearbeitungen, die im Zusammenhang mit der Entität `DOZENT` in der Datenbank ausgeführt werden können.

```
CREATE PACKAGE BODY DOZ AS
 CURSOR c_Dozenten RETURN DozRecTyp1
 IS SELECT D_Nr, D_Nachname, TH_Tagessatz
      FROM dozent NATURAL JOIN themenverteilung;
 PROCEDURE Daten (
  Nummer    IN  dozent.D_Nr%TYPE,
  Daten     OUT DozRecTyp2) IS
  v_DDaten dozent%ROWTYPE;
 BEGIN
  SELECT *
    INTO v_DDaten
    FROM dozent
   WHERE D_Nr = Nummer;
   DBMS_OUTPUT.PUT_LINE(v_DDaten.D_Nr);
   DBMS_OUTPUT.PUT(v_DDaten.D_Anrede || ' ');
   DBMS_OUTPUT.PUT_LINE(v_DDaten.D_Nachname);
```

```
 END Daten;
 PROCEDURE Daten (
  D_Name IN  dozent.D_Nachname%TYPE,
  Daten  OUT DozRecTyp2)
 IS
  v_DDaten dozent%ROWTYPE;
 BEGIN
  SELECT *
    INTO v_DDaten
    FROM dozent
   WHERE D_Nachname = D_Name;
   DBMS_OUTPUT.PUT_LINE(v_DDaten.D_Nr);
   DBMS_OUTPUT.PUT(v_DDaten.D_Anrede || ' ');
   DBMS_OUTPUT.PUT_LINE(v_DDaten.D_Nachname);
 END Daten;
END DOZ;
```

Listing 5.44 552_01.sql: Paket-Körper von DOZ

Speicherort von Paketen und ihre Bearbeitung

Pakete werden (wie Prozeduren und Funktionen auch) direkt in der Datenbank gespeichert. Nicht nur das, sie befinden sich sogar in zwei verschiedenen Ordnern im Schema, da sie ja auch als zwei Objekte erstellt, kompiliert und gespeichert werden. Sollten Sie also Ihre Pakete komplett oder innerhalb eines der beiden Teile bearbeiten wollen, so benötigten Sie dafür nur einen Zugriff auf den Speicherort Ihrer Arbeitsergebnisse.

1. Wechseln Sie in die *Oracle Enterprise Manager Konsole*.
2. Wählen Sie dort **Netzwerk · Datenbanken · KURSE · Schema · SCOTT · Quelltypen · {Packages | Package-Bodys}.** Sollte Ihre Datenbank oder Ihr Schema einen anderen Namen tragen, dann wählen Sie die entsprechend passenden Namen. Wie Sie sehen, lagern hier Ihre gesamten Spezifikationen und Körper (bzw. werden von der grafischen Obefläche hier angezeigt). In Abbildung 5.21 sehen Sie den Standardfall, wenn keine Schwierigkeiten mit einer Spezifikation zu verzeichnen sind. Als Statuswert finden Sie den Eintrag **Valid** sowohl in einer Liste aller Einzelmodule eines Typs als auch in der Detailansicht.
3. Haben Sie einen Fehler in Ihrem Skript, so ist das Paket nicht gültig, was Sie sowohl beim Aufruf als auch bei der Kompilierung an den bemängelten, aber nicht näher spezifizierten Kompilierungsfehlern merken. In diesem Fall können Sie über die Schaltfläche **Fehler zeigen** die Fehlermeldungen sehen und

im angezeigten Quelltext Korrekturen vornehmen. Durch einen Klick auf den Fehlereintrag markieren Sie auch die zugehörige Zeile im Quelltext. Nachdem Sie die benötigten Änderungen vorgenommen haben, klicken Sie auf die Schaltfläche **Kompilieren**, um einen erneuten Fehlersuchlauf in Gang zu setzen bzw. die komplett richtige Spezifikation oder den berichtigten Körper in der Datenbank zu speichern. Erst dann können Sie das Paket in Ihren Programmen einsetzen.

4. Möchten Sie – ausgehend von einer korrekten Spezifikation – einen Körper bearbeiten, dann wählen Sie die Schaltfläche **Package-Body bearbeiten**. Sie erhalten ein neues Fenster, das die gemäß Spezifikation verfügbaren Methoden anzeigt. Diese befinden sich zum einen im oberen Fensterbereich, und zwar grau unterlegt unter der Überschrift **Methoden**, aber auch im Textfenster. Hier müssen Sie nur noch Deklarations- und Ausführungsabschnitte ergänzen.
5. Möchten Sie umgekehrt – ausgehend von einem korrekten Körper – eine Spezifikation bearbeiten, dann wählen Sie in der Körper-Anzeige die analoge Schaltfläche **Package bearbeiten**. Es öffnet sich ein Bearbeitungsfenster mit dem aktuellen Inhalt der Spezifikation.
6. Für eine Speicherung beider Teile wählen Sie stets die Schaltfläche **Kompilieren**.

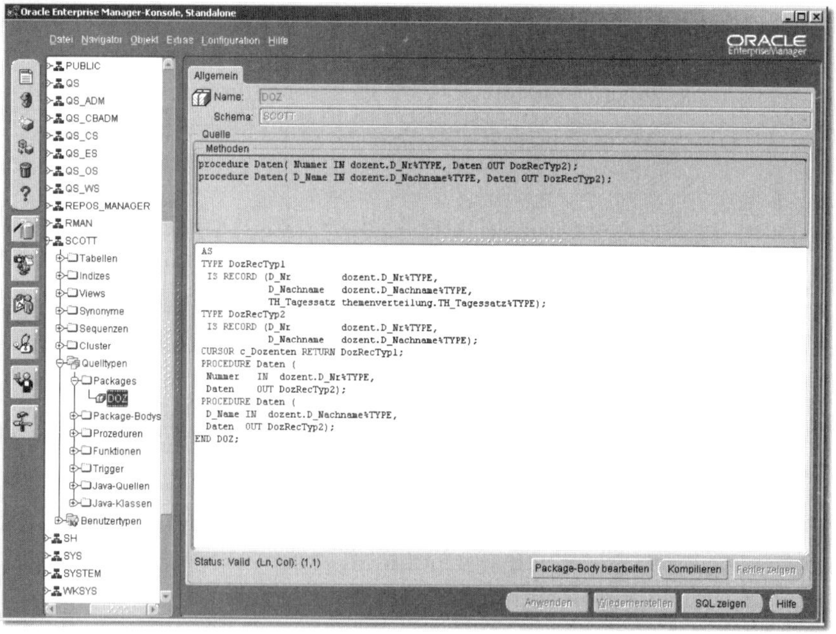

Abbildung 5.21 Package-Spezifikation in der grafischen Oberfläche

In Abbildung 5.22 erkennen Sie auch für beide Bereiche des Pakets, dass Sie bei umfangreichen Paketstrukturen schnell über einen Klick in der Methodenliste zu einer Methode (Prozedur und Funktion) springen können. Ihre erste Zeile erhält dann eine blaue Markierung.

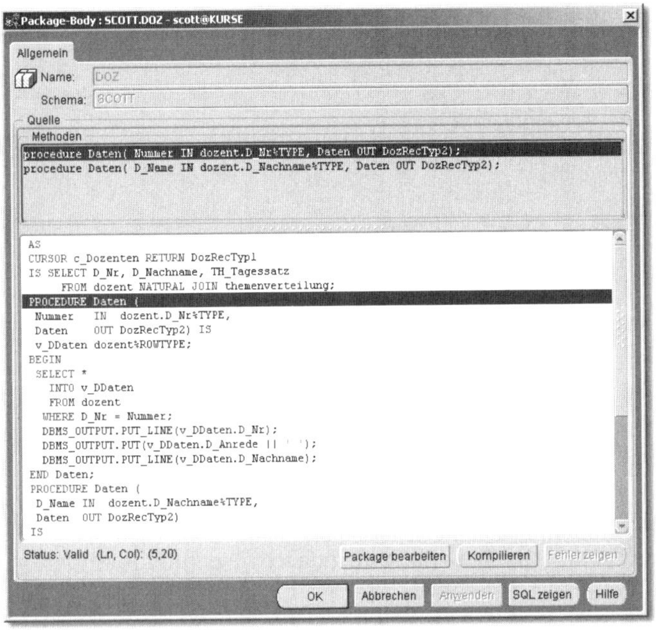

Abbildung 5.22 Paket-Körper von DOZ

Abhängigkeiten zwischen Körpern und Spezifikationen

Wie Sie gerade gesehen haben, unterscheidet Oracle auch bei Paketen zwischen gültigen und ungültigen Paket-Bereichen. Dass natürlich ein Syntaxfehler zu einem ungültigen Paketbereich führt, ist logisch und braucht nicht näher erklärt zu werden. Derartige Informationen erhält man schon durch entsprechende Warnmeldungen bei der Erstellung oder durch Fehlermeldungen innerhalb der grafischen Oberfläche. Ändert man jedoch die Struktur eines Bereichs so, dass die Datenstruktur modifiziert wird, muss man sich immer fragen, in welchen Abhängigkeiten die einzelnen Paket-Bereiche zueinander stehen. Dies erstreckt sich allerdings auch auf andere Objekte wie z.B. Tabellen, die mit der Erstellung von Modulen direkt nichts gemein haben. Normalerweise ist ein Fehler, der durch nicht beachtete Abhängigkeiten hervorgerufen wird, relativ schnell zu finden, da die inkompatiblen Datenstrukturen (fehlender oder falscher Spalten- bzw. Objektname, unpassende Zugriffsobjekte oder Zuweisungsziele etc.) zu entsprechend deutlichen Fehlermeldungen führen. Wichtiger dagegen ist, von vorneherein solche Fehler zu vermeiden.

Würde man bei der stolzen Präsentation des Pakets DOZ von Kollegen darauf aufmerksam gemacht werden, dass die Datenstruktur des ersten Datensatzes nicht gerade optimal sei, da man nicht herausfinden könne, für welchen Kurs der Dozent welchen Tagessatz erhält, müsste man kurz innehalten und überlegen, welche Auswirkungen eine solche Änderung auf das gesamte Paket hat. Kurz und gut: Man ändert den Datensatz so, dass zusätzlich auch die Kursnummer zu sehen ist.

```
CREATE OR REPLACE PACKAGE DOZ AS
 TYPE DozRecTyp1
  IS RECORD (D_Nr          dozent.D_Nr%TYPE,
           D_Nachname   dozent.D_Nachname%TYPE,
           TH_Tagessatz themenverteilung.TH_Tagessatz%TYPE,
           K_Nr         themenverteilung.K_Nr%TYPE); -- neu!
...
```

Listing 5.45 552_02.sql: Veränderung des Datensatzes in der Spezifikation

Dies führt dann allerdings dazu, dass man auf jeden Fall auch im Körper den Cursor, der diesen Datensatz als Rückgabetyp besitzt, bei der Abfrage um die gleiche Spalte ergänzen muss. Ganz einfach gesagt, müssen hier die beiden Datenstrukturen gleich sein. Gleiches gilt natürlich ebenso für die Situation, wenn Sie andere Elemente ändern, die genauso im Körper und in der Spezifikation erscheinen. So muss sich eine Änderung an den Parametern eines Moduls in der Spezifikation genauso wie im Körper widerspiegeln. Genauso muss sich auch ein anderer RETURN-Datentyp im Kopfabschnitt einer Funktion im Körper im angepassten Rückgabedatentyp im Kopfabschnitt derselben Funktion in der Spezifikation widerspiegeln muss.

```
CREATE PACKAGE BODY DOZ AS
 CURSOR c_Dozenten RETURN DozRecTyp1
 IS SELECT D_Nr, D_Nachname, TH_Tagessatz, K_Nr   -- neu!
      FROM dozent NATURAL JOIN themenverteilung;
```

Listing 5.46 552_02.sql: Berücksichtigung des abhängigen Körpers

Abbildung 5.23 verdeutlicht dies, indem wir beide Körper-Varianten gleichzeitig zeigen. Dadurch sieht man sofort, dass der Datensatz, der als Rückgabewert für den Cursor konstruiert wird, in der ungültigen Variante keine Entsprechung in der Spaltenliste der Abfrage findet. Statt dessen bietet die gültige Variante die vermisste Spalte an, sodass der Rückgabewert tatsächlich dem Datensatztyp entspricht.

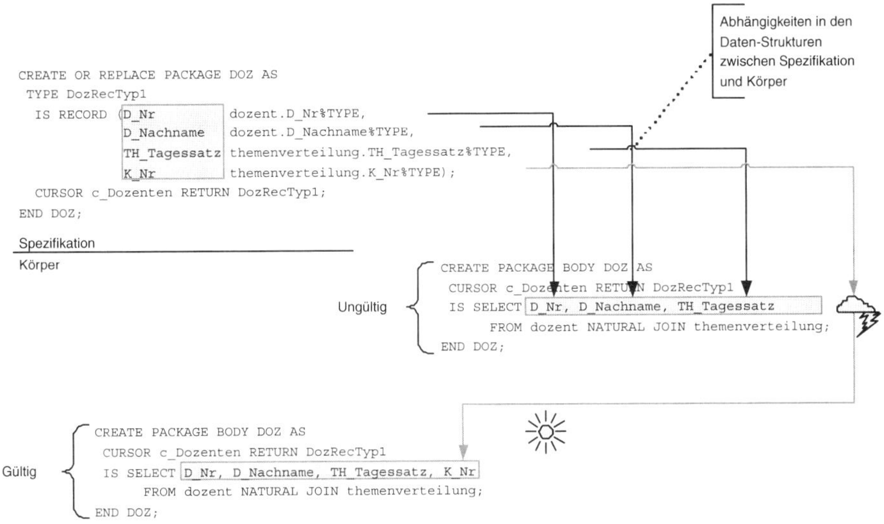

Abbildung 5.23 Abhängigkeiten zwischen Spezifikation und Körper

Wenn Sie unsicher sind, welche Abhängigkeiten zwischen Objekten existieren, oder Sie ein allgemeines Interesse daran haben, sämtliche Abhängigkeiten eines Objekts zu untersuchen, dann gehen Sie wie folgt vor:

1. Wählen Sie im *Oracle Enterprise Manager Konsole* für einen Paket-Bereich aus dem Kontextmenü den Eintrag **Abhängigkeiten zeigen**.
2. Sie erhalten ein kleines Dialogfenster, mit dem Sie über die Registerkarten **Abhängigkeiten** die Objekte anzeigen können, von denen das gewählte Objekt selbst abhängig ist. Vermutlich haben Sie erwartet, dass sich hier keine Abhängigkeiten verstecken könnten. Tatsächlich analysiert dieser kleine Helfer sämtliche Abhängigkeiten von allen Schema-Objekten. Dies führt dazu, dass auch Tabellen, Tablespaces, Benutzer und Systemobjekte als übergeordnete Elemente für eine gewählte Spezifikation in Frage kommen. Neben den allzu administrativen Bereichen haben wir in Abbildung 5.24 einmal die für die Software besonders interessanten Bereiche ausgeklappt, die wir in den Tabellen vorfinden. Hier lässt sich auch sehr schön dokumentieren, wie problematisch Datenmodelländerungen sein können. Nicht nur, dass ein Paket, das Dozenten für Kurse verwaltet, auf die Tabellen `DOZENT` und `THMENVERTEILUNG` zugreift. Nein, die Tabelle `THEMENVERTEILUNG` ist auch durch die Primärschlüssel-Fremdschlüssel-Beziehungen wiederum von den Tabellen `DOZENT` und `KURS` abhängig. Sollten sich also Änderungen innerhalb dieser drei Tabellen ergeben, kann es sein, dass sie sich auch auf die erstellten Softwarekomponenten auswirken.

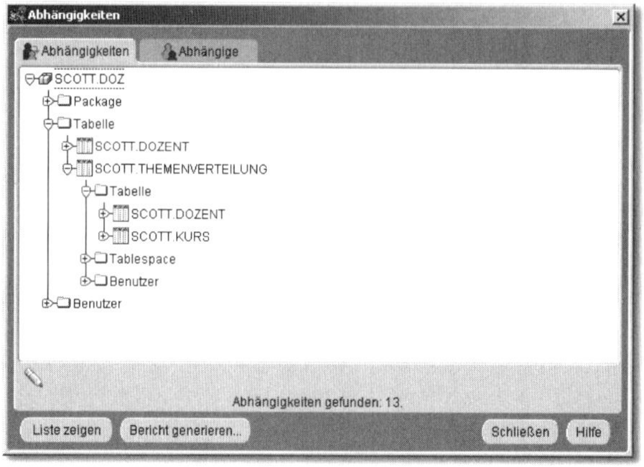

Abbildung 5.24 Übergeordnete Objekte für eine Spezifikation

3. Die Registerkarte **Abhängige** präsentiert Ihnen dagegen die Objekte, die vom gewählten Objekt abhängig sind. In diesem Fall ist dies überaus übersichtlich, da nur der Körper des `DOZ`-Pakets von seiner eigenen Spezifikation abhängig ist.

Abbildung 5.25 Von einer Spezifikation abhängige Objekte

4. Beide Registerkarten bieten mit ihren Schaltflächen **Liste zeigen** und **Bericht generieren** zusätzlich die Möglichkeit, eine komplette Aufstellung der Abhängigkeiten als Ansicht oder als Datei zu erhalten.

Aufruf von Paketen

Zwar verhält sich der Aufruf von eigenen Paketen genauso wie der Einsatz von fremden bzw. Oracle-eigenen Paketen, die Sie ja schon ein wenig kennen gelernt haben, doch wir wollen ihn dennoch im Detail vorstellen. Da ja eigene Pakete wesentlich aufregender als fremde sind, wird es Sie sicherlich interessieren, wie definierte Typen, Cursor und Module aus einem Paket gelesen werden können.

Wir beziehen uns mit folgendem Programm auf das kleine Paket, das wir zu Anfang erstellt haben, und rufen nun die einzelnen Elemente der Reihe nach in einem anonymen Block auf. Die allgemeine Syntax für den Aufruf von Elementen hat folgende einfache Gestalt mit der ansonsten auch verwendeten Punkt-Notation:

- **Datentypen**
  `package_name.typ_name`
- **Elemente**
  `package_name.element_name`
- **Unterprogramme**
  `package_name.unterprogramm_name`

Im folgenden Beispiel rufen wir die überladene Prozedur `Daten` einmal mit einer Dozentennummer und einmal mit einem Dozentennamen auf. Dabei sprechen wir diese ganz einfach nach obiger Regelung mit `DOZ.Daten()` an und fügen die passenden Parameter ein. Da sie für den Ausgabeparameter einen bestimmten Datentyp erwarten (den wir allerdings im Programm nicht weiter verwenden, sodass die Daten quasi umsonst übergeben werden), müssen wir auch diesen Datentyp für die aufnehmende Variable mit der Notation `DOZ.DozRecTyp2` verwenden. Zum Schluss möchten wir noch den Cursor verwenden, der uns sämtliche Dozenteninformationen plus ihre Themen und Preise verrät. Dabei funktioniert der Aufruf fast genauso wie bei jedem anderen Cursor auch. Der einzige Unterschied besteht hier darin, dass der im Paket befindliche Cursor mit `DOZ.c_Dozenten` angesprochen wird. Für die Ausgabe der Daten kann man weiterhin die Cursor-`FOR`-Schleifen-Variable einsetzen.

```
DECLARE
 b_DNr dozent.D_Nr%TYPE := 13;
 b_DNachname dozent.D_Nachname%TYPE := 'Fingerflink';
 v_Dozent DOZ.DozRecTyp2;
BEGIN
 DOZ.Daten(b_DNr, v_Dozent);
 DOZ.Daten(b_DNachname, v_Dozent);
 FOR v_DDaten IN DOZ.c_Dozenten LOOP
  DBMS_OUTPUT.PUT(v_DDaten.D_Nr);
  DBMS_OUTPUT.PUT(': ' || v_DDaten.D_Nachname);
  DBMS_OUTPUT.PUT(' ' || v_DDaten.TH_Tagessatz);
  DBMS_OUTPUT.PUT_LINE(' Euro ' || v_DDaten.K_Nr);
  EXIT WHEN DOZ.c_Dozenten%ROWCOUNT = 5;
 END LOOP;
END;
```

Listing 5.47 552_03.sql: Aufruf von eigenen Paketen

Als Ergebnis erhält man die Ausgaben, wie sie in der Prozedur bzw. in dem anonymen Block, der das Paket aufgerufen hat, vorgegeben waren.

```
13
Herr Bärchen
18
Herr Fingerflink
6: Hostell 350 Euro 1010004
18: Fingerflink 360 Euro 1010004
7: Klapp 400 Euro 1010005
2: Rollstein 350 Euro 1010006
18: Fingerflink 370 Euro 1010006
PL/SQL-Prozedur wurde erfolgreich abgeschlossen.
```

Öffentliche und private Elemente

Bis jetzt haben wir uns ausschließlich mit öffentlichen Elementen beschäftigt. Interessant ist dagegen besonders, wie man private Elemente einsetzt, um Informationen und Verarbeitungsweisen zu verbergen. Neben diesem Aspekt gibt es natürlich auch eine Menge anderer Gründe, warum man innerhalb eines Paket-Körpers zusätzliche Funktionalitäten in Form von Modulen unterbringen möchte, um Verarbeitungen und Wartungsarbeiten zu vereinfachen. Wie Sie gesehen haben, ist die überladene Prozedur `Daten` im Ausführungsabschnitt gleich aufgebaut. Die ermittelten Informationen zum Dozenten werden in einer bestimmten Weise ausgegeben, die in beiden Fällen identisch ist. Dies bedeutet, dass man doch eigentlich ein lokales Modul schreiben könnte, das diese Ausgabe einmal darstellt und dann passend an jeder benötigten Stelle wieder ausführt. Gerade wenn man sich überlegt, dass man eventuell alle Spalten der Tabelle `DOZENT` abfragen möchte, erscheinen solche Überlegungen tatsächlich Arbeit sparen zu können.

Private Elemente (in diesem Fall ein lokales Modul) werden wie alle anderen Elemente auch deklariert. Letztendlich entscheiden nur die Position und die Nennung in der Spezifikation darüber, ob ein Element privat oder öffentlich ist, nicht seine Definitionsweise im Paket-Körper.

Um die ganze Angelegenheit noch ein wenig interessanter zu gestalten, verwenden wir eine Vorwärtsdeklaration, um die privaten Elemente mit ihrer Funktionalität am Ende des gesamten Körpers zu platzieren:

```
CREATE PACKAGE BODY DOZ AS
 -- Vorwärtsdeklaration
   PROCEDURE Ausgabe (
```

```
 a IN VARCHAR2,
 b IN VARCHAR2,
 c IN VARCHAR2 );
-- Öffentliche Elemente
CURSOR c_Dozenten RETURN DozRecTyp1
IS SELECT D_Nr, D_Nachname, TH_Tagessatz, K_Nr
     FROM dozent NATURAL JOIN themenverteilung;
PROCEDURE Daten (
 Nummer   IN  dozent.D_Nr%TYPE,
 Daten    OUT DozRecTyp2) IS
 v_DDaten dozent%ROWTYPE;
BEGIN
 SELECT *
   INTO v_DDaten
   FROM dozent
  WHERE D_Nr = Nummer;
 Ausgabe (v_DDaten.D_Nr,
          v_DDaten.D_Anrede,
          v_DDaten.D_Nachname);
END Daten;
PROCEDURE Daten (
 D_Name IN  dozent.D_Nachname%TYPE,
 Daten  OUT DozRecTyp2)
IS
 v_DDaten dozent%ROWTYPE;
BEGIN
 SELECT *
   INTO v_DDaten
   FROM dozent
  WHERE D_Nachname = D_Name;
 Ausgabe (v_DDaten.D_Nr,
          v_DDaten.D_Anrede,
          v_DDaten.D_Nachname);
END Daten;
-- Private Elemente
 PROCEDURE Ausgabe (
 a IN VARCHAR2,
 b IN VARCHAR2,
 c IN VARCHAR2 ) IS
BEGIN
```

```
  DBMS_OUTPUT.PUT_LINE(a);
  DBMS_OUTPUT.PUT(b || ' ');
  DBMS_OUTPUT.PUT_LINE(c);
 END Ausgabe;
END DOZ;
```

Listing 5.48 552_04.sql: Private Elemente und Vorwärtsdeklaration

Um die Funktionalität der `Ausgabe`-Prozedur einmal zu testen, könnte man auf die Idee kommen, sie direkt, wie andere Prozeduren des Pakets `DOZ` auch, aufzurufen und ihr drei wertvolle Werte zu übergeben:

```
DECLARE
BEGIN
 DOZ.Ausgabe('Hallo ', 'Welt ', '!');
END;
```

Dies führt zu einer Fehlermeldung, die nicht einmal darauf hinweist, dass überhaupt eine solche Prozedur vorhanden ist. Statt dessen verhält sich die PL/SQL-Maschine so, dass man denken könnte, man hätte sich einfach vertippt, als hätte es niemals eine Prozedur `Ausgabe` gegeben und als würde man auch beim nächsten Mal besser daran tun, sich nicht mehr zu überlegen, was wohl Geheimnisvolles innerhalb des Paket-Körpers verborgen sei. Sie sehen also, dass private Elemente tatsächlich ganz privat bleiben.

```
DOZ.Ausgabe('Hallo ', 'Welt ', '!');
    *
FEHLER in Zeile 3:
ORA-06550: Zeile 3, Spalte 6:
PLS-00302: Komponente 'AUSGABE' muss deklariert werden
ORA-06550: Zeile 3, Spalte 2:
PL/SQL: Statement ignored
```

Berechtigungskonzepte bei gespeicherten Unterprogrammen

Bisher haben Sie die gespeicherten Module entweder unter Ihrem eigenen Namen erstellt und gespeichert, oder – wie wir es zurzeit vorführen – unter dem Namen des Benutzers `Scott`. Dies ist für einige Fälle sicherlich ausreichend, aber manchmal ist man so stolz auf ein Werkzeug, das man sich selbst erstellt hat, dass man es anderen zugänglich machen möchte.

Berechtigungen erteilen und entziehen

Während ein Benutzer wie `System` durchaus ein Unterprogramm von `Scott` mit der einfachen Syntax

```
DECLARE
BEGIN
 SCOTT.DOZENTENDATEN(7);
END;
```

Listing 5.49 552_05.sql: Verwendung einer fremden Prozedur

ausführen kann, weil er die nötigen Berechtigungen besitzt, so ist es für einen Benutzer wie Frau Hülzemann mit dem Benutzernamen `Huelzemann` gerade nicht möglich. Sie erhält – im schlimmsten Fall mitten in Scotts Urlaubszeit – folgende »motivierende« Fehlermeldung:

```
SCOTT.DOZENTENDATEN(7);
 *
FEHLER in Zeile 3:
ORA-06550: Zeile 3, Spalte 2:
PLS-
00201: Bezeichner 'SCOTT.DOZENTENDATEN' muss deklariert werden
ORA-06550: Zeile 3, Spalte 2:
PL/SQL: Statement ignored
```

Man erfährt wie immer nicht einmal, ob Scott seine ach so nützlichen Prozeduren einfach gelöscht hat oder ob man nur keine Berechtigungen für sie besitzt, da das System in diesem Fall immer so tut, als hätte es dieses Objekt eines anderen Benutzers nie gegeben.

Um Frau Hülzemann Zugriff auf die Daten zu gewähren, muss der Objekt-Besitzer eine entsprechende Berechtigung für seinen Kollegen oder die Rolle, die der Kollege besitzt, erteilen. Dies geschieht für das aktuelle Beispiel mit dem Befehl:

```
GRANT EXECUTE ON dozentendaten TO huelzemann;
```

Sollten sich die beiden einmal streiten und sollte Scott aus mannigfaltigen persönlichen Gründen verhindern wollen, dass Frau Hülzemann seine Prozedur weiterhin benutzt, kann er die Rechte folgendermaßen entziehen, was seine Kollegin spätestens durch die oben abgedruckten Fehlermeldung erfährt.

```
REVOKE EXECUTE ON dozentendaten FROM huelzemann;
```

Probleme bei abhängigen Datenbank-Objekten

Folgende Situation soll dieses Problem beleuchten und auch seine Lösung darstellen. Scott erteilt mit

```
GRANT EXECUTE ON terminerfassung TO huelzemann;
```

Frau Hülzemann die Berechtigung, mit Hilfe der Prozedur `Terminerfassung` Termine anhand der Kursnummer, eines Beginns und einer Ortsangabe in der Tabelle `SCOTT.TERMIN` zu erstellen. Sobald sie dies mit der Syntax

```
DECLARE
BEGIN
 SCOTT.TERMINERFASSUNG(1025039, '15.03.2004', 'Essen');
 COMMIT;
END;
```

ausführen möchte, erhält sie die erfreuliche Meldung:

```
PL/SQL-Prozedur wurde erfolgreich abgeschlossen.
```

Sobald Scott die Arbeit seiner Kollegin mit der Abfrage

```
SELECT *
  FROM termin
 WHERE T_Nr = (SELECT MAX(T_NR) FROM termin);
```

überprüfen möchte, findet er diesen letzten Termin. Möchte Frau Hülzemann allerdings auch überprüfen, ob der Termin korrekt eingetragen wurde, so erhält sie – trotz der korrekten Syntax – bei Zugriff auf Scotts Tabellen mit

```
SELECT *
  FROM scott.termin
 WHERE T_Nr = (SELECT MAX(T_NR) FROM scott.termin);
```

nur die unangenehme Fehlermeldung:

```
  FROM scott.termin
            *
FEHLER in Zeile 2:
ORA-00942: Tabelle oder View nicht vorhanden
```

Sollten Sie sich nun wundern, warum Frau Hülzemann nicht auf diese Tabelle zugreifen kann, obwohl sie doch gerade nachweislich einen Eintrag in ihr ausgeführt hat, dann sollten Sie sich wiederum wundern, warum Sie sich gerade nicht gewundert haben, dass Sie einfach mit Scotts Prozedur auf Scotts Tabellen arbeiten kann, ohne dafür eigene Berechtigungen zu besitzen. Diese ganze Konstruktion beruht auf der Berechtigungsstruktur von Modulen, die zum einen mit dem Erteilen von Berechtigungen – wie gerade gesehen – und der Definition von Modulen zusammenhängt. Bei der allgemeinen Syntax von Modulen haben wir stets die optionale Klausel `[AUTHID {CURRENT_USER | DEFINER}]` erwähnt, aber bisher noch nicht verwendet. Sie beschreibt die folgenden beiden Rechtedimensionen:

- DEFINER legt als Standardwert (braucht also nicht erwähnt zu werden) fest, dass ein berechtigter Benutzer das Modul unter der Berechtigungsmenge des Objekt-Besitzers ausführt. Sollte also ein Benutzer keine Berechtigung an Tabellen des Objekt-Besitzers haben, so löst dies keine Fehlermeldung bei der Verwendung des Moduls aus, da die Berechtigungsmenge des Besitzers für den Aufruf gilt. Damit greifen andere Benutzer über das Modul auf die Schema-Objekte des Besitzers zu, indem sie an seiner statt tätig werden.
- CURRENT_USER legt dagegen fest, dass auch bei der Ausführung der Modulanweisungen die Berechtigungen des Benutzers zu berücksichtigen sind. Dies bedeutet, dass dieser Benutzer neben der Berechtigung, das Modul auszuführen, auch Berechtigungen an weiteren Schema-Objekten braucht, die im Modul aufgerufen werden.

Im aktuellen Beispiel fehlt die AUTHID-Klausel, sodass im Standardfall folgende Situation vorhanden ist:

```
CREATE OR REPLACE PROCEDURE Terminerfassung
( Kursnummer IN kurs.K_Nr%TYPE,
  Beginn     IN termin.T_Beginn%TYPE,
  Ort        IN VARCHAR2 )
AUTHID DEFINER -- Standard
IS
...
```

Sobald allerdings AUTHID CURRENT_USER zum Einsatz kommt, ist es für einen Benutzer, der nur Berechtigungen am Modul, nicht aber an den im Modul aufgerufenen weiteren Schema-Objekten besitzt, nicht mehr möglich, das Modul auszuführen. So würde also Frau Hülzemann in diesem Fall diese Fehlermeldung erhalten:

```
DECLARE
*
FEHLER in Zeile 1:
ORA-00942: Tabelle oder View nicht vorhanden
ORA-06512: in "SCOTT.TERMINERFASSUNG", Zeile 11
ORA-06512: in Zeile 3
```

Damit sie in diesem Fall weiterhin die Prozedur nutzen kann, benötigt sie noch weitere Berechtigungen an Scotts BUCHUNG-Tabelle, was mit folgenden Befehlen bewerkstelligt werden kann. Beachten Sie hierbei, dass nicht nur die Tabelle TERMIN betroffen ist, sondern auch die Tabelle KURS, aus der die Kursdauer ermittelt wird, und die Funktion ZaehleReihen, die für die Ermittlung des aktuellen höchsten Schlüsselwerts zuständig ist.

```
GRANT SELECT, INSERT ON termin TO huelzemann;
GRANT SELECT ON kurs TO huelzemann;
GRANT EXECUTE ON ZaehleReihen TO huelzemann;
```

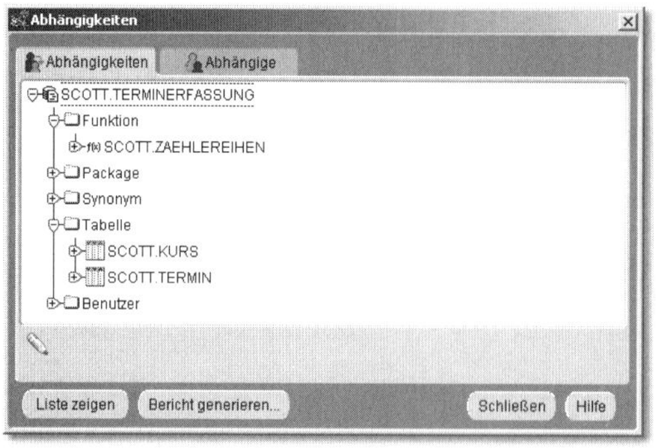

Abbildung 5.26 Abhängigkeiten der Prozedur Terminerfassung

Benutzerrechte bei einzelnen Modulen

Während Funktionen und Prozeduren, sofern sie unabhängig von Paketen in der Datenbank gespeichert werden, jeweils individuelle Berechtigungen haben können, lassen sich Berechtigungen in Paketen nur global vergeben:

- **Für Funktionen gilt**

```
[CREATE [OR REPLACE ] ] FUNCTION name [parameterliste]
 RETURN datentyp
[ AUTHID { DEFINER | CURRENT_USER } ]
{IS | AS}
koerper;
```

- **Für Prozeduren gilt**:

```
[CREATE [OR REPLACE ] ] PROCEDURE name [parameterliste]
[ AUTHID { DEFINER | CURRENT_USER } ]
{IS | AS}
koerper;
```

- **Für Pakete gilt** dagegen, dass nur die Gesamtheit des Pakets – und nicht einzelne Bestandteile – Benutzerrechte erhalten können:

```
[CREATE [OR REPLACE ] ] PACKAGE spezifikationsname
 [ AUTHID { DEFINER | CURRENT_USER } ]
{IS | AS}
spezifikation;
```

5.5.3 Beispiel-Programm: Testdaten-Erzeugung

Die Thematik der zurückliegenden Abschnitte soll nun anhand einer größeren Anwendung, die Testdaten für die vorhandene Datenbank erstellt, noch einmal an einem realistischen Beispiel dargestellt werden. Danach stellen wir Ihnen einige ausgewählte Pakete und damit bereitstehende Funktionalitäten aus dem reichhaltigen Paketumfang von PL/SQL vor. Diese Anwendung besitzt einen größeren Stil und wird in diesem Abschnitt so programmiert, dass sie in jedem Fall leicht verständlich und auch schon beim Lesen nachvollziehbar sein wird. Später werden wir die Module dann auf ihre Geschwindigkeit hin untersuchen und den Versuch unternehmen, mit den allgemeinen Regeln zur Anwendungsoptimierung diese Geschwindigkeit zu verbessern. Im Gegensatz zu den vielen kleinen Programmen, mit denen wir die Syntax vorgestellt haben, handelt es sich bei unserer Anwendung wegen ihrer Größe tatsächlich um einen realistischen Anwendungsfall, bei dem auch die Leistungsoptimierung nicht zu kurz kommen sollte.

Sinn und Zweck der Testdaten-Erzeugung

Nicht immer liegt eine Datenbank bereits mit Tausenden oder Millionen von Datensätzen vor. Ist dies der Fall, wird man dem Entwicklungsteam einen gewissen Datenbestand für Test- und Entwicklungszwecke als Beispielbasis zur Verfügung stellen, der nicht mit den zurzeit laufenden realen Anwendungen in direktem Bezug steht. In den Fällen, in denen noch keine Datenbank implementiert wurde oder noch keine Daten in realistischer Umgebung erfasst worden sind, bestehen jedoch ebenfalls das Bedürfnis und die Notwendigkeit, mit einer realistischen und einer inhaltlich logischen Datenmenge zu operieren. Gerade in Umgebungen, die neu programmiert werden, ergeben sich unterschiedliche Einsatzbereiche für diese Dummy-Datenmengen:

- (Vor-)letzter **Test des Datenmodells** auf Konsistenz, Benutzbarkeit und korrekte Umsetzung der gestellten Anforderungen,
- **Entwicklung von Systemkomponenten** wie von Programmen, Formularen, Ein- und Ausgabemasken ode Ergebnislisten mit beispielhaften Einträgen z.B. zur Layout-Kontrolle, Benutzbarkeit, Ergonomie oder Struktur-Überprüfung und
- **Leistungs-Tests** bei umfangreichem Datenbestand und der Erarbeitung von geschwindigkeits- und verarbeitungsoptimalen Abfragen für die Datenerfassung, Änderung und Löschung sowie natürlich für die Verarbeitung von Ergebnismengen.

Da die hier vorgestellte Beispielanwendung auf keinen realen Daten beruht, standen wir natürlich auch vor dem Problem, Daten entweder manuell oder über geeignete Programme automatisch zu erzeugen. Auf Oracles Beispieldatenbank mochten wir auch nicht zurückgreifen. Sofern es sich um zahlenbasierte Datenmengen wie z.B. Buchungen handelt, ist es sehr einfach, geeignete Datensätze zu erzeugen. Schwieriger wird es dagegen bei eher textbasierten Inhalten, sofern man eine Wiederholung von einer Hand voll Blindtext-Textbausteinen verhindern möchte. Aus diesem Grund soll das folgende Programmbeispiel ausschließlich die Buchungsdaten für die Seminaranmeldungen automatisch erzeugen, während alle anderen Informationen wie die Kurs- oder Kundendaten tatsächlich von Hand erfasst wurden. Für Ihre eigene Arbeit sollten Sie nun für alle Zeit Kundendaten vorrätig haben, die Sie in anderen Umgebungen auch einsetzen können.

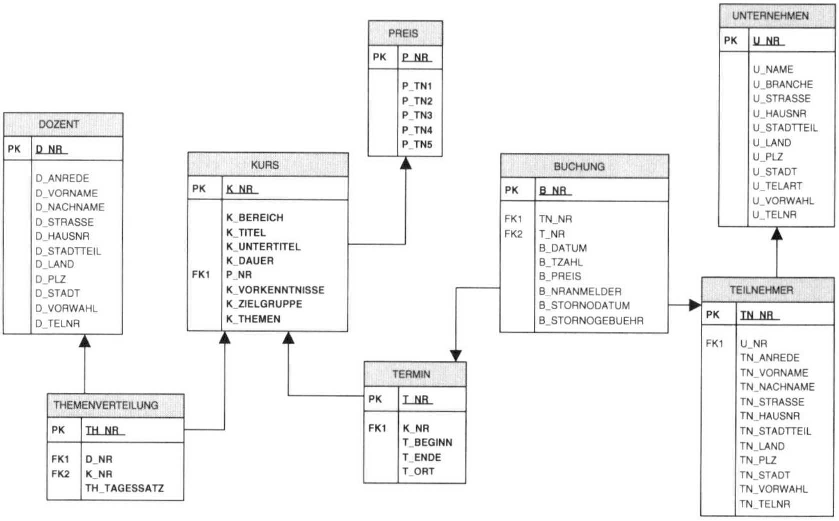

Abbildung 5.27 Übersicht des Datenmodells

Unser Ziel soll also eine automatische Auffüllung der Tabelle `BUCHUNG` sein, wozu sich zunächst zwei Prozeduren und eine Funktion sehr leicht identifizieren lassen unklar. Da diese Tabelle eine Hybridform zwischen einer reinen Anmeldungserfassung und einem Quasi-Buchhaltungsmodell bildet, werden die eingehenden Anmeldungen und Stornierungen nicht mit einem SQL-Befehl wie `UPDATE` verrechnet, sondern tatsächlich nacheinander erfasst. Somit ist nachher auch für dokumentarische Zwecke sehr leicht nachvollziehbar, welche Teilnehmer storniert habenen oder welche Kurse bzw. Termine besonders stornierungsanfällig sind. Für beide Vorgänge wird jeweils ein neuer Preis benötigt, da sich ja der einzelne Teilnehmerpreis mit Hilfe der Rabattierung berechnet, die wiederum von der Anzahl der Teilnehmer abhängt, die sich in einer Gruppe anmelden. Daher ergibt sich schon einmal folgende Roh-Struktur:

- **Prozedur** `BUCHEN`
  Ein Teilnehmer bucht für sich oder mehrere weitere Teilnehmer (Kollegen, Freunde, Bekannte) aus der Tabelle `TEILNEHMER` ein Seminar. Handelt es sich um ein Firmenseminar, bezieht sich die Buchung auf einen Termin, der zwischen dem Unternehmen bzw. den Anrufenden und dem Schulungsunternehmen auszuhandeln ist. Der Einfachhheit halber sind diese Termine ebenfalls bereits in der Tabelle `TERMIN` vorgegeben. Im gegenteiligen Fall handelt es sich bei dem Buchungsvorgang um die Anmeldung für einen Standardkurs, dessen Termin von vornherein vorgegeben war. Hier liegt also eine Vereinfachung vor.
- **Prozedur** `STORNIEREN`
  Es soll und muss die Möglichkeit bestehen, dass eine bestimmte Prozentzahl der Buchungen (z.B. weniger als 5%) storniert wird. Damit diese Information nicht verloren geht und weil nur über eine eigene Erfassung ein buchhaltungsähnliches Modell entsteht, werden die Stornierungen extra erfasst und erhalten zusätzlich ein Datum und eine Gebühr. Diese Datensätze unterscheiden sich also lediglich durch diese beiden speziellen Felder von den übrigen Anmeldedaten. Im Grundmodell, das wir Ihnen vorstellen, wird die gesamte Stornierung nicht extra berücksichtigt. Sie lässt sich agedanklich zwar leicht mit einer weiteren Zufallsvariable berücksichtigen, löst allerdings erhebliche Änderungen aus.
- **Funktion** `PREIS_FINDEN`
  Die Preisgestaltung der Seminare richtet sich sowohl nach dem Schwierigkeitsgrad des Seminars als auch nach unterschiedlichen weiteren Faktoren wie nach der Teilnehmeranzahl einer Gruppenbuchung bei einem Standardseminar oder nach dem Typ des Firmenseminars. Im letzten Fall beläuft sich der Preis auf den mit der Seminardauer in Tagen multiplizierten Dozententagessatz und einen Multiplikator als Firmengewinn. Im anderen Fall verringert sich der Teilnehmerpreis prozentual bis hin zu sechs Teilnehmern, je mehr Teilnehmer sich gleichzeitig in Form einer Kleingruppe für einen Termin amelden. Beide Fallunterscheidungen lassen sich in Form einer Funktion programmieren, da natürlich der Preis auch bei einer Stornierung erneut berechnet werden muss, da die Anzahl der Teilnehmer sinkt. Die Funktion soll in Abhängigkeit von unterschiedlichen Parametern wie Seminartyp oder Teilnehmeranzahl den entsprechenden Gesamt- oder Einzelteilnehmerpreis zurückliefern. In der endgültigen Lösung soll nicht zwischen beiden Seminartypen unterschieden werden. Der Einfachheit halber ermittelt diese Funktion stets den Preis gemäß der Tabelle `PREIS`.

Am einfachsten ist eine geordnete Aufstellung der einzelnen Spalten mit Hinweisen, wie die entsprechenden Spaltenwerte pro Buchung ermittelt werden sollen. Dabei soll es auch um Plausibilitäten zur logischen Absicherung des Datenmaterials gehen:

- `B_Nr`
  Die Buchungsnummer wird im einfachsten Fall über eine Abfrage der aktuell größten Buchungsnummer und Addition von 1, und im elegantesten Fall durch Einsatz einer Sequenz ermittelt. Dabei würde eine Sequenz für jeden neuen Buchungssatz automatisch eine ähnliche oder die gleiche Rechnung ausführen und das Ergebnis zurückliefern.
- `TN_Nr`
  Die Teilnehmernummer ermittelt sich zufällig aus dem vorhandenen Datenmaterial (Einlesen der Kundennummer in eine verschachtelte Tabelle entlang der Tabelle `TEILNEHMER` und Berücksichtigung von Kollegen anhand der Firmennumer bzw. Freunden anhand der Postleitzahl). Sie liefert somit ebenfalls zufällig Unternehmenskunden oder Einzelteilnehmer. Die Existenz einer Unternehmensnummer kann über eine entsprechende Schaltvariable abgefragt werden, die dann den weiteren Verlauf der Daten regelt. In einer anderen Programmstruktur ließe sich dieses Problem auch insoweit vereinfachen, als dass eine Prozedur für die Buchung von Einzelteilnehmern und eine Prozedur für die Buchung von Firmenseminaren erstellt wird und in der Abfrage zur Erzeugung des Arrays auf einen `NULL`-Wert in der Spalte `U_Nr` geprüft wird.
- `T_Nr`
  Damit die Buchungen chronologisch erfolgen, hangelt sich das Programm an den sequenziell angeordneten Datensätzen in der Tabelle `TERMIN` entlang. Dies führt dazu, dass gewisse Kurse anhand einer Gewichtung auch schon einmal nicht stattfinden können und daher bereits vor ihrer Verarbeitung ausgeschlossen werden.
- `B_Datum`
  Die einzige Bedingung, die für diese Spalte stets erfüllt sein muss, ist die zeitliche Reihenfolge in Bezug auf den Beginn des Seminars. Innerhalb einer zufälligen Spanne von ca. 10 Wochen vor dem Beginn muss die Buchung (oder natürlich auch eine Stornierung) erfolgen. Diese Spalte wird dann in umgekehrter Reihenfolge als vordere Intervallgrenze auch für die Spalte `B_Stornodatum` bedeutsam, da eine Stornierung nur zwischen `B_Datum` und `T_Beginn` eingehen kann.
- `B_TZahl`
  Die Teilnehmerzahl kann zwischen einer und sechs gleichzeitigen Anmeldungen schwanken. Diese Zahl geht dann später wiederum in die Preisbe-

rechnung ein. Da die Gruppe zu Anfang bei der Teilnehmerauswahl gebildet wird, muss hier bereits berücksichtigt werden, dass eine maximale Grenze vorhanden ist, die für den Buchungsvorgang nicht überschritten werden darf. Im einfachsten Fall kürzt man die entstehende Sammlung; im elegantesten Fall erzeugt man noch eine Wartelistenverarbeitung.

- `B_Preis`
  In dieser Spalte ermittelt man automatisch anhand der Teilnehmerzahl und der Kursnummer den passenden Kleingruppenpreis aus der Tabelle `PREIS`. Würde man zusätzlich auch Stornierungen berücksichtigen, müssten hier genauso Änderungen vorgenommen werden wie in der Spalte `B_TZahl`.
- `B_NrAnmelder`
  Die Anmeldung erfolgt stets von einer realen Person über beliebige Kommunikationsmittel, wobei der Anmelder selbst auch Teilnehmer ist und eine bestimmte Menge an Kollegen anmeldet. In jedem Buchungsfall wird zusätzlich für jede Buchung auch die Kundennummer des Haupt-Anmelders festgehalten. Im Fall einer Gruppenanmeldung ist damit nämlich über diese Nummer und das gemeinsame `B_Datum` die gesamte Gruppe erkennbar, So lassen sich auch Stornierungen ausführen.
- `B_Stornodatum`
  In ungefähr 10 % aller Anmeldungsfälle sollten die Buchungen auch wieder gelöscht werden. Dies kann über eine Modulo-Berechnung und entsprechende Abfrage dieses Falls für jeden zehnten Buchungsfall geschehen. Um eine solche einfache Lösung mit allzu systematischer Ordnung zu vermeiden, könnte man auch nach dem Durchlauf der Buchungsschleife die Buchungsnummer in eine Sammlung einlesen, diese zufällig sortieren und jedes zehnte Element auswählen, um die Buchung für diese Buchungsnummer rückgängig zu machen. Dies würde dann zunächst die Spalte `B_Nr` betreffen. Für das Storno-Datum existiert lediglich die Einschränkung, dass die Stornierung zeitlich zwischen dem `B_Datum` und dem Beginn des Termins erfolgen muss. Im Beispiel verzichten wir auf eine Berücksichtigung der Stornierungen.
- `B_Stornogebuehr`
  Im einfachsten Fall gibt es natürlich keine Storno-Gebür, d.h., jeder Teilnehmer kann sich ohne Schwierigkeiten vom Kurs abmelden. Allerdings besteht finanziell ein Problem für die Bezahlung des Dozenten, da dieser natürlich unmittelbar vor dem vielleicht sogar ausfallenden Seminar keinen weiteren Auftrag annehmen kann. Daher werden bei einer Abmeldung, die weniger als sieben Tage vor dem Seminarbeginn erfolgt (was über das `B_Stornodatum` ermittelt wird) 50 % der Seminargebühren als Storno-Gebühr in Rechnung gestellt. Zusätzlich verändern sich `B_TZahl` und der `B_Preis` durch

eine erneute Preisberechnung. Wollte sich ein Teilnehmer für einen anderen Kurs anmelden (was nicht passiert bzw. auch nicht nachzuvollziehen ist), wird er storniert und wieder neu angemeldet. Ob dafür eine Storno-Gebühr anfallen würde, wäre zu überlegen, spielt für unser Beispiel aber keine Rolle.

Die Auflistung der Spalten sowie die Überlegungen und Bedingungen, wie prinzipiell die Daten zu ermitteln sind, die die Spaltem füllen, ist eine einfache Technik, die insbesondere bei Tabellen ohne inhaltliche Informationshierarchie leicht von der Hand geht. Sie kann im Regelfall als Grundgerüst für ein Programm zur Testdatenerzeugung dienen. Im vorliegenden Fall hingegen gibt es einige Beziehungen zwischen Spalten, die nur in speziellen Fällen wie bei der Abfrage von Schaltvariablen oder gewöhnlichen Spaltenwerten sichtbar werden oder in Erscheinung treten.

Modularisierung der Anforderungen

Das Endergebnis befindet sich in verschiedenen Dateien. Mit der in diesem Abschnitt vorgestellten Datei haben Sie eine Variante vorliegen, mit der Sie die einzelnen Funktionen auf Ihre Funktionstüchtigkeit hin überprüfen können. Diese Funktionen sollten allerdings im Paket `GENERATOR` allesamt privater Natur sein, da sie in der Verwendung keinen selbstständigen Nutzen bringen. Sie repräsentieren vielmehr die Anforderungen, die im Rahmen des `INSERT`-Befehls an diejenigen Spalten zu stellen sind, die ihre Werte nicht direkt aus Variablen (wie z.B. die Terminnummer), sondern aus einer Berechnung beziehen, die sich hervorragend durch eine Funktion abbilden lässt. In der Datei *653_01.sql* finden Sie also eine Paket-Spezifikation, mit der Sie selbst die Funktionsweise einer solchen Funktion über die Vorgabe der passenden Werte und den Aufruf in `DBMS_OUTPUT.PUT_LINE` testen können. Dies könnte – und ist vermutlich auch in anderen Zusammenhängen Ihre Vorgehensweise – ein mögliches Prozedere sein, um schrittweise modulare Anwendungen zu konstruieren. Solange man das Gesamtkonzept vor Augen hat, kann man einzelne Bereiche programmieren, testen und nachher in größeren Zusammenhängen aufrufen. Das einzige Problem, das sich dann noch stellen kann, liegt im Bereich der Parameterübergabe.

Die nächsten Funktionen stellen also zunächst die Gruppe von Funktionen dar, die als Spaltenfunktion in SQL zum Einsatz kommen sollen. Hierbei ist darauf zu achten, die Reinheitsgrade nicht zu verletzen, wobei die wichtigste Forderung darin besteht, nur `IN`-Parameter anzubieten. Der Rückgabewert solcher Funktionen sollte bzw. muss mit dem Felddatentyp kompatibel sein bzw. übereinstimmen. Am einfachsten ist hier immer die automatische Typableitung, da sogar eine Einschränkung möglich ist:

- `ErmittlePreis` ermittelt einen Gruppenpreis anhand der Terminnummer, die zur Ermittlung der Kursnummer verwendet wird, und anhand der Teilnehmerzahl, die für die Wahl der passenden Preisstufe benutzt wird.

```
FUNCTION ErmittlePreis (
 Terminnummer   IN termin.T_Nr%TYPE,
 Teilnehmerzahl IN buchung.B_TZahl%TYPE)
RETURN buchung.B_Preis%TYPE;
```

- `ErmittleBereich` ermittelt `K_Bereich` für eine gegebene `T_Nr`, wobei diese – wie schon zuvor – dazu verwendet wird, die Kursnummer ausfindig zu machen.

```
FUNCTION ErmittleBereich (
 Terminnummer   IN termin.T_Nr%TYPE)
RETURN kurs.K_Bereich%TYPE;
```

- `ErmittleDatum` ermittelt für einen gegebenen Termin ein Anmeldedatum, das, zufällig verschoben, vor dem Beginn des Kurses liegt. Hier wird berücksichtigt, dass mehrere Teilnehmer eine größere Vorlaufzeit benötigen.

```
FUNCTION ErmittleDatum (
 Terminnummer   IN termin.T_Nr%TYPE,
 Teilnehmerzahl IN buchung.B_TZahl%TYPE)
RETURN buchung.B_Datum%TYPE;
```

- `BerechneNr` ermittelt die passende Buchungsnummer anhand der bereits vorhandenen Reihen. Hier könnte auch eine Sequenz zum Einsatz kommen.

```
FUNCTION ZaehleReihen  (
  Tabelle IN  VARCHAR2 := 'buchung',
  Spalte  IN  VARCHAR2 := 'B_Nr')
RETURN buchung.B_Nr%TYPE;
```

Listing 5.50 553_01.sql: SQL-Funktionen und ihre Schnittstellen

Neben den SQL-Funktionen gibt es eine weitere Funktion, die für die Erzeugung einer Sammlung mit Zufallszahlen zuständig ist. Dies lässt sich nur als lokales Modul bzw. im Rahmen einer Paketstruktur implementieren, da als Rückgabewert der Datentyp `NUMMERN` zum Einsatz kommt. Alternativ könnte man auch hier einen eigenen Datentyp anlegen und in der Datenbank speichern, was allerdings zu Folge hätte, dass man diesen auf anderen Systemen ebenfalls speichern müsste. In der Datei *653_05.sql* finden Sie auch eine Variante als anonymen Block mit der gleichen Funktionalität.

```
t_Zufall NUMMERN;
FUNCTION BerechneZufall (
 a        IN NUMBER,
 r        IN NUMBER,
 c        IN NUMBER,
 m        IN NUMBER )
 RETURN NUMMERN;
```

Listing 5.51 553_01.sql: Zufallsfunktion für die Erzeugung von Zufallszahlen

Mit Blick auf die Modulstruktur ergibt sich dann natürlich eine Prozedur für die eigentliche Buchung, die eine Vielzahl der SQL-Funktionen aufruft. Als einzige öffentliche Prozedur bzw. als einziges sinnvoll öffentliches Modul jedoch benötigt man eine Start-Prozedur, die den gesamten Prozess in Bewegung setzt.

- `BucheTeilnehmer` erfasst einzelne Anmeldungen anhand der in den einzelnen Funktionen ermittelten Werte für Terminnummern und Teilnehmernummern. Als `OUT`-Parameter wird hier zur Kontrolle die erzeugte Buchungsnummer ausgegeben. Hier hätte man auch für eine umfassende Kontrolle mit `%ROWTYPE` sämtliche Daten der Tabelle `BUCHUNG` ableiten können. In der Datei *653_06.sql* finden Sie einen einfachen Test dieser Prozedur in einem anonymen Block.

```
PROCEDURE BucheTeilnehmer (
 Teilnehmernr    IN  buchung.TN_Nr%TYPE,
 Terminnummer    IN  buchung.T_Nr%TYPE,
 Teilnehmerzahl  IN  buchung.B_TZahl%TYPE,
 Anmelder        IN  buchung.B_NrAnmelder%TYPE,
 Buchungsnr      OUT buchung.B_Nr%TYPE);
```

- `Ausfuehrung` führt den Generator aus und stellt die einzige öffentliche Schnittstelle dar, die im späteren Paket in der Spezifikation vorhanden sein wird. Sie erwartet eine Anzahl an Kleingruppen, die erzeugt und für die Buchungen ausgeführt werden sollen.

```
PROCEDURE Ausfuehrung (
 Anzahl IN NUMBER );
```

Listing 5.52 553_01.sql: Prozeduren für die Buchung und die Ausführung

Neben all den Funktionen und Prozeduren, die bereits durch ihre Schnittstellen und ihre verheißungsvollen Namen eine beeindruckende Aktivität verspüren lassen, benötigt das gesamte Programm – der Generator – Datenstrukturen, die als globale Parameter eingehen. Dazu haben wir zum einen den bereits verwendeten Datentyp NUMMERN konstruiert, der überall dort zum Einsatz kommen soll, wo eine Sammlung mit Zahlen erzeugt werden soll. Dies ist für die Teilnehmer- und die Terminnummer sowie für die Zufallszahlen von Bedeutung.

- NUMMERN repräsentiert den an vielen Stellen in der Anwendung verwendeten Datentyp für verschacheltete Tabellen, wobei durch seine Definition diese auch als Funktionsrückgabewerte möglich werden.

  ```
  TYPE NUMMERN IS TABLE OF NUMBER
   INDEX BY BINARY_INTEGER;
  ```

- Die Gewichtungsparameter dienen dazu, die Anwendung über die einfachen Zufallszahlen hinaus auch mit Wahrscheinlichkeiten zu belegen, die über die Zufallszahlen nur noch gesteuert werden. Anstatt also so vorzugehen, dass über eine Zufallszahl eine Terminnummer beliebig zufällig vergeben wird oder auch nicht vergeben wird, entwickelt man Gewichtungen für die Kursbereiche und den Monat des Seminars. Tendenziell würde sich also ein Programmierkurs im Mai und Juni am besten verkaufen lassen, wohingegen Office-Kurse im Januar nur eine ganz geringe Gewichtung haben. Über die Zufallszahlen lässt sich dann mit einem Schwellenwert und einer Produktbildung eine Hürde festsetzen, an der sich entscheidet, ob Kurse stattfinden oder nicht.

  ```
  TYPE GEWICHT IS TABLE OF NUMBER(4,2);
   -- Programmierung, Datenbanken, Programmierung(Office),
  Office, Server, Webdesign, Grafik
  t_Kurse  GEWICHT := GEWICHT(0.9, 0.8, 0.7, 0.5, 0.8, 0.6, 0.6);
   -- Jan, Feb, März...
  t_Monate GEWICHT := GEWICHT(0.4, 0.5, 0.7, 0.8, 0.9, 0.9, 0.8,
  0.6, 0.7, 0.8, 0.6, 0.4);
  ```

  Listing 5.53 553_01.sql: Datenstrukturen

Bei den aktuellen Gewichtungen ergibt sich der Zustand, dass ca. 15 % der angebotenen Seminare nicht stattfinden. Eine sehr komplexe Abfrage ermittelt diese Zahl sowie die absoluten Zahlen der angebotenen, durchgeführten und ausgefallenen Seminare. Diese Abfrage basiert allerdings weniger auf Zauberei als auf dem regen Einsatz von Unterabfragen in der Spaltenliste, die teilweise auch durch Berechnungen verknüpft und mit sprechenden Spaltennamen ausgegeben werden.

```
SELECT DISTINCT (SELECT COUNT(*)
                   FROM buchung RIGHT OUTER JOIN termin
                     ON buchung.T_Nr = termin.T_Nr
```

```
                  WHERE buchung.T_Nr IS NULL) /
                (SELECT COUNT(*) FROM termin)*100
                                             AS Prozent,
                (SELECT COUNT(*) FROM termin) AS Angebot,
                (SELECT COUNT(*)
                   FROM buchung RIGHT OUTER JOIN termin
                     ON buchung.T_Nr = termin.T_Nr
                  WHERE buchung.T_Nr IS NULL)
                                       AS Ausgefallen,
                (SELECT COUNT(*) FROM termin) -
                (SELECT COUNT(*)
                   FROM buchung RIGHT OUTER JOIN termin
                     ON buchung.T_Nr = termin.T_Nr
                  WHERE buchung.T_Nr IS NULL)
                                       AS Stattgefunden
  FROM termin
```

Listing 5.54 553_03.sql: Analyse der Termine, die stattgefunden haben bzw. ausgefallen sind

Als Ergebnis erhält man folgende Übersicht, die tatsächlich im Vergleich zur zu Grunde liegenden Abfrage wohltuend übersichtlich ist. Weitere Analysen der Buchungsstruktur werden im SQL-Kapitel durchgeführt. Wichtig ist hier nur, das Ergebnis und die Wirkung der Gewichtungen zu verstehen.

```
   PROZENT    ANGEBOT AUSGEFALLEN STATTGEFUNDEN
---------- ---------- ----------- -------------
15,7814871        659         104           555
1 Zeile wurde ausgewählt.
```

Nach diesen einleitenden Ausführungen fügen wir nun noch einmal die gesamte Spezifikation ein, wie sie tatsächlich sinnvoll und endgültig in der Datenbank gespeichert werden sollte. Die Gewichtungen, der Datentyp und die Prozedur `Ausfuehrung` bleiben übrig. Die SQL-Funktionen bleiben ebenfalls übrig, da sie nur so in Paket-Körper verwendet werden können. Um dies zu testen, sollten Sie später bei der Ausführung einmal eine Funktion löschen und die Fehlermeldung abwarten.

```
CREATE OR REPLACE  PACKAGE "SCOTT"."GENERATOR" as
TYPE NUMMERN IS TABLE OF NUMBER
 INDEX BY BINARY_INTEGER;
-------------------Parameter
TYPE GEWICHT IS TABLE OF NUMBER(4,2);
 -- Programmierung, Datenbanken, Programmierung(Office), Office,
Server, Webdesign, Grafik
```

```
t_Kurse  GEWICHT := GEWICHT(0.9, 0.8, 0.7, 0.5, 0.8, 0.6, 0.6);
 -- Jan, Feb, März...
t_Monate GEWICHT := GEWICHT(0.4, 0.5, 0.7, 0.8, 0.9, 0.9, 0.8,
0.6, 0.7, 0.8, 0.6, 0.4);
-------------------SQL-Funktionen
-- ErmittlePreis ermittelt Gruppenpreis
FUNCTION ErmittlePreis (
 Terminnummer   IN termin.T_Nr%TYPE,
 Teilnehmerzahl IN buchung.B_TZahl%TYPE)
RETURN buchung.B_Preis%TYPE;
-- ErmittleBereich ermittelt K_Bereich für T_Nr
FUNCTION ErmittleBereich (
 Terminnummer   IN termin.T_Nr%TYPE)
RETURN kurs.K_Bereich%TYPE;
-- ErmittleDatum ermittelt für Termin ein Anmeldedatum
FUNCTION ErmittleDatum (
 Terminnummer   IN termin.T_Nr%TYPE,
 Teilnehmerzahl IN buchung.B_TZahl%TYPE)
RETURN buchung.B_Datum%TYPE;
-- BerechneNr ermittelt die passende Buchungsnummer
 FUNCTION ZaehleReihen  (
   Tabelle IN  VARCHAR2 := 'buchung',
   Spalte  IN  VARCHAR2 := 'B_Nr')
 RETURN buchung.B_Nr%TYPE;
---------------------------------------------
-- Ausfuehrung führt den Generator aus
PROCEDURE Ausfuehrung (
 Anzahl IN NUMBER );
end GENERATOR;
```

Listing 5.55 553_02.sql: Spezifikation von GENERATOR

Sobald Sie das Paket selbst programmieren, verändern oder testen, werden Sie feststellen, dass bei Änderungen im Paketinhalt und einem erneuten Aufruf durch einen z.B. anonymen Block folgende Fehlermeldung erscheint:

```
DECLARE
*
FEHLER in Zeile 1:
ORA-04068: Der bestehende Status der Pakete  wurde aufgehoben
ORA-04061: Bestehender Status von package body "SCOTT.GENERATOR"
wurde annulliert
```

```
ORA-04065: Ausführung nicht erfolgreich, package body
"SCOTT.GENERATOR" wurde geändert oder gelöscht
ORA-06508: PL/SQL: aufgerufene Programm-Einheit ist nicht zu
finden
ORA-06512: in Zeile 3
```

Dies sieht zunächst unglaublich dramatisch aus und wirkt fast so, als hätte man durch eine winzige (Parameter-)Änderung gleich das gesamte Paket ungültig oder fehlerhaft gemacht. Tatsächlich aber handelt es sich nur um eine Information, die darauf hinweist, dass der Paketzustand in der *Shared Global Area* (SGA) nicht mehr zum tatsächlich gespeicherten bzw. kompilierten Paket passt. Erst beim nächsten Aufruf wird es daher erneut in die SGA gerufen und steht dann mit jeder noch so kleinen Änderung bereit. Sie werden später, wenn wir die in PL/SQL per Default enthaltenen Pakete vorstellen, auch direkt auf diese Eigenschaft zugreifen und sie manipulieren können.

Umsetzung der Anforderungen

Einerseits ist es sicherlich für Sie ganz interessant, eine größere Anwendung in PL/SQL kennen zu lernen, aber andererseits werden Sie sicherlich wenig Interesse haben, zehn Seiten Quelltext zu verschlingen. Daher haben wir auch einige Funktionalitäten wie die Stornierungen und die Unterscheidung in Firmen- und Standardseminare aus der Umsetzung herausgenommen, um das Programm in seiner Grundkonstruktion zu zeigen. Den gesamten Quelltext dieses Abschnitts finden Sie in der Datei *653_04.sql*. Der Übersichtlichkeit halber zerreißen wir die Struktur und fügen zwischen die einzelnen Module Kommentare und Hinweise ein, um das Verständnis zu erleichtern.

Ermittlung des Zufalls

Ein sehr einfacher Buchungsgenerator hätte die `SAMPLE`-Klausel von SQL verwenden und beliebige Teilnehmer auswählen können. Diese hätte man auf zufällige Gemeinsamkeiten wie z.B. eine gemeinsame Unternehmensnummer hin untersuchen können, um kleine Gruppen zu bilden. Dies hätte aber weitere Programmbereiche notwendig und die Anwendung zu zufällig gemacht. Da ja gerade bei der linearen Kongruenzmethode eine feste und damit reproduzierbare Zufallszahlenfolge entsteht, die die gesamte Anwendung steuert, sind die Ergebnisse stets dieselben. In dieser Version der schon zuvor im Rahmen der Rekursivität gezeigten Funktion erzeugt sie eine fertige Zufallszahlenfolge in einer verschachtelten Tabelle über den Datentyp `NUMMERN`. Der Zahlwert 0 wird ausgeschlossen und zu 1 umgewandelt, sobald er auftritt, da 0 in keiner Tabelle nützliche Werte hervorruft. Da nur `IN`-Parameter auftreten, wird auch keine Rekursion benötigt, sondern lediglich der eingehende Wert `r` in eine neue Variable r2 (sehr einfallsreich, wissen wir) gespeichert, sodass die Sammlung über eine Schleife gefüllt wird:

```
CREATE OR REPLACE  PACKAGE BODY "SCOTT"."GENERATOR" as
-------------------Zufall
FUNCTION BerechneZufall (
 a        IN NUMBER,
 r        IN NUMBER,
 c        IN NUMBER,
 m        IN NUMBER )
 RETURN NUMMERN
IS
 t_Zufall NUMMERN;
 r2 NUMBER := r;
BEGIN
 FOR i IN 1..m LOOP
  r2 := (a*r2 + c)mod m;
  IF r2 = 0 THEN r2 := 1; END IF;
  t_Zufall(i) := r2;
 END LOOP;
 RETURN t_Zufall;
END BerechneZufall;
```

Listing 5.56 553_04.sql: Zufallszahlenerzeugung

Preisermittlung

Für alle SQL-Funktionen gilt, dass sie nur IN-Parameter aufweisen dürfen, sodass diese Restriktion in jedem Fall zu berücksichtigen ist. Sie kann im Programmablauf ggf. zu Änderungen in Form von Wertübernahmen in andere Variablen führen. Die Preisermittlungsfunktion entspricht der in einem früheren Abschnitt vorgestellten Funktion und basiert komplett darauf, die Teilnehmerzahl zu untersuchen, die Obergrenze bei 5 zu setzen und diese Zahl dann in einen SQL-Text einzubauen, der dynamisch ausgeführt wird. Es wird dann stets für eine Terminnummer, die die zugehörige Kursnummer ermittelt, der korrekte Kleingruppenpreis berechnet:

```
-------------------SQL-Funktionen
-- ErmittlePreis ermittelt Gruppenpreis
FUNCTION ErmittlePreis (
 Terminnummer   IN termin.T_Nr%TYPE,
 Teilnehmerzahl IN buchung.B_TZahl%TYPE)
RETURN buchung.B_Preis%TYPE
```

```
IS
 v_KPreis preis.P_TN1%TYPE;      -- Kurspreis
 v_SQL    VARCHAR2(300);         -- Abfrage
 v_TNZahl buchung.B_TZahl%TYPE; -- TN-Zahl
 v_KNr    kurs.K_Nr%TYPE;        -- Kursnr
BEGIN
 -- Untersuchung der Eingaben
 IF    Teilnehmerzahl > 5  THEN v_TNZahl := 5;
 ELSIF Teilnehmerzahl <= 0 THEN v_TNZahl := 1;
 ELSE v_TNZahl := Teilnehmerzahl;
 END IF;
 -- Ermittlung der Kursnummer
 SELECT K_Nr
   INTO v_KNr
   FROM kurs NATURAL JOIN termin
  WHERE T_Nr = Terminnummer;
 -- Abfrage für Preisbestimmung
 v_SQL := 'SELECT P_TN'
          || v_TNZahl
          || ' FROM kurs NATURAL JOIN preis'
          || ' WHERE K_Nr='
          || v_Knr;
 EXECUTE IMMEDIATE v_SQL
 INTO v_KPreis;
 RETURN v_KPreis;
 EXCEPTION
 WHEN NO_DATA_FOUND OR TOO_MANY_ROWS  OR VALUE_ERROR
  THEN v_KPreis := 0; RETURN v_KPreis;
END ErmittlePreis;
```

Listing 5.57 553_04.sql: Preisermittlung

Bereichsermittlung

Für die Berechnung des Schwellenwerts benötigt man neben den Parametern, die direkt in der Paket-Spezifikation vorgegeben sind, noch den Bereich. Im Gegensatz zum Monat, in dem der Kurs stattfindet, lässt sich der Bereich nicht direkt aus dem Termin ermitteln, sondern nur indirekt über die Kursnummer. Dies alles ist kein Problem, da nur eine einzige Abfrage benötigt wird, deren einzeiliges und simples Ergebnis zurückgeliefert wird.

```
-- ErmittleBereich ermittelt K_Bereich für T_Nr
FUNCTION ErmittleBereich (
```

```
 Terminnummer   IN termin.T_Nr%TYPE)
RETURN kurs.K_Bereich%TYPE
IS
 v_KBereich kurs.K_Bereich%TYPE;
BEGIN
 SELECT K_Bereich
   INTO v_KBereich
   FROM termin NATURAL JOIN kurs
  WHERE T_Nr = Terminnummer;
  RETURN v_KBereich;
 EXCEPTION
 WHEN NO_DATA_FOUND OR TOO_MANY_ROWS  OR VALUE_ERROR
  THEN v_KBereich := 'NULL'; RETURN v_KBereich;
END ErmittleBereich;
```

Listing 5.58 553_04.sql: Bereichsermittlung eines Termins

Ermittlung eines Buchungsdatums

Der Algorithmus für die Gewichtungsproblematik ist zwar mathematisch simpel, aber von der Konzeption doch ein wenig gehaltvoller. Das muss er auch sein, da diese Elemente öffentlicher Natur sind. Für die Berechnung eines Buchungstermins, der zeitlich vor dem Kursbeginn liegen muss, könnte man sich auch mit Zufallszahlen und dergleichen behelfen. Da aber diese Funktion im Verborgenen des Paket-Körpers liegt, muss man sich hier keinesfalls aus Marketing-Gründen Mühe geben, einen komplizierten Berechnungsmodus zu entwickeln. Wir multiplizieren einfach die Teilnehmeranzahl mit 10 und ziehen diesen Tageswert vom Kursbeginn ab. Dies entspricht ungefähr der Erfahrung, dass Kurse mit vielen Teilnehmern bzw. große Kleingruppen sich wegen Abstimmungs- und Planungsherausforderungen deutlich früher anmelden als einzelne Teilnehmer.

```
-- ErmittleDatum ermittelt für Termin ein Anmeldedatum
FUNCTION ErmittleDatum (
 Terminnummer   IN termin.T_Nr%TYPE,
 Teilnehmerzahl IN buchung.B_TZahl%TYPE)
RETURN buchung.B_Datum%TYPE
IS
 v_BDatum buchung.B_Datum%TYPE;
BEGIN
 SELECT T_Beginn-10*Teilnehmerzahl
   INTO v_BDatum
   FROM termin
```

```
  WHERE T_Nr = Terminnummer;
  RETURN v_BDatum;
 EXCEPTION
 WHEN NO_DATA_FOUND OR TOO_MANY_ROWS  OR VALUE_ERROR
  THEN v_BDatum := 'NULL'; RETURN v_BDatum;
END ErmittleDatum;
```

Listing 5.59 553_04.sql: Ermittlung eines Buchungsdatums

Zuweisung von Buchungsnummern

Zum wiederholten Mal folgt hier der Hinweis, dass man natürlich eine solche Funktion nicht benutzen muss, wenn man eine Sequenz einsetzt. Da man diese – wie auch schon ein anderer Datentyp als der, der mit dem Namen `NUMMERN` im Paket vorhanden ist – in der Datenbank speichern muss, würde ihr Einsatz das Paket nicht transportabel machen. Ein Ausweg könnte hier nur eine eigene Funktion sein, die mit dynamischem SQL die Sequenz erstellt. Aus diesen Gründen erscheint es einfacher, wie immer die größte `B_Nr` zu ermitteln und um 1 zu erhöhen:

```
-- ZaehleReihen ermittelt die passende Buchungsnummer
 FUNCTION ZaehleReihen(
   Tabelle IN  VARCHAR2 := 'buchung',
   Spalte  IN  VARCHAR2 := 'B_Nr')
 RETURN buchung.B_Nr%TYPE
IS
 v_SQL    VARCHAR2(300);
 v_Return buchung.B_Nr%TYPE;
BEGIN
  v_SQL := 'SELECT MAX('
          || Spalte
          || ') FROM '
          || Tabelle;
 EXECUTE IMMEDIATE v_SQL
 INTO v_Return;
 IF v_Return IS NULL
  THEN v_Return := 1;
 END IF;
 RETURN v_Return+1;
END ZaehleReihen;
```

Listing 5.60 553_04.sql: Zuweisung von höchsten Primärschlüsselwerten

Bildung der Kleingruppen

Die zuvor gezeigten Funktionen stellten keine größere Schwierigkeit dar. Bei der Bildung der Kleingruppen, die dann kollektiv als Seminarteilnehmer gebucht werden, ist dies ein wenig anders. Für die Schnittstellen bedeutet dies, dass eine beliebige Teilnehmernummer in die Funktion eingeht und dass anhand dieser in zwei Strängen (mit Hilfe der Unternehmensnummer oder mit Hilfe der Postleitzahl) Kollegen bzw. Freunde ermittelt werden. Diese speichert die Funktion in die schon so oft verwendete Sammlung, die auf dem Datentyp `NUMMERN` basiert. Während die Zuweisung zur Kleingruppe über die im ersten Teilnehmerdatensatz gefundene Unternehmensnummer sehr einfach ist, kann man nicht davon ausgehen, dass jede Stadt mehrfach in der Tabelle erscheint, um genug Nachbarn zu liefern. Daher schaffen wir einen Postleitzahlenraum von minus/plus 1 000, um aus einem größeren Einzugsgebiet Teilnehmer zu Freundeskreisen zusammenzuführen.

Eine Übersicht über die Verteilung der Kleingruppengrößen liefert Ihnen die Abfrage:

```
SELECT COUNT(DISTINCT T_Nr) AS Terminanzahl,
       B_TZahl              AS Gruppenstärke
  FROM buchung
 GROUP BY B_TZahl
```

Sie erzeugt folgendes Ergebnis:

```
TERMINANZAHL GRUPPENSTÄRKE
------------ -------------
           2             1
          23             2
          48             3
          99             4
          92             5
         291             6
6 Zeilen ausgewählt.
```

Listing 5.61 553_07.sql: Verteilung der Kleingruppengrößen

In der Anwendung finden Sie zum Schluss eine hartkodierte Beschränkung der Teilnehmerzahlen pro Kurs auf sechs, indem die Elemente in der Sammlung mit einem Indexwert größer als sechs gelöscht werden. Hier könnte man natürlich noch über eine `WARTELISTE`-Tabelle entsprechende Funktionalitäten einbauen und bei Wartelistenwerten, die größer als ein bestimmter Schwellenwert sind, den Kurs doppelt stattfinden lassen:

```
-- FindeGruppe findet weitere Anmelder
FUNCTION FindeGruppe (
 Teilnehmernr IN teilnehmer.TN_Nr%TYPE)
RETURN NUMMERN
IS
 t_TNNr NUMMERN;
 v_UNr  teilnehmer.U_Nr%TYPE;
BEGIN
 -- Test auf Unternehmenskunde
 SELECT U_Nr
   INTO v_UNr
   FROM teilnehmer
  WHERE TN_Nr = Teilnehmernr;
 -- Fallunterscheidung
 -- 1. Unternehmenskunde
 IF v_UNr IS NOT NULL THEN
  SELECT TN_Nr
    BULK COLLECT INTO t_TNNr
     FROM teilnehmer
    WHERE U_Nr = (SELECT U_Nr
                    FROM teilnehmer
                   WHERE TN_Nr = Teilnehmernr);
 -- 2. Privatkunde
 ELSE
  SELECT TN_Nr
    BULK COLLECT INTO t_TNNr
    FROM teilnehmer
   WHERE TN_PLZ BETWEEN (SELECT TN_PLZ-1000
                           FROM teilnehmer
                           WHERE TN_Nr = Teilnehmernr)
                AND (SELECT TN_PLZ+1000
                       FROM teilnehmer
                      WHERE TN_Nr = Teilnehmernr);
 END IF;
 -- Test auf zu große Gruppe (max 6)
 IF t_TNNr.COUNT >6
  THEN t_TNNr.DELETE(7, t_TNNr.COUNT);
 END IF;
 RETURN t_TNNr;
 EXCEPTION
```

```
WHEN NO_DATA_FOUND
  THEN t_TNNr(1) := Teilnehmernr; RETURN t_TNNr;
END FindeGruppe;
```

Listing 5.62 553_04.sql: Bildung von Kleingruppen

Durch Zufall werden allerdings gar keine Kleingruppen aufgrund von privaten Anmeldungen belegt, was eine Aufstellung der Form

```
SELECT DISTINCT
      (SELECT COUNT(B_NrAnmelder)
          FROM buchung INNER JOIN teilnehmer
            ON buchung.B_NrAnmelder = teilnehmer.TN_Nr
         WHERE U_Nr IS NOT NULL)
                                AS Firmenanmeldungen,
       (SELECT COUNT(B_NrAnmelder)
          FROM buchung INNER JOIN teilnehmer
            ON buchung.B_NrAnmelder = teilnehmer.TN_Nr
         WHERE U_Nr IS NULL)
                                AS Privatanmeldungen
FROM buchung
```

mit folgendem Ergebnis belegt:

```
FIRMENANMELDUNGEN PRIVATANMELDUNGEN
----------------- -----------------
             2794                 0
1 Zeile wurde ausgewählt.
```

Listing 5.63 553_08.sql: Analyse der Kleingruppen

Buchung von Teilnehmern

Im Hauptprogramm wird – wie Sie schon erwartet haben – eine Stelle auftauchen, an der aus den bereitgestellten Daten ein Buchungssatz in Form einer `INSERT`-Anweisung benötigt wird. Diese Anweisung platzieren wir ebenfalls in eine Prozedur, in der die einwertigen Daten aus den Sammlungen eingehen und dann über die `INSERT`-Anweisung unter Aufruf der unterschiedlichen SQL-Funktionen endgültig in die Datenbank eingetragen werden. Dies stellt die wohl kritischste Stelle im Entwicklungsprozess dar, da nun alle Daten und Funktionen gleichzeitig zum Einsatz kommen und in einer SQL-Anweisung auftreten. Hier können Fehler im Bereich der Datentypen etc. zu Tage treten, die man am ehesten durch eine Textausgabe des `INSERT`-Befehls herausfindet.

```
--BucheTeilnehmer erfasst einzelne Anmeldung
PROCEDURE BucheTeilnehmer (
 Teilnehmernr   IN  buchung.TN_Nr%TYPE,
 Terminnummer   IN  buchung.T_Nr%TYPE,
 Teilnehmerzahl IN  buchung.B_TZahl%TYPE,
 Anmelder       IN  buchung.B_NrAnmelder%TYPE,
 Buchungsnr     OUT buchung.B_Nr%TYPE)
IS
 v_SQL VARCHAR2(500);
BEGIN
 INSERT INTO buchung
 VALUES (ZaehleReihen(),
         Teilnehmernr,
         Terminnummer,
         TO_DATE(
               ErmittleDatum(Terminnummer, Teilnehmerzahl)),
         Teilnehmerzahl,
         ErmittlePreis(Terminnummer, Teilnehmerzahl),
         Anmelder,
         NULL,
         NULL)
 RETURNING B_Nr INTO Buchungsnr;
END BucheTeilnehmer;
```

Listing 5.64 553_04.sql: Buchung eines Teilnehmers

Ausführung des gesamten Generators

Damit ist die Vorstellung der einzelnen Teilmodule beendet. Die eigentliche Programmlogik des Buchungsgenerators befindet sich nun in der öffentlichen Prozedur `Ausfuehrung`:

1. Im Deklarationsabschnitt befinden sich für die Termin- und Teilnehmerdaten zwei Datensätze, die diese Datenstrukturen binden. Für die Erzeugung und Haltung der Zufallszahlen für jeden Termin ist eine Sammlung verantwortlich, die auf den beliebten Datentyp `NUMMERN` verweist. Sie erzeugt eine Zufallszahlenfolge, die eine Zufallszahl für jeden Termin bereithält und der Gewichtungsberechnung zur Verfügung stellt.
2. Das Programm folgt den sequenziell aufsteigenden Terminen von 1 bis zum Tabellende und berechnet für jeden Termin den Gewichtungsfaktor. Diese Berechnung geschieht über eine Bereichs- und Monatsbewertung, wobei den gefundenen Daten im Termindatensatz die passenden Werte aus den Gewichtungssammlungen zugewiesen werden. Dazu benutzt man zwei

große CASE-Anweisungen. Das gesamte Verarbeitungsprogramm startet nur, wenn das Produkt aus den Gewichtungsfaktoren und der Zufallszahl größer als 50 ist.

3. Über die Zählervariable, die der Termintabelle folgt, wird nun ein Datensatz aus der Teilnehmertabelle gewählt. So steigen die Hauptanmelder ebenso chronologisch auf wie die Termine. Für den gefundenen Teilnehmerdatensatz stellt man dann eine passende Kleingruppe anhand der Unternehmensnummer oder der Postleitzahl zusammen.
4. Die erzeugte Sammlung für den zustande gekommenen Termin wird der Reihe nach als Anmeldungen gebucht.
5. Da die Prozedur als Eingangsparameter eine Obergrenze an zu untersuchenden Terminen verlangt, wird die Prozedur beendet, sobald die Zählervariable gleich diesem Parameter ist.

```
PROCEDURE Ausfuehrung (
 Anzahl IN NUMBER)
IS
 t_
Zufall NUMMERN := BerechneZufall(2,211,482,ZaehleReihen('termin'
, 'T_Nr')-1);
 -- Termindatenstruktur
 TYPE RecTermin IS RECORD (
  Monat   VARCHAR2(2),
  Bereich kurs.K_Bereich%TYPE
  );
 v_TDaten RecTermin;
 v_TGewicht NUMBER(4,2);
 v_KGewicht NUMBER(4,2);
 t_TGewicht NUMMERN;
 -- Teilnehmerdatenstruktur
 TYPE RecTeilnehmer IS RECORD (
  Nr          teilnehmer.TN_Nr%TYPE,
  UNr         teilnehmer.U_Nr%TYPE,
  PLZ         teilnehmer.TN_PLZ%TYPE
  );
 v_TNDaten    RecTeilnehmer;
 t_Teilnehmer NUMMERN;
 -- Buchungsergebnis
 v_BNr        buchung.B_Nr%TYPE;
BEGIN
```

```
-- Gewichtungsberechnung: Termine
FOR i IN 1..ZaehleReihen('termin', 'T_Nr')-1 LOOP
 ------------------
 -- Terminbewertung
 SELECT ErmittleBereich(T_Nr), TO_CHAR(T_Beginn, 'MM')
   INTO v_TDaten.Bereich, v_TDaten.Monat
   FROM termin
  WHERE T_Nr = i;
 -- Monat
 <<Monatsbewertung>>
 CASE v_TDaten.Monat
  WHEN '01' THEN v_TGewicht := t_Monate(1);
  WHEN '02' THEN v_TGewicht := t_Monate(2);
  WHEN '03' THEN v_TGewicht := t_Monate(3);
  WHEN '04' THEN v_TGewicht := t_Monate(4);
  WHEN '05' THEN v_TGewicht := t_Monate(5);
  WHEN '06' THEN v_TGewicht := t_Monate(6);
  WHEN '07' THEN v_TGewicht := t_Monate(7);
  WHEN '08' THEN v_TGewicht := t_Monate(8);
  WHEN '09' THEN v_TGewicht := t_Monate(9);
  WHEN '10' THEN v_TGewicht := t_Monate(10);
  WHEN '11' THEN v_TGewicht := t_Monate(11);
  WHEN '12' THEN v_TGewicht := t_Monate(12);
 END CASE Monatsbewertung;
 -- Bereich
 <<Bereichsbewertung>>
 CASE v_TDaten.Bereich
  WHEN 'Programmierung'      THEN v_KGewicht := t_Kurse(1);
  WHEN 'Datenbanken'         THEN v_KGewicht := t_Kurse(2);
  WHEN 'Programmierung(Office)'
                             THEN v_KGewicht := t_Kurse(3);
  WHEN 'Office'              THEN v_KGewicht := t_Kurse(4);
  WHEN 'Server'              THEN v_KGewicht := t_Kurse(5);
  WHEN 'Webdesign'           THEN v_KGewicht := t_Kurse(6);
  WHEN 'Grafik'              THEN v_KGewicht := t_Kurse(7);
 END CASE Bereichsbewertung;
 -- Gewichtungsberechnung
 t_TGewicht(i) := v_TGewicht*v_KGewicht*t_Zufall(i);
 -- Regel: Verarbeitung nur, wenn Gewicht > Schwellenwert
 IF t_TGewicht(i) >= 50 THEN
```

```
    SELECT TN_Nr, U_Nr, TN_PLZ
      INTO v_TNDaten
      FROM teilnehmer
     WHERE TN_Nr = i;
    -- Gruppenbildung
    t_Teilnehmer := (FindeGruppe(i));
    FOR j IN t_Teilnehmer.FIRST..t_Teilnehmer.LAST LOOP
     BucheTeilnehmer (
         Teilnehmernr    => t_Teilnehmer(j),
         Terminnummer    => i,
         Teilnehmerzahl  => t_Teilnehmer.COUNT,
         Anmelder        => t_Teilnehmer(t_Teilnehmer.FIRST),
         Buchungsnr      => v_BNr);
     COMMIT;
    END LOOP;
    -- Eintrag pro Gruppenmitglied
   END IF;
   EXIT WHEN i = Anzahl;
  END LOOP;
END Ausfuehrung;
end;
```

Listing 5.65 553_04.sql: Start-Prozedur des Pakets

Ausführung und Test des Generators

Nach all diesen Planungen stellt sich das Ergebnis für die Tabelle sehr beeindruckend, aber bei der eigentlichen Verwendung überaus karg dar. Man benötigt im einfachsten Fall nicht eine einzige Variable, um die maximale Anzahl von 2794 Buchungen auszuführen. Diese ist von den Zufallszahlen abhängig und kann sowohl dort als auch durch das Senken des Schwellenwertes gesteigert werden. Die angegebene 5000 stellt damit eine Zahl dar, die so nicht erreicht wird. Möchte man mehr Buchungen erzeugen, sollte man das gesamte Programm in einer Schleife ablaufen lassen und kann so auch beliebig viele Kurse erzeugen. Die im Normalfall erstellte Zahl ist dabei allerdings halbwegs realistisch, da so im Schnitt jeder Teilnehmer etwas mehr als einen Kurs besucht hat.

```
DECLARE
BEGIN
 GENERATOR.AUSFUEHRUNG(5000);
END;
```

Listing 5.66 553_09.sql: Ausführung des Ausführers

5.5.4 Quelltextschutz und Verschlüsselung

Während die Testdatenerzeugung ein Programm für Ihren eigenen Hausgebrauch darstellt, werden Sie normalerweise bzw. in Zukunft eher Anwendungen für Kunden oder Kollegen schreiben. Nicht immer möchte man hier seine Fähigkeiten oder die Fähigkeiten des Programms offen legen. Zwar haben wir weiter oben damit geprahlt, dass PL/SQL über die Paketstruktur auch das Konzept der Kapselung unterstützt, doch ist dies natürlich nur softwaretechnisch und nicht praktisch wahr. Sobald Sie einen Auftrag abgeschlossen haben, werden Sie Ihren Quelltext in einem anderen System aufspielen und vielleicht nicht unbedingt wollen, dass man Ihren Quelltext sieht. Solche Probleme dürften Ihnen aus allen Programmiersprachen bekannt sein, die zur Laufzeit kompiliert werden (z.B. bei Skriptsprachen wie PHP). Für diesen Fall kann man über das so genannte *Wrap Utility* den PL/SQL-Quelltext verschlüsseln, sodass eine weitere Datei entsteht, die letztendlich die gleiche Funktionalität besitzt, nur vollkommen unleserlich ist und genauso wie alle anderen Dateien mit PL/SQL-Quelltext aufgespielt werden kann.

Die Verschlüsselung können Sie auf Textdateien anwenden, die folgende Objekte erstellen:

- `CREATE [OR REPLACE] FUNCTION funktionsname`
- `CREATE [OR REPLACE] PROCEDURE prozedurname`
- `CREATE [OR REPLACE] PACKAGE paketname`
- `CREATE [OR REPLACE] PACKAGE BODY paketname`
- `CREATE [OR REPLACE] TYPE typname ... OBJECT`
- `CREATE [OR REPLACE] TYPE BODY typname`

Sie benötigen nur einen einzigen Befehl für die Verschlüsselung, der verschiedene Argumente erhält. Die Standardvariante benötigt nur folgende Zeile, wobei der Befehl in der Eingabeaufforderung wirklich nur eine Zeile bzw. keine Zeilenumbrüche umfassen darf:

```
wrap
 iname=F:\Bücher\oracle\Uebungen\6_PLSQL_Module\554_01.sql
```

Da standardmäßig eine neue Datei mit dem Suffix *plb* (für *PL/SQL binary*) erzeugt wird, können Sie sich normalerweise auch die Angabe der Ausgabedatei sparen. Dies würde folgendermaßen aussehen:

```
oname= F:\Bücher\oracle\Uebungen\6_PLSQL_Module\554_01v.sql
```

Beide Dateien finden Sie als Beispieldatei. Standardmäßig erscheinen verschlüsselte Pakete mit dem Schlüsselwort `wrapped` in der Funktionsdefinition, sodass aus der Funktionsdefinition folgender Text wird, der im allgemeinen Fall die Form <Kopf> wrapped <Körper> besitzt.

```
CREATE OR REPLACE FUNCTION ErmittleDatum wrapped
```

Listing 5.67 554_01v.sql: Verschlüsselte Version von 554_01.sql

Das letzte Argument ist `edebug=wrap_new_sql`. Es sorgt dafür, dass auch neue SQL-Funktionen übernommen und verschlüsselt werden. Für eine Verschlüsselung des im zurückliegenden Abschnitt erstellten Paket-Körpers ist dies z.B. wegen der verwendeten `NATURAL JOIN`-Klausel notwendig, da diese unter Oracle 8i noch nicht erlaubt war. Doch bei Angabe dieses Arguments funktioniert die Übertragung problemlos. Sie erhalten also keine Fehlermeldung, die genau diese Klausel kritisch beäugt.

```
wrap
 iname=F:\Bücher\oracle\Uebungen\6_PLSQL_Module\553_04.sql
 edebug=wrap_new_sql
```

Die Fehlermeldungen sind relativ leicht zu verstehen und beeindrucken in einigen Fällen nur durch ihre Länge, da das gesamte Dokument durchsucht und die Verarbeitung beim ersten Fehler nicht unterbrochen wird. In der Datei *554_02.sql* finden Sie die komplette Fehlermeldung für das Paket, das ohne das optionale SQL-Argument verschlüsselt wurde. Hier sehen Sie die interessante Stelle aus dieser umfassenden Meldung:

```
PSU(103,1,40,22):Fand das Symbol "JOIN" als eines der folgenden
erwartet wurde:
   , ; for group having intersect minus order start union where
Das Symbol "," ersetzte "JOIN", um fortzufahren.
PL/SQL Wrapper error: Compilation error(s) for:
CREATE OR REPLACE  PACKAGE BODY "SCOTT"."GENERATOR"
```

Listing 5.68 554_02.sql: Auszug einer Fehlermeldung bei unbekannten SQL-Klauseln

Während also solche unbekannten SQL-Klauseln genauso wie syntaktische Fehler angemerkt werden, bleiben semantische Fehler wie z.B. fehlende Berechtigungen oder unbekannte Schema-Objekte unberücksichtigt und führen daher erst bei der Ausführung des Moduls zu einer Fehlermeldung.

Während der Quelltext besonders einfach ist und daher mit Blick auf die große Einsatzfähigkeit extrem effizient ist, wollen wir uns den Luxus gönnen, diese Fähigkeiten mit einem spektakulären Beweisfoto abzubilden. Es stellt in diesem Sinne wohl einen Höhepunkt dar. In der *MS DOS-Eingabeaufforderung* rufen Sie das Verschlüsselungsprogramm auf und erhalten dann im angegebenen Zielverzeichnis (hier direkt in **C:**) die verschlüsselte Datei. Dort finden Sie nur die von Ihnen vorgegebenen Bezeichner wie Variablen- und Ausnahmennamen sowie die Erstellungsanweisung in Klartext, während alles andere unleserlich bzw. verschlüsselt dargestellt wird. Dies können Sie – wie andere Moduldefinitionen auch – in *SQL*Plus* einfügen und von dort aus kompilieren lassen. Sie erhalten dann eine Bestätigungsinformation, als hätten Sie eine Moduldefinition in Klartext eingefügt. Wenn Sie dieses Modul dann im *Oracle Enterprise Manager* aufrufen, können Sie den SQL-Quelltext dort genauso wenig in der Standard-Anzeige wie über die Schaltfläche **SQL zeigen** lesen.

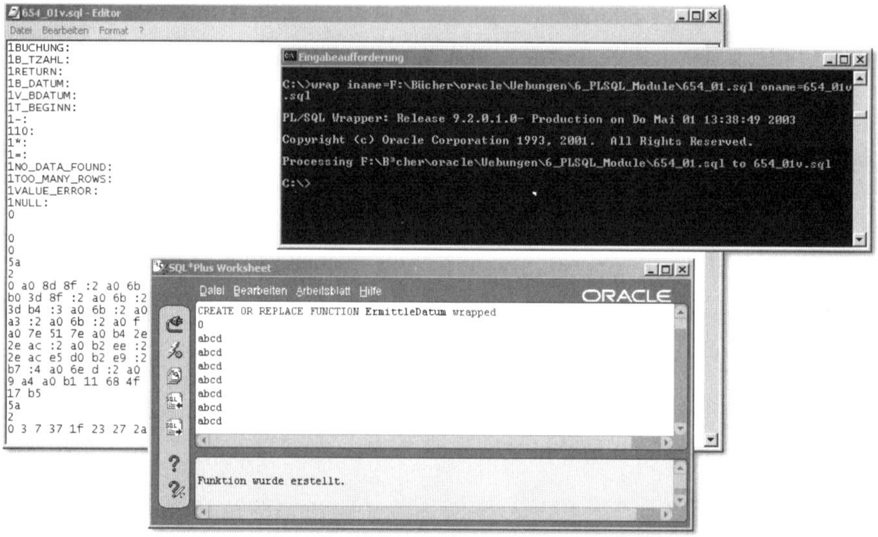

Abbildung 5.28 Verschlüsselung von PL/SQL-Modulen

Verständlicherweise können inhaltliche Änderungen an verschlüsselten Dateien nicht direkt vorgenommen werden. Statt dessen muss man die Klarschrift- bzw. Originaldatei modifizieren, neu verschlüsseln und ebenfalls neu einspielen.

5.5.5 Übersicht über eingebaute PL/SQL-Pakete

In diesem Abschnitt wollen wir einige eingebaute Pakete herausheben und mit ihren Modulen darstellen. Einige Pakete haben Sie bereits in diesem und im letzten Kapitel kennen gelernt. Eine genaue Auflistung der einzelnen Strukturen finden Sie nur in der Oracle-Dokumentation zu den PL/SQL-Paketen. Wir werden auch darauf verzichten, eine Liste in diesem Buch abzudrucken, da letztendlich nicht viel mehr als der Titel und eine kurze Beschreibung abgedruckt werden könnte. In der Dokumentation jedoch finden Sie auch Ausnahmen und Fehlermeldungen, die mit dem Paket »verfügbar« sind und welche Datenstruktur bei der Parameterübergabe notwendig sind. Beispiele sind leider rar gesät, sodass man ohne Experimente nicht weit kommt. So finden Sie in der Dokumentation überall Hinweise auf die Datenstruktur, die mit dem Modul des Pakets zu benutzen ist. Dies bezieht sich ausschließlich auf die Parameter, die als `IN`-Parameter in das Modul hineingehen, und die `OUT`-Parameter, die Werte aus dem Modul empfangen können.

Systemüberwachung mit DBMS_UTILITY

Ein wahrer Alleskönner ist das `DBMS_UTILITY`-Paket, mit dem sich Systemeigenschaften und Funktionen verwalten lassen. Wir hatten es bereits bei der Messung der Zeit kennen gelernt und werden nun einige spezielle Funktionen explizit herausgreifen.

Datenbank-Version herausfinden

Mit der Prozedur `DB_VERSION` können Sie, wie der Name schon vermuten lässt, die Datenbank-Version herausfinden. Die Datenstruktur sieht folgendermaßen aus:

```
DBMS_UTILITY.DB_VERSION (
 version OUT VARCHAR2,
 compatibility OUT VARCHAR2);
```

Diese Prozedur erwartet zwei Variablen, in denen sie Werte für die Datenbank-Version und die Kompatibilität speichern kann, die in der *init.ora*-Datei angegeben ist. Diese Werte können dann weiter durchsucht und verarbeitet werden. Für diese Prozedur sind keine Ausnahmen oder speziellen Fehlermeldungen reserviert.

```
DECLARE
 v_version       VARCHAR2(10);
 v_compatibility VARCHAR2(10);
BEGIN
 DBMS_UTILITY.DB_VERSION(v_version, v_compatibility);
 DBMS_OUTPUT.PUT_LINE(v_version);
 DBMS_OUTPUT.PUT_LINE(v_compatibility);
END;
```

Listing 5.69 555_01.sql: Verwendung von DB_VERSION

Verarbeitung von kommagetrennten Werten

Die zwei Prozeduren lassen sich auch für die Verarbeitung von kommagetrennten Werten verwenden. `COMMA_TO_TABLE` transformiert dabei eine Liste von kommagetrennten Werten in eine verschachtelte Tabelle, während `TABLE_TO_COMMA` genau das Gegenteil bewirkt, nämlich die Umwandlung von Sammlungswerten in eine verschachtelte Tabelle. Dabei kann dies unter Verwendung des `UTL_FILE`-Pakets auch auf Textdateien angewandt werden. Dies eröffnet sehr interessante Verarbeitungsmöglichkeiten für den Datenaustausch über Textdateien und das Allzweckformat CSV. Die Einschränkung besteht allerdings darin, dass keine Zahlen gespeichert werden können, da die eigentliche Verwendung dieser beiden Prozeduren für spezielle Zeichenkettenfolgen reserviert ist, die sich aus den Typdefinitionen für dieses Paket ergeben.

- `type uncl_array IS TABLE OF VARCHAR2(227) INDEX BY BINARY_INTEGER;`
  Dieser Datentyp speichert Inhalte der Form `"USER"."NAME"."COLUMN"@LINK`.
- `type name_array IS TABLE OF VARCHAR2(30) INDEX BY BINARY_INTEGER;`
  Dieser Datentyp speichert Listen von `NAME`.
- `type dblink_array IS TABLE OF VARCHAR2(128) INDEX BY BINARY_INTEGER;`
  Dieser Datentyp speichert Datenbank-Links.
- `TYPE index_table_type IS TABLE OF BINARY_INTEGER INDEX BY BINARY_INTEGER;`
  Dieser Datentyp speichert die Reihenfolge, in der Objekte generiert werden sollten.
- `TYPE number_array IS TABLE OF NUMBER INDEX BY BINARY_INTEGER;`
  Dieser Datentyp speichert die Reihenfolge für Benutzer, in der Objekte generiert werden sollten.
- `TYPE instance_record IS RECORD (inst_number NUMBER, inst_name VARCHAR2(60));` und `TYPE instance_table IS TABLE OF instance_record INDEX BY BINARY_INTEGER;`
  Diese Datentypen speichern Listen von aktiven Instanznummern und Instanznamen beginnend bei 1, wobei die Werte dicht gesetzt sind.

Die beiden Funktionen für die Umwandlung von kommagetrennten Werten mit obigen Inhalten stellen wir kurz anhand von zwei Beispielen vor. Dabei verwenden wir hier allerdings andere Inhalte als das erwartete `'Scott.buchung.b_nr'`.

- `COMMA_TO_TABLE` erwartet CSV-Werte in Form von `VARCHAR2` ohne Sonderzeichen (wie Bindestriche oder Schrägstriche) sowie zwei Ausgabevariablen für die Anzahl der gefundenen Werte und eine Tabelle.

```
DBMS_UTILITY.COMMA_TO_TABLE (
 list IN VARCHAR2,
 tablen OUT BINARY_INTEGER,
 tab OUT UNCL_ARRAY);
```

- TABLE_TO_COMMA erwartet für das Ergebnis eine einfache Variable, eine Tabelle mit Werten, die umgewandelt werden sollen, und eine Variable für die Speicherung der gefundenen Werte.

```
DBMS_UTILITY.TABLE_TO_COMMA (
 tab IN UNCL_ARRAY,
 tablen OUT BINARY_INTEGER,
 list OUT VARCHAR2);
```

Im folgenden Beispiel lesen wir eine kurze CSV-Liste in eine Sammlung ein, geben sie aus und kopieren sie wieder in diese CSV-Liste zurück. Achten Sie dabei darauf, keine Sonderzeichen zu verwenden. Wie Sie sehen, ist das letzte Element der entstehenden Tabelle leer und enthält NULL.

```
DECLARE
 v_Anzahl  BINARY_INTEGER;
 t_Tabelle DBMS_UTILITY.UNCL_ARRAY;
 v_CSV     VARCHAR2(40) := 'Oracle,SQL,PLSQL,XML';
BEGIN
 DBMS_OUTPUT.PUT_LINE('Vorher: ' || v_CSV);
 -- CSV --> Tabelle
 DBMS_UTILITY.COMMA_TO_TABLE(v_CSV, v_Anzahl, t_Tabelle);
 DBMS_OUTPUT.PUT_LINE('Anzahl: ' || v_Anzahl);
 FOR i IN t_Tabelle.FIRST..t_Tabelle.LAST LOOP
  IF t_Tabelle(i) IS NULL
   THEN t_Tabelle(i) := 'NULL';
  END IF;
  DBMS_OUTPUT.PUT_LINE('Wert ' || i || ': ' ||
t_Tabelle(i));
 END LOOP;
 -- Tabelle --> CSV
 DBMS_UTILITY.TABLE_TO_COMMA(t_Tabelle, v_Anzahl, v_CSV);
 DBMS_OUTPUT.PUT_LINE('Nachher: ' || v_CSV);
END;
```

Listing 5.70 555_02.sql: Einsatz von TABLE_TO_COMMA und COMMA_TO_TABLE

Das Ergebnis zeigt, wie die beiden Prozeduren arbeiten.

```
Vorher: Oracle,SQL,PLSQL,XML
Anzahl: 4
Wert 1: Oracle
Wert 2: SQL
Wert 3: PLSQL
Wert 4: XML
Wert 5: NULL
Nachher: Oracle,SQL,PLSQL,XML,NULL
PL/SQL-Prozedur wurde erfolgreich abgeschlossen.
```

Aktive Instanzen auszählen

Für Informationen über die aktiven Instanzen gibt es eine Funktion und eine Prozedur:

- Die Funktion CURRENT_INSTANCE liefert als Rückgabewert die Nummer der aktuell verbundenen Instanz.

  ```
  DBMS_UTILITY.CURRENT_INSTANCE
  RETURN NUMBER;
  ```

- Die Prozedur ACTIVE_INSTANCES liefert in der Sammlung mit den beiden Feldern inst_number und inst_name die Nummer und den Namen der aktuellen Instanzen in Datensatzform. In einer Variable erhält man dann die Anzahl der aktiven Instanzen.

  ```
  DBMS_UTILITY.ACTIVE_INSTANCE (
   instance_table OUT INSTANCE_TABLE,
   instance_count OUT NUMBER);
  ```

Folgendes Skript analysiert mit Hilfe der obigen Module die Nummer der aktuellen Instanz und prüft anschließend alle Instanzen.

```
DECLARE
 i           NUMBER := 0;
 t_Instanzen DBMS_UTILITY.INSTANCE_TABLE;
 v_IZahl     NUMBER(2);
BEGIN
 DBMS_OUTPUT.PUT_LINE('Aktuell: ' || DBMS_UTILITY.CURRENT_
INSTANCE());
 DBMS_UTILITY.ACTIVE_INSTANCES(t_Instanzen, v_IZahl);
 DBMS_OUTPUT.PUT_LINE('Aktive Instanzen: '|| v_IZahl);
 WHILE (i <= t_Instanzen.COUNT) LOOP
  DBMS_OUTPUT.PUT_LINE(t_Instanzen(0).inst_number);
```

```
  DBMS_OUTPUT.PUT_LINE(' Name: ' || t_Instanzen(0).inst_name);
  i := i + 1;
 END LOOP;
 EXCEPTION
 WHEN NO_DATA_FOUND
 THEN DBMS_OUTPUT.PUT_LINE('Keine aktiven Instanzen.');
END;
```

Listing 5.71 555_03.sql: Auszählen von aktiven Instanzen

Große Objekte mit DBMS_LOB bearbeiten

Für die Speicherung und Verwaltung großer Datenmengen stehen seit der Version 9i neue Datentypen zur Verfügung, die von Oracle selbst als Ersatz für die früheren Datentypen `RAW` und `LONG RAW` empfohlen werden. Die neuen *LOB*-Typen *(large object)* können wie `RAW` und `LONG RAW` große Datenmengen in Form von Text, Bildern oder anderen Formaten speichern, wobei Textdaten weiterhin durchsuchbar bleiben. Insbesondere diese Funktion wollen wir in diesem Abschnitt zeigen.

Allgemeine Eigenschaften von LOBs

Zu den neuen LOB-Typen gehören folgende vier einzelnen Datentypen, die – wie alle anderen Datentypen auch – Spalten zugewiesen werden können:

- `CLOB`: Speichert Zeichendaten im Zeichensatz des Datenbanksystems.
- `NCLOB`: Speichert Textdaten in fixer Länge im nationalen Zeichensatz.
- `BLOB`: Speichert Binärdaten wie z.B. Bilddaten, die vom Datenbanksystem nicht bearbeitet werden.
- `BFILE`: Speichert nur Zugriffsinformationen auf unstruktuierte Binärdaten, die vom Datenbanksystem nicht bearbeitet werden können. Dieser Datentyp speichert also seine Daten nicht intern (interne LOBs), sondern extern (externe LOBs), d.h. außerhalb der Datenbank in eigenen Dateien. Änderungen in diesen Datentypen lassen sich außerhalb des Systems ausführen und können von der Datenbank nicht als Transaktion verwaltet werden.

Die unterschiedlichen LOBs haben – bis auf die Unterschiede beim Speicherort – die gleichen Eigenschaften:

- Die Datenbank lässt eine maximale Größe von 4 GB zu.
- Die Einschränkungen, die mit der Verwendung von `RAW` und `LONG RAW` verbunden waren, gelten für die LOB-Typen nicht mehr. So kann man heute auch mehrere LOB-Spalten verwenden, sie in Objekten als Felder unterbringen und sie in Methoden sowie in PL/SQL als Binde-Variablen einsetzen. Die

einzige Einschränkung besteht hier für die `NCLOB`-Spalten, die nicht als Objekt-Felder (Attribute) zum Einsatz kommen können.

- Für die Bearbeitung setzt man bis zur `VARCHAR2`-Größe von 4000 Zeichen bzw. Bytes gewöhnliches SQL ein. Danach bietet das `DBMS_LOB`-Paket alle Möglichkeiten zur Analyse und Verarbeitung.
- Für `CLOB`, `NCLOB` und `BLOB` besteht volle Transaktionsunterstützung, d.h., Änderungen an ihnen können über `ROLLBACK` zurückgesetzt werden, genauso wie sie über `COMMIT` festgeschrieben werden können.

Weiterhin gibt es einige Einschränkungen bei der Verwendung, die es bei anderen Spalten in dieser Form nicht gibt. Dazu zählen:

- Es ist nicht erlaubt, direkte Zugriffe auf entfernte Datenbanken über einen Datenbank-Link auszuführen und direkt eine LOB-Spalte anzusprechen. Man kann allerdings indirekt auf diese Spalten zugreifen, indem man z.B. eine temporäre Tabelle mit den entfernten Inhalten erzeugt und diese über eine Unterabfrage über alle Spalten (Einsatz von *) füllt. Danach kann man – wie sonst auch – direkt auf die LOB-Spalten zugreifen und sie manipulieren.
- Man kann keine Varrays erstellen, die LOBs enthalten.
- Man kann LOBs nicht mit `ORDER BY` sortieren oder mit `GROUP BY` gruppieren.
- `DISTINCT` kann für LOB-Spalten nur im Zusammenhang mit `UNION` oder `MINUS` und bei gleichzeitiger Existenz einer `MAP` oder `ORDER`-Funktion für eine Objektspalte verwendet werden.
- Der Einsatz von `ANALYZE...COMPUTE` oder `ANALYZE...ESTIMATE` ist bei nicht LOB-Spalten erlaubt.
- Ein LOB kann kein Primärschlüsselfeld sein.
- Ein LOB kann kein Teil eines Index-Schlüssels sein. Allerdings ist es möglich, einen funktionsbasierten Index und *Oracle Text* zu verwenden.
- Bei der Datenübernahme gibt es Einschränkungen bei der Datenmenge. Für gewöhnliche `INSERT`-Befehle besteht keine solche Beschränkung, aber bei `INSERT...AS SELECT` oder einem gleichzeitigen Aufruf von `LONG` und LOB-Spalten innerhalb eines `INSERT`- bzw. `UPDATE`-Befehls sind insgesamt nur 4000 Zeichen bzw. Bytes erlaubt.
- Bei der Programmierung von Triggern kann keine LOB-Spalte in der `UPDATE OF`-Klausel eingesetzt werden.

Struktur des DBMS_LOB-Pakets

Dieses Paket besitzt nahezu alle Möglichkeiten, die ein Paket überhaupt enthalten kann, und stellt auch ein geeignetes Beispiel dar, an dem man lernen kann, die Paket-Struktur und die Dokumentation zu nutzen.

- Folgende *Konstanten* sind vorhanden und bieten ihre Werte z.B. für Fallunterscheidungen an:
  - `file_readonly CONSTANT BINARY_INTEGER := 0;`
  - `lob_readonly CONSTANT BINARY_INTEGER := 0;`
  - `lob_readwrite CONSTANT BINARY_INTEGER := 1;`
  - `lobmaxsize CONSTANT INTEGER := 4294967295;`
  - `call CONSTANT PLS_INTEGER := 12;`
  - `session CONSTANT PLS_INTEGER := 10;`
- Folgende *Ausnahmen* sind vorhanden und werden automatisch ausgelöst bzw. lassen sich im Ausnahmeabschnitt berücksichtigen:
  - `INVALID_ARGVAL` (Fehlernr.: 21560): Das übergebene Argument ist entweder NULL, ungültig oder nicht im zulässigen Bereich.
  - `ACCESS_ERROR` (Fehlernr.: 22925): Versuch, mehr als vier GB in ein LOB zu schreiben.
  - `NOEXIST_DIRECTORY` (Fehlernr.: 22285): Das Verzeichnis, auf das zugegriffen wird, existiert nicht.
  - `NOPRIV_DIRECTORY` (Fehlernr.: 22286): Der Benutzer, der auf das Verzeichnis und die Datei zugreift, hat nicht die benötigten Berechtigungen für den Datei- und/oder Verzeichniszugriff.
  - `INVALID_DIRECTORY` (Fehlernr.: 22287): Der Verzeichnisname, den die aktuelle Operation verwendet, ist nicht gültig, wenn er das erste Mal angesprochen wird, oder er wurde seit dem letzten Zugriff verändert.
  - `OPERATION_FAILED` (Fehlernr.: 22288): Die Dateioperation schlug fehl.
  - `UNOPENED_FILE` (Fehlernr.: 22289): Die Datei wurde für die vorgesehene Operation nicht geöffnet, sodass diese nicht durchgeführt werden kann.
  - `OPEN_TOOMANY` (Fehlernr.: 22290): Die Zahl der offenen Dateien erreicht das Maximum von `session_max_open_files`.

Einsatz und Verwendung von internen LOBs

Wir lösen uns ganz kurz von unserem durchgehenden Beispiel und verzichten darauf, seitenlange Kursbeschreibungen und Themenlisten zu erstellen, um auf die Länge eines LOBs zu kommen. Stattdessen haben wir für Sie einige Prosa-

Texte verfasst, die Sie in einer Lernpause nicht nur lesen, sondern im Anschluss daran auch mit dem DBMS_LOB-Paket verarbeiten können. Sie finden die Texte in der Datei *Geschichten.doc* bei den anderen Übungsdateien für dieses Kapitel.

In der Datei *555_04.sql* finden Sie neben der abgedruckten Tabellendefinition auch drei INSERT-Befehle, die die Textinhalte inklusive Titel und Nummer in die Datenbank befördern. Spielen Sie also einfach nur diese Datei auf, um diesen Abschnitt nachzuvollziehen.

```
CREATE TABLE "SCOTT"."TEXT" (
 "T_NR" NUMBER(3) NOT NULL,
 "T_TITEL" VARCHAR2(200) NOT NULL,
 "T_INHALT" CLOB NOT NULL,
 PRIMARY KEY("T_NR"))
 TABLESPACE "USERS";
```

Listing 5.72 555_04.sql: Definition einer Tabelle mit CLOB-Spalte

In einem einfachen ersten Beispiel kopiert man den Inhalt des dritten Textes aus der TEXT-Tabelle wie auch seinen Titel in zwei Variablen. Übersteigt die Länge eines Textes die maximale Größe von VARCHAR2, dann muss man auch für die Binde-Variablen einen LOB-Typ verwenden. Dies ist hier nicht unbedingt erforderlich, wird aber aus Darstellungsgründen so durchgeführt. Sie sehen an diesem Beispiel, dass Sie auch mit solchen Spalten genauso arbeiten können wie mit anderen Spalten auch, d.h., die Übernahme eines Inhalts über SELECT...INTO lässt sich genauso durchführen wie bei anderen Spalten. Um den Textinhalt zu durchsuchen, greifen wir auf die Funktionen DBMS_LOB.SUBSTR (für die Unterauswahl einer Zeichenkette), DBMS_LOB.INSTR (für den Existenztest einer Zeichenkette) und DBMS_LOB.COMPARE (für den Ähnlichkeits- bzw. Gleichheitstest) zurück. Da es sich um Funktionen handelt, lassen sich mit Hilfe ihrer Rückgabewerte überall dort einsetzen, wo gültige Ausdrücke zulässig sind. Dies gilt für die Ausgabe über DBMS_OUTPUT genauso wie für die Zuweisung einer Variablen oder auch für die Definition einer Bedingung in einer Fallunterscheidung. Genaue Definitionen der einzelnen Funktionen finden Sie nach diesem Beispiel.

```
DECLARE
v_Text      CLOB;
v_Titel     Text.T_Titel%TYPE;
v_Laenge    INTEGER(3) := 230;
v_Start     INTEGER(4) := 219;
v_Auszug    CLOB;
BEGIN
```

```
-- Übernahme des Feldinhalts
SELECT T_Titel, T_Inhalt
  INTO v_Titel, v_Text
  FROM Text
 WHERE T_Nr = 3;
-- Untersuchung und Verarbeitung
DBMS_OUTPUT.PUT_LINE('>'''|| v_Titel || '''<');
v_Auszug := DBMS_LOB.SUBSTR(v_Text, v_Laenge, v_Start);
DBMS_OUTPUT.PUT_LINE(v_Auszug);
DBMS_OUTPUT.PUT('''Blumenwelt'' zum ersten Mal erwähnt bei
Position ');
DBMS_OUTPUT.PUT_LINE(
  DBMS_LOB.INSTR(v_Text, 'Blumenwelt', 1, 1));
IF DBMS_LOB.COMPARE
    (DBMS_LOB.SUBSTR(v_Text, 6, 33), 'Garten',6,1,1)=0
 THEN DBMS_OUTPUT.PUT(DBMS_LOB.SUBSTR(v_Text, 6, 33));
      DBMS_OUTPUT.PUT_LINE(' ähnelt/gleicht ''Garten''');
END IF;
END;
```

Listing 5.73 555_05.sql: Einfache Verarbeitungsoperationen mit LOBs

Dieses Programm liefert folgendes interessante Ergebnis:

```
>'Im Garten'<
Und hier: meine wunderschöne Rosensammlung, die ich sorgfältig
und mit Bedacht ausgesät habe. Mit diesen ´Zwergbengal-Rosen´
begann ich zu züchten. Und wie nicht anders zu erwarten, als
Krönung der Blumenwelt, die ´Crimson Glory´ 'Blumenwelt' zum
ersten Mal erwähnt bei Position 417 Garten ähnelt/gleicht
'Garten'
PL/SQL-Prozedur wurde erfolgreich abgeschlossen.
```

Für das DBMS_LOB-Paket gilt, dass die einzelnen Module eine große Anzahl an unterschiedlichen Parametern aufnehmen können und somit für eine Vielzahl an Einsatzmöglichkeiten zur Verfügung stehen. Beispielsweise hätte man alle einzelnen Textbruchstücke in Variablen einlesen und diese dann in die Funktion DBMS_LOB.COMPARE eingehen lassen können. Zusätzlich haben viele Module Standardwerte, sodass es sich für einige Standardfälle lohnt, auf die Existenz von solchen Standardwerten zu achten und sie beim Aufruf in die Namensnotation zu übernehmen.

- DBMS_LOB.SUBSTR ermittelt wie die gleichnamige SQL-Funktion für ein gegebenes LOB (*lob locator*) oder eine Datei (*file locator*) anhand eines Startwerts (*offset*) und einer Längenangabe (*amount*) eine Untermenge in Form einer Zeichenkette. Dabei hängt der Datentyp des Rückgabewerts vom Datentyp des LOBs ab. Man erhält den Rückgabewert NULL in folgenden Fällen:
  - Ein Eingabeparameter ist NULL.
  - Die Länge ist kleiner 1.
  - Die Länge ist größer 32767.
  - Der Start ist kleiner 1.
  - Der Start ist größer als LOBMAXSIZE (maximale Länge des LOB).

  Die allgemeine Syntax der Funktion hat die Form:

  ```
  DBMS_LOB.SUBSTR (
   Zugriff IN BLOB,
   Länge   IN INTEGER := 32767,
   Start   IN INTEGER := 1)
  RETURN RAW;
  DBMS_LOB.SUBSTR (
   Zugriff IN CLOB CHARACTER SET ANY_CS,
   Länge   IN INTEGER := 32767,
   Start   IN INTEGER := 1)
  RETURN VARCHAR2 CHARACTER SET Zugriff%CHARSET;
  DBMS_LOB.SUBSTR (
   DateiZugriff IN BFILE,
   Länge        IN INTEGER := 32767,
   Start        IN INTEGER := 1)
  RETURN RAW;
  ```

- DBMS_LOB.INSTR prüft darauf, ob eine Zeichenkette in einem gegebenen LOB (*lob locator*) oder einer Datei (*file locator*) anhand eines Startwerts (*offset*) und einer Vorkommenshäufigkeit (*nth*) in Form eines Musters (*pattern*) vorhanden ist. Dabei muss neben dem eigentlichen Muster auch die Zeichensatzform übereinstimmen, damit der Test durchgeführt werden kann. Liegt also das Muster in VARCHAR2-Form vor, muss es sich um einen CLOB-Typ handeln, wohingegen ein Muster in NCHAR nach einem LOB in CNLOB-Form verlangt. Dies gilt natürlich auch umgekehrt. Leider ist der Einsatz von regulären Ausdrücken oder ähnlichen Operatoren wie des LIKE-Operators in SQL nicht möglich. Man erhält den Rückgabewert NULL in den folgenden Fällen:

- Mindestens ein IN-Parameter ist NULL oder ungültig.
- Länge < 1 oder Länge > LOBMAXSIZE.
- n-tes Auftreten < 1.
- n-tes Auftreten > LOBMAXSIZE.

Die allgemeine Syntax hat die Form:

```
DBMS_LOB.INSTR (
 Zugriff IN BLOB,
 Muster  IN RAW,
 Länge   IN INTEGER := 1,
 n-tes   IN INTEGER := 1)
RETURN INTEGER;
DBMS_LOB.INSTR (
 Zugriff IN CLOB CHARACTER SET ANY_CS,
 Muster  IN VARCHAR2 CHARACTER SET Zugriff%CHARSET,
 Länge   IN INTEGER := 1,
 n-tes   IN INTEGER := 1)
RETURN INTEGER;
DBMS_LOB.INSTR (
 DateiZugriff IN BFILE,
 Muster       IN RAW,
 Länge        IN INTEGER := 1,
 n-tes        IN INTEGER := 1)
RETURN INTEGER;
```

- DBMS_LOB.COMPARE vergleicht zwei gegebene LOBs (*lob locator*) vom gleichen Datentyp anhand eines Startwerts (*offset*) für jeden LOB und für eine Länge (*amount*). Verwendet man zwei externe LOBs, dann müssen sie bereits geöffnet sein, sodass dieses Mal in der allgemeinen Syntax auf die Dateiangabe (*file locator*) verzichtet wird. Der Rückgabewert ist 0, wenn die beiden LOB(-Stücke) gleich sind, ansonsten eine INTEGER-Zahl. Man erhält den Rückgabewert NULL in den folgenden Fällen:
  - Länge < 1
  - Länge > LOBMAXSIZE
  - Start1 oder Start2 < 1
  - Start1 oder Start2 > LOBMAXSIZE

  Dic allgcmcinc Syntax hat die Form:

```
DBMS_LOB.COMPARE (
 LOB1   IN BLOB,
```

```
  LOB2   IN BLOB,
  Länge  IN INTEGER := 4294967295,
  Start1 IN INTEGER := 1,
  Start2 IN INTEGER := 1)
 RETURN INTEGER;
 DBMS_LOB.COMPARE (
  LOB1   IN CLOB CHARACTER SET ANY_CS,
  LOB2   IN CLOB CHARACTER SET LOB1%CHARSET,
  Länge  IN INTEGER := 4294967295,
  Start1 IN INTEGER := 1,
  Start2 IN INTEGER := 1)
 RETURN INTEGER;
 DBMS_LOB.COMPARE (
  LOB1   IN BFILE,
  LOB2   IN BFILE,
  Länge  IN INTEGER,
  Start1 IN INTEGER := 1,
  Start  IN INTEGER := 1)
 RETURN INTEGER;
```

- `DBMS_LOB.GETLENGTH` ermittelt für einen LOB (*lob locator*) oder eine Datei (*file locator*) die Länge des vorhandenen Textinhalts.

```
 DBMS_LOB.GETLENGTH (
  [Datei]Zugriff IN {BLOB [CHARACTER SET ANY_CS]} | BFILE)
 RETURN INTEGER;
```

Diese Funktion lässt sich auch sehr gut als SQL-Spaltenfunktion verwenden, um Längenüberprüfungen durchzuführen, wie folgendes Beispiel zeigt:

```
SELECT T_Nr,
       T_Titel,
       DBMS_LOB.GETLENGTH(T_Inhalt) AS Länge
  FROM text;
```

Listing 5.74 555_06.sql: Ermittlung einer LOB-Länge

Man erhält als Ergebnis diese einfache Aufstellung:

```
      T_NR T_TITEL                              LÄNGE
---------- ------------------------------ ----------
         1 Der Jongleur                          1641
         2 Sozialstatistik                       3888
         3 Im Garten                             2740
3 Zeilen ausgewählt.
```

Weitere Funktionen und Prozeduren finden Sie im folgenden Abschnitt, der sich inhaltlich mit der Verarbeitung von externen LOBs beschäftigt. Nichtsdestotrotz lassen sich – wie Sie in der allgemeinen Syntax gesehen haben – stets sowohl interne als auch externe LOBs mit den vorgestellten Modulen verarbeiten.

Einsatz und Verwendung von externen LOBs

Der `BFILE`-Datentyp idt der einzige Datentyp, der als externer LOB bezeichnet wird. Er trägt seine externe Ausrichtung bereits im Namen, da hier die Daten gerade nicht in der Datenbank, sondern außerhalb im Dateisystem gespeichert werden. Es handelt sich also nur um einen Zeiger auf eine binäre Datei (*binary file*). Aus diesen Gründen obliegt die Zugriffs- und Rechteverwaltung dem unterliegenden Betriebssystem, was letztlich für Oracle nur eine Lese-Berechtigung vergeben muss. Mit Hilfe des Datenbanksystems ist es nicht möglich, schreibend auf diese Dateien zuzugreifen. Ebenso wenig können sie von der Transaktionsverwaltung berücksichtigt werden. Für die grundsätzliche Verwendung von externen LOBs benötigt man zwei SQL-Funktionen, die einen Zeiger (*locator*) auf die Datei erzeugen, der dann erst in SQL und PL/SQL für die Verarbeitung der gespeicherten Dateien zum Einsatz kommt.

- `CREATE [OR REPLACE] DIRECTORY dirname AS pfad` erzeugt einen Aliasnamen mit maximal 30 Zeichen. Es unterscheidet bei Verzeichnispfaden bzw. einem konkreten Verzeichnis zwischen Groß- und Kleinschreibung (!). Bei der Erzeugung des Objekts wird nicht geprüft, ob das Verzeichnis tatsächlich existiert. Eine Fehlermeldung würde im gegenteiligen Fall also erst bei Verwendung erscheinen. Die Pfadangabe muss für das Betriebssystem geeignet und vollständig sein. Für die Berechtigungsstruktur gilt, dass im ersten Schritt Oracle Zugriffsberechtigungen auf das Verzeichnis haben muss, während der Benutzer, der den Aliasnamen erzeugt, automatisch Lese- und Schreibrechte an diesem Datenbank-Objekt besitzt. Er muss daher anderen Benutzern dieses Recht über `GRANT` geben bzw. über `REVOKE` für die Operationen `READ` und `WRITE` entziehen. Um ein Verzeichnis anzulegen, benötigt dieser Benutzer die Berechtigung `CREATE ANY DIRECTORY`. Mit dem Befehl `DROP DIRECTORY name` kann der Alias gelöscht werden.
- `BFILENAME(dirname, dateiname)` gibt einen Zeiger auf eine binäre Datei zurück, wobei der Verzeichnisname einen Alias auf ein reales Verzeichnis darstellt. Dieser Alias wird als Datenbank-Objekt mit dem `CREATE DIRECTORY`-Befehl erzeugt.

Mit den folgenden Schritten kommen Sie zum Ziel, ohne in die Administrations- und Berechtigungsmaterie einzusteigen:

1. Melden Sie sich als `SYDBA` für `Scott/Tiger@kurse` an. Diese Rolle besitzt die nötigen Berechtigungen, um eine Fehlermeldung der Art

   ```
   CREATE DIRECTORY Texte
   *
   FEHLER in Zeile 1:
   ORA-01031: Unzureichende Berechtigungen
   ```

   zu vermeiden.
2. Legen Sie dann einen Verzeichnisnamen für ein Verzeichnis Ihrer Wahl an. Wir greifen auf das Verzeichnis zurück, mit dem wir vor einigen hundert Seiten schon einmal den Zugriff für das `UTL_FILE`-Paket genehmigt hatten:

   ```
   CREATE DIRECTORY Texte
    AS 'C:\oratxt';
   ```

3. Weisen Sie Benutzern Ihrer Wahl (in diesem Fall Scott) Lese- und/oder Schreibrechte an diesem Verzeichnis zu:

   ```
   GRANT READ, WRITE ON DIRECTORY Texte TO scott;
   ```

4. Melden Sie sich neu an, wenn Sie aus Benutzersicht mit dem Verzeichnis arbeiten wollen und um die Berechtigungen zu testen, oder erstellen Sie die Dateireferenzen als Administrator. Greifen Sie in beiden Fällen mit der Funktion `BFILENAME` auf die `BFILE`-Spalten zu. In diesem Fall erzeugen wir auch die benötigte Tabelle. Beachten Sie, dass Sie in diesem Fall nur die Bezüge erzeugen, dass aber nicht kontrolliert wird, ob die Dateien dort tatsächlich auch liegen.

   ```
   DROP TABLE "SCOTT"."EXTERNTEXT";
   CREATE TABLE "SCOTT"."EXTERNTEXT" (
    "T_NR" NUMBER(3) NOT NULL,
    "T_TITEL" VARCHAR2(30) NOT NULL,
    "T_INHALT" BFILE NOT NULL,
    PRIMARY KEY("T_NR"))
    TABLESPACE "USERS";

   INSERT INTO EXTERNTEXT
    VALUES(1, 'Der Jongleur',
           BFILENAME('Texte','1_jongleur.txt'));
   INSERT INTO EXTERNTEXT
   ```

```
 VALUES(2, 'Sozialstatistik',
        BFILENAME('Texte', '2_sozialstatistik.txt'));
INSERT INTO EXTERNTEXT
 VALUES(3, 'Im Garten',
        BFILENAME('Texte', '3_garten.txt'));
```

Listing 5.75 555_07.sql: Erzeugen von Referenzen für externe LOBs

Zugriff auf den Shared Pool

Oracle lädt die erstellten und zu einem bestimmten Zeitpunkt benötigten PL/SQL-Objekte wie Funktionen, Prozeduren, Pakete und weitere Elemente aus Paketen in den Shared Pool der SGA (System Global Area), um sie auszuführen. Sobald sie nicht mehr benötigt werden, werden sie automatisch nach einen bestimmten Prüfschema entfernt und müssen dann, wenn sie erneut zum Einsatz kommen sollen, geladen werden. In einigen Fällen könnte man aber vorher schon wissen, dass bestimmte PL/SQL-Objekte später erneut benötigt werden, aber zu diesem späteren Zeitpunkt bereits aus dem Shared Pool entfernt worden sind. Diese und andere Einstellungen regeln die vier Prozeduren des `DBMS_SHARED_POOL`-Paket.

- Mit der Prozedur `KEEP` speichert man ein bestimmtes Objekt mit Hilfe seines in der Datenbank gespeicherten Namens und unter Angabe seines Typs im Shared Pool, bis man es entfernt oder der komplette Shared Pool durch ein Herunterfahren der Datenbank geleert wird. Diese Prozedur speichert das angegebene Objekt im Shared Pool, sobald es das erste Mal ausgeführt wird, und nicht sofort bei Aufruf derselben.

  ```
  DBMS_SHARED_POOL(name VARCHAR2, parameter CHAR DEFAULT 'P');
  ```

  - `name` stellt den Namen des Objekts dar, wie er von der `SIZES`-Prozedur zurückgeliefert wird und in der `v$sqlarea`-Sicht (Felder `address` und `hash_value`) gespeichert ist.
  - `parameter` gibt den Typ des Objekts an, wobei hier die Groß- und Kleinschreibung nicht berücksichtigt wird. Mit dem standardmäßigen `P` kennzeichnet man Funktionen, Prozeduren und Pakete, `Q` steht für Sequenzen, `R` für Trigger, `T` für Objekttypen, `JS` für Java-Quellen, `JC` für Java-Klassen, `JR` für Java-Ressourcen, `JD` für Java Shared Data und `C` für SQL-Cursor.
- Mit der Prozedur `UNKEEP` löscht man mit Hilfe der vorher erklärten Parameter ein Objekt wieder aus der Shared Global Area:

  ```
  DBMS_SHARED_
  POOL.UNKEEP(name VARCHAR2, parameter CHAR DEFAULT 'P');
  ```

- Mit der Prozedur SIZES sieht man über die DBMS_OUTPUT-Prozedur die Inhalte im Shared Pool an. Die im Parameter minsize angegebene Größe regelt, ab welcher Größe die enthaltenen Objekte angezeigt werden sollen.

  ```
  DBMS_SHARED_POOL.SIZES(minsize NUMBER);
  ```

- Mit der Prozedur ABORTED_REQUEST_THRESHOLD legt man einen Schwellenwert fest, ab dem die automatische Löschung der ältesten im Shared Pool fixierten Objekte beginnt. Dabei wird der Schwellenwert in Bytes vorgegeben.

  ```
  DBMS_SHARED_POOL.ABORTED_REQUEST_THRESHOLD(schwelle NUMBER);
  ```

Nachrichtenaustausch über Pipes

Mit Hilfe des DBMS_PIPE-Pakets lassen sich Nachrichten über die SGA zwischen zwei oder mehr Sitzungen, Anwendungen, Transaktionen oder externen Anwendungen austauschen. Nachrichten sind dabei asynchron, d.h., sie lassen sich auch dann nicht mehr zurückholen bzw. löschen, wenn der Sender ein ROLLBACK im Rahmen einer Transaktion setzt. Dabei unterscheidet man private und öffentliche Nachrichten:

- **Private Nachrichten** werden im Speicher erstellt und lassen sich erst beim Herunterfahren der Instanz oder bei der expliziten Löschung entfernen. Dies bedeutet aber auch, dass die Nachricht von mehreren Benutzern gelesen werden kann.
- **Öffentliche Nachrichten** erlauben den Zugriff auf ihre Informationen in der Reihenfolge des Versands bzw. in der Reihenfolge der Einstellung in die Elementliste. Das meint sowohl den Schreib- als auch den Lesezugriff, wobei beim Lesezugriff die von einem Benutzer gelesenen Elemente aus der Nachricht verschwinden.

Um überhaupt Nachrichten austauschen zu dürfen bzw. das DBMS_PIPE-Paket benutzen zu können, muss man die entsprechenden Rechte erhalten, wie im nachfolgenden Befehl gezeigt:

```
GRANT EXECUTE ON DBMS_PIPE TO SCOTT;
```

Mit folgendem Programm tauscht man eine Nachricht zwischen zwei SQL*Plus-Sitzungen aus:

```
-- Erste Sitzung: Sender
SET SERVEROUTPUT ON;
<<ErsteSitzung>>
DECLARE
```

```
 v_Status INTEGER;
 v_Pipe   VARCHAR2(10) := 'Nachricht';
 v_Text   VARCHAR2(100);
BEGIN
  -- Schreiben
  DBMS_PIPE.PACK_MESSAGE('Hallo Kollege!');
  -- Senden
  v_Status := DBMS_PIPE.SEND_MESSAGE(v_Pipe);
  IF v_Status != 0
   THEN DBMS_OUTPUT.PUT_LINE('Nachricht nicht versandt!');
  END IF;
END ErsteSitzung;

-- Zweite Sitzung: Empfänger
SET SERVEROUTPUT ON;
<<ZweiteSitzung>>
DECLARE
 v_Status INTEGER;
 v_Pipe   VARCHAR2(10) := 'Nachricht';
 v_Text   VARCHAR2(100);
BEGIN
  -- Empfangen
  v_Status := DBMS_PIPE.RECEIVE_MESSAGE(v_Pipe);
  IF v_Status != 0
   THEN DBMS_OUTPUT.PUT_LINE('Nachricht nicht erhalten!');
  END IF;
  -- Lesen
  DBMS_PIPE.UNPACK_MESSAGE(v_Text);
  DBMS_OUTPUT.PUT_LINE(v_Text);
END ZweiteSitzung;
```

Listing 5.76 555_08.sql: Nachrichtenaustausch mit Pipes

Eine Übersicht über die gesamten Unterprogramme des DBMS_PIPE liefert folgende Liste:

- Mit der CREATE_PIPE-Funktion erstellt man eine öffentliche oder private Nachricht, wobei der Rückgabewert bei fehlerlosen Verlauf eine 0 und bei einem Fehler den Wert 1 erhält. Als SYSDBA oder SYSOPER angemeldete Benutzer können den gleichen Namen verwenden, erstellen diese Nachricht also neu, wobei allerdings der Besitzer unverändert ist. Ansonsten ist es nicht möglich, den gleichen Namen zu verwenden, d.h., er muss innerhalb der Instanz einmalig sein. Über den Parameter `privat` mit dem Standardwert `TRUE` erstellt man eine private Nachricht, die dem Ersteller zugewiesen wird. Diese Funktion erstellt eine Nachricht explizit, während eine Verwendung von `SEND_MESSAGE` eine implizite Nachricht generiert. Eine solche explizite Nachricht kann nur über `REMOVE_PIPE` oder über ein Herunterfahren der Datenbank-Instanz entfernt werden. Beim Namen wird die Groß- und Kleinschreibung berücksichtigt; er sollte nicht länger als 128 Bytes sein.

```
DBMS_PIPE.CREATE_PIPE (
pipename IN VARCHAR2,
maxpipegröße IN INTEGER DEFAULT 8192,
privat IN BOOLEAN DEFAULT TRUE)
RETURN INTEGER;
```

- Mit der überladenen Prozedur `PACK_MESSAGE` können Sie vor dem Versand Informationen in den angegebenen Datentypen in die Nachricht schreiben. Beim Auslesen dieser Elemente benötigt man entsprechende Variablen mit geeigneten Datentypen. Hierbei unterstützt die `NEXT_ITEM_TYPE`-Funktion die Ermittlung des Datentyps des nachfolgenden Elements in der Nachricht.

```
DBMS_PIPE.PACK_MESSAGE (item IN VARCHAR2);
DBMS_PIPE.PACK_MESSAGE (item IN NCHAR);
DBMS_PIPE.PACK_MESSAGE (item IN NUMBER);
DBMS_PIPE.PACK_MESSAGE (item IN DATE);
DBMS_PIPE.PACK_MESSAGE_RAW (item IN RAW);
DBMS_PIPE.PACK_MESSAGE_ROWID (item IN ROWID);
```

- Mit der `SEND_MESSAGE`-Funktion versendet man eine Nachricht. Die eingehenden Parameter sind der zu verwendende Nachrichtenname, die maximale Wartezeit in Sekunden bis zum erfolgreichen Versand mit dem Standardwert von 1000 Tagen und die maximale Größe. Als Rückgabewerte erhält man 0 bei einem erfolgreichen Versand, 1 bei einem misslungenen Versand bzw. bei einer abgelaufenen Wartezeit und eine 3 bei einer Unterbrechung.

```
DBMS_PIPE.SEND_MESSAGE (
pipename IN VARCHAR2,
sendewartezeit IN INTEGER DEFAULT MAXWAIT,
maxpipgröße IN INTEGER DEFAULT 8192)
RETURN INTEGER;
```

- Mit der Funktion `RECEIVE_MESSAGE` erhält man eine Nachricht, die dann mit der `UNPACK_MESSAGE`-Prozedur elementweise bezüglich der verschiedenen Datentypen und versandten Elemente gelesen werden muss. Die möglichen

Rückgabewerte sind 0 bei einem erfolgreichen Erhalt, 1 bei einem Überschreiten der Empfangswartezeit, 2 bei einer den Puffer übersteigenden Nachrichtengröße und 3 bei einer Unterbrechung.

```
DBMS_PIPE.RECEIVE_MESSAGE (
pipename IN VARCHAR2,
empfangwartezeit IN INTEGER DEFAULT maxwait)
RETURN INTEGER;
```

- Mit der Funktion `NEXT_ITEM_TYPE` erfährt man den Datentyp des nächsten Elements. Dies ist wichtig, um den Wert in eine Variable eines geeigneten Datentyps mit Hilfe der `UNPACK_MESSAGE`-Prozedur zu übernehmen. Mögliche Rückgabewerte sind 0 für keine weiteren Elemente, 6 für `NUMBER`, 9 für `VARCHAR2`, 11 für `ROWID`, 12 für `DATE` und 23 für `RAW`. Mit Hilfe des Wertes 0 lässt sich also zusätzlich über diese Funktion (z.B. im Rahmen einer Bedingung für eine Schleife) abfragen, ob man auch wirklich alle Nachrichtenstücke erhalten hat.

```
DBMS_PIPE.NEXT_ITEM_TYPE
RETURN INTEGER;
```

- Mit der überladenen `UNPACK_MESSAGE`-Prozedur liest man einzelne Elemente der Nachricht in Variablen eines geeigneten Datentyps.

```
DBMS_PIPE.UNPACK_MESSAGE (item OUT VARCHAR2);
DBMS_PIPE.UNPACK_MESSAGE (item OUT NCHAR);
DBMS_PIPE.UNPACK_MESSAGE (item OUT NUMBER);
DBMS_PIPE.UNPACK_MESSAGE (item OUT DATE);
DBMS_PIPE.UNPACK_MESSAGE_RAW (item OUT RAW);
DBMS_PIPE.UNPACK_MESSAGE_ROWID (item OUT ROWID);
```

- Mit der `REMOVE_PIPE`-Funktion löscht man explizite, d.h. über `CREATE_PIPE` erstellte Nachrichten. Die Funktion liefert 0 zurück, wenn der Löschvorgang erfolgreich war.

```
DBMS_PIPE.REMOVE_PIPE (
pipename IN VARCHAR2)
RETURN INTEGER;
```

- Mit der `PURGE`-Prozedur leert man eine Nachricht, entfernt sie aber nicht.

```
DBMS_PIPE.PURGE (
pipename IN VARCHAR2);
```

- Mit der `RESET_BUFFER`-Prozedur leert man den gesamten Puffer und setzt die Indikatoren von `PACK_MESSAGE` und `UNPACK_MESSAGE` auf 0.

```
DBMS_PIPE.RESET_BUFFER;
```

- Mit der Funktion UNIQUE_SESSION_NAME erhält man für eine Sitzung einen eindeutigen Namen, den man auch als Nachrichtennamen verwenden kann, da er ja gerade eindeutig ist.

```
DBMS_PIPE.UNIQUE_SESSION_NAME
```

Datenaustausch via Alarme

Der Einsatz des Pakets DBMS_ALERT bietet eine weitere Möglichkeit, Nachrichten zwischen Anwendungen und Sitzungen auszutauschen. Dabei besteht ein wesentlicher Unterschied darin, dass ein Alarm bzw. seine Nachricht erst dann versandt wird, wenn die sendende Sitzung eine Transaktionsbestätigung über COMMIT gegeben hat. Das heißt, ein ROLLBACK verhindert die Sendung der Nachricht. Alarme können von mehreren Lesern gleichzeitig gelesen werden, während Leser einer Pipe-Nachricht die entsprechenden Nachrichtenelemente aus der Pipe entfernen und daher nur ein Leser diese Nachricht erhalten kann. Während Pipe-Nachrichten mehrere Elemente in verschiedenen Datentypen enthalten, befindet sich in einer Alarm-Nachricht nur eine Zeichenkette mit einer maximalen Länge von 1800 Byte. Von zwei versandten Alarmen erhalten die Leser nur den zweiten, während bei einer Pipe-Nachricht beide Nachrichten ankommen.

Für die Verwendung des DBMS_ALERT-Pakets benötigt man ebenso wie zuvor beim DBMS_PIPE-Paket eine entsprechende Erlaubnis:

```
GRANT EXECUTE ON DBMS_ALERT TO SCOTT;
```

In der ersten Sitzung stellt man eine Situation her, in der auf eine Nachricht aus der zweiten Sitzung gewartet wird. Dabei wird der Befehl so lange ausgeführt, bis die maximale Wartezeit für den Alarm abgelaufen ist. Sobald man in die zweite Sitzung wechselt und dort den Alarm auslöst bzw. versendet, erscheint die zugehörige Nachricht in der wartenden Sitzung.

```
-- Empfänger: Warten
SET SERVEROUTPUT ON;
<<ErsteSitzung>>
DECLARE
 v_Alarm  VARCHAR2(30) := 'Alarm';
 v_Text   VARCHAR2(100);
 v_Status INTEGER;
BEGIN
 DBMS_ALERT.REGISTER(v_Alarm);
```

```
 DBMS_ALERT.WAITONE(v_Alarm, v_Text, v_Status);
 IF v_Status = 0
  THEN DBMS_OUTPUT.PUT_LINE(v_Text);
 END IF;
END ErsteSitzung;

-- Sender: Senden
SET SERVEROUTPUT ON;
<<ZweiteSitzung>>
DECLARE
 v_Alarm VARCHAR2(30) := 'Alarm';
BEGIN
 DBMS_ALERT.SIGNAL(v_Alarm, 'Achtung Kollege!');
 COMMIT;
END ZweiteSitzung;
```

Listing 5.77 555_09.sql: Alarmversand mit DBMS_ALERT

Folgende Unterprogramme sind Teil des Pakets:

- Mit der Prozedur `REGISTER` signalisiert eine Sitzung Interesse an einem Alarm mit Hilfe seines Namens. bei dem Namen wird nicht zwischen Groß- und Kleinschreibung unterschieden, und er darf maximal 30 Byte Länge erreichen. Dadurch wird man als Empfänger des entsprechenden Alarms registriert.

  ```
  DBMS_ALERT.REGISTER (
  name IN VARCHAR2);
  ```

- Mit der Prozedur `REMOVE` entfernt man die Empfangsbereitschaft für einen zuvor registrierten Alarm. Damit signalisiert man, dass kein Interesse mehr an Nachrichten des entsprechenden Alarms besteht.

  ```
  DBMS_ALERT.REMOVE (
  name IN VARCHAR2);
  ```

- Mit der Prozedur `REMOVEALL` entfernt man für eine Sitzung alle Alarme bzw. signalisiert kein Interesse mehr an Alarmen.

  ```
  DBMS_ALERT.REMOVEALL;
  ```

- Mit der Prozedur `SET_DEFAULTS` stellt man die Abfrageverzögerung in Sekunden ein. Die ist die Zeit zwischen zwei Nachfragen, ob mittlerweile Nachrichten eingetroffen sind. Der Standardwert ist fünf Sekunden.

```
DBMS_ALERT.SET_DEFAULTS (
sensitivität IN NUMBER);
```

- Mit der Prozedur `SIGNAL` sendet man die Nachricht aus, sobald eine Bestätigung für die Transaktion über `COMMIT` von der sendenden Sitzung aus gegeben wurde. Die an Nachrichten interessierten Sitzungen erhalten dann diese Nachricht. Die eingehenden Parameter sind der Name des Alarms und die maximal 1800 Byte lange Nachricht selbst.

```
DBMS_ALERT.SIGNAL (
name IN VARCHAR2,
nachricht IN VARCHAR2);
```

- Mit der Prozedur `WAITANY` wartet man auf irgendeine der Nachrichten, für die sich die empfangende Sitzung interessiert. Mit dem Parameter `name`, der hier ein `OUT`-Parameter ist, erfährt man, welcher Alarm die entsprechende Nachricht übermittelt hat. Die Rückgabewerte im Parameter `status` sind 0 für eine erfolgreich erhaltene Nachricht und 1 für eine abgelaufene Empfangswartezeit.

```
DBMS_ALERT.WAITANY (
name OUT VARCHAR2,
nachricht OUT VARCHAR2,
status OUT INTEGER,
empfangswartezeit IN NUMBER DEFAULT MAXWAIT);
```

- Mit der Prozedur `WAITONE` wartet man auf eine bestimmte Nachricht, die man mit dem Parameter `name` vorgibt, der hier ein `IN`-Parameter ist. Die Rückgabewerte im Parameter `status` sind 0 für eine erfolgreich erhaltene Nachricht und 1 für eine abgelaufene Empfangswartezeit.

```
DBMS_ALERT.WAITONE (
name IN VARCHAR2,
nachricht OUT VARCHAR2,
status OUT INTEGER,
empfangswartezeit IN NUMBER DEFAULT MAXWAIT);
```

5.5.6 Anwendungsoptimierung und -analyse von PL/SQL-Programmen

In vielen Fällen erstellt man keine eigenen Programme für kleine Anwendungen, bei denen der Zeitbedarf prinzipiell egal ist oder auch eine relativ langsame Anwendung noch lange kein Dilemma ist. Ob man also bei der Bearbeitung von 100 Zeilen zwei Sekunden oder vier Sekunden wartet, ist verständlicherweise kein Problem. Eventuell würde man nicht einmal bemerken, dass die Anwendung doppelt so schnell sein könnte, weil der Zeitunterschied zwischen zwei und vier Sekunden nicht groß genug ist. Bei anderen Anwendungen jedoch möchte man mehrere tausend Zeilen bearbeiten, mit anderen Daten aktualisieren und besitzt nicht das Privileg, ganz allein auf die Tabelle zuzugreifen. Womöglich sollen derartige Änderungen in einem Zusammenhang erfolgen, in dem viele andere Benutzer ständig auf die gesperrten Tabellen zugreifen und die geänderten Daten schnell benötigen. Kurz und gut, man wird über kurz oder lang sehr schnell merken, wenn Anwendungen beschleunigt werden müssen. Dabei ist es nicht möglich, jede Anwendung zu optimieren, da eine gewisse Grundzeit bzw. Minimalzeit natürlich auch bei einer hervorragenden Optimierung stets benötigt wird. In diesem Abschnitt soll es daher zunächst darum gehen, Anwendungen zu überwachen und sich zu überlegen, welche Möglichkeiten man als Programmierer besitzt, sie zu beschleunigen. In diesem Zusammenhang möchten wir Sie schon einmal auf ein ähnliches Beispiel verweisen, in dem wir bereits die Zeit bei der Abarbeitung von Eintragungsvorgängen gemessen haben, um für den Einsatz der Mengenbindung zu werben. Dies ist immer ein guter Ansatzpunkt, um konkrete Zeitzahlen und Vergleichsmaßstäbe zu erhalten.

Gefahrenquellen für verbesserungswürdige Leistungen

Wir fassen zunächst einmal kurz zusammen, was dafür sorgen kann, dass eine Anwendung nicht optimal läuft und daher verbesserungswürdig ist:

- **Ungünstige und nicht optimale SQL-Anweisungen**
  Da PL/SQL letztendlich SQL-Anweisungen in eine geordnete, strukturierte Reihenfolge bringt und sie mit Kontrollstrukturen organisiert und einige Hilfsmittel für die Datenstrukturierung wie z.B. Cursor und natürlich Sammlungen bereitstellt, sollten die SQL-Anweisungen optimal sein.
- **Unnötige Programmierung von eingebauten Funktionen**
  Die eingebauten Funktionen sind stets deutlich schneller in der Abarbeitung als selbst geschriebene Varianten. Daher sollte man immer versuchen, eine passende Funktion in SQL und PL/SQL ausfindig zu machen, mit der ein Ergebnis genauso zu beschaffen ist.
- **Ungünstige Formulierung und Positionierung von Bedingungen in Kontrollstrukturen**
  PL/SQL beendet die Analyse von Fallunterscheidungen unmittelbar, wenn der zutreffende Fall gefunden wird. Dies gilt nicht nur für eine komplette Fallunterscheidung, sondern auch für die Reihenfolge von Ausdrücken, die mit booleschen Operatoren verbunden sind. Hier sollte man einfache Aus-

drücke, die schnell zu ermitteln sind, an den Anfang stellen und z.B. Funktionsaufrufe an die zweite Stelle platzieren.

- **Implizite Typumwandlungen**
  Diese sollten entweder von vornherein vermieden oder durch explizite Typumwandlungen ersetzt werden.
- **Ungünstige Verwendung des Datentyps NUMBER**
  Für die Darstellung von Integer-Werten eignet sich eher der schnellere `PLS_INTEGER`-Typ. Dies gilt sowohl für den Bereich des Speichers als auch für die Ausführung von Rechenoperationen. Datentypen mit Längenbeschränkungen werden ständig zur Laufzeit auf ihre Beschränkungen hin überprüft, was sich ebenfalls auf die Leistung auswirken kann.
- **Ungünstige Verwendung von NOT NULL für die Variablendeklaration**
  Da auch dieser Test ständig bei Wertzuweisungen durchgeführt wird. Wird der Wert sowieso innerhalb eines Programms nie `NULL` oder ist es letztlich für das Programm sogar unerheblich, ob die Variable diesen Wert erhält oder nicht, dann ist es besser, komplett auf diese Angabe zu verzichten.
- **Ungünstige Verwendung des Shared Pools**
  der die verwendeten PL/SQL-Pakete speichert. Sollte man ein Paket häufiger innerhalb eines Programms benutzen, dann sollte man über das eingebaute Paket `DBMS_SHARED_POOL` sicherstellen, dass es nicht ständig neu geladen wird.

Analysewerkzeuge für die Programmleistung

Oracle bietet unterschiedliche Analysewerkzeuge, mit denen die Leistung von Programmen untersucht werden kann. Diese übersteigen deutlich die Möglichkeiten der Zeitmessung, die wir bereits verwendet haben. Wir wollen dennoch diese einfache Möglichkeit in einer erweiterten Form und die Standardhilfsmittel gleichzeitig vorstellen. Das Beispiel für die aktuellen Überlegungen ist wiederum das automatische Buchungsprogramm aus einem der vorigen Abschnitte. Es umfasst eine Anwendung, die bereits eine Größe erreicht hat, die für die in diesem Abschnitt angestellten Analysen durchaus interessant ist.

Zeitmessung mit DBMS_UTILITY.GET_TIME

Mit Hilfe der Funktion `GET_TIME` aus dem `DBMS_UTILITY`-Paket zur Systemuntersuchung erhält man die aktuelle Zeit in Hundertstel Sekunden. Damit ist es möglich, die zwischen zwei Zeitpunkten verstrichene Zeit zu messen sowie überhaupt die Dauer eines gesamten Vorgans zu erfassen und z.B. auch die Verbesserung der Leistung zu ermitteln. In einem ersten Beispiel hatten wir dies zur Mengenbindung eingeführt und dabei die Zeit nur ausgegeben. Besser ist es natürlich, einzelne Streckenpunkte mit einer Wegemarke zu versehen und diese zusammen mit ihrer Zeit abzuspeichern und nachher die entstandene Zeittabelle mit geeigneten Abfragen zu untersuchen. Alternativ könnte man auch einen Bericht über das UTL_FILE-Paket erstellen und damit jeden Durchlauf dokumentieren. Da jedoch – mit Blick auf die anderen Hilfsmittel – Leistungs- und Verarbeitungsinformationen standardmäßig in Tabellen gespeichert werden, werden wir auch diesen Weg gehen.

Zunächst benötigen wir eine einfache Tabelle, die die Zeit, einen kurzen Text und eine Laufnummer für jeden Durchlauf des Programms speichert. Für die Erzeugung des Primärschlüssels verwenden wir zusätzlich eine Sequenz, um nicht noch weitere Funktionsaufrufe über andere, selbst gebaute Funktionen im Programm unterbringen zu müssen und damit die Leistung weiter zu verschlechtern. In diesem Sinne handelt es sich also um die Frage, inwieweit der Forscher durch seine Forschung das zu erforschende Objekt manipuliert.

```
CREATE TABLE "SCOTT"."ZEIT" (
 "Z_NR"   NUMBER(5)     NOT NULL,
 "Z_LAUF" NUMBER(3)     NOT NULL,
 "Z_TEXT" VARCHAR2(50) NOT NULL,
 "Z_ZEIT" VARCHAR2(10) NOT NULL,
  PRIMARY KEY("Z_NR"))
  TABLESPACE "USERS";
CREATE SEQUENCE "SCOTT"."ZEITZAEHLER"
 INCREMENT BY 1 START WITH 1
 MAXVALUE 1.0E28 MINVALUE 1 NOCYCLE
 CACHE 20 NOORDER;
```

Listing 5.78 556_01.sql: Tabelle für die Leistungserfassung

Um eine Zeitanalyse durchführen zu können, müssen wir im zu untersuchenden Paket einige Vorkehrungen treffen. Dies wird natürlich sowohl die Laufzeit verändern (der Forscher manipuliert also doch, was er untersucht) als auch den Quelltext. Wir drucken allerdings aus Platzgründen nur die interessanten Bereiche ab, da Sie den gesamten Quelltext, mit dem Sie das Paket auf Ihrem System korrigieren bzw. anpassen, als Beispiellisting zum Download finden.

Für die Spezifikation gilt, dass wir für die Erfassung einer Laufnummer eine entsprechende Variable beim Programmstart übernehmen müssen. Dies verändert die Datenstruktur der Prozedur Ausfuehrung, mit der die gesamte Eintragung vollzogen wird, und die Funktion BerechneZufall, in der ebenfalls die Zeit gemessen werden soll, da dies ein erster umfassender Programmblock ist.

Jedoch befindet sich diese Funktion als privates Element nur im Körper, sodass in der Spezifikation lediglich `Ausfuehrung` einen weiteren Parameter erhält.

```
PROCEDURE Ausfuehrung (
 Anzahl IN NUMBER,
 Laufnr IN NUMBER );
```

Listing 5.79 556_02.sql: Veränderte Spezifikation des Generator-Pakets

Für den Körper müssen nun zum einen die veränderten Datenstrukturen in `Ausfuehrung` und `BerechneZufall` sowie die Eintragungen in der Tabelle `ZEIT` berücksichtigt werden. Für die Zufallszahlenfunktion ergeben sich daher als Veränderung ein weiterer `IN`-Parameter, damit die Variable `Laufnr` im Tabelleneintrag bekannt ist, und eine Erfassung der Programmdaten über einen `INSERT`-Befehl, der in dieser Form strukturell überall dort wiederholt wird, wo sich interessante Programmpunkte ergeben. Dies ist erforderlich, wo Daten verarbeitet werden und man ein Zwischenergebnis erwartet. Dies ist – als einzigem Modul neben `Ausfuehrung` – auch für die Zufallszahlenfunktion gegeben, da sie für den gesamten Programmablauf eine Sammlung mit mehreren hundert Einträgen als Rückgabewert bereit stellt.

```
FUNCTION BerechneZufall (
 a        IN NUMBER,
 r        IN NUMBER,
 c        IN NUMBER,
 m        IN NUMBER,
 Laufnr   IN NUMBER )
 RETURN NUMMERN
IS
 t_Zufall NUMMERN;
 r2 NUMBER := r;
BEGIN
 INSERT INTO Zeit
 VALUES (Zeitzaehler.NEXTVAL,
         Laufnr,
        'BerechneZufall Start',
         DBMS_UTILITY.GET_TIME);
 FOR i IN 1..m LOOP
  r2 := (a*r2 + c)mod m;
  IF r2 = 0 THEN r2 := 1; END IF;
  t_Zufall(i) := r2;
 END LOOP;
```

```
 INSERT INTO Zeit
 VALUES (Zeitzaehler.NEXTVAL,
         Laufnr,
        'BerechneZufall Ende',
         DBMS_UTILITY.GET_TIME);
 RETURN t_Zufall;
END BerechneZufall;
```

Listing 5.80 556_03.sql: Anpassung der Zufallszahlenermittlung

Aus der Prozedur `Ausfuehrung` haben wir die beiden großen `CASE`-Anweisungen entfernt, die für den Kursbereich und den Monat eines Termins aus den beiden Gewichtungssammlungen passende Gewichtungsfaktoren auswählen. Dies ist definitiv nicht so interessant wie die Streckenposten, die wir über Einträge in die Tabelle `ZEIT` an verschiedenen Stellen im Programmablauf platziert haben. Auch hier gilt die Faustregel, dass sie überall dort die Zeit messen, wo Zwischenergebnisse zu erwarten oder Datenverarbeitungen blockweise zu Ende sind. Dies gilt für die Zusammenstellung der Teilnehmergruppen, die Buchung der Teilnehmer und die bereits zuvor erfolgte Messung der Zufallszahlenerzeugung, die innerhalb der Funktion `BerechneZufall` durchgeführt wird.

```
PROCEDURE Ausfuehrung (
 Anzahl IN NUMBER,
 Laufnr IN NUMBER)
IS
 t_Zufall NUMMERN := BerechneZufall(2,211,482,
                  ZaehleReihen('termin', 'T_Nr')-1, Laufnr);
 -- Termindatenstruktur
 TYPE RecTermin IS RECORD (
  Monat   VARCHAR2(2),
  Bereich kurs.K_Bereich%TYPE
  );
 v_TDaten RecTermin;
 v_TGewicht NUMBER(4,2);
 v_KGewicht NUMBER(4,2);
 t_TGewicht NUMMERN;
 -- Teilnehmerdatenstruktur
 TYPE RecTeilnehmer IS RECORD (
  Nr          teilnehmer.TN_Nr%TYPE,
  UNr         teilnehmer.U_Nr%TYPE,
  PLZ         teilnehmer.TN_PLZ%TYPE
```

```
   );
  v_TNDaten    RecTeilnehmer;
  t_Teilnehmer NUMMERN;
  -- Buchungsergebnis
  v_BNr        buchung.B_Nr%TYPE;
BEGIN
  -- Gewichtungsberechnung: Termine
  INSERT INTO Zeit
  VALUES (Zeitzaehler.NEXTVAL,
          Laufnr,
         'Programmstart | Gewichtungsberechnung',
          DBMS_UTILITY.GET_TIME);
  FOR i IN 1..ZaehleReihen('termin', 'T_Nr')-1 LOOP
   ------------------
   -- Terminbewertung
   SELECT ErmittleBereich(T_Nr), TO_CHAR(T_Beginn, 'MM')
     INTO v_TDaten.Bereich, v_TDaten.Monat
     FROM termin
    WHERE T_Nr = i;
   -- Monat
   <<Monatsbewertung>>
   CASE v_TDaten.Monat
...
   END CASE Monatsbewertung;
   -- Bereich
   <<Bereichsbewertung>>
   CASE v_TDaten.Bereich
...
   END CASE Bereichsbewertung;
   -- Gewichtungsberechnung
   t_TGewicht(i) := v_TGewicht*v_KGewicht*t_Zufall(i);
   -- Regel: Verarbeitung nur, wenn Gewicht > Schwellwert
   IF t_TGewicht(i) >= 50 THEN
   SELECT TN_Nr, U_Nr, TN_PLZ
      INTO v_TNDaten
      FROM teilnehmer
     WHERE TN_Nr = i;
    -- Gruppenbildung
    INSERT INTO Zeit
    VALUES (Zeitzaehler.NEXTVAL,
```

```
          Laufnr,
         'FindeGruppe Start',
          DBMS_UTILITY.GET_TIME);
  t_Teilnehmer := (FindeGruppe(i));
  INSERT INTO Zeit
  VALUES (Zeitzaehler.NEXTVAL,
          Laufnr,
         'FindeGruppe Ende',
          DBMS_UTILITY.GET_TIME);
  INSERT INTO Zeit
  VALUES (Zeitzaehler.NEXTVAL,
          Laufnr,
         'BucheTeilnehmer Start',
          DBMS_UTILITY.GET_TIME);
  FOR j IN t_Teilnehmer.FIRST..t_Teilnehmer.LAST LOOP
   BucheTeilnehmer (
       Teilnehmernr   => t_Teilnehmer(j),
       Terminnummer   => i,
       Teilnehmerzahl => t_Teilnehmer.COUNT,
       Anmelder       => t_Teilnehmer(t_Teilnehmer.FIRST),
       Buchungsnr     => v_BNr);
   COMMIT;
  END LOOP;
  INSERT INTO Zeit
  VALUES (Zeitzaehler.NEXTVAL,
          Laufnr,
         'BucheTeilnehmer Ende',
          DBMS_UTILITY.GET_TIME);
  -- Eintrag pro Gruppenmitglied
 END IF;
 EXIT WHEN i = Anzahl;
END LOOP;
INSERT INTO Zeit
VALUES (Zeitzaehler.NEXTVAL,
        Laufnr,
       'Programmende',
        DBMS_UTILITY.GET_TIME);
END Ausfuehrung;
```

Listing 5.81 556_03.sql: Anpassung der Hauptprozedur

Mit dem kurzen Aufruf in einem anonymen Block der Form

```
DECLARE
BEGIN
 GENERATOR.AUSFUEHRUNG(5000, 1);
END;
```

Listing 5.82 556_04.sql: Aufruf des veränderten Generators

starten Sie die Ausführung des präparierten Programms unter Angabe einer Laufnummer. Hiernach können wir die entstandene Verfolgertabelle untersuchen, indem wir verschiedenen Unterabfragen für die rücklaufende Zeit der Gesamtdauer (`Von`), die aufsteigende Zeit bis zur Gesamtdauer (`Zeit`) und die verstrichene Zeit zwischen zwei gemessenen Ereignissen (`Distanz`) ermitteln.

```
SELECT a.Z_Nr AS Z_Nr,
       SUBSTR(a.Z_Text,1,20) AS Z_Text,
       a.Z_Zeit-(SELECT MIN(Z_Zeit)
                   FROM zeit)-
                (SELECT MAX(Z_Zeit)-MIN(Z_Zeit)
                   FROM zeit) AS Von,
       a.Z_Zeit-(SELECT MIN(Z_Zeit)
                   FROM zeit) AS Zeit,
            ABS((SELECT b.Z_Zeit - a.Z_Zeit
                   FROM zeit b
                  WHERE b.Z_Nr=a.Z_Nr-1)) AS Distanz
  FROM zeit a
 WHERE a.Z_Nr BETWEEN 0 AND 10
 ORDER BY a.Z_Nr
```

Listing 5.83 556_05.sql: Untersuchung des Programms

Dies ergibt für die verlangten ersten zehn Zeilen folgende Aufstellung, wobei Sie eine vollständige Liste für alle Zeilen in der Datei *556_06.txt* finden. Dabei stellt sich heraus, dass die Erzeugung einer mehrere hundert Zeilen langen Sammlung und deren Gewichtungsbewertung, die ebenfalls in eine Sammlung gespeichert wird, jeweils nur eine Hundertstel Sekunde dauert. Jeder Gruppeneintrag dauert jedoch für unterschiedlich viele Mitglieder genauso lange wie dieser Vorgang über Sammlungen. Dies erkennt man an den vielen Zeilen mit den Einträgen `FindeGruppe Start` und `FindeGruppe Ende` bzw. `BucheTeilnehmer Start` und `BucheTeilnehmer Ende`. Man sollte also – wie es auch die nachfolgenden allgemeinen Regelungen empfehlen – lieber komplette Sammlungsstrukturen schaffen und diese dann ohne Kontextwechsel über eine Mengenübertragung in die Buchungstabelle speichern.

```
  Z_NR Z_TEXT                    VON       ZEIT    DISTANZ
------ ------------------- --------- ---------- ----------
     1 BerechneZufall Start      -888          0
     2 BerechneZufall Ende       -887          1          1
     3 Programmstart | Gewi      -887          1          0
     4 FindeGruppe Start         -886          2          1
     5 FindeGruppe Ende          -885          3          1
     6 BucheTeilnehmer Star      -884          4          1
     7 BucheTeilnehmer Ende      -883          5          1
     8 FindeGruppe Start         -883          5          0
     9 FindeGruppe Ende          -882          6          1
    10 BucheTeilnehmer Star      -882          6          0
10 Zeilen ausgewählt.
```

Zeitmessung mit DBMS_PROFILER

Neben einer selbst erstellten Zeitmessung bietet Oracle noch zwei eigene Tabellenstrukturen und Pakete an, mit denen die Leistung von Applikationen untersucht und – nach einer intelligenten Analyse – auch verbessert werden kann. Das erste Paket, das in diesem Abschnitt vorgestellt wird, ist das `DBMS_PROFILER`-Paket. Bei der Installation und Einrichtung sind die folgenden Punkte zu beachten:

- Im Verzeichnis *rdbms\admin* finden Sie die Datei *proftab.sql*, die sowohl global für jeden Benutzer in einem allgemein zugänglichen Schema als auch für jeden Benutzer lokal in seinem eigenen Schema bzw. in einem speziellen Schema abgelegt werden kann. Hierbei müssen nur Zugriffsberechtigungen an den jeweiligen Tabellen vergeben werden.
- Im gleichen Verzeichnis finden Sie die Datei *profload.sql*, die das gesamte Paket installiert bzw. die benötigten Module aufspielt. Diese Datei muss als SYS eingerichtet werden, um für alle Benutzer zugänglich zu sein.
- Für die Installation werden aus der zuletzt genannten Datei noch die Dateien *dbmspbp.sql* und *prvtpbp.plb* aufgerufen.

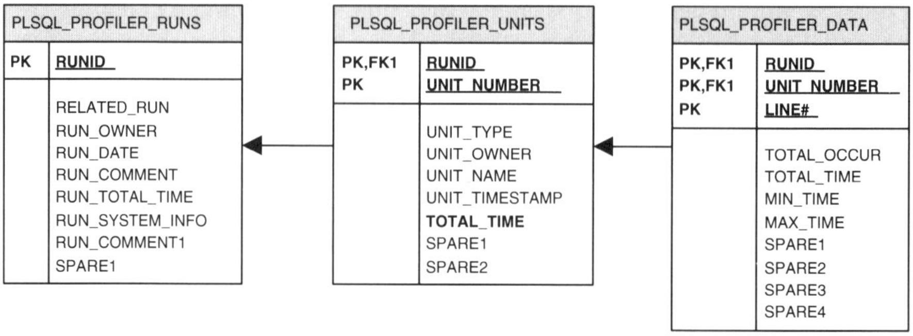

Abbildung 5.29 Tabellenstruktur von DBMS_PROFILER

- **Die Struktur der Tabelle PLSQL_PROFILER_RUNS sieht wie folgt aus:**
  - `runid` (`number primary key`) – Eindeutiger Laufschlüssel
  - `related_run` (`number`) – Zugehörige Laufnummer eines anderen Laufs
  - `run_owner` (`varchar2(32)`) – Benutzer, der den Lauf gestartet hat
  - `run_date` (`date`) – Startdatum
  - `run_comment` (`varchar2(2047)`) – Kommentar für den aktuellen Lauf
  - `run_total_time` (`number`) – Verstrichene Zeit für diesen Lauf in Nanosekunden
  - `run_system_info` (`varchar2(2047)`) – Zurzeit unbenutzt
  - `run_comment1` (`varchar2(2047)`) – Zusätzlicher Kommentar
- **Die Struktur der Tabelle PLSQL_PROFILER_UNITS sieht wie folgt aus:**
  - `runid` (`number Primary key`) – Beziehung zu `plsql_profiler_runs`
  - `unit_number` (`number Primary key`) – Intern generierte Bibliotheksnummer des Schema-Objekts
  - `unit_type` (`varchar2(32)`) – Schema-Objekttyp in der Bibliothek
  - `unit_owner` (`varchar2(32)`) – Besitzer des Schema-Objekts in der Bibliothek
  - `unit_name` (`varchar2(32)`) – Schema-Objektname
  - `unit_timestamp` (`date`) – Zeitstempel des Schema-Objekttyps
  - `total_time` (`number`) – Gesamte Laufzeit in Nanosekunden
- **Die Struktur der Tabelle PLSQL_PROFILER_DATA sieht wie folgt aus:**
  - `runid` (`number Primary key`) – Eindeutige Laufkennung
  - `unit_number` (`number Primary key`) – Intern generierte Bibliotheksnummer des Schema-Objekts

- line (number Primary key not null) – Zeilenzahl im Objekt
- total_occur (number) – Gibt an, wie oft eine Einheit ausgeführt wird total_time (number) – Gesamtzeit der Ausführungsdauer einer Zeile in Nanosekunden
- min_time (number) – Minimale Ausführungszeit für diese Zeile in Nanosekunden
- max_time (number) – Maximale Ausführungszeit für diese Zeile in Nanosekunden

Bei der Installation gehen Sie wie folgt vor:

1. Richten Sie die Tabellen mit dem Skript *proftab.sql* ein.
2. Installieren Sie das Paket z.B. durch Aufruf von @C:\oracle\ora92\rdbms\admin\profload.sql. Die Installation endet dann mit dem Ergebnis:

```
Testing for correct installation
SYS.DBMS_PROFILER successfully loaded.
PL/SQL-Prozedur wurde erfolgreich abgeschlossen.
```

Zur Verwendung der verschiedenen Werkzeuge des Pakets folgt nach der Liste der möglichen Funktionen ein Beispiel, in dem das Buchungsprogramm erneut unter die Lupe genommen wird. Folgende Funktionen stehen zur Verfügung:

- START_PROFILER
  Diese Funktion startet die automatische Aufzeichnung der Analysedaten für die aktuelle Besuchersitzung. Wird diese Sitzung also beendet, endet auch die automatische Aufnahme der Daten. Die Funktion tritt in zwei (überladenen) Versionen auf, wobei die erste für GUI-Anwendungen und die zweite direkt für PL/SQL-Anwendungen z.B. in SQL*Plus programmiert wurde. Sie haben eine ähnliche Form und erwarten eingehende Kommentare, die aber durch Standardwerte ersetzt werden können, um den Lauf zu beschreiben. Sie liefern die automatisch ermittelte Laufnummer, mit der man dann später die Tabellendaten abfragen kann. Da typischerweise mehrere Läufe in den Tabellen gespeichert werden, ist es daher unverzichtbar, die automatisch generierte bzw. vom aktuellen Lauf erzeugte Laufnummer zu erfahren.

```
DBMS_PROFILER.START_PROFILER(
              kommentar1 IN VARCHAR2 := sysdate,
              kommentar2 IN VARCHAR2 :='',
              laufnummer OUT BINARY_INTEGER)
RETURN BINARY_INTEGER;
DBMS_PROFILER.START_PROFILER(
```

```
                kommentar1 IN VARCHAR2 := sysdate,
                kommentar2 IN VARCHAR2 :='')
RETURN BINARY_INTEGER;
```

- STOP_PROFILER-Funktion
  Soll für die aktuelle Sitzung die Datenspeicherung beendet werden, verwendet man diese Funktion:

  ```
  DBMS_PROFILER.STOP_PROFILER
  RETURN BINARY_INTEGER;
  ```

- FLUSH_DATA-Funktion
  Sie speichert die nur im Zwischenspeicher befindlichen Analysedaten in die vorbereiteten Tabellen.

  ```
  DBMS_PROFILER.FLUSH_DATA
  RETURN BINARY_INTEGER;
  ```

- PAUSE_PROFILER-Funktion
  Sie unterbricht die Aufnahme von Überwachungsdaten, ohne sie komplett zu beenden.
- RESUME_PROFILER-Funktion
  Sie setzt die Aufnahme von Überwachungsdaten fort, nachdem sie unterbrochen worden sind.
- GET_VERSION-Prozedur
  Diese Prozedur ermittelt die Version des Pakets.

  ```
  DBMS_PROFILER.GET_VERSION (
  größereversion OUT BINARY_INTEGER,
  kleinereversion OUT BINARY_INTEGER);
  ```

- INTERNAL_VERSION_CHECK-Funktion
  Diese Funktion überprüft, ob die verwendete Funktion auch mit der Datenbank zusammen verwendet werden kann.

  ```
  DBMS_PROFILER.INTERNAL_VERSION_CHECK
  RETURN BINARY_INTEGER;
  ```

Bei der Verwendung des gesamten Pakets sind neben vielfältigen Fehlern, die aufgrund von fehlenden Berechtigungen oder sonstigen Unzulänglichkeiten entstehen können, zwei Ausnahmen definiert:

- VERSION_MISMATCH reagiert darauf, sobald die verwendete Version des Pakets nicht mit der Datenbank zusammen verwendet werden kann.
- PROFILER_ERROR reagiert auf Fehlerwerte, die bei korrektem Ablauf einen 0-Wert und bei nicht korrektem Verlauf einen Wert ungleich 0 aufweisen.

Wie Sie gesehen haben, ist es möglich, die Laufnummer auch in einer Variable zu speichern, um sie für spätere Arbeiten wie z.B. in Abfragen zu verwenden. Wir möchten Ihnen allerdings eine Verwendung des Pakets zeigen, die möglichst einfach und schnell einsetzbar ist. Das heißt, wir verzichten auf jegliche Abfrage irgendwelcher speziellen Werte und lassen die Funktionen jeweils ihre Standardwerte übernehmen.

Zunächst muss die Überwachung mit der `START_PROFILER`-Funktion gestartet und mit der `STOP_PROFILER`-Funktion beendet werden. Damit die Daten in die vorbereiteten Tabellen gespeichert werden können, ruft man nach der Ausführung der beobachteten Prozeduren die `FLUSH_DATA`-Funktion auf.

```
DECLARE
BEGIN
 DELETE FROM buchung;
 DBMS_PROFILER.START_PROFILER();
 GENERATOR.AUSFUEHRUNG(5000);
 DBMS_PROFILER.FLUSH_DATA();
 DBMS_PROFILER.STOP_PROFILER();
END;
```

Listing 5.84 556_07.sql: Start und Ende der Untersuchung

Da in unserem System der obige Aufruf der dritte Aufruf ist, fragen wir im nächsten Abfrageskript auch die Spalte `runid` mit dem Wert 3 ab. Ansonsten sind nicht alle Spalten von Interesse, sodass in der Spaltenliste eine Auswahl mit der Einheitenzahl, der Zeilennummer des Quelltextes, dem totalen Aufruf der Zeile während des Programmablaufs und mit den unterschiedlichen Zeitinformationen erscheint. Dann verknüpft man die drei Tabellen anhand ihrer Schlüsselbeziehungen und schränkt die gesamte Abfrage auf den dritten Lauf ein. Sie sehen hier auch, dass es möglich ist, nach dem Benutzer zu fragen und sich seine Läufe anzusehen.

```
SELECT SUBSTR(d.unit_number,1,5) AS unit_number,
       SUBSTR(d.line#,1,5)       AS line#,
       SUBSTR(d.total_occur,1,5) AS total_occur,
       d.total_time, d.min_time, d.max_time
  FROM plsql_profiler_data d
                 INNER JOIN plsql_profiler_runs r
    ON d.runid = r.runid
                 INNER JOIN plsql_profiler_units u
    ON u.runid = r.runid
 WHERE u.unit_owner = 'SCOTT'
```

```
   AND r.runid = 3
 ORDER BY d.unit_number, d.line#;
```

Listing 5.85 556_08.sql: Abfrage der Analysedaten

Man erhält eine 71 Zeilen lange Tabelle, die wir hier in einem längeren Ausdruck wiedergeben. Dies ist deswegen notwendig, weil einem die Zahlen nicht so viel mitteilen wie zuvor bei unserem selbst geschriebenen Überwachungsprogramm. Zwei Spalten, die von Interesse wären, aber nicht in der Ausgabe Platz fanden, sind der `unit_name` des ausgeführten Objekts (hier immer `GENERATOR`) und die `total_time` für die gesamte Ausführung (hier immer 3324312759582 Nanosekunden). Da diese Informationen aber stets gleich sind und wegen ihrer Länge – wie gesagt – nicht in die Zeile passten, haben wir auf ihre Ausgabe verzichtet. Ansonsten ist natürlich gerade die Gesamtzeit wichtig, um die Einsparung nach Optimierungsvorgängen bewerten zu können.

Abgesehen von diesen fehlenden Informationen, bietet die Tabelle aber auch Informationen, die nicht nur abgedruckt, sondern auch noch interessant sind. Hierbei handelt es sich allerdings nicht um Daten in Hinblick darauf, wann welche Stopppunkte erreicht wurden bzw. wann welche Aktivitäten im Programmablauf begonnen und abgeschlossenen wurden, sondern in Hinblick darauf, wie oft und wie lange Quelltextzeilen ausgeführt wurden. Dies ist ein grundlegend anderer Ansatz, der nach dieser Tabelle mit weiteren Hinweisen beschrieben wird.

Für die Tabelle stellen die drei Zeitspalten (und zusätzlich auch die nicht abgedruckte Gesamtzeit) die wichtigsten Informationen dar, weil hier die tatsächlichen Kosten gespeichert werden. Dabei erhält man eine Gesamtzeit, wie lange eine einzelne Zeile ausgeführt wurde (die Summe ergibt daher die Gesamtzeit), und es wird angegeben, welche minimalen und maximalen Werte erreicht wurden. Wurde daher eine Zeile nur einmal ausgeführt, sind diese drei Werte gleich, während bei einer zweifachen Ausführung und verschiedenen Ausführungszeiten die Summe der beiden Extremwerte die Gesamtzeit ergibt.

```
UNIT_ LINE# TOTAL TOTAL_TIME   MIN_TIME   MAX_TIME
----- ----- ----- ---------- ---------- ----------
1     3     0              0          0          0
1     4     0              0          0          0
1     5     1       20790072   20790072   20790072
1     6     1        3299581    3299581    3299581
1     7     1        2471822    2471822    2471822
2     11    1         468774     468774     468774
```

```
2       13      654     131411953        187453      4109740
2       14      653     835683306       1123047      8053816
2       15      653     111095683        157282      1078349
2       16      653     170981786        176558      4547784
2       18      2836   8986347985       2519593    201839619
2       33      2835   6453630279       1458006    334246671
2       34      1041    587620214        506488       825803
2       35      1041    645325872        436927      2197206
2       38      2835   1,2707E+11      37689985   1000423796
2       43      2835   3,5914E+10      11175442    326174974
2       48      2835   2,8229E+11      86568264   1842503726
2       50      2835   8490926640       2006958    255196400
2       53      653    2868007805       1081981      5710781
2       63      653    3,8338E+10      25431723   1887621750
2       67      653    2564177011        907657    141122963
2       70      2835   5580034054       1348216      4915708
2       81      2835   2,2069E+11      66231602    812323633
2       85      2835   5406636038       1392355     45290113
2       88      2837   3757838216        984482      4773232
2       100     2837   1,2389E+10       3046755    140185135
2       104     2837   5,5092E+11     123431329    981200403
2       106     2837   2538383789        504533    134720474
2       107     1         2483276       2483276      2483276
2       109     3399   2,3310E+10       3103746    260794877
...
71 Zeilen ausgewählt.
```

Listing 5.86 556_08.sql: Ausgabe der Analysedaten

Man muss natürlich das ausgeführte Programm gut kennen, um überhaupt Informationen aus den Daten beschaffen zu können. Zunächst verschafft man sich mit Hilfe der folgenden Übersichtsabfrage einen Eindruck davon, wie viele Datensätze überhaupt erzeugt wurden, wie viele Termine überhaupt gebucht wurden und wie viele Termine ursprünglich vorhanden waren. Die Anzahl der erzeugten Datensätze ist für die Analyse insofern wichtig, als dass dies ja die entscheidende Zielsetzung des gesamten Programms war und alle Ausführungsbefehle darauf hinausliefen, Datenstrukturen zu schaffen, die schließlich in die Tabelle `BUCHUNG` eingetragen wurden. Die Termine stellen hier eine besondere Information dar, weil die Termine anhand einer Gewichtung mit Hilfe verschiedener Faktoren bzw. anhand der Berechnung eines Schwellenwerts entweder als zu verarbeitende Daten in den Programmfluss eingingen oder von der Verarbeitung ausgeschlossen wurden. Jeder Termin wurde damit abgerufen, analysiert und konnte zum Anstoß des Programms dienen. Dabei hangelte sich das gesamte Programm an den Terminen in chronologischer Folge entlang, um für jeden zu verarbeitenden Termin einen Teilnehmer und für jeden Teilnehmer eine passende Gruppe auszuwählen, von der dann jeder einzelne Teilnehmer erfasst wurde. Diese Abfrage hat folgenden Aufbau:

```
SELECT DISTINCT
      (SELECT COUNT(B_NrAnmelder)
          FROM buchung INNER JOIN teilnehmer
            ON buchung.B_NrAnmelder = teilnehmer.TN_Nr
         WHERE U_Nr IS NOT NULL)
                              AS Firmenanmeldungen,
       (SELECT COUNT(DISTINCT T_Nr)
          FROM buchung)       AS Termine#1,
       (SELECT COUNT(T_Nr)
          FROM termin)        AS Termine#2
FROM buchung;
```

Listing 5.87 556_09.sql: Ermittlung von wichtigen Zahlen

Man erhält als Ergebnis:

```
FIRMENANMELDUNGEN  TERMINE#1  TERMINE#2
----------------- ---------- ----------
             2835        562        653
1 Zeile wurde ausgewählt.
```

Insgesamt wurden also bei diesem Lauf 2835 Datensätze in die Buchungstabelle geschrieben. Diese Zahl findet man nun auch an vielen Stellen, wo sämtliche Buchungssätze verarbeitet wurden. Dies ist z.B. bei der Prozedur `BucheTeilnehmer` der Fall, da hier jeder einzelne Datensatz verarbeitet wurde. Für die Zeilenzeitmessung ist dabei unerheblich, ob alle Teilnehmer der Reihe nach (was nicht der Fall ist) oder jeweils in Gruppen (wie es tatsächlich geschieht) und damit auch nach dem Zusammensetzen von neuen Gruppen gebucht werden. Wichtig ist lediglich, dass in dem folgenden Quelltextschnipsel für jeden einzelnen Datensatz die aktuelle Reihenzahl gezählt, ein passendes Buchungsdatum ermittelt, der Preis kalkuliert und schließlich die Buchungsnummer zurückgeschrieben wird.

```
INSERT INTO buchung
 VALUES (ZaehleReihen(),
         Teilnehmernr,
```

```
        Terminnummer,
        TO_DATE(ErmittleDatum(Terminnummer,
                              Teilnehmerzahl)),
        Teilnehmerzahl,
        ErmittlePreis(Terminnummer, Teilnehmerzahl),
        Anmelder,
        NULL,
        NULL)
 RETURNING B_Nr INTO Buchungsnr;
```

Listing 5.88 553_04.sql: Auszug aus dem Buchungsprogramm

Wie schon zuvor bei der selbst entwickelten Überwachungsmethode so erhält man auch hier die Rückmeldung, dass diese Vorgehensweise nicht optimal ist. Anstatt Funktionen selbst zu schreiben, die datenbank-eigene Funktionalitäten abbilden, wie es mit der Erzeugung einer passenden Buchungsnummer geschieht, sollte man eher die datenbank-eigenen Hilfsmittel benutzen. Dies könnte in diesem Fall eine Sequenz sein. Da allerdings eine Mengenübertragung stattfindet, hätte man besser auch die entsprechende Technik benutzt, damit erst einmal in Array-Form die nötigen Daten erzeugt (inklusive Buchungsnummer) und dann die gesamten Buchungsdaten mit nur einem Kontextwechsel übertragen.

Analoge Überlegungen gelten auch für die Terminzahlen, wobei hier nur schwer eine andere Programmstruktur erdacht werden kann. Tatsächlich muss jeder Termin analysiert, gewichtet und dann bewertet werden. Dies sieht man auch an den Tabellenzeilen, in denen alle 653 Termine verarbeitet werden, und dort, wo die Termine, die den Schwellenwert überschritten haben, in das Programm eingehen.

5.6 Programmierung von Triggern

Nach der Erstellung von Routinen und Funktionen für die Datenverarbeitung, die Sie in den vorangegangenen Abschnitten kennen gelernt haben, beenden wir die Darstellung der PL/SQL-Module mit dem Bereich der Trigger (Auslöser). Sie ermöglichen das Abfangen von unerwünschten Ereignissen oder Zuständen in der Datenbank, indem sie durch ein vorher genau spezifiziertes Ereignis ausgelöst werden. Dieses Ereignis wird als »triggering event« bezeichnet und mit solch schönen Wendungen wie »triggern« für »auslösen« beschrieben.

Trigger ähneln den bereits beschriebenen Modulen, weisen aber gleichzeitig große Unterschiede zu Funktionen und Prozeduren auf. Trigger werden ebenfalls direkt in der Datenbank gespeichert und stellen damit ein Schema-Objekt der Datenbank dar. Es ist zusätzlich nicht einmal möglich, sie als lokales Modul in einem anderen Block zu schreiben, um sozusagen einen lokalen Trigger zu verwenden Sie warten ausschließlich auf Ereignisse, die in Form von SQL-Schlüsselwörtern, die das Ereignis beschreiben, ausgedrückt werden. Dabei ist es nicht möglich, zusätzlich Argumente zu übergeben.

Es folgt zunächst eine Darstellung der verschiedenen Triggertypen, die Sie für verschiedene Einsatzbereiche erstellen können und für die immer eine leicht variierende Syntax bzw. zusätzliche Schlüsselwörter gelten und einsetzbar sind. Danach lernen Sie die Syntax für jeden einzelnen Typ kennen.

5.6.1 Grundkonzeption der Trigger

Trigger stellen aufgrund einer speziellen Definitionssyntax und ihrer Eigenschaften, die sie von anderen Modulen unterscheiden, sowie ihren gänzlich anderen Einsatzbereichen einen PL/SQL-Bereich dar, der verschiedene, klar umrissene Eigenschaften besitzt.

Typologie

In der Datenbanktheorie wird für gewöhnlich, wenn von Triggern die Rede ist, auf die ungewollte Situation Bezug genommen, dass eine Datenbankaktion einen unerwünschten Zustand in Hinblick auf die Integrität der Daten zur Folge hat. Dies stellt nicht nur einen grundlegenden Einsatzbereich dar, sondern ist auch natürlich auch durch einen Trigger-Typ abgebildet worden. Dies ist in jedem Fall der so genannte *DML-Trigger*, es kann an dieser Stelle aber auch ein *Instead-of-Trigger* zum Einsatz kommen. Oracle geht mit seinem Trigger-Konzept über diese klassische Forderung hinaus und bietet zusätzlich noch einen *System-Trigger* an, der auch für andere Ereignisse als datenbezogene Ereignisse, nämlich für Ereignisse definiert werden kann, die auf Schema-Objekte ausgerichtet sind.

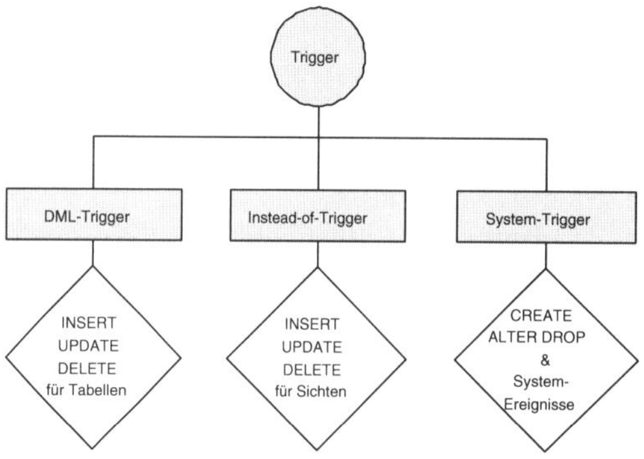

Abbildung 5.30 Trigger-Typen und auslösende SQL-Befehle

Wie in Abbildung 5.30 dargestellt ist, unterscheidet man drei Trigger-Typen, wobei dies nicht nur theoretisch oder in ihrer Anwendung fixiert werden kann, sondern auch durch jeweils unterschiedliche Syntaxregeln:

- **DML-Trigger**
  Anweisungen aus dem DML-Bereich von SQL wie `INSERT`, `UPDATE` oder `DELETE` lösen einen DML-Trigger aus. Dabei kann man bei der Programmierung des Triggers frei bestimmen, ob die Anweisungen im Anweisungsabschnitt des Triggers vor oder nach dem auslösenden Ereignis (vor oder nach dem Eintragen, Löschen, Aktualisieren also) ausgeführt werden sollen. Dabei wirken sich diese SQL-Befehle ausdrücklich direkt auf Tabellen aus.
- **Instead-of-Trigger**
  Wie schon für den DML-Trigger so gilt auch für den Instead-of-Trigger, dass DML-Operationen aus dem SQL-Sprachumfang als auslösende Ereignisse in Frage kommen. Als Besonderheit gilt hier, dass dieser Trigger-Typ ausschließlich für Sichten (entweder relationale oder Objekt-Sichten) definiert werden kann und anstelle der ursprünglich vorgegebenen Befehle ausgeführt wird. Diese Eigenschaft sowie die entsprechende PL/SQL-Klausel führte zu seiner Bezeichnung. Weil für das Ereignis nicht zusätzliche Anweisungen zur Ausführung kommen, sondern sie ersetzende, gibt es keine Angaben zur zeitlichen Reihenfolge des Trigger-Anweisungsblocks.
- **System-Trigger**
  Während die anderen beiden Trigger-Typen für die Daten und ihre Strukturen von Relevanz sind, ist der System-Trigger ein Werkzeug, um System-Ereignisse und DDL-Befehle abzufangen. Zu den System-Ereignissen gehören solche Ereignisse wie das Starten oder Herunterfahren der Datenbank, das An- und Abmelden von Benutzern sowie Fehler. Zu den DDL-Befehlen gehören die Befehle `CREATE`, `ALTER` und `DROP` aus dem SQL-Sprachumfang, die zur Erstellung oder Manipulation von Schema-Objekten vorhanden sind. Diese stellen natürlich spezielle Einträge in den Data Dictionary-Tabellen dar, können aber einfacher als über eine Abfrage dieser Tabellen direkt durch diesen Trigger-Typ abgefangen werden.

Einsatzbereiche

Wie in der Vorstellung der drei Trigger-Typen vermutlich schon deutlich geworden ist, ist die Verhinderung von Inkonsistenz und Verlust der Datenintegrität innerhalb der Datenbank ein entscheidender Einsatzbereich der Trigger-Technik. Einfache Integritätsregeln lassen sich in SQL z.B. über die `CHECK`-Bedingung vorgeben. Auch die Definition von Datentypen und Wertebereichen sowie die referenzielle Integrität (also die Definition von Primär- und

Fremdschlüsseln bei der Tabellendefinition) ist bereits als Technik und Methode anzusehen, um Integritätsregeln abzubilden. Bei der Umsetzung von komplexen Regeln (so genannten Geschäftsregeln) jedoch lässt der SQL-Standardsprachschatz den Datenbank-Entwickler im Stich, sodass hier ein wichtiger und großer Einsatzbereich von Triggern liegt.

Neben den Standardmöglichkeiten von Oracle, um Überwachungsinformationen von Benutzern und ihren Aktivitäten in der Datenbank und mit den Daten zu speichern, bietet sich die Möglichkeit, solche Überwachungswerkzeuge selbst zu entwickeln, wenn es um einfachere Aufgaben und für weniger anspruchsvolle Situationen geht. Dies bedeutet, dass bei Datenmanipulationen oder Arbeiten an den Eigenschaften von Schema-Objekten sowie bei grundsätzlichen Systembenutzungen automatisch Protokollinformationen in geeigneten Tabellen erfasst werden, die in diesem Fall selbst entwickelt werden.

Da Trigger durch ihre Grundkonzeption ereignisgesteuert sind, bietet sich mit ihrem Einsatz die Möglichkeit, durch die Reaktion auf definierte Ereignisse andere Routinen automatisch – also per Aufruf – zu starten. Dies ermöglicht eine umfassende Automatisierung der Datenbank, wobei die entsprechenden Trigger nur für die Signalisierung von Änderungen und den Aufruf von anderen Routinen zum Einsatz kommen. In diesem Zusammenhang ist von Bedeutung, dass natürlich auch Routinen in C++ oder in Java durch eine `CALL`-Anweisung aufgerufen werden können, sodass man bei der Automatisierung nicht auf PL/SQL beschränkt ist.

Einschränkungen

Da der Körper eines Triggers einen gewöhnlichen PL/SQL-Block repräsentiert, sind grundsätzlich – wie auch bei den anderen PL/SQL-Modulen – sämtliche PL/SQL-Sprachelemente bei der Programmierung erlaubt. Einige Einschränkungen für die Verwendung von Datentypen und Techniken gelten jedoch sowohl für die Trigger als auch für eventuell aufgerufene Prozeduren und Funktionen:

- **Größe**
  Eine grundsätzliche Einschränkung bei der Erstellung von Triggern besteht für die Größe, die die Grenze von 32 KB nicht überschreiten darf. Dies kann man natürlich umgehen, indem man Teilbereiche in andere Module auslagert und entsprechend über Funktionen oder Prozeduren aufruft, man sollte diese Einschränkung aber bei der Erstellung immer mit Blick auf die Ausführungszeit berücksichtigen.

- ▶ **Transaktionssteuerung**
  Sämtliche SQL-Befehle für die Transaktionssteuerung können in einem Trigger *keinesfalls* zur Anwendung kommen. Auch wenn die Möglichkeit besteht, einen derart fehlerhaften Trigger in der Datenbank zu speichern, so erhält man spätestens bei der Ausführung bzw. beim automatischen Aufruf desselben eine entsprechende Fehlermeldung. Dies betrifft also Befehle wie `COMMIT`, `ROLLBACK`, `SAVEPOINT` und `SET TRANSACTION`. Diese Einschränkung wirkt sich auch auf im Trigger aufgerufene Module aus, d.h., diese können ebenfalls keine Transaktionssteuerungsbefehle enthalten.
- ▶ **Autonome Transaktionen**
  Eine Möglichkeit, die Transaktionssteuerung zu verwenden, besteht darin, autonome Transaktionen zu definieren. Dabei verwendet man die Schlüsselwörter `PRAGMA AUTONOMOUS_TRANSACTION;` im Deklarationsabschnitt des jeweiligen PL/SQL-Blocks. Diese können anonyme Blöcke der obersten Ebene (keine tiefer verschachtelten also), lokale, gespeicherte Unterprogramme und solche aus Paketen, Methoden eines Objekttyps und eben Datenbank-Trigger sein. Für die Beendigung einer autonomen Transaktion muss `COMMIT` oder `ROLLBACK` verwendet werden, da das Ende des autonomen Blocks nicht ausreicht. Über diese Technik ist es zugleich möglich, Trigger mit Transaktionssteuerug zu programmieren wie auch Module aufzurufen, die Transaktionsbefehle beinhalten.
- ▶ **Datentypen**
  Sowohl die Pseudodatensätze `:old` und `:new` als auch der Trigger-Body können keine `LONG`- oder `LONG RAW`-Datentypen referenzieren und verarbeiten. `LOB`-Spalten können referenziert, die darunter liegenden Werte allerdings nicht geändert werden.

5.6.2 Trigger programmieren

In diesem Abschnitt zeigen wir die unterschiedlichen Trigger-Typen im Detail und erstellen einige Beispiele. Die Definition basiert auf einer weitestgehend unveränderlichen Syntax, die allerdings für jeden Typ durch unterschiedliche optionale Elemente und auch durch eine leicht andere Definitionsstruktur variiert wird.

Allgemeine Trigger-Befehle

Dass sich Trigger mit der `CREATE OR REPLACE`-Klausel anlegen lassen, kann an dieser Stelle schon einmal verraten werden. Zusätzlich gilt für alle Trigger, dass sie ebenfalls mit der Standard-Klausel `DROP TRIGGER name` wieder gelöscht werden. Darüber hinaus ist es auch noch möglich, sie speziell zu aktivieren und zu deaktivieren. Dabei bleiben sie der Datenbank als Schema-Objekt erhalten, reagieren aber nicht mehr auf die Ereignisse, die sie normalerweise auslösen würden. Dies realisiert man über die Syntax `ALTER TRIGGER name {DISABLE | ENABLE}`. Sobald ein Trigger erstellt und gespeichert wird, ist er natürlich aktiviert, sodass man zunächst diesen Befehl nur für eine Deaktivierung nutzen kann.

Enthält eine Tabelle diverse Trigger, die man nicht alle einzeln aktivieren oder deaktivieren möchte, so lassen sich diese Trigger auch alle gleichzeitig mit dem `ALTER TABLE {ENABLE | DISABLE} ALL TRIGGERS`-Befehl (de-)aktivieren.

DML-Trigger

Für die Definition von DDL-Triggern ist folgende allgemeine Syntax gültig:

```
CREATE [OR REPLACE] TRIGGER name
 {BEFORE | AFTER} ereignis
 [referenzklausel]
 [WHEN trigger-bedingung]
 [FOR EACH ROW]
 anweisungsabschnitt;
```

Nach einer allgemeinen Definitionsklausel, die den Triggernamen spezifiziert, folgt die Definition des Zeitbezuges, die für den Trigger von Bedeutung ist, d.h., ob der Trigger vor oder nach dem definierten Ereignis ausgeführt werden soll. Mit der Referenzklausel lassen sich zwei Standardbezügen zu alten und neuen Daten in der Tabelle andere Namen zuweisen. Ist der Trigger auf Zeilenebene definiert, d.h., berücksichtigt er Änderungen an einzelnen Datenzeilen, so wird er nur für die Zeilen ausgeführt, die die angegebene Bedingung erfüllen. Soll der Trigger für die gesamte Aktion ausgeführt werden, so handelt es sich gerade nicht um einen zeilenbezogenen Trigger, was auch durch die Klausel `FOR EACH ROW` bezeichnet werden kann. Diese Klausel löst für jede einzelne Zeile den Trigger aus, wenn zuvor das allgemeine Ereignis für die Tabelle betroffen war.

Im Beispiel soll nun beim Eintragen von Terminen in der Termintabelle die Anzahl der möglichen Dozenten gezählt werden. Dies ist ja bekanntermaßen ein Problem, da es noch einige Kurse in der Kurstabelle gibt, die keine Dozenten aufweisen können. Hier wäre es also ganz nützlich, eine automatische Übersicht für die Termine zu erhalten. Dies könnte natürlich auch in einer entsprechenden Tabelle mit Dozentenreferenzierung als Beziehungstabelle zwischen `THEMENVERTEILUNG` und `TERMIN` geschehen, würde aber nichts Grundlegendes an der Trigger-Sytanx ändern.

Die folgende Tabelle speichert die Terminnummer, die Kursnummer und die Anzahl der Dozenten für einen Termin:

```
CREATE TABLE "SCOTT"."TERMINBETREUUNG"
("T_NR" NUMBER(7)      NOT NULL,
 "K_NR" NUMBER(7)  NOT NULL,
 "ZAHL" NUMBER(7)  NOT NULL,
  PRIMARY KEY("T_NR"),
  FOREIGN KEY("T_NR")
    REFERENCES "SCOTT"."TERMIN"("T_NR"),
  FOREIGN KEY("K_NR")
    REFERENCES "SCOTT"."KURS"("K_NR"))
  TABLESPACE "USERS";
```

Listing 5.89 562_01: Triggertabelle für die Dozentenzahl

Die folgende Funktion ermittelt zunächst die Anzahl der Dozenten für eine übergebene Kursnummer. Sie soll später im Trigger aufgerufen werden, wobei ihre Funktionalität ebenso gut direkt im Trigger eingearbeitet werden könnte.

```
CREATE OR REPLACE  FUNCTION "SCOTT"."ZAEHLEDOZENTEN"  (
 Kursnummer IN kurs.K_Nr%TYPE )
RETURN NUMBER
IS
 D_Zahl NUMBER(2);
BEGIN
 SELECT COUNT(D_Nr)
   INTO D_Zahl
   FROM themenverteilung
  WHERE K_Nr = Kursnummer;
 RETURN D_Zahl;
END ZaehleDozenten;
```

Listing 5.90 562_02.sql: Anzahl der Dozenten für einen gewählten Kurs

Der Trigger reagiert auf der Zeilenebene mit der Klausel `FOR EACH ROW` auf jeden eingetragenen Datensatz. Das bedeutet, dass der Trigger für jeden einzelnen Dateneintrag ausgelöst wird. Besonders wichtig ist dies natürlich bei `UPDATE`- oder `DELETE`-Aktionen, da hier mehrere Zeilen gleichzeitig angesprochen werden. Möchte man hier nach dem gesamten Befehl einen Trigger ausführen lassen, so verzichtet man auf dieses zeilenbezogene Auslösen des Triggers und reagiert nur darauf, dass überhaupt eine Änderung stattgefunden hat.

Über die Angabe AFTER trägt man zunächst den neuen Termin ein und speichert dann die benötigten Informationen in die Tabelle TERMINBETREUUNG.

Eine Besonderheit ergibt sich beim Zugriff auf alte (UPDATE, DELETE) und neue (INSERT) Werte der bearbeiteten Tabelle. Im aktuellen Beispiel möchten wir die gerade eingetragenen Werte für die Terminnummer und die Kursnummer auch in der Überwachungstabelle speichern. Dabei steht uns mit den beiden Korrelationsbezeichnern :new und :old eine Zugriffsmöglichkeit auf gerade eingetragene (neue) und zuvor vorhandene (alte) Werte zur Verfügung. Sie ermöglichen es, mit einer Punktnotation auf die einzelnen Felder der bearbeiteten Tabelle in Form von :new.feld und :old.feld zuzugreifen und erinnern dabei an Datensätze in Form von %ROWTYPE. Da es sich aber um keine Datensatztypen handelt und man sie z.B. nicht anderen Variablen gleicher Datenstruktur zuweisen kann (wie z.B. fälschlicherweise v_TDaten := :new), bezeichnet man sie als *Pseudodatensätze*. Ihre Verwendung jedoch ist – wie im Beispiel zu sehen – recht einfach und gilt nicht für eine Variablenzuweisung (pro Feld) oder den Aufruf in SQL-Befehlen sowie in PL/SQL-Anweisungen.

```
CREATE OR REPLACE TRIGGER TRG_Termineintrag
 AFTER INSERT ON termin
 FOR EACH ROW
BEGIN
  INSERT INTO terminbetreuung
  VALUES (:new.T_Nr, :new.K_Nr, ZaehleDozenten(:new.K_Nr));
  DBMS_OUTPUT.PUT_LINE(ZaehleDozenten(:new.K_Nr) ||
                       ' Dozenten vorhanden.');
END TRG_Termineintrag;
```

Listing 5.91 562_03.sql: Trigger, der mögliche Dozenten zählt

Als Test trägt man nun einen Termin ein und fragt sofort die Tabelle TERMINBETREUUNG ab. Interessant ist bei der Ausführung, dass zunächst die Information erscheint, dass drei Dozenten vorhanden sind, dass also die Trigger-Aktionen komplett abgearbeitet werden, bevor die Bestätigung des Zeileneintrags ausgegeben wird. In der abgefragten Tabelle befindet sich dann auch ein passender Datensatz mit der Zahl der Dozenten für den eingegebenen Kurs.

```
INSERT INTO termin
VALUES (654, 1020058, '21.05.04', '21.05.04', 'Essen');
SELECT * FROM terminbetreuung;
3 Dozenten vorhanden.
1 Zeile wurde erstellt.
```

```
     T_NR       K_NR       ZAHL
---------- ---------- ----------
       654    1020058          3
1 Zeile wurde ausgewählt.
```

Listing 5.92 562_04: Eintragung eines Termins

Die allgemeine Syntax der Trigger-Erzeugung im DML-Bereich lässt sich in drei Dimensionen zusammenfassen, die beliebig miteinander kombiniert werden können. Daher lassen sich insgesamt 12 verschiedene DML-Trigger konstruieren, was sowohl in der folgenden Aufstellung als auch in Abbildung 5.31 deutlich wird:

- **SQL-Befehl**
  Mögliche abzufangende SQL-Befehle im DML-Bereich sind `INSERT`, `DELETE` und `UPDATE`.
- **Zeit**
  Jeder Befehl lässt sich vor (`BEFORE`) oder nach (`AFTER`) der Ausführung auf die Daten berücksichtigen und mit Anweisungen versehen.
- **Ebene**
  Die Datenverarbeitung lässt sich entweder als Zugriff auf die gesamte Tabelle (Anweisungsebene) oder als Zugriff auf die einzelnen Datensätze (Zeilenebene) berücksichtigen.

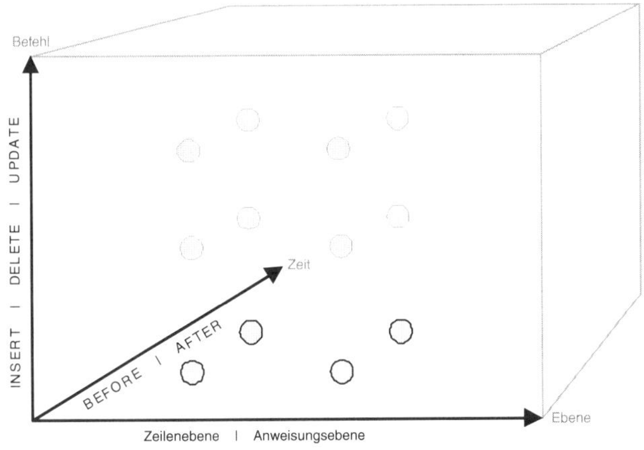

Abbildung 5.31 Möglichkeiten bei DML-Triggern

Syntax-Erweiterungen von Triggern

Bevor wir die anderen Trigger-Arten vorstellen, folgt in diesem Abschnitt eine Darstellung der Eigenschaften, die für alle drei Trigger-Arten gelten. Die Pseudodatensätze haben Sie bereits im zurückliegenden Abschnitt kennen gelernt, doch auch diese Technik lässt sich noch um eine weitere Klausel ergänzen, sodass hier mehr Flexibilität und Anpassungsmöglichkeiten bestehen.

Pseudodatensätze und die REFERENCING-Klausel

Ändert man mit `DELETE`, `INSERT` oder `UPDATE` Datensätze in einer Tabelle, so ist es für die Verarbeitung natürlich überaus sinnvoll und nützlich, die neuen und alten Werte zu verarbeiten und z.B. in anderen Tabellen zu speichern. Über die Pseudodatensätze `:old` und `:new` lassen sich diese ehemaligen und neu eingefügten bzw. aktualisierten Werte ermitteln. Dabei entspricht der Feldname in der veränderten Tabelle dem Feldnamen, der mit dem Punkt-Operator an die beiden Pseudodatensätze angeschlossen ist. Diese gesamte Technik ist natürlich ausschließlich Triggern mit Zugriff auf die Zeilenebene gestattet, da für jedes ausgelöste Zeilenereignis die beiden Pseudodatensätze mit Werten gefüllt sein können.

- `:new` enthält bei `UPDATE`- und `INSERT`-Anweisungen die aktuell eingefügten Werte der geänderten Zeile.
- `:old` enthält bei `UPDATE`- und `DELETE`-Anweisugen die vor der Änderung oder Löschung vorhandenen Werte der geänderten Zeile.

Sollten keine sinnvollen Werte für die Pseudodatensätze vorhanden sein, enthalten beide den Wert `NULL`. Sie werfen aber keine Fehlermeldung aus, wenn man auf sie zugreift. Dies kann geschehen, wenn man versucht, bei einer `INSERT`-Anweisung über `:old` alte Werte abzufragen, die zwangsläufig nicht existieren können, zumindest nicht für den eingefügten Datensatz. Gleiches gilt für `DELETE`, wenn man versucht, mit dem `:new`-Pseudodatensatz die neu eingefügten Daten abzurufen.

Grundsätzlich untersagt ist die komplette Zuweisung der beiden Pseudodatensätze zu Datensatzvariablen mit gleicher Struktur. Es ist nur möglich, die Felder einzeln anzusprechen, und demnach ist auch nur über einzelne Schritte eine komplette Übertragung der Werte aus den Pseudodatensätzen in Variablen bzw. Datensatzvariablen möglich. Zusätzlich besteht keine Möglichkeit, Pseudodatensätze direkt an Prozeduren und Funktionen zu übergeben. Auch hier kann man sich nur mit der Übertragung in andere Variablen behelfen, die dann übergeben werden können.

Für die folgenden Beispiele benötigt man eine neue Tabelle, die geänderte und gelöschte Datensätze speichern soll. Verwendet man für diese beiden Aktionen auch noch einen Trigger, hat man eine schöne Betriebssystem-Eigenschaft für

Oracle nachgebaut: einen Papierkorb, aus dem man seine doch noch benötigten Datensätze wiederbeschaffen kann.

```
CREATE TABLE "SCOTT"."ALTETERMINE"
("T_NR"      NUMBER(4)    NOT NULL,
 "K_NR"      NUMBER(7)    NOT NULL,
 "T_BEGINN"  DATE         NOT NULL,
 "T_ENDE"    DATE         NOT NULL,
 "T_ORT"     VARCHAR2(20) NOT NULL,
 "AT_STATUS" VARCHAR(7)   NULL
   CHECK (AT_STATUS IN ('UPDATE', 'DELETE')) ,
 PRIMARY KEY("T_NR"),
 FOREIGN KEY("K_NR")
   REFERENCES "SCOTT"."KURS"("K_NR"),
 CHECK(T_Beginn<=T_Ende))
 TABLESPACE "USERS";
```

Listing 5.93 562_05.sql: Papierkorb für Oracle

Der Trigger wartet darauf, dass Datensätze in der Tabelle `TERMIN` gelöscht werden, und fügt für jeden gelöschten Datensatz (`FOR EACH ROW`) nach dem Löschvorgang (`AFTER`) einen neuen Datensatz mit exakt den gleichen Daten (`:old`) in die Tabelle `altetermine` ein. Dabei verwendet man mit der `REFERENCING`-Klausel den Pseudodatensatz `:old` mit dem Synonym `alt`. Die Syntax für die Umbenennung der Pseudodatensätze lautet `REFERENCING [OLD AS name1] [NEW AS name2]`, wobei die beiden Pseudodatensätze eindeutig nicht mit einem Doppelpunkt angesprochen werden. Ihre Synonyme übernehmen dann die gleichen Eigenschaften wie die originalen Elemente und erlauben einen feldweisen Zugriff über die Punktnotation.

```
CREATE OR REPLACE TRIGGER TRG_Terminkorrektur
 AFTER DELETE ON termin
 REFERENCING old AS alt
 FOR EACH ROW
BEGIN
  INSERT INTO altetermine
  VALUES (:alt.T_Nr, :alt.K_Nr, :alt.T_Beginn, :alt.T_Ende,
          :alt.T_Ort, 'DELETE');
END TRG_Terminkorrektur;
```

Listing 5.94 562_06: Erfassung von gelöschten Terminen

Ein Test, der den Termin mit der höchsten Terminnumer löscht, zeigt, wie der Trigger automatisch einen neuen Datensatz bei einem Löschvorgang in die Papierkorbtabelle schreibt.

```
DELETE FROM termin WHERE T_Nr =
       (SELECT MAX(T_Nr) FROM termin);
SELECT * FROM altetermine;
1 Zeile wurde gelöscht.
      T_NR       K_NR T_BEGINN T_ENDE   T_ORT        AT_STAT
---------- ---------- -------- -------- ------------ -------
       653    1015027 16.12.03 19.12.03 Bochum        DELETE
1 Zeile wurde ausgewählt.
```

Listing 5.95 562_07.sql: Test des Löschtriggers

Trigger-Prädikate für die Modifizierung

Trigger erlauben nicht nur die Reaktion auf eine spezielle Eigenschaft, wie in den vorangegangenen Beispielen gezeigt wurde. Vielmehr kann man auch auf mehrere oder alle möglichen SQL-Befehle reagieren, indem man nach der Definition des Zeitpunkts für die Auslösung des Triggers mehrere Befehle setzt. Diese verbindet man durch `OR`, da der Trigger von einem der Befehle gleichermaßen ausgelöst werden kann.

Möchte man für alle genannten Befehle die gleichen Anweisungen ausführen lassen, so belässt man es bei dieser Neuerung. Allerdings haben Sie in der neuen Beispieltabelle schon gesehen, dass es eine Statusspalte gibt, in der registriert werden soll, welche Aktion (`UPDATE` oder `DELETE`) ausgeführt worden ist. So kann man nachher ebenso alle gelöschten wie alle aktualisierten Datensätze unabhängig voneinander wieder zurückspielen. Da hier eine unterschiedliche SQL-Syntax erforderlich ist, hilft die Statusspalte bei der Steuerung eines möglichen Programms.

Möchte man also unterschiedliche Anweisungen durch den Trigger ausführen lassen, so kann man den Trigger über die Trigger-Prädikate so modifizieren, dass er zwar von allen drei DML-Befehlen ausgelöst wird, dass aber gleichzeitig die Reaktion auf diese Ereignisse unterschiedlich ausfällt. Da insgesamt drei DML-Befehle genannt werden können, gibt es auch ebenso viele Trigger-Prädikate:

- `INSERTING`: Ist `TRUE`, wenn der auslösende SQL-Befehl ein `INSERT` war.
- `DELETING`: Ist `TRUE`, wenn der auslösende SQL-Befehl ein `DELETE` war.
- `UPDATING`: Ist `TRUE`, wenn der auslösende SQL-Befehl ein `UPDATE` war.

Im folgenden Beispiel erweitern wir das vorige um einen durch `OR` angeschlossenen `UPDATE`-Befehl, der ebenfalls den Trigger auslöst. Je nachdem, welcher Befehl auf die Tabelle `TERMIN` ausgeführt wird, wird ein anderer Kommentartext über die Schaltvariable `v_Text` in die Papierkorbtabelle eingetragen. Das bedeutet, dass der Trigger selbst den gerade ausgeführten Befehl identifiziert und in Abhängigkeit desselben unterschiedliche Einträge vornimmt bzw. den Wert der Variablen entsprechend setzt.

```
CREATE OR REPLACE TRIGGER TRG_Terminkorrektur
 AFTER DELETE OR UPDATE ON termin
 FOR EACH ROW
DECLARE
 v_Text VARCHAR(6);
BEGIN
 -- Triggermodi
 IF UPDATING
  THEN v_Text := 'UPDATE';
 ELSIF DELETING
  THEN v_Text := 'DELETE';
 ELSE v_Text := NULL;
 END IF;
 -- Korrekturerfassung
 INSERT INTO altetermine
 VALUES (:old.T_Nr, :old.K_Nr, :old.T_Beginn,
         :old.T_Ende, :old.T_Ort, v_Text);
END TRG_Terminkorrektur;
```

Listing 5.96 562_08.sql: Verwendung von Trigger-Prädikaten

Im Test löschen wir zwei Termine und verlagern einen Termin nach Essen, was in beiden Fällen den Trigger auslöst. Eine Abfrage der Papierkorbtabelle ergibt dann, dass tatsächlich alle drei Datensätze in dieser Tabelle erfasst worden sind. Hierbei wurden die gelöschten und aktualisierten Datensätze mit unterschiedlichen Kommentaren erfasst.

```
DELETE
  FROM termin
 WHERE T_Nr IN (653, 652);
UPDATE termin
   SET T_Ort = 'Essen'
 WHERE T_Nr = 651;
SELECT * FROM altetermine;
```

```
2 Zeilen wurden gelöscht.
1 Zeile wurde aktualisiert.
      T_NR       K_NR T_BEGINN T_ENDE   T_ORT        AT_STAT
---------- ---------- -------- -------- ------------ -------
       652    1015042 16.12.03 19.12.03 Bochum        DELETE
       653    1015027 16.12.03 19.12.03 Bochum        DELETE
       651    1015031 15.12.03 17.12.03 Bochum        UPDATE
3 Zeilen ausgewählt.
```

Listing 5.97 562_09.sql: Test der Trigger-Prädikate

Bedingungen für betroffene Zeilen

Wie Sie schon gesehen haben, löst man einen Trigger entweder für jede Zeile auf der Zeilenebene oder insgesamt für eine Reihe von Anweisungen auf der Anweisungsebene aus. In den zurückliegenden Beispielen handelte es sich jedes Mal um einen Trigger auf Zeilenebene, da die Klausel `FOR EACH ROW` gesetzt war. Da zusätzlich im letzten Beispiel über den Primärschlüssel auf eine einzelne Reihe zugegriffen wurde, wurde beim `UPDATE`-Befehl ohnehin nur eine einzige Zeile ausgewählt. Gerade bei `UPDATE` oder `DELETE` kann es jedoch dazu kommen, dass man mit einem einzigen Befehl (`UPDATE termin SET T_Ort = 'Essen'`) mehrere Zeilen anspricht. Diese würden bei einem Trigger auf Zeilenebene jeweils individuell durch den Trigger berücksichtigt, fänden sich also nach der Änderung oder Löschung in der Papierkorbtabelle wieder. Würde man in diesem Fall allerdings einen Trigger auf Anweisungsebene einsetzen, würde man für den einen Befehl, der mehrere Zeilen manipuliert, nur einmal den Trigger auslösen. Dies verändert natürlich die Möglichkeiten der Verarbeitung, da hier nicht mehr auf die einzelnen geänderten oder gelöschten Daten zurückgegriffen werden kann.

Für den Trigger auf Zeilenebene gibt es noch eine weitere Möglichkeit, in der Zeilendimension Einschränkungen mit Bezug auf die Triggerauslösung vorzugeben. Dies leist die Formulierung einer Trigger-Bedingung über die `WHEN`-Klausel. Sie folgt der `FOR EACH ROW`-Klausel in der Form `WHEN triggerbedingung` und löst den Trigger nur für die Datensätze aus, die die Bedingung erfüllen. Damit verhindert man nicht, dass der Befehl auf der Tabelle ausgeführt wird. Dies ist nicht die Aufgabe eines Triggers. Sondern man schränkt die Überwachungsmöglickeiten des Triggers ein, indem man für die Zeilen, die die Triggerbedingung erfüllen, der Trigger auslöst. Alle anderen Datenverarbeitungen bleiben unberücksichtigt.

Für diesen Trigger ändern wie die Tabelle altertermine so ab, dass nun der alte Seminarort in einer Spalte namens T_OrtAlt und der neue Ort in einer Spalte namens T_OrtNeu gespeichert werden kann:

```
CREATE TABLE "SCOTT"."ALTETERMINE"
("T_NR"      NUMBER(4)     NOT NULL,
 "K_NR"      NUMBER(7)     NOT NULL,
 "T_BEGINN"  DATE          NOT NULL,
 "T_ENDE"    DATE          NOT NULL,
 "T_ORTALT"  VARCHAR2(20)  NOT NULL,
 "T_ORTNEU"  VARCHAR(20)   NOT NULL,
 PRIMARY KEY("T_NR"),
 FOREIGN KEY("K_NR")
   REFERENCES "SCOTT"."KURS"("K_NR"),
 CHECK(T_Beginn<=T_Ende))
 TABLESPACE "USERS";
```

Listing 5.98 562_10.sql: Redefinition der Papierkorbtabelle

Der Trigger reagiert – wie die folgende Definition zeigt – ausschließlich auf alle Ortsänderungen, die als neuen Zielort nicht den Wert Essen haben, da dies z.B. ein neuer Standardwert ist, wohingegen andere Orte besonders hervorgehoben werden sollen. Diese besondere Hervorhebung soll sich daher auch auf den Papierkorb auswirken.

```
CREATE OR REPLACE TRIGGER TRG_Ortwechsel
 AFTER UPDATE ON termin
 FOR EACH ROW
 WHEN (new.T_Ort != 'Essen')
BEGIN
 INSERT INTO altetermine
 VALUES (:old.T_Nr, :old.K_Nr, :old.T_Beginn,
         :old.T_Ende, :old.T_Ort, :new.T_Ort);
END TRG_Ortwechsel;
```

Listing 5.99 562_11.sql: Verwendung einer Trigger-Bedingung

Im Test ändert man für alle Kurse nach dem 1. Juni 2003 den Seminarort von Bochum in Essen und lässt alle anderen Seminare in Berlin stattfinden. Dies löst eine umfangreiche Änderungswelle aus, wobei der Trigger für jede einzelne Änderung ausgelöst wird, sofern der neue Kursort nicht Essen ist. Dies entspricht den 164 Kursen, die ab Juni in Berlin stattfinden sollen. Diese befinden sich daher auch komplett in der Tabelle altetermine.

```
-- Test
UPDATE termin
  SET T_Ort = 'Essen'
 WHERE T_Ort = 'Bochum'
  AND T_Beginn > '01.06.2003';
UPDATE termin
  SET T_Ort = 'Berlin'
 WHERE T_Ort <> 'Bochum'
  AND T_Beginn > '01.06.2003';
SELECT DISTINCT
     (SELECT COUNT(*)
       FROM altetermine
      WHERE T_OrtNeu = 'Essen') AS Essen,
     (SELECT COUNT(*)
       FROM altetermine
      WHERE T_OrtNeu = 'Berlin') AS Berlin
 FROM altetermine;
-- Ergebnis
103 Zeilen wurden aktualisiert.
164 Zeilen wurden aktualisiert.
   ESSEN     BERLIN
---------- ----------
     0         164
1 Zeile wurde ausgewählt.
```

Instead-of-Trigger

Während der zuvor gezeigte DML-Trigger von DML-Befehlen ausgelöst und zusätzlich zu ihnen ausgeführt wird, bewirkt die Auslösung eines Instead-of-Triggers gerade nicht die Durchführung des ursprünglichen Befehls und der Trigger-Anweisungen, sondern ausschließlich die Durchführung der Trigger-Anweisungen. Dabei gelten folgende Einschränkungen: Instead-of-Trigger lassen sich nur auf Sichten ausführen, die änderbar sind. Diese Sichten dürfen keine Mengenoperatoren (`UNION`, `UNION ALL`, `MINUS`), Aggregatfunktionen,

Gruppierungen oder Verkettungen (`GROUP BY`, `CONNECT BY` oder `START WITH`) sowie `DISTINCT` enthalten.

Generell gelten auch Verknüpfungen zwischen Tabellen als Barriere, um eine Sicht als änderbar verwenden zu können. Genügen die Verknüpfungen jedoch wieder Bedingungen, die theoretisch auch für die anderen Einschränkungen gelten, dann lassen sich diese Sichten auch für die Datenänderung heranziehen. Sie lassen sich nämlich insgesamt darauf reduzieren, dass durch die Sicht keine neuen Daten generiert werden, sondern letztendlich nur solche Daten ausgegeben werden, die tatsächlich in dieser Form in der Datenbank gespeichert sind. So wie das Ausblenden von Duplikaten zu Datensätzen führt, die in dieser Form nicht gespeichert werden weil nicht mehr klar zuzuordnen ist, zu welchen Datensätzen exakt eine aggregierte bzw. zusammengefasste Information gehört, so verhält sich dies auch bei Verknüpfungen. Eine äußere Verknüpfung ist ein sehr deutliches Beispiel, da sie in jedem Fall Daten liefert, die gerade nicht in der Datenbank gespeichert werden weil ja bei einer solchen Verknüpfung auch Datenstrukturen ausgeworfen werden, die erst durch die Verknüpfung gebildet werden bzw. per Definition so nicht vorhanden sind. Alle anderen obigen Eigenschaften lassen sich ebenfalls darauf zurückführen, dass man letztendlich nur solche in einer Sicht ausgegebenen Daten ändern kann, die eindeutig mit Datensätzen verknüpft werden können, die tatsächlich in der Datenbank gespeichert sind.

Für änderbare Verknüpfungssichten verwendet man in diesem Zusammenhang den Ausdruck der Schlüssel erhaltenden Verknüpfung, bei der die originalen Schlüssel auch die Ergebnisschlüssel in der Abfrage darstellen. Für Einfügeoperationen bedeutet dies, dass die Anweisungen ausschließlich originale Schlüssel referenzieren dürfen. Bei einer Aktualisierung hingegen muss die zu aktualisierende Spalte der Spalte der abgefragten Tabelle entsprechen, d.h., auch hier müssen die originalen Schlüssel übereinstimmen. Schließlich ist eine Löschaktion darauf beschränkt, nur für eine Sicht gültig zu sein, die genau eine Schlüssel erhaltende Tabelle enthält.

Für die Definition von Instead-of-Triggern ist folgende allgemeine Syntax gültig:

```
CREATE [OR REPLACE] TRIGGER name
 INSTEAD OF ereignis
 [referenzklausel]
 [WHEN trigger-bedingung]
 [FOR EACH ROW]
 anweisungsabschnitt;
```

Nach einer allgemeinen Definitionsklausel, die den Triggernamen spezifiziert, folgt die Definition des Zeitbezuges, die für den Trigger von Bedeutung ist, d.h., ob der Trigger vor oder nach dem definierten Ereignis ausgeführt werden soll. Mit der Referenzklausel lassen sich zwei Standardbezüge zu alten und neuen Daten in der Sicht andere Namen zuweisen. Ist der Trigger auf Zeilenebene definiert, berücksichtigt er also Änderungen an einzelnen Datenzeilen, so wird er nur für die Zeilen ausgeführt, die die angegebene Bedingung erfüllen. Soll der Trigger für die gesamte Aktion ausgeführt werden, so handelt es sich gerade nicht um einen zeilenbezogenen Trigger, was auch durch die Klausel `FOR EACH ROW` bezeichnet werden kann. Diese Klausel löst für jede einzelne Zeile den Trigger aus, wenn zuvor das allgemeine Ereignis für die Tabelle betroffen war.

Die folgende Sicht fasst alle Informationen aus den Tabellen `DOZENT`, `THEMENVERTEILUNG` und `KURS` zusammen, sodass man also eine komplette Übersicht über die Themenverteilung erhält. Dies beinhaltet also die komplette Datenstruktur über den Dozenten und den Kurs.

```
CREATE VIEW DozUebersicht AS
SELECT *
  FROM dozent NATURAL JOIN themenverteilung
              NATURAL JOIN kurs;
```

Listing 5.100 562_13.sql: Erstellung einer Sicht

Möchte man aus dieser Sicht nun Daten löschen wie z.B. mit dem Befehl `DELETE FROM dozuebersicht WHERE D_Nr = 20;`, ist das problemlos möglich, da sämtliche Datensätze, die den Dozenten mit der Nummer 20 enthalten, sowohl in der Themenverteilungstabelle als auch in der Dozententabelle gelöscht werden können. Der Versuch hingegen, Daten über die Sicht in die Dozententabelle einzufügen, schlägt mit folgender Fehlermeldung fehl:

```
INSERT INTO dozuebersicht (D_Nr, D_Anrede, D_Vorname, D_
Nachname)
                                      *
FEHLER in Zeile 1:
ORA-01776: Über eine Join-
View kann nicht mehr als eine Basistabelle modifiziert werden
```

Mit dem folgenden Trigger, der mehr aufgrund seiner Syntax als aufgrund seines Nutzens für die Lektüre interessant ist, ist es dagegen möglich, obigen Einfügebefehl auszuführen. Der Trigger reagiert auf den Einfügebefehl in die Sicht und definiert an dieser Stelle einen kompletten neuen Befehl, mit dem die übergebenen Daten in die eigentlich zuständige Tabelle DOZENT übernommen werden.

```
CREATE OR REPLACE TRIGGER TRG_Dozenterfassung
 INSTEAD OF INSERT ON dozuebersicht
BEGIN
 INSERT INTO dozent (D_Nr, D_Anrede, D_Vorname, D_Nachname)
 VALUES (:new.D_Nr, :new.D_Anrede, :new.D_Vorname,
         :new.D_Nachname);
END TRG_Dozentenerfassung;
```

Listing 5.101 562_14.sql: Trigger für die Dozentenerfassung durch die Sicht

Ein einfacher Test mit dem Einfügebefehl

```
INSERT INTO dozuebersicht (D_Nr, D_Anrede,
                           D_Vorname, D_Nachname)
 VALUES (21, 'Herr', 'Kai', 'Milchmann');
```

Listing 5.102 562_15.sql: Test des Instead-of-Triggers

ergibt bei entsprechender Tabellenabfrage neben der ohnehin vorhandenen Bestätigung den endgültigen Beweis:

```
SELECT D_Nr, D_Anrede, D_Vorname || ' ' || D_Nachname AS Name
  FROM dozent
 WHERE D_Nr = 21;
1 Zeile wurde erstellt.
      D_NR D_ANR NAME
---------- ----- ---------------
        21 Herr  Kai Milchmann
1 Zeile wurde ausgewählt.
```

Wie Sie sehen, ist es nur möglich, mit diesem Trigger auf Einträge zu reagieren, die exakt die benötigte Datenstruktur enthalten. Dadurch ist es gleichfalls nur möglich, in der Dozententabelle Daten zu erfassen, sodass es nicht möglich ist, mit dem Trigger Einfügebefehle in die anderen Spalten und damit in die anderen Tabellen zu verarbeiten.

Da eine Sicht die Spaltenstruktur der unterliegenden Tabellen erbt (die Spaltennamen können ausgetauscht werden), erhalten Sie eine Übersicht über den Aufbau der gesamten Sicht mit Hilfe des Befehls:

```
set linesize 50;
desc dozuebersicht;
```

Diese Befehl liefert folgendes Ergebnis:

```
Name                      Null?    Typ
 ----------------------- -------- ----------------
 K_NR                     NOT NULL NUMBER(7)
 D_NR                     NOT NULL NUMBER(4)
 D_ANREDE                          VARCHAR2(5)
 D_VORNAME                         VARCHAR2(20)
 D_NACHNAME                        VARCHAR2(30)
 D_STRASSE                         VARCHAR2(40)
 D_HAUSNR                          VARCHAR2(5)
 D_STADTTEIL                       VARCHAR2(30)
 D_LAND                            VARCHAR2(2)
 D_PLZ                             NUMBER(5)
 D_STADT                           VARCHAR2(30)
 D_VORWAHL                         NUMBER(10)
 D_TELNR                           NUMBER(10)
 TH_NR                    NOT NULL NUMBER(4)
 TH_TAGESSATZ             NOT NULL NUMBER(6,2)
 K_BEREICH                NOT NULL VARCHAR2(30)
 K_TITEL                  NOT NULL VARCHAR2(30)
 K_UNTERTITEL             NOT NULL VARCHAR2(40)
 K_DAUER                  NOT NULL NUMBER(1)
 P_NR                     NOT NULL NUMBER(2)
 K_VORKENNTNISSE          NOT NULL VARCHAR2(150)
 K_ZIELGRUPPE             NOT NULL VARCHAR2(50)
 K_THEMEN                 NOT NULL VARCHAR2(600)
```

Listing 5.103 562_16.sql: Spalten einer Sicht

Wie Sie sehen bzw. schon wussten, beinhaltet der Trigger mindestens drei Datenstrukturen, die jeweils auf den eingehenden Tabellen basieren: eine Datenstruktur mit Informationen über den Dozent, den Kurs und die Themenzuordnung. Aus Kombinationen dieser drei lassen sich zudem weitere wie beispielsweise »Kurse mit Dozenten« konstruieren, die dann aus mehreren Tabellen Spalten und damit Daten erhalten. Dies lässt sich noch um Untermengen erweitern, in denen nur eine Spaltenauswahl aus einer oder mehrerer Tabellen verwendet wird. Dies erhöht natürlich den Komplexitätsgrad eines Instead-of-Triggers, wenn man für jede oder auch nur eine halbwegs überschaubare Auswahl an Datenstrukturen Ersetzungen von DML-Befehlen erstellen möchte.

In der folgenden Trigger-Erweiterung nehmen wir auf diesen Umstand Rücksicht und erstellen – zumindest für den Einfüge-Befehl – drei Fälle, in denen wir in einer Fallunterscheidung auf die unterschiedlich gefüllten Felder Rücksicht nehmen. Diese erlauben schließlich die Definition einer zur Verarbeitung geeigneten Datenstruktur bzw. das Erkennen einer solchen, um die entsprechenden Anweisungen vorzugeben.

```
CREATE OR REPLACE TRIGGER TRG_Dozenterfassung
 INSTEAD OF INSERT ON dozuebersicht
BEGIN
 -- Erfassung einer Themenzuordnung
 IF :new.D_Nr IS NOT NULL
    AND :new.TH_Nr IS NOT NULL
    AND :new.TH_Tagessatz IS NOT NULL
    AND :new.K_Nr IS NOT NULL
  THEN INSERT INTO themenverteilung
       VALUES (:new.TH_Nr, :new.D_Nr,
               :new.K_Nr, :new.TH_Tagessatz);
 -- Erfassung eines Dozenten
 ELSIF :new.D_Nr IS NOT NULL
       AND :new.D_Anrede IS NOT NULL
       AND :new.D_Vorname IS NOT NULL
       AND :new.D_Nachname IS NOT NULL
  THEN  INSERT INTO dozent (D_Nr, D_Anrede, D_Vorname,
                            D_Nachname)
        VALUES (:new.D_Nr, :new.D_Anrede,
                :new.D_Vorname, :new.D_Nachname);
 -- Erfassung eines Seminars
 ELSIF :new.K_Nr IS NOT NULL
       AND :new.K_Bereich IS NOT NULL
       AND :new.K_Titel IS NOT NULL
       AND :new.K_Untertitel IS NOT NULL
       AND :new.K_Dauer IS NOT NULL
       AND :new.P_Nr IS NOT NULL
       AND :new.K_Vorkenntnisse IS NOT NULL
       AND :new.K_Zielgruppe IS NOT NULL
       AND :new.K_Themen IS NOT NULL
  THEN INSERT INTO kurs
       VALUES (:new.K_Nr, :new.K_Bereich, :new.K_Titel,
               :new.K_Untertitel, :new.K_Dauer, :new.P_Nr,
```

```
                 :new.K_Vorkenntnisse, :new.K_Zielgruppe,
                 :new.K_Themen);
 ELSE RAISE_APPLICATION_ERROR(-20002, 'Datenstruktur reicht
                                       nicht aus.');
 END IF;
END TRG_Dozentenerfassung;
```

Listing 5.104 562_17.sql: Trigger mit mehreren Operationsmöglichkeiten

Obwohl der Trigger bereits eine beachtliche Länge erreicht hat, kann man doch letztendlich nur in die drei unmittelbar einleuchtenden Datenstrukturen `Dozent`, `Kurs` und `Themenverteilung` Daten einfügen. Dabei wurden für die Strukturen `Themenverteilung` und `Kurs` die in den Spalten ohnehin existierenden `NOT NULL`-Beschränkungen ebenfalls im Quelltext verankert, während bei der Datenstruktur `Dozent` darauf verzichtet wurde. Hier besteht dann das Problem, dass es nun überhaupt nicht möglich ist, weitere Spalten mit Werten zu besetzen bzw. die Einschränkungen, die durch den Trigger vorgegeben werden, zu umgehen oder die Freiheiten zu nutzen, die durch die Tabelle vorgegeben werden. In allen Fällen liegt im Trigger bereits eine weitere Beschränkung vor, die so im Datenmodell bzw. bei der Tabellendefinition nicht vorgesehen war. Am einfachsten und wohl auch am sinnvollsten wäre hier natürlich, sämtliche Felder bis auf `D_Stadtteil` mit einer `NOT NULL`-Beschränkung zu versehen, darauf im Trigger einzugehen und so auch tatsächlich einen vollständigen Dozentendatensatz zu erfassen.

Darüber hinaus ist der Trigger nur darauf ausgerichtet, Dateneinfügeoperationen korrekt zu behandeln. Es müssten also mindestens für diese drei Datenstrukturen auch die entsprechenden `DELETE`- und `UPDATE`-Operationen berücksichtigt werden, damit die Sicht vollständig benutzbar ist. Dies lässt sich über eine Fallstruktur mit Hilfe der Trigger-Prädikate einrichten, worauf wir aber hier aus Platzgründen verzichten.

Wichtig – und das wird auch in Abbildung 5.32 noch einmal zusammengefasst – ist die Erkenntnis, dass durch den Tabellen zusammenfassenden Charakter einer Sicht nicht normalisierte bzw. denormalisierte Datenstrukturen entstehen. Sollen diese änderbar sein, muss nicht nur die Sicht gewissen Bedingungen genügen, man muss auch in einem entsprechenden Instead-of-Trigger auf diese Problematik Rücksicht nehmen und die möglichen oder gewünschten Datenstrukturen bei der Verarbeitung berücksichtigen.

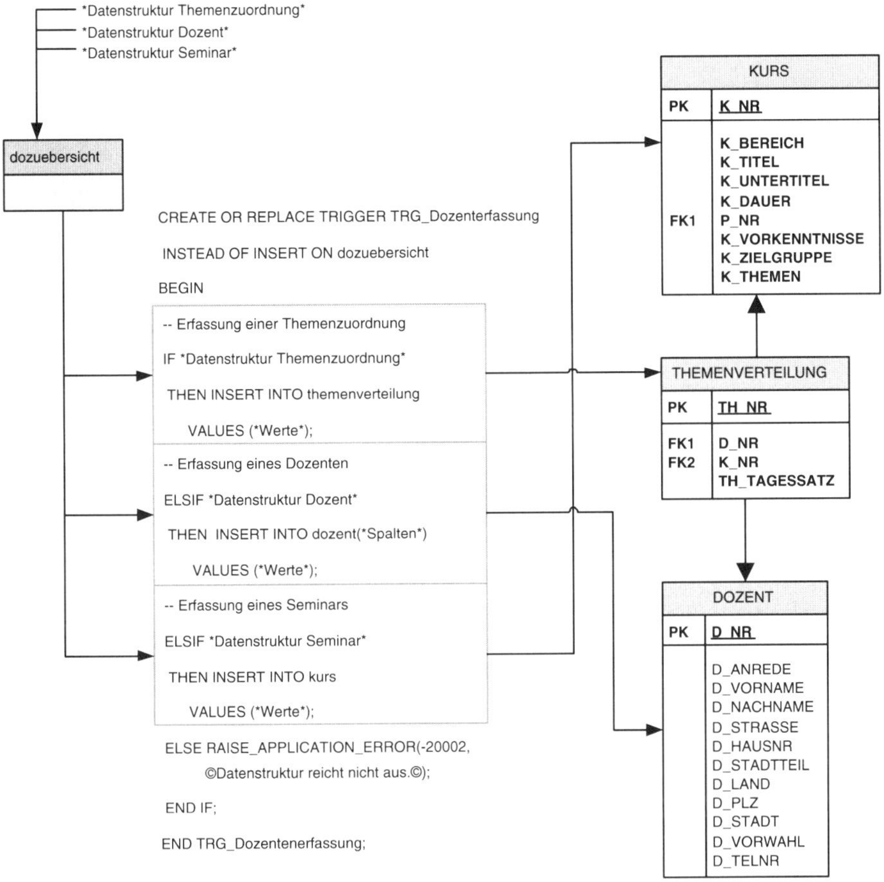

Abbildung 5.32 Bedeutung von Datenstrukturen bei Triggern

System-Trigger

Der letzte der drei Trigger-Arten ist der System-Trigger. System-Trigger gehen über die theoretischen Forderungen, welche Aufgaben Trigger im Rahmen eines Datenbanksystems übernehmen sollten, hinaus. Während die anderen beiden Typen sich ausschließlich um die Datenverarbeitung und damit vor allen Dingen um die Erhaltung von Datenintegritäten und korrekten Datenstrukturen kümmern bzw. diese – wie im Falle der Instead-of-Trigger – erst ermöglichen, reagiert der System-Trigger auf zwei verschiedene Ereignisbereiche, die mit den eigentlichen Daten nichts zu tun haben.

Die allgemeine Syntax für die Erstellung eines System-Triggers unterscheidet sich ein wenig von der vorgestellten Syntax der anderen Trigger und lautet:

```
CREATE [OR REPLACE] TRIGGER [SCHEMA.]name
 {BEFORE | AFTER} {ddl-ereignisliste | db-ereignisliste}
 ON {DATABASE | [schema.]SCHEMA}
 [WHEN trigger-bedingung]
 anweisungsabschnitt;
```

Wie die allgemeine Syntax zeigt, kann ein System-Trigger auf zwei verschiedene Ereignistypen reagieren:

- Mögliche DDL-Ereignisse stellen die Befehle CREATE, ALTER und DROP dar, die sich auf unterschiedliche Schema-Objekte beziehen können. Eigentlich reagiert dieser Trigger damit auch wiederum auf Ereignisse, die Datenänderungen in Tabellen bedeuten. Diese Daten befinden sich allerdings in den verschiedenen Data-Dictionary-Tabellen des Benutzers SYS z.B. in ccols$, tab$ oder obj$, auf die entweder direkt oder über die Data-Dictionary-Sichten zugegriffen werden kann. Weil in diesen Tabellen Spalten-, Objekt- und Tabellennamen sowie ihre Eigenschaften und eine Menge anderer Dinge gespeichert wird, handelt es sich in diesem Fall eigentlich auch um eine Reaktion auf Tabelleneinträge und -änderungen.

```
SELECT obj#, col#, SUBSTR(name,1,15) AS name, type#, length
  FROM sys.col$
 WHERE obj#=(SELECT obj#
               FROM sys.obj$
              WHERE name='KURS');
```

Listing 5.105 562_18.sql: Spalten der Tabelle KURS

```
      OBJ#       COL# NAME                 TYPE#     LENGTH
---------- ---------- --------------- ---------- ----------
     36281          1 K_NR                     2         22
     36281          2 K_BEREICH                1         30
     36281          3 K_TITEL                  1         30
     36281          4 K_UNTERTITEL             1         40
     36281          5 K_DAUER                  2         22
     36281          6 P_NR                     2         22
     36281          7 K_VORKENNTNISSE          1        150
     36281          8 K_ZIELGRUPPE             1         50
     36281          9 K_THEMEN                 1        600
9 Zeilen ausgewählt.
```

- Für die System-Ereignisse sind folgende Standardereignisse vorhanden:
  - STARTUP mit dem Zeitpunkt AFTER: Instanz wird gestartet.
  - SHUTDOWN mit dem Zeitpunkt BEFORE: Instanz wird korrekt heruntergefahren.
  - SERVERERROR mit dem Zeitpunkt AFTER: Ein Fehler wird ausgelöst.
  - LOGON mit dem Zeitpunkt AFTER: Ein Benutzer meldet sich an die Datenbank an.
  - LOGOFF mit dem Zeitpunkt BEFORE: Ein Benutzer meldet sich von der Datenbank ab.

Für die Erfassung von Log-Daten erstellen wir uns genauso eine Tabelle wie zuvor für die anderen Beispiele. In diesem Falle besteht sie aus nur wenigen Spalten, die den Benutzernamen, den Zeitstempel des An- und Abmeldens sowie eine Bezeichnung für den Vorgang enthalten. Dieses Mal realisiert auch eine Sequenz die automatische Primärschlüsselvergabe für jedes An- und Abmelden.

```
CREATE TABLE "SCOTT"."LOGBUCH"
("L_Nr"        NUMBER(5)    NOT NULL,
 "L_Benutzer" VARCHAR(10) NOT NULL,
 "L_Datum"    TIMESTAMP    NOT NULL,
 "L_Status"   VARCHAR(10) NOT NULL
  CHECK ("L_Status" IN ('Logon', 'Logoff')),
 PRIMARY KEY("L_Nr"))
 TABLESPACE "USERS";
CREATE SEQUENCE "SCOTT"."ZEITZAEHLER"
 INCREMENT BY 1
 START WITH 2241 MAXVALUE 1.0E28 MINVALUE 1
 NOCYCLE CACHE 20 NOORDER
```

Listing 5.106 562_19.sql: Anlegen eines Logbuchs

Bei der Erstellung der beiden Trigger muss man sich entscheiden, ob der Trigger auf Schema- oder auf Datenbank-Ebene ausgelöst werden soll. Dieses ist tatsächlich eine Frage der Ebene da ja eine Datenbank aus mehreren Schemata (wie z.B. Scott) besteht. Definiert man einen Trigger mit dem Schlüsselwort DATABASE als für die Datenbank-Ebene gültig, dann löst man den Trigger bei jedem An- und Abmelden aus. Ein Trigger auf Schema-Ebene wird dagegen nur ausgelöst, wenn auch tatsächlich das angegebene Schema (innerhalb der Datenbank) angesprochen wird. Hier besteht entweder die Möglichkeit, ein spezielles Schema vorzugeben oder automatisch das Schema auszuwählen, in dem auch der Trigger erstellt wird.

Die zuvor vorgestellten Ereignisse weisen Besonderheiten in Hinblick auf die gerade erwähnten Ebenen auf. Die beiden Ereignisse `STARTUP` und `SHUTDOWN` lassen sich nur auf Datenbank-Ebene realisieren. Ansonsten können sie zwar für die Schema-Ebene eingerichtet werden, funktionieren aber nicht, da sie niemals ausgelöst werden.

```
CREATE OR REPLACE TRIGGER TRG_Logon
AFTER LOGON ON SCHEMA
BEGIN
 INSERT INTO logbuch
 VALUES (logzaehler.nextval, USER, SYSTIMESTAMP, 'LOGON');
END TRG_Logon;
CREATE OR REPLACE TRIGGER TRG_Logoff
BEFORE LOGOFF ON SCHEMA
BEGIN
 INSERT INTO logbuch
 VALUES (logzaehler.nextval, USER, SYSTIMESTAMP, 'LOGOFF');
END TRG_Logoff;
```

Listing 5.107 562_20.sql: Anlegen von An- und Abmeldetriggern

Attributfunktionen für System-Trigger

Speziell für die DDL-Trigger im Systembereich gibt es einige besondere Funktionen, die als Attributfunktionen bekannt sind. Mit ihnen ist es möglich, solche interessanten Informationen abzurufen wie den Namen oder den Typ eines angelegten bzw. bearbeiteten Objekts, seinen Besitzer und seine Datenbank, zu der es gehört. Im Folgenden werden die verfügbaren Attributfunktionen aufgelistet. Hier sind extra die Datentypen angegeben, da man – wie im nächsten Beispiel – die entsprechenden Informationen häufig in einer Tabelle wird speichern wollen und diese entsprechende Datentypen aufweisen muss, damit die Daten automatisch eingetragen werden können. Die Attributfunktionen lassen sich in drei Kategorien aufteilen:

- **Für alle Ereignisse verfügbar**
  - `SYSEVENT`, `VARCHAR2(20)` liefert das Ereignis, das den Trigger auslöste.
  - `INSTANCE_NUM`, `NUMBER` liefert die Instanznummer, die so lange den Wert 1 hat, wie sie nicht mit dem *Oracle Real Application Cluster* arbeitet bzw. *solange Sie* nicht mit dem *Oracle Real Application Cluster* arbeiten.

- DATABASE_NAME, VARCHAR2(50) liefert den Datenbanknamen, für den das Ereignis ausgelöst wurde.
- LOGIN_USER, VARCHAR2(30) liefert den Benutzernamen des Benutzers, der für die Auslösung des Triggers verantwortlich ist.

- **Für DDL-Ereignisse verfügbar**
  - DICTIONARY_OBJ_TYPE, VARCHAR2(20) liefert den Typ des Schema-Objekts, das mit einer DDL-Operation bearbeitet wurde.
  - DICTIONARY_OBJ_NAME, VARCHAR2(30) liefert den Namen des Schema-Objekts, das mit einer DDL-Operation bearbeitet wurde.
  - DICTIONARY_OBJ_OWNER, VARCHAR2(30) liefert den Besitzer des Schema-Objekts, das mit einer DDL-Operation bearbeitet wurde.
  - DES_ENCRYPTED_PASSWORD, VARCHAR2(30) liefert eine DES-verschlüsselte Version des Passworts des Benutzers, der mit CREATE oder ALTER USER bearbeitet wurde.
- **Für das Ereignis SERVERERROR verfügbar**
  - SERVER_ERROR, NUMBER liefert die Positionsnummer des Fehlers im Fehler-Stack, der wiederum durch das PL/SQL-Paket DBMS_UTILITY und dessen Prozedur FORMAT_ERROR_STACK bearbeitet werden kann.
  - IS_SERVERERROR, BOOLEAN liefert TRUE, wenn der Fehler in den Fehler-Stack aufgenommen wurde und daher eine Verarbeitung zulässt.

Das Logbuch wird im Folgenden um Spalten erweitert, die die anhand der Attributfunktionen bestimmten Informationen bezüglich des Schema-Objekts empfangen sollen, das mit einer DDL-Operation bearbeitet wurde. Dazu zählen natürlich der Name und der Typ genauso wie der Besitzer des Objekts und seine Erstellungszeit.

```
CREATE TABLE "SCOTT"."LOGBUCH"
("L_Nr"        NUMBER(5)   NOT NULL,
 "L_Benutzer" VARCHAR(10) NOT NULL,
 "L_Datum"     TIMESTAMP   NOT NULL,
 "L_DBName"    VARCHAR(20) NOT NULL,
 "L_ObjTyp"    VARCHAR(20) NOT NULL,
 "L_ObjName"   VARCHAR(20) NOT NULL,
 "L_ObjBes"    VARCHAR(20) NOT NULL,
 PRIMARY KEY("L_Nr"))
 TABLESPACE "USERS";
```

Listing 5.108 562_21.sql: Logtabelle für Objektdaten

Der Trigger reagiert auf einen CREATE-Befehl und speichert mit Hilfe der Attributfunktionen die entsprechenden Informationen in der Logtabelle. Hier verwendet man die Attributfunktionen in Form von Spaltenfunktionen und kann so relativ schnell und unkompliziert die benötigten Informationen extrahieren. Da die Funktionen im Schema SYS liegen, muss man für sie ihren qualifizierten Namen vergeben, da wir sie für das Schema Scott aufrufen.

```
CREATE OR REPLACE TRIGGER TRG_LogDDL
AFTER CREATE ON SCHEMA
BEGIN
 INSERT INTO logbuch
 VALUES (logzaehler.nextval, USER, SYSTIMESTAMP,
         SYS.DATABASE_NAME, SYS.DICTIONARY_OBJ_TYPE,
         SYS.DICTIONARY_OBJ_NAME, SYS.DICTIONARY_OBJ_OWNER);
END TRG_LogDDL;
```

Listing 5.109 562_22.sql: Trigger für die Protokollierung von CREATE-Anweisungen

Scott erstellt dann schließlich als Test eine Sicht, die ihm den nächsten Termin vom aktuellen Datum aus ermittelt, und löst damit den Trigger aus.

```
CREATE VIEW AktTermin AS
SELECT *
  FROM (SELECT *
          FROM termin
         WHERE T_Beginn > SYSDATE
         ORDER BY T_Beginn)
  WHERE ROWNUM = 1;
```

Listing 5.110 562_23.sql: Anlegen eines Schema-Objekts

Nachdem die Sicht angelegt worden ist, öffnet man die Logtabelle und findet tatsächlich Namen, Besitzer und dergleichen in der Tabelle gespeichert. Weitere Informationen könnte man sich für das angegebene Objekt aus den Data Dictionary-Tabellen beschaffen.

```
-- Test
SELECT * FROM logbuch;
-- Ergebnis
 L_Nr L_Benutzer L_Datum
----- ---------- -------------------------
   33 SCOTT      18.07.03 16:38:07,013000
L_DBName             L_ObjTyp L_ObjName L_ObjBes
-------------------- -------- --------- --------
```

```
KURSE.US.ORACLE.COM  VIEW     AKTTERMIN SCOTT
1 Zeile wurde ausgewählt.
```

Listing 5.111 562_24.sql: Test des Logbuchs

Fehlerspeicherung mit SERVERERROR

Wie oben schon angedeutet wurde, besteht die Möglichkeit, auf allgemeine bzw. auf alle Fehler mit Hilfe des SERVERERROR-Ereignisses zu reagieren. Dabei kann man wiederum eine entsprechende Logtabelle verwenden, die dieses Mal den Fehlertext speichert. Das bedeutet, dass die Tabelle LOGBUCH wiederum leicht verändert wird und nun eine überaus lange Spalte für den Fehlertext enthält.

```
-- Fehlerlogbuch
CREATE TABLE "SCOTT"."LOGBUCH"
("L_Nr"        NUMBER(5)      NOT NULL,
 "L_Benutzer" VARCHAR(10)    NOT NULL,
 "L_Datum"    TIMESTAMP      NOT NULL,
 "L_DBName"   VARCHAR(20)    NOT NULL,
 "L_Fehler"   VARCHAR(2000) NOT NULL,
 PRIMARY KEY("L_Nr"))
 TABLESPACE "USERS";
-- Zähler
CREATE SEQUENCE "SCOTT"."FEHLERZAEHLER"
 INCREMENT BY 1
 START WITH 2241 MAXVALUE 1.0E28 MINVALUE 1
 NOCYCLE CACHE 20 NOORDER
```

Listing 5.112 562_25.sql: Fehlerlogbuch und Zähler

Der Trigger besteht dieses Mal nur aus einem kurzen Eintrag, der für den gegebenen Benutzer und die aktuelle Zeit den Fehlertext sowie die Datenbank speichert, in der er ausgeübt wurde. Die Speicherung erfolgt hier über die FORMAT_ERROR_STACK-Funktion aus dem DBMS_UTILITY-Paket. Sie lässt sich genau an dieser Stelle einsetzen, da sie den letzten Fehler speichert, der für ein Schema oder eine Datenbank ausgelöst wurde. Auch hier haben Sie die Möglichkeit, bei einem Fehler am Schema oder an der Datenbank über die Ebenenangabe SCHEMA oder DATABASE die Protokollebene für das Ereignis zu wählen.

```
CREATE OR REPLACE TRIGGER TRG_Fehler
 AFTER SERVERERROR ON SCHEMA
BEGIN
 INSERT INTO logbuch
```

```
 VALUES (Fehlerzaehler.NEXTVAL, USER,
         SYSTIMESTAMP, SYS.DATABASE_NAME,
         DBMS_UTILITY.FORMAT_ERROR_STACK);
END TRG_Fehler;
```

Listing 5.113 562_26.sql: Fehlermerker

Als einfachen Test löschen wir eine uns und der Datenbank unbekannte Tabelle, was natürlich eine entsprechende Fehlermeldung und damit auch den Trigger auslöst. Den Tabelleninhalt fragen wir dann durch eine entsprechende SQL-Abfrage wieder ab. Wie Sie hier sehen, liegt tatsächlich der komplette Fehlertext, der in SQL*Plus ausgegeben wurde bzw. der für diese Situation gespeichert war, im Logbuch vor.

```
-- Test
DROP TABLE unbekannt;
SELECT SUBSTR("L_Nr",1,5) AS L_Nr,
       SUBSTR("L_Benutzer",1,5) AS L_Benutzer,
       SUBSTR("L_Datum",1,10) AS L_Datum,
       SUBSTR("L_DBName",1,5) AS L_DBName,
      "L_Fehler"
  FROM logbuch;
-- Ergebnis
DROP TABLE unbekannt
           *
FEHLER in Zeile 1:
ORA-00942: Tabelle oder View nicht vorhanden
L_NR  L_BEN L_DATUM    L_DBN L_Fehler
----- ----- ---------- ----- ----------------------
2242  SCOTT 23.07.03 1 KURSE ORA-00942: Tabelle oder
                             View nicht vorhanden
1 Zeile wurde ausgewählt.
```

Listing 5.114 562_27.sql: Test und Ausgabe des Fehlerlogbuchs

Als wir Ihnen die Behandlung von Ausnahmen und Fehlern in PL/SQL vorgestellt haben, verwendeten wir unterschiedliche Techniken für ihre Behandlung und Analyse. Neben der allgemeinen Verlagerung des Programmablaufs in den Ausnahmeabschnitt war es auch möglich, über die Funktion `SQLCODE` die Fehlernummer und über die Funktion `SQLERRM` den Fehlertext zu erfahren und diesen auszugeben oder in einer Tabelle zu speichern. An dieser Stelle möchten wir mit einem entsprechenden Beispiel ganz kurz darauf hinweisen, dass diese beiden Funktionen neben der hier vorgestellten Funktion `FORMAT_ERROR_`

STACK nur für die unmittelbare Fehlerbehandlung im Ausnahmeabschnitt eines anonymen oder benannten Blocks zu verwenden sind.

Es ist daher nicht möglich, statt dieser Funktion die beiden Hilfsmittel SQLCODE und SQLERRM für die Logtabelle einzusetzen, wie folgendes Beispiel zeigt. Eine veränderte Tabellendefinition finden Sie in der Datei *562_28.sql*, die wir hier aus Platzgründen nicht abdrucken. Wie Sie sehen, könnte man – wie in einem »herkömmlichen« PL/SQL-Block – zwei Variablen die Funktionswerte zuweisen und diese Funktionswerte nachher verarbeiten bzw. in einer Tabelle speichern.

```
CREATE OR REPLACE TRIGGER TRG_Fehler
 AFTER SERVERERROR ON SCHEMA
DECLARE
 v_FehlerNr   logbuch.L_FNr%TYPE;
 v_FehlerText logbuch.L_FText%TYPE;
BEGIN
 v_FehlerNr   := SQLCODE; -- nicht möglich
 v_FehlerText := SQLERRM; -- nicht möglich
 INSERT INTO logbuch
 VALUES (Fehlerzaehler.NEXTVAL, USER,
         SYSTIMESTAMP, SYS.DATABASE_NAME,
         DBMS_UTILITY.FORMAT_ERROR_STACK,
         v_FehlerNr, v_FehlerText);
END TRG_Fehler;
```

Listing 5.115 562_30.sql: Falsche Verwendung von SQLCODE und SQLERRM

Beim Test jedoch sieht man, dass nur der Stapel der FORMAT_ERROR_STACK-Funktion tatsächlich den letzten Fehler speichert, während die beiden Funktionen SQLCODE und SQLERRM den letzten Fehler nicht mehr speichern.

```
DROP TABLE unbekannt
           *
FEHLER in Zeile 1:
ORA-00942: Tabelle oder View nicht vorhanden
L_NR  L_BEN L_FEHLER        L_FNR      L_FTE
----- ----- --------------- ---------- -----
2246  SCOTT ORA-00942: Tabe 0          ORA-0
1 Zeile wurde ausgewählt.
```

Listing 5.116 562_31.sql: Test und Misserfolg mit SQLCODE und SQLERRM

Allgemeine Eigenschaften von System-Triggern
Wie schon deutlich geworden sein dürfte, lassen sich die DML- und Instead-of-Trigger gut gemeinsam betrachten, da ihr entscheidender Unterschied nur darin besteht, ob sie zusätzlich oder anstelle des eingegebenen Befehls ausgeführt werden sollen. In diesem Zusammenhang war es auf der Zeilenebene auch möglich, die Ausführung des Triggers von weiteren Bedingungen mit Hilfe einer `WHEN`-Klausel abhängig zu machen.

Für die System-Trigger steht teilweise eine solche `WHEN`-Klausel auch zur Verfügung, wobei diese allerdings notwendigerweise nicht auf Zeilenebene reagieren kann und daher auch andere Bedingungen erfordert. Folgende Strukturen und Regelungen sind zu beachten:

- DDL-Trigger können über die `WHEN`-Klausel auf folgende Bedingungen prüfen:
  - Typ des Objekts in Form des allgemeinen Schema-Objektnamens (`VIEW`, `TABLE` etc.) mit Hilfe von `DICTIONARY_OBJ_TYPE`
  - Name des Objekts in Form seiner Bezeichnung über `DICTIONARY_OBJ_NAME`
  - Benutzerkennung über `LOGIN_USER`
- Für die beiden Ereignisse `LOGON` und `LOGOFF` kann man mit den beiden speziellen Tests `USERID` und `USERNAME` auf die Benutzerkennung und den Benutzernamen reagieren.
- Das Ereignis `SERVERROR` ermöglicht die Abfrage einer bestimmten Fehlernummer über die Funktion `ERRNO`.
- Die Ereignisse `STARTUP` und `SHUTDOWN` können nicht mit zusätzlichen Einschränkungen versehen werden.

Wie schon gerade bei der Unterscheidung für die `WHEN`-Klausel erwähnt, gibt es auch verschiedene Verhaltensweisen in Bezug auf die Transaktionsverwaltung bei System-Triggern:

- Eigene Transaktion: `STARTUP`, `SHUTDOWN`, `SERVERROR` und `LOGON`
- Teil der Benutzer-Transaktion: `LOGOFF`, DDL-Trigger

Einsatz der WHEN-Klausel

Die Trigger-Prädikate `INSERTING`, `UPDATING` und `DELETING` erlaubten bereits, einen Trigger für mehrere DML-Ereignisse vorzubereiten, sodass unter einem gemeinsamen Trigger-Namen unterschiedliche Ereignisse abgefangen werden konnten. Die unterschiedlichen Trigger besaßen allerdings auch noch jeweils die Möglichkeit, eine `WHEN`-Klausel aufzunehmen. Diese setzt man ebenfalls ein, um zusätzliche Bedingungen anzugeben, die für das auslösende Ereignis von Bedeutung sind.

Benötigt wird erneut die leicht veränderte Tabelle ALTETERMINE aus dem Skript *562_05.sql*. Nur die Überprüfungsbedingung für die Status-Spalte wurde geändert.

```
DROP TABLE "SCOTT"."ALTETERMINE";
CREATE TABLE "SCOTT"."ALTETERMINE"
("T_NR"      NUMBER(4)    NOT NULL,
 "K_NR"      NUMBER(7)    NOT NULL,
 "T_BEGINN"  DATE         NOT NULL,
 "T_ENDE"    DATE         NOT NULL,
 "T_ORT"     VARCHAR2(20) NOT NULL,
 "AT_STATUS" VARCHAR(7)   NULL
   CHECK (AT_STATUS IN ('Ort', 'Beginn')) ,
 PRIMARY KEY("T_NR"),
 FOREIGN KEY("K_NR")
   REFERENCES "SCOTT"."KURS"("K_NR"),
 CHECK(T_Beginn<=T_Ende))
 TABLESPACE "USERS";
```

Listing 5.117 562_32.sql: Papierkorb für Beginn- und Ortsänderungen

Über die WHEN-Klausel lässt sich dann ein Trigger erstellen, der nur dann ausgelöst wird, wenn tatsächlich auch andere Werte in die Tabelle eingetragen werden bzw. wenn bestimmte Spalten geändert werden. Dies bedeutet, dass nur bei Orts- und Beginnänderungen, die auch einen anderen Wert in die Tabelle eintragen, der Trigger ausgelöst wird.

Für die Verwendung der WHEN-Klausel ergibt sich, dass die Bedingungen immer in runden Klammern erscheinen und die Pseudodatensätze ohne Doppelpunkt angesprochen werden. Zusätzlich lassen sich auch nur eingebaute und keine benutzerdefinierten SQL-Funktionen in der Bedingung aufrufen. Dies ist nur dem Algorithmus vorbehalten, der in einem solchen Fall beispielsweise noch eine eigene Fallunterscheidung benötigt.

```
CREATE OR REPLACE TRIGGER TRG_Terminkorrektur
 AFTER UPDATE ON termin
 FOR EACH ROW
 -- Erweiterte Bedingungen
 WHEN ((old.T_Beginn != new.T_Beginn)
       OR (old.T_Ort != new.T_Ort))
```

```
DECLARE
 v_Text VARCHAR(6);
BEGIN
 IF :old.T_Beginn != :new.T_Beginn
  THEN v_Text := 'Beginn';
 ELSIF :old.T_Ort != :new.T_Ort
  THEN v_Text := 'Ort';
 ELSE v_Text := NULL;
 END IF;
 -- Korrekturerfassung
 INSERT INTO altetermine
 VALUES (:old.T_Nr, :old.K_Nr, :old.T_Beginn,
         :old.T_Ende, :old.T_Ort, v_Text);
END TRG_Terminkorrektur;
```

Listing 5.118 562_33.sql: Verwendung der WHEN-Klausel

Dann testet man diesen Trigger, indem sowohl tatsächliche Änderungen auf die Tabelle ausgeführt werden als auch solche, die die gleichen Werte belassen.

```
-- Änderung Ort
UPDATE termin SET T_Ort = 'Essen' WHERE T_Nr = 512;
-- Änderung Termin
UPDATE termin
   SET T_Beginn = '12.07.2004',
       T_Ende   = '14.07.2004'
 WHERE T_Nr = 650;
-- Fehlender Änderung Ort
UPDATE termin SET T_Ort = T_Ort WHERE T_Nr = 512;
-- Abfrage
SELECT * FROM altetermine;
```

Listing 5.119 562_34.sql: Testen des Triggers

Der Trigger wird jeweils dann ausgelöst, wenn tatsächlich neue Werte eingetragen werden.

```
      T_NR       K_NR T_BEGINN T_ENDE   T_ORT        AT_STAT
---------- ---------- -------- -------- ------------ -------
       512    1015038 23.06.03 25.06.03 Dortmund     Ort
       650    1015068 09.12.03 12.12.03 Bochum       Beginn
2 Zeilen ausgewählt.
```

6 Java und Oracle

1 Einführung und Installation

2 Anlegen und Konfigurieren von Datenbanken

3 Abfragen und Analysen

4 PL/SQL-Syntax und Konzepte

5 PL/SQL-Module

6 Java und Oracle

7 Oracle mit PHP und C++

6 Java und Oracle

Java, einer der jüngsten und vielversprechendsten Sprosse unter den modernen Programmiersprachen – manchmal gescholten wegen seiner Behäbigkeit, aber stets gelobt für sein robustes und unkompliziertes Wesen – findet im Rahmen des Oracle-Servers umfassende Unterstützung, sowohl als Sprache für den Zugriff als auch als interne Sprache für serverseitige Komponenten.

6.1 SQLJ

SQLJ ist eine Erweiterung von Java durch eine eingebettete Skriptsprache, die dem Programmierer die Arbeit mit SQL-Anweisungen so komfortabel wie möglich machen soll. Für die Auswertung von Abfrageergebnissen und für das Herstellen von Datenbankverbindungen gibt es verschiedene SQLJ-Anweisungen, die zum Ziel haben, diese Vorgänge leichter und übersichtlicher steuern zu können, als das mit den entsprechenden JDBC-Aufrufen der Fall ist. SQLJ ist inzwischen ein etablierter Standard, der von bekannten Trendsettern der IT-Branche wie Oracle, IBM, Sun und Sybase getragen wird.

Vom Prinzip her werden die eingebetteten SQLJ-Anweisungen durch einen Präprozessor analysiert und in einen normalen Java-Quelltext umgewandelt, in der Regel in die entsprechenden JDBC-Aufrufe. Dieser Quelltext kann dann anschließend mit dem Java-Compiler `javac` in Bytecode übersetzt werden.

Die SQLJ-Spezifikation ist inzwischen mehrfach implementiert worden, und es gibt bereits herstellerspezifische Erweiterungen. Im folgenden Kapitel behandeln wir Standard-SQLJ. Wenn wir zwischendurch auf spezielle Features der SQLJ-Implementierung von Oracle eingehen, wird das im Text explizit erwähnt.

Warum SQLJ?

SQLJ vereinfacht das Programmieren mit SQL. Es unterstützt den Programmierer durch einfache sprachliche Konstrukte beim Einbinden von statischen und – in bestimmtem Umfang – dynamischen SQL-Anweisungen in ein Java-Programm. Dabei ermöglicht SQLJ von der Idee her einen übersichtlichen, unkomplizierten und anpassungsfähigen Code.

Da die in SQLJ verfassten Teile eines Programms durch die SQLJ-Implementierung erst bei der Kompilierung in Java-Quelltext umgewandelt werden, können Hersteller transparent Optimierungen realisieren und eigene Programmierschnittstellen nutzen. Statische SQL-Anweisungen können beispielweise bereits zum Zeitpunkt der Syntaxüberprüfung von der Datenbank vorkompiliert werden, und bestimmte datenbankspezifische Erweiterungen können genutzt werden.

Ein weiterer Vorteil besteht in der Möglichkeit, SQL-Anweisungen und die Datenbankverbindung bereits während des Kompilierens zu überprüfen und dort eventuelle Fehler zu finden – und nicht erst zur Laufzeit, wie es bei JDBC-Aufrufen passiert.

Ein kleiner Wermutstropfen ist die Tatsache, dass vor dem eigentlichen Kompilieren mit dem Java-Compiler `javac` zunächst die SQLJ-Implementierung über den Quelltext laufen muss. Das führt in den meisten Fällen zu längeren Kompilierzeiten als bei nativem Java-Quelltext.

Auch die Tatsache, dass im Moment wenige Entwicklungsumgebungen die Mischung von Java und SQLJ unterstützen, macht die Entwicklung mit SQLJ etwas umständlicher. Eventuell müssen Sie die Entwicklungsumgebung wechseln, einen Weg über die Einstellungen Ihrer aktuellen Umgebung finden oder den Umweg über die Konsole oder ein Kompilierungsskript nehmen.

Wie funktioniert SQLJ?

Eine SQLJ-Anweisung wird im Quelltext mit einer Raute # und dem Schlüsselwort `sql` eingeleitet, also mit `#sql`. Am Ende einer SQLJ-Anweisung steht ein Semikolon. Diese eine oder mehrere Zeilen umfassenden SQLJ-Blöcke werden von dem Präprozessor, dem SQLJ-Translator, in gültigen Java-Quelltext umgewandelt. Dieser durch den Präprozessor generierte Quelltext wird dann normal mit `javac` in ausführbaren Java-Bytecode kompiliert.

Da SQLJ unabhängig von JDBC ist, besteht, wie gesagt, für Hersteller die Möglichkeit, bei der Interpretation der SQLJ-Anweisungen eigene Schnittstellen zu nutzen oder Optimierungsmöglichkeiten auszuschöpfen. Die von Oracles SQLJ-Implementierung generierten Quelltexte nutzen beispielsweise direkt die Klassen aus der unter dem JDBC-Treiber liegenden Implementierung. Die durch den SQLJ-Translator generierten Java-Quelltexte werden übrigens vor dem Kompilieren gespeichert.

SQLJ vs. JDBC

Die Vorteile von SQLJ sieht man am besten im direkten Vergleich mit der Alternative, JDBC. Daher haben wir zwei Quelltextauszüge mit der gleichen Funktionalität einmal mit und einmal ohne SQLJ dargestellt. Beide Quelltexte lesen aus der Tabelle `DOZENT` der Kursdatenbank den Vor- und Nachnamen in einem

Datensatz aus. Im ersten Quelltext sehen Sie den klassischen Weg über die JDBC-Schnittstelle. Anschließend ist die gleiche Operation mit SQLJ dargestellt:

Zunächst also der Weg über die JDBC-Schnittstelle:

```
String vorname=null, nachname=null;
int dnr=2;

String query =
    "SELECT D_NACHNAME, D_VORNAME " +
    "FROM DOZENT " +
    "WHERE D_NR=" + dnr;

Statement stmt = conn.createStatement();
ResultSet rs = stmt.executeQuery(query);
if (rs.next()) {
    vorname = rs.getString("D_VORNAME");
    nachname = rs.getString("D_NACHNAME");
}
```

Listing 6.1 C611_1.java (Auszug): Zugriff über JDBC

Wenn Sie sich den obigen Quelltext ansehen, fallen Ihnen bestimmt folgende, etwas umständliche Sprachkonstrukte auf, die dem Programmierer von der JDBC-Schnittstelle auferlegt werden, und zwar in analoger Weise für jede einzelne SQL-Anweisung:

- Um eine SQL-Anweisung auszuführen und das Ergebnis auszuwerten, holt man sich jedes Mal über die Methoden `createStatement` und `executeQuery` Referenzen auf Objekte vom Typ `Statement` bzw. `ResultSet`.
- Da ein `ResultSet` immer eine Reihe von Datensätzen kapseln könnte, muss man auch bei SQL-Anweisungen, die nur ein einzelnes Ergebnis zurückliefern, dennoch die Methode `next` und die entsprechende Accessor-Methode aufrufen.
- Obwohl der gewünschte Typ durch die Typendeklaration der Variablen `vorname` und `nachname` implizit bereits vorgegeben ist, nämlich `java.lang.String`, muss man als Programmierer explizit die richtige Methode von `ResultSet` aufrufen, um einen `String` zu erhalten.

Und nun der gleiche Vorgang mit SQLJ. Beachten Sie das Konstrukt mit dem einleitenden »`#sql`«. Dieses leitet den SQLJ-Block ein. Betrachten Sie auch die Kommunikation zwischen dem SQLJ-Block und dem restlichen Quelltext über die so genannten Hostvariablen, also über die Bezeichner im SQLJ-Block mit dem vorangestellten Doppelpunkt, daher `:vorname`, `:nachname` und `:dnr`. Wir gehen später im Detail auf die genaue Anwendung und Syntax der Anweisungen ein; zunächst also der Sprung ins kalte Wasser:

```
String vorname=null, nachname=null;
int dnr=2;

#sql {
    SELECT D_VORNAME, D_NACHNAME
      INTO :vorname, :nachname
      FROM DOZENT
      WHERE D_NR=:dnr
};
```

Listing 6.2 C611_2.sqlj (Auszug): Zugriff über SQLJ

Wenn man Kriterien wie Übersichtlichkeit und Codeumfang auf die beiden Quelltexte anwendet, so liegt unseres Erachtens ganz klar der SQLJ-Quelltext vorne. Was meinen Sie?

SQLJ und JDBC schließen sich dabei nicht gegenseitig aus. So können Sie mit den Hostvariablen innerhalb eines SQLJ-Blocks beispielsweise nicht die SQL-Anweisung selbst modifizieren. Gerade für solche dynamischen SQL-Anweisungen, also SQL-Anweisungen, die komplett durch einen externen Prozess übergeben werden, werden Sie parallel zu den SQLJ-Blöcken auch normale JDBC-Aufrufe programmieren. In gewissem Umfang können Sie dabei bei den JDBC-Aufrufen Ressourcen der SQLJ-Umgebung nutzen und zwischen beiden Umgebungen Daten austauschen.

6.1.1 Entwicklungsumgebung

Sie brauchen folgende Komponenten, um ein Programm mit dem SQLJ-Translator kompilieren zu können:

- **Java SDK 1.4+**
  Die aktuelle Version des *Java Software Developer Kit* (JDK). Dieses erhalten Sie für die gängigen Betriebssysteme von der Java-Webseite von Sun Microsystems.
- **Oracle SQLJ 9.2.0.1+**
  Oracle bietet im Rahmen des *Oracle Tech Net* eine Implementierung der SQLJ-Spezifikation zum Download an.

- **Oracle JDBC-Treiber**
  Ebenfalls vom *Oracle Tech Net* erhalten Sie die aktuellen JDBC-Treiber. Sie haben hier die Wahl zwischen den so genannten Thin-Java-Treibern und den OCI-Treibern. Die Thin-Java-Treiber sind rein in Java implementiert und daher auf allen Plattformen gleich lauffähig. Die OCI-Treiber nutzen betriebssystemspezifische Bibliotheken und besitzen gegenüber den Thin-Java-Treibern einen gewissen Performance-Vorteil auf Kosten der Plattformunabhängigkeit. Im Rahmen der Beispiele dieses Kapitels verwenden wir den Thin-Java-Treiber von Oracle.

Alternativ können Sie auch die aktuelle Version von *JDeveloper* herunterladen. Diese umfasst die oben genannten Komponenten und verfügt über eine gute Unterstützung für SQLJ-Quelltexte. Zu einem bestehenden Projekt können Sie über die Option **New... · Database Files · SQLJ class** einen neuen SQLJ-Quelltext erstellen.

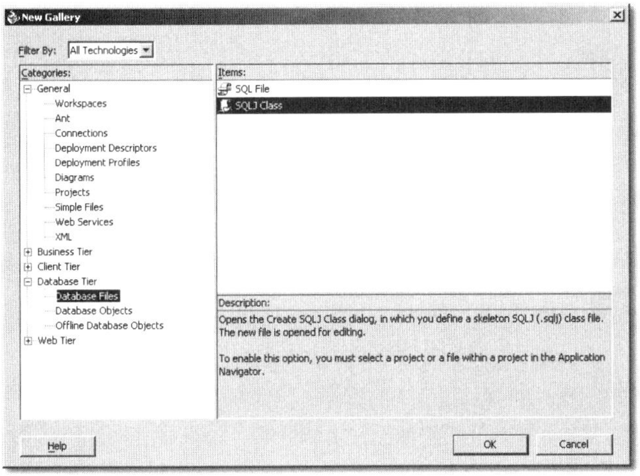

Abbildung 6.1 In JDeveloper einen SQLJ-Quelltext anlegen

PATH und CLASSPATH einstellen

- Wenn Sie alle drei Komponenten heruntergeladen und auf Ihrem Entwicklungsrechner installiert haben, passen Sie die `PATH`-Variable Ihrer Konsole so an, dass die `BIN`-Verzeichnisse des JDK und der SQLJ-Implementierung gefunden werden. Das Ziel ist, dass Sie den Befehl `sqlj` von einem beliebigen Ordner aus aufrufen können.
- Fügen Sie dann den heruntergeladenen JDBC-Treiber von der Oracle-Webseite sowie die *jar*-Dateien *runtime12ee.jar* und *translator.jar* aus dem Verzeichnis *lib* der SQLJ-Implementierung zur Umgebungsvariable `CLASSPATH` hinzu.

- Die Bibliothek *translator.jar* brauchen Sie nur für den Übersetzungsvorgang. Sie enthält alle speziellen Klassen und Methoden des SQLJ-Translators `sqlj`. Die Jar-Datei *runtime12ee.jar* enthält alle wichtigen Klassen der SQLJ-Implementierung. Wenn Sie mit SQLJ programmieren, muss diese Bibliothek immer im `CLASSPATH` Ihrer Applikation liegen.

Der SQLJ-Translator

Die SQLJ-Quelltexte werden mit dem Kommandozeilenprogramm `sqlj` kompiliert.

Die Kommandozeilensyntax von `sqlj` sieht wie folgt aus:

```
sqlj <Optionen> <Dateien>
```

- `<Optionen>`
  Eine durch Leerzeilen getrennte Liste von Parametern. Eine Auswahl der möglichen Parameter ist in der folgenden Tabelle dargestellt.

Option	Beschreibung	Standardwert
`-compile=false`	Erzeugte Java-Dateien werden nicht kompiliert.	`TRUE`
`-codegen=<Typ>`	Wenn der erzeugte Java-Code kompatibel zu JDBC und SQLJ bleiben soll, dann wird`iso` angegeben. Wenn für Oracle spezifische Anweisungen erlaubt sind, dann wird `oracle` angegeben.	`oracle`
`-d=<Pfad>`	Erzeugte Bytecode-Dateien werden in den angegebenen `<Pfad>` kopiert.	Gleicher Pfad wie die `.sqlj`- bzw. `.java`-Dateien
`-help`	Hilfe wird angezeigt.	
`-J<Parameter>`	`<Parameter>` wird an `javac` weitergegeben.	

`-warn`	Aktiviert oder deaktiviert Warnmeldungen. Diese können generell mit `–warn=all` aktiviert oder `–warn=none` deaktiviert werden. Eine genauere Konfiguration erlaubt folgende Einstellungen:
	`precision/noprecision`
	`nulls/nonulls`
	`portable/noportable`
	`strict/nostrict`
	`verbose/noverbose`
		`precision`
		`nulls`
		`noportable`
		`strict`
		`noverbose`

Tabelle 6.1 Parameter für den SQLJ-Translator sqlj

Option	Beschreibung	Standardwert
`-user=` `<User/Passwort>` `-url=<JDBC-URL>`	Die Angabe von Benutzername, Passwort und der passenden JDBC-URL aktiviert die SQL-Syntaxüberprüfung beim Kompilieren.	

Tabelle 6.1 Parameter für den SQLJ-Translator sqlj

- `<Dateien>`
  Eine oder mehrere Dateien, die kompiliert werden sollen. Der Platzhalter * (Sternchen) kann bei den Dateien verwendet werden.

Syntaxüberprüfung während des Kompilierens

Der SQLJ-Translator kann die Syntax von SQL-Anweisungen direkt beim Kompilieren überprüfen. Dazu übergibt man der Kommandozeile die in der Tabelle angegebene Kombination der Parameter `user`, `password` und `url`. Für die Beispiele im Buch wäre der Kommandozeilenbefehl also:

```
sqlj -user=Scott/Tiger
    -url=jdbc:oracle:thin:@127.0.0.1:1521:test
```

Dann stellt der SQLJ-Translator beim Übersetzungsvorgang jedes Mal eine Verbindung zur angegebenen Datenbank her und überprüft die SQL-Anweisungen auf syntaktische und semantische Korrektheit.

6.1.2 Verbindung zur Datenbank

Ein SQLJ-Block nutzt implizit eine vorher definierte Datenbankverbindung. Der Block wird daher im Kontext einer bestimmten Verbindung ausgeführt. Einen solchen Verbindungskontext können Sie auf zwei unterschiedliche Weisen herstellen. Einerseits bietet Oracle eine eigene Methode, um einen Kontext zu erstellen. Andererseits gibt es einen Standardweg in SQLJ zu einem oder mehreren Kontexten.

Festlegen der Verbindungsdaten mit der Klasse Oracle

Die SQLJ-Implementierung von Oracle bietet einen allzu komfortablen Weg, über die Klasse `oracle.sqlj.runtime.Oracle` einen Verbindungskontext zu initialisieren. Dazu legen Sie die Verbindungsdaten zunächst in einer externen Datei im Property-Format von Java fest. Die Klasse `oracle` ist zwar spezifisch für die SQLJ-Implementierung von Oracle, Sie können damit aber auch Verbindungen zu anderen Datenbanken herstellen. Die durch die Methode erstellten Verbindungskontexte entsprechen dem SQLJ-Standard. Eine Beispieldatei für die Verbindungsdaten im Property-Format finden Sie unter den Quelltexten:

```
sqlj.url=jdbc:oracle:thin:@127.0.0.1:1521:test
sqlj.user=Scott
sqlj.password=Tiger
```

Listing 6.3 C612_1.properties: Property-Datei mit den Verbindungsdaten

Folgende Eigenschaften können also in dieser Datei mit den Verbindungsdaten gesetzt werden.

- `sqlj.url`
  Eine URL, die die Datenbankverbindung beschreibt. Das Format der URL wird durch die JDBC-Implementierung des Herstellers vorgegeben.
- `sqlj.user`
  Der Nutzer, über den sich die Applikation bei der Datenbank anmelden soll.
- `sqlj.password`
  Das zum Nutzer passende Passwort.

Damit die SQLJ-Umgebung diese Verbindungsdaten auch nutzt, rufen Sie im Java-Quelltext die Methode `connect` der Klasse `oracle.sqlj.runtime.Oracle` auf. Die Signatur der Methode sieht dabei folgendermaßen aus:

```
void connect( Class class, String propertyFile);
```

Die Parameter:

- `class`
  Die Klasse, die diese Verbindung nutzen wird. In der Regel ist das die Klasse, in der dieser Aufruf steht, also `this.class`.
- `propertyFile`
  Die Datei mit den Verbindungsdaten im oben beschriebenen Format.
- Im Folgenden sehen Sie den Quelltext, der über die Klasse `Oracle` eine einfache Verbindung zur Datenbank herstellt und die, wie im obigen Beispiel gezeigt, Vor- und Nachnamen eines Dozenten ausgibt:

```
import oracle.sqlj.runtime.Oracle;

public class C612_2 {
  public static void main( String[] argv ) {
  try {
    Oracle.connect(C612_2.class,"C612_1.properties");

    String vorname=null, nachname=null;
    int dnr=2;
```

```
    #sql {
    SELECT D_VORNAME, D_NACHNAME
      INTO :vorname, :nachname
      FROM DOZENT
      WHERE D_NR=:dnr
    };

    System.out.println("Dozent Nr." + dnr +":"
                + nachname + ", " + vorname );
    } catch (Exception e) {
      e.printStackTrace();
    }
  }
}
```

Listing 6.4 C612_2.sqlj: Herstellen einer Verbindung mit der Klasse Oracle

Verbindungskontexte mit DefaultContext

Oracles Weg zum Verbindungskontext ist ein einfacher Weg – aber auch ein leicht verkürzter. Wenn Sie nicht gerade Oracles komplette SQLJ-Bibliothek mit ihren SQLJ-Klassen mitliefern möchten (der Verbindungskontext selbst funktioniert auch bei anderen SQLJ-Implementierungen), bietet der SQLJ-Standard natürlich einen »normalen« Weg zu einer Datenbankverbindung. Wir haben uns bei den Quelltexten für die obige Version entschieden, schließlich kommt diese Variante mit einer Zeile aus.

Einen Verbindungskontext, der innerhalb eines SQLJ-Blocks genutzt werden kann, erstellt man über die Klasse `sqlj.runtime.ref.DefaultContext`. Diesen Verbindungskontext initialisieren wir im Java-Teil eines SQLJ-Quelltextes und registrieren den `DefaultContext` für die SQLJ-Implementierung.

Einen DefaultContext anlegen

Einen `DefaultContext` legt man in der Regel mit Hilfe einer gewöhnlichen JDBC-Verbindung, also mit einem Objekt vom Typ `java.sql.Connection`, über folgenden Konstruktor an:

```
DefaultContext(java.sql.Connection conn)
```

Parameter des Konstruktors:

- `conn`
  Die Datenbankverbindung, die durch diesen Kontext verwendet werden soll.

Alternativ können dem Konstruktor auch die Verbindungsdaten übergeben werden. Die Klasse `DefaultContext` stellt dann intern eine Verbindung anhand der übergebenen Daten her:

```
DefaultContext(java.lang.String url,
    java.lang.String user,
    java.lang.String password,
    boolean autoCommit)
```

Parameter des Konstruktors:

- `url`
  Die URL, die intern von der Klasse `java.sql.DriverManager` zum Herstellen einer Verbindung benutzt wird.
- `user`
  Der Username, der für diese Verbindung verwendet werden soll.
- `password`
  Das Passwort des Nutzers.
- `autocommit`
  Wenn alle SQL-Anweisungen direkt als eine isolierte Transaktion ausgeführt werden sollen, übergeben Sie `true`. Wenn Sie die Transaktionssteuerung übernehmen möchten, übergeben Sie `false`.

Einen DefaultContext als Standard registrieren

Nachdem Sie in Ihrem Programm also einen oder mehrere solcher Kontexte angelegt haben, registrieren Sie einen der Kontexte mit der statischen Methode `setDefaultContext` bei der SQLJ-Implementierung als standardmäßig genutzte Verbindung:

```
DefaultContext.setDefaultContext( DefaultContext context );
```

Diese Methode muss im Java-Teil des Programms ausgeführt werden. Alle darauf folgenden SQLJ-Blöcke nutzen dann die im Parameter `context` gekapselte Verbindung.

Im folgenden Beispiel stellen wir die Verbindung mit einem `DefaultContext` her und registrieren die Verbindung bei der SQLJ-Implementierung:

```
import oracle.sqlj.runtime.Oracle;
import sqlj.runtime.ref.DefaultContext;

public class C616_1 {
  public static void main( String[] argv ) {
```

```
  try {

    // Oracles Implementierung von java.sql.Driver
    // laden
    Class.forName("oracle.jdbc.OracleDriver");

    // Einen Verbindungskontext anlegen
    DefaultContext context = new DefaultContext(
      "jdbc:oracle:thin:@127.0.0.1:1521:test",
      "Scott",
      "Tiger",
      // Kein Autocommit
      false
    );

    // Den generierten Kontext bei der SQLJ-
    // Laufzeitumgebung registrieren
    DefaultContext.setDefaultContext(context);

    String nachname=null;
    // Den Standardkontext nutzen
    #sql {
      SELECT D_NACHNAME
      INTO :nachname
      FROM DOZENT
      WHERE D_NR=2
    };

    System.out.println("Nachname von Dozent Nr.2:"
                + nachname  );
  } catch (Exception e) {
    e.printStackTrace();
  }
 }
}
```

Listing 6.5 C612_3.sqlj: Verbindung mit DefaultContext herstellen

Mehrere Verbindungskontexte

Haben Sie mehrere Verbindungskontexte angelegt, können Sie bei einem SQLJ-Block festlegen, welchen Kontext dieser verwenden soll. Dazu stellen Sie den

Namen der Variable des Kontextes in eckigen Klammern an den Anfang des SQLJ-Blocks. Wichtig: Der SQLJ-Block muss im Gültigkeitsbereich der Variable des Verbindungskontextes liegen.

```
#sql [<Kontextname>] <SQLJ-Anweisung>
```

- `<Kontextname>`: Der Name der Variable des Verbindungskontextes im Java-Quelltext.
- `<SQLJ-Anweisung>`: Eine gültige SQLJ-Anweisung.

Das Beispiel zeigt die Nutzung verschiedener Verbindungskontexte in einem SQLJ-Programm:

```
import oracle.sqlj.runtime.Oracle;
import sqlj.runtime.ref.DefaultContext;

public class C612_4 {
  public static void main( String[] argv ) {
   try {

    // Oracles Implementierung von java.sql.Driver
    // laden
    Class.forName("oracle.jdbc.OracleDriver");

    // Einen Verbindungskontext anlegen
    DefaultContext context1 = new DefaultContext(
      "jdbc:oracle:thin:@127.0.0.1:1521:test",
      "Scott",
      "Tiger",
      // Kein Autocommit
      false
    );

    // Einen weiteren Verbindungskontext anlegen
    DefaultContext context2 = new DefaultContext(
      "jdbc:oracle:thin:@127.0.0.1:1521:test",
      "Scott",
      "Tiger",
      false
    );
    // Einen Kontext bei der SQLJ-
    // Laufzeitumgebung registrieren
```

```
    DefaultContext.setDefaultContext(context1);

    // Den Kontext context2 nutzen
    #sql [context2] {
         UPDATE DOZENT
         SET D_NACHNAME = 'Tollstein'
         WHERE D_NR=2
    };

    String nachname=null;
    // Den Standardkontext (context1) nutzen
    #sql {
      SELECT D_NACHNAME
      INTO :nachname
      FROM DOZENT
      WHERE D_NR=2
    };

    // Da zwei verschiedene Verbindungen verwendet
    // wurden, wird der alte Name von
    // Dozent Nr. 2 ausgegeben
    System.out.println("Nachname von Dozent Nr.2:"
                + nachname  );
   } catch (Exception e) {
     e.printStackTrace();
   }
  }
}
```

Listing 6.6 C612_4.sqlj: Mehrere Verbindungskontexte

6.1.3 Ausführen und Auswerten von Abfragen

Ein SQLJ-Block wird grundsätzlich als SQL-Anweisung interpretiert, die über die zuvor definierte Datenbankverbindung ausgeführt wird. Die Syntax einer solchen SQLJ-Anweisung sieht wie folgt aus:

```
#sql { <SQL-Anweisung> };
```

- `<SQL-Anweisung>`
  Eine beliebige, gültige SQL-Anweisung.

Am einfachsten können Sie Anweisungen aus der *Data Definition Language* (DDL) bzw. *Data Manipulation Language* (DML) ausführen, da diese keine Ergebnisse zurückliefern. Eine solche Anweisung schreiben Sie einfach in einen SQLJ-Block, um den Rest kümmert sich die SQLJ-Implementierung:

```
#sql {
    UPDATE DOZENT
    SET D_VORNAME='Tim'
    WHERE D_NR=2
};
```

Oder auch:

```
#sql {
    INSERT INTO
    DOZENT(D_NR,D_NACHNAME,D_VORNAME)
    VALUES (666,'Busch','Georg')
};
```

Diese Anweisungen werden dann über die Standardverbindung ausgeführt, die durch die Klassen `Oracle` oder `DefaultContext` definiert wird. Was tun Sie aber, wenn doch Rückgabewerte ausgewertet oder Parameter übergeben werden sollen?

Hostvariablen

Wenn Variablen aus dem Java-Quelltext in einem SQLJ-Block genutzt werden sollen, kann man im SQLJ-Block so genannte Hostvariablen definieren. Der Wert der Hostvariable wird dabei an der entsprechenden Stelle in die SQL-Anweisung eingefügt. Oder es wird, je nachdem, wo die Hostvariable steht, ein Ergebnis der SQL-Anweisung in dieser Hostvariablen gespeichert. Es kann auch beides gleichzeitig geschehen. Die Hostvariable dient am Anfang als Übergabeparameter; nach Ausführung der SQL-Anweisung enthält sie einen Rückgabewert. Eine Hostvariable kann daher explizit als `IN`, `OUT` oder `INOUT`-Parameter übergeben werden. In der Regel erkennt der SQLJ-Translator anhand der Position der Variable in der SQL-Anweisung, um welchen Typ von Parameter es sich handeln muss (Positionsnotation).

Die Syntax einer Hostvariable lautet wie folgt:

```
:[ <Modus>] <Variablenname>
```

- `<Modus>`
  Entweder `IN`, `OUT` oder `INOUT`.

- <Variablenname>
  Eine Variable aus dem umgebenden Java-Quelltext. Der Datentyp der Variable muss laut JDBC-Spezifikation in die entsprechenden JDBC-Typen umgewandelt werden können.

Beispiel für die Verwendung einer Hostvariable:

```
int dnr = 2;
#sql {
    DELETE FROM DOZENT
    WHERE D_NR = :dnr
};
```

Der SQLJ-Translator erkennt dabei automatisch, dass es sich bei `dnr` um eine `IN`-Hostvariable handelt. Sehr korrekt könnte man die Hostvariable auch auf folgende Art und Weise einbinden:

```
#sql {
    DELETE FROM DOZENT
    WHERE D_NR = :IN dnr
};
```

Hostausdrücke

Es besteht auch die Möglichkeit, Ausdrücke und Methoden aus Java in ähnlicher Art und Weise wie Hostvariablen einzubauen. Man spricht dabei von Hostausdrücken. Dabei wird der Java-Ausdruck wie im folgenden Quelltext einfach in Klammern gesetzt:

```
#sql {
    DELETE FROM DOZENT
    WHERE D_NR = :(Integer.parseInt(String.valueOf(dnr)))
};
```

Diese Form, Java und SQLJ-Anweisungen zu vermischen, mag an unerwarteter Stelle sinnvoll sein – allerdings wird der Quelltext dadurch unübersichtlicher.

Einfache Abfragen

Einfache Abfragen, also SQL-Anweisungen, die genau einen Wert oder einen Datensatz als Ergebnis zurücklieferm, kann man mit SQLJ besonders einfach in seinen Quellcode einbinden.

Dabei erweitern Sie einfach die gewünschte `SELECT`-Anweisung um eine `INTO`-Klausel. In die `INTO`-Klausel schreiben Sie eine Anzahl von Hostvariablen, die den selektierten Attributen entspricht. Die SQLJ-Implementierung sorgt dann dafür, dass die SELECT-Anweisung ausgeführt wird und die Ergebnisse in den dort deklarierten Hostvariablen gespeichert werden.

Wenn Sie beispielsweise die Anzahl der Dozenten aus der Tabelle DOZENT in einer Variable dozentenCount speichern möchten, dann sieht der Quelltext folgendermaßen aus:

```
int dozentenCount;
#sql {
    SELECT COUNT(*)
    INTO :dozentenCount
    FROM DOZENT
};
```

Eine SELECT-Anweisung über mehrere Spalten erfordert dann eine entsprechende Anzahl von Hostvariablen:

```
String nachname, vorname;
#sql {
    SELECT D_VORNAME, D_NACHNAME
    INTO :vorname, :nachname
    FROM DOZENT
    WHERE D_NR=2
};
```

Dabei werden die Hostvariablen in der INTO-Klausel automatisch als OUT-Parameter erkannt und die Variablen in der WHERE-Klausel automatisch als IN-Parameter.

Die Anzahl der geänderten Datensätze abfragen

Sie haben in einem SQLJ-Block eine SQL-Anweisung aus dem Bereich der DML ausgeführt, in der Regel also eine UPDATE- oder DELETE-Anweisung, und möchten nun erfahren, wie viele Datensätze von Ihrer Änderung betroffen sind? Dazu müssen wir in den Java-Teil wechseln: SQLJ bietet dazu die Klasse ExecutionContext, die nach einer SQL-Anweisung aus der DML implizit initialisiert wird. Eine Referenz auf den aktuellen ExecutionContext erhält man von der Klasse DefaultContext, und zwar über deren Methode getExecutionContext. Die Anzahl der von der letzten DML-Anweisung geänderten Datensätze erhält man dort über die Methode getUpdateCount.

Wenn man, wie im unten dargestellten Beispiel, den DefaultContext nicht per Hand, sondern über die Klasse oracle.sqlj.runtime.Oracle eingerichtet hat, kann man diesen mit der statischen Methode getDefaultContext abfragen.

```
DefaultContext defaultCtx =
    DefaultContext.getDefaultContext();
```

Von diesem Verbindungskontext kann man nach einem SQLJ-Block mit einer DML-Anweisung einen ExecutionContext abholen:

```
#sql { DELETE FROM KURS };
ExecutionContext ectx = defaultCtx.getExecutionContext();
```

Dann können Sie über die Methode getUpdateCount die Anzahl der geänderten oder gelöschten Datensätze abfragen:

```
int updateCount = ectx.getUpdateCount();
```

Der folgende Abschnitt stellt einen einfachen Einsatz dieser Methode in Verbindung mit der Tabelle BUCHUNG dar:

```
import oracle.sqlj.runtime.Oracle;
import sqlj.runtime.ref.DefaultContext;
import sqlj.runtime.ExecutionContext;

public class C613_1 {
  public static void main( String[] argv ) {
    try {
      Oracle.connect(C613_1.class,"C612_1.properties");

      int delCount;

      // Eine (drastische) DML-Anweisung ausführen
      #sql {
        DELETE FROM BUCHUNG
      };

      // Eine Referenz auf den initialisierten
      // ExecutionContext der letzten DML-Anweisung
      // abfragen
      ExecutionContext ectx =
        DefaultContext.getDefaultContext().
        getExecutionContext();

      // Die Anzahl der geänderten Datensätze
```

```
        // ermitteln
        delCount = ectx.getUpdateCount();

        System.out.println("delCount = " + delCount);

      } catch (Exception e) {
        e.printStackTrace();
      }
    }
}
```

Listing 6.7 C613_1.sqlj: Die Anzahl der geänderten Datensätze abfragen

Abfragen mit Cursor

Eine Abfrage mit mehreren Datensätzen als Ergebnis erfordert in der Regel eine Schleife und spezielle Methoden zur Auswertung der Ergebnismenge. In JDBC kann man über ein `ResultSet` ein solches mehrere Zeilen umfassendes Ergebnis gut auswerten. SQLJ definiert dazu so genannte Iteratoren, auf die wir im folgenden Abschnitt eingehen möchten.

6.1.4 Iteratoren

Iteratoren sind Klassen, die über einen SQLJ-Block implizit definiert werden und durch die SQLJ-Implementierung als entsprechende Quelltexte generiert werden. Der Iterator dient dazu, innerhalb eines Programms mehrere Datensätze eines Ergebnisses auszuwerten, also durch die Datensätze des Ergebnisses zu iterieren.

In der SQLJ-Spezifikation sind zwei Typen von Iteratoren beschrieben. Dabei wird zwischen *benannten* und *positionalen Iteratoren* unterschieden. Dazu kommen wir jedoch später. Zunächst gehen wir auf die Gemeinsamkeiten ein.

Einen Iterator definieren Sie allgemein über einen SQLJ-Block mit folgender Syntax:

```
#sql [<modifikatoren>] iterator <iteratorname>
    [implements <interface>]
    ( <parameterliste> );
```

Erläuterung der Parameter:

- `<modifikatoren>`
  Ein Iterator kann wie eine normale Java-Klasse `static`, `public` etc. definiert werden. Die Modifikatoren haben einen (geringen) Einfluss auf die Perfor-

mance und auf das Verhalten des Programms, wenn ein Iterator vom gleichen Typ an mehreren Stellen eines Programms verwendet wird.

- `<iteratorname>`
  Ein gültiger Bezeichner für eine Java-Klasse.
- `<interface>`
  Ein externes Interface, das eine oder alle Methoden des Iterators definiert und von der Iterator-Klasse implementiert wird.
- `<parameterliste>`
  Die vom Iterator aufgenommenen Attribute bzw. Spalten einer Tabelle. Die Parameterliste kann wahlweise nur die Datentypen angeben oder den einzelnen Parametern Bezeichner zuordnen.

Methoden von Iterator

Alle von der SQLJ-Implementierung generierten Iteratoren erfüllen die Vorgaben der Schnittstelle `sqlj.runtime.ResultSetIterator`. Daher haben Sie als Programmierer Zugriff auf die folgende Auswahl von Methoden:

- `close`
  Dies schließt einen Iterator bzw. die darunter liegende Ergebnismenge. Ist ein Iterator geschlossen worden, können keine weiteren Werte ausgelesen werden.
- `isClosed`
  Diese Methode liefert `true`, wenn der Iterator bereits geschlossen wurde, also die Methode `close` auf dem Iterator aufgerufen wurde.
- `getResultSet`
  Über diese Methode kann man eine Referenz auf das dem Iterator zugrunde liegende Abfrageergebnis in Form eines `java.sql.ResultSet` erhalten. Diese Methode wird nicht von allen SQLJ-Implementierungen unterstützt.
- `next`
  Der Cursor der Ergebnismenge wechselt zum nächsten Datensatz. Die Methode liefert `true`, wenn ein weiterer Datensatz in der Ergebnismenge vorhanden ist, bzw. `false`, wenn der Iterator bereits beim letzten Datensatz angelangt ist.
- `endFetch`
  Diese Methode liefert `true`, nachdem die letzte Zeile erreicht worden ist.

Benannte Iteratoren

Zunächst deklariert man einen Iterator in einem SQLJ-Block. Der SQLJ-Translator generiert dann beim Kompilieren automatisch eine Java-Klasse, die die Vorgaben der Deklaration und der im Paket `sqlj.runtime` definierten Interfaces für Iteratoren erfüllt.

Ein benannter Iterator definiert seine Parameter, nomen est omen, namentlich. Daher nennen Sie in der Parameterliste sowohl den gewünschten Typ des Wertes als auch den erwarteten Namen:

```
#sql iterator KursIter( String titel, String untertitel );
```

Nach der Deklaration der Iterator-Klasse deklariert man im nachfolgenden Java-Quelltext eine Variable, die den Iterator aufnehmen kann. Diese Variable füllt man mit einer Instanz des Iterators über eine passende `SELECT`-Anweisung. Wichtig: Die Namen der Spalten müssen dabei mit den Namen der deklarierten Parameter des Iterators harmonieren. Die Speicherung der Ergebnismenge in der Iterator-Variable erfolgt über eine einfache Zuweisung:

```
KursIter iter;
#sql iter = {
    SELECT K_TITEL as titel, K_UNTERTITEL as untertitel
    FROM KURS
};
```

Der Zugriff auf die im Iterator gespeicherten Werte erfolgt dann in einer Schleife über Methoden mit den Namen der Parameter des Iterators:

```
while ( iter.next() ) {
  System.out.println(
    iter.titel() + ", " +
    iter.untertitel() );
}
```

Im Folgenden sehen Sie ein ähnliches Beispiel für die Deklaration und Nutzung eines benannten Iterators mit der Tabelle `DOZENT`:

```
import oracle.sqlj.runtime.Oracle;

public class C614_1 {
  public static void main( String[] argv ) {
    try {
      Oracle.connect(C614_1.class,"C612_1.properties");
      #sql iterator DozentenIterator(
                      String nachname,
                      String vorname
                    );
```

```
      DozentenIterator dieter;
      #sql dieter = {
        SELECT D_VORNAME as vorname,
               D_NACHNAME as nachname
        FROM DOZENT
      };

      while (dieter.next()) {
        System.out.println( dieter.nachname() + ", " +
                            dieter.vorname() );
      }
    } catch (Exception e) {
      e.printStackTrace();
    }
  }
}
```

Listing 6.8 C614_1.sqlj: Einsatz eines benannten Iterators

Positionale Iteratoren

Ein positionaler Iterator definiert nur die Datentypen, die in dem Iterator gespeichert werden, und die Anzahl der Parameter. Namen werden nicht vergeben. Ein positionaler Iterator analog zu dem im obigen Beispiel verwendeten benannten `DozentenIterator` würde also folgendermaßen angelegt:

```
#sql iterator DozentenIterator( String, String );
DozentenIterator positer;
```

Da für die Parameter keine Namen vergeben werden, kann man auch nicht wie bei einem benannten Iterator über eine Methode auf die Werte zugreifen. Dazu gibt es in SQLJ die Anweisung `FETCH`, die durch eine `INTO`-Klausel die Spaltenwerte aus dem Iterator in entsprechende Hostvariablen speichert:

```
#sql { FETCH :positer INTO :vorname, :nachname };
```

Während der Anweisung `FETCH` wird auch gleich der nächste Datensatz ausgewählt. Dies entspricht dem Aufruf der Methode `next` auf einem benannten Iterator.

Um die Schleife nach der Auswertung aller Datensätze zu beenden, ruft man die Methode `endFetch` eines positionalen Iterators auf.

```
while(true) {
    #sql { FETCH : positer INTO :vorname, :nachname };
```

```
    if ( positer.endFetch() ) break;
    System.out.println(vorname + ", " + nachname);
}
```

Im anschließenden Quelltext zeigen wir ein vollständiges Beispiel für einen positionalen Iterator, um Kurstitel und Untertitel auszuwerten:

```
import oracle.sqlj.runtime.Oracle;

public class C614_2 {
  public static void main( String[] argv ) {
    try {
      Oracle.connect(C614_2.class,"C612_1.properties");
      #sql iterator KursIter(
                        String,
                        String
                     );
      KursIter kurse;
      #sql kurse = {
        SELECT K_TITEL,
               K_UNTERTITEL
        FROM KURS
      };

      String titel=null, untertitel=null;

      while (true) {
        #sql { FETCH :kurse INTO :titel, :untertitel };
        if (kurse.endFetch()) break;
        System.out.println(titel + " / " + untertitel);
      }
    } catch (Exception e) {
      e.printStackTrace();
    }
  }
}
```

Listing 6.9 C614_2.sqlj: Einsatz eines positionalen Iterators

Iteratoren über ein eigenes Interface verwenden

Die Syntax der Iterator-Deklaration ermöglicht es, über das Schlüsselwort `interface` ein eigenes Java-Interface für den Iterator zu definieren. Diese Vorgehensweise kann sinnvoll sein, wenn ein Iterator an andere Methoden und Klassen weitergegeben soll, diese aber nur einen bestimmten Teil der Funktionalität oder der Daten nutzen und auswerten sollen. Das Interface muss natürlich zur Deklaration des Iterators passen, kann aber bestimmte Methoden der generierten Klasse auslassen.

Grundsätzlich kann ein Programmierer über die Reflection-API von Java auf alle Methoden des hinter dem Interface versteckten Iterators zugreifen. Wenn ernsthafte Sicherheitsaspekte eine Rolle spielen, so sollte diesen auch der Zugriff auf die Reflection-API verwehrt werden.

Zunächst deklarieren wir also einen benannten Iterator, der ein Interface `IterInterface` implementiert:

```
#sql iterator Iter implements IterInterface (
      String spalte1,
      String spalte2 );
```

Ein passendes Interface kann nun eine Auswahl der Methoden der Schnittstelle `sqlj.runtime.NamedIterator` zur Verfügung stellen, und/oder einige der generierten Zugriffsmethoden. In der Regel werden Sie die Methode `next` sowie die für das Unterprogramm relevanten Werte in das Interface integrieren. Wenn Sie `next` auslassen, kann über die Schnittstelle nicht mehr durch die Datensätze iteriert werden, was den Iterator erheblich beschneidet. Alle Methoden müssen dabei eine `throws`-Klausel enthalten, die eine `SQLException` ankündigt.

```
public interface IterInterface {
    String spalte1() throws java.sql.SQLException;
    boolean next() throws java.sql.SQLException;
}
```

Jetzt kann man im Programm das Interface gleichberechtigt mit der eigentlichen Iterator-Implementierung benutzen. Die Zugriffsmethode für `spalte2` und die anderen Methoden von `sqlj.runtime.NamedIterator` bleiben zunächst unsichtbar.

```
Iter iter;
#sql iter = { SELECT spalte1, spalte2 FROM tabelle };
IterInterface iface = (IterInterface) iter;
```

Das Beispiel zeigt einen entsprechenden Einsatz eines Iterators mit einem Interface für Datensätze aus der Tabelle `DOZENT`.

```
import oracle.sqlj.runtime.Oracle;
import java.sql.*;

// Die Deklaration des Interfaces, das
// der Iterator implementieren soll
interface DozentenIteratorInterface {
  String vorname() throws SQLException;
  String nachname() throws SQLException;
  boolean next() throws SQLException;
}

public class C614_3 {
  public static void main( String[] argv ) {
    try {
      Oracle.connect(C614_3.class,"C612_1.properties");
      #sql iterator DozentenIterator implements
                    DozentenIteratorInterface (
                      String nachname,
                      String vorname
                    );
      // Die Zuweisung zu dem Iterator im SQLJ-Block
      // funktioniert nur mit dem original Iterator-
      // Typ
      DozentenIterator temp;
      #sql temp = {
        SELECT D_VORNAME as vorname,
               D_NACHNAME as nachname
        FROM DOZENT
      };

      // Der DozentenIterator wird im definierten
      // Interface gespeichert...
      DozentenIteratorInterface dieter = temp;
      temp=null;

      // ...und benutzt.
      while (dieter.next()) {
        System.out.println( dieter.nachname() + ", " +
                            dieter.vorname() );
      }
```

```
    } catch (Exception e) {
      e.printStackTrace();
    }
  }
}
```

Listing 6.10 C614_3.sqlj: Einsatz eines benannten Iterators mit einem eigenen Interface

Unterklassen von Iteratoren bilden

Sie können die Funktionalität eines Iterators durch die Bildung eigener Unterklassen erweitern. Zum Beispiel könnte man eine Methode implementieren, die der Objektorientierung zuliebe aus den Werten des Iterators eine Instanz einer eigenen Klasse erstellt.

Um also einen Iterator abzuleiten, brauchen Sie in Ihrer ableitenden Klasse einen Konstruktor, der ein `sqlj.runtime.profile.RTResultSet` aufnimmt und eine `SQLException` auslöst. Der Konstruktor sollte dann das `RTResultSet` an den Konstruktor des Iterators übergeben.

```
#sql iterator Iter ( String spalte1, String spalte2 );
class SubIter extends Iter {
  public SubIter(sqlj.runtime.profile.RTResultSet rs)
    throws SQLException {
    super(rs);
  }
}
```

Im folgenden Beispiel erweitern wir einen Iterator, der Datensätze aus der Tabelle `DOZENT` aufnehmen soll, um eine Methode `getDozent`, die auf der Basis der Werte des Iterators ein applikationsspezifisches Objekt vom Typ `Dozent` zurückgibt.

```
import oracle.sqlj.runtime.Oracle;
import sqlj.runtime.profile.RTResultSet;
import java.sql.SQLException;

// DozentenIterator global deklarieren,
// damit der DozentenIterator für die
// ableitende Klasse verfügbar ist.
#sql iterator DozentenIterator(
   String d_nachname,
   String d_vorname);
```

```
public class C614_4 {
  // Die anwendungsspezifische Klasse Dozent
  public static class Dozent {
    String vorname,nachname;

    Dozent( String vorname, String nachname ) {
      this.vorname = vorname;
      this.nachname= nachname;
    }
    String getNachname() {
      return nachname;
    }
    String getVorname() {
      return vorname;
    }
  }

  // Die ableitende Klasse OODozentenIterator
  static class OODozentenIterator
                extends DozentenIterator {
    OODozentenIterator(RTResultSet rs)
      throws SQLException {
      super(rs);
    }
    Dozent getDozent() throws SQLException {
      return new Dozent(d_vorname(),d_nachname());
    }
  }

  // Der Einsatz der Ableitung
  public static void main( String[] argv ) {
    try {
    Oracle.connect(C614_4.class,"C612_1.properties");

      // ...aber die Ableitung nutzen...
      OODozentenIterator oodieter;
      #sql oodieter = {
        SELECT D_NACHNAME, D_VORNAME
        FROM DOZENT
      };
```

```
      Dozent dozent;
      while ( oodieter.next() ) {
        // ...und sich echte Dozenten holen
        dozent = oodieter.getDozent();
        System.out.println(
          dozent.getNachname() + ", "
          + dozent.getVorname()
        );
      }
    } catch (Exception e) {
      e.printStackTrace();
    }
  }
}
```

Listing 6.11 C614_4.sqlj: Unterklassen von Iteratoren bilden

6.1.5 Gespeicherte Prozeduren

Ausführen von PL/SQL-Blöcken

Es ist möglich, oft auch sinnvoll, über SQLJ einen PL/SQL-Block ausführen zu lassen. Am Ende eines PL/SQL-Blocks kommt einfach ein weiteres Semikolon dazu. Ein einfaches Beispiel ist die Bündelung von mehreren DML-Anweisungen zwischen einem BEGIN und einem END.

```
#sql {
    BEGIN
        UPDATE DOZENT
        SET D_VORNAME='Walter'
        WHERE D_NR=2;
        INSERT INTO
        DOZENT(D_NR,D_NACHNAME,D_VORNAME)
        VALUES (123,'Römer','Randy');
    END;
};
```

Auch Wertzuweisungen zwischen der Server- und der Clientseite sind leicht möglich:

```
int vorher=4, nachher=0;
#sql {
    DECLARE
```

```
        aufdemserver int;
    BEGIN
        aufdemserver := :IN vorher;
        :OUT nachher = aufdemserver;
    END;
};
System.out.println("nachher=" + nachher );
```

Das Bündeln von mehreren Anweisungen in einem PL/SQL-Block kann einen gewissen Performance-Vorteil bringen, da die Anweisungen nur einmal an die Oracle-Datenbank übermittelt werden.

Aufrufe von gespeicherten Funktionen

Den Rückgabewert einer Funktion kann man direkt einer Java-Variable mit der SQLJ-Anweisung `VALUES` zuweisen. Dabei schreibt man die Java-Variable als ersten Ausdruck analog zu den bisherigen Wertzuweisungen bei Iteratoren in den SQLJ-Block. Der Funktionsaufruf wird dabei von einem `VALUES` eingeleitet und in Klammern gefasst:

```
#sql <Variable> = {
  VALUES( <Funktionsaufruf> )
}
```

- `<Variable>`
  Eine Hostvariable eines passenden Typs, die den Rückgabewert aufnehmen soll.
- `<Funktionsaufruf>`
  Der Aufruf der gespeicherten Funktion mit Parametern etc.

Um beispielsweise das aktuelle Datum auf dem Oracle-Server über die Funktion `SYSDATE` abzufragen, kann man den folgenden SQLJ-Block schreiben:

```
java.sql.Date datum;
#sql datum = { VALUES( SYSDATE() ) };
System.out.println( datum );
```

Aufrufe von gespeicherten Prozeduren

Eine gespeicherte Prozedur, im Englischen *Stored Procedure*, ist eine auf dem Server gespeicherte Prozedur, die über eine SQL-Anweisung aufgerufen werden kann und vom Server ausgeführt wird. Der Aufruf von gespeicherten Prozeduren gestaltet sich mit SQLJ sehr komfortabel:

```
#sql { call <Prozedurname> [ ( <Parameterliste> ) ] };
```

▶ `<Prozedurname>`:
Der Name der Prozedur, die durch den Befehl ausgeführt werden soll.

▶ `<Parameterliste>`
Die der Prozedur entsprechende Kombination aus IN-/OUT- bzw. INOUT-Parametern.

Wichtig bei dem Aufruf einer gespeicherten Prozedur ist die richtige Kombination von Parametern, deren Datentypen und die Angabe, ob es sich dabei um IN-, OUT- bzw. INOUT-Parameter handelt. Im folgenden Beispielcode rufen wir die Prozedur TERMINERFASSUNG3 aus dem Kapitel über PL/SQL auf:

```
import oracle.sqlj.runtime.Oracle;

public class C615_1 {
  public static void main( String[] argv ) {
  try {
    Oracle.connect(C615_1.class,"C612_1.properties");

    int kurs=1025073;
    // Oracle und SQLJ können besser mit
    // den Datumsformaten umgehen als die
    // entsprechenden Klassen von java.util
    // bzw. java.text, daher verwenden wir einfache
    // Strings
    String start = "07.10.03";
    String ort = "Bochum";
    // Alle Hostvariablen initialisieren
    String ende = null;

    // Die Hostvariable ende unbedingt
    // als OUT-Parameter markieren.
    #sql {
      CALL
        TERMINERFASSUNG3( :kurs,
         :start,
         :ort,
         :OUT ende
        )
    };

    String kurstitel, untertitel;
```

```
    #sql {
      SELECT K_TITEL,K_UNTERTITEL
      INTO :kurstitel,:untertitel
      FROM KURS
      WHERE K_NR=:kurs
    };

    System.out.println("Kursende von "
                + kurstitel + "/" + untertitel
                + " (" + start +") : "
                + ende  );
    } catch (Exception e) {
      e.printStackTrace();
    }
  }
}
```

Listing 6.12 C615_1.sqlj: Aufruf einer gespeicherten Prozedur

6.1.6 Dynamische SQL-Anweisungen

In gewissen Grenzen können die in einem SQLJ-Block auszuführenden SQL-Anweisungen auch dynamisch zur Laufzeit zusammengestellt werden. Die Teile der SQL-Anweisung, die dynamisch durch den Inhalt einer Java-Variable gefüllt werden sollen, werden dabei analog zu den bereits bekannten Hostausdrücken in geschweifte Klammern gestellt.

```
:{ <Java-Ausdruck> [:: <Ersatzwert>] }
```

- `<Java-Ausdruck>`
  Der Bezeichner einer Variable vom Typ `String` oder ein Java-Ausdruck mit entsprechendem Rückgabewert.
- `<Ersatzwert>`
  Optional. Der Wert, der zum Zeitpunkt des Kompilierens vom SQLJ-Translator benutzt wird, um die Online-Syntaxüberprüfung vorzunehmen. Wird kein Ersatzwert angegeben, so wird die Syntax nur für die bekannten Teile der SQL-Anweisung überprüft.

So würde eine Methode, die alle Datensätze einer im Parameter übergebenen Tabelle zählt und zurückgibt, folgendermaßen aussehen:

```
public int zaehle( String tabelle )throws SQLException {
  int count;
```

```
  #sql {
    SELECT COUNT(*) INTO :count
    FROM :{tabelle}
  };
  return count;
}
```

Wenn Sie es dem SQLJ-Translator ermöglichen möchten, die Syntax der Anweisung bei der Kompilierung zu überprüfen, so formulieren Sie für die Variable `tabelle` beispielsweise die Tabelle `DOZENT` als Ersatzwert. Der SQLJ-Block des obigen Beispiels würde dann folgende Form bekommen:

```
#sql {
  SELECT COUNT(*) INTO :count
  FROM :{tabelle :: DOZENT }
};
```

Der SQLJ-Translator überprüft die Syntax der Anweisung dann mit dem entsprechenden Substitut. Interessanterweise kann durch eine fehlerhafte Substitution eine zur Laufzeit eigentlich korrekte Anweisung durch den SQLJ-Translator angemahnt werden.

Einschränkungen bei dynamischen SQL-Anweisungen

Bei der Verwendung dynamischer SQL-Anweisungen in einem SQLJ-Block müssen Sie folgende Punkte beachten:

- Die SQL-Anweisung darf nicht mit einem dynamischen Teil beginnen. So lässt sich beispielsweise folgender Quelltextauszug nicht kompilieren (auch dann nicht, wenn man eine passende Substitution angibt):

  ```
  String anweisung = "SELECT D_VORNAME, D_NACHNAME";
  #sql ergebnis = { :{anweisung} FROM DOZENT };
  // Auch ein passender Ersatzwert hilft hier nicht
  #sql ergebnis = { :{anweisung :: SELECT * } FROM DOZENT };
  ```

- Der dynamische Teil darf keine `INTO`-Anweisung enthalten oder die Zielvariablen einer `INTO`-Anweisung definieren oder erweitern.
- Folgende Anweisungen können nicht in dynamisch zusammengestellt werden: `CALL`, `VALUES`, `SET`, `COMMIT`, `ROLLBACK`, `FETCH...INTO` oder `CAST`.

6.1.7 Transaktionssteuerung mit SQLJ

SQLJ bietet einige spezielle Anweisungen zur Steuerung der Transaktionen bzw. auch zum Einstellen der gewünschten Transaktionssicherheit. Eine Transaktion ist dabei eine Folge von SQL- oder PL/SQL-Anweisungen, die nach dem Alles-oder-nichts-Prinzip ausgeführt werden. Das heißt, wenn eine der Anweisungen scheitert, die Transaktion also nicht ordentlich beendet wird, werden alle Anweisungen dieser Transaktion wieder rückgängig gemacht.

Eine Transaktion beginnt automatisch mit dem ersten SQLJ-Block, der eine SQL-Anweisung an die Oracle-Datenbank sendet, und endet mit einem SQLJ-Block mit der Anweisung `COMMIT`.

```
#sql { COMMIT };
```

Eine alternative, gleichwertige Schreibweise ist auch:

```
#sql { COMMIT WORK };
```

Wenn Sie eine Transaktion abbrechen möchten und daher alle Änderungen, die bisher in dieser Transaktion vorgenommen wurden, widerrufen wollen, können Sie das mit der Anweisung `ROLLBACK` machen:

```
#sql { ROLLBACK };
```

Auch hier gibt es die alternative, aber gleichwertige Schreibweise:

```
#sql { ROLLBACK WORK };
```

DDL-Anweisungen und auto-commit

Wenn Sie bei Oracle eine SQL-Anweisung aus dem Bereich der DML ausführen, also typischerweise eine `CREATE`- oder `ALTER`-Anweisung, so wird diese stets als eigene Transaktion ausgeführt. Wenn eine solche Anweisung im Rahmen einer Transaktion ausgeführt wird, so ist die aktive Transaktion nach der Anweisung beendet und festgeschrieben.

Wenn Sie die Einstellung `auto-commit` aktivieren, werden alle Anweisungen, die Sie ausführen, sofort auch festgeschrieben. Jeder SQLJ-Block wird implizit mit einer `COMMIT`-Anweisung beendet. Eine eigene Transaktionssteuerung ist dann nicht notwendig, aber auch nicht möglich. Standardmäßig sind Sie als Programmierer für die Transaktionssteuerung zuständig. Wenn Sie allerdings keine besonderen Anforderungen im Hinblick auf die Transaktionssteuerung sehen, können Sie den Parameter `auto-commit` beim Erstellen des Verbindungskontextes auf `true` setzen. Die Klasse `oracle.sqlj.runtime.Oracle` bietet dafür eine weitere Variante der Methode `connect`, die als weiteren Parameter die Einstellung für `auto-commit` aufnimmt.

```
Oracle.connect("jdbc:oracle:thin:@localhost:test",
    "Scott",
```

```
    "Tiger",
    // auto-commit aktivieren = true, deaktivieren = false
    true);
```

Benutzt man die Klasse `DefaultContext` aus dem Paket `sqlj.runtime.ref`, so kann man sich von dieser mit der Methode `getConnection` eine Referenz auf die vom Verbindungskontext gekapselte Verbindung holen. Die Klasse `Connection` bietet dann die Methode `setAutoCommit`, mit der man die Einstellung für `auto-commit` auch während der Laufzeit ändern kann.

```
DefaultContext kontext;
// initialisierender Code
kontext.getConnection().setAutoCommit( true );
```

Wenn Sie nun mit der Klasse `oracle.sqlj.runtime.Oracle` den Standard-Verbindungskontext festgelegt haben, aber zur Laufzeit die Einstellungen für `auto-commit` verändern möchten, brauchen Sie eine Referenz auf den Verbindungskontext. Diese wird beim Aufruf der Methode `connect` eigentlich zurückgeliefert, in der Regel aber nicht benötigt. Sie können die Referenz vom Typ `DefaultContext` aber in einer Variable speichern und dann wie mit normalen Verbindungskontexten arbeiten:

```
DefaultContext kontext = Oracle.connect(
    "jdbc:oracle:thin:@localhost:test", "Scott",
    "Tiger");
kontext.getConnection().setAutoCommit(true);
```

Transaktionssicherheit festlegen

Die Einstellungen zur Transaktionssicherheit legen fest, wie parallel ablaufende Transaktionen voneinander »isoliert« werden. Um die Transaktionssicherheit einzustellen, gibt es die Anweisung `SET TRANSACTION`. Die Syntax dieser Anweisung sieht wie folgt aus:

```
#sql {
    SET TRANSACTION [ <Zugriffsmodus> ] [,]
    [ISOLATION LEVEL <Isolationsstufe> ]
};
```

- `<Zugriffsmodus>`: `read only` oder `read write`. Legt fest, welche Art von SQL-Anweisungen in einer Transaktion erlaubt sind. Standardmäßig auf `read write` eingestellt, sind zunächst alle SQL-Anweisungen erlaubt. Die Einschränkung auf `read only` kann eine erhebliche Beschleunigung der Verarbeitung der SQL-Anweisungen bringen, da das Transaktionsmanagement für das reine Lesen von einer Datenbank deutlich einfacher ist als für schreibende Zugriffe. Oracles SQLJ-Implementierung unterstützt in der aktuellen Version der JDBC-Treiber allerdings die Einstellung `read only` nicht und löst beim Versuch, die Transaktionssicherheit auf `read only` zu stellen, die Ausnahme `SQLException` aus.

- `<Isolationstufe>`: `read committed` oder `serializable`.

Isolationsgrad read committed vs. serializable

- Oracle nutzt standardmäßig die Einstellung `read committed`. Sie ist etwas schneller als `serializable`, allerdings können während einer Transaktion nicht wiederholbare Lesevorgänge auftreten, die in der englischsprachigen Literatur *non repeatable reads* genannt werden.
- Das heißt, wenn Sie also in einer längeren Transaktion zweimal die gleiche `SELECT`-Anweisung ausführen, die betroffenen Datensätze in der Zwischenzeit aber von einer anderen Transaktion verändert wurden, so erhalten Sie zwei verschiedene Ergebnisse. Das erste Ergebnis ist also nicht wiederholbar.
- Die Isolationsstufe `serializable` sorgt hingegen durch entsprechende Sperren und Zwischenspeicher dafür, dass Sie die Daten nur in dem Zustand erhalten, der am Anfang Ihrer Transaktion galt.
- Die Einstellung `serializable` führt zu erheblichen Einbussen in der Ausführungsgeschwindigkeit. Und wenn Sie SQLJ mit anderen Datenbanken als dem Oracle-Server nutzen, werden Sie feststellen, dass nicht wenige ganz auf diese Isolationsstufe verzichten.
- Im folgenden Beispiel experimentieren wir mit den Einstellungen zur Transaktionssicherheit:

```
import oracle.sqlj.runtime.Oracle;
import sqlj.runtime.ref.DefaultContext;

public class C617_1 {
  public static void main( String[] argv ) {
   try {
    DefaultContext trans1 = Oracle.connect(
      C617_1.class,"C612_1.properties");
    DefaultContext trans2 = new DefaultContext(
      "jdbc:oracle:thin:@127.0.0.1:1521:test",
      "Scott",
      "Tiger",
```

```
  false
);
DefaultContext.setDefaultContext(trans1);

/**
 * Diesen Block aktivieren, um den
 * im folgenden Quelltext provozierten, nicht
 * wiederholbaren Lesevorgang zu vermeiden
 *
#sql [trans1] {
  SET TRANSACTION read write,
  ISOLATION LEVEL serializable
};
*/

String vorname=null,phantom=null;
// Den Vornamen erstmals lesen
#sql [trans1] {
  SELECT D_VORNAME INTO :vorname
  FROM DOZENT
  WHERE D_NR=2
};

System.out.println("[trans1]:Vorname gerade '" +
  vorname +"'");

// Jetzt in der zweiten Verbindung, also in einer
// anderen Transaktion, den Vornamen ändern
#sql [trans2] {
  UPDATE DOZENT
  SET D_VORNAME='Phantom'
  WHERE D_NR=2
};
// Die Transaktion beenden
#sql [trans2] {
  COMMIT
};

// Jetzt mit trans1 zum zweiten Mal den Vornamen
// abfragen:
```

```
      #sql [trans1] {
        SELECT D_VORNAME INTO :phantom
        FROM DOZENT
        WHERE D_NR=2
      };

      // Je nach Einstellung der Transaktionsisolation
      // wird entweder der zum Anfang von trans1
      // gültige Name von Dozent Nr.2 ausgegeben
      // (serializable) oder der von trans2 veränderte
      // Name, also 'Phantom'...(read committed)
      System.out.println("[trans1]:Vorname jetzt '" +
        phantom + "'");

      // Jetzt wieder auf den alten Namen zurücksetzen
      #sql [trans2] {
        UPDATE DOZENT
        SET D_VORNAME=:IN vorname
        WHERE D_NR=2
      };
      // Und auch diese Transaktion gleich speichern
      #sql [trans2] {
        COMMIT
      };

      // Mal wieder mit trans1 den Vornamen lesen
      #sql [trans1] {
        SELECT D_VORNAME INTO :phantom
        FROM DOZENT
        WHERE D_NR=2
      };

      System.out.println("[trans1]:Vorname wieder '" +
        phantom + "'");
    } catch (Exception e) {
      e.printStackTrace();
    }
  }
}
```

Listing 6.13 C617_1.sqlj: Transaktionen und nicht wiederholbare Lesevorgänge

6.1.8 Interoperabilität zwischen JDBC und SQLJ

Auch wenn SQLJ hohen Ansprüchen an Leistungsfähigkeit und Flexibilität genügt, so sind bestimmte Herausforderungen einfacher und schneller mit JDBC zu lösen. Vielleicht haben Sie bereits eine umfangreiche Anwendung mit Hilfe von JDBC geschrieben und möchten diese schrittweise um den Komfort und die Übersichtlichkeit von SQLJ erweitern? Unter Umständen haben Sie von einem anderen Programmierer einen mit SQLJ durchsetzten Quelltext übernommen, bevorzugen aber den Zugriff auf die Datenbank mit JDBC? Wenn Sie JDBC und SQLJ also parallel in einer Anwendung einsetzen, bietet SQLJ einige praktische Möglichkeiten, zwischen den beiden Welten zu kommunizieren.

Eine JDBC-Verbindung in SQLJ nutzen

Die Klassen `DefaultContext` und `oracle.sqlj.runtime.Oracle` bieten beide einen Konstruktor, der eine Instanz von `java.sql.Connection` aufnimmt. So erzeugte Instanzen von `DefaultContext` und `Oracle` können dann als normale Verbindungskontexte in SQLJ verwendet werden und nutzen die übergebene Datenbankverbindung, um SQL-Anweisungen auszuführen:

```
Connection conn;
// conn wird ordentlich initialisiert
DefaultContext ctx1 = Oracle.connect(conn);
DefaultContext ctx2 = new DefaultContext(conn);
```

Da dann die gleiche Verbindung unter Umständen von mehreren Unterprogrammen parallel genutzt wird, sollten Sie vorsichtig mit Methoden sein, die globale Eigenschaften der Verbindung ändern, beispielsweise `setAutoCommit`, `commit` oder `rollback`.

Einen SQLJ-Verbindungskontext mit JDBC nutzen

Wenn Sie eine als Verbindungskontext definierte Datenbankverbindung mit entsprechenden JDBC-Aufrufen nutzen möchten, können Sie über die Methode `getConnection` der Klasse `DefaultContext` eine entsprechende, zu JDBC konforme Referenz auf ein Objekt der Klasse `java.sql.Connection` erhalten. Wenn Sie den Verbindungskontext nicht explizit definiert haben, können Sie den standardmäßig genutzten Verbindungskontext mit der statischen Methode `getDefaultContext` von `DefaultContext` abfragen.

```
DefaultContext default = DefaultContext.getDefaultContext();
Connection conn = default.getConnection();
```

Über java.sql.Connection können Sie dann über JDBC auf die Datenbank zugreifen.

Ein JDBC-ResultSet in einen Iterator umwandeln

SQLJ bietet die Anweisung CAST, um ein java.sql.ResultSet in einen entsprechenden Iterator umzuwandeln. Dabei muss das ResultSet natürlich von den Spalten her mit dem Iterator kompatibel sein.

Da die SQLJ-Implementierung von Oracle die Anweisung CAST in einen speziellen Konstruktor der Iterator-Klasse umwandelt, muss der Iterator entweder public in einer eigenen Datei oder public static im Klassenraum (innere Klasse) definiert werden. Sonst können Sie keine eigenständigen Instanzen des Iterators erzeugen und erhalten entsprechende Fehlermeldungen des Compilers.

```
#sql public static iterator EinIterator(
    String spalte1,
    String spalte2
);
EinIterator iter;
ResultSet rs = statement.executeQuery();
#sql iter = { CAST :rs };
```

Anschließend kann der Iterator wie gewohnt ausgewertet werden.

Ein JDBC-ResultSet von einem Iterator abfragen

Die Schnittstelle ResultSetIterator bietet eine Methode getResultSet. Über diese Methode können Sie auf das dem Iterator zugrunde liegende java.sql.ResultSet zugreifen.

```
EinIterator iter;
#sql iter = {
    SELECT * FROM DOZENT
};
ResultSet rs = iterator.getResultSet();
```

Die Methode getResultSet ist ein optionaler Teil der SQLJ-Spezifikation. Denn diese soll den Herstellern ja Raum für ihre spezifischen Optimierungen lassen. Die Festlegung, für jeden Iterator ein ResultSet bereitzuhalten, würde diese Optimierungsmöglichkeiten erheblich einengen. Schauen Sie diesbezüglich in der Dokumentation Ihres Herstellers nach, ob diese Methode unterstützt wird. Die SQLJ-Spezifikation lässt auch offen, ob nach diesem Aufruf die parallele Nutzung von Iterator und `ResultSet` möglich ist oder welche Ausnahmen dabei auftreten können.

Im folgenden Abschnitt sehen Sie einen Quelltext, in dem alle beschriebenen Möglichkeiten der Interoperabilität ausgenutzt werden:

```
import oracle.sqlj.runtime.Oracle;
import sqlj.runtime.ref.DefaultContext;
import java.sql.*;

public class C618_1 {
  // Der Iterator muss als innere Klasse public und
  // static deklariert sein, oder in einer eigenen
  // Datei definiert werden.
  #sql public static iterator DozentenIterator (
    String vorname,
    String nachname
  );

  public static void main( String[] argv ) {
   try {
    // Eine JDBC-Verbindung mit der Klasse
    // DriverManager herstellen
    Class.forName("oracle.jdbc.driver.OracleDriver");
    Connection conn = DriverManager.getConnection(
     "jdbc:oracle:thin:@127.0.0.1:1521:test",
     "Scott",
     "Tiger");

    // Die Verbindung als Standard-Verbindungskontext
    // registrieren
    Oracle.connect(conn);
    conn=null;

    // Von dem Standard-Verbindungskontext nun die
    // Verbindung wieder abfragen
    Connection conn2 =
      DefaultContext.getDefaultContext().
      getConnection();

    // Womit wir wieder bei JDBC sind...
```

```
      ResultSet rs =
        conn2.createStatement().
        executeQuery(
         "SELECT " +
         "D_VORNAME as vorname, D_NACHNAME as nachname"
         + " FROM DOZENT"
        );

      // Wir möchten aber wieder zu SQLJ zurück,
      // daher nutzen wir einen passenden Iterator...
      DozentenIterator dieter;

      #sql dieter = { CAST :rs };

      // ...und werten ihn in SQLJ-Manier aus,...

      while( dieter.next() ) {
        System.out.println(
          dieter.vorname() + ", " +
          dieter.nachname()
        );
      }

     // ...Kunststück.
     } catch (Exception e) {
        e.printStackTrace();
     }
   }
}
```

Listing 6.14 C618_1.sqlj: Interoperabilität zwischen SQLJ und JDBC

6.1.9 Optimieren von SQLJ

Geschwindigkeit ist nicht immer der Vorteil von leicht zu programmierenden Schnittstellen. Nicht umsonst gibt es in vielen Softwareunternehmen immer noch spezielle Büros und gute Gehälter für altgediente C- und ASM-Programmierer. Wenn Sie aber erst einmal SQLJ in Ihre Anwendung eingebaut haben, bleiben Ihnen nur noch fünf für SQLJ spezifische Wege, um diese Anwendung etwas zu »tunen«:

- das Puffern von SQL-Anweisungen
- das Bündeln vom `UPDATE`-, `INSERT`-, `DELETE`-Anweisungen

- das Prefetching oder das einmalige Abholen vieler Datensätze
- das Ankündigen von Parametergrößen
- das Benutzen der Oracle-Datentypen

Wir beschreiben diese Möglichkeiten im Folgenden etwas genauer.

Puffern von SQL-Anweisungen

Die SQLJ-Laufzeitumgebung puffert automatisch die letzten fünf SQL-Anweisungen, die Sie in Ihrem Programm ausgeführt haben. Wenn eine SQL-Anweisung aus dem Puffer heraus ausgeführt wird, erhöht sich die Ausführungsgeschwindigkeit um bis zu 50%. Wenn Sie also viele verschiedene SQL-Anweisungen ausführen, kann es von Vorteil sein, die Anzahl der gepufferten SQL-Anweisungen zu erhöhen. Dazu bietet der SQLJ-Translator den Parameter `-P-Cstmtcache`, über den Sie die Anzahl der gepufferten Anweisungen festlegen können:

```
sqlj -P-Cstmtcache=<Anzahl der SQL-Anweisungen>
```

Bündeln vom UPDATE-, INSERT-, DELETE-Anweisungen

Wenn Sie die gleiche DML-Anweisung mehrfach hintereinander mit verschiedenen Parametern ausführen, so können Sie die SQLJ-Implementierung dazu anregen, die Parameter von DML-Anweisungen zunächst zu sammeln und die gebündelten Anweisungen im Block auszuführen, wenn Sie zum nächsten SQLJ-Block wechseln.

Dazu bietet die Klasse `ExecutionContext` die Methode `setBatching` und `setBatchLimit`. Über `setBatching` stellen Sie ein, ob DML-Anweisungen möglichst gebündelt ausgeführt werden. Durch den Integer-Parameter von `setBatchLimit` können Sie festlegen, wie viele Anweisungen maximal gebündelt werden sollen.

```
ExecutionContext ectx =
    DefaultContext.getDefaultContext()
    .getExecutionContext();
// Maximal 10 Anweisungen bündeln
ectx.setBatchLimit(10);
// Das Bündeln von DML-Anweisungen aktivieren
ectx.setBatching(true);
```

Diese Optimierung zahlt sich bei der Wiederholung vieler Anweisungen der DML aus. Wenn im Programm nur wenige, einzelne DML-Anweisungen ausgeführt werden, entsteht eher zusätzlicher Rechenaufwand.

Prefetching oder viele Datensätze auf einmal abholen

Wenn Sie in JDBC ein `ResultSet` auswerten, so werden standardmäßig immer 10 Datensätze als Paket von der Datenbank abgeholt. Das gleiche Verhalten zeigt auch SQLJ. Jeder dieser Abholvorgänge verursacht dabei Netzlast und Rechenaufwand. Wenn Sie also Abfragen mit sehr großen Ergebnismengen ausführen, können Sie die Anzahl der von der Datenbank abgefragten Pakete an die Bedürfnisse Ihrer Anwendung anpassen. Die Anzahl der als Paket abgeholten Datensätze setzen Sie dabei über die einem Verbindungskontext zugrunde liegende `java.sql.Connection`. Diese bietet dazu die Methode `setDefaultRowPrefetch`.

```
Connection conn = DefaultContext.getDefaultContext()
    .getConnection();
// immer 20 Datensätze auf einmal abholen
conn.setDefaultRowPrefetch(20)
```

Parametergrößen ankündigen

Die SQLJ-Implementierung muss sich stets auf den schlimmsten anzunehmenden Fall einstellen, was die Größe von variablen Rückgabewerten und Parametern angeht. Es kann also sinnvoll sein, der SQLJ-Implementierung mitzuteilen, wie groß die zu erwartenden Parameter sein werden, und so Raum für Optimierungen auszuschöpfen.

Dabei bietet die SQLJ-Implementierung von Oracle einen Mechanismus über spezielle Kommentare in den SQLJ-Blöcken, die dann dem SQLJ-Translator Rückschlüsse auf die Parametergröße erlauben . Die Größe gibt man als Blockkommentar `/* (Größe) */` direkt nach der Hostvariable oder – bei Rückgabewerten – als ersten Kommentar in der SQL-Anweisung an.

```
#sql {
    SELECT D_VORNAME, D_NACHNAME
    INTO :vorname /* (20) */, :nachname /* (30) */
    FROM DOZENT
    WHERE D_STADTTEIL = :stadtteil /* (14) */
};
```

Damit Ihre Angaben von dem SQLJ-Translator auch ausgewertet werden, müssen Sie auf der Kommandozeile `sqlj` zusätzlich mit dem Flag `-P-Coptparams` aufrufen:

```
sqlj -P-Coptparams <Datei>
```

Anschließend sollten Sie diese selbst gesetzten Grenzen nicht überschreiten – da es dem Hersteller überlassen bleibt, auf welche Weise diese Optimierung implementiert wird, können die auftretenden Ausnahmen oder Fehler unterschiedlich sein.

Die Oracle-Datentypen benutzen

Im Paket `oracle.sql` definiert Oracle interne Datentypen, die vom JDBC-Treiber und von der SQLJ-Implementierung verwendet werden. Da diese der Repräsentation in der Datenbank entsprechen, kann man bei deren Einsatz Rechenaufwand einsparen, der bei der Konvertierung von Java-Typen in Oracle-Datentypen und umgekehrt anfällt. Allerdings geht die Verwendung der Oracle-Datentypen auf Kosten der Portabilität. Wenn Sie in Ihrem Quelltext diese Datentypen verwenden, sind Sie darauf angewiesen, dass diese von der SQLJ-Implementierung unterstützt werden – und das ist im Moment nur bei der SQLJ-Implementierung von Oracle der Fall.

Die Typen im Paket `oracle.sql` finden Sie in der folgenden Tabelle:

Datentyp	Beschreibung
`oracle.sql.ROWID`	Identifiziert einen bestimmten Datensatz.
`oracle.sql.NUMBER`	Alle numerischen Daten
`oracle.sql.CHAR`	Alle alphanumerischen Daten
`oracle.sql.DATE`	Zeiten und Uhrzeiten
`oracle.sql.RAW`	Alle Formen von unstrukturierten Daten
`oracle.sql.CLOB`	Ein Character Large Object, also eine Spalte mit großen, textbasierten Daten
`oracle.sql.BLOB`	Ein Binary Large Object, daher eine Spalte mit großen Mengen von binär gespeicherten Daten
`oracle.sql.BFILE`	Ähnelt den BLOB, entspricht dabei einer Datei
`oracle.sql.REF`	Eine Referenz auf ein in der Datenbank gespeichertes Objekt
`oracle.sql.ARRAY`	Ein Feld von mehreren Werten des gleichen Typs
`oracle.sql.STRUCT`	Ein strukturierter Datentyp

Tabelle 6.2 Oracle-Datentypen

Der Einsatz der Datentypen gestaltet sich recht einfach. Sie importieren einfach das Paket `oracle.sql` und verwenden die Typen analog zu den entsprechenden JDBC- oder Java-Typen.

```
// String entspricht oracle.sql.CHAR
CHAR vorname, nachname;
// int entspricht oracle.sql.NUMBER
NUMBER dnr= new NUMBER(2);
#sql {
    SELECT D_VORNAME, D_NACHNAME
      INTO :vorname, :nachname
      FROM DOZENT
      WHERE D_NR=:dnr
};
```

6.1.10 Objektorientiertes Programmieren mit JPublisher

Oracle bietet über den *Java Object Type Publisher* (JPublisher) einen sehr komfortablen Weg, um Objekte und Pakete aus einer Datenbank in Java-Klassen umzuwandeln. Dabei müssen diese Objekte als benutzerdefinierter Typ in der Datenbank erstellt werden. Im Folgenden

- legen wir einen benutzerdefinierten Typ an und erstellen eine Tabelle, in der dieser gespeichert werden kann,
- generieren mit JPublisher die Java-Klassen zu dem benutzerdefinierten Typ
- und setzen die generierten Java-Klassen mit SQLJ ein.

Typen in Oracle

Im Folgenden legen wir also einen Typ `DOZENTTYP` an, der in den Grundzügen den Einträgen aus der Tabelle `DOZENT` entsprechen soll. Der Benutzertyp allein ist noch nicht einsetzbar. Erst nachdem wir eine Tabelle auf der Grundlage dieses Typs angelegt haben, können wir mit diesem in einer Anwendung arbeiten. Folgenden Quelltext führen Sie am besten über das *SQL*Plus Worksheet* aus.

```
CREATE OR REPLACE TYPE DOZENTTYP AS OBJECT (
    ID INT,
    VORNAME VARCHAR2(15),
    NACHNAME VARCHAR2(30),
    GEBURTSTAG DATE
);

CREATE TABLE DOZENTTYPTABELLE OF DOZENTTYP;
```

Listing 6.15 6110_1.sql: Den Typ DOZENTTYP anlegen

Jetzt können wir Objekte von `DOZENTTYP` anlegen, speichern und löschen.

Typen mit JPublisher in Java-Objekte konvertieren

Oracle liefert das Kommandozeilenprogramm `jpub` mit seiner Client-Distribution. Dieses Tool wandelt deklarierte Benutzertypen aus der Datenbank in entsprechende Java-Klassen um. Das Tool startet man auf der Kommandozeile mit dem Befehl `jpub`. Um aus dem oben deklarierten `DOZENTTYP` eine Java-Klasse mit dem Namen `Dozent` zu erstellen, reicht folgende Kommandozeile:

```
jpub -user=Scott/Tiger
    -url=jdbc:oracle:thin:@127.0.0.1:1521:test
    -builtintypes=oracle
    -sql=DOZENTTYP:Dozent
```

Listing 6.16 6110_2.sh.bat: jpub ausführen

- `<user>`
  Der Parameter `user` definiert, als welcher User Sie sich JPublisher an die Datenbank angemeldet haben.
- `<url>`
  Die JDBC-URL, an die sich JPublisher anmeldet.
- `<builtintypes>`
  Entweder `oracle` oder `jdbc`. Ist der Parameter `oracle`, werden die original Oracle-Datentypen aus dem Paket `oracle.sql` verwendet. Sonst gelten die normalen JDBC-Datentypen.
- `<sql>`
  Die Liste der Typen, die als Java-Klassen verfügbar gemacht werden sollen. Die Liste wird einfach per Komma getrennt: `–sql=a,b,c` würde also die Typen `a`, `b` und `c` aus der Datenbank in Java-Klassen umwandeln. Mit einem Doppelpunkt können Sie hinter dem Typ jeweils angeben, wie die Java-Klasse heißen soll. Also wird durch `–sql=a:b` eine Java-Klasse `b` auf der Basis des Datenbanktyps `a` generiert.

Da man bei der Verwendung von JPublisher ohnehin speziell für die Oracle-Plattform programmiert, lohnt es sich, auch die originalen Oracle-Datentypen zu nutzen. Da diese am nächsten an der datenbankspezifischen Repräsentation sind, kann, wie bereits angedeutet, bei der Nutzung der Oracle-Datentypen Rechenaufwand bei der Konvertierung von Datentypen gespart werden.

Wenn der Befehl ausgeführt wurde, liegen in dem Verzeichnis zwei neue Quelltextdateien: *Dozent.java* und *DozentRef.java*. Diese müssen für die folgenden Schritte in dem gleichen Verzeichnis wie die Quelltexte der Buchbeispiele liegen.

JPublisher erzeugt zu jedem Typ immer zwei Java-Klassen. Die eine wird dabei mit einem zusätzlich angehängten Ref im Namen generiert.

Referenzierte vs. transiente Objekte

Die beiden generierten Klassen DozentRef und Dozent unterscheiden sich in ihrer Eigenschaft, dass Dozent nur die Werte aus der Datenbank speichert, während DozentRef eine unmittelbare Referenz auf einen existierenden Eintrag in der Datenbank darstellt.

Das hat zur Folge, dass Dozent zwar Einträge aus der Tabelle DOZENTTYPTABELLE aufnehmen kann und für alle Eigenschaften des SQL-Typs passende Zugriffsmethoden zur Verfügung stellt. Und Sie können Instanzen von Dozent anlegen und verwenden, auch wenn diese (noch) nicht in der Datenbank gespeichert sind. Änderungen an den Eigenschaften über die Zugriffsmethoden schlagen sich daher nicht in der Datenbank nieder, sondern nur lokal im Speicher.

Anders bei den Instanzen von DozentRef: Diese sind fest einem Datensatz in der Datenbank zugeordnet. Dabei können die Werte aus der Datenbank über die Methode getValue abgefragt werden, neue Werte mit setValue in die Datenbank geschrieben werden.

Einsatz der generierten Klassen mit SQLJ

Die generierten Klassen können nun im Wesentlichen wie normale Datentypen in einem SQLJ-Block eingesetzt werden. Bei der Abfrage von Objekten von der Datenbank muss die gewünschte Art des Objekts (also ob transientes Objekt oder referenziertes Objekt) beachtet werden. Wenn wir also echte Referenzen von der Datenbank abfragen wollen, müssen wir das in der SELECT-Anweisung mit der Funktion REF explizit verlangen:

```
DozentRef dozentenRef
#sql {
    SELECT REF(DOZENTTYP) INTO :dozentenRef
    FROM DOZENTTYPTABELLE DOZENTTYP
    WHERE ID=1
};
```

Möchten Sie hingegen nur die Werte von der Datenbank erhalten, also transiente Objekte abfragen, machen Sie das über das Schlüsselwort VALUE in der SELECT-Klausel der SQL-Anweisung:

```
Dozent dozentTransient
#sql {
    SELECT VALUE(DOZENTTYP) INTO :dozentenTransient
    FROM DOZENTTYPTABELLE DOZENTTYP
    WHERE ID=1
};
```

Beachten Sie dabei die Angabe des Typs in der SELECT-Anweisung direkt hinter den Tabellennamen, eine nicht ganz intuitive Syntax, da diese Stelle sonst Aliasen vorbehalten ist.

Sie können einen neuen Datensatz vom Typ DOZENTTYP über eine einfache INSERT-Anweisung anlegen:

```
Dozent neuerDozent = new Dozent();
/* Die Werte in neuerDozent hier anpassen */
#sql {
    INSERT INTO DOZENTTYPTABELLE
    VALUES( :neuerDozent )
};
```

Im anschließenden Quelltext sehen Sie noch mal alles im Überblick. Beachten Sie, das dieses Programm nur dann funktioniert, wenn alle vorbereitenden Schritte ohne Fehler abgeschlossen worden sind.

Da es in einigen Kombinationen der Versionen von JDK, SQLJ-Translator, JDBC und JPublisher interessanterweise zu Fehlern bei der Konvertierung von Variablen vom Typ String gekommen ist, benutzen wir im folgenden Quelltext direkt die Oracle-Datentypen.

```
import oracle.sqlj.runtime.Oracle;
import sqlj.runtime.ref.DefaultContext;
import java.sql.*;
import oracle.sql.*;

public class C6110_3 {
  public static void main( String[] argv ) {
   try {
    Oracle.connect(C6110_3.class,
      "C612_1.properties");

    // Zunächst alles für das Beispiel vorbereiten
    #sql {
```

```
    BEGIN
      DELETE FROM DOZENTTYPTABELLE;
      INSERT INTO DOZENTTYPTABELLE VALUES
        (DOZENTTYP(1,'Sepp','Herrberger',
         TO_DATE('11-Februar-1957')));
      COMMIT;
    END;
  };

  Dozent dozent;

  // Da Dozent nur als transientes Objekt verwendet
  // werden kann, muss man die Werte über VALUE
  // von der Datenbank abfragen...
  #sql {
    SELECT VALUE(DOZENTTYP) INTO :dozent
    FROM DOZENTTYPTABELLE DOZENTTYP
    WHERE ID=1
  };

  // ...ausgeben...
  System.out.println("Dozent als Typ:" +
    dozent.getVorname().stringValue() + ", " +
    dozent.getNachname().stringValue()
  );

  // ...ändern...
  dozent.setId( new Integer(2));
  dozent.setVorname(
    new CHAR("Martin", CHAR.DEFAULT_CHARSET)
  );
  dozent.setNachname(
    new CHAR("Vollmann", CHAR.DEFAULT_CHARSET)
  );
  // ... und das transiente Objekt in die Datenbank
  // einfügen.
  #sql {
    INSERT INTO DOZENTTYPTABELLE VALUES (:dozent)
  };
```

```
    // Jetzt eine echte Referenz von der Datenbank
    // abfragen. Das funktioniert über die Funktion
    // REF
    DozentRef seppRef;
    Dozent sepp;
    #sql {
      SELECT REF(DOZENTTYP) INTO :seppRef
      FROM DOZENTTYPTABELLE DOZENTTYP
      WHERE ID=1
    };

    // Die Werte von der Referenz abfragen...
    sepp = seppRef.getValue();

    // ...einsetzen...
    System.out.println("Von der Referenz: " +
      sepp.getVorname().stringValue() + ", " +
      sepp.getNachname().stringValue()
    );

    // ...und ändern - Aber Achtung! -...
    sepp.setVorname(
      new CHAR("Sebastian", CHAR.DEFAULT_CHARSET)
    );

    // ...erst jetzt werden die Änderungen auch
    // tatsächlich in der Datenbank gespeichert...
    seppRef.setValue(sepp);

    // ...vorausgesetzt, man ruft COMMIT auf
    #sql { COMMIT };

  } catch( Exception e ) {
    e.printStackTrace();
  }
  }
}
```

Listing 6.17 C6110_3.sqlj: JPublisher-Klassen mit SQLJ einsetzen

6.2 Java Stored Procedures

Die Idee ist bestechend einfach: Wenn man gespeicherte Prozeduren in PL/SQL schreiben kann, warum dann nicht auch in Java? Und so bieten die aktuellen Versionen der Oracle-Datenbank heute eine integrierte *Java Virtual Machine* (JVM), die *Oracle JVM*, über die man in Java geschriebene Programme direkt auf dem Server ausführen kann. Dabei hat man in gleicher Weise wie in PL/SQL Zugriff auf die Daten und Funktionen der Oracle-Datenbank.

Warum Java Stored Procedures?

Viele seiner Eigenschaften machen Java zu einer optimalen Sprache für Serverapplikationen.

Zunächst ist Java eine streng objektorientierte und einfache Sprache, die eine hohe Wiederverwertbarkeit von in Java geschriebenen Komponenten garantiert. Immer mehr fertige Produkte und Komponenten können leicht in eigene Anwendungen eingebunden werden. Durch die automatische Speicherverwaltung, die robuste Ausnahmebehandlung und die konfigurierbare Sicherheitsarchitektur ist es möglich, in Java geschriebene Komponenten eng mit dem Datenbankserver zu verkoppeln, ohne dessen Stabilität, Sicherheit und Zuverlässigkeit preiszugeben. Und genau diese enge Kopplung von Datenbankserver und Java Virtual Machine erlaubt den sehr effizienten Zugriff auf die Ressourcen des Datenbankservers. Darüber hinaus ermöglicht Java die transparente Einbindung von verteilten Komponenten über RMI, CORBA und ähnliche Architekturen für verteilte Systeme und verfügt über eine ständig wachsende Klassenbibliothek mit vielen nützlichen Werkzeugen und Schnittstellen.

PL/SQL vs. Java Stored Procedures

Am Anfang war SQL. Aber SQL war nicht gut genug. Denn SQL ist eine rein deskriptive Sprache zur Beschreibung von gewünschten Ergebnismengen, die dann vom Datenbankserver geliefert werden sollen. Leider sind die Probleme, für die heute Lösungen gesucht werden, beileibe nicht so gut klassifizierbar, als dass wir mit einer einfachen Beschreibung der Problematik ein fertiges Programm definieren können. Wer heute Lösungen programmiert, muss wohl oder übel prozedural oder objektorientiert programmieren und nicht deskriptiv.

Sehr bald gab es dann auch Erweiterungen des Standards SQL, die prozedurale Elemente in den Sprachumfang von SQL übernahmen. In diesem Prozess entwickelte Oracle PL/SQL zu einer umfangreichen prozeduralen Programmiersprache mit objektorientierten Merkmalen, die sich nahtlos in deskriptives SQL integriert. Weil aber PL/SQL von einer sehr speziellen Umgebung ausgeht, und zwar von einer Oracle-Datenbank, ist PL/SQL eine Art Nischensprache geblieben. Es gibt keine Spiele, Office-Pakete oder Webserver, die in PL/SQL programmiert sind. (Zumindest sind den Autoren dieses Buches noch keine bekannt geworden.)

Ein Entwickler, der serverseitige Komponenten in Oracle entwickeln möchte, muss also erst einmal PL/SQL lernen. Das ist zunächst unproduktiv, denn alles, was man mit PL/SQL machen kann, kann man in der Regel mit einer normalen Programmiersprache auch, nur die Syntax ist eben anders. Nach ein paar Monaten, vielleicht nach Abschluss des Projekts, stellt man dann fest, dass PL/SQL tatsächlich besser geeignet ist, um gespeicherte Prozeduren für Oracle zu implementieren. Aber vielleicht auch nicht. Dazu gibt es dann auch den viel zitierten Spruch: Zeit ist Geld.

In den letzten Jahren kam dementsprechend der Trend auf, zur Programmierung serverseitiger Komponenten gängige Programmiersprachen zu nutzen. So gibt es einige Datenbankserver, die Perl oder Python zur Programmierung von gespeicherten Prozeduren unterstützen. Doch erst Java verhalf diesem Trend zum Durchbruch. Zwar ist kaum eine andere Sprache so langsam wie Java, aber Sun hat von Anfang an Java für den Einsatz im Server- und Netzwerkbereich entwickelt und nicht als die Lösung aller Performance-Probleme. Doch selbst dieses Argument ist nicht wirklich hieb- und stichfest, denn inzwischen liegen die Geschwindigkeitsunterschiede zwischen dem PL/SQL-Interpreter und der Oracle Java Virtual Machine im Bereich des statistischen Rauschens.

Ein weiterer Vorteil beim Einsatz von Java ist die Tatsache, dass sich die in Java geschriebenen Komponenten mit wenig Aufwand portieren lassen. Sie werden sehen, dass die Beispiele in diesem Kapitel in gleicher Weise sowohl als Client- als auch als Serverapplikation funktionieren. Wenn man in den Java-Programmen eine Abstraktionsschicht wie JDBC nutzt, kann sogar der Datenbankserver, der die gespeicherte Prozedur zur Verfügung stellt, mit minimalem Portierungsaufwand ausgetauscht werden.

Sind bereits einige Anwendungen in Java geschrieben? Binden Sie den geschriebenen Code einfach in Ihre serverseitige Komponente ein! Der wesentliche Unterschied zwischen einer lokalen JVM und der JVM des Oracle-Servers ist, dass die Ausgaben in der Trace-Datei der Oracle-Datenbank landen. Und darüber hinaus ein paar vom Datenbankadministrator konfigurierbare Sicherheitsrichtlinien, wie zum Beispiel ein beschränkter Zugriff auf das Dateisystem, oder dem Verbot Verbindungen zu anderen Datenbanken und Systemen herzustellen, an die sich der serverseitig ausgeführte Java-Bytecode halten muss. Dafür wird Ihr Java-Code direkt auf dem Oracle-Server ausgeführt. Der Zugriff auf die Daten Ihrer Datenbank erfolgt über ein internes Speicherinterface. Wo bisher aufwändige Netzwerkverbindungen viele Schichten über JDBC, TCP/IP und Ethernet durchlaufen haben, arbeiten Sie mit den Daten lokal im gleichen Speicher. Geben Sie Ihrem bestehenden Java-Code einen ordentlichen Kick in Sachen Ausführungsgeschwindigkeit, in dem Sie die Klassen einfach in die Oracle-Datenbank importieren, statt als getrennte Client-Programme laufen zu lassen.

Und wenn Sie an die zukünftigen Nutzer, Verwalter und Weiterentwickler Ihrer Applikation denken: Eine zunehmende Zahl von Entwicklern kann Java programmieren, fast jede Hochschule hat Java in den Kanon der gelehrten Programmiersprachen aufgenommen. Eine Fülle von Programmierleitfäden, Büchern und Hilfeforen sind für Fragen rund um Java verfügbar.

Wer allerdings einmal PL/SQL ausprobiert und herausgefunden hat, dass zehn Zeilen Java im Durchschnitt etwa zwei Zeilen PL/SQL entsprechen, den wird man erst wieder mühsam von Javas Vorteilen überzeugen müssen. Wenn die Entwicklungsdauer zum kritischen Argument wird, PL/SQL-Know-how vorhanden ist und Portierbarkeit keine Rolle spielt, dann ist PL/SQL natürlich weiterhin die erste Wahl. An einem bestimmten Punkt vermischen sich die beiden Sprachen – spätestens, wenn eine Java Stored Procedure einen PL/SQL-Block oder eine gespeicherte Prozedur in PL/SQL aufruft, und erst recht, wenn ein PL/SQL-Block eine Java-Stored Procedure aufruft. Da sollte man als Architekt einer Datenbankanwendung vorsichtig planen, wenn man den Überblick über die Abhängigkeiten und Verknüpfungen behalten will. Auch der transparente Übergang des Java-Codes von draußen vor dem Server nach drinnen in den Server birgt seine kleinen Tücken und Denkaufgaben. Denn die gleichen Programme funktionieren sowohl als Client-Programme als auch als serverseitige Komponenten – die Umgebungen jedoch unterscheiden sich natürlich.

Die Oracle-JVM

Die JVM des Oracle-Servers ist eine vollständige, Java 2-kompatible Laufzeitumgebung für Java-Bytecode. Die JVM läuft im gleichen Prozess und Speicher wie der Kern der Oracle-Datenbank. Der Zugriff auf die Daten in der Datenbank erfolgt also lokal, im gleichen Speicher. Dieses integrierte Design garantiert den serverseitigen Java-Komponenten eine optimale Zugriffs- und Ausführungsgeschwindigkeit.

Die verwendete Version von JDK und JRE liegt im Pfad *jdk* des Oracle-Installationspfads. Da bei der Oracle-Datenbank die Stabilität im Vordergrund steht und jedes Update des JDK zunächst ausgiebig vorbereitet und getestet werden muss, verwendet der Oracle-Server in der Regel ein etwas älteres JDK.

Im Gegensatz zu einer lokalen JVM, bei der der Einstiegspunkt eines Java-Programms die statische Methode `main` ist, werden die Methoden der auf dem Server eingespielten Klassen direkt im Rahmen einer SQL-Anweisung aufgerufen. Dabei wird durch einen Aufruf die Klasse aktiviert und bei Bedarf, z.B. nach dem Ende einer Transaktion oder nach dem Ablauf einer bestimmten Zeitspanne, wieder deaktiviert.

Eine grafische Oberfläche ist auf dem Server nicht verfügbar. Auch wenn Sie Instanzen der Klassen aus den Paketen `java.awt` und `javax.swing` erzeugen und nutzen können, so wird der Versuch, eine grafische Oberfläche sichtbar zu machen, ausnahmslos mit einer Ausnahme quittiert.

Die Oracle JVM sollte hauptsächlich für die Ausführung fertiger Komponenten genutzt werden. Sie ist nicht besonders gut als Entwicklungsumgebung geeignet, da bei jeder Änderung die Klassen wieder auf den Server geladen werden müssen und die Ausgaben in der Trace-Datei des Oracle-Servers verschwinden. Da die in Java geschriebenen Programme in gleicher Weise lokal wie auch auf dem Server funktionieren, entwickeln und testen Sie Ihre Anwendung zunächst lokal, um sie dann, nach Abschluss der Entwicklung, auf den Server zu spielen.

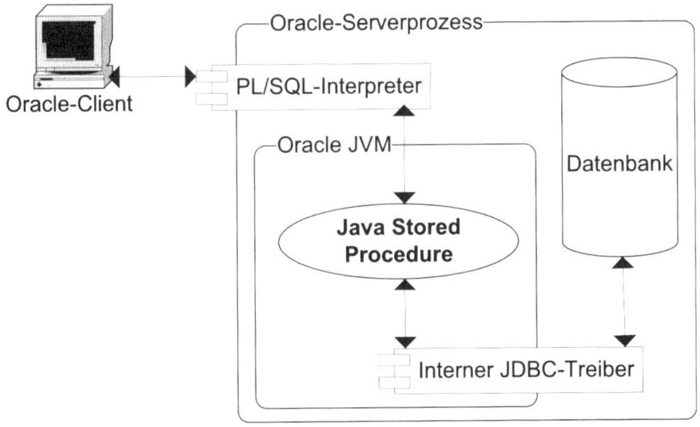

Abbildung 6.2 Die Oracle Virtual Machine und Java Stored Procedures

Entwicklungsumgebung

Da wir in den Beispielen zum Zugriff auf die Datenbank das in diesem Buch vorgestellte SQLJ verwenden, gelten hier die gleichen Anweisungen zur Entwicklungsumgebung wie im Kapitel zu SQLJ. Da die aktuelle Version der SQLJ-Implementierung von Oracle auch eine aktuelle Version des JDK voraussetzt, der Oracle-Server aber in der Regel eine etwas ältere Version von JDK und JRE nutzt, müssen Sie darauf achten, dass Ihr Quelltext mit der vom Server verwendeten Version kompatibel ist. Am besten stellen Sie die Umgebungsvariable

PATH so ein, dass Sie für die Entwicklung die gleiche Version vom JDK und JRE verwenden wie der Oracle-Server.

Die optimale Entwicklungsumgebung für Java Stored Procedures ist Oracles JDeveloper. Dieses Werkzeug bietet umfassende Unterstützung für die Entwicklung von gespeicherten Prozeduren in Java.

6.2.1 Theorie: Java und der Oracle-Server

Bevor wir die erste lauffähige Java Stored Procedure über das *SQL*Plus Worksheet* ausführen, sind einige Schritte nachzuvollziehen. So müssen wir einige Details zur Umgebung erwähnen, in der die Java-Klassen ausgeführt werden. Dann gibt es Kommandozeilenwerkzeuge zum Laden und Entladen von Klassen und Ressourcen, nämlich `loadjava` und `dropjava`. Und wenn Sie nun die Klassen geladen haben, wie können Sie feststellen, ob alles wie gewollt funktioniert und die Klassen zur Verfügung stehen? Bevor Sie eine Java Stored Procedure nun mit dem *SQL*Plus Worksheet* ausführen können, muss diese nämlich zuerst für den Aufruf aus einer PL/SQL-Anweisung registriert werden. Das sind die Themen des kommenden Abschnitts.

Unterschiede zu Clientanwendungen

Um eine Java-Klasse auf der Oracle-Datenbank zu verwenden, muss diese erst einmal auf diesem gespeichert werden. Das Tool `loadjava` dient dazu, eine oder mehrere Java-Klassen auf dem Oracle-Server zu speichern. Einmal auf dem Server werden die Java-Klassen in einer speziellen Umgebung ausgeführt, auf deren Randbedingungen wir im Folgenden eingehen.

- **Datenbankverbindung**
  Wenn Sie Java Stored Procedures mit SQLJ programmieren, stellt die SQLJ-Implementierung automatisch einen Verbindungskontext her. Die Verbindung zur lokalen Datenbank wird also implizit erzeugt, ohne dass eine weitere Anweisung notwendig ist. Wenn Sie die Methode `connect` von `oracle.sqlj.runtime.Oracle` für die Verbindung aufrufen, so wird der Aufruf von der serverseitigen SQLJ-Implementierung schlichtweg ignoriert. Sie können über den Thin-JDBC-Treiber auf dem Datenbankserver über `DefaultContext` auch Verbindungen zu anderen Oracle-Datenbanken herstellen. Dazu brauchen Sie aber spezielle Berechtigungen zum Herstellen von Verbindungen zu anderen Hosts, die Ihnen vom Systemadministrator erteilt werden müssen. Die Verbindung zum lokalen Datenbankserver kann von einer Java Stored Procedure nicht geschlossen werden. Wenn Sie also auf einer Instanz von `java.sql.Connection` die Methode `close` aufrufen, so bleibt dieser Aufruf ohne Folgen.

- **Iteratoren und reservierte Cursor**
  Wenn Sie in Ihrem Programm Iteratoren einsetzen, sollten Sie mehr als bei einer clientseitigen Applikation darauf achten, diese auch mit `close` wieder zu schließen. Ein von einem Iterator reservierter Datenbank-Cursor wird erst nach dem Aufruf der Methode `close` freigegeben, oder viel später während der automatischen Entfernung nicht mehr verwendeter Iteratorobjekte durch die automatische Speicherverwaltung des *Garbage Collector* der JVM (»Finalisierung«). Da eine Java Stored Procedure eine erheblich längere Laufzeit als eine einfache Clientanwendung haben kann, ist sie in der Lage, erhebliche Mengen von Datenbank-Cursorn für sich zu vereinnahmen – bis zu dem Punkt, dass alle verfügbaren Cursor belegt sind und eine Ausnahme auftritt.
- **Transaktionsmanagement**
  Bei einem serverseitigen JDBC-Treiber sind Sie als Programmierer für das Transaktionsmanagement verantwortlich. Die Einstellung `auto-commit` wird nicht unterstützt. Sie müssen also auf jeden Fall selbst Transaktionen mit `COMMIT` abschließen oder mit `ROLLBACK` abbrechen.
- **Aufruf von Java Stored Procedures**
  Der Einstiegspunkt für Java Stored Procedures sind immer Methoden vom Typ `public static`. Ihre Klasse oder Klassenbibliothek sollte also eine solche Methode, analog zur Methode `main` in eigenständigen Java-Anwendungen, implementieren. Eine Java Stored Procedure kennt, wie ihre statische Einstiegsmethode, keine Sitzungen im Sinne einer *Session* aus der Internetwelt. Jeder Aufruf erfolgt anonym und gleichberechtigt neben allen anderen Aufrufen.
- **Threadsicherheit**
  Ihre Einstiegsmethode wird unter Umständen von mehreren Clients parallel aufgerufen. Sie muss also threadsicher sein. Wenn Ihnen der Begriff der Threadsicherheit nicht ganz geläufig sein sollte: Seien Sie vorsichtig mit allen Variablen und Klassen, die nicht innerhalb der Einstiegsmethode deklariert wurden. Diese können dann nämlich von mehreren Aufrufen parallel verändert werden.
- **Ausgabe**
  Java Stored Procedures sind zunächst sehr stumm, was die Aufrufe von `System.out.println` angeht. Die Ausgaben landen alle in der Trace-Datei des Oracle-Servers. Wenn Sie für interessierte Nutzer Ausgaben erzeugen möchten, innerhalb einer Anwendung wie *SQL*Plus Worksheet* beispielsweise, können Sie dieses mit den aus PL/SQL bekannten Funktionen `dbms_output.enable` und `dbms_output.put_line` über einen SQLJ-Block oder einen JDBC-Aufruf machen. Alternativ können Sie über die Funktion `dbms_`

`java.set_output` die Ausgaben des Java-Programms in den Puffer `dbms_output` umleiten.

- **Entsorgung**
  Um Java-Klassen wieder vom Server zu löschen, benutzen Sie das Tool `dropjava`.

Laden von Java-Klassen mit loadjava

Mit dem Werkzeug `loadjava` können Sie Java-Ressourcendateien in die Oracle-Datenbank importieren. Dateien mit den Endungen *java* und *sqlj* werden dabei automatisch kompiliert. Dateien mit den Endungen *zip* und *jar* werden extrahiert, und die darin enthaltenen Objekte werden einzeln importiert. Kompilierte Java-Klassen sind dann in der Tabelle `USER_OBJECTS` als Objekte vom Typ `JAVA CLASS` sichtbar. Alle anderen Dateien (denn Sie können auch Konfigurationsdateien oder binäre Informationen in der Oracle-Datenbank speichern) sind dann Objekte vom Typ `JAVA RESOURCE`.

Die Syntax des Befehls `loadjava` sieht wie folgt aus:

```
loadjava -user <Nutzername>/<Passwort>[@<Datenbank>]
    [<Optionen>]
    <Dateiliste>
```

Dabei bedeuten:

- `<Nutzername>/<Passwort>`
  Die Benutzerauthentifizierung, beispielsweise Scott/Tiger
- `<Datenbank>`
  Die Oracle-SID Ihrer Datenbank
- `<Dateiliste>`
  Eine durch einfache Leerzeilen getrennte Liste mit den Dateien, die gespeichert werden soll.
- `<Optionen>`
  Eine oder mehrere von folgenden Optionen (Auszug).

Option	Beschreibung
`-debug`	Erzeugt beim Kompilieren der Dateien in `<Dateiliste>` Bytecode mit Debug-Informationen.
`-encoding`	Ermöglicht die Angabe der Kodierung der Quelltextdateien für den Java-Compiler (analog zu `javac -encoding`).

Tabelle 6.3 Optionen von loadjava

Option	Beschreibung
`-force`	Erzwingt das Laden der Dateien, auch bei Fehlern.
`-grant <Nutzerliste>`	Den in `<Nutzerliste>` angegebenen Datenbanknutzern wird die Berechtigung `EXECUTE` für die geladenen Java-Klassen eingeräumt. Die Liste wird dabei ohne Leerzeichen mit Kommata getrennt: `-grant Scott,Alice,Bruce`
`-help`	Gibt die Syntax und die komplette Liste der Optionen zu `loadjava` aus.
`-noverify`	Java-Klassen werden ohne Prüfung des Bytecodes geladen.
`-oci8`	Weist `loadjava` an, den OCI-JDBC-Treiber zu benutzen. Die Optionen `-oci8` und `-thin` schließen sich gegenseitig aus.
`-thin`	Verwendet den Thin-JDBC-Treiber.
`-order`	Die Klassen werden in der Reihenfolge ihrer Abhängigkeiten in die Datenbank geladen.
`-resolve`	Es wird überprüft, ob alle zur Ausführung notwendigen Klassen geladen und verfügbar sind.
`-schema <Schema>`	Die Dateien werden in das angegebene Tabellenschema `<Schema>` gespeichert.
`-verbose`	Es werden ausführliche Statusmeldungen für die von `loadjava` ausgeführten Aktionen ausgegeben.

Tabelle 6.3 Optionen von loadjava (Forts.)

Prüfen, ob alles gut geladen wurde

Nachdem Sie mit `loadjava` Klassen und Dateien auf den Server gespeichert haben, möchten Sie natürlich gerne sehen, ob das Aufspielen erfolgreich verlaufen ist. Die neuen Objekte sind dabei in der Tabelle `USER_OBJECTS` des im Parameter `-user` definierten Datenbankbenutzers sichtbar. Wenn Sie also überprüfen möchten, welche Objekte verfügbar sind, können Sie das mit einer Abfrage auf dieser Tabelle machen.

```
SELECT OBJECT_NAME, OBJECT_TYPE, STATUS
    FROM USER_OBJECTS
    WHERE OBJECT_TYPE LIKE 'JAVA%';
```

Besonders wichtig ist die Spalte `STATUS`, die angibt, ob die Objekte mit Erfolg geladen wurden, also `VALID` sind, oder ob ein Fehler beim Laden aufgetreten ist, die Objekte also `INVALID` sind.

Wenn eine der Java-Klassen, die Sie über `loadjava` geladen haben, unter `STATUS` die Ausgabe `INVALID` zeigt, so müssen Sie unbedingt zunächst die Fehlerursache finden. Eine Java Stored Procedure kann nur auf der Grundlage einer erfolgreich importierten Klasse erstellt werden!

Wenn eine Klasse erfolgreich geladen wurde, die Ausgabe unter `STATUS` also `VALID` lautet, dann können wir nun aus dieser eine Java Stored Procedure erstellen. Ein Schritt bleibt noch: Die Einstiegsmethode muss als `PROCEDURE` oder `FUNCTION` beim Server registriert werden.

Aufrufspezifikationen erstellen

Um die Einstiegsmethode der Java Stored Procedure aus PL/SQL aufrufen zu können, muss diese über eine `CREATE PROCEDURE`- oder `CREATE FUNCTION`-Anweisung zugänglich gemacht werden. Dabei werden die Parameter für die Prozedur nach außen hin festgelegt. Nach innen werden dem Oracle-Server die bei Aufruf der Java Stored Procedure notwendigen Typkonversionen mitgeteilt, und natürlich die Methode, die aufgerufen werden soll.

Die Syntax einer Anweisung zum Erstellen einer `FUNCTION` auf der Basis einer geladenen Java-Klasse:

```
CREATE [ OR REPLACE ] FUNCTION
    <Funktionsname>( <PL/SQL-Parameterliste> )
    RETURN <PL/SQL-Typbezeichner> AS
LANGUAGE java
NAME '<Paket>.<Klasse>.<Methode>( <Java-Parameterliste> )
      return <Java-Typbezeichner>';
```

Eine `PROCEDURE` wird analog zum obigen Aufruf ohne die `RETURN`-Anweisung erzeugt.

```
CREATE [ OR REPLACE ] PROCEDURE
    <Prozedurname>( <PL/SQL-Parameterliste> ) AS
LANGUAGE java
NAME '<Paket>.<Klasse>.<Methode>( <Java-Parameterliste> )';
```

Erläuterungen zur Syntax:

- `<Funktionsname>` bzw. `<Prozedurname>`
  Ein gültiger PL/SQL-Bezeichner für ein gespeicherte Funktion bzw. Prozedur. Der Bezeichner kann, aber muss nicht, mit dem Bezeichner der Java-Methode übereinstimmen.

- `<PL/SQL-Parameterliste>`
  Eine gültige Liste von `IN`-, `OUT`- oder `INOUT`-Parametern und Typen. Die Liste muss mit den Typen der Java-Methode übereinstimmen. `OUT`- und `INOUT`-Parameter müssen speziell modelliert werden. Dazu werden wir später mehr erklären.
- `<Java-Parameterliste>`
  Die Parameterliste der angegebenen Methode.
- `<Paket>.<Klasse>.<Methode>`
  Der vollständige Bezeichner der Methode mit Klassen- und Paketnamen. Die Methode muss `public` und `static` sein.

Am besten, Sie erzeugen die Java Stored Procedure mit der Enterprise Manager-Konsole. Dort erhalten Sie ausführliche Fehlermeldungen und können den Quelltext der `CREATE`-Anweisung komfortabel bearbeiten.

Entsorgen von Java-Klassen mit dropjava

Wenn die in der Datenbank gespeicherten Java-Klassen eines Tages obsolet geworden sind, so können Sie diese mit dem Werkzeug `dropjava` wieder entfernen. Sie rufen `dropjava` dann mit den gleichen Parametern auf wie `loadjava`:

```
dropjava -user <Nutzername>/<Passwort>[@<Datenbank>]
    [<Optionen>] <Dateiliste>
```

- `<Nutzername>/<Passwort>`
  Die Authentifizierungsdaten des Nutzers.
- `<Datenbank>`
  Die Oracle-SID Ihrer Datenbank.
- `<Dateiliste>`
  Eine mit Leerzeichen getrennte Liste der Java-Ressourcen, die wieder aus der Datenbank entfernt werden sollen.
- `<Optionen>`
  Eine oder mehrere von folgenden Optionen.

Option	Beschreibung
`-oci8` oder `-thin`	Der zu verwendende JDBC-Treiber: Entweder der OCI-Treiber über `–oci8` oder der Thin-JDBC-Treiber `-thin`
`-schema`	Das Schema, in dem die Java-Objekte liegen

Tabelle 6.4 Optionen des Werkzeugs dropjava

Option	Beschreibung
-stdout	Die Ausgaben werden an die Standardausgabe stdout ausgegeben, nicht an stderr, die für Fehlermeldungen reserviert ist
-verbose	Ausführliche Ausgaben zu den durchgeführten Aktionen

Tabelle 6.4 Optionen des Werkzeugs dropjava (Forts.)

6.2.2 Erzeugen der ersten Java Stored Procedure

Im Folgenden erstellen wir das »Hallo Welt«-Beispiel für Java Stored Procedures. Wir gehen dabei Schritt für Schritt den vollständigen Weg vom SQLJ-Quelltext bis zum Aufruf der Prozedur im *SQL*Plus Worksheet*. Zunächst erstellen wir als einen Quelltext, der »Hallo Welt« in den Ausgabepuffer `dbms_output` schreibt und dazu geeignet ist, auf den Oracle-Server aufgespielt zu werden.

```
import oracle.jdbc.driver.OracleSQLException;
import java.sql.SQLException;

public class C622_1 {
  public static void halloWelt()
    throws OracleSQLException, SQLException {
      #sql {
        CALL dbms_output.enable(500)
      };
      #sql {
        CALL dbms_output.put_line('Hallo Welt')
      };
  }
}
```

Listing 6.18 C622_1.sqlj: Eine »Hallo-Welt-Procedure«

Wie Sie sehen, nehmen wir die beiden Ausnahmen `OracleSQLException` und `SQLException` in die `throws`-Klausel der Methode auf. Damit ermöglichen wir dem Oracle-Server zwischen geplanten Ausnahmen, also einer `OracleSQLException`, und ungeplanten Ausnahmen zu unterscheiden. Eine Verbindung wird in dem Quelltext nicht explizit erzeugt. Wie bereits angedeutet, wird die Verbindung von der serverseitigen SQLJ-Implementierung automatisch hergestellt. Wenn der Quelltext auch als Client funktionieren soll, fügen Sie einfach den aus dem vorigen Kapitel bekannten Aufruf der Methode `connect` der

Klasse `oracle.sqlj.runtime.Oracle` in den Quelltext ein. Dieser wird dann von der serverseitigen SQLJ-Implementierung geflissentlich ignoriert.

Laden der Klasse mit loadjava

Die erzeugte Bytecodedatei *C622_1.class* laden wir nun mit Hilfe von `loadjava` in die Datenbank ein. Wechseln Sie also in das Verzeichnis, in dem die Klasse liegt, und führen Sie `loadjava` wie unten angegeben aus.

```
loadjava -user Scott/Tiger@test -verbose -resolve C622_1.class
```

Die auf den Befehl folgende Ausgabe sollte so aussehen:

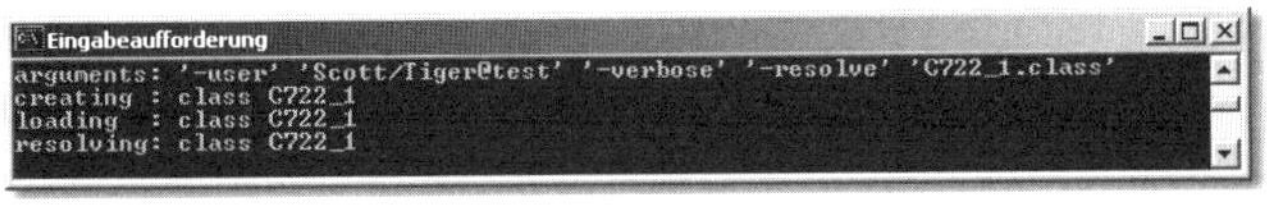

Abbildung 6.3 Ausgabe von loadjava

Dabei bedeutet das `creating` in der Ausgabe, dass die Klasse als Datenbankobjekt registriert wird. Anschließend wird die Klasse in den dafür vorgesehenen Speicher geladen: `loading`. Anschließend wird der Bytecode der Klasse auf Referenzen zu anderen Klassen überprüft, also während des Vorgangs des `resolving`, und daraufhin, ob diese Referenzen auch alle von der Oracle JVM aufgelöst werden können.

Überprüfen, ob die Klasse geladen wurde

Jetzt ist die Klasse in der Datenbank verfügbar. Oder ist sie es vielleicht nicht? Wir überprüfen also den Stand der Dinge mit der folgenden Anweisung, die die Tabelle der Datenbankobjekte des angemeldeten Benutzers abfragt. Melden Sie sich also sinnvollerweise mit dem gleichen Benutzerkonto an, das Sie auch bei `loadjava` zuvor angegeben hatten.

```
SELECT OBJECT_NAME, OBJECT_TYPE, STATUS
FROM USER_OBJECTS
WHERE OBJECT_NAME='C622_1'
```

Wenn die Klasse mit Erfolg geladen wurde, dann sollte die Antwort der Datenbank sinngemäß wie unten dargestellt aussehen:

```
OBJECT_NAME              OBJECT_TYPE       STATUS
------------------------ ----------------- -------
C622_1                   JAVA CLASS        VALID
```

Wenn unter Status `VALID` steht, wurde die Klasse erfolgreich in den Oracle-Server importiert.

Aber noch sind wir nicht ganz am Ziel, denn bis jetzt kann die Methode `C622_1.halloWelt` noch nicht über eine PL/SQL-Anweisung aufgerufen werden. Denn, wie im vorangegangenen Abschnitt angedeutet, muss man zur Java-Klasse zunächst eine Aufrufspezifikation erzeugen.

Alternativ, entsprechende Zugriffsrechte auf die Datenbank vorausgesetzt, können Sie auch mit der *Oracle Enterprise ManagerKonsole* (und zwar unter **Schema · Scott · Quelltypen · Java-Klassen)** die Liste der geladenen Java-Klassen einsehen.

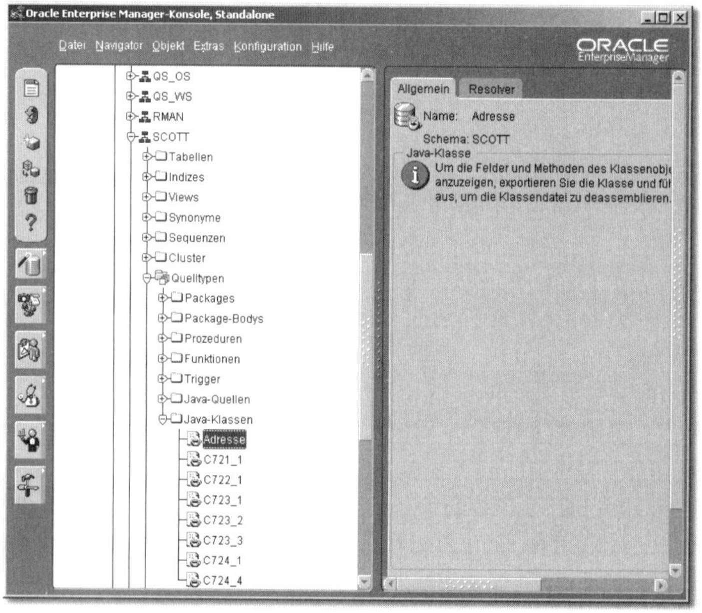

Abbildung 6.4 Verfügbare Java-Klassen in der Manager-Konsole einsehen

Gerade bei misslungenen Klassenimporten gibt die Manager-Konsole ausführlichere Informationen zu der Fehlerursache. Es steht außerdem zu erwarten, das der Import der Java-Klassen im Rahmen zukünftiger Versionen der Manager-Konsole grafisch unterstützt wird.

Erstellen der Aufrufspezifikation

Die Aufrufspezifikation ist im Fall der Klasse `C622_1` recht einfach gehalten, besitzt sie doch keine Übergabeparameter oder Rückgabewerte:

```
CREATE OR REPLACE PROCEDURE hallowelt AS
LANGUAGE java
NAME 'C622_1.halloWelt()';
```

Die Oracle Enterprise Manager Konsole, entsprechende Berechtigungen vorausgesetzt, ist mit ihrem Editor ein sehr komfortables Werkzeug zum Erstellen von Prozeduren und Funktionen, also auch geeignet für das Erstellen unserer Aufrufspezifikation.

Dazu wechseln wir in der Oracle Enterprise Manager Konsole einfach in **Schema · Scott · Quelltypen · Prozeduren** und drücken die Taste [N], um eine neue Prozedur zu erstellen.

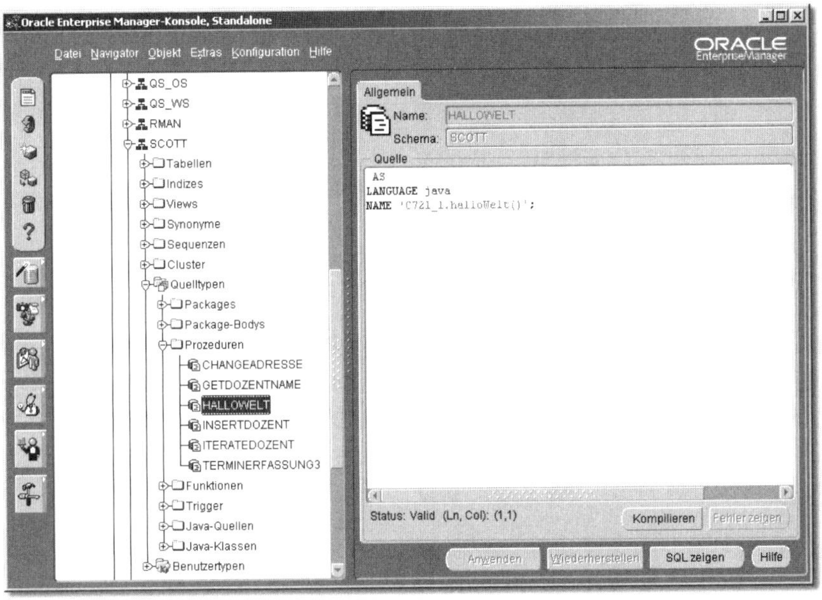

Abbildung 6.5 Erzeugen der Aufrufspezifikation für halloWelt mit OEM

Auch hier gilt analog: Die Fehlerbeschreibungen sind ungleich detaillierter als die rudimentären Ausgaben auf der Konsole.

Aufrufen der Java Stored Procedure

Wenn diese Prozedur mit Erfolg angelegt wurde, kann sie nun durch eine PL/SQL-Anweisung aufgerufen werden. Damit die Ausgabe »Hallo Welt« nicht sang- und klanglos im Puffer verschwindet, stellen Sie die Ausgabe zuvor mit der Anweisung `SET SERVEROUTPUT ON` an. Anschließend rufen wir die erzeugte Prozedur auf:

```
CALL HALLOWELT();
```

Aufruf und Antwort sollten nun etwa wie in Abbildung 6.6 dargestellt aussehen.

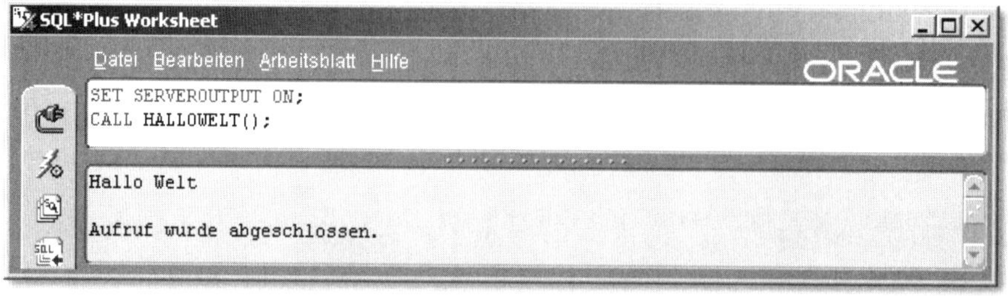

Abbildung 6.6 Aufruf der Prozedur halloWelt mit SQL*Plus Worksheet

6.2.3 Übergeben von Parametern an Java Stored Procedures

Eine Java-Klasse kann erst aufgerufen werden, wenn in PL/SQL die Aufrufspezifikation definiert wurde. Eine Java Stored Procedure wird daher immer nur aus einer PL/SQL-Anweisung heraus aufgerufen werden. Das bedeutet für die Umgebung auf dem Server, dass stets die Parameter aus den internen Oracle-Datentypen in entsprechende Java- bzw. JDBC-Datentypen umgewandelt werden müssen. Wie umgewandelt werden soll, definieren Sie implizit in der `CREATE`-Anweisung, mit der Sie die Aufrufspezifikation erzeugen:

```
CREATE PROCEDURE
    beispiel(
        <param1> <Oracletyp1>,
        <param2> <Oracletyp2>
        /* evtl. weitere Parameter */ )
AS LANGUAGE java
NAME
    'Beispielklasse.eineMethode(
        <Javatyp1>,
        <Javatyp2> /* evtl. weitere Parameter */ )'
```

Wie Sie in der oben gezeigten Anweisung sehen, wird implizit eine Umwandlung von <Oracletyp1> in <Javatyp1> definiert. Dabei gilt es folgende Aspekte zu beachten:

- Die Java-Typen müssen mit vollem Paketnamen angegeben werden. Wenn Sie also einen `String` als Parameter für Ihre Methode erwarten, geben Sie diesen als `java.lang.String` an. Die primitiven Datentypen können einfach mit den in Java verwendeten Typbezeichnungen angegeben werden, also als `int`, `float` etc.
- Folgende Umwandlungen von Oracle-Typen in Java-Typen sind möglich:

Oracle SQL-Typ	Java-Typ
CHAR, LONG, VARCHAR2	oracle.sql.CHAR java.lang.String java.sql.Date java.sql.Time java.sql.Timestamp java.lang.Byte java.lang.Short java.lang.Integer java.lang.Long java.lang.Float java.lang.Double java.math.BigDecimal byte, short, int, long, float, double
DATE	oracle.sql.DATE java.sql.Date java.sql.Time java.sql.Timestamp java.lang.String
NUMBER	oracle.sql.NUMBER java.lang.Byte java.lang.Short java.lang.Integer java.lang.Long java.lang.Float java.lang.Double java.math.BigDecimal byte, short, int, long, float, double
OPAQUE	oracle.sql.OPAQUE
RAW, LONG RAW	oracle.sql.RAW byte[]
ROWID	oracle.sql.CHAR oracle.sql.ROWID java.lang.String
BFILE	oracle.sql.BFILE
BLOB	oracle.sql.BLOB

Tabelle 6.5 Erlaubte Umwandlungen von Oracle SQL-Typen zu Java-Typen

Oracle SQL-Typ	Java-Typ
`CLOB, NCLOB`	`oracle.sql.CLOB`

`OBJECT`	`oracle.sql.STRUCT`
	`java.sql.Struct`
	`java.sql.SqlData`
	`oracle.sql.ORAData`

`REF`	`oracle.sql.REF`
	`java.sql.Ref`
	`oracle.sql.ORAData`

`TABLE, VARRAY`	`oracle.sql.ARRAY`
	`java.sql.Array`
	`oracle.sql.ORAData`

Verschiedene der oben genannten Oracle SQL-Typen (Zahlen, Zeichenfolgen) kommen in Frage, vorausgesetzt, sie enthalten entsprechende, konvertierbare Werte.	`oracle.sql.CustomDatum` `oracle.sql.Datum`

Tabelle 6.5 Erlaubte Umwandlungen von Oracle SQL-Typen zu Java-Typen (Forts.)

- Sie können maximal 32 Kilobyte aus einer Tabellenspalte vom Typ `LONG` oder `LONG RAW` in eine Java Stored Procedure laden.
- Wenn Sie in Java die Typen aus dem Paket `oracle.sql` benutzen, so bleibt das im Oracle-Server benutzte Datenformat erhalten, und der Rechenaufwand für Typumwandlungen oder die Übersetzung von Zeichenfolgen in die für Java spezifische Bytekodierung entfällt (bei entsprechender Nutzung).
- Angenommen, wir haben folgende Java Stored Procedure, die einen neuen Dozenten in der Tabelle `DOZENT` anlegt, und dabei die Daten als Parameter übergeben bekommt:

```
import oracle.jdbc.driver.OracleSQLException;
import java.sql.SQLException;

public class C623_1 {
  public static void insertDozent(
      String anrede,
      String vorname,
      String nachname,
      Integer vorwahl,
      long telnr
    )
    throws OracleSQLException, SQLException {
      // Ausgabe einschalten
```

```
        #sql { CALL dbms_output.enable(500) };

        int dnr;

        // Die nächste Dozentennummer ermitteln
        #sql {
           SELECT MAX(D_NR) INTO :dnr FROM DOZENT
        };

        dnr=dnr+1;

        // Den Vorgang ausgeben
        String output =
         "insertDozent: " + anrede + " " + vorname + " "
          + nachname + " mit D_NR= " + dnr;

        #sql { CALL dbms_output.put_line(:output) };

        // Den neuen Datensatz erzeugen
        #sql {
           INSERT INTO DOZENT
           (D_NR, D_ANREDE, D_VORNAME, D_NACHNAME,
            D_VORWAHL, D_TELNR)
           VALUES
           (:dnr,:anrede,:vorname,:nachname,
            :vorwahl,:telnr)
        };

        // Wenn das ganze wirklich gespeichert werden
        // soll...
        // #sql { COMMIT };
    }
}
```

Listing 6.19 623_1.sqlj: Parameterübergabe bei Java Stored Procedures

Dann wechseln wir in das Entwicklungsverzeichnis und laden die vom SQLJ-Translator erstellte Klassendatei *C623_1.class* mit `loadjava` über die Kommandozeile in die Oracle-Datenbank:

```
loadjava -resolve -user Scott/Tiger@test -verbose C623_1.class
```

Die Aufrufspezifikation muss jetzt die Parameter für den PL/SQL-Aufruf und die von der Java-Methode aufgenommenen Datentypen definieren. Wir wechseln also wieder in eine SQL- oder zur Manager-Konsole, um die unten abgebildete Anweisung auszuführen.

```
CREATE OR REPLACE PROCEDURE insertDozent(
 anrede VARCHAR, vorname VARCHAR,
 nachname VARCHAR, vorwahl NUMBER, tel NUMBER ) AS
LANGUAGE java
NAME 'C623_1.insertDozent(java.lang.String,
    java.lang.String, java.lang.String,
    java.lang.Integer, long)';
```

Jetzt können wir die Prozedur wieder aus PL/SQL heraus ausführen, diesmal mit Parametern:

```
CALL INSERTDOZENT('Herr','Bart','Simson',030,2345345);
```

Wenn die Ausgabe eingeschaltet ist, sollten Sie folgende Ausgabe des Oracle-Servers erhalten:

```
insertDozent: Herr Bart Simson mit D_NR= 21

Aufruf wurde abgeschlossen.
```

Übergabe von OUT- und INOUT-Parametern

Bei den gespeicherten Prozeduren in PL/SQL gibt es ja die praktischen `OUT`- und `INOUT`-Parameter, bei denen die Werte durch die Prozedur im Laufe des Aufrufs verändert werden können. Java unterstützt die Übergabe von Parametern im Stile dieser `OUT`- bzw. `INOUT`-Parameter grundsätzlich nicht. Ein String ist unveränderbar, und die primitiven Datentypen werden dupliziert – eine Lehre aus der Fehleranfälligkeit solcher Übergaben bei C und C++. Eine Ausnahme von diesem Grundsatz sind die Felder in Java, also der Array-Datentyp. Wenn Sie einer Methode ein Feld von primitiven Datentypen oder Objekten übergeben, so sind die Änderungen auch außerhalb des Gültigkeitsbereichs der Methode verfügbar. Diesen Mechanismus verwenden Java Stored Procedures, um die Werte von `OUT`- oder `INOUT`-Parametern zu lesen und zu verändern.

Wenn Sie also einen `INOUT`-Parameter vom Typ `String` in Ihrer Java Stored Procedure setzen möchten, so definieren Sie in der Signatur Ihrer Methode ein Feld von `java.lang.String` als Parameterwert, wie wir das im folgenden Beispiel gemacht haben.

```
// Einen INOUT-Parameter als Array übergeben
public static void stringUmkehren( String[] inoutString ) {
// Den Wert verändern
  inoutString[0] =
    new StringBuffer(inoutString[0])
    .reverse().toString();
}
```

Das Feld besitzt bei der Übergabe durch den Oracle-Server immer genau ein Element. Der Oracle-Server liest dann nach dem Ende der Methode den neuen Wert aus dem Feld.

In der zur Methode passenden Aufrufspezifikation deklarieren Sie den Parameter als `IN OUT` vom Typ `VARCHAR`:

```
CREATE PROCEDURE stringUmkehren( ios IN OUT VARCHAR )
AS LANGUAGE java NAME
'Beispielklasse.stringUmkehren( java.lang.String[] )';
```

Wenn Sie jetzt die Prozedur überprüfen wollen und feststellen möchten, ob der Parameter nun wirklich das von `IN OUT` angekündigte Verhalten zeigt, dann können Sie dieses natürlich nur innerhalb eines PL/SQL-Blocks machen, der in einer `DECLARE`-Anweisung zuerst eine (veränderbare) Variable anlegt.

```
DECLARE
  palindrom VARCHAR(20);
BEGIN
palindrom :='Ein Neger mit Gazelle zagt im Regen nie';
stringUmkehren(palindrom);
END;
```

Im Folgenden erstellen wir eine Prozedur, die aus der Übergabe einer Nummer den entsprechenden Eintrag aus der Tabelle `DOZENT` selektiert und den Vor- und Nachnamen in `OUT`-Parametern speichert.

```
import oracle.jdbc.driver.OracleSQLException;
import java.sql.SQLException;

public class C623_2 {
  public static void getDozentName(
    int dnr, String[] vorname, String[] nachname )
    throws OracleSQLException, SQLException {
      // Ausgabe einschalten
      #sql { CALL dbms_output.enable(500) };
```

```
        // Die Namen einlesen
        String dvorname, dnachname;
        #sql {
           SELECT D_VORNAME, D_NACHNAME
           INTO :dvorname, :dnachname
           FROM DOZENT
           WHERE D_NR = :dnr
        };

        vorname[0] = dvorname;
        nachname[0] = dnachname;
    }
}
```

Listing 6.20 C623_2.sqlj: IN OUT-Parameter übergeben

Wenn Sie die Klasse kompiliert und in den Oracle-Server geladen haben, rufen Sie den unten angezeigten Befehl auf, um die Aufrufspezifikation für das Beispiel zu den `IN OUT`-Parametern anzulegen.

```
CREATE OR REPLACE PROCEDURE getDozentName (dnr NUMBER,
 vorname OUT VARCHAR, nachname OUT VARCHAR ) AS
LANGUAGE java
NAME 'C623_2.getDozentName(
      int, java.lang.String[], java.lang.String[])';
```

Und das Ganze in einem PL/SQL-Block zu testen, können Sie beispielsweise folgenden Befehl ausführen:

```
DECLARE
  vorname VARCHAR(20);
  nachname VARCHAR(30);
BEGIN
  dbms_output.enable(400);
  getDozentName(3,vorname,nachname);
  dbms_output.put_line(vorname);
  dbms_output.put_line(nachname);
END;
```

Rückgabewerte bei gespeicherten Funktionen

Eine gespeicherte Funktion, auch *Stored Function* genannt, gibt einen Rückgabewert zurück. Damit können gespeicherte Funktionen auch direkt in SQL-Anweisungen eingebaut werden. Für die Rückgabewerte von gespeicherten Funktionen gelten die gleichen Regeln bezüglich der erlaubten Kombinationen von Java-Typ und Oracle-Datentyp wie für die Übergabeparameter der gespeicherten Prozeduren.

Die Einstiegsmethode der Java Stored Procedure gibt einen Wert zurück, und die Aufrufspezifikation definiert dann, in welchen Oracle-Datentyp dieser Wert umgewandelt werden soll.

```
// Einstiegsmethode gibt einen Wert zurück
public int addiere( int a, int b ) {
  return a+b;
}
```

Die Aufrufspezifikation deklariert diesen Wert als Rückgabewert, sowohl in der `RETURN`-Klausel des Funktionsaufrufs als auch in der `NAME`-Klausel als Rückgabewert der Java-Methode:

```
CREATE FUNCTION addiere( a NUMBER, b NUMBER )
RETURN NUMBER
AS LANGUAGE java NAME
'BeispielKlasse.addiere( int, int ) return int';
```

Im folgenden Quelltext erstellen wir eine Methode, die für einen gegebenen Kurs den nächsten verfügbaren Termin ermittelt.

```
import oracle.jdbc.driver.OracleSQLException;
import java.sql.SQLException;
import java.sql.Date;

public class C623_3 {
  public static Date getNaechsterTermin( int k_nr )
    throws OracleSQLException, SQLException {
      // Ausgabe einschalten
      #sql { CALL dbms_output.enable(500) };

      // Die Kursnamen einlesen
      String titel, untertitel;
      #sql {
         SELECT K_TITEL, K_UNTERTITEL
```

```
         INTO :titel, :untertitel
         FROM KURS
         WHERE K_NR = :k_nr
      };

      Date heute;
      #sql heute = {
        VALUES( SYSDATE() )
      };

      Date naechsterTermin;
      #sql {
         SELECT MIN(T.T_BEGINN)
         INTO :naechsterTermin
         FROM TERMIN T JOIN KURS K ON T.K_NR=K.K_NR
         WHERE T_BEGINN > :heute AND K.K_NR = :k_nr
      };

      String output = "getNaechsterTermin(" + k_nr
        + "=" + titel + "/" + untertitel + "):"
        + naechsterTermin;
      #sql {
        CALL dbms_output.put_line(:output)
      };

      return naechsterTermin;
  }
}
```

Listing 6.21 C623_3.sqlj: Rückgabewerte bei gespeicherten Funktionen

Die Aufrufspezifikation erzeugen Sie dann mit `RETURN DATE` für die Signatur der PL/SQL-Funktion und entsprechend mit `return java.sql.Date` für die Signatur der Methode `C623_3.getNaechsterTermin`.

```
CREATE OR REPLACE FUNCTION
    GETNAECHSTERTERMIN( k_nr NUMBER )
RETURN DATE AS
LANGUAGE java
```

```
NAME 'C623_3.getNaechsterTermin( int )
      return java.sql.Date';
```

Listing 6.22 623_4.sql: Die Methode getNaechsterTermin registrieren

Gespeicherte Funktionen und SQL-Anweisungen

Sie können gespeicherte Funktionen, wie bereits angedeutet, auch innerhalb von SQL-Anweisungen einsetzen. So könnte die im vorigen Beispiel beispielhaft skizzierte Funktion `addiere` wie folgt in einer `SELECT`-Anweisung eingebunden werden:

```
SELECT addiere(D_NR,D_NR) FROM DOZENT
```

Natürlich können Sie diese Funktion auch in allen anderen SQL-Anweisungen einsetzen, also in `INSERT`, `UPDATE` und `DELETE`-Anweisungen. Wenn Sie eine Funktion in der beschriebenen Art und Weise anwenden, muss diese sich an bestimmte Regeln halten, um unberechenbare Effekte durch die im Aufruf geänderten Daten und ausgeführten Unterprozeduren zu verhindern:

- Wenn Sie die gespeicherte Funktion in `INSERT`-, `SELECT`- oder `DELETE`-Anweisungen benutzen, darf die Funktion keine Daten in den von der Anweisung betroffenen Tabellen verändern, einfügen oder löschen.
- Wenn Sie die Funktion in `INSERT`-, `SELECT`-; `UPDATE`- oder `DELETE`-Anweisungen einsetzen, dürfen generell keine Befehle zur Transaktionssteuerung wie `COMMIT` oder `ROLLBACK` aufgerufen werden. Auch Anweisungen aus dem Bereich der DDL, also `CREATE`-Anweisungen dürfen nicht ausgeführt werden, da eine solche Anweisung die aktuelle Transaktion mit unberechenbaren Folgen für den Nutzer der Funktion beenden würde. Anweisungen zur Steuerung der Sitzung mit dem Server bzw. zur Konfiguration von Servereinstellungen, wie `SET ROLE` oder `ALTER SYSTEM`, sind ebenfalls nicht möglich.

Übergeben von Feldern bzw. Aufrufen einer main-Methode

Wenn eine Java-Methode nur einziges Feld, also einen Array-Datentyp, als Parameter aufnimmt, so kann man für diese Methode eine besondere Form der Aufrufspezifikation deklarieren. Dies ist beispielsweise regelmäßig bei der `main`-Methode einer eigenständigen Java-Anwendung sinnvoll.

In der `CREATE`-Anweisung gibt man dabei in der PL/SQL-Parameterliste eine gewünschte Menge von Parametern des gleichen Typs an. Wenn nun in der Java-Klasse die Methode nur ein Feld von Werten eines passenden Java-Typs aufnehmen kann, so wandelt der Oracle-Server die übergebenen Werte in ein entsprechendes Feld um.

Wenn die Klasse `BeispielKlasse` eine `main`-Methode implementiert, so könnte man mit folgender Aufrufspezifikation der `main`-Methode einen festen Satz von drei Parametern übergeben:

```
CREATE OR REPLACE PROCEDURE Beispielmain(
        argv0 VARCHAR2,
        argv1 VARCHAR2,
        argv2 VARCHAR2 ) AS
LANGUAGE java
NAME 'BeispielKlasse.main( java.lang.String[] )'
```

Die Argumente `argv0`, `argv1`, `argv2` werden intern für den Aufruf der `main`-Methode der Klasse `BeispielKlasse` zu einem Feld vom Typ `java.lang.String` mit drei Elementen zusammengefasst. Sie können mit dieser Methode auch Felder eines anderen Typs als `java.lang.String` übergeben. Grundsätzlich darf das Feld aber der einzige Parameter der Methode sein, da sonst die Werte nicht eindeutig dem jeweiligen Parameter zugeordnet werden können.

6.2.4 Objektorientiert programmieren zwischen PL/SQL und Java

In PL/SQL können Sie mit der Anweisung `CREATE TYPE` Benutzertypen anlegen. Von diesen benutzerdefinierten Typen können Sie Tabellen von Typinstanzen anlegen und in anderen Tabellen Referenzen auf diese Instanzen des Benutzertyps speichern. Diese Benutzertypen, eine für Oracle spezifische Erweiterung des SQL-Standards, bringen objektorientierte Konzepte in den Entwurf eines Datenmodells und die Programmierung mit dem Oracle-Server.

Wenn eine Anwendung solche Benutzertypen verwendet, sind diese zunächst spezifisch für PL/SQL angelegt und müssen der Java-Welt erst zugänglich gemacht werden. Es gibt dabei zwei Ansätze, um diese Benutzertypen in Java zu verwenden und zu bearbeiten. Ein Ansatz ist die Umwandlung des Benutzertyps in einen Parameter vom Typ `oracle.sql.STRUCT`, der einen recht rudimentären Zugriff auf die Werte einer Instanz eines Benutzertyps ermöglicht. Ein anderer Weg ist die Implementierung des Interfaces `java.sql.SQLData` in einer dem Benutzertyp nachempfundenen Java-Klasse. Letztere Möglichkeit integriert dann optimal die Java- und PL/SQL-Objektinstanzen.

Für die folgenden Beispiele nutzen wir den bekannten Benutzertyp `DOZENTTYP` aus dem SQLJ-Kapitel (dort unter Objektorientiertes Programmieren mit JPublisher). Die Anweisungen für die Erstellung des Benutzertyps `DOZENTTYP` und einer dazu passenden Tabelle `DOZENTTYPTABELLE` finden Sie in der Datei *6110_1.sql*.

Abfragen von Attributwerten über STRUCT

Alle Benutzertypen können als `oracle.sql.STRUCT` einer Java-Methode übergeben werden. Dabei stellt diese Klasse die Methode `getAttributes` zur Verfügung, die ein Feld vom Typ `Object[]` zurückgibt. In dem Feld sind die Werte des Benutzertyps in der Reihenfolge ihrer Deklaration enthalten. Es ist daher notwendig zu wissen, welcher Datentyp von der Datenbank an dem entsprechenden Index des Feldes zurückgegeben wird.

```
public static void jsProc( oracle.sql.STRUCT o ) {
  Object[] attribs = o.getAttributes();
  // ... hier die Werte abfragen und verarbeiten
}
```

Eine andere Möglichkeit bietet die Methode `getOracleAttributes`, die ein Feld vom Typ `oracle.sql.Datum[]` zurückliefert. Die Klasse `Datum` implementiert eine Reihe von Methoden wie `intValue`, `stringValue` oder `timeValue`, die dann den von `Datum` gekapselten Wert in entsprechende Java-Typen umwandelt. Über die Methode `isConvertibleTo`, die einen Parameter vom Typ `Class` aufnimmt, kann man im Vorfeld der Abfrage feststellen, ob der Wert in den durch den Parameter definierten Java-Typ konvertierbar ist.

```
public static void jsProc( oracle.sql.STRUCT o ) {
  // die Attribute als Feld von Datum abfragen
  Oracle.sql.Datum[] datums = getOracleAttributes();
  // Mit isConvertibleTo überprüfen, ob eine bestimmte
  // Konversion möglich ist
  if ( datums[0].isConvertibleTo( Integer.TYPE ) ) {
    // mit der entsprechenden Methode den Oracle-Typ
    // in einen Java-Typ umwandeln
    int value = datums[0].intValue();
  }
}
```

Im folgenden Beispiel schreiben wir also eine Methode, die einen Parameter vom Typ `oracle.sql.STRUCT` aufnimmt. Den Parameter überprüfen wir mit der Methode `getSQLTypeName` dahingehend, ob es sich dabei um eine Instanz von `DOZENTTYP` handelt. Anschließend nutzen wir die übergebenen Werte. Führen Sie unbedingt die Anweisungen aus der Datei *6110_1.sql* aus, bevor Sie folgendes Beispiel ausprobieren:

```
import oracle.jdbc.driver.OracleSQLException;
import java.sql.SQLException;
import java.sql.Date;
```

```
import java.util.Calendar;
import oracle.sql.Datum;

public class C624_1 {
  public static int daysToHappyBirthday(
    oracle.sql.STRUCT o )
    throws OracleSQLException, SQLException {
      // Handelt es sich bei dem STRUCT um eine
      // Instanz von DOZENTTYP?
      if ( !o.getSQLTypeName()
           .equals("SCOTT.DOZENTTYP")) {
        throw new IllegalArgumentException(
          "Parameter nicht vom Typ DOZENTTYP (" +
          o.getSQLTypeName() + ")"
        );
      }

      // Den Geburtstag auslesen
      Datum[] attr = o.getOracleAttributes();
      Date geburtstagDate = attr[3].dateValue();

      // Die Tage bis zum nächsten Geburtstag zählen
      Calendar geburtstag = Calendar.getInstance();
      geburtstag.setTime(geburtstagDate);
      Calendar cal = Calendar.getInstance();
      int days = 0;

      while (! (cal.get( Calendar.DAY_OF_MONTH) ==
              geburtstag.get( Calendar.DAY_OF_MONTH)
            &&
              cal.get( Calendar.MONTH) ==
              geburtstag.get( Calendar.MONTH))) {
        cal.roll( Calendar.DAY_OF_YEAR, true );
        days++;
        if (days > 365) {
          // Bei Schleifen: *IMMER* zu 100% sicher
          // gehen, dass eine Schleife abbricht. Eine
          // Endlosschleife bremst dauerhaft den
          // Oracle-Server bis zum nächsten Reboot
          // (hier : Ein Geburtstag am Schalttag ;)
```

```
        throw new RuntimeException(
          "Zu viele Tage. Schalttag=Geburtstag?"
        );
      }
    }
    return days;
  }
}
```

Listing 6.23 C624_1.sqlj: Benutzertypen als oracle.sql.STRUCT übergeben

Die Aufrufspezifikation enthält dann in der PL/SQL-Parameterliste den Benutzertyp, deklariert aber in der Signatur der Java-Methode `oracle.sql.STRUCT` als Parametertyp.

```
CREATE OR REPLACE
FUNCTION daysToHappyBirthday( dozent DOZENTTYP )
RETURN NUMBER AS
LANGUAGE java
NAME 'C624_1.daysToHappyBirthday( oracle.sql.STRUCT )
      return int';
```

Listing 6.24 624_2.sql: Aufrufspezifikation für C624_1 erzeugen

Der folgende PL/SQL-Block demonstriert dann die Verwendung der neuen Java Stored Procedure:

```
DECLARE
 dozent DOZENTTYP;
 tage NUMBER;
BEGIN
  dozent:=DOZENTTYP(3,'Michael','Schumann',
    TO_DATE('10-Juli-1958'));
  tage:=DAYSTOHAPPYBIRTHDAY( dozent );
  dbms_output.put_line(dozent.VORNAME ||' '||
    dozent.NACHNAME || ' hat in ' || tage ||
    ' Tagen Geburtstag' );
END;
```

Listing 6.25 624_3.sql: Die gespeicherte Prozedur daysToHappyBirthday aufrufen

Der Zugriff auf Benutzertypen über eine Instanz von `STRUCT` als Parameter ist leicht implementiert, ist aber in zwei Punkten verbesserungsfähig: Erstens werden die Attribute stets nur *by Value* übergeben, das heißt, dass Änderungen an dem STRUCT sich nicht in der Datenbank auswirken. Zweitens ist der Zugriff auf die Attributwerte über ein Feld von anonymen und zunächst untypisierten Werten nicht besonders komfortabel.

Implementieren von SQLData

Um eine Java-Klasse zu erstellen, die die Werte eines Benutzertyps als typisierte Variablen verfügbar macht, implementiert man das Interface `java.sql.SQLData`. Eine zum Benutzertyp passende Implementierung von `SQLData` ermöglicht es Ihnen auch, über eine Instanz der implementierenden Klasse die Werte des darunter liegenden Datenbankobjekts zu verändern. Um die Schnittstellenvorgaben von `SQLData` zu erfüllen, muss man drei Methoden implementieren:

- `getSQLTypeName`
  Diese Methode liefert den Namen des Benutzertyps zurück, hauptsächlich für die Datenbank, wenn das `SQLData`-Objekt wieder zurückgegeben wird.
- `readSQL`
  Diese Methode wird von der Datenbank aufgerufen, um die Werte des Benutzertyps an die implementierende Klasse zu übermitteln. Die Methode `readSQL` nimmt zwei Parameter auf: Ein Objekt vom Typ `SQLInput`, von dem die Werte eingelesen werden können, und einen `String`, der dem Namen des Benutzertyps entspricht.
- `writeSQL`
  Diese Methode wird von der Datenbank aufgerufen, um die veränderten Werte auszulesen. Als Parameter übergibt die Datenbank einen Datenausgabestrom vom Typ `SQLOutput`, in dem die veränderten Werte gespeichert werden können.

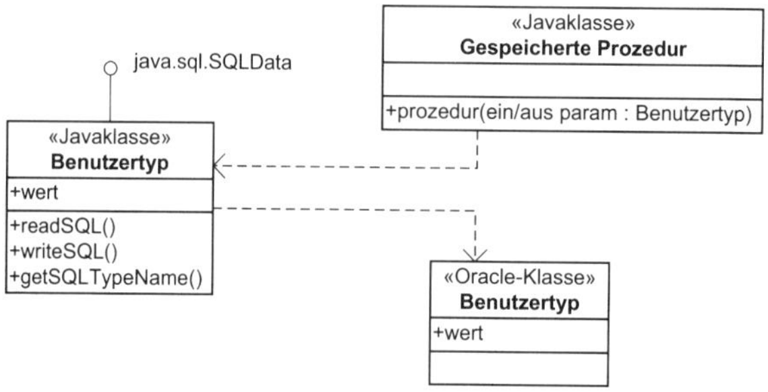

Abbildung 6.7 Struktur einer Implementierung von java.sql.SQLData

Vor dem Aufruf der gespeicherten Prozedur ruft der Oracle-Server die Methode `readSQL` der Implementierung von `SQLData` auf. Dabei müssen die Attributwerte im Rumpf der Methode `readSQL` in der Reihenfolge ihrer Deklaration im

Benutzertyp aus dem Eingabestrom `SQLInput` in Variablen der Klasse gelesen werden.

Wenn der Datenbank-Server nach dem Ablauf der gespeicherten Prozedur die veränderten Werte über `writeSQL` speichern will (was allerdings nur bei Parametern vom Typ `OUT` oder `IN OUT` der Fall ist), werden die Attribute in der gleichen Reihenfolge wieder in den Ausgabestrom `SQLOutput` geschrieben.

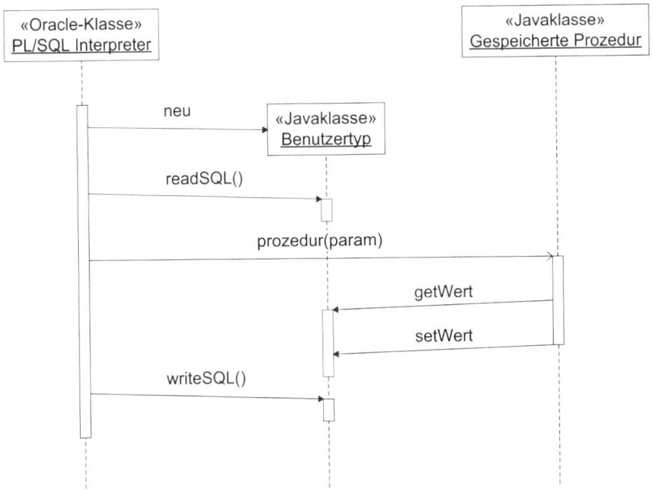

Abbildung 6.8 Die Aufrufe der Implementierung von java.sql.SQLData

Angenommen, Sie haben einen Benutzertyp `ADRESSE` mit folgender Deklaration:

```
CREATE TYPE Adresse AS OBJECT (
  strasse VARCHAR(50),
  hausnummer INT,
  plz CHAR(5),
  stadt VARCHAR(50)
);
```

Dann würde folgende Implementierung von `SQLData` Instanzen vom Benutzertyp `ADRESSE` aus der Datenbank aufnehmen können:

```
import java.sql.*;

public class Adresse implements SQLData {
  private String type = "SCOTT.ADRESSE";

  public String strasse;
```

```
  public int hausnummer;
  public String plz;
  public String stadt;

  // Um die Daten aus der Datenbank in Variablen zu
  // speichern: Die Daten in der Reihenfolge der
  // Deklaration aus dem Eingabestrom lesen
  public void readSQL( SQLInput in, String type )
  throws SQLException {
    strasse = in.readString();
    hausnummer = in.readInt();
    plz = in.readString();
    stadt = in.readString();
  }

  // Um die Daten gegebenenfalls wieder in die
  // Datenbank speichern zu können: Die Variablen
  // wieder in der Reihenfolge der Deklaration im
  // Benutzertyp ADRESSE in den Ausgabestrom schreiben
  public void writeSQL( SQLOutput out )
  throws SQLException {
    out.writeString(strasse);
    out.writeInt(hausnummer);
    out.writeString(plz);
    out.writeString(stadt);
  }

  // Damit die Datenbank prüfen kann, welchen Typ
  // diese Klasse implementiert
  public String getSQLTypeName() throws SQLException {
    return type;
  }
}
```

In einer Aufrufspezifikation können Sie in einer Java-Methode dann `Adresse` einem PL/SQL-Parameter vom Typ `ADRESSE` zuordnen.

Im folgenden Beispiel arbeiten wir wieder mit dem bereits eingeführten Typ `DOZENTTYP`. Dabei schreiben wir die Einstiegsmethode der Java Stored Procedure in die gleiche Klasse `C624_4`, die auch `SQLData` implementiert.

Auch hier müssen wir wieder die Implementierung von `readSQL` und `writeSQL` beachten: Die Werte des Benutzertyps werden in der Reihenfolge vom Eingabestrom gelesen, in der sie in der `CREATE`-Anweisung des Typs stehen. In dieser Reihenfolge werden sie dann wieder durch `writeSQL` in den Ausgabestrom geschrieben:

```
import java.sql.*;
import oracle.jdbc.driver.OracleSQLException;
import java.sql.SQLException;
import java.math.*;

public class C624_4 implements SQLData {
  private static final String type ="SCOTT.DOZENTTYP";

  protected int id;
  protected String vorname;
  protected String nachname;
  protected Date geburtstag;

  public void readSQL( SQLInput in, String type )
  throws SQLException {
    if (!this.type.equals(type))
      throw new SQLException(
        type + " ist nicht SCOTT.DOZENTTYP"
      );
    id = in.readInt();
    vorname = in.readString();
    nachname = in.readString();
    geburtstag = in.readDate();
  }

  public void writeSQL( SQLOutput out )
  throws SQLException {
    out.writeInt(id);
    out.writeString(vorname);
    out.writeString(nachname);
    out.writeDate(geburtstag);
  }

  public String getSQLTypeName() {
    return type;
```

```
  }

  public static void printDozenttyp( C624_4 o )
    throws OracleSQLException, SQLException {
      #sql { CALL dbms_output.enable(500) };
      String output = "printDozenttyp:" + o.id +
        " " + o.nachname + ", " + o.vorname + " geb. "
        + o.geburtstag;
      #sql { CALL dbms_output.put_line(:output) };
  }
}
```

Listing 6.26 C624_4.sqlj: Benutzertypen in eine Implementierung von SQLData laden

Die Aufrufspezifikation für die Methode `printDozenttyp` der Klasse `C624_4` lautet folgendermaßen:

```
CREATE OR REPLACE PROCEDURE
  printDozenttyp( ein DOZENTTYP )
AS LANGUAGE java
NAME 'C624_4.printDozenttyp( C624_4 )';
```

Listing 6.27 624_5.sql: Die Aufrufspezifikation für C624_4 erzeugen

Wenn Sie nun die neue Prozedur in einer PL/SQL-Anweisung ausprobieren, so werden Sie sehen, dass der Zugriff auf die Eigenschaften mit der Implementierung von `SQLData` sehr komfortabel funktioniert.

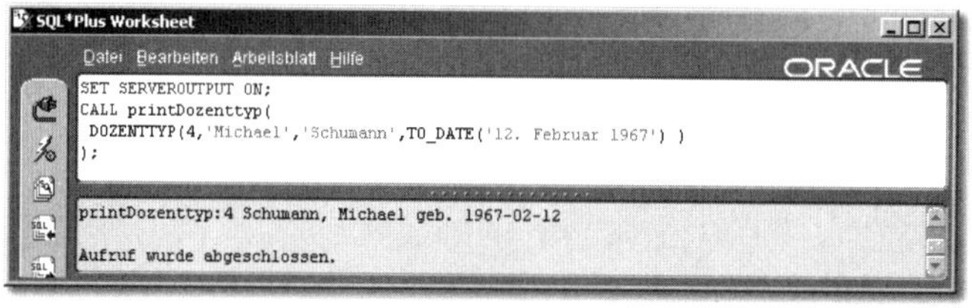

Abbildung 6.9 Die Prozedur printDozenttyp ausprobieren

SQLData als OUT- bzw. IN OUT-Parameter

Um über eine Implementierung von `SQLData` nun auch die Werte eines Benutzertyps in der Datenbank zu verändern, übergeben Sie die Parameter im Modus `OUT` oder `IN OUT`. Natürlich sollte wie im obigen Beispiel die Einstiegsmethode der Java Stored Procedure ein Feld vom gewünschten Typ aufnehmen können.

Wenn wir also eine gespeicherte Prozedur schreiben möchten, die die Werte von einem übergebenen DOZENTTYP verändern soll, dann erweitern wir einfach die Klasse C624_4 um die Methode changeDozenttyp, die ein Feld vom bereits getesteten Typ C624_4 aufnimmt und diesen ändert. Beachten Sie dabei, dass die Klasse C624_4 sich im gleichen Ordner befinden muss wie die unten dargestellte.

```
import oracle.jdbc.driver.OracleSQLException;
import java.sql.SQLException;
import java.sql.Date;

public class C624_6 extends C624_4 {
  public static void changeDozenttyp(
    C624_4[] o,
    String vorname,
    String nachname,
    Date geburtstag )
    throws OracleSQLException, SQLException {
      o[0].vorname = vorname;
      o[0].nachname = nachname;
      o[0].geburtstag = geburtstag;
  }
}
```

Listing 6.28 C624_6.sqlj: Benutzertypen als OUT- bzw. IN OUT-Parameter übergeben

Die passende Aufrufspezifikation deklariert dann den ersten Parameter vom Typ DOZENTTYP als im Modus IN OUT und die restlichen passend zu den deklarierten Java-Typen der Einstiegsmethode.

```
CREATE OR REPLACE PROCEDURE
CHANGEDOZENTTYP (
    ein IN OUT DOZENTTYP, vorname VARCHAR,
    nachname VARCHAR, geburtstag DATE )
AS LANGUAGE java
NAME 'C624_6.changeDozenttyp(
        C624_4[], java.lang.String,
        java.lang.String, java.sql.Date )';
```

Listing 6.29 624_7.sql: Aufrufspezifikation für C624_6 erzeugen

Und im SQL*Plus Worksheet setzen wir die neu generierte gespeicherte Prozedur gleich ein, wie in Abbildung 6.10 gezeigt. Den Quelltext zum dargestellten PL/SQL-Block finden Sie unter den Beispielen als *624_8.sql*.

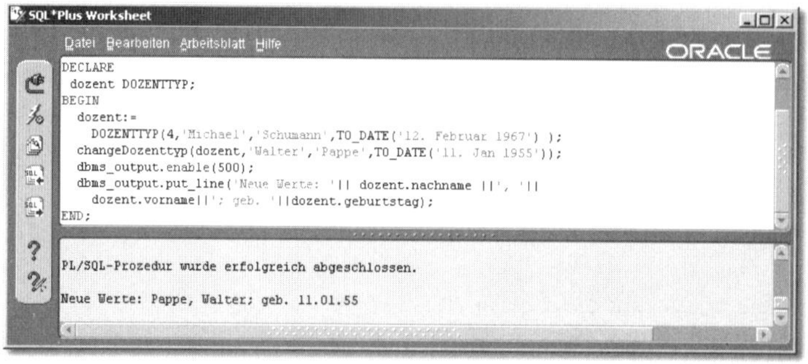

Abbildung 6.10 Ausführen von 624_8.sql

Echte Objektorientierung mit MEMBER-Prozeduren

Mit den bisher gezeigten Verfahren kann man mit den Mitteln der strukturierten Programmierung auf die Attribute der Instanzen zugreifen. Dabei hatten wir einmal die Möglichkeit, den Benutzertyp als `oracle.sql.STRUCT` zu übergeben oder durch eine entsprechende Implementierung von `java.sql.SQLData` die Objektorientierung zumindest auf der Java-Seite zu ermöglichen.

PL/SQL bietet aber echte objektorientierte Merkmale: Man kann in einer `CREATE TYPE`-Anweisung Prozeduren und Funktionen als so genannte `MEMBER` definieren. Diese Prozeduren können dann über das Schlüsselwort `SELF` auf die Werte der eigenen Instanz des PL/SQL-Objektes zugreifen. Das Schlüsselwort entspricht dem aus Java bekannten `this`. Im Folgenden werden wir also einen objektorientierten PL/SQL-Typ erzeugen und diesen mit `MEMBER`-Prozeduren versehen, die in Java programmiert wurden.

Auch hier beginnen wir mit einer Implementierung von `SQLData`. Diesmal möchten wir jedoch eine Methode aus der Implementierung direkt dem Benutzertyp in der Datenbank zuordnen. Dazu müssen wir folgende Schritte beachten:

- Die Implementierung von `SQLData` muss wie vorher auch zum Benutzertyp passen.
- Die Methoden der implementierenden Klasse, die als `MEMBER` dem Benutzertyp hinzugefügt werden sollen, werden nicht mehr als `static` deklariert, sondern als normale, dynamische Methoden.

- Der PL/SQL-Benutzertyp in der Datenbank wird um entsprechende Prozeduren und Funktionen vom Typ `MEMBER` erweitert.
- Zunächst implementieren wir also mit der Klasse `C626_9` das Interface `SQLData`. Diese Klasse deklariert eine nicht statische Methode `setValues`, die nur die Mitgliedsvariablen der Klasse verändert. Durch die Deklaration als Prozedur vom Typ `MEMBER` ist der Zugriff auf die Mitgliedsvariablen äquivalent zu einem Zugriff über einen `IN OUT`-Parameter vom Benutzertyp.

```
import oracle.jdbc.driver.OracleSQLException;
import java.sql.*;

public class C624_9 implements java.sql.SQLData {
  private int id;
  private String vorname;
  private String nachname;
  private Date geburtstag;

  public void readSQL( SQLInput in, String type )
  throws SQLException {
    if (!getSQLTypeName().equals(type))
      throw new SQLException(
        type + " ist nicht " + getSQLTypeName()
      );
    id = in.readInt();
    vorname = in.readString();
    nachname = in.readString();
    geburtstag = in.readDate();
  }

  public void writeSQL( SQLOutput out )
  throws SQLException {
    out.writeInt(id);
    out.writeString(vorname);
    out.writeString(nachname);
    out.writeDate(geburtstag);
  }

  public String getSQLTypeName() {
    return "SCOTT.OODOZENT";
  }
```

```
  public void setValues(
    String vorname,
    String nachname,
    Date geburtstag )
    throws OracleSQLException {
      this.vorname = vorname;
      this.nachname = nachname;
      this.geburtstag = geburtstag;
  }
}
```

Listing 6.30 C624_9.sqlj: Objektorientiert zwischen PL/SQL und Java

Nachdem die oben dargestellte Klasse in den Server geladen wurde, generieren wir einen neuen, passenden Benutzertyp. Da wir den alten Typ DOZENTTYP nicht überschreiben wollen, definieren wir einfach einen identischen Typ OODOZENT, um die Funktionsweise des Schlüsselworts MEMBER zu veranschaulichen.

```
CREATE OR REPLACE TYPE "SCOTT"."OODOZENT" AS OBJECT (
    "ID" INTEGER,
    "VORNAME" VARCHAR(15),
    "NACHNAME" VARCHAR(20),
    "GEBURTSTAG" DATE,
    MEMBER PROCEDURE "SETVALUES" (
      vorname IN VARCHAR,
      nachname IN VARCHAR,
      geburtstag IN DATE)
  AS LANGUAGE java NAME 'C624_9.setValues(
      java.lang.String,
      java.lang.String,
      java.sql.Date )'
);
```

Listing 6.31 624_10.sql: Den Benutzertyp generieren, der C624_9 als »Klasse« nutzt

Die Sprachgrenzen zwischen PL/SQL und Java, beziehungsweise zwischen dem Benutzertyp OODOZENT und der Klasse C624_9, sind jetzt vollkommen transparent. Innerhalb der Klasse C624_9 können Sie auf alle Mitgliedsvariablen und -methoden zugreifen, die dieser Benutzertyp bietet. Alle Änderungen, die Sie vornehmen, werden nun auch in der Datenbank gespeichert.

Als Programmierer unter PL/SQL rufen Sie dann die Prozeduren und Funktionen vom Typ `OODOZENT` auf, ohne zu ahnen, dass diese in Java geschrieben sind.

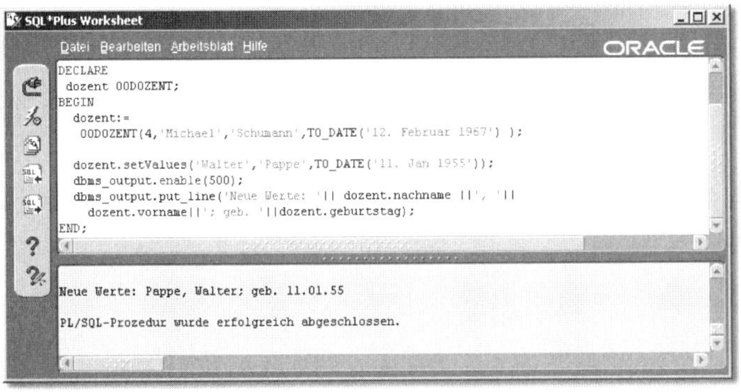

Abbildung 6.11 Die MEMBER-Prozedur setValues testen (624_11.sql)

6.2.5 Paketdeklarationen und Java

Ein PL/SQL-Paket ist ein Objekt des Datenbankschemas, das aus zwei Teilen besteht: einerseits aus der Paketspezifikation, die wie eine Header-Datei in C/C++ die im Paket verfügbaren Funktionen und Prozeduren beschreibt, andererseits aus der Paketimplementierung, die die im Paket deklarierten Funktionen und Prozeduren mit Leben füllt.

Sinnvollerweise hängen die in Paketen gebündelten Funktionen und Prozeduren logisch zusammen. So könnte man beispielsweise ein Paket *Mathe-Funktionen* erstellen, das praktische Methoden für komplexe Berechnungen zur Verfügung stellt, oder ein Paket *Funktionen zur Personalverwaltung*, das alle Methoden umfasst, die mit der Datenbankrepräsentation der Angestellten zusammenhängen.

Wir wollen im folgenden Beispiel eine gültige Paketimplementierung zeigen, bei der die deklarierten Funktionen und Methoden als Java Stored Procedures realisiert sind.

Paketkopf anlegen

Angenommen, Sie möchten für die Kursdatenbank ein »Dozentenpaket« erstellen, das gespeicherte Prozeduren rund um die Tabelle `DOZENT` zur Verfügung stellt. Beispielsweise könnte man das Löschen, Erstellen und Updaten von Dozentendaten als Paketprozeduren zur Verfügung stellen.

Dann würde die Deklaration des Paketkopfes, also der Spezifikation, folgendermaßen aussehen:

```
CREATE OR REPLACE PACKAGE dozentenpaket AS
  PROCEDURE loescheDozent( dnr NUMBER );
  PROCEDURE neuerDozent(
    vorname VARCHAR, nachname VARCHAR, dnr OUT NUMBER
  );
  PROCEDURE setzeWert(
    dnr NUMBER, spalte VARCHAR, neuerWert VARCHAR
  );
END dozentenpaket;
```

Listing 6.32 625_1.sql: Erzeugen des Paketkopfes von dozentenpaket

Implementieren der Paketprozeduren in Java

Da wir die ganzen Prozeduren in Java schreiben, erzeugen wir eine passende Klasse `C625_2`, die die oben deklarierten gespeicherten Prozeduren implementiert:

```
import oracle.jdbc.driver.OracleSQLException;
import java.sql.SQLException;
import java.sql.Date;

public class C625_2 {
  /** PROCEDURE loescheDozent( dnr NUMBER );
   */
  public static void loescheDozent (
    int dnr
  ) throws OracleSQLException, SQLException {
    #sql {
      DELETE FROM DOZENT WHERE D_NR = :dnr
    };

    // Damit das Ganze auch wirklich gespeichert wird
    //// #sql { COMMIT };
  }

  /** PROCEDURE neuerDozent(
   * vorname VARCHAR, nachname VARCHAR, dnr OUT NUMBER
   * );
   */
```

```
  public static void neuerDozent(
    String vorname, String nachname, int[] dnr
  ) throws OracleSQLException, SQLException {
    int neueNr = 0;
    #sql {
      SELECT MAX(D_NR) INTO :neueNr FROM DOZENT
    };

    neueNr = neueNr+1;

    #sql {
      INSERT INTO DOZENT(D_NR, D_VORNAME, D_NACHNAME)
      VALUES (:neueNr, :vorname, :nachname)
    };
    // Den OUT-Parameter dnr setzen
    dnr[0] = neueNr;
  }

  /**PROCEDURE setzeWert(
   *  dnr NUMBER, spalte VARCHAR, neuerWert VARCHAR
   * );
   */
  public static void setzeWert(
    int dnr, String spalte, String wert
  ) throws OracleSQLException, SQLException {
    // Hier verwenden wir dynamisches SQL mit SQLJ
    // über den Ausdruck :{Spalte} wird die gewünschte
    // Spalte dynamisch festgelegt
    #sql {
      UPDATE DOZENT SET
      :{spalte}=:wert
      WHERE D_NR=:dnr
    };
  }
}
```

Listing 6.33 C625_2.sqlj: PL/SQL-Pakete mit Java implementieren

Java-Methoden als Paketimplementierung registrieren

Nachdem wir also diese Klasse kompiliert und mit `loadjava` in den Oracle-Server importiert haben, können wir den deklarierten Paketkopf um die notwendige Implementierung erweitern. Dazu definieren wir im Paketkörper die Aufrufspezifikationen für die drei Java-Methoden `loescheDozent`, `neuerDozent` und `setzeWert` der Klasse `C625_2`. Wie gewohnt verwenden wir eine `AS LANGUAGE java`-Klausel statt einer ausprogrammierten PL/SQL-Prozedur.

```
CREATE OR REPLACE PACKAGE BODY dozentenpaket AS
  PROCEDURE loescheDozent( dnr NUMBER ) AS
  LANGUAGE java
  NAME 'C625_2.loescheDozent( int )';

  PROCEDURE neuerDozent(
    vorname VARCHAR, nachname VARCHAR, dnr OUT NUMBER
  ) AS LANGUAGE java
  NAME 'C625_2.neuerDozent( java.lang.String,
        java.lang.String, int[] )';

  PROCEDURE setzeWert(
    dnr NUMBER, spalte VARCHAR, neuerWert VARCHAR
  ) AS LANGUAGE java
  NAME 'C625_2.setzeWert( int, java.lang.String,
        java.lang.String )';
END dozentenpaket;
```

Listing 6.34 625_3.sql: Erzeugen der Paketimplementierung von dozentenpaket

Jetzt ist das Paket `dozentenpaket` verfügbar und implementiert. Übrigens können Sie in der Manager-Konsole die Paketköpfe und Paketimplementierungen komfortabel einsehen und ändern. Wie auch beim Erstellen von Prozeduren und Funktionen kann man hier eventuelle Kompilierungsfehler besser finden und beheben als bei der Arbeit mit einer reinen SQL-Konsole. Die unten dargestellte Übersicht finden Sie in der Baumstruktur der Manager-Konsole im Unterordner **Schema · Scott · Quelltypen · Packages** bzw. **Package-Bodys**.

Jetzt wollen wir das neu erstellte Paket natürlich testen. Dazu schreiben wir einen anonymen PL/SQL-Block. In diesem erzeugen wir einen neuen Dozenten und speichern die neue `D_NR`, die in der Prozedur erzeugt und als `OUT`-Parameter zurückgegeben wird. Dann ändern wir die Werte, geben diese aus und entfernen den neuen Dozenten mit der Prozedur `loescheDozent` wieder aus der Datenbank:

```
SET SERVEROUTPUT ON;
DECLARE
 dnr NUMBER;
```

```
 ausgabe VARCHAR(50);
BEGIN
 dozentenpaket.neuerDozent('Jaqueline','Heide',dnr);
 dozentenpaket.setzeWert(dnr,'D_ANREDE','Frau');
 SELECT D_NR || ': ' || D_ANREDE ||' '|| D_VORNAME ||
        ' ' || D_NACHNAME || ' eingefügt'
 INTO ausgabe
 FROM DOZENT WHERE D_NR=dnr;
 dbms_output.enable(500);
 dbms_output.put_line(ausgabe);
 dozentenpaket.loescheDozent(dnr);
END;
```

Listing 6.35 625_4.sql: Testen des Pakets dozentenpaket

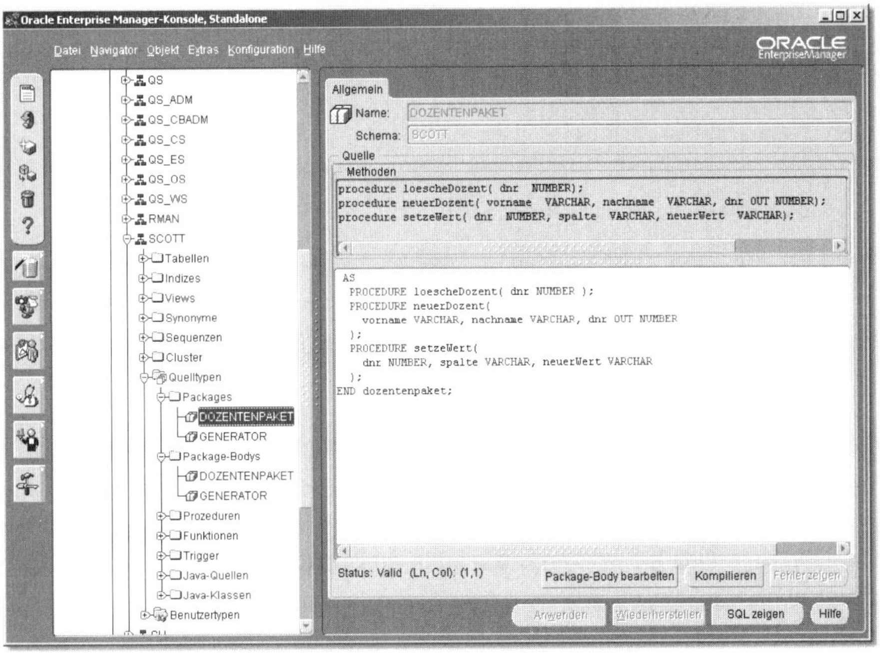

Abbildung 6.12 Pakete mit der Manager-Konsole erstellen

6.2.6 Ansprache von PL/SQL-Paketen mit JPublisher-Klassen

Im Rahmen des Kapitels zu SQLJ hatten wir bereits den *Java Object Type Publisher*, kurz JPublisher, im Zusammenhang mit Benutzertypen vorgestellt. Diese Kommandozeilenanwendung bietet im Hinblick auf PL/SQL-Pakete die Möglichkeit, diese als eine Java-Klasse für eine Client-Anwendung zu publizieren.

Das bedeutet, dass die von JPublisher generierte Java-Klasse alle Prozeduren und Funktionen des PL/SQL-Pakets als Methoden zur Verfügung stellt. Dabei übernimmt JPublisher die Erzeugung der notwendigen SQL-Anweisungen und Parameterübergaben, um die Prozeduren und Funktionen des Pakets ordnungsgemäß aufrufen.

Mit den von JPublisher erzeugten Java-Klassen integrieren Sie also nahtlos die Java Stored Procedure in einen Java-Client.

Nehmen wir zum Beispiel das im vorigen Abschnitt erzeugte Paket `DOZENTENPAKET`: JPublisher würde für den Aufruf der Paketelemente eine Java-Klasse generieren, die die Methoden `neuerDozent`, `loescheDozent` und `setzeWert` implementiert.

Exportieren von Paketen mit JPublisher

Um für das Paket `DOZENTENPAKET` eine solche Klasse zu generieren, wechseln Sie in das Verzeichnis, in dem die Klasse erzeugt werden soll, und starten das Werkzeug `jpub` mit den folgenden Parametern:

```
jpub -user Scott/Tiger
    -url=jdbc:oracle:thin:@127.0.0.1:1521:test
    -sql=dozentenpaket:DozentenPaket
```

Dem Parameter `-sql` übergeben wir dabei den Namen des Pakets, das wir exportieren möchten. Da in Java kleingeschriebene Klassennamen vermieden werden sollten, geben wir nach dem Doppelpunkt noch den gewünschten Namen der Java-Klasse, also `DozentenPaket`, an.

Benutzen der von JPublisher erzeugten Klassen

Sie finden nun im Verzeichnis eine neue Datei *DozentenPaket.sqlj*, in der alle Methoden der Pakets `DOZENTENPAKET` als Java-Methoden definiert sind. Wenn Sie durch den Quelltext sehen, finden Sie drei von JPublisher generierte Konstruktoren:

```
public DozentenPaket(DefaultContext c)
  throws SQLException
  { __tx = c; }
```

und

```
public DozentenPaket(Connection c) throws SQLException
  {__conn = c; __tx = new DefaultContext(c); }
```

sowie einen Standardkonstruktor:

```
public DozentenPaket() throws SQLException
  { __tx = DefaultContext.getDefaultContext();
}
```

Wenn Sie eine Instanz von DozentenPaket über letzteren Konstruktor, den Standardkonstruktor ohne Parameter, anlegen, so müssen Sie im Vorfeld des Aufrufs einen SQLJ-Verbindungskontext als Standardverbindungskontext festgelegt haben. Eine Anleitung dazu finden Sie in Abschnitt 6.1.2.

Wenn Sie in Ihrem SQLJ-Quelltext mehrere explizite Verbindungskontexte verwenden, können Sie dem DozentenPaket auch einen bestimmten Kontext, also eine Referenz auf eine Instanz von sqlj.runtime.ref.DefaultContext, übergeben, der für die Aufrufe verwendet werden soll.

In einem normalen JDBC-Client ohne SQLJ-Code werden Sie sinnvollerweise dem Konstruktor die vorher initialisierte Instanz von java.sql.Connection übergeben. Das so erzeugte DozentenPaket nutzt dann die übergebene Verbindung für die Aufrufe der Prozeduren und Funktionen des Pakets.

Diese Vorgehensweise demonstrieren wir im folgenden Quelltextauszug. Wir stellen zunächst eine normale Verbindung als Connection her und übergeben diese dem Konstruktor von DozentenPaket:

```
BigDecimal dnr[] = new BigDecimal[1];
Connection conn;
// initialisierender Code
DozentenPaket paket = new DozentenPaket(conn);
paket.neuerdozent("Harald","Schmidt",dnr);
```

Jonglieren mit den Datentypen

JPublisher wandelt übrigens standardmäßig den Oracle-Typ NUMBER in den Java-Typ java.math.BigDecimal um. Dieser Typ ist nicht besonders komfortabel zu programmieren, ist aber der einzige Typ, der den Zahlenraum von NUMBER fassen kann. Nun möchten Sie vielleicht selbst beeinflussen, welche Datentypen ineinander umgewandelt werden.

Sie können daher über den Parameter -addTypeMap das Werkzeug jpub anweisen, eine von Ihnen definierte Zuordnung von SQL-Typen zu Java-Typen zu verwenden. Wenn Sie den jpub mit den folgenden Parametern aufrufen, werden die Methoden der Klasse DozentenPaket mit normalen int-Parametern generiert statt mit BigDecimal. Das kann in manchen Fällen mit einem Präzisionsverlust verbunden sein, da der Typ NUMBER aus Oracle, wie gesagt, einen deutlich größeren Zahlenraum abdeckt als der primitive Typ int in Java.

```
jpub -user Scott/Tiger
    -url=jdbc:oracle:thin:@127.0.0.1:1521:test
    -sql=dozentenpaket:DozentenPaket
    -addTypeMap=NUMBER:int
```

Listing 6.36 626.sh.bat: JPublisher-Klasse zu SCOTT.DOZENTENPAKET generieren

Der erste genannte Typ, `NUMBER`, ist dabei der in der Datenbank verwendete Typ. Dieser Typ wird jetzt im Rahmen der automatischen Generierung der Methoden durch den angegebenen Java-Typ, also `int`, ersetzt. Sie können natürlich beliebige andere mögliche Konversionen in `long`, `double`, `float` oder auch in `oracle.sql.NUMBER` mit JPublisher einstellen.

Im folgenden Beispiel zeigen wir nun den Client, der eine Klasse `DozentenPaket` nutzt, die aus dem PL/SQL-Paket `DOZENTENPAKET` heraus generiert wurde. Stellen Sie vor dem Kompilieren des Quelltextes sicher, dass sich die von `jpub` generierte Klasse *DozentenPaket.sqlj* in dem gleichen Verzeichnis befindet und ohne Fehlermeldungen mit `sqlj` kompiliert wurde.

```
import java.sql.*;

public class C626_2 {
  public static void main( String[] argv ) {
   try {
    Class.forName("oracle.jdbc.OracleDriver");
    Connection conn = DriverManager.getConnection(
      "jdbc:oracle:thin:@127.0.0.1:1521:test",
      "Scott",
      "Tiger"
    );
    DozentenPaket dpaket = new DozentenPaket(conn);
    int[] dnr = new int[1];

    dpaket.neuerdozent("Harald","Schmidt",dnr);
    dpaket.setzewert(dnr[0],"D_LAND","DE");
    dpaket.setzewert(dnr[0],"D_STADT","Göttingen");

    ResultSet rs = conn.createStatement()
      .executeQuery(
       "SELECT * FROM DOZENT WHERE D_NR="+dnr[0]);

    rs.next();
```

```
      System.out.println("Dozent hinzugefügt :" +
       rs.getString("D_NACHNAME") + ", " +
       rs.getString("D_VORNAME") + " aus " +
       rs.getString("D_STADT"));

      dpaket.loeschedozent(dnr[0]);
      System.out.println("...und gelöscht");

    } catch ( Exception e ) {
      e.printStackTrace();
    }
  }
}
```

Listing 6.37 C626_2.sqlj: PL/SQL-Pakete mit JPublisher-Klassen ansprechen

6.3 OC4J und J2EE

Der *Oracle Container for Java* (OC4J) ist die Antwort Oracles auf die boomende Vielfalt der Applikationsserver für die *Java 2 Enterprise Edition* (J2EE). Auf der Webseite von Oracle im Rahmen des *Oracle 10g Application Server* vermarktet, handelt es sich bei OC4J um einen Container für die Komponententechnologien der J2EE. Darunter fallen insbesondere die *Enterprise JavaBeans*, die *Servlets* und deren spezielle Variante für HTML-Seiten, die *Java Server Pages* (JSP). Alle Komponenten, die die J2EE-Schnittstellen erfüllen, können mit OC4J bereitgestellt werden. Und wie immer bei Oracle, kann OC4J natürlich auch viel mehr ...

Warum OC4J?

Die nahtlose Integration aller Komponenten des Oracle-Servers durch Technologien der Sprache Java ist ein aktueller Schwerpunkt in Oracles Produktstrategie. Die J2EE-Technologiefamilie hat sich als hochproduktive Umgebung für die Entwicklung unternehmens- und netzwerkorientierter Applikationen etabliert. Es ist selbstverständlich, dass Oracle mit OC4J in diesem Bereich eine leistungsfähige Lösung anbieten möchte.

Gerade bei den Applikationsservern, die durch die Standardisierungen der J2EE inzwischen austauschbar sind, haben Entwickler und Systemarchitekten erheblich vielfältigere Entscheidungsmöglichkeiten. So sind J2EE-Komponenten leicht portierbar, und die Datenbank kann mit JDBC leicht ausgetauscht werden. Die Konkurrenz unter den Applikationsservern ist hart: Alle großen

Hersteller bieten jeweils eigene Lösungen an, und mehrere frei verfügbare Open-Source-Projekte bieten hervorragende Server an.

Mehr als vielleicht bei anderen Produkten aus dem Oracle-Portfolio stellt sich also die Frage: Was zeichnet OC4J aus?

- **Integrierte Entwicklungsumgebung**
  Oracle liefert mit JDeveloper eine Entwicklungsumgebung mit integriertem OC4J-Server. JDeveloper unterstützt den Entwickler mit Assistenten und angepassten Editoren für fast alle nennenswerten Standards aus der Applikationsserver-Welt. Schön gelöst ist hier auch der transparente Zugriff auf die Datenbankobjekte in der Oracle-Datenbank analog zur Oracle Enterprise Management-Konsole.
- **Eingebettet in andere Serverprodukte**
  Der OC4J wird gemeinsam mit einer Reihe anderer Serverprodukte ausgeliefert. Als Beispiel sei der *Oracle 10g Web Cache* genannt, auf den wir später noch eingehen. Die Administration der Serverprodukte ist einheitlich und komfortabel. Oracle bietet sogar eine eigene Zertifizierung für Administratoren seines Applikationsservers.
- **Cluster**
  Mehrere Instanzen von OC4J können zu einem so genannten Cluster zusammengefasst werden. Das heißt, dass die bei dem Webserver eingehenden Anforderungen über das Apache-Modul `mod_oc4j` gleichmäßig an die angemeldeten Instanzen von OC4J verteilt werden.
- **Umfassende Unterstützung**
  Oracle liefert mit seinem Applikationsserver eine Myriade von praktischen Komponenten, Erweiterungen, Tag-Libraries für JSP und Frameworks für eine ganze Reihe von Anwendungsfällen, die, richtig angewendet, viel Entwicklungszeit sparen können
- **Komfortable, skriptfähige Administration**
  Über die Bibliothek *admin.jar* kann der gesamte Lebenszyklus des Applikationsservers über die Kommandozeile oder durch ein Java-Programm gesteuert werden
- **Apache-Server**
  OC4J bzw. alle Elemente der 10gAS-Architektur setzen auf dem Open-Source-Webserver Apache auf. Damit können Anwendungen, die mit OC4J entwickelt wurden, im Bereich der Internetanwendungen von Haus aus alles, was auch Apache kann.

Mit OC4J ist es wie bei vielen großen Softwareprodukten: Die Grenzen zwischen Standards und den spezifischen Implementierungen sind fließend – teils, weil Oracle einfach ein Vorreiter im Applikationsserver- und Datenbankbereich ist, und seine Erweiterungen dem Kunden komfortabel zugänglich machen möchte, teils aber auch, weil so eine Kundenbindung über plattformabhängigen Code erreicht werden kann.

Entwicklungsumgebung

Alle Beispiele dieses Kapitel implementieren und führen wir in Oracles JDeveloper aus. Sie können diese Entwicklungsumgebung von der Webseite des *Oracle Tech Net* (OTN) herunterladen. Mit der aktuellen Version von JDeveloper wird ein OC4J-Server für Test- und Entwicklungszwecke gleich mitgeliefert.

Entpacken Sie JDeveloper in ein eigenes Verzeichnis, und starten Sie die Entwicklungsumgebung über die ausführbare Datei *jdev.exe* in dem Verzeichnis *jdev/bin* der JDeveloper-Distribution. Ein *Java Software Developer Kit* (JDK) ist in der Regel in JDeveloper integriert, es gibt aber auch Versionen ohne JDK.

Wichtig: Bitte stellen Sie Ihre Umgebungsvariable *PATH* so ein, dass beim Aufruf von `javac` und `java` die entsprechende Version des bei JDeveloper mitgelieferten JDK ausgeführt werden. So vermeiden Sie versionsbedingte Fehlermeldungen beim Bereitstellen von J2EE-Komponenten mit OC4J, wenn OC4J von einer anderen Version des JRE ausgeführt wird als derjenigen, die die Komponenten kompiliert hat.

6.3.1 Technologien rund um OC4J

Gemeinsam mit dem Applikationsserver liefert Oracle eine Reihe von Technologien und Komponenten, die Sie in Ihren Anwendungen einsetzen können.

Die Darstellung der Technologien in den folgenden Abschnitten wendet sich an Programmierer, die bereits mit den grundlegenden Konzepten von JavaServer Pages, Servlets und XML vertraut sind.

Schwerpunktmäßig möchten wir dabei den Sinn und Zweck der jeweiligen Technologie erläutern und durch einfache Beispiele einen Eindruck von deren Mächtigkeit vermitteln. Wo es der Umfang der Technologie sinnvoll zulässt, finden Sie in den Abschnitten auch Anleitungen für weitergehende Programmierversuche.

In den folgenden Abschnitten stellen wir folgende Technologien im Überblick vor:

- **OC4J einrichten, starten und administrieren**
  Eine kurze Einführung in die Administration des OC4J-Applikationsservers mit dem Tool `admin.jar`.

- **JSP Markup Language Tag Library (JML)**
  Diese Bibliothek hält, soweit möglich, das »echte« Java einer JSP-Seite vom Webdesigner fern und erlaubt diesem die Programmierung einfacher Schleifen und Bedingungen.
- **SQL Tags for Data Access**
  Schneller Zugriff auf eine SQL-Datenbank über einige nützliche Tags. Eine Art *embedded SQL* für Java Server Pages.
- **Oracle Tags for XML Support**
  Mit dieser Technik können Sie innerhalb einer JSP-Seite XML-Formate erzeugen bzw. eine XSL-Transformation anwenden und deren Ergebnis ausgeben.
- **JESI/Edge Side Includes**
  Ein Framework, um dynamische Webseiten in Seitenfragmente aufzuteilen und diese individuell einstellbar in einem Puffer vorzuhalten. Diese gepufferten Seitenfragmente werden dann zusammengesetzt und an die Clients versendet, anstatt die Seiten bei jedem Aufruf vollständig neu zu erzeugen.
- **Enterprise JavaBeans**
  Die Bereitstellung von Enterprise JavaBeans, stets das zentrale Element einer J2EE-Architektur, ist die wichtigste Funktion des OC4J-Servers. Die Integration in JDeveloper ermöglicht die komfortable und schnelle Erzeugung von Enterprise JavaBeans, die wir in diesem Abschnitt für Session und Entity Beans demonstrieren möchten.
- **Webservices mit OC4J bereitstellen**
  Webservices, der neue Standard für die Integration von heterogenen, verteilten Systemen wird natürlich auch auf OC4J durch Oracles Implementierung des SOAP-Protokolls unterstützt.

Hinweise zum Ausführen der JSP

Viele der oben dargestellten Technologien basieren auf *Tag Libraries* aus der JSP-Spezifikation. Sie können alle in diesem Abschnitt dargestellten Quelltexte über JDeveloper komfortabel betrachten, ändern und ausführen.

Dazu müssen Sie folgende Schritte nachvollziehen:

1. **Einen neuen Arbeitsbereich einrichten und ein leeres Projekt erzeugen**
   Öffnen Sie die Entwicklungsumgebung JDeveloper (*jdev.exe* im Verzeichnis *jdev/bin*), und erstellen Sie einen neuen Arbeitsbereich *(»Workspace«)*. Dazu klicken Sie mit der rechten Maustaste auf das Symbol **Applications** im Fenster **Applications-Navigator**. Über **New** gelangen Sie in einen Dialog, in dem Sie nun einen neuen Arbeitsbereich erstellen können. Standardmäßig gene-

riert JDeveloper mit dem neuen Arbeitsbereich auch gleich ein neues, leeres Projekt. Ein Dialog fordert Sie dabei auf, den Pfad und Namen des neuen Projekts anzugeben.

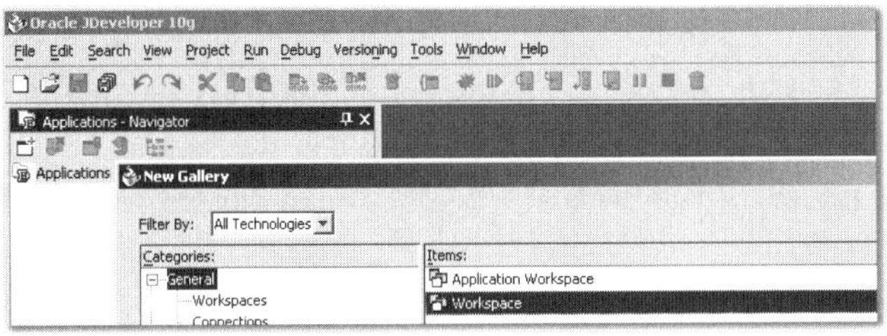

Abbildung 6.13 Mit der rechten Maustaste einen neuen Arbeitsbereich erzeugen

2. **Eine neue JSP-Seite im Projekt anlegen**
   Wählen Sie nun das neue Projekt aus, und drücken Sie die Tastenkombination [Strg]-[N]. Das Tastaturkürzel entspricht dem Punkt **New...** im Kontextmenü des Projekts oder der Option **File/New...** im normalen Menü. Es erscheint ein Fenster, in dem Sie zwischen einer ganzen Reihe von Schablonen für Java-Komponenten auswählen können. Unter **Web Tier/JavaServer Pages (JSP)** finden Sie die gewünschte Schablone **JSP Page**.

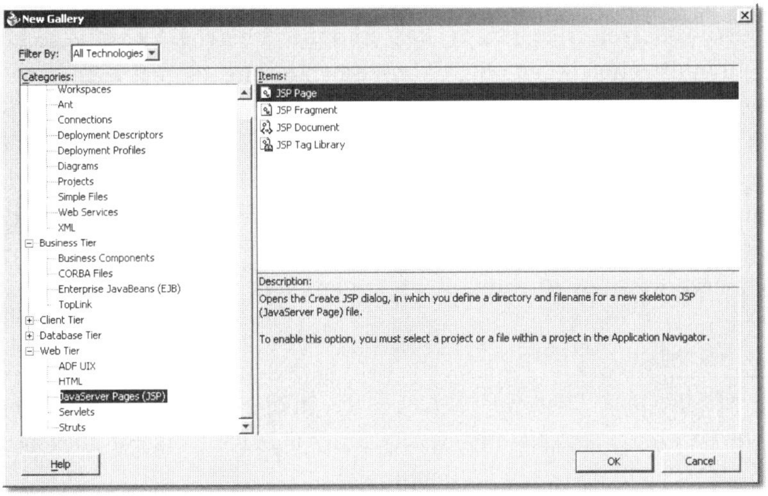

Abbildung 6.14 Eine neue JSP-Seite anlegen

3. **Die vom Server benötigte TLD-Datei (Tag Library Descriptor) in das Verzeichnis public_html/WEB-INF des Projektordners kopieren**
   Die Beschreibungen von Tag Libraries erfolgt in so genannten *Tag Library Descriptors*, im Weiteren einfach TLD-Dateien genannt, da die Dateien stan-

dardmäßig die Endung *tld* besitzen. In der Regel liegen die TLD-Dateien in dem Verzeichnis *${ORACLE_HOME}/j2ee/tlds*. Bei der Entwicklungsversion, die mit JDeveloper mitgeliefert wird, finden Sie die entsprechenden TLD-Dateien in der *jar*-Datei *ojsputil.jar* im Verzeichnis *j2ee/home/jsp/lib/taglib* der Distribution. Damit diese für den JSP-Container des OC4J-Servers verfügbar sind, entpacken und kopieren Sie die benötigten TLD-Dateien in das Verzeichnis *public_html/WEB-INF* Ihres Projektordners.

4. **Den Quelltext in die neue JSP-Seite einfügen oder in das Projekt importieren**
   Sie können jetzt entweder den Quelltext des Beispiels direkt über die Zwischenablage in die neue Seite einfügen oder die Seite über die Option **File/Import...** zu dem Projekt hinzufügen.
5. **Die Seite ausführen**
   Wählen Sie dazu die JSP-Seite im Fenster **System-Navigator** aus, und öffnen Sie mit der rechten Maustaste das Kontextmenü. Die vorletzte Option, **Run Dateiname.jsp**, startet automatisch eine Instanz des OC4J-Servers und öffnet die JSP-Seite im Internetbrowser Ihrer Wahl.

6.3.2 OC4J einrichten, starten und administrieren

Im Verzeichnis *j2ee/home* der JDeveloper-Distribution finden Sie einen vollständigen OC4J-Server. Dieser kann alle Komponenten der J2EE zur Verfügung stellen. Durch die mitgelieferte SOAP-Implementierung können auch Webservices bereitgestellt werden. Im Rahmen der Entwicklung mit JDeveloper kümmert sich die Entwicklungsumgebung automatisch um die Administration des OC4J-Servers, auch bei einer entfernten Instanz, falls Sie einen Entwicklungs- und einen Produktionsserver haben. Für eigene Versuche finden Sie im folgenden Abschnitt eine als Starthilfe gedachte Einführung, wie Sie eigene Instanzen des OC4J-Servers starten und administrieren können.

Starten von OC4J

Wechseln Sie also in das Verzeichnis *j2ee/home*. In diesem Verzeichnis befindet sich die *jar*-Datei *oc4j.jar*. Diese ist der Kern des OC4J-Servers. Sie starten den Server zunächst recht einfach über den Befehl:

```
java -jar oc4j.jar
```

Dieser Befehl nimmt einige Parameter auf, wie Sie in der folgenden Tabelle (Auszug) sehen können:

Parameter	Beschreibung
-install	Administratorpasswort festlegen und Konfigurationsdateien anlegen/anpassen
-quiet	Keine Ausgaben auf der Konsole
-config <Pfad>	Nutzt die in <Pfad> angegebene Datei (*server.xml*) für die Serverkonfiguration.
-version	Gibt die Version des OC4J-Servers aus.
-verbosity <Stufe>	Gibt Meldungen ab der mit <Stufe> angegebenen Wichtigkeit aus. Möglich sind Stufen zwischen 0 (keine Ausgaben) und 10 (alles).
-out <Datei>	Legt <Datei> als Standardausgabe für die normalen Ausgaben fest.
-err <Datei>	Legt <Datei> als Standardausgabe für Fehler fest.

Tabelle 6.6 Parameter von java -jar oc4j.jar

In der Regel werden Sie vor dem ersten Starten des Servers das Administratorpasswort festlegen. Dieses können Sie entsprechend der oben erläuterten Parameter mit folgendem Kommando machen:

```
java -jar oc4j.jar -install
```

Der Server fordert Sie dann auf, ein Passwort auf der Konsole einzugeben. Damit die Beispiele in diesem Kapitel ohne Modifikation auf Ihrer eigenen OC4J-Instanz funktionieren, stellen Sie einfach `welcome` als Passwort für den Administrator-Benutzer ein. Die Kombination `admin/welcome` ist nämlich auch die, die von JDeveloper für den Entwicklungsserver vorkonfiguriert ist.

Bereitstellen eines Enterprise Archive

Die Bereitstellung, englisch *deployment*, eines so genannten *Enterprise Archive* (EAR-Archiv) erfolgt in der Regel automatisch beim Starten des OC4J-Servers. Dabei werden die in der Datei *server.xml* definierten EAR-Archive geladen, beziehungsweise aktualisiert. Der OC4J-Server unterstützt auch das so genannte *hot deploying*, also die Bereitstellung von EAR-Archiven bei laufendem Serverbetrieb.

Dabei akzeptiert OC4J ausschließlich EAR-Archive! Das heißt, dass Sie stets die erzeugten Web- und EJB-Archive in ein EAR-Archiv packen sollten, damit diese mit OC4J bereitgestellt werden können.

Das Bereitstellen kann zur Laufzeit auf zwei Weisen erfolgen:

- Über das Werkzeug `admin.jar`
- Über die manuelle Änderung der Datei *server.xml*

- Es empfiehlt sich, die EAR-Archive über das Werkzeug `admin.jar` bereitzustellen. Dieses Werkzeug bietet darüber hinaus eine ganze Reihe von administrativen Funktionen rund um den Betrieb des OC4J-Servers.

Die allgemeine Syntax für den Aufruf von `admin.jar`, um ein EAR-Archiv auf den OC4J-Server aufzuspielen, sieht so aus:

```
java -jar admin.jar ormi://<Rechneradresse> [<:Port>]
  <Benutzer> <Passwort>
  -deploy
  -file <EJB-Archiv>
  -deploymentName <Name>
  -targetpath <Zielverzeichnis>
```

Die folgende Tabelle erläutert die möglichen Parameter:

Option	**Funktionalität**
`Rechneradresse`	Internetadresse bzw. Name des OC4J-Servers im Netzwerk
`Benutzer Passwort`	Benutzername und Passwort im Klartext
`EJB-Archiv`	Der Pfad des EAR-Archivs
`Name`	Der Name, unter dem die Komponente auf dem Server registriert wird
`Zielverzeichnis`	Standardmäßig wird die Komponente in das Verzeichnis *applications* des Servers entpackt und dort ausgeführt. Hier kann ein entsprechender anderer Pfad angegeben werden, der vom Server benutzt werden soll.
optional: `Port`	Der Port, an dem der OC4J-Server angemeldet ist. Dieser muss nur angegeben werden, wenn ein anderer Port als der Standardport genutzt wird.

Tabelle 6.7 Parameter für den Aufruf von admin.jar

Dabei verändert das Werkzeug `admin.jar` auch die bestehende *server.xml*. Die so bereitgestellte Komponente wird von nun an bei jedem Start des Servers aktiviert. Leider akzeptiert dieses Werkzeug, wie angedeutet, nur Enterprise-Archive, in denen wiederum die EJB- und Web-Archive einer Anwendung gespeichert werden.

Alternativ kann man auch die Datei *server.xml* direkt ändern. Die Datei liegt im Ordner *j2ee/home/config* der JDeveloper-Distribution. Dabei fügen Sie einfach analog zu den oben angegebenen Parametern folgendes XML-Element hinzu:

```
<application name="Name der EJB-Komponente"
             path="/Pfad/zum/EJB-Archiv"
             auto-start="true" />
```

Der OC4J-Server überprüft in regelmäßigen Intervallen den Zeitpunkt der letzten Änderung der Datei *server.xml*. Hat sich das Änderungsdatum geändert, erkennt OC4J, dass sich die Konfiguration geändert hat, und lädt die in der Datei angegebenen Archive.

Wichtig: OC4J erzeugt in der Standardeinstellung nur sehr wenig Ausgaben auf der Konsole. So werden beispielsweise Fehler bei der Bereitstellung geflissentlich unterdrückt. Starten Sie OC4J daher für das Debugging immer mit der Option `-verbosity 10`. Erst dann wird der Vorgang der Bereitstellung – auch dessen Erfolg oder Misserfolg – ausführlich durch die Ausgaben dokumentiert.

Starten Sie also während der Entwicklungsphase den OC4J-Server mit folgendem Befehl:

```
java -jar oc4j.jar -verbosity 10
```

Über das Werkzeug `admin.jar` kann darüber hinaus der gesamte Lebenszyklus des OC4J-Servers gesteuert werden. Der Vorteil von `admin.jar` ist, dass Sie dieses aus einem Shellskript heraus oder über die Kommandozeile aufrufen können. Der entsprechende Nachteil: Nicht alle Entwickler sind mit der Kommandozeile vertraut. Aber eine Administration über eine Webseite oder eine grafische Oberfläche ist in der aktuellen Version von OC4J nicht vorgesehen.

6.3.3 JSP Markup Language Tag Library

Firme Java-Kenntnisse braucht der Webdesigner, der die programmierten Teile einer JSP-Seite bearbeiten will. Spätestens für die Ausgabe mehrerer Datensätze kommt man nicht um ein Skriptlet mit einem `while`- oder `for`-Block herum. Doch nicht jeder Webdesigner möchte sich so intensiv mit der Programmierung auseinander setzen. Und wenn erst einmal vollwertiger Java-Code in die JSP-Seite geschrieben wird, wandert schnell Logik aus der Anwendungsschicht in den Quelltext der Benutzeroberfläche – ein Effekt, den die Einführung der JSP-Technologie in ein Projekt ja gerade verhindern soll. Wie schön wären ein paar einfache Tags, die solche Standardfälle abdecken und so jeglichen Java-Code aus der JSP-Seite verbannen. Natürlich haben die Entwickler bei Oracle mit der *JSP Markup Language Tag Library* (JML) eine Lösung für diese Herausforderung entworfen.

Dabei spricht für JML, dass ein Webdesigner einfache Schleifen und Bedingungen ohne Java-Kenntnisse selbst programmieren kann. Eine zusätzliche, klare

Trennung von Anwendungslogik und Logik der Benutzeroberfläche kann durch den Einsatz von JML erreicht werden.

Andererseits ist JML keine in sich geschlossene Auszeichnungssprache. Der Webdesigner muss also einige der für JSP und Java typischen Konstrukte beherrschen. Und sind dann schon Java-Kenntnisse vorhanden, erscheint JML vielleicht etwas umständlich. Die Versuchung, Bedingungen und Schleifen direkt als JSP-Skriplet einzufügen, liegt nahe und kann auch nicht explizit unterbunden werden. Zudem kostet die Nutzung einer Tag Library ein Quäntchen Rechenzeit. Die Entscheidung fällt, wie immer, nicht leicht. Daher geben wir Ihnen im Folgenden eine Einführung in JML.

Überblick über JML

Der Sprachumfang teilt sich in Tags für die Initialisierung und Änderung von Variablen in einer JSP-Seite einerseits und in Tags für die Formulierung von Bedingungen und Schleifen andererseits auf.

Folgende Tags dienen zum Erzeugen und Entfernen von Variablen:

Tag	Funktionalität
`useVariable`	Eine Variable deklarieren und initialisieren
`useForm`	Eine Variable deklarieren und mit einem Wert aus dem HTTP-Request (»Formular«) initialisieren
`useCookie`	Eine Variable deklarieren und mit einem Wert aus einem Cookie initialisieren
`remove`	Eine deklarierte Variable wird wieder freigegeben.

Tabelle 6.8 Tags für Variablenoperationen

- Mit den in der Tabelle unten aufgelisteten Tags können Bedingungen und Schleifen erzeugt werden:

Tag	Funktionalität
`if`	Einfache Bedingung (ohne `else`)
`choose, when, otherwise`	Eine Mischung aus `switch` und `if-then-else`
`foreach`	Iteration durch ein Feld, eine `java.util.Enumeration` oder ein `java.util.Vector`
`For`	Entspricht einer `for`-Schleife

Tabelle 6.9 Tags für die Ablaufsteuerung

Tag	Funktionalität
Return	Beendet die Verarbeitung der JSP-Seite
flush	Sendet den aktuellen Inhalt des Seitenpuffers an den Client

Tabelle 6.9 Tags für die Ablaufsteuerung (Forts.)

Variablen anlegen mit JML

Mit dem Tag `useVariable` können Sie Variablen anlegen. Dabei geben Sie der Variablen einen Namen und legen einen Datentyp und den Startwert fest. Der Datentyp der Variable kann dabei unter den Typen `string`, `boolean`, `number` oder `fpnumber` ausgewählt werden. Dabei steht `number` für eine ganzzahlige Variable und `fpnumber` für eine Gleitkommazahl (englisch *floating point number*).

Die Typen entsprechen dabei den JML-Datentypen `JmlNumber`, `JmlFPNumber`, `JmlBoolean` und `JmlString` aus dem Paket `oracle.jsp.jml`. Eine ausführliche Beschreibung dieser Datentypen finden Sie weiter unten in diesem Abschnitt.

Der Parameter `scope` legt fest, welchen Gültigkeitsbereich die Variable besitzen soll. Möglich sind die Werte `page`, `request`, `session` und `application`.

Dabei bedeutet

- `page`
  Die Variable gilt nur für den Aufruf dieser JSP-Seite (es können in der Folge der Bearbeitung eines HTTP-Requests mehrere JSP-Seiten aufgerufen werden).
- `request`
  Die Variable ist für die gesamte Bearbeitungsdauer des HTTP-Requests gültig.
- `session`
  Die Variable wird für die gesamte Dauer der Sitzung gespeichert, ist also über mehrere Zugriffe auf verschiedene Seiten hinweg vorhanden, soweit diese Zugriffe innerhalb einer Benutzersitzung stattfinden.
- `application`
  Die Variable gilt für die gesamte Lebensdauer der JSP im Container, also für die JSP-Seite überhaupt.
- Die Attribute des Tags `useVariable` noch einmal im tabellarischen Überblick:

Attribut	Beschreibung	Standardwert
`id`	Der Name der Variable	
`type`	Der Datentyp, erlaubt sind: `string, boolean, number, fpnumber`	
`[value]`	Der Wert der Variable	`null`
`[scope]`	Der Gültigkeitsbereich der Variable: `page, request, session, application`	`page`

Tabelle 6.10 Attribute des Tags useVariable

Um also einen String mit dem Namen `halloString` anzulegen und diesen mit dem Wert »Bon jour« zu initialisieren, sähe das vollständige XML-Tag folgendermaßen aus:

```
<jml:useVariable
    id="halloString"
    type="string"
    value="Bon jour"/>
```

Die Variable ist nun im weiteren Verlauf der Seite normal verfügbar und könnte in folgendem JSP-Auszug ausgelesen werden:

```
<p>Auf dieser Seite sagen wir "<%= halloString %>"!</p>
```

Die Varianten `useForm` und `useCookie` bieten zusätzlichen Komfort für den Einsatz von Variablen über JML in einer JSP. Dabei werden die Werte der Variable gleich mit den entsprechenden Inhalten aus dem HTTP-Request bzw. aus einem vorher übermittelten HTTP-Cookie gesetzt.

Zunächst übernehmen wir also eine Variable aus dem HTTP-Request. Wir gehen davon aus, dass die Seite mit dem Parameter *halloString=Bon%20Jour* aufgerufen wird.

Dabei ist es unerheblich, ob der Parameter im URL in der Form *xyz.jsp?halloString=Bon%20Jour* oder über ein entsprechendes Formularfeld übergeben wurde (das Leerzeichen wird bei der Übertragung in »%20« umgewandelt), denn der Container packt sämtliche Parameter gleichberechtigt in das `request`-Objekt.

```
<jml:useForm id="halloString" param="halloString"/>
```

Wie oben kann nun auf diesen String in einem JSP-Ausdruck zugegriffen werden. Bei den Übergabeparametern wird standardmäßig angenommen, dass diese als Datentyp `string` übernommen werden sollen.

Die Attribute des Tags `useForm` im Überblick:

Attribut	Beschreibung	Standardwert
`id`	Der Name der Variable	
`param`	Der Name des `GET`- bzw. `POST`-Parameters, der übernommen werden soll	
`[scope]`	Der Wert der Variable	`page`
`[type]`	Der Gültigkeitsbereich der Variable	`string`

Tabelle 6.11 Attribute des Tags useForm

Wenn der Wert eines Cookies übernommen werden soll, kommt das Tag `useCookie` gelegen. Die Syntax entspricht dabei weitgehend den anderen beiden Varianten. Der Name des Cookies wird dabei über das Attribut `cookie` festgelegt. Auch hier kann, wie schon bei den beiden anderen Tags zum Deklarieren von Variablen, `scope` und `type` definiert werden.

Das Tag `useCookie` hat folgende Attribute:

Attribut	Beschreibung	Standardwert
`id`	Der Name der Variable	
`cookie`	Der Name des Cookies	
`[scope]`	Der Gültigkeitsbereich der Variable	`page`
`[type]`	Der Datentyp der Variable	`string`

Tabelle 6.12 Attribute des Tags useCookie

Wird die Variable später nicht mehr benötigt, so kann sie mit dem Tag `remove` explizit auf `null` gesetzt werden. Anschließende Aufrufe der Variable führen dann zu einer `NullPointerException`.

```
<jml:remove id="halloString"/>
```

Optional kann hier wieder das Attribut `scope` gesetzt werden. Sollte der gleiche Variablenname in verschiedenen Gültigkeitsbereichen verwendet worden sein, so wird er von dem angegebenen `scope` an »abwärts« gesucht und zurückgesetzt. Dabei gilt die Reihenfolge: zuerst `application`, dann `session` und `request`, zuletzt `page`.

Bedingungen mit JML

Natürlich machen Variablen nur Sinn, wenn sie in einem logischen Ablauf in Bedingungen und Schleifen verwendet werden können. Was wären denn die Variablen ohne variablen Ablauf?

Eine einfache Bedingung können Sie also mit dem Tag `if` formulieren. Dabei wertet dieses Tag den Inhalt des Attributs `condition` aus. Erlaubt sind dort die Werte `true` oder `false`. Ist der Inhalt `true`, so wird der Inhalt des Tags an den Client geschrieben, sonst nicht.

```
<jml:if condition="true">
    <p>Hallo Welt</P>
</jml:if>
```

Im obigen Fall wird also `<p>Hallo Welt</p>` ausgegeben. Zunächst ist das wenig dynamisch, allerdings können die Bedingungen vorher als Variablen initialisiert oder als JSP-Ausdrücke formuliert werden.

```
<jml:useVariable id="de" type="boolean" value="true" />
<jml:useForm id="usertype" param="usertype"/>
<jml:if condition="<%= de %>">
  <jml:if condition="<%= usertype.equals("chef") %>">
    Hallo lieber Chef,
    Alle reden von Effizienzsteigerungen -
    ich rede von Gehaltserh&ouml;hung.
  </jml:if>
</jml:if>
```

Die Syntax des Tags `if` beinhaltet keine standardmäßige `else`-Klausel. Um Bedingungen mit mehreren Zweigen und einem Standardergebnis zu formulieren, gibt es die eigene Konstruktion der Tags `choose`, `when` und `otherwise`. Dabei öffnet das Tag `choose` einen Block von alternativen Ergebnissen, analog zu einer `switch`-Klausel in Java. Über das Tag `when` werden ein oder mehrere der möglichen Ergebnisse analog zu dem Tag `if` oben formuliert. Ist keine der Bedingungen erfüllt, wird der Inhalt des Tags `otherwise` ausgeführt.

```
<jml:choose>
  <jml:when condition="<%= usertype.equals("chef") %>">
    Hallo lieber Chef!
  </jml:when>
```

```
  <jml:otherwise>
    Hallo Kollegen!
  </jml:otherwise>
</jml:choose>
```

Sobald eine der mit `when` definierten Bedingungen erfüllt ist, wird der `choose`-Block verlassen. Sollten mehrere Bedingungen gleichzeitig erfüllt sein, ist das Verhalten des Blocks nicht vorhersehbar.

Schleifenbau

Es gibt zwei Arten von Schleifen, die mit JML erzeugt werden können: Die eine Schleife verhält sich wie eine klassische `for`-Schleife mit einer ganzzahligen Schleifenvariable. Die andere dient zur Iteration durch Aggregate, also zur Auswertung und Darstellung von Feldern und Listen.

Über das Tag `for` können also Schleifen definiert werden. Dabei werden der Name der Schleifenvariable sowie deren Anfangs- und Endwert angegeben. Die Schleife wird dabei so lange durchlaufen, bis die schrittweise inkrementierte Anfangszahl größer als der Endwert ist.

```
<jml:for id="i" from="1" to="3">
  Das ist der <%= i %>. Durchlauf durch diese Schleife.
</jml:for>
```

Die obige Schleife wird übrigens dreimal durchlaufen.

Eine andere Schleife kann mit dem Tag `foreach` programmiert werden. Dabei übergibt man dem Tag entweder ein Feld, eine `java.util.Enumeration` oder einen `java.util.Vector`. Die Schleife wird für jedes Element einmal durchlaufen, und die deklarierte Schleifenvariable enthält das entsprechende, aktuelle Element. Für die Schleifenvariable muss ein Datentyp festgelegt werden, beispielsweise `java.lang.String`.

Die Attribute von `foreach` als Tabelle:

Attribut	Beschreibung
`id`	Der Name der Variable, in der die einzelnen Werte gespeichert werden
`in`	Diesem Attribut wird über einen Ausdruck das Feld oder die Sammlung übergeben.

Tabelle 6.13 Attribute des Tags foreach

Attribut	Beschreibung
limit	Die maximale Anzahl von Iterationen
type	Der Datentyp der Werte in der Sammlung

Tabelle 6.13 Attribute des Tags foreach (Forts.)

Um also ein Feld von `java.lang.String` in einer Schleife auszuwerten, würde das Tag folgendermaßen aussehen:

```
<%
  String[] namen = {"Harry","Willy","Tony"};
%>
<jml:foreach
  id="name" in="<%= namen %>" limit="100"
  type="java.lang.String">
    Hallo <%= name %>!
</jml:foreach>
```

Sonstige JML-Tags

Darüber hinaus gibt es noch das Tag `return`, mit dem jederzeit die weitere Bearbeitung der Seite abgebrochen werden kann:

```
<jml:if condition="<%= usertype.equals("gast") %>">
  Sie m&uuml;ssen sich anmelden!
  <jml:return/>
</jml:if>
```

Mit dem Tag `flush` wird der aktuelle Inhalt des Seitenpuffers an den Empfänger der Seite geschrieben. Das macht bei längeren Berechnungen Sinn, um den Benutzer möglichst unmittelbar über den Fortschritt der Berechnung zu informieren.

```
<jml:for id="i" from="1" to="1001">
  <%= getGeschichteAusNacht(i) %>
  <jml:flush/>
</jml:for>
```

Im folgenden Quelltextfassen wir noch einmal alle wichtigen Tags der JML-Bibliothek zusammen.

```
<%@ taglib uri="/WEB-INF/jml.tld" prefix="jml" %>
<html>
  <jml:useForm id = "userName" scope = "session"
```

```
  type = "string"
  param = "userName" />

<jml:useCookie id = "user" type = "string"
     cookie = "user" scope = "session"/>

<head>
  <title>Hello World</title>
</head>
<body>
  <form method=POST>
  <h2>jml:useForm-Demo</h2>
    <p>Wert des Request-Parameters 'userName':
      <input type=TEXT name="userName"
             value="<%= userName %>"></input>
      <br>
      <input type=SUBMIT value="setzen"></input> -
      <a href="632_1.jsp">neu laden</a>
    </p>
  </form>
<h2>jml:if</h2>
<jml:if condition = '<%= userName==null %>' >
   <p>Die Variable userName ist <b>null</b></p>
</jml:if>

<h2>jml:choose ... when</h2>
<jml:choose>
  <jml:when condition = '<%= userName==null %>' >
    <p>Die Variable userName ist <b>null</b>
  </jml:when>
   <jml:when condition = '<%=
     userName!=null && userName.equals("")
   %>' >
    <p>Die Variable userName ist zwar
       nicht <b>null</b>, aber leer</p>
  </jml:when>
  <jml:otherwise>
   <p>Die Variable userName enth&auml;lt den Wert
      '<b><%= userName %></b>'</p>
  </jml:otherwise>
```

```
  </jml:choose>

  <h2>jml:for</h2>
  <jml:for id = "i" from = "1"  to = "10">
    <%= i %>...
  </jml:for>

  <%
  // Initialisieren einer Collection, die anschliessend
  // ueber das jml:foreach-Tag ausgewertet werden kann
    java.util.Vector zahlen = new java.util.Vector();
    zahlen.add("eins");
    zahlen.add("zwei");
    zahlen.add("drei");
  %>

  <h2>jml:foreach</h2>
  <jml:foreach id="zaehler" in='<%= zahlen%>'
       type="java.lang.String" >
    <%= zaehler %>...
  </jml:foreach>

  </body>
</html>
```

Listing 6.38 632_1.jsp: Demonstration der Tags der JML-Bibliothek

Erweiterte JML-Datentypen

Wenn Sie in Java einen Wert an mehreren Stellen in einem Programm oder Prozess verwenden und verändern möchten, den Wert also im Sinne eines *Call-By-Reference* verwenden wollen, dann können Sie das in der Regel nur mit eigenen Datentypen realisieren. Denn die Datentypen aus dem Paket `java.lang`, wie `Integer`, `Double` oder `String` sind allesamt unveränderbar. Einen neuen Wert können Sie nur durch eine neue Instanz erzeugen. Die primitiven Datentypen hingegen können nicht in den Klassen der Collection-API, wie `Hashtable` oder `Vector` gespeichert werden.

Für die spezielle Anforderung, einen Wert an mehreren Stellen über eine Referenz abfragen und ändern zu können, bietet Oracle die JML-Datentypen aus dem Paket `oracle.jsp.jml`.

Die Übergabe veränderbarer Werte als Referenz sollte in Kombination mit nebenläufiger Programmierung immer mit Vorsicht genutzt werden. Die sprachliche Selbstbeschränkung in den Kernpaketen von Java, möglichst nur Konstanten als Referenzen zu übergeben, entstand aufgrund der schlechten Erfahrungen mit den Zeigerdatentypen (Pointern) aus der C/C++-Welt. Man sollte beim Programmieren mit Zeigern nie voreilig davon ausgehen, dass der im Zeiger referenzierte Wert sich zwischen zwei Aufrufen nicht verändert bzw. überhaupt noch einen gültigen Wert enthält.

Die JML-Datentypen bilden dabei eine Auswahl der primitiven Datentypen der Sprache Java ab:

Primitiver Datentyp	Klasse aus java.lang	JML-Datentyp
`int`	`Integer`	`JmlNumber`
`double`	`Double`	`JmlFPNumber`
`boolean`	`Boolean`	`JmlBoolean`
	`String`	`JmlString`

Tabelle 6.14 JML-Datentypen

Die JML-Datentypen besitzen dabei alle die Methoden `getValue` und `setValue`, über die mit den entsprechenden Java-Datentypen der gekapselte Wert gesetzt werden kann.

```
JmlNumber meineNummer = new JmlNumber();
meineNummer.setValue(1000);
System.out.println(meineNummer.getValue());
```

Die JML-Datentypen überladen auch in passender Weise die Methode `equals`, um die Werte mit entsprechenden Werten aus dem Sprachumfang von Java zu vergleichen.

```
if ( meineNummer.equals(1000) ) {
 System.out.println("Meine Nummer ist 1000");
}
```

Die JML-Datentypen bieten eine Reihe von überladenen Methoden mit dem Namen `setTypedValue` beziehungsweise `equalsTyped`, um Werte über Typgrenzen hinweg leicht konvertieren und vergleichen zu können.

```
meineNummer.setTypedValue("1000");
if (meineNummer.equalsTyped("1000")) {
```

```
  System.out.println("Meine Nummer ist 1000");
}
```

Dabei verwenden die JML-Datentypen intern die entsprechenden `valueOf`- bzw. `parseXXX`-Methoden der Datentypen aus Java.

Im folgenden Beispiel sehen Sie eine kleine JSP-Seite, die eine `JmlNumber` verwendet.

```
<?xml version = '1.0' encoding = 'windows-1252'?>
<%@ taglib uri="/WEB-INF/jml.tld" prefix="jml" %>
<%!
  // Erhoeht den Wert der uebergebenen JmlNumber
  // Parameteruebergabe als Referenz
  private void inc( JmlNumber nummer) {
    nummer.setValue( nummer.getValue() + 1 );
  }
%>
<%@page import="oracle.jsp.jml.*"%>

<jml:useVariable
     id="zaehler" type="number" scope="application"/>

<html>
  <head>
    <title>JmlNumberDemo</title>
  </head>
  <body>
    <h2>Seitenzugriffszaehler</h2>
    <p>
    <%= zaehler %>
    Zugriffe seit der Initialisierung
    <%
      // call by reference
      inc(zaehler);
    %>
    </p>
  </body>
</html>
```

Listing 6.39 632_2.jsp: Demonstration der JML-Datentypen

6.3.4 SQL Tags for Data Access

Für den komfortablen Zugriff auf die Oracle Datenbank aus einer JSP heraus liefert Oracle die *SQL Tags for Data Access*. Damit lassen sich in einer JSP-Seite sehr einfach Datenbankverbindungen herstellen und SQL-Anweisungen ausführen, ohne dabei JDBC-Aufrufe in der JSP programmieren zu müssen.

Die Bibliothek umfasst dabei folgende Tags:

Tag	Funktionalität
`dbOpen`	Eine Datenbankverbindung herstellen
`dbClose`	Eine Datenbankverbindung wieder trennen
`dbQuery`	Eine SQL-Abfrage ausführen
`dbCloseQuery`	Ein Abfrageergebnis wieder freigeben
`dbNextRow`	Durch ein Abfrageergebnis iterieren
`dbExecute`	Eine SQL-Anweisung aus der DML bzw. DDL ausführen
`dbSetParam`	Einen Parameter setzen, der in darauf folgenden Tags vom Typ `dbQuery` oder `dbExecute` verfügbar ist
`dbSetCookie`	Ein Cookie beim Client speichern

Tabelle 6.15 Umfang der Bibliothek SQL Tags for Data Access

Verbindung herstellen mit dbOpen

Eine Verbindung zu einer Datenbank öffnet man mit dem Tag `dbOpen`. Die Attribute von `dbOpen` entsprechen im Wesentlichen den Parametern der Methode `getConnection` aus JDBC.

Alle Tags, die innerhalb der Wurzel des Tags `dbOpen` verschachtelt sind, nutzen die definierte Datenbankverbindung. Alternativ geben Sie der Verbindung einen Namen und können sich in anderen Tags auf den Verbindungsnamen beziehen.

Attribut	Beschreibung	Standard
`password`	Das identifizierende Passwort	
`[user]`	Der Benutzername, unter dem die Seite mit der Datenbank verbunden werden soll	Der Benutzername des OC4J-Servers

Tabelle 6.16 Attribute von dbOpen

Attribut	Beschreibung	Standard
[connId]	Der Name der Verbindung, wird von nachfolgenden Tags gebraucht. Er kann weggelassen werden, wenn alle Abfragen innerhalb von `dbOpen` eingeschlossen sind.	
[scope]	Der Gültigkeitsbereich der Verbindung, d.h. einer der folgenden bei JSP möglichen Bereiche: `page, request, scope, application`	`page`
[datasource]	Der Name einer Instanz von `javax.sql.DataSource` im JNDI-Kontext des Applikationsservers	
[URL]	Die JDBC-URL der Datenbank. Der Applikationsserver muss auf den JDBC-Treiber zugreifen können.	
[commitOnClose]	Gibt an, ob eine offene Transaktion beim Schließen der Verbindung ausgeführt werden soll. `true` oder `false`	`false`
Inhalt	Ein oder mehrere Tags vom Typ `dbQuery` oder `dbExecute`, die dann die geöffnete Verbindung standardmäßig nutzen.	

Tabelle 6.16 Attribute von dbOpen (Forts.)

Das Tag, mit dem Sie eine Verbindung als `Scott` bei der lokal verfügbaren Datenbank `test` herstellen, sieht folgendermaßen aus:

```
<sql:dbOpen
  connId = "co" user = "Scott"  password = "Tiger"
  URL = "jdbc:oracle:thin:@127.0.0.1:1521:test">
   <!-- dbQuery, dbExecute etc. -->
</sql:dbOpen>
```

Eine geöffnete Verbindung kann man nun über das Tag `dbClose` wieder schließen. Dieses nimmt den Namen der Verbindung als Attribut auf:

```
<dbClose connId = "co"/>
```

Die oben erstellte Verbindung mit dem Namen `co` würde jetzt wieder geschlossen werden.

Das explizite Schließen der Datenbankverbindung ist besonders wichtig bei JSP-Seiten, die ja im produktiven Einsatz unter Umständen mehrere hundert Mal pro Sekunde aufgerufen werden. Die Verbindungen werden sonst erst bei der Finalisierung der `Connection`-Instanz geschlossen, aber auf die schnelle und pünktliche Finalisierung kann man sich ja, definitionsgemäß, bei der JVM nicht verlassen. Wenn Sie die Verbindungen also nicht schließen, können sich schnell mehrere hundert, gar tausend offene Verbindungen ansammeln.

Abfragen mit dbQuery und dbExecute ausführen

Abfragen führen wir über das Tag `dbQuery` aus. Die SQL-Anweisung wird dabei in den Inhalt des Tags geschrieben. Das Ergebnis der Abfrage kann dann auf verschiedene Weise verarbeitet werden: Standardmäßig erzeugt die Tag Library eine HTML-Tabelle.

Sie können als Ausgabetyp `jdbc` angeben, das Ergebnis kann dann in einer Schleife Datensatz für Datensatz mit dem Tag `dbNextRow` ausgewertet werden – oder in einem Skriptlet über das implizit erzeugte `java.sql.ResultSet`. Alternativ kann man auch `xml` einstellen. Über die Tag Library *XML and XSL Tag Support*, auf die wir im Abschnitt 6.3.4 eingehen, können dann beispielsweise XSL-Transformationen auf die XML-Ausgabe angewendet werden. SQL-Anweisungen ohne Ergebnismenge führen wir mit dem Tag `dbExecute` aus, das sinngemäß der JDBC-Anweisung `executeUpdate` entspricht.

`dbQuery` hat folgende Attribute:

Attribut	Beschreibung	Standard
`[connId]`	Der Name der Verbindung. Kann weggelassen wird, wenn das Tag innerhalb von `dbOpen` verschachtelt ist.	
`[queryId]`	Der Name der Abfrage, der von darauf folgenden Tags vom Typ `dbNextRow` benötigt wird.	
`[scope]`	Gültigkeitsbereich wie bei `dbOpen`.	`page`
`[output]`	Gibt an, wie das Ergebnis verfügbar sein soll. Mögliche Alternativen sind: `HTML, XML, JDBC`	`HTML`
`[maxRows]`	Maximale Anzahl von Ergebniszeilen, die zurückgegeben werden sollen.	
`[skipRows]`	Anzahl der Ergebniszeilen, die übersprungen werden sollen.	
`[bindParams]`	Parameter, die in der SQL-Anweisung verwendet werden (Erläuterung weiter unten).	

Tabelle 6.17 Attribute von dbQuery

Attribut	Beschreibung	Standard
`[toXMLObjName]`	Wenn das Abfrageergebnis als XML-DOM-Objekt zurückgegeben werden soll, kann sein Name hier angegeben werden. Der Wert des Attributs `output` muss dann `XML` lauten.	
Inhalt	Eine gültige SQL-Abfrage. Fragezeichen `?` im Abfragetext werden durch die übergebenen Parameter ersetzt.	

Tabelle 6.17 Attribute von dbQuery (Forts.)

Die folgende SQL-Abfrage führen wir mit Hilfe des Tag `dbQuery` aus. Wir übergeben dabei keine Parameter; das Ergebnis wird als einfache HTML-Tabelle ausgegeben.

```
<sql:dbQuery connId = "co">
    SELECT D_NR, D_VORNAME, D_NACHNAME FROM DOZENT
</sql:dbQuery>
```

Für SQL-Anweisungen aus der DML und der DDL, also Anweisungen ohne Ergebnismenge, benutzen wir das Tag `dbExecute`. Hier entfallen die Attribute, die die Art der Ausgabe beeinflussen, bis auf eine neues, `output`. Dieses kann `yes` oder `no` sein. Ist der Wert `yes`, so wird die Anzahl der betroffenen Datensätze in Form einer lokalisierten Zeichenfolge ausgegeben. Mit »lokalisiert« ist dabei »in der eingestellten Landessprache« gemeint.

Einen neuen Datensatz in der Tabelle `DOZENT` könnten wir einfach mit folgendem Tag anlegen:

```
<sql:dbExecute connId="co" output="yes">
  INSERT INTO DOZENT(D_NR,D_NACHNAME,D_VORNAME)
  VALUES (1001,'Johann','Mustermann')
</sql:dbExecute>
```

In der folgenden Tabelle sind die Parameter von `dbExecute` zum Vergleich aufgelistet.

Attribut	Beschreibung	Standard
`[connId]`	Kann weggelassen werden, wenn das Tag `dbExecute` sich innerhalb eines `dbOpen`-Tags befindet, dadurch die Verbindung vorgegeben ist.	
`[output]`	Soll die Anzahl der betroffenen Zeilen ausgegeben werden? `yes` oder `no`	`no`

Tabelle 6.18 Attribute von dbExecute

Attribut	Beschreibung	Standard
[bindParams]	Parameter, die in der SQL-Anweisung verwendet werden (Erläuterung weiter unten)	
[scope]	Der Gültigkeitsbereich der Verbindung, eine der folgenden bei JSP möglichen Bereiche page, request, scope, application	page

Tabelle 6.18 Attribute von dbExecute (Forts.)

Das folgende, vollständige Beispiel illustriert den Einsatz von dbExecute und dbQuery im Rahmen einer Java Server Page:

```
<?xml version = '1.0' encoding = 'windows-1252'?>
<%@ taglib uri="/WEB-INF/sqltaglib.tld" prefix="sql" %>
<sql:dbOpen
  connId = "conn"
  scope = "page"
  user = "Scott"
  password = "Tiger"
  URL = "jdbc:oracle:thin:@127.0.0.1:1521:test"
  commitOnClose = "false"/>

<html>
 <head>
  <title>Hello World</title>
 </head>
 <body>
  <h2>Alle Dozenten</h2>

  <p>Neuer Dozent eingef&uuml;gt:<br>
   <sql:dbExecute connId="conn" >
     INSERT INTO DOZENT(D_NR,D_NACHNAME,D_VORNAME)
     VALUES (666,'Johann','Mustermann')
   </sql:dbExecute>
  </p>

  <p>Anzeigen des neuen Dozenten<br>
   <sql:dbQuery connId = "conn">
     SELECT * FROM DOZENT WHERE D_NR=666
   </sql:dbQuery>
```

```
  </p>

  <p>Neuer Dozent wieder gel&ouml;scht:<br>
   <sql:dbExecute connId="conn" output="yes">
     DELETE FROM DOZENT WHERE D_NR=666
   </sql:dbExecute>
  </p>

 </body>
</html>
```

Listing 6.40 633_1.jsp: dbExecute mit und ohne Ausgabe

Ergebnisse auswerten

Die Ausgabe der Ergebnisse als HTML-Tabelle ist durchaus für die Verwendung in einem Prototyp einer Anwendung zu gebrauchen. Für ein aufwändigeres Portal will man natürlich die Ergebnismenge einer Abfrage in individueller Art darstellen.

Um eine eigene Auswertung der Ergebnismenge vorzunehmen, stellen wir bei `dbQuery` das Attribut `output` mit `jdbc` ein. Über den Namen der Abfrage, den wir über das Attribut `queryId` festgelegt haben, können wir nun mit dem Tag `dbNextRow` die Datensätze in einer Schleife einzeln auswerten.

Über eine gleichnamige Instanz von `ResultSet` können nun in einem Skriptlet innerhalb von `dbNextRow` die Abfrageergebnisse für beliebige Berechnungen und Ausgaben verwendet werden.

Hier das Zusammenspiel von `dbQuery`, `dbNextRow` und `ResultSet`:

```
<sql:dbQuery
  queryId = "qy" connId = "co"  output="jdbc">
    SELECT D_NACHNAME FROM DOZENT
</sql:dbQuery>
<!-- Alle Datensätze in einer Schleife bearbeiten -->
<sql:dbNextRow queryId= "qy">
  <!-- Ab hier kann ein ResultSet "qy" benutzt werden -->
  <%= qy.getString(1) %>
</sql:dbNextRow>
```

Die Ergebnismenge sollte nach der Bearbeitung möglichst wieder explizit geschlossen werden, damit der OC4J-Server die belegte Ressourcen wieder freigeben kann. Das Tag `dbCloseQuery` gibt das `ResultSet` wieder frei. Um die oben geöffnete Ergebnismenge qy wieder zu schließen, schreiben Sie also folgendes Tag in die JSP-Seite:

```
<sql:dbCloseQuery queryId= "qy"/>
```

Der folgende Quelltext fasst die bisher erläuterten Tags noch einmal zusammen:

```
<%@taglib uri="/WEB-INF/sqltaglib.tld" prefix="sql" %>
<sql:dbOpen
  connId = "conn"
  scope = "page"
  user = "Scott"
  password = "Tiger"
  URL = "jdbc:oracle:thin:@127.0.0.1:1521:test"
  commitOnClose = "false"/>
<html>
 <head>
   <title>sql:dbQuery Tag</title>
 </head>
 <body>
   <h2>Alle Dozenten anzeigen (Standard)</h2>

   <sql:dbQuery connId = "conn">
     SELECT * FROM DOZENT
   </sql:dbQuery>

   <h2>Alle Dozenten anzeigen (JDBC/dbNextRow)</h2>
   <sql:dbQuery queryId = "query" connId = "conn"
        output="jdbc">
     SELECT D_NACHNAME, D_VORNAME FROM DOZENT
   </sql:dbQuery>

   <ul>
   <sql:dbNextRow queryId = "query">
     <li><%= query.getString(1) + ", "
           + query.getString(2) %></li>
   </sql:dbNextRow>
   </ul>
   <sql:dbCloseQuery queryId = "query"/>
   <sql:dbClose connId="conn"/>
```

```
  </body>
</html>
```

Listing 6.41 633_2.jsp: Die Tags dbOpen, dbQuery, dbNextRow und dbClose

Dynamische SQL-Anweisungen mit dbSetParam

Kaum eine datenbankbasierte Anwendung wird ohne dynamische SQL-Abfragen auskommen. Parameter, die in Abfragen verwendet werden sollen, können mit dem Tag `dbSetParam` eingerichtet werden. Die Parameter sind dann für die im Quelltext folgenden Tags vom Typ `dbExecute` und `dbQuery` verfügbar und können in deren SQL-Anweisungen eingebunden werden.

Im folgenden Quelltextauszug initialisieren wir zunächst den Parameter `dnr` mit einem Wert:

```
<sql:dbSetParam name="dnr" value="1"/>
```

Einmal angelegt, kann der Parameter in jeder SQL-Anweisung verwendet werden. Soll ein Parameter beispielweise für eine SQL-Anweisung in einem `dbQuery`-Tag eingefügt werden, übergeben wir den Namen des Parameters im Attribut `bindParam`. In der SQL-Anweisung können wir nun an der Stelle, an der ein Parameter eingebunden werden soll, ein Fragezeichen schreiben.

Sollen mehrere Parameter übergeben werden, so schreibt man deren Namen als leerzeichengetrennte Liste in das Attribut `bindParam`. In der Anweisung werden dann die Fragezeichen gemäß der Reihenfolge der Parameter in der Liste durch die Parameterwerte ersetzt.

Im folgenden Beispiel spielen wir diese Variante mit den zwei Parametern `dnr` und `name_neu` durch:

```
<sql:dbSetParam name="dnr" value="1"/>
<sql:dbSetParam name="name_neu" value="Sonnenheim"/>

<sql:dbExecute bindParam="name_neu dnr">
  UPDATE dozent
  SET d_nachname = ?
  WHERE d_nr = ?
</sql:dbExecute>
```

Im Prinzip sind diese Parameter erst einmal statisch festgelegt. Um die Parameter dynamisch mit Werten aus dem HTTP-Request zu füllen, ersetzen wir einfach die statische Zuordnung der Parameterwerte durch entsprechende JSP-Ausdrücke:

```
<sql:dbSetParam name="dnr" value="
    <%=  request.getParameter("d_nr") %>
  "/>
```

Folgendes Beispiel demonstriert ausführlich den Einsatz des Tag `dbSetParam`. Dabei verwenden wir einige passende Tags aus der JML-Bibliothek. Im Wesentlichen generieren wir dabei eine Auswahlliste der Einträge aus der Tabelle `DOZENT`. Wird ein Wert selektiert und das Formular abgesendet, werden die Details zu dem Dozenten angezeigt.

```
<%@ taglib uri="/WEB-INF/sqltaglib.tld" prefix="sql" %>
<%@ taglib uri="/WEB-INF/jml.tld" prefix="jml" %>
<sql:dbOpen
  connId = "conn"
  scope = "page"
  user = "Scott"
  password = "Tiger"
  URL = "jdbc:oracle:thin:@127.0.0.1:1521:test"
  commitOnClose = "false"/>
<jml:useForm id="dnr" param="dnr" type="number"/>
<html>
  <head>
    <title>sql:dbSetParam Tag</title>
  </head>
  <body>
    <form method=POST>
    <h2>Dozent ausw&auml;hlen</h2>
      <sql:dbQuery queryId="dozenten"
           connId="conn" output="jdbc">
        SELECT D_NR, D_VORNAME, D_NACHNAME
        FROM DOZENT
      </sql:dbQuery>

      <select name="dnr">
      <sql:dbNextRow queryId="dozenten">
        <option value="<%=  dozenten.getString(1) %>">
          <%= dozenten.getString(3) %>,
          <%= dozenten.getString(2) %>
        </option>
      </sql:dbNextRow>
      </select>
```

```
        <input type=SUBMIT value="anzeigen"/>
        </p>
      </form>

    <jml:if condition="<%= dnr!=null %>">
      <sql:dbSetParam name="dnr" value="<%= dnr %>"/>
      <sql:dbQuery connId="conn" bindParams="dnr">
        SELECT * FROM DOZENT WHERE D_NR=?
      </sql:dbQuery>
    </jml:if>
    </body>
</html>
```

Listing 6.42 633_2.jsp: Dynamische SQL-Anweisungen mit dbSetParam

6.3.5 Oracle Tags for XML Support

Die Auszeichnungssprache XML findet sich inzwischen in jedem größeren Projekt als Schnittstellen- und Kommunikationsformat wieder. Und ist XML erst mal eingeführt, so taucht es an allen möglichen und unmöglichen Stellen auf: Als Format für Konfigurationsdateien, zum Datenaustausch, für Sicherungskopien, für Nachrichtendienste etc. Es ist nur eine Frage der Zeit, bis es eine allgemein akzeptierte Geburtstagskarten-DTD gibt, mit der Geburtstagskarten standardisiert ausgetauscht werden können.

Die Bibliothek *Oracle Tags for XML Support* bietet bei der Arbeit mit XML-Formaten Unterstützung in mehrfacher Hinsicht. Zum einen gibt es einige Tags der anderen Bibliotheken, die implizit XML-Objekte erzeugen und verarbeiten können, beispielsweise das Tag `dbQuery`. Zum anderen bietet die Bibliothek eigene Tags, um XML-Objekte zu erzeugen und XSL-Transformationen vorzunehmen.

Über das Attribut `toXMLObjName`, das in der Definition von `dbQuery` vorkommt, aber auch über andere Tags, wird die Ausgabe in einem benannten XML-Objekt gespeichert. Sobald ein solches XML-Objekt benannt und initialisiert worden ist, kann es von einem anderen Tag über das Attribut `fromXMLObjName` eingebunden werden. Das bedeutet: Tags, die das Attribut `toXMLObjName` besitzen, können jederzeit XML-Objekte erzeugen, sind im Oracle-Jargon also *XML producer*. Tags, die das Attribut `fromXMLObjName` aufweisen, können XML-Objekte verarbeiten, sind also potenzielle *XML consumer*.

Standardmäßig, wenn also kein XML-Objektname angegeben ist, wird bei diesen Tags das erzeugte XML direkt in den Seitenpuffer geschrieben bzw. bei den lesenden Tags aus dem Tag-Inhalt gelesen.

Die Tags der XML-Bibliothek selbst behandeln zwei wichtige Vorgänge:

- **Erzeugen von XML-Objekten**
  Mit dem Tag `parseXML` kann der Inhalt des Tags oder eine Datei in ein XML-Objekt umgewandelt werden.
- **Transformieren von XML**
  Ein XSL-Stylesheet wird über die Tags `transform` bzw. `stylesheet` auf das vorhandene XML-Objekt angewandt.

XSL-Transformation mit transform

Das Tag `transform` führt eine Transformation anhand einer Vorlage im XSL-Format durch. Diese XSL-Stylesheets definieren, wie die im Ausgangsformat beschriebenen Daten in eine graphische (oder datentechnische) Repräsentation umgewandelt werden sollen. Diese Technologie ist optimal geeignet, um die datenorienterte Anwendungslogik von der layoutorientierten Ausgabelogik zu trennen.

So kann der Webdesigner vollkommen unabhängig vom Programmierer das Aussehen der XML-Datenobjekte in der Ausgaben verändern. Über neuere Editoren ist diese Bearbeitung ähnlich komfortabel zu bewerkstelligen wie mit einem herkömmlichen HTML-Editor.

Dadurch, das Datenobjekte in standardisiertem XML in ursprünglicher Form verfügbar sind, und nicht durch layoutspezifische Auszeichnungen quasi korrumpiert werden, kann das gleiche XML-Ergebnis aus der Anwendungslogik leicht für mehrere Ausgabekanäle genutzt werden. Wenn also ein Dozent aus der Tabelle `DOZENT` der Kursdatenbank dargestellt werden soll, so kann die in XML gehaltene Beschreibung des Datenobjekts `Dozent` über verschiedene XSL-Stylesheets in ein PDF-, HTML- oder auch in ein SQL-Dokument umgewandelt werden.

Das Tag `transform` definiert über das Attribut `href`, welches XSL-Stylesheet angewendet wird. Das XML-Dokument, das transformiert werden soll, kommt entweder implizit aus dem Parameter `fromXMLObjName`, also von einem vorangehenden XML-Erzeuger, oder explizit aus den Inhalt des `transform`-Tags.

Angenommen, Sie haben das folgende einfache XSL-Stylesheet:

```
<stylesheet version="1.0"
xmlns="http://www.w3.org/1999/XSL/Transform">
  <template match="dozenten">
Unsere Dozenten:
    <for-each select="dozent">
  -   <value-of select="nachname"/>,
      <value-of select="vorname"/>
    </for-each>
  </template>
</stylesheet>
```

Listing 6.43 634_1.xsl: Ein Stylesheet zum Darstellen einer Liste von Dozenten

Die Anweisungen an den transformierenden Prozess lassen sich also folgendermaßen umschreiben: »Suche das Tag `dozenten`, füge in die Ausgabe den Text *Unsere Dozenten:* ein. Arbeite alle vorkommenden Tags vom Typ `dozent` in einer Schleife ab. Schreibe für jedes Tag `dozent` nach einem führenden Bindestrich die kommagetrennten Nach- und Vornamen.«

Nahmen wir weiterhin an, Sie schreiben zu diesem XSL-Stylesheet nun diese JSP-Seite. Beachten Sie dabei das verschachtelte XML:

```
<%@ taglib uri="/WEB-INF/xml.tld" prefix="xml" %>
<xml:transform href="634_1.xsl">
 <dozenten>
  <dozent>
    <vorname>Harald</vorname>
    <nachname>Hirsch</nachname>
  </dozent>
  <dozent>
    <vorname>Walter</vorname>
    <nachname>Alter</nachname>
  </dozent>
 </dozenten>
</xml:transform>
```

Listing 6.44 634_2.jsp: XSL-Transformationen mit dem Tag transform

Das Tag `transform` ist dabei von der Funktionalität her mit dem Tag `stylesheet` identisch. Sie können also an Stelle von `xml:transform` jederzeit auch `xml:stylesheet` in der JSP-Seite verwenden. Wenn Sie jetzt diese Seite aufrufen, bekommen Sie in etwa diesen Text als Ausgabe:

```
Unsere Dozenten:
- Hirsch, Harry
- Alter, Walter
```

In einem etwas umfangreicheren Beispiel wollen wir das Zusammenspiel von `dbQuery` und `transform` darstellen. Wie wir in dem entsprechenden Abschnitt zu `dbQuery` angedeutet haben, kann man bei `dbQuery` als `output` den Wert `xml` angeben. Das durch `dbQuery` erzeugte XML-Format enthält dabei stets eine Wurzel `rowset` und ein Tag `row` für jeden Datensatz. In jedem der Datensätze sind dann die Tabellenspalten als jeweils eigenes Tag mit dem Wert als Inhalt gespeichert.

Für die Tabelle `DOZENT` sieht ein Beispiel für ein Abfrageergebnis in XML dann etwa so aus:

```
<ROWSET>
   <ROW num="1">
      <D_NR>1</D_NR>
      <D_ANREDE>Frau</D_ANREDE>
      <D_VORNAME>Birte</D_VORNAME>
      <D_NACHNAME>Sonnenschein</D_NACHNAME>
      <D_STRASSE>Charlottenhofstr.</D_STRASSE>
      <D_HAUSNR>29</D_HAUSNR>
      <D_STADTTEIL>Kettwig</D_STADTTEIL>
      <D_LAND>D</D_LAND>
      <D_PLZ>45219</D_PLZ>
      <D_STADT>Essen, Ruhr</D_STADT>
      <D_VORWAHL>2054</D_VORWAHL>
      <D_TELNR>203610</D_TELNR>
   </ROW>
</ROWSET>
```

Für dieses Format schreiben wir nun ein XSL-Stylesheet, das die Daten der Dozenten als HTML-Adressenliste ausgibt:

```
<xsl:stylesheet version='1.0'
     xmlns:xsl='http://www.w3.org/1999/XSL/Transform'>
<xsl:template match="ROWSET">

 <html>
  <body>
   <h1>Adressen der Dozenten</h1>
   <table border="2">
```

```
    <tr>
     <th>ID</th>
     <th>Adresse</th>
    </tr>
<xsl:for-each select="ROW">
    <tr>
     <td>#
<xsl:value-of select="D_NR"/>
     </td>
     <td>
<xsl:value-of select="D_NACHNAME"/>,
<xsl:value-of select="D_VORNAME"/>
      <br/>
<xsl:value-of select="D_STRASSE"/> 
<xsl:value-of select="D_HAUSNR"/>
      <br/>
<xsl:value-of select="D_PLZ"/> 
<xsl:value-of select="D_STADT"/>
     </td>
    </tr>
</xsl:for-each>
   </table>
  </body>
 </html>

</xsl:template>
</xsl:stylesheet>
```

Listing 6.45 XYZ.xsl: Ein Stylesheet für das dbQuery-XML-Format der Dozententabelle

Wenn wir jetzt bei `dbQuery` also XML als Ausgabeformat einstellen, können wir das Ergebnis über `transform` mit dem oben dargestellten XSL-Stylesheet in eine ansprechende HTML-Adressliste umwandeln. Dabei können wir auf zwei Arten vorgehen: entweder über `toXMLObjName` ein implizites XML-Objekt erzeugen und weitergeben oder explizit das XML über die Verschachtelung der Tags übergeben.

```
<sql:dbQuery connId="conn" output="xml" toXMLObjName="xml">
  SELECT * FROM DOZENT
</sql:dbQuery>
<xml:transform href="XYZ.xsl" fromXMLObjName="xml"/>
```

Oder wir schreiben wie im hier vollständig dargestellten Beispiel:

```
<%@ taglib uri="/WEB-INF/sqltaglib.tld" prefix="sql" %>
<%@ taglib uri="/WEB-INF/xml.tld" prefix="xml" %>
<sql:dbOpen
  connId = "conn"
  scope = "page"
  user = "Scott"
  password = "Tiger"
  URL = "jdbc:oracle:thin:@127.0.0.1:1521:test"
  commitOnClose = "false"/>

<xml:transform href="634_3.xsl">
  <sql:dbQuery connId="conn" output="xml">
    SELECT * FROM DOZENT
  </sql:dbQuery>
</xml:transform>
```

Listing 6.46 634_4.jsp: Umwandeln der XML-Rückgabe von dbQuery

Beide Vorgehensweisen kommen zum gleichen Ergebnis, einer transformierten Adressliste. Diese sieht dann wie in Abbildung 6.15 aus.

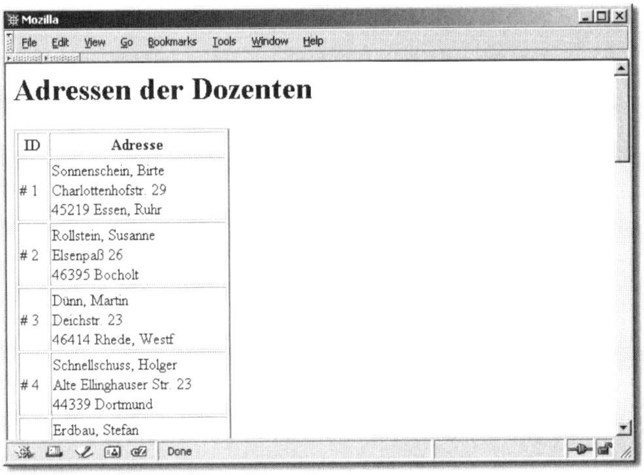

Abbildung 6.15 Das Ergebnis der XSL-Transformation

XML aus einer Datei parsen

Mit dem Tag `parseXML` können Sie ein XML-Objekt aus einer externen Datei, aber auch aus dem Inhalt des Tags erzeugen.

Das XML-Objekt ist dann für verschachtelten Tags, die `fromXMLObjName` als Attribut aufweisen (also XML-Objekte verarbeiten können), implizit verfügbar.

```
<xml:parsexml resource="dozenten.xml">
  <xml:transform href="dozenten.xsl" />
</xml:parsexml>
```

Das verschachtelte `transform` erhält automatisch die Referenz des erzeugten XML-Objekts aus `parseXML`.

Es kann über das Attribut `toXMLObjName` auch mit einem eigenen Namen versehen werden. Über diesen Namen können dann nachfolgende Tags auf das XML-Objekt zugreifen.

```
<xml:parsexml resource="dozenten.xml" toXMLObjName="dxml"/>
<xml:transform href="dozenten.xsl" fromXMLObjName="dxml"/>
```

In der Regel wird das XML-Objekt jedoch während der Ausführung der jeweiligen Tags implizit erzeugt. Allerdings ist das Tag recht komfortabel auch bei der normalen Programmierung von JSP-Seiten einsetzbar. So kann das erzeugte XML-Objekt in eigenen Skriptlets verwendet werden.

```
<%@page import="org.w3c.dom.*" %>
<%@ taglib uri="/WEB-INF/xml.tld" prefix="xml" %>
<xml:parsexml resource="634_3.xsl" toXMLObjName="xdoc"/>
<%
  Element e = xdoc.getDocumentElement();
%>
<h1><%= e.getNodeName() %></h2>
<%
  NodeList list = e.getChildNodes();
  for (int i=0; i < list.getLength();i++) {
    %>
   <li><%= list.item(i).getNodeName() %></li>
    <%
  }
%>
```

Listing 6.47 634_5.jsp: Ein mit parsexml erzeugtes XML-Objekt verwenden

6.3.6 JESI/Edge Side Includes

Der *Oracle 10g Web Cache*, Bestandteil des *Oracle10g AS*, ist ein Puffer auf HTTP-Ebene. Das heißt, er dient, analog zu einem Proxy-Server, als Zwischenspeicher zwischen Webserver und Browser. Im Gegensatz zu einem Proxy, der von der

Clientseite her installiert wird, wird der Web Cache gewöhnlich von dem Provider eines Internetportals aufgesetzt. Das Ziel des Web Cache ist es dabei, den Webserver und den dahinter liegenden Applikationsserver durch die Pufferung von Webseiten zu entlasten.

Dabei wird die Nachfrage nach bestimmten Inhalten (also statischen Inhalten wie Bildern, Texten und HTML-Dateien, aber auch dynamischen Inhalten wie PHP- oder JSP-Seiten) von einem Caching-Algorithmus beobachtet. Häufig benötigte Ressourcen werden im Speicher vorgehalten, wenig benötigte Ressourcen werden nur nach Bedarf geladen.

Seinen besonderen Nutzen entfaltet der Web Cache durch die Unterstützung der *Edge Side Includes* (ESI). Hierbei kann der Programmierer Teile einer Seite mit einem Verfallsdatum (englisch *time to live, TTL*) versehen. Der Web Cache behält die so markierten Teile der Seite im Speicher und aktualisiert diese, sobald das Verfallsdatum abläuft. Das heißt, der Webserver erzeugt die Seite nur noch dann dynamisch, wenn tatsächlich eine Aktualisierung ansteht. In der Zwischenzeit wird die Seite quasi statisch vom Web Cache bereitgestellt.

Zum Beispiel ist ein Umfrage-Formular, das dynamisch aus einer Portaldatenbank erzeugt wird, in der Regel recht statisch. Änderungen erfolgen höchstens tage- oder wochenweise. Die aktuellen Neuigkeiten (»News«) hingegen werden vielleicht im Stundenrhythmus aktualisiert.

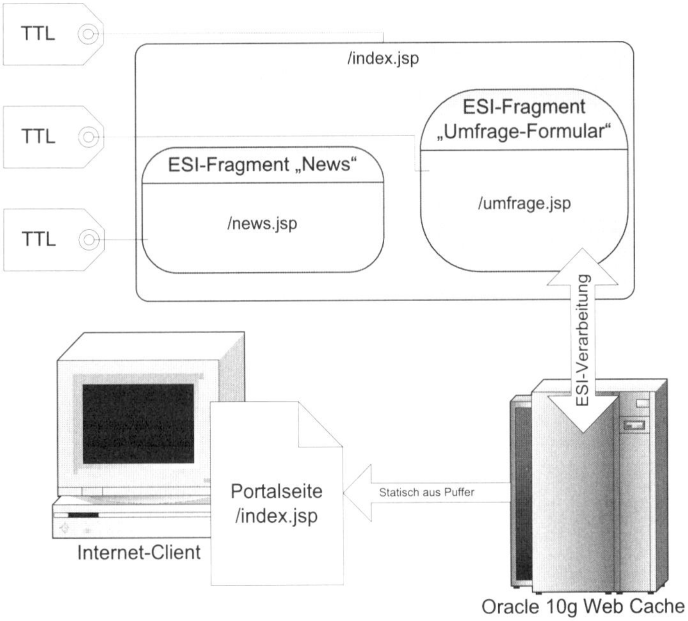

Abbildung 6.16 ESI ermöglicht die Pufferung dynamischer Inhalte.

Mit der ESI-Technologie kann der Programmierer nun dem Web Cache die Anweisung geben, das Navigationsmenü nur einmal pro Tag zu aktualisieren, die Tabelle mit den Neuigkeiten hingegen jede halbe Stunde. Die Seite wird dann einmal erzeugt und wie eine statische Seite im Speicher vorgehalten und verteilt. Der Web Cache aktualisiert in den angegebenen Rhythmen die durch ESI ausgezeichneten dynamischen Inhalte. Solche Teile einer Seite nennen wir im Folgenden *Seitenfragmente*.

Diese Strategie hat natürlich erhebliche Vorteile gegenüber einer dynamischen Erzeugung der Seite für jede Anforderung. Die Verwaltung des Seitenpuffers ist dabei im Wesentlichen von der eigentlichen Applikation unabhängig und erfolgt im Web Cache. Die ESI-Technologie besitzt darüber hinaus einige Möglichkeiten der Anpassung durch den Einsatz von Bedingungen, Variablen und eines Mechanismus zur Behandlung von Fehlern und Ausnahmen.

Natürlich erfordert die Planung des Einsatzes von ESI ein wenig Vorarbeit: Welche Seitenfragmente eignen sich für ein Caching, in welchen Abständen sollen diese Teile aktualisiert werden? Und dann: Wie fragmentiert man die Portalseiten, so dass der Web Cache einzelne Teil aktualisieren kann, aber ohne dass das Projekt unübersichtlich wird?

Hier bietet Oracle die *JSP to ESI tag library*, kurz JESI. Über diese Bibliothek können die Seitenteile mit XML-Tags markiert werden, und im Rahmen der Kompilierung der JSP werden transparent für den Entwickler die Seitenfragmente erzeugt und in eine korrekte, ESI-fähige Seite eingebettet.

Eine ausführliche Beschreibung von ESI finden Sie auf dem Internetportal **www.esi.org.** Im folgenden Abschnitt gehen wir nur insofern auf ESI ein, als diese Kenntnisse zum Einsatz und Verständnis der JESI notwendig sind.

Zwei verschiedene Herangehensweisen

JESI bietet zwei verschiedene Herangehensweisen zur Beschreibung der Seitenfragmente und deren Zusammensetzung zu einer Gesamtseite. Sind die Seitenfragmente bereits definiert – also in verschiedene JSPs unterschieden, so können diese über die Kombination der Tags `control` und `include` zu einer ESI-fähigen Gesamtseite zusammengefügt werden.

Soll die Fragmentierung einer Seite jedoch automatisiert erfolgen, also während der Kompilierung der Seite durch die JESI-Umgebung, so definiert man mit den Tags `template` und `fragment`, mit welcher Lebensdauer einzelne Seitenteile versehen werden sollen.

Die zwei Herangehensweisen noch mal im direkten Vergleich:

- **control/include**
  Mehrere getrennte JSPs werden zur Laufzeit zu einer Gesamtseite zusammengefügt.
- **template/fragment**
  Eine markierte JSP wird beim Kompilieren automatisch in mehrere Seitenfragmente zerlegt.

Im folgenden Beispiel binden wir also ein Fragment *kursliste.jsp* in eine JSP über `control/include` ein. Die Seite selbst und das Fragment sollen dabei vom ESI-Prozessor gepuffert werden.

```
<jesi:control/>
<html><body>
  <h1>Hauptseite</h1>
  <jesi:include page="kursliste.jsp"/>
</body></html>
```

Wichtig: Jede Seite definiert für sich selbst, wie lange sie im Puffer verbleiben kann. Der Entwickler der Seite *kursliste.jsp* kann also in Eigenregie die maximale Lebensdauer der Seite über eine `control`-Anweisung festlegen. Im Beispiel oben werden die Standardeinstellungen des ESI-Prozessors übernommen.

Die Kombination aus `template/fragment` erlaubt es im Gegensatz zu `control/include`, in den mit `fragment` markierten Bereichen HTML und JSP-Ausdrücke zu verwenden. Im unten dargestellten Auszug erzeugen wir also eine Gesamtseite und ein Seitenfragment, die vom ESI-Prozessor gepuffert werden sollen. Dabei erzeugt die Implementierung der JESI-Bibliothek automatisch das entsprechende Seitenfragment.

```
<jesi:template>
<html><body>
  <h1>Hauptseite</h1>
  <jesi:fragment>
    <h2>Unsere Kurse</h2>
    <%= erzeugeDieKursliste() %>
  </jesi:fragment>
</body></html>
</jesi:template>
```

Die Herangehensweise über `template/fragment` lässt sich leicht nachträglich auf bestehende Seiten anwenden. Auch bei Seiten, bei denen an verschiedenen

Stellen größere und kleinere Details gepuffert werden sollen und bei denen sich die Auslagerung des jeweiligen Details in eine eigene JSP nicht lohnt.

Sobald allerdings Elemente einer Seite so umfangreich sind, dass ein anderer Entwickler diese unabhängig vom Gesamtkontext bearbeiten können soll, ist die Methode `control/include` besser geeignet: Die Trennung der verschiedenen Komponenten ist dann nämlich auch als reale Trennung von Quelltexten im Projekt sichtbar.

Die beiden Methoden, ESI-Seitenfragmente zu definieren, lassen sich mischen: Eine Maske, also ein `template`, für die Gesamtseite kann durch entsprechende `include`-Anweisungen weiterhin externe Seiten einbinden. Allerdings dürfen `template` und `control` nicht auf derselben Seite verwendet werden. Denn in diesen Tags wird ja jeweils definiert, wie lange die Seite im Puffer verbleiben darf.

```
<jesi:template expiration="86400">
<html><body>
  <h1>Hauptseite</h1>
  <jesi:fragment expiration="14400">
    <h2>Unsere Kurse</h2>
    <jesi:include page="kursliste.jsp"/>
  </jesi:fragment>
</html></body>

</jesi:template>
```

Hier ist zu beachten, dass ESI-Markierungen innerhalb der `fragment`-Anweisung, wie im folgenden Beispiel dargestellt, eine zusätzliche Pufferungsstufe erzeugen. Sollte diese nicht gewollt und notwendig sein, reicht in der Regel das normale Einfügen des Seitenfragments über die Aktion `jsp:include` aus dem Sprachumfang der JSP.

Die Wahl der Methode hängt also von Projektumfang ab und vom layoutbezogenen und inhaltlichen Zusammenhang der einzelnen Objekte auf der Portalseite.

Die Kombination von control/include

Die Tags `control` und `include` dienen dazu, mehrere, getrennte JSPs zu einer Portalseite zusammenzufügen und über ESI optimal puffern zu lassen. Dabei stellt die Anweisung `control` ein, wie lange die aktuelle Seite im Puffer bleiben darf. Daher darf es für jede Seite nur eine solche Anweisung geben.

Sind in einer Seite include-, aber keine control-Anweisungen enthalten, so bestimmt der ESI-Prozessor, wie mit der Seite verfahren wird. In der Regel wird hier ein einstellbarer Standardwert angenommen.

Das Tag control umfasst dabei folgende Parameter:

Attribut	Beschreibung	Standard
expiration	Legt die Lebensdauer der Seite im Puffer in Sekunden fest.	300
maxRemovalDelay	Legt die maximale Spanne (in Sekunden) fest, die die Seite nach Ablauf der Lebensdauer im Puffer verbleiben darf.	1
cache	Legt fest, ob die Seite gepuffert werden soll. Erlaubt sind die Werte: yes, no, no-remote no-remote bedeutet, dass die Seite nur im nächsthöheren Puffer gespeichert werden darf (im Falle eines mehrstufigen Web Cache).	yes

Tabelle 6.19 Attribute der control-Anweisung

Das Tag control muss am Seitenanfang stehen, da die Informationen über die Lebensdauer der Seite im Puffer über HTTP-Header gesendet werden. Wurde bereits ein Teil der Seite an den Client gesendet, kann ein entsprechender Header nicht mehr übertragen werden, da HTTP-Header stets ganz am Anfang einer HTTP-Übertragung stehen: Das Tag erzeugt dann eine Ausnahme.

Das Attribut cache hat keine Auswirkungen darauf, ob und wie die durch include eingefügten Seitenfragmente gepuffert werden, sondern bezieht sich allein darauf, ob die aktuelle Seite gepuffert wird oder für jede Anfrage neu erstellt werden soll. Dieses Verhalten ist besonders wichtig für Seiten, die Parameter an eines oder mehrere der Seitenfragmente weitergeben sollen: Solche Seiten können nicht also solche gepuffert werden beziehungsweise dürfen dann vom ESI-Prozessor nur unter Berücksichtigung der Seitenparameter gepuffert werden.

Um also eine Seite jede Stunde aktualisieren zu lassen, fügen wir folgendes Tag am Seitenanfang ein:

```
<jesi:control expiration="3600"/>
```

Die Seite kann dann mehrere include-Anweisungen enthalten, die entsprechende Seitenfragmente einbinden.

Die Anweisung `include` nimmt dabei folgende Attribute auf:

Attribut	Beschreibung	Standard
`page`	Der URI des Seitenfragments, das eingebunden werden soll	
`[alt]`	Ein alternatives Fragment, falls `page` nicht verfügbar sein sollte	
`ignoreError`	Wenn `true` angegeben ist, wird die Bearbeitung der Seite auch dann fortgesetzt, wenn sowohl der bei `page` als auch der bei `alt` angegebene URI nicht verfügbar ist.	`false`
`[flush]`	Kompatibilitätsparameter zur Anweisung `jsp:include`; ohne Auswirkungen	
`copyparam`	Gibt an, ob die Seitenparameter an das eingebundene Seitenfragment weitergegeben werden sollen: `true` oder `false`	`false`

Tabelle 6.20 Die Attribute von include

Angenommen, die Seite *kursliste.jsp* soll in den Quelltext eingebunden werden. Alternativ, für den Fall, dass *kursliste.jsp* nicht verfügbar ist, ist eine Seite *sorry.html* vorgesehen. In dem Fall, dass beide Seiten nicht verfügbar sind, soll die Bearbeitung der Seite abgebrochen werden. Das komplette Tag sieht dann folgendermaßen aus:

```
<jesi:include page="kursliste.jsp"
      alt="sorry.html" ignoreError="true"/>
```

Kommen wir noch einmal auf das Zusammenspiel der Parameter `cache` von `control` und `copyparam` von `include` zurück: Es ist wichtig, dass eine Seite, die Seitenparameter an ein Seitenfragment weitergeben soll, nicht gepuffert wird. Sonst wird die Seite mit dem ersten Set von Seitenparametern erzeugt, und anschließend wird die Seite aus dem Puffer bedient.

Die Parameterübergabe funktioniert nur für jeden Seitenaufruf, wenn `cache` gleich `false` gesetzt wurde:

```
<jesi:control cache="false" />
<jesi:include page="kursliste.jsp" copyparam="true"/>
```

Im Gegensatz dazu werden die Seitenparameter im folgenden Beispiel nur bei der fälligen Aktualisierung, also jede Minute, einmal an das Seitenfragment *kursliste.jsp* übertragen:

```
<jesi:control expiration="60"/>
<jesi:include page="kursliste.jsp" copyparam="true"/>
```

Dieses, in der Regel unbeabsichtigte Verhalten wird gerne implementiert, zum einen, weil `cache` standardmäßig auf `true` gesetzt ist, und zum anderen, weil der erste Aufruf der Seite wie erwartet funktioniert.

Die Kombination von template/fragment

Wenn die Aufteilung der Seite in Seitenfragmente nicht explizit als getrennte Quelltexte realisiert werden soll, kann diese Aufgabe der JESI-Implementierung überlassen werden. Damit lassen sich bestehende Seiten leicht für die Pufferung durch einen ESI-Prozessor anpassen.

Die Seite wird dann mit der Wurzel `template` versehen. Die Teile, die gepuffert werden sollen, werden anschließend mit `fragment` markiert. Die Seite selbst wird nicht verändert. Innerhalb eines `fragment` dürfen sowohl HTML- als auch JSP-Ausdrücke stehen. Auch zwischen den `fragment`-Anweisungen auf der Ebene von `template` muss nichts verändert werden.

Das Tag `template` darf allerdings nur ein einziges Mal in einer Seite vorkommen, da hier das Verhalten der Seite im Puffer beschrieben wird. Das Tag `template` muss am Anfang der Seite stehen: Wie nämlich auch bei `control` werden die Informationen über die Lebensdauer und das Pufferungsverhalten dem ESI-Prozessor im HTTP-Header übermittelt.

```
<jesi:template>
...html...
...<% // JSP %>
  <jesi:fragment>
    ...html...
    <% // JSP %>
  </jesi:fragment>
    ...html/JSP...
  <jesi:fragment>
    ...
  </jesi:fragment>
  ...
</jesi:template>
```

Im oben dargestellten Auszug erzeugt die JESI-Implementierung also transparent für den Entwickler eine Hauptseite und zwei Seitenfragmente.

Dabei nimmt `template` folgende Parameter auf:

Attribut	Beschreibung	Standard
`expiration`	Legt die Lebensdauer der Seite im Puffer in Sekunden fest.	`300`
`maxRemovalDelay`	Legt die maximale Spanne (in Sekunden) fest, die die Seite nach Ablauf der Lebensdauer im Puffer verbleiben darf.	`1`
`cache`	Legt fest, ob die Seite gepuffert werden soll. Erlaubt sind die Werte: `yes`, `no`, `no-remote` `no-remote` bedeutet, dass die Seite (im Falle einer mehrstufigen Web Cache-Konfiguration)nur im nächsthöheren Puffer gespeichert werden darf.	`yes`

Tabelle 6.21 Attribute des Tags template

Soll eine Seite einmal pro Stunde aktualisiert werden, so würde das `template`-Tag so aussehen:

```
<jesi:template expiration="3600">
  <!-- Seitenquelltext -->
</jesi:template>
```

Innerhalb des `template`-Tags können nun beliebig viele `fragment`- und `include`-Anweisungen stehen. Die Parameter von `fragment` entsprechen den Parametern von `template`, also `expiration`, `maxRemovalDelay` und `cache`.

```
<jesi:template expiration="3600">
  <!-- Seitenquelltext -->
  <jesi:fragment expiration="60"
        maxRemovalDelay="60" cache="no-remote">
    <!-- Quelltext des Seitenfragments -->
  </jesi-fragment>
</jesi:template>
```

Wenn die Seite oder eines der Seitenfragmente von Parametern abhängig ist, sollte `cache=no` im Tag `template` gesetzt sein oder die Seite unter Berücksichtigung der Parameter gepuffert sein.

Von JESI zu ESI

Welche Ausgabe wird denn eigentlich aus den JESI-Anweisungen erzeugt? Die JESI-Anweisungen erzeugen die für die Steuerung des ESI-Prozessors notwendigen ESI-Markierungen. Die für die Lebensdauer der Seite im Puffer wichtigen Daten werden als HTTP-Header versendet. Werden keine besonderen Daten im HTTP-Header übermittelt, so obliegt es dem ESI-Prozessor, anhand seiner Konfiguration zu bestimmen, wie die Seite gepuffert wird. Die Tags `control` und `template` übermitteln ihre Parameter in der Headerinformation *Surrogate-Control*. Angenommen, Sie haben in Ihrem Quelltext folgende `control`-Anweisung eingefügt:

```
<jesi:control expiration="3600"/>
```

Dann wird der unten angezeigte HTTP-Header erzeugt:

```
Surrogate-Control: content="ESI/1.0",max-age=3600+0
```

Der gleiche HTTP-Header wird auch von einer analogen `template`-Anweisung gesetzt. Wenn wir die Attribute der Anweisung erweitern, gewinnen wir einen kleinen Einblick in das Protokoll, mit dem der Entwickler implizit mit dem ESI-Prozessor kommuniziert. Erweitern wir also eine `template`-Anweisung um das Attribut `cache` mit dem Wert `no`:

```
<jesi:template expiration="450" cache="no"/>
```

So wird die Headerinformation um ein `no-store` erweitert:

```
Surrogate-Control: content="ESI/1.0",max-age=450+0,no-store
```

Die Links zu den Seitenfragmenten werden ähnlich wie bei *Server Side Includes* (SSI) für die serverseitige Bearbeitung in `include`-Tags gesetzt. Wenn wir die viel zitierte *kursliste.jsp* über ein JESI-`include` eingebunden haben, so wird daraus die folgende ESI-Markierung:

```
<esi:include src="/kursliste.jsp"/>
```

Der ESI-Prozessor führt diese Seite aus, bindet sie in den Gesamtkontext ein und behält gemäß der ESI-Anweisungen in *kursliste.jsp* eine Kopie der Seite im Puffer. Die durch `template` und `fragment` erzeugten Seitenfragmente werden in gleicher Weise auf der Hauptseite eingebunden. Beim Kompilieren werden die Seitenfragmente von derselben JSP erzeugt, sind jedoch in der von Oracle gelieferten JESI-Implementierung von dem Parameter `__esi_fragment` abhängig. Haben wir also eine Seite *index.jsp* mit einem `template`-Tag und zwei verschachtelten `fragment`-Anweisungen, so entstehen drei Seiten: die Hauptseite *index.jsp* und zwei Seitenfragmente, die man mit `index.jsp?__esi_fragment=1` und `index.jsp?__esi_fragment=2` abrufen kann.

Die Seitenfragmente werden in gleicher Weise wie oben, also über ein ESI-`include`, mit der Hauptseite verknüpft.

Seiten aus dem Cache entfernen

Es gibt immer Situationen, in denen die gepufferten Seiten aktualisiert werden sollen, beispielsweise nach relevanten Änderungen am Inhalt oder an der Struktur eines Portals. Die Vermischung von gepufferten und ungepufferten Inhalten kann nach solchen Änderungen zu unerwünschten Effekten führen.

Die komplette Aktualisierung des Puffers ist allerdings bei großen Portalen keine effiziente Option – daher sieht die ESI-Spezifikation einen Mechanismus zur gezielten Invalidierung einzelner, gepufferter Seiten vor. Eine solche invalidierte Seite wird dann zu gegebenem Zeitpunkt im Puffer aktualisiert, spätestens aber bei dem nächsten Aufruf der Seite. Mit dem Tag `invalidate` kann der ESI-Prozessor angewiesen werden, eine Seite explizit aus dem Puffer zu entfernen. Diese wird dann bei dem nächsten Aufruf der Seite aktualisiert. Dabei wird die zu entfernende Seite über eine URL identifiziert. Optional kann zusätzlich zur URL eine Kombination von Cookie-Werten und HTTP-Headerdaten angegeben werden. Damit ist es beispielsweise möglich, nur die Seiten einer bestimmten Nutzergruppe aus dem Puffer zu entfernen.

Da die Invalidierung mit einem Verbindungsaufbau zum ESI-Prozessor verbunden ist, müssen im Tag `invalidate` ein Benutzername, ein Passwort und die URL des ESI-Prozessors angegeben werden. Alternativ können diese Daten auch in einer getrennten Konfigurationsdatei gespeichert werden. Die zu entfernenden Seiten werden über ein oder mehrere `object`-Tags angezeigt. Innerhalb eines `object`-Tags können über `header` und `cookie` die einschränkenden Cookie-Werte und HTTP-Header festgelegt werden. Um die Seite *kursliste.jsp* auf dem Server aus dem Puffer zu entfernen, sieht die Kombination aus `invalidate` und `object` wie folgt aus:

```
<jesi:invalidate url="http://www.galileopress.de:4001"
     username="scott" password="tiger">
  <jesi:object uri="/kursliste.jsp" />
</jesi:invalidate>
```

Die folgende Tabelle zeigt die Parameter von `invalidate`:

Attribut	Beschreibung	Standard
`url`	Die URL, unter der der Server erreichbar ist	
`username`	Der Benutzername auf dem Server des ESI-Prozessors	
`password`	Das passende Passwort	

Tabelle 6.22 Attribute des invalidate-Tags

Attribut	Beschreibung	Standard
[config]	Alternativ zur Kombination von url, username, password: Der Pfad zu einer Konfigurationsdatei	
[output]	Wenn hier browser angegeben wird, erzeugt das Tag eine Ausgabe über die erfolgreiche Entfernung der Seite aus dem Puffer.	null

Tabelle 6.22 Attribute des invalidate-Tags

Eine gültige Konfigurationsdatei für den Parameter config sieht dabei wie unten dargestellt aus. Beachten Sie dabei, dass diese Konfigurationsdatei einerseits von der JSP aus erreichbar, andererseits aber nicht im Netz frei verfügbar sein sollte – im ungünstigsten Fall landen die Daten in einer der großen Suchmaschinen ...

```
<?xml version="1.0" ?>
<ojsp-config>
  <web-cache>
    <url>http://www.galileopress.de:4001</url>
    <username>scott</username>
    <password>tiger</password>
  </web-cache>
</ojsp-config>
```

Innerhalb von object können nun zusätzliche, einschränkende cookies und header eingefügt werden:

```
<jesi:object uri="/kursliste.jsp">
  <jesi:cookie name="benutzertyp" value="gast" />
  <jesi:header name="Last-Modified"
        value="1010111100011" />
</jesi:object>
```

Hier werden also nur die Versionen von *kursliste.jsp* aktualisiert, bei denen ein Cookie benutzertyp mit dem Wert gast gesetzt wurde und die im Header Last-Modified den Wert 1010111100011 stehen haben.

Die folgenden beiden Quelltexte zeigen noch einmal den Einsatz aller relevanten Tags aus der JESI-Bibliothek:

```
<%@ taglib uri="/WEB-INF/jesitaglib.tld" prefix="jesi" %>
<jesi:template expiration="60">
<html>
 <body>
```

```
    <h1>Hauptseite</h1>
    <p>(expiration=60) Aktualisiert um
    <%= new java.util.Date() %>
    </p>

    <jesi:fragment expiration="3600">
      <legend><label>Fragment 1</label>
      <p>(expiration=3600) Aktualisiert um
      <%= new java.util.Date() %>
      </p>
      </legend>
    </jesi:fragment>

    <jesi:fragment>
      <legend><label>Fragment 2</label>
      <p>(default) Aktualisiert um
      <%= new java.util.Date() %>
      </p>
      </legend>
    </jesi:fragment>
  </body>
</html>
</jesi:template>
```

Listing 6.48 635_1.jsp: Einsatz von template und fragment

Es folgt ein Beispiel für den Einsatz von `control/include`. Dieses Beispiel nutzt eines der im vorigen Quelltext definierten Seitenfragmente, daher sollte obige JSP gemeinsam mit dem folgenden Beispiel verfügbar sein:

```
<%@ taglib uri="/WEB-INF/jesitaglib.tld" prefix="jesi" %>
<jesi:control expiration="60"/>
<html>
  <body>
    <h1>Hauptseite</h1>
    <p>(expiration=60) Aktualisiert um
    <%= new java.util.Date() %>
    </p>
    <jesi:include page="635_1.jsp?__esi_fragment=2"/>
```

```
  </body>
</html>
```

Listing 6.49 635_2.jsp: Die JESI-Tags control und include

6.3.7 OC4J und Enterprise JavaBeans

Die Enterprise JavaBeans spielen in einer J2EE-Architektur eine zentrale Rolle. Eine EJB kapselt Anwendungslogik und Datenstrukturen aus der Geschäftslogik (englisch *business tier*). Als Programmierer einer EJB konzentrieren Sie sich dabei auf die Programmierung einer bestimmten Funktion oder auf eine Klasse von Informationen wie »Kunden« oder »Mitarbeiter«. Sobald Sie sie programmiert haben, spielen Sie die EJB auf einen Applikationsserver. Dieser kümmert sich dann darum, dass ihre Funktionen und Daten nun umgehend im Netzwerk verfügbar sind und von Clientapplikationen eingesetzt werden können.

Unabhängig vom eigentlichen Quelltext der EJB kann der Administrator des Applikationsservers einstellen, welche Benutzer auf die EJB zugreifen dürfen und wie sich die Funktion im Rahmen einer Transaktion verhalten soll. Idealerweise kann eine EJB auf jedem J2EE-kompatiblen Applikationsserver ausgeführt werden. In der Regel reichen heute einige kleine Konfigurationen, um eine EJB-Anwendung von Server zu Server zu portieren. Enterprise JavaBeans sind auch ein Werkzeug, um verteilten Systemen eine Architektur zu geben und dabei bekannte Standards zu verwenden. Eine EJB stellt dabei optimalerweise eine für Entwickler sinnvolle und greifbare Komponentengröße dar, und zwar sowohl für die Entwickler von Clients als auch für den Serverprogrammierer. Dabei kümmert sich der Applikationsserver komplett um die »physischen« Aspekte einer verteilten Anwendung: die Transaktionsverwaltung, die Initialisierung der Komponenten, der Benutzerverwaltung und die Skalierbarkeit.

Warum EJB?

- Wenn Sie die EJB-Schnittstelle einhalten, können Ihre Anwendungen von dem Know-how professioneller Applikationsserver-Programmierer profitieren. Das bedeutet, dass Ihre Anwendungen transparent für Sie alle aktuellen Entwicklungen in Aspekten wie Transaktionsmanagement, Skalierbarkeit und Sicherheit mitnutzen.
- Sie bieten den Programmierern von Clientapplikationen eine standardisierte Schnittstelle, mit denen auf die EJB-Komponenten zugegriffen werden kann.
- Da die Enterprise JavaBeans eine komplett in Java realisierte Technologie sind, nutzen EJB-Komponenten alle Vorteile der Programmiersprache Java im Serverbereich: hohe Produktivität, Robustheit, Plattformunabhängigkeit etc.

- Es gibt für die Programmierung von Systemen mit J2EE eine Reihe von ausgereiften Entwicklungsumgebungen, die den Entwickler vom Entwurf bis zur Bereitstellung einer J2EE-Anwendung effizient unterstützen.

Allerdings ist für den Programmierer die anfängliche Komplexität einer J2EE-Umgebung mit Enterprise JavaBeans relativ hoch. Die Vorteile in Hinsicht auf Produktivität und Qualität der Software erschließen sich erst, wenn man in der J2EE-Welt insgesamt Fuß gefasst hat.

Elemente einer Enterprise JavaBean

Eine Enterprise JavaBean besteht aus einer Anzahl von Java-Schnittstellen, -klassen und XML-Konfigurationsdateien. Diese unterschiedlichen Komponenten entstehen dabei durch die unterschiedliche Perspektive auf eine Serverkomponente.

Zunächst einmal aus der Sicht des Clients: Welche Methoden bietet die Serverkomponente? Wie kann ich die Serverkomponente ansprechen? Und analog zu normaler objektorientierter Programmierung: Welche Konstruktoren bietet die Komponente?

Dann aus der Sicht des ausführenden Applikationsservers: Welche Benutzer bzw. Benutzergruppen dürfen auf die Funktionalität dieser EJB zugreifen? Welche besonderen Einstellungen gelten für die Funktionen dieser EJB im Hinblick auf Datenquellen, Transaktions- und Sitzungsmanagement?

Daher besteht eine vollständige EJB aus vier Komponenten:

- **Remote-Interface**
  Die Schnittstelle des EJB-Objekts für die Client-Anwendungen. Über das Remote-Interface bindet der Programmierer der Client-Anwendungen das EJB-Objekt in seinen Quelltext ein.
- **Home-Interface**
  Die Schnittstelle zum Applikationsserver, um Referenzen auf EJB-Objekte vom Applikationsserver zu erhalten. Weil diese Schnittstelle der Ausgangspunkt für alle Zugriffe auf eine EJB ist, wird diese Schnittstelle *Home-Interface* genannt. Das Home-Interface ist, im übertragenen Sinne, die Rezeption des Applikationsservers. Über die Metapher einer Empfangsdame erhält der Client die Schlüssel zu den virtuellen Zimmern der EJB-Objekte im Applikationsserver.
- **Bean-Klasse**
  Die Implementierung des EJB-Objekts, der Kern der Enterprise JavaBean. Diese enthält die Implementierungen der Methoden und Daten, die dem Cli-

ent verfügbar gemacht werden sollen. Dabei obliegt es dem Applikationsserver, durch eine automatisch erzeugte Implementierung des Remote-Interfaces die Zugriffe auf die Bean-Klasse zu vermitteln. Der Client erhält nie unmittelbaren Zugriff auf die Methoden der Bean-Klasse.

- **Deployment Descriptor**
  Eine Konfigurationsdatei mit dem Namen *ejb-jar.xml*, der so genannte *Deployment Descriptor*, in dem alle für den Server notwendigen Angaben zu dem EJB-Objekt gemacht werden. Die Konfigurationsdatei ist in XML gehalten, dessen Format durch eine *Document Type Definition* (DTD) im Rahmen der EJB-Spezifikation vorgegeben ist. Um auf das Bild des Applikationsserver-Hotels zurückzukommen: Der Deployment Descriptor beschreibt, welche Eigenschaften die Zimmer haben sollen, in denen die Bean-Klassen untergebracht werden sollen.

Die Liste der Komponenten einer EJB erweitert sich in der Regel um einen oder mehrere optionale, *serverspezifische Deployment-Descriptors*: Hier können dann bestimmte erweiterte Merkmale eines Applikationsservers konfiguriert werden. Aktuelle Entwicklungsumgebungen erzeugen in der Regel oft mehrere solcher spezifischen Konfigurationsdateien für die jeweils unterstützten Applikationsserver.

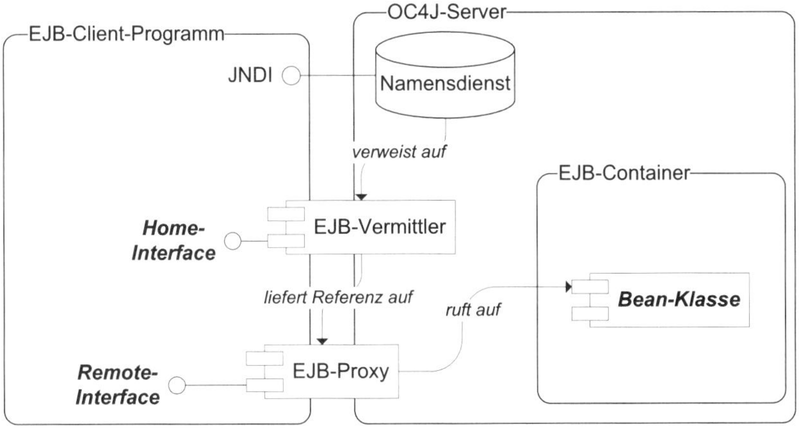

Abbildung 6.17 Eine Enterprise JavaBean im OC4J-Server

Typen von EJBs

Es gibt unter den Enterprise JavaBeans verschiedene Typen. Zunächst unterscheidet man zwischen EJB-Objekten, mit denen Funktionen und Methoden modelliert werden, so genannten *Session Beans*, und solchen EJB-Objekten, mit denen Daten modelliert werden, den *Entity Beans*. Die Session Beans wiederum können zustandslos (*stateless*) oder zustandsbehaftet (*stateful*) sein, je nachdem, ob für den Client der Session Bean eine eigene Instanz der Bean-Klasse angelegt wird oder nicht. Seit der Version 2.0 der EJB-Spezifikation gibt es auch einen dritten Typ, der für die asynchrone Bearbeitung von Nachrichten gedacht ist, die *Message-Driven Bean*. Hier folgt ein Überblick über alle möglichen EJB-Typen:

Typ	Eigenschaften
zustandslose Session Bean	Ein Methodenaufruf durch einen Client wird an eine beliebige freie Instanz der Session Bean weitergeleitet. Entspricht dem Aufruf von statischen Methoden einer Klasse. Die Instanzvariablen der Bean-Klasse können sich je nach Instanz von Aufruf zu Aufruf beliebig verändern. Zustandslose Session Beans sind transiente Objekte, überdauern also nicht das Beenden des Containers.
zustandsbehaftete Session Bean	Für jeden Client wird eine eigene, private Instanz der Session Bean angelegt. In den Instanzvariablen der Bean-Klasse kann der Zustand einer Sitzung über mehrere Aufrufe hinweg gespeichert werden. Weil für jeden Client eine neue Instanz angelegt wird und diese Instanz bis zum Ende der Sitzung verwaltet und vorgehalten werden muss, brauchen zustandsbehaftete Session Beans im Gegensatz zu den zustandslosen mehr Speicher und Rechenleistung.Daten, die in zustandsbehafteten Session Beans gespeichert sind, gehen beim Beenden des Containers verloren.
Entity Bean	Eine Entity Bean referenziert einen Datensatz (in der Regel einen Datensatz einer Datenbanktabelle). Entity Beans sind persistente Objekte, überdauern also das Beenden des Containers und sind auch nach einem Neustart oder Absturz weiter verfügbar. Änderungen an den Eigenschaftswerten einer Instanz einer Entity Bean wirken sich auf den darunter liegenden Datenspeicher aus.
Message-Driven Bean	Verarbeitet eingehende Nachrichten in asynchroner Weise. Nachrichten bleiben bis zur erfolgreichen Bearbeitung durch die Message-Driven Bean in einer Warteschleife. Für den Client endet der Aufruf aber mit der Übergabe der Nachricht an den Container. Die Warteschleife wird dabei serialisiert und bleibt auch nach einer Beendigung des Servers erhalten.

Tabelle 6.23 Typen von Enterprise JavaBeans

Ein Beispiel für eine EJB

Die integrierte Entwicklungsumgebung JDeveloper unterstützt sehr umfassend die Entwicklung mit Enterprise JavaBeans. Im folgenden Abschnitt erzeugen wir eine EJB, die eine Methode zur Verfügung stellt, um für einen gegebenen Betrag den aktuellen Mehrwertsteueranteil zu ermitteln.

Eine solche Berechnung zentral auf einem Applikationsserver zu speichern hat den Vorteil, dass Programmierer die Mehrwertsteuerberechnung nun in beliebig viele Anwendungen einbauen können, eine Änderung des Steuersatzes jedoch nur an zentraler Stelle, nämlich an der Enterprise JavaBean auf dem Applikationsserver, vorgenommen werden muss.

Bevor wir jedoch mit JDeveloper anfangen, listen wir zunächst die Kerninformationen auf, die der Applikationsserver für die Bereitstellung einer EJB benötigt:

- **Schnittstelle und Quelltext der bereitzustellenden Methode**
  Die Schnittstelle brauchen wir für den Einsatz im Client, die Implementierung wird auf dem Server in der Bean-Klasse bereitgehalten. Der Kern unserer Mehrwertsteuerberechnung sieht im Wesentlichen so aus:

  ```
  public double berechneMehrwertsteuer( double betrag ) {
    return betrag * 0.16;
  }
  ```

- **Name der Applikation auf dem Server**
  Die Entwicklungsumgebung stellt die ausgeführten J2EE-Komponenten standardmäßig unter dem Namen *current-workspace-app* auf dem Server bereit.
- **Name der EJB auf dem Server**
  Die EJB selbst übernimmt standardmäßig den Namen des Remote-Interface. Diesen legen wir selbst an: `MehrwertSteuerUtility`.
- **Informationen, welche Nutzer auf die Methode zugreifen dürfen:**
  Alle Benutzer des OC4J-Servers gehören der Gruppe `users` an. Für die Ausführung der EJB auf OC4J reicht es also aus, wenn alle Methoden der Mehrwertsteuerkomponente für die Angehörigen der Gruppe `users` freigegeben sind und der Benutzername aus der Serverkonfiguration an die Applikation weitergegeben wird.
- **Ein gültiges Benutzerkonto**
  Auf der mit JDeveloper mitgelieferten OC4J-Entwicklungsversion ist ein Administratorbenutzer mit dem Nutzernamen `admin` und dem Passwort `welcome` eingerichtet.

Mit diesen Informationen können wir nun JDeveloper starten und die EJB erzeugen.

Wir erstellen also ein neues Projekt *ejbtest*. In diesem Projekt legen wir über **New... · Business Tier · Enterprise JavaBeans (EJB) · Session Bean** eine neue EJB an.

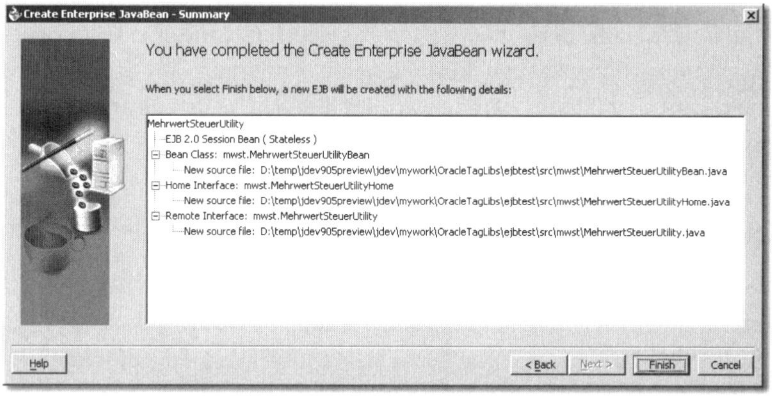

Abbildung 6.18 Eine neue Session Bean erzeugen

Im folgenden Dialog des Erstellungsassistenten stellen wir die folgenden Werte ein:

- **EJB Name = MehrwertSteuerUtility**
  Das ist der Name, unter dem die EJB auf dem Server verfügbar gemacht wird.
- **Session Type = Stateless**
  Für die Berechnung von Mehrwertsteuersätzen benötigen wir keine Sitzungsdaten; eine zustandslose Session Bean reicht daher aus.
- **Transaction Type = Container**
  Die Transaktionsverwaltung überlassen wir vollständig dem J2EE-Container.
- **Bean Class = mwst.MehrwertSteuerUtility**
  Der Name der Klasse, in der die Funktionalität der EJB implementiert werden soll, in unserem Fall die Methode `berechneMehrwertsteuer`.
- **Home Interface = mwst.MehrwertSteuerUtilityHome**
  Die Schnittstelle, über die man Referenzen auf die EJB vom Server abfragt.
- **Remote-Interface = mwst.MehrwertSteuerUtility**
  Die Schnittstelle, mit der man die EJB im Quelltext des Clients verwenden kann.

Am Ende der Prozedur sollten Sie im Wesentlichen folgende Überblicksdarstellung erhalten:

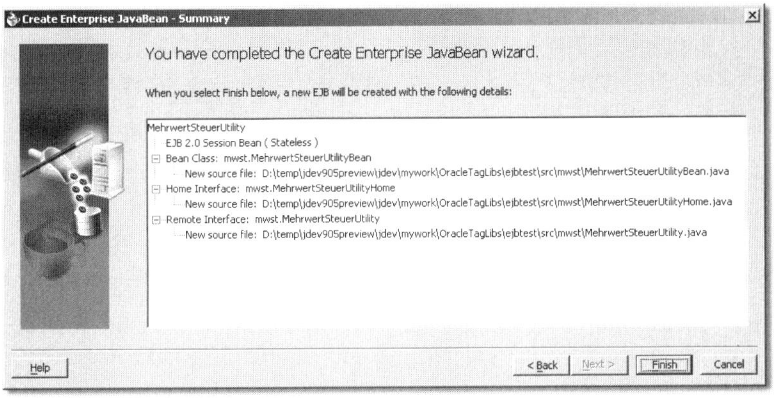

Abbildung 6.19 Überblick über die Einstellungen der neuen EJB

Die neue EJB kann jetzt weiter bearbeitet werden. Klicken Sie dazu mit der rechten Maustaste auf das Symbol der EJB. Das Symbol fasst dabei die drei Quelltexte von Remote-Interface, Home-Interface und Bean-Klasse zusammen und ist unter *Application Sources* angeordnet. Nach dem Rechtsklick erscheint ein Kontextmenü, und ein Dialog zur Bearbeitung der EJB öffnet sich unter der Option **Properties**.

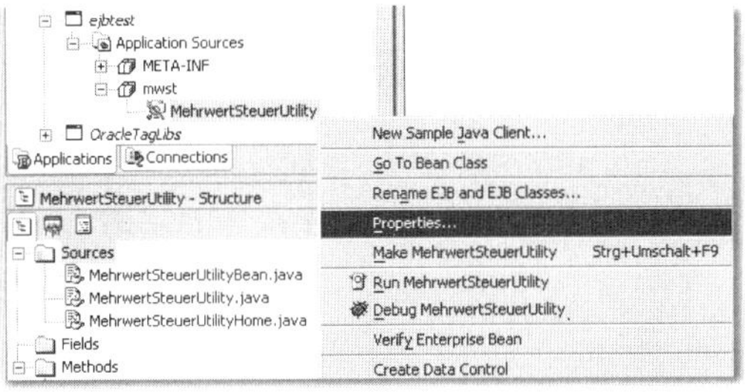

Abbildung 6.20 Die EJB weiter bearbeiten

In dem Dialog zur Bearbeitung fügen wir unter **Enterprise JavaBeans · MehrwertsteuerUtiltity · Methods** über den Button **Add** die Methode `berechneMehrwertsteuer` ein. Der **Return Type** ist `double`, und wir haben einen Parameter `betrag`, ebenfalls vom Typ `double`. Da die Methode von einem entfernten Rechner ausgeführt werden können soll, lassen wir die Option **Expose through Remote interface** ausgewählt. Die Methode wird dabei gleichzeitig im Quelltext der Bean-Klasse und des Remote-Interface angelegt.

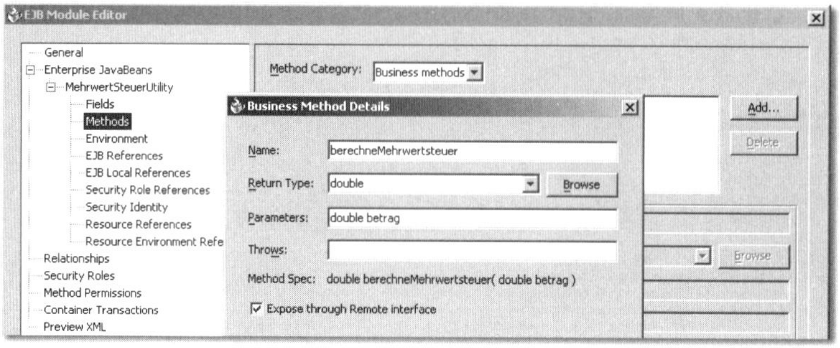

Abbildung 6.21 Die neue Methode berechneMehrwertsteuer anlegen

Dann richten wir die Benutzergruppe `users` mit dem Button **Add** unter **Security Roles** ein. Die Beschreibung der Benutzergruppe ist optional.

Der neuen Benutzergruppe erlauben wir nun den Zugriff auf alle Methoden der EJB *MehrwertSteuerUtility*. Diese Erlaubnis erteilt man unter **Method Permissions**. Auch hier gibt es wieder einen Button **Add**. In dem folgenden Dialog wählen wir die Benutzergruppe `users` aus und die Methoden, auf die diese Gruppe zugreifen darf. Das Sternchen steht hierbei stellvertretend für alle Methoden der EJB.

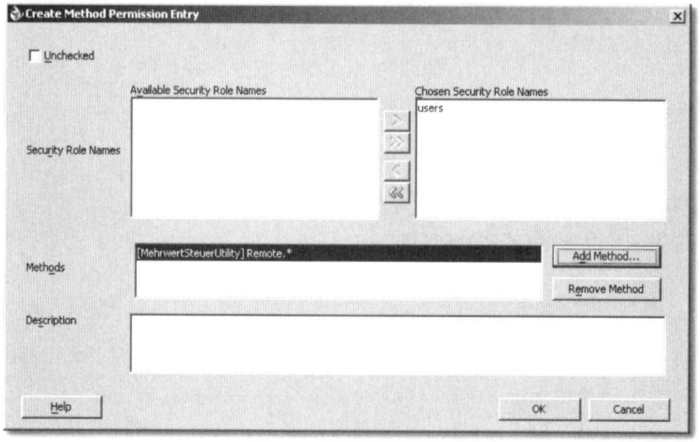

Abbildung 6.22 Alle Methoden der EJB freigeben

Aus den Daten, die Sie in dem vorigen Dialog eingestellt haben, wird der Deployment Descriptor angelegt. Wenn Sie alle Einstellungen so vorgenommen haben, wie oben angegeben, dann entspricht das unten dargestellte XML-Dokument dem von PREVIEW XML im Eigenschaftsdialog zurückgelieferten Inhalt. Wenn Sie das Dokument nun mit den Einstellungen vergleichen, finden Sie diese genau in den XML-Tags wieder.

```
<ejb-jar>
  <enterprise-beans>
    <session>
      <description>Session Bean ( Stateless )</description>
      <display-name>MehrwertSteuerUtility</display-name>
      <ejb-name>MehrwertSteuerUtility</ejb-name>
      <home>mwst.MehrwertSteuerUtilityHome</home>
      <remote>mwst.MehrwertSteuerUtility</remote>
      <ejb-class>mwst.MehrwertSteuerUtilityBean</ejb-class>
      <session-type>Stateless</session-type>
      <transaction-type>Container</transaction-type>
    </session>
  </enterprise-beans>
  <assembly-descriptor>
    <security-role>
      <role-name>users</role-name>
    </security-role>
    <method-permission>
      <role-name>users</role-name>
      <method>
        <ejb-name>MehrwertSteuerUtility</ejb-name>
        <method-intf>Remote</method-intf>
        <method-name>*</method-name>
      </method>
    </method-permission>
    <container-transaction>
      <method>
        <ejb-name>MehrwertSteuerUtility</ejb-name>
        <method-name>*</method-name>
      </method>
      <trans-attribute>Required</trans-attribute>
    </container-transaction>
  </assembly-descriptor>
</ejb-jar>
```

Listing 6.50 Die aus den Einstellungen erzeugte ejb-jar.xml

Jetzt fügen wir noch die eigentliche Funktionalität in die EJB ein. Wechseln Sie dazu in die Bean-Klasse, also in den Quelltext `MehrwertSteuerUtility-Bean.java`. Wenn Sie sich den Quelltext ansehen, dann sehen Sie, dass JDeveloper eine Reihe von Methoden generiert hat: `ejbCreate`, `ejbActivate`, `ejbPassivate`, `ejbRemove` und `setSessionContext`.

Über diese Methoden kann man das Verhalten der EJB während der verschiedenen Phasen ihres Lebenszyklus beeinflussen: Bei der Erzeugung einer EJB wird beispielsweise `ejbCreate` aufgerufen, bei ihrer endgültigen Beseitigung `ejbRemove`. Für unsere EJB sehen wir zunächst kein besonderes Verhalten vor, also können wir diese Methoden ohne Implementierung lassen. Die Methode `berechneMehrwertsteuer` finden wir am Ende des Quelltextes. Diese Methode erweitern wir also um die notwendige, zugegebenermaßen triviale Berechnung `betrag * 0.16`.

Der komplette Quelltext der von JDeveloper generierten und von uns modifizierten `MehrwertSteuerUtilityBean.java` sieht dann folgendermaßen aus:

```
package mwst.impl;
import javax.ejb.SessionBean;
import javax.ejb.SessionContext;

public class MehrwertSteuerUtilityBean
       implements SessionBean {
  public void ejbCreate() {}
  public void ejbActivate() {}
  public void ejbPassivate() {}
  public void ejbRemove() {}
  public void setSessionContext(SessionContext ctx) {}

  public double berechneMehrwertsteuer(double betrag) {
    return betrag * 0.16;
  }
}
```

Listing 6.51 Quelltext der modifizierten Bean-Klasse MehrwertSteuerUtilityBean.java

Nachdem wir also alle notwendigen Einstellungen vorgenommen haben, können wir die EJB auf dem Server bereitstellen. Dazu klicken wir wieder mit der rechten Maustaste auf das Symbol der EJB und wählen die Option **Run MehrwertSteuerUtility**. Der OC4J-Server wird nun gestartet, falls er noch nicht gestartet war, und die EJB wird auf dem Server bereitgestellt. Die Details können Sie der Konsole **Embedded OC4J Server** entnehmen.

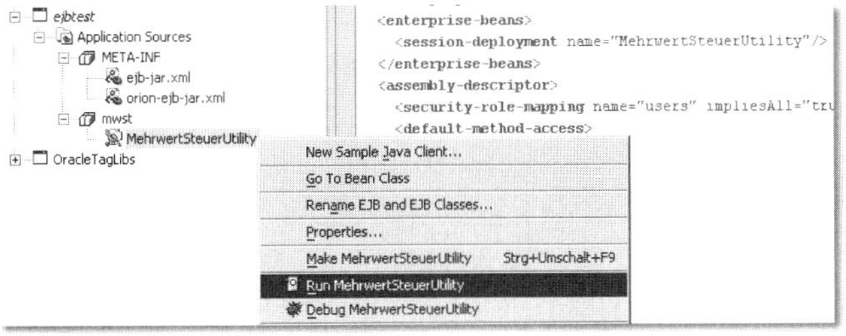

Abbildung 6.23 Die EJB auf dem OC4J-Server bereitstellen

Der Client: JNDI-Treiber und entfernte Schnittstellen

Eine EJB ist nach der Bereitstellung nun als Eintrag im Namensdienst des Applikationsservers verfügbar. Von diesem Namensdienst kann ein Client nun eine Referenz auf das Home-Interface der EJB abfragen. Im folgenden Abschnitt erläutern wir den Zugriff auf den Namensdienst des OC4J-Servers und zeigen, wie wir die Mehrwertsteueranwendung in einem Client ausführen.

Java bietet eine Standardschnittstelle für Namensdienste, nämlich das *Java Naming and Directory Interface* (JNDI). JNDI basiert dabei auf der Idee einer baumförmig organisierten Ablage von Objektreferenzen, analog zum Aufbau eines Dateisystems, mit Ordnern, Unterordnern und einem Wurzelverzeichnis.

Damit wir auf den Namensdienst des OC4J-Servers zugreifen können, müssen wir folgende Voraussetzungen beachten:

- Die JNDI-Treiber des OC4J-Servers müssen im CLASSPATH unserer Anwendung liegen. Die JNDI-Treiber finden sich in der *jar*-Datei *oc4jclient.jar* aus dem Verzeichnis *j2ee/h*ome der Oracle- oder JDeveloper-Distribution.
- Das Remote-Interface und das Home-Interface der EJB – oder zumindest gleich lautende, kompatible Schnittstellen – müssen dem Client als Klassen zur Verfügung stehen.

Es gibt zwei Szenarien für den Zugriff auf den Namensdienst des OC4J-Servers: Entweder über die *Remote Method Invocation* (RMI) von einer entfernten *Java Virtual Machine* (JVM) oder lokal, also innerhalb der JVM des Servers. Dabei werden je nach Szenario unterschiedliche JNDI-Treiber initialisiert:

- `com.evermind.server.ApplicationClientInitialContextFactory` für den Zugriff auf den Namensdienst des OC4J-Servers durch eine lokal ausgeführte J2EE-Komponente.
- `com.evermind.server.rmi.RMIInitialContextFactory` für den Zugriff auf den Namensdienst von einem eigenständigen, auf einem anderen Rechner ausgeführten Clientprogramm

Der lokale Zugriff auf den Namensdienst ist etwas effizienter als der Zugriff über RMI, funktioniert aber nur, wenn der Namensdienst tatsächlich lokal verfügbar ist. Der Zugriff über RMI hingegen funktioniert immer, allerdings greift dieser Treiber auch auf lokal verfügbare Verzeichnisse über die Netzwerkschnittstelle zu.Um in einem Java-Programm eine Verbindung mit einem zu JNDI kompatiblen Namensdienst herzustellen, erzeugt man auf der Basis einer `java.util.Hashtable`, die mit den Verbindungsinformationen gefüllt wird, eine Instanz von `javax.naming.InitialContext`. Welche Angaben in der `Hashtable` gemacht werden müssen, unterscheidet sich dabei von Namensdienst zu Namensdienst.

Um eine Verbindung zu dem Namensdienst des OC4J-Servers herzustellen, brauchen wir folgende Schlüssel-Wert-Paare, wobei die Schlüssel Konstanten aus der Klasse `javax.naming.Context` sind:

Schlüssel	**Wert**
`INITIAL_CONTEXT_FACTORY`	`com.evermind.server.ApplicationClientInitialContextFactory` oder `com.evermind.server.rmi.RMIInitialContextFactory`
`PROVIDER_URL`	`ormi://<Hostname>[:<Port>]/<Applikation>`
`SECURITY_PRINCIPAL`	Der Benutzername
`SECURITY_CREDENTIALS`	Das Passwort

Tabelle 6.24 Werte des Hashtable-Objekts zur Initialisierung eines JNDI-Kontextes

Um nun auf die Mehrwertsteuer-EJB zuzugreifen, müssen wir diese `Hashtable` mit den richtigen Werten bestücken. Da wir zunächst einen eigenständigen Client programmieren möchten, wählen wir also die Klasse `RMIInitialContextFactory`. Falls der OC4J-Server auf demselben Rechner läuft und den standardmäßig eingestellten Netzwerkport nutzt, bleibt nur der Name der Applikation in der `PROVIDER_URL` offen.

Nachdem die `Hashtable` mit den notwendigen Werten initialisiert wurde, können wir ein neues Objekt vom Typ `Context` konstruieren. Über einen `Context` erhalten wir Zugriff auf die Elemente des Namensdienstes. Also erzeugen wir den JNDI-Kontext für einen entfernten Client mit folgendem Quelltextfragment:

```
Hashtable env = new Hashtable();
env.put(Context.INITIAL_CONTEXT_FACTORY,
```

```
 "com.evermind.server.rmi.RMIInitialContextFactory");
env.put(Context.PROVIDER_URL,
 "ormi://oc4jhost/die-applikation");
env.put(Context.SECURITY_PRINCIPAL, "admin");
env.put(Context.SECURITY_CREDENTIALS, "welcome");
Context context = new InitialContext(env);
```

Mit diesem Context-Objekt können Sie nun Referenzen auf Ressourcen des Servers abfragen. Dazu dient die Methode lookup. Der Aufruf dieser Methode nimmt den Pfad der Ressource auf und liefert ein zunächst anonymes Object zurück:

```
Object homeObject = context.lookup(
    "geheim/buchhaltung/ErhoeheGehaltHome"
);
```

Als Programmierer wissen Sie natürlich beim Erstellen der Anwendung, von welchem Typ das abgeholte Objekt sein wird. Im Falle der Mehrwertsteuer-Bean ist es nämlich eine Instanz von MehrwertSteuerUtilityHome. Von daher liegt es zunächst nahe, das homeObject einfach in ein solches umzuwandeln:

```
MehrwertSteuerUtilityHome home =
    (MehrwertSteuerUtilityHome) homeObject;
```

Das funktioniert zunächst auch. Wie sieht das aber ein paar Monate später aus? Die JVM nimmt es nämlich mit der Signatur eines Objekts bei der Umwandlung sehr genau. Schon eine kleine Änderung der verwendeten entfernten Schnittstellen seitens des Programmierers auf dem Server (beispielsweise eine neue Methode für MehrwertSteuerUtilityHome) verändert diese Objekt-Signatur. Beim Umwandeln des Objekts wird dann eine ClassCastException erzeugt. Das hat eine unangenehme Folge: Alle Clientprogramme, die dieses Interface auf direkte Weise einsetzen, müssen stets über die aktuellen Schnittstellen verfügen und unter Umständen neu kompiliert werden – und das, obwohl die im Client genutzte Funktionalität unverändert gegeben ist, im Gegenteil: Eigentlich wurde sie im positiven Sinne erweitert.

Daher bietet Sun im Paket javax.rmi eine Art »Objekt-Waschmaschine« an, die eine von der Signatur unabhängige Umwandlung von fremden Typen in lokale Typen erlaubt, wenn alle Methoden und Eigenschaften des lokalen Typs anwendbar sind. Diese »Waschmaschine« ist die statische Methode narrow der Klasse javax.rmi.PortableRemoteObject. Eine ClassCastException tritt dann nur noch auf, wenn der Programmierer der Server-Anwendung das Remote-Interface in inkompatibler Weise geändert hat.

Der lokale Typ, der für die Programmierung mit der entfernten Komponente verwendet wird, muss nicht einmal mehr den gleichen Namen haben. Die Methode `narrow` nimmt dabei das `Object`, das umgewandelt werden soll, und die gewünschte Zielklasse auf. Zurückgeliefert wird wieder ein anonymes `Object`, das aber nun garantiert mit einer *Cast*-Operation in den gewünschten lokalen Typ umgewandelt werden kann, also – im übertragenen Sinne – »gewaschen« wurde.

Unten sehen Sie die Methode `narrow` der Klasse `PortableRemoteObject` in der Anwendung:

```
ErhoeheGehaltHome home = (ErhoeheGehaltHome)
  PortableRemoteObject.narrow(
    homeObject,
    ErhoeheGehaltHome.class
  );
```

Von dem jetzt verfügbaren Home-Interface kann man sich eine Referenz auf eine Instanz der EJB abholen. Dazu bietet jedes Home-Interface eine oder mehrere `create`-Methoden. Bei unserer Mehrwertsteuer-EJB gibt es nur eine einfache `create`-Methode:

```
MehrwertSteuerUtility util = home.create();
```

Wenn man nun die Methode `berechneMehrwertSteuer` aufruft, wird dieser Aufruf transparent für den Programmierer an die gleichnamige Methode der Bean-Klasse auf dem Server weitergegeben. Die Parameter werden über das Netz an den Server übertragen, die Methode der Bean-Klasse wird dort ausgeführt, und das Ergebnis wird wieder zurückgesendet. Die automatische Übertragung von Parametern und Rückgabewerten nennt man im Englischen übrigens *marshalling*. Daher führen die Ausnahmen, die bei der Übertragung von Werten auftreten, diesen Wortteil im Namen. Häufige Ursache für eine solche `MashallingException`: Die übertragenen Werte müssen stets serialisierbar sein, also die Schnittstelle `java.io.Serializable` implementieren.

Einen Client programmieren (lassen)

JDeveloper unterstützt den EJB-Entwickler umfassend auch bei der Programmierung eines EJB-Clients. Das Clientprogramm kann per Mausklick erstellt werden. Wir klicken dabei mit der rechten Maustaste auf das Symbol der EJB und wählen die Option **New Sample Java Client**. Für die Verbindung nehmen wir den standardmäßig eingestellten lokalen OC4J-Entwicklungsserver. Die Entwicklungsumgebung erzeugt aus den gespeicherten Informationen zu EJB automatisch die Datei *MehrwertSteuerUtilityClient.java*.

Wenn Sie diese öffnen, finden Sie einen auskommentierten Abschnitt, in dem die Methoden des Remote-Interfaces aufgerufen werden. Dieser sieht wie folgt aus:

```
//Call any of the Remote methods below to access the EJB
//mehrwertSteuerUtility.berechneMehrwertsteuer( double b );
```

Da wir uns davon überzeugen möchten, dass die Methode auch wirklich wie erwartet funktioniert, berechnen wir die Mehrwertsteuer für den Betrag von 100 Euro und geben das Ergebnis auf der Konsole aus:

```
double mwst =
  mehrwertSteuerUtility.berechneMehrwertsteuer(100);
System.out.println(
  "100 Euro Umsatz machen " + mwst + " Euro MwSt");
```

Der vollständige Quelltext der Klasse `MehrwertSteuerUtilityClient`, halb generiert, halb modifiziert, sieht dann wie unten dargestellt aus:

```
package mwst;
import java.util.Hashtable;
import javax.naming.Context;
import javax.naming.InitialContext;
import javax.rmi.PortableRemoteObject;
import mwst.MehrwertSteuerUtility;
import mwst.MehrwertSteuerUtilityHome;
import javax.naming.NamingException;

public class MehrwertSteuerUtilityClient {
 public static void main(String [] args) {
  MehrwertSteuerUtilityClient mehrwertSteuerUtilityClient =
    new MehrwertSteuerUtilityClient();
  try {
   Context context = getInitialContext();
   MehrwertSteuerUtilityHome mehrwertSteuerUtilityHome =
     (MehrwertSteuerUtilityHome)PortableRemoteObject.narrow(
       context.lookup("MehrwertSteuerUtility"),
       MehrwertSteuerUtilityHome.class);
   MehrwertSteuerUtility mehrwertSteuerUtility;

   // Use one of the create() methods below to create
   // a new instance
   mehrwertSteuerUtility =
```

```
      mehrwertSteuerUtilityHome.create();

    double mwst =
    mehrwertSteuerUtility.berechneMehrwertsteuer( 100 );

    System.out.println(
      "100 Euro Umsatz machen " + mwst + " MwSt");
  } catch(Throwable ex) {
      ex.printStackTrace();
  }
 }

 private static Context getInitialContext()
   throws NamingException {
  Hashtable env = new Hashtable();
  env.put(Context.INITIAL_CONTEXT_FACTORY,
    "com.evermind.server.rmi.RMIInitialContextFactory");
  env.put(Context.SECURITY_PRINCIPAL, "admin");
  env.put(Context.SECURITY_CREDENTIALS, "welcome");
  env.put(Context.PROVIDER_URL,
    "ormi://localhost:23891/current-workspace-app");
  return new InitialContext(env);
 }
}
```

Listing 6.52 Der Quelltext von MehrwertSteuerUtilityClient.java

Über Entity Beans auf Tabellen zugreifen

Wir haben im vorigen Abschnitt eine Session Bean erstellt. Session Beans sind zur Implementierung von Geschäftslogik geeignet. Im Gegensatz dazu sind Entity Beans für den Zugriff auf Daten gedacht. Die Entity Beans stellen dabei eine objektorientierte Sicht auf die Oracle-Datenbank her.

Dabei stellt die Entity Bean einen Datensatz in einer Tabelle dar. Die Entity Bean *Kunde* würde also den Zugriff auf die Datensätze der Tabelle `KUNDE` erlauben. Dabei werden im Home-Interface die Methoden gekapselt, mit denen ein oder mehrere Datensätze selektiert werden können. Die Entity Bean selbst stellt dann Methoden zur Verfügung, mit denen die Werte des Datensatzes manipuliert werden können.

Die grundlegende Struktur der EJB ist dabei gleich: Über das Home-Interface erhält man Referenzen auf eine oder mehrere Entity Beans. Jeder Datensatz wird durch die Applikationsserver-Logik zu einer Implementierung des Remote-Interface. Über dieses kann der Datensatz vom Client geändert werden. Das Remote-Interface kann aber auch, wie eine Session Bean, gewöhnliche, andere Methoden bereitstellen.

Der Applikationsserver ist dafür verantwortlich, dass die Entity Bean sich innerhalb von Transaktionen korrekt verhält und die Daten im so abgeschirmten Datenspeicher aktualisiert werden. Dabei kennen die Entity Beans zwei Strategien für die Kommunikation mit einem darunter liegenden Datenspeicher: Bei der *Container Managed Persistence* (CMP) definiert der Entwickler nur die Schnittstelle des Datenobjekts, also die Attribute, die zur Verfügung stehen sollen. Der Applikationsserver erzeugt daraus automatisch eine Persistenzschicht. Bei der *Bean Managed Persistence* (BMP) implementiert der Entwickler selbst, wie die Entity Bean auf Aktualisierungen reagiert. Diese beiden Strategien können auch zum Teil vermischt werden.

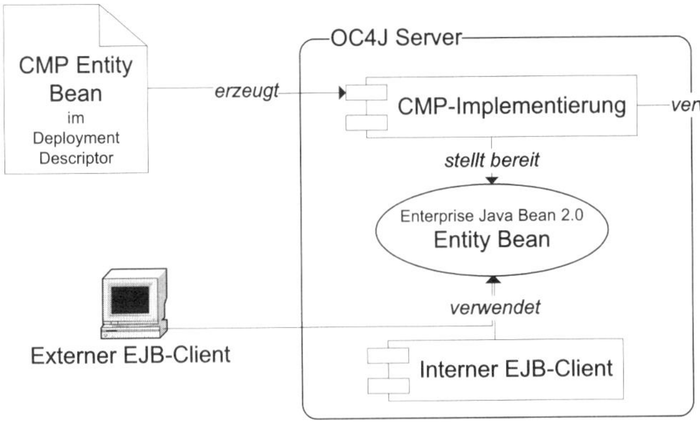

Abbildung 6.24 Container Managed Persistence im Überblick

Damit ist es möglich, ein Datenmodell zunächst abstrakt zu definieren und durch CMP-Entity Beans eine schnelle, prototypische Implementierung zu erzeugen. Da das automatische Persistenzmanagement etwas behäbiger ist als ein individuell programmiertes, können die CMP-Entity Beans bei Bedarf im Laufe des Projekts durch selbst programmierte Versionen ersetzt werden.

Für die Programmierer der Clients, die solche Entity Beans in ihren Anwendungen einsetzen, bleiben diese Änderungen transparent. Der Zugriff auf die Daten funktioniert nur indirekt über die anonyme Implementierung des Remote-Interface, und dabei müssen – wie wir im vorigen Abschnitt festgestellt haben – dem Client weder der Name des serverseitig definierten Interfaces noch komplett alle Methoden der EJB bekannt sein.

Eine Entity Bean für die Tabelle Dozent

In diesem Abschnitt erzeugen wir eine Entity Bean, mit der wir auf die Datensätze der Tabelle `DOZENT` aus der Kursdatenbank zugreifen können. OC4J bietet hier eine CMP-Variante an, die auf bestehenden Tabellen aufsetzt. Die Quelltexte für die EJB lassen wir uns automatisch durch JDeveloper generieren.

Klicken wir also mit der rechten Maustaste auf das Symbol des im vorherigen Abschnitt erzeugten EJB-Projekts *ejbtest*. Über den Menüeintrag **New** gelangen wir wieder in den Auswahldialog für das Erstellen einer neuen Komponente. Hier wählen wir unter **Business Tier · Enterprise JavaBeans (EJB)** die Komponentenmaske **Entity Beans from Tables**.

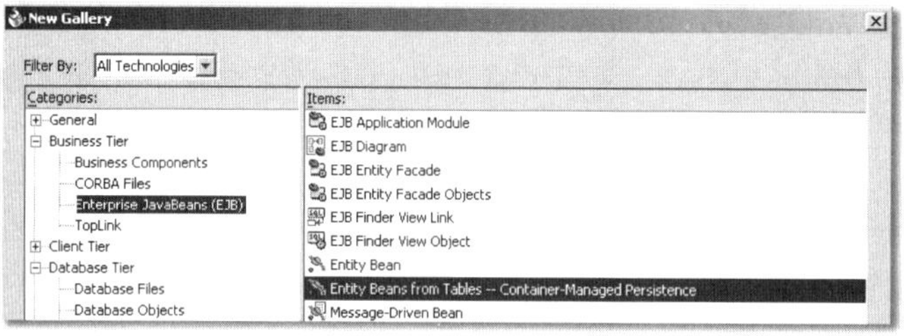

Abbildung 6.25 Auswahl von Entity Beans from Tables

Im folgenden Erstellungsassistenten legen wir zunächst die Datenbankverbindung zur Kursdatenbank an, über die der Assistent und später die EJB auf die Tabelle zugreifen. Nachdem die Verbindungsdaten richtig eingestellt wurden, sollte die erste Stufe des Dialogs wie in Abbildung 6.26 aussehen:

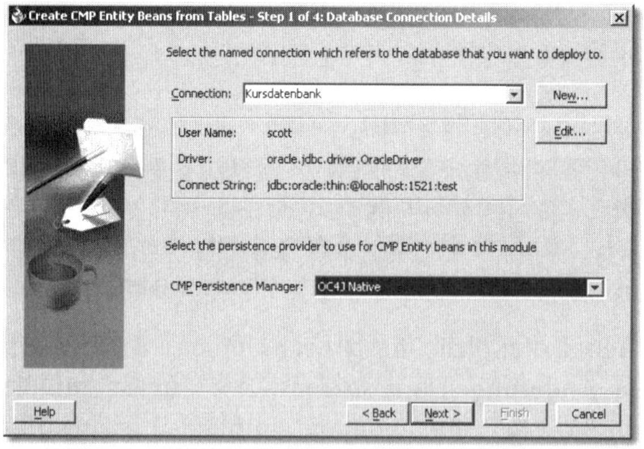

Abbildung 6.26 Die Kursdatenbank als benannte Datenbankverbindung

Anschließend wählen wir die Tabelle `Dozent` aus der Tabellenliste aus und stellen für die erzeugten Quelltexte das Paket `kursdb` ein. Setzen Sie ein Häkchen bei **Generate Remote Interfaces**. Diese Option ermöglicht den Zugriff auf die Entity Beans von einem entfernten Client über eine Netzwerkverbindung.

In der Regel sollten die Entity Beans vom Client abgeschirmt werden, und die Änderung der Daten sollten innerhalb von Methoden einer Session Bean erfolgen. Im folgenden Beispiel jedoch wollen wir die Entity Beans direkt von einem externen Client aus bearbeiten.

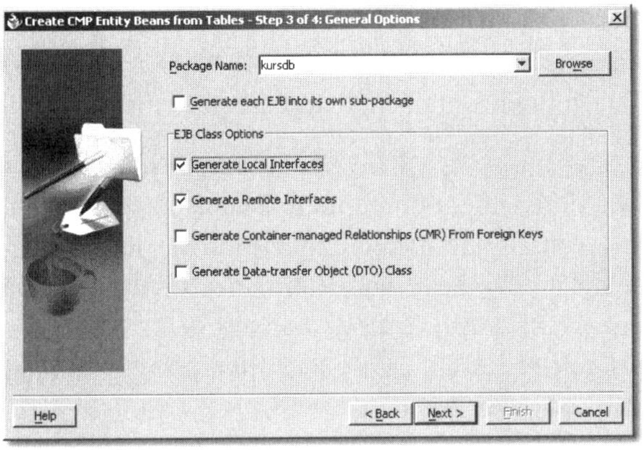

Abbildung 6.27 Das Paket kursdb einstellen und entfernten Zugriff erlauben

Am Ende des Erstellungsassistenten werden wieder die Ergebnisse unserer Einstellungen zusammengefasst. Die Überblicksdarstellung sollte wie Abbildung 6.28 aussehen.

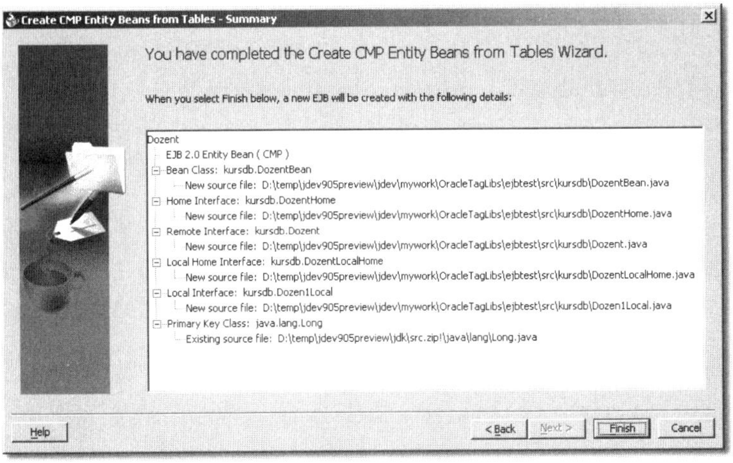

Abbildung 6.28 Ergebnisse des Erstellungsassistenten

Der Assistent stellt anschließend eine Verbindung zur Datenbank her und erzeugt die notwendigen Dateien für das Bereitstellen der neuen Entity Bean. Wenn wir die Entity Bean nun ausführen, können wir über diese Entity Bean auf die Daten in der Tabelle `DOZENT` zugreifen.

Eine Entity Bean um Abfragemethoden erweitern

Das Home-Interface der Entity Bean, `kursdb.DozentHome`, wird bei der automatischen Generierung mit der Methode `findAll` versehen, über die man alle Datensätze der Tabelle erhält, sowie mit der Methode `findByPrimaryKey`, über die man bei bekanntem Primärschlüssel (dem Feld `D_NR`) den jeweiligen Datensatz abfragen kann.

Da die Entity Bean eine Abstraktionsschicht über einem Datenspeicher bildet, müssen alle gewünschten Abfragen als Methoden explizit in das Home-Interface eingefügt werden. Wird die Entity Bean vom Container verwaltet, fügt man die Abfrage in der *Enterprise JavaBeans Query Language* (EJB-QL) in den Deployment Descriptor ein. Damit bleibt die Entity Bean unabhängig von der Implementierung der *Container Managed Persistence*.

Dabei ist EJB-QL eine an SQL angelehnte objektorientierte Abfragesprache. Wenn Sie die Persistenz selbst implementieren (*Bean Managed Persistence*), fügen Sie für die Abfragemethoden im Home-Interface eine entsprechende Methode in die Bean-Klasse ein.

Wenn wir für eine Anwendung beispielsweise häufiger die Dozenten einer bestimmten Stadt abfragen möchten, so wäre es sinnvoll, das Home-Interface um eine solche Abfrage zu erweitern.

Fügen wir also in den Quelltext *DozentHome.java* die Methode

```
Collection findByDStadt( String stadt )
    throws RemoteException, FinderException;
```

ein. Zusätzlich öffnen wir die Datei *ejb-jar.xml*, in der die EJB-QL-Anweisungen für die Abfragemethoden eingetragen werden, und suchen den Eintrag für `findByAll`. In den Bereich des Tag `query`, das sich innerhalb der Wurzel von `entity` befindet, fügen wir nun folgende Erweiterung ein:

```
<query>
 <query-method>
  <method-name>findByDStadt</method-name>
  <method-params>
   <method-param>java.lang.String</method-param>
  </method-params>
```

```
  </query-method>
  <ejb-ql>
   select object(o) from Dozent o
   where o.dStadt= ?1
  </ejb-ql>
</query>
```

Oben sehen Sie die Methode, die wir in `DozentHome` eingefügt haben. Der Parameter wird dann innerhalb der Wurzel `method-params` deklariert. In der EJB-QL-Abfrage können die Parameter dann in der Form `?<Zahl>` aufgenommen werden. Dabei entspricht `<Zahl>` der Reihenfolge in der Parameterdeklaration. Jetzt erhalten wir beim Aufruf der Methode `findByDStadt` des Home-Interfaces alle Dozenten, die in der jeweiligen Stadt wohnen. Stellen Sie also die so erweiterte Entity Bean auf dem Server bereit.

Viele J2EE-Container, auch OC4J, erkennen allein anhand der Abfragemethode im Home-Interface, wie mit der Abfrage zu verfahren ist. So reicht es in unserem Falle aus, die Methode `findByDStadt` in das Home-Interface einzufügen. OC4J erkennt dann von selbst, dass eine Selektion auf Basis des CMP-Feldes `dStadt` vorgenommen werden soll. Allerdings wird dieser Automatismus nicht von allen Containern in gleicher Weise unterstützt. Deswegen sollte man stets die entsprechende EJB-QL-Abfrage zum gewünschten Ergebnis in den Deployment Descriptor einsetzen.

Übrigens kann man die erzeugten SQL-Anweisungen nachvollziehen, wenn man in den Ordner der bereitgestellten EJB wechselt und dort die Datei *orion-ejb-jar.xml* öffnet. In unseren Beispielen stellt JDeveloper die EJBs im Verzeichnis */jdev/system<Versionsnummer>/application-deployments/current-workspace-app/orion-ejb-jar.xml* im Ordner der Distribution zur Verfügung. In dieser Datei wird für jede Abfragemethode vermerkt, welche SQL-Anweisung erzeugt wurde.

Suchen Sie dabei nach dem Tag `finder-method`. Für jedes dieser Tags wird ein XML-Kommentar angelegt, in dem die SQL-Anweisung angegeben wird. Für die Standardabfragemethode `findAll` finden Sie dabei folgenden Eintrag:

```
<finder-method>
<!-- Generated SQL (pk only):
  "SELECT o.D_NR FROM SCOTT.DOZENT o" -->
<!-- Generated SQL (all columns):
  "SELECT o.D_NR, o.D_ANREDE, o.D_VORNAME, o.D_NACHNAME,
    o.D_STRASSE, o.D_HAUSNR, o.D_STADTTEIL, o.D_LAND,
    o.D_PLZ, o.D_STADT, o.D_VORWAHL, o.D_TELNR
```

```
  FROM SCOTT.DOZENT o" -->
 <method>
  <ejb-name>Dozent</ejb-name>
  <method-name>findAll</method-name>
(...)
```

Ein Client für die Entity Bean

Wie bereits bei der *MehrwertSteuerUtility*-EJB können wir auch für die *Dozent*-EJB einen Client automatisch erzeugen lassen. Dazu wählen wir wieder die Option **New Sample Java Client** aus dem Kontextmenü der *Dozent*-EJB im Projekt. JDeveloper erzeugt nun den Quelltext *DozentClient.java*. Ersetzen Sie den folgenden Abschnitt aus dem Quelltext durch unsere neue Abfragemethode `findByDStadt`:

```
// Retrieve all instances using the findAll() method
// (CMP Entity beans only)
Collection coll = dozentHome.findAll();
```

Der Quelltext lautet jetzt folgendermaßen:

```
Collection coll = dozentHome.findByDStadt("Bochum");
```

Anschließend führen Sie das Programm aus – Sie erhalten nun die Liste aller Dozenten aus Bochum als Entity Beans. Über die gleich lautenden Setter-Methoden können Sie die Datensätze in der Datenbank ändern. Es folgt der (auf die wesentlichen Teile) reduzierte Quelltext der halb bearbeiteten, halb erzeugten Datei *DozentClient.java*. Beachten Sie, dass insbesondere der Teil zur Verbindung zum Applikationsserver im Vergleich mit dem von Ihrer Entwicklungsumgebung erzeugten Teil variieren kann.

```
package kursdb;
import javax.naming.*;
import kursdb.*;
import java.util*;
import javax.rmi.PortableRemoteObject;

public class DozentClient {
 public static void main(String [] args) {
  DozentClient dozentClient = new DozentClient();
   try {
    Context context = getInitialContext();
    DozentHome dozentHome =
     (DozentHome) PortableRemoteObject.narrow(
```

```
        context.lookup("Dozent"), DozentHome.class);
    Dozent dozent;
    // Retrieve all instances using the findAll() method
    // (CMP Entity beans only)
    Collection coll = dozentHome.findByDStadt("Bochum");
    Iterator iter = coll.iterator();
    while (iter.hasNext()) {
     dozent = (Dozent)iter.next();
     System.out.println("dNr = " + dozent.getDNr());
     // weitere System.out.println für alle Felder
     System.out.println("dTelnr = " + dozent.getDTelnr());
     System.out.println();
    }
   } catch(Throwable ex) {
      ex.printStackTrace();
   }
 }

 private static Context getInitialContext()
  throws NamingException {
  Hashtable env = new Hashtable();
  env.put(Context.INITIAL_CONTEXT_FACTORY,
  "com.evermind.server.rmi.RMIInitialContextFactory");
  env.put(Context.SECURITY_PRINCIPAL, "admin");
  env.put(Context.SECURITY_CREDENTIALS, "welcome");
  env.put(Context.PROVIDER_URL,
  "ormi://localhost:23891/current-workspace-app");
  return new InitialContext(env);
 }
}
```

Listing 6.53 Der Quelltext von DozentenClient.java

6.3.8 Webservices mit OC4J bereit stellen

Die Webservice-Schnittstelle wird im Moment als großer Trendsetter im Bereich der plattform- und technologie-übergreifenden Integrationsmethoden gefeiert. In fast jeder der modernen Programmiersprachen haben sich Wege etabliert, transparent auf entfernte Webservices zuzugreifen. Durch die Verwendung von XML in der Transportschicht konnten viele Kompatibilitätsprobleme älterer Frameworks für verteilte Systeme (RPC, Corba, RMI) gelöst werden.

Auch der mit viel Aufheben geführte große Kampf der Internetarchitekturen (Sun ONE versus Microsoft .NET, in der beide Parteien lautstark mit dem Anspruch angetreten sind, »die« Plattform für Webservices herzustellen) dürfte einiges zum Bekanntheitsgrad der Webservices beigetragen haben.

Zusammenfassend kann man zu Webservices Folgendes sagen:

- Webservices sind eine Schnittstellentechnologie explizit für das Internet, da die Aufrufe über das HTTP-Protokoll erfolgen.
- Webservices besitzen eine hohe Kompatibilität, da die Entwicklung mit Webservices durch zahlreiche Entwicklungsumgebungen und Applikationsserver unterstützt wird.
- Webservices verbrauchen durch das XML in der Transportschicht viel Rechenzeit für die Kommunikation.

OC4J und Webservices

OC4J wird mit einer SOAP-Laufzeitumgebung geliefert. Über diese kommuniziert OC4J mit anderen Systemen über die Webservice-Schnittstelle. Das Erzeugen von Webservices auf Basis vorhandener Komponenten wird über die Architektur der SOAP-Implementierung optimal unterstützt. Dabei können Enterprise JavaBeans, aber auch gewöhnliche Java-Klassen und gespeicherte Prozeduren auf der Datenbank als Ausgangskomponenten für einen Webservice dienen.

Komponenten eines Webservice

Die Struktur eines Webservice (also die verfügbaren Methoden und Parameter, sowie das verwendete Protokoll und die Angabe, wo der Dienst verfügbar ist) wird mit der XML-Sprache WSDL beschrieben (*Web Service Description Language*). Für jeden Webservice gibt es daher eine statische oder dynamisch verfasste WSDL-Beschreibungsdatei.

Grundsätzlich kann das Protokoll in der WSDL beliebig festgelegt werden; es ist jedoch in der Regel SOAP, das *Simple Object Access Protocol*. Das festgelegte Protokoll beschreibt, wie die Übergabeparameter und die Rückgabewerte zwischen Client und Server übertragen werden. SOAP versendet die Daten dabei als so genannte *SOAP-Envelopes* in Form einer HTTP-Anforderung mit dem Methodenaufruf in XML als POST-Parameter.

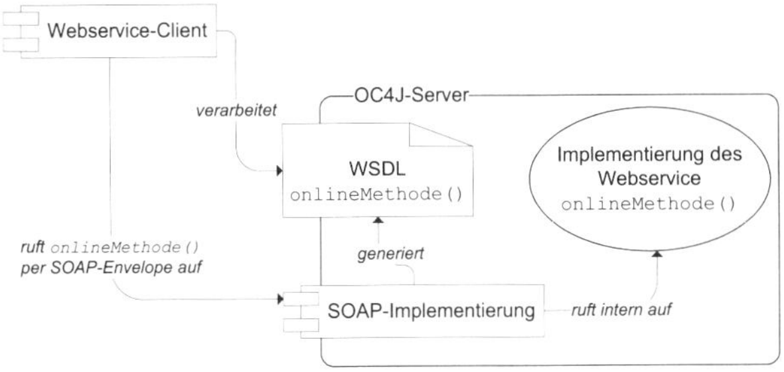

Abbildung 6.29 SOAP-Implementierung, WSDL und ein Webservice

Ein Standard, der regelmäßig im Zusammenhang mit Webservices genannt wird, ist das UDDI-Protokoll, kurz für *Universal Description, Discovery and Integration*. Diese Schnittstelle beschreibt, wie Webservices an zentraler Stelle in einem Register angemeldet werden können. Das Register kann dann auf verfügbare Dienste durchsucht werden, die dort als WSDL-Beschreibungen vorliegen. Mit diesen Dienstbeschreibungen können die Webservices dann aufgerufen werden – unabhängig davon, wo diese sich im Netz befinden, oder wie diese implementiert worden sind.

Einen Webservice erzeugen

Im folgenden Beispiel erzeugen wir einen Webservice. Der Webservice soll dem Client die Information zurückliefern, welche Schulungen an diesem Tag gerade stattfinden. Den Webservice erzeugen wir auf der Basis einer einfachen Java-Klasse. Für die Datenbankabfrage nutzen wir SQLJ.

Wir legen also zunächst ein leeres Projekt an und erstellen die Klasse, die dem Benutzer zurückliefert, welche Kurse an einem bestimmten Tag stattfinden. Um das Beispiel einfach zu halten, liefert die Methode die Daten des einzelnen Kurses als kommagetrennte Werte zurück und das Ergebnis insgesamt als `String[]`. Damit ersparen wir uns die Erzeugung eines eigenen Datentyps (»Kurs«), dessen Verhalten bei der Übertragung wir durch ein *XML Schema Mapping* oder einen *Serializer* beschreiben müssten.

Die Signatur unserer Methode sieht also folgendermaßen aus:

```
String[] zeigeKurseFuer( String datum, String ort );
```

Der unten abgedruckte, vollständige Quelltext der Klasse, die die Kurse für den jeweiligen Tag in der oben definierten Form zurückgibt, ist auch als Download verfügbar:

```
import java.text.*;
import sqlj.runtime.*;
```

```
import sqlj.runtime.ref.*;
import java.sql.*;
import oracle.sqlj.runtime.*;
import java.util.ArrayList;
import java.util.StringTokenizer;

public class C637_1 {
 public static String[] zeigeKurseFuer(
    String datum, String ort ) {
  try {
   Class.forName("oracle.jdbc.driver.OracleDriver");
   Connection con =
     DriverManager.getConnection(
       "jdbc:oracle:thin:@localhost:1521:test",
      "Scott","Tiger");
   DefaultContext context = new DefaultContext(con);
   DefaultContext.setDefaultContext(context);
   #sql iterator KursIterator(
     int id, Date anfang, Date ende,
     String titel, String ort
   );
   KursIterator kiter;
   Date date = Date.valueOf(datum);
   #sql kiter = {
     select  t_nr as id,
       t_beginn as anfang,
       t_ende as ende,
       k_titel || ' - ' || k_untertitel as titel,
       t_ort as ort
     from termin t join kurs k on t.k_nr = k.k_nr
     where t_beginn <= :date and t_ende > :date
       and t_ort = :ort
   };
   ArrayList liste = new ArrayList();
   StringBuffer neu = new StringBuffer();
   while (kiter.next()) {
     neu.setLength(0);
     neu.append(kiter.id() + ";");
     neu.append(kiter.anfang().toString() +";");
     neu.append(kiter.ende().toString()+";");
```

```
      neu.append(kiter.titel()+";");
      neu.append(kiter.ort() + ";");
      liste.add(neu.toString());
    }
    String[] arr = new String[liste.size()];
    liste.toArray(arr);
    return arr;
   } catch (Exception e) {
     e.printStackTrace();
     return null;
   }
  }
// Zum Testen der Klasse
 public static void main( String[]argv ) {
  String[] kurse = zeigeKurseFuer( "2004-02-04", "Essen");
  for (int i=0; i<kurse.length;i++) {
   StringTokenizer tok =
     new StringTokenizer(kurse[0],";");
   System.out.println( tok.nextElement() +
     "=" + tok.nextElement() );
  }
 }
}
```

Listing 6.54 C637_1.sqlj: Die Kurse auflisten, die an einem bestimmten Tag stattfinden

Aus dieser Klasse generieren wir den Webservice. Klicken Sie dabei mit der rechten Maustaste auf das Symbol der neu erstellten Klasse. Das Kontextmenü, das jetzt erscheint, enthält unter anderem auch die Option **Generate Web Service From Class**. JDeveloper erzeugt ein Symbol für den Webservice, der standardmäßig zunächst einfach *MyWebService1* genannt wird.

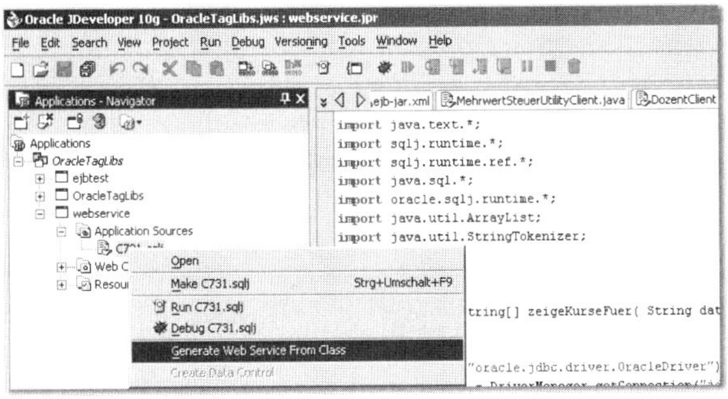

Abbildung 6.30 Die Option Generate Web Service From Class

Das neue Symbol bietet im Kontextmenü die Option **Edit.** Wenn Sie diese Option auswählen, öffnet sich ein Konfigurationsdialog. Sie haben hier die Möglichkeit, den Namen des Webservice sowie die Methoden der Ausgangsklasse einzustellen, die als Webservice zur Verfügung gestellt werden sollen. Stellen Sie den Namen *KursPlaner* ein, und wählen Sie die Methode `zeigeKurseFuer` aus. Die Methode `main` können Sie auslassen.

Wenn Sie jetzt im Kontextmenü des Webservice-Symbols die Option **Run Kursplaner** auswählen, wird der Webservice auf dem OC4J-Server bereitgestellt.

Nachdem der Bereitstellungsvorgang abgeschlossen ist, erhalten Sie, je nach gewählten Namen für Arbeitsbereich und das Projekt, die Information, wo der Webservice nun zur Verfügung steht (siehe Abbildung 6.31).

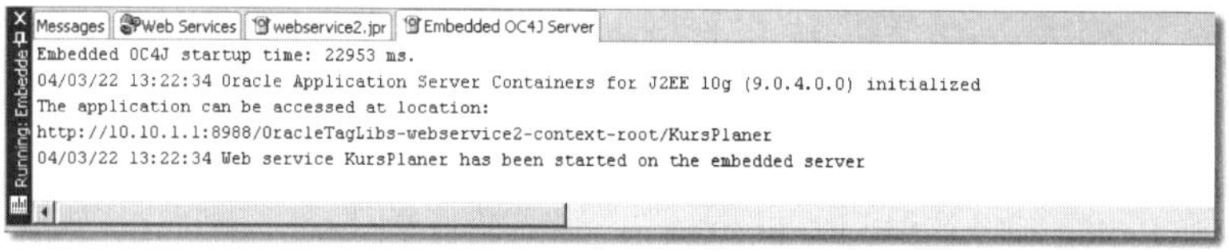

Abbildung 6.31 Ausgabe beim Bereitstellen eines Webservice

Kopieren Sie die Verknüpfung *http://host:port/Kontext/KursPlaner* aus dem Konsolenfenster in die Zwischenablage, und öffnen Sie diese im Browser. Sie gelangen nun auf die Startseite des Webservice. Von dieser Seite aus können Sie probeweise über ein Formular die bereitgestellten Methoden ausführen oder die WSDL betrachten (»*Service Description*«).

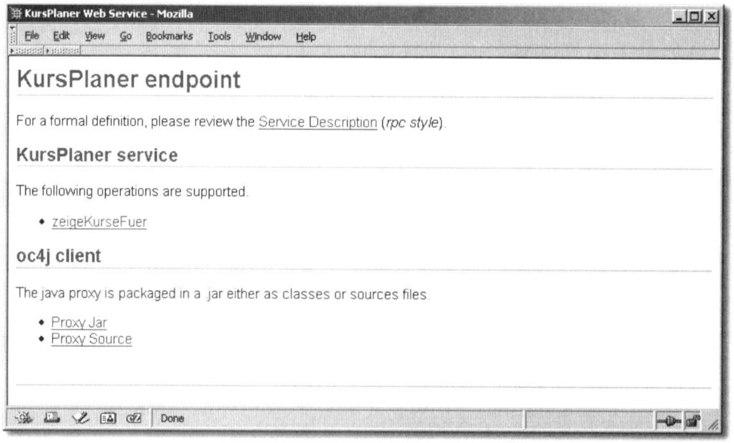

Abbildung 6.32 Die Startseite des KursPlaner-Webservice

Darüber hinaus können Sie *jar*-Dateien mit Hilfsklassen für die Programmierung von Clients herunterladen. Diese Klassen sind dann bereits fertig für diesen speziellen Webservice konfiguriert.

Über einen Client auf den Webservice zugreifen

In der Regel erzeugt man zum Zugriff auf einen Webservice einen so genannten *Stub*. Eine solche Stub-Klasse stellt die gleichen Methoden wie auch der Webservice zur Verfügung und kapselt die Zugriffe auf den entfernten Server über die Webservice-Schnittstelle. Diese Stub-Klasse kann dann den Programmierern der Clients zur Verfügung gestellt werden. Diese bauen die Klasse wie eine normale, lokale Klasse in ihren Quelltext ein, unabhängig von den verwendeten Schnittstellentechnologien. Alternativ kann man auch dynamisch einen Webservice aufrufen, also direkt auf die Schnittstellenimplementierung zugreifen (was für die Programmierung einer Stub-Klasse notwendig ist).

Zunächst erzeugen wir also eine Stub-Klasse. Diese können wir uns komfortabel automatisch von JDeveloper erzeugen lassen. Öffnen Sie dabei das Kontextmenü für das Symbol *KursPlaner*. Dort finden Sie die Option **Generate Sample Java Client**. Diese Funktion erzeugt einen neuen Quelltext *EmbeddedKursPlanerStub.java*.

Die Klasse `EmbeddedKursPlanerStub` können wir nun in folgender Weise in einen eigenen Quelltext einbauen:

```
public static void main(String[] args) {
  try {
    EmbeddedKursPlanerStub stub;
    stub = new EmbeddedKursPlanerStub();
    String[] kurse;
    kurse = stub.zeigeKurseFuer("2004-02-04","Essen");
    for (int i=0; i < kurse.length; i++ ) {
      System.out.println( kurse[i] );
    }
  } catch(Exception ex) {
    ex.printStackTrace();
  }
}
```

Im Gegensatz zu einem Webservice, der auf dem OC4J-Server ausgeführt wird und daher von vornherein mit einer Reihe von Java-Bibliotheken im *CLASSPATH* ausgestattet ist, wird der Client unter Umständen in Umgebungen ausgeführt, bei denen die notwendigen Bibliotheken erst explizit einer Distribution hinzugefügt werden müssen.

Die folgende Tabelle enthält die Bibliotheken, die von einem durch JDeveloper erzeugten Client verwendet werden. Die Pfade verstehen sich relativ zum Pfad der JDeveloper-Distribution.

Bibliothek	Funktion
soap\lib\soap.jar	Oracles SOAP-Implementierung
lib\xmlparserv2.jar	Oracles XML-Parser
j2ee\home\lib\mail.jar	Suns *Mail API*
j2ee\home\lib\activation.jar	Suns *Activation API*
j2ee\home\lib\http_client.jar	Utility-Klassen für die Programmierung von HTTP-Clients
[jlib\javax-ssl-1_2.jar]	Diese Bibliothek ist nur notwendig, wenn über SSL auf den Webservice zugegriffen wird.

Tabelle 6.25 Java-Bibliotheken, die von Webservice-Clients verwendet werden

Zusammenfassend lässt sich feststellen, dass der Einsatz des Webservice auf diese Weise für den Programmierer des Clients vollkommen transparent erfolgt. Sie sollten aber großen Wert auf die Ausnahmebehandlung legen, da Webservices natürlich fehleranfälliger sind als eine lokale Ausführung der Komponente.

7 Oracle mit PHP und C++

1 Einführung und Installation

2 Anlegen und Konfigurieren von Datenbanken

3 Abfragen und Analysen

4 PL/SQL-Syntax und Konzepte

5 PL/SQL-Module

6 Java und Oracle

7 Oracle mit PHP und C++

7 Oracle mit PHP und C++

»Alle Wege führen nach Rom.« Diese gute, alte Redewendung kann man im Wesentlichen auch auf die Oracle-Datenbank übertragen: Alle Sprachen bieten auf die eine oder andere Weise Zugriff auf die Daten im Oracle-Server. Im folgenden Kapitel zeigen wir Ihnen also, wie Sie mit den Sprachen PHP und C++ »nach Rom« kommen.

7.1 PHP und OCI8-Funktionen

Dass PHP und MySQL gut zusammenarbeiten, ist ja fast eine Tautologie. Dass PHP aber ebenfalls mit anderen Datenbanksystemen gute Ergebnisse liefert und produktiv einsetzbar ist, mag vielen, die PHP für die Entwicklung von Webanwendungen einsetzen, nicht unbedingt geläufig sein. Interessant ist dabei die Erkenntnis, dass Aufbau und Funktionalitäten der Bibliotheken zum Zugriff auf die unterschiedlichen Datenbanksysteme doch erheblich verschieden sind.

Die OCI8-Bibliothek wurde mit der entsprechenden Version 8 der Oracle-Datenbank eingeführt. Bis zur Version 7 gab es die ORA-Bibliothek, die zwar auch mit den aktuellen Datenbankversionen zusammenarbeitet, jedoch nicht mehr weiterentwickelt wird. Auch wenn man die Unterschiede zwischen der ORA- und der OCI8-Bibliothek in Teilen als marginal bezeichnen könnte, besitzt die OCI8-Funktionen doch einige »Features«, die überzeugen.

Ein Nachteil des Einsatzes einer der spezifischen Zugriffsbibliotheken für jede Datenbank, hier der OCI8-Bibliothek, ist allerdings, dass sich die Programme nicht ohne weiteres mit einem anderen Datenbanksystem ausführen lassen. Hier sieht man, dass PHP in einer Zeit entstanden ist, als sich die Idee einer datenbankübergreifenden Schnittstelle wie JDBC oder ODBC noch nicht voll entwickelt hatte.

In der neuen Version 5 der Sprache PHP wurden die Funktionsnamen der OCI8-Bibliothek an die PHP-Namenskonvention angepasst. Das bedeutet, dass in die Funktionen zwischen dem Bibliothekspräfix `oci` ein zusätzlicher Unterstrich _ eingefügt wurde. So wurde beispielsweise aus `ociexecute` die neue Funktion `oci_execute`. In den Beispielskripten verwenden wir die alten Funktionsnamen der Version 4.3.8, die ohne Unterstrich auskommen, da die alten Funktionsnamen (noch) von beiden Versionen akzeptiert werden – die neue Notation allerdings nur von Version 5.

Bevor wir die Funktionen im Einzelnen innerhalb geeigneter Themenbereiche darstellen, folgt ein kurzer Überblick über die in den folgenden Abschnitten dargestellten Funktionen der OCI8-Bibliothek in alphabetischer Reihenfolge:

- `ocibindbyname`
  Zuweisen von Variablen im PHP-Skript zu Parameternamen in SQL-Anweisungen.
- `ocicancel`
  Freigeben einer offenen Ergebnismenge.
- `ocilogon`:
  Eine neue Datenbankverbindung herstellen.
- `ocicommit`
  Eine offene Transaktion erfolgreich beenden.
- `ociclose`
  Schließen einer Datenbankverbindung.
- `ocidefinebyname`
  Zuweisen von Variablen im PHP-Skript zu Attributen einer Ergebnismenge.
- `ocierror`
  Gibt den letzten aufgetretenen Fehler zurück.
- `ociexecute`
  Führt eine (vorbereitete) SQL-Anweisung aus.
- `ocifetchstatement`
  Liest alle Datensätze aus einer Ergebnismenge aus und gibt diese als PHP-Array zurück.
- `ocifetchinto`
  Liest einen Datensatz aus der Ergebnismenge und gibt diesen als numerisch indiziertes PHP-Array zurück.
- `ocifetch`:
  Der nächste Datensatz in der Ergebnismenge wird geladen.
- `ocicolumnisnull`
  Überprüft, ob ein gegebenes Feld einen echten Nullwert enthält.
- `ocicolumnname`
  Gibt den Spaltennamen für eine gegebene Spaltennummer zurück.
- `ocicolumnprecision`
  Gibt zurück, wie viele Nachkommastellen der Datentyp einer gegebenen Spalte besitzt.
- `ocicolumnscale`
  Gibt zurück, wie viele Vorkommastellen der Datentyp einer gegebenen Spalte besitzt.

- `ocicolumnsize`
  Gibt die Spaltenbreite zurück.
- `ocicolumntyperaw`
  Gibt den Oracle-Datentyp für eine gegebene Spalte zurück.
- `ocicolumntype`
  Gibt den Datentyp für eine gegebene Spalte zurück.
- `ocifreestatement`
  Gibt die Ressourcen einer Ergebnismenge oder eines Datenbankcursors frei.
- `ociinternaldebug`
  Aktiviert oder deaktivert Debug-Ausgaben.
- `ocinlogon`
  Stellt explizit eine neue Verbindung zur Oracle-Datenbank her.
- `ocinumcols`
  Gibt die Anzahl der Spalten für eine gegebene SQL-Abfrage zurück.
- `ocinumrows`
  Gibt die Anzahl der veränderten Datensätze zurück (nach der Ausführung einer DML-Anweisung) oder die Anzahl der Datensätze, die von einer SQL-Abfrage ausgelesen wurden (allerdings erst nachdem alle Datensätze auch tatsächlich ausgelesen worden sind).
- `ociparse`
  Bereitet eine SQL-Anweisung für die Ausführung auf dem Oracle-Server vor.
- `ociplogon`
  Herstellen einer explizit persistenten Verbindung.
- `ociresult`
  Gibt den Wert eines Datensatzes zurück.
- `ocirollback`
  Eine offene Transaktion rückgängig machen.
- `ociserverversion`
  Gibt eine Beschreibung von Version und Features der Oracle-Datenbank zurück.

Entwicklungsumgebung

Um PHP-Skripten ausführen zu können, die die Befehle der OCI8-Bibliothek verwenden, brauchen Sie zunächst einen Webserver mit installiertem PHP-Interpreter. Vorkonfigurierte Umgebungen für Windows, die für Entwicklungszwecke vollkommen ausreichend sind, bieten beispielsweise die Projekte *AppServ* und *WAMP*.

Wenn Sie eine solche Umgebung installiert haben, die es Ihnen ermöglicht, einfache PHP-Skripten auszuführen, brauchen Sie nur noch die OCI8-Bibliothek zu aktivieren. Dieses können Sie mit den folgenden vier Schritten erreichen:

1. Um PHP so zu konfigurieren, dass man überhaupt die Oracle-Funktionen nutzen kann, benötigt man zunächst nur die Erweiterung *php_oci8.dll*, die zusammen mit PHP ausgeliefert wird. Sie aktivieren diese in der Konfigurationsdatei *php.ini*, indem Sie die folgende Zeile durch Entfernen des Kommentarzeichens aktivieren. Vermeiden Sie die gleichzeitige Aktivierung der Module *php_oracle.dll* und *php_oci8.dll*.

   ```
   extension=php_oci8.dll
   ```

2. Weiterhin muss natürlich diese DLL dem PHP-Interpreter zur Verfügung stehen. Dieser sucht Erweiterungsmodule in einem bestimmten Verzeichnis, nämlich in dem Verzeichnis, das in der *php.ini* unter dem Punkt `extension_dir` angegeben ist. Achten Sie daher darauf, die DLL in dieses Verzeichnis zu kopieren oder die Variable `extension_dir` auf das entsprechende, richtige Verzeichnis zeigen zu lassen. Dieses könnte z.B. folgendes sein:

   ```
   extension_dir = "c:\apache\php\extensions"
   ```

3. Zum Schluss können Sie einige Umgebungsvariablen wie das Oracle-Verzeichnis und den Namen der Datenbankinstanz, die von dem Webserver verwendet werden soll, in der Konfigurationsdatei unterbringen:

   ```
   [Oracle]
   ORACLE_HOME=C:\oracle\ora92
   ORACLE_SID=KURSE
   ```

4. Nach den Änderungen in der *php.ini*-Datei starten Sie einfach den Webserver neu, die Änderungen werden jetzt übernommen.

7.1.1 Verbindung zur Datenbank herstellen

Für die Verbindung zur Datenbank gibt es – wie sonst auch – ein bestimmtes Muster, in dem die einzelnen Befehle aufeinander folgen müssen, weswegen natürlich auch eine eigene kleine Funktion mit Verbindungstest sinnvoll ist. Im folgenden Quelltext finden Sie ein allgemeines einfaches Programm, das lediglich eine Verbindung aufbaut, dann eine eventuelle Fehlermeldung und den Fehlerwert ausgibt, um ganz sicherzugehen, dass tatsächlich eine Verbindung besteht, und sie dann beendet. Mit dem Befehl `ociserverversion` kann man sich darüber hinaus ausgeben lassen, mit welcher Version von Oracle man verbunden ist – was wir in dem Beispiel zwischen Verbindungsaufbau und -abbau auch machen.

Mit der Funktion `ocilogon` kann man eine Verbindung zum Oracle-Server herstellen. Die Funktion `ocilogon` hat übrigens zwei Geschwister: `ociplogon` und `ocinlogon`. Bei `ociplogin` steht der Buchstabe *p* für *persistent*. Das bedeutet, dass sich nacheinander aufgerufene Skripten eine Verbindung teilen sollen, wenn der PHP-Interpreter als Webserver-Modul geladen ist. Das *n* in `ocinlogin` steht für *new*, hier weist man den PHP-Interpreter an, auf jeden Fall eine neue Verbindung herzustellen. Im Falle von `ocilogon` überlässt man es der Bibliothek, ob eine bestehende Verbindung genutzt werden soll oder eine neue hergestellt wird.

Der Unterschied ist folgender: Das Öffnen einer bestehenden, persistenten Verbindung ist deutlich schneller, als in jedem Skript eine neue Verbindung herzustellen. Allerdings eignen sich persistente Verbindungen nicht für Transaktionen: Da persistente Datenbankverbindungen von mehreren Skripten gleichzeitig benutzt werden können, ist nicht abzusehen, welche Anweisungen mit einem `ROLLBACK` rückgängig gemacht beziehungsweise bei einem `COMMIT` festgeschrieben werden. Wenn Sie also Daten im Rahmen eigener Transaktionen ändern möchten, sollten Sie darauf achten, die Verbindung mit `ocinlogon` herzustellen. Lesen Sie hingegen nur Daten aus dem Datenbankserver, geht dieses mit `ociplogon` deutlich schneller.

Im folgenden Quelltext stellen wir die Verbindung nur unter Angabe von Benutzernamen und Passwort her. Die Funktion liefert dann das für PHP typische *resource handle* zurück, eine einfache, ganze Zahl, die die Verbindung eindeutig identifiziert:

```
$user = 'Scott';
$pwd = 'Tiger';
$conn = ocilogon( $user, $pwd );
```

Die Bibliothek sucht dann selbstständig eine geeignete Datenbank. Gibt es nur eine Oracle-Instanz auf dem lokalen Rechner, wird automatisch diese angesprochen. Gibt es mehrere, entscheidet der Parameter `ORACLE_SID` in der Konfigurationsdatei *php.ini*. Um eine Datenbankverbindung zu einem beliebigen entfernten Oracle-Server herzustellen, nimmt `ocilogon` einen optionalen, dritten Parameter auf, der entweder auf einen in der Datei *tnsnames.ora* Ihrer Oracle-Distribution registrierten Server verweist, der in folgender Weise beschrieben ist:

```
 ( DESCRIPTION = ADDRESS_LIST (
  ADDRESS = (
    PROTOCOL= TCP (Host= $ipadresse ) (Port= $portnummer )
    )
```

```
  )( CONNECT_DATA = (
    SID = $servicename
    )
  )
)
```

Dabei ersetzen Sie die Variablen `$ipadresse`, `$portnummer` und `$servicename` durch die entsprechenden Werte der gewünschten Server-Verbindung.

Am Ende des Skripts können Sie die Datenbankverbindung mit `ocilogoff` wieder schließen.

Auftretende Fehler können Sie mit der Funktion `ocierror` abfragen. Diese Funktion liefert ein assoziatives PHP-Array mit den Schlüsseln `code` und `message` zurück. Unter dem Schlüssel `code` ist die Fehlernummer gespeichert, unter `message` ein Fehlertext. Grundsätzlich werden Fehlermeldungen auch unmittelbar in Form von Warnungen ausgegeben – ein Verhalten, das man mit einem vorangestellten `@` vor dem jeweiligen Funktionsnamen unterdrücken kann: `@ocilogon` bzw. `@ociserverversion`.

```
<?php
// Verbindungsaufbau
$co = @ocilogon('Scott', 'Tiger');

// Fehler ausgeben
if (!$co) {
  $error = ocierror();
  echo '<p>Fehler Nr. ';
  echo $error['code'];
  echo '<br>';
  echo $error['message'];
  die();
}

// Die Datenbank ansprechen
echo 'Verbunden mit ' . ociserverversion($co);

// Verbindung wieder schließen
ocilogoff($oco);
?>
```

Listing 7.1 711_01.php: Verbindungsauf- und -abbau

Kommt eine Verbindung zustande, erhalten wir nun Informationen zur Version des Datenbankservers, sonst erhalten wir eine mehr oder weniger aussagekräftige Fehlermeldung.

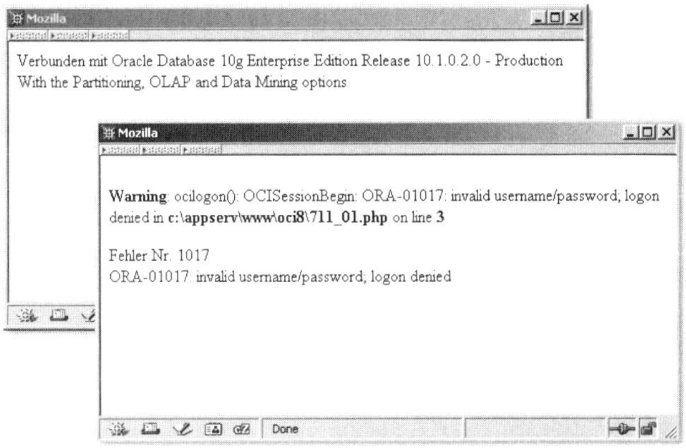

Abbildung 7.1 Verbindungsaufbau und Fehlermeldungen

Eine einfache Klasse für das Herstellen und Abbauen von Datenbankverbindungen könnte folgende Form haben: Eine Methode `connect()` für den Verbindungsaufbau, eine zweite Methode `close()` für den Verbindungsabbau und eine dritte Methode `printErrors()` für die Ausgabe eventuell aufgetretener Fehler:

```
<?php

class OCI_Connection {
 var $connectionHandle;

 function OCI_Connection($user, $password) {
   $this->connect($user, $password);
 }

 // Verbindung aufbauen
 function connect ($user, $password) {
   $this->connectionHandle =
     ocilogon($user, $password)
       or die("ORA_Logon: 'connect' gescheitert.");
   return $this->connectionHandle;
  }

 // Fehlermeldungen ausgeben
```

```
  function printErrors() {
    $errmsg=ocierror($this->connectionHandle);
    echo '<p><b>'. $errmsg
         .'</b></p>';
  }

  // Verbindung abbauen
  function close() {
    $ok = ocilogoff($this->connectionHandler);
    return $ok;
  }
}

?>
```

Listing 7.2 711_02.php: Eine einfache Klasse für Datenbankverbindungen

Der Vorteil dieser Klasse ist, das die Variable mit dem *resource handle* nun in der Klasse gekapselt ist. Wenn wir diese Klasse dann in einem getrennten Quelltext einsetzen, können wir das korrekte Mitführen und Initialisieren dieser Variable dem Programmierer der Verbindungsklasse überlassen. Das folgende Beispiel setzt die neu geschaffene Klasse `OCI_Connection` auch gleich ein.

```
<?php
include('711_02.php');

// Verbindungsklasse initialisieren
$db = new OCI_Connection('Scott','Tiger');

// Eventuelle Fehler ausgeben
$db->printErrors();

// Verbindung schließen
$db->close();

?>
```

Listing 7.3 711_03.php: Verwendung der Klasse OCI_Connection

7.1.2 SQL-Anweisungen ausführen und verarbeiten

Das A und O der Arbeit mit einer modernen SQL-fähigen Datenbank ist das Ausführen von SQL-Anweisungen und die Verwertung der von diesen Anweisungen geschaffenen Ergebnismengen. Die OCI8-Bibliothek unterstützt diese Arbeit auf verschiedene, alternative Arten. Der grundsätzliche Ablauf bleibt jedoch für jede dieser Alternativen gleich.

Standard-Fall in einzelnen Schritten

Hier also der gewöhnliche Ablauf einer Datenbankabfrage:

1. Die SQL-Anweisung wird erzeugt und in einer Variable gespeichert, eventuell auch als Konstante direkt ausgeführt.
2. Die Anweisung wird mit der Funktion `ociparse` an die Datenbank geschickt. Die Anweisung wird in diesem Moment allerdings noch nicht ausgeführt, sondern nur vom Oracle-Server verarbeitet und geprüft.
3. Erst mit dem Aufruf der `ociexecute` wird der Datenbankserver angewiesen, die Anweisung auch auszuführen.
4. Die ausgeführte Abfrage kann verschiedene Informationen zurückliefern: beispielsweise die Anzahl der Spalten in der Ergebnismenge mit der Funktion `ocinumcols` die Spaltennamen mit `ocicolumnname`; und, bei Anweisungen aus dem Sprachraum der DML, auch die Anzahl der betroffenen Datensätze über einen Aufruf von `ocinumrows`.
5. Die einzelnen Datensätze können dann mit der Funktion `ocifetch` abgerufen werden. Solange noch weitere Datensätze vorhanden sind, liefert die Funktion `ocifetch` den Wert `true` zurück. Während `ocifetch` nur zurückliefert, ob noch Werte vorhanden sind und es dem weiteren Programm überlässt, die Werte auch abzufragen, liefert `ocifetchinto` gleich ein PHP-Array mit den Werten des jeweiligen Datensatzes zurück. Alle Datensätze auf einmal erhält man mit der Funktion `ocifetchstatement`.
6. Hat man den nächsten Datensatz per `ocifetch` abgerufen, kann man mit `ociresult` nun die Werte der einzelnen Spalten abfragen. Um zwischen echten Nullwerten und einfachen, leeren Zeichenfolgen unterscheiden zu können, ruft man einfach die Funktion `ocicolumnisnull` auf.

Im folgenden Beispiel erzeugen wir für eine gegebene Abfrage eine einfache HTML-Tabelle. Wir leiten dazu von der Verbindungsklasse `OCI_Connection` eine Unterklasse `OCI_QueryUtil` ab, die deren Funktionalität im Wesentlichen um die Methode `printTable` erweitert.

Dabei erzeugen wir über einen Aufruf der Funktion `ociparse` zunächst ein *resource handle* für die SQL-Anweisung. Die Funktion nimmt dabei zwei Parameter auf: das gültige *resource handle* einer Datenbankverbindung und eine Zeichenfolge mit der SQL-Anweisung.

```
$verbindung; // Verbindung mit ocilogon herstellen
$sql = "SELECT * FROM KURSE";

$anweisung = ociparse( $verbindung, $sql );
```

Anschließend führen wir die Anweisung mit `ociexecute` aus. Dabei nimmt `ociexecute` die vorher von `ociparse` zurückgelieferte Variable auf. Der Rückgabewert von `ociexecute` ist `true`, wenn die Abfrage erfolgreich ausgeführt wurde, beziehungsweise `false`, falls dabei ein Fehler aufgetreten ist.

```
ociexecute( $anweisung ) or echo("Fehler");
```

Um nun die Eigenschaften der Ergebnismenge zu erfahren, übergeben wir die Variable `$anweisung` an die entsprechenden Funktionen.

```
$reihen = ocinumcols( $anweisung );
$ersterSpaltenName = ocicolumnname( $anweisung, 1 );
```

Wichtig ist hierbei, dass bei allen spaltenbezogenen Operationen die Nummerierung der Spalten bei dem Index 1 anfängt und nicht bei 0 wie bei den PHP-Arrays. Wenn wir jetzt in einer Schleife die Ergebniswerte ausgeben möchten, dann können wir das mit der Kombination von `ocifetch` und `ociresult` machen. Dabei nimmt `ocifetch` wieder das *resource handle* der SQL-Anweisung auf und `ociresult` zusätzlich die Nummer oder den Namen der gewünschten Spalte.

```
while ( ocifetch( $anweisung ) ) {
  echo ociresult( $anweisung, 1 );
  echo ociresult( $anweisung, 'MEINESPALTE');
}
```

Hier folgt der angekündigte Quelltext der Klasse `OCI_QueryUtil` zur Erzeugung einer einfachen Tabelle auf der Basis beliebiger Abfragen:

```
<?php
include('711_02.php');

class OCI_QueryUtil extends OCI_Connection {
// Das resource handle der SQL-Anweisung
 var $statementHandle;

 function OCI_Table( $user, $password ) {
   $this->connect($user, $password);
 }
```

```
 function printTable( $sqlquery ) {
  $this->statementHandle =
   ociparse($this->connectionHandle, $sqlquery) or
    die('OCI_Table: Fehler in der Abfrage');

  ociexecute($this->statementHandle)
   or die('OCI_Table: '
    .'Fehler beim Ausfuehren der Abfrage') ;

  $columns = ocinumcols($this->statementHandle);

  echo '<table border=\'1\'>'."\n";
  echo '  <tr>'."\n";

  for ($i=1; $i<=$columns; $i++) {
   echo '    <th>'.$i.':'.
   ocicolumnname($this->statementHandle,$i).'</th>'."\n";
  }
  echo '  </tr>';

  while( ocifetch($this->statementHandle ) ) {
   echo "\n".'<tr>';
   for ($i=1; $i<=$columns; $i++) {
    $value = ociresult($this->statementHandle,$i);
    echo '<td>'.$value.'</td>';
   }
   echo '  </tr>';
  }
  echo '</table>';
 }
}
?>
```

Listing 7.4 712_01.php: Eine Klasse, um Tabellen aus beliebigen Abfragen zu generieren

Die Klasse setzen wir nun ein, um einige Spalten der Tabelle DOZENT abzufragen und auszugeben:

```
<?php
include('712_01.php');
```

```
// Datenbankverbindung herstellen
$qutil = new OCI_QueryUtil('Scott','Tiger');

$sql = 'SELECT D_NR, D_VORNAME, D_NACHNAME, D_STADT '
      .'FROM DOZENT';

// Tabelle ausgeben
$qutil->printTable( $sql );

// Datenbankverbindung schließen
$qutil->close();
?>
```

Listing 7.5 712_02.php: Einige Spalten der Tabelle DOZENT abfragen und als Tabelle ausgeben

Die Ausgabe des Skripts sollte nun wie in Abbildung 7.2 aussehen.

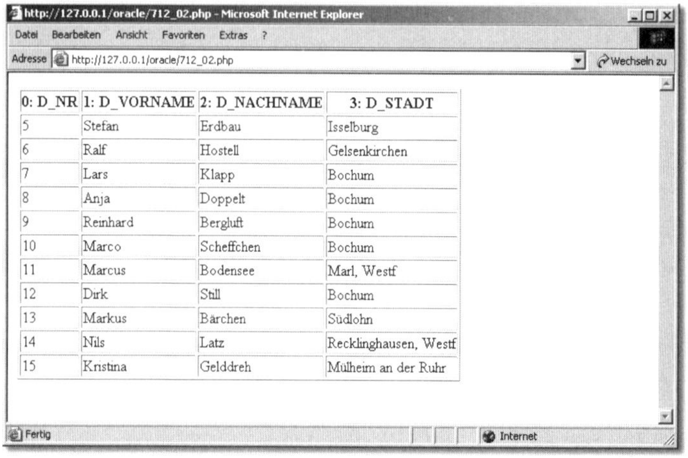

0: D_NR	1: D_VORNAME	2: D_NACHNAME	3: D_STADT
5	Stefan	Erdbau	Isselburg
6	Ralf	Hostell	Gelsenkirchen
7	Lars	Klapp	Bochum
8	Anja	Doppelt	Bochum
9	Reinhard	Bergluft	Bochum
10	Marco	Scheffchen	Bochum
11	Marcus	Bodensee	Marl, Westf
12	Dirk	Still	Bochum
13	Markus	Bärchen	Südlohn
14	Nils	Latz	Recklinghausen, Westf
15	Kristina	Gelddreh	Mülheim an der Ruhr

Abbildung 7.2 Ausgabe von 712_02.php

Speichern von Datensätzen in Arrays

Mit Hilfe der Funktion `ocifetchinto` kann man einen Datensatz in ein assoziatives oder ein numerisches Array übertragen. Dabei kann der Rückgabewert der Funktion als Bedingung für die zugehörige `WHILE`-Schleife verwendet werden, um die gesamte Ergebnismenge zu durchlaufen.

Die Funktion nimmt dabei als ersten Parameter analog zu `ocifetch` den Rückgabewert von `ociparse` auf. Der zweite Parameter ist die PHP-Variable, die das PHP-Array aufnehmen soll. Der zweite Parameter wird dabei intern als Referenz übertragen, und sein Inhalt wird beim Aufruf von `ocifetch` überschrieben.

Optional kann in einem dritten Parameter die Art des erzeugten PHP-Arrays durch eine oder mehrere der folgenden vier Konstanten bestimmt werden:

- `OCI_RETURN_NULLS`: Diese Option erzeugt die Zeichenfolge `'NULL'` für Nullwerte.
- `OCI_ASSOC` erzeugt ein assoziativ indiziertes PHP-Array, wobei die Spaltennamen die Schlüsselwerte stellen.
- `OCI_NUM` erzeugt ein numerisch indiziertes PHP-Array (Standard).
- `OCI_RETURN_LOBS`: Für Felder mit dem Datentyp `LOB`, so genannte *Large Binary Objects*, werden die Werte direkt als Zeichenfolgen zurückgegeben. Im Regelfall erzeugt die Bibliothek nämlich für solche `LOB`-Werte zunächst Instanzen der Klasse `LOB`, mit denen die eigentlichen Werte erst nach einen Funktionsaufruf von der Datenbank übertragen werden.

Diese Konstanten können durch Addition miteinander kombiniert werden. Um ein assoziativ indiziertes PHP-Array mit deutlich erkennbaren Nullwerten zu erhalten, können Sie die Funktion `ocifetchinto` wie folgt aufrufen:

```
ocifetchinto( $anweisung, $werteArray,
  OCI_RETURN_NULLS + OCI_ASSOC
);
```

Im folgenden Beispiel verwenden wir nun `ocifetchinto` als Alternative zur Kombination von `ocifetch` und `ociresult`. Wir übernehmen die Ergebnisse in ein numerisches PHP-Array, über das nun auf die Werte des Datensatzes zugegriffen werden kann. Bei der Verarbeitung der Werte können nun Array-Funktionen eingesetzt werden.

```
<?php
// Datenbankverbindung herstellen
$db = ocilogon('Scott','Tiger');

// SQL-Anweisung vorbereiten
$sql = 'SELECT * FROM DOZENT';
$stmt = ociparse($db,$sql);

// SQL-Anweisung ausführen
ociexecute($stmt) or die();

// Schleife mit ocifetchinto
while (ocifetchinto($stmt,$values)) {
  echo '<p>';
```

```
  for ($i=0; $i<sizeof($values); $i++) {
    echo $values[$i];
    if($i!=sizeof($values)-1) echo ', ';
  }
}

?>
```

Listing 7.6 712_03.php: Abfragen mit ocifetchinto auswerten

Feldinformationen auslesen

Manchmal benötigt man Informationen über die in einer Abfrage vorhandenen Felder, z.B. wenn ihre Werte in Verarbeitungen eingehen, die nur für bestimmte Datentypen geeignet sind. Dies lässt sich entweder über entsprechende PHP-Funktionen nach dem Einlesen einer Zeile ermitteln, oder man greift direkt auf die Feldtypen zu und erhält dann die korrekten Oracle-Datentypen. Dabei werden folgende Felder erkannt:

- `VARCHAR2`, `VARCHAR`, `CHAR`
- `NUMBER`
- `LONG`
- `LONG RAW`
- `ROWID`
- `DATE`
- `CURSOR`

Neben der schon bekannten Funktion `ocicolumnname` gibt es noch weitere Funktionen, die solche Feldinformationen zur Verfügung stellen. Übrigens wurde in der PHP-Version 5 das `column` im Namen der Funktionen durch `field` ersetzt.

- `ocicolumnname`
  Ermittelt den Feldnamen.
- `ocicolumntype`
  Ermittelt den Feldtyp als Zeichenfolge.
- `ocicolumntyperaw`
  Gibt eine Oracle-spezifische Typkennzahl zurück.
- `ocicolumnsize`
  Ermittelt die typische Länge des Feldes.

▶ `ocicolumnscale`
Ermittelt die Anzahl der Nachkommastellen.

▶ `ocicolumnprecision`
Ermittelt die Anzahl der Vorkommastellen.

Im folgenden Programm analysieren wir aus einem PHP-Skript heraus die Felder einiger Tabellen der Kursdatenbank und geben die betreffenden Feldinformationen aus.

```
<?php

// Verbindung herstellen
$db = ocilogon('Scott','Tiger');

// Eine Abfrage über die gewünschten Tabellen
$sql = 'SELECT * FROM UNTERNEHMEN, TEILNEHMER, PREIS';
$stmt = ociparse($db,$sql);
ociexecute($stmt) or die();

// Anzahl der Spalten abfragen
$cols = ocinumcols($stmt);

// Auswerten von Spalteneigenschaften
echo '<ul>';
for ($i=1; $i<=$cols; $i++) {
  echo '<li>Spaltenname:';
  echo ocicolumnname($stmt, $i);
  echo '<ul><li>Typ:';
  echo ocicolumntype($stmt, $i);
  echo '<li>Oracle-Typ:';
  echo ocicolumntyperaw($stmt, $i);
  echo '<li>L&auml;nge:';
  echo ocicolumnsize($stmt, $i);
  echo '<li>Vorkommastellen:';
  echo ocicolumnprecision($stmt, $i);
  echo '<li>Nachkommastellen:';
  echo ocicolumnscale($stmt, $i);
  echo '</ul></li>';
}
echo '</ul>';
?>
```

Listing 7.7 712_04.php: Ermittlung von Feldinformationen

Im Ergebnis sehen Sie, wie schön diese einfachen Funktionen funktionieren. Wenn wir die Ausgabe des Skripts beispielhaft mit einer der Tabellendefinitionen vergleichen, sehen wir, dass wir aus den Informationen, die durch die besprochenen Funktionen ermittelt wurden, die Tabelle vollständig rekonstruieren können.

```
CREATE TABLE "SCOTT"."PREIS"
("P_NR"  NUMBER(2)    NOT NULL,
 "P_TN1" NUMBER(6, 2) NOT NULL,
 "P_TN2" NUMBER(6, 2) NOT NULL,
 "P_TN3" NUMBER(6, 2) NOT NULL,
 "P_TN4" NUMBER(6, 2) NOT NULL,
 "P_TN5" NUMBER(6, 2) NOT NULL)
```

Listing 7.8 KurseNRW_Tabelle1.sql: Definition der Tabelle PREIS

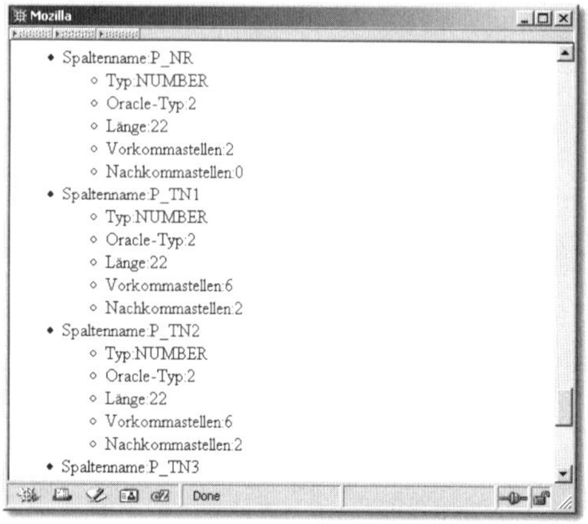

Abbildung 7.3 Ermittlung von Feldinformationen

7.1.3 Parameterübergaben an und von Oracle

Dynamische SQL-Anweisungen können leicht mit den Mitteln von PHP realisiert werden. Die Form der `WHERE`-Klausel einer Abfrage kann beispielsweise einfach durch die für PHP typische Substitution von Variablen in Zeichenfolgen beeinflusst werden:

```
$spalte = "d_nr";
$tabelle = "dozent";
$bedingung = "d_nr < 10";
// Die SQL-Anweisung dynamisch erzeugen
$anweisung = "SELECT $spalte "
            ."FROM $tabelle WHERE $bedingung";
```

Die OCI8-Bibliothek bietet jedoch darüber hinaus einen Mechanismus, um PHP-Variablen transparent für den Programmierer automatisch mit den Werten aus der Datenbank zu bestücken und umgekehrt.

Variablen in SQL-Anweisungen einbinden

Stellen Sie sich vor, Sie haben eine `INSERT`-Anweisung, die in einer Schleife mehrere Male hintereinander ausgeführt werden soll. In dieser `INSERT`-Anweisung gibt es nun mehrere Werte, die sich in jedem Schleifendurchlauf ändern. Sie können nun der OCI8-Bibliothek mit dem Befehl `ocibindbyname` mitteilen, welche PHP-Variablen diese Werte enthalten. Beim Parsen der `INSERT`-Anweisung durch `ociparse` definieren Sie einfach entsprechende Platzhalter. Die Bibliothek kümmert sich dann während des Aufrufs von `ociexecute` darum, die Werte in den PHP-Variablen an der Stelle der Platzhalter einzufügen.

Dabei werden die Platzhalter einfach als Namen mit vorangestelltem Doppelpunkt definiert:

```
$insert = "INSERT (Spalte1, Spalte2) "
         ."VALUES (:spalte1, :spalte2)";
```

Nachdem die Anweisung durch `ociparse` für die Ausführung vorbereitet worden ist, können wir für die beiden Platzhalter `spalte1` und `spalte2` entsprechende PHP-Variablen festlegen. Die Funktion `ocibindbyname` nimmt dabei als ersten Parameter das *resource handle* der SQL-Anweisung auf, dann folgt der Name des Platzhalters, und als dritter und letzter Parameter kommt dann die PHP-Variable.

```
$anweisung = ociparse( $db, $insert );
ocibindbyname($anweisung, "spalte1", $spalte1);
ocibindbyname($anweisung, "spalte2", $spalte2);
```

Ab diesem Moment werden bei einem Aufruf von `ociexecute` die Inhalte der Variablen `$spalte1` und `$spalte2` in die entsprechenden Stellen der Platzhalter `spalte1` und `spalte2` eingefügt.

```
$spalte1 = "erster Wert";
$spalte2 = "zweiter Wert";
ociexecute($anweisung);
```

Ergebniswerte automatisch in Variablen speichern

Oder ein anderes Beispiel: Sie haben eine `SELECT`-Anweisung, die bestimmte Spalten von einer Tabelle ausliest. Weil Sie sich die Aufrufe von `ociresult` oder die Array-Operationen mit `ocifetchinto` gern sparen möchten, wollen

Sie vielleicht einfach festlegen, dass die Werte der Spalte *soundso* automatisch in der Variable *dingsda* gespeichert werden sollen – diesen Gedanken hatte auch die Autoren der OCI8-Bibliothek. Das können Sie nämlich mit `ocidefinebyname` erreichen. Mit dieser Funktion können Sie jeder Spalte in einer Ergebnismenge eine PHP-Variable zuordnen – wenn Sie nun `ocifetch` aufrufen, werden die Werte des Datensatzes aus der jeweiligen Spalte automatisch in diese PHP-Variablen geschrieben.

Zunächst erzeugen wir wie gehabt eine SQL-Abfrage, deren Ergebnisse wir auswerten möchten:

```
$abfrage = "SELECT spalte1, spalte2 FROM tabelle";
```

Anschließend können Sie diese Anweisung mit `ociparse` vorbereiten:

```
$abfrage = ociparse($db, $abfrage);
```

Jetzt können Sie mit `ocidefinebyname` den einzelnen Spalten PHP-Variablen zuordnen. Dabei ist der erste Parameter wieder das *resource handle* der Anweisung, der zweite Parameter der Name der Spalte und der dritte Parameter die PHP-Variable, die die Feldwerte aufnehmen soll.

```
ocidefinebyname( $abfrage, "SPALTE1", $spalte1 );
ocidefinebyname( $abfrage, "SPALTE2", $spalte2 );
```

Wenn wir jetzt die Anweisung mit `ociexecute` ausführen und die einzelnen Datensätze mit `ocifetch` von der Datenbank abholen, werden die Werte in den entsprechenden Spalten in die Variablen `$spalte1` und `$spalte2` übertragen.

```
ociexecute( $abfrage );
while ( ocifetch( $abfrage ) ) {
  echo $spalte1." und ".$spalte2;
}
```

Im folgenden Beispiel demonstrieren wir ein Zusammenspiel der beiden besprochenen Mechanismen, in welchem die Ergebnisse der ersten Abfrage transparent für den Programmierer in die zweite Abfrage eingebunden werden.

Wichtiger Hinweis: Die Option `magic_quotes_runtime` sollte während der Arbeit mit `ocibindbyname` und `ocidefinebyname` ausgeschaltet werden, da die entsprechenden *Quotes* für Sonderzeichen bereits von der OCI8-Bibliothek gesetzt werden. Ist diese Option dennoch eingeschaltet, kann es zu obskuren Konversionsfehlern oder aber zu einer magischen Vermehrung von Quotes kommen.

```php
<?php

magic_quotes_runtime(false);

$db = ocilogon('Scott','Tiger');

$all = 'SELECT D_NR FROM DOZENT';

$one = 'SELECT D_NACHNAME FROM DOZENT '
      .'WHERE D_NR = :dnr';

$all = ociparse($db,$all);
ocidefinebyname($all,'D_NR', $dnr );

$one = ociparse($db,$one);
ocibindbyname($one,'dnr', $dnr, 4);
ocidefinebyname($one,'D_NACHNAME',$dname, 10);

ociexecute($all);
while (ocifetch($all)) {
  echo '<p>'.$dnr.':' ;
  ociexecute($one) or
    var_dump( ocierror($one) );
  ocifetch($one);
  echo $dname;
}

?>
```

Listing 7.9 713_01.php: Variablentausch mit ocidefinebyname und ocibindbyname

7.1.4 Transaktionsverwaltung

Die Transaktionsverwaltung ist insofern wichtig, weil Änderungen an Tabellen erst dann für alle Benutzer existieren, wenn diese Änderungen explizit festgeschrieben worden sind. Dies bedeutet, dass bei derartigen Operationen immer auch eine Transaktionsverwaltung notwendig ist. Dazu gibt es zwei grundsätzliche Ansätze:

- **Transaktionsverwaltung in der Datenbank**
  Die Datenbank und ihre Module beinhalten selbst eine Kontrollfunktion und eine Transaktionsverwaltung. Im einfachsten Fall besteht dies aus einem

eingeschalteten COMMIT; in einem aufwändigeren Fall könnte die Transaktionsverwaltung aus dem Setzen von explizten Transaktionsblöcken und Kontrollen mit RETURNING...INTO-Klauseln bestehen.

- **Transaktionsverwaltung in PHP**
  Für Transaktionen, die nicht über Module in der Datenbank gesteuert werden, sondern in der Anwendungslogik in PHP implementiert werden sollen, muss diese explizit per Funktionsaufruf beendet werden, um Änderungen festzuschreiben oder zurückzusetzen.

Transaktionsverwaltung in Oracle

In einem ersten einfachen Beispiel verwenden wir eine Transaktionsverwaltung, die direkt in ein Datenbankmodul – hier das automatische Buchungsprogramm für die Testdatenerzeugung – eingearbeitet ist. Die Transaktionssteuerung besteht in diesem Fall aus einem einfachen COMMIT nach jeder ausgeführten Buchung. Daher genügt lediglich der Modulaufruf für das Festschreiben von Änderungen, die aus PHP indirekt über den Aufruf des Moduls ausgeführt werden.

```
// PL/SQL-Programm
<?php
magic_quotes_runtime(false);

$db = ocilogon('Scott','Tiger');
$sql = "DECLARE "
      ."BEGIN "
      ."Generator.Ausfuehrung(:in); "
      ."END;";

$anzahl = 500;
$anweisung = ociparse($db,$sql);

ocibindbyname($anweisung,"in",$anzahl);
ociexecute($anweisung);

?>
```

Listing 7.10 714_01.sql: Transaktionen in der Datenbank nutzen

Nach einer Anmeldung an der Datenbank (alternativ könnte man dies natürlich auch in PHP umsetzen) und der Abfrage SELECT COUNT(*) FROM buchung; erhält man die erhöhte Buchungszahl. In unserem Fall ist dies 4906.

Diese Variante ist aus PHP-Sicht verständlicherweise die einfachste und angenehmste. Entweder sind die aufzurufenden Module bereits mit Transaktionsverwaltungsmechanismen versehen, sodass man sich als Programmierer gar keine Gedanken machen muss. Oder man hat die Anwendungen in Oracle selbst erstellt und in PL/SQL die nötigen Transaktionsmechanismen eingestellt – z.B. indem man Ausnahmen im Ausnahmeabschnitt automatisch zurücksetzt, Sicherungspunkte setzt oder auch Transaktionseinheiten in Überwachungstabellen erfasst. In diesem Sinne stellt die Transaktionsverwaltung dann ein PL/SQL- und kein PHP-Problem dar.

Transaktionsverwaltung in PHP

Standardmäßig werden alle Anweisungen, die über `ociexecute` ausgeführt werden, in einer eigenen Transaktion ausgeführt, und diese wird automatisch festgeschrieben. Dieses Verhalten kann über den optionalen zweiten Parameter von `ociexecute` eingestellt werden. Dabei können zwei Konstanten übergeben werden:

- `OCI_DEFAULT`
  Die Anweisung wird an den Oracle-Server geschickt, die Transaktion bleibt offen.
- `OCI_COMMIT_ON_SUCCESS`
  Eine erfolgreich beendete Anweisung wird sofort festgeschrieben (Standard).

Etwas verwirrend ist hier, dass mit `OCI_DEFAULT` nicht der Standardwert gemeint ist, sondern das Standardverhalten der Oracle-Datenbank bezüglich der Transaktionssteuerung. Der Standardwert, der beim Weglassen des optionalen Parameters bei einem Funktionsaufruf angenommen wird, ist `OCI_COMMIT_ON_SUCCESS`.

Wichtig: Wenn Sie selbst Transaktionen aus einem PHP-Skript steuern möchten, erzeugen Sie die Verbindung zur Datenbank unbedingt mit der Funktion `ocinlogon` (bzw. deren Gegenpart `oci_new_connect` in PHP 5). Denn da beide Funktionen zur Transaktionssteuerung das *resource handle* der Datenbankverbindung aufnehmen, werden für ein gegebenes `COMMIT` alle angesammelten, offenen Anweisungen in dieser Verbindung insgesamt festgeschrieben. Wenn sich PHP-Skripten die Verbindung teilen, wie es bei persistenten Verbindungen der Fall ist, ist das Ergebnis einer solchen Operation unvorhersehbar.

Stellen wir also exemplarisch eine Verbindung mit `ocinlogon` her, und führen wir einige Anweisung so aus, dass die Transaktion offen bleibt:

```
// Explizit eine neue Verbindung herstellen
$db = ocinlogon("Scott","Tiger");
$sql = "DELETE FROM tabelle";
$anweisung = ociparse($db, $sql);

// ociexecute aufrufen, aber Transaktion offen lassen
ociexecute( $anweisung, OCI_DEFAULT );
```

Wenn im Anschluss an dieses erste `ociexecute` nun ein anderes `ociexecute` folgt, das die gleiche Verbindung nutzt und die Transaktionen sofort festschreibt, wird die Transaktion festgeschrieben. Alternativ können Sie auch die Befehle `COMMIT` oder `ROLLBACK` explizit über eine SQL-Anweisung ausführen. Für die Transaktionsverwaltung in Oracle gibt es zusätzlich noch die zwei Funktionen `ocicommit` und `ocirollback`. Wie Sie sicher richtig vermuten, dient `ocicommit` dazu, eine Transaktion festzuschreiben, `ocirollback` dazu, eine Transaktion rückgängig zu machen.

```
ocicommit( $db ) or
  die("Fehler beim Festschreiben der Transaktion");
```

Beide Funktionen liefern einen `bool`-Wert zurück, der Auskunft darüber gibt, ob die Operation erfolgreich durchgeführt werden konnte oder nicht.

7.2 C++ und Oracle

Das *Oracle C++ Call Interface* (OCCI) ermöglicht den Zugriff auf den Oracle-Server über eine in C++ programmierte Schnittstelle. OCCI erlaubt dabei dem Programmierer, die gesamte Funktionalität des Oracle-Servers zu nutzen. Man kann über OCCI SQL-Anweisungen an die Oracle-Datenbank schicken, sämtliche Datenbankobjekte finden, ändern, erstellen und löschen. Da die Schnittstelle für alle von Oracle unterstützten Plattformen implementiert und gepflegt wird, kann über die Programmierung mit der OCCI-Schnittstelle plattformunabhängiger Quelltext erstellt werden.

Die OCCI-Implementierung setzt ihrerseits auf dem *Oracle Call Interface* (OCI) auf. OCI ist Oracles Programmierschnittstelle für die Sprache C. Denkbar maschinennah, ist die OCI die von den Laufzeiten her schnellste Art, den Oracle-Server anzusprechen. Allerdings sind die OCI-Aufrufe sehr umständlich und redundant. Um eine einfache Verbindung herzustellen, benötigt man mit der OCI gleich eine Reihe von Befehlen und Strukturen – hier kann (und muss) dann alles manuell gesteuert werden: Die Fehlerbehandlung, der Kommunikationspuffer und andere Details der Datenbankverbindung. Die OCCI-Schnittstelle kapselt diese Funktionen der OCI-Bibliothek in greifbare C++-Klassen und erhält dabei im Wesentlichen die Vorteile der OCI-Schnittstelle im Hinblick auf die Laufzeitgeschwindigkeit.

Über die OCCI- und die OCI-Schnittstelle hinaus bietet Oracle den Präprozessor *Pro*C/C++*. Über diesen Präprozessor können SQL-Anweisungen auch direkt als *Embedded SQL* in einen C/C++-Quelltext eingebunden werden. Der Präprozessor wandelt die eingebetteten SQL-Anweisungen dann in die entsprechenden OCCI- und OCI-Aufrufe um. Am Ende der Einführung in die OCCI-Schnittstelle finden Sie einen Abschnitt zu dem Präprozessor Pro*C/C++. Übrigens gibt es diesen Präprozessor auch für die Sprachen Fortran und Cobol (*Pro*Fortran* bzw. *Pro*Cobol*).

Warum OCCI?

Die API der OCCI fasst die jahrelangen Erfahrungen der Oracle-Entwickler mit ihrem Produkt in einer schönen, kompakten Programmierschnittstelle zusammen. Wer JDBC kennt, wird sich mit der OCCI-Schnittstelle sehr schnell zurechtfinden. Viele verwendete Begriffe und Konzepte ähneln denen der JDBC-Schnittstelle.

Folgende Kriterien sprechen für die Nutzung der OCCI-Schnittstelle in einem Projekt:

- plattformunabhängiger Quelltext (bezogen auf die Oracle-Plattformen)
- Die OCCI-Schnittstelle ist objektorientiert.
- Zugriff auf die Datenbank über SQL
- C++ bietet einen guten Kompromiss zwischen organisiertem Quelltext und schneller Rechenleistung.
- OCCI bietet ein Framework für die automatische Speicherung und Erzeugung von Datenbankentitäten.
- Die OCCI-Implementierung kümmert sich um alle sekundären Aspekte der Datenbankverbindung.

»Write once, run everywhere«: Der C++-Quelltext, der unter Benutzung der OCCI-Schnittstelle geschrieben wurde, kann auf allen von Oracle unterstützten Plattformen kompiliert werden. Oracle liefert seinen Clientversionen die plattformspezifischen Teile der OCCI mit. Die Schnittstelle selbst bleibt dabei für alle Plattformen gleich. Daher können die OCCI-basierten Quelltexte leicht für das jeweilige Betriebssystem portiert werden.

OCCI ist eine objektorientierte API. Alle OCI-Aufrufe sind in den Methoden, Variablen und Konstruktoren der OCCI-Klassen gekapselt. Die Klassen entsprechen dabei greifbaren Konzepten der relationalen Programmierung.

Apropos relationale Programmierung: Von C++ allein kann man mit OCCI erst mal keine Daten von der Datenbank abfragen. OCCI bedient sich der Sprachen SQL und PL/SQL, um Daten vom Server abzufragen, einzufügen oder wieder zu löschen.

Für Fortgeschrittene bietet die OCCI ein Framework, das eine enge und automatisierte Verknüpfung von C++-Klassen und Datenbankobjekten ermöglicht. Dabei kann man Datenbankobjekte als C++-Klassen exportieren. Diese Klassen können dann Datensätze aufnehmen, ändern und wieder speichern. Das Framework sorgt dafür, das dies weitgehend transparent für den Entwickler geschieht.

Für den Programmierer unsichtbar kümmern sich die OCCI-Klassen um viele weitere Aspekte der Datenbankprogrammierung: um die Netzwerkverbindung zum Server, um die Konversion von Oracle-Datentypen in entsprechende C++-Datentypen und um spezielle Performance-Fragen wie *Connection Pooling* und *Client-Side-Caching*.

Wir werden uns im Folgenden auf die ausführliche Darstellung der von Oracle zur Verfügung gestellten OCCI-Bibliothek konzentrieren. Anschließend gehen wir, wie oben bereits angedeutet, in einem Abschnitt auf den Pro*C/C++-Präprozessor ein.

Alternativen zu OCCI

Neben der OCCI-Bibliothek gibt es weitere, vom Konzept her ähnliche C++-Klassenbibliotheken, die OCI zum Zugriff auf den Oracle-Server nutzen. So bietet *CoreLabs* auf kommerzieller Basis die *Oracle Class Library* (OCL). Ein Open-Source-Projekt implementiert die *OraLib*. Neben den speziell für die Oracle-Datenbank geschriebenen Schnittstellen können Sie auch über Microsofts abstraktere, generische ODBC-Schnittstelle auf den Oracle-Server zugreifen. Die Abkürzung ODBC steht für *Open Database Connectivity*.

Voraussetzungen

Die Arbeit mit der OCCI-Schnittstelle verlangt gute Kenntnisse in den Sprachen C++ und SQL. Sie werden vielleicht feststellen, dass die Beispiele in den folgenden Abschnitten durchaus auch für C++-Einsteiger verständlich sind. Die Einfachheit der ersten Schritte soll jedoch nicht darüber hinwegtäuschen, dass die Programmierung eines produktiven Systems mit C++ ihre ganz eigenen Herausforderungen birgt. Denn es sind gerade die kleinen Vorteile von interpretierten Sprachen, die sich im Vergleich mit C++ bei größeren Projekten bemerkbar machen: sinnvolle und zeilenbezogene Fehlermeldungen, ein automatisches Speichermanagement und ein verhältnismäßig beschränkter Sprachumfang.

Hingegen reichen bei C++ ein paar kleine Ungereimtheiten in der Architektur und eine fehlerhafte Zeile Quelltext, und das Programm steht schweigend still.

7.2.1 Kompilieren des ersten Quelltextes

Die Windows-Distribution von Oracle10g liefert Bibliotheken (so genannte *link libraries* oder *libs*) für den Compiler von Microsoft Visual C++ 6.0 aufwärts. Wenn Sie also unter Windows programmieren wollen, sollte Ihre Entwicklungsumgebung entsprechende Bibliotheken verarbeiten können.

In den anderen Distributionen der Oracle-Datenbank, die allesamt Mitglieder der UNIX-Familie sind, finden sich entsprechende Bibliotheken, die in der Regel mit GCC (dem GNU C-Compiler) oder mit dem für die jeweilige Plattform gebräuchlichen Compiler verwendet werden können.

Wichtige Hinweise für Nutzer des GNU-Compilers

Beachten Sie bei der EinstellungIhrer Entwicklungsumgebung folgende allgemeinen Hinweise für die Pfade zu den Link-Bibliotheken und Header-Dateien. Diese werden in der Regel durch Kommandozeilenparameter mit dem Präfix –L für die Bibliotheken und dem Präfix –I für die Header-Dateien eingebunden.

- Include-Dateien: *${ORACLE_HOME}/oci/include*
- Library-Dateien: *${ORACLE_HOME}/oci/lib*

Wichtige Hinweise für Nutzer von MS Visual C++

Mit MS Visual C++ gestaltet sich der Weg vom Quelltext zum Programm etwas umständlicher. So müssen folgende Einstellungen vorgenommen werden, um ein OCCI-Programm zum Laufen zu bringen:

- **Projekte · Einrichtung... · Compiler**
  In diesem Menü fügen Sie in dem Eingabefeld **Präprozessor-Definitionen** die Einträge `WIN32COMMON,_DLL,_MT` zu den bestehenden Definitionen hinzu.
- **Projekte · Einrichtung... · Linker**
  Im Eingabefeld **Objekt-/Bibliothek-Module** tragen Sie die Bibliothek *oraocci10.lib* aus dem Verzeichnis */oci/lib/msvc/* der Oracle-Distribution ein. Dieser Ordner enthält mehrere Unterorder für die verschiedenen Versionen des Microsoft Compilers, namentlich */vc6*, */vc7* und */vc71*. Verwenden Sie möglichst die zu Ihrer Entwicklungsumgebung passende Version von *oraocci10.lib*.

- **Kopieren**
  Kopieren Sie die der gewählten Bibliothek entsprechende DLL *oraocci.dll* in das Projektverzeichnis.

Anschließend sollten sich die Beispiele des Buches alle problemlos kompilieren lassen.

In manchen Umgebungen, so bei Windows 98 oder Windows XP, werden zur Laufzeit bestimmte invariante Bedingungen, so genannte *Assertions*, überprüft. Eine einfache und einleuchtende Überprüfung ist beispielsweise, ob nicht mehr Speicher genutzt wird, als zugewiesen wurde. Scheitert eine dieser Prüfungen, kann es zu so genannten *Assertion Exceptions* kommen. Dieser Mechanismus des Microsoft-Debuggers, der den fahrlässigen Umgang mit Zeigern und Speicherbereichen in einem Programm verhindern soll, reagiert durchaus empfindlicher, als es manchmal sein muss.

Zumindest provoziert das Speichermanagement in der OCCI-Bibliothek in bestimmten Umgebungen gern mal solche Assertion Exceptions. Sollten also – bei sonst sauberem Code – an willkürlicher Stelle Assertion Exceptions auftreten, dann können Sie diese Debugging-Funktion auch deaktivieren. Dazu sichern Sie die Debug-Version der *msvc60.dll* und benutzen die normale Version der DLL ohne Debugging-Funktionen. Duplizieren Sie dazu einfach die Datei `C:\WINNT\system32\msvcp60.dll` und benennen Sie sie in `C:\WINNT\system32\msvcp60d.dll` um. (Das `d` am Ende des Dateinamens der DLL steht für »debug«, `WINNT` steht dabei stellvertretend für Ihr Betriebssystemverzeichnis.) Dann verwendet Visual C++ die DLL ohne Debugging-Funktionen: Die Assertion Exceptions treten nicht mehr auf. Wie gesagt: Sichern Sie die Debug-Version für den Fall, dass Sie später andere Programme ohne OCCI schreiben. Denn diese Assertions sind, in der Regel zumindest, eine sehr wichtige Unterstützung bei der Entwicklung.

Los geht's

Haben Sie erfolgreich einen der Beispielquelltexte kompiliert? Dann haben Sie bereits eine der größeren Hürden auf dem Weg zum OCCI-Programmierer genommen! Wenn Sie trotz aller Hinweise in diesem Buch an einem Punkt nicht weiterkommen sollten, suchen Sie am besten das OCI/OCCI-Forum auf der Website des *Oracle Tech Net* auf. Dort finden Sie normalerweise auch Lösungen für die skurrileren Fehlermeldungen der verschiedensten Compiler und Entwicklungsumgebungen.

7.2.2 Verbindung zu einer Oracle-Datenbank

Jeder Arbeitsschritt mit einer Datenbank beginnt mit dem Herstellen einer Verbindung und der Authentifizierung des Nutzers. Gerade Oracle bietet ja eine wahre Fülle von verschiedenen Schnittstellen und Zugriffsprotokollen zum Herstellen einer Verbindung an. Im Folgenden wird also beschrieben, wie man mit OCCI eine Verbindung zur Datenbank initialisiert, was dabei zu beachten ist und wie man eine bestehende Verbindung wieder beendet.

Die Klasse Environment

Die Klasse `Environment` ist der Dreh- und Angelpunkt aller Zugriffe über das Oracle C++ Call Interface. Das Anlegen einer neuen Instanz von `Environment` zu Beginn der Arbeit mit Oracle sorgt dafür, dass alle wichtigen Parameter der Klassenbibliothek initialisiert werden. Um sicherzustellen, dass alle Teile eines Programms das gleiche `Environment` nutzen, kann man eine Instanz von `Environment` nur über den Aufruf der statischen Methode `createEnvironment` erstellen.

```
Environment *env = Environment::createEnvironment();
```

Alle OCCI-Objekte, die mit einer `createXXX`-Methode erstellt werden, müssen nach Gebrauch von dem Programm explizit durch den Aufruf einer entsprechenden `terminateXXX`- Methode wieder freigegeben werden:

```
Environment::terminateEnvironment(env);
```

Im Gegensatz zu Programmiersprachen wie Java oder PHP, die den Speicher automatisch verwalten, muss man in C++ einmal angeforderten Speicher stets wieder freigeben. Das hat den Hintergrund, dass das Programm im weiteren Verlauf den Zeiger auf den angeforderten Speicher verlieren kann. Ist das einmal geschehen, besteht im Rahmen des Programms nicht mehr die Möglichkeit, diesen Speicherbereich wieder freizugeben.

Legt ein Programm ein solches Verhalten an den Tag – verliert es also Referenzen auf reservierte Speicherbereiche –, spricht man von so genannten Speicherlöchern (*Memory Leaks*). Zunächst ist das nicht so schlimm, sogar Windows hatte bis vor einiger Zeit ein paar Speicherlöcher, und schließlich wird der Speicher ja nach dem Ende des Programms auf jeden Fall wieder freigegeben.

Wenn Sie aber Serveranwendungen programmieren, die tage-, wochen- oder vielleicht monatelang laufen sollen, können auch kleinere Speicherlöcher einen Server langsam, aber sicher lahm legen. Da Server nur ungern neu gestartet werden, ist die Suche nach Speicherlöchern in großen Systemen eine der größten Herausforderungen für Programmierer von C/C++-Serveranwendungen und mit ein Grund für den Erfolg von Javas automatischer Speicherverwaltung im Serverbereich.

Herstellen und Trennen einer Verbindung

Ein initialisiertes `Environment` ermöglicht jetzt die Verbindung zu einem Oracle-Server. Dabei ist es sehr empfehlenswert, den Applikationscode in einem eigenen Gültigkeitsbereich (*Scope*) zu halten. Mit diesem Gültigkeitsbereich ist hier ein Geltungsbereich von Variablen gemeint. So befinden sich beispielsweise alle in einer Methode deklarierten Variablen in einem eigenen Gültigkeitsbereich. Auch die Eigenschaften von Klassen gelten nur im jeweiligen Gültigkeitsbereich der Klasse. Da man bei C und C++ Variablen global für alle Klassen, Methoden und Funktionen definieren kann, kann es verhältnismäßig leicht zu Kollisionen mit den Namen von Konstanten und globalen Variablen aus dem Namensraum der OCCI- und OCI-Bibliothek kommen. Wenn man also die eigenen Variablen in einem separaten Gültigkeitsbereich definiert, reduziert man die Wahrscheinlichkeit einer solchen Kollision. Im besten Fall liefert der Compiler gleich eine Fehlermeldung. Meistens führt eine solche Kollision zu unerwarteten, aber stets lästigen Effekten. Daher also unsere Empfehlung, eigene Variablen so oft wie möglich in einem eigenen Gültigkeitsbereich (Klasse, Funktion, Methode, Struktur) unterzubringen. Oder definieren Sie einen eigenen Namensraum (*Namespace*).

Die Klasse Connection

Eine Verbindung zu einer Datenbank wird durch den Aufruf der Methode `createConnection` der Klasse `Environment` erzeugt:

```
Environment *env = Environment::createEnvironment();
Connection *conn = env->createConnection("Scott", "Tiger");
```

Ein Verbindung sollte man nach Ende des Gebrauchs auch immer wieder explizit schließen. Sonst drohen die bereits erwähnten Speicherlöcher oder eine Menge von offenen Verbindungen. So können gerade bei webbasierten Anwendungen (viele, kurze Aufrufe) in Kombination mit großzügigen, serverseitigen Time-Out-Einstellungen recht schnell tausend oder mehr offene, eigentlich abgebrochene Verbindungen auflaufen. Diese müssen dann erst durch entsprechende Prozesse auf dem Oracle-Server gefunden und geschlossen werden. Ein Verbindung beendet man explizit mit der Methode `terminateEnvironment`, wie im folgenden Ausschnitt gezeigt:

```
Environment *env = Environment::createEnvironment();
Connection *conn = env->createConnection("Scott", "Tiger");
env->terminateConnection(conn);
```

Nach dem Aufruf von `terminateConnection` kann man die mit der Klasse `Connection` hergestellte Verbindung nicht mehr weiter verwenden. Manchmal kann es in Anwendungen mit mehreren Klassen und Befehlsfolgen bzw. Threads passieren, dass an einer Stelle die Verbindung zur Datenbank geschlossen wurde, an anderer Stelle aber über diese Verbindung eineSQL-Anweisung ausgeführt werden soll. Ein solcher Zugriff auf die Datenbank über eine geschlossene Verbindung muss zwangsläufig scheitern. Sollte ein Programm willkürlich abstürzen, kann das durchaus an einem solchen »posthumen« Zugriff auf eine `Connection` liegen. Die OCCI sorgt zwar manchmal für aussagekräftige Ausgaben, wenn unerwartet Fehler auftreten, aber in der Regel bleiben die Abstürze unkommentiert.

Im folgenden Listing stellen wir eine Verbindung zu einem Oracle-Server her:

```
#include <occi.h>
#include <iostream.h>

using namespace std;
using namespace oracle::occi;

void main( void ) {
  const string user = "Scott";
  const string password = "Tiger";
  const string database = "test";

  Environment *env = Environment::createEnvironment();
  {
    Connection *conn =
      env->createConnection(user,password,database);
    cout<<"Verbindung zum Oracle-Server hergestellt";
    cout<<endl;
    env->terminateConnection(conn);
  }
  Environment::terminateEnvironment(env);
}
```

Listing 7.11 722_1.cpp: Herstellen der ersten Verbindung

Einsatz von Connection-Pools

Ein *Connection-Pool* hält mehrere Verbindungen offen und gibt freie Verbindungen nach Bedarf an die Applikation(en) weiter. Anstatt die Verbindung wieder zu trennen, wenn die Applikation diese nicht mehr benötigt, wird die frei gewordene Verbindung wieder dem Pool der freien Verbindungen hinzugefügt. Dadurch spart man bei Programmen, die sonst häufig Verbindungen aufbauen und wieder trennen würden, mit einem Connection-Pool nennenswerte Rechenzeiten.

Ein über OCCI initialisierter Connection-Pool stellt dabei von Anfang an eine gewisse Anzahl von Verbindungen her. So kann man beispielsweise festlegen, dass ein Pool bei der Initialisierung mindestens 10 Verbindungen zur Datenbank aufbaut und hält.

Ein weiterer Parameter ist die maximale Anzahl von Verbindungen, die ein Connection-Pool zur Datenbank unterhält. Überschreitet der aktuelle Bedarf an Verbindungen die eingestellte minimale Anzahl von Verbindungen, so stellt der Connection-Pool nämlich automatisch zusätzliche Verbindungen her. Allerdings tut er das nur so lange, bis das definierte Maximum erreicht ist. Die Anzahl der bei diesem Schritt neu hergestellten Verbindungen kann man ebenfalls festlegen. Welche Zahlen man dabei wählt, hängt im Wesentlichen von der Applikation ab. Hier muss man unter Umständen ein wenig mit den Parametern spielen und die Leistungen vergleichen. Grundsätzlich gilt: Optimalerweise verwaltet die Verbindungssammlung genau so viele Verbindungen, wie von der Applikation parallel benötigt werden. Sind weniger Verbindungen in der Verbindungssammlung, müssen erst neue aufgebaut werden, oder die Methode blockiert, bis wieder eine Verbindung frei geworden ist. Sind mehr Verbindungen in der Verbindungssammlung, so geht Rechenzeit für die Verwaltung der brachliegenden Verbindungen verloren.

Die Klasse ConnectionPool

Die Klasse `Environment` bietet eine Methode `createConnectionPool`, die eine Verbindungssammlung erzeugt:

```
ConnectionPool *Environment::createConnectionPool(
const string &poolUserName,
const string &poolPassword,
const string &connectString = "",
unsigned int minConn = 0,
unsigned int maxConn = 1,
unsigned int incrConn = 1)
```

Ist ein `ConnectionPool` angelegt, erhält man mit der Methode `createStatement` analog zur Klasse `Connection` eine Referenz auf ein `Statement`-Objekt:

```
Statement *ConnectionPool::createConnection(
string &userName,
string &password)
```

Die Parameter von ConnectionPool können später dynamisch zur Laufzeit angepasst werden. Es ist daher möglich, ein Programm zu schreiben, das die Anzahl der von ConnectionPool verwalteten Verbindungen auf einem optimalen Level hält. Da in einer OCCI-Umgebung auch mehrere ConnectionPools angelegt werden können, die auch mit verschiedenen Datenbanken verbunden sein können, kann man über diese Funktionalität der OCCI-Bibliothek relativ einfach selbst programmierte Lastenausgleiche (*load balancing*) realisieren, also die eingehenden Anfragen gleichmäßig auf mehrere Datenbanken verteilen.

Eine von einem ConnectionPool erzeugte Connection muss bei dem gleichen ConnectionPool wieder geschlossen werden:

```
void ConnectionPool::terminateConnection(Connection *con)
```

Im folgenden Beispiel erstellen wir also einen solchen ConnectionPool und nutzen diesen analog zum vorher gezeigten Beispiel zu Connection.

```
#include <occi.h>
#include <iostream.h>

using namespace std;
using namespace oracle::occi;

void main( void ) {
  const string user = "Scott";
  const string password = "Tiger";
  const string database = "test";

  // maximale Anzahl von gepoolten Verbindungen
  unsigned int maxConn = 7;

  // minimale Anzahl gepoolter Verbindungen
  unsigned int minConn = 3;

  // Anzahl der neu hergestellten Verbindungen,
  // wenn keine Verbindungen mehr frei sind
  unsigned int incrConn =2;

  Environment *env = Environment::createEnvironment();
  {
    ConnectionPool *pool = env->createConnectionPool(
         user,
         password,
```

```
        database,
        minConn,
        maxConn,
        incrConn);

    Connection *conn =
      pool->createConnection(user,password);

    cout<<"Connection-Pool erstellt"<<endl;
    Statement *stmt =
      conn->createStatement();

    // Statement und Verbindung wieder freigeben
    conn->terminateStatement(stmt);
    pool->terminateConnection(conn);
  }
  Environment::terminateEnvironment(env);
}
```

Listing 7.12 722_2.cpp: Herstellen einer Verbindung über einen Connection-Pool

7.2.3 Ausführen von SQL-Anweisungen

Die besondere Herausforderung für den Datenbankprogrammierer liegt in dem Nebeneinander von imperativen Programmiersprachen wie Java, C++ oder PHP für den eigentlichen Ablauf des Programms und der deskriptiven Sprache SQL für den Zugriff auf die Daten in der Datenbank. SQL kennt dabei verschiedene Arten von Anweisungen, die auch in der OCCI-Bibliothek getrennt behandelt werden.

Den wichtigsten Unterschied stellen dabei die Abfragen, die ein Ergebnis zurückliefern, und die Anweisungen dar, die keine Ergebnisse zurückliefern. Bei den letzteren kann man zwischen den Anweisungen aus der Datenmanipulationssprache (Data Manipulation Language, DML) und aus der Datendefinitionssprache (Data Definition Language, DDL) unterscheiden. Da Befehle aus der DML die Daten in der Datenbank ändern und da über die Befehle der DDL die Struktur der Datenbank angelegt oder manipuliert wird, liefern diese Anweisungstypen keine Ergebnismenge in Form einer Tabelle zurück, sondern lediglich Informationen über den Erfolg oder Misserfolg der Anweisung bzw. darüber, wie viele Datensätze von der Änderung betroffen waren.

Die Klasse Statement

Bevor man mit OCCI eine SQL-Anweisung ausführen kann, braucht man eine Referenz auf ein `Statement`-Objekt. Diese holt man sich von einer `Connection` über die Methode `createStatement`. Das `Statement` entspricht einer SQL-Konsolenverbindung mit dem Oracle-Server. Uber diese Verbindung können Sie nun SQL-Anweisungen an den Oracle-Server übermitteln und Ergebnisse von diesem abfragen:

```
Connection *conn = env->createConnection("Scott", "Tiger");
Statement *stmt = conn->createStatement();
```

Das Statement gibt man nach dem Abschluss aller Anweisungen mit der Methode `terminateStatement` der erzeugenden `Connection` wieder frei:

```
conn->terminateStatement(stmt);
```

Ein Statement ausführen

Hat man eine Instanz von `Statement` erzeugt, kann man über diese Instanz SQL-Anweisungen mit den Methoden `executeUpdate`, `executeQuery` oder, allgemeiner, mit `execute` ausführen. Dabei verwendet man

- *executeQuery* für eine Abfrage mit Ergebnismenge,
- *executeUpdat*e für eine Anweisung aus der DDL bzw. DML ohne Ergebnis und
- *execute* für beliebige Abfragen und Anweisungen.

Versuchen Sie bitte nicht, eine Abfrage über `executeUpdate` oder eine DDL/DML-Anweisung über `executeQuery` auszuführen! Sie würden damit der Einführung in die Klasse `sqlexception` (siehe Abschnitt 7.2.9, *Fehlerbehandlung*) vorgreifen.

Im Folgenden sehen Sie den erläuternden Code zu diesem Abschnitt:

```
#include <occi.h>
#include <iostream.h>

using namespace std;
using namespace oracle::occi;

void main( void ) {
  const string user = "Scott";
  const string password = "Tiger";
  const string database = "test";

  Environment *env = Environment::createEnvironment();
  {
    Connection *conn =
```

```
      env->createConnection(user,password,database);
      Statement *stmt = conn->createStatement();

    // Eine Abfrage per executeQuery ausführen
    ResultSet *rs =
      stmt->executeQuery("SELECT * FROM dozent");

    cout<<"executeQuery ausgefuehrt"<<endl;
    // Code zur Auswertung des Ergebnisses
    // der Abfrage
    // ....

    stmt->closeResultSet(rs);
    cout<<endl<<endl;

    // Ein DML-Anweisung über executeUpdate ausführen
    int updateCount = stmt->executeUpdate(
     "UPDATE dozent SET D_VORNAME='Hans' WHERE D_NR=1"
    );

    cout<<"executeUpdate ausgefuehrt"<<endl;

    conn->terminateStatement(stmt);
  }
  Environment::terminateEnvironment(env);
}
```

Listing 7.13 723_1.cpp: Ausführen einer SQL-Anweisung

Um per `execute` eine Anweisung auszuführen, übergeben Sie zunächst den Wortlaut der Anweisung an das `Statement`. Das können Sie über die Methode `setSQL` dieser Klasse tun. Diese Anweisung wird dann erst durch Aufruf der Methode `execute` ausgeführt. Da hier beliebige Anweisungstypen übergeben werden können, seien es welche mit Ergebnismenge oder ohne, können Sie für die weitere Bearbeitung der Anweisung über die Methode `status` abfragen, ob eine Ergebnismenge, beziehungsweise, was für eine Art von Ergebnismenge dabei von der Datenbank zurückgeliefert wurde. Wir gehen später in diesem Kapitel im Rahmen der gespeicherten Prozeduren näher auf die mögliche Verwendung von `execute` ein.

7.2.4 Auswerten von Ergebnissen

Das Besondere an einer SQL-Anweisung ist, dass es in der Verantwortung der Datenbank liegt, alle Datensätze zu ermitteln, die den in der Abfrage spezifizierten Integritätsbedingungen (*constraints*) entsprechen. Da man sein Programm durch diese Sprache logisch vom Datenbankprogramm trennt, ermöglicht man es den Programmierern und Administratoren eines Datenbanksystems, dieses für den jeweiligen Anwendungszweck zu optimieren, unabhängig von den Applikationen, die diese Datenbank nutzen. Während früher jedes Programm einen eigenen Mechanismus zur Datenhaltung implementierte, verwendet heute jedes größere Softwareprojekt separate Datenbanken.

Die Klasse ResultSet

Wenn Sie eine `SELECT`-Anweisung ausführen, erhält Ihre Applikation eine Menge von Tupeln bzw. Datensätzen in tabellarischer Form zurück. Dieses Ergebnis wird bei der OCCI-Bibliothek in der Klasse `ResultSet` abgebildet:

```
Statement *stmt = // initialisierender Code
ResultSet *rs = stmt->executeQuery(
    "SELECT d_nachname FROM dozent");
```

Durch die Datensätze wandern

Ein `ResultSet` besteht aus mehreren Datensätzen mit festgelegten Spalten. Es gibt daher eine Methode, um in einer Schleife durch die Datensätze zu iterieren, nämlich die Methode `next`:

```
ResultSet *rs = // initialisierender Code
while ( rs->next() ) {
    // Verarbeitungsschleife
}
```

Dabei iteriert die Methode `next` nicht nur von einem Datensatz zum nächsten, sondern liefert auch drei mögliche Statusinformationen zurück:

- `ResultSet::Status::DATA_AVAILABLE`
  Es ist noch (mindestens) ein Datensatz im `ResultSet` vorhanden.
- `ResultSet::Status::END_OF_FETCH`
  Es sind keine weiteren Datensätze im `ResultSet` verfügbar. Der Wert dieser Konstante ist 0.
- `ResultSet::Status::STREAM_DATA_AVAILABLE`
  In dem `ResultSet` ist eine Referenz auf einen Datenstrom verfügbar (d.h., eine Spalte kann per `getStream` abgefragt werden).

- Diese Information kann auch über die Methode `status` ausgelesen werden. Dabei bleibt der Zustand des `ResultSet` unverändert.

Daten verarbeiten

Hat man einen Datensatz in dem `ResultSet` aktiviert, kann man sich den Wert einer bestimmten Spalte mit einer der `getXXX`-Methoden abholen. Das `XXX` entspricht dabei einem primitiven C++-Datentyp, einem Typ aus der Standard Template Library (STL) oder einem der speziellen in der OCCI definierten Typen. Die Spalte geben Sie als `unsigned int` an, wobei die `1` auch für die erste Spalte steht.

```
ResultSet *rs = // initialisierender Code
while ( rs->next() ) {
    cout<< rs->getString(1).c_str();
    cout<<endl;
    cout<< rs->getInt(2);
    cout<<endl;
}
```

Eine wichtige Funktion im Zusammenhang mit der in der OCCI viel verwendeten Klasse `string` aus der STL ist die Methode `c_str`, die wir hier aufrufen, um einen `char`-Pointer an das Standardausgabeobjekt `cout` zu senden:

```
#include <occi.h>
#include <iostream.h>

using namespace std;
using namespace oracle::occi;

void main( void ) {
  const string user = "Scott";
  const string password = "Tiger";
  const string database = "test";

  Environment *env = Environment::createEnvironment();
  {
    Connection *conn =
      env->createConnection(user,password,database);
    Statement *stmt = conn->createStatement();
    // Eine Abfrage per executeQuery ausführen
    ResultSet *rs =
      stmt->executeQuery("SELECT * FROM dozent");
```

```
    cout<<"SELECT * FROM dozent (Spalten 3,4)"<<endl;

    while
     (rs->next() == ResultSet::Status::DATA_AVAILABLE)
    {
      cout<< rs->getString(4).c_str() << ", ";
      cout<< rs->getString(3).c_str() << endl;
    }

    if
     (rs->status() == ResultSet::Status::END_OF_FETCH)
    {
      cout<<"ResultSet::Status::END_OF_FETCH"<<endl;
    }

    stmt->closeResultSet(rs);
    conn->terminateStatement(stmt);
  }
  Environment::terminateEnvironment(env);
}
```

Listing 7.14 724_1.cpp: Ergebnisse mit der Klasse ResultSet auswerten

Das »Prefetch«-Verhalten eines ResultSet optimieren

Standardmäßig holt ein `ResultSet`-Objekt bei jedem Aufruf von `next` den nächsten und den übernächsten Datensatz von der Datenbank ab. Dieses Verhalten kann man über die Methode `setPrefetchRowCount` modifizieren. Das Standardverhalten entspricht dabei der Einstellung `setPrefetchRowCount(1)`. Setzt man diese Eigenschaft beispielsweise auf den Wert 0, so wird ab diesem Moment jeder Datensatz einzeln von der Datenbank abgeholt. Dadurch kann man verhindern, dass alte Datensätze im Zwischenspeicher des Client-Programms landen, erhöht aber die Netzlast und die Anzahl der Zugriffe auf den Datenbankserver. Stellt man `setPrefetchRowCount` auf einen höheren Wert ein, beispielsweise auf 10, so werden ab diesem Moment von dem `ResultSet` immer auch die nächsten neun Datensätze auf einmal abgeholt. Dadurch reduzieren sich die Netzlast und die Anzahl der notwendigen Zugriffe auf die Datenbank.

Alternativ können Sie über die Methode `setPrefetchMemorySize` auch die absolute Größe des Speichers festlegen, der für das vorauseilende Abholen verfügbar ist. Dann werden immer so viele Datensätze von der Datenbank auf einmal abgeholt, wie in den Speicherbereich passen.

Spalten vom Typ `LONG` oder `LOB` werden nur als Referenz im `ResultSet` gespeichert. Daher werden die Werte dieser Typen erst beim Aufruf der entsprechenden `getXXX`-Methode tatsächlich vom Oracle-Server übertragen. Hier haben dann veränderte Prefetching-Einstellungen keine besonderen Auswirkungen auf die Verarbeitungsgeschwindigkeit.

7.2.5 Vorbereitung und Ausführung von Anweisungen

OCCI bietet drei Verfahren, um SQL-Anweisungen vorzubereiten und auszuführen. Die ersten beiden Verfahren gelten dabei für alle drei oben erwähnten Typen von Anweisungen gleichermaßen. Das dritte Verfahren betrifft die gespeicherten Prozeduren, die berühmten »Stored Procedures«.

- **Standardanweisungen**
  Dies sind fertige Anweisungen, die mit festen Parametern versehen, übergeben und ausgeführt werden.
- **Parametrisierte Anweisungen**
  Eine Anweisung wird mit einem oder mehreren variablen Parametern versehen und dann kompiliert. Anschließend können die Parameter nach Bedarf gesetzt werden, und die Anweisung kann mehrfach ausgeführt werden
- **Gespeicherte Prozeduren mit OUT-Parametern**
  Wie eine parametrisierte Anweisung; hier kommen ein oder mehrere Rückgabeparameter dazu.

Alle Verfahren werden in der OCCI-Bibliothek gleichermaßen über die Klasse `Statement` behandelt. Die genaue Vorgehensweise unterscheidet sich jedoch je nach gewähltem Verfahren. So werden einfache Anweisungen einfach nur über eine der `executeXXX`-Methoden ausgeführt. Die Anweisungsparameter müssen dabei bereits im Vorfeld fest definiert sein.

Bei vorkompilierten bzw. parametrisierten Anweisungen kann man einen oder mehrere Parameter definieren, die dann erst kurz vor der eigentlichen Ausführung gesetzt werden. Das vorkompilierte Statement selbst kann beliebig oft wiederverwendet werden.

Gespeicherte Prozeduren mit `OUT`-Parametern gleichen in der Vorgehensweise den vorkompilierten Anweisungen. Diese `OUT`-Parameter werden im Vorfeld der Ausführung bei dem Statement registriert und können dann im Anschluss an die Ausführung abgeholt werden.

Standardanweisungen

Anweisungen der DML und DDL werden mit `executeUpdate` ausgeführt, und Abfragen mit einer Ergebnismenge werden mit `executeQuery` ausgeführt.

Parametrisierte Anweisungen

In einer solchen Anweisung sind ein oder mehrere variable Parameter definiert. Ein variabler Parameter wird durch einen Doppelpunkt `:` mit anschließendem Parameterindex in der Anweisung vorbereitet:

```
SELECT d_vorname FROM dozent WHERE d_nachname = :1
DELETE FROM dozent WHERE d_nr = :1 AND d_nachname = :2
```

Die Anweisung wird entweder direkt der Methode `createStatement` übergeben oder bei einem bestehenden Statement durch die Methode `setSQL` gesetzt:

```
Statement *stmt = conn->createStatement(
    "SELECT d_vorname FROM dozent WHERE d_nachname = :1")
// oder
stmt->setSQL(
  "DELETE FROM dozent WHERE d_nr = :1 AND d_nachname = :2");
```

Anschließend können die Parameter gesetzt werden. Dazu bietet `Statement` eine Reihe von `setXXX`-Methoden, aus denen man die zum Typ des Parameters passende Methode auswählt. Wenn man wie im obigen Beispiel nach der Dozentennummer selektieren würde, wäre der Parameter vom Typ `int`, und die entsprechende Methode wäre `setInt`. Würde der Parameter beispielweise der Nachname sein, wäre der Parametertyp `string`, die Methode also `setString`:

```
Connection conn = // initialisierender Code
Statement *stmt = conn->executeQuery(
  "SELECT * FROM dozent WHERE d_nr=:1 OR d_nachname=:2");
unsigned int parameterIndex = 1;
stmt->setInt(parameterIndex,2005);
// und/oder
string nachname = "Meier";
stmt->setString(2,nachname);
```

Nachdem alle Parameter gesetzt worden sind, können Sie eine parametrisierte Anweisung mit `execute` ausführen. Je nach Typ der Anweisung holen Sie das Ergebnis mit `getResultSet` vom Statement ab oder speichern die Anzahl der geänderten Datensätze über die Methode `getUpdateCount` in einer lokalen Variable.

```
stmt->execute();
// Bei Anweisungen ohne Ergebnis
stmt->getUpdateCount();
// Bei Abfragen
stmt->getResultSet();
```

Die nicht variablen Teile einer parametrisierten Anweisung werden vom Oracle-Server vorkompiliert. Dadurch kann die Verarbeitungsgeschwindigkeit von sukzessiven Aufrufen von parametrisierten Anweisungen im Verhältnis zu normalen Aufrufen erheblich schneller sein.

```
#include <occi.h>
#include <iostream.h>

using namespace std;
using namespace oracle::occi;

void main( void ) {
  const string user = "Scott";
  const string password = "Tiger";
  const string database = "test";

  Environment *env = Environment::createEnvironment();
  {
    Connection *conn =
      env->createConnection(user,password,database);
    Statement *stmt = conn->createStatement();

    stmt->setSQL(
      "SELECT * FROM dozent WHERE D_NR=:1");
    stmt->setUInt(1,2);
    stmt->execute();
    ResultSet *rs = stmt->getResultSet();

    cout<<"'Parametrisierte Anweisungen'"<<endl;
    cout<<"Dozent D_NR=2 aus Scott.dozent:"<<endl;

    while ( rs->next() ) {
      cout<<(rs->getString(4)).c_str()<<", ";
      cout<<(rs->getString(3)).c_str()<<endl;
    }
```

```
    stmt->closeResultSet(rs);
    cout<<endl<<endl;

    stmt->setUInt(1,4);
    stmt->execute();
    rs = stmt->getResultSet();
    cout<<"Dozent D_NR=4 aus Scott.dozent:"<<endl;
    while ( rs->next() ) {
      cout<<(rs->getString(4)).c_str()<<", ";
      cout<<(rs->getString(3)).c_str()<<endl;
    }

    stmt->closeResultSet(rs);
    conn->terminateStatement(stmt);
  }
  Environment::terminateEnvironment(env);
}
```

Listing 7.15 725_1.cpp: Parametrisierte SQL-Anweisungen

Stored Procedures mit OUT-Parametern

Wenn Sie beispielsweise die gespeicherte Prozedur `TerminErfassung3` aus dem Kapitel zu PL/SQL aufrufen möchten, definieren Sie zuerst eine parametrisierte Anweisung, die diese Prozedur auf dem Oracle-Server richtig aufruft. Dann übergeben Sie diese Anweisung in einer der Methoden `createStatement` oder `setSQL`:

```
stmt->setSQL("BEGIN NaechsterTermin( :1, :2, :3); END;");
```

Anschließend können Sie wie bei der parametrisierten Anweisung mit den `setXXX`-Methoden die `IN`-Parameter eingeben.

OUT-Parameter registrieren

Wenn Sie sich die Funktion ansehen, werden Sie feststellen, dass der vierte Parameter ein `OUT`-Parameter ist und das Ende einer bestimmten Schulung zurückliefert. Die ersten drei Parameter entsprechen der Kursnummer, dem Anfangsdatum und dem Kursort.

Diesen `OUT`-Parameter müssen wir zunächst über die Methode `registerOutParam` bei dem `Statement` registrieren. Die Methode `registerOutParam` nimmt dabei den Index des Parameters auf sowie eine Typangabe und die maximale Größe des Rückgabeparameters in Bytes (bei Datentypen mit variabler Länge wie Bytes und Strings).

In diesem Fall handelt es sich bei dem `OUT`-Parameter um den Datenbanktyp `NUMBER`. Wie Sie in der Typentabelle (siehe Abschnitt 7.2.10, *Datentypen*) nachschlagen können, entspricht in OCCI der Typ `Number` diesem Datentyp. Als Parameter übergibt man der Methode `registerOutParam` den entsprechenden Wert aus der *Type*-Enumeration (das ist die dritte Spalte der Tabelle), also `OCCI-NUMBER`. Da es sich bei `Number` nicht um einen Datentyp mit variabler Größe handelt, können wir bei der Größe den Standardwert (0) stehen lassen. OCCI braucht hier dann keine Anweisung über die zu erwartende Parametergröße.

```
unsigned int parameterIndex = 1;
stmt->registerOutParam( parameterIndex, OCCINUMBER );
```

Jetzt kann der `OUT`-Parameter nach dem erfolgreichen Ausführen der Prozedur ausgelesen werden:

```
#include <occi.h>
#include <iostream.h>

using namespace std;
using namespace oracle::occi;

void main( void ) {
  const string user = "Scott";
  const string password = "Tiger";
  const string database = "test";

  Environment *env = Environment::createEnvironment();
  {
    Connection *conn =
      env->createConnection(user,password,database);
      Statement *stmt = conn->createStatement();

    try {

    stmt->setSQL(
      "BEGIN TerminErfassung3(:1,:2,:3,:4); END;");

    stmt->registerOutParam(4,OCCIDATE );
```

```
    stmt->setInt(1,1015031);
    stmt->setString(2,"04.02.2004");
    stmt->setString(3,"Essen");

    stmt->execute();

    Date date = stmt->getDate(4);

    cout<<"'Stored Procedures'"<<endl;
    cout<<"TerminErfassung3(1015031,";
    cout<<"'04.02.2004','Essen')=";
    cout<< date.toText().c_str() <<endl;
    } catch (SQLException &e) {
      cout<<e.what();
    }
    conn->terminateStatement(stmt);
    env->terminateConnection(conn);
  }
  Environment::terminateEnvironment(env);
}
```

Listing 7.16 725_2.cpp: Eine Stored Procedure aufrufen

7.2.6 Mehrere DML-Anweisungen bündeln

Bei parametrisierten Anweisungen aus der DML, also `INSERT`, `UPDATE` und `DELETE`-Anweisungen, wird man zunächst jede einzelne Anweisung extra ausführen. OCCI bietet darüber hinaus einen Mechanismus, um mehrere, iterative Aufrufe der gleichen Anweisung zu bündeln. Das hat den Vorteil, dass Sie die Anzahl der Zugriffe auf den Oracle-Server auf einen einzigen Zugriff reduzieren. Außerdem werden alle gebündelten Anweisungen im Kontext einer Transaktion ausgeführt – also gilt: Scheitert eine der Anweisungen, bleiben auch die anderen ohne Folge. Wenn Sie also mehrere Anweisungen in einem Aufruf zusammenfassen wollen, müssen Sie zunächst Folgendes tun:

1. Festlegen, wie viele »Iterationen«, also Aufrufe gleich gebündelt werden.
2. Bei Parametern mit variablen Längen (beispielsweise vom STL-Typ `string`) deren maximale Länge festlegen, damit der entsprechende Speicherplatz reserviert werden kann.
3. Eine oder mehrere Anweisungen einfügen.

Anzahl der maximalen Iterationen festlegen

Die Anzahl der zu bündelnden Aufrufe setzen Sie über die Methode setMaxIterations der Klasse Statement. Wenn Sie beispielsweise im folgenden Code drei Aufrufe zusammenfassen wollen, würden Sie setMaxIterations auf den Wert 3 setzen:

```
Connection *conn;
// initialisierender Code
Statement* stmt = conn->createStatement();
stmt->setMaxIterations(3);
```

Sie können im Anschluss an diesen Aufruf durchaus auch weniger Aufrufe folgen lassen, hier wären also nur ein oder zwei Iterationen durchaus zulässig. Da jetzt jedoch nur für drei Aufrufe Speicher reserviert wurde, führt ein vierter Aufruf zu einer Ausnahme.

Maximale Parameterlängen festlegen

Wenn Sie in dem parametrisierten Statement einen oder mehrere Parameter mit variabler Parameterlänge festgelegt haben (im Regelfall alle Arten von binären Datentypen und Zeichenfolgen), so müssen Sie sich auf eine maximale Länge festlegen. Wie auch bei setMaxIterations dient die Methode setMaxParamSize dazu, intern Speicher für die folgenden Aufrufe zu reservieren. Wenn Sie also im Anschluss einen längeren Parameter als festgelegt übergeben, provozieren Sie damit eine Ausnahme. Für Parameter mit festen Bytelängen (beispielsweise Parameter vom Typ int, double, unsigned int, Date oder Timestamp) brauchen Sie keine maximale Parameterlänge definieren.

Sie legen wie folgt die Länge des ersten Parameters auf 10 Byte fest:

```
Statement *stmt = conn->createStatement();
// ...
stmt->setMaxParamSize(1, 10);
```

Mehrere Anweisungen einfügen

Wenn Sie für die erste Anweisung die Parameter gesetzt haben und diese später so ausführen wollen, können Sie nun nach dem Aufruf der Methode addIteration eine weitere Anweisung hinzufügen. Nachdem alle gewünschten Anweisungen auf diese Weise im Statement gespeichert worden sind, können Sie über executeUpdate alle gebündelt ausführen.

```
stmt->addIteration();
```

Wurden für ein bestimmtes Statement Iterationen und Parameter festgelegt, sollte das Statement direkt nach dem Aufruf von execute über die Methode `terminateStatement` der erzeugenden `Connection` beseitigt werden, damit der für die Iterationen und Parameter reservierte Speicher auch wieder freigegeben wird.

Es folgt ein ausführliches Listing zum Bündeln von mehreren Anweisungen:

```
#include <occi.h>
#include <iostream.h>

using namespace std;
using namespace oracle::occi;

void main( void ) {
  int i;

  const string user = "Scott";
  const string password = "Tiger";
  const string database = "test";

  Environment *env = Environment::createEnvironment();
  try {
    Connection *conn =
      env->createConnection(user,password,database);
      Statement *stmt = conn->createStatement();

    // Die Dozenten, die gleich per Iterationen
    // eingefügt werden
    string vornamen [3];
    vornamen[0] = "Georg";
    vornamen[1] = "Donald";
    vornamen[2] = "Colin";

    string nachnamen [3];
    nachnamen[0] = "Pusch";
    nachnamen[1] = "Rummelsfeld";
    nachnamen[2] = "Bauerl";

    // Die beiden Statements, die im Folgenden
    // für die Iterationen verwendet werden

    string delStatement = "DELETE FROM dozent ";
```

```
delStatement+="WHERE D_VORNAME=:1 AND";
delStatement+=" D_NACHNAME=:2";

string insStatement = "INSERT INTO dozent(";
insStatement+="D_NR,D_VORNAME,D_NACHNAME";
insStatement+=") VALUES (:1,:2,:3)";

// Die INSERT-Statements für die drei Dozenten
stmt->setSQL(insStatement);
stmt->setMaxIterations(3);

// Die maximale Länge der Vor- bzw. Nachnamen
// wird hier auf 14 Zeichen (+'\0'-Byte) begrenzt
stmt->setMaxParamSize(2,15);
stmt->setMaxParamSize(3,15);

for ( i = 0; i < 3; i++ ) {
  stmt->setInt(1,60+i);
  stmt->setString(2, vornamen[i]);
  stmt->setString(3, nachnamen[i]);
  // Die letzte Iteration braucht keine
  // weitere mehr zu erzeugen
  if (i<2) stmt->addIteration();
}
// Die gebündelten Statements werden ausgeführt
stmt->execute();
cout<<"Die neuen Dozenten wurden eingefügt"<<endl;

// Das Statement wird freigegeben, ein neues
// erzeugt
conn->terminateStatement(stmt);
conn->createStatement();

// Die neuen Dozenten werden angezeigt
ResultSet *rs = stmt->executeQuery(
  "SELECT * FROM dozent WHERE d_nr>59");
cout<<"Die neuen Dozenten:"<<endl;
while ( rs->next() ) {
  cout<< rs->getString(4).c_str()<<", ";
  cout<< rs->getString(3).c_str()<<endl;
```

```
    }
    stmt->closeResultSet(rs);

    // Anschließend werden die Dozenten wieder
    // gelöscht
    stmt->setSQL(delStatement);
    stmt->setMaxIterations(3);
    stmt->setMaxParamSize(1,20);
    stmt->setMaxParamSize(2,20);

    for ( i = 0; i < 3; i++ ) {
      stmt->setString(1, vornamen[i]);
      stmt->setString(2, nachnamen[i]);
      if(i<2) stmt->addIteration();
    }
    stmt->execute();
    cout<<"...und wieder gelöscht"<<endl;
    // Ohne COMMIT bleibt alles unverändert
    //// conn->commit();
    conn->terminateStatement(stmt);
  } catch ( SQLException e ) {
    cout<< e.getMessage().c_str() <<endl;
  }
  Environment::terminateEnvironment(env);
}
```

Listing 7.17 726_1.cpp: SQL-Anweisungen per addIteration() bündeln

7.2.7 Dynamische Bestimmung des Typs der SQL-Anweisung

Bei fest im Quelltext eingebetteten SQL-Anweisungen ist abzusehen, um welchen Typ von Anweisung es sich dabei handelt. Es ist auch abzusehen, welche Rückgabewerte zu erwarten sind und wie diese ausgewertet werden. Während Sie DML- und DDL-Anweisungen mit der Methode `executeUpdate` ausführen und die Anzahl der veränderten Datensätze zurückerhalten, schicken Sie Abfragen über die Methode `executeQuery` auf den Weg. Da diese Methoden speziell auf die jeweiligen Anweisungstypen ausgelegt sind, führt die falsche Anwendung zu einer Ausnahme.

Die generische Methode Statement::execute()

Wenn ein Programm dem Benutzer die freie Eingabe von SQL-Anweisungen erlaubt oder wenn SQL-Anweisungen dynamisch erzeugt, übergeben und verarbeitet werden, der Typ der Anweisung also nicht bekannt ist, dann bietet die Klasse `Statement` die generische Methode `execute`, mit der zunächst alle Statements ausgeführt werden können. Der Ablauf sieht so aus:

1. Übergeben Sie die Anweisung mit der Methode `setSQL` an das `Statement`.
2. Rufen Sie die Methode `execute` auf.
3. Werten Sie den von der Methode `execute` zurückgegebenen Status aus.

Die Methode `setSQL` nimmt eine beliebige SQL-Anweisung auf, auch Anweisungen mit Parametervariablen. Enthält die Anweisung Parameter, dann müssen diese natürlich vor dem Aufruf von `execute` mit zulässigen Werten bestückt worden sein.

Mit `execute` wird die Anweisung ausgeführt, und das `Statement` befindet sich in einem zunächst unbekannten Zustand.

Der Rückgabewert der Methode `execute` aus der Enumeration `Statement::Status` kann dabei folgende Werte annehmen:

- `Statement::Status::UNPREPARED`
  Das `Statement` kann momentan nicht ausgeführt werden. Es fehlen Parameterwerte, oder es wurde noch keine Anweisung definiert.
- `Statement::Status::PREPARED`
  Das Statement kann jetzt per `execute()` ausgeführt werden.
- `Statement::Status::RESULT_SET_AVAILABLE`
  Das Statement enthält ein `ResultSet`.
- `Statement::Status::UPDATE_COUNT_AVAILABLE`
  Das `Statement` enthält Informationen über die von der letzten Operation betroffenen Datensätze.
- `Statement::Status::NEEDS_STREAM_DATA`
  Das `Statement` verlangt einen weiteren Stream als Eingabe.
- `Statement::Status::STREAM_DATA_AVAILABLE`
  Aus dem aktuellen `Statement` kann ein weiterer Stream gelesen werden.
- Analog zu den Rückgabewerten von `ResultSet::next` kann der Zustand eines `Statement` mit der Methode `status` abgefragt werden, ohne dass sich durch den Aufruf der Status ändert.

Hinweis: Die Methode `execute` braucht durch die ihr gegebene Flexibilität etwas mehr Speicher und Rechenzeit (*Overhead*) als die spezialisierten Methoden `executeQuery` und `executeUpdate`.

```
#include <occi.h>
#include <iostream.h>

using namespace std;
using namespace oracle::occi;

void checkStatement( Statement * );

void main( void ) {
  const string user = "Scott";
  const string password = "Tiger";
  const string database = "test";

  unsigned int count;

  Environment *env = Environment::createEnvironment();
  {
    cout<<"'Statement::Status'"<<endl;
    Connection *conn =
      env->createConnection(user,password,database);

    // Der Status des Statements direkt nach seiner
    // Erstellung
    cout<<"createStatement()"<<endl;
    Statement *stmt = conn->createStatement();
    checkStatement(stmt);

    // ...nach dem Setzen einer SQL-Anweisung
    cout<<"setSQL(SELECT * FROM dozent"<<endl;
    stmt->setSQL("SELECT * FROM dozent");
    checkStatement(stmt);

    // ...nach dem Ausführen eines Statements
    cout<<"execute()"<<endl;
    stmt->execute();
    checkStatement(stmt);

    // ...mach dem Abholen des ResultSet
    cout<<"getResultSet()"<<endl;
    ResultSet *rs = stmt->getResultSet();
```

```
    checkStatement(stmt);

    // ...nach dem Schließen des ResultSet
    // Gefährlich, weil der Status hier zwar das
    // Vorhandensein eines ResultSet vermittelt,
    // dieses aber inzwischen freigegeben wurde
    cout<<"closeResultSet()"<<endl;
    stmt->closeResultSet(rs);
    checkStatement(stmt);

    cout<<"executeUpdate(UPDATE dozent SET name";
    cout<<"='Susi' WHERE D_NR=2)"<<endl;
    stmt->setSQL(
    "UPDATE dozent SET D_VORNAME ='Susi' WHERE D_NR=2"
    );
    checkStatement(stmt);

    cout<<"execute()"<<endl;
    stmt->execute();
    checkStatement(stmt);

    count = stmt->getUpdateCount();
    cout<<"Geänderte Datensätze == "<<count<<endl;

    conn->terminateStatement(stmt);
  }
  Environment::terminateEnvironment(env);
}

// Die Funktion, mit der der Status des Statements
// ausgewertet wird
void checkStatement( Statement *stmt ) {
  Statement::Status status = stmt->status();
  if ( status == Statement::UNPREPARED ) {
    cout<<"--- Statement nicht ausführbar"<<endl;
  } else if (status == Statement::PREPARED) {
    cout<<"--- Statement ausführbar"<<endl;
  } else
    if (status == Statement::UPDATE_COUNT_AVAILABLE) {
    cout<<"--- Statement enthält Rowcount"<<endl;
```

```
  } else
    if (status == Statement::RESULT_SET_AVAILABLE) {
    cout<<"--- Statement enthält ResultSet"<<endl;
  } else
    if (status == Statement::NEEDS_STREAM_DATA) {
    cout<<"--- Statement braucht Stream"<<endl;
  } else
    if (status == Statement::STREAM_DATA_AVAILABLE)
  {
    cout<<"--- Statement enthält Stream"<<endl;
  }
}
```

Listing 7.18 727_1.cpp: Die Rückgabewerte von Statement::execute()

7.2.8 Transaktionen

Jede Anweisung, die durch einen Aufruf der Methoden `executeUpdate`, `executeQuery` und `execute` an die Datenbank versendet wird, startet eine neue Transaktion, oder, wenn bereits eine Transaktion vorhanden ist, setzt diese Transaktion fort. Wird die Datenbankverbindung einfach beendet, oder tritt im Lauf einer Transaktion ein Fehler auf, so werden alle Anweisungen durch das Datenbankmanagementsystem wieder rückgängig gemacht. Damit die gewünschten Änderungen also endgültig in der Datenbank festgeschrieben werden, muss eine Transaktion explizit mit Erfolg beendet werden.

Durch den Aufruf der Methode `Connection::commit()` oder durch die SQL-Anweisung `COMMIT` werden die vorgenommenen Änderungen dann in der Datenbank gespeichert. Auch das Ausführen einer DML-Anweisung, also beispielsweise einer `CREATE`- oder `ALTER`-Anweisung beendet die aktuelle Transaktion erfolgreich. Mit der Methode `setAutoCommit` können Sie das Festschreiben von Transaktionen vereinfachen. Setzt man diese Eigenschaft auf `TRUE`, wird nun jeder Aufruf als eigene Transaktion ausgeführt – alle Änderungen gehen sofort in die Datenbank ein.

```
Statement::setAutoCommit(bool autoCommit)
```

Wenn Sie die Transaktionen wieder selbst steuern möchten, dann rufen Sie diese Methode mit dem Parameter `FALSE` auf. Eine Transaktion abbrechen können Sie mit der Methode `rollback` der Instanz von `Connection`.

7.2.9 Fehlerbehandlung

Alle Methoden der OCCI können während des Aufrufs Ausnahmen provozieren. Da die OCCI die Standard Template Library (STL) verwendet, können auch alle Ausnahmen der STL bei entsprechenden Situationen auftreten. Über die allgemeinen Ausnahmen der STL hinaus löst die OCCI-Implementierung eine `SQLException` aus.

Die Klasse SQLException

Die `SQLException`, wie auch die anderen Ausnahmen der STL, sind alle von der Klasse `exception` abgeleitet. Von dieser können Sie über die Methode `what` einen beschreibenden Fehlertext als `char`-Pointer auslesen.

```
char * exception::what()
```

Zusätzlich bietet `SQLException` die Methode `getErrorCode`, die die Oracl-Fehlernummer zurückliefert, und die Methode `getMessage`, die der Methode `what` entspricht, aber einen STL-`string` zurückliefert:

```
const int SQLException::getErrorCode()
const string SQLException::getMessage()
```

Ausnahmen im Programm behandeln

In C++ kann man Programmteile, die fehlerträchtige Operationen ausführen, in eigene Blöcke packen. Tritt innerhalb eines solchen Blocks eine Ausnahme auf, so springt das Programm direkt an das Ende dieses Blocks. Die Teile des Programms zwischen dem Punkt, an dem die Ausnahme auftrat und dem Ende des Blocks werden dabei nicht ausgeführt. Einen solchen Block definiert man mit dem passenden reservierten Wort `try`:

```
try {
      // fehlerträchtiger Code
}
```

Interessant wird dieser Block, wenn ein so genannter `catch`-Block auf ihn folgt. In diesem Block wird definiert, was geschehen soll, wenn eine bestimmte Ausnahme innerhalb des `try`-Blocks auftritt.

```
catch (exception &e) {
    // Code, der im Fall einer Exception ausgeführt wird
}
```

Hierbei kann man auch zwischen verschiedenen Typen von Ausnahmen unterscheiden. Grundsätzlich wird zur Laufzeit überprüft, ob ein `catch`-Block dem

Typ der aufgetretenen Ausnahmen entspricht. Ist kein entsprechender Block vorhanden, weicht der Programmfluss auf entsprechende Parent-Klassen. aus. Der im obigen Listing dargestellte Block würde alle Ausnahmen auffangen, da alle Ausnahmen ausnahmslos von der Klasse `exception` abgeleitet sind. Im folgenden Beispiel unterscheidet das Programm zwischen den Ausnahmen aus der STL und einer `SQLException`:

```
try {
    // Code, der eventuell eine Exception auslösen kann
}
catch (SQLException sqlException) {
    // Code, der im Fall einer SQLException ausgeführt
    // wird
    cerr << sqlException.getErrorCode() <<":";
    cerr << sqlException.what() << endl;
}
catch (exception e) {
    // Code, der im Fall einer anderen Exception ausgeführt
    // wird
    cerr << e.what() << endl;
}
```

Wichtig ist, dass der speziellere Block (in diesem Fall `catch (SQLException e)`) zuerst steht, denn der Laufzeitcode springt in den ersten vom Typ her passenden Block. Würde also `catch( exception e)` zuerst stehen, würden auch die `SQLExceptions` von diesem abgefangen werden.

7.2.10 Datentypen

Die Erfordernisse unterschiedlicher Ansätze und Projekte haben in den aktuellen Datenbanken eine Vielzahl von Datentypen geschaffen. Der Oracle-Server bietet allein rund 20 vorgegebene Typen. Darüber hinaus kann man eigene Typen definieren, die dann als Objekte in Tabellen gespeichert und referenziert werden können. Programmiersprachen sind da in der Regel etwas spartanischer und kommen mit einer Hand voll primitiver Datentypen aus. Sie wollen aber die Daten aus der Datenbank ja in der einen oder anderen Art verarbeiten und danach die Ergebnisse auch wieder in die Datenbank speichern. Die eindeutige Kommunikation bezüglich der dabei verwendeten Datentypen zwischen dem Oracle-Server und Ihrem Programm ist daher sehr wichtig.

Externe und interne Datentypen

Jeder Zugriff auf die Datenbank ist implizit mit der Umwandlung der Daten von dem Datenbankformat in ein spezielles Format der verwendeten Programmiersprache verbunden. Das Format der Datenbank ist aus der Sicht des Programms ein externer Datentyp. Die im eigenen Programm verwendeten Typen sind interne Datentypen. Die Umwandlung erfolgt bei OCCI nach gewissen Grundsätzen, die im Folgenden dargestellt sind.

Externe Typen vs. OCCI-Datentypen

In der folgenden Tabelle sind die internen C++-Datentypen der OCCI-Bibliothek den externen Datentypen des Oracle-Servers gegenübergestellt. In der Enumeration `Types` der OCCI sind Konstanten für die internen und externen Datentypen festgelegt, die von einigen Methoden als Übergabeparameter übernommen werden.

Externer Typ	C++/OCCI-Datentyp	Types::<Name>
INTERVAL YEAR TO MONTH	char[5]	OCCI_SQLT_INTERVAL_YM
LONG	char[n]	OCCI_SQLT_LNG
LONG RAW	unsigned char[n]	OCCI_SQLT_LBI
LONG VARCHAR	char[n+ sizeof(integer)]	OCCI_SQLT_LVC
LONG VARRAW	unsigned char [n+sizeof(integer)]	OCCI_SQLT_LVB
NAMED DATA TYPE	Struct	OCCI_SQLT_NTY
NUMBER	unsigned char[21]	OCCI_SQLT_NUM
RAW	unsigned char[n]	OCCI_SQLT_BIN
REF	LNOCIRef	OCCI_SQLT_REF
ROWID	LNOCIRowid	OCCI_SQLT_RID
ROWID descriptor	LNOCIRowid	OCCI_SQLT_RDD
null-terminated STRING	char[n+1]	OCCI_SQLT_STR
TIMESTAMP	char[11]	OCCI_SQLT_TIMESTAMP
TIMESTAMP WITH LOCAL TIME ZONE	char[7]	OCCI_SQLT_TIMESTAMP_LTZ
TIMESTAMP WITH TIME ZONE	char[13]	OCCI_SQLT_TIMESTAMP_TZ

Tabelle 7.1 Übersicht über Datentypen

Externer Typ	C++/OCCI-Datentyp	Types::<Name>
UNSIGNED INT	unsigned int	OCCIUNSIGNED_INT
VARCHAR	char[n+sizeof (short integer)]	OCCI_SQLT_VCS
VARCHAR2	char[n]	OCCI_SQLT_CHR
VARNUM	char[22]	OCCI_SQLT_VNU
VARRAW	unsigned char[n+ sizeof(short int)]	OCCI_SQLT_VBI
OCCI BFILE	Bfile	OCCIBFILE
OCCI BLOB	Blob	OCCIBLOB
OCCI BOOL	Bool	OCCIBOOL
OCCI BYTES	Bytes	OCCIBYTES
OCCI ROWID	Bytes	OCCIROWID
OCCI CHAR	Char	OCCICHAR
OCCI CLOB	Clob	OCCICLOB
OCCI DATE	Date	OCCIDATE
OCCI DOUBLE	double	OCCIDOUBLE
OCCI FLOAT	Float	OCCIFLOAT
OCCI INTERVALDS	IntervalDS	OCCIINTERVALDS
OCCI INTERVALYM	IntervalYM	OCCIINTERVALYM
OCCI INT	int	OCCIINT
OCCI METEDATA	MetaData	OCCIMETADATA
OCCI NUMBER	Number	OCCINUMBER
OCCI REF	Ref	OCCIREF
OCCI REFANY	RefAny	OCCIREFANY
OCCI CURSOR	ResultSet	OCCICURSOR
OCCI STRING STL	string	OCCISTRING
OCCI VECTOR STL	vector	OCCIVECTOR
OCCI STREAM	Stream	OCCISTREAM
OCCI TIMESTAMP	Timestamp	OCCITIMESTAMP

Tabelle 7.1 Übersicht über Datentypen (Forts.)

Externer Typ	C++/OCCI-Datentyp	Types::<Name>
OCCI UNSIGNED INT	unsigned int	OCCIUNSIGNED_INT
OCCI POBJECT	User defined types (generated by OTT)	OCCIPOBJECT

Tabelle 7.1 Übersicht über Datentypen (Forts.)

7.2.11 Persistente Objekte

Wer Programme entwickelt, die auf Datenbanken zugreifen, wird schnell bemerken, dass es meistens darum geht, Objekte der Applikationsschicht in einer Datenbank zu speichern. Diese Objekte entsprechen dabei in der Regel den in der Datenbank erstellten Relationen. Die OCCI bietet mit dem *Object Type Translator Tool* (OTT) eine komfortable Methode, um solche Objekte aus der Datenbank direkt in C++-Objekte umzuwandeln. OCCI kümmert sich dann transparent für den Programmierer um die Aspekte der Persistenz des Objekts. Dabei unterscheidet OCCI intern zwischen persistenten und transienten Objekten.

- **Persistente Objekte**
  Diese Objekte sind in einer Datenbank gespeichert. In einer Applikation können diese Objekte von der Datenbank geladen und verändert werden. Ein persistentes Objekt muss explizit gelöscht werden. Bis dahin existiert es über die Laufzeit einer Applikation hinaus. Wenn man ein persistentes Objekt in seiner Applikation verwendet, dann spricht man dabei von einer Referenz.
- **Transiente Objekte**
  Ein transientes Objekt existiert zunächst nur im Speicher der Applikation. Erst wenn das transiente Objekt in der Oracle-Datenbank gespeichert wurde, wird es ein persistentes Objekt. Bis zu diesem Zeitpunkt endet die Lebensdauer des Objekts mit dem Ende der Applikation. Diese Objekte sind nur als Werte im lokalen Speicher vorhanden.

Nutzung von Objekten aus Oracle in C++

Um Objekte aus Oracle direkt in einem C++-Programm zu nutzen, muss man folgende Schritte nachvollziehen:

1. Einen Typ in der Oracle-Datenbank erstellen.
2. Eine Datei anlegen, in der man dem OTT mitteilt, welche Objekte der Oracle-Datenbank in C++-Klassen übertragen werden sollen und wie die Klassen heißen sollen. Diese bezeichnen wir im Folgenden als *Intype*-Datei.

3. Das OTT-Tool starten und die C++-Quelltexte generieren.
4. Die von dem Tool OTT erzeugten Klassen in die Applikation einbinden.

Neue Typen erzeugen

Zunächst müssen die Typen, die man als C++-Klassen in seiner Applikation nutzen möchte, auch tatsächlich in der Datenbank existieren. Um einen neuen Typ zu erstellen, wechseln Sie am besten in die Konsole SQL*Plus. Eine SQL-Anweisung für einen neuen Typ `Adresse` sieht wie folgt aus:

```
CREATE TYPE Adresse AS OBJECT
(
 strasse VARCHAR(50),
 hausnummer INT,
 plz CHAR(5),
 stadt VARCHAR(50)
);

CREATE TABLE Adresse_Tab OF Adresse;
```

Listing 7.19 7211_1.sql: Erstellen des Typs Adresse

Dabei haben wir auch gleich die Tabelle `Adresse_Tab` erstellt. Diese Tabelle speichert nun Objekte vom Typ `Adresse`.

Die Intype-Datei erstellen

Die Intype-Datei beschreibt, welcher Datentyp aus der Datenbank in einer C++-Klasse abgebildet werden soll. Die wichtigsten Schlüsselwörter in dieser Datei sind `CASE` und `TYPE`. Dabei steuert man über `CASE` die Behandlung der Groß- und Kleinschreibung bei der Übertragung des Datenbanktyps in eine C++-Klasse. Dabei kann man `CASE` in dreierlei Weise spezifizieren: `SAME`, `LOWER` und `UPPER`.

Dem Schlüsselwort `TYPE` folgt der Name des Datenbanktyps und die Bezeichnung der zu erzeugenden C++-Klasse.

Wir nutzen für das Beispiel folgende Datei:

```
CASE=SAME
TYPE ADRESSE AS Adresse
```

Listing 7.20 7211_2.typ: Eine Beispiel-INTYPE-Datei

Diese Datei weist das OTT-Tool an, die Groß- und Kleinschreibung wie im Original zu übernehmen. Der Typ `Adresse` soll dabei in eine C++-Klasse `Adresse` übertragen werden.

Das OTT-Tool starten

Der Object Type Translator erzeugt aus einem Typ in der Oracle-Datenbank eine C++-Klasse. Diesen Vorgang steuert man im Wesentlichen über die INTYPE-Datei und eine Reihe von Parametern. Bevor man OTT benutzen kann, muss die Umgebungsvariable `ORACLE_HOME` richtig gesetzt sein. OTT kann übrigens auch entsprechende Typbeschreibungen für OCI in C erzeugen. Die Tabelle enthält die Liste der wichtigsten Parameter:

Parameter	Beschreibung
`userid`	Der zu verwendende Nutzername mit Passwort in der Form `<Username>/<Passwort>`
`intype`	Die Position der Intype-Datei
`outtype`	Der Pfad zu der *OUTTYPE*-Datei. In diese Datei speichert OTT einige nützliche Angaben zu den erzeugten Dateien
`hfile`	Der Name der Headerdatei, in der die Schnittstellen der erzeugten Klassen beschrieben werden
`cppfile`	Die Datei, in der der C++-Code der erzeugten Klassen gespeichert wird
`code`	Entweder C oder CPP; beschreibt, welche Sprache erzeugt werden soll
`mapfile`	Unter diesem Pfad wird eine weitere Quelltextdatei erzeugt, die eine Funktion beschreibt, mit der die erzeugten Klassen bei einem `Environment` als persistente Objekte registriert werden müssen.
`attraccess`	Entweder `protected`, `public` oder `private`. Ist dieser Parameter `protected` oder `public` defniert, so sind die Attribute des Objekts als normale Membervariablen verfügbar. Wenn Sie `private` angeben, so sind die Membervariablen selbst nicht verfügbar, OTT generiert aber entsprechende Accessormethoden, mit denen man auf die Attribute zugreifen kann.

Tabelle 7.2 Parameter des Object Type Translators

Der im Beispiel verwendete Kommandozeilenbefehl für OTT lautet folgendermaßen:

```
ott userid=scott/tiger intype=7212_
2.typ outtype=out.typ hfile=adresse.h cppfile=adresse.cpp
code=cpp mapfile=addressmap.cpp attraccess=private
```

Listing 7.21 7211_3.sh.bat: OTT aufrufen und die Klassen erzeugen

OTT meldet sich nun also als Benutzer `scott/tiger` an und sucht den in der Datei *7212_2.typ* beschriebenen Typ `Adresse`. Dieser Typ wird (wie in der Intype-Datei beschrieben) in eine gleichnamige C++-Klasse `Adresse` übertragen. Dabei wird die Schnittstelle in die Datei *adresse.h* und die Implementierung in die Datei *adresse.cpp* geschrieben. Die Funktion zur Registrierung der Klassen bei dem aktuellen `Environment` wird in der Datei *adressmap.cpp* erzeugt. Der Klasse werden gleich Accessormethoden hinzugefügt, die Attribute sind `private` und daher nicht direkt von außen zugänglich.

Die erzeugten Klassen einbinden

Die nun erzeugten Header-Dateien müssen natürlich komplett in das Programm eingebunden werden:

```
#include <occi.h>
#include <iostream.h>

// Die beiden Headerdateien, die von OTT erstellt
// wurden
#include "adresse.h"
#include "adressemap.h"

using namespace oracle::occi;
using namespace std;

void main(void) {
  const string user = "Scott";
  const string password = "Tiger";
  const string database = "test";
  try {
    Environment *env;
    Connection *con;
    Statement *stmt;

    // Das Environment wird in diesem Fall mit dem
    // Parameter Environment::OBJECT gestartet - das
    // Environment initialisiert dann den Object-Cache
    env = Environment::createEnvironment(
      Environment::OBJECT
    );

    // Die im Folgenden verwendete persistente Klasse
```

```
// muss bei dem Environment registriert werden
adressemap(env);
con=env->createConnection(user,password,database);

stmt = con->createStatement();

// Auf diese Weise werden lokal transiente Objekte
// erzeugt
Adresse *adresse = new Adresse();
adresse->setHausnummer(10);
adresse->setPlz("54743");
adresse->setStadt("Bochum");
adresse->setStrasse("Bahnhofstr.");

// Mit diesem Statement wird das Objekt in die
// Datenbank geschrieben; das Objekt selbst wird
// dadurch nicht persistent
stmt->setSQL("insert into adresse_tab values(:1)");
stmt->setObject(1,adresse);
stmt->execute();

// Per REF(<Typ>) kann man aus einer Objekttabelle
// Referenzen auf die in der Datenbank
// gespeicherten Objekte erhalten.
stmt->setSQL(
"SELECT REF(Adresse) FROM Adresse_tab Adresse");
ResultSet *rs = stmt->executeQuery();

// Diese speichert man zunächst in einem Typ
// Ref<adresse>. Dieser Typ speichert quasi nur
// den Primärschlüssel des Objekts. Erst durch
// die Dereferenzierung werden die Werte aus
// der Datenbank geholt.

while ( rs->next() ) {
  Ref<Adresse> ref = rs->getRef(1);
  cout<<ref->getStadt().c_str()<<endl;
  ref->setStadt("Augsburg");

  // Das geänderte Objekt muss explizit markiert
```

```
    // werden, sonst werden die Änderungen nicht
    // gespeichert
    ref->markModified();

    // Nach Aufruf der Methode flush() sind die
    // Änderungen in der Datenbank gespeichert
    // Wichtig: Auch Connection::commit() muss
    // aufgerufen werden
    ref->flush();
  }

  stmt->closeResultSet(rs);

  // Über Value erhält man transiente Objekte, diese
  // können über die setXXX-Methoden nur lokal
  // verändert werden.
  stmt->setSQL(
  "SELECT VALUE(Adresse) FROM Adresse_tab Adresse");
  rs = stmt->executeQuery();

  while ( rs->next() ) {
    adresse = (Adresse *) rs->getObject(1);
    cout<<adresse->getStadt().c_str()<<endl;

    // Der Versuch, ein transientes Objekt zu ändern
    // provoziert eine Exception, daher
    // auskommentiert...
    //// adresse->setStadt("Hamburg");
    //// adresse->markModified();
    //// adresse->flush();
  }

  stmt->closeResultSet(rs);

  // Anstatt für alle Referenzen die Methode flush()
  // einzeln aufzurufen, können Sie alle Objekte
  // gleichzeitig mit flushCache in die Datenbank
  // schreiben
  con->flushCache();
```

```
    // Ohne COMMIT bleibt alles erst einmal ohne
    // Folgen
    //// con->commit();

    env->terminateConnection(con);
    Environment::terminateEnvironment(env);
  }
  catch ( SQLException e) {
    cout<<e.getMessage().c_str();
  }
  catch ( exception e) {
    cout<<e.what()<<endl;
  }
}
```

Listing 7.22 7211_4.cpp: Die von OTT erzeugten Klassen nutzen

7.2.12 Metadaten

Objekte in einer Datenbank, wie beispielsweise Tabellen, Prozeduren oder Sichten sind mit einer ganzen Reihe von Eigenschaften versehen. Diese Eigenschaften sind entweder bei der Erzeugung der Objekte explizit angegeben worden oder wurden im Sinne von Standardwerten von der Datenbank gesetzt.

Diese Eigenschaften können Sie sich in der Regel in SQL mit dem Schlüsselwort `DESC[RIBE]`, gefolgt vom Namen des Objekts, anzeigen lassen. Bei dynamisch erzeugten Objekten, wie Ergebnissen von Abfragen, werden auch die Eigenschaften des neuen Objekts dynamisch für diese Abfrage festgelegt – die Eigenschaften können daher nicht im Voraus ausgelesen werden, sondern müssen auch dynamisch zur Laufzeit verarbeitet werden.

Andere Eigenschaften, wie die Anzahl und Bezeichnungen der verfügbaren Tabellen oder die Version des Datenbankservers können nicht ohne weiteres über datenbank-unabhängiges SQL herausgefunden werden. Diese können Sie nur herausfinden, wenn Sie die entsprechenden Systemtabellen kennen und abfragen.

Die Klasse MetaData

OCCI bietet über die Klasse `MetaData` einen Mechanismus, um auf die Eigenschaften der Datenbankobjekte zuzugreifen. `MetaData` referenziert dabei die Eigenschaften von Objekten in einer hierarchischen Baumstruktur. Zunächst erzeugen Sie daher ein `MetaData`-Objekt, das ein »Wurzelobjekt« darstellt, beispielsweise eine Tabelle. Von diesem Wurzelobjekt können Sie einerseits auf hierarchisch unter der Tabelle gelegene MetaData-Objekte zugreifen, die etwa die Tabellenspalten beschreiben. Andererseits enthält das MetaData-Objekt der Tabelle alle für die Tabelle einmaligen Eigenschaften.

Eigenschaften von Datenbankobjekten in OCCI

Da MetaData grundsätzlich alle Objekte der Oracle-Datenbank beschreiben kann, ist es wichtig, dass Sie Ihren Code so gestalten, dass Sie stets wissen, um was für einen Objekttyp es sich dabei handelt. Sonst können Sie nur sehr umständlich gezielt bestimmte Eigenschaften abfragen. Die Eigenschaften, die man von einem Objekt abfragen kann, sind in der Enumeration oracle::occi::MetaData::AttrId beschrieben. In dieser Enumeration sind einerseits Eigenschaften definiert, die bei allen Datenbankobjekten verfügbar sind. Andererseits gibt es für jeden Objekttyp eine Reihe von speziellen Eigenschaften. In der folgenden Tabelle sind zunächst die allgemein für alle Datenbankobjekte gültigen Eigenschaften aufgelistet.

Allgemeine Eigenschaften aller Datenbankobjekte

Die in der Tabelle genannten Eigenschaften sind für alle Datenbankobjekte verfügbar. Wichtig ist hier die Eigenschaft ATTR_OBJ_PTYPE, nach der sich richtet, welche weiteren Eigenschaften für dieses Objekt abgefragt werden können. Die Eigenschaft entspricht der Konstanten, die in OCCI die Eigenschaft beschreibt. Der Datentyp beschreibt, was für einen Datentyp die Eigenschaft besitzt.

Eigenschaft	Beschreibung	Datentyp
ATTR_OBJ_NAME	Der Name des Objekts	string
ATTR_OBJ_SCHEMA	Das Schema, in dem das Objekt sich befindet	string
ATTR_OBJ_PTYPE	Der Objekttyp, der durch diese Instanz von Metadata beschrieben wird. Mögliche Rückgabewerte: PTYPE_TABLE: Tabelle PTYPE_VIEW: Sicht PTYPE_PROC: Prozedur PTYPE_FUNC: Funktion PTYPE_PKG: Package PTYPE_TYPE: Datentyp PTYPE_TYPE_ATTR: Typattribut	int

Tabelle 7.3 Allgemeine Eigenschaften von Datenbankobjekten

Eigenschaft	Beschreibung	Datentyp
ATTR_OBJ_PTYPE (Forts.)	PTYPE_TYPE_COLL: Collectiontyp PTYPE_TYPE_METHOD: Typmethode PTYPE_SYN: Synonym PTYPE_SEQ: Sequenz PTYPE_COL: Tabellen- oder Sichtspalte PTYPE_ARG: Funktions-/Prozedurparameter PTYPE_TYPE_ARG: Parameter einer Typmethode PTYPE_TYPE_RESULT: Rückgabewerte einer Typmethode PTYPE_SCHEMA: Schema PTYPE_DATABASE: Datenbank PTYPE_LIST: Eine Liste von Objekten	
ATTR_TIMESTAMP	Der Timestamp des Objekts, das durch diese Instanz von Metadata referenziert wird.	Timestamp

Tabelle 7.3 Allgemeine Eigenschaften von Datenbankobjekten (Forts.)

Eigenschaften von Tabellen und Sichten

Für jeden Objekttyp gibt es dann natürlich noch speziellere Eigenschaften. In den folgenden Tabellen sind die Eigenschaften für Tabellen und Sichten (also für die Typen PTYPE_VIEW und PTYPE_TABLE) sowie für die Datenbank allgemein (daher PTYPE_DATABASE) aufgelistet. Eine ausführliche Auflistung aller Eigenschaften für alle Datenbankobjekte finden Sie in der OCCI-Spezifikation.

Eigenschaft	Beschreibung	Datentyp
ATTR_OBJID	Objektidentifikator	unsigned int
ATTR_NUM_COLS	Anzahl der Tabellen- oder Sichtspalten	int
ATTR_LIST_COLUMNS	Die Liste der Tabellenspalten	vector <MetaData>
ATTR_REF_TDO	Referenz (Typ »REF«) auf den Ursprungstyp bei Tabellen von abgeleiteten Objekten	RefAny
ATTR_IS_TEMPORARY	TRUE, wenn es sich um eine temporäre Tabelle handelt	bool
ATTR_IS_TYPED	TRUE, wenn die Tabelle oder Sicht Typen speichert	bool

Tabelle 7.4 Eigenschaften von Tabellen und Sichten

Eigenschaft	Beschreibung	Datentyp
ATTR_DURATION	Lebensdauer einer temporären Tabelle. Mögliche Rückgabewerte: OCCI_DURATION_SESSION: Gesamte OCCI-Sitzung OCCI_DURATION_TRANS: Nur diese Transaktion OCCI_DURATION_NULL: Unbegrenzt, kein temporäre Tabelle	int
ATTR_DBA	Die Speicheradresse des Segmentkopfs	unsigned int
ATTR_TABLESPACE	Die ID des Tablespaces, in der die Tabelle gespeichert ist	int
ATTR_CLUSTERED	TRUE, wenn es sich um eine »geclusterte« Tabelle handelt	bool
ATTR_PARTITIONED	TRUE, wenn die Tabelle partitioniert ist	bool
ATTR_INDEX_ONLY	TRUE, wenn es sich um eine Indextabelle handelt	bool

Tabelle 7.4 Eigenschaften von Tabellen und Sichten (Forts.)

Eigenschaften der Datenbank

In der folgenden Tabelle sind alle Eigenschaften aufgelistet, die von einer Instanz von MetaData abgefragt werden können, die ein Datenbankobjekt vom Typ PTYPE_DATABASE kapselt.

Eigenschaft	Beschreibung	Datentyp
ATTR_VERSION	Die Datenbankversion	string
ATTR_CHARSET_ID	Die ID der für die Verbindung genutzten Textkodierung	int
ATTR_NCHARSET_ID	ID der von der Datenbank verwendeten nativen Textkodierung	int
ATTR_LIST_SCHEMAS	Die Liste der verfügbaren Datenbankschemata	vector <MetaData>
ATTR_MAX_PROC_LEN	Die maximale Länge eines Prozedurbezeichners	unsigned int
ATTR_MAX_COLUMN_LEN	Die maximale Länge eines Spaltenbezeichners	unsigned int

Tabelle 7.5 Eigenschaften von Datenbanken

Eigenschaft	Beschreibung	Datentyp
ATTR_CURSOR_COMMIT_BEHAVIOR	Beschreibt, wie sich Datenbankcursor nach dem Ende der Transaktion verhalten. Mögliche Rückgabewerte: OCCI_CURSOR_OPEN: Die Datenbankcursor bleiben nach Transaktionsende erhalten. OCCI_CURSOR_CLOSED: Die Datenbankcursor werden nach Transaktionsende geschlossen.	int
ATTR_MAX_CATALOG_NAMELEN	Die maximale Länge eines Katalog- bzw. Datenbanknamens.	int
ATTR_CATALOG_LOCATION	Die Position des Katalogs (»catalog«) in einer qualifizierten Tabelle. Mögliche Rückgabewerte: OCCI_CL_START OCCI_CL_END.	int
ATTR_SAVEPOINT_SUPPORT	Beschreibt, ob die Datenbank Sicherungspunkte unterstützt. Mögliche Rückgabewerte: OCCI_SP_SUPPORTED OCCI_SP_UNSUPPORTED	int
ATTR_NOWAIT_SUPPORT	Beschreibt, ob die Datenbank das Schlüsselwort NOWAIT in einer SQL-Anweisung unterstützt. Mögliche Rückgabewerte: OCCI_NW_SUPPORTED OCCI_NW_UNSUPPORTED	int
ATTR_AUTOCOMMIT_DDL	Beschreibt, ob der Autocommit-Modus (jede Anweisung ist eine Transaktion) für Anweisungen aus der DDL benutzt werden muss. Mögliche Rückgabewerte: OCCI_AC_DDL OCCI_NO_AC_DDL	int
ATTR_LOCKING_MODE	Locking-Modus der Datenbank. Mögliche Rückgabewerte: OCCI_LOCK_IMMEDIATE OCCI_LOCK_DELAYED	int

Tabelle 7.5 Eigenschaften von Datenbanken (Forts.)

Eigenschaften von MetaData abfragen

Zunächst brauchen Sie eine gültige Instanz von Metadata. Diese können Sie sich auf zwei Arten holen. Sie können von einer Connection über die Methode getMetaData das MetaData-Objekt eines bestimmten Datenbankobjekts abfragen:

```
MetaData Connection::getMetaData(
   const string &object,
   MetaData::ParamType type = PTYPE_UNK
)
```

Der Parameter object steht für den Namen des Objekts. Zusätzlich kann auch noch über den Parameter type explizit der erwartete Typ übergeben werden. Eine andere Variante, um Instanzen von MetaData auswerten zu können, ist die Methode getColumnListMetaData der Klasse ResultSet. Diese Methode liefert dann einen vector mit den MetaData-Instanzen für die einzelnen Tabellenspalten der Ergebnismenge.

```
vector <MetaData> ResultSet::getColumnListMetaData()
```

Eine Eigenschaft besitzt einen bestimmten Datentyp. Dieser muss bei der Abfrage beachtet werden. MetaData besitzt eine Reihe von Accessormethoden für die verschiedenen Datentypen, die die Konstanten der Eigenschaften aufnehmen. Sie können diese Eigenschaft über die Methode getVector von MetaData abfragen, um die Eigenschaft ATTR_LIST_SCHEMAS abzufragen, also die Liste der in der Datenbank verfügbaren Schemata. Wie Sie der Tabelle zu den Eigenschaften der Datenbank entnehmen können, liegt diese Eigenschaft als vector<MetaData> vor. Um die Anzahl von Spalten einer Tabelle oder Sicht zu erfragen (ATTR_NUM_COLS bzw. Datentyp unsigned int), rufen Sie entsprechend die Methode getUint auf.

```
MetaData metaData;
// initialisierender Code
// Um ATTR_NUM_COLS abzufragen
unsigned int numCols = metaData.getUint(ATTR_NUM_COLS);
// beziehungsweise für ATTR_LIST_SCHEMAS
vector<MetaData> schemas =
    metaData.getVector(ATT_LIST_SCHEMAS);
```

Eine falsche Verwendung der Accessormethoden provoziert in der Regel eine Ausnahme.

Im folgenden Beispiel werten wir einige Eigenschaften eines `ResultSet` von einer Abfrage der Tabelle `DOZENT` der Schulungsdatenbank aus.

```
#include <occi.h>
#include <iostream.h>

using namespace std;
using namespace oracle::occi;

void main( void ) {
  const string user = "Scott";
  const string password = "Tiger";
  const string database = "test";

  int i;

  Environment *env = Environment::createEnvironment();
  try {
    Connection *conn =
      env->createConnection(user,password,database);
      Statement *stmt = conn->createStatement();

    // Zunächst ein ReultSet auswerten
    ResultSet *rs =
      stmt->executeQuery("SELECT * FROM dozent");

    cout<<"SELECT * FROM dozent"<<endl;

    // Die Informationen abfragen...
    vector <MetaData> rsMetaData =
      rs->getColumnListMetaData();

    // ... und auswerten
    for (i=0; i < rsMetaData.size(); i++) {
      MetaData md = rsMetaData[i];
      cout<<"Spalte "<<i<<":\t"<<
       md.getString(MetaData::ATTR_NAME).c_str();
      cout<<endl;
    }

    // Die Tabelle direkt als MetaData abfragen
```

```
    MetaData dozentMetaData =
      conn->getMetaData(
        "dozent",MetaData::PTYPE_TABLE
      );

    cout<<"Tabellenname: "<<
      dozentMetaData.getString(
        MetaData::ATTR_OBJ_NAME
      ).c_str();
    cout<<endl;

    cout<<"Anzahl der Tabellenspalten: "<<
      dozentMetaData.getInt(
        MetaData::ATTR_NUM_COLS
      );
    cout<<endl;

    // Die Metadaten der Datenbank "test" abfragen
    MetaData dbMetaData =
      conn->getMetaData(
        "test",MetaData::PTYPE_DATABASE
      );

    cout<<"Datenbankname: "<<
      dbMetaData.getString(
        MetaData::ATTR_OBJ_NAME
      ).c_str();
    cout<<endl;

    cout<<"Datenbankversion: "<<
      dbMetaData.getString(
        MetaData::ATTR_VERSION
      ).c_str();
    cout<<endl;

    // Alles wieder freigeben
    stmt->closeResultSet(rs);
    conn->terminateStatement(stmt);
  } catch ( SQLException e ) {
    cout<<e.getMessage().c_str()<<endl;
```

```
  } catch ( exception e) {
    cout<<e.what()<<endl;
  }
  Environment::terminateEnvironment(env);
}
```

Listing 7.23 7212_1.cpp: Metadaten von ResultSet, Datenbank bzw. Tabellen auswerten

7.2.13 Embedded SQL mit Pro*C-C++

Der Standard *Embedded-SQL*, bereits seit 1989 von dem *American National Standards Institute* (ANSI) etabliert, beschreibt, wie in einem Quelltext komfortabel SQL-Anweisungen eingefügt werden können, ohne dabei spezielle Befehle der darunter liegenden Datenbankimplementierung einzusetzen. Im Kapitel zu Java finden Sie übrigens einen aktuellen Verwandten dieses Standards, SQLJ.

Für die Programmierung mit C, Fortran und Cobol besitzt der Standard Embedded-SQL jedoch noch die ursprüngliche Aktualität. Oracle liefert weiterhin mit seinen Distributionen den Embedded-SQL-Präprozessor *Pro*C-C++* mit. Dieser findet sich in der Startleiste direkt neben dem beliebten SQL*Plus Worksheet und weiteren nützlichen Werkzeugen.

Informationen, die über diese Einführung hinausgehen, finden Sie im *Pro*C/C++™ Precompiler Programmer's Guide* von Oracle.

Der Präprozessor – die grafische Oberfläche

Die grafische Oberfläche von Pro*C-C++ dient dazu, ein Projekt, das mehrere Embedded-SQL-Dateien umfassen kann, zu konfigurieren und gebündelt vorkompilieren zu lassen.

Nachdem wir also die Anwendung gestartet haben, zeigt uns die Oberfläche zunächst ein leeres Projekt. Zu diesem Projekt fügen wir nun das erste Beispiel, *7213_1.pc*, hinzu. Dazu klicken wir mit der Maus auf das blaue Kreuz oder gehen über das Menü **Bearbeiten · Hinzufügen** und wählen im Dateiauswahldialog den Quelltext aus.

Anschließend können wir über das hellblaue Icon mit den drei kleinen Pfeilen alle eingefügten Quelltexte vorkompilieren. Alternativ geht das auch über die Tastenkombination [Strg] und [R] oder über das Menü **Datei · Vorkompilieren**. Im normalen Fall sieht das Ergebnis dann wie in Abbildung 7.4 aus.

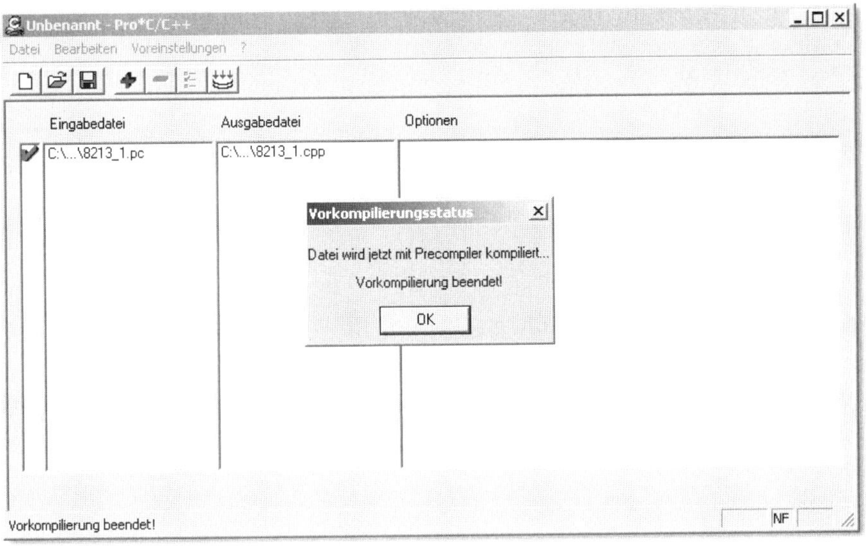

Abbildung 7.4 Der erste vorkompilierte Quelltext

Im Falle eines Fehlers erscheint an der Stelle des grünen Häkchens ein rotes Kreuz. Über einen Doppelklick erhalten Sie eine detailliertere Fehlermeldung.

Die erzeugten C++-Quelltexte können Sie jetzt normal kompilieren. Die Include-Dateien, die von Pro*C-C++ verwendet werden, liegen im Ordner *${ORACLE_HOME}/precomp/public*, und die benötigten Bibliotheken liegen im Verzeichnis *${ORACLE_HOME}/precomp/lib*. Diese Pfade müssen für Ihren Compiler natürlich verfügbar sein.

Der Präprozessor – die Konsole

Der Präprozessor lässt sich natürlich auch auf der Konsole ausführen. Sie können ihn auf diese Weise in Ihre Entwicklungsumgebung oder in Ihr Kompilierungsskript einbauen. Der Befehl `proc` ist bei der normalen Oracle-Installation dann bereits direkt auf der Konsole verfügbar. Die Anwendung ist im Standardfall sehr einfach:

```
proc [<Optionen>] <Dateiname>
```

Der Befehl ohne einen Dateinamen liefert eine Liste der möglichen Parameter und deren Standardwerte. Ein wichtiger Parameter ist der Parameter `code`, mit dem Sie einstellen können, dass C++-Quelltext generiert werden soll:

```
proc code=cpp <Dateiname>
```

Wenn Sie die Überprüfung der SQL-Anweisung zur Kompilierzeit anschalten möchten, geben Sie die Datenbankverbindung in dem Parameter `userid` an und aktivieren die Syntaxüberprüfung mit dem Parameter `sqlcheck=semantics`.

```
proc code=cpp userid=scott/tiger@127.0.0.1:1521/test
     sqlcheck=semantics <Dateiname>
```

Embedded-SQL-Anweisungen

Alle Embedded-SQL-Anweisungen starten mit dem Schlüssel `EXEC SQL`. Anschließend folgt ein Schlüsselwort, das den eigentlichen Befehl für den Block darstellt. Um eine Verbindung herzustellen, wie wir das im nächsten Abschnitt machen werden, schreiben wir also `EXEC SQL CONNECT`. Am Ende der Anweisung steht ein Semikolon.

```
int i = 0;
printf("Eine Ausgabe: %d", i);
EXEC SQL <Embedded-SQL-Anweisung>;
printf("Eine weitere Ausgabe; %d", i);
```

Mit der Embedded-SQL-Anweisung `BEGIN DECLARE SECTION` beginnen wir einen Block Variablen, die dann in folgende Anweisungen eingebaut werden können. Solche Hostvariablen dienen zur Kommunikation zwischen dem Embedded-SQL und dem C/C++-Quelltext. Mit der Anweisung `END DECLARE SECTION` schließen wir diesen Block wieder:

```
int i = 0;
EXEC SQL BEGIN DECLARE SECTION;
  char *einParameter = "vielversprechender";
EXEC SQL END DECLARE SECTION;
```

Die Hostvariablen fügen wir durch einen vorangestellten Doppelpunkt in eine Embedded-SQL-Anweisung ein. Das demonstrieren wir gleich im nächsten Abschnitt, wenn wir die Verbindung zur Datenbank auf der Basis von Hostvariablen herstellen. Diese explizite Deklaration kann man übrigens auch umgehen, Sie können Pro*C-C++ so einstellen, das der Präprozessor selbst erkennt, ob und welche Parameter als Hostvariablen deklariert werden müssen. Allerdings sieht der Embedded-SQL-Standard diese Deklaration vor, und wir haben uns beim Erstellen der Beispiele entschieden, den Standard in dieser Hinsicht einzuhalten.

Eine Verbindung herstellen

Die Anweisung zum Herstellen einer Verbindung leiten wir mit `CONNECT` ein, gefolgt von dem Benutzernamen, den wir für die Anmeldung verwenden. Das Passwort geben wir nach der ausführlichen Klausel `IDENTIFIED BY` an. Man sieht: Damals sorgte man sich noch um die Ergonomie von Quelltexten. Die Datenbank folgt dann nach `USING`.

Komplett mit der Deklaration der Hostvariable sieht das Herstellen einer Verbindung also folgendermaßen aus:

```
EXEC SQL BEGIN DECLARE SECTION;
char *username = "scott";
char *pwd = "tiger";
char *db = "test";
EXEC SQL END DECLARE SECTION;
EXEC SQL CONNECT :username IDENTIFIED BY :pwd USING :db;
```

Die nun im weiteren Quelltext geschriebenen Embedded-SQL-Anweisungen nutzen standardmäßig diese Verbindung zur Datenbank.

Ausnahmen behandeln

Das Embedded-SQL wurde ursprünglich für eine prozedurale Sprache wie C entwickelt, für eine Sprache also, die keine eigenen Sprachkonstrukte für die Ausnahmebehandlung kennt. Daher unterstützt Embedded-SQL die Ausnahmebehandlung in Form einer Funktion, die für den Fall aufgerufen wird, dass bei der Ausführung der Anweisungen ein Fehler auftritt.

Dabei meldet man beispielsweise die Funktion `sqlexception` mit der unten abgedruckten, wortreichen Anweisung:

```
EXEC SQL WHENEVER SQLERROR DO sqlexception();
```

Dabei können dieser Funktion auch Parameter übergeben werden, vorausgesetzt, diese sind im gesamten Gültigkeitsbereich der Anweisung `WHENEVER SQLERROR DO` verfügbar. Sinnvoll kann hier zum Beispiel `__LINE__` übergeben werden, um herauszufinden, an welcher Stelle die Ausnahme aufgetreten ist. Allerdings gilt `__LINE__` dann für den von Pro*C-C++ generierten Quelltext.

```
EXEC SQL WHENEVER SQLERROR
  DO sqlexception(__LINE__,"Dozent-Select",dozentId);
```

Sollte im oberen Falle nach dem Verlassen einer Funktion `dozentId` nicht mehr verfügbar sein, aber diese Funktion weiterhin zur Ausnahmebehandlung registriert sein, dann wird das Kompilieren des von Pro*C-C++ generierten Quelltextes mit einer entsprechenden Fehlermeldung abgebrochen. Um also die Ausnahmebehandlung wieder zurückzusetzen – also auf das Aufrufen einer bestimmten Funktion zu verzichten – kann man folgende Anweisung verwenden:

```
EXEC SQL WHENEVER SQLERROR DO CONTINUE;
```

Eine Fehlermeldung für die aufgetretene Ausnahme können wir über die Funktion `sqlglm` aus der *sqlcpr.h* erhalten. Details zur Verwendung dieser Funktion können Sie der in unseren Beispielen implementierten Funktion `sqlexception` entnehmen.

Abfragen ausführen

Wenn nach der Einleitung eines Embedded-SQL-Blocks mit `EXEC SQL` keines der für bestimmte Befehle reservierten Schlüsselwörter wie `CONNECT` oder `WHENEVER` steht, wird der nun folgende Ausdruck als SQL-Anweisung auf dem Oracle-Server ausgeführt.

Eine Anweisung ohne Ergebnis, also eine `UPDATE`-, `DELETE`- oder `CREATE`-Anweisung, schreiben wir wie unten dargestellt direkt in den Embedded-SQL-Block:

```
EXEC SQL
  DELETE FROM DOZENT;
```

Wenn nun Parameter in die Anweisung einbezogen werden sollen, so müssen diese zuvor in einer `DECLARE SECTION` angemeldet werden. Anschließend können wir diese in einer `SELECT`-Anweisung einfügen:

```
EXEC SQL BEGIN DECLARE SECTION;
int dozentId = 13;
EXEC SQL END DECLARE SECTION;

EXEC SQL DELETE FROM DOZENT WHERE D_NR = :dozentId;
```

Im folgenden Quelltext fassen wir die Ergebnisse der letzten Abschnitte zusammen. Wir registrieren die Funktion `sqlexception` für die Ausnahmebehandlung, stellen eine Verbindung her und führen eine Abfrage aus. Wenn Sie diese Abfrage genauer betrachten, dann ahnen Sie bestimmt schon, was im nächsten Abschnitt näher erläutert wird ...

```
#include <stdio.h>
#include <sqlca.h>
```

```
#include <sqlcpr.h>
#define SQLCODE sqlca.sqlcode
// Die Funktion zur Ausnahmebehandlung
void sqlexception() {
  char err_msg[512];
  unsigned int buf_len, msg_len;

  printf("Eine Ausnahme ist aufgetreten...\n");

  buf_len = sizeof (err_msg);
  sqlglm(err_msg, &buf_len, &msg_len);
  printf("%.*s\n", msg_len, err_msg);
}

int main(int argc, char* argv[]) {
  // Die Funktion sqlexception zu Ausnahmebehandlung
  // registrieren
  EXEC SQL WHENEVER SQLERROR DO sqlexception();
  // Alle benötigten Hostvariablen deklarieren, die
  // wir im folgenden Quelltext in die Embedded-SQL-
  // Anweisungen einbinden möchten
  EXEC SQL BEGIN DECLARE SECTION;
  int dozent = 1;
  char d_name[50];
  char *username = "scott";
  char *pwd = "tiger";
  char *db = "test";
  EXEC SQL END DECLARE SECTION;
  // Die Datenbankverbindung herstellen
  EXEC SQL CONNECT :username IDENTIFIED BY :pwd USING :db;

  printf("Verbindung hergestellt...\n");
  // Eine Abfrage ausführen
  EXEC SQL
    SELECT d_nachname
    INTO :d_name
    FROM dozent
    WHERE d_nr = :dozent;
  printf("D_Name = %s\n",&d_name);
  return 0;
}
```

Listing 7.24 7213_1.pc: Erste Schritte mit Embedded SQL

Abfragen auswerten

Im vorigen Listing verwendeten wir direkt eine Hostvariable zur Speicherung eines Abfrageergebnisses. Dabei haben wir die SELECT-Anweisung um ein INTO erweitert. Im Anschluss an dieses INTO muss nun eine Anzahl von Hostvariablen stehen, die der Zahl der selektierten Spalten entspricht. In diese werden dann die Ergebnisse der Abfrage gespeichert.

```
EXEC SQL
  SELECT d_nachname
  INTO :d_name
  FROM dozent
  WHERE d_nr = :dozent;
```

Diese Form der Auswertung funktioniert allerdings nur für Abfragen, die genau ein Ergebnis zurückliefern. Sobald mehrere Datensätze als Ergebnis zurückgeliefert werden, brauchen wir die Möglichkeit, diese in einer Schleife abzuarbeiten.

In Embedded-SQL deklarieren wir einen Datenbankcursor, um ein Ergebnis auszuwerten, das mehrere Zeilen umfasst. Diesen Cursor verwenden wir dann im Folgenden, um die Datensätze einzeln abzufragen.

Die Syntax für die Deklaration eines Datenbankcursors verlangt die Festlegung eines Namens für den Cursor sowie die Angabe der Abfrage:

```
EXEC SQL
  DECLARE <Cursor-Name> CURSOR FOR <SQL-Abfrage>;
```

Nehmen wir also die Abfrage aus dem Beispiel, und entfernen wir die WHERE-Klausel – schon haben wir ein mehrere Datensätze umfassendes Ergebnis. Dem Cursor geben wir den Namen dozenten:

```
EXEC SQL DECLARE dozenten CURSOR FOR
  SELECT d_nachname FROM dozent;
```

Um die Datensätze mit diesem Cursor tatsächlich auswerten zu können, müssen wir die Abfrage explizit ausführen und den Cursor initialisieren. Das heißt, wir öffnen den Cursor:

```
EXEC SQL OPEN dozenten;
```

Wir können nun über den Cursor Datensätze aus der Datenbank abfragen. Um die Werte des aktuell selektierten Datensatzes zu lesen, führen wir die Anweisung FETCH auf den Cursor aus. Wie bei der SELECT-Anweisung geben wir nach dem Schlüsselwort INTO eine zur Abfrage passende Anzahl von Hostvariablen an:

```
EXEC SQL FETCH dozenten INTO :d_name;
```

Aber weil wir eben mehrere Datensätze auswerten möchten, schreiben wir die Anweisung FETCH in eine Schleife:

```
for(;;) {
  EXEC SQL FETCH dozenten INTO :d_name;
  printf("%s\n",&d_name);
}
```

Diese Schleife wird allerdings bis in alle Ewigkeit ausgeführt, oder Sie erhalten, wenn Sie eine Funktion zur Ausnahmebehandlung registriert haben, folgende Ausnahme:

```
ORA-01002: FETCH auf ungültigen oder geschlossenen Cursor.
```

Also wollen wir die Schleife beenden, sobald der Cursor keine Datensätze mehr zurückliefert. Wir kennen ja bereits das Schlüsselwort WHENEVER aus der Ausnahmebehandlung, und mit diesem kann man auch eine Vorgehensweise für den Fall angeben, dass der Cursor keinen weiteren Datensatz zurückliefern kann. Die Schleife soll dann durch ein einfaches break verlassen werden:

```
EXEC SQL WHENEVER NOT FOUND DO break;
```

Wenn jetzt also in der Schleife das Ereignis NOT FOUND auftritt, wird break ausgeführt. Damit sieht die Schleife dann vollständig so aus:

```
EXEC SQL WHENEVER NOT FOUND DO break;
for(;;) {
  EXEC SQL FETCH dozenten INTO :d_name;
  printf("#%d = %s\n",&d_name);
}
```

Nachdem wir einen Cursor fertig ausgewertet haben, schließen wir ihn explizit wieder mit der Anweisung CLOSE. Damit geben wir alle verbrauchten Ressourcen wieder frei.

```
EXEC SQL CLOSE dozenten;
```

In dem Beispiel gehen wir in einem vollständigen Quelltext auf die vorgestellten Anweisungen DECLARE CURSOR, OPEN, CLOSE und FETCH ein:

```
#include <stdio.h>
#include <stdlib.h>
#include <sqlca.h>
#include <sqlcpr.h>
#define SQLCODE sqlca.sqlcode
```

```
void sqlexception() {
  char err_msg[512];
  unsigned int buf_len, msg_len;

  printf("Eine Ausnahme ist aufgetreten...\n");

  buf_len = sizeof (err_msg);
  sqlglm(err_msg, &buf_len, &msg_len);
  printf("%.*s\n", msg_len, err_msg);

  exit(0);
}

int main(int argc, char* argv[]) {
  EXEC SQL WHENEVER SQLERROR DO sqlexception();
  EXEC SQL BEGIN DECLARE SECTION;
  char d_name[50];
  char *username = "scott";
  char *pwd = "tiger";
  char *db = "test";
  EXEC SQL END DECLARE SECTION;
  EXEC SQL CONNECT :username IDENTIFIED BY :pwd USING :db;
  printf("Verbindung hergestellt...\n");

  // Der Cursor wird deklariert...
  EXEC SQL DECLARE dozenten CURSOR FOR
    SELECT d_nachname FROM dozent;
  // ...und ausgeführt
  EXEC SQL OPEN dozenten;

  // Wenn ein Cursor leer ist, dann break
  EXEC SQL WHENEVER NOT FOUND DO break;
  for(;;) {
    i++;
    // Die Spaltenwerte in die Hostvariablen kopieren
    EXEC SQL FETCH dozenten INTO :d_name;
    printf("#%d = %s\n",i,&d_name);
  }

  // Wichtig: Den Cursor auch wieder schließen
```

```
  EXEC SQL CLOSE dozenten;
  return 0;
}
```

Listing 7.25 7113_2.pc: Abfragen auswerten

Steuerung der Transaktionen

In den Beispielen sparen wir uns gern das Ausführen der Transaktionen – dadurch bleiben die Daten unverändert, und das Beispiel ist immer wieder ausführbar. In einer echten Anwendung jedoch legt man in der Regel Wert darauf, dass die Änderungen, die man gerade vorgenommen hat, auch festgeschrieben werden. In Embedded-SQL schreibt man eine Transaktion mit der Anweisung `COMMIT` fest:

```
EXEC SQL COMMIT;
```

Alternativ – allerdings ohne Auswirkungen – können Sie auch `COMMIT WORK` nehmen. Interessanter ist hier die Anweisung `RELEASE`. Diese gibt alle Ressourcen frei, die Sie in der Datenbank reserviert haben, und schließt die Datenbankverbindung. Am Ende des Programms können Sie also mit folgender Anweisung alle Ergebnisse festschreiben und die Verbindung beenden:

```
EXEC SQL COMMIT WORK RELEASE;
```

Wenn Sie mit dem Verlauf einer Transaktion nicht zufrieden sind, können Sie diese mit der bekannten Anweisung `ROLLBACK` wieder rückgängig machen. Die entsprechende Anweisung lautet dann vollständig:

```
EXEC SQL ROLLBACK;
```

Auch hier kann `RELEASE` mit der gleichen Wirkung angefügt werden. Die Datenbankverbindung wird dann geschlossen, weitere Anweisungen erzeugen Ausnahmen.

Update-Anweisungen über einen Cursor ausführen

Ist der Cursor einmal initialisiert, zeigt er auf einen bestimmten Datensatz einer Tabelle oder Sicht. Dabei kann ein Cursor nicht nur zum Lesen dieses Datensatzes verwendet werden, sondern auch zum Verändern der Werte.

Zunächst muss der Cursor in der Deklaration so erzeugt werden, dass der Präprozessor erkennen kann, welche der selektierten Spalten anhand des Cursors eventuell verändert werden sollen. Wir hängen dazu die Information `FOR UPDATE OF` an das Ende der Deklaration des Cursors, gefolgt von den Spalten, die verändert werden sollen:

```
EXEC SQL DECLARE tabellenCursor CURSOR FOR
    SELECT spalte, zweite, dritte
    FROM tabelle
  FOR UPDATE OF spalte, dritte;
```

Jetzt können wir den Cursor in der `WHERE`-Klausel einer entsprechenden `UPDATE`-Anweisung als Verweis auf den aktuell ausgewählten Datensatz verwenden. Wir fügen also die Bedingung `CURRENT OF Cursorname` an eine `UPDATE`-Anweisung an:

```
EXEC SQL UPDATE tabelle SET spalte = 'neu'
  WHERE CURRENT OF tabellenCursor;
```

Das folgende Beispiel demonstriert diese Möglichkeit anhand der Tabelle `DOZENT` der Kursdatenbank:

```
#include <stdio.h>
#include <stdlib.h>
#include <sqlca.h>
#include <sqlcpr.h>
#define SQLCODE sqlca.sqlcode

void sqlexception(int line) {
  char err_msg[512];
  unsigned int buf_len, msg_len;

  printf("Eine Ausnahme (Zeile %d)\n",line);

  buf_len = sizeof (err_msg);
  sqlglm(err_msg, &buf_len, &msg_len);
  printf("%.*s\n", msg_len, err_msg);
  exit(1);
}

int main(int argc, char* argv[]) {
  EXEC SQL WHENEVER SQLERROR DO sqlexception(__LINE__);
  EXEC SQL BEGIN DECLARE SECTION;
  int d_nr = 1;
  char d_name[50];
  char *username = "scott";
  char *pwd = "tiger";
  char *db = "test";
  EXEC SQL END DECLARE SECTION;
```

```
    EXEC SQL CONNECT :username IDENTIFIED BY :pwd USING :db;
    printf("Verbindung hergestellt...\n");

    EXEC SQL DECLARE dozenten CURSOR FOR
      SELECT d_nachname, d_nr
      FROM dozent
      WHERE d_nr = :d_nr
      FOR UPDATE OF d_nachname;

    EXEC SQL OPEN dozenten;

    EXEC SQL WHENEVER NOT FOUND DO break;
    for(;;) {
      EXEC SQL FETCH dozenten INTO :d_name,:d_nr;
      printf("vorher :#%d = %s\n",d_nr,&d_name);

      EXEC SQL UPDATE dozent SET d_nachname = 'Ollbenhauser'
        WHERE CURRENT OF dozenten;
    }

    EXEC SQL CLOSE dozenten;

    EXEC SQL WHENEVER NOT FOUND CONTINUE;

    EXEC SQL SELECT d_nachname
      INTO :d_name
      FROM dozent
      WHERE d_nr = :d_nr;

    printf("nachher :#%d = %s\n",d_nr,&d_name);

    return 0;
}
```

Listing 7.26 7113_3.pc: UPDATE-Anweisungen mit Cursor ausführen

PL/SQL-Blöcke ausführen

Auch ein vollständiger PL/SQL-Block kann über Embedded SQL ausgeführt werden. Die Syntax unterscheidet sich etwas von der anderer Anweisungen. Am Anfang eines PL/SQL-Blocks muss die Anweisung `EXECUTE` stehen. Geschlossen wird der Block wieder mit einem `END-EXEC`.

Zwischen diese beiden Schlüsselwörter fügen Sie nun wie gewohnt einen PL/SQL-Block ein. Der PL/SQL-Block wird dabei mit einem Semikolon beendet.

Damit sieht ein solcher PL/SQL-Block wie folgt aus:

```
EXEC SQL EXECUTE
  BEGIN
  -- Hier die PL/SQL-Anweisungen
  END;
END-EXEC;
```

Im folgenden Beispiel haben wir einfach zwei `SELECT`-Anweisungen zu einem PL/SQL-Block zusammengefasst. Wie Sie dort sehen, werden die Hostvariablen wie auch bei den anderen Anweisungen benutzt.

```
#include <stdio.h>
#include <stdlib.h>
#include <sqlca.h>
#include <sqlcpr.h>
#include <string.h>
#define SQLCODE sqlca.sqlcode

void sqlexception(int line) {
  char err_msg[512];
  unsigned int buf_len, msg_len;

  printf("An exception occured at %d...\n",line);

  buf_len = sizeof (err_msg);
  sqlglm(err_msg, &buf_len, &msg_len);
  printf("%.*s\n", msg_len, err_msg);
  exit(1);
}

int main(int argc, char* argv[]) {
  EXEC SQL WHENEVER SQLERROR DO sqlexception(__LINE__);
  EXEC SQL BEGIN DECLARE SECTION;
  char d_name1[50];
  char d_name2[50];
  char *username = "scott";
  char *pwd = "tiger";
  char *db = "test";
```

```
  EXEC SQL END DECLARE SECTION;

  d_name1[0] = 0;
  d_name2[0] = 0;

  EXEC SQL CONNECT :username IDENTIFIED BY :pwd USING :db;
  printf("Verbindung hergestellt...\n");

  // ---- PL/SQL-Block ----//
  // SQLCHECK=SEMANTICS setzen !
  EXEC SQL EXECUTE
    BEGIN
      SELECT d_nachname INTO :d_name1
      FROM dozent WHERE d_nr = 1;

      SELECT d_nachname INTO :d_name2
      FROM dozent WHERE d_nr = 2;
    END;
  END-EXEC;

  printf("Dozent #1 = %s\n",d_name1);
  printf("Dozent #2 = %s\n",d_name2);

  return 0;
}
```

Listing 7.27 7113_4.pc: PL/SQL-Blöcke ausführen

Index

M

N

O

P

Q

R

V

W

X

Z